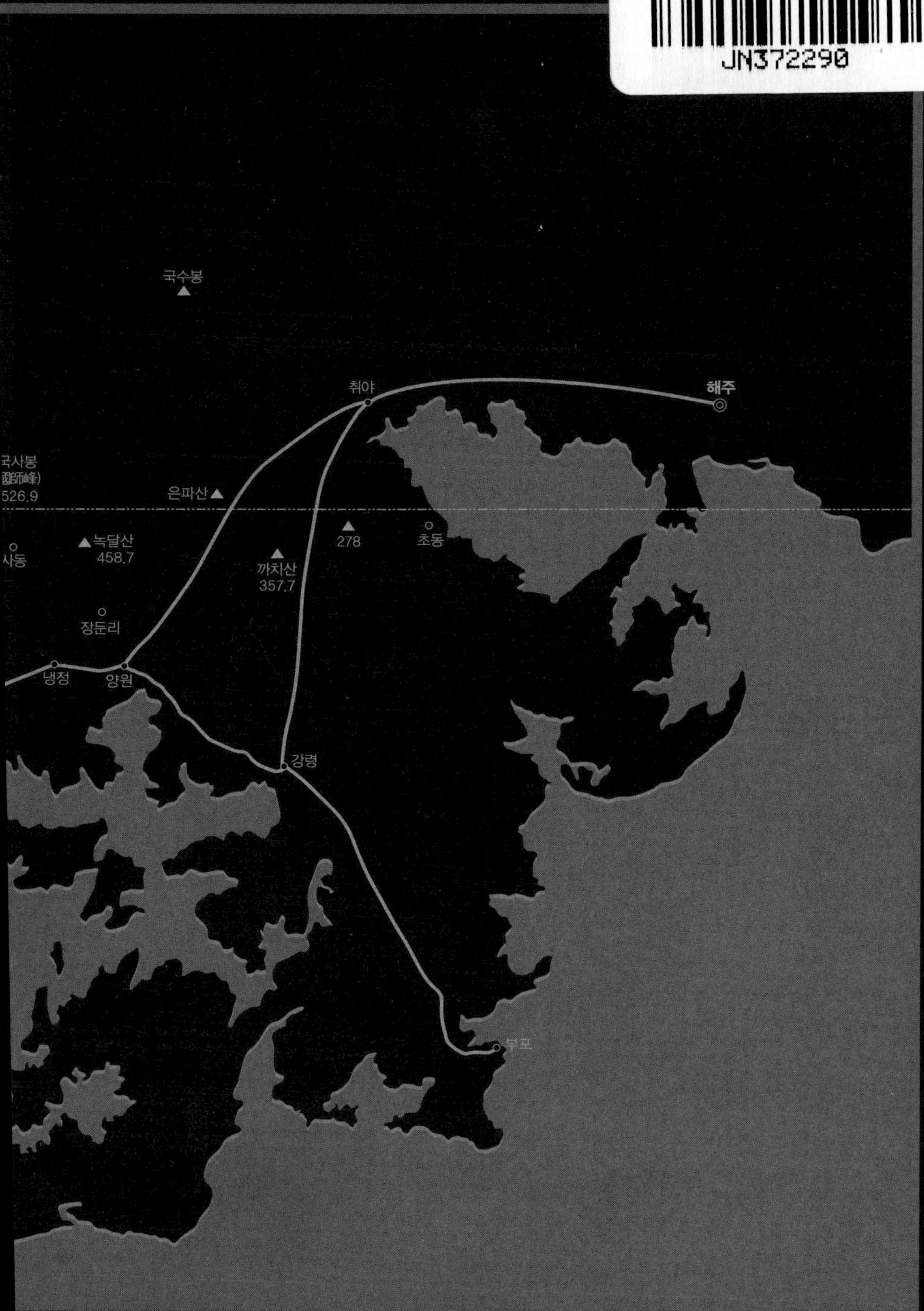

국수봉
취야
해주
은파산
526.9
녹달산
458.7
278
초동
까치산
357.7
장둔리
냉정
양원
강령
부포

한국전쟁

정병준 鄭秉峻

서울대 국사학과를 졸업하고 동대학원에서 석사·박사학위를 받았다. 한국현대사를 전공하고 있으며, 새로운 자료발굴과 글쓰기가 주요 관심사이다. 한국현대사의 다양한 인물과 주제에 대해 글을 썼다. 50여 권의 한국현대사 관련 자료집을 기획·해제했다. 서울대·한국외국어대·방송대·조선대 등에서 강의했으며, 국사편찬위원회 편사연구사, 목포대학교 역사문화학부 교수로 근무했다.

주요 저서로 『몽양여운형평전』(1995), 『미국소재 한국사자료 조사보고I NARA 소장 RG59·RG84 외』(2002), 『우남이승만연구』(2005), 『한국전쟁』(2006), 『광복직전 독립운동세력의 동향』(2009), 『역사 앞에서』(2009, 교감), 『독도1947』(2010), 『한국전쟁기 남북한의 점령정책과 전쟁의 유산』(2014, 편저), 『현앨리스와 그의 시대』(2015) 등이 있다.

『역사비평』, 『한국민족운동사연구』, 『역사학연구』 편집위원, 『역사와 현실』 편집위원장, 이화사학연구소장·국사편찬위원회 대한민국임시정부자료집 편찬위원 등을 지냈으며, 현재 이화여자대학교 사학과 교수 및 한국문화연구원 원장으로 재직 중이다.

『한국전쟁』으로 제47회 한국출판문화상 저술상(2007), 『독도 1947』로 제36회 월봉저작상(2011)·독도학술상(2010), 『현앨리스와 그의 시대』로 제56회 한국출판문화상 저술상(2016)을 수상했다.

한국전쟁 — 38선 충돌과 전쟁의 형성

정병준 지음

2006년 6월 19일 초판 1쇄 발행
2023년 3월 6일 초판 8쇄 발행

펴낸이 한철희 | 펴낸곳 주식회사 돌베개 | 등록 1979년 8월 25일 제406-2003-000018호
주소 (10881) 경기도 파주시 회동길 77-20 (문발동)
전화 (031) 955-5020 | 팩스 (031) 955-5050
홈페이지 www.dolbegae.co.kr | 전자우편 book@dolbegae.co.kr

책임편집 박숙희 | 편집 김희진·이경아·윤미향·김희동·서민경
표지디자인 박정은 | 본문디자인 박정영·이은정 | 인쇄·제본 상지사 P&B

ⓒ 정병준, 2006

ISBN 89-7199-241-7 03910
책값은 뒤표지에 있습니다.

이 도서의 국립중앙도서관 출판시도서목록(CIP)은 e-CIP 홈페이지
(http://www.nl.go.kr/cip.php)에서 이용하실 수 있습니다.(CIP제어번호: CIP2006001215)

한국전쟁

38선 충돌과
전쟁의 형성

정병준 지음

돌베개

어머니의 사랑을 기억하며

머리말

What is past is prologue
지난 과거는 다가올 미래의 서막이다

미국립문서기록관리청(the National Archives and Records Administration: NARA)에서 방문객들을 맞이하는 현판의 경구이다. 셰익스피어의 희곡 「템페스트」에서 따온 이 문장은, NARA의 기관지 『프롤로그』(the Prologue)의 제호로도 사용된다. 현재가 과거의 지배 아래 놓여 있으며, 미래가 축적된 과거의 반영임을, 역사적 안목이 선지자적 예언에 속하기보다는 냉정한 분석과 관찰의 연장선상에 놓여 있음을 뜻하는 문구이다.

이 책을 쓰면서 늘 함께했던 즐거웠던 추억과 고통스러운 기억 들이 떠오른다. 제일 먼저 생각나는 것은 재미 사학자 방선주 박사님과의 추억이다.

1986년 한국현대사 연구를 처음 시작했을 때 충격을 준 두 저작물이 있었다. 첫번째는 브루스 커밍스(Bruce Cumings)가 쓴 『한국전쟁의 기원』(The Origins of the Korean War)이었다. 이 책은 당시 한국학자들이 뛰어넘을 수 없는 거대한 벽이었다. 들어보지도 접해보지도 못했던 자료들과 이론들이 그의 책을 가득 메웠고, 나아가 그 정교함과 방대함에 압도되었다. 두번째는 방선주 박사가 쓴, 미국 자료에 대한 일련의 해제였다. 커밍스가 절망감의 대명사였다면 방선주 박사는 희망을 선사했다. 방선주 박사는 주한미24군단 군사실 문서철과 북한 노획문서철에 대한 해제를 통해 한국현대사 연구자들에게 새로운 자료의 세계와 연구의 신천지를 보여주었다.

그는 1980년대 이후 한국현대사 연구가 획기적으로 전진하는 데 결정적인 공헌을 했다. 방선주 박사의 헌신성과 고귀한 정신이 없었다면, 또한 그의 근면 성실함·근로정신, NARA 자료에 대한 정통함이 없었다면 1980년대 이래 한국현대사 연구의 비약적 발전은 불가능했을 것이다. 국내에 들어온, 해방 이후 한국현대사 관련 미국 자료의 대부분은 그의 손을 거쳤다고 해도 과언이 아니다. 수많은 자료집이, 수많은 석박사 학위논문과 저작 들이 그가 발굴·공개한 자료의 도움으로 쓰일 수 있었다.

내가 몸 담았던 국사편찬위원회의 연구자들을 비롯한 많은 학자들이 그의 손에 이끌려 슈틀랜드(Suitland)의 옛 워싱턴 내셔널레코드센터(Washington National Record Center: WNRC)와 칼리지파크(College Park)의 내셔널아카이브즈 II를 방문했고, 그 거대한 건물이 주는 위압감에서 채 벗어나기도 전에 방 박사의 손에서 펼쳐진, 한국현대사의 진실을 밝혀줄 그 보물적 편린을 보고 충격에 빠졌다. 그는 안내자이자 매혹적 세계로의 유혹자이기도 했다. 수많은 연구자·학자·언론인 들이 그의 작업방식을 보고 그 가치에 동의했고 그에 매료되었다. 그는 역사 자료의 빈 공간을 메울 수 있는 가능성을 구체적이고 분명하게 드러내준 실현자였다. 그는 1980년대 이후 한국 지성계가 외국 이론 번역과 반복적 연구사 정리에서 벗어날 수 있도록 해준 문화운동의 선구자이기도 했다.

방선주 박사님과의 기억은 늘 유쾌하고 흥미로운 것이었다. 박사님이 아니었으면 내 미국 생활은 힘들고 낯선 유배지에서의 한때였을 것이다. 2001년 한 해 동안 머물 거처를 마련해주셨고, 아들 같은 필자를 늘 즐겁고 기쁜 마음으로 돌봐주셨다. 백범 김구 암살범 안두희가 미군 CIC 요원이라는 문서를 발굴하고 함께 흥분했던 일, 암살 문서의 작성자 실리(George E. Cilley) 소령에 관한 자료를 찾아 펜실베이니아 주 칼라일배럭스(Carlisle Barracks)에 위치한 미육군군사연구소(The United States Army Military History Institute)로 달려갔던 일, 아카이브에서 세기의 충격이던 9·11테러를 맞이한 기억, 그라운드 제로를 방문했을 때 목격한, 먼지로 뒤덮인 맨해튼 거리·공포에 질린 잿빛 눈동자들, 한번도 초대한 사람이 없다는 방 선생님의 자택 연구실에 들어가 산더미처럼 쌓여 있는 문서를 부러운 눈으로 쳐다본 일, 사모님·아들 내외 등과 한 즐거운 저녁식사……. 떨어져 있던 가족들에겐 미안한 일이었지만, 방선주 박사님과 보낸 NARA에서의 한 해는 연구자로서 더없이 기쁜 일이자 행운이었다.

방 선생님과 나누었던 이러저러한 자료 얘기, 인물·사건에 대한 토론, 세상 사는 이야기 등은 모두 감명 깊게 가슴에 남았다. 38선 충돌에 대해 쓴다고 하자 미군정기 미·소 간 38선 문제·충돌에 관한 자료 한 상자를 선뜻 내주셨다. 책의 주제가 한국전쟁으로 발전되자 당신이 발굴한 신노획문서 마이크로필름을 보내주셨다. 이런 고마움을 은혜라고 표현해도 과하지 않을 것이다. 부디 선생님의 건강을 빈다.

2001년 NARA에서 보낸 1년은 흥미진진했지만 고된 노동의 연속이었다. 아침 9시부터 저녁 5시까지, 늦게 폐관하는 사흘은 저녁 9시까지 일주일 내내 NARA에서 살았다. 반복적인 문서 열람 작업은 고통스러운 일이었다. 50년의 세월 동안 솜씨 있는 장인을 만나지 못했고, 자신을 알아보지 못한 연구자들에게 복수라도 하듯 자료들은 쉽게 속내를 드러내지 않았다. 자료들을 보면 볼수록 눈은 충혈되고, 피부는 따끔거리고, 손은 주부습진에 걸린 듯 아파왔다. 안경을 쓰고 마스크를 썼지만 소용이 없었다. 단련된 경험자에 따르면, 오랫동안 고문서를 보면 머리털보다 코털이 먼저 하얗게 센다고 한다. 대학원 시절 들은, 규장각에 오래 근무하던 어떤 직원이 고문서에 잠복해 있던 조선

시대의 이름 모를 질병에 걸려 시름시름 앓았다는 괴담처럼, 긴 통과의례를 거쳐야 했다.

일용노동자처럼 매일 문서를 보고, 온몸이 뻐근하도록 복사해야 했다. 매일 늦은 시간에 엄청난 양의 복사 뭉치를 들고 아카이브 문을 나설 때면 개선가라도 부르고 싶을 만큼 의기양양해지곤 했다.

NARA를 방문해본 연구자라면 한두 달 정도 문서들을 뒤져보아야, 검토할 수 있는 문서상자·문서철·문서군, 획득할 수 있는 정보, 복사·정리할 수 있는 물량이 극히 제한되어 있음을 절감한다. 시간·비용·관심의 제약으로 접근할 수 있는 범위가 제한되기 때문이다. 그 기간을 1~2년으로 늘려도 사정은 별로 달라지지 않는다. 문서관 연구를 해본 사람이라면, 복사비와 복사기 사용제한 걱정 없이 무한대로 복사를 하고, 중요하고 결정적이며 핵심적인 자료를 손쉽게 발굴하고, 체재 비용과 체류 일정에 제한받지 않고, 다양한 문서들을 광범위하게 열람하고, 한글보다 더 자유롭게 영어를 구사할 수 있기를 바랄 것이다.

비극적인 역사가 초래한 결과로 한국현대사를 전공하는 연구자들은 자료를 찾아 해외를 방랑해야 했다. 적어도 몇 개 국어를 자유롭게 구사해야 문서관 연구를 할 수 있었다.

이 연구에 활용한 자료들은 이런 과정을 거쳐서 입수한 것들이다. 입수한 자료를 분석하는 작업은 역사학자로서 즐겁고 가슴 벅찬 일 중 하나였다. 또한 이는 역사학의 기본 미덕이기도 했다. 나에게 역사학을 가르친 모교의 선생님들은 사료를 보는 엄정하고 객관적인 자세, 비판적인 태도, 철저한 분석 방법을 누누이 강조하셨다. 그런 엄격한 훈련의 결과, 문자화·활자화된 자료에 미혹되지 않는 역사학자의 눈을 갖게 되었다. 자료의 지배를 받지 않고, 자료로부터 역사의 숨결을 느끼게 되었다. 자료에 관한 한 불혹(不惑)·부동(不動)하는 마음을 갖게 되었다.

2001년과 2005년에 작업한 북한 노획문서들은 다른 문서철들과 함께 연구실 한 벽면을 메우며 수년 간 또다시 세월의 무게를 견뎌야 했다. 대학에서 가르치고 연구하느라 분망(奔忙)한 일상을 보내다 문득 그 자료들을 바라보면 늘 가슴이 묵직했다. 혹여 심상(心傷)한 일이 생기면 노획문서 상자를 열어 자료를 뒤적이곤 했다. 이 자료들을 복사하며 다짐하던 일들을 생각하면 뛰는 가슴을 어찌할 줄 몰랐다. 상자 뚜껑을 덮을 때마다 자료들이 호소하는 목소리가 들리는 듯했다.

작년 겨울 드디어 이 상자들을 열고 본격적인 작업을 시작했다. 거의 1년 동안 전력을 다해 선별·복사한 자료들이었는데, 불과 두 달 만에 필요한 부분에 대한 분석이 완료되었다. 자료들은 서로 다투어 말을 걸어왔다. 전장에서 노획되어 50년 간 침묵으로 지낸 세월을 하소연하듯, 한 자료가 다른 자료와 소통하고 또 다른 자료가 개입하는 진기한 장면을 목격했다. 그후 몇 달을 거의 무아지경으로 보냈다. 아카이브에서 자료를 보던 때의 전율이 온몸을 휘감았다.

북한 노획문서는 비밀의 보고(寶庫)다. 시간은 1945년 해방 이후 1953년 종전의 시점에 멈춰 서 있다. 빛바랜 자료들은 이 시기 북한이라는 국가·사회, 정부·정당·사회단체·군, 그리고 사람들의 삶을 말해주고 있다. 한편으로 그것은 끔찍한 자료이기도 하다. 전쟁을 향한 인간의 광기와, 이를 포장한 '해방'의 논리와 의지, 목표를 향한 사회 구성원들의 조직적 움직임 등이 드러나기 때문이다. 포탄 파편에 구멍이 뚫린 작전명령서철, 소지자가 흘린 피로 굳어버린 어린 인민군 병사의 일기장, 전선으로 떠나는 병사가 돌배기 아들·부인과 찍은 흑백사진, 가매장된 인민군 무덤에서 뽑아 온 작은 목책까지, 이성의 눈을 흐리게 하는 비극적 역사가 담겨 있다.

이 책은 자료와 근거를 바탕으로 쓴 것이다. 특정 이론이나 가설, 방법론은 관심의 대상과 영역이 아닐뿐더러 어떠한 영향도 주지 못했다. 이 책을 쓰면서 오직 하나만을 생각했다. 그것은 이 책의 유일한 목적이기도 한데, 이론과 자료에 오도되거나 미혹되지 않고 역사적 진실만을 추구하는 것이었다. 이런 까닭에 이 책에는 그간 알려지지 않았던 수많은 사실, 사건, 이야기, 자료들이 담겨 있다. 이를 내세워 자랑할 생각은 없지만, 관심 있고 성실한 독자들에게는 충분한 선물이 되리라 생각한다.

이 책은 오랫동안 준비하고 구상한 결과의 산물이다. 그간 여러 차례 한국전쟁사를 쓸 계획과 시도를 하지 않은 것은 아니되, 역사학자라는 직업의 규율이 이를 좌절시키곤 했다. 본격적인 한국전쟁사를 쓴다는 것은 진정한 용기와 도전에 속하는 일이었다.

이 책의 핵심 내용은 1999년 완성되었다. 박사학위논문으로 제출할 생각도 있었지만, 필요한 자료들을 완전히 확인하지 못한 상태여서 최종 결말을 지을 수가 없었다. 구소련 문서·미국 문서에 대한 분석은 끝났지만 여전히 북한 자료들이 미진했기 때문이다. 2001년과 2005년 NARA에서 북한 노획문서들을 검토하고서야 비로소 본격적인 후속작업에 들어갈 수 있었다. 1년여에 걸쳐 북한 노획문서를 집중적으로 검토했지만, 노획문서 전체를 통람(通覽)할 수 없었다. 정확히 말해서 신노획문서 전량과 구노획문서의 3분의 1 정도를 검토했다. NARA에서 원본을 확인하지 못한 구노획문서 중 잡지·호적부를 제외한 중요 자료의 대부분은 국내에 입수된 복제본을 검토했다. 이 때문에 초고가 완성된 뒤 7년여를 더 기다려야 했다. 더 많은 자료 속에서 사실이 확인되고 인과관계가 분명해져서 주요 내용들이 무르익어갔다. 이제 정리할 시점에 도달한 것이다. 우공이산(愚公移山)·우보천리(牛步千里)의 마음가짐으로 여기에 이르렀다.

이 책은 흥미진진하지만, 쉽지 않은 내용으로 구성되었다. 1945년부터 1950년까지를 다루고 있지만, 핵심적인 시기는 1949~50년으로 설정되었다. 분석의 수준·단위는 미시적이며 구체적이다. 어떤 부분은 현미경 속 세상처럼 상세하고, 어떤 부분은 풍경화처럼 스쳐 지나간다.

이 책은 계몽을 목적으로 씌어진 것은 아니지만, 한국전쟁 연구자는 물론 군사전문가와 전략 문제에 관심 있는 일반 독자들에게도 조금이나마 말하는 바가 있으리라고 생각한다. 책 내용에는 새롭고 충격적인 면모가 없지 않다. 항간의 말로 하자면 '상식의 저항감'을 느낄 대목이 적지 않을 것이다. 인과관계의 흐름을 따라 마지막 5부부터 읽어 가기 시작한다면 보다 편하게 접근할 수 있을 것이다.

결말에 도달하고서야 책을 쓰는 내내 무겁던 마음의 한 자락을 잡을 수 있었다. 그것은 1950년 한국의 목소리였다. 이 책은 비극적이던 1950년 한국이라는 국가, 한국인들의 고통과 분노, 열정과 시대정신의 실체를, 그 일단(一端)을 보여줄 것이다. 마지막 장들을 완성하던 지난 몇 달 간, 학문적 성취감과 희열이 있었던 반면 심연과 같은 고통이 동반되었다. 마음의 통증은 몸으로 전해졌다. 한국, 한국인들이 겪었던 역사적 상황 속에서 덧없이 스러져간, 수많은 사람들의 꿈과 열정이 생각나 불면의 밤을 지새워야 했다. 1950년에 형상화된 한국이라는 국가·사회·사람들의 비극을 통해 이 책이 21세기 우리들에게 이야기하는 바가 있으리라고 기대한다.

한국전쟁사의 초입에 해당하는 이 연구를 위해 많은 개인·기관 들의 도움을 받았다. 먼저 국사편찬위원회가 아니었더라면 이 연구는 불가능했을 것이다. 국사편찬위원회는 한국현대사 연구자인 나에게 최고의 훈련장이었고, 자료의 보고였으며, 훌륭한 동료학자들이 모인 학문과 삶의 터전이기도 했다. 2001년 해외사료 수집사업의 일환으로 미국에 파견되어 거의 1년 간 NARA에서 자료를 볼 수 있었다. 진심으로 감사드린다.

2005년 1월 미국립문서기록관리청과 맥아더기념관을 방문한 것은 한국학술진흥재단의 연구 지원으로 가능했다. 학진의 후원에도 감사드린다.

국가기록원, 국방부 군사편찬연구소(구 국방군사연구소), 국회도서관, 맥아더아카이브(MA), 미국립문서기록관리청 등의 기관과 관련 사서·아키비스트들에게 감사의 인사를 전한다. 사진 자료의 사용을 허락한 눈빛출판사에도 감사드린다.

격동의 세월을 살았으나, 삶의 고운 결을 유지하고 있는 로광욱 박사 내외분은 주말마다 따뜻한 음식과 흥미로운 옛이야기로 내 단조로운 미국 생활에 활력을 불어넣어주셨다. 외로운 노년에 타향에서 건강하시길 기원한다. 포트워싱턴 옆 포토맥 강변에서 낙조를 보며 거닐던 고즈넉한 길이 지금도 가슴에 선연하다. 활기 넘치던 워싱턴 산악회의 오명석·윤시내 내외분, 이제는 손자가 둘이나 된 하숙집 주인 내외분께도 감사의 인사를 전한다.

이 책의 초고를 검토하고 비평해준 조선대 기광서 교수, 국방군사연구소 양영조 수석연구원, 한국학중앙연구원 이완범 교수 등 여러 선생님들과 한국역사연구회 고지훈, 노영기, 박동찬, 박진희, 조이현, 한모니까 등 동학들께 감사드린다. 올 2월 NARA를 방문해 문서관 연구를 하고 있는 고지훈, 김선호, 한모니까는 여러 번의 자료 요청에도 즐거운 마음으로 귀중한 시간을 허락해주었다. 기광서 교수는 귀중한 러시아 자료를 제공하는 한편 전문가로서 중요 대목에 대한 번역과 조언을 해주셨다. 이분들의 특별한 도움에 감사를 표한다.

이 책을 쓰면서 대학시절 고문서를 가르치셨던 최승희 선생님이 많이 생각났다. 고문서나 현대문서나 문서를 대하는 역사학도로서의 기본 자세가 최 선생님의 가르침에서 크게 벗어나지 않으리라 생각했기 때문이다. 전쟁의 참화를 얘기해주신 정옥자 선생님, 지도교수이신 한영우 선생님, 권태억 선생님, 김인걸 선생님께도 감사드린다. 역사학자의 기본과 자긍심을 이분들께 배웠다.

목포대 역사학 전공 선생님들의 따뜻한 마음과 진심어린 배려에 감사드린다. 유원적·신상용·김영목·박혁순·고석규·강봉룡·최연식 선생님의 보살핌이 아니었다면 이 작업은 엄두도 내지 못했을 것이다.

책의 가치를 두께와 도관, 호화 장정으로 가늠하고, 대중적이라는 명목으로 가볍고 부박한 책들을 선호하는 세태에 선뜻 출간을 허락한 돌베개 한철희 대표께 고마운 마음을 전한다. 큰 덩치의 원고를 좋은 책으로 만들어준 박숙희 팀장과 편집팀에게도 감사 인사를 드린다.

가장 큰 감사와 미안함의 인사는 가족에게 돌린다. 사랑하는 아내는 지난 몇 개월 동안 내가 온전히 책과 자료 속에 파묻혀 지낼 수 있게 배려해주었다. 이 책을 쓰는 동안 겪은 학문적 희열과 고통을 보듬어준 유일한 사람이다. 백련사 앞 서걱이는 대나무밭 사이로 동백꽃 보러 가자던 약속도 지키지 못했지만, 가족의 따뜻한 울타리로 감싸주었다. 초등학교 고학년이 되었다고 으쓱대는 아들 규환과 독특하고 매력적인 딸 서영에게 사랑의 인사를 전한다. 가족의 따뜻함이 없었다면 버텨낼 수 없었을 것이다. 홀로 계신 아버지께는 문안인사도 제때 못 드리곤 했다. 부디 건강하시고 평안하시길 빈다.

그리고 나는 언제나 이 말을 기억해왔다. 모교의 휘장에 써 있어 늘 가슴에 울리던 그 말, "진리는 나의 빛"(VERI TAS LUX MEA).

2006. 3. 14.
봄꽃 시샘하는 눈보라 날리는 청계 연구실에서
저자

| 목차 |

머리말 | 7

I부 서장

1 한국전쟁사의 역사 | 25
1. 정치적 논쟁과 공식 전쟁사 | 25
2. 여러 가설의 제출과 미궁 | 34
3. 미국 자료의 공개와 수정주의의 확산 | 42
4. 러시아 자료의 공개와 새로운 연구 경향 | 51

2 전쟁의 개전·성격·형성 | 69
1. 개전을 둘러싼 논쟁의 해결 | 69
2. 전쟁의 성격: 내쟁 같은 국제전쟁·외전 같은 동족전쟁 | 75
3. 전쟁의 형성 | 86

3 구성·연구 방법·자료 | 91
1. 연구의 구성 | 91
2. 연구 방법·연구 자료 | 104
   - 연구 방법 | 104
   - 구소련 문서 | 107
   - 기타 | 112
   - 미국 문서 | 105
   - 북한 노획문서 | 109
   - 지도 | 112

II부 미소의 38선 정책과 남북갈등의 기원

1 38선 분할과 미소의 대한정책 | 119
1. 38선 획정의 국제정치 | 119

2. 고위급 정책 결정: 군사점령·군정 | 127
　　3. 정책의 실현: 군정의 실시 | 132
　　4. 38선의 존속과 철폐 문제 | 139

2 미소의 진주와 38선의 군사경계선화 | 143
　　1. 첫번째 만남: 1945년 9월 11일 개성 | 143
　　2. 미소의 연락체제 구축 | 147
　　3. 38선 경비의 강화 | 151
　　4. 38선 통행 금지와 군사경계선화 | 158

3 미소의 38선 대책과 합동조사 | 165
　　1. 미군정의 38선 중립지대화 방안과 조사 구상 | 165
　　2. 미군정의 38선 철폐공세와 행정단위 조정안 | 168
　　　- 38선 철폐공세 | 168
　　　- 38선의 행정단위 조정안 | 171
　　3. 제1차 미소 38선 합동조사(1946. 5) | 174
　　4. 제2차 미소 38선 합동조사(1947. 4) | 180

4 1945~48년 38선 충돌의 특징과 성격 | 188
　　1. 1945~47년: 점진적 고양 | 192
　　　- 1945년 | 193　　　　　　　　- 1946년 | 193
　　　- 1947년 | 194　　　　　　　　- 전력 문제 | 198
　　　- 구암·예의저수지(연백저수지) | 200
　　2. 1948년: 남북갈등의 격화와 전환 | 202
　　　- 1948년의 특징 | 202　　　　- 원대리·구만리사건 | 208
　　　- 옹진 은동리저수지 사건 | 211　- 미군정의 대책 | 213

5 미소의 대한정책·점령정책과 그 유산 | 217
　　1. 미소의 대한정책과 국제 냉전 | 217
　　2. 미소 점령이 남긴 유산 | 221

III부 남북의 정치군사적 갈등과 38선 충돌

1 정부수립 후 남북한의 적개심과 적대적 동화 | 227

1. 1948년의 동력학과 남북의 적대의식 | 227
   - 과도기로서의 1948년 | 227
   - 폭풍: 여수 주둔 14연대 반란 | 232
   - 1948년의 동력학 | 236
2. 남북한의 적대적 동화와 38선 충돌 | 240
   - 최고 지휘부의 적개심 | 240
   - 군사 지도자들의 오해와 증오 | 248

2 무장 충돌의 발화와 '도발받은 정의의 반공격' 구상 1949. 2~1949. 4 | 258

1. 1949년 38선 충돌의 성격을 둘러싼 논쟁 | 258
2. 무장 충돌의 발화와 정치적 배경 | 268
   - 진지 구축과 주요 충돌 지점 | 270
   - 유엔한국위원단의 방한과 기사문리·고산봉전투 | 276
   - '해주의거' 사건 | 282
3. 공산주의 삼각동맹과 '도발받은 정의의 반공격전' 구상 | 290
   - 스탈린의 결정: '도발받은 정의의 반공격전'과 조소 군사원조협정 | 292
   - 중공의 동의와 한인부대의 입북 | 298
   - 북한의 병력·무장 강화 | 301

3 연대급 전투의 전개와 남한의 7월 공세 1949. 5~1949. 7 | 304

1. 남북한 병력 규모의 변화 | 305
   - 한국군의 병력 규모 | 306
   - 북한군의 병력 규모 | 315
2. 연대급 전투의 전개(개성-옹진) | 333
   - 5·4 개성 송악산 292고지전투와 38선 충돌의 확대 | 333
   - 옹진 제1차 충돌(5. 21~6. 27)과 한국군의 옹진 강화 | 350

3. 한국군의 7월 공세 | 363
  - 위기와 기회의 6월 | 363
  - 호림부대의 대북 침투 | 370
  - 양양돌입사건(제2차 고산봉전투) | 375
  - 개성 송악산 488고지전투(7. 20~8. 3) | 379
4. 한국군의 7월 대북공격설 재검토 | 381
  - 구소련 문서에 나타난 '북침' 가능성 보고 | 383
  - 미국 자료에 나타난 남한의 대북공격 우려 | 387
  - 북한의 방어 계획과 군사력의 증강 | 391
  - 7월 대북공격설의 파급 효과 | 396

4 북한의 옹진 점령 계획과 9월 공세 1949. 8~1949. 10 | 404
  1. 북한의 공격 노선 전환과 옹진 점령 계획 | 405
    - 옹진 제2차 충돌과 북한의 옹진 점령 시도 | 405
    - 8월의 북한: 공격 노선으로 급히 전환 | 410
  2. 9월의 소련: 대남공격 가능성 검토와 노선 전환 | 419
  3. 북한의 9월 공세설 | 434
  4. 은파산전투(옹진 3차 충돌)와 연대급 38선 충돌의 종식 | 441

5 소규모 충돌의 지속과 북한의 공격형 군사력 완비 1949. 11~1950. 6 | 450
  1. 정찰 과정에서의 소규모 충돌 지속 | 450
    - 고요가 깃든 38선 | 450
    - 1950년 5월: 북한의 38선 충돌 과장 | 459
  2. 북한의 공격형 군사력 완비 | 465
    - 정규군 병력·무장의 강화 | 465
    - 제2전선 구축과 유격대 남파 | 471

IV부 개전의 결정·공격 계획의 수립·초기 전투

1 조·중·소의 개전 합의와 전면공격의 결정 | 479

   1. 스탈린의 허가·마오쩌둥의 동의 | 479
   2. 전면 선제공격의 결정과 개전 준비 | 496

2 공격작전 계획의 수립 과정과 특징 | 515

   1. 「공격을 위한 기본계획」의 수립 | 515
   2. 「제1타격작전계획」·「반격계획」의 완성 | 524
      – 구소련 외교문서(1950. 6. 15) | 525
      – 「조선인민군 제1타격계획 작전지도(사본)」(일자 미상, 코로트코프) | 530
      – 「반격계획」(일자 미상, 라주바예프 보고서(1951. 11. 4)) | 537
      – 「정찰명령 1호」(1950. 6. 18, 인민군 총참모장·정찰국장) | 540
      – 「공격작전용 조선인민군 정찰계획」(1950. 6. 20, 인민군 총참모장) | 551
   3. 사단급 이하의 명령·지령 | 563
      – 사단급 전투명령(2사단·4사단) | 563
      – 연대급 이하의 명령 및 문헌 | 568

3 개전 초기 옹진전투 I: '도발받은 정의의 반공격전' 주장 | 575

   1. 내무성의 북침·반공격 보도 | 575
   2. 포로들의 '북침' 증언 검토 | 580
   3. 옹진전투 승리의 진실 | 585

4 개전 초기 옹진전투 II: 북한 노획문서의 증언 | 593

   1. 경비3여단의 공격 준비 상황 | 594
   2. 6사단 1연대의 공격 준비 상황 | 604

3. '공격전투계획'의 구성과 실행 | 621
　　- 1949년의 "방어전투계획" | 621
　　- 전선으로 이동 | 626
　　- 집결구역에서의 최종 점검 | 629
4. 옹진 '공격전투'의 전개와 특징 | 637

V부 에필로그

1 '불의의 기습남침'과 '정보의 실패' | 653
1. 만연한 북한의 침공정보 | 653
2. 정보의 실패: 잘못된 가정과 정보판단 | 661
3. 진정한 '불의의 기습남침' | 673

2 미혹된 진실: '해주점령설'의 재검토 | 684
1. 한국의 설명: 오보와 과장 | 684
2. 미극동군사령부 정보 자료의 혼란 | 702
3. 유도는 있었는가? | 711

3 혼돈 속의 진격: 북한군의 실상과 허상 | 723
1. 공격사단들의 실상 | 723
2. 혼돈 속의 진격 | 731

부록 | 744
참고문헌 | 767
찾아보기 | 800
표·그림·그래프 목록 | 815

I부

서장

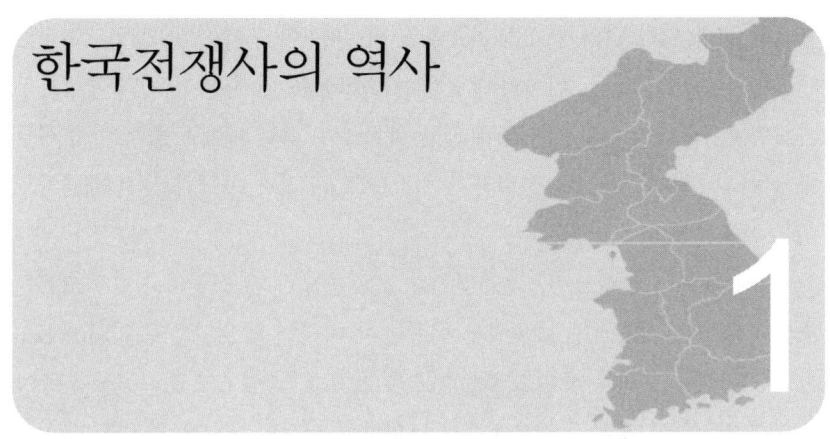

한국전쟁사의 역사

1. 정치적 논쟁과 공식 전쟁사

한국전쟁사는 개전(開戰) 이후부터 논란과 대결의 연장이었다. 개전 직후부터 전쟁을 둘러싼 남북·미소의 입장이 대립되었고, 전쟁사를 둘러싼 극한적인 심리전·선전전이 계속되었다.

북한은 공격을 시작하면서 남한이 북침했다고 주장함으로써 자신이 향후 서술할 한국전쟁사의 기본 골격을 수립했다. 이에 맞서 한국과 미국은 유엔에 제출한 유엔한국위원단(UNCOK)의 보고서에 기초해 북한의 전면 침략을 주장했다. 이 시점에서 이미 남·북·미·소가 서술할 냉전 시기 공식 전쟁사의 기본 성격과 골격이 완성되었다고 할 수 있다. 한국 전장(戰場)에서 벌어진 상황은 명징했지만, 개전을 확증해주는 명백한 증거들은 아직까지 제시되지 않았다.

한국전쟁사에서의 공세적 태도는 북한측으로부터 비롯되었다. 6월 28일 서울을 점령한 북한군은 대통령 관저인 경무대, 용산의 육군본부 등을 정밀

수색한 결과 여러 건의 중요 문서들을 노획했다. 이 문서들은 1949년 이승만 대통령과 그의 참모들, 미국인 고문들이 주고받은 편지와, 1950년 육군본부가 수립한 몇 가지 정보 계획들에 관한 것이었다. 북한 매체는 즉각 이 문서들을 남한의 '북침' 증거로 선전하기 시작했고, 소련과 동구권 선전 매체들도 이를 이용한 보도를 이어갔다.

러시아 문서에 따르면, 1950년 9월 2일 평양 주재 소련대사 슈티코프는 소련외상 비신스키에게 서울에서 이승만이 미국인 공보고문 올리버(Robert T. Oliver)에게 보낸 서한을 노획했다고 보고했다.[1] 9월 6일 소련공산당 중앙위원회 정치국은 북한이 경무대에서 노획한 문서들의 출판을 결정했고,[2] 9월 13일 슈티코프는 소련외무성에 전문(電文)을 보내 이 문서의 활용법을 제시했다. 슈티코프는 북한이 서울에서 노획한 문서들을 활용해, 이승만이 북한을 침공할 계획을 가지고 있었으므로 미국의 간섭이 불법이라는 점을 유엔총회와 유엔안전보장이사회에 알릴 필요가 있다고 주장했다.[3] 마침내 1950년 9월 23일 북한의 부수상이자 외무상이던 박헌영은 유엔안전보장이사회에 북한인민군이 서울에서 노획한 22건에 달하는 '극비문서'를 제출해 '북침'을 주장했다.[4] 소련 외상 말리크는 이 문서들이 남한의 '북침'을 실증하는 자료들이라고 주장하며 한국을 지원하는 미국과 유엔의 결정을 비난했다.

유엔 주재 미국대표 워런 오스틴(Warren R. Austin)은 이 문서들이 조작된 것이라고 주장하며, 이들이 유엔총회를 비롯한 모든 유엔 회의에 접수되는 것

---

1) 「슈티코프→비신스키」(1950. 9. 2), АПРФ〔러시아연방대통령궁문서보관소(the Archive of the President of the Russian Federation)〕 3-65-827, 43, 48(기광서 교수 제공).
2) 「소련공산당 중앙위원회 정치국 결정」(1950. 9. 6).
3) 「슈티코프→소련외무성」(1950. 9. 13), АПРФ 45-1-347, 18-19; АВПР〔러시아 외무성 대외정책문서보관소(the Archive of the Foreign Policy of the Ministry of Foreign Affairs of the Russian Federation)〕 059a-5a-11-4, 163-164(기광서 교수 제공).
4) "Documents Seized by North Korean Army during the occupation of Seoul at Korean War, and forwarded to the Chairman of the Security Council of the United Nations, Lake Success, New York," in U.N. Archives.

을 저지하기 위해 총력을 기울였다. 올리버에 따르면, 『뉴욕타임스』가 진위여부를 문의했을 때는 이미 워런 오스틴이 위조라고 선언한 뒤여서 침묵으로 일관했지만 이 편지는 위조품이 아니라 진본이었다.[5] 국사편찬위원회가 소장하고 있는 올리버 문서철(Robert T. Oliver Papers)에 해당 문서들이 남아 있는 것으로 보아, 북한이 제시한 노획문서들은 위조가 아니었다.[6] 다만 올리버가 지적했듯이, 북한은 이 자료의 부분을 과대 포장했을 뿐만 아니라 전후 문맥을 무시한 채 부분만을 왜곡 인용함으로써 선전효과를 노렸던 것이다.[7]

그중 가장 유명한 것은 구소련 문서에도 등장하는, 1949년 9월 30일 이승만이 공보고문 올리버에게 보낸 편지였다. 이 편지에서 이승만은 "평양의 잔당들을 소탕하기 위해 (……) 공격 조치를 취해"야 하며, "김일성 부하들을 산악 지역으로 몰아내 거기에서 그들을 점차 굶겨 죽"여야 한다고 썼다.[8] 그러나 1949년의 편지가 1950년 남한의 대북공격을 증명할 수는 없었다. 즉 이 편지는 1949년 이승만의 대북 적개심과 호전적인 '북벌'·'북진'·'실지회복'에 관한 의지를 보여줄 뿐, 1950년 6월 25일의 '북침'을 실증하지는 못했다. 나아가 1950년 6월의 현장에서 이승만이 공격을 명령하거나 지시한 증거는 단 하나도 노획되지 않았다.[9] 이는 남한에 의한 '북침'이 존재하지 않았음을 의미한다.

북한은 이들 '경무대에서 노획한 문서철'을 가지고 남한의 '북침'설을 국

---

5) Robert T. Oliver, *Syngman Rhee and American Involvement in Korea, 1942~1960 : A Personal Narrative*, Seoul: Panmun Book Company Ltd., 1978, p. 251.
6) 이 문서철에 대해서는 다음을 참조. 정병준(1996), 「해제: 이승만관계서한자료집」, 『대한민국사자료집』 제28집, 국사편찬위원회; 정병준(2002), 「해방전후 美洲 韓人 독립운동 관련자료 연구」, 『해방전후사 사료연구 I』, 선인, 152~154쪽.
7) 「Robert T. Oliver→Syngman Rhee」(1951. 4. 9), 국사편찬위원회(1996), 『대한민국사자료집〔이승만관계서한자료집 3(1951)〕』 제30집, 174쪽.
8) 「Syngman Rhee→Robert T. Oliver」(1949. 9. 30), 국사편찬위원회(1996), 『대한민국사자료집〔이승만관계서한자료집 2(1949~1950)〕』 제29집, 158쪽.
9) 1950년 북한이 경무대에서 노획한 문서들은 유엔문서보관소(U.N. Archives)에 보관되어 있다. 문서 사본은 국사편찬위원회에 소장되어 있다.

제 무대에 선전하며 이를 자료집으로 출간하기까지 했는데, 이는 경무대측에는 상당히 곤혹스러운 일이었다.[10] 북한과 소련은 이 문서들을 자료집과 책자로 간행해 대대적인 선전 자료로 이용했다.[11]

1950년 9월 28일 한국군과 미군이 서울을 수복하면서 상황은 역전되었다. 맥아더의 미극동군(Far East Command: FEC) 산하에는 윌로비(Charles Willougby) 중장이 지휘하는 군사정보국(Military Intelligence Section), 즉 정보참모부와 그 예하의 연합통번역대(Allied Translator and Interpreter Section: ATIS)가 존재했다. 전장에서 적의 문서를 노획해 번역·통역함으로써 주요정보의 획득을 임무로 한 ATIS는 북진의 와중에서 수천 건의 북한 문서를 노획·번역했다. 이로써 북한의 침략을 증명할 수 있는 수천 건의 문서가 축적되었지만 미군의 승승장구 속에 공개는 지연되었다. 1951년 전선이 38선 인접지역에서 교착(膠着)되었을 때, 이 문서들 중 일부가 공개되었다. 미군의 정보획득·처리 시스템이 유출될지도 모른다는 우려가 있었지만, 정치적 판단의 결과, 핵심적인 문서들이 공개되었다.

1951년 10월 미국무부 공보국은 『한국에서의 전쟁 : 1950년 6월 25일 이전의 사건』(*The Conflict in Korea : Events Prior to the Attack on June 25, 1950*)이라는 36쪽 분량의 팸플릿을 간행했다.[12] 이 팸플릿에는 북한의 선제공격을

---

10) 미국무장관 애치슨은 1951년 3월 2일 부산 미대사관에 전문을 보내 소위 '경무대 문서'의 진위와 그 반박책을 상의했다[RG 59, State Department Decimal File, 595A. 00/3—1451, 方善柱(1986), 「虜獲 北韓筆寫文書 解除 (1)」, 『아시아문화』 창간호에서 재인용].
11) 가장 먼저 간행된 것은 미국의 民主的 極東政策期成委員會(The Committee for a Democratic Far Eastern Policy)라는 정체불명의 단체가 낸 『누가 한국전쟁을 일으켰는가?—문헌 기록』(*Who Began the Korean War?—The Documentary Record*)으로 추정된다. 영문 원본은 확인하지 못했지만 1952년 中川信夫의 일본어 번역본을 참조할 수 있다〔アメリカ民主的極東政策期成委員會·中川信夫 譯(1952), 『朝鮮戰爭は誰が起したか』, 月曜書房〕. 북한은 1960년 이 자료들을 종합해서 다시 『사실은 말한다』(*Facts Tell*)라는 자료집을 출간했다. 또한 올리버에 따르면, 북한의 주장을 수용한 프랑스 파리의 모 방송국은 1950~1953년의 이승만을 전쟁 상인으로 묘사하는 선전방송을 해서 경무대와 유엔군측을 긴장시킨 바 있다.
12) Department of State, Publication 4266, Far Eastern Series 45, Released October 1951, *The*

증명하는 2건의 주요 노획문서가 수록되었다. 원문서의 영문 번역본들이 수록되었고, 전쟁을 개시한 것이 북한이며 그 배후에 소련정부가 있었다는 광범한 의혹과 문제제기가 있었다. 이후 한국전쟁 발발과 관련해 가장 중요하게 취급된 2건의 자료, 즉 「정찰명령 제1호」(1950. 6. 18. 조선인민군 총참모장·정찰국장)와 「공격명령 1호」(1950. 6. 22. 인민군4사단장 이권무)가 이때 공개되었다. 원래 「정찰명령 제1호」는 공격을 담당한 8개의 사단급 부대(경비3여단, 제6사단, 제1사단, 제4사단, 제3사단, 제2사단, 제12사단, 제12모터사이클연대)에 내려졌지만 4사단에 내려진 것만이 공개되었다. 즉 인민군 총참모부가 4사단에 정찰명령을 내렸고, 이어 4사단의 공격명령이 예하부대에 하달되었다는 설명이다.

미국은 유엔군사령관·유엔 주재 미국대사 명의로 1951년 5월 2일 유엔사무총장에게 이 노획문서들이 북한의 침공을 증명한다는 비망록을 송부했다.[13] 북한은 1951년 5월 28일 이 문서들이 조작되었다고 주장했다.[14] 이에 맞서 미국은 이 문서들이 진본이라며 북한의 주장을 반박하는 구체적인 성명을 발표했다(1951. 5. 31).[15] 전장에서 벌어진 '진실'과 '진위' 논쟁은 공정한 판결을 기대하기 어려웠다. 1950년 발화된 전쟁과 증거 문서들은 정확한 의미를 평가받지 못한 채 위조공방으로 치달았고, 공방은 평행선을 그리며 관심의 영역에서 멀어져갔다.

1950년대 후반 이후 남북한과 미국은 공식 전쟁사를 간행하기 시작했다.

Conflict in Korea: Events Prior to the Attack on June 25, 1950, Division of Publication, Office of Public Affairs.
13) 진위를 둘러싼 경과는 『한국에서의 전쟁: 1950년 6월 25일 이전의 사건』, 25~36쪽 참조.
14) UN Document S/2167. published 28 May 1951 in Russian.
15) "Annex C: Analysis of Reconnaissance Order No.1 and Operation Order No.1 in the Light of the North Korean Allegations Contained in S/2167," Ambassador Ernest A. Gross, Acting United States Representative to the United Nations, to the Secretary-General of the United Nations, May 31, 1951, Establishing the Authenticity of the Enemy Documents. 『한국에서의 전쟁: 1950년 6월 25일 이전의 사건』, 32~36쪽.

북한은 1959년 『조선인민의 정의의 조국해방전쟁사』(과학원 력사연구소, 전3권, 사회과학출판사)를 간행했다. 북한은 한국전쟁이 남한의 북침에 따른 '도발받은 정의의 반공격전'이자 '조국해방전쟁'이라고 주장했다. 북한이 주장하는 '북침'의 핵심 근거들은 이미 한국전쟁 당시 공개했던 자료들이었다. 그렇지만 이는 1949년의 편지들과 1950년의 정보 계획 등이었을 뿐, 공격을 증명하는 작전 계획이나 공격명령 등은 아니었다. 북한은 한국군의 '북침 계획'을 보여주는 단 하나의 원문서나 증거도 제시하지 못했다. 북한이 제시한 대부분의 근거들은 신문, 잡지, 공간(公刊)된 책자 들에서 수집한 2차적이고 간접적이며 방증적(傍證的)인 자료들과, 북한군에 투항해 포로가 된 인사들의 증언이었다. 북한은 여러 자료들을 동원해 상황을 북한측 진술에 맞게 재구성하고 설명함으로써 자신의 주장을 논증하려 했다. 북한의 공간사는 자신이 인식하고 있는 한국전쟁관과 관련해 깊은 인상을 주었지만, 객관적 증거에 기초한 확증과는 거리가 있었다. 이후 북한은 1959년 판본을 다양하게 재조정한 『조국해방전쟁사』를 간행했다. 가장 많이 알려진 것은 『혁명의 위대한 수령 김일성동지께서 령도하신 조선인민의 정의의 조국해방전쟁사』 전3권(1972, 사회과학출판사)이며, 이후 사회과학원 력사연구소가 『조선전사』 제25·26·27권(과학·백과사전출판사, 1981)으로 한국전쟁사를 재정리해 간행한 바 있다.

한편, 한국정부는 1967년부터 공식적으로 『한국전쟁사』(국방부 전사편찬위원회, 전 9권)를 간행했다. 참전자들의 회고와 광범위한 인터뷰, 육군본부의 소장 자료들을 동원해 저술된 이 방대한 저작은, 한국전쟁이 불의의 기습 남침에 근거한 전쟁이었다고 강조한다. 이 책은 이후 한국에서 간행된 대부분의 한국전쟁사의 기본 골격이 되었다. 특히 제1권은 해방 이후 건군(建軍) 과정의 여러 모습과 남북 간의 38선 충돌 등을 사실적으로 기술했다. 1967년이라는 시대 상황을 고려할 때 한국정부가 간행한 것이라고는 믿기 힘들 정도로 객관적인 서술이었던 반면 이는 한국 내에서 많은 논란을 불러일으켰다. 전사편찬위원장이던 이형석 장군에 따르면, 원래 이 책은 한국전쟁에 관한 모든 사실을 객관적으로 총정리하는 것을 목적으로 삼았지만, '너무 정치적'이라는 이유로 재판(再版)에서는 38선 충돌이 모두 삭제되었다.[16]

1977~79년 국방부 전사편찬위원회는 『한국전사』 1·2권의 개정판을 출간했는데, 이중 개전기를 다룬 1권은 분량과 내용에서 한국정부가 간행한 공식전사로는 가장 훌륭한 종합판이었다. 이후 1995년 국방군사연구소의 『한국전쟁』이 간행되었고, 2004년 이래 국방부 군사편찬연구소의 『6·25전쟁』 시리즈가 간행 중이지만, 큰 틀에서 볼 때 개정판 『한국전사』의 영향권 안에서 서술이 이루어지고 있다는 점에는 의문의 여지가 없다. 1977년 개정판 『한국전사』는 이후 한국에서 출간된 대부분의 한국전쟁사의 원천이자 근거가 되었다. 당시 축적된 자료들은 현재 국방부 국방군사연구소에 소장되어 있다. 수많은 면담록이 작성되었지만, 아직 미공개 상태이다.

전투사와 관련된 핵심 자료들은 한국군에 보존되어 있었고 인터뷰 또한 가능했지만, 그 이상을 뛰어넘는 전략·전술, 정치적 배경, 미국·유엔의 역할, 국제 외교, 공산권의 움직임 등에 대해서는 제한된 자료로 인해 서술의 한계를 지녔다. 즉 이 책은 '한국군의 한국전쟁 전투사'의 한계를 뛰어넘기 어려운 측면이 분명 존재했다. 또한 자료의 출처에서도 인터뷰와 전투사를 제외하면, 대부분의 중요 자료들을 미군측 자료에 의존할 수밖에 없는 상황이었다.

한국정부의 공식 전사의 가장 큰 문제점은 출처가 명시되지 않았다는 것이다. 인터뷰어(interviewer)와 인터뷰이(interviewee), 그리고 자료의 출처가 제시되지 않음으로써 사실과 평가, 주관과 객관을 구분하는 것이 거의 불가능했다. 대부분의 자료들은 인터뷰와 미군측 자료에 근거한 것으로 추정되었지만, 확증할 방법이 없었다. 이 때문에 오랜 준비 과정을 통해 만들어진 이 전사는 숱한 비판의 대상이 되어왔다. 브루스 커밍스는 남한의 공식 전쟁사를

---

[16] 「전사편찬위원장 이형석 면담」(1978년, 메릴), 존 메릴 지음·신성환 옮김(1988), 『침략인가 해방전쟁인가』, 과학과사상, 272쪽.

인용하는 것이 '놀랄 만큼 무능한' 일이며, 그것은 반쯤의 진실과 왜곡과 결정적인 탈루(脫漏)투성이라고 평했다.[17] 한국의 공식 전사들은 주목할 만한 업적을 이루었음에도 불구하고 이후 국내외 연구자들에게 공정한 평가를 받지 못했다.

1961년 미국의 군사가 로이 애플만(Roy E. Appleman) 소령이 『한국전쟁 시기의 미육군: 남으로는 낙동강까지, 북으로는 압록강까지』(*United States Army in the Korean War: South to the Naktong, North to the Yalu*)(미육군부, 1961)라는 기념비적인 저작을 간행했다.[18] 애플만은 2차 대전기 24군단 소속으로 오키나와전투사를 집필했으며, 1951년 현역으로 재소집된 후 한국전사 편찬을 위해 한국에 파견되었다. 전사(戰史)·군사(軍史)로서 애플만의 저작은 탁월한 내용을 담고 있었다. 미군측 자료에 관한, 나아가 전투사에 관한 애플만의 인용과 서술은 명확하고 신뢰할 만한 것이었다. 국내에는 이 저작이 거의 알려지지 않았는데, 한국 육군본부가 일부를 번역·출간하였다.[19] 애플만은 한국전쟁기의 전투사와 전쟁의 전개 과정에 대해서 우리가 이용할 수 있는 주요 자료원을 제공했지만, 전쟁의 정치적 배경, 한국의 국내 상황, 미국·소련·중국 등의 외교 및 국내정치 등은 거의 배제하였다. 즉 이 책은 군사사로는 최고봉을 점했지만 종합적인 한국전쟁사와는 거리가 있었다. 이후 미군 합동참모본부는 『합동참모본부사』(*The History of the Joint Chiefs of Staff*)의 제3권으로 『한국전쟁』(*volume III: the Korean War*)을 간행했다.[20] 이 책은 한국전

---

17) Bruce Cumings, *The Origins of the Korean War, vol. 2, The Roaring of the Cataract 1947~1950*, Princeton University Press, 1990, p. 571〔이하 Bruce Cumings(1990), 앞의 책으로 약칭〕.
18) Roy E. Appleman, *United States Army in the Korean War: South to the Naktong, North to the Yalu*, Washington D.C., Department of the Army, Government Printing Office, 1961〔이하 Roy Appleman(1961), 앞의 책으로 약칭〕.
19) 육군본부 작전참모부 군사처(1963), 『유엔군전사: 낙동강에서 압록강까지』 제1집, 육군인쇄공창.
20) James F. Schnabel and Robert J. Watson, *The History of the Joint Chiefs of Staff: The Joint Chiefs of Staff and National Security, volume III: The Korean War, part I·II*, Historical Division, Joint Secretariat, Joint Chiefs of Staff, 12 April 1978. 이 책은 국방부 전사편찬위원회가 번역하였다〔채한

쟁기 합동참모본부의 역할에 집중한 것으로, 전쟁을 심도있고 전면적으로 다룬 것은 아니었다. 1990년 빌리 모스맨(Billy C. Mossman)은 1950년 11월 말부터 1951년 7월 초까지의 작전사를 다룬 미군 공식 전사를 간행했다.[21]

북한·남한·미국의 공식 전쟁사 또한 간행되었지만, 이 전사들은 특정한 목적을 위해 서술된 것들이어서, 전쟁의 배경·원인, 기원, 발발, 전개 과정 등에 영향을 끼친 다양한 정치적 요소들을 전면적으로 다루지는 않았다. 또한 객관적 서술이 이루어지기 어려운 구조적 한계를 지니고 있었다. 이러한 목적의식과 대상 범위의 제한, 특정한 시각 등으로 말미암아, 공식 전사들은 그 성과에도 불구하고 연구자들의 보편적 동의와 전면적 이용을 이끄는 데 성공하지 못했다.

이후 한국전쟁 연구는 국외에서 주로 국제정치·외교학의 주된 탐구대상이 되었다. 다양한 가설과 이론 들이 제출되었고, 해답을 얻기 위해 다양한 조합들이 제시되었다. 학문적으로는 1970년대 중반 이후 열띤 논쟁과 토론이 있었지만, 기본적으로 한국전쟁기 형성된 공식 전사들의 입장에서 크게 벗어나지 못했다. 진실의 혜안을 밝혀줄 주요 자료가 공개·발굴될 때까지 한국전쟁 연구는 표면적으로는 활기찼지만 본질적으로는 과도기와 침묵기를 지나야 했다.

이후 한국전쟁 연구는 상승과 정체가 교차했는데, 상승의 가장 중요한 동력은 새로운 자료의 발굴이었다. 한국전쟁의 주요 행위 주체인 미국, 북한, 소련의 자료가 공개될 때마다 전쟁사 연구는 충격의 파고를 넘어 격렬하게 진행되었다.

국 번역(1990), 『(미국합동참모본부사) 한국전쟁』 상·하, 국방부 전사편찬위원회].
21) Billy C. Mossman, *Ebb and Flow, November 1950~July 1951*, Washington D. C., Center of Military History, United States Army. 이 책은 한국어로 번역되었다 [모스맨 지음·백선진 옮김(1995), 『밀물과 썰물』, 대륙연구소 출판부].

2. 여러 가설의 제출과 미궁

한국전쟁에 대한 남북·미소의 입장이 대립하는 와중에서 국제학계에서는 한국전쟁에 대한 다양한 가설과 견해 들을 도출해냈다. 이를 가설·견해라고 부르는 이유는 이들의 주장이 객관적인 자료에 의해 검증되지 않았을 뿐 아니라, 기초적인 자료 정리보다는 이론틀과 가정에 집중했기 때문이다.[22]

서구 학계에서는 한국전쟁에 관해 전통주의, 수정주의로 분류되는 여러 가설들이 제출되었다. 공산 진영 내에서는 단일한 한국전쟁관이 있었기 때문에 이론(異論)의 여지가 없었다. 한국전쟁 연구에 관한 전통주의적 시각은 한국전쟁의 기원을 공격적이며 팽창주의적인 소련의 대외정책에서 찾았던 반면, 초기 수정주의 시각은 2차 대전 이후 미국의 '제국주의 정책'에서 찾았다.[23]

국제정치학에서 전통주의(traditionalism)와 수정주의(revisionism)의 대립은 오랜 역사를 지니는데, 수정주의는 전통적 견해, 즉 전통주의를 수정하려는 입장으로, 주로 전쟁의 기원에 대한 전통적 학설을 수정하는 데 중점이 놓여 있다. 1차 대전의 기원을 수정한 '세계대전 수정주의'(World War Revisionism), 2차 대전의 기원을 수정한 '우파 수정주의'(Right Revisionism), 냉전의 기원을 수정한 '좌파 수정주의'(Left Revisionism) 등이 있는데 한국학계에서 말하는 수정주의는 좌파 수정주의이다.[24] 한편 분석의 편의를 위해 한국전쟁에 관한 좌파 수정주의의 논의를 '초기 수정주의'(스톤, 굽타, 콜코, 시몬스), '후기 수정

---

[22] 이하의 연구사 정리는 다음을 참조한 것이다. 김학준(1989), 『한국전쟁: 원인·경과·휴전·영향』, 제2장, 박영사; 김철범(1989), 「한국전쟁 연구의 동향」, 『한국전쟁: 강대국 정치와 남북한 갈등』, 평민사; 김학준(1990), 「6·25 연구의 국제적 동향: 6·25 연구에 관한 문헌사적 고찰」, 김철범 편집, 『한국전쟁을 보는 시각』, 을유문화사; 이완범(1990), 「한국전쟁 연구의 국내적 동향: 그 연구사적 검토」, 『한국과 국제정치』 6권 2호; 정병준(1996), 「한국전쟁」, 한국역사연구회, 『한국역사입문 ③: 근대·현대편』, 풀빛.

[23] 김학준(1988), 「6·25 연구의 국제적 동향」, 『한국현대사를 어떻게 볼 것인가』 2, 동아일보사.

[24] 하영선 편(1990), 『한국전쟁의 새로운 접근: 전통주의와 수정주의를 넘어서』, 나남; 이완범(1990), 앞의 논문.

주의'(커밍스), '신수정주의'(메릴) 등으로 구분하는 견해도 있다.[25]

1970년대 이전 전통주의 학파에서는 한국전쟁의 스탈린 주도설과 소련·중국 공모설이 지배적이었다. 1950년 6월 25일 북한군이 전면적 기습공격을 개시했다는 점에 기초해, 과연 누가 전쟁을 명령했는가를 밝히는 데 논의의 초점이 맞추어졌다. 스탈린이 한국전쟁을 주도했다는 설은 여러 가지 가설로 구성되어 있는데, 소련을 향해 가중되는 유럽의 압력을 아시아로 분산시키기 위해 전쟁을 일으켰다는 '압력분산설', 소련을 배제한 채 추진되는 미·일 평화조약 체결을 막기 위해 개전했다는 '미·일조약견제설', 남한이 허점을 보여 공격했다는 '허점공격설', 소련의 팽창정책에 대한 미국·서방의 저항력·결의를 실험하려 했다는 '서방시험설', 소련의 힘을 과시해 동아시아 공산 세력을 고무하려 했다는 '무력시위설', 소련이 미국과 중공의 대결을 유도해 국력을 소모시키기 위해 파놓은 함정에 미·중이 빠졌다는 '함정설' 등이 있다. 이외에도 소련이 한반도에서 부동항(不凍港)을 얻으려는 욕심으로 개전했다는 설과, 국제 공산주의자들이 일본공산당의 개조와 일본 적화를 위해 공격했다는 대전략설 등이 있다.

한편 소련·중국공모설은 스탈린이 한국전쟁 개전을 중국과 협의했다는 것인데 이는 대한민국의 공식 견해였다. 여기에는 몇 가지 주장과 가설, 즉 중국이 중국인민해방군 소속 한인병사들을 북한에 귀환시켜 북한군의 병력을 증강시켰다는 주장과, 마오쩌둥의 모스크바 방문(1949. 12~1950. 2) 기간에 한국전쟁 개전에 소련·중국이 합의했다는 주장이 포함된다.[26] 전통주의는 전쟁 발발의 책임자로 소련 혹은 북한을 거론했다. 주로 소련·공산권 전문가 및 국제정치·외교사 연구자 들이 이런 입장에 섰다. 이 시기에 제출된 가장 실증적인 분석은 글렌 페이지(Glenn Paige)가 출간한 저작으로, 이 책은 6월 24일

---

[25] 김철범(1989), 앞의 책; 김철범 편(1990), 앞의 책.
[26] 김학준(1990), 앞의 논문, 19~30쪽.

부터 30일까지 7일 동안을 미시적으로 추적해 미국의 참전 과정을 세밀히 분석했다.[27]

한편, 최초의 좌파 수정주의 학파는 미국과 남한이 공모하여 북한의 남침을 유도했다는 '남침유도설'로 개시되었는데,[28] 이는 베트남전을 전후해 일어난 반전운동과 미국의 동아시아 정책을 비판하는 수정주의적 조류의 선구가 되었다. 수정주의 입장은 언론인들과 학자군을 형성해, 한국·중국·베트남의 분단과 내전을 아시아 민족주의 대 미제국주의의 대결에서 파생된 것으로 파악했다. 이 같은 논쟁은 전쟁의 성격과 원인은 물론 개전의 책임론까지 포괄했다. 1970년대 이전의 연구는 주로 전쟁 개전의 책임에 큰 비중을 두었는데, 특히 한반도의 내부적 경향·요소보다는 미국과 소련이라는 강대국의 외적 영향·결정력에 강조점을 두었다.

한국전쟁 개전에서 미국·남한의 개입과 책임을 거론하는 입장은 1952년 스톤으로부터 비롯되어, 1960년대의 콘데, 1970년대의 굽타·콜코 부부·시몬스를 통해 논쟁적으로 확산되었다.

한국전쟁의 와중이던 1952년, 좌파 독립언론인 스톤(I. F. Stone)의 저작이 출간되었다.[29] 본명이 이시도어 파인스타인(Isidor Feinstein)인 스톤은 1960년대 구독자 7만을 보유했던 1인 신문 『I. F. 스톤즈 위클리』(*I. F. Stone's Weekly*)를 운영한 탐사보도 전문가였다.[30] 스톤은 미국과 남한이 '침묵의 음모'를 꾸몄을 것이며, 북침을 하지는 않았지만 남침을 유도했을지 모른다고 주장했다. 스톤은 "침략은 정치적으로는 침묵으로 고무되었고, 군사적으로는

---

27) Glenn Donald Paige, *The Korean Decision, June 24~30, 1950*, New York, Free Press, 1968; 그렌 D. 페이지 著·韓培浩 譯, 『美國의 韓國參戰決定: 政策決定理論에 의한 事例研究』, 법문사.
28) I. F. Stone, *The Hidden History of the Korean War*, New York, Monthly Review Press, 1952; I. F. 스토운 저·백외경 역(1988), 『비사 한국전쟁』, 신학문사.
29) 같은 책.
30) 박인규, 「I. F. 스톤을 기리며」, 『프레시안』, 2005. 12. 24. 스톤은 『네이션』(*Nation*)지의 공동편집장 및 워싱턴 편집장을 역임한 바 있다.

방어대형으로 초래되었으며, 마침내는 모든 것이 준비되었을 때 국경선을 가로지른 일련의 소규모 도발에 의해 개시되었다"는 유명한 가설을 제시함으로써,[31] 이후 소위 '남침유도론'의 효시가 되었다.

스톤은 아시아 우선주의자인 맥아더가 이승만·장제스·덜레스와 공모해 한국전쟁을 유도함으로써 미군의 군사적 개입을 이끌어냈고, 종국적으로 트루만 행정부의 유럽 우선주의를 역전시켰다고 주장했다.[32] 또 이들이 한국전쟁에서 성공한 뒤 중국을 무너뜨리고, 소련과의 제3차 대전까지도 염두에 두고 있었다고 해석했다. 그는 특별한 자료를 입수하거나 고위 소식통에 의존하지 않고, 공간된 신문과 정부 보도자료 그리고 수많은 가정들을 통해 이런 주장을 폈다. 만주의 콩 이야기나 중국국민당의 한국전쟁 사전 인지설 등 대만과 맥아더, 남한의 상관관계에 대한 스톤의 의혹 제기는 많은 관심을 불러일으켰다. 스톤의 책은 이후 콘데·굽타·콜코 부부·브루스 커밍스 등 많은 연구자들에게 영향을 주었다. 특히 브루스 커밍스가 주장하는 한국전쟁 개전에 관한 두번째 모자이크는 스톤이 제시한 모형을 따른 것이었다. 스톤은 개전의 주된 책임이 미국이 아니라 이승만과 맥아더·덜레스에게 있다고 보았다. 스톤은 "한국에 오래 관여는 했지만 서로 피하기를 바라는 큰 세력들 — 워싱턴, 모스크바, 북경 — 이 여러 가지 문제들로 대결을 갈망하는 완고한 위성국들의 희생물이었다고 믿"었다.[33] 스톤의 입장은 초기 수정주의로 분류되었지만, 소련이 전쟁의 기원을 모르고 있었다고 주장함으로써, 개전의 책임이 소련에 있다고 주장하는 '외인론적 수정주의'와는 거리가 있었다.

1967년 일본 도쿄에서 콘데(D. W. Conde)가 쓴 책이 간행되었다.[34] 콘데

---

31) I. F. 스토운 저·백외경 역(1988), 앞의 책, 66쪽.
32) 김학준(1990), 앞의 논문, 31~32쪽.
33) I. F. 스토운 저·백외경 역(1988), 앞의 책, 17쪽.
34) D. W. コンテ 著·陸井三郎監 譯(1967), 『朝鮮戰爭の歷史 1950~53』(上·下), 太平出版社; 이 책의 원제는 다음과 같다. David W. Conde, *An Untold History of Modern Korea*, 3 volumes, 1966.

는 2차 대전 중 미군 심리 작전군 소속으로 대일 선전전에 종사했고, 종전 후 연합군최고사령부 정보교육부 영상과장으로 일했다. 1946년 사임 후 로이터 특파원으로 일하던 중 1947년 무허가 체류를 이유로 국외 추방되었고, 1964년 일본에 돌아와 1968년 책을 간행했다. 콘데의 책은 총 3부작으로, 그중 2부가 한국전쟁을 다루고 있다.[35] 스톤은 스스로 발굴한 자료와 형상화를 통해 가설을 수립했고, "모든 정부는 거짓말쟁이들이 움직이고 있으며, 이들이 하는 말은 단 하나도 믿어선 안 된다"는 신조하에 미국정부는 물론 북한 당국의 주장도 수용하지 않았다. 반면 콘데의 책은 명백히 북한의 논리와 자료에 따라 구성되었다. 콘데가 이용한 핵심 자료는 앞에서 살펴본 『사실은 말한다』 등의 북한 간행물이었고, 그 나머지는 대부분 스톤의 책을 전재한 것이나 다름없었다. 콘데의 저작 가운데 유일하게 설득력이 있는 분석은 중국 변수에 대한 해석이었다. 콘데는 "한국전쟁은 만약 중국이 외부로부터의 간섭에 저항하여 자신의 독립정부를 수립하지 않았다면 결코 시작되지 않았을 것이라고 확신"했다.[36] 즉 미국이 중국의 공산화 이후 한국에 간섭했고, 동일한 이유로 베트남전에 말려들었다는 분석이다.

　　스톤·콘데보다 정교하지는 않지만, 1970년대 한국전쟁 연구의 기폭제가 된 것은 인도 캘커타 대학의 굽타(Karunakar Gupta) 교수가 1973년 발표한 논문이었다. 일종의 습작 논문을 통해 굽타는 한국군의 해주 점령을 사실로 인정하면서, 한국군이 1950년 6월 25일 이른 새벽에 북한을 공격했다고 주장했다.[37] 굽타는 서울에서 청취된 CIA의 외국방송첩보단(Foreign Broadcast

---

[35] 콘데의 책은 모두 3부로 구성되었다. 제1부 The Untold Story of Korean Crime(1945~1950), 제2부 Korean War, The Other Version(1950~1953), 제3부 South Korea, Bad Seed-Bad Harvest(1953~1966). 이 책은 1988년 한국에서 총 5권으로 번역·출간되었다〔데이비드 콘드 지음·편집부 역(1988), 『분단과 미국(1945~1950)』 1·2, 사계절; 데이비드 콘드 지음·최지연 옮김(1988), 『한국전쟁, 또 하나의 시각』 1·2, 과학과사상; 데이비드 콘드 지음·장종익 옮김(1988), 『남한, 그 불행한 역사: 1953~1966』, 좋은책〕.
[36] 데이비드 콘드 지음·최지연 옮김(1988), 앞의 책 1, 과학과사상, 11쪽.

Information Service: FBIS)의 보고를 인용해 6월 25일 오전 9시 옹진 주둔 한국군이 해주를 점령했다는 성명을 발표한 사실과, 남한이 해주를 공격했다는 6월 25일 오전 북한의 성명을 인용했다. 굽타가 인용한 자료들은 북한의 자료가 아니라 한국과 미국측 자료에 근거한 것이어서, 일부 학자들에게는 북한이 이전에 일방적으로 한 주장과 달리 충분한 개연성이 있는 것으로 받아들여졌다. 이는 굽타에 의한 남한 해주 공격·점령설의 출발이었다. 굽타의 문제제기는 즉각 로버트 시몬스(Robert R. Simmons), 이정식, 스킬렌드(W. R. Skillend)의 반론을 이끌어냈고 굽타의 재반론으로 이어졌으나 더 이상의 진전은 없었다.[38]

1973년 11월에는 콜코(Joyce and Gabriel Kolko) 부부와 윌리엄 스툭(William Stueck)의 논쟁이 이어졌다.[39] 캐나다 토론토 대학의 역사학 교수이던 콜코 부부는 1972년 출간된 책에서 한국전쟁 개전과 관련해 소련이 북한의 개전을 사전에 알지 못했다는 '소련경악설'을 주장했다.[40] 콜코는 일종의 '예방전쟁론'을 주장했는데, 북한의 공격을 기정사실화하고 그 위에 맥아더·이승만의 음모에 의해 전쟁이 시작되었다는 것이다.[41] 맥아더는 미국 대통령직에 야심을 품었고, 이승만은 정치적 위기에서 탈출하고 미국의 개입을 강화시켜 북진통일을 하려 했다는 것이다. 콜코 부부는 또한, 북한의 한국전쟁 계

---

37) Karunakar Gupta, "How did the Korean War begin?" *China Quarterly*, no.52, 1972; *China Quarterly*, no.54, 1973.
38) Chong-sik Lee, W. E. Skillend and Robert Simmons, "Commentaries," *China Quarterly*, no.54(April~June, 1973). 이 논문들은 모두 한글로 번역·출간되었다. K. 굽타 外·정대화 편역(1988), 『한국전쟁은 어떻게 시작되었나?』, 신학문사.
39) 이에 대해서는 김학준(1990), 앞의 논문, 38~39쪽 참조.
40) Joyce and Gabriel Kolko, *The Limits of Power: The World and United States Foreign Policy, 1945~1954*, New York, Harper & Row, 1972, pp. 600~617. 콜코 부부의 책은 일부가 번역되었다. 조이스 콜코·가브리엘 콜코(1982), 「미국과 한국의 해방」, 徐大肅 외 역, 『한국현대사의 재조명』, 돌베개; Joyce Kolko·Gabriel Kolko(1989), 「미국의 세계전략과 한국전쟁」, 金周煥 편, 『미국의 세계전략과 한국전쟁』, 靑史.
41) 이완범(2000), 『한국전쟁: 국제전적 조망』, 백산서당, 27쪽.

획은 서울 점령을 통해 이승만 정부로 하여금 남북협상에 임하게 하는 것이었는데, 신속한 철수를 준비한 이승만·맥아더의 함정에 빠졌고, 미국은 한국정부가 붕괴될 것이라는 위기 속에 과도하게 한국전쟁에 개입했다고 주장했다. 즉 한국전쟁은 제한전 혹은 전형적인 내전으로 출발해 국제전으로 비화되었다는 것이다.

콜코 부부는 미소 양군의 철수가 38선상에서 분쟁을 야기해, 남북 양군의 경쟁으로 치닫게 했으며 이것이 한국전쟁으로 이어졌다고 주장했다. 나아가 미국이 채택한 공격적인 아시아정책 NSC 68은 한국전쟁을 예견하고 대비한 정책이었고, 소련은 개전을 몰랐다는 소련무지설을 주장했다. 콜코 부부의 견해는 미국의 역할을 강조하는 외인론적 수정주의를 대표했다.[42] 이에 대해 스툭은 콜코가 너무 많은 가정법에 의존하고 있으며, 구체적인 자료 제시 없이 자신의 논리를 이어갔다고 비판했다.[43] 당시 대학원생이던 스툭은 이후 한국전쟁에 관한 신전통주의적 견해의 대표주자가 되었다. 북한의 공격을 사전 인지했고, 이승만이 고의적으로 퇴각을 명령한 후 맥아더가 이들을 구원했으며, NSC 68이 한국전쟁을 위해 준비된 계획이었다는 콜코 부부의 설명틀은 스톤의 설을 발전시킨 것으로, 이후 존 할러데이(Jon Halliday)·브루스 커밍스에게 영향을 주었다.

1975년 간행된 시몬스의 저작은 전쟁의 내전적 성격을 강조하며 '소련무지설', '소련경악설'을 주장했다.[44] 시몬스는 소련이 북한측으로부터 한국전

---

42) 이완범(2000), 「한국전쟁의 국제적 기원-세계적 냉전의 동북아 침투」, 한국전쟁연구회 편, 『탈냉전시대 한국전쟁의 재조명』, 백산서당, 121쪽.
43) William Stueck, Jr., "Cold War Revisionism and the Origin of the Korea Conflict: The Kolko Thesis," *Pacific Historical Review*, vol.42, November 1973; The Kolkos, "To Root Out Those Among Them," *Pacific Historical Review*, vol.42, November 1973.
44) Robert Simmons, *The Strained Alliance: Peking, P'yongyang, Moscow and Politics of the Korean Civil War*, New York, The Free Press, 1975; 로버트 R. 시몬즈(1984), 「한국전쟁」, 사계절편집부 역, 『韓國現代史: 1945~1975』, 사계절; 로버트 R.시몬스 著·기광서 역(1988), 『한국내전』, 열사람.

쟁의 개전일을 통고받지 못했으며, 같은 맥락에서 소련의 유엔 불참 등을 설명했다. 시몬스는 김일성·박헌영의 권력투쟁 결과, 모스크바가 알고 있던 1950년 8월보다 2개월 앞서 전쟁이 시작되었다고 주장했다. 논쟁이 벌어졌고 '소련경악설'의 반박 자료로 흐루시초프 회고록이 중요하게 평가되었다.

한편 1979년 존 할러데이는 짧은 논문을 통해 유도설에 근거한 한국군의 북침설을 주장했다.[45] 이승만이 미 지상군의 개입을 유도하여 북한 정권을 붕괴시키기 위해 북침했다는 주장이다.[46]

한편 국내 연구자들 가운데에서 한국전쟁이 본질적으로 내전이며 해방3년사에서 일어났던 빨치산 투쟁의 연장선상에서 파악하려는 견해가 제출되기도 했다.[47]

이상에서 살펴본 것처럼, 1950년부터 1970년까지의 한국전쟁 연구는 주요 참전국들의 자료들이 공개되지 않은 상황에서 다양한 가설과 이론 조합이 제시된 것으로 정리할 수 있다. 전통주의적 견해와 수정주의적 견해가 대립했고 개전의 주체를 둘러싼 논쟁이 있었지만, 구체적인 자료 근거가 확보되지 않은 상태여서 설득력 있는 분석은 이루어지지 않았다. 학문적 논쟁은 견고한 이견의 벽 속에 갇혀 있었다.

---

45) Jon Halliday, "The Korean War: Some Notes on Evidence and Solidarity," *Bulletin of Concerned Asian Scholars*, vol. 2, no. 3, July 1979, pp. 2~18〔김학준(1990), 앞의 논문, 46쪽에서 재인용〕.
46) 할러데이는 1977년 평양에서 개전 당시 최전선에 있었다는 북한군 고위장교 6명과 회견했는데, 이들은 6월 25일 이른 아침 한국군이 북한으로 2km 정도 진격해 들어왔다고 증언했다〔「6인의 고위 인민군 장교와의 회견」(1977. 7. 26), Jon Halliday, "Commentary," Bruce Cumings ed., *Child of Conflict: The Korean-American Relationship, 1943~1954*, Seattle, University of Washington Press, 1983, p. 168〕.
47) 김점곤(1973), 『한국전쟁과 노동당전략』, 박영사; 김점곤(1989), 「南勞黨 폭력혁명노선의 연장선상에서 일어난 한국전쟁」, 김철범 편, 『한국전쟁: 강대국 정치와 남북한 갈등』, 평민사.

3. 미국 자료의 공개와 수정주의의 확산

한국전쟁 연구는 기본적으로 자료의 공개 상황과 긴밀하게 연관을 맺으며 진행되어왔다. 한국전쟁의 주요 행위자인 남한, 북한, 미국, 중국, 소련 중 가장 먼저 공개된 것은 미국측 자료였다. 미국 자료들이 대량으로 공개됨으로써 미국의 역할과 입장에 대한 연구가 심화되었다.

한국전쟁사 연구는 1970년대 중후반을 계기로 전환점을 맞이하게 되었다. 미국측 주요 자료와 증언이 공개되고 새로운 연구붐이 조성됨으로써, 한국전쟁 연구사에서 첫번째 전성기가 형성되었다.

먼저 한국전쟁 당시 주요 미국 정책 결정자들의 회고록이 공간되었다. 이미 트루만, 맥아더, 리지웨이, 애치슨 등의 회고록이 간행되어, 주요 행위주체들의 역할과 그들의 상황 판단·정책 결정 등이 주목을 받았다. 1975년 트루만대통령도서관 주최로 한국전쟁 25주년 기념 토론회가 개최되었고, 여기에 유엔군사령관 리지웨이(Matthew B. Ridgway), 유엔 주재 미국부대사 그로스(Ernest A. Gross), 주한미대사 무초(John J. Muccio), 주소대사 해리만(Averell W. Harriman), 합참의장 콜린스(Lawton Collins) 등이 참석했다. 이 토론은 1977년 책으로 출간되었다.[48]

보다 중요한 것은 비밀 문서들이 대량으로 비밀 해제되어 공개된 점이다. 1977년 이후 미국립문서보관소(National Archives: NA)에서 25년 이상 경과된 비밀 문서들이 공개되기 시작했다. 이 문서들의 공개는 한국현대사와 한국전쟁 연구의 밑바탕이 되었다. 이때 공개된 미국 문서들은 크게 세 종류였다.

첫째, 미국 외교 문서 및 군사정보 문서 들이 공개되었다. 먼저 『미국 외교 문서』(Foreign Relations of the United States: FRUS)의 한국전쟁 시기분이 공간

---

[48] Frances Howard Heller ed., *The Korean War: A 25-Year Perspective*, Lawrence, Regents, Edited for The Harry S. Truman Library Institute for National and International Affairs, 1977.

되었고,⁴⁹⁾ 외교 문서에 수록된 다양한 원자료들이 미국립문서보관소에서 공개되었다. 이로써 연구의 새 지평이 열렸다. 이를 통해 미국의 한국전쟁 참전 과정은 물론, 냉전 형성기 미소관계, 대중국정책, 대일본정책 등 주요 주제에 관한 미국측 정책 입안·결정·집행 과정이 드러났다. 이외에도 군사 문서, 정보 문서 들이 부분적으로 비밀 해제되기 시작했다. 맥아더가 지휘한 극동군사령부(Far East Command) 군사정보국(Military Intelligence Section)의 『정보요약』(Intelligence Summary) 시리즈, 주한미24군단 정보참모부(G-2)의 『일일정보요약』(G-2 Periodic Report)·『주간정보요약』(G-2 Weekly Summary) 등의 문서가 대량으로 공개되었다. 미군정의 정보들을 통해 미국 대한정책의 실체와 고위 정책과 하위 정책의 구체적인 입안·결정·집행 과정을 재구성할 수 있게 되었다.

둘째, 미군정기 주한미24군단 정보참모부 군사실 문서(XXIV Corps Historical File)들이 공개되었다.⁵⁰⁾ 이 문서들은 미군정기 한국현대사에 대한 전혀 새로운 면모들을 부각시켰다. 그 시대를 경험한 한국인들도 잘 알지 못했던 한국현대사의 비밀들이 판도라의 상자에서 해방되었다. 1980년대 중반 이후 한국현대사 연구를 이끈 두 가지 주요한 동력은 광주 5·18의 경험과 현대사 자료의 발굴이었는데, 24군단 군사실 문서는 이후 한국현대사 연구, 특히 해방3년사 연구의 핵심적인 기초 자료가 되었다. 이 자료들은 방선주에 의해 국내에 소개되었으며, 브루스 커밍스의 저작 역시 이 문서철에 크게 의존한 것이었다.⁵¹⁾

---

49) Department of State, *Foreign Relations of United States, 1950, volume 6, Far East and Pacific*, U.S. Government Printing Office, 1976; *1950, volume 7, Korea*, U.S. Government Printing Office, 1976.
50) NARA, RG 332, 「1945~1948년 간 주한미24군단 정보참모부 군사실 역사문서」(United States Army Forces in Korea XXIV Corps, G-2 Historical Section, Historical Files, 1945~1948).
51) 24군단 군사실 문서철에 대해서는 다음을 참조. 方善柱(1987), 「美國 第24軍 G-2 軍史室 資料解題」, 『아시아문화』 제3호, 한림대학교 아시아문화연구소; 「美國內 資料를 통하여 본 韓國近·現代史의 의문

셋째, 한국전쟁기 미극동군이 한국 전장에서 노획한 소위 '북한 노획문서'가 공개되었다. 구노획문서는 1977년 공개되었고, 신노획문서 혹은 선별노획문서는 1990년대 초에 공개되었다. 북한 노획문서는 한국전쟁기 미군이 북한군·북한 점령 지역에서 노획한 소위 「주한미군이 노획한 문서, 노획 한국문서」(Records Seized by U.S. Military Forces in Korea, Captured Korean Documents)이다.[52] 이 기록들은 NARA에 문서군 242로 분류되어, 「미국립문서기록관리청 해외 노획문서 컬렉션」(National Archives Collection of Foreign Records Seized)이라는 제목으로 소장되어 있다.[53]

한국전쟁은 물론 한국현대사와 관련해 가장 핵심적이고 중요한 자료들이 공개됨으로써 새로운 연구 환경과 연구 지형이 열렸다. 미국의 비밀 문서들이 공개됨으로써 미국의 역할·입장에 대한 분석이 정교해졌다. 자료의 흐름을 따라 연구의 고저가 형성된 것이다. 그리하여 냉전 형성과 관련해 미국의 역할에 대한 비판적 견해들이 대량으로 확산되었을 뿐 아니라, 학문적인 힘을 갖게 되었다. 이와 때를 같이하여 베트남전을 경험한 반전세대들이 학계에 등장하면서 2차 대전 이후 미국의 외교정책, 냉전의 형성, 한국전쟁에 대한 기존의 전통주의적 견해를 비판하고 새로운 해석을 시도하기 시작했다. 수정주의가 확산된 것이다.

미국 자료에 근거해 1980년대에 새로운 한국전쟁 연구서들이 출간되었다.[54] 이 시점에서 1981년과 1990년 출간된 브루스 커밍스의 『한국전쟁의 기

점」, 『아시아문화』 제2호, 1987; 「해설」, 『G 2 Periodic Report 1: 주한미군정보일지 1』, 한림대학교, 1988; 「美軍政期의 情報資料: 類型 및 意味」, 『韓國現代史와 美軍政』, 한림대학교 아시아문화연구소, 1991; 정용욱(2002), 「미국립문서보관소 소장 주한미군사령부 '군사실문서철'·'하지장군문서철' 조사연구」, 『미국소재 한국사 자료 조사보고』 4, 국사편찬위원회; 『미군정 자료 연구』, 선인, 2003.
52) 방선주(2002), 「미국 국립공문서관 소장 RG 242 내 「선별노획문서」 조사연구」, 『미국소재 한국사자료 조사보고 III: NARA 소장 RG 242 「선별노획문서」』, 국사편찬위원회; 정병준(2005), 「탈취와 노획의 전쟁기록」, 『역사비평』 겨울호, 역사비평사.
53) NARA, RG 242, 「주한미군이 노획한 문서, 노획 한국문서」(Records Seized by U.S. Military Forces in Korea, Captured Korean Documents).

원』 I·II는 한국현대사 연구는 물론, 한국전쟁의 기원과 관련해서도 탁월하고 기념비적인 업적이었다.[55] 특히 커밍스는 1970년대 중반 미국학계가 도달한 이론틀과 학문 수준 위에서 미국립문서보관소의 자료들을 광범위하게 동원·분석함으로써 한국현대사·한국전쟁 연구의 신기원을 개척했다. 커밍스의 저작은 1990년 수준에서 미국 학계가 도달할 수 있었던, 한국현대사·한국전쟁 연구의 최고봉이었다.[56]

커밍스의 가장 큰 장점은 여타 미국 연구자들과 다른 접근 방법과 자료 활용에 있다. 대부분의 미국 연구자들은 한국 문제를 다룰 때 미국의 외교 정책·군사 정책과 관련된 한정된 주제 범위에 그쳤고, 한국 내의 상황에 대해서는 거의 분석하지 못하거나 피상적 진술에 그쳤다. 보다 정확히 말하면, 한국현대사를 객관적 자료에 입각해 연구하는 학자들이 거의 없었다. '크레믈리놀로지'(Kremlinology)에 익숙한 소련학자들이 한국전쟁을 다루거나, 미국의 외교사·외교 정책의 일환으로 한국을 다루었을 뿐, 한국 자체가 분석의 초점은 아니었다.

이에 비해 커밍스는 오랜 문서관 연구에 기초해 광범위한 자료를 분석·활

---

54) 로즈메리 푸트(Rosemary Foot)에 따르면, 1981년 한국전쟁사 연구에 중요한 영향력을 행사한 4개의 저작이 출간되었다(Rosemary Foot, "Making Known the Unknown War, Policy Analysis of the Korean Conflict in the Last Decade," *Diplomatic History*, vol.15, no.4, Summer, 1991).
55) Bruce Cumings, *The Origins of the Korean War, volume I : Liberation and the Emergence of Separate Regimes, 1945~1947*, Princeton University Press, 1981〔이하 Bruce Cumings(1981), 앞의 책으로 약칭〕; *volume II: The Roaring of the Cataract, 1946~1950*, Princeton University Press, 1990. 1권은 국내에서 번역되었다〔브루스 커밍스 저·김주환 역(1986), 『한국전쟁의 기원』 상·하, 靑史〕.
56) 손호철(1989), 「브루스 커밍스의 한국현대사연구 비판: 이론 및 방법론을 중심으로」, 『실천문학』 가을호; 양성철(1989), 「서평: Bruce Cumings, *The Origins of the Korean War*」, 『통일문제연구』 1(3); 이삼성(1989), 「한국현대사와 미국의 대외정책 연구방법론: 손호철 교수의 브루스 커밍스 비판의 문제점」, 『사회와사상』 11월호; 백낙청(1992), 「브루스 커밍스와의 대담: 세계사 속의 한국전쟁과 통일한국」, 『창작과 비평』 봄호; 전상인(1992), 「브루스 커밍스의 한국사·한국사회의 인식」, 경남대학교 극동문제연구소, 『한국과 국제정치』 봄·여름호; 신동준(2001), 「대담: 브루스 커밍스와 해리 하루투니안-미국 아시아학의 비판적 검토」, 『역사비평』 봄호; Michael D. Shin, "An Interview with Bruce Cumings," *The Review of Korean Studies*, vol.7, no.1, The Academy of Korean Studies, 2004.

용했다. 특히 커밍스는 미국에서 공개된 비밀 문서들 가운데 다른 미국 학자들이 전혀 보지 못하고 접근을 시도하지 못한 자료들을 활용했다. 앞에서 살펴본 것처럼 미국 자료는 크게 세 부분의 강점이 있는데, 첫째 미국 외교·군사정보 문서는 미국의 정책과 역할을, 둘째 24군단 군사실 문서는 미군정기 군정의 역할은 물론 한국정치의 폭발성과 내밀한 비밀들을, 셋째 북한 노획문서는 현재의 북한은 물론 당대에도 알지 못했던, 개전 전후 북한의 실상을 드러내주었다. 이들 세 종류의 문서들은 한국전쟁과 관련한 미국 자료의 강점이자 특징이며, 세계 어느 곳에서도 찾을 수 없는 유형의 것이었다.

대부분의 학자들은 미국 외교 문서 혹은 정보·안보·군사 문서를 활용하는 수준에 그친 반면, 커밍스는 24군단 군사실 문서를 비롯한 한국 관련 문서들을 "극한까지 검토"했다.[57] 특히 한국 체류 경험과 24군단 군사실 문서의 광범한 활용을 통해 미군정기 중앙과 지방의 한국정치를 통찰력 있게 분석하고 복원해낸 솜씨는 1945년부터 1947년까지를 다룬 『한국전쟁의 기원』 I 에서 잘 드러난다. 나아가 커밍스는 북한 노획문서를 집중적으로 검토함으로써 그 누구도 접근하지 못했던 개전 전후의 북한측의 목소리를 우리에게 들려주었다.

즉 커밍스의 강점은, 첫째 한국전쟁의 주요 행위자인 남한·미국·북한을 연구 대상 범위로 확장한 점, 둘째 1950년 6월 발발의 원인 규명에 집중되었던 전쟁의 기원·역사를 1945~50년 간 남북한 내부의 정치의 복원을 통해 시기적으로 확장한 점, 셋째 미국 자료를 광범위하게, 또 '극한' 까지 검토·활용한 점, 넷째 이론과 실증을 다양하게 결합한 점 등이라 할 수 있다.

커밍스의 고백에 따르면, 그는 1972년부터 5년 간 "하루 2달러짜리 여인숙에 머물며 아침 8시부터 밤 10시까지 NARA에서 살았"고,[58] 다른 책에서는

---

57) 와다 하루키의 표현을 인용했다(와다 하루끼 저·서동만 역(1999), 『한국전쟁』, 창작과비평사, 60쪽).
58) 신동준(2001), 앞의 글, 157쪽.

"1971년부터 1988년까지 거의 20년 간" 북한 노획문서를 포함해서 "내가 접근할 수 있는 모든 문서를 가지고 한국현대사의 핵심 사건, 한국전쟁을 연구"했다고 밝혔다.[59] 한국에 대한 학문적 관심이 없고, 자료에 대한 통제가 느슨하던 시절, 커밍스는 자유롭게 자료에 접근해, 그때까지 누구도 보지 못했던 미군정기 자료와 북한 노획문서를 검토했다. 커밍스는 노획문서를 본격적으로 활용한 최초의 미국학자였다. 1981년 출간된 I부는, 걸음마 단계에 있던 한국현대사 연구가 도저히 오를 수 없는 거대한 성벽이었다. 1990년의 II부는 보다 자유로운 방식으로 썼었는데, I부에 비해 논리와 자료의 구사가 많이 이완되었을 뿐 아니라, 핵심적인 부분을 가설과 추정에 의지하였다.

한편, 접근 자료의 제한에서 비롯된 커밍스의 약점과 한계 또한 분명했다. 특히 한국전쟁의 발발을 다룬 1990년 II부의 몇몇 장이 주요한 비판의 대상이 되었다. 첫째, 그는 1990년대 초중반 이후 본격적으로 공개되기 시작한 구소련 문서들을 볼 수 없었다. 그 때문에 한국전쟁의 주요 행위 주체인 북한, 소련의 입장에 대해 정확한 정보를 갖지 못했다. 그는 미국의 역할과 입장에 대해서는 가설·추정·모자이크를 동원하며 극한까지 검토한 반면, 소련의 입장·역할은 전혀 언급하지 않았고, 북한에 대한 설명도 충분하지 않았다. 이 점은 북한 연구자들로부터 비판을 받았다. 그의 책에서 핵심적으로 지적되는 문제점은 개전을 결정·실행하는 과정에서 북한·소련의 입장과 역할에 대한 설명의 불충분·부재·왜곡 등인데, 이는 그가 접근할 수 있는 자료의 제한에서 비롯된 측면이 강했다. 즉 그는 한국전쟁의 주요 행위주체인 미국·남한에 대해서는 철저히 검토했지만, 북한·소련·중국에 대해서는 불균등한 서술·평가를 하였다. 시기적으로도 1945~49년에 대한 분석은 정교하지만, 1950년에 대한 분석은 허점이 있었다.

둘째, 그는 북한 노획문서를 검토했지만 본격적으로 검토하지는 못했다.

---

59) 브루스 커밍스 지음/김동노·이교선·이진준·한기욱 옮김(2001), 『한국현대사』, 창작과비평사, 7~8쪽.

와다 하루키의 지적처럼, "북한측 자료는 신문기사까지만 검토했을 뿐, 북한의 의도에 관한 내부적인 자료는 전혀 검토하지 못했다".[60] 북한 노획문서의 핵심은 선별 노획문서라고 불리는, ATIS가 선별·번역한 문서들인데, 그가 아카이브에서 연구한 1970~80년대에는 아직 공개되지 않았다. 나아가 커밍스는 이들 문건들 중 영어로 번역되어 있는 문서들을 주로 맥아더아카이브(MacArthur Memorial Archives)에서 인용했다. 커밍스가 이용한 자료들이 북한 노획문서 중 핵심적인 선별 노획문서들의 번역본이었지만, 영역된 자료들에 개별적으로 접근해서는 정확한 독해는 물론 핵심 파악조차 어려웠다. 이 때문에 북한 노획문서를 최초로, 그리고 대규모로 동원한 연구를 수행했음에도 불구하고 주요한 핵심을 간파하는 데는 한계가 있었다.

셋째, 그는 핵심 쟁점에 대해 음모론적 관점에서 접근함으로써 역사적 진실에서 상당히 멀어졌다. 그는 한국전쟁이 상당 부분 미국 혹은 미국·대만·남한 등의 음모에 기원을 두고 있다는 스톤(I. F. Stone)의 특별한 영향을 받았다.[61] 역사는 뛰어난 몇몇 정치인·군인 들의 의도·음모·통제로 형성될 수 없는 것이고, 특히 광기의 전쟁은 더더욱 그러했다. 그럼에도 불구하고 커밍스는 개전과 관련된 음모론에 경도되었다. 나아가 그는 해방 이후 한반도에서 혁명과 반혁명의 상황에 대한 북한의 설명에 상당 부분 설득력이 있다고 판단한 것으로 보인다. 그는 1981년과 1987년을 포함해 세 차례 '주체의 나라' 북한을 방문했고, 전희섭 등 북한군 주요 지도자들과 면담하기도 했다. 최소한

---

60) 와다 하루끼 저·서동만 역(1999), 앞의 책, 60쪽.
61) 커밍스의 책 제목 『한국전쟁의 기원들』(The Origins of the Korean War)은 스톤이 본격적으로 한국전쟁을 연구해 발표한 두번째 연구결과의 제목(The Origins of the Korean War)이기도 했다. 이 글은 프랑스 파리의 주간지 『옵세르바퇴르』(L' Observateur)(1951. 3. 8)에 게재되었다[스토운 저·백외경 역(1988), 앞의 책, 12쪽]. 스톤의 책 1952년판의 서문은 『먼슬리 리뷰』(Monthly Review, an Independent Socialist Magazine)를 발행하던 저명한 좌파 경제학자 리오 휴버만(Leo Huberman)과 폴 스위지(Paul Marlor Sweezy)가 썼고, 1988년 복각판의 서문은 브루스 커밍스가 썼다. 커밍스는 스톤이 말한 관사(a, an, the) 하나까지도 모두 완벽한 진실이라며 스톤에 대한 존경심을 표했다.

북한 당국은 커밍스에게 부정적 인상을 준 것 같지는 않다. 반면 당시 남한은 민간·군부의 독재정권이 지속되어 민주주의는 억압되었고 실질적인 미국의 식민지로 비쳤다. 커밍스는 평화봉사단 시절(1967~68) 남한을 미국의 "실질적 식민지"로 대하던 서울 주재 미국 기관 종사자들로부터 받은 부정적 이미지와 베트남전쟁의 영향으로 한국에 관심을 갖게 되었다고 밝힌 바 있다.[62] 커밍스가 섭렵한 자료와 그의 이러한 대한인식의 결과, 1945~49년까지 남한 현대사에 대한 그의 해석은 탁월하고 설득력이 있었지만, 1950년 개전 상황을 전후한 분석은 자료의 부족과 결합되어 과도한 음모론으로 흘렀고, 결과적으로 진실과 큰 격차가 벌어졌다.

1990년대 중반 이후 한국사회에서는 커밍스의 '수정주의' 사관이 한국현대사 연구를 지배하는 것처럼 묘사하고 비판하는 경향이 생겨났다. 커밍스의 저작이 연구 초입에 있던 한국현대사 연구자들에게 큰 영향을 준 것은 사실이지만, 그가 제시한 관점과 내용이 한국 학자들의 역사관을 결정했다는 설명은 과한 것이다. 미국의 대외정책을 한국이라는 작은 지역을 통해 설명한 한 학자의 학문적 성과를 과대 포장하는 것은 한국 학계의 연구 능력 부재 혹은 무능을 반증하는 것이기도 했다. 1990년대 중반 이후 커밍스의 연구를 비판한 소위 '수정주의 비판' 연구들은 본격적인 연구라기보다 반복적인 연구사 정리에 그쳤다. 학문사회 외부에서 일부 언론과 학자 들이 서로 주고받은 메아리 효과로 수정주의를 비판하면 할수록 커밍스의 영향력이 증폭하는 기현상이 연출되었다. 진정한 비판과 극복은 학문사회 내의 진지하고 객관적인 연구성과로 증명·평결될 것이다.

1985년 출간된 제임스 매트레이(James Irving Matray)의 저서는 1941~50년 간 미국의 외교정책 속에서 한국전쟁이 차지하는 위치를 설명했다.[63] 매트

---

62) 백낙청(1992), 「브루스 커밍스와의 대담: 세계사 속의 한국전쟁과 통일한국」, 『창작과 비평』 봄호.
63) James Irving Matray, *The Reluctant Crusade: American Foreign Policy in Korea, 1941~1950*,

레이는, 1949년 초까지 트루만 행정부는 한국의 생존이 아시아에서 봉쇄정책의 시험대가 될 것이라고 간주했고, 중국에서의 실패를 재현하지 않고 소련의 팽창을 비군사적으로 저지하려고 했다고 평가한다. 미국의 NSC 68의 채택과 한국전 참전은, 그의 책 제목이 의미하듯 '내키지 않은 십자군'(the reluctant crusade)의 시작이었고, 이는 군사적 수단·개입으로 범세계적 평화·안정을 보존하려는 정책의 시작이었다는 것이다. 매트레이는 대한정책과 관련된 미국의 외교·정책 문서를 세밀하게 분석해, 그의 책은 이에 관한 가장 정교한 업적으로 기록되었다. 한국에서는 별다른 주목을 받지 못했지만, 트루만독트린 이후 경제적·정치적 대소 봉쇄라는 트루만 행정부의 정책이, 대한 공약에서도 외부 침략보다는 내부 전복과 선전 활동에 중점을 두게 만들었다는 분석은 한국전쟁 발발과 관련해 매우 중요한 시사점을 제공한다.

1982년 델라웨어 대학에서 박사학위를 받은 존 메릴(John R. Merrill)의 학위논문은 1988년 한국에서 번역·출간되었다.[64] 학위논문을 수정·보강한 그의 저서는 1989년 출간되었지만, 내용상 큰 차이는 없었다.[65] 메릴은 1948년부터 1950년 사이의 혁명과 반혁명의 내부 충돌이 결국 한국전쟁이라는 내전(internal warfare)을 초래했다고 분석한다. 특히 남한 내부의 혁명적 열기의 분출이었던 제주 4·3, 여순반란과, 남북 간의 충돌이었던 1949~50년의 38선 군사충돌을 통해 내전이 발화되었다고 보았다. 이는 브루스 커밍스가 말한 한국전쟁의 내전적 발화와 기본적으로 일치한다. 스스로를 신수정주의자라 규정한 메릴은 내인론과 외인론을 균형있게 조화시켜 전쟁의 기원을 분석해야 한다고 주장했다.[66] 특히 메릴은 브루스 커밍스를 제외하고는 1945~50년의

University of Hawaii Press, 1985; 제임스 I. 메트레이 지음·구대열 옮김(1989), 『한반도의 분단과 미국: 미국의 대한정책, 1941~1950』, 을유문화사.

64) John Merrill, "Internal Warfare in Korea, 1948~1950: The Local Setting of the Korean War," Ph. D. Dissertation, University of Delaware, 1982; 존 메릴 지음·신성환 옮김(1988), 앞의 책.

65) John R. Merrill, *Korea-The Peninsular Origins of the War*, Newark, University of Delaware Press, 1989; 존 메릴 지음/이종찬·김충남 공역(2004), 『한국전쟁의 기원과 진실』, 두산동아.

남한 현대사에 대해 체계적인 자료 접근·분석을 시도한 거의 유일한 학자였다.[67]

1970년대 중반 이후 미국 자료의 공개는 1980년대 초중반 브루스 커밍스·존 메릴·제임스 매트레이의 역작을 이끌어냈다. 이들은 문서보관소에서 새로 공개된 자료들을 조사·연구했으며, 남한과 미국의 관계를 구체적 자료에 근거해 복원·설명했다. 한편, 1970년대 미국 등에서 박사학위를 받은 한국학자들에 의해 국내에서 한국전쟁 연구가 본격화되었고, 일본에서도 미국 자료에 근거한 한국전쟁의 객관적 연구가 시작되었다.

4. 러시아 자료의 공개와 새로운 연구 경향

1991년 소련이 붕괴되었다. 동구 사회주의는 말 그대로 몰락했고, 블라디미르 일리치 레닌(Vladimir Ilich Lenin)으로부터 시작되었던 사회주의 혁명은 74년의 역사 끝에 종막(終幕)을 고했다. 냉전은 종식되었지만, 학문적으로는 새로운 냉전이 시작되었다. 구소련의 문서보관소에서 흘러나오기 시작한 자료들이 냉전의 주요 책임자로 구소련을 거론했기 때문이다. 또한 냉전의 해체와 함께 소련·중국에서 노년을 보내던 북한정부·군의 고위급 인사들이 본격적으로 증언을 하기 시작했다. 유성철·남일(南日)·강상호(姜尙昊)·주홍성(朱紅星)·박병률(朴秉律)·박길룡(朴吉龍)·이상조(李相朝)·장학봉(張學鳳)·정상진(鄭尙進) 등의 폭발력 있는 증언이 1990년대 초반부터 본격화되었다. 일

---

66) 이완범(2000), 앞의 책, 29쪽.
67) 브루스 커밍스, 존 메릴, 제임스 매트레이, 윌리엄 스툭 등, 1990년대 미국에서 한국현대사 혹은 한국전쟁사 연구의 중진으로 성장한 인물들의 견해는 1978년과 1980년 시애틀에서 개최된 한미관계 회의에서 표출되었다. 이들의 초기 견해는 1983년 간행된 책자에 수록되었다. Bruce Cumings ed., *Child of Conflict : The Korean-American Relationship, 1943~1954*, Seattle, University of Washington Press, 1983; 브루스 커밍스 外 저·박의경 역(1987), 『한국전쟁과 한미관계 1943~1953』, 靑史.

부 증언은 신문에 연재되었고, 일부 증언은 TV 방송국에 의해 녹화·녹취되었다.[68]

1970년대 미국 자료의 공개가 냉전 형성에서 미국의 책임을 부각시켰다면, 1990년대 소련 자료의 공개는 그 반대로 소련에도 상당한 책임이 있음을 증명하기 시작했다. 여기에는 새로 등장한 러시아연방 지도부의 정치적 목적, 미국 내 보수학파의 의도적 자료 접근·해석 등이 주요한 역할을 했다.

소련 군부의 쿠데타를 진압하고 대통령이 된 보리스 옐친(Boris Yeltsin)은 집권 즉시 두 가지 조치를 취했다. 첫번째는 소련공산당을 불법화한 일이었고, 두번째는 소련공산당 중앙위원회 정치국 문서에 대한 집중적인 조사작업이었다. 이 일을 전담한 것은 옐친의 보좌관이자 KGB 출신이었던 드미트리 볼코고노프(Dmitrii Volkogonov: 1928~1995) 장군이었다. 볼코고노프 대장은 1990년 이전까지 충실한 공산주의자였으나 1990년대 들어 반공주의자로 급선회한 인물이었다.[69] 옐친은 1991년 말 볼코고노프를 '소비에트 기 문서보관소를 조사하기 위한 국회특별위원회 위원장'(head of a special parliamentary commission to oversee the handling of archives from the Soviet period)으로 임명했다. 이후 볼코고노프는 대통령궁문서보관소를 비롯한 여러 문서보관소에서 수많은 문서들을 기밀 해제했다. 그는 구소련공산당 중앙위원회 정치국 문서고, 즉 크레믈린궁문서보관소(현재 대통령궁문서보관소)에 독점적이고 배타적인 접근이 가능한 유일한 인물이었다. 볼코고노프는 이 문서고 발굴

---

68) 이들의 인터뷰 내용은 KBS와 중앙일보사에 소장되어 있다. 1992년 KBS는 박길룡, 박병률, 남봉식, 허진, 이황룡, 한막스, 강상호, 이상조, 장학봉, 유성철, 심수철, 박영빈, 정상진, 김강 등을 인터뷰했다. KBS 현대사발굴특집반, 『한국현대사관련 취재인터뷰(구소련거주 한인), 1992년 5월 구소련에서 취재』. 이상조에 대해서는 1989년 이미 인터뷰한 녹취록이 존재한다(「이상조」(전인민군 부총참모장, 휴전회담 북한측 대표)(1989.9. 21), 6·25 40주년 특별제작반, 『한국전쟁관련 취재인터뷰 Ⅵ: 국내인』).

69) 이하의 서술은 다음을 참조. Mark Kramer, "Dmitrii Volkogonov(1928~1995)," *CWIHPB*, Issue 6·7(Winter 1995/1996), p. 93; "Dmitrii Antonovich Volkogonov: A Register of His Papers in the Library of Congress," Prepared by Andrei Pliguzov and Paul Frank, Revised and expanded by Melinda K. Friend, Manuscript Division, Library of Congress, 2000.

작업을 통해 구소련공산당의 죄악상을 밝히고 주요 공산당 지도자들의 추악한 면모를 발굴·부각시키려 하였다. 그는 1989년부터 소련공산당의 3대 지도자인 레닌·트로츠키·스탈린에 대한 3부작을 출간했는데, 이 자료들은 대부분 구소련공산당 중앙위원회 정치국 문서보관소에서 나온 것이었다. 그가 쓴 『스탈린』,[70] 『트로츠키』,[71] 『레닌』[72] 등은 비밀에 싸인 소련공산당 최고 지도자의 탐욕스럽고, 음흉하며, 무자비하고, 죄악에 가득 찬 모습을 드러내는 데 초점이 맞추어졌다.[73]

볼코고노프의 자료 독점은 대통령궁문서보관소가 최상층 비밀정권을 위해 기능하며, 연구자 대중의 접근을 불가능하게 하는 데 결정적인 역할을 한다는 비난을 초래했다. 1994년 7월 엘라 막시모바(Ella Maksimova)는 『이즈베스티야』(Izvestiya)에 기고한 칼럼을 통해, 대통령궁문서보관소의 폐쇄적 운영 및 자료 비공개, 이관 거부 등의 실상을 비판했다.[74] 막시모바는 대통령궁문서보관소를 "비밀 국가문서보관소"라고 비난했지만, 옐친은 소련공산당 당대회(1947~86년) 문서, 공산당 중앙위원회 전원회의·당중앙위원회(1941~90년) 문서의 공개를 거부했다. 볼코고노프는 자신이 특권을 행사하지 않았다고 주장했지만, 그가 책 출간에 활용한 레닌 관련 문서들은 공개되지 않았다.

볼코고노프는 스탈린 평전을 쓰는 과정에서 입수한 한국전쟁 관련 문서들

---

70) 이 책은 영어와 한글로 모두 번역되었다. 영어판은 1991년 번역되었고(*Stalin: Triumph and Tragedy*, trans. and ed. by Harold Shukman, New York, Free Press, 1991), 한글판은 1992년 번역되었다 〔볼코고노프 저·한국전략문제연구소 역(1992), 『스탈린』, 세경사〕.
71) 이 책은 국내에 번역되지 않았지만 주요 내용은 소개되었다. 정성진(1997), 「트로츠키의 생애와 사상: 볼코고노프의 『트로츠키』를 중심으로」, 『동향과전망』 36호(1997. 12), 한국사회과학연구소.
72) 영어판은 1994년 번역되었다. *Lenin: A New Biography*, trans. and ed. by Harold Shukman, New York, Free Press, 1994.
73) 볼코고노프의 마지막 저서는 국내에 번역되었다. 드미트리 안토노비치 볼코고노프 지음·김일환 외 5인 옮김(1996), 『크렘린의 수령들: 레닌에서 고르바초프까지』 상·하, 한송.
74) Ella Maksimova, "Merchants of Sensations from the Presidential Archives," *Izvestiya* 131(13 July 1994); Jim Hershberg, "Russian Archives Review," *CWIHPB*, Issue 4(Fall 1994), pp. 86~89 에서 재인용.

을 러시아 매체에 공개하기 시작했다. 볼코고노프는 1993년 러시아 주간지인 『불꽃』(Ogonyok)을 통해 대통령궁문서보관소에 소장된 한국전 관련 문서들을 공개했고,[75] 그중 일부를 비밀 해제해 1993년 러시아 잡지 『이스토츠니크』(Istochnik)에 본인의 논평으로 싣기로 했고 또 미국 저널에 투고하기도 했다.[76] 한편, 러시아 방송들은 한국전쟁 특집을 보도하기 시작했다.

볼코고노프에 의해 한국전쟁 관련 문서들이 공개되자 한국을 비롯한 국제사회의 관심이 증폭했다.[77] 한국 언론사·정부기관·학자 들은 대대적으로 문서 발굴을 시도했고, 그 와중에서 그간 알려지지 않았던 러시아 문서들이 국내 언론에 보도되기 시작했다. 냉전 해체기이자 격동기에 러시아연방에서 흘러나온 문서들은 출처를 알 수 없었으며 비체계적이었을 뿐 아니라, 원본 혹은 사본이 없는 경우가 대부분이었다.[78]

스탈린이 한국전쟁 개전을 승인한 문서가 존재하리라고 확신했던 일부 언론에 의해 해프닝이 빚어지기도 했지만, 그런 문서는 존재하지 않았다. 1993년에는 코로트코프(G. I. Korotkov)가 '선제타격계획' 지도를 공개했지만, 이는 원문서나 원문서의 실물대 사본이 아니라 필사된 사본이었다.[79] 나아가 지도의 출처나 존재 자체를 확인할 수 없었다. 1995년 『서울신문』은 950건, 3,000여 쪽에 달하는 한국전쟁 관련 미공개 비밀 문서를 독점 입수했다고 보도했다. 총 30회에 달하는 연재기사가 나갔지만, 러시아 원문서는 신문에 게

---

75) Д. Волкогонов, "Следует ли зтого бояться," Огонёк, no.26, 1993; Dmitrii Volkogonov, "Should we fear this?" Ogonyok, no.26, 1993.
76) Dmitrii Volkogonov, "The Soviet Role in the Early Phase of the Korean War: New Documentary Evidence," The Journal of American-East Asian Relations 2: 4(Winter 1993); Kathryn Weathersby, "Korea, 1949~50: To Attack, or Not to Attack? Stalin, Kim Il Sung, and the Prelude to War," CWIHPB, Issue 5(Spring 1995), pp. 1~2에서 재인용.
77) 볼코고노프가 한국 언론에 제공한 문서들의 총결판은 1992년 신동아 기사였다〔김재홍(1992), 「김일성, 6·25 전비 4천만 달러 요구했다」, 『신동아』 9월호〕.
78) 이에 대해서는 와다 하루끼 저·서동만 역(1999), 앞의 책, 55~56쪽 참조.
79) 「「인민군남침 선제타격계획」 존재 최초 확인, 러 軍史硏, 북한의 공격 작전지도 공개, 서울 수원 원주 삼척을 1단계 점령목표로」, 『연합통신』 1992. 8. 29.

재된 사진뿐이었다.[80] 『서울신문』에 러시아 원문서는 소장되어 있지 않다. 이 작업을 주도한 이는 바자노프로 알려져 있다.[81]

볼코고노프가 시작한 한국전쟁 관련 문서의 공개 작업은 1994년을 기점으로 대전환점을 맞았다. 즉 1994년 6월 러시아정부가 모스크바를 방문한 김영삼 대통령에게 한국전쟁 관련 극비 문서들을 넘겨준 것이다.

이에 앞서 1993년 러시아정부는 한국정부에 관련 문서 목록을 제시했다. 1993년 6월 24일 방러 중이던 한승주 외무장관은 옐친으로부터 한국전쟁과 관련된 수백 건의 러시아 외교 문서의 목록을 건네받았다. 대학노트 40쪽 분량이었다. 당시 홍순영 외무부차관은 "우리가 넘겨받은 외교 문서는 주로 옐친 대통령의 군사보좌관인 드미트리 볼코고노프 대장이 모은 것"이라고 밝혔다. 한국정부는 소련 문서를 통해 '남침'이 확인되었다는 흥분과, 개전 책임에 대해 북한을 추궁하는 선전에 들뜬 나머지, 정확한 문서 확보·사실 확인을 등한시했다. 예를 들어 당시 언론들은 "이 목록에는 특히 김일성이 모스크바를 방문해(1949. 3. 5) 스탈린에게 2개년 전쟁 계획을 보고한 사실, 귀로에 마오쩌둥과의 면담, 중공군의 개입 배경과 소련의 지원 내용" 등이 수록되어 있다고 보도했다.[82] 그렇지만 1994년 인계된 문서에는 이런 사실이 들어 있지 않았다. 한국정부는 러시아가 불러주는 대로 받아 적었던 것이다. 1993년 한국정부는 1949년 1월부터 1950년 10월까지의 기록 40쪽을 받았다고 언론에 흘렸지만, 중국과 북한과의 관계를 의식한 러시아측의 비밀 요청으로, 정부는 받았다는 사실 외에는 내용 일체를 비밀에 부쳤다.[83]

『한국전쟁 관련 극비소련외교문서』로 명명된 한국전쟁기 구소련 문서들은 1994년 러시아를 방문한(1994. 6. 1~6. 4) 김영삼 대통령에게 전달되었다.

---

[80] 「6·25內幕 모스크바 새 證言: 서울신문 발굴 蘇문서 속 秘史」 1~30회, 『서울신문』 1995. 5. 15~8. 11.
[81] 이완범(2000), 앞의 책, 32쪽.
[82] 『중앙일보』 1993. 6. 24.
[83] 『서울신문』 1993. 6. 25.

구소련의 해체 이후 러시아연방은 이미 구소련이 침공했던 관련 국가들에 관한 문서들을 공개함으로써 새로운 협력관계를 모색하는 한편, 소련공산당의 죄악을 집중적으로 부각시킨 바 있다. 대부분 대통령궁문서보관소, 즉 구소련 공산당 중앙위원회 정치국 문서철에서 비밀 해제된 이 문서들은, 헝가리(1956년 소련의 침공), 체코슬로바키아(1968년 소련의 침공), 폴란드(1980~81년 위기에 대한 소련의 정책), 남한(한국전쟁에 대한 모스크바의 역할 및 KAL 007기 추락) 등을 다룬 것이었다.

1994년 6월 러시아가 한국정부에 인계한 문서는 총 216건, 548쪽 분량이었다. 문서의 출처는 모두 러시아연방 대통령궁문서보관소(the Archive of the President of the Russian Federation)와 러시아연방 외무성 대외정책문서보관소(the Archive of the Foreign Policy of the Ministry of Foreign Affairs of the Russian Federation)였다.

한국에 전달된 문서는 「한국전쟁 관련 기본문헌 자료 목록」(100건, 279쪽), 「한국전쟁 관련 보충문헌 자료 목록」(116건, 269쪽)으로 크게 두 부분으로 구성되었다. 문서를 내용에 따라 구분하면 「러시아어 원문서」(216건, 548쪽), 「문서 목록」, 「한국전 문서 요약」 등으로 구분된다. 현재 한국 외교부가 소장하고 있는 한국전쟁 관련 러시아 문서들을 표기된 목록의 명칭대로 정리하면 다음과 같다.

    Ⅰ. 韓國戰爭 關聯 蘇聯 極秘 外交文書〔Ⅰ〕
      1. 韓國戰爭 關聯 基本文獻 資料 目錄(100件 279Page.)[84]
      2. 韓國戰爭 關聯 補充文獻 資料 目錄(269Page 116文獻)[85]
    Ⅱ. 韓國戰爭 關聯 蘇聯 極秘 外交文書〔Ⅱ〕

---

84) 목록은 한글, 러시아어로 전문(全文)이 완역되었고, 영어로 축약 번역되었다.
85) 목록은 한글, 러시아어로 전문이 완역되었고, 영어로 축약 번역되었다.

1. 韓國電 內容 構成(1949. 1~1953. 8)

2. 韓國戰 文書 要約(1949. 1~1953. 8)

3. 金日成-Stalin-毛澤東 間의 電文 및 書翰

III. 韓國戰爭 關聯 蘇聯 外交文書〔III〕[86]

IV. 韓國戰爭 關聯 蘇聯 外交文書〔IV〕[87]

V. 러시아문서 원본(216건, 548페이지)

여기서 I은 문서 목록, II는 러시아가 제공한 요약본, III·IV는 한글 번역본, V는 문서 원본임을 알 수 있다. 그렇지만 1990년대 후반까지 이들 문서 원본이나 한글 번역본은 한국 학자들에게 전혀 공개되지 않았다. 그해 여름 한국언론들은 대대적으로 한국전쟁의 비밀이 풀렸다고 대서특필했지만, 그 어떤 신문에도 러시아어 원문은 물론 번역본조차 실리지 않았다. 대외적으로 공개된 것은 건네받은 문서 목록(I-1, I-2)과, 러시아가 자료의 출처와 근거도 밝히지 않은 채 임의적으로 편집·정리한「한국전 문서 요약(1949. 1~1953. 8)」(II-2)뿐이었다.[88] 러시아는 외교 문제를 거론하며 한국정부의 공개를 봉쇄한 반면, 북한과 중국측에는 별도의 문서들을 건넨 것으로 알려져 있다.[89] 러시아가 명백히 이중 플레이를 한 것이다.

1994년 여름 한국정부는 볼코고노프에 의해 이미 핵심내용이 활용되었던 자료들을 옐친으로부터 넘겨받아 비공개 상태로 묶어 두었다. 한국에 넘겨진

---

[86] 위의「韓國戰爭 關聯 基本文獻 資料」(100건 279쪽)의 한글 번역본임.
[87] 위의「韓國戰爭 關聯 補充文獻 資料」(116건 269쪽)의 한글 번역본임.
[88] 이는 와다 하루키와 센즈화(沈志華)가 공통적으로 지적한, 러시아 외무성 관계자가 작성한「한국전쟁 前夜 및 초기 단계(1949. 1~1950. 10)의 주요 사건연표」(러시아어, 63쪽, 러시아 외무성 대외정책문서보관소)의 번역본으로 판단된다〔和田春樹(2002),『朝鮮戰爭全史』, 岩波書店, 10쪽〕.
[89] 沈志華 編(2003),『朝鮮戰爭: 俄國檔案館的解密文件(上冊)』, 中央研究院近代史研究所 史料叢刊(48). 센즈화에 따르면, 러시아는 중국·북한정부의 요구로 또다른 문서들을 양국에 나누어주었는데, 중국에 준 문서는 외교부에 미공개 상태로 남아 있다.

자료들은 엄중한 비밀 유지가 요청되었다. 아마도 러시아측이 이 문서를 건네주며 한-러, 북-러, 남-북 관계의 파장을 고려해 '원문 비공개'의 조건을 달았을 가능성이 있다. 즉 한국전쟁 발발과 관련한 북한측의 공식 입장, 또는 구소련이 개전에 책임이 있으며 적극 지원·명령했다며 맞대응할 북한측의 반발이 고려되었을 가능성이 있다.

한국정부는 한국전쟁의 비밀이 모두 풀렸다는 선전 작업에 도취되어 원문서 공개 및 활용의 중요성을 망각했다. 한국전쟁사 연구에서 한국이 중요한 위치를 점할 수 있는 기회를 스스로 박탈해버린 셈이다. 한국 외교채널의 태만 때문에 한국학자들은 국내에 소장된 자료로부터 격리·소외되었다. 현재까지 미국·대만 등에서 영어·중국어로 번역된 러시아 문서가 간행되어 인터넷에 공개되었을 뿐 아니라 원본의 자유로운 공개 활용이 이루어지고 있는 반면, 한국에서는 그동안 문서의 번역·출간·인터넷 공개는 고사하고 원본의 소재조차 전문학자들에게 알려지지 않았다.

마침내 1994년 11월 러시아연방 대외정책문서보관소(the Archive of the Foreign Policy of the Russian Federation: AVPRF)는 학자들에게 이 컬렉션의 사진 복사본 열람을 허가하기 시작했다. 미국, 중국, 일본의 학자들이 오히려 보다 자유롭게 자료에 접근하게 된 것이다.

한국정부가 철통같이 러시아 문서들을 보관하고 있는 사이, 미국 우드로윌슨 학술센터(Woodrow Wilson Center for Scholars)의 냉전국제사프로젝트(Cold War International History Project: CWIHP) 팀이 이를 입수·번역해 잡지(*Cold War International History Project Bulletin: CWIHPB*)와 인터넷에 공개하기 시작했다. *CWIHPB*를 통해 총 124건 이상의 한국전 관련 문서들이 번역·공개되었다. 이 작업은 주로 캐스린 웨더스비(Kathryn Weathersby)가 담당했다. 1994년 가을부터 시작된 *CWIHPB*의 공개작업을 통해 제4호(1994년 가을호)에 2건, 제5호(1995년 봄호)에 7건, 제6·7호(1995/1996년 겨울호)에 115건 등 총 124건의 한국전 관련 문서가 번역·공개되었다.[90] 이는 인터넷으로도 동시에 공개되었다.[91] 이중 몇 건을 제외한 모두가 러시아가 한국정부에 건넨 것이었다. 특히 1994년 가을 공개된 문서 2건은 주미한국대사관이 제공한 것이었다.[92] 반면 국내에서 한국학자들에게 이들 문서는 요지부동 비공개 상태가 유지되었다.

한편, 1995년 12월 6일 볼코고노프가 67세의 나이로 사망하자 그가 수집한 문서 컬렉션은 1996년 가족들에 의해 미국의회도서관에 이관(移管)되었다. 현재 의회도서관 홈페이지에 볼코고노프컬렉션의 검색공구(finding aid)가 등재되어 있으며, 문서는 마이크로필름 20릴로 복제되어 있다.[93] 볼코고노프컬렉션 중 한국전쟁과 관련된 9건의 문서가 CWIHPB에 번역·소개되었다.[94]

볼코고노프의 뒤를 이어 다른 러시아학자들이 문서 공개 작업을 계승했다. 러시아 외무성의 현대국제문제연구소(the Institute for Contemporary International Problems) 소장이던 예프게니 바자노프(Evgueni Bajanov)와 그의

---

90) Commentary by Jim Hershberg, CWIHP Director; translations by Vladislav M. Zubok, National Security Archive, Washington, D.C., and Kathryn Weathersby, Florida State University, Tallahassee "More Documents from the Russian Archives" *CWIHPB*, Issue 4(Fall 1994), pp. 60~61; Kathryn Weathersby, "Korea, 1949~50: To Attack, or Not to Attack? Stalin, Kim Il Sung, and the Prelude to War," *CWIHPB*, Issue 5(Spring 1995), pp. 1~10; Kathryn Weathersby, "New Russian Documents on the Korean War, introduction and translations by Kathryn Weathersby," *CWIHPB*, Issue 6·7(Winter 1995/1996).
91) 인터넷 주소 http://www.wilsoncenter.org에서 *CWIHPB*를 pdf파일 형식으로 내려받을 수 있다. 또한 이 홈페이지의 "The Korean War" collection에는 한국전과 관련해 1949년 3월 5일부터 1962년 11월 14일까지 총 143개의 러시아 문서의 영문 번역본이 제시되어 있다.
92) 주미한국대사관이 건넨 문서는 「1950년 5월 13일 주중대사 로신이 필리포프에게 보낸 암호전문」, 「1950년 5월 14일 필리포프가 모택동에게 보낸 암호전문」 등이었다.
93) "Dmitrii Antonovich Volkogonov: A Register of His Papers in the Library of Congress," Prepared by Andrei Pliguzov and Paul Frank, Revised and expanded by Melinda K. Friend, Manuscript Division, Library of Congress, 2000(http://www.loc.gov/rr/mss/text/volkogon.html).
94) "Russian Documents on the Korea War, 1950~53," Introduction by James G. Hershberg and translations by Vladislav Zubok, *CWIHPB*, Issue 14·15(Winter 2003~Spring 2004), pp. 369~383. 이 문서들 중 가장 흥미로운 것은 1952년 9월 4일 모스크바에서 개최된 스탈린·김일성·평더화이 회담이었다. 이 회담에는 북한측의 박헌영, 중국측의 저우언라이, 소련측의 몰로토프·말렌코프 등이 배석했다.

부인 바자노바는 러시아 문서보관소의 자료들을 선별해 공개하는 작업을 계승했다. 직업 외교관 출신인 그의 작업 결과, 『소련의 자료로 본 한국전쟁의 전말』이라는 책이 간행되었다.[95] 바자노프 책의 핵심은 이미 CWIHPB에 소개된 바 있다.[96] 바자노프 책은 연구서라기보다 그간 공개되었던 러시아 문서들을 그대로 수록한 자료집 성격이 강했다. 이 책에는 러시아정부가 한국정부에 공개하지 않았던 몇 건의 중요한 문서들이 수록되어 있다. 또한 바자노프 부부의 경력과 현직으로 미루어, 이들의 책을 개인 연구서라기보다는 러시아 외교사가들의 집체 연구서이자 사료총서로 보는 시각이 강하다.[97]

또한 러시아 외무성에서 일했던 알렉산드르 만수로프(Alexandre Y. Mansourov)는 컬럼비아 대학 한국연구센터(the Center for Korean Research of Columbia University) 박사과정에 재학 중이던 1995년경, 한국전쟁 관련 문서들을 동 센터에 기증했다. 이후 컬럼비아 대학 한국연구센터는 우드로윌슨 학술센터의 냉전국제사프로젝트(CWIHP)에 이 문서들을 제공했고, CWIHP는 조지워싱턴 대학의 국가안보문서관(the National Security Archives)에 그 문서의 사본을 제공했다. 현재 이곳에서는 만수로프가 제공한 한국전 관련 러시아 문서 사본을 자유롭게 열람할 수 있다. 이중 1950년 개전 이후의 문서 21건이 CWIHPB에 소개되었다.[98] 만수로프의 자료는 국내 언론사에 유입되어 번역

---

95) 예프게니 바자노프·나딸리아 바자노바 저, 김광린 역(1998), 『소련의 자료로 본 한국전쟁의 전말』, 열림. 이 책은 미출간 영문판을 번역한 것이다. Evgueni P. Bajanov and Natalia Bajanova, *The Korean Conflict, 1950~1953: The Most Mysterious War on the 20th Century - Based on Secret Soviet Archives*, manuscript.
96) Evgueni Bajanov, "Assessing the Politics of the Korean War, 1949~51," *CWIHPB*, Issue 6·7 (Winter 1995/1996) pp. 54~87. 이 글은 1995년 7월 24~25일 워싱턴 D.C.의 조지워싱턴 대학에서 개최된 "The Korean War: An Assessment of the Historical Record" 회의에서 발표된 원고였다.
97) 안승환(2002), 「주북한 소련군사고문단의 북한군 지원활동(1946~1953년)」, 『한국전쟁사의 새로운 연구 2』, 국방부 군사편찬연구소, 350~351쪽.
98) Alexandre Y. Mansourov, "Stalin, Mao, Kim, and China's Decision to Enter the Korean War, Sept. 16~Oct. 15, 1950: New Evidence from the Russian Archives," *CWIHPB*, Issue 6·7 (Winter 1995/1996).

되었으나 공간되지는 않았다. 이 자료를 바탕으로 박사학위논문을 제출한 만수로프는 1949년 전쟁 위기를 주장한 브루스 커밍스의 연구를 주의깊게 검토한 뒤, 남한의 공격 가능성에 대해 스탈린과 슈티코프가 깊이 우려하고 있었음을 밝혔다.[99]

2000년대 들어서는 러시아 외무성 부설 모스크바 국립 국제관계대학교 학장인 토루크노프가 『수수께끼의 전쟁: 한국전쟁 1950~53년』(모스크바, 2000)이라는 책을 출간했다.[100] 직업 외교관 출신인 토루크노프의 책 역시, 그간 공개된 한국전쟁 관련 문서들을 소개하고 약간의 추가 자료를 덧붙인 자료집이었다. 바자노프 부부의 책과 거의 같지만, 원문을 보다 충실히 인용했다는 차이가 있다.

2003년에는 중국공산당 출신의 센즈화(Shen Zhihua, 沈志華)에 의해 대만에서 러시아 문서 자료집이 출간되기에 이르렀다.[101] 센즈화가 출간한 자료집은 문서 554건, 부록 등 총 1,410쪽 분량의 3책이다. 여기서는 1945년 12월부터 1966년 8월 9일까지를 다루고 있다. 센즈화가 이용한 러시아 문서의 원문은 북경대학도서관 5층, 대만 중앙연구원 근대사연구소 문서보관소(檔案館), 홍콩 중문대학 중국연구센터(中文大學中國硏究服務中心)에 비치되었다.

센즈화는 한국정부가 러시아로부터 받은 200여 건의 문서는 "선택과 편집에 수정이 가해졌다"고 지적했다. 또한 한국에 공개된 「한국전 문서 요약」은 원문이 아닐 뿐더러, 편집과 수정이 가해져 정치성이 강한 것으로, 새로운 사실임에는 틀림이 없지만 학술적 가치는 그리 없다고 혹평했다. 한국은 가장

---

99) Alexandre Y. Mansourov, "Communist War Coalition Formation and the Origins of the Korean War," Ph. D. Dissertation, Columbia University, 1997. 이는 와다 하루키의 평가이다〔和田春樹 (2002), 『朝鮮戰爭全史』, 13쪽〕.
100) Загадочшная война; Корейский конфликт 1950~1953 года; А. V. 토루크노프 지음·구종서 옮김(2003), 『한국전쟁의 진실과 수수께끼』, 에디터.
101) 沈志華 編(2003), 『朝鮮戰爭: 俄國檔案館的解密文件(上·中·下册)』, 中央研究院近代史研究所 史料叢刊(48).

먼저 러시아 문서들을 확보했지만, 국제적인 비아냥과 혹평을 듣기까지 자료들은 방치되었다.

구소련 문서의 공개 이후 소련학자·전문가 들에 의한 한국전쟁사 집필이 활발해졌다. 대표적인 예로 볼코고노프, 캐스린 웨더스비,[102] 곤차로프(Sergei N. Goncharov),[103] 첸즈화,[104] 바자노프, 토루크노프, 만수로프 등의 연구를 들 수 있다. 이 연구들의 가장 큰 장점은 러시아 문서의 전문적인 활용에 있다. 문서 발굴과 이들의 논문을 통해서 한국전쟁의 주요 행위자 중 지금까지 거의 알려지지 않았던 북한, 중국, 소련의 역할과 입장이 집중적으로 드러났다. 특히 북한, 즉 김일성의 개전 주도 및 책임론이 본격적으로 증명되었고, 중국의 역할 역시 중요하게 부각되었다.

그런데 이들의 연구에는 한계와 단점 또한 적지 않았다. 먼저, 이들의 작업은 연구라기보다 문서 번역 및 소개 수준에 불과했다. 누가 먼저 문서를 획득·번역·공개하느냐가 관건이었지, 한국전쟁·한국현대사에 대한 본격적인 역사 해석과는 거리가 있었다. 구소련 문서의 가장 큰 특징은 북한·중국의 모습을 적나라하게 보여준다는 점에 있었다. 즉 한국전쟁의 주요 행위자로서 북

---

[102] Kathryn Weathersby, "Soviet Aims in Korea and the Outbreak of the Korean War, 1945~1950: New Evidence from the Russian Archives," CWIHP Working Paper, no.8, 1993; "The Soviet Role in the Early Phase of the Korean War: New Documentary Evidence," *The Journal of American-East Relations*, vol.2, no.4(Spring 1993); "Korea, 1949~50: To Attack, or Not to Attack? Stalin, Kim Il Sung, and the Prelude to War," *CWIHPB,* Issue 5(Spring 1995); "New Russian Documents on the Korean War, introduction and translations by Kathryn Weathersby," *CWIHPB,* Issue 6·7(Winter 1995/1996); "Stalin and a Negotiated Settlement in Korea, 1950~53," CWIHP conference on New Evidence on the Cold War in Asia, Hong Kong, January 1996.

[103] Sergei N. Goncharov, John W. Lewis, and Xue Litai, *Uncertain Partners: Stalin, Mao, and the Korean War*, Stanford, California, Stanford University Press, 1993. 이 책에 대해서는 이완범(2001), 「S. 곤차로프 외, 『미덥지 않은 맹우들: 스탈린, 마오쩌둥 그리고 한국전쟁』」, 연세대학교 현대한국학연구소 편, 『해외한국학평론 ②』, 일조각 참조.

[104] 沈志華(1995), 『朝鮮戰爭揭秘』 香港, 天地圖書有限公司; 沈志華(1996), 「中國出兵朝鮮的決定過程」, 『黨史研究資料』 期1; 沈志華(1998), 『毛澤東·四達林與韓戰』 香港, 天地圖書有限公司; 沈志華(1999), 『中蘇同盟與朝鮮戰爭研究』, 廣西師範大學出版社; 沈志華 編(2003), 『朝鮮戰爭: 俄國檔案館的解密文件(上册)』.

한, 중국의 숨겨진 비밀과 실상 들이 잘 드러났다.

다음으로, 러시아가 공개한 문서들 대부분은 의도적 선별공개와 위생 처리(sanitized)를 거쳤다는 혐의에서 자유로울 수 없었다. 러시아는 구소련이 한국전쟁 발발에 수동적으로 끌려갔을 뿐이며 개전의 책임은 김일성·박헌영 등 북한권력 내부에 있다는 것을 강조했다. 또한 구소련공산당 중앙위원회 정치국이 한국전쟁과 관련해 어떤 결정·정책을 가지고 있었는지에 대해서는 아무 정보도 제공하지 않았다. 나아가 러시아는 1950년 5월 말부터 6월 말까지의 한국전쟁 개전 준비·발발과 관련된 핵심적인 문서들을 공개하지 않고 있다. 즉 소련·스탈린의 역할을 보여주는 문서들은 현재 비공개 상태이다.

이 때문에 러시아가 공개한 문서들이 사태의 진상·맥락을 사실에 가깝도록 복원하는 데 결정적으로 중요하지만, 이것이 '진실'을 의미하지는 않는다는 점에 주의해야 한다. 소련의 역할을 보여주는 내부 기록, 북한·중국측의 기록이 햇볕을 보게 될 때 우리는 진정한 진실의 조각보를 맞출 수 있을 것이다.

1995~96년 간 CWIHPB상에서 벌어진 브루스 커밍스와 캐스린 웨더스비의 논쟁은 이러한 면모를 잘 보여준다.[105] 커밍스는 웨더스비로부터 수정주의자라는 지목과 함께 강한 비판을 받자 반박 편지를 보냈다.[106] 커밍스는 공개된 구소련 문서들이 한 문서보관소의 일부분, 한 파트에서 뽑힌 매우 선별적인 것이라고 지적했다. 커밍스는 1949년 8월까지 김일성의 한국전쟁관은 "옹진의 막다른 골목"(cul-de-sac of Ongjin)을 공격하는 것이며, 동쪽으로 나아가 개성을 확보한 뒤 무슨 일이 벌어지는지 보려 한 것이라고 주장했다. 이는 최소한 개성과 옹진으로부터 취약한 평양의 방어를 확보하는 데 도움이 될 것이며, 최대한 북한군에게 서울로 향하는 길을 열어줄 것이라고 보았다. 즉

---

105) Bruce Cumings and Kathryn Weathersby, "An Exchange on Korean War Origins," *CWIHPB*, Issue 6·7(Winter 1995/1996), pp. 121~123.
106) "Bruce Cumings to the Editor" (1995. 7. 11), *CWIHPB*, Issue 6·7(Winter 1995/1996), pp. 121~122.

만약 남한군이 붕괴된다면 서울로 이동해 며칠 내 점령할 수 있으리라고 보았다고 주장했다. 커밍스는 김일성이 개성과 옹진 점령을 갈망했고, 그 결과 1953년 비무장지대의 반대편에 양 지역을 두게 됨으로써 '최고 요구'를 획득했다고 주장했다.[107] 반면 웨더스비는 커밍스가 구소련 자료를 너무 깎아내린다며 반발했고, 구소련 문서는 1950년 4~6월, 1950년 10월에 관한 것이 문제가 될 뿐, 그 이전 시기의 것은 아무 문제가 없다고 반박했다.

이 논쟁에서 드러나듯이, 커밍스는 미국 문서에 정통했고 구소련 문서에 등장하는 1949년 상황에 관해 정확히 해석했다. 반면 웨더스비는 새로 공개된 러시아 자료를 손에 쥐고 있었고 1950년 6월의 상황에 관해 정확히 해석했다. 양자 모두 스스로의 부족함과 결함을 잘 알고 있었다고 보인다.

웨더스비의 사례에서 드러나듯이, 1990년대 중반 이후 구소련 문서를 활용해 한국전쟁 논문을 쓴 학자들 대부분이 한국전쟁에 관한 전문적인 지식이나 연구가 없었다. 특히 해방 이후 한국현대사에 대한 이해는 물론, 해당 시기 미국의 대외정책에 대해서도 문외한이었다. 그 때문에 연구는 자료 해설에 그쳐, 이전의 한국전쟁 연구가 도달한 지점과 유기적으로 결합되거나 연결되지 못했다. 구소련 문서의 공개가 일정 수준에서 종결된 현재, 이들의 연구는 막다른 골목에 다다랐다고 보아도 과언이 아닙니다.

구소련 문서의 공개 이후 소위 후기수정주의가 본격화되었지만, 이름에 걸맞은 연구 성과는 아직까지 제출되지 않고 있다. 1990년대 탈냉전 이후 제출된 한국전쟁사 연구들은, 한편으로는 신전통주의적 경향을 보이거나, 다른 한편으로는 전통주의·수정주의 같은 구분과 경계를 뛰어넘는 방향으로 진행

---

[107] 1955년 2월 미 정보보고에 따르면, 이승만은 "대북 군사공격을 준비하는 한국 군사 및 민간지도자들과 회의"를 개최했으며, 1955년 10월 이승만이 개성과 옹진반도의 재탈환 계획을 명령했다는 보고가 접수되었다. 아마도 미국이 이승만을 또다시 제어했기 때문에 이 일은 일어나지 않았다고 보인다. Donald MacDonald, *U.S.-Korean Relations from Liberation to Self-Reliance*, Boulder, Colorado, Westview Press, 1992, pp. 23~24, 80에 인용된 비밀 해제된 정보(커밍스, 앞의 글에서 재인용).

되고 있다.[108]

전통주의적 견해를 대변하는 윌리엄 스툭(William Stueck)은 1995년 저작을 내놓았다.[109] 그는 한국전쟁을 내전으로 설명하는 데 반대하고 한국전쟁의 국제전적 성격을 강조하며, 전쟁의 성격은 발발 과정에서가 아니라 진행 과정에서 설명해야 한다고 주장했다. 그는 이미 석사과정 때 남한군의 북침설을 주장한 인도학자 굽타를 맹공하여 이름을 얻었다. 중립과 공정을 주장하는 스툭의 이 책은 광범한 자료 섭렵에 기초했다고 하나 한국·중국·러시아 자료는 전혀 이용되지 않았고, 한국전쟁을 다루면서 '한국'이 배제된 기묘한 저작이 되고 말았다.[110]

1996년 출간된 박명림의 연구는 새로 공개된 자료들에 근거한 것이란 점에서 '역작이고 수작'이라는 평을 받았으나,[111] 전통주의적 시각을 그대로 반영하고 있을 뿐 아니라, 예정된 결론에 맞추어 사실을 분석했다는 비판 또한 받았다.[112] 이미 1960~70년대 한국정부의 공간사에서 제시된 분석과 결론에 자료적 근거를 덧붙인 것뿐이란 비판이었다. 그의 장점은 실증의 힘이었지만, 자료를 다룬 방법과 태도는 문제점으로 지적된 바 있다.[113] 그가 활용한 구소련 자료들은, 원문이 확인되지 않은 『서울신문』 연재물과 한국 외무부가 공개

---

108) 이에 대해서는 다음을 참조. 김학준(2000), 「6·25전쟁에 관한 몇 가지 예비적 토론」, 한국전쟁연구회 편, 『탈냉전시대 한국전쟁의 재조명』, 백산서당, 21~26쪽.
109) William Stueck, *The Korean War: An International History*, Princeton, N. J., Princeton University Press, 1995; 윌리엄 스툭 지음/김형인·김남균·조성규·김재민 공역(2001), 『한국전쟁의 국제사』, 푸른역사. 이 책에 대해서는 김남균(2001), 「한국전쟁을 보는 새로운 시각: 국제전으로서의 한국전쟁-W. 스툭, 『한국전쟁: 국제사』-」, 연세대학교 현대한국학연구소 편, 앞의 책 참조.
110) 윌리엄 스툭의 최근 저서 역시 미국의 정책을 다루고 있다. William Stueck, *Rethinking the Korean War: A New Diplomatic and Strategic History*, Princeton University Press, 2002; 윌리엄 스툭 저·서은경 역(2005), 『한국전쟁과 미국 외교정책』, 자유기업원·나남출판.
111) 김영호(1996), 「서평: 내전론의 재등장」, 『창작과비평』 93호, 가을호.
112) 전상인, 「서평: 마침표 못 찍은 한국전 발발 시비, 박명림 지음, 『한국전쟁의 발발과 기원』 남침 증명했으나 '미흡'」, 『시사저널』 1997. 6. 25.
113) 정병준, 「역사문제연구소 저작비평회 토론문〔박명림(1996), 『한국전쟁의 발발과 기원 ①: 결정과 발발』, 나남〕」, 1996. 10. 12.

한 「한국전 문서 요약」이었다. 북한 노획문서의 경우 국방군사연구소 소장본을 활용했다. 국방군사연구소의 노획문서는 방선주 박사가 20여 년 동안 158만 장의 북한 노획문서를 연구해 얻은 핵심 자료들을 선별해 제공한 것이었다. 북한 노획문서를 일별하는 데만도 최소한 몇 년이 소요되며, 그중에서 핵심 자료들을 선별하는 것은 고도의 전문성과 집중도를 요구하는 작업이다. 그는 방선주 박사에 의해 가치 평가·발굴된 구노획문서의 정수를 NARA에 가지 않고도 손쉽게 활용할 수 있었지만, 그런 사정을 명기하지 않았다.

1998년 간행된 김영호의 저작은 스탈린의 롤백이라는 독특한 논리를 강조했다.[114] 그간 롤백(rollback)은 복수·역습이라는 미국의 대외정책을 설명하는 용어로 사용되었지만, 김영호는 반대로 스탈린의 대한정책·대미정책의 일환으로 롤백이라는 용어를 사용했다. 그는 커밍스의 내전론, 서울 지역 점령 제한전론, 쐐기전략이론 등을 비판하면서 한국전쟁이 한국을 소련의 영향권 내에 묶어두려는 스탈린의 롤백이었다고 평가했다. 스탈린이 개전 허가 과정에서 누누이 강조했던 세 가지 지점, 즉 ① 미국의 개입 가능성 우려, ② 중국의 동의 및 구원투수 자임을 전제로 한 개전 승인·동의, ③ 소련의 표면적 불개입 위장 등을 염두에 둔다면 이는 스탈린의 입장을 설명하는 적절한 도구가 될 수 있을 것이다.

한편, 1990년대 중반 이후의 또 다른 특징으로 중국 자료의 발굴과 연구의 진전을 들 수 있다. 첸지안(Chen Jian, 陣兼),[115] 장슈광(Shu Guang Zhang, 張曙

---

114) 김영호(1998), 『한국전쟁의 기원과 전개과정』, 두레.
115) Chen Jian, "The Sino-Soviet Alliance and China's Entry into the Korean War," CWIHP Working Paper no.1, Washington, D.C., Woodrow Wilson International Center for Scholars, 1991; Chen Jian, *China's Road to the Korean War, The Making of the Sino-American Confrontation*, New York, Columbia University Press, 1994. 이 책에 대해서는 박명림(2001), 「한국전쟁과 중국, 그리고 미국·소련·북한—J. 첸, 『중국의 한국전쟁 참전: 중·미대결의 기원』—」, 연세대학교 현대한국학연구소 편, 앞의 책 참조; Chen Jian, "China's Strategy to End the Korean War," CWIHP Conference on New Evidence on the Cold War in Asia, Hong Kong, January 1996.

光),[116] 주젠룽(Zhu Jian-rong, 朱建榮),[117] 김경일(金景一)[118] 등의 연구 성과가 제출되었고, 중국측 자료들도 공개되었다.[119] 그렇지만 중국이 공개하는 자료들은 원본이 아니라 편집본으로, 원본을 교차 확인할 수 없어 누락·왜곡 등의 혐의가 있다. 나아가 중국측 지도자들의 회고록 역시 신중히 검토할 필요가 있다. 국내에서는 중국측 공식 항미원조사들이 공간되었고,[120] 군사편찬연구소와 한국전쟁연구회가 중국측 연구 현황을 소개하였다.[121]

1990년대 일본에서 나온 연구 성과들 가운데에서는 와다 하루키(和田春樹)와 하기와라 료(萩原遼)의 저작이 주목할 만하다. 소련 전문가인 와다 하루키의 1995년 저작은 본격적인 원자료 분석이나 접근은 아니지만 이용 가능한 자료들을 종합해 한국전쟁과 한·중·일 관계 등을 종합적으로 정리했다.[122] 특히 전쟁기 일본공산당의 반응이 잘 드러났다. 2002년 와다는 『조선전쟁전

---

116) Shu Guang Zhang and Chen Jian, "The Emerging Disputes Between Beijing and Moscow," *CWIHPB*, Issue 6·7(Winter 1995/1996); Shu Guang Zhang, *Deterrence and Strategic Culture: Chinese-American Confrontations, 1949~1958*, Ithaca, Cornell University Press, 1992; Shu Guang Zhang, *Mao's Military Romanticism: China and the Korean War, 1950~53*, Abilene, University Press of Kansas, 1995. 이 책에 대해서는 조성훈(2001), 「마오쩌둥의 군사사상이 한국전쟁에 미친 영향-S. G. 장, 『마오쩌둥의 군사적 낭만주의: 중국과 한국전쟁, 1950~1953』-」, 연세대학교 현대한국학연구소 편, 앞의 책 참조.
117) 朱建榮(1991), 『毛澤東の朝鮮戰爭-中國が鴨綠江を渡るまで-』, 東京, 岩波書店; 주젠룽 지음·서각수 옮김(2005), 『모택동은 왜 한국전쟁에 개입했을까』, 역사넷.
118) 김경일 지음·홍면기 옮김(2005), 『중국의 한국전쟁 참전 기원-한중관계의 역사적·지정학적 배경을 중심으로』, 논형학술.
119) 중국에서 공개된 자료들에 대해서는 와다 하루끼 저·서동만 역(1999), 앞의 책, 57쪽; 이완범(2000), 앞의 책, 34~35쪽; 沈志華 編(2003), 『朝鮮戰爭: 俄國檔案館的解密文件(上册)』, 中央硏究院近代史硏究所, 史料叢刊(48) 編者前言 참조.
120) 軍事科學院軍事歷史硏究部(1988), 『中國人民志願軍抗美援朝戰史』, 軍事科學出版社〔한국전략문제연구소 역(1991), 『중공군의 한국전쟁사: 항미원조사』, 세경사〕와 中國人民解放軍 軍事科學院軍事歷史硏究部(1992), 『中國人民志願軍抗美援朝戰史』 전3권, 北京, 軍事譯文出版社〔국방부 군사편찬연구소(2002~2005), 『중국군의 한국전쟁사』 1~3권〕이 각각 번역·출판되었다.
121) 이완범·牛軍·楊奎松의 논문은, 국방부 군사편찬연구소(2001), 『한국전쟁사의 새로운 연구 1』에 수록되었고, 박두복·章百家·이완범·沈志華·楊奎松·온창일·김계동·牛軍·李丹慧의 논문은, 한국전쟁연구회 회장 박두복 편(2001), 『한국전쟁과 중국』, 백산서당에 수록되었다. 이외에 오규열(2005), 「중국의 6·25전쟁에 대한 연구성과와 동향」, 『軍史』 55호를 참조할 수 있다.
122) 和田春樹(1995), 『朝鮮戰爭』, 岩波書店; 와다 하루끼 저·서동만 역(1999), 앞의 책.

사』(朝鮮戰爭全史)라는 야심찬 제목의 책을 출간했는데,[123] 이는 공개된 구소련 문서를 보론으로 다룬 1995년 저작에서 한 걸음 나아가, 이들 문서를 기초로 전쟁의 발발·전개·휴전의 전 과정을 다루었다. 꼼꼼한 선행 연구사 정리 및 공개 자료의 적극적 활용이라는 측면에서 탁월한 면모를 보이는 책이다.

일본공산당 기관지 『아카하타』(赤旗) 기자 출신으로 대학에서 한국어를 전공한 하기와라 료는 북한 노획문서에 기초한 저작을 간행했는데, "160만 장의 북한 노획문서를 2년 반 만에 통람" 한 뒤 북한의 침공을 증명하는 데 주력했다. 하기와라의 책은 노획문서로 씌어진 일본인의 첫번째 연구서였지만, 불확실한 추정과 학문적 훈련의 미흡, 기존 연구사에 대한 검토의 부재 등으로 자료집 수준에 그쳤다.[124]

---

[123] 和田春樹(2002), 『朝鮮戰爭全史』, 岩波書店.
[124] 예를 들어, 하기와라는 김일성의 작은 모략은 (남침을 알고 있었으면서도 이를 방치함으로써 전쟁에 개입해 정의의 사도로 분장하는) 미국의 큰 모략과 미군부·극우 세력의 롤백을 성공시키는 데 없어서는 안 될 요소가 되었다고 평가하는 등 전형적인 음모설로 결론지었다〔하기와라 료 지음·崔兒洵 옮김(1995), 『한국전쟁: 김일성과 스탈린의 음모』, 한국논단, 243~258쪽. 원래 이 책의 부제는 '김일성과 맥아더의 음모'였다〕. 하기와라는 북한 노획문서 자료집을 간행하기도 했다. 萩原遼 編(1996), 『(米國國立公文書館所藏)北朝鮮の極秘文書(1945年 8月~1951年 6月)』 上·中·下, 大阪: 夏の書房.

전쟁의 개전·성격·형성

1. 개전을 둘러싼 논쟁의 해결

한국전쟁은 선전포고 없이 시작·전개된 전쟁이었다. 1950년 6월 25일 북한은 남한이 '북침'을 했으며, 이에 대한 반격을 개시한다고 주장했다. 침략을 당한 한국도 선전포고가 필요 없었다. 남북은 서로 상대방을 국가로 인정하지 않고 배타적인 정통성을 주장했고 먼저 침략당했다고 주장했으므로, 정상적 국가 간의 선전포고는 생략되었다.

　북한의 침공을 예견하지 못했고, 한국을 방어한다는 완벽한 보장이나 방위조약을 체결하지 않았음에도 불구하고, 미국은 6월 말 즉각 한국전쟁에 개입하기로 결정했다. 미국은 먼저 병력 파견을 결정한 뒤 이를 합법화하는 조치를 취했다. 트루먼 대통령은 전쟁 개입을 '경찰 활동'(police action)으로 명명했는데, 이는 불량배를 소탕하듯 세계 경찰인 미국이 불량국가 북한의 불법 침략을 격퇴한다는 의미였다. 선전포고는 없었다. 그 해 10월 말 중화인민공화국이 전쟁에 참전했다. 국가적 차원의 참전이었지만, 형식은 중국인들 가운데 자발적인 지원병으로 구성된 중국 인민 '지원'군의 개입으로 꾸며졌다. 역시 선전포고는 없었다.

소련은 이 전쟁의 실질적 결정자로, 북한군 무기·편제·훈련·공격 계획의 출처였지만, 표면적으로는 전장에 존재하지 않았다. 작전 계획의 수립부터 개전 초기까지 스탈린의 군사 참모들이 사실상 전쟁을 지휘했고, 유엔군의 북진 이후 소련군 전투 비행사들이 전쟁에 참전했지만, 소련은 무관함을 주장했다. 단지 소련군사고문단이 수립한 작전 계획에 입각해 소련고문단의 자문으로 움직이며, 소련군사고문단의 훈련하에 소련식으로 성장한, 소련제 무기를 사용한 북한군이 있었을 뿐이다.

전장에서는 남·북·미·소·중 등 5개 국가가 격돌했으며, 선전포고도 없는 상태에서 서로 침략을 당했다고 주장하는 남·북한과 중국의 '지원군' 및 미국의 '경찰 활동'이 혼전을 벌였다. 1953년 휴전협정에 도달해서야 북한, 중국, 미국이 협상테이블에 자리했다. 개전 초기부터 전쟁은 미궁이었고 연원과 도발자에 대한 의혹으로 가득했다. 한국전쟁은 2차 대전 이후 일반화된, 선전포고 없는 전쟁의 전형이 되었다.

개전 직후부터 전쟁 발발, 즉 침략자가 누구였는가를 둘러싸고 긴 논란이 있어왔다. 전쟁 개전 자체만을 중심에 놓고 볼 때 여러 가설이 등장했다. 이는 남한 선공설, 미·남한 침략설, 미·남한 유도설, 북한 주도설, 소련 책임설, 북한·소련·중공 합동 협의설 등으로 구분할 수 있다.[125] 핵심은 남침설, 북침설, 남침유도설 등으로 정리된다.

제일 먼저 주장된 것은 북한·소련의 공식 입장인 기습적인 북침설로, 개전 당일부터 시작되었다. 여기에는 남한 선제공격설, 미국·남한 공동 주도설, 미국 단독 주도설 등이 포함된다.[126] 1950년 6월 26일 북한 내무성이 발표한

---

125) 강성철(1989), 「한국전쟁연구」, 정용욱 (외), 『남북한 역사인식 비교강의』, 일송정.

'도발받은 정의의 반공격전'은 이후 개전을 둘러싼 북한의 공식 입장이었다.

북한의 주장에도 불구하고, 1950년 6월 25일 북한이 막강한 화력과 잘 훈련·편제된 병력을 갖고 전면적으로 38선 전역을 돌파·남진했다는 점은 의문의 여지가 없었다. 그리고 이 같은 전면공격이 사전에 치밀하게 계획·조직되었다는 점도 확실했다. 대규모 전면전의 준비라는 측면에서 볼 때 북한의 전면 공격, 즉 남침설은 부정할 수 없는 사실이었다.

문제는 개전 당일 누가 먼저 총을 쏘았느냐고 질문함으로써 복잡하게 되었다. 즉 북한의 대규모 공격이 6월 25일 시작된 것은 남북한이 모두 인정하는 바지만, 그날 '이른 새벽' 누가 먼저 총을 쏘았느냐, 혹은 누가 먼저 도발했느냐 하는 질문은 오랫동안 논란이 되었다. 북한은 남한의 전면 선제공격을 주장했지만, 이는 신뢰하기 힘든 선전이었다. 한국과 미국의 자료는 물론, 북한 노획문서와 구소련 문서 역시, 북한의 전면 공격을 증명하고 있기 때문이다.

문제는 6월 25일 이른 새벽 혹시 한국군 부대 일부가 38선 이북으로 총·포격을 가하거나, 38선을 월경(越境)해 공격했을지도 모른다는 의문에서 비롯되었다. 즉 '해주북침설'·'해주공격설'·'해주점령설'이었다. 이는 북한의 주장이 아니라 한국군·정부의 공식 발표에서 비롯되었기 때문에 더욱 의혹을 증폭시켰다. 이 때문에 한국군 일부 부대의 우발·고의적 북침에 따라 북한의 방어적 대규모 공격이 파생되었다는 가설이 생겨났고, 이는 '남침유도설'의 핵심이었다.

1973년 굽타가 시작한 이 '해주공격설'은 개전 당시 옹진 주둔 한국군 17연대가 해주를 공격했으며, 이러한 북침에 따라 북한의 방어적 대규모 공격이

---

126) 과학원 력사연구소(1959), 『조선인민의 정의의 조국해방전쟁사』 전3권, 사회과학출판사; 사회과학원 력사연구소(1981), 『조선전사: 조국해방전쟁사 1~3』 25~27권, 과학·백과사전출판사; 데이비드 콩드 지음·최지연 옮김(1988), 앞의 책; 버쳇 저, 김남원 역(1988), 『북한현대사』, 신학문사; 김용구(1984), 「소련의 한국전쟁 해석」, 서울대 국제문제연구소, 『논문집』 제8호; 정종욱(1984), 「중공의 한국전쟁 해석-중공군의 한국전 참전을 중심으로」, 서울대 국제문제연구소, 『논문집』 제8호; 하영선(1984), 「북한의 한국전쟁 해석」, 서울대 국제문제연구소, 『논문집』 제8호.

시작되었다는 내용이다. 한국군이 북한군의 대규모 전쟁을 유도하기 위해 선제 북침했다는 주장이다.[127] 굽타의 주장 가운데 명확하게 확인된 것은 1950년 6월 26일 한국정부·한국군이 발표한, 17연대 일부 부대가 해주를 점령했다는 보도뿐이었고, 그 나머지는 상상과 음모로 혼합된 가설의 조합이었다.

이미 1952년 스톤은 이런 주장의 핵심 골격이 된 가설을 세웠는데, 미국·남한이 북한의 침략 기도를 사전에 감지하고 이를 방지하기 위한 조치를 취할 수 있었음에도 불구하고 공격이 일어나도록 방치했다고 주장했다. 즉 '침묵의 음모'였다는 것이다.[128] 이에 따르면, 미국의 트루만 대통령은 배제된 채 이승만·덜레스·맥아더·장제스가 음모의 주체로 상정되었다.

1990년 브루스 커밍스는 스톤·굽타 등이 제시한 가설 위에 여러 가지 증거 자료들을 발굴해 덧붙임으로써 이 유도설의 종합판을 제시했다. 그는 남침 유도용 선제 북침설이 설득력 있는 가설이라고 주장했다. 커밍스는 김백일과 17연대장 백인엽이 '반격'이 아닌 '점령'을 목표로 6월 24~25일, 해주를 공격했다고 추정했다. 그는 남한 정보 당국이 늦여름 북한의 기습공격을 인지하고 있던 상태에서 국경선 침범으로 기습공격을 앞당기는 한편, 한국군의 신속한 철수를 통해 '침략'을 명백히 할 수 있는 외딴 지역으로 옹진을 선택했다고 추정했다. 즉 선제공격으로 북한군을 끌어들인 후 신속하게 군대를 철수함으로써 미국의 개입을 획득하려 했다는 것이다.[129] 커밍스는 확정적 언급은 피한 채 자신의 주장을 3가지 '모자이크' 중의 하나라고 했다. 그가 제시한 3가지 모자이크는, 첫째 한국·미국의 공식 견해로서 도발받지 않은 불의의 기습 남침, 둘째 남한이 도발해 북한의 공격을 유도했다는 견해, 셋째 북한의 공식 견해로 도발받지 않은 불의의 기습 북침 등이었다. 커밍스는 이 가운데 정보

---

127) 굽타, 「한국전쟁은 어떻게 시작되었나」, 정대화 편역(1988), 『한국전쟁은 어떻게 시작되었나』, 신학문사(Karunakar Gupta, "How did the Korean War Begin?", *China Quarterly*, vol.52, 1972).
128) 스토운 저·백외경 역(1988), 앞의 책[I. F. Stone(1952), *The Hidden History of the Korean War*].
129) Bruce Cumings(1990), 앞의 책, pp. 599~600.

와 역정보로 이루어진 일종의 음모론인 둘째 모자이크가 설득력이 있다고 주장했다. 그는 '남한군이 공격을 개시해서 북한군을 유인했다'는 자신의 견해, 즉 두번째 모자이크가 "어느 쪽도 전쟁을 개시**할 수 있었음**을 보여줄 따름이며, 정확히 전쟁의 내전적 성격에 관한 비밀정보이며 또한 사실상 내가 말하고자 하는 모든 것"(강조는 원문)이라고 주장했다.[130] 일종의 음모론에 해당하는 이런 조합·가설·모자이크는 1970년대부터 지금까지 많은 사람들을 매혹시켰다. 유도설은 남한의 선제 전면 북침을 주장하는 북한의 견해와는 다르지만, 6월 25일의 시점에서 남한이 선제공격을 가한 것은 사실이며 따라서 북한의 주장이 근거가 있는 것일지도 모른다는 인상을 주기에 충분했다.

한편 한국정부의 공식 입장은, 한국정부·한국군의 해주 점령 보도는, 개전 당일 옹진 현장에 있던 신문기자의 전언(傳言)이 육군본부 정훈국장에게 잘못 전달되어 와전된 오보였다는 것이다. 이는 1970년대부터 지금까지 한국정부·한국학자들이 고수하고 있는 단일하고 견고한 견해였다. 오랫동안 한국의 연구자들은 해주 공격이 불가능했다며 해주점령설을 비판했지만, 이 또한 신문기자의 오보설에 강하게 의지했다. 그렇지만 브루스 커밍스가 제시한 근거 자료와 논거 들은 진지하고 철저하게 분석·비판·반박되지 못했다. 정확히 말하자면 브루스 커밍스가 제시한 근거 자료들은 회피되었을 뿐이다.

해주공격설이 제출된 1970년대부터 현재까지 무려 30여 년이 지났지만 한국의 연구는 오보설에서 단 한걸음도 나아가지 못했다. 지금까지 한국전쟁 개전과 관련해 중요하고 결정적으로 취급된 동시에 도전받은 주제에 대한 한국정부·학자들의 인식과 대응 수준, 한국전쟁 연구 수준이 잘 드러나는 대목이다.

그 동안 해주공격설을 포함한 논쟁은 소모적이었을 뿐 별다른 결론이나 합의에 이를 수 없었다. 이 때문에 개전 책임 논쟁을 '해결'(solve)할 것이 아

---

[130] Bruce Cumings(1990), 앞의 책, pp. 599~600.

니라 '해소'(dissolve)해야 한다는 견해가 제출되기도 했다.[131] 나아가 존 할러데이나 브루스 커밍스는 '누가 먼저 총을 쏘았느냐'는 질문, 혹은 누가 한국전쟁을 시작했느냐고 묻는 것은 한국전쟁의 성격을 이해하는 데 의미가 없다고 주장했다.[132] 베트남전에서 누가 먼저 총을 쏘았느냐고 질문하거나, 미국 남북전쟁에서 누가 포트 섬터에 포격을 가했느냐고 질문하지 않는 것과 같다는 것이다.[133] 전쟁의 성격을 이해하는 데 발화자는 중요하지 않다는 주장이다.

그렇지만 이런 비유와 주장은 적절하지 않다. 베트남전과 남북전쟁 모두 승패는 물론 발발 원인과 경과가 명백한 전쟁이었다. 모든 전쟁사가 그러하듯 승자의 기록이 정당화되었다. 반면 한국전쟁은 종결되지 않은 전쟁이며, 현재도 진행 중이다. 또한 베트남전과 남북전쟁은 발화자가 누구인지 모두가 의문의 여지없이 잘 알고 있다는 점에서 그들과 한국전쟁을 비교하는 것은 정당하지 않다.

이 책은 적어도 해주공격설·유도설에 관해서 수십 년 묵은 논쟁·논란에 종지부를 찍었다. 논란과 관련된 자료들과 진술들을 종합해 그 실체적 진실에 접근했다. 제V부에서 다루듯이, 해주공격설은 오보나 와전의 결과가 아니었다. 해주공격설은 그렇게 단순한 사정을 반영한 것이 아니었다. 한국군은 실제로 해주를 공격하려고 했다. 육군본부는 공격 명령을 내렸고 현지에서도 상황을 타진했다. 그렇지만 이는 6월 25일 이른 새벽의 선제공격이 아니라, 북한군의 대규모 공격이 있은 후인 6월 25일 오전에 내려진 방어 계획의 일환이었다. 한국군은 1950년 3월 준비한 방어 계획에 따라 옹진 주둔 17연대에게 명령을 내렸다. 17연대로 하여금 서울 방면에 가해지던 북한군의 주공 압력

---

131) 이완범(1990), 앞의 논문.
132) Jon Halliday, "Commentary," Bruce Cumings ed., *Child of Conflict*, p. 164.
133) 포트 섬터(Fort Sumter)는 노스캐롤라이나 주 찰스턴 항의 요새로 연방군(북군)이 주둔하고 있었다. 1861년 4월 12일 남군이 포격을 가해 점령함으로써 남북전쟁이 발화되었다. Bruce Cumings(1990), 앞의 책, pp. 432, 571, 619.

을 분산시키기 위한 역습이자 후퇴의 일환으로 해주 공격을 지시했던 것이다.

그렇다면 한국군 17연대의 해주 공격은 실재했는가? 이 연구의 대답은 공격은 없었고 불가능했다는 것이다. 한국군 수뇌부는 준비된 방어 계획에 따라 해주 공격 명령을 내렸지만 공격은 불가능했다. 북한군의 공세가 압도적이어서, 반격은커녕 철수조차 어려운 상황이었기 때문이다. 그런데 6월 26일 오전 철수 중 17연대의 대대급 병력이 연대본부와 연락이 두절되었다. 서울의 육군본부는 이들 병력이 혹시 해주로 진격해 들어갔을지도 모른다는 희망과 낙관을 가졌다. 육군본부·주한미군사고문단의 정보에 따라, 도쿄의 맥아더 사령부도 17연대의 1개 보병대대와 1개 포병중대가 해주를 점령한 것으로 오인했다. 6월 28일 이 부대가 인천항에 들어오자 상황은 해프닝으로 정리되었다. 즉 해주공격설은 1950년 6월 25~28일 간 한국 정부·군 지휘부, 미국 정보 당국이 처한 상황, 1949년 이래의 상황·정보 판단과 인식 수준에서 개전을 대한 태도, 준비된 계획과 희망의 혼돈, 지휘·통신·통제 체계의 혼선 등을 복합적으로 반영한 것이었다.

2. 전쟁의 성격 :
내쟁(內爭) 같은 국제전쟁·외전(外戰) 같은 동족전쟁

한국전쟁의 성격을 둘러싼 논쟁 역시 오래되었고, 논란의 대상이 되어왔다. 학자들마다 입장과 견해가 달랐다. 전쟁의 성격에 대해서는 내전, 국제전, 국제적 내전, 민족(조국)해방전쟁 등의 설이 제출된 바 있다.

개전 직후 북한은 이 전쟁이 '내란', 즉 내전으로 발화되었고, 이후 미국의 참전으로 국제전 혹은 '조국해방전쟁'이 되었다고 주장했다.[134] 한국의 입장

---

134) 대표적인 견해로는 전 이승만 정치고문이던 文學琫의 고백록에 등장하는 '내란'설이 있다. 문학봉

역시 이 전쟁을 6·25동란, 한국동란으로 부르는 데서 알 수 있듯이, '내란' 혹은 내전으로 시작된 전쟁이라고 보았다. 이후 북한은 한국전쟁의 성격을 민족(조국)해방전쟁으로 규정하는데, 이는 특정 국면에서 북한의 입장을 대변하는 견해로 볼 수 있다.[135]

전통주의적 견해가 제출된 이래, 서방의 학자들은 소련과 스탈린에게 전쟁의 결정권이 있다고 판단하고, 이런 측면에서 한국전쟁을 내전이 아닌 국제전이라고 평가했다. 소련 전문가들이 주장한 이러한 국제전설은 지금도 유효한 학설이다. 예를 들어 스툭이나 김영호 등은 국내적 요인·요소도 중시하지만 기본적으로 한국전쟁은 소련에 의해 결정·주도된 국제전이었다고 강조했다.

한편 수정주의적 견해가 제출된 이래 미국의 책임이 거론되었지만, 그것은 전쟁의 발화자라기보다 전쟁 유발(provoke)의 차원에 그쳤다.[136] 수정주의적 견해가 등장한 이래 한국전쟁은 국제전이 아닌 내전으로 규정되었는데, 이 때문에 한국전쟁은 내전을 의미하는 civil war 혹은 internal warfare로 표현되었다. 그런데 내전의 발화자가 남한(혹은 이승만·장제스·맥아더)이었는지 혹은 북한이었는지에 대해서는 견해가 엇갈렸다. 스톤·굽타·콜코·커밍스 등은 남한이 선제타격을 함으로써 북한의 대규모 공격을 유도했을 가능성이 높다고 보았고, 시몬스·메릴 등은 북한이 선제공격을 했다고 평가했다. 내전설에 동의하는 사람들은 국내적 요소와 국제적 요소가 모두 작용했지만, 기본적인 동력은 국내적 대립·갈등에 있었다고 분석했다.

(1950), 『米帝의 朝鮮侵掠政策의 正體와 內亂挑發者의 眞相을 暴露함』, 조선중앙통신사 출판부[國史編纂委員會(1989), 『北韓關係史料集』 VII 수록].
135) 1960~70년대 일본 학계에서도 이런 논의가 주로 전개되었다[神谷不二(1966), 『朝鮮戰爭』, 中央公論社; 小此木政夫(1975), 「民族解放戰爭으로서의 朝鮮戰爭」, 『國際問題』 182호; 와다 하루끼 저·서동만 역(1999), 앞의 책, 18쪽에서 재인용].
136) 이완범(2000), 앞의 논문, 122쪽.

한국전쟁의 기원이 1948~50년의 한국 내부의 투쟁에 있었다는 본격적인 연구 성과를 제출한 것은 존 메릴이었다.[137] 미국립문서보관소에서 비밀 해제된 자료를 바탕으로 남한 빨치산에 대한 최초의 본격 연구를 진행한 메릴은 한국전쟁 발발 이전에 이미 10만 명 이상이 사망하는 등, 한국전쟁은 국제정치보다 국내적 측면에 더 큰 원인이 있다고 분석했다.

메릴은 개전에 대한 기존의 견해들, 즉 소련이 사주했다는 미국의 견해, 북침이라는 북한의 주장, 이승만의 호전성을 거론하는 스톤·굽타·콜코 부부 등 수정주의자들의 해석, 북한정권 내부의 파벌 투쟁을 강조하는 시각, 소련·중국 문제 전문가들의 강대국 지역정치의 산물이라는 견해 들을 모두 비판했다.[138] 나아가 그는 1948년 제주 4·3, 여순사건, 1948년 이후의 빨치산 투쟁을 검토한 뒤, 1950년 초 남한 내 빨치산의 명백한 패퇴로 말미암아 내란(civil conflict)이 통상적인 군사적 충돌(conventional military encounter)로 왜곡되었다고 설명했다. 메릴은 최초로 1949~50년의 38선상에서의 군사충돌을 미국 측 자료에 입각해 분석하고, 이에 근거해 남한측에 더 큰 도발의 책임이 있으며 38선 충돌이 정치적 사건들과 긴밀히 연관되어 있다고 평가했다. 즉 메릴의 입장은, 누가 먼저 방아쇠를 당겼는지 가릴 수 없었던 1948~1950년, 38선 인근의 무력 충돌·내전이 상승작용을 일으켜 전면전이 되었다는, 무력 충돌 격화설로 평가할 수 있다.[139] 그렇지만 메릴은 수정주의자들이 지목하는 이승만의 호전성과 북침 음모, 개전 초 한국군의 신속한 철수 주장 등은 심각한 결함을 가진 것으로 신뢰성이 없다고 평가했다. 수정주의자들은 개전 초 무슨

---

137) 존 메릴(1987), 「한국의 내란, 1948~1950: 한국전쟁의 국지적 배경」, 브루스 커밍스 外 저·박의경 역, 『한국전쟁과 한미관계 1943~1953』, 靑史. 이 책의 원제는 *Child of Conflict: The Korean-American Relationship, 1943~1954*(Bruce Cumings ed., Seattle, University of Washington Press, 1983) 이다. 책 제목에서 드러나듯이 메릴은 한국전쟁을 (내부) 갈등의 산물로 파악하고 있다.
138) 존 메릴 지음/이종찬·김충남 공역(2004), 앞의 책, 13~47쪽.
139) 존 메릴 지음·신성환 옮김(1988), 앞의 책; John R. Merrill(1989), *Korea-The Peninsular Origins of the War*(존 메릴 지음/이종찬·김충남 공역(2004), 앞의 책).

일이 발생했는가를 규명하기보다 이승만·맥아더·트루만 등 전쟁 관련 지도자들의 숨은 동기를 파악하는 데 집중했다고 비판했다.[140]

메릴이 1948~50년의 남한 내부의 갈등, 남북 간의 충돌에 주목했다면 브루스 커밍스는 보다 앞선 시기로 내전의 기원을 소급해 올라갔다. 커밍스는 6월 25일 이후의 '한국전쟁'은 시작이 아니라 결말이었고, 이는 1945년 이후의 내전이자 혁명투쟁의 연장이었다고 주장했다. 한국전쟁은 해방 이후 발생한 문제들을 둘러싼 내부의 혁명투쟁이었으며, 전쟁은 남북에서 인민위원회를 수립하려고 한 1945~46년의 '정치적 단계'를 거쳐 1946년 가을 '대중봉기 단계', 1948년 초부터 1950년 초까지의 '비정규전 기간'을 거쳐 1950년 여름 개시된 '소규모의 재래전 단계', 그리고 마지막으로 인민군이 몇 주일 만에 한반도를 거의 장악하는 '열전의 단계'로 돌입했다는 것이다.[141]

커밍스가 추적하는 한국전쟁의 기원'들'(origins of the Korean War)은 일제 식민지 시대까지 소급된다. 커밍스는 한국전쟁의 기원이 기본적으로는 1945~50년의 사건들에서 비롯되었으며, 부차적으로는 전간기(戰間期) 한국에 특정한 영향을 남긴 식민지 시대의 요인들에서 비롯되었다고 보았다.[142] 일본의 유산에 대해 커밍스는 일제에 의한 식민주의, 공업화, 2차 대전 등 근대적인 영향과 강대국 패권투쟁으로 한국 사회가 완전히 분열되었으며, 해방 후 한국전쟁·한국정치의 기원은 중도에 유산된 파행적인 발전의 영향이라고 평가했다.[143] 즉 일본이 죄를 저질렀고, 한국이 죗값을 치렀다는 것이다.[144]

해방 후의 상황과 관련해 커밍스는 다음과 같이 주장했다. 1950년 전쟁에서 제기된 기본 이슈들은 이미 해방 후 3개월 동안 제출된 것이었으며, 표면상

---

140) 존 메릴 지음/이종찬·김충남 공역(2004), 앞의 책, 34쪽.
141) 브루스 커밍스(1987), 「서론: 한미관계의 경과, 1943~1953」, 브루스 커밍스 外 저·박의경 역(1987), 앞의 책, 59쪽.
142) Bruce Cumings(1981), 앞의 책, "Preface," pp. xx-xxxi.
143) Bruce Cumings(1981), 앞의 책, p. 67.
144) Bruce Cumings(1981), 앞의 책, p. 38.

의 한국전쟁이 시작되기 전에 농민반란, 노동투쟁, 게릴라전, 38선상의 공개 전투 등을 통해 10만 명 이상이 사망했다. 전쟁(conflict)은 1945년 직후에 시작된 내전적이며 혁명적인 성격이었으며, 혁명과 반혁명의 변증법을 거쳐 진행되었다. 1950년 6월의 재래식 전투의 시작은 단지 다른 수단에 의한 이 전쟁의 연장이었을 뿐이다.[145] 커밍스의 표현에 따르자면, "한국전쟁은 그 앞 5년 동안 지속되어온 투쟁들의 종착역"이었고, "1945년 8월부터 1950년 6월까지를 연결하는 중요 사건들의 끊이지 않는 사슬이었다".

한편, 국내 연구자 가운데에도 1973년 예비역 장성 김점곤에 의해 내전설이 제출된 바 있다. 김점곤은 한국전쟁은 본질적으로 내전이며 해방3년사에서 일어났던 빨치산 투쟁의 연장선상에서 파악해야 한다는 견해를 제시한 바 있다.[146]

메릴·커밍스 등의 연구는 전쟁의 내부적 기원·요인이 중요하며, 한국전쟁은 1950년 6월 25일 발발했지만, 이미 해방 이후 혹은 1948년 이후 내부의 혁명투쟁, 내전, 소규모 재래전 등이 이날 전면적으로 확전된 것이라는 견해로 요약할 수 있다. 1945년 해방 이후, 혹은 1948년 남북한 정권 수립 이후를 한국전쟁의 '사실상'(de facto)의 기점으로 보는 시각은 커밍스의 영향하에 1980년대 후반 이후 한국에 유행했다.[147]

한편, 한국전쟁이 분명 내전적 성격을 갖고 있으나 국제 냉전의 영향과 복합되면서 일어난 '국제전적 내전'이라는 입장이 있다. 이 입장은 한반도 냉전에 영향을 준 냉전 국제정치의 요소들을 중시하며, 미소냉전과 남북냉전을 복합적으로 평가해야 한다고 주장했다.[148] 나가이 요노스케(永井陽之助)는 한국전

---

145) Bruce Cumings(1981), 앞의 책, p. xxi.
146) 김점곤(1973), 앞의 책; 김점곤(1989), 앞의 논문.
147) 박명림(1989), 「한국전쟁사의 쟁점」, 박명림 외, 『해방전후사의 인식』 6, 한길사; 박명림(1990), 「한국전쟁의 전개과정」, 최장집 편, 『한국전쟁연구』, 태암.
148) 김학준(1989), 앞의 책.

쟁이 내전적 성격을 가지고 있지만, 국제 냉전의 복합 속에서 일어난 국제전적 내전이라고 주장했다.[149] 오코노기 마사오(小此木政夫)는 한국 문제의 국제화와 국제 문제의 국내화 과정을 거쳐 한국전쟁이 일어났다고 주장했다.[150] 피터 로우(Peter Rowe)도 한반도의 내전에 영향을 준 '냉전 국제정치'의 요소를 중시했다.[151] 한편 제임스 매트레이는 브루스 커밍스·맥도널드(Callum MacDonald)·카우프만(Burton I. Kaufman)·로우·메릴(John Merrill) 등을 거명하며, 한국전쟁이 전형적 내전이었다는 이들의 주장이 10여 년 간 유행해 일종의 학문적 합의상태였다고 지적했다. 그렇지만 1990년대 소련·중국문헌들의 비밀해제로 말미암아 한국전쟁이 전형적 내전이었다는 설이 완전히 부정되었다는 입장을 표명했다. 그는 한국전쟁에서 국제적 요인이 새롭게 강조되면서, 한국전쟁을 "국제전적 내전"(international civil war)으로 규정해야 한다고 주장했다.[152] 매트레이는 웨더스비의 견해를 인용해, 소련은 한국전 발발에서 주요 역할을 담당했지만 그것은 창설자로서의 주역(originator)이 아니라 조장자로서의 조역(facilitator)이었다는 견해를 덧붙였다.[153]

그런데 한국전쟁 연구자들이 전쟁의 성격으로 내전, 국제전, 국제전적 내전 등을 거론할 때 빠뜨린 중요한 지점이 있다. 그것은 바로 현장의 당사자인 한국인들이 어떻게 한국전쟁을 바라보았는가 하는 점이다. 특히 한국전쟁 발발 이전 한국인들의 정세 판단·분석은 '역사의 교훈'으로서 매우 중요한 위

---

149) Yonosuke Nagai, "The Korean War: An Interpretative Essay," *The Japanese Journal of American Studies*, vol. 1, 1981 [이완범(2000), 위의 논문, 123쪽에서 재인용].
150) 小此木政夫 著, 現代史硏究室 譯(1986), 『韓國戰爭: 美國의 介入過程』, 청계연구소, 404쪽.
151) Peter Rowe, *The Origins of the Korean War*, London, Longman, 1986; 피터 로우(1989), 『한국전쟁의 기원』, 인간사랑.
152) James I. Matray, "Revisiting Korea: Exposing Myths of the Forgotten War," *Prologue*, Quarterly of the National Archives and Records Administration, Summer 2002, vol.34, no.2, p.108.
153) Kathryn Weathersby, "The Soviet Role in the Early Phase of the Korean War," *The Journal of American-East Asian Relations* vol.2, no.4(Winter 1993); Sergei N. Goncharov, John W. Lewis, and Xue Litai, *Uncertain Partners: Stalin, Mao, and the Korean War*(1993).

치를 점한다.

해방공간 혹은 2차 대전과 한국전쟁 사이의 전간기에 위치해 있던 한국인들은 모든 비극의 출발점이 미소에 의한 38선 분할이라는 점에 동의하고 있었다. 1948년 김구는 분단정부 수립에 반대하면서 타국이 만든 38선이 '우리 마음'에 존재하지 않았지만, '궂은날을 당할 때마다 38선을 싸고 도는 寃鬼의 哭聲'이 들리는 것 같다고 한탄했다.[154] 당대의 지식인들이 지적하듯이, 미소의 점령 경계선이었던 38선이 남북한 정부의 국경선이 되면서 38선의 실질적 고정화, 국토 양단의 법리화, 민족 분열의 구체화는 충분히 예견된 것이었다.

특히 1948년 문화인 108인의 선언은 이미 한국전쟁의 성격을 선구적이고 날카롭게 예언한 것이었다. 1948년의 역사 현장에 서 있던 한국인들은 평화적인 통일이 무산되면 한반도에서 무력 충돌, 즉 전쟁이 불가피할 것이며, 이 전쟁은 내부적 갈등과 외부적 개입의 결과일 것이라고 보았다. 이순탁(李順鐸)·이갑섭(李甲燮)·설의식(薛義植)·정구영(鄭求瑛)·손진태(孫晉泰)·이양하(李敭河)·이병기(李秉岐)·신남철(申南澈)·정지용(鄭芝溶)·박용구(朴容九) 등 당대의 문화인 108인은 이렇게 썼다.

> 그후로(분단정부 수립-인용자) 오는 사태는 저절로 민족상호의 血鬪가 있을 뿐이니 **內爭 같은 國際戰爭이요 外戰 같은 同族戰爭**이다. 동포의 피로써 맞서는 동포의 相殘만이 아니라, 동포의 相食만이 아니라, 실로 漁父의 得을 위하야 우리 父子의, 叔侄의, 兄弟, 자매의, 피와 살과 뼈를 바수어 바치는 血祭의 慘劇일 뿐이니, 이 어찌 있을 수 있는 일이겠는가?(강조는 인용자)[155]

즉 이는 내부의 투쟁처럼 보이지만 본질적으로 국제 전쟁이며, 외부 강대

---

154) 金九,「三千萬 同胞에게 泣告함」(1948. 2. 10).
155) 「南北協商을 聲援함」(문화인 108인 선언)(1948. 4. 14), 『새한민보』 1948년 4월 하순호(2권 9호), 14쪽.

국들이 아니라 동족 간에 전쟁이 벌어질 것이라는 예측이자 상황 판단이었다. 이는 지금까지 제출된 어떤 연구보다도 정확하게 한국전쟁 개전의 비밀과 성격을 보여주는 압축적인 규정이었다.

즉 한국전쟁은 내전이나 국제전으로 발화했거나, 혹은 내전으로 발화해서 국제전으로 비화한 것이 아니라, 1950년 발발 시점에서 이미 내전이자 국제전으로서의 성격이 혼재되어 있었다. 이는 한국전쟁이 내전적 형태로 출발했지만, 이미 개전 당시부터 국제전으로서의 본질적 특징들을 지니고 있었다고 전제하는, 이 책의 기본 관점이기도 하다.

"내 아버지는 우익에 속한 인물이요, 내 아우는 좌익에 속해 있다"고 고백한 자유주의적 혹은 독립적 지식인 오기영(吳基永)은 이렇게 썼다.

> 우리는 무엇 때문에 美蘇 두 틈에 끼어서 한편을 막기 위하여 한편의 도움을 받아야 하는가. 그것도 한 덩어리로 뭉쳐서가 아니라 반쪽씩 갈라져 가지고 피차 반쪽씩의 동족끼리 적대하여야 한다니 이런 참극의 주인공의 신세는 필경 魚肉의 禍를 입을 것밖에는 아무것도 없을 것이다.[156]

미소의 사이에 끼어 분단·대립하는 한국인들이 '어육의 화'를 입을 것이란 오기영의 표현은 소름끼칠 정도로 잔혹하지만 냉정하고 정확한 예언이었다.

분단정부 수립 이후 전쟁 발발 가능성은 한국 사정에 익숙한 사람이라면 누구든 예측할 수 있었다. 38선과 남북의 분단은 한국인이나 미국인 모두에게 불행이 임박했음을 강하게 암시하는 것이었다. 1948년의 시점에서 주한미군 군사실 수석군사관 해럴드 라슨(Harold Larson)은 미소 양 진영의 토착군대

---

[156] 吳基永, 「外軍駐屯下에 自主獨立國이 있을 수 있는가?」, 『새한민보』 1948년 11월 상순호(2권 18호), 14쪽. 오기영의 저작들은 최근 복간되었다. 오기영(2002), 『민족의 비원 자유조국을 위하여』, 성균관대학교출판부; 오기영(2003), 『사슬이 풀린 뒤』, 성균관대학교출판부.

양성이 불러올 결과를 이렇게 예언했다.

> 이들 두(남북) 잠재적 군사력의 각각의 역량은 알려지지 않았다. 한쪽은 우익이고 한쪽은 좌익이었다고 말하는 것으로 족하며, 만약 소련과 미국이 동시에 철수한다면 한국인들은 의문의 여지없이 내전에 돌입해 서로의 목을 조이게 될 것이다.[157]

김구는 암살되기 한 달 전인 1949년 5월 31일 유엔한국위원단(UNCOK)과 만난 자리에서, "남북에 이미 사실상으로 존립한 권력형태는 말살하려 해도 말살되지 않는 것이 현실대로의 사태"이기에 "기성사실을 우선 용인하면서 '양 극단'은 구심력적으로 조정해나가야 한다"는 견해를 표명했다.[158] 김구는 미소 양군의 분단 점령으로 인한 38선 장벽을 제거하고, 남북 간 군사적 충돌의 위기를 완화하기 위해서는 "미소의 협조를 원칙으로 하는 유엔의 노력"이 필요하다고 강조했다. 김구는 이렇게 주장했다.

> 한국을 분단해놓은 미소 양국이 자기가 점령한 지역에 각기 상반된 정권과 군대를 만들어놓고서 그대로 나가는 것은 마치 남의 洞里에 와서 싸움을 붙여 놓고 슬쩍 나가버리는 것 같은 것이다. 만약 내전이 발생된다면 그 책임은 미소 양방에 다 같이 있는 것이다.[159]

---

157) United States Armed Forces in Korea, *History of the United States Armed Forces in Korea(HUSAFIK)*, Washington D. C., Manuscript in Office of the Chief of the Military History, 〔돌베개(1988), 『주한미군사』 1~4로 영인〕, part 2, chapter 4, pp. 294~295.
158) 『조선일보』·『자유신문』 1949. 6. 1.
159) 같은 자료. RG 59, State Department, Decimal File 501.BB Korea series, Subject: "Kim Koo's Statement of May 31, 1949 to UNCOK, June 6, 1949," 501.BB Korea/6-649. 이에 따르면, 이승만은 유엔한위가 서울에 도착한 이래 유엔한위와 김구의 면담을 강하게 반대한다는 뜻을 여러 위원들에게 표명했다. 이승만은 김구가 사실은 공산주의자이며 그가 유엔한위에 등장하면 한국정부의 안정을 해칠 발언을 할 것이라고 주장했다.

미소의 책임을 "남의 동리에 와서 싸움을 붙여놓고 슬쩍 나가버리는 것"으로 묘사한 김구의 비유는, 투박하지만 당대 한국인들의 심성과 정서를 잘 반영했다.

문화인 108인 선언과 김구의 발언에서 드러나듯이, 1948~49년에 남한의 주요 정치인, 지식인 들은 미소의 협력과 남북의 화해가 없다면 전쟁이 발발할 것이며, 그 전쟁은 외형적으로는 내전의 모양을 띨지라도 본질적으로는 미소가 개입한 국제전이며, 그 책임은 미소에게 있다는 점을 누누이 강조하고 있었다. 당대를 살던 지각 있는 한국인들은, 적절한 통일 노력과 긴장 완화, 미소의 개입·중재가 없다면 이미 전쟁은 회피할 수 없다는 것을 절감하고 있었던 것이다.

김구가 암살된 직후 절망에 빠진 김규식은 주한미대사관의 3등 서기관 그레고리 헨더슨(Gregory Henderson)과 인터뷰했다(1949. 6. 27). 헨더슨은 이후 하버드 대학에서 가르쳤고, 『소용돌이의 한국정치』(*Korea: The Politics of the Vortex*)를 간행함으로써 한국 현대사 연구의 기초를 다진 외교관이자 학자였다.[160] 1922년생인 헨더슨은 당시 29세였고, 한국에 온 지 불과 1년밖에 되지 않았지만, 이미 한국에서 평화적 통일은 불가능하다는 점을 잘 알고 있었다.[161] 김규식이 현 상황을 어떻게 보느냐고 질문하자 헨더슨은 "일반적으로 한국인들은 더 이상 평화통일이 가능하다는 희망이나 환상을 갖고 있지 않으며, 그 대신 유혈에 의한 해결방법을 점점 더 확신하고 있는 것 같다"고 답변했다. 이런 생각을 어떻게 보느냐고 묻자 김규식은 이렇게 말했다.

---

160) Gregory Henderson, *Korea: The Politics of the Vortex*, Harvard, 1968; 그레고리 헨더슨 지음/박행웅·이종삼 옮김(2000), 『소용돌이의 한국정치』, 한울.
161) 헨더슨은 1948년 7월 7일 한국에 부임했다(Department of State, Office of Public Affairs, *Register of the Department of State*, April 1, 1950; Department of State, *Foreign Service List*, January 1, 1951).

그렇지요. 만약 우리가 통일할지라도, 이 방법은 최후의 대재앙을 미봉적으로 막아보는 것일 뿐입니다. 당신은 유엔의 일을 잘 알고 있으리라 보는데, 내가 그들 앞에서 한 발언이 바로 이 점을 지적한 것입니다. 대재앙이 다른 곳에서 저지되지 않는다면, 조만간 닥쳐올 것입니다.[162]

한국 사정에 정통했던 주한미24군단 군사관이나 부임 1년차에 불과했던 햇병아리 외교관조차 한국에서의 내전 발발은 회피할 수 없는 것임을 모두 직감하고 있었다. 뚝심 있던 김구나 병약하지만 이성적이었던 김규식 모두 한 목소리로, 남북 간의 회피할 수 없는 유혈 군사충돌을 예언하고 있었다. 김규식은 김구와 함께 단독정부 수립에 반대하는 남북협상에 참가했지만, 북한의 진정성을 신뢰하지 않았다. 1949년 5월 북한이 조국전선을 결성한다는 소식이 들려오자 김규식은 "나는 도저히 북쪽 사람들에게 믿음이 가지 않는다. 북한측의 통일 통일하는 것은 정말 민족을 위하여 38선을 끊기 위한 통일인지 또는 모택동식 통일인지 알 수 없다. 그러니 **기적이나 바랄 수밖에 없다**(강조는 인용자)"고 했다.[163]

평화통일의 주창자였던 김규식은 칠십 노구를 이끌고 남북을 넘나들었지만 평화통일은 '기적'과 같은 일이라고 한탄했다. 30년 간의 독립투쟁 길에서 돌아온 노투사에게 현실정치는 환멸에 가까운 것이었다. 독립운동의 동지이자 평화통일의 길을 함께했던 김구는 한국군 장교에게 암살되었고, 북한은 평화통일을 반복적으로 주장했지만 그 의도를 신뢰할 수 없었으며, 남한은 호전적인 대북공격 캠페인을 벌이고 있었다.

이런 측면에서 1950년 6월 25일의 전쟁 발발은 결코 예측할 수 없었던, 혹

---

162) RG 59, decimal file 895.00/6-2949, Muccio to the Secretary of State, Subject: "Conversation with Kim Kyusik"(June 29, 1949), no.398.; "Memorandum of Conversation with Dr. KIM Kyusik,"(June 28, 1949) by Gregory Henderson, Third Secretary.
163) 『연합신문』 1949. 5. 21.

은 전혀 예상하지 못했던, 진정한 불의(不意)의 전쟁은 아니었다. 누가, 언제 공격할지 특정할 수는 없었지만, 한국 상황에 대해 지각 있는 사람이라면 1948년 이후 한국의 운명이 전쟁 궤도에 올라섰음을 분명히 알 수 있었다. 주요 동력은 내부 갈등이었지만, 그 궤도는 38선 분단 이후 미소가 마련해놓은 것이었고, 한국인들에게는 제동 장치도, 피해 있을 공간도 없었다.

3. 전쟁의 형성

1950년 6월 25일 북한의 선제공격으로 한국전쟁이 발발했을 때 많은 이들은 이를 1949~50년의 빈발했던 38선상의 무장 충돌의 재연 혹은 확대판으로 받아들였다.[164] 이는 경험에서 비롯된 자연스런 인식이었고, 논리적 설명 없이 떠오른 상황·사태의 전체적 파악이었다. 도대체 이러한 인식은 어떤 배경과 역사적 근거에서 연유한 것인가? 이 책은 이런 의문에서 출발해, 그 의문을 해소할 답을 찾아가는 과정으로 구성되어 있다.

이 책의 기본 관점은 1950년 6월 25일 발발한 전쟁이 내전적 외형을 지닌 국제전이었다는 지점에 위치해 있다. 많은 학자들이 한국 내부의 계급·사상·지역 갈등이 한국전쟁을 불러일으킨 주요 요인이라고 지적했지만, 이 책은 여기에 동의하지 않는다. 한국전쟁의 가장 기본적인 동력은 해방 후 미소의 38선 설정 및 한국분단, 양국의 대한정책·점령정책의 결과물이었다. 한국전쟁은 미소·남북·좌우가 중첩된 갈등의 대폭발이었는데, 이 화약고와 폭발물들은 한국이 아니라 미소가 출처였으며, 축장(蓄藏)된 폭발물들을 향한 도

---

164) 예를 들어 개전 초기 서울과 도쿄는 북한군의 공격을 1949년 발생했던 무력 충돌의 연장선에서 이해했다. 하지만 그것이 국지적인 공격이 아니라 전면적 공격이라는 상황이 판명되자 군사고문단과 기자들은 경악했다.

화선 역시 미소에 의해 준비되고 점화된 것이었다. 김일성이 불을 당겼지만, 이는 스탈린의 허락·동의 없이는 불가능한 일이었다.

문화인 108인이 선언한바, "내쟁 같은 국제전쟁"·"외전 같은 동족전쟁"으로 한국전쟁이 시작되었다는 관점은 많은 것을 해명해줄 것이다. 이는 내인론과 외인론, 내전과 국제전의 구분이 분석과 현상의 차원에서는 가능하지만, 실체와 본질의 차원에서는 이미 결합되어 있었음을 보여주는 것이기도 하다. 즉 한국전쟁은 국내적 갈등과 국제적 대립이 변증법적으로 결합되어 형성된 것이며, 이미 발발 시점에서 내전적 요소와 국제전적 요소가 그 속에 응축되어 있었다.

지금까지 한국전쟁과 관련해서는 스톤이 사용한 이래, 전쟁의 '기원'(origins)이라는 개념이 가장 많이 사용되었다. 전쟁이 1950년 6월 25일에 돌출적으로 일어난 사건이 아니라 최소한 역사적이고 배경적인 상황의 소산이라고 보는 것이었다. 이는 클라우제비츠(Karl von Clausewitz)가 정식화한, "전쟁은 다른 수단에 의해서 수행되는 정치의 연장에 불과하다"는 명제처럼, 전쟁이 정치적 배경의 폭발이라고 보는 입장이다. 이는 한국전쟁의 역사성과 배경을 보여준다는 장점이 있다.

이와 관련해 이완범은 한국전쟁 발발의 요인을, 직접적 원인·이유와, 배경적인 기원으로 나누어 설명했다. 그는 1945~49년에 전쟁의 기원이 형성되었으며, 1950년에 발발의 직접적 원인이 형성되었다고 구분한다.[165] 이런 맥락에서 이완범은 전쟁의 국내적 기원과 국제적 기원, 발발의 직접적 원인·배경을 구분해야 한다고 주장했다.

한국전쟁은 국내적 요인과 국제적 요인 들이 유기적이며 복합적인 상호영향 속에서, 시기적으로 각각 중요도를 달리하며 고양된 결과였다는 점은 의문의 여지가 없다. 이런 측면에서 내전적 요소와 국제적 요소, 둘 다 전쟁 원인

---

165) 이완범(2000), 앞의 논문, 118쪽.

으로 고려하면서 남북 간의 전쟁 전 갈등을 고려해야, 전쟁의 기원을 잘 이해할 수 있다는 메릴의 지적은 타당하다.[166] 또한 이완범이 지적한 유기적·상대적 시각과 가변적·동태적 시각 역시 같은 맥락에서 이해할 수 있다. 이완범은 1945년 38선 획정시에는 외인이 압도적이었고, 1946년 탁치논쟁 때는 내인이 외인에 영향을 미쳤고, 1948년 단독정부 수립시에는 외인이 주도하여 내인과 상승작용을 일으켜 결국 국제적 성격이 강한 복합형을 산출했다고 주장했다.[167] 그는 한국전쟁 발발의 필수 요인으로 김일성의 개전 의지, 스탈린의 지원, 내전적 기원 세 가지를 꼽으며, 국가별로는 북한·남한(국내 요인), 소련·미국(국제 요인)이 핵심 행위자라고 지적했다.[168]

이 책의 주된 관심은 역사적 자료를 따라 한국전쟁이 형성되어온 과정을 살펴보는 것이다. 전쟁의 '형성'이라는 용어는, 직접적으로는 1949~50년의 남북의 적대적 동화 과정과 여기에 미친 미소의 규정력·영향력을 설명하기 위해 설정된 것이다. 이 용어는 익히 들어오던 전쟁의 기원과 배경·원인처럼 익숙하지는 않을 것이다. 그리고 전쟁이 '형성'되었다고 하는 것에 의구심을 가질 수도 있을 것이다.

브루스 커밍스는 "내전은 시작하는 것이 아니라 복잡한 역사 속에서 자라난다"고 했는데, 적어도 전쟁의 형성이란 관점에서 이는 충분한 설득력을 지닌다.[169] 그렇지만 한국전쟁이 "내전"이었으며 "1950년 6월에 전쟁이 시작된 것은 어느 누구의 잘못이라고 말할 수 없다"는 커밍스의 주장은 이 책의 관점과 일치하지 않는다.

1945~50년의 기간 동안 국내적 요인과 국제적 요인이 중요도와 강약을

---

166) 이완범(2000), 앞의 논문, 123쪽에서 재인용.
167) 이완범(1998), 「한반도 분단의 외부적 요인과 내부적 요인: 미국과 국내 정치세력 간의 역학관계, 1945~1948」, 유영익 편, 『수정주의와 한국현대사』, 연세대학교출판부, 107쪽.
168) 이완범(2000), 앞의 책, 19쪽.
169) 브루스 커밍스(2001), 「한국어판을 내면서」, 『한국현대사』, 창작과비평사, 8쪽.

달리하며 미소·남북·좌우라는 3층위의 갈등을 한반도 내에 형성해 한국전쟁이 발발했고, 이는 전쟁의 배경·기원·원인을 구분할 수 없을 정도로 연속적이며 유기적인 일련의 과정에서 이루어졌다. 전쟁은 특정 시점에서 특정 세력에 의해 돌출적으로 창조·결정된 산물이 아니라, 미소·남북·좌우의 대립과 길항 과정에서 형성된 결과물이었다. 즉 전쟁은 해방 이후 한국 사회에 강력한 영향력을 행사했던 미소라는 세계 패권국가의 대립, 남북한 간의 지역적 분립, 좌우익 간의 이념적 대결 등이 응축되어 폭발한 것이다. 그것은 해방 후 한국의 국내적·국제적 갈등·투쟁을 반영한 작은 우주의 빅뱅이었다. 말하자면 한국전쟁의 '형성'은 전쟁의 기원·배경·원인·요소라는 이론적 분석의 단위를 현실의 구체성 속에서 종합한 것이다. '형성'이라는 용어는 전쟁의 구조적이며 입체적인 주조 과정을 설명하기 위한 것이기도 하다.

한편 군사전략·작전술·교리 등의 측면에서 볼 때 이 전쟁은 한국인들의, 한국인들 간의 전쟁이 아니었다. 한반도에서 3백만 명 이상의 한국인들이 피를 흘리며 싸웠지만, 전장에서 맞붙은 것은 소련, 미국, 중공의 군사전략이었다. 한국인들은 미국·소련이 수립한 군사교리·편제·교범·훈련·무기의 실현자였을 뿐이다.

북한군이 수립한 전면 공격용 작전 계획은 말 그대로 군사예술에 해당하는 것이었다. 10개 사단 규모의 병종별(兵種別)·제대별(梯隊別) 및 통합 작전 계획의 수립은 전략적 작전을 경험해본, 전장에서 단련된 군사 참모와 장군들만이 수립할 수 있는 것이었다. 북한의 민간·군부의 최고 지휘부들, 예를 들어 김일성(수상·최고사령관), 최용건(민족보위상), 강건(총참모장), 김책(부수상·전선사령관), 최현(경비3여단장·2사단장), 류경수(105땅크여단장) 등은 연대급 야전부대 이상을 지휘할 능력이 없었다. 대부분 30대였던 이들은 정규전이 아닌 빨치산 전투의 경험만 있었으며, 정규군 훈련은 1940년대 초반 동북항일연군교도려(88저격여단)에서 받은 초급 군사훈련이 전부였다. 따라서 이들에게는 10개 사단 규모의 군단급 대규모 작전 계획을 수립할 능력과, 전장을 꿰뚫어보는 전략적 사고가 부족했다. '장군은 전장에서 단련된다'는 평범한 진리는 여기서도 동일하게 적용된다.

　이 때문에 북한군의 작전 계획은 2차 대전에서 단련된 스탈린의 고급 군사 참모들에 의해 소련어로 작성된 후 한글로 번역되었고, 소련군사고문단들이 전선까지 동원되어야 전투가 가능했다. 이렇듯 북한군의 승리와 패배 뒤에는 소련군사고문단이 자리했다. 유엔군의 반격과 중공군의 개입 이후 북한군의 작전지휘권이 조중연합사령부의 펑더화이(彭德懷)에게 주어진 이유도 바로 여기에 있었다.

　상황은 한국군도 동일했다. 30대의 한국군 주요 지휘관들도 비극적일 만큼 전쟁 수행 능력이 떨어졌고, 한국군의 작전지휘권은 1950년 7월 12일 이승만 대통령이 떨리는 글씨로 쓴 편지 한 장으로 맥아더에게 인계되었다.

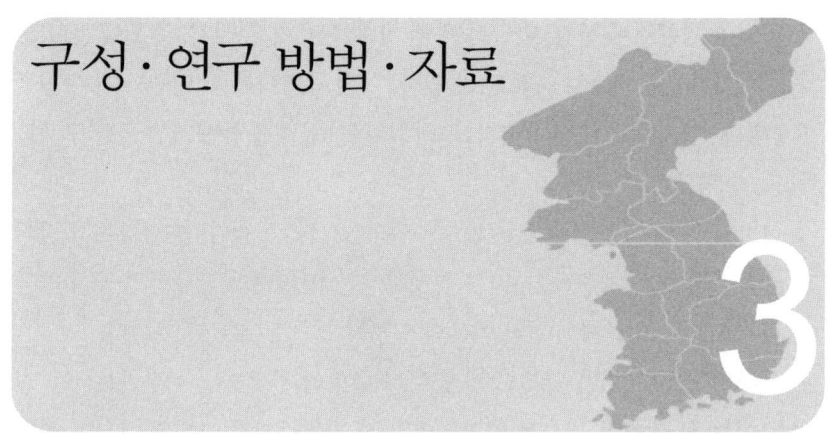

구성 · 연구 방법 · 자료

1. 연구의 구성

이 책은 I부 서장, II부 미소의 38선 정책과 남북갈등의 기원, III부 남북의 정치군사적 갈등과 38선 충돌, IV부 개전의 결정·공격 계획의 수립·초기 전투, V부 에필로그 등 총 5부로 구성되어 있다.

구체적으로 이 연구는 1945~48년 간 미소의 대한정책·점령정책의 구현체로서의 38선 정책이 초래한 비극적 역사의 연원을 정리하는 한편, 1949~50년 38선 충돌로 표상되는 전쟁의 형성 과정을 밝히는 것을 목적으로 하고 있다.

이 책은 한국전쟁의 기원·배경·발발과 관련해 연구된 기존의 모든 쟁점과 주제를 다루지는 않았다.[170] 남한 내부의 정치·갈등, 북한 내부의 권력투

---

170) 1945~48년 미국의 대한정책·점령정책, 남한 정계의 동향, 남북관계 등에 대해서는 다음을 참조. 정병

쟁, 소련의 영향력과 결정, 미국의 우발 계획 준비 혹은 대책, 중국의 관련 문제 등은 이미 집중적으로 분석된 바 있다. 이런 측면에서 이 연구는 기존 연구를 종합화·입체화해 보다 미시적이고 세부적인 분석을 통해서 연구를 구체화하려는 노력의 일환이다.

이 연구의 핵심 관심사는 1949~50년의 38선 충돌이다. 38선상에서 벌어진 남북 간의 군사적 충돌, 시기를 특정하자면 1949년의 군사적 충돌이 만들어놓은 세계다. 이 문제에 관한 기존의 연구는 크게 두 부류로 나뉜다.

하나는 1949~50년 남북 간의 군사적 충돌이 한국전쟁과 무관하다는 견해다. 이는 한국 공식 전사의 입장이며 또한 전통주의적 견해에 따르는 대다수 연구자들의 견해이기도 하다. 이 입장의 연구자들은 38선 충돌 문제를 깊숙이 다루지 않았다. 최근에 주목받은 한 연구 역시, 38선 충돌은 전쟁과 무관하다고 결론지은 바 있다.[171]

다른 견해는 존 메릴·브루스 커밍스 등으로 대표되는데, 이들은 38선 충돌이 한국전쟁과 깊은 연관이 있다고 보았다. 이들은 38선 충돌이 가지는 중요한 의미에 대해 분석함으로써 전쟁의 기원과 배경을 1950년 6월의 현장에서 1948년까지로 확장했다. 그렇지만 전쟁과의 연관성에 대해서는 본격적인 분석이 이루어지지 못했고, 다만 1949년의 38선 충돌이 1950년 6월 확대·재현되었다는 수준에서 그쳤다. 1990년대 중반 구소련 문서가 공개되기 이전에 제출된 이 연구들은 대부분 미국 자료에 근거해 씌어졌다. 이 때문에 남한·미국의 사정은 정확하게 해석하고 분석할 수 있었지만, 전쟁을 계획·결정·실행한 북한·소련의 정책 결정 흐름들은 알 수 없었다.

한편, 1990년대 후반 양영조는 개별 전투사 및 38선 충돌의 전반적 성격에 대해 선구적인 연구 성과를 제출함으로써 이 책에 적지 않은 영감을 주었

준(1995), 『몽양여운형평전』, 한울; 정병준(2005), 『우남 이승만 연구』, 역사비평사.
171) 박명림(1996), 『한국전쟁의 발발과 기원』 1권, 나남출판.

다.[172] 필자는 1949~50년의 38선 충돌이 북한 최고지도부의 한국전쟁 계획에 미친 영향, 한국전쟁 계획의 형성 과정을 검토했다. 이에 따르면, 북한은 1949년 38선 충돌을 통해 병력 증강·훈련·무장 강화를 이루었으며, 또한 옹진반도 국지전에서 전면전으로의 전화(轉化), 도발받은 정의의 반공격전이라는 개전 형식의 창출 등 핵심적인 전쟁 계획과 전쟁관을 수립하였다.[173] 이런 분석과 관점은 III부의 핵심 내용을 이루고 있다.

이 책은 기존의 연구에 구소련 문서와 북한 노획문서를 결합시킴으로써, 남한-북한-소련-미국이라는 네 나라가 한국전쟁을 전후한 시기에 어떤 구상·계획·정책적 판단을 하고 있었는지 분석하고 있다. 즉 1980년대까지 알려진 미국 기록에 1990년대 이후 공개된 구소련 문서와 북한 노획문서를 결합시킴으로써, 1949~50년 남북 간의 군사적 충돌과 북한의 전쟁 계획 결정·수립·실행 및 한국·미국의 한국전쟁관 성립 과정을 보여준다.

이 연구의 가장 큰 목표는 '전쟁의 형성'이 1949~50년 어떻게 진행되었는지를 보여주는 데 있다. 개전 직후부터 지금까지 남한, 북한, 미국이 전쟁을 바라보는 기본 입장은 달랐다.

한국: 진정한 불의의 기습남침

먼저 한국의 한국전쟁관은 '진정한 불의의 기습남침'으로 요약할 수 있다. 전혀 예상하지 못한 대규모 선제공격을 당했다는 것이다. 이와 관련하여 다음과 같은 의문과 통설·신화가 있었다.

---

172) 양영조(1998), 「38선 충돌(1949~50)과 이승만정권의 대응」, 『역사와현실』 27호; 양영조(1998), 『남북한의 군사정책과 6·25전쟁의 배경 연구』, 국민대 국사학과 박사학위논문; 양영조(1999), 『한국전쟁 이전 38도선 충돌 1949~1950』, 국방군사연구소.
173) 정병준(2000), 「1949~50년 38선 충돌과 북한의 한국전쟁 계획」, 『한국전쟁의 재인식-분단을 넘어 통일로-』, 한국역사연구회 한국전쟁50주년 학술심포지엄; 정병준(2004), 「1945~48년 미소의 38선 정책과 남북갈등의 기원」, 한양대학교 아태지역연구센터, 『중소연구』 100호.

첫째, 한국전쟁은 1949~50년 38선상에서 벌어진 남북 간의 군사적 충돌과 무관했다. 둘째, 개전 당시 남북한의 병력 격차는 2배 이상이었고, 남한이 절대적으로 열세였다. 셋째, 북한군은 막강했다. 넷째, 전쟁 직전 전쟁 징후를 보인 수많은 정보들이 있었으나 묵살되었다. 이와 관련하여 군수뇌부에 북한의 첩자가 있었거나 제5열의 방조가 있어 개문(開門) 호응했다는 등의 문제가 거론되었다.

이 책은 이런 의문·통설의 진위 여부와, 출처를 검토하며 진실을 찾아가는 과정으로 구성되어 있다. 여기에 대한 검토 결과를 정리하면 다음과 같다. 첫째, 한국전쟁은 1949~50년의 38선상의 군사적 충돌과 긴밀한 연관이 있었다. 그것은 우선 남·북·미가 한국전쟁을 바라보는 기본 관점이 이 시점·공간·과정에서 생성되었기 때문이며, 다음으로 북한의 한국전쟁 구상과 작전 계획·개전 전략이 여기에서 비롯되었기 때문이다. 즉 1949년의 상황은 한국전쟁의 축소판이었다. 물론 명백한 차이점도 존재했다. 1949~50년의 38선 충돌은 최대 연대급이 동원된 군사충돌이었고 기본적으로 제한적 국지전이었던 반면, 1950년의 전쟁은 전면전이었다. 1949~50년의 충돌은 발화자가 불분명한 경우가 많았고 남한이 주도한 인상이 강했던 반면, 1950년의 전쟁은 북한이 전면 선제공격을 가함으로써 시작되었다.

둘째, 개전 당시 남북 간의 병력 격차는 현저하지 않았다. 1950년 개전 당시 남북한의 병력 규모는 적게는 1 대 2, 많게는 1 대 4까지로 알려져왔다. 같은 맥락에서 1948년 이후부터 북한군이 한국군 병력을 압도했으리라는 추정과 가정이 있었다. 이 연구에 따르면, 1949년 하반기까지는 남한의 병력 규모가 북한을 앞서 있었다. 최소한 1만~2만 명의 격차가 있었다. 한국군은 1949년 중반 10만 명 규모에 도달한 이후 한국전쟁 때까지 병력 규모를 유지했다. 반면 북한군은 1949년 초반 현저한 열세를 보였고, 1949년 중반부터 급속히 병력을 확충했으며, 1949년 9월에 접어들어서야 남한과 비슷한 수준에 도달했다. 그 이후 한국군 병력 규모를 추월하기 시작했다. 전투 경험·훈련·무기 등의 측면에서는 북한이 우위를 점했지만, 통상 공격자가 갖추어야 할 2배 또는 3배 이상의 병력·무장을 갖춘 것은 아니었다. 이 연구에서 밝혀진 한국군의 주별·월별 병력 현황은 지금까지의 통설과는 다른 경향을 보이고 있다.

셋째, 북한군이 상대적으로 한국군보다 강했던 것은 사실이다. 그러나 개전 1개월 전인 1950년 5월 시점에서도 북한군 지휘관·참모 들은 전면 공격을 위한 작전 계획을 수립하고 운용할 능력을 갖추고 있지 않았다. 스탈린이 무기, 군사고문, 작전 계획을 제공하고 실질적인 자문과 지휘를 허락하지 않았다면 북한의 대남공격은 불가능했다. 북한군은 초기 공격에 성공했지만, 충분한 예비 병력과 군수품을 확보하지 못했고, 보급 계획과 능력도 갖추지 못했다. 지휘관들도 우발 상황에 대처할 능력이나 경험이 없었다. 한국군·미군의 방어 속에 낙동강 계선(界線)에 도착했을 때 북한군의 군사적 능력은 실질적으로 완전히 소모된 상태나 마찬가지였다. 개전 직후 북한군의 혼돈과 실상은 북한 노획문서를 통해 생생히 드러났는데, 이는 마지막 장에서 다루었다.

넷째, 전쟁 징후의 묵살과 한국군의 초기 붕괴는 첩자나 5열의 책임이 아니었다. 한국군은 1949년의 공세적 태도와 관성에서 1950년을 맞이했고, 자신이 진정한 방어자라고 생각하지 않았다. 한국군의 편성·배치는 방어형이 아니었으며, 충분한 방어 계획과 준비 또한 없었다. 즉 한국군은 자신이 공격자라고 확신하던 상태에서 북한의 기습공격을 당했는데, 이는 한국군에게 '진정한 불의의 기습공격'이었다.

북한: 도발받은 정의의 반공격전

북한의 한국전쟁관은 '도발받은 정의의 반공격전'으로 요약할 수 있다. 즉 6월 25일 새벽, 한국군이 전 전선에서 '북침'했기에, 북한군이 반공격전에 나서 남한을 '해방'시켰다는 주장이다. 이와 관련해서 1950년 6월 26일 북한 내무성·김일성이 발표한 성명은 한국전쟁의 성격과 비밀을 잘 보여주었다.[174]

이 성명은 북한이 주장하는 북침설의 희극적인 면모를 가장 잘 보여주었다. 한국군이 이른 새벽에 북한을 전면 공격해 2~3km씩 북한 영토를 침공했지만, 북한의 정규군도 아닌 '38경비여단', 즉 경찰 병력이 이를 저지했고, 뒤이어 인민군과 경비여단이 반공격에 나서서 당일로 3~5km씩 남한을 해방시켰다는 것이다. 이 주장은 군사 상식은 물론 전장의 상황과 정면으로 배치되는 것이었다. 이 성명은 역설적으로 공격자와 방어자의 진실을 말해주었다.

그런데 여기서 주목할 만한 점이 있었다. 내무성·김일성의 성명은 한국군이 북침해온 지점으로 해주 방향 서쪽, 금천, 철원, 양양 등을 거론했다. 지도를 보면 알 수 있듯이 이 지역들은 38선을 좌에서 우로 사등분한 지점이었다. 나아가 이 지역들은 1949~50년에 거의 매일같이 38선상에서 군사적 충돌과 분쟁이 끊이지 않았던 곳이다. 특히 해주 지역은 남북 모두 중요하게 여긴 곳이었다. 북한은 왜 이 지역들을 거명했고, 남한의 침공에 따른 반공격을 개전의 명분으로 내세웠는가? 그 해답은 1949년 38선상에서의 군사충돌에 있었다. 개전 직후 북한의 주장은 1년 반 이상 준비된 계획의 실현이었다.

1949년 초반 한국군의 대대적인 38선상 군사충돌 및 대북공격은 북한에게 두려움을 선사하는 동시에 기회를 제공했다. 북한은 한국군의 공세를 빌미로 병력·무장 강화를 개시했고, 동시에 대남공격을 위한 스탈린의 허가를 얻으려 했다. 스탈린은 1949년 2~3월 김일성·박헌영에게 38선상에서 남한이 공격해오면 반격한다는 '도발받은 정의의 반공격전' 시나리오를 교시했고, 이는 이후 북한의 한국전쟁 계획·한국전쟁관의 기초를 형성했다.[175] 1949년 7월 남한의 대북공격설이 최정점에 이르렀고, 이는 북한·소련 모두에게 위기

---

174) 「조선민주주의인민공화국 내무성 보도」, 『로동신문』 1950. 6. 26; 「전체 조선인민들에게 호소한 조선민주주의인민공화국 내각수상 김일성장군의 연설」, 『로동신문』 1950. 6. 27.
175) 이런 측면에서 김일성은 스탈린이 운영하는 거대한 체스 게임의 졸(pawn)에 불과했고, 스탈린은 한국전쟁이 자신과 미국의 관계에 어떤 영향을 미칠 것인가에만 관심이 있었다는 곤차로프의 분석은 주목할 만하다(Goncharov, *Uncertain Partners: Stalin, Mao, and the Korean War*, pp. 142, 145).

의식을 불러일으켰지만, 한국군은 실제 공격을 실현할 수단과 방법을 갖고 있지 않았다.

반면 1949년 7월 한국군의 대북공격 태세 및 관련 정보는 1950년 남한·북한·미국의 초기 한국전쟁관을 형성하는 데 큰 영향을 끼쳤다. '방어형 군대'였던 남한은 실현 불가능한 노골적인 대북공격 의도를 빈번하게 표명함으로써 스스로를 공격자로 미혹(迷惑)시켰고, 침략에 대항하는 방어 태세를 갖추지 못하게 했다. 북한은 공격 의도를 감추고 '도발받은 반공격'이라는 개전 시나리오를 준비할 수 있는 방어막을 확보했다.

한편 스탈린은 1949년 초부터 북한의 대남 무력 공격을 원칙적으로 찬성했지만, 북한군의 대남 군사적 우위 확보와 미군의 개입 가능성 차단을 승인 조건으로 내세우고 있었다. 중공군의 양쯔 강 도하(渡河)와 미군의 불개입, 미국의 『중국백서』 발표, 중화인민공화국의 수립으로 미국의 개입 가능성이 거의 없다고 판단한 스탈린은 1949년 9~10월경 실질적으로 북한의 대남공격을 인가하기로 결심했다. 최종 결정은 1950년 3~4월 김일성·박헌영의 제3차 모스크바 방문에서 이루어졌다. 개전은 옹진에서 남한의 선제공격을 가장한 국지전으로 시작되어 전면전으로 확대된다는 시나리오로 구성되었으며, 이는 스탈린이 교시한 '도발받은 정의의 반공격전'과 1949년의 38선 충돌 상황을 결합시킨 것이었다. 즉 북한은 1949년의 38선 충돌을 통해 전쟁의 명분, 위장수단, 전쟁 계획, 전쟁관 등 핵심적인 한국전쟁 계획을 완성시켜갔다. 이런 측면에서 북한의 한국전쟁관, 결정, 계획, 실행은 모두 1949년 이래의 38선 충돌에 근거한 것이었다. 보다 정확히 말하자면 북한에게 1949년 이래 벌어진 38선 충돌은 한국전쟁을 창출한 산실이자 자궁이자 그 모든 것이었다. 이는 제Ⅲ부에서 다루었다.

북한군이 수립한 전면 공격용 작전 계획에 대해서는 이미 전쟁의 와중에서부터 단편적인 자료들이 소개되었지만 본격적인 분석은 이루어지지 않았다. 이 연구에서는 알려진 모든 자료들을 동원해 가능한 수준까지 분석을 했다. 기존에 알려진 '선제타격계획'의 실체에 대한 분석은 물론, 소련 문서 및 북한 노획문서에 등장하는 핵심적인 근거 자료들을 통해 북한군이 수립한 총참모부 수준의 작전 계획·명령-사단급의 작전 계획·명령-연대급 이하의 명령들의 실체를 분석했다.

또한 한국전쟁사와 관련해 가장 논란이 된 옹진반도-해주의 초기 개전 상황에 대해 본격적으로 분석했다. 북한 노획문서와 라주바예프 보고서 등을 토대로 옹진전투의 실체를 구체적이고 미시적으로 분석했다. 이는 제IV부에서 핵심적으로 다루었다.

개전과 동시에 북한은 준비된 계획에 따라, 한국군의 북침에 따른 '정의의 반공격전'을 주장하고 나섰다. 최초의 강력한 선전과 포로들의 '증언' 등을 통해 북한은 전장에서의 승리뿐만 아니라 선전전에서도 초기 우위를 점했는데, 제IV부에서는 그 핵심적인 오류와 실체를 다루었다.

미국: 정보의 실패

마지막으로, 미국의 개전 초기 반응은 '정보의 실패'로 요약된다. 북한의 공격을 왜 사전에 정보기관이 감지하고 경보를 발령하지 않았는가 하는 기초적 의문에서 출발한 논쟁은 곧 정치적 논쟁으로 비화했다. CIA·KLO 등에서 작성한 전쟁 징후를 담은 정보보고서들이 만연했지만, 정보 당국자와 고위급 결정자 들에 의해 이런 정보들이 묵살·무시되었다는 의혹이 생겨났다. 진주만사건과 마찬가지로 한국전쟁 역시 '정보의 실패'로 정치적 책임이 추궁되었다.

그렇지만 이는 미국이 트루만독트린 이후 갖고 있었던 대북 인식 및 전제의 오류에서 비롯된 것이었으며, 스탈린의 대역습이기도 했다. 스탈린은 소련이 전쟁에 개입했음을 감추는 데 주력했으며, 미국 정보 당국의 예상과 달리 소련은 전장에서 존재하지 않는 것처럼 위장되어 결국 미국을 경악케 했다.

미국은 북한을 소련의 괴뢰라고 상정했고, 소련은 미국을 향한 전면전을 시작할 의도·계획·능력이 없다고 전제했다. 트루만독트린 아래의 미국 정책 결정·입안자들은 군사적 수단에 의한 봉쇄(containment)보다는 경제적·정치적 수단에 의한 봉쇄를 신뢰했고,[176] 소련의 세력 확대·팽창은 군사적 수단보다는 내부 전복·사보타주·심리전 등에 의지할 것이라고 평가했다. 이는 일반적인 미국 관료들의 인식이었다. 이런 가정 아래에서 남한에 위협이 되는 것은 북한의 침공보다는 남한 내 빨치산의 활동과 내부전복 활동으로 여겨졌다.

또한 미국은 남한의 무장력 강화를 억제하는 한편, 한국군을 외부 침략이 아닌 내부 전복 활동에 대처할 수 있는 방어형 군대 수준으로 규정했다. 나아가 1949년 한국군의 공세적인 태도로 한국군에게는 충분한 군수품을 제공하지 않으려 했고, 1949년 하반기 이후 북한군의 무장 강화, 1950년 초 이래의 병력 증강·무기 도입, 병력·무장의 38선 남진(南進) 배치 등 개전 징후들을 북한의 방어 훈련 혹은 방어력 증강 등으로 해석했다. 이런 요인들은 주로 1949년에 형성된 것인데, 미국 정보 당국은 1949년의 관성에서 1950년 6월을 맞이했다. 이런 측면에서 미국에게 북한의 전면 공격은 명백한 '정보의 실패'일 수밖에 없었다.

이상과 같이 남한의 한국전쟁관은 '진정한 불의의 기습공격', 북한의 한국전쟁관은 '도발받은 정의의 반공격전', 미국의 한국전쟁관은 '정보의 실패'로 요약된다. 여기에 한국전쟁의 핵심 비밀이 있다. 각국의 한국전쟁관은 모두 1949년에 비롯된 것이다. 북한은 1949년의 세계관에, 남한은 1950년의 세계관에 사로잡혀 있었다. 북한은 1949년의 상황, 즉 남한의 표면적인 공격 태도와 '북침' 위협, 이에 대비되는 북한의 방어·수세적 입장이 전쟁의 진실인 것처럼 꾸몄다. 북한은 위장된 평화 속에 대규모 공격을 준비해, 1950년 6월 전

---

[176] 이에 대해서는 다음을 참조. 제임스 I. 메트레이 지음·구대열 옮김(1989), 앞의 책; Ronald McGlothlen, "Acheson, Economics, and the American Commitment in Korea, 1947~1950," *Pacific Historical Review*, vol. 58, 1989; Ronald McGlothlen, *Controlling the Waves: Dean Acheson and U.S. Foreign Policy in Asia*, W. W. Norton & Company, 1993.

쟁을 시작했음을 대내외적으로 위장·선전하는 데 성공했고, 급기야 이를 진실인 것처럼 확신하기에 이르렀다.

한편 한국에서는 1950년 6월 25일 북한이 가한 '진정한 불의의 기습공격'만이 기억되었고, 1949년 남한측의 공세와 공격적 편성·방어 부재는 기억되지 않았다. 즉 한국군이 '공격 의지를 가진 방어형 군대'였다는 사실은 인정하지 않았다. 한국군의 초기 붕괴는 북한의 병력·화력의 우세 때문이었지만, 그 효과를 배가시킨 것은 '진정한 불의'의 공격을 가능하게 한, 한국군의 방어 부재 및 공격형 의도 및 편성이었다.

미국 역시 잘못된 가정하에 정보를 오도·오판했고, 이로 말미암아 '정보의 실패'라는 결과를 얻게 되었다.

이상과 같이 이 책의 주요 관심은, 38선으로 대표되는 외부적 충격의 국내화 과정에 놓여 있다. 먼저 II부는 38선 획정과 미소 점령기 38선 문제를 다루고 있다. 이 책의 출발점인 한국전쟁의 국제전적 성격, 혹은 국제적 요인·배경의 출발로서의 38선 획정과 군정의 실시 문제를 다룬 것이다. 여기서는 주로 1945~48년 간 미·소 양 점령군이 추구한 38선 정책을 통해, 일본군의 무장해제를 위한 연합군의 임시 계선이었던 38선이 점령군의 주둔 경계선이자 한국인들에게 국토·민족의 분단선으로 전환되는 과정을 분석했다. 특히 1946년과 1947년 미·소가 실시한 38선 합동조사를 통해 38선의 위치를 분명히 하면 할수록 38선 분쟁이 격화되는 과정을 살펴보았다. 1945~46년도의 경계선 위반사건들은 1947년에 접어들면서 정치적 사건들로 비화되었고, 1948년에 이르면 남북한 간의 무력 충돌 양상으로 전개되었다.

미·소의 대한정책과 점령정책의 실현 과정에서 38선은 미·소, 남·북, 좌·우 대결의 상징이자 충돌의 핵심 지점으로 부각되었다. 미·소는 38선 분단의 결정자이자 책임자였지만, 적대적 점령정책의 구사와 정치적 합의의 실패로 분단 상황을 악화시켰다. 이들은 자신들이 해결했어야 할 과제를 남긴 채 철수했고, 논의 구도 밖에 있던 한국인들에게 그 후과와 책임이 이관되었다.

제Ⅲ부는 1949~50년 남북의 38선 충돌을 다루고 있다. 이 책의 핵심 내용이자 전쟁 형성의 비밀이 여기에서 다루어질 것이다. 전쟁의 형성 과정에서 1949년은 가장 중요한 위상을 점했다. 북한의 한국전쟁 계획 수립과 '도발받은 정의의 전쟁'이라는 한국전쟁관, 남한의 공격적 편성과 방어 부재의 상황 조성 및 '진정한 불의의 기습공격'이라는 한국전쟁관, 북한의 침공 정보를 외면한 미국의 '정보의 실패'라는 3국의 한국전쟁관을 형성·창출한 것이 바로 1949년의 38선 공간이었기 때문이다. 이런 측면에서 1949년은 1950년을 바라보는 거울과 같다.

메릴·커밍스 등은 남한 내의 게릴라 투쟁이 종식되고 난 뒤에야 38선 충돌이 격화되었고, 또 정규전으로 이어졌다고 평가했다. 이런 인식은 학자들뿐만 아니라 당시 미국 관리들에게도 일반적이었다. 예를 들어, 개전 당시 주한 미대사관 정치담당 2등 서기관이었던 도널드 맥도널드(Donald S. McDonald)는 1950년 봄 게릴라 진압이 완료되자 북한이 전쟁을 결정하였다고 평가했다. 즉 북한은 원래 남한에서 게릴라전을 펴려고 했는데, 그것이 쉽지 않자 1950년 6월 전쟁을 결심하게 되었다는 것이다.[177] 이 책은 맥도널드의 분석과는 다른 시각을 갖고 있다. 즉 북한의 공격 계획은 남한 내 게릴라 토벌과 무관하지는 않지만 직접적이고 전면적인 관련은 없다는 것이다.

또 이 책에는 지금까지 전혀 알려지지 않았거나 혹은 무시되었던 사건·사실·경과 등이 다루어졌다. 1949년 2월 해주방화사건, 7월 호림부대 월북, 7월 대북공격설은 남한의 호전적 대북정책이 한국전쟁 형성에 끼친 영향을 보여줄 것이다. 한편, 1949년 북한의 급격한 무장 강화, 8월 옹진반도 공격 등은

---

177) 「도널드 맥도널드: 미대사관 정치담당 2등 서기관」,(인터뷰 일자: 1992. 11. 12), KBS 현대사발굴특집반, 『한국현대사관련 취재인터뷰: 미국인』, 259쪽. 맥도널드는 이후 주한미군사령부 문관으로 오랫동안 근무했으며, 조지타운대학 등에서 가르쳤다. 그가 1975년 완료한 한미관계에 관한 긴 보고서는 1988년 비밀 해제되어 1992년 출간되었다(Donald Stone MacDonald, *U.S.-Korean Relations from Liberation to Self-Reliance*, Westview Press, Inc., 1992; 도널드 스턴 맥도널드 지음·한국역사연구회 1950년대반 옮김(2001), 『한미관계 20년사(1945~1965년)』, 한울아카데미).

북한이 어떻게 한국전쟁의 공격 계획을 수립하고, 의도를 은폐하며, 기본적인 전쟁관을 수립했는지를 보여줄 것이다.

한국전쟁의 '형성' 사에서 이 책은 그 출발점을 1949년 초로 상정하고 있다. 남한이 강원도 양양·기사문리의 38선상에서 38선 이북을 공격·포격하고, 해주에 공작단을 파견하여 노골적이고 호전적인 대북공격을 시작함으로써, 이전과는 다른 긴장과 갈등이 조성되기 시작했다. 북한과 소련군사고문들은 남한의 침공을 두려워했고, 급속한 무장 강화와 대비책을 강구하기 시작했다. 1949년 초에 출발한 남북관계는 이전 시기와는 질적으로 완전히 달랐다. 이 책은 1949년을 중심에 놓고 1949년을 형성한 1948년의 동력, 1948년을 형성한 미·소점령기의 문제들을 역추적하는 방식으로 구성되었다.

1949년 남한이 북한에 공세를 취한 배경에는 1948년 10월 발생한 여순사건이 위치해 있다. 이전의 단정반대운동이나 제주 4·3 등 민간 차원의 도전과는 달리 여순사건은, 한국군이 보유하고 있던 15개 연대 가운데 한 연대가 일으킨 반란이었으며, 그후 연대·대대·중대급 반란이 연이었다. 정규 육군이 반란을 일으킨 뒤 대규모 게릴라부대를 형성하자, 한국정부·군의 위기감은 극에 달했다. 1948년 겨울 게릴라 토벌이 일정 수준에서 종결되자, 시련 속에 다져진 한국정부·군의 인내와 결의가 폭발하였다. 한국정부·군은 복수의 시기가 도래했다고 생각해, 국가의 공적(公敵)인 북한·남한의 좌익은 물론 반정권적인 남북협상파와 국회소장파에 대한 공격을 시작했다. 즉 1948년의 여순사건은 많은 학자들이 지적하듯이, 제주 4·3으로 연원(淵源)이 소급되며, 제주 4·3에는 해방 후 수많은 좌우 갈등, 혁명과 반혁명의 대립, 혁명의 시대에 구질서를 대변하던 미군정의 정책에 대한 반감 등이 복잡하게 교차하고 있었다. 그렇지만 1948년 10월의 폭발은 이전과는 다른 상황을 형성했다.

1949년 초부터 7~8월까지 한국이 공세를 주도했다. 38선에서 불과 수백 미터 내외의 고지를 둘러싸고 남북한이 벌였던 수많은 충돌들, 특히 연대급이 동원된 1949년의 작은 전쟁은 21세기의 시각으로는 도저히 믿을 수 없는 불행한 사태였다. 유엔한국위원단의 방한(1949. 2), 주한미군의 철수(1949. 6), 장제스의 진해 방문(1949. 8) 등의 정치 일정이 그에 영향을 미쳤다.

북한은 1949년 초부터 대남 무력 공격에 대한 계획과 준비에 착수했다. 적어도 1949년 2~3월에 김일성·박헌영 등 북한지도부는 평화통일의 가능성을 부정하고 무력에 의한 대남공격을 유일하게 남은 통일 방식으로 상정했다. 1949년 전반기 북한은 남한의 호전적 공세로 위기감에 쌓여 있었지만, 도리어 이것이 북한의 공격 의도와 준비를 위장하기에 적합한 구도를 형성했다.

북한은 1949년 8월 국지전을 통해 옹진반도 점령 등을 모색했지만, 이는 소련의 제지로 무산되었다. 1949년 7~8월은 1950년 6월 이전 전쟁 발발 가능성이 가장 높은 때였다. 1949년 하반기 스탈린과 김일성은 북한의 대남 군사력 우위 확보, 미국의 전쟁 불개입 가능성 제고에 기초해 실질적인 개전을 결정했다. 북한은 표면적으로는 '도발받은 정의의 반공격전'을 위장하기 위해 노력했으며, 이런 측면에서 1950년 5~6월 집중적인 평화통일 공세와 남한의 대북 공격의도를 의도적으로 부각시켰다.

한편 제Ⅲ부에서 드러나듯, 한국전쟁사 연구가 50년에 이르렀지만 아직까지 남북한 병력 규모의 추이조차 제대로 정리되어 있지 않다. 나아가 가장 기초적인 연구에 해당하는 북한군의 전투 서열, 병력 규모, 대호(隊號) 등도 전혀 연구되어 있지 않다. 38선 충돌 과정에서 등장하는 두락산·국사봉·은파산·송악산·292고지·고산봉 등의 지명은 한국전쟁 전문가들에게조차 익숙지 않은 곳들이다. 대부분은 알지 못했고, 일부는 무시하거나 특정 지역이 존재하지 않는다고 부정하기까지 했다. 이런 측면에서 이 책은 한국전쟁사의 기초 연구에 해당한다.

제Ⅳ부는 개전의 결정·공격 계획의 수립·초기 전투를 다루고 있다. 개전의 결정 과정에 대해서는 많은 선행 연구가 있었지만, 전체적이고 일관된 분석은 없었다. 북한이 공격 계획을 수립하는 과정에 대한 종합적 분석은 이 책의 또 다른 특장점일 것이다. 지금까지 거론되었던 공격 계획·작전 계획 들이 다루어졌고, 옹진에서의 초기 전투에 대해서는 북한의 주장, 포로들의 증언, 북한 노획문서·구소련 문서의 증언을 통해 세밀하게 분석하였다.

제Ⅴ부는 에필로그로, 지금까지 제기되었던 여러 문제들, 즉 개전 직후 남한·북한·미국의 한국전쟁관, 해주진공설, 유도설, 개전 초 제5열의 개문(開門)호응설, 북한군의 실상 등을 다루고 있다. 특히 이 부분에서 우리가 알지 못했던 전쟁의 실체·실상 들, 혼돈과 혼란의 중첩 속에서 진행된 전쟁을 다양한 각도에서 복원하려고 시도했다. 개전 초 혼돈 속에 진격하는 북한군의 실상은, 다른 무엇보다도 이 전쟁의 실체와 미래를 잘 드러내줄 것이다.

2. 연구 방법·연구 자료

연구 방법

이 책은 기본적으로 역사주의적 접근방법에 기초해 있으며, 연대기적 접근을 통한 서술방법을 택했다. 이용 자료에 대해서는 엄격한 자료 비판을 선행했다. 남·북·미·소의 주장과 입장이 이미 당대부터 엇갈렸기 때문에, 여러 사료를 비교·분석하고 사건·사실의 객관적 모습을 복원하는 데 중점을 두었다. 또한 기존의 공식 전사를 기초 사료와 비교해 비판적으로 활용함으로써 구체적이고 미시적인 분석을 하는 데 초점을 두었다.

한편 이 책은 한국전쟁에 대한 기존의 연구를 토대로 이루어졌지만, 전통주의·수정주의 혹은 신전통주의·후기수정주의 등의 이론적 배경에는 큰 관심을 두지 않았다. 이 연구는 다국 사료 교차분석(multi-archival research)을 방법론으로 사용했지만, 후기수정주의와는 무관하다.[178] 역사학의 고전적 표현

---

178) 이 용어는 이완범의 것을 인용한 것인데, 그는 이 방법이 전통주의에다 고증을 더하여 "orthodoxy plus archives"라고 칭해지는 후기수정주의(post-revisionism)적 조류의 하나라고 설명했다〔이완범

으로 말하자면 실사구시적 연구방법론에 중심을 두었다고 하겠다.

즉 지금까지 공개된 미국 자료, 소련 자료, 북한 자료 등 한국전쟁의 주요 행위 주체였던 3개국의 자료를 비교·교차·분석하는 것을 주요 방법론으로 삼았다. 한국전쟁의 주요 행위 주체였던 미국, 소련, 북한 자료의 공개가 이 책의 집필을 가능하게 했다. 미국 자료를 통해 남한과 미국의 입장이, 소련 자료를 통해서 북한, 소련, 중국의 입장이, 북한 자료를 통해서 북한의 입장이 드러났다.

나아가 3개국 자료의 종합·활용이라는 측면에서 기존의 연구와는 다른 분석이 가능했다. 지금까지 미국, 소련, 북한 자료 중 어느 하나를 중심으로 서술한 한국전쟁사는 있었지만, 이들 3개국 자료를 치밀하게 교차·분석한 연구는 거의 없었다. 이는 한국전쟁 형성의 전체적인 맥락에서뿐만 아니라, 구체적인 사건·충돌의 세부적 측면들을 예각적으로 복원하는 데서도 그러했다.

미국 문서

미국측 자료 중 가장 기초적인 것은 한국주재 미국 정부기관들의 보고서들이다. 모두 미국립문서기록관리청(NARA)과 맥아더아카이브에서 나온 것들이다.[179] 일부는 국내에서 영인·출간되었으나, 대부분은 미출간본이다.

기초적인 연대기 자료로 활용된 것은 각종 정보보고서들이다. 여기에는 주한미군사령부 정보참모부와 주한미군사고문단이 간행한 『일일정보요약』(*G-2 Periodic Report*)·『주간정보요약』(*G-2 Weekly Summary*)·『북한정보요

(2000), 앞의 책, 12, 31, 36쪽].
179) 미국립문서기록관리청 소장 한국 관련 문서에 대해서는 정병준(1994), 「미국 내 한국현대사 관련 자료의 현황과 이용법: NARA를 중심으로」, 『역사와현실』 14집, 한국역사연구회; 정병준(2002), 『해외사료총서 2: 미국소재 한국사자료 조사보고 I NARA 소장 RG59·RG84 외』, 국사편찬위원회 참조.

약』(*Intelligence Summary Northern Korea*),[180] 도쿄 맥아더사령부로 알려진 극동군사령부 군사정보국(Far East Command, Military Intelligence Section)이 간행한 『정보요약』(*Intelligence Summary*),[181] 주한미대사관 무관부(U.S. Military Attache to Amembassy at Seoul)가 발행한 『합동주간분석』(*Joint Weeka: Joint Weekly Analysis*)[182] 등이 포함된다.

주한미군971방첩대(971 CIC Detachment)의 『주한미군방첩대 주간정보요약』(*CIC Weekly Information Bulletin*)·『주한미군방첩대 반월간정보요약』(*CIC Semi-Monthly Report*) 등 정보요약 시리즈 및 『연례보고서』(*Annual Progress Report*) 등은 38선 충돌의 진상과 관련해 중요한 정보를 제공했다.

NARA의 RG 332에 소장된 1946~48년 시기 38선 충돌 관련 미소 양군사령부 간의 왕래 문서·서한·비망록 등은 미·소 점령기 38선 문제를 전반적으로 살펴보는 데 핵심적인 자료로 활용되었다.[183]

미군정기 자료의 보고로 알려진 RG 332 「주한미24군단 군사실 문서철」(XXIV Corps Historical Files) 역시 1945~48년의 미소관계, 남북관계와 관련해 주요한 정보원으로 활용되었다. RG 59 미국무부 십진분류 문서철 중 「한국 내정 관련 문서철」(895.00series), 「주한미군 정치고문단 문서철」(740.00119 control/Korea series), 「UN의 한국문제 처리관련 문서철」(501.BB Korea

---

180) Headquarters, USAFIK, *G-2 Periodic Report, G-2 Weekly Summary*; Headquarters, KMAG, *G-2 Periodic Report, G-2 Weekly Summary*. 주한미군 정보자료들은 한림대 아시아문화연구소에서 『주한미군정보일지』·『주한미군주간정보요약』·『미군정기정보자료집―CIC(방첩대)보고서』 등의 제목으로 출간되었다. 미군정기 정보자료의 유형과 성격에 대해서는 정병준(1996), 「해제」, 『美軍CIC情報報告書』 1, 중앙일보 현대사연구소 참조.
181) 이 자료 역시 한림대 아시아문화연구소에 의해 간행 중이다. 『미국극동군사령부 G-2 일일정보요약』 1~10권(1999, 한림대 아시아문화연구소). 1945년부터 1950년까지의 자료 중 현재 1945~46년도분 10권이 간행되었다.
182) *Joint Weeka* 시리즈는 영인·출간되었다[鄭容郁 編(1993), *Joint Weeka* 1~8, 영진문화사]. 이에 대해서는 다음을 참조. 정용욱, 「자료 *Joint Weeka*에 대하여」, *Joint Weeka* 제1권.
183) NARA, RG 332, USAFIK, entry 11070, box 69-70. AG 091 Files for 1946, 1947, 1948. Red Army Letters; Countries(Russia), International Affairs and Relations.

series) 등은 1945~48년 국내 정치세력의 동향과 미국의 대한정책을 살펴보는 데 활용되었다.[184]

RG 319, 육군 정보참모부 문서철 중 미육군부 정보화일(Intelligence Docu-ment File), 일명 ID file에서 1948~50년 38선 충돌 및 북한군 관련 정보들을 발굴해 활용했다.

한편 맥아더아카이브에 소장된 1949년 7월부터 1950년 6월까지의 주한미군사고문단(KMAG) 보고서·전문철을 활용했다.[185] 이와 함께 주한미군사고문단의 『작전보고서』(G-3 Operation Report) 등도 1949~50년의 38선 충돌을 복원하는 데 중요한 자료로 활용되었다.

구소련 문서

이 책에 활용된 구소련 문서들의 출처는 크게 4종류이다. 첫째, 1994년 러시아로부터 인수받아 한국 외교통상부 외교사료과가 소장하고 있는 5종의 구소련 외교문서들이다. 앞에서 설명한 것처럼 이는 『한국전쟁 관련 극비소련외교문서』라는 제목으로 되어 있는데, 1권은 기본문헌·보충문헌 자료목록, 2권은 한국전 문서 요약, 3권은 기본문헌 번역본, 4권은 보충문헌 번역본 그리고 문서원본(5권)으로 구성되어 있다. 이 가운데 주로 2권, 3권, 4권, 5권을 활용했다.

둘째, 미국 워싱턴 D.C.의 우드로윌슨 학술센터의 냉전국제사프로젝트가 발행하는 『냉전국제사프로젝트불리틴』(CWIHPB)에 수록된 구소련 문서들이

---

[184] 국무부 문서의 상당 부분은 국사편찬위원회에서 『大韓民國史資料集』 제18~26집〔『駐韓美軍政治顧問文書』 1~9(1994~95)〕, 제38~44집〔『UN의 한국문제 처리에 관한 美國무부 문서』 1~7(1998~99)〕 등으로 간행되었다. 「한국 內政 관련 문서철(895.00series)」 중 1945~49년분은 『美國務省 韓國關係文書』 23책(韓國人文科學院, 1995)으로 간행되었다.
[185] MacArthur Memorial Archives(MA), RG 9, Box 45, KMAG Reports('49. 7~'50. 6).

다. 이는 한국 외교부가 소장하고 있는 구소련 문서들과 대부분 중복되지만 새로운 문서들도 존재한다. 영역된 이 문서들의 출처는 러시아연방 대통령궁 문서보관소와 러시아 외무성 대외정책문서보관소이며, 부분적으로 한국 외교부를 출처로 한 것도 있다. 한국 외교부에 소장된 문서들은 정확한 출처가 명기되어 있지 않은 반면, *CWIHPB*에 수록된 문서들은 소장처·출처가 정확히 기록되어 있다.

셋째, 볼코고노프 및 러시아 외무성 출신 학자들의 저작을 활용했다. 볼코고노프의 저작,[186] 바자노프·바자노바 부부의 저작,[187] 토루크노프의 저작[188] 등은 모두 자료집으로서의 가치가 있다. 이들 저작의 한글판·영문판을 주로 참조했다.

넷째, 한국 국방부 군사편찬연구소가 간행한 라주바예프 보고서를 활용했다.[189] 이는 주북한 소련군사고문단장을 지낸 라주바예프 중장이 소련군 총참모부에 보낸 다양한 보고서철이다. 대표적인 것이 「1951년 11월 4일 조선인민군 군사고문단장 라주바예프 중장이 붉은군대 총참모장 S. M. 쓔테멘코 장군에게 보낸 보고서」 등인데, 이 보고서들은 고위급 정책이 아닌 실제 야전에서 벌어진 전체 북한군의 전투 개황, 병종별 현황 등을 자세히 보여준다.[190] 특히 제Ⅳ부와 제Ⅴ부를 구성하는 데 큰 도움을 받았다.

이외에도 중국의 센즈화가 중국어로 번역한 구소련 문서철을 참조했

---

186) 볼코고노프 저·한국전략문제연구소 역(1992), 『스탈린』, 세경사.
187) 예프게니 바자노프·나딸리아 바자노바 저/김광린 역(1998), 『소련의 자료로 본 한국전쟁의 전말』, 열린; Evgeniy P. Bajanov and Natalia Bajanova, *The Korean Conflict, 1950~1953: The Most Mysterious War on the 20th Century - Based on Secret Soviet Archives*, manuscript.
188) A. V. 토루크노프 지음·구종서 옮김(2003), 『한국전쟁의 진실과 수수께끼』, 에디터; Загадочная война; Корейский конфликт 1950~1953 года.
189) 국방부 군사편찬연구소(2001), 『소련군사고문단장 라주바예프의 6·25전쟁 보고서』 전3권.
190) 바르따노브 발레리 니꼴라예비치(2001), 「6·25전쟁기 소련군사고문단장, 북한 주재 소련대사, 블라지미르 니꼴라예비치 라주바예프(1900~1980년)의 생애」, 『소련 군사고문단장 라주바예프의 6·25전쟁 보고서』 1권, 국방부 군사편찬연구소; 최용호(2001), 「'라주바예프의 6·254전쟁 보고서' 분석 : 북한군의 남침계획 제1단계작전을 중심으로」, 『軍史』 43호.

다.[191] 이들 구소련 문서는 한국어·영어판본을 기본으로 삼았고, 러시아어판본과 대조하였다.

이 연구와 관련해서 새롭게 주목한 구소련 문서는 바로 1949년 38선 충돌 및 남북관계에 대한 것들이다. 대부분의 연구자들이 전쟁의 결정과 관련된 시점, 결정 주체, 스탈린·김일성의 관계 등에 집중한 나머지, 1949년 자료를 정확히 해독·활용하지 못했다. 만수로프가 1949년 하반기 한국군의 대북공격 가능성에 대한 북한·소련의 우려를 거론한 정도에 그쳤다.

그렇지만 구소련 문서의 가장 큰 특징이자 장점은 1949년 상황을 소련·북한의 시각에서 보여주고 있다는 데 있다. 구소련 문서와 미군의 정보·작전보고서 들을 맞춰보면 상황이 요철처럼 서로 일치함을 알 수 있다. 이 책은 이를 기존에 거의 활용되지 않았던 공식 전사류의 서술과 비교함으로써 사태의 전체적인 맥락을 파악하고, 구체적이고 세밀한 사건의 인과관계·전말을 복원할 수 있었다.

북한 노획문서

이 책의 자료적 특징 가운데 큰 강점은 한국전쟁기 미군이 획득한 북한 노획문서의 활용이다. 앞에서 언급한 것처럼 북한 노획문서를 가장 먼저 이용한 것은 브루스 커밍스였지만, 그는 이를 심도 깊게 활용하지 못했고 신노획문서를 검토하지도 못했다.

맥아더의 정보참모 윌로비 중장 예하(隷下)의 연합통번역대(ATIS)가 노획한 이 문서들은 전장에서 정보로 활용되었고, 1951년 이후 도쿄에서 미국 본토로 선적(船積)되었다. 당시 미군은 상세한 영문목록을 작성했는데, 문서에

---

191) 沈志華 編(2003), 『朝鮮戰爭: 俄國檔案館的解密文件(上·中·下冊)』, 中央研究院近代史研究所 史料叢刊(48).

는 SA라는 분류기호를 붙였다. 이는 선적 당시 붙인 선적통지번호(Shipping Advice Number)를 의미한다. 이 문서들은 도쿄를 떠나 버지니아 주 알렉산드리아의 연방기록물센터(Federal Record Center)-메릴랜드 주 슈틀랜드의 워싱턴국립기록센터(Washington National Record Center)를 거쳐 최종적으로 메릴랜드 주 칼리지파크의 국립문서기록관리청 제2청사(NARA II)에 도착했다. 북한을 떠나온 이 문서들이 공개된 것은 1977년 슈틀랜드 시절이었다.

공개 당시 노획문서는 SA 2005에서 시작해 SA 2013까지, 총 1,216 상자, 7,235건, 약 158만 쪽의 문서와 책자로 구성되어 있었다. 이는 '구노획문서'라고 불린다. 1979년부터 방선주라는 뛰어난 학자가 이 북한 노획문서를 집중적으로 검토·분석하기 시작했다. 방선주는 구노획문서를 세 차례 완독한 후, 중요 문서들이 포함되지 않은 것을 발견했다. 미극동군사령부 정보참모부 연합통번역대가 한국전쟁 당시 발행했던 『적 문헌』(*Enemy Documents*) 시리즈에 문서번호 200,000단위의 문건들이 집중적으로 번역·수록되었지만, NARA에서 공개된 노획문서에는 그들이 전혀 없었기 때문이다. 방선주는 목록도 없으며 전문 아키비스트들도 몰랐던 '신노획문서', 혹은 '선별 노획문서'가 존재한다고 확신했고, 우여곡절 끝에 이를 찾아내 1990년대 초반 비밀해제시키는 데 성공했다. 이와 동시에 구노획문서에 포함되지 않았던 SA 2001에서 SA 2004의 문서 더미도 함께 공개되었다. 모두 러시아 문건으로, 대부분 평양의 외무성 도서관, 평양 주재 소련 회사·대사관에서 나온 것들이다. 한국전쟁 연구의 새로운 서막이 열린 것이다.

신노획문서는 문서번호 200001에서 출발해 208072번으로 종결되었다. 이는 ATIS가 전시 정보 제공용으로 번역·배포하기 위해 선별해놓은 일종의 선별 노획문서였는데, 상당 부분이 ATIS의 *Bulletin*에 번역·게재되었다. 그만큼 중요한 문서들이고 노획문서의 핵심이라고 할 수 있다. 그중 현재 원문서 5,822건이 남아 있고, 2,250건의 문서는 행방불명 상태이다. 구노획문서는 미극동군사령부가 작성한 상세한 영문 목록이 있으며,[192] 새로 비밀 해제된 러

시아문서도 영문 목록이 존재한다. 신노획문서의 자세한 목록은 방선주에 의해 작성되었다.[193]

　이 노획 문서철은 방선주 박사에 의해 대부분 국내에 수집되었다. 군사편찬연구소에는 군사 관련 문서들이, 국사편찬위원회와 한림대 아시아문화연구소에는 그외 정치·사회·문화 관련 문서들이 수집되었고, 상당량이 출간되었다. 그중 국사편찬위원회가 1983년부터 간행하고 있는 『북한관계사료집』이 가장 대표적인데, 현재까지 총 45책이 출간되었다. 문헌적 서지사항에 대해서는 국사편찬위원회의 『북한관계목록집』(1986), 방선주의 『북한논저목록』(2003, 한림대 아시아문화연구소)의 도움을 받을 수 있다. 한편 국토통일원에서도 구노획문서 중 상당 부분(1,700여 건)을 마이크로필름 100롤로 영인하였는데, 관련목록도 함께 이용할 수 있다.

　노획문서의 가치를 한국 연구자들에게 보여준 것은 1986년 발표된 방선주의 노획문서 해제였다.[194] 그가 발굴·소개한 문서들은 한국전쟁 개전과 관련해 핵심적인 자료들로 평가받았다.

　이 책에 활용된 노획문서들은 앞에서 설명한 것처럼 구노획문서와 신노획문서 들이다.[195] 특히 1990년대 공개된 신노획문서를 본격적으로 활용했다.

---

192) 구노획문서에 대해서는 다음을 참조. National Archives and Records Service, General Services Administration, *Annotated Lists: Records Seized by U.S. Military Forces in Korea(Records Group 242 National Archives Collection of Foreign Records Seized, 1941~)*, Washington, 1977; Suh, Dae-Sook, "Records by U.S. Military Forces in Korea, 1921~1951," *Korean Studies* Vol. 2, The Center for Korean Studies, University of Hawaii, 1978; Thomas Hosock Kang, "North Korean Captured Records at the Washington National Record Center, Suitland, Maryland," Committee on East Asian Libraries Bulletin. No. 56(Feb. 1979); 櫻井浩(1983), 「朝鮮戰爭における米軍の"捕獲資料"について」, 『アジア經濟』 第24卷 第3號 3月; 方善柱(1986), 「虜獲 北韓 筆寫文書 解除 (1)」, 『아시아문화』 창간호; 國史編纂委員會(1986), 『北韓關係目錄集』; 國土統一院(1987), 『6·25 當時 虜獲한 北韓資料 마이크로필름 目錄』.

193) 신노획문서에 대해서는 다음을 참조. 방선주(2002), 「미국 국립공문서관 소장 RG 242 내 '선별노획문서」 조사연구」, 『미국소재 한국사자료 조사보고 Ⅲ: NARA 소장 RG 242 「선별노획문서」』, 국사편찬위원회.

194) 방선주(1986), 위의 논문.

이 연구에 등장하는 신·구노획문서 대부분이 처음 소개되는 것이며, 1947년 이래 소련의 웅기·청진항 30년 조차(租借) 관련 기록, 국공내전기 북한과 중공 간의 화물·병력 이동 협약, 옹진을 공격한 북한군(경비3여단·6사단 1연대) 관련 문서, 인민군 총참모장 강건의 폭사 관련 문서 등은 개별문건만으로도 중요하다.

기타

위의 3개국의 주요 자료 외에 한국측 자료로는 주요 신문, 잡지 등을 활용했으며, 주요 인사의 회고록, 증언 등도 활용했다. 증언의 경우 KBS가 소장하고 있는 한국전쟁 인터뷰와, 군사편찬연구소가 소장한 한국전쟁 인터뷰의 일부를 활용했다.

한편 이 책에 사용된 통계, 도표, 그래프 들은 인내와 노력·시간이 요구되는 가공 과정을 거쳐 탄생되었다. 대부분의 통계·도표·그래프는 여러 자료를 일일이 검토·축적한 기초 위에서 작성되었다. 한국전쟁 연구의 기초 자료에 해당하는 이런 통계 자료들은 지금까지 연구되지 않은 분야였다. 1948년 이래 한국군·북한군의 병력 현황, 1948~50년 38선 충돌 현황과 같은 통계들은 모두 이 연구에서 첫 선을 보이는 자료들이다.

지도

1945~50년 38선 분쟁의 가장 큰 문제점은 상상과 관념의 선인 38도선의 정확한 위치를 판정하기 불가능했다는 사실이다. 물리적인 실체가 존재하지 않는 38선은 자연환경과 인간의 주관적 시야에 의해 왜곡되거나 만곡(彎曲)될

---

195) 정병준(2005), 「탈취와 노획의 전쟁기록」, 『역사비평』 겨울호, 역사비평사.

수 있는 것이었다. 더욱 중요한 문제는 38선 획정 당시 38선의 정확한 위치를 확정할 수 있는 전제조건인 지도·측량·위치 판정 등에 대해 미소 간에 정확한 합의가 없었다는 점이다.

1945년 한반도에서 미군과 소련군이 처음 조우했을 때 양자가 사용한 지도상에서 38도선의 정확한 위치는 일치하지 않았다.[196] 1947년 미소 양군이 38선에 대한 제2차 합동조사를 실시했을 당시 사용한 지도는 일본 제국 육지측량부가 제작한 1919년판 조선지도의 1925년 개정판으로 축척 1:50,000이었다.[197] 미소 양군 주둔시에는 지도상의 차이가 발생했을 경우 협의와 조정이 가능하였지만, 미소 양군이 철수한 이후 38선상에서는 이러한 협의와 조정이 불가능하였다. 많은 경우 충돌은 해당 지점의 정확한 위도의 판정과 직결되었다. 남북은 단 한번도 해당 지점의 정확한 위치에 대해 상대방과 협의하거나 논의하려고 시도하지 않았다. 지도의 좌표를 확인하고 정확한 측량을 통해 해결할 수 있는 문제들이 정치·군사적 충돌로 격화되었다.

이 연구에서 방위 판정의 기초 자료로 활용한 지도는 모두 세 종류이다. 첫째 미군이 제작한 1:50,000 축척의 지도, 둘째 구소련이 제작한 1:50,000 축척의 지도, 셋째 일본군이 제작한 지도 등이다.

첫째, 한국전쟁 이전 시기 미군이 활용한 남북한 지도는 1:50,000 지도였다. 현재 미국립문서기록관리청(NARA)의 문서군(RG) 77과 문서군(RG) 456에는 미육군지도창(Army Map Service: AMS)에서 제작한 군용 지도들이 소장되어 있다. 지도 인덱스에 따르면, NARA에는 남한 29종, 북한 27종 등 총 56종의 한국지도가 소장되어 있다.[198] 이들 중 동종 시리즈가 남북한으로 구분된 것과, 같은 시리즈의 다양한 판본을 제외하면 약 27종의 지도가 소장되어 있

---

196) Inter-Staff routing slip, Commanding General to G-2, 6 Dec. 1945, G-2 File 22(HUSAFIK, part 2, volume 4, p. 243).
197) Letter, Albert E. Brown to Chistiakov, March 4, 1947.
198) Index to Historical Series in National Archives(April 3, 1991).

□ 표 Ⅰ-1 AMS L751 시리즈의 38선 인근 도엽 번호 및 지명

	6128 III	6128 II	6228 III	6228 II	6328 III	6328 II	6428 III	6428 II	6528 III	6528 II	6628 III	6628 II	6728 III	6728 II	6828 III	6828 II	6928 III	
38선		독동	남호리	태탄	해주	신주막	온정리	송현리	양합동	마전리	연천	치포리	화천	양구	인제	설악산		38선
	6127 IV	6127 I	6227 IV	6227 I	6327 IV	6327 I	6427 IV	6427 I	6527 IV	6527 I	6627 IV	6627 I	6727 IV	6727 I	6827 IV	6827 I	6927 IV	6927 I
			옹진항	장현리	강녕리	청단	연안	배천	개성	문산리	포천	기산리	춘천	내평리	추안리	기산리	북분리	주문진

※ 출전 Korea 1:50,000, AMS L751, published by Army Map Service.

다. 그중 가장 유용한 것은 1:25,000, 1:50,000 지도인데, L851 시리즈 (1:25,000)는 1950~57년 간 미육군지도창에 의해 발행되었고, L751 시리즈 (1:50,000)는 1945~63년 간 역시 미육군지도창에 의해 발행되었다. 이 연구에는 주로 1945~63년 간 간행된 L751 시리즈의 38선을 경계로 한 남북의 지도를 활용하였다.[199] 38선 충돌이 벌어진 특정 지점에 관한 L751 시리즈의 방위는 출간 연도에 따라 조금씩 변화하는 양상을 보였다.

둘째, 구소련이 제작한 지도들이다. 1945년 당시 소련군이 보유한 지도에 대해서는 정확한 정보를 입수할 수 없었다. NARA에 소장된 북한 노획문서에는 여러 종류의 북한 작전·정찰·정보문서들이 들어 있는데, 이들 문서가 가장 많이 쓰고 있는 축척은 1:50,000 지도였다. 특히 1949년 제작된 1:50,000 축척의 지도가 쓰였다. 현재 NARA에 보존된, 한국전쟁 당시 미군이 노획한 소위 '북한 노획문서'의 작전명령서들은 모두 1949년판 1:50,000 지도를 사용했다. 또한 전쟁 직전 38선 충돌을 정기적으로 보고한 내무성 경비총참모부의「(극비)작전보고」들 역시 모두 1949년판 1:50,000 지도를 사용했다.[200] 그런데 북한 노획문서에는 북한에서 인쇄한 작전용 지도가 존재하지 않는다.

---

199) RG 77, File L-751, National Archives of the Unites States, Cartographic Records, Records of the War Department, Office of the Chief of Engineers.
200) NARA, RG 242, SA 2009-9-69,「(극비) 작전보고 No.66」(1950. 3. 8. 10:00, 평양에서);「(극비) 작전보고 No.68」(1950. 3. 10. 10:00, 평양에서).

□ 표 I-2 구소련지도의 38선 인근 도엽 번호 및 지명

		석교리 360							
38선	장산곶 374	홍거리 375	남호리 376	태탄 377	해주 378	신주막 379	온정리 380	금천 381	장풍 382	백학동 392	38선
		마합도 384	읍저리 385	옹진 386	강령 387	청단 388	연안 389	배천 390	개성 391	두매리 392
			창린도 394	용호도 395	부포리 396	용매리 397				

※ 출전 『最近北韓五萬分之一地形圖』 上 · 下, 景仁文化社, 1997.

    이 때문에 우리는 현재 북한이 제작한 지도는 이용할 수 없다. 다만 북한이 1949년 처음으로 출판한 1:50,000 지도를 토대로, 1981년 구소련에서 제작한 지도를 활용할 수 있다.[201] 이 지도는 1976~79년 자료를 보완하여 1981년에 다시 구소련군 참모본부에서 항공촬영법을 이용하여 원색으로 출판한 것의 번역본이다. 이 지도는 북한이 제작한 지도가 아니라, 구소련 지도이며, 또 소련 지도를 한국어로 번역한 것이지만 정확도와 신뢰도가 상당한 것으로 판단된다. 이 지형도는 좌표 체계가 1942년 기준으로 되어 있고, 지형도 한 장에 포함된 범위가 경선 15도×위선 10도 폭으로, 일제시 제작된 지도와 동일한 형식을 지니고 있다. 일본 육지측량부는 1937~1942년 한반도에 대한 실측을 한 바 있다. 군사용 비밀지도로 제작된 이 지도에 근거해 유추해본다면, 북한은 1949년경에 1:50,000 축척의 군사용 지도를 제작했을 것으로 보인다.
    셋째, 일본 육지측량부가 제작한 지도이다. 일본이 제작한 한국 지도는 여러 종류인데 그중 가장 최신판은 1942년판 축척 1:50,000의 지도이다. 이 지도는 부정확하지만 참고용으로 활용되었다.

---

[201] 鄭璋鎬(1997), 「『最近北韓五萬分之一地形圖』 발간에 즈음하여」, 『最近北韓五萬分之一地形圖』 下, 景仁文化社.

II부

미소의 38선 정책과 남북갈등의 기원

38선 분할과
미소의 대한정책

1. 38선 획정의 국제정치

1945년 8월 한국이 일제 지배로부터 해방되었을 때, 많은 한국인들은 그것이 바로 해방이자 독립이라고 상상했다. 자생적인 위원회들이 역사상 처음으로 자주적 공화국을 수립하려는 움직임을 본격화했지만, 한국은 북위 38도선으로 분단되었다. 국토의 분단이자 국가의 분열이었고, 민족적 불행의 출발이었다.

그 누구도 실제 존재를 알 수 없는 상상과 관념의 38선이 한반도를 가로질렀을 때 그것은 수많은 강과 하천, 산맥의 자연스런 굴곡을 인위적으로 단절시켰다. 38선은 하나였던 한반도의 허리를 관통하며 12개의 강과 75개 이상의 샛강을 단절시키고 수많은 산봉우리를 가로질렀다. 181개의 작은 우마차로·104개의 지방도로·15개의 전천후 도로·8개의 상급 고속도로·6개의 남북 간 철로도 단절되었다.[1] 전문가가 아니더라도 통일된 한 국가의 인위적 분

□ 그림 II-1 한국의 38선 분단면

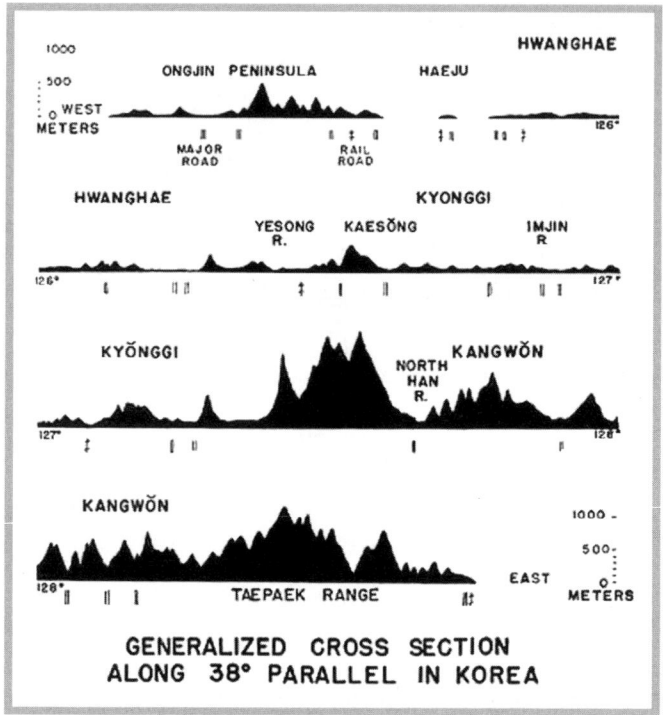

※ 출전 Shannon McCune, "Physical Basis for Korean Boundaries," *Far Eastern Quarterly*, No.5(May 1946), p. 272; Shannon McCune, *Korea: Land of Broken Calm*, Princeton, Nostrand, 1966, pp. 98~99.

할이 그 안에 살고 있는 수많은 사람들에게 악영향을 끼치리라는 점은 분명히 알 수 있었다. 이미 해방 직후부터 지각있는 사람이라면 누구나 38선이 초래할 비극적 재앙의 전조(前兆)를 감지할 수 있었다.

한국은 668년 신라가 삼국을 통일한 이후 단일 민족공동체를 유지해왔다.

---

1) Shannon McCune, "Physical Basis for Korean Boundaries," *Far Eastern Quarterly*, No.5(May 1946), p. 272; Shannon McCune, *Korea: Land of Broken Calm*, Princeton, Nostrand, 1966, pp. 98 ~99〔金基兆(1994), 『38선분할의 역사』, 동산출판사, 344~345쪽에서 재인용〕. 섀넌 맥큔은 한국독립운동에 우호적이던 선교사 맥큔(George S. McCune)의 아들로 한국 지리를 전공했다.

한국의 국경선은 고려·조선을 거치면서 확정되었고, 이후 5백여 년 간 지속되어왔다. 대륙에서 돌출한 지정학적 특징 때문에 한반도는 오랫동안 해양으로 팽창하려는 대륙 세력과, 대륙으로 진출하려는 해양 세력의 격전장이 되었다. 팽창과 간섭은 전쟁으로 폭발하면서 국가적 재난과 참화를 가져왔다. 1500년대 후반 한반도에서 벌어진 7년전쟁(임진왜란)과 병자호란은 바로 대륙·해양의 패권주의가 빚은 동아시아의 국제 전쟁이었다.

이러한 대립은 근대 제국주의 시대에 들어 더욱 복잡하게 작용했다. 영국·미국 등의 후원을 받은 일본, 시베리아를 거쳐 극동으로 팽창하려는 신흥 제국주의 러시아, 몰락하던 구래(舊來)의 패자 중국 등이 한반도에서 이권과 패권을 둘러싸고 격돌했다. 청일전쟁과 러일전쟁의 도화선과 주전장은 바로 한반도였다. 18세기 이래 아시아·아프리카 등에 대한 제국주의 영토분할전이 거의 완료된 상태에서 20세기 초 한반도는 지구상에 거의 유일하게 남은 식민지 대상국이었다. 제국주의 국가들은 이권 확보의 절충방안으로 한반도 분할을 모색하기도 했다.

1900년대 초 러시아와 일본은 한반도의 지배권을 확보하기 위해 각축을 벌였다. 1900년 러시아는 일본에게 한국의 공동관리를 제의했고, 일본은 한반도를 대동강·원산만선(북위 39도선)에서 분할하거나 혹은 한반도의 삼분(三分)을 구상하기도 했다.[2] 1903년 러시아는 일본에게 일본은 한국을, 러시아는 만주를 지배하며 북위 39도선 이북의 한국 영토를 중립지대화하자고 또 다시 제안했다.[3] 러시아는 북위 39도선의 중립지대화를, 일본은 한만교환론(韓滿交換論)을 선호했으나, 양자의 견해차는 좁혀지지 않았다.[4] 몰락 직전의 조선왕조는 자력으로 독립을 유지할 수 없어, 강대국의 결정에 그 운명이 달

---

2) 朴熙琥(1997), 『舊韓末 韓半島中立化論硏究』, 동국대 사학과 박사학위논문, 137쪽.
3) 박희호, 위의 논문, 170~171쪽.
4) 서영희(1997), 「러일전쟁기 대한제국 집권세력의 시국대응」, 한국역사연구회, 『역사와현실』 25호, 역사비평사, 1997, 180쪽.

려 있었다.

청일전쟁 이후 영국·미국의 적극적 후원·지지하에 지역패권을 노리던 일본과, 시베리아 철도 개통을 전후해 극동 진출을 본격화하던 러시아는 자국의 영향력 확대를 위해 한반도의 분할을 모색했다. 1903년 일본은 제정러시아에 대한 협상안으로 39도선 이북 중립화 방안을 제출했고, 1901년에는 러시아가 한반도 중립화 방안을 제출했다.[5]

그로부터 40여 년 뒤 한반도는 또다시 강대국 정치의 시험장이 되었다. 이번에는 미국과 소련이 지역의 패권을 놓고 대립했다. 2차 대전의 종전 무렵 미군부의 정책 브레인들은 한반도 분할안을 제출했다. 가장 중요한 고려사항은 소련의 남진을 최소화하면서 미국의 이익을 최대화할 수 있는 절충 가능한 타협점을 찾는 것이었다. 전쟁부 작전국(OPD)은 한반도를 미국·영국·중국·소련 4대국이 분할점령하는 4국 분할점령안(1945. 7)을, 전쟁부 합동전쟁기획위원회(JWPC)는 북위 40도 10분(신의주-함흥선)의 분할안을 구상했다(1945. 8).[6] 한국의 4분할·2분할 등 여러 방안이 모색되는 가운데, 미국은 인구의 다수가 밀집하고 있는 서울을 포함한 남부 지역과 전략적 항구들을 가능한 한 많이 점령 범위에 넣는 것을 목표로 하였다.

얄타회담(1945. 2)에서 소련군과 작전 관할 구역을 정했던 미국은 원자폭탄 실험이 성공함으로써 포츠담회담(1945. 7)에서 한국 문제에 대해 소련과 명확한 합의에 도달하지 못했다. 이는 일본의 무조건 항복과 일본-한국 단독점령 가능성을 염두에 둔 '외교의 지연'이었다. 그러나 소련군은 이미 1945년 4월경 대일 전투 준비에 착수해서, 만주를 3방향으로 타격할 계획을 수립했

---

5) 신승권(1983), 「노일전쟁 이후의 러시아와 한국(1898~1905)」, 『韓露關係100년사』, 한국사연구협의회, 245쪽; 송인재(1981), 「영일동맹의 의의와 교섭과정」, 『국권론과 민권론』, 한길사, 254~256, 270~271쪽; 박희호(1997), 『舊韓末 韓半島中立化論 硏究』, 동국대 사학과 박사학위논문.
6) 다양한 한반도 분할안에 대해서는 신복룡(2001), 『한국분단사연구』, 한울, 82~90쪽; 金基兆(1994), 『38線 分割의 歷史』, 동산출판사, 296~322쪽 참조.

다. 7월 30일에는 바실리예프스키(A. M. Vasilievsky) 원수가 극동소련군 최고사령관에 임명되었고, 히로시마와 나가사키에 원자폭탄이 투하된 직후인 8월 9일 대일 선전포고를 했다.

소련의 한반도 진격에 당황한 미국은 몇 가지 중요한 전제들을 확인했다. 그것은 첫째 소련군의 전 한반도 점령 저지, 둘째 한국독립 약속 준수를 위한 강력한 지역 방어, 셋째 일본의 안보 및 주일미군의 안전 도모, 넷째 공산 지배 지역의 제한 등이었다.[7]

가장 가까운 미군이 오키나와에 주둔하고 있던 상황에서 미국은 한반도의 절반 이상을 포함하며, 수백 년 간 정치·경제의 중심이었던 수도 서울과 부산·인천·군산·목포 등 주요 항구를 가질 수 있으며, 인구의 3분의 2를 포함할 수 있는 북위 38도선 분할안을 제출했고, 소련은 이에 동의했다.

마침내 1945년 8월 15일자로 소급된 연합군최고사령부 일반명령 제1호로, 북위 38도선을 경계로 38도선 이북 한반도 지역의 일본군 무장해제는 소련군이, 38도선 이남 한반도 지역의 일본군 무장해제는 미군이 담당한다는 내용이 공포(1945.9.2)되었다. 38선 분할은 국무·전쟁·해군부 3부 조정위원회(SWNCC)에서 근무하던 딘 러스크(Dean Rusk)와 찰스 본스틸(Charles Bonsteel)이라는 대령 두 사람에 의해 1945년 8월 10일 자정 무렵 30분 만에 확정되었다. 5천 년의 역사와 3천만 명의 주민이 살고 있던 한반도의 운명은 영관급 장교 2명이 30분 만에 결정할 만큼 비극적이고 위태로웠다. 훗날 딘 러스크는 미 국무장관이 되었고, 본스틸은 4성 장군으로 주한미군사령관을 지냈는데, 러스크는 회고록을 통해 자신이 한국의 운명을 결정했다고 자랑했다. 이후 이 이야기는 군사적 편의주의설과 함께 통설이 되었다.

38도선 분할에 대한 미국의 공식해명은 일본의 항복을 접수하기 위한 군

---

[7] 이완범(1994), 『미국의 한반도 분할선 획정에 관한 연구(1944~1945)』, 연세대 정치학과 박사학위논문; 김기조(1994), 앞의 책.

사적 편의에 따라 임시로 38선을 설정했다는 '군사적 편의주의설'이었다. 즉 일본군이 일본본토는 물론 태평양전구(戰區), 인도·버마·중국전구, 조선·만주에 이르기까지 광범위한 지역에 분산 배치되었기 때문에, 미국·소련·영국·중국·호주 등 연합국이 일본군 무장해제라는 단순한 군사적 편의를 위해 경계선을 만든 것이라는 주장이다. 실제로 일반명령 제1호에 의해 미국은 일본·북위 38도선 이남 한국·류큐·필리핀·태평양 연안 일본 위임통치령에서, 영국은 버마·태국·북위 16도선 이남 프랑스령 인도차이나·말레이시아·수마트라 등에서, 소련은 만주·북위 38도선 이북 한국·사할린·쿠릴에서, 중국은 중국본토·대만·북위 16도선 이북 프랑스령 인도차이나에서 일본군 항복 접수와 무장해제를 담당하게 되었다.[8] 동아시아에서는 두 개의 국가가 인위적인 계선으로 분할되었다. 한반도가 북위 38도를 경계로 남북한으로, 베트남이 북위 16도 홍강을 경계로 남북 베트남으로 분단되었다.

대령 2명이 불과 30분 만에 한국의 운명을 결정했다는 이 통설은 한반도의 전략적 가치에 대한 냉소주의를 내포한, 믿기 힘든 이야기였다. 미국의 공식입장이 '군사적 편의주의설'에서 한 걸음도 나아가지 않은 사이에 해방 직후부터 현실정치·학문사회 내부에서는 38선 획정을 둘러싼 논쟁이 장기 지속되었다. 그 핵심은 미국의 정치적 의도에 대한 의심이었다. 논쟁은 정치적인 것이었고, 이미 한국이 분단되기 전부터 음모론의 차원에서 시작되었다.

첫번째 음모론은 남한 우익 진영과 미국 일부 언론이 제기한 얄타 밀약설이다. 이승만과 우익 진영은 소련에게 한반도의 반을 양보한 38선 결정이 얄타회담의 밀약에서 비롯되었다고 맹비난했다.[9] 이승만은 1945년 5월 UN 창설을 위한 샌프란시스코회담에서 이미 얄타 밀약설을 폭로하며 반소·반공운

---

8) 「연합군최고사령부 작성 일반명령 제1호」, 신복룡·김원덕 옮김(1992), 『한국분단보고서(하)』, 풀빛, 65~70쪽.
9) 얄타 밀약설에 대해서는 정병준(2005), 『우남 이승만 연구』, 역사비평사, 261~271쪽 참조. 해방 후 한민당·이승만은 이러한 주장을 되풀이했다(『조선일보』 1946. 10. 29; 1947. 1. 1).

동을 벌였고, 심지어 미국무부 관리와 중국 국민당 정부를 공산주의자라고 비난하기까지 했다. 이 주장은 얄타회담에서 미국과 소련 간에 공군 작전 관할 구역이 배분된 데 근거를 두고 있었다. 작전 관할 구역 설정에 관한 얄타회담의 합의 내용이 일부 신문에 의해 한반도 분할에 관한 추측 보도로 이어졌고 이승만이 이를 이용했던 것이다. 이승만은 얄타회담에서 한반도가 미소에 의해 분할된 것이 아니라, 미국이 소련의 대일전 참전의 대가로 한반도에 대한 지배권을 이양했다고 주장했다. 즉 한반도를 소련 지배하에 양도했다는 주장이다. 그러나 미국무부, 소련 외무성, 중국 외교부는 모두 얄타 밀약설을 부정했고, 지금까지도 얄타 밀약을 증명할 수 있는 증거·문건은 공개·발견되지 않았다.

두번째는 포츠담 합의설이다. 이는 1945년 7월 포츠담회담에서 한반도의 38선 분할이 결정되었다는 주장이다. 소위 포츠담 밀약설은 1946년 맥큔(George McCune) 등에 의해 제기되었고, 여기에서 한 걸음 더 나아가 라우터백(Richard Lauterbach) 등은 얄타에서 시작된 미소의 한반도 분할 논의가 포츠담에서 38선 분할로 이어졌다는 얄타-포츠담 혼합설을 주장했다.[10] 38선 획정 직전에 개최되었던 포츠담회담에서 미소가 38선 분할에 합의했을 것이라는 추정은 이후 학자들에게도 많은 영향을 끼쳤다.

세번째는 일본 음모설이다. 일본이 소련에 점령될 것을 두려워해 일부러 군 작전 관할 지역을 변경하고 정보를 누설하면서 미국으로 하여금 38선 분할을 유도했다는 주장이다. 고준석·김기조·하리마오 박·도진순 등이 이러한 주장에 신빙성을 두고 있다.[11] 북한 역시 1945년 2월 일본 대본영이 38도선 이북의 일본군은 관동군 지휘하로, 이남의 일본군은 대본영 직할 야전군인 조

---

10) 김기조(1994), 앞의 책, 178~184쪽; 신용하(1988), 「한국 남북분단의 원인과 포츠담 밀약설」, 한국사회사연구회, 『해방직후의 민족문제와 사회운동』, 문학과지성사.
11) 도진순(2001), 「한반도의 분단과 일본의 개입」, 『분단의 내일 통일의 역사』, 당대; 김기조, 앞의 책 참조.

선 주둔 제17방면군의 휘하에 두게 했고, 이러한 일본군 배치 변경에 따라 38선 분할이 생겨났다고 주장하고 있다.[12]

여러 논쟁의 결론은 38선 획정이 미국의 정치적 의도를 담고 있었다고 의심하는 점에서 동일한 기초 위에 서 있다. 최근의 연구에 따르면, 38도선 분할은 돌출적이거나 즉흥적 결정의 소산이 아니었다. 38선 분할의 발안자는 헐(Cordell Hull) 중장과 링컨(George A. Lincoln) 준장이었으며, 특히 전략 정책단장이었던 링컨 준장이 1944~45년 간 한반도에 대한 미국의 군사전략적 이해라는 관점에서 한반도 분할안을 준비해왔다. 미 육군부 작전국 전략정책단(Strategy and Policy Group, S&P)이 38선의 기획·결정 담당부서였다.

미국은 1945년 초부터 한반도의 분할과 소련의 영향력 저지를 기획해, 한반도의 분할은 미국의 현실적 힘의 한계와 정치군사적 최대 목표를 적절히 타협하고 조정한 과정에서 파생되었다. 링컨 준장을 중심으로 한 그룹이 1945년 2월 이래 일본항복에 대한 문제를 검토했으며, 7월 하순에는 "헐 선"(Hull 線)과 JWPC 390/1 등 여러 문서를 통해 한반도 분할 문제를 검토했고, 다른 지도를 통해 38선의 존재를 알고 있던 상황에서 8월 중순에 내셔널지오그래픽 지도에 38선을 그려 넣었다.[13]

미국의 38선 분할과 진주는 1945년 8월 초순에 불현듯 제기되고 결정된 것이 아니라, 최소한 수년 간 준비되어온 정책의 발현이었다. 이미 한반도 석권을 목전에 두고 있던 소련은 미국의 제안을 수용했다. 소련이 38선 제안을 수용한 것은 얄타체제에 대한 소련의 의존, 미국과의 정면대결에 대한 스탈린의 우려, 유럽에서의 기득권 유지, 일본의 분할점령 의도 등 때문이었다.[14] 특히 소련은 독일을 동서로 분할했고, 한국을 남북으로 분할한 데 이어, 동북아

---

12) 허종호(1993), 『미제의 극동침략정책과 조선전쟁(1)』, 사회과학출판사, 47쪽.
13) 이완범(1994), 앞의 논문; 이완범(1999), 「미국 내셔날아카이브 소장 자료를 통해서 본 38선 획정의 진실」, 한국민족운동사연구회 편, 『한국근현대와 민족운동』, 국학자료원, 402쪽.
14) 이완범(1994), 앞의 논문, 7장 「소련의 한반도 진공과 분할점령 수락의도」.

시아의 전략지점이자 20세기 이래 숙적이었던 일본을 분할점령할 것을 최종 목적으로 삼았다는 분석이 유력하다.

국제 냉전이 미국과 소련 중 누구로부터 기원했는가 하는 점은 국제 외교사학계의 오랜 관심사이자 쟁점이었다. 또한 지역적으로 유럽이 냉전의 출발지라는 학설이 일반적이지만, 1945년 4월부터 12월 사이 아시아에서 냉전이 시작되었다는 주장이 있을 정도로 논란이 되고 있다.[15] 특히 1945년 8월 한반도의 분단, 9월 미군의 한반도 진주 등은 미국 냉전정책의 구체적 표현으로, 대소 봉쇄(containment) 혹은 공격적인 냉전정책의 산물이었다는 지적이 있다.[16]

미·소 간의 국제 냉전은 1946년 미주리 주 풀턴에서 행한 처칠의 철의 장막 연설, 1946년 조지 케난(George Kennan)이 대소봉쇄를 주장하며 모스크바에서 보낸 '긴 전문'(long telegram), 1947년 7월 X라는 필명으로 『포린어페어스』(*Foreign Affairs*)에 낸 기고문, 1947년 3월 트루만독트린 등 1947년에 들어서야 본격화된다고 알려져 있지만, 한반도에서는 이미 1945년 8월 사실상의 봉쇄와 냉전이 출발했던 것이다.

2. 고위급 정책 결정 : 군사점령·군정

연합국이 한국 문제에 본격적 관심을 갖기 시작한 것은 태평양전쟁이 발발한 이후부터였다. 한국인들의 격렬했던 독립 승인 외교가 아무런 성과를 거두지 못했지만, 태평양전쟁이 발발하면서 상황은 변화했다. 동서 양 진영의 대표인

---

15) Marc S. Gallicchio, *The Cold War Begins in Asia: American East Asian Policy and the Fall of the Japanese Empire*, New York, Columbia University Press, 1988.
16) 브루스 커밍스 저·김주환 역(1986), 『한국전쟁의 기원』 상, 靑史, 1~2장.

미국과 소련을 중심으로 연합국은 한국에 대한 각자의 정책을 정리하며 국제회담을 통해 상호이익의 절충을 시도했다. 소위 '얄타체제'로 대표되는 미소의 협력시기 동안 미·소·영·중 4개 강국은 한국의 전략적 가치평가와 대한정책을 입안하고 구체적으로 적용하기 시작했다.[17]

태평양전쟁기 미국의 대한정책 구상은 루즈벨트 미국 대통령에게서 비롯되었다. 국제주의의 신봉자였던 그의 대한정책은 신탁통치와 국제기구를 통한 지배였다. 루즈벨트는 '초국가적·통합적, 전 세계적'인 범주를 내세우며, 국제주의적 논리를 강조했는데, 그 핵심은 공산주의, 자본주의, 반(反)식민지적 민족주의 등 여러 세력을 포용·통합하는 것이었다.[18] 루즈벨트가 구상한 다국적 신탁통치란 일국에 의한 기존의 식민주의를 대체하여 점차적으로 독립에 이르는 길이 열리게 한다는 구상인데, 루즈벨트 식 제국주의라는 별명을 지니고 있었다. 이러한 루즈벨트의 구상은 '둘 중 하나'라기보다 '둘 다'를 추구하고, 크게 생각함으로써 작은 이익이 저절로 따라온다고 믿는 일종의 팽창주의이며, 20세기의 문호개방정책(Open Door Policy)에 뿌리를 두고 있었다.[19]

루즈벨트가 한국에 대한 신탁통치 가능성을 처음 제기한 것은 1943년 3월 27일 워싱턴회담에서였다. 그는 영국 외상 이든(Anthony Eden)에게 전후 신탁통치가 필요한 곳으로 한국과 인도차이나를 지목했다. 그후 식민지를 보유하고 있던 영국·프랑스의 반대에도 불구하고 미국무부 정책입안자들은 신탁통치 구상을 구체화하기 시작했다. 결과는 1943년 12월 1일 카이로회담에서

---

17) 구대열(1995), 『한국국제관계사연구』 1권, 역사비평사.
18) 브루스 커밍스 저·김주환 역(1986), 『한국전쟁의 기원』 하, 7장; Bruce Cumings, "Introduction: The Course of Korean-American Relations, 1943~1953," Bruce Cumings ed., *Child of Conflict: The Korean-American Relationship, 1943~1953*, Seattle and London, University of Washington Press, 1983; 브루스 커밍스, 「서론: 한미관계의 경과, 1943~1953」, 브루스 커밍스 外·박의경 역(1987), 『한국전쟁과 한미관계 1943~1953』, 青史 참조.
19) 브루스 커밍스(1987), 앞의 논문.

미·영·중 3국이 '적절한 시기'(in due course)에 한국을 독립시키겠다는 선언으로 구체화되었다. 적절한 시기는 루즈벨트의 다자간 국제 신탁통치를 의미했는데, 연합국은 물론 미국·중국의 한국 독립운동가들도 이것이 즉시 독립이 아님을 알고 있었다.[20]

1943~44년 동안 미국은 대한정책과 관련해 주목할 만한 결론에 도달했다. 대한정책 입안에서 미국무부 정책입안자들이 가장 중요하게 고려한 점은 한국이 소련의 수중에 들어갈 가능성이었다.[21] 1944년 초 이후 미국무부는 한반도를 부분 혹은 완전 점령한다는 계획을 수립했다. 국무부 국간지역위원회(Inter-Divisional Area Committee: Interdivisonal Country and Area Committee)가 제출한 보고서는 (1) 한국은 전후 미국의 안보에 아주 중요하다. (2) 한국이 소련의 지배하에 들어가면 미국 안보에 커다란 위협이 된다. (3) 일본이 물러간 후 한국은 자치할 수 없다. (4) 미국이 한반도에서 우세하지 못하면 한국에 대한 다국적 통치가 일국에 의한 지배보다 유리하다. (5) 신탁통치 협정은 전후 한국에 대한 강대국의 마찰을 조절할 수 있는 좋은 수단이지만, 미국이 발언권을 얻기 위해 한국을 군사적으로 부분 혹은 완전 점령하는 것이 필요하다고 지적했다.[22] 결론은 한국에서의 어떤 군사작전에도 미국이 참가해야 하며, 군정을 실시하고, 국제 신탁을 실시한다는 것이었다. 즉 군사점령-군정 실시-국제 신탁이라는 3단계 방침이 결정되었다.[23]

---

20) 미주의 이승만과 재미한인들은 이것이 즉시 독립과 상치되는 것임을 알고 반대했다(Star Exponent, no.2, April 24, 1943, LA, Korea Society of Soldier's and Sailor's Relatives and Friends). 중경의 한인들 역시 신탁통치를 국제공관론(國際共管論)·국제공영론(國際共營論)이라고 부르며 격렬히 반대했다.
21) 매트레이는 루즈벨트가 신탁통치안을 제출한 것은 한반도에 대한 지배욕 때문이 아니라 한국에 대한 장제스 정부의 야망과 스탈린의 경각심이 불러올 갈등을 배제하고 한국의 독립을 보장하려는 목적 때문이었다고 주장했다(James Irving Matray, *The Reluctant Crusade: American Foreign Policy in Korea, 1941~1950*, University of Hawaii Press, 1985, Chapter 1).
22) NARA, RG 59, Notter File, "Possible Soviet Attitudes toward Far East Questions," October 2, 1943; "Korea: Occupation and Military Government: Composition of Forces," March 29, 1944, *FRUS*, 1944, vol. 5, pp. 224, 228.

유럽 전선이 정리되고 소련의 대일 참전이 임박하자 소련과 미국은 동아시아에서 대일연합전선에 합의했다. 1945년의 얄타회담과 포츠담회담은 이러한 합의의 정점이었다. 1945년 2월 8일 루즈벨트는 스탈린과의 비공식 회담에서 '한국은 20년 내지 30년 간의 신탁통치가 필요' 하다고 제안했고, 스탈린은 즉시 독립이 필요하다고 발언했지만 루즈벨트의 견해를 반대하지는 않았다.

1945년 4월 루즈벨트가 사망하고 트루만이 승계했지만, 한반도 신탁통치에 대한 미국의 입장은 변하지 않았다. 미국은 5월부터 7월 사이에 소련과 중국, 영국의 동의를 얻었다. 포츠담회담을 위해 준비된 미국측 계획서는 미국이 한국 문제를 통제해야 하며 그에 필요한 세 가지 수단으로 군사정부의 설치(점령 후), 신탁통치, 미국의 정치적 목표를 달성하기 위해 곧 탄생할 UN의 이용방안을 제시했다.[24] 이러한 계획은 1945~48년에 적용되었는데, 처음에는 군사점령, 다음에는 신탁통치의 제기, 마지막으로 UN으로의 이전이란 방법순으로 현실화되었다.

태평양전쟁 시기 이후 소련의 대한정책은 한반도에 비적대적인 정권의 수립에 초점이 맞추어졌다. 한국인들의 이해와 요구는 부차적이었다는 점에서 이는 미국의 대한정책과 일치했다. 그러나 소련은 미국이 생각한 국제적 우위보다는 한반도 내부의 혁명적 상황, 즉 좌익 세력의 우세에 주목했다. 그 때문에 한반도의 즉시 독립 혹은 한국인들의 참여가 보장된 다자간 후견제를 중시했다.[25] 소련이 선택한 후견제의 성격은 이후 모스크바3상회의를 통해 영어

---

23) 정용욱(1993), 「해방이전 미국의 대한구상과 대한정책」, 『한국사연구』 83집, 99~100쪽; 정용욱(1994), 「1947년의 철군논의와 미국의 남한 점령정책」, 『역사와현실』 14호, 194쪽.
24) 구대열(1995), 『한국국제관계사연구 2』, 역사비평사, 6장; 鄭鍾郁(1996), 「1942~47년 美國의 對韓政策과 過渡政府形態 構想」, 서울대 국사학과 박사학위논문, 12~42쪽.
25) 소련의 대한정책에 대해서는 다음을 참조. 徐東晩(1996), 『北朝鮮における社會主義體制の成立: 1945~1961』, 東京大學 博士學位論文; 이완범(1996), 「소련의 대일전 참전과 38선 수락」, 『정치외교사논총』 14집; 기광서(1998), 「소련의 대한반도-북한정책 관련기구 및 인물 분석(해방~1948. 12)」, 『현대북한

로는 Trusteeship(신탁), 러시아어로는 опека(후견)의 차이를 가져왔다. 그러나 이것이 즉시 독립 방안이 아님은 분명했다.

소련은 대일참전 이전부터 한반도를 군사전략적으로 중요한 지역으로 설정했다. 소련이 대한정책에 대해 체계적인 자료 수집과 정책 구상을 개시한 것은 1942년 7월 무렵부터였다.[26] 미국과 동일한 시기였고, 소련이 유럽전장에서 여유를 갖게 된 시점이었다. 대일전쟁에 대비해 동북항일연군교도려를 편성한 것이 바로 1942년 7월이란 점도, 이때가 소련의 본격적인 전후 극동전략이 수면 위로 떠오른 시점임을 반증한다.[27]

소련이 공식적으로 동북아 문제에 구체적 이해관계를 표명하기 시작한 것은 1945년 2월 얄타회담부터였지만, 이때 한국 문제에 대한 논의 및 결정은 없었다. 소련의 대한정책 구상과 관련해 가장 주목할 만한 것은 소련공산당 중앙위원회 정보국이 편집한 『공보』(公報)에 게재된 「한국의 국내외 정세에 대하여」라는 보고서(1945. 8. 1)였다.[28] 『공보』는 소련의 외교 문제에 대한 자료들을 싣는 잡지였다. 이 보고서에 따르면, 소련은 첫째 미국의 공식 대한정책인 다자간 국제 신탁통치가 미국의 영향력 보장을 위한 제도라고 판단하고 있었고, 둘째 중국국민당 정부의 한국 문제 개입에 대해서도 부정적으로 생각하고 있었으며, 셋째 그럼에도 불구하고 소련의 독자적인 대한 구상을 제시하지 못한 채 신탁통치 구도에서 소련의 입지를 상실하지 않겠다는 결론만을 갖고 있었다.

연구』 창간호; 기광서(1998), 「1940년대 전반 소련군 88독립보병여단 내 김일성 그룹의 동향」, 『역사와 현실』 28집.
26) 김성보(1995), 「소련의 대한정책과 북한에서의 분단질서 형성, 1945~1946」, 『분단50년과 통일시대의 과제』, 역사비평사, 54~55쪽.
27) 와다 하루끼(1992), 『김일성과 만주항일전쟁』, 창작과비평사, 266쪽.
28) Бюро Иеформации ЦК ВКП (б) (소련공산당 중앙위원회 정보국), "О Внутреннем И Международном Положении Кореи(한국의 내외정세에 대하여)," Бюллетень (공보) no.15, 1945. 8. 1, РЦХИДНИ, Фонд 17, Опись 128, Дело 49, с .159.

이러한 판단에 따라 소련 역시 두 가지 측면에서 대한정책의 원칙을 수립했다. 첫째, 미국의 공식 대한정책인 다자간 국제 신탁통치에 소련이 참여함으로써 한반도에 수립될 정부가 친소적인 성격을 지니도록 해야 한다는 원칙이었다. 둘째, 일종의 안전관으로서 한반도의 상당 지역까지 소련군이 진출·점령하는 방안을 고려하고 있었다.[29] 이에 기초해 소련은 대한정책에서 한국에 대한 다자간 국제 신탁통치 참여를 기본으로, 군사 주둔 방안도 함께 고려하였다.[30] 미소 양국이 대한정책 관철을 위한 주요 수단으로 한반도에 대한 군사점령을 결정한 순간부터 한국의 분단은 예견되어 있었다. 한국인들이 자력으로 해방을 맞이하지 못한 책임은 강대국의 국가 이해와 결합되면서 불행으로 이어졌다.

3. 정책의 실현 : 군정의 실시

고위급 정책으로 한반도의 군사점령과 군정 실시가 결정되었을 때, 초기에 이 임무를 담당한 것은 맥아더가 지휘하는 태평양방면육군총사령부 예하의 10군이었다. 10군은 오키나와 전투·군정 경험에 기초해 한국에 실시할 군정 문제를 논의했다. 이들은 1943년 12월 간행된 육해군 합동교범인 『군정과 민사업무』(*Military Government and Civil Affairs*)에 따랐는데,[31] 이 교범은 2차 대전 당시 이탈리아의 경험을 기초로 민정 조직의 두 가지 일반적인 유형을 '작전형'(operational)과 '지역형'(territorial)으로 분류했다.[32]

---

29) 김성보, 앞의 논문, 61쪽.
30) 기광서(1998), 앞의 논문.
31) 원 제목은 야전교범 27-5(FM27-5), 『군정과 민사업무에 관한 미 육해군 교범』(*U.S. Army and Navy Manual of Military Government and Civil Affairs*)(1943. 12. 22)이었다. 1940년 7월 30일 처음으로 간행된 이 야전교범은 아프리카, 시실리, 이탈리아 남부에서 미군이 획득한 경험을 반영하기 위해 여러 차례 개정되었다.

10군에서 점령임무를 이관받은 뒤 24군단이 가장 고민한 것은 군정의 실체였다. 명백한 것은 점령의 적대적 성격이었다. 24군단 야전명령 제55호의 군정 부록(Military Government Annex to XXIV Corps Field Order no.55)은 1945년 9월 1일 완성되었는데, 이 부록은 점령의 성격과 목적을 다음과 같이 진술했다.

> 목적: 한국 군사점령의 즉각적 목표는 군국주의(militarism)의 박멸; 전쟁범죄자의 즉각적 체포와 처벌; 일본의 군비축소와 무장해제; 종족·민족·신조·정견에 기초한 차별의 철폐; 민주적 경향·과정의 고무; 자유주의적 정치·경제·사회제도의 격려; 내정을 관할하고 여타 국가 및 유엔이 접촉할 수 있는 국가들과 평화적 관계를 지속할 수 있는 책임있는 한국정부의 출현을 원활하게 할 수 있는 조건을 한국에서 창출하는 일
>
> 현존하는 정부기관은 가능한 한 이용될 것이다. 종교의 자유는 선포되어야 하지만 일본 군국주의·국가적 신도(神道)·대동아공영주의의 유포와 선전은 어떤 형식이건 간에 금지될 것이다. 결국 정치적 정당·조직·단체는 통제 아래 놓일 것이다. 군정의 요구와 목표에 부응하는 활동을 하는 정당·조직·단체는 격려받을 것이다. 군정의 요구와 목표에 부응하지 않는 활동을 하는 정당·조직·단체는 제거될 것이다.[33]

분명한 것은 민사업무(civil affairs)가 추구하는 목표는 군정(military government)을 통해 통제된다는 점이다. 미 육해군 야전교범(FM) 27-3은 민정의

---

32) 사전적 의미에 따르면, 통치 주체에 따라서 군정(軍政, Military Government)과 민정(民政, Civil Government), 업무의 성격에 따라서 군사 업무(Military Affairs)와 민사 업무(Civil Affairs), 민사 행정(Civil Administration)으로 구별된다.
33) Annex 7(originally 8) to XXIV Corps FO 55(Military Government, 29 Aug. 45).

목적을 이렇게 정의했다.

> (민정은) 군사작전을 지원하는 것이며, 국가 정책을 추진하는 것이며, 국제법 아래에서 점령군의 의무를 완수하는 것이다.[34]

위의 세 가지 목적 가운데 첫번째의 중요성은 다른 두 사안을 능가하는 것으로 계속 강조되었다.

> 언제든지 첫번째 고려해야 할 점은 성공적 결론에 도달할 때까지 군사작전을 실행한다는 것이다. 군사적 필요는 군정의 운영보다 기본적으로 우선하는 원칙이다.

이에 따라 인천에 대한 상륙작전이 계획되었고, 향후 몇 달 동안 충분한 전면경계를 해야 한다는 예상이 지배적이었다. 군정 부대들이 도착하기 전까지 전투부대들이 군정 업무를 수행해야 했다. 따라서 남한 점령의 초기에는 전투형 점령(the combat type of occupation) 방식을 적용하기로 결정했다. 24군단이 진주하고 나서야 지역형 점령(territorial type)으로 점차 전환했다.[35] 태평양전구에서 군정 실시가 당연시되었던 일본에는 기존의 통치조직을 활용하는 간접통치 방식이 적용된 반면, 준 우호국민으로 간주하다던 남한에만 철두철미한 군정이 실시된 정확한 이유는 분명치 않다.[36] 문제는 미군의 남한 군사점령이 일본의 패전으로 '주권정부 없는 군사점령'이라는 특수한 형태로

---

[34] U. S. Army and Navy Manual of Military Government and Civil Affairs, 22 Dec. 1943(FM27-3, OPNAV 50 E-3), p. 5.
[35] Interview with Col. Brainard E. Prescott, Civil Administrator, 30 Nov. 1945(HUSAFIK, part 3, chapter 1, footnotes no. 44).
[36] 진주 전후 미24군단의 대한인(對韓人) 정책 구상과 대한(對韓) 정보에 대해서는 정병준(1996), 「남한진주를 전후한 주한미군의 對韓정보와 초기점령정책의 수립」, 한국사학회, 『사학연구』 51집 참조.

규정된 점이었다. 점령 후반에 가서야 미군정은 자신의 법률적 지위를 주권보유자·군사점령자·자치정부의 3중역할론으로 합리화했는데, 남한과 일본에 대한 미국의 정책 차이가 어디에서 발원했으며, 또 어떤 과정을 통해 결정되었는지는 이후 중요한 연구과제가 될 것이다.

군정의 성격을 어떻게 규정할지에 대한 상부의 방침이 없었지만, 24군단은 기존의 야전교범의 해석과, 적대적 점령이라는 기존의 지휘방침에 따라 남한 점령을 구상했다. 진주 직후 24군단은 필요한 군정 요원 규모를 추산했다. 24군단의 구두 요청에 따라 주한미군사령부 관방 기획과가 10월 3일 군정의 향후 역량 및 배치에 관한 군정안을 제출했다. 이에 따르면, 장교 1,173명과 사병 3,446명 등 총 4,619명이 요구되었다.[37]

이런 막대한 전문 요원이 필요했지만 군정 부대 배치의 우선 순위에서 남한은 일본에 뒤졌다. 군정 요원의 훈련과 배치에서 일본은 제1순위였다. 그러나 9월 하순 일본에 대한 군정 불실시가 명확해지자, 쓸모가 없어진 수많은 군정 중대가 남한으로 재배치되었다. 그들은 1945년 8월 말 몬트레이 요새 민정 요원보충대에서 편성되었고, 9월 21일 일본을 향해 출항했던 28개 군정 중대(제46~제73군정 중대)와 5개 군정단(제98~제102군정단) 등이 남한으로 급거 재배치되었다. 여기에 필리핀에서 남한을 목표로 했던 2개 군정단과 8개 군정 중대 등을 합쳐 총 3,200명의 병력이 10월 20일을 전후해 남한에 상륙했다. 태평양전구에서 미군이 가용할 수 있는 군정 부대 중 일본에서 필요하지 않은 부대들이 남한에 투입되었다.

이들의 도착에 따라 군정 요원의 규모는 10월 중순 1,000여 명에서 12월 말에는 4,000명 이상으로 급증했다. 이중 주한미군정사령부의 병력이 2,000여 명에 달했고, 도(道) 군정과 군(郡) 군정을 담당할 군정단·군정 중대 병력도 2,200여 명에 달했다.

---

37) Letter, USAFIK MG(Col. May) to CG USAFIK, 3 Oct. 1945.

□ 표 II-1 **지방 군정청 병력 현황**(1945. 11. 30)

구 분	장 교	사 병	합 계
정 원	638	2,882	3,520
현 원	541	1,918	2,459
부 족	97	964	1,061

※ 출전 C.L. 호그 지음 / 신복룡·김원덕 옮김(1992), 『한국분단보고서(상)』, 풀빛, 387쪽.

    그후로도 군정 요원은 계속 확충되어 1946년 1월 15일 민정요원보충대(CASA) 폐쇄 직전 군정 학교의 마지막 과정을 이수한 장교 90여 명이 남한에 파견되었다. 1946년 1~2월에는 동원 해제되어 귀국하는 40사단 병력 중 1,000여 명이 군정 요원으로 전환되었다. 이에 따라 1946년 5월 31일자 군정 병력은 4,886명을 기록했다.[38]

    한국에 파견된 군정 중대와 군정단은 대부분 캘리포니아 주 몬트레이 요새에서 1945년 8~9월경 조직된 부대였으며, 장교의 대부분은 버지니아 주 샤로츠빌(Sharlottesville) 군정 학교(the School of Military Government) 등에서 정규 군정·민정 업무를 숙달한 전문가들이었다.

    미육군 헌병감실 예하의 군정 학교는 극동전구, 즉 일본 점령에 활용하기 위해 1944년 6월부터 1945년 10월까지 총 1,650명의 장교들을 선발·훈련시켰다.[39] 첫 6주 동안 이들은 군정 학교에서 훈련을 받았고, 다음에는 6개월 동안 하버드·예일·미시간·시카고·노스웨스턴·스탠포드 대학 등 민정 훈련학교(CATS: Civil Affairs Training School)에서 교육을 받았다. 7개월 반의 긴 훈련기간 동안 일본어와 지역 연구가 집중적으로 이루어졌다. 444시간의 집중

---

[38] *HUSAMGIK*, part 1, pp. 104~106〔박찬표(1995), 『한국의 국가형성: 반공체제 수립과 자유민주주의의 제도화, 1945~48』, 고려대 정외과 박사학위논문, 105쪽에서 재인용〕.
[39] 군정 학교 및 훈련 과정 등에 대한 서술은 주로 다음을 참고했다. Henry H. Em, "Civil Affairs Training and the U.S. Military Government in Korea," Bruce Cumings ed., *Chicago Occasional Papers on Korea*, select paper volume no.6, The Center for East Asian Studies, 1991, Chicago, Illinois, The University of Chicago, pp. 113~126.

언어 교육, 140시간에 달하는, 지역에 대한 교육(강연, 자료 열람 및 토론으로 구성), 244시간에 달하는, 군정이 당면할 수 있는 특정 상황에 대한 문제풀이 등이 여기에 포함되었다. 적어도 1945년 중반까지 군정 학교에서는 한국, 한국어 등에 대한 교육은 이루어지지 않았다. 그러나 한국에 대한 전문적 교육이 없었지만 군정 전문 요원으로 양성된 장교들은 군정 실무자로서 한국 상황에 적응할 수 있는 소양을 가지고 있었다. 그것은 크게 두 가지 이유 때문이었다.

첫째, 이들은 미국의 이해를 군사점령지에서 실현하는 집행자로서, 군정이 요구하는 기본적인 가치관을 갖고 있었다. 점령 지역 민사장교로 교육받을 때 가장 강조된 사실은 이들의 첫째 목표가 법과 질서의 회복이라는 점이었다. 피점령지 주민의 안전과 복지, 정치적 자유와 경제적 평등은 교육 대상과 거리가 멀었다.

둘째, 군정 학교와 민정 훈련학교에서의 교육은 단순히 법과 질서의 회복, 혹은 군정의 구조·통치·사법·경제·수송·공공 설비체제 등에 대한 일반론적인 강조에 그친 것이 아니었다. 교육 내용은 실전 연습을 통해 복습되고 심화되고 현지에 적응하는 방향으로 구체화되었다. 가설적인 상황이 제출되고, 훈련 장교들은 답안을 제출하는 과정에서 토착 지형을 이해하게 되었다. 실전 연습문제를 풀이하는 과정에서 훈련 장교들은 민사 장교의 책임과 권한의 범위를 규정하게 되었다. 이들이 모든 훈련 과정을 마치고 군정 현장에 투입되었을 때, 그곳이 일본인가 한국인가는 별 차이가 없었다.

일본에 대한 적대적 점령에 대비해 준비된 군정 요원들은 남한으로 쏟아져 들어왔고, 교범에서 배운 대로 행동했다. 미국의 제1의 정책 목표는 소련의 팽창을 저지하는 것이었고, 한반도의 통일·독립 같은, 한국인들에게 가장 중요한 문제들은 그 다음 순위이거나 고려의 대상과는 거리가 멀었다.[40]

---

40) 정병준(2000), 「駐韓 美24軍團의 對韓 軍政計劃과 軍政中隊·軍政團」, 『韓國現代史資料集成(美軍政期 軍政團·軍政中隊文書)』 47집, 국사편찬위원회.

소련의 경우, 현지 공산주의 세력을 내세운 현지화·토착화·대리화 전략을 택했다. 표면적으로는 소련군정은 실시되지 않았다. 소련군정청이란 조직은 존재하지 않았다. 25군 사령부 산하에 소련 민정 기관이 조직되었고(1945. 10), 이어 주북조선소련민정국(УСГАСК)으로 확대되었지만(1947. 5), 주독일 소련군정청(CBAII) 같은 군정 기관은 아니었다. 소련이 진주한 지방에는 경무사령부가 주둔했고, 이들이 현지 인민위원회에 대한 '통제적 지도'를 담당했지만, 통치를 담당하지는 않았다.[41]

그럼에도 불구하고 소련군의 본질적인 모습은 군정과 다를 바 없었다. 미군정은 직접통치를, 소련군은 한국인을 내세운 간접통치 혹은 현지화 전략을 택했을 뿐이다. 소련은 오랜 식민지배와 계급갈등으로 한국의 정세가 혁명적이라고 판단했고, 좌파가 우세하다고 보았다. 한국인 대리인을 격려·고무하고 소련이 후견과 결정권을 장악함으로써 충분히 친소정부를 수립할 수 있다고 판단했다. 명목상 주권은 한국인 공산주의자들의 수중에 있었지만, 본질적 결정권은 모스크바에 있었다.

한편으로 소련이 인정한 한국인들의 자치권·주권이 과연 전 한반도 차원에서 긍정적인 의미를 지닌 것인가 하는 의문은 정당하다. 왜냐하면 소련은 친소·친공적인 경우에만 이를 인정했기 때문이다. 1946년 초 민족주의자 조만식과 조선민주당이 반탁을 이유로 친일파로 제거된 것처럼, 소련은 통제되지 않는 세력을 용납하지 않았다. 나아가 소련의 조치는 북한에서 선택된 공산주의자들에게 주권을 이양함으로써 전 한반도 차원에서는 분단을 고착화하고 대결을 강화하는 효과를 가져왔다. 소련이 북한 통치에서 한인화·현지화를 통한 간접통치 전략을 수립하고, 북조선임시인민위원회·북조선인민위원회 같은 정권기관을 수립하자, 그 여파가 남한에 즉각 영향을 미쳤다. 미군

---

41) 이에 대해서는 기광서(1998), 앞의 논문; 기광서(2005), 「소군정은 실재했는가」, 『역사비평』 73집, 역사비평사 참조.

정 역시 남한만의 과도정부 수립 혹은 군정의 한인화 등을 시도하는 한편, 그 영향 속에서 단독정부 수립 방안 등이 제출되었기 때문이다.

이런 측면에서 1946년 말 각급 행정단위 인민위원회 선거를 거쳐 1947년 북조선인민위원회가 북한의 정권기관으로 등장했지만, 모스크바3상회의를 통해 한국에 주권정부를 수립한다는 국제적 합의와 배치(背馳)되는 북한만의 자치·주권정부인 북조선인민위원회는 전 한반도 차원에서 정당성을 갖기 어려웠다.

4. 38선의 존속과 철폐 문제

보다 중요한 것은 38선의 획정이 아니라 38선의 철폐 문제였다. 일본군의 무장해제를 위한 미·소 양군의 진주와 38선 분할은 연합군최고사령부 일반명령 제1호에 근거했다. 그러나 일본군 무장해제라는 군사적 목적이 수행되고 난 뒤에도 38선은 여전히 존재했다. 1946년 4월 만주에서 일본군 무장해제를 끝낸 소련군은 철군했고 주권은 중국인들에게 반환되었다. 한반도에서 일본군의 항복접수와 무장해제는 1945년 말 완료되었지만 미소 양군은 철군하지 않았다. 미소는 한국인과 물자의 자유로운 38선 이동을 제한했고, 38선은 이데올로기의 장벽이자 분단의 실체로 굳어져갔다.

일본군 무장해제와 한국에 '군정'이 실시된 것은 아무런 법적·논리적 연관관계도 없었다. 한국인들에게 38선과 미군정은 동전의 양면처럼 당연한 사실로 받아들여졌지만, 남한에 대한 군정의 실시와 지속은 국제법적으로 심각한 문제가 있었다. 적대국가에 대한 점령과 군정의 실시가 과도적으로 용인될 수 있다 하더라도, 3년 이상 실질적으로 한국의 주권정부의 역할을 박탈한 것은 심각한 문제였다.

원래 일본을 위해 준비된 군사점령-군정 실시 방침은 남한에서만 완벽하게 적용되었다. 전범국가이자 패전국가였던 일본은 분할 점령되지도, 군정이 실시되지도 않았다. 점령의 목적이 영토병합이 아니었기에 일본의 주권은 부정되지 않았으며, 선거로 구성된 의회가 내각을 구성해, 연합군최고사령부(SCAP)의 통제 아래 주권을 행사했다.

반면 한국은 해방된 국가였으나 주권이 회복되지 않았다. 멸망했던 대한제국, 연합국으로 인정받지 못한 중경의 대한민국임시정부, 해방 후 자생적으로 조직되어 실질적인 통치를 하고 있던 조선건국준비위원회, 그 어느 것도 주권정부로 인정받지 못했다. 연합국의 입장은 한국이 일본으로부터 해방되어 기본적 권리를 확보했다는 정도였다.

이런 맥락에서 미 '군정'의 국제법적 정당성은 미군정 3년 내내 가장 큰 골칫거리였다. 미군정의 법률전문가 어니스트 프랑켈(Ernst Frankel)은 1948년 초 미군정이 주권정부·군사점령자(군정)·자치정부의 3중 정부 역할을 수행했다고 주장했다.[42] 프랑켈은 종전 직후 한국은 '주인 없는 땅'(no-man's land)으로서, 국가가 존재하지 않았고, '정부' 또한 없었다고 주장했다. 패전으로 한국은 일본으로부터 사실상 분리되었으나, 한국이 한일합병 이전으로 돌아간 것도, 새로운 독립국가가 된 것도 아니었으며, 한국에는 종전 후 법률적 주권이 없었기 때문에 미국이 사실상의 주권정부(자치정부)로서 기능했다는 것이다.

그런데 군정은 분명 제국주의 국가들의 식민지 영토합병(annexation)과는 다른 것이었다. 2차 대전의 목적 자체가 식민지 영토팽창이 아니라 파시즘 체제의 해체·식민지 약소국의 해방이었기 때문에, 미국이 '잠정적'으로 군정을

---

[42] Ernst Frankel, "Structure of United States Army Military Government in Korea," 정용욱 편(1994), 『해방직후 정치사회사 자료집』 2권, 다락방; Henry H. Em, "Civil Affairs Training and the U.S. Military Government in Korea," Bruce Cumings ed., *Chicago Occasional Papers on Korea*, select paper volume no. 6, The Center for East Asian Studies, 1991, Chicago, Illinois, The University of Chicago; 고지훈(1999), 「주한미군정의 점령행정과 법률심의국의 활동」, 서울대 국사학과 석사학위논문, 8~15쪽; 신복룡, 앞의 책, 361~367쪽.

실시할 수 있다 하더라도 다른 주권국가의 '주권'을 양도받거나 점령하는 것은 불가능했다. 그 때문에 국제법적으로 피점령 지역 주권정부의 기득권을 인정하거나 주권정부의 대행자로 자치정부의 존재·활동을 묵인하는 조치를 취해야 했다.

미국은 1942년 가을 알제리·모로코·튀니지 등 북아프리카의 식민지들과 이탈리아 점령에서 최소한의 개입 혹은 '완전한 간접점령'을 단행했다. 또한 해방된 오스트리아에는 자유선거를, 패전국인 일본·독일에 대해서도 조속한 지방정부 및 중앙정부 구성을 위한 선거를 실시했다.[43]

당시 군사점령에 관한 유일한 성문법은 1907년의 '육전(陸戰)법규 및 관례에 관한 헤이그조약'(Haegu Convention IV Respecting the Laws and Customs of War on Land)이었다. 그러나 헤이그조약의 자유주의적 조항은 한국에 적용되지 않았다. 식민지나 보호령이 아닌 이상, 주권을 대리한다는 것은 있을 수 없었으며, 군사점령을 했다고 해서 주권정부의 존재가 부정되는 것도 아니었다. 나아가 미군정은 한국에 주권정부가 수립될 때까지 남한의 주권을 주한미군이 담당할 것이라는, '한국의 주권귀속'에 대한 연합국 혹은 미국정부의 공식 성명·지침 등의 근거를 갖고 있지 않았다.[44]

결국 38선은 한국인들에게 큰 상처를 남겼다. 하나는 국토의 분단이었고, 다른 하나는 군정의 수립에 따른 주권의 부정이었다. 38선의 국제법적 유효성은 단지 일본군의 무장해제였으나 그 효력과 범위를 넘어서는 남북분단·주권부정으로 연결되었다. 한국인들에게 38선과 국토분단이 자연스럽게 강요되었고, 미소 양 진영의 대결과 반목이 강화되면서 38선은 한반도가 처한 모든 비극적 상황의 표상이 되었다.

일본군 무장해제를 이유로 한반도에 설정된 38선은 일본군의 무장해제와

---

43) 고지훈, 앞의 논문, 7~11쪽.
44) 고지훈, 앞의 논문, 57~58쪽.

더불어 철폐되어야 했다. 미소 양국이 이 선을 유지할 국제법적 근거는 존재하지 않았다. 그렇지만 38선 분할의 이유가 사라진 상태에서 미소 양군은 이 경계선을 일종의 국경선으로 활용했다. 또한 국제법적 근거가 없는 상태에서 미소는 한국인과 물자의 자유로운 38선 이동을 제한했다. 미소 양군의 점령 3년 동안 38선은 이데올로기의 장벽이자 분단의 실체로 굳어졌다. 특히 미소 양측은 각자의 지배 영역에서 자신들에게 우호적 이데올로기·체제 이식에 노력했다. 한국 분단체제의 첫 출발은 강대국에 의한 국토 분단이었다.[45] 국토의 분단과 함께 미소로 대표되는 자본주의-사회주의 간의 진영 대립과 이데올로기 대립이 한반도에 유입되었다.

미소는 1945~48년 남북한에 군정을 실시하면서 38선을 엄격한 경계선으로 설정했다. 미소는 38선 양쪽의 자유로운 왕래를 가로막기 위해 각각 수십 개의 초소를 설치하고 대규모 경비병력을 투입했다. 1946~47년 간 두 차례에 걸쳐 38선의 정확한 위치를 측정하는 합동조사단을 운영했고, 1946~48년 간 서울·평양에 각각 군사연락단을 배치했다. 시시콜콜한 38선 월경(越境) 및 충돌사건이 발생했고, 이는 신경을 곤두세운 쌍방의 서한전·비난전의 대상이 되었다. 이 과정에서 38선은 신성불가침의 국경선처럼 부각되었다.

그러나 역설적으로 38선의 정확한 좌표를 판정하고 시비를 가리면 가릴수록 분쟁은 더욱 격화되었다. 1948년 말~49년 초, 38선을 경비하던 미소군이 철수한 뒤 38선은 예정된 무력 충돌로 내달렸다. 1949~50년 38선상에서 벌어진 남북 간의 군사적 충돌은 이미 1945~48년에 그 뿌리를 두고 있었다.

---

45) 정병준(2004), 「1945~48년 미·소의 38선정책과 남북갈등의 기원」, 『중소연구』 27권 4호, 한양대학교 아태지역연구센터, 200~202쪽.

미소의 진주와 38선의 군사경계선화

1. 첫번째 만남 : 1945년 9월 11일 개성

소련군은 1945년 8월 9일 대일선전포고 이후 네 방면으로 일본을 공격하기 시작했다. 그중 제1극동방면군 예하 소련 제25군이 한국 점령임무를 담당했다. 치스차코프(Ivan M. Chistiakov) 상장이 지휘하는 소련군은 웅기·나진·청진 등 주요 항구 점령을 목표로 싸웠으나, 일본이 항복하던 8월 15일(개전 후 6일)에도 국경에서 90km밖에 떨어지지 않은 청진에서 전투 중이었다. 8월 15일 이후 소련군은 북위 38도 이북 지역에 손쉽게 진주했다.[46] 8월 16일 청진에 상륙한 소련군은 8월 22일 함흥에 진주하였다. 20일 원산에 상륙한 부대는 둘로 나뉘어 2개 연대는 평양으로 향하고 1개 연대는 강원도 춘천 방면으로 진출하였다. 24일 공수부대가 평양에 들어갔고, 25일 해주에 도착한 병력

---

46) 김기조, 앞의 책, 237~248쪽.

중 일부가 사리원을 거쳐 개성까지 나아갔다. 각 지역에 진주한 소련군은 일본군 무장해제와 군대해산, 군사시설 해체를 통해 일제와의 군사적 관계를 소멸시켰다.[47] 소련군사령부는 8월 27일 경의선과 경원선의 철도운행을 중지시켰으며, 38선 인접의 금천·신마·연천·평강·양양 등지에 경비부대를 배치하여, 남과 북 사이의 인적·물적 교류를 완전 통제하였다.[48]

제1극동방면군 사령관 메레츠코프 원수는 8월 29일 치스차코프에게 연합국 합의인 38도선을 따라 병력배치를 명령했다. 이에 따라 25군 휘하 88군단은 9월 3일, 제10군단은 9월 10~12일에 그 일부가 38선에 도착하였다.[49]

한편 미태평양육군사령부의 대일 점령 계획인 블랙리스트(Blacklist) 최종판(1945. 8. 8)에 따르면, 3개의 보병사단으로 구성된 미24군단을 포함한 미 제10군이 한반도 점령군으로 배치되었다.[50] 블랙리스트 계획 중 한반도 점령계획은 베이커-포티(Baker-Forty)로 지칭되었으며 모두 3단계로 예상되었다. 제1단계인 베이커-포티는 서울과 인천 지역, 제2단계는 베이커-포티-원(Baker-Forty-One)으로 부산 지역, 제3단계는 베이커-포티-투(Baker-Forty-Two)로 군산-전주 지역을 점령하는 것이었다. 그런데 돌연 8월 12일 10군의 한반도 점령이 취소되고 24군단의 독자적인 한반도 점령이 결정되었다.[51]

소련군이 서울을 단독 점령할지도 모른다는 우려 속에서 24군단은 부대이동을 손쉽게 하기 위해 중화기와 탱크·야포 등을 버리고 경장만을 갖춘 채 한

---

47) 치스챠코프(1987), 「제25군의 전투행로」, 국토통일원 조사연구실, 『조선의 해방』, 58쪽.
48) 조토프 중좌 작성, 「북조선의 철도운송 사업에 관한 정보」(1945. 9. 22), 국방성문서보관소, 주북한민정국, 목록 433847, 문서철 1, 72쪽; 김광운(2004), 『북한정치사연구 I』, 선인, 54쪽에서 재인용.
49) Raymond Garthoff, "Soviet Operations in the War against Japan, August 1945," U. S. Naval Institute, *Proceedings*, vol. 92, no.2(May 1966), p. 62; 김기조, 앞의 책, 244~248쪽에서 재인용.
50) *History of the United States Armed Forces in Korea*(*HUSAFIK*), part 3, chapter 1, "Creating the Machinery of Military Government"; part 1, chapter 1, "Mission and Movement to the Objective."
51) 주한미군사(*HUSAFIK*)에 따르면, 한국점령 임무가 10군에서 24군단으로 바뀐 것은 10군 사령관 스틸웰(Joseph W. Stilwell)에 대한 장제스의 반대 때문이었다(*HUSAFIK*, part 2, chapter 4, "American-Soviet Relations: the First Year," pp. 288~289).

국으로 신속히 이동했다. 하지(John R. Hodge) 중장이 지휘하는 미24군단은 9월 6일 제물포를 통해 한반도에 진주했다. 진주 과정에서 24군단은 조선 주둔 일본군 17방면군과 긴밀한 연락관계를 맺었지만 소련군과는 아무런 연락도 취하지 않았다.

일본군은 소련군의 위협을 과장하며 왜곡된 정보를 흘렸다. 9월 3일 17방면군 사령관이 하지에게 보낸 전문은, 8월 29일 소련군 60명이 개성(Kaijo)에 침입해 경찰병력을 무장해제하고 주둔 중이며, 9월 1~2일 소련군이 춘천을 침입했고, 나아가 황해도 해주에 와 도지사를 협박해 북위 38도 이남인 황해도 전부를 접수하겠다고 위협했음을 보고했다.[52]

24군단은 개성을 경성(Keijo)으로 오해했고,[53] 8월 29일자 도쿄발 태평양지구 사령관 앞 전문은 "도쿄-서울 간의 통신이 소련군의 한국진주로 난관에 봉착했다"고 지적했다.[54] 조선 주둔 일본군 제17방면군은 소련의 남진 및 38이남 단독점령 가능성을 부각시키는 한편, 한국인 공산주의자들의 폭동·약탈을 반복적으로 강조했다. 이러한 왜곡된 정보는 미24군단의 초기 점령 정책에 큰 영향을 미쳤다.[55]

나중에 밝혀진 바로는 소련군은 8월 29일 처음으로 개성으로 이동했으며 미군의 진주를 예상하고 9월 8일 철수했다.[56] 하지는 진주하면서 소련군과의 마찰 혹은 전투 상황까지도 염두에 두고 있었다. 맥아더가 8월 29일 하지에게

---

52) RG 332, XXIV Corps Historical File, Box 27, Radio, CG Japanese 17th Area Army to CG XXIV Corps, no. Army-16, 3 Sept. 45.
53) HUSAFIK, part 1, chapter 1, p. 60. 1945년 9월 1일자 『史官記帳』(Historian Journal)에 따르면, 24군단 참모회의에서 하지는 경성의 일본군 사령관과 무전접촉을 가졌는데, 러시아인들이 경성에 있다는 보고를 받았다고 진술했다(XXIV Corps, 1st Info. and Historical Service, Historian Journal, Sept 1 1945).
54) Radio, CINCAFPAC to War Dept for JCS, 221013/Z Aug. 45.
55) 정병준(1996), 「남한진주를 전후한 주한미군의 對韓정보와 초기점령정책의 수립」, 한국사학회, 『史學研究』 51집.
56) Report, "Russian Activities South of the 38th Parallel," Lt. Col. James H. Keller, 32nd Inf., Commanding to CG, 7th Inf. Division, 15 Sept. 1945(HUSAFIK, part 2, chapter 4, p. 271, n. 60).

내린 지시에도, 미군 상륙 이전 '소련군의 경성 지역 점령 가능성'에 대한 주의와, 포츠담회담에서 영국·중국·소련·미국 4대국의 한반도 4분할 점령이 결정되었다는 내용이 포함되어 있었다.[57]

미군의 남한 점령 계획인 베이커-포티 계획에 따라 9월 8일 제7보병사단이 인천에 상륙했다. 제17, 32, 184보병연대로 구성된 7사단은 인천과 서울 일대를 점령했는데, 이들의 관할 지역은 서울, 경기, 강원, 충북이었다. 7사단의 관할 지역 점령은 9월 12일부터 23일까지 완료되었다. 9월 12일 38선 주변의 개성을 점령했고, 소련과의 접촉을 주요 임무로 하는 전신 연락 장치를 설치 완료했다. 전술군의 초기 점령업무는 개성 서쪽 20마일 지점의 연안과, 서울 동북 50마일의 춘천의 통제권을 확보함으로써 완료되었다.[58]

미군과 소련군은 개성에서 처음 조우했다. 9월 11일 미 보병 7사단 32연대 2대대의 한 중대가 개성에 도착해 어슬렁거리는 몇몇 소련 장교들을 발견했으나 부대는 발견하지 못했다. 32보병연대는 9월 12일 소련인들의 개성 출입을 막기 위해 개성 북방에 도로차단기를 세웠다.[59]

소련군에 대한 종군기자들의 반응은 미군과는 상반되었다. 『뉴욕타임스』 통신원 리처드 존스톤(Richard D. Johnston)은 소련군이 호전적이란 공보처의 경고에도 불구하고 소련군을 찾아 개성 북방의 38선 이북 20마일까지 들어갔다. 금교(金郊)에서 소련군 탱크부대를 만난 종군기자 6명은 소련 지휘관으로부터 환대를 받았다. 이들은 파티를 열어 축배와 고기를 들며 함께 춤을 췄고, '트루만, 스탈린-따바리시(트루만, 스탈린의 친구)!'를 외쳤다.[60]

---

57) Letter, CINCAFPAC to CG XXIV Corps, 29 Aug 45, "Occupation of Korea," *HUSAFIK*, part 1, chapter 1, p. 75.
58) *HUSAFIK*, part 1, chapter 4, pp. 7~15; C. L. 호그 지음/신복룡·김원덕 옮김(1992), 『한국분단보고서 (상)』, 풀빛, 125쪽.
59) Report, "Russian Activities South of the 38th Parallel," Lt. Col. James H. Keller, 32nd Inf., Commanding to CG, 7th Inf. Division, 15 September 1945(*HUSAFIK*, part 2, chapter 4, p. 271, n. 60).

다음날 이 파티에 참석했던 일단의 소련군들이 개성 북방의 도로차단기 앞에 출현했다. 이들은 전날 저녁 미국 종군기자를 위해 베푼 성대한 파티를 언급하며 '새로 사귄 친구'로부터 동일한 대접을 요청했다. 그러나 이들은 미군 지역으로 들어갈 수 없었고, 되돌아가야 했다.[61] 『주한미군사』(HUSAFIK)의 지적처럼, 서울과 평양의 공식태도는 냉랭했고, 양측 사령부의 명령은 엄격했다. 그럼에도 불구하고 1945년 가을과 겨울, 38선을 따라 몇몇 주둔지에서 미소 양군은 비공식 만찬과 파티를 나누며 우호적이고 원만한 관계를 유지했다.[62]

2. 미소의 연락 체제 구축

미소 양군은 점령 이후 군사 실무적 수준에서 연락 관계를 맺었다. 다양한 수단과 위상의 연락조직·기구·수단 들이 창출되었다. 제일 먼저 1945년 9월 16일 미소 양군의 무선·전화통신이 설치되었다. 서울 미군 교환대의 '민스크'(Minsk) 기지를 통해 소련사령부와 직통 무선이 가설되었다.[63] 한편 1946년 3월 13일 서울-평양 간의 전화가 가설되었다.[64] 서울-평양의 무선통신은 이후 실질적으로 활용되지 않은 반면, 유선전화는 서울-평양 고위급 대화 통로이자 양국 연락 장교의 업무 지원용으로 활용되었다.[65]

---

60) Richard Johnston, *New York Times*(1945. 9. 13).
61) Report, "Russian Activities South of the 38th Parallel," Lt. Col. James H. Keller, 32nd Infantry, Commanding to CG, 7th Infantry Division, 14 September 1945.
62) *HUSAFIK*, part 2, chapter 4, p. 278; Report, "Russians at the Border," 1st Lt. Albert Keep, 1st Information and Historical Service, Commanding, January 1, 1946, I & H Journal.
63) *HUSAFIK*, part 2, chapter 4, p. 286.
64) *HUSAFIK*, part 2, chapter 4, p. 288.
65) Letter, Korotkov to Hodge, 19 January 1948.

미소 양군의 연락 관계는 제1차 미소공동위원회와 제2차 공동위원회의 진행 과정에서 본격적으로 강화되었다. 연락용 수송수단으로 서울-평양을 연결하는 특별열차가 운행되었고, 연안-해주-옹진을 연결하는 차량이 점령기 내내 운행되었다.

서울-평양 간 열차는 서울과 평양에 주둔하고 있던 미국과 소련 연락장교용으로, 1946년부터 운행이 개시되었다. 1948년 2월 하지의 서한에 따르면, 통상 1개월에 2~3차례, 1주일에 1회 정도의 열차 운행이 있었다.[66] 열차운행과 관련된 특별한 규정은 없었지만, 미소 양군은 관행적으로 서울·평양에 주둔하고 있는 연락 장교의 수송, 문서·보급품 전달, 업무보조용 등으로 열차를 활용했다. 소련은 1948년 1월 서울-평양 간 열차 운행을 1개월에 최대 2회로 축소했고, 1948년 중반 이후에는 특별 열차의 운행이 중단된 것으로 보인다.[67]

38선으로 육지와 분리된 옹진반도에는 7사단 32연대 제2대대 중 일부 중대가 주둔하고 있었다. 옹진반도에 접근하는 길은 해상을 통해 이틀 이상 소요되는 수상로와, 소련군 주둔지를 통과해 연안-해주-옹진으로 접근하는 육상로가 있었다. 하지는 이 부대에 대한 보급을 위해 연안에서 해주를 거쳐 옹진으로 이동하는 통행허가를 소련 사령관 치스차코프에게 요청했다(1945. 10. 10). 치스차코프는 1주일에 세 차례 미군 자동차의 도로 사용을 허가했다(1945. 10. 25). 이 특별허가는 1945년 12월 초 1주일에 1회로 축소되었다. 소련군은 미군이 도로 사용 기간과 자동차·병력 수, 물품 등의 목록을 사전에 통보하면 이를 허가하는 방식으로 북한 지역 내 도로 통행을 허용했다. 이후 통과 차량의 규모와 병력을 둘러싸고 가벼운 실랑이가 있었지만, 옹진행 특별 자동차 수송은 1948년까지 지속되었다.[68]

한편, 미소 양군은 1945년 이래 서울과 평양에 군사연락단을 설치해 운영

---

66) Letter, Hodge to Korotkov, 12 February 1948.
67) Letter, Korotkov to Hodge, 19 January 1948; Letter, Hodge to Korotkov, 21 January 1948.

했다. 서울과 평양에 각각 미군·소련 연락장교가 배치되었고, 그 상대장교도 소령·중령급으로 배치되었다. 1945년 미소 양군의 진주 초기, 서울과 평양에 연락단(liaison group)이 설치되었지만 10월 초 철수했다. 그래서 한동안 서울 주재 소련영사관을 통해 양군의 연락이 이루어졌다. 1946년 3월 제1차 미소공동위원회 개막을 앞두고 연락장교단이 재차 파견되었다. 스코트(James A. Scott) 중령, 초인스키(Water F. Choinski) 중령, 모나간(Walter E. Monagan) 소령으로 구성된 미군 연락단(liaison party)은 1946년 3월 11일 평양에 도착했다. 이들의 주요 임무는 미24군단과 소련25군 간의 메시지·서한·문서·요구사항 등을 전달하는 것이었다.[69] 평양 주재 미군 연락단은 평양 소재 구 미국영사관을 숙소로 삼았다. 이들은 서울의 24군단과 평양의 연락단을 연결하는 독자 전화회선을 사용했다.

소련 연락장교단은 1946년 4월 3일 서울에 도착했다. 이들은 토르빈(U. S. Torbin) 소령, 이바노프(K. A. Ivanoff) 소령, 레베데프(M. A. Lebedeff) 대위로 구성되었다.[70] 소련 연락장교단은 구 소련영사관을 숙소로 썼으며, 교환을 통해 곧바로 평양의 소련군 사령부와 연락할 수 있었다.

한편, 소련은 1925년 이래 서울에 영사관을 운영해왔다. 진주 이래 미군은 형평성을 고려해 평양에 미국영사관을 개설해달라고 요청했으나 거부당했다. 다른 한편, 미국은 서울 주재 소련영사관이 공산주의자들의 은신처이자 연락기지라는 의심을 지우지 않았다. 결국 미소의 논란 끝에 1946년 6월 서울

---

68) Letter, Hodge to Chistiakov, 10 October 1945; Letter, "Esteemed General Hodge" by Chistiakov, 25 October 1945; Ongjin report based upon information obtained from 1st Lt. A. p. McHenry, Signal Corps, 26 October 1945; Letter, Korotkov to Hodge, 21 January 1948; Headquarters, Second Battalion, 32nd Infantry, Subject: "Ongjin Convoy, 23 June 1948," 25 June 1948.
69) Letter of Instruction. To: Lt. Col. Walter F. Choinski, Lt. Col. James A. Scott, and Major Walter E. Monagan, 9 March 1946.
70) *HUSAFIK*, part 2, chapter 4, pp. 289~290. 레베데프 대위는 1946년 6월 말 코르니셰프(I. F. Kornisheff) 소령으로 교체되었다.

□ 표 II-2 **미소 연락장교 명단**(1946. 4. 1 현재)

구분 \ 명단	장교명단
평양 주재 미국 연락장교	· 초인스키 중령, 스코트 중령, 모나간 소령 · 교체 장교 : 두고비토(Carl J. Dougovito) 소령, 기블로(Giblo) 소령
서울 주재 소련 연락장교	· 토르빈 소령, 이바노프 소령, 레베데프 대위(코르니코프 소령으로 교체)

※ 출전 Hodge to Chistiakov, 8 March 1946; Subject: Letter of Instruction, 9 March 1946; Chistiakov to Hodge, 1 April 1946.

주재 소련영사관은 폐쇄되었고 관리직원들만 잔류했다.

현지 주둔군 차원이 아닌 고위급의 정치적 교류로 서울과 평양을 방문하는 일은 점령기간 동안 지속되었다. 1946년에는 미국 대통령특사로 일본의 배상 문제를 책임진 폴리(Edwin Pauley) 사절단이 북한·만주를 방문해 일본의 산업시설에 대한 조사 활동을 벌었다. 1947년에는 제2차 미소공동위원회 회의와 관련해서 미국대표단과 소련대표단이 서울과 평양을 오가며 협상했다.

한반도 문제에 관한 미소의 합의가 끝내 이루어지지 못하고 냉전이 격화되기 전까지 미소 양군의 연락 관계는 원만한 수준이었다. 1948년에 가서야 소련군측은 "(소련) 연락장교가 평양을 호출하면 전화는 '워싱턴'을 교환해주며", "소련군 숙소의 경비병이 무례하게 굴며", "소련 연락장교 고용원의 출입을 허용하지 않는다"고 불평했다.[71] 그럼에도 불구하고 평양과 서울에 주둔했던 군사연락단은 한국정부와 북한정부가 수립되고, 소련군이 북한에서 철수를 완료하기 직전인 1948년 12월 24~25일에야 철수를 완료했다.[72]

이상과 같이 미소 양 점령군은 3년 간의 한반도 점령기간 동안 서울과 평양의 상대방과 충분히 협의하고 연락할 수 있는 인적·제도적 시스템을 유

---

71) Letter, Korotkov to Hodge, 18 May 1948.
72) Letter, Merkulov to Hodge, 14 December 1948; Letter, John B. Coulter, Major General, US Army Commanding to Merkulov, 15 December 1948.

지·운영했다. 미소 관계는 1945년 이래 '얄타체제'로 대표되는 우호·협력의 관계에서 1947년 이후 냉전과 대결의 관계로 변화했지만, 발생하는 여러 문제들은 품위있는 협상으로 처리할 수 있었다. 미소 양 주둔군은 자국의 이해를 반영하기 위해 경쟁하고 대립했지만, 기본적으로 증오와 적대관계를 형성하지는 않았다.

반면 한국인들은 자유로운 이동이 제한된 것은 물론, 서울-평양 간을 연결하는 자동차·기차 등의 교통수단과 전화·전신·우편 등의 통신수단, 고위급 연락기구 등을 가질 수 없었다. 실무적 차원이나 정치적 차원을 막론하고 남북 간에는 연락·협의·협력이 불가능했고, 관련수단 또한 부재했다. 한국인들은 미소의 협의·연락시스템을 알지 못했고, 철수하는 미소 양군은 이런 정보를 제공하지 않았다.

3. 38선 경비의 강화

진주 직후 미소 양군은 38선에 대한 경비를 강화하기 시작했다. 먼저 1945년 9월 23일 하지는 38선 이북으로부터의 민간인 및 군인 들의 출입을 막기 위해 38선을 따라 즉각 도로차단기를 설치하라고 지시했다. "경계선을 넘어 침투하는 것을 방지하기 위해 적극적 조치"를 취하라고 명령했다.[73] 38선 인근의 도시들은 이후 신속하게 미군에게 점령되었다. 춘천(9월 19일), 삼척(9월 25일), 의정부(9월 30일), 연안·배천(10월 초), 옹진(10월 5일) 순으로 점령이 이루어졌다.[74]

---

73) Radio, XXIV Corps to CG 7th Inf. Div., 251320/I, 25 Sept. 1945, *HUSAFIK*, part 2, chapter 4, pp. 273~274.
74) 7th Inf. Division, G-3 Report, 19 Sept., 5 Oct. 1945.

미군은 1945년 9월 25일부터 본격적으로 38선에 도로차단기를 세우기 시작해 10월 중순까지 약 20개의 도로차단기를 설치했다.[75] 또 제32보병연대가 38선을 따라 동해에서 서해까지 경계선 경비 임무를 담당했다. 하지는 미군이 38선상에 경비 초소를 설립할 때, 38도선 지점 남측에 약간의 중립지대를 남겨두라고 지시했다.[76]

소련 역시 미군과 비슷한 18~20개의 도로차단기를 설치했으며, 소총과 기관총으로 무장한 6명이 각각 한 지점을 지켰다.[77] 소련측은 1945년 10월 치스차코프의 지시에 따라 38선을 따라 경비 초소를 설립했는데, 그 위치는 이때 38선 경비를 막 담당했던 미국측 대표단들과 합의된 지형을 선정했다.[78]

미소는 한반도에 진주하자마자 38선을 불가침의 경계선처럼 여겼다. 미국은 소련의 책임을 더 크게 거론했다. 1945년 12월 중순 미24군단 정보참모부는 "38선에 대한 소련의 태도는 여타 점령국가에서 소련이 취한 정책에 관한 보고와 일치한다. 국경 초소들은 많은 인적자원으로 채워졌고 국경을 넘어 양 방향으로의 통행은 엄격히 통제되었다. 소련군은 38선을 점령군 간의 방벽으로 취급했다"고 주장했다.[79] 『주한미군사』는 "소련이 38도선 이남에 속하는 몇몇 지역을 포함해 전술 관측소(outposts)를 설치함으로써 엄중한 경계선 통제"를 시작했다고 주장했다.[80]

소련군은 1945년 9월 초부터 38선 통행을 엄격히 금지했다. 이러한 소련군의 조치는 미군의 화답에 기초한 것이었다. 하지에 따르면, 1945년 가을 소

---

75) *HUSAFIK*, part 2, chapter 4, p. 274; C. L. 호그 지음/신복룡·김원덕 옮김(1992), 『한국분단보고서(상)』, 풀빛, 164쪽.
76) Letter, Hodge to Chistiakov, 16 April 1946.
77) *G-2 Intelligence Summary*, Northern Korea, no.2, 1 Dec. 1945; Report "Visit to Ongjin, 25~31 Oct. 1945," Lt. D. Simon, Russian Interpreter, G-2 Files; 신복룡(1992), 앞의 책(상), 165쪽.
78) RG 332, USAFIK, entry 11070, box 70, Letter, Chistiakov to Hodge, 5 May 1946.
79) *G-2 Intelligence Summary*, Northern Korea, no.3, 17 Dec. 1945.
80) *HUSAFIK*, part 2, chapter 4, p. 243.

☐ 표 II-3 **38선상 미군 중대급 초소(OP) 현황**(1948. 11)

초소 \ 위치	옹진	해주	연안-임진리	문산-만석어리	춘천	양양	합계
초소 개수	3	1	2	2	3	1	12
초소 번호	2, 4, 5	7	10, 11	14, 18	22, 23, 24	25	

※ 출전 RG 319, Intelligence Document(ID file) no.539806, "Map 6: Outposts and Units on the 38 Parallel," Report no.TB1470, Subject: Map of Korea, March 11 1949.

련군 란닌(Lannin) 중령과 함께 38선 문제를 토론하면서, 각각 미소 점령지에 들어오는 부대는 현지 사령부가 체포하여 가장 가까운 상대편 군사 초소에 인계하기로 합의했다.[81]

1945~48년 동안 38선 이남의 경비책임은 미24군단 7사단 32연대와 31연대가 담당했다. 때때로 남한의 경찰과 우익청년단이 이러한 경비의 보조역할을 수행했다. 32연대는 38선상의 주요 간선도로 및 통행로에 초소를 설립했고, 그 뒤 소대-중대-대대 단위로 경비병력을 배치했다. 1948년 11월 현재 38선에는 중대급이 상주하는 미군 초소(감시 및 상주) 총 12개가 운용되고 있었다. 옹진반도 3개소, 해주 1개소, 연안-임진리 2개소, 문산-만석어리 2개소, 춘천 3개소, 양양 1개소였다.[82] OP번호는 2, 4, 5, 7, 10, 11, 14, 18, 22, 23, 24, 25 등이다.

〈표 II-3〉에서 보듯이 옹진-해주 계선이 가장 중요한 전술 통제 지점으로 선정되었음을 알 수 있다. 그리고 이러한 배치 형태는 북한군의 경우도 같았다. 그런데 이 중대급 초소 외에도 미군은 1947년 수립된 경계선 표지판(Parallel Marker: PM) 83개소가 설치된 주요 간선도로 및 통행로에 소대 혹은 분대급 병력을 상주시켰다. 그 때문에 미군은 실제로는 중대급 초소 12개의 2

---

[81] RG 332, USAFIK, entry 11070, box 69~70, Letter, Hodge to Chistiakov, 24 April 1946.
[82] RG 319, Intelligence Document(ID file) no.539806, "Map 6: Outposts and Units on the 38 Parallel," Report no.TB1470, Subject: Map of Korea, 11 March 1949.

~3배에 달하는 최소 30여 개소의 통제지점을 확보하고 있었다.

북한의 주장에 따르면, 미군 경비 초소의 숫자는 훨씬 더 많았다. 이에 따르면, 38선상에는 미군 초소 108개, 경찰 초소 132개 등 총 240개의 군사 초소가 설치되어, 평균 1.3km마다 1개씩 초소가 있었으며, 경찰은 300~500명씩(군 단위)·100명씩(면 단위) 주둔했고, 면마다 전투경찰 1~2개씩, 총 30여 개 중대, 10개 대대가 38선에 주둔했다는 것이다.[83] 북한의 주장은 과장돼 보이지만, 미군이 남북을 오고 가는 주요 도로·통행로에 분대·소대급 병력을 상주시키고 초소·도로차단기를 설치한 것은 분명했다.

한편, 미군정은 38선 경비와 관련해 군대와 국립 경찰을 창설했다. 미국의 공식 대한정책이나 외국 점령지 통치에 관한 국제법 어디에도, 미국이 한국군대를 창설할 근거는 없었다.[84] 그러나 하지는 1945년 말부터 국방 '경비'대와 해안 '경비'대를 국립 경찰 안에 조직했고, 1945년 11월 이미 "경비대를 4만 명에서 10만 명으로 증가 (……) 모두 38도선 40마일 외곽에 위치"시킬 계획이었다.[85] 또한 하지는 국립 경찰을 부활시켰는데, 이는 미국 역사의 일반 조류에 위배될 뿐만 아니라, 도쿄의 맥아더가 비무장화와 민주화라는 두 가지 점령 목표에 장애가 된다고 해산시킨 일본 국립 경찰의 사례와 비교해도 정면 배치되는 것이었다.[86]

경찰의 중요한 역할 중의 하나가 38선 경비였다는 점은 한국의 운명과 관련해 불행한 일이었다. 1946년 중반부터 군정청 경무부와 경기도 경찰부는 38선 인근 옹진·장단·포천 등을 중심으로 요소요소에 지서를 설치한다고 밝히고, 정사복 경찰과 정보원을 중심으로 A단(본부 연백군 배천, 600명)·B단(본

---

83) 차준봉(1993), 『누가 조선전쟁을 일으켰는가』, 사회과학출판사, 28, 41쪽.
84) 브루스 커밍스 지음/김동노·이교선·이진준·한기욱 옮김(2001), 『한국현대사』, 창작과비평사, 282~284쪽.
85) G-3 XXIV Corps Staff Conference, 5 Nov. 1946, I & H Journal; *HUSAFIK*, part 2, chapter 4, pp. 292~294.
86) 브루스 커밍스(2001), 앞의 책, 284~285쪽.

부 인제군 남부, 400명) 등 1천여 명을 배치했다.[87] 38선을 중심으로 한 경찰병력은 1948년 말 현재 경기도를 담당하는 제1관구 예하 10개 경찰서에 18개소의 경비거점이, 강원도를 담당하는 제2관구 예하 6개 경찰서에 10개소의 경비거점이 설치될 정도로 급성장했다.[88]

소련측의 38선 경비 현황 역시 미군과 비슷한 양상을 보였다. 38선에 배치된 소련군 경비병력에 대한 종합 정보는 1947년 4월 제2차 38선 합동조사 과정에서 미군 조사단원과 7사단에 의해 작성되었다. 이에 따르면, 38선상에는 총 43개소의 북한 경비 초소가 존재했다. 이 가운데 소련군 관할 초소 25개소, 북한경비대 관할 초소 9개소, 소련·북한 공동 관할 초소 8개소, 미상 1개소로, 소련군의 관할 초소가 3배 가량 되는 것으로 파악되었다.[89] 초소에 직접 근무하는 병력은 소련군 323~325명, 북한군 67~69명으로 집계되었다. 초병(哨兵) 외 38선상에 배치된 병력은 소련군 750명, 북한경비대 1,800명 등 총 2,550명으로 추산되었다. 실제 병력은 북한경비대가 2.5배에서 3배 가량 많은 것으로 추정되었다. 즉 1947년 중반에 이미 북한경비대는 38선 경비의 실제적 임무를 담당하고 있었고, 조만간 소련 감독하에 38선 전 지역의 순찰을 담당할 것으로 예측되었다.

24군단 정보에 따르면, 소련군은 강원도 지역에 393사단, 황해도 지역에 258저격사단이 주둔한 것으로 추정되었다. 그런데 38선을 경비하는 경비부대는 이들 전술부대(tactical troops)에 배속된 것이 아니라, 북한 주둔 소련군 군사회의 및 민정국(the Military Council and Civil Administration of the Soviet Forces in North Korea) 예하 경무사령부(Military Kommandanturas)에

---

[87] 『동아일보』, 1946. 6. 7; 梁寧祚(2000), 『韓國戰爭 以前 38度線 衝突 1945~1950』, 國防軍史研究所, 126~127쪽.
[88] 姜錫天(내무부차관보)(1949), 「38도선 시찰보고」, 『施政月報』 창간호(1949. 1. 5), 63~65쪽.
[89] Subject: "Report of Survey of the 38°parallel"(28 April 1947), incl. 2, HQ, USAFIK, *G-2 Weekly Summary*, no.85(1947. 5. 1).

직속된 것으로 추정되었다. 소련은 진주 직후 북한의 6개 도(道), 85개 군(郡), 7개 시(市)에 경무사령부를 설립했는데,[90] 이는 소련 25군 예하이기는 했으나 전투부대가 아니라 현지 민정 실시와 관련된 일종의 정책 집행 말단기구였다. 군 단위 이하로는 경무사령부가 설치되지 않았지만, 면·동 단위까지 자신의 통제하에 두었다. 경무사령부의 주요 활동은 대민 정치공작과 정당·사회단체 지도였다.[91]

주한미군은 군 단위를 경계로 38선의 할당구역을 책임지는 개별적인 경무사령부가 존재하거나, 38선 경비부대가 별개로 군사회의 혹은 도·군 경무사령부에 예속된 것으로 파악했다. 양양의 경무사령부가 38선상 소련·북한군의 경비행정을 책임지는 것으로 추정되었다.[92] 주한미군은 여러 증거를 통해 38선상의 소련군이 경비 임무를 위해 영구배치된 것으로 파악했다. 한편, 북한 경비대가 소련군과 연계해 활동하며 초소를 합동으로 관리하고 있는 것으로 파악했다.

미군의 관측에 따르면, 많은 초소들이 38선 방향이 아닌 반대편 경사면에 파묻혀 있었으며, 위장된 상태로 진출 교통로를 보유하고 있었다.[93] 미군은 이것을 훈련 목적으로 이해했지만 적어도 소련군의 주둔 당시 북한 지역 초소들이 주요 간선도로의 방어에 초점을 맞추고 있었음을 보여준다.

소련군 역시 북한에서 38선 경비를 담당하는 경찰부대를 창설했다. 1946년 7월 '소련군 전초부대를 강화'하기 위해 김창봉(金昌奉)을 대대장으로 하는

---

90) 기광서(1997), 『북한정치체제의 형성과 소련의 역할』(露文), 러시아과학아카데미 동방학연구소 박사학위논문; 기광서(1998), 앞의 논문.
91) 『주북한소련민정청 3개년 사업총결보고: 1945년 8월~1948년 11월』(Доклад об итогах работы Управления Советской Гражданской Администрации в Северной Корее за три: Август 1945 г.-Ноябрь 1948 г.), 러시아연방 외무성문서보관소, 문서군 0480, 목록 4, 문서함 14, 문서철 46.
92) Subject: "Report of Survey of the 38°parallel" (28 April 1947), incl. 2, HQ, USAFIK, *G-2 Weekly Summary*, no.85(1947. 5. 1).
93) HQ, USAFIK, *G-2 Weekly Summary*, no.85(1947. 5. 1).

□ 표 II-4 **38선상 북한군의 주둔지 현황(1949. 3)**

횟 수 \ 지 명	옹 진	해 주	서부전선	동부전선	합 계
매일 관측	2	1	8	8	19
1주 2회 이상	5	2	14	5	26
1달 2회 이상	1	·	5	5	11
합 계	8	3	27	18	56

※ 출전 RG 319, Intelligence Document(ID file) no.539806, "Map 8: North Korean Positions Observed by U.S. Outpost Personnel" Report no.TB1470, Subject: Map of Korea, March 11 1949.

38경비보안대가 사리원에서 조직되었다. 북조선임시인민위원회 보안국 직속의 38경비보안대는 1947년 7월 내무국 산하 38경비대로 개편되었고 윤공흠(尹公欽)이 경비대장을 담당했다. 이는 1948년 1월 3개 대대 규모의 38선 보안여단으로 발전했고, 1949년 38선 경비 제1여단, 제3여단, 제7여단으로 발전했다.[94]

소련군이 철수할 무렵인 1948년 11월경 주한미군 정보당국은 38선상의 미군 초소에서 관측한 북한군의 주둔지(position)를 총 56개소로 집계했다.[95]

이 숫자는 그후로도 거의 변동이 없었다. 1년 뒤인 1949년 10월 15일 현재 주한미군 정보당국이 파악한, 38선에 배치된 북한 초소는 내무서 4개소, 38경비 보안분주소 35개소, 기타 보안분주소 12개소 등 총 51개소로 나타났다.[96]

---

94) 국방부 전사편찬위원회(1968), 『한국전쟁사 제1권: 해방과 건군』, 704쪽; 김광운, 앞의 책, 571쪽; 『주북한소련민정청 3개년 사업총결보고: 1945년 8월~1948년 11월』(Доклад об итогах работы Управления Советской Гражданской Администрации в Северной Корее за три: Август 1945 г.-Ноябрь 1948 г.), 러시아연방 외무성문서보관소, 문서군 0480, 목록 4, 문서함 14, 문서철 46.
95) RG 319, Intelligence Document(ID file) no.539806, "Map 8: North Korean Positions Observed by U.S. Outpost Personnel," Report no.TB1470, Subject: Map of Korea, March 11 1949.
96) RG 319, ID file no.643740, Subject: Strength and Equipment of North Korean Armed Forces Stationed on 38th Parallel, Air Intelligence Information Report no.54-12A-20-1 by Donald Nichols, January 10 1950.

즉 소련군은 1947년 43개의 초소를 38선상에 운영했으며, 이후 북한군이 인계한 뒤로도 56개(1948. 12), 51개(1949. 10) 등의 규모를 유지했다. 소련군은 간선도로 방어에 초점을 두어 도로차단벽과 초소를 설치한 반면, 소련군 철수 이후 북한군은 감제고지 점령을 목적으로 토치카와 참호를 구축했다.[97]

4. 38선 통행 금지와 군사경계선화

미소는 38선 경비를 강화했을 뿐 아니라 이를 명백한 경계선으로 설정했다. 이미 일본군의 무장해제가 종료된 시점에서 38선은 일본군과는 전혀 무관한 미소의 점령경계선이 되었다.

진주 직후인 1945년 9월 미군정청은 38선 이북여행은 자유지만 이 지역으로의 여행은 "절대 삼가지 않으면 안 될 것"이라고 했다.[98] 미소 양군은 여러 가지 이유로 38선 통행에 제약을 가했고 소련군은 월경자들에게 약탈과 총격을 서슴지 않았다. 소련은 이미 9월 초부터 38선에 대한 엄중한 통제를 실시하기 시작했고, 남쪽으로 향하는, 짐을 실은 모든 교통수단들을 차단했다. 미군의 경비 초소가 설치되기 이전에 소련군에 의해 남북한을 연결하는 철도는 운행이 중단되었다.[99] 법령으로 38선 통행을 금한다고 공포하지는 않았지만, 미소 양군에 의해 38선 월경은 엄격히 금지되었다.

미소 양군에게 한국인들의 자유로운 이동을 막을 법적 근거는 없었다. 한국인들의 38선 이동 문제에 대한 최초의 공식 논의는, 1946년 초 제1차 미소

---

97) 감제고지(瞰制高地)란 군사전략상 관측 등으로 적의 활동을 방해할 수 있는 고지대를 의미한다. 토치카(tochka)는 특화점(特火點: pillbox)이라고도 하는데, 두꺼운 철근·콘크리트 등으로 공고히 구축된 구축물을 의미한다. '점'이라는 뜻을 지닌 러시아어 tochka에서 유래했다.
98) 『매일신보』 1945. 9. 22, 9. 25.
99) 신복룡(1992), 앞의 책(상), 165쪽.

공동위원회 개막에 앞서 열린 미소공위 예비회담(1946. 1. 16~2. 5)에서 이루어졌다. 미국이 준비한 의제에 따르면, 미국은 38선 통행을 '허용'해야 할 대상으로 ① 영주(永住) 귀향자, ② 상인, ③ 공무(公務) 수행자, ④ 특별한 사명을 띤 사람, ⑤ 특별히 합의된 사람 등을 꼽았다.[100] 그렇지만 식민지시대에도 자유로운 이동이 가능했던 국토를 통행하는 데 왜 미소의 '허용'이 필요하며 이러한 수많은 제한들이 있어야 하는지에 대한 합리적 설명은 없었다. 미소공위 예비회담은 총 15차에 이른 회의 끝에 공동성명서를 발표하고 폐막했다. 여기에서 한국인들의 자유로운 왕래 문제는 이렇게 규정되었다.

> 남북 양측 한국인의 왕래. 이 항목은 일반적인 여행뿐 아니라 무역이나 상업 활동으로 하는 여행, 시민들의 과거 거주지로의 귀환, 학생과 개인이 가정의 일이나 급박한 일로 하는 여행도 포함. **모든 사람은 특정 허가와 세부적 규제를 받는다.**(강조는 인용자)[101]

미국이 준비한 제안에 입각해 '허가와 세부적 규제'의 폭을 대폭 완화한 것처럼 보였으나, 그나마 이러한 왕래규정은 전혀 실행되지 않았다.

한국인들에게 38선이 점령군 간의 경계선일 뿐 아니라 금단의 분할선으로 명백히 인식된 것은 1946년 여름 콜레라가 만연하면서부터였다. 미군과 소련군은 콜레라 만연을 표면적인 이유로 38선 통행을 법적으로 완전 봉쇄했는데, 그해 9월 콜레라가 자취를 감춘 뒤로도 38선의 봉쇄는 풀리지 않았다.[102]

---

100) Report of Political Advisor, H. Merrell Benninghoff, Subject: United States~Soviet Joint Conference, Transmission of Copies of Certain Documents in Connection therewith, to Secretary of State, 15 Feb 46, 740.00119 Control (Korea)/2~1546〔신복룡(1992), 앞의 책(상), 393~394쪽에서 재인용〕.

101) Headquarters, US-USSR Joint Conference, "Joint Agenda"(최종적으로 채택). 이는 아놀드 소장과 슈티코프 상장이 대표단장으로서 각각 서명. Polad Benninghoff's Report to the Department of State, 740.00119 Control(Korea)/2~1546의 부록 no.3〔신복룡, 앞의 책(상), 289쪽에서 재인용〕.

콜레라는 인적 이동뿐만 아니라 우편물의 이동까지 가로막았다. 1946년 4월 15일 개성에서 남북 간의 첫 우편물 교환이 시작된 뒤, 5월 이래 매주 1차례씩 교환되었는데 이는 "고위급 합의를 상징"하는 것이었다.[103] 그렇지만 소련군사령부는 1946년 7월 말 콜레라를 이유로 우편물 교환 중단을 선언했고, 9월 8일 이후 더 이상 합법적 우편물 교환은 이루어지지 않았다.[104] 미소의 완벽한 합작을 통해 1946년 5월 이후 38선의 자유로운 통행은 사실상 두절되었다.

1947년 미군정은 38선 이북과의 교역을 국내 상업으로 인정한다고 했으나,[105] 군정법령 127호는 북한에 대한 미곡수출금지령을 담고 있었다. 이는 노골적인 대북 적대 정책이었고, 38선 이북을 같은 공동체 구성원이 아닌 적대 정치세력으로 규정한 것이었다.[106] 표면적으로 남북한의 자유로운 통행과 교역을 인정한 것은 이를 제한할 법적 근거가 없어서였다.

미소는 38선의 자유통행을 차단하기 위해 모든 수단을 동원했고 감정적 대응과 대결의식을 숨기지 않았다. 이러한 조치는 미소 간에 38선의 정확한 위치를 확정하기 위한 제1차 합동조사(1946. 5)와 제2차 합동조사(1947. 4) 전후에 더욱 강화되었다. 1946년 4월 하지는 38선 경계를 담당하는 7사단에 다음과 같은 명령을 내렸다.

1. a. 귀관은 북한으로부터 철도기차, 차량 및 도보를 이용한 적군이동을 지연시킬 목적으로 마련한 첨부의 내용에 따라 북위 38도선 이남과 북방 O-1

---

102) 콜레라는 1946년 5월 중순 전재민(戰災民)이 많이 유입된 부산을 중심으로 확산되어 5월 30일 서울까지 번졌다. 9월 30일까지 1만 5,600명의 환자가 발생했으며 그중 1만 1,000여 명이 사망했다.
103) Letter, Hodge to Chistiakov, 24 July 1946.
104) G-2 Intelligence Summary, Northern Korea, no.17, 6 August 1946.
105) 『경향신문』 1947. 2. 2.
106) 『조선일보』 1947. 1. 1. 김구는 이 법령이 외국에 대한 법령 같은 것으로, "이남에 있는 자제가 이북에 있는 부모를 공양할 수 없게 되니 부모와 형제가 아사해도 속수무책으로 보고만 있어야 할 것이란 말인가?"라며 분노를 표시했다.

라인의 진지와 설비의 개선을 시작하기 위한 조치를 즉각 취해야 한다.
   b. 이러한 조치에는 다음 사항이 포함될 것이다.
   - 현 **도로차단기의 강화**
   - **무장 차량을 차단**시키기 위한 설비의 수립
   - **철도와 고속도로를 따라 중요지점 파괴의 준비**
2. 이러한 조치들은 **매우 신중**하게 취해져야 하며 따라서 미군부대, 한국인 및 기타 사람들 사이에서 **최소한의 주목과 논란을 불러일으킬 수 있는 방식**으로 실행되어야만 한다는 점이 강조되어야 한다.
3. 제안된 조치에 대한 귀관의 보고서와 상황의 진척여부는 1946년 5월 1일에 본 사령부에 제출되어야 하며 그후로는 매달 마지막 일자에 제출되어야 한다.(강조는 인용자)[107]

여기에 담긴 의도는 이율배반적인 것이었다. 본질적으로는 38선을 경계선으로 더 강화하겠다는 뜻이었지만, 현상적으로는 한국인들에게 이같은 상황이 가급적 노출되지 않고 은밀히 진행되기를 원했음을 의미했다. 적어도 분단 지속·강화의 책임을 미군측이 떠안고 싶지는 않았기 때문이다.

1946년 4월 24일 하지는 치스차코프에게 편지를 보내, 북한이 무단으로 38선 월경자들을 보내 남한에 콜레라를 퍼뜨려 춘천에서 2명이 사망했다고 주장했다.[108] 발끈한 치스차코프는 오히려 남한인들이 38선을 월경해 콜레라를 전염시키므로 미군사령부가 38선 경비를 강화해야 한다고 주장했다. 나아가 치스차코프는 38선 이남·이북으로 이주하려는 한국인들의 이동을 금지시키기 위해 38선 경비를 강화하라는 명령을 내렸고, 이와 함께 콜레라를 이유로 미군의 해주-옹진 간 교통을 정지시켰다.[109] 미군 역시 콜레라를 이유로

---

107) *HUSAFIK*, part 2, chapter 4, p. 284.
108) Letter, Hodge to Chistiakov, 24 April 1946.

38선 통행을 전면 중단시켰다.

일본 귀환인, 전재민(戰災民)·귀국자·월남자 등 정치·사회적 이유로 월남하는 경우를 제외하고 가장 많은 월경자는 농민들 속에서 나왔다. 오랫동안 자신이 소유하고 있던 38선 반대편의 토지를 경작·수확하려는 목적에서 비롯된 농민들의 월경은 어떤 법률적 강제력으로도 막을 수 없었다.

미소 양군은 38선에 대한 제2차 합동조사 뒤인 1947년 5월 경작농민의 자유로운 월경을 '허가'한다고 합의했지만 실상은 그렇지 않았다. 미24군단의 명령(1947. 6. 19)에 따르면, 북한 농민은 38선 이남 10마일 내의 토지에 대해 남한 경찰이 조사·승인한 증명서를 받은 후 자유롭게 출입할 수 있다고 규정했다. 그러나 면밀한 조사결과 농민이 현재 남한농지를 경작하지 않거나 토지가 38선 10마일 밖이면 (1) 38선 이북으로 되돌려 보내거나 (2) 피난민으로 남한에 수용해야 한다고 명령했다.[110] 또한 농민은 남한에서 백미를 반출할 수도 없었다. 농사를 위해 월경한 북한 농민이 할 수 있는 일은 북한으로 되돌아가거나, 피난민 수용소에 갇히거나, 추수한 쌀을 남한에 두고 되돌아가는 것뿐이었음을 의미했다.

1947년 12월의 북한 내부문서는 38선에 대한 엄격한 통제가 행해지고 있음을 보여준다. 북조선인민위원회 내무국장 박일우(朴一禹)와 북조선검찰소장 장해우(張海友)가 예하 각도 내무부장·대대장·검찰소 소장 앞으로 보낸 「보안규칙: 사업한계에 관한 지시」는 월경자에 대해 15항목에 달하는 규정을 두고 있다.[111]

여기서 흥미로운 점은 38선 월경에 필수적인 요건이 '북조선 쏘군사령부

---

109) Letter, Chistiakov to Hodge, 5 May 1946.
110) Memorandum, Subject: Unobstructed Passage Across 38th Parallel for Korean Farmers, 24 July 1947, C. G. Helmick. MGFAF 403. 첨부된 「신분증명서: 남조선 내에 토지를 소유하는 북조선 주민」 한글·영어 서류에 따르면, 농민은 '남조선으로부터 백미를 반출할 수 없음'이라고 되어 있다.
111) 「사업한계에 관한 지시」(1947. 12. 23), 국사편찬위원회(1990), 『北韓關係史料集IX: 1946~1950年』, 102~105쪽.

□ 표 II-5 **한국으로의 귀환자 통계**(1947. 12. 26 현재)

(단위: 명)

지 역	귀환자 수	지 역	귀환자 수
일 본	1,110,972	대 만	3,449
북 한	541,330	호주 지역	3,051
만주(육로)	340,461	하 와 이	2,646
만주(해로)	3,120	류 큐	1,755
중국(해로)	58,143	필 리 핀	1,408
태평양 지역	13,986	홍 콩	302
중국(육로)	13,476	중국 화북	118
해양 지역	7,244	합 계	*2,065,461

※ 출전 USAFIK, *G-2 Weekly Summary*, no.119(1947. 12. 26)
※ 비고 * 합계는 2,101,461명.

에서 허가한 통행증명서'라는 사실이었다. 월남·월북자를 막론하고 소련군의 통행허가증이 없으면 월경이 허가되지 않았다. 한편, 38선 1km 이내 지구에 한해 토지경작을 위한 남한 농민의 월북이 허가되었고, 같은 사유를 가진 북한 농민의 월남이 허가되었다. 이 경우 엄중한 심사·감시가 뒤따랐다. 한편 월경행위를 직간접으로 방조하는 자는 월경자와 동일하게 엄격히 취급한다고 규정했다. 또한 체포된 월경자는 구호소에 수용되었고, 교호소, 즉 수감장도 설치되었다.

미소는 38선 월경을 엄격히 제한했지만, 경계선을 따라 띄엄띄엄 세워진 표지판이나 초소만으로 모든 교통을 차단할 수는 없었다. 미소 양군은 주요 간선도로에 설치된 이러한 초소들 사이로 순찰을 했지만 민간인의 왕래는 끊이지 않았다. 특히 200만 명 이상의 월남 피난민·전재민·일본 귀환민 등을 수용해야 했던 미군정은 구호·식량·송환·위생·방역·수용시설 등의 문제로 어려운 입장에 놓였다.[112]

---

112) 미군정 통계에 따르면, 해방 이후 1948년 2월까지 북한·만주·중국에서 남한으로 귀환한 전재민 수는 206만 8,000여 명으로 집계되었다(『경향신문』 1948. 2. 1).

미군정은 1947년 4월 이후 개성·청단·춘천·의정부·강릉·토성·동두천·주문진 등 10여 개소에 국영검역소(수용소)를 설치하는 한편, 38선 이북 지역에서 월남하는 모든 사람을 체포해 신원조사·수용하라고 경무부에 지시했다.[113] 미군정은 1947년 5월 각 도 직영 전재민 수용소를 신설하는 등 월남민 처리에 곤혹스러워했다.[114] 그중 54만에 달하는 월남민의 존재는 이후 한국정부에 국가·사회적 부담으로 작용하는 한편, 철저한 반공주의의 지지기반이 되기도 했다.

---

113) 『조선일보』 1947. 4. 8, 4. 20; 『경향신문』 1947. 4. 18, 4. 30; 『서울신문』 1947. 5. 6.
114) 『동아일보』 1947. 5. 21.

미소의 38선 대책과 합동조사

3

38선 문제가 주요한 현안으로 제기되었을 때 미국과 소련은 이 문제를 단순히 지리적 좌표의 착오 문제로 보지 않았다. 미소는 38선 문제를 정치 문제로 고려했다. 적어도 1945~48년 미소는 여러 차례에 걸쳐 38선의 정확한 위치를 판정하려고 노력했으나 소기의 성과를 거두지는 못했다. 외형적으로는 38선 자체의 정확한 측정, 위치 판정 등이 제일 중요한 문제였으나, 내면적으로는 38선 분할에 내재한 미소의 대한정책 구상과 목표 및 상대방에 대한 대결의식이 보다 강조되었다.

1. 미군정의 38선 중립지대화 방안과 조사 구상

주한미24군단 사령관이자 점령의 최고책임자였던 하지는 남한 진주 직후, 지역을 구분하기 위해 38선을 따라 미국과 소련 점령 지역 사이에 일종의 중립지대(a sort of neutral zone)를 설치하는 방안을 고려했다. 이 중립지대를 설정함으로써 발생 가능한 지역적 차이를 미소 사령관이 조정할 수 있다고 생각한 것이다.[115] 하지는 정확한 경계선을 설정하면 한국의 분단상황이 강조되고, 그 결과 한국민들이 분단이 영구화된다고 의심할 수 있기 때문에 현명하지 못하다고 판단했다. 하지의 구상은 러일전쟁 전후 러시아가 제안한, 북위 39도선 이북 지역 중립지대안, 혹은 1953년 휴전협정 당시 비무장지대의 개념과 기본적으로 맥이 닿아 있었다. 실제로 하지는 미군이 38선상에 경비 초소를 설립할 때, 38도선 지점 남측에 약간의 중립지대를 남겨두라는 지시를 내렸다고 주장했다.[116] 그러나 하지는 이러한 구상을 소련이나 미 본국에 제시하지는 않았다.

하지는 진주 직후부터 미소 간에 38선의 정확한 위치에 대한 합의 부재가 여러 문제를 일으킨다고 생각하였다. 예를 들어 미소 양 진영은 해주 남단에 있는 용당포항이 38선 이남인지 이북인지에 대해 논쟁을 벌였다. 1945년 10월 9일 미군은 옹진반도 정동쪽으로 38선 이남 지역인 해주 용당포에 상륙했지만, 소련군이 해주와 함께 이 지역을 통제하고 있었다. 미군 지도에는 이 지역이 38 이남으로 표시되어 있었다. 7사단은 이 문제에 대한 하지의 견해를 요청했고, 하지는 11월 14일 용당포를 정치적 논쟁대상으로 삼는 대신 소련에게 양보하고 철수하라고 지시했다.[117]

이 직후 하지는 소련 사령관에게 보내는 편지 초안을 작성했다. 여기서 하지는 양군이 사용하는 지도의 차이를 지적하며 38선 합동조사(a joint survey of the 38th)를 수행하자고 요청할 계획이었다. 그런데 이 편지는 발송되지 않았다.[118] 미군이 해주 용당포를 양보한 것과 38선 조사를 기획한 것은 모두 대

---

115) *HUSAFIK*, part 2, chapter 4, pp. 20~23, 238, 243~244.
116) Letter, Hodge to Chistiakov, 16 April 1946.
117) Radio, TFGBI 8, CG USAFIK to CG 7th Inf. Div. (G-2), 14 Nov. 1945, AG files.
118) Draft letter, Hodge to Chistiakov, 7 Dec. 1945, G-2 file 22.

소(對蘇) 협력을 염두에 둔 발상이었다고 볼 수 있다.

그렇지만 다른 한편으로 하지는 1945년 10월부터 대소봉쇄적이며 공격적인 과도정부 수립 구상을 본격적으로 추진했다. 이 계획은 주한미군정 내에서는 정무위원회(governing commission) 계획 혹은 랭던안(Langdon Plan)으로 불렸으며, 현실정치에서는 이승만 주도의 독립촉성중앙협의회로 구체화되었다. 이는 이승만·임정을 중심으로, 미군정 통제 아래 남한 우익 중심의 임시한국행정부 혹은 과도정부를 수립한 뒤 소련 점령하의 북한 지역에까지 이를 확장한다는 계획이었다. 기본적인 발상은 공산국가인 소련과의 정치·외교적 협상은 불가능하다는 전제 위에 서 있었다. 또한 매우 공격적인 계획이었다.

미국무부가 정식 대한정책으로 설정한, 한반도에 대한 다자간 국제 신탁통치 전략을 부정하고, 그 비현실성과 무모함을 비판하며 대안을 제시하고자 했던 것이다. 즉 핵심은 반탁·반소·반공이었다. 비유하자면 북한의 민주기지노선에 대비되는 남한판 '자유기지노선'이었다.[119] 이 계획이 남한만의 단독정부 수립·강화 가능성을 배제한 것은 아니었으므로, 일부에서는 이것이 단정론의 기원이었다고 추정했다. 그러나 하지·이승만의 계획은 기본적으로 전 한반도적 차원의 구상이었으며 반(反)신탁통치 구상이었다. 계획의 핵심은 1945년 12월 중순 모스크바3상회의 개최 이전에 미군정 통제하에 남한정계 통합을 완료하는 것이었다. 그러나 책임조직이었던 독촉중협이 가장 중요한 파트너인 임시정부를 합류시키지 못했을뿐더러 좌익이 전면 배제됨으로써 실패하고 말았다. 그럼에도 불구하고 하지는 대소 공격적인 임시한국행정부 수립 구상을 1946년 민주의원-좌우합작위원회-과도입법의원을 통해 변형된 방식으로 계속 추진했다.

---

119) 정병준(2005), 『우남 이승만 연구』, 역사비평사, 563~576쪽.

2. 미군정의 38선 철폐공세와 행정단위 조정안

38선 철폐공세

진주 직후부터 1945년 말까지 하지는 자신의 권한을 넘어서 미국의 공식 대한정책인 신탁통치 계획을 부정하고, 한국인들에게 독립을 주겠다고 약속하는 한편, 국무부가 반대한 특정 정치 세력에 기초한 정계통합을 주도했다. 그는 국무부 및 맥아더사령부와 긴밀한 협의를 했음에도 불구하고 한국에 대한 신탁통치안을 금시초문이라고 부정했으며, 모스크바결정 발표 이후 반탁시위를 고무했다. 그러나 목적했던 정무위원회 계획, 즉 독촉중협이 실패하고 반탁시위가 미군정을 접수하려는 소위 '임정쿠데타'로 진전되자 낙망했다. 하지는 1946년 1월 초 반탁운동 고무에 대한 책임을 지겠다며 본국을 향해 사임시위를 하는 등 현지책임자로서의 권한을 최대한 활용하였다.

1946년 1월 미소공동위원회 예비회담이 개최되었을 때 하지는 소련에 대한 공세를 준비 중이었다. 하지는 38선 철폐 문제가 소련측의 가장 취약한 고리라고 판단하고 있었다. 하지는 소련 대표단이 모스크바3상회의의 경과를 공개하며, 미국이 신탁통치를 제안한 반면 소련이 임시정부 수립을 위해 노력했다며 공세를 펴자 이에 대한 적극적 대안을 모색했다. 바로 38선 철폐공세였다.

미소공동위원회의 가장 중요한 임무가 '과도적인 한국정부' 수립이라는 삼부조정위원회의 결정(SWNCC 176/18호, 1946. 1. 28일자)에도 불구하고 하지는 "그에 앞서 국토를 개방하고 소련의 '장막'을 깨뜨리는 일이 시급"하다고 주장했다.[120] 하지는 미국측에 유리한 결말이 날 때까지 과도정부 구성을 위한 미소공동위원회의 공동 토의를 연기할 준비까지 되어 있다고 보고했다. 하지는 미국식 민주주의의 기초인 언론·출판·집회의 완전한 자유를 북한 내

---

120) MacArthur to the Joint Chief of Staff(1946. 2. 12), *FRUS*, 1946, vol. 8, pp. 632~633.

에서 보장하라고 요구하며, 소련 대표단이 이에 난색을 보이면 미국은 처음부터 38도선의 경계선을 철폐하려고 했지만 소련측이 이에 응하지 않았다는 사실을 폭로할 계획이라고 밝혔다. 하지는 이러한 폭로가 미군정의 입장을 강화시켜줄 것이며, 소련으로 하여금 미국의 요구에 응하게 할 수도 있을 것이라고 판단했다.[121] 맥아더 역시 하지의 38선 철폐공세안에 동의했다.

하지는 미소공동위원회 예비회담(1946. 1. 16~2. 5)을 통해, 미소 점령은 인정하지만 행정적·경제적인 측면에서는 38선을 통일하자는 제안을 제출했다. 하지가 소련에 제시한 최초의 11개 미국 의제에는 철도 단일화, 송전 보장, 전화·전신 단일화, 만주 석탄·농산물 남한 반입, 군사분계선 행정단위 재조정, 38도선 군사요새 철거, 38선 통행허가제 실시, 단일 환율·회계 정책 채택, 해상교역 단일화, 생산·소비재의 정상적 왕래 등이 포함되어 있었다.[122]

〈표 II-6〉에서 드러나듯이, 미국은 '서울에 위치한 중앙기구'·'서울에 위치한 송전소'의 통제하에 철도·전력·전화·전신을 단일 운영하자고 제안함으로써 실질적으로 이를 장악하고자 했다. 가장 중요했던 전력 문제에서 생산의 대부분을 북한 지역의 수력발전소가 담당했으므로, '서울 송전소'의 통제하에 전력을 지속적으로 공급한다는 발상은 미군정의 이익을 대변한 것이었다.

미국의 의제들은 대부분 미군정이 필요하거나 유리한 내용들로 구성되어 있었다. 15차례의 회담을 거치는 동안 하지와 미국 대표들은 38도선 철폐 및 전 한반도를 하나의 경제·행정단위로 만들고자 공세적 입장을 취했다. 특히 '38도선을 따라서 설치된 모든 군사요새를 철거'하자는 38선 철폐 주장은 미군정의 경제적 이해를 포장하기 위한 정치적 성격이 짙었다.

반면 소련은 자신들이 제공하는 전기·석탄·기타 원자재에 대해 쌀 등의 필요한 보상이 주어져야 한다며 소극적인 방어자세를 취했다.[123] 그러나 본질

---

121) MacArthur to the Joint Chief of Staff(1946. 2. 12), *FRUS*, 1946, vol. 8, pp. 632~633.
122) 신복룡(1992), 앞의 책(상), 393~394쪽.

□ 표 II-6 **미소공위 예비회담(1946. 1. 16~2. 5) 의제**

(①②③ …: 의제 번호)

구분 내용	1. 국무부 지령(45.11)	2. 미국측 의제	3. 소련측 의제	4. 합의 공식의제
송 전	①석탄·전력의 대남 인도 보장	②서울 통제하 전력 지속 송전	②남한으로의 송전조건	①남한으로의 송전조건
교 역	⑥남북 정상무역 재개	⑪생산·소비재 정상 왕래 재개		②남북 상품교역
교 통	②남북 철도·교통 재개	①서울 통제하 남북철도 복구	④남북 철도연결	③남북 철도·차량·해운
해 상 운 송	④연안수송 재개	⑩해상교역 단일법규		④남북항구 단일규제
재 정 금 융	③단일 재정 정책 채택			⑤상품 대금결제 및 재정체계 일원화
일본인 송 환	⑤일본인 귀환 등 난민 문제		⑤재북 일본난민 송환	⑥재북 일본난민 10만 송환
공 동 초 소		⑦미소 군사분계선 따라 감시 초소 설치		⑦38선에 미소공동 초소 설치
여 행 자 유		⑧사람·물건·운송수단 38선 통행허가		⑧한국인의 이전
우 편		⑨단일 회계 정책		⑨남북 우편물 교환(소포 제외)
석 탄		④만주에서 남한으로 역청탄·농산물 수송	③북한으로의 식료품 전달	⑩남한으로 석탄·농산물 수송
전 화 전 보		③서울 통제하 전화·전신 복구		⑪남북 전화·전보 재개 (추후 연구)
통 신				⑫무역사무소 통신개설(추후 연구)
방 송				⑬남북 방송주파수 결정(추후 연구)
영 토 조 정	⑦영토 조정: 경기도→미국 지역, 황해도→소련 지역	⑤군사분계선 조정: 황해도→소련군, 경기도→미군, 강원도→행정군계		⑭38선 경계선 조정: 소련 본국 협의 후 의제화
기 타	⑧소련 사령관 전권 확인	⑥38선 군사요새 철거	①회의 순서	⑮미소 양군 사령관 협력

※ 출전 1.「미국무부가 주소대사 해리만에게 보낸 지령」(1945. 11. 5), 신복룡(1992), 앞의 책(상), 167쪽.
2~4.「미소공위 예비회담에 관한 주한정치고문 베닝호프의 보고」(1946. 2. 15), 신복룡(1992), 앞의 책(상), 284~285, 393~393쪽.

적으로 미군정은 민주의원을, 소군정은 북조선임시인민위원회를 남북한 각 지역의 정권기관 혹은 대의기관으로 상정했고, 이미 확보된 실체에 근거해 자기 세력의 확장을 모색하고 있었다.

하지는 미소공위 예비회담이 소기의 성과를 거두지 못하자 정치적 책임을 소련측에 돌리는 방안을 모색했다. 회담 중 38선을 제거하고 한반도 통일을 이룩하자고 제안했으나 소련이 동의하지 않았음을 공개하기로 한 것이다.[124] 국무부 정치고문 베닝호프(Benninghoff)의 동의를 얻은 하지는 38선 철폐논쟁을 제기함으로써 소련의 입지를 허물고자 했다. 결국 하지는 1946년 3월 7일 미소공위 예비회담의 성과를 발표하면서, "美國의 태도는 今番 회담이 朝鮮國民政府 수립의 준비를 위하여 통일시키는 모든 수단을 강구할 것이라는 신념에 기초했던 것이다. 그럼에도 불구하고 蘇聯側에서는 이와 반대로 今番 회담이 단순히 美蘇兩軍司令部間의 조정을 요하는 소수의 가장 긴급한 문제에만 관련되는 것이라는 태도를 취했다"며 소련을 비난했다.[125]

반면 하지는 38선 철폐라는 정치적 제안에도 불구하고 소련과 합의한 미소공위 15개항의 의제 중 하나가 "(7) 미소 군사지역의 경계지역에 미소 공동 초소 설치"였다는 점은 언급하지 않았다.

38선의 행정단위 조정안

하지는 미소공동위원회 예비회담에서 38선 철폐론을 주장한 한편으로 38도선을 행정구역별로 재조정하자고 제안했다. 38도선의 행정구역별 조정안은 원래 미 국무부에서 나온 것이었다. 국무부는 1945년 11월 주소대사 해리만에게 소련과 협상할 주제 중 하나로 이 문제를 거론했다.[126] 국무부는 "(7) 두 지역 간에 분쟁적인 영토 문제를 해결하는 방법으로서 경기도는 전체 미국 지

---

123) Benninghoff to the Secretary of State(1946. 2. 15) no.19, FRUS, 1946, vol. 8, pp. 633~636.
124) Hodge to the Secretary of State(날짜 미상: 접수 1946. 2. 28), FRUS, 1946, vol. 8, p. 643.
125) 『朝鮮日報』 1946. 3. 9.
126) WARX 21854 to CINCAFPAC, 6 Nov. 1945, ABC 014 Japan, Sec 17~A; Tel, 3 Nov. 1945, Sec State(Byrnes) to Amb Harriman, FRUS, 1945, vol. 6, pp. 106~109.

역으로, 황해도는 전체 소련 지역으로 조정함"이라는 조항을 주문했다.

이의 연장선상에서 하지는 슈티코프(Shtikov)에게 인위적이고 부자연스런 38선 분할 대신 정치적 계선을 따라 미소 간의 군사분계선을 조정하자고 제안했다. 하지의 제안은 다음과 같았다.

  1. 38도선 이남에 위치한 황해도 지역을 소련군 사령관에게 이양한다.
  2. 38도선 이북에 위치한 경기도 지역을 미군 사령관에게 이양한다.
  3. 강원도 지역은 행정군계(行政郡界)에 따라서 다시 조정한다.[127]

강원도 지역의 조정은 군 단위를 기본으로 하는 것이었으며 세부적으로는 다음과 같은 분할방안이 제안되었다.

  ① 소련 통제하의 지역 : 통천, 평강, 철원, 고성, 인제, 회양, 이천, 김화, 양구, 양양
  ② 미국 통제하의 지역 : 화천, 홍천, 평창, 삼척, 정선, 원주, 춘천, 횡성, 강릉, 울진, 영월[128]

이에 근거해 38선을 재조정할 경우 남북 경계선은 〈그림 II-2〉와 같다.

이 제안은 강원도 철원-김화-양구-인제-양양의 남측 외곽선을 소련의 새로운 남방 경계선으로, 화천-춘천-홍천-강릉의 북측 외곽선을 미군의 새로운 북방 경계선으로 선정하자는 것이었다. 38선을 따라 부분적으로 혹은

---

127) Report of Political Advisor, H. Merrell Benninghoff, Subject : United States-Soviet Joint Conference, Transmission of Copies of Certain Documents in Connection therewith, to Sec State, 15 Feb 46, 740.00119 Control(Korea)/2~1546.
128) RG 332, Entry 11070, box. 70, "USSR Red Army Letters" Binder #1, files for 1946, Memorandum to Col. Gen. Shtikov, Chief, Soviet Delegation, HQ, USAFIK, 22 Jan. 1946.

□ 그림 II-2 하지가 제안한 38선 행정구역별 재조정 상황도

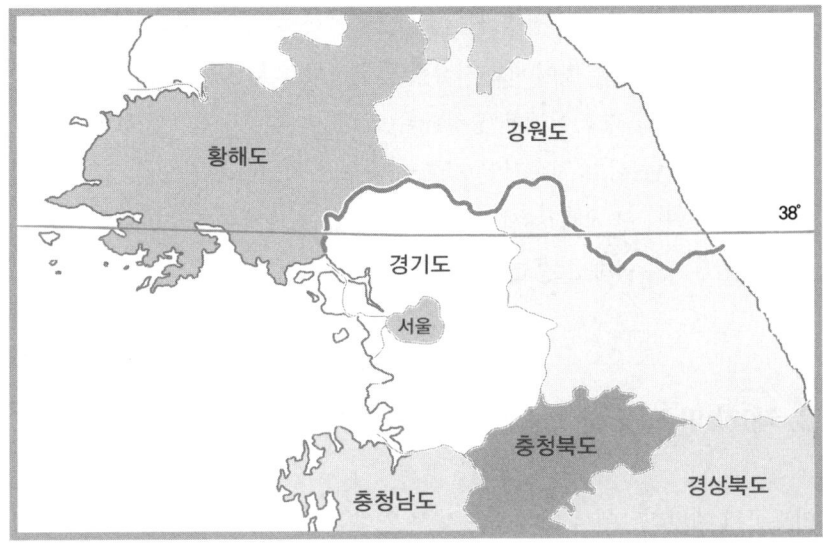

현지 사정에 따라 경계선을 조정하는 문제에 대해 소련대표단은 본국 고위당국자와 협의한 뒤 이 문제를 의제에 삽입하기로 합의했다(의제 제14항). 그러나 슈티코프는 이에 대해 답변을 제출하지 않아, 결국 38선의 행정구역별 재조정안은 무산되었다.

미국무부·하지의 38선 행정단위별 재조정은 현존하는 도·군 단위의 행정계선을 기준으로, 인위적이고 부자연스러운 38선 설정이 초래할 어려움을 덜 수 있는 효과가 있었다. 38선은 어떠한 지형학적 근거도 없이 정치적 이유로 그어진 것이었기 때문에 만약 이러한 행정구역별 재조정이 이루어졌다면, 상상의 경계선인 38선의 정확한 위치판정의 어려움에서 비롯된 38선 충돌의 상당 부분은 미연에 방지할 수 있었을 것이다.

지리전문가인 섀넌 맥퀸(Shannon McCune)도, (1) 도 경계를 기준으로 미국은 경기·강원도, 소련은 황해·함경도 경계를 점령하거나, (2) 도 경계와 군

경계를 종합해 미국은 경기도, 소련은 황해도 경계를 점령하고, 강원도의 경우 군 단위로 미소가 분할점령하는 방식으로 38선 재조정이 이루어졌다면 대민행정이 더 용이했을 것이라고 지적했다.[129]

그럼에도 불구하고 이러한 행정단위별 재조정은 종국적으로 한반도의 분단을 보다 자연스럽고 지속적인 것으로 만들 위험성이 충분했다. 맥퀸 역시 만약 행정구역에 근거해 38선을 재조정한다면 결과적으로 한반도의 분할을 고착화할 우려가 있다고 경고했다.[130]

3. 제1차 미소 38선 합동조사(1946. 5)

미소공위 예비회담에서 미국측은 38선 일대의 군사시설 철폐를 의제로 내세웠고, 나아가 소련측과 38선 일대에 미소 공동 초소를 설치하는 문제를 정식의제 ⑦항으로 합의했다. 그러나 제1차 미소공동위원회에서 공동 초소의 설치 문제는 전혀 논의되지 않았다.

제1차 미소공동위원회가 서울에서 열리는 동안 미군정은 소련군의 비행기가 38선 이남으로 침범하는 등 소련군의 38선 위반사례가 빈발하다고 판단했다.[131] 1946년 4월 16일 하지는 소련군 사령관에게 38선의 정확한 위치 조사·조정을 제안했다.[132] 하지는 4월 24일에도 치스차코프에게 대대급 지휘관 혹은 그보다 상급 야전 지휘관이 현장에서 38선의 위치를 정확히 결정해, 38선이 지나는 도로 및 왕래가 잦은 길에 표지판을 설치하자고 제안했다.[133]

---

129) Shannon McCune, "Phisical Basis," op. cit., p. 286.
130) 앞의 자료.
131) *HUSAFIK*, part 2, chapter 4, American-Soviet Relations, The First Year, "Trouble on the 38th," pp. 221~243.
132) Letter, Hodge to Chistiakov, 16 April 1946.
133) Letter, Hodge to Chistiakov, 24 April 1946.

4월 27일 소련사령부의 샤닌(Shanin) 장군은 서울 주재 연락장교인 토르빈을 통해 소련측이 명확한 경계선 설정을 위한 양측 대표단 회동에 반대하지 않는다고 알려왔다.[134] 또한 치스차코프 장군은 평양의 미군 연락장교 초인스키 중령에게 38선 위치 판정 문제를 평양 주재 소련 연락장교인 이누이코프(Enuikov) 소령과 함께 현장에서 해결하라고 제안했다.[135]

이런 상호 접촉의 결과, 38선의 정확한 위치 판정을 위한 예비조사를 수행할 미소합동38선조사단(Joint US-Soviet Border Survey Group)이 미국·소련 장교 각 3명씩 총 6명으로 구성되었다.

· 소련측 조사단: 토르빈(U. A. Torbin) 소령(소련25군 사령관의 개인대표 겸 소련 조사단 단장), 시미리긴(E. I. Simirigin) 소령(소련기술단원), 게르겔(Gergel) 상급중위(소련 전술사령부 대표)
· 미국측 조사단: 초인스키(Walter F. Choinski) 중령(하지 장군의 개인대표 겸 미군 조사단 단장), 파렐(Norman Farrell) 중령(미군 전술사령부 대부), 크네조비치(Francis M. Knezovitch) 대위(미군기술단원)

제1차 38선 예비조사는 5월 11일 시작되어 5월 18일 완료되었다. 조사단의 일정은 다음과 같았다.

· 1946. 5. 11: 13:00에 해주에서 초인스키·토르빈·러시아 측지장교 회동. 미군측 측지장교 합류 예정
· 1946. 5. 12: 해주에서 서쪽으로 해안까지 조사

---

134) Memorandum to C/S by 2nd Lt. Boris N. Dubson, "Major Torbin, Soviet Liaison Officer, Reports," 27 April 1946.
135) Memo: Conference with Maj. Gen. Shanin, Chief of Staff, 25th Soviet Army, Pyongyang; Lt. Col. Choinski to CG XXIV Corps, 28 April 1946.

- 1946. 5. 13~14: 해주에서 동쪽으로 개성까지 조사
- 1946. 5. 15: 신단리
- 1946. 5. 16: 춘천
- 1946. 5. 17: 양양[136]

조사단은 옹진에서 출발해 동쪽으로 진행하면서 경계선을 따라 21개소의 통제지점(control points)에 번호를 부여했다. 통제지점을 설정하는 방법으로 조사단이 채택한 방법은 간단했다.

1. 개별 건마다 조사단은 38선이 통과하고 있음직한 도로가 있는 지역으로 나아갔다.
2. 측지장교(topographers)가 일제시 제작된 1:50,000 지도를 활용해 **대강 측량을 해서 양측이 38도선이라고 인정할 만한 지역의 한 지점을 선택**했다.
3. 영어·러시아어로 표기되어 있는 말뚝을 박았다. 이 말뚝에는 '잠정 북위 38도선'(38°N temporary, ВРД МКНО)이라고 표시했다.
4. 현존하는 소련·미국 초소를 지상 및 지도 위에 표시했다.
5. 현지 미군·소련군 지휘관에게 전진 혹은 철수와 관련된 필요한 명령을 하달했다.(강조는 인용자)[137]

즉 합동조사단은 '어림짐작'으로 38선이 통과할 것으로 생각되는 주요 도로에 접근해 '대강 측량'을 한 뒤 상호인정한 지역 21개소에 '임시 38선'이라

---

[136] Memorandum by 2nd Lt., Boris N. Dubson to C/S, Subject: Conversation with Russian Liaison Officer, Ivanoff, 11 May 1946; Letter, Hodge to Chistiakov, 17 May 1946; Memorandum by Major H. P. Rimmer to C/S, Subject: Message from Lt. Col. Choinski, 14 May 1946.
[137] Report, "Preliminary Report on 38 Degree Determination," 16 May 1946, Norman Parrel, Lt. Col. 32nd Inf. to CG, 7th Inf. Division.

는 말뚝을 박았을 뿐이다. 총 21개소의 통제지점이 미소 합의로 임시 38도선으로 표시되었다. 이러한 합의는 예비 조사단 전원과 현지 미소 지휘관이 상호합의한 결과였다. 예비조사 결과는 소련25군 사령관과 미24군단 사령관에게 보고되었다.

1946년 5월 38선 예비 조사단의 첫 활동은 제1차 미소공동위원회 기간 중에 실시되었다. 그러나 대외적으로는 비밀에 붙여졌다. 이 점은 매우 중요하다.

현상적으로 미소 양측은 미소공위와 협상할 한국 내 '민주적 정당·사회단체'의 범위를 둘러싸고 대립했다. 미소의 격렬한 대립이 한국인들에게 각인되었지만, 실제로 미소는 38선의 위치판정에 대해서는 '어림짐작' '대강' '임시' 조치로 협력하고 있었다. 미소 간에 행정적 수준의 협력은 가능했지만, 한국인들에게는 이런 내용이 전혀 알려지지 않았다. 1949~50년 남북 간 38선 충돌이 격화되었을 때에도, 미소의 38선 합동조사는 거론되지 않았다. 정확히 말해 한국인들에게는 정보가 주어지지 않았다.

예비조사 결과 소련측 도로차단기 11개소가 38선 이남에, 미군 초소 중 1개소가 38선 이북에 있다는 것이 밝혀졌다. 판정과 동시에 적절한 조치가 취해졌다. 옹진-배천 지역의 경우, 10개의 소련 도로차단기를 조사한 결과 8개소가 북측으로 이동되었고, 1개소는 38선상에, 1개소는 38선 이남인 해주-청단 도로상에 설치되었으나 이는 영구시설물인 관계로 용인되었다.[138] 전체적으로 제 위치가 아닌 차단기들은 즉각 북쪽으로 이동되거나 폐기되었고, 영구시설물 2개소만 그 위치에 허용되었다. 나머지는 이후 조정되었다. 소련측은 이 예비조사에 매우 협력적이고 우호적인 태도를 취했다.

주한미군은 1946년 6월 7일 38도선 인근을 여행할 미군의 모든 군사요원

---

138) Memorandum by Major H. P. Rimmer to C/S, Subject: Message from Lt. Col. Choinski, 14 May 1946.

과 군속 들에게, "경계선의 정확한 위치 판정을 위해 가장 가까운 7사단 부대와 접촉할 것, 그리고 잘 표시된 고속도로와 다른 교통로만을 이용"하라고 명령했다.[139] 38선 경비임무를 담당한 제7사단 32보병연대에도, 38도선 800야드 이내의 모든 남한 마을 및 대대 지휘관들이 필요하다고 판단되는 부락에 표지판을 붙이라고 지시했다. 이 표지판에는 러시아어, 영어, 한글로, "이 지역은 38도선 이남 지역이며 미국 점령 지역임"이라고 명시되었다. 또한 38도선으로 분할된 특정 마을들의 정확한 위치는 적당한 소련 지휘관과의 협의를 통해 결정될 예정이었다.[140]

조사 활동이 끝난 직후인 1946년 6월 3일 24군단 작전참모부는 미군사령부가 보다 상세한 38선 조사를 고려하지 않고 있다고 할 정도로 38선 예비조사에 만족해했다.[141]

그런데 미소·남북·좌우의 갈등이 증폭되면서 한번의 개략적이고 예비적인 조사로 38선이 초래한 모든 분쟁을 잠재울 수는 없었다. 38선 전역에 걸친 철저한 조사가 아니라, '38선을 따라 주요지점에 대한 예비조사'의 결과 21개소에 표지를 다는 정도로는 불충분했던 것이다.

1946년 6월 14일 합동조사단이 합의한 지점 3개소에서 소련이 경계선 표식을 38선 이남으로 이동시켰다는 사실이 발견되었다. 7월 5일에도 소련은 또 한 차례 경계선 표지를 38선 이남으로 이동했다.[142] 이에 미군은 시정조치를 요구했다.

경계선 표지를 옮김으로써 여러 가지 불행한 일이 발생했다. 경기도 연백

---

139) AG 600.932(TFGBI), Distribution "C", CG XXIV Corps, 7 June 1946, AG files.
140) Letter, "Posting of Villages in the vicinity of the 38 parallel" to CG, 32nd Inf. Regt., signed Jay W. Frasck, Lt., Col., Adjutant General, G-2 file 23, undated.
141) XXIV Corps Staff Conference, G-3, 3 June 1946, I&H Journal.
142) Letter, "Inspection of 38° Parallel," 14 June 1946; To Military Governor of Korea from 54th MG Hqs. and Hq. Co., Kaesong, signed Robert L. Bell, Captain, AG Public Safety Officer, G-2 file 23; Letter, Hodge to Chistiakov, 5 July 1946.

□ 그림 II-3 **38선이 관통한 경기도 연백군 화성면 화장리**

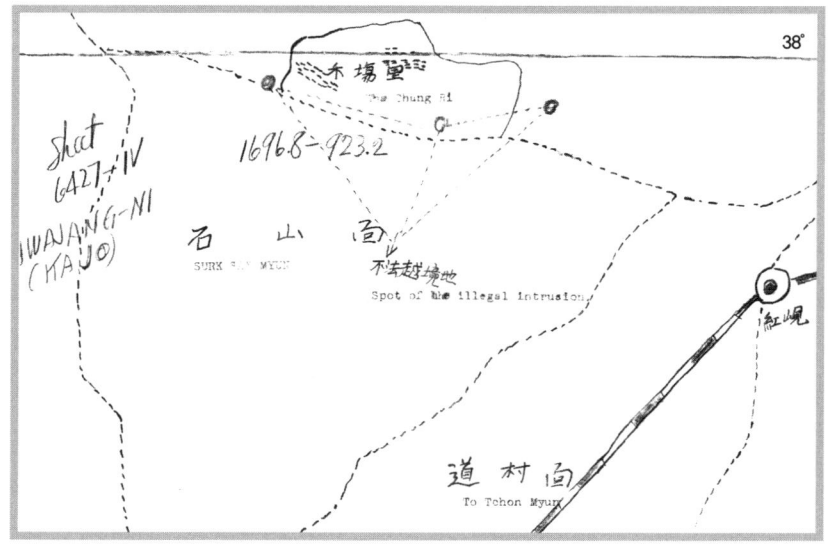

ⓒ NARA

군 화성면(花城面) 화장리(禾場里)는 황해선(黃海線) 배천온천역(白川溫泉驛) 서남 약 10km 지점에 위치한 132가구, 781명의 농촌이었다. 해방 직후 이 마을은 38선의 정확한 위치를 모른 채 기존 행정구역을 따라 화성면 북조선인민위원회에 속했다. 그러던 중 지도를 통해 마을이 38선 이남인 것을 깨달은 마을사람들은 1945년 12월 22일 남한의 석산(石山) 면장과 화성면 인민위원장의 합의하에 투표를 실시했다. 그 결과 화장리는 행정구역상 38선 이남 석산면에 편입되었다. 그런데 38선이 마을 중앙을 관통했기 때문에 40가구는 북한에, 92가구는 남한에 편입되어 마을이 양단(兩斷)되었다.

그 후 1946년 5월 21일 소련군 및 북한관리가 나타나 38선 표목(標木)을 마을 남쪽 2km 지점으로 옮긴 뒤 마을이 북한 지역이라고 주장했다. 날벼락을 맞은 마을 주민들은 러치 군정장관에게 진정서를 제출했다.[143] 조사가 진행된 뒤 하지는 7월 5일 치스차코프에게 항의편지를 보냈다. 미소합동조사단이 사용한 지도에 따라 확인해본 결과, 이 마을의 위치가 북위 37도 59분 55초, 도쿄 126도 11분 50초로 38선에서 약 1~2km 이남 지점임이 분명하므로, 소련군이 임의로 이동한 38선 표목을 원래 자리로 옮겨달라는 내용을 담고 있었다.[144] 그러나 이 마을의 운명이 어떻게 되었는지는 알 수 없다.

'결정적으로 중요한 지점에 표지'를 세운 제1차 합동조사의 결과에도 불구하고, 표지 이외의 여러 지역에서 사건이 발생했다. 그 때문에 7월 10일 하지는 38선에 추가 표지가 필요하다는 견해를 소련군 사령관에게 피력했다. 하지는 5월의 예비조사가 상당히 중요 지역에서 사건발생을 실질적으로 차단했다는 점을 지적하며, 가능한 한 빨리 미소합동조사단을 구성해 보다 정확히 조사를 진행할 것을 요청했다. 하지는 예비회담 일자로 7월 18일을 제안했다. 나아가 하지는 초인스키 중령, 파렐 중령, 프리(James W. Free) 소령, 엔크조비치(Francis Enczovitch) 대위 등을 조사단의 미국성원으로 지명했다.[145] 이에 대해 소련은 7월 15일 북한 전역에 콜레라가 만연하고 있으므로 콜레라가 잠잠해질 때까지 38선 영구조사를 연기할 것을 요청한다는 전화회답을 보내왔다.[146]

4. 제2차 미소 38선 합동조사(1947. 4)

미군사령부는 가을철이 되어 콜레라가 감소하자, 1946년 9월 26일 재차 미소합동조사단의 구성을 제안했다.[147] 소련군측의 대답이 없자 미군은 10월 15일

---

143) 「(安洪模, 李癸鳳, 安殷模 연명)陳情書」(1946. 6. 20), "Petition," 21st June, 1946.
144) Letter, Hodge to Chistiakov, 5 July 1946, RG 338, entry 11070, box 70.
145) Letter, Hodge to Chistiakov, 10 July 1946.
146) Memorandum by Walter F. Choinski, Liaison Officer to General Hodge, Subject: Conference with General Shanin at 1500, 15 July 1946; *G-2 Intelligence Summary*, Northern Korea, no.14, 20 July 1946.
147) Letter, Hodge to Chistiakov, 26 September 1946.

과 27일에 재차 38선에 대한 정확한 조사를 촉구했다.[148] 그 사이 미군과 소련군은 서로 상대방의 책임을 추궁하는 설전을 벌였다.[149] 마침내 12월 30일 치스차코프는 38선 합동조사에 동의하면서 1947년 1월 20일부터 조사를 개시하자고 제안했다.[150]

1947년 1월 4일 하지는 답장을 통해 조사단의 목적을 다음과 같이 피력했다.

1. 조사유형: 황해에서 동해에 이르는 **전 경계선에 대한 측지조사**
2. 통제지점의 선정: 최소 **5마일** 지점마다, 모든 도로·오솔길·철도 혹은 기타 **통행로에 정확하게 영구 표지**를 설치
3. 통제지점 선정방법: 조사단이 선정하는 통제지점은 영구 표지(콘크리트가 바람직)로 표시
4. 마을에 대한 표지: **38선의 1km 내의 모든 마을**에 영어·러시아어·한국어로 38도선 이남 혹은 이북이라고 표시한 영구적 표지를 설치
5. 양단된 마을: 38선으로 마을이 양단된 모든 경우에 대해 이 마을이 소련 지역에 속하는지 아니면 미국 지역에 속하는지의 여부 및 이런 마을에 대한 명확한 규정이 묘사되고 표시되기 위해 조사단은 양측의 공동승인을 위해 의견을 제시할 것
6. 조사단의 예비회담: 귀하가 선정한 날짜에 회담하며, 각각 조사단장, 기술고문 1명, 통역 1명을 파견하며, 조사단장은 이하 사항에 대한 최종 계획을 결정할 권한을 부여받음

---

148) Letter, Thomas W. Herren, Brigadier General, Chief of Staff, XXIV Corps to Major General G. I. Shanin, Chief of Staff, Soviet Forces in Korea, 15 October 1946, 27 October 1946.
149) 1946년 7~10월 동안 소련의 항의서한 5회, 미국의 항의서한 3회가 상대편에 전달되는 등, 38선의 정확한 위치를 둘러싼 설전이 계속되었다(Letter, Herren to Shanin, 27 October 1946).
150) Letter, Chistiakov to Hodge, 30 December 1946.

a. 조사단의 구성(조사단 구성원의 수 및 개별 임무)

b. 각 진영의 차량 숫자 및 종류

c. 조사단 출발장소

d. 조사단 회합장소

e. 조사단의 급양(給養) 및 숙사(宿舍)에 관한 임시장소를 결정하기 위한 연구 계획

f. 실제 통제지점 및 측지 3각 측량위치의 선정

g. 표지에 대한 협정(모양, 표시하기, 설치 책임)(강조는 인용자)[151]

미국의 제안은 38선 전역에 대한 완벽한 측지·측량을 실시하며, 콘크리트로 만든 영구 표지를 38선의 5마일마다, 또한 모든 통행로에 설치하며, 38선 1km 내의 모든 마을에 38선 표시를 붙이자는 것이었다. 이에 대해 치스차코프는 2월 24일 해주에서 38선 조사 계획을 수립하기 위한 예비회담을 열자고 답장했다.[152]

세부사항이 준비된 뒤 1947년 2월 24일 해주에서 예비회담이 개최되었다. 이 예비회담에서 미소 양군은 합동조사단을 각각 장교 5명(미국팀의 경우 4명), 통역 2명, 사병 20명으로 구성하는 데 합의했다. 미국 26명, 소련 27명, 총 53명으로 합동조사단이 구성되었다. 소련 조사단은 보로블레프(Voroblev) 소령(북한 주둔 소련군 사령관 대표 겸 소련 조사단장), 시미리긴(Simirigin) 소령(기술고문), 게르겔(Gergel) 상급중위, 아스몰로프스키(Asmolovsky) 상급중위 등, 미국 조사단은 후퍼트(Huppert) 소령(남한 주둔 미군 사령관 대표 겸 미국 조사단장), 키스(Keith) 중위(기술고문) 등으로 구성되었다.[153]

---

151) Letter, Hodge to Chistiakov, 4 January 1947.
152) Letter, Chistiakov to Hodge, 22 February 1947.
153) "Agreement" 10 May 1947. Subject: Final Agreement, US-USSR Joint Survey of the 38° Parallel, G. H. Huppert, Co, US Survey Party to Commanding General, XXIV Corps, 10 May 1947.

□ 그림 II-4 **3개 언어로 표시된 38선 표지**

※ 출전 미 해외참전용사협회 지음/박동찬·이주영 옮김(2005), 『그들이 본 한국전쟁 2』, 눈빛.

서울-연천 간 철도가 횡단하는 38선 이서(以西) 지역은 소련측 조사단이 조사하고, 미국측 조사단이 검증을 담당하기로 했고, 나머지 이동(以東) 지역은 반대로 하기로 합의했다.[154] 미소는 합동조사에서 다음과 같은 표지(markers) 설립에 동의했다.

1. 조사단 미소 책임자가 필요하다고 상호 인정하면 "경계선임"(on the parallel) 이라는 표지를 두기로 함
2. 경계선 1km 내의 거주지에는 경계선의 남 혹은 북에서의 거리 및 방향을 보여주기 위해 표지판을 두기로 함. 38선 이북은 소련 조사단이 러시아어·한국어로 표지판을, 38선 이남은 미국 조사단이 영어·한국어로 표지판을 설치하기로 함
3. 모든 표지를 나무로 만들어 흰 바탕에 3개 언어의 검은 글씨로 제작[155]

---

154) Letter, Albert E. Brown to Chistiakov, 4 March 1947.

미국은 원래 모든 표지를 영구적인 재료, 즉 콘크리트로 제작하자고 제안했지만, 소련은 영구 표지가 한국인들에게 분단을 영구화시킨다는 인상을 줄지도 모른다는 이유를 들어 반대했다. 그 결과 나무로 된 표지〔木標〕가 설치되었다.

예비회담에서 양측은 38도선이 마을을 통과하는 지역이나 전술 관측소(OP: Observation Post)가 38선의 위치를 표시해주지 않는 지역의 경우에는 추가 관측소(OP) 설치 문제를 연구하고, 해당 지역에 대한 통제권을 조사단 수뇌부의 상호 합의로 결정하기로 했다.[156] 또한 지도는 일본 제국 육지측량부가 제작한 1919년판 조선지도, 1925년 개정판, 축척 1:50,000을 사용하기로 했다.[157]

합동조사단의 원래 계획은 1947년 4월 1일 해주에서 만나 조사를 시작하는 것이었지만, 실제 조사는 1947년 4월 4일부터 개시되었다. 합동조사단은 옹진반도에서의 이틀 간 조사를 시작으로 4월 22일까지 총 19일 간 조사를 벌였다. 합동조사단은 총 1,436마일을 답사했다. 이는 38선 직선거리인 약 200마일의 7배에 해당하는 거리였다. 미소 양측은 상호 협력적인 분위기에서 합동조사를 수행했다.

합동조사단은 조사 첫날, "38선 한쪽에 거주하면서 다른 쪽에 농토를 갖고 있는 농부는 방해받지 않고 왕래할 수 있다"는 합의에 도달했으나, 이는 남한 농민들에게 의구심을 불러일으켰다. 왜냐하면 몇몇 지역에서 이미 이들의 토지가 북한 토지개혁의 대상이 되었기 때문이다. 농민들은 그에 대한 답을 원했지만, 그것은 조사단의 권한 밖이었고 정치적 접근이 필요한 문제였다. 조사단의 유일한 관심사는 지상에서 38선의 정확한 방위를 판정하는 것이었다.

---

155) HQ, USAFIK, *G-2 Weekly Summary*, no.85(1947. 5. 1).
156) 앞의 자료.
157) Letter, Albert E. Brown to Chistiakov, 4 March 1947.

합동조사단 지휘부는 교통로가 38선을 통과하는 지점 및 필요하다고 판단되는 여타 지점에 표지를 설치하라는 지시를 받았다.[158] 이들은 교통로를 따라 38선상 총 83개소에 38선 표지를 설치했다. 또한 38선 이북의 1km 이내에 위치한 66개 마을에 38선과의 거리를 알리는 표지판을 설치했고, 38선 이남의 1km 이내에 위치한 63개 마을에도 동일한 표지판을 설치했다. 이러한 83개소의 38선 표지와 총 129개소의 38선 이남·이북 1km 이내 마을표지판은 미소 양측의 지도에 표시되어 교환되었다.[159]

표지판·표지를 설치하는 과정에서 정확한 위치 판정은 실제 지형조사 후 지도-지형 연구를 통해 결정되었는데, 측지를 하는 대신 지도상에 컴퍼스만을 사용해 결정했다. 미국 조사단이 사용한 지도는 〈일본 제국 육지측량부 제작 조선지도〉(개정판, 축척 1:50,000, 지도유형 A_AMs I 1945 AMS L751)였고, 소련이 사용한 지도는 〈일본 육지측량지도〉(축척 1:100,000, 1942년판, 축척 1:50,000, 일본지도 개정판) 및 〈일본 육지측량지도〉(1919년판, 축척 1:50,000)였다.

1946년 1차 합동조사 때 총 21개소의 표지를 두었던 데 비해 1947년 2차 합동조사 때는 총 83개소의 표지가 설치되어 약 4배가 증설되었다. 그만큼 38선의 정확한 좌표가 인식되었다. 또한 남한의 63개 마을, 북한의 66개 표지를 마을 등 129개 마을에 38선의 위치와 방향을 표시했다.

조사단은 현지 한국 민간인 및 경찰 관리 들에게 조사단의 목적 및 농민의 자유로운 통행권 보장에 대한 미소의 합의와 38선의 위치를 설명하려고 노력했지만, 단 한번의 노력으로 현지 관리·경찰·주민 들에게 호소력 있게 다가가기는 어려웠다.

합동조사 결과는 5월 7일 서울 소련군 연락사무소에서 개최된 회의에서 최

---

158) Subject: Report of Survey of the 38°parallel, 28 April 1947, incl. 2, HQ, USAFIK, *G-2 Weekly Summary*, no.85(1947. 5. 1).
159) 38선 표지가 위치한 83개소의 방위좌표 및 표지 번호는 이 책의 「부록」〈별표 1〉을 참조.

종 검토되었다. 미소 양측은 1947년 5월 10일 합의에 도달해 협정(Agreement)에 최종 서명했는데, 주요한 5개 합의사항은 다음과 같았다.[160]

1. 옹진댐: 댐은 북위 38도 도쿄 127도 17.8분에서 38선으로 분할됨. 38선 이북 소련 지역으로 간주됨. 소련측은 계속 38선 이남에 무제한적 물 공급을 약속하고, 미국측은 공정하고 정확한 물 값 보상을 약속함
2. 해주반도: (38선이 통과하는) 용당포반도와 해당 지역 내 산업 설비(해주시 남단)는 38선 이북으로 간주함. 용당포반도 끝에 38선 표지를 설치함
3. 소련의 영구 초소: (38선 이남에 위치한) 8개 지역의 소련군 초소를 영구 건물로 특별 인정함. 이는 1946년 5월 제1차 예비조사단의 합의 사항임
4. 연백댐: 연백댐에 대해선 협정이 없었음. 연백댐은 38선 이북 지역이며, 소련측은 별도의 회담으로 문제를 다루자고 함
5. 토지소유자: 38선 이남북에 농지를 소유한 농민들의 경작과 추수를 위한 38선 월경에 아무 장애를 조성하지 않을 것[161]

회의에서 가장 문제가 되었던 점은 옹진댐과 농민들의 월경 문제였다. 옹진댐은 옹진군 은동리에 위치한 관개용 저수지로, 수문과 관개시설은 38선 이북에 위치한 반면 실제 사용자는 38선 이남 농민들이었다. 협상 과정에서 미군 측은 옹진댐의 관할권을 미국에게 넘기라고 요구했지만, 소련군측은 자신들에게 시설물·토지의 양도 같은 권한이 부여되지 않았다고 거부했다. 소련은 무제한 물 공급을, 미국은 정확한 물 값 보상을 약속했지만, 합의는 지켜지지 않았다. 정치적 대결이 지속되면서 단수(斷水)-통수(通水)가 반복되었고,

---

160) HQ, USAFIK, *G-2 Weekly Summary*, no.87(1947. 5. 15); "Agreement" 10 May 1947. Subject : Final Agreement, US-USSR Joint Survey of the 38° Parallel, G. H. Huppert, Co, US Survey Party to Commanding General, XXIV Corps, 10 May 1947.
161) HQ, USAFIK, *G-2 Weekly Summary*, no.87(1947. 5. 15).

갈등이 심화되었다. 옹진 은동리저수지를 둘러싼 갈등은 1948년에 이르러 남북 간의 총격전과 댐 폭파 시도가 있을 정도로 격화되었다.

농민 월경 문제는 회담에서 이틀 동안 논란이 되었다. 소련은 해당농민이 거주하는 마을 범위 내에 있는 토지에 한해서만 월경을 허용하자고 주장했고 미국은 이에 반대했다. 미국은 ① 다수의 농민이 거주마을 외부에 농지를 갖고 있으며, ② 합동조사단이 마을의 경계가 정확히 그려진 지도를 보유하고 있지 못하다고 반박했다. 대신 미국은 ① 경계선 너머에 농지를 보유한 농민의 무제한 월경을 허용하거나, ② 해당 농민들의 남북 경계선 1km 이내 월경 허용을 제안했다. 소련측은 이를 모두 거부했으며, 특히 ②번 제안은 실질적으로 2km의 경계선 문제를 발생시킬 것이란 점을 들어 반대했다. 그 결과 최종적으로 가장 자유주의적인 방안으로 위의 제5항을 채택했다.

몇 건의 경우 상호 간에 양보가 필요한 지형이 존재해, 해당 지역에 거주하던 주민들은 남이나 북으로 철수해야 했다. 38선이 마을을 관통한 지역 가운데 난천리·매곡리·용당리(용당포)·수현마을·온신동·연곡리·장승대·추양리 등은 38 이북으로, 여동마을·황장리·우묵동·오달동·만두미·구만동·장구리·장여리 등은 38 이남으로 간주되었다.[162]

미군측 조사단원은 "거의 모든 경우에서 이러한 이동은 남한에 유리한 것이었다"고 평가했지만, 남한의 우익 신문들은 소련 측에게 남한땅을 **빼앗겼다**는 식으로 보도했다.[163] 소련군과 미군은 이상과 같은 38선 합동조사단의 협정을 공식 승인했다.[164]

---

162) "Agreement," 10 May 1947.
163) 우익의 『대동신문』은 "몇몇 소련군이 춘천에 와서 미군과 함께 38선을 재조정했다고 한다. 그 결과 남한의 50개 동 이상의 건물이 북한의 것이 되었다"고 보도했다(HQ, USAFIK, *G-2 Weekly Summary*, no.85(1947. 5. 1)).
164) Letter from General G. P. Korotkov, Commanding General, Soviet Forces in North Korea to Gen. John R. Hodge, 31 May 1947; Letter, Hodge to Korotkov, 15 May 1947; "Testimony of Major George H. Huppert," 21 February 1948.

1945~48년 38선 충돌의 특징과 성격

4

인위적인 38선이 한반도에 적용되었을 때 상상할 수 있는 모든 문제들이 제기되었다.[165]

가장 큰 문제이자 다른 문제의 출발점이 된 것은 38선의 정확한 좌표 판정이었다. 미소가 보유한 지도에서 38선상에 위치한 여러 곳의 좌표가 상이했다. 미소 점령기 내내 이에 대한 완벽한 합의가 없었다. 미소 양군이 철군하고 나서 발생한 38선 충돌의 대부분은 38선에 인접한 해당 지역의 정확한 좌표에 대한 오해에서 비롯했다.

둘째는 38선 때문에 발생한 인위적이고 부자연스런 자연지형의 분할 문제였다. 옹진반도와 해주 용당포가 여기에 해당했는데, 옹진반도는 육로가 끊긴 채 미군 점령 지역이 되었고, 해주 용당포는 최남단으로 38선이 관통했다.

---

[165] 38선이 미친 일반적 정치·경제·사회적 영향에 대해서는 다음을 참조. George M. McCune and Arthur L. Grey, *Korea Today*, Harvard University Press, 1950, pp. 52~60; A. Grajdanzev, "Korea Divided," *Far Eastern Survey*, October 10, 1945.

셋째는 경제적 문제였다. 남북 간 산업의 단절로, 전기·비료·쌀·물 등 남북이 서로 필요로 하는 물자의 자유로운 왕래가 차단되었다. 식민 모국과의 단절, 일본인 기술자의 귀환, 원료·원자재 공급의 중단과 함께 남북분단은 한국의 경제적 어려움을 배가시켰다. 이러한 경제적 불편과 부자유는 미소의 협상으로 해결되기보다 대결·적대의식 속에서 점차 정치적 문제로 확대 양산되었다.

넷째는 사회적 문제였다. 교통·통신·우편·교육·행정의 단절은 물론 자유로운 통행의 단절로, 한국 역사에서 전혀 존재하지도 않았고 상상하지도 않았던 가족 이산의 불행과 고통이 시작되었다. 2백만에 달하는 월남·귀국·송환 등 대규모 인구 이동의 문제도 생겨났다.

다섯째는 군사적 문제였다. 1945년 발생한 비행기 월경, 군인 월경 등의 사소한 사건부터 1947년 중반 이후 총격전 등 무장 충돌에 이르는 군사적 문제가 발생했다. 이러한 군사적 마찰·충돌은 38선을 둘러싼 남북·미소 간의 대결 과정에서 고조된 것이었다.

미소는 38선 월경을 엄격히 제한했지만, 경계선을 따라 띄엄띄엄 세워진 경계선 표지판이나 경비 초소만으론 모든 교통을 차단할 수 없었다. 1947년의 세밀한 미소 합동조사 결과, 200마일의 38선상에 약 2.4마일마다 1개씩의 38선 표지가 설치되었으나 표지와 표지 간의 간격은 상상과 어림짐작으로만 헤아릴 수 있었을 뿐이다. 이들 초소 및 표지 사이에서는 어디서 남한이 끝나고 북한이 시작되는지 알 방법이 없었다. 또한 이는 38선의 주요 간선도로에만 표시되었을 뿐, 계곡이나 산봉우리, 하천 등 굽이치는 한반도의 구릉·산악지역을 모두 포괄한 것은 아니었다. 이것이 처음부터 커다란 분쟁의 원인이 되었다.[166]

---

166) "D. Border Incident," *Annual Progress Report for 1947*, United States Army Forces in Korea, Headquarters, Counter Intelligence Corps.

1947년 제2차 38선 합동조사를 실시하게 된 시점에서 미소는 이미 38선 문제가 매우 중요한 사안으로 부각되었음을 인식했다. 이 시점까지 발생한 대부분의 사건은 사소했고, 상호 간의 양보와 타협으로 조정될 수 있는 것이었다. 그러나 여기에 미소·남북·좌우 간의 정치·사상적 의도나 목적이 개재되면, 사소한 사건도 곧바로 심각한 국면으로 비화될 수 있는 위험성을 내포하고 있었다. 특히 1947년 중반 이후 미소·남북 간의 대결구도가 38선상의 폭력적 무장 충돌 양상으로 전환되기 시작한 점은 양측 모두에 심각한 우려를 자아냈다.

이런 맥락에서 주한미군 정보당국이 1947년 8월부터 38선에서의 충돌을 정규 보고서 항목으로 설정한 것은 정세를 정확히 반영한 것이었다. 이때부터 주한미군 정보참모부의 『주간정보요약』(G-2 Weekly Summary)은 '불법 활동'(Illegal Activities) 항목에 '경계선 사건'(border incidents)이라는 소항목을 추가했다.[167] 첫 보고에 등장한 것은 여현리, 만성리, 금몰, 형송리 등 4지역의 경계선 사건이었다. 이후 1948년에 접어들면서 '경계선 사건'은 『주간정보요약』의 주요 점검 항목으로 보고서의 첫 페이지에 등장했다.[168]

1948년에 접어들어 38선 충돌이 점차 폭력화 양상을 띠게 되자, 주한미군의 『주간정보요약』의 정보보고 형식 역시 바뀌었다. 이전의 보고들이 38선 사건들을 나열한 반면, 1948년 중반 이후의 보고들은 사건을 성격과 유형별로 구별하기 시작했다. 미군 정보당국이 나눈, 38선 충돌의 유형은 ① 한국인 대 한국인의 충돌, ② 미국인에 대한 총격, ③ 미국인에 대한 기습, ④ 경계선 위반(소련인), ⑤ 경계선 위반(한국인), ⑥ 소련인 대 한국인의 충돌 등이었다.[169]

---

167) HQ, USAFIK, *G-2 Weekly Summary*, no.101(1947. 8. 21).
168) 『주간정보요약』(*G-2 Weekly Summary*)은 1947년 말 미육군의 지시(1947. 12. 19)에 따라 1947년 12월 말부터 형식을 변경했다. 이전의 『주간정보요약』이 남한만의 정보를 다룬 반면, 이후의 『주간정보요약』은 1부(남한)와 2부(북한)로 나뉘어 한반도 전체를 다루었다.
169) 이러한 보고유형은 *G-2 Weekly Summary*, no.150(1948. 7. 30)부터 등장했다. 1948년 7월부터 주한미군 정보당국은 38선 충돌을 유형별·시기별로 통계를 내기 시작했다.

이처럼 미군은 38선상에서 발생한 제반 문제를 통칭해서 경계선 사건이라 명명했다. 내용적으로는 사건의 성격을 충돌, 경계선 위반(border violation), 기습, 총격 등으로 구분했다. 여기서 충돌은 총격전을 제외한 물리적 충돌을, 경계선 위반은 38선의 침범·월경을, 기습·총격은 말 그대로 공격 행동을 의미했다. 대부분의 경우, 경계선 위반과 경계선 사건이 복합적으로 발생했다.

가장 많은 경계선 위반의 '범인'은 남북한의 민간인이었다. 특히 38선 너머에 농토를 소유하고 있던 농민, 월남민, 해외귀환 전재민, 중국·만주·북한에서 남한으로 내려온 일본인 귀환자, 상인 및 학생 등의 여행자가 이에 해당되었다. 그러나 이러한 경계선 위반이 곧바로 '사건'이 된 것은 아니었다. 1947년 중반까지는 사소한 월경 사건이 주종을 이루었지만, 이후부터 보다 정치적이고 군사적인 폭력 충돌의 빈도가 높아졌다. 특히 군사적인 사건·충돌이 중요한 문제로 부각되기 시작했다. 북한 역시 1945~46년도에는 미군·남한군의 군사정찰이 있었을 뿐이지만, 1947년 들어 갑자기 무장 도발이 급증했다고 주장했다.[170]

북한측은 이러한 군사적 '사건'을 군사적 공격 형태의 면에서 군사정찰(육·해·공), 공격 행동(목표물 점령·소멸), 총포사격으로 구분했다. 피해의 측면에서는 민간인에 대한 폭행·학살, 납치, 가옥방화·파괴, 약탈 등으로 구분했다.[171] 이는 미소·남북이 쌍방에 대해 가한 모든 유형의 군사행동이었다. 이하에서는 주로 군사적 충돌을 중심으로 38선 충돌을 살펴보도록 하겠다.

---

170) 북한은 미군과 남한군이 1945년 말~46년 말까지 군사정찰 106회, 1947년 무장 도발 454회, 1948년 932회, 1949년 2,617회, 1950년 1,147회를 저질렀다고 주장했다(차준봉, 앞의 책, 40~41, 62, 75, 110쪽).
171) 차준봉, 앞의 책, 41쪽; 資料 36. 「三·八연선 무장 충돌 조사결과에 관한 조국통일민주주의전선 조사위원회 보고서」〔國史編纂委員會(1988), 『北韓關係史料集』 Ⅵ〕.

1. 1945~47년 : 점진적 고양

미소 점령기 38선 충돌은 크게 두 시기로 구분된다. 첫번째 시기는 1945~47년이며, 두번째 시기는 1948년이다. 이러한 소시기 구분의 가장 큰 차이는 1945~47년에는 비정치적이며 사소한 충돌이 지배적이었던 반면, 1948년에 접어들면서 충돌의 양상이 점차 정치적이며 군사적인 성격으로 전환되었다는 점이다. 두번째 차이는 1948년이 되면서 한국인들이 충돌의 주역으로 전면 등장하게 되었다는 점이다.

1947년 5월 주한미군 정보참모부는 "38선이라는 비자연적 경계선"의 작동 이래 "사소한 사건들"이 야기되었다며, 그 사소한 사건들을 다음과 같이 정리했다.

> (1) 많은 경우 이쪽에 거주하는 농민이 저쪽에 땅을 소유해서 경계선을 넘어 경작해야 했기 때문에 (사소한 사건들이) 발생했다. 농부들은 곡물을 추수하려 했고, 많은 경우 경찰에 의해 체포되고 곡물을 압수당했다. (2) 나아가 몇몇 비공식적인 민간인, 경찰, 일부 사례에선 러시아 병사들로 구성된 약탈단이 38선 이남으로 내려왔다. (3) 또한 때때로 남한 경찰 및 민간인 역시 유사하게 북으로 올라갔다고 보고되었다. 이러한 급습과 체포는 상당한 불안감을 조성했고 때로는 **간헐적인 총싸움**을 야기했다. 이러한 **총싸움은 단지 가끔 사상자**를 내곤 했다. (번호 및 강조는 인용자)[172]

즉 1947년 중반까지의 38선 충돌이 주체별로는 (1) 농민, (2) 북한 경찰·민간인·소련군, (3) 남한 경찰·민간인들의 월경 때문에 발생했고, 원인별로는 인위적 분할로 농지가 경계선 너머에 위치한 농민들의 경작상의 문제가

---

172) HQ, USAFIK, *G-2 Weekly Summary*, no.85(1947. 5. 1).

가장 컸으며, 총싸움은 '간혹' '가끔 사상자'를 내는 수준에 불과했음을 알 수 있다.

미군 정보당국은 이런 사건들이 발생한 기본적인 원인을 "한국인들이 이 상상 속 경계선의 실제 위치를 일반적으로 오해" 했기 때문이라고 판단했다.

1945년

미소가 진주한 직후인 1945년에는 38선의 정확한 위치 판단이 어려워 비행기와 순찰대 등의 월경 사건이 발생했다. 9월 26일 치스차코프는 미군 비행기의 38선 이북 침범에 항의했고, 하지는 미군기의 38선 이북 비행을 금지시키는 한편 위반자 처벌을 경고했다.[173] 한편 10월 2일 두 대의 미군기가 북한에 착륙했고, 10월 24일 소련 비행기가 개성에 불시착했다. 우호적 분위기에서 사태는 수습되었고, 비행기와 조종사는 곧 석방되었다.

진주가 시작된 이후 미소 양군은 초소를 설치하기 시작했고, 주요 간선도로에 도로차단기가 설치되었다. 양측 모두 각각 20여 개의 초소를 설치했다.

1946년

1946년 1차 미소공위가 개막되자 미소 양측은 서울과 평양에 각각 군사연락단을 파견했고, 유선전화와 무선통신을 유지했다. 또한 38선상에서 수많은 경계선 위반과 경계선 사건이 발생했지만, 심각한 군사적 충돌이나 긴장·갈등을 초래하지는 않았다. 가장 많이 발생한 사례는 미소 경계병의 순찰 과정에서의 월경과 항공기의 월경이었으나 총격을 포함한 무장 충돌은 없었다.[174]

---

173) *HUSAFIK*, part 2, chapter 4, pp. 274~275.
174) 1946년도의 38선 분쟁에 대해서는 *HUSAFIK*, part 2, chapter 4, "Trouble on the 38th" 참조.

1946년 5월 미소 간의 제1차 38선 합동조사가 실시되어 21개소의 주요 간선도로에 38선 표지판(경계선 표지판)이 설치되었다. 38선 표지판의 설치에도 불구하고 38선에서 상호 침범 및 사건이 발생하자 미소 양군은 서한을 통한 항의와 비난전을 격렬하게 전개했다. 그러나 군사적 긴장관계는 존재하지 않았다.

미소 간의 유일한 총격전은 7월 1일 배천에서 발생했다. 그러나 하지는 미군 순찰대가 실수로 38선을 월경한 데 대한 소련군의 발포사건이라며 소련군 측에 사과하고 책임자인 미군 대대장을 해임했다.[175]

1947년

1947년 4월 제2차 38선 합동조사가 실시되어, 83개 지점에 38선 표지판이 설치되었다. 38선 이남 1km 이내의 마을 63개소, 38선 이북 1km 이내의 마을 66개소에 표지판이 설치되었다. 38선상 및 1km 이내 총 212개소의 지점에 38선 표지가 설치되었음에도 불구하고 경계선 침범 및 사건은 줄어들거나 종식되지 않았다.

1947년의 대표적인 38선 충돌은 소련군 병사 2명의 사망사건(경기도 개성 눌목지서, 1947. 3. 18),[176] 소련군의 미군 병사 3명 억류사건(경기도 여현, 1947. 8. 12)[177] 등이었다.

소련군 병사 2명이 사망한, 3월 18일의 사건은 경기도 장단군 율남면 눌목리 산직동(옥심동)에서 발생했다. 개성경찰서 눌목지서의 경찰 2명이 소련군

---

[175] 『조선일보』 1946. 8. 24; 梁寧祚(2000), 『韓國戰爭 以前 38度線 衝突 1945~1950』, 國防軍史硏究所, 121~122쪽.
[176] HQ, USAFIK, *G-2 Weekly Summary*, no.82, no.93(1947. 6. 26); *CIC Semi-Monthly Report*, no.7(1947. 3. 31), p. 10; 『조선일보』 1947. 3. 18, 3. 20.
[177] HQ, USAFIK, *G-2 Weekly Summary*, no.101(1947. 8. 21); 『경향신문』 1947. 8. 22.

병사 2명을 사살했다.[178] 사건의 경위를 둘러싸고 미소 양측 간에 논란이 빚어졌다. 소련군의 항의에 따르면, 이들은 38선을 따라 정규 순찰 활동을 벌이던 중, 38선을 월경한 한국인들을 발견하고 이들을 무장해제·체포하려다, 총격을 당했다는 것이다.[179] 반면 미군정의 조사에 따르면, 소련 병사가 38선 이남에서 쌀을 가져가려다 남한 경찰에 체포되었고, 이 과정에서 먼저 총격을 가하다 사망했다는 것이다. 소련의 요구에 따라 합동조사위원회가 구성되었다.[180]

산직동 사건은 이후 미소 간에 진행된 '진실게임'의 원형 같은 것이었다. 한 사건에 대한 미군과 소련군의 설명이 상이했고, 상호 비난과 서한전이 전개되었다. 그럼에도 불구하고 미소 양군은 합동조사를 통한 합리적 해결방안을 모색했다. 상대방에 대한 이해와 인정이 전제되지 않는 한, 양측이 인정할 수 있는 진실의 추구는 어려운 것이었다. 이후 남북 간에 사건이 발생했을 때, 이는 곧바로 막다른 골목을 향했다. 비난·항의 서한은 존재하지 않았고, 합동조사와 진상파악 역시 불가능했다. 사건은 각자의 주관적 입장에 따라 해석되었고, 증오와 폭력으로 증폭된 항의·보복으로 이어졌다.

한편 1947년 8월 12일 미군 병사 3명이 북한경비대에 억류되었다. 이들은 여현 근처에서 서울-평양 간 전화선을 따라 순찰 중이었다. 소련군은 이들에게 38선 이북 침범혐의와 소련 군사시설 촬영혐의를 적용했다.[181] 이들은 협상 끝에 석방되었다.

이외에도 북한경비대의 남한 부락 습격과, 남한 청년단들의 북한 지역 습격 및 보복 등의 악순환이 이어졌고, 미소 양 주둔군 사령관의 항의 및 비난서

---

178) HQ, USAFIK, *G-2 Weekly Summary*, no.80(1947. 3. 27).
179) "Unconfirmed Report of Soviet Version of the Death of two Soviet Military Personnel," incl #3, HQ, USAFIK, *G-2 Weekly Summary*, no.80(1947. 3. 27).
180) HQ, USAFIK, *G-2 Weekly Summary*, no.96(1947. 7. 17).
181) HQ, USAFIK, *G-2 Weekly Summary*, no.102(1947. 8. 28).

한전이 계속되었다.[182]

그런데 미971CIC파견대가 지적했듯이, 미군과 소련군 간에는 군사적 충돌이나 분쟁이 거의 없었다. 미군과 소련군이 개입한 경우, 양측 지휘관의 명령하에 대체로 우호적인 분위기에서 사태가 수습되었다. 양측은 '상대를 건강한 존경심'으로 대했고, 포로는 늘 곧바로 석방되었다.

문제는 남북한 병력 간, 미군-북한경비대·북한군 간, 소련군-남한 경찰·청년단 간에 발생했다. 이 경우, 무수한 총격전과 경계선 침범 사건으로 사건이 격화되었다.[183] 미군정은 1946년 중반부터 38선 일대의 경비를 위해 경찰병력을 증강했고, 경찰은 서북청년단·대동청년단 등을 일종의 의용군·예비군으로 활용했다. 소련 역시 38선 경비업무를 38경비대에게 담당시키면서 한국인을 매개로 한 남북(南北)·북미(北美)·남소(南蘇) 간의 무력 충돌은 격화되었다. 가장 많은 대결의 쌍방은 남한 경찰-소련군·북한경비대의 경우였다.

제2차 미소공위를 전후한 1947년 중반은 38선에서 발생하는 경계선 침범·충돌 사건이 점차 한국인들에 의해 폭력적인 양상으로 주도되는 경향을 분명히 보여준다. 남북한의 경찰병력과 청년단 등이 이를 주도했다. 북한은 1947년도에만 미군·남한이 무장 도발 454회, 공격 행동(대상 점령·소멸 목적) 246회, 군사정찰 46회, 총포사격 162회를 감행했다고 주장할 정도로 갈등이 고조되었다.[184]

한편 1947년 평안북도인민위원회 내무부장 김종용(金宗龍)이 작성한 비밀보고에 따르면, 1947년 5월 현재 황해도의 월경자는 매일 평균 3,500여 명에

---

[182] 남한에 주둔했던 971CIC지대의 *Annual Progress Report for 1947*(1947년 연례경과보고서)는 1947년도에 발생한 소련군의 월남 사건 4건, 소련군의 미군 억류 사건 2건, 북한보안대의 월경 사건 2건 등을 보여준다(USAFIK, HQ, 971st CIC Detachment, *Annual Progress Report for 1947*, "D. Border Incidents").
[183] USAFIK, HQ, 971st CIC Detachment, *Annual Progress Report for 1947*, "D. Border Incidents."
[184] 차준봉, 앞의 책, 41쪽.

달했으며, 1947년 2~3월 간 남한 경찰의 월경내습이 188회, 미군의 월경이 43회 등 합계 231회로 집계되었다.[185]

1947년 중반은 이전 시기와 다른 방향으로 38선 충돌이 진행되는 분수령이자 전환점이었다.[186] 그 때문에 1947년 9월 방한했던 미 육군차관 윌리엄 드레이퍼(William H. Draper)는 9월 24일 토성 부근 38선을 시찰했고,[187] 주한 미군 사령관 하지 역시 군정장관 딘을 대동하고 11월 11일 38선을 처음으로 시찰했다.[188] 이후 1950년 6월 중순 미 대통령특사 덜레스(Dulles)의 방문에 이르기까지 38선은 한국을 방문하는 미국 고위관리들의 필수방문 코스로 지정될 만큼, 한국 문제의 핵심이자 미소 대결의 최전선으로 부각되었다.

1947년 들어 또 하나 부각된 점은 미소 양측이 38선 분단으로 생긴 경제적인 문제를 정치적으로 활용하기 시작했다는 점이다. 이러한 경제적 어려움은 실무적인 합의로 해결될 수 있는 성질의 것이었지만, 미소 양측의 대결의식과 정치적 의도 속에서 남북한 간의 적대의식과 분단의식을 강화하는 기제로 작용했다. 대표적인 두 가지 사례는 (1) 전력요금 문제, (2) 연백저수지로 통칭되는 구암(鳩岩)·예의(禮儀)저수지 문제였다. 두 문제는 1년 뒤인 1948년 4월 김구·김규식이 남북협상에서 북한의 김일성·김두봉과 협의할 정도로 중요한 문제로 부각되었고, 남한의 단독선거와 함께 협력이 단절된 문제였다.

---

185) 「황해도 내무부사업에 대한 諸點」(평안북도인민위원회 내무부장 金宗龍→북조선인민위원회 내무국장)(平北內護 제390호, 1947. 5. 23), 국사편찬위원회(1990), 『北韓關係史料集 IX: 1946~1950年』, 391쪽.
186) 북한은 원래 1949년부터 38선 충돌이 격화되었다고 주장했다〔「三·八연선 무장 충돌 조사결과에 관한 조국통일민주주의전선 조사위원회 보고서」(一九四九·十○·八 제8차 상무위원회)〕; 『조선중앙연감(1951~1952)』(조선중앙통신사, 1952; 1953년 東京 東方書林, 飜刻版, 338~339쪽). 그러나 최근 들어 북한은 1947년부터 미국이 38도 연선에서 '작은 전쟁'을 도발했다고 주장하기 시작했다〔차준봉(1993), 앞의 책, 38~61쪽; 허종호(1993), 앞의 책, 82~84쪽〕.
187) 드레이퍼는 1947년 9월 22일부터 25일까지 방한했다(『동아일보』 1947. 9. 27).
188) 『조선일보』 1947. 11. 12.

전력 문제

38선이 결정된 이후 발생한 경제 문제 중 남한에게 가장 중요했던 것은 바로 전력 문제였다. 대규모의 수력·화력발전소가 없었던 남한 경제의 생존은 바로 북한의 전력송전에 달려 있었다. 남한이 의지할 수 있는 유일한 산업분야였던 농업에 필요한 비료 역시 전력생산에 달려 있었다. 수력발전이 불가능했던 남한 현실에서 가장 현실적 방안은 석탄 화력발전소의 건설이었다. 이 때문에 한국정부 수립 이후 미국으로부터 발전선(發電船)의 도입, 석탄광산의 개발, 비료의 도입 등에 중점이 두어졌다. 전기-비료-농업-석탄으로 이어지는 순환적 산업구조였다.

해방 직후부터 북한의 대남송전은 전기요금 문제를 둘러싸고 예각화되어 가고 있었다. 1946년 3월 소련은 그 동안 남한에 공급된 2억 2천만kw의 전력의 대가를 미곡으로 지불할 것을 미군정에 요구했다. 만약 지불하지 않을 경우 전력공급을 차단하겠다고 위협한 바 있다.[189] 남한은 전기와 비료가 필요했고 북한은 쌀이 필요했다. 자연스럽던 단일경제가 인위적으로 분단되고, 경제자원들이 미소 양군의 정치적 의도에 의해 일종의 무기로 활용됨에 따라 상황은 더욱 악화되었다.

1947년 3월 19일 김일성은 북조선인민위원회 위원장 자격으로 브라운 소장에게 편지를 보내, 해방 이후부터 1947년 1월 말까지의 전력요금 미화 462만 달러의 정산을 요구했다.[190] 김일성은 4월 1일까지 요금을 지불하지 않으면 4월 15일 자정부터 송전을 중단할 것이라고 위협했는데, 편지는 데드라인 나흘 전에 전달되었다.[191] 소련의 정치적 의도는 분명했다. 트루만독트린으로

---

189) Polad in Korea(Langdon) to Secretary of State, 19 March 1946, "Summary of Conditions in Korea, February 15th through March 14th," FRUS, 1946, vol. 8, pp. 651~652.
190) 정확한 액수는 462,624,934.32달러였다. HQ, USAFIK, G-2 Weekly Summary, no.91(1947. 6. 12).
191) Letter, Kim Il Sung to Major General Brown, 19 March 1947.

대소봉쇄와 냉전이 선포되었지만, 다른 한편으로는 제2차 미소공동위원회의 개최를 앞두고 미소 간에 긴밀한 협의가 진행되던 순간, 김일성이 북한정권의 수반으로 내세워진 것이었다. 전력대금을 내세워 북한정권에 대한 인정을 요구했던 것이다.

하지는 소련군에 항의하고 미소 간에 문제를 풀자고 했지만, 코로트코프는 북조선인민위원회가 '북한의 민주당국'이며 중요산업 국유화 조치로 전력은 북조선인민위원회의 관리대상이라고 답했다.[192]

우여곡절 끝에 1947년 6월 17일 미소·남북 간에 전력협정이 체결되었다.[193] 북한은 미곡이나 변전기·발전모터 등의 현물상환을 원했고, 미군정은 남한 생산물품을 제공하기로 했다. 7차례에 걸쳐 현물이 북한에 선적(船積)되었고, 1947년 6월 1일 이전에 북한이 제공한 전력요금의 35%가 청산되었다. 그렇지만 상환물자의 종류·양·가격·환율을 둘러싼 논란 끝에 1948년 5월 14일 단전이 되었다.[194]

김구·김규식은 남북협상에서 대남 송전의 지속을 요청했고 김일성은 이를 수용했다. 그러나 이는 단지 정치적 제스처에 불과했다. 소련군은 단전이 남한의 5·10선거와 무관한 전력대금 미지불의 결과였다고 주장했지만, 이는 분명한 정치적 의도를 담은 것이었다. 미군정은 북조선인민위원회를 인정할 수 없다며 소련군에게 협상을 제안했지만, 소련군은 미군과 북조선인민위원회 간의 중개역할을 할 수 없다고 거부했다.[195]

한편, 1948년 한국정부가 수립되었을 당시 한미 간 이양된 재정·재산 내역에 따르면, 미군정은 결국 북한측에 지불하지 않은 전력대금으로 총 692만

---

192) Letter, Korotkov to Hodge, 31 May 1947.
193) HQ, USAFIK, *G-2 Weekly Summary*, no.93(1947. 6. 26).
194) 이에 대해서는 다음을 참조. 류승주(2001), 「1946~1948년 남북한 전력수급교섭」, 『역사와현실』 40, 한국역사연구회; 김보영(1996), 「8·15 직후 남북한 간의 전력교역」, 『경제사학』 20호, 경제사학회.
195) Letter, Merkulov to Hodge, 15 June 1948; 26 July 1948.

달러를 보유하고 있었다.[196]

구암·예의저수지(연백저수지)

38선 이북 1km 지점에 위치한 구암(鳩岩)·예의(禮儀)저수지는 38 이남 연백평야 1만 3,000여 정보에 농업용수를 제공했다. 1937년 조선총독부가 건설했고, 자금은 조선총독부·조선은행·조선식산은행이 제공했다. 25만 명의 농민이 연간 80만 석의 쌀을 생산하는 연백평야는 총 3만 5,000정보에 달했는데, 그중 1만 2,445정보가 전적으로 구암·예의저수지에 농업용수를 의지했다.

1946년 늦봄 소련은 연백저수지의 물 공급을 중단하고 대가를 요구했다. 소련군사령부의 샤닌 장군은 미군 연락장교에게 물 값 지불을 요청했지만, 대가 없이 6월 19일 물 공급이 재개되었다.[197]

1947년 5월 13일 소련군은 1945~46년 간 연백저수지의 물 값 및 저수지 보수비용을 북조선인민위원회에 지불하라고 요구했다.[198] 미소 양 군정 대표와 남북한인 대표 및 기술자 들이 여러 차례 회동했는데, 북한은 저수지로 인한 토지매몰 면적 2,729정보에 농사를 지을 경우, 수확할 수 있는 미곡예상량까지 포함한 물 값으로 매년 1만여 석의 미곡을 요구했다. 미군정은 터무니없는 요구라고 일축했다.[199]

1947년 6월 하지는 1945년의 물 값은 못 주겠지만, 1946년부터의 물 값으로 연간 150톤의 미곡을 제공하겠다고 통보했으나, 북한은 매년 1,500톤씩 1945~47년 간 총 4,500톤의 미곡을 내라고 요구했다.[200] 양자가 인식하는 물

---

196) 미군정은 북한전력청산보유액(北韓電力淸算保留額) 2,029,900달러(재산)와 북한전력청산액 4,890,800달러(채무지불계정) 등 총 692만 700달러를 보유하고 있었다(『한성일보』 1948. 12. 10).
197) *HUSAFIK*, part 2, chapter 4, p. 268.
198) Letter, Hodge to Korotkov, 17 May 1947.
199) 『동아일보』·『조선일보』 1947. 5. 28.
200) Letter, Hodge to Korotkov, 16 June 1947; Letter, Kim Il Sung to Hodge, 7 July 1947; HQ,

값의 차이가 무려 10배에 달했던 것이다.[201]

보다 중요한 점은 1947년 중반부터 북조선인민위원회가 소련군 대신 직접 미군정을 상대로 채무 상환을 요구한 사실이었다. 김일성은 1947년 5월 23일 북조선인민위원회 위원장 명의로 편지를 보낸 이래, 5월 27일, 7월 7일 연달아 편지를 보냈다.[202] 김은 7월 7일자 편지에서 7월 20일까지 물 값을 제공하지 않으면 수로를 차단하겠다고 위협했고 실제로 수로를 차단했다. 하지는 '김일성괴뢰'의 행동에 격분했다.

소련군은 전력요금과 마찬가지로, 1947년 5월 이후 김일성과 북조선인민위원회를 정식 정권기관으로 내세우고, 뒷짐을 진 채 물러나 있었다. 이에 맞서 미군정은 요금을 조정할 의사도, 북조선인민위원회를 인정할 의사도, 쌀이 부족한 북한의 요구를 수용할 의사도 없었다.[203]

연백저수지 문제는 이후로 매년 단수와 송수를 반복하며 남북 간의 핵심 쟁점으로 떠올랐다. 1948년 4월 김구는 남북협상시 전력 문제와 함께 연백저수지 문제를 언급했고, 연백농민들은 직접 월북해서 북한당국에 호소하고 수세를 낸 뒤에야 간헐적인 물 공급을 받을 수 있었다.[204] 양측이 미곡 150톤에서 1,500톤까지 물 값을 놓고 대립했지만, 북한에 제공된 실제 분량은 1948년 추수분 600석에 불과했다.[205]

두 사례의 공통점은 미군정이 소련군 혹은 북조선인민위원회에 채무를 지고 있었으며, 소련군은 막대한 요금을 요구했고 미군정은 이를 거부했다는 사

USAFIK, *G-2 Weekly Summary*, no.102(1947. 8. 28).
201) 하지는 해방 이전 저수지 유지비용이 매년 1만 엔으로, 현 시가로 환산해 쌀 30톤에 불과하다고 판단했다(Letter, Hodge to Korotkov, 10 July 1947).
202) HQ, USAFIK, *G-2 Weekly Summary*, no.96(1947. 7. 17).
203) Letters, Hodge to Korotkov, 17 May, 4 June, 16 June, 10 July; Letters, Korotkov to Hodge, 20 June, 10 September 1947; 『동아일보』 1947. 9. 19.
204) 『동아일보』 1948. 1. 25, 6. 4, 7. 1, 7. 9; 『조선일보』 1948. 6. 27.
205) 『조선일보』 1949. 5. 3.

실이다.

　소련군은 북조선인민위원회를 북한정권기관으로 인정해 미군정의 상대역으로 내세움으로써 협상 과정에서 미군정이 북조선인민위원회를 사실상의 정권기관으로 인정하게 하려는 정치적 목적을 추구했다. 또한 부족한 발전용 기재 및 미곡 등을 남한에서 보충할 경제적 목적을 갖고 있었다. 북한과 소련군은 문제를 실무적으로 해결하는 자세보다 단전·단수 위협과 요금 과다청구를 통해 미군정의 정치적 입지를 좁히는 전술을 택했다. 나아가 북한은 남한 선거가 실시되자 대금 미청산을 이유로 단전·단수를 단행했다.

　미군정은 북한의 주장을 경제적 협상의 문제가 아닌 정치공세로 파악했다. 미군정은 북한이 필요로 하는 미곡을 제공하거나 정치적 승인을 할 의사가 추호도 없었다. 미군정은 요금을 지불하거나 협상으로 요금을 현실화하는 대신, 소련과 북한이 경제적으로 남한을 위협하고 있다고 폭로했다. 미군정은 쌀이나 부속품 대신 북한이 선택할 수 없는 미 달러화 청산방법을 제시하는 등 공격적 자세를 견지했고,[206] 전력·관개용수를 단절시킴으로써 북한의 호전성과 반민족성을 부각시키고자 했다. 결국 미소 양측은 전력·관개용수 대금 문제를 단순한 채권·채무의 문제가 아니라 상대방을 정치적으로 공격하기 위한 것으로 활용했다.

2. 1948년 : 남북갈등의 격화와 전환

1948년의 특징

1947년 중반부터 38선상의 충돌 및 관련 문제 들이 점차 정치·군사적인 색채가 강해지기 시작했고, 1948년 들어 38선상에서의 충돌은 분명 미소 간의 분

---

206) Letter, Hodge to Korotkov, 1 December 1947; Letter, Hodge to Korotkov, 22 March 1948.

□ 표 II-7 **38선 충돌(1947. 8~1948. 11) 현황 II: 월별**

	1947년					1948년											
	8월	9월	10월	11월	12월	소계	1월	2월	3월	4월	5월	6월	7월	8월	9월	10월	11월	소계
횟수	6	12	17	16	6	57	6	10	6	19	26	31	20	14	17	15	6	170

※ 출전 HQ, USAFIK, *G-2 Weekly Summary*, 1947~1948.

쟁이 아니라 남북 간 분쟁의 성격이 명확해지기 시작했다.

특히 1948년 발생한 38선상의 갈등·분쟁 들은 이전의 주요 교통로, 마을 등 평지에서 점차 구릉과 산악지대로 옮겨가는 양상을 보여주었다. 총 212개의 38선 표지가 존재했지만, 38선 전역에 철조망을 치지 않는 한 모든 사람이 정확하게 38선의 위치를 인식하는 것은 불가능했다.

1948년 5·10선거 이후 남북한에 적대적 정부 수립이 명백해지자 38선 충돌은 급격하게 증가했다. 주한미군 정보당국 역시 이 시점부터 본격적으로 38선 충돌 데이터를 수집하기 시작했다. 현재 남아 있는 데이터는 1947년 8월부터이며, 주별 현황을 알 수 있다.[207)]

주한미군이 파악한 38선 충돌 현황은 1947년 8월부터 1950년 한국전쟁 이전까지 존재한다. 1947년 8월부터 1948년 11월까지는 주한미군사령부 정보참모부가 간행한 『주간정보요약』에 주간별 현황이 기록되어 있다. 1949년 1월부터 1950년 6월까지는 주한미대사관 무관부가 발행한 『합동주간분석』에 주간별 현황이 실려 있다. 주한미군 정보참모부 당국에 보고되지 않은 건수를 제외하고는 대부분 38선 충돌과 관련한 현황이 파악되었을 것으로 판단된다.[208)]

---

207) 이 시기 주별 38선 충돌(1947. 8~1948. 11) 현황은 이 책의 「부록」〈별표 2〉를 참조.
208) 1949년 11월부터 1950년 6월까지의 주간별 38선 충돌현황은 이 책의 「부록」〈별표 3〉에 수록되어 있다. 아래에서 제시되는 일부 통계의 경우 월별 충돌건수와 다른데, 그 이유는 주한미군 정보당국의 통계가 주간별 통계이므로, 월말~월초의 통계가 어떤 경우에는 전달로, 어떤 경우에는 다음달로 집계되었기 때문이다.

□ 그래프 II-1 **38선 충돌(1947. 8~1948. 11) 현황 II: 월별**

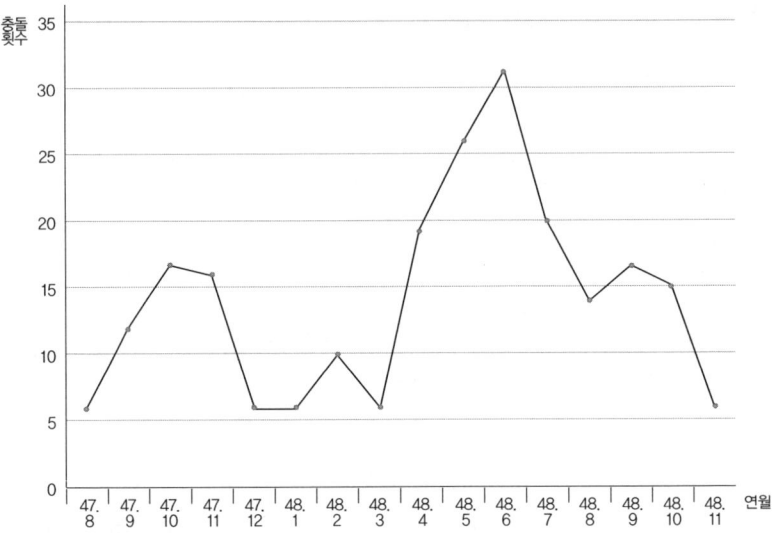

〈그래프 II-1〉에서 알 수 있듯이, 우선 38선 충돌은 선거가 실시된 1948년 5월과 그 직후인 6월 최고조를 이루었다. 이는 5·10선거와 관련된 충돌임이 분명했다. 1948년 초까지 38선 충돌은 월 10회 미만이었지만, 선거 전달인 4월에 접어들어 19회로 급상승했고, 5월에는 26회, 6월에는 31회로 치솟았다. 미소 역시 이 시점에서 비난과 서한전을 벌였다. 하지는 5월 29일과 6월 2일 소련군에 항의서한을 보냈는데, 이는 5월 말~6월 초 38선상에서 미군에 대한 공격이 집중된 데 대한 항의였다.[209] 이에 맞서 소련군 사령관은 5월 3일부터 29일 간 미군과 남한 경찰이 38선 침범을 17건 했다고 항의했다.[210]

---

209) HQ, USAFIK, *G-2 Weekly Summary*, no.142(1948. 6. 4). 이 주에만 미군은 북한경비대의 총격을 5차례나 받았다.
210) HQ, USAFIK, *G-2 Weekly Summary*, no.145(1948. 6. 25).

둘째, 그렇지만 5·10선거 일정이 종료되자 38선상의 충돌은 이전처럼 줄어들어, 7월 20건, 8월 14건, 9월 17건, 10월 15건을 지나 11월에는 6건으로 잦아들었다.

셋째, 1949년의 사례를 염두에 둔다면 다른 해석도 가능하다. 1948년 5~6월의 폭발적 증가가 정치일정과 연결된 것은 분명하지만, 다른 한편으로는 계절적 추이가 반영되었을 가능성도 있다. 즉 위장과 은폐가 가능한 녹음기에 38선 충돌이 격화되었다, 늦가을 이후 잦아드는 양상을 보였는데, 이는 빨치산의 경우에도 마찬가지였다.

충돌횟수의 변동 외에도 1948년을 특징짓는 것은 충돌의 성격이었다. 현재 주한미군 정보당국이 38선 충돌의 월별·성격별 구분을 해서 집계한, 1948년 6월~11월까지의 38선 충돌 데이터가 남아 있다. 38선 충돌 데이터는 이전부터 존재했지만, 주한미군 정보참모가 이 시점부터 성격별 분류를 하게 된 이유는 크게 두 가지로 해석된다. 첫째는 충돌의 강도·횟수의 증가 때문이었다. 둘째는 이 시점부터 정보당국이 38선 충돌 보고에 대해 정보평가를 실시했기 때문이다. 즉 이전의 정보들은 평가되지 않은 채 정보보고서에 수록되었지만, 이 시점부터는 정보원 및 정보의 신뢰도를 평가하기 시작했기 때문이다.[211]

〈표 II-8〉에서 몇 가지 중요한 사실을 알 수 있다. 첫째 38선 충돌의 가장 많은 주체는 한국인 대 한국인, 즉 남북한 간의 충돌이었고, 총 53건으로 집계

---

211) HQ, USAFIK, *G-2 Weekly Summary*, no.143(1948. 6. 11). G-2의 일반적인 평가기준은 다음과 같다. ① 제공자(source)의 신뢰등급: A. 완전히 신뢰할 수 있음(completely reliable), B. 통상 신뢰할 수 있음(usually reliable), C. 상당히 신뢰할 수 있음(fairly reliable), D. 통상 신뢰할 수 없음(not usually reliable), E. 신뢰할 수 없음(unreliable, improbable), F. 판단불가(cannot be judged, reliability unknown). ② 첩보(information)의 신뢰등급: 1. 다른 원천에서 확인(confirmed by other source), 2. 아마 사실일 것(probably true), 3. 사실일 수 있음(possibly true), 4. 사실인지 의심됨(doubtfully true), 5. 사실이 아님(improbable), 6. 판단불가(truth cannot be judged). 이런 제공자와 첩보의 신뢰등급은 A-1, B-2 등으로 표시되었다. 38선 충돌은 대부분 B-2, B-3급의 신뢰할 수 있는 정보를 수록했다.

□ 표 II-8 유형별 38선 충돌(1948. 6~1948. 11)

경계선 사건	6월				7월				8월				
	4-11	11-18	18-25	25-2	2-9	9-16	16-23	23-30	30-6	6-13	13-20	20-27	27-3
한국인 대 한국인	4	6	4	6		2	3		3	2	3	2	4
미군에 대한 총격		1	2			1	2	1		1	1		
미국인 습격								1					
소련의 38선 위반						1							
한국의 38선 위반	2	1		1				1		1			
소련인 대 한국인	1											1	1
합　　계	7	8	6	7		4	6	2	3	4	4	3	5

경계선 사건	9월				10월				11월				합계
	3-10	10-17	17-24	24-1	1-8	8-15	15-22	22-29	29-5	5-12	12-19	19-26	
한국인 대 한국인	3	1	2		2	1			1	1	2	1	53
미군에 대한 총격	1	1	2	6	1	2							22
미국인 습격													
소련의 38선 위반	1												2
한국의 38선 위반		1	1	2						1			11
소련인 대 한국인													3
합　　계	5	2	5	7	5	3			1	1	3	1	92

※ 출처 HQ, USAFIK, *G-2 Weekly Summary*, no.167(1948. 11. 26).
※ 비고 소련의 38선 위반·한국의 38선 위반에는 총격사건이 포함되지 않았음.

되었다. 반면 소련인 대 한국인(남한)의 충돌은 총 3건에 불과했고, 미국인 대 한국인(북한)의 충돌은 없었다고 집계되었다. 이를 통해 한국정부 수립을 계기로 남북한의 대결이 본격화되었음을 알 수 있다. 971CIC파견대의 판단에 따르면, 이미 1947년부터 "남한 경찰과 북한경비대가 수다히 조우해서 수 시간 동안 지속되는 싸움"을 벌이고 있었다.

둘째, 미군에 대한 총격건수가 1945~47년에 비해 현저히 증가했다. 1947년의 총격건수가 손에 꼽힐 정도였던 반면, 1948년 이후 총격건수는 매달 수회씩으로 위의 기간 동안에만 총 22건이 집계되었다. 이는 소련군이 38선 경계임무를 북한경비대에 인계한 것과 관련이 있을 것이다. 38선 경비를 담당하던 미7사단의 정보참모·작전참모가 1948년 6월 2일 제31·32보병연대장에게 내린 지시에 따르면, 점령 초기 소련군의 전초(前哨)가 미군 전초에 매우 근접해 있었으나 점차 일정한 거리로 물러났는데, 그 이유는 미군·남한 경찰과의 충돌을 피하기 위해서였다고 평가했다. 반면 북한경비대가 38선으로 이동한 이래 사건이 증가했다고 지적했다.[212]

셋째, 해당기간 동안 북한의 38선 위반이 2건인 데 반해 남한의 38선 위반 건수는 11건으로 집계되었다. 이는 한국 경찰·민간인 등이 충돌을 주도했을 가능성을 시사한다. 주한미군 정보참모부의 38선 충돌보고는 상당 부분 한국 경찰의 상황보고에 근거했지만, 그럼에도 불구하고 일정 부분 한국 경찰·청년단의 공격적 성향을 보여준다.[213] 반면 971CIC파견대는 공격은 대부분 북한경비대가 시작하거나 도발했고, 그에 맞서 남한의 서북청년단이 공격하는 양상을 보였다고 평가했다.[214]

넷째, 1948년 10월 마지막 두 주 동안 38선 충돌이 전혀 발생하지 않았다. 이 시기는 여순반란이 진행 중이었다. 주한미군 정보당국은 북한이 여순사건의 추이를 지켜보면서 불의의 기습공격을 위해 충돌을 자제하고 있다는 분석을 내놓은 바 있다.[215] 즉 북한이 여순반란을 지원할 목적으로 38선에 막대한 압력을 가할 계획이며, 이를 위해 38선 일대의 병력과 자원을 보존·집중했기 때문에 38선 충돌이 잠정적으로 중단되었다는 분석이다.[216]

---

212) Instruction to Regimental Commanders, 31st and 32nd Infantry, Chief of Staff, G-2, G-3, 7th Division, by E. W. Piburn, Brig. Gen., 2 June 1948.
213) G-2는 1948년 7월 2일 남한 경찰이 북한의 도발이 없었음에도 불구하고 38선 이북의 교사동을 향해 총격을 가한 사건을 거론하면서, 북한경비대의 38 이남 공격 사례 중 일부는 복수로 볼 수 있다고 평가했다[HQ, USAFIK, *G-2 Weekly Summary*, no.147(1948. 7. 9)].
214) USAFIK, HQ, 971st CIC Detachment, *Annual Progress Report for 1947*, "D. Border Incidents."
215) HQ, USAFIK, *G-2 Weekly Summary*, no.163(1949. 10. 29). G-2가 거론한 또다른 이유는 소련군의 철수, 남한의 38선 위반 중단 등이다.
216) RG 319, ID file no.534855, Subject: Transmittal of USAFIK Staff Study(1949. 2. 19).

□ 그림 II-5 **38선상 원대리의 위치**

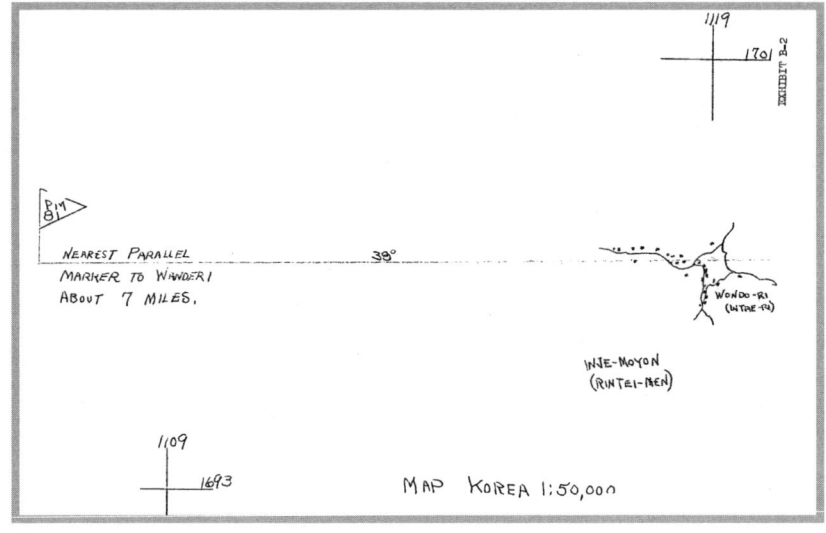

ⓒ NARA

원대리·구만리사건

1947년 말~1948년 초 북한경비대와 남한 경찰 간에 충돌이 벌어진 강원도 인제군 인제면 원대리(院垈里)사건(1947. 11. 11)이나, 미군기의 선전전단 살포가 있었던 인제군 구만리(九萬里)·정고리사건(1948. 1. 19)은 모두 산간지형에서 발생했다.[217]

원대리사건을 조사한 7사단 31연대 2대대장 그리핀(Lindwood Griffin Jr.) 중령은 원대리 마을이 오랫동안 북한의 38선 위반과 수많은 38선 충돌사건이 벌어진 장소이자 해묵은 원한의 지점이라고 지적했다.[218] 주한미군사고문단

---

217) Report, LTC, Lindwood Griffin, Jr., Hqs, Second Battalion, 31st Infantry. Subject: Border Incident, 12 November 1947; Report, LTC. Fred N. Wimberly, Special Investigator, Hqs, USAMGIK, 17~28 February 1948, Subject: Report of Special Investigation.
218) Report, LTC, Lindwood Griffin, Jr., Hqs, Second Battalion, 31st Infantry. Subject: Border

의 1949년 보고에 따르면, 원대리는 1949년 1월부터 10월까지 발생한, 대표적 38선 충돌지점 8개소 가운데 하나로 꼽혔다.[219] 현재 인제군 인제읍에 속한 원대리는 원(院)집이 있던 터라는 뜻으로 원터, 원대(院垈)라는 지명이 붙었고,[220] 내린천 아래쪽에 위치하며 동쪽으로 양양과 맞닿아 있다. 당시 주민수가 12명에 불과한 궁벽한 곳이었다.

북한경비대와 남한 경찰의 싸움이 발단이 되었지만, 곧 미군 1/2분대가 개입했다.[221] 사건을 조사한 31연대는 즉각 미군을 철수시켰다. 소련군 사령부는 미군이 개입된 이 사건에 대해 집요하게 항의했다.

미군 조사결과, 원대리 근처에는 어떠한 38선 표지판도 없었고, 가장 가까운 표지판은 직선거리로 서쪽 7마일 지점에 위치한 81번 38선 표지(PM: Parallel Marker no.81)였다. 81번 표지는 1947년 미소합동조사단이 세운, 가장 동쪽 끝의 38선 표지판이었다. 험난한 지형 때문에 원대리는 차량으로 접근할 수 없었고, 여기서 38선 표지까지는 왕복하는 데 꼬박 하루가 걸렸다. 1947년 2차 38선합동조사단장을 지낸 후퍼트(George H. Huppert) 중령은 원대리에 표지판이 세워지지 않은 이유에 대해, "표지를 하지 않은 이유는 없다. 이 지역은 매우 험난하며 산악지형이었다"고 밝혔다.[222]

Incident, 12 November 1947.
219) 발생빈도 순으로 보면, 개성·고랑포(126회), 춘천(112회), 옹진(95회), 주문진(55회), 청단(49회), 포천·동두천(43회), 원대리(42회), 연안·배천(41회)으로 드러났다. 개성·춘천·옹진이 가장 대표적인 충돌지점이었으며, 나머지는 비슷한 빈도를 보였다(Annex #1 to Incl #2. "Statistic Table of North Korean Puppet Troops Invasions on South Korea, From 1 Jan. 1949 to 5 Oct. 1949," P&O 091 Korea T.S(17 Nov. 49) 11~29/900, F/W~18/2(Department of the Army, Plans & Operations Division, Records & Message Branch)).
220) 「(인제읍)우리마을 이야기」 http://www.inje.gangwon.kr/eup_myeon/inje/ index.asp(2006년 1월 8일 검색).
221) 사건은 11월 2일 남한인 1명이 북한경비대의 총격을 받은 때부터 시작되었다. 당시 미7사단은 피격된 지점이 38선 이북인지 이남인지를 확정하지 못했다(HQ, *G-2 Weekly Summary*, no.113(1947. 11. 13)). 11월 11일 재차 양측의 총격전이 벌어졌다(HQ, *G-2 Weekly Summary*, no.114(1947. 11. 20)).
222) Testimony of Major George H. Huppert at Seoul, 21 February 1948, Report, LTC. Fred N. Wimberly, Special Investigator, Hqs, USAMGIK, 17~28 February 1948, Subjcet: Report of

□ 그림 II-6 **38선상 구만리·정고리의 위치**

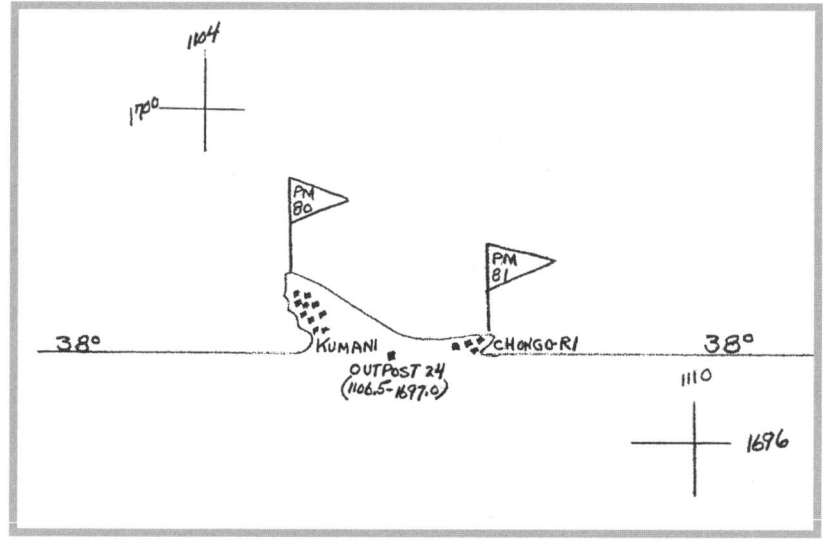

ⓒ NARA

 한편 원대리 서쪽에 위치한 구만리와 정고리에서는 미군 비행기가 38선 이북에 전단을 뿌렸다는 주장이 문제가 되었다. 구만리·정고리는 38선 표지 (PM)의 가장 동쪽 끝인 80~81번에 위치했으며, 미군이 설치한 중대급 초소 가운데 동쪽 끝에 해당하는 24번 초소가 두 마을 사이에 위치했다. 80번·81 번 표지는 38선 이북에 설치되었고 두 마을 역시 38선 이북에 위치했지만, 1947년 2차 38선 합동조사 과정에서 미소 합의로 38선 이남으로 분류된 곳이 었다.[223]

 원대리·구만리사건은 이후 38선 충돌이 격화될 지점을 알려주는 전조였

Special Investigation.
[223] Testimony of S/Sgt Nickey A. Morris at Chunchon, 20 February 1948. Report, LTC. Fred N. Wimberly, Special Investigator, Hqs, USAMGIK, 17~28 February 1948, Subject: Report of Special Investigation.

다. 그것은 남북한이 서로 명확하게 좌표를 알 수 없는 산악지형에서 충돌할 가능성이 높으며, 상호 협의·대화가 전제되지 않는 한 쉽게 조정되지 않을 것임을 보여주었다. 그리고 1949년에 접어들자, 38선 표지가 없었던 양양 지역에서 대규모 남북한 무력 충돌이 처음 시작되었다. 또한 이들 강원도 동부 산악 지역은 한국전쟁 기간 중 고지점령을 둘러싸고 쌍방 간의 격렬한 전투가 벌어진 곳이기도 했다.

옹진 은동리저수지 사건

또 하나 주목할 만한 사례는 1948년 5~6월 옹진읍 은동리의 저수지를 둘러싸고 진행된 공방전이었다. 이곳은 1947년 제2차 미소합동38선조사 과정에서 논란이 되었던 바로 그 옹진저수지였다. 1947년 소련은 무제한 물 공급을, 미국은 정당한 대가 지불을 약속한 바 있다. 그러나 연백저수지에서와 마찬가지로 북한은 1948년 4월 26일 38선 이남 옹진 농지에 대한 물 공급을 중단했다.

단수조치 이후 벌어진 사태의 전개 과정은, 앞으로 전개될 38선 충돌의 또 다른 양상을 보여주었다. 그것은 적개심·증오에 기초한 보복·복수의 악순환 고리였다. 남한의 경찰·청년단·미군이 북한경비대와 얽혀 사태가 복잡하게 전개되었다. 여기에서 합리적으로 선·악을 구별하고 선·후를 따지는 것은 거의 불가능했다.[224] 가해와 피해가 복합되었고, 모든 사태에는 분명한 증오가 개입되었다.

4월 30일 자정부터 5월 1일 1시까지 남한 경찰과 북한경비대가 총격전을 벌였다.[225] 5월 14일 경찰의 무기·지원을 받은 가천면 대동청년단원 6명이

---

[224] 예를 들어 주한미군 정보참모는 이 사건에 대해 5월 16일 북한이 댐을 폭파하려 했다고 보고하고 있다. 또한 5월 19일, 5월 26일의 총격사건도 모두 북한경비대의 선공(先攻)으로 기록하고 있다〔HQ, USAFIK, *G-2 Weekly Summary*, no.141(1948. 5. 28)〕.

□ 그림 II-7 **옹진반도의 주요 지형**

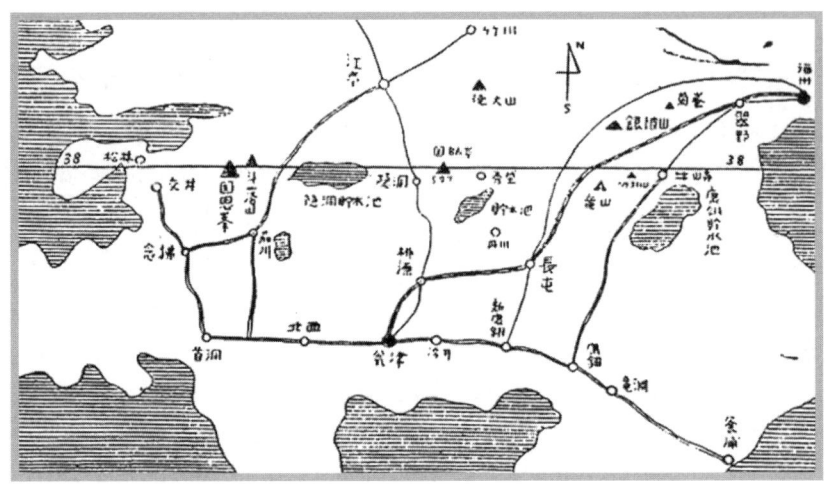

※ 출전 안찬수(1949), 「옹진전투종군기」, 『민성』 제5권, 제9호.

38선 이북 삼호리를 공격했고 북한의 가천면장 홍남규를 납치했다. 이에 맞서 북한경비대는 1948년 5월 23, 25일 눌목 지역에서 '야만적으로' 남한을 공격했다.[226] 이후 북한경비대는 보복 및 방어를 위해 저수지에 접근하는 모든 이들에게 총격을 가하기 시작했다.

5월 26일 미군정 관계자 등은 '새로운 수로'를 내기 위해 저수지에 접근하다, 북한경비대의 총격으로 1명이 부상했다.[227] 피격당한 지점은 38선 이남이었다. 미군정 관계자들이 철수한 뒤, 남한 경찰과 북한경비대 간에 총격전이

---

225) Memorandum, Shepherd A. Booth, Jr., 1st Lt., 32nd Infantry, Headquarters Ongjin Detachment, 32nd Infantry Regiment, to Regimental S-2, 32nd Infantry Regt. Subject : Border Incident.
226) Eugene F. Snyder, Jr., Hqs, 54th Military Government Company, 10 August. 27 August 1948. Subject: Report of Investigation of Alleged Violations of the 38th Parallel by South Korean Police.
227) 일행은 97군정단의 민사고문 스미스(Karl Smith)·기빌림(Ed Givillim), 54군정중대의 미세너(Robert J. Misener), 통역 서인석, 옹진수리조합 관계자 등이었다. 스미스가 4발의 총탄을 맞았다.

벌어졌다. 소련군은 미군이 저수지를 '폭파'하려 했다고 비난했다.[228]

옹진군 가천면 대동청년단 지부는 여러 차례 시도한 끝에 6월 13일 밤, 저수지 폭파에 성공했다. 다음날 폭파사건 현장을 조사하려던 971CIC파견대 옹진지구 사무소의 미군(William E. Scanlon)과 한국인 통역(서인석)이 북한경비대의 총격을 받아 부상했다.[229] 6월 17일 북한경비대가 장곡지서를 공격해 와 인근 주택에 총격을 가했다. 물론 소련군이 보낸 항의서한은 모든 공격 행위가 미군과 남한 경찰의 소행이라고 주장했다.

이러한 쌍방의 적대행위는 상승작용의 결과였다. 사건을 조사한 54군정 중대는 저수지를 파괴한 대동청년단이 북한 주민에 대한 돈·물자 강탈을 서슴지 않았다고 비판했다.[230] 이 사건은 8월까지 미소 간의 지루한 비난서한 공방 및 조사 활동으로 이어졌다.[231]

미군정의 대책

1948년 중반 38선 충돌이 빈번해지고 충돌의 강도 및 정치적 성격이 농후해지자, 하지는 6월 2일 콜터(Coulter) 장군과 38선 경비를 담당하는 미7사단장 피번(E. W. Piburn) 장군에게 구두로 주의를 당부했다.

1. 38선 순찰은 전투 순찰이 아닌 척후 순찰로 할 것

---

228) Letter, Korotkov to Hodge, 13 July 1948.
229) Report, LTC. John C. Fairchild, Commanding, Hqs, 54th Military Government Company, Subject: Report of Investigation of alleged violations of 38th parallel by American military personnel and South Korean police, 4 August 1948; Report, Eugene F. Snyder Jr., Civil Affairs Officer, Ongjin Gun, Hqs 54th Military Government Hq & Hq Company, Subject: Ambush of United States Army Personnel at Parallel Marker #8, 1045 Hours, 14 June.
230) Hqs, 54th Military Government Company, 10 August 1948. Subject: Report of Investigation of Alleged Violations of the 38th Parallel by South Korean Police.
231) 소련군은 1948년 6월 28일, 7월 13일, 8월 27일 등 여러 차례에 걸쳐 항의편지를 보냈다.

2. 순찰은 38선에 접경하지 말 것
3. 총격을 받으면 응사하지 말고 후퇴할 것
4. 경계선 표지의 위치는 멀리서 확인할 것
5. 경계선 표지 파괴시 소련군과 공동으로 확인해 분쟁·총격을 방지할 것
6. 38선에서 상당히 떨어진 후방의 순찰은 전투 순찰로 할 것
7. **지원강화를 위해 남한 경찰을 부르지 말 것, 가능하다면 상황을 한국 경찰에 넘길 것**
8. 38선에 인접해 분쟁을 일으킬 초소·막사 여부를 조사해 후퇴시킬 것
9. 병사들에게 경계선 상황을 잘 교육시켜 **분쟁에 개입하지 말 것**
10. 38선 방문시 국지적 분쟁을 처리하기에 충분한 역량을 가지고 위장된 도로로 직선 접근할 것
11. **러시아와 전쟁을 일으키지 말아야 한다는 점을 재강조할 것**
12. **한국 국방경비대와 부대혼성 통합운영방안을 모색하며 미군은 차츰 중대·대대 지역으로 철수할 것**(강조는 인용자)[232]

하지의 명령에서 몇 가지 중요한 점을 확인할 수 있다. 첫째, 하지를 비롯한 주한미군 수뇌부는 1948년 중반 분명 38선 경비문제가 심각한 위기상황에 처했음을 알고 있었다. 하지가 '전쟁'·'분쟁'·'총격'·'전투'를 거론할 정도로, 38선상의 충돌은 분명히 격화되었다.

둘째, 하지는 방어적 태도와 회피로 일관했다. 상황이 악화된 원인을 분석하고 근본적인 해결책을 모색하기보다 가급적 38선에서 멀리 떨어져 문제를 회피하라고 일관되게 주문했다. 38선 가까이 접근하지 말고, 총격을 받아도 후퇴하며, 38선 인접한 초소·막사는 뒤로 후퇴시킬 것을 주문했다. 또한 북한 경비대와 상대할 것이 아니라 소련군과 문제를 협의할 것을 주문했다. 북한을 협의의 상대로 인정하지 않았던 것이다.

---

[232] C/S, G-2-3, "Memo for the Record," 2 June 1948. JRH(John R Hodge).

셋째, 한국 경찰이 38선 충돌의 평화적 해결에 도움이 되지 않는다고 판단했다. 한국 경찰을 '전투'·'총격'·'국지적 분쟁'의 주요 당사자로 지목한 것이다.

넷째, 그럼에도 불구하고 하지는 책임을 한국군·경찰에 떠넘기고 싶어했다. 한국 경찰의 호전성을 우려했지만 상황을 한국 경찰에 넘기고 싶어했고, 국방경비대에 38선 경비책임을 인계하기를 원했다.

결국 하지의 희망은 38선 분쟁이 격화되고 있지만 미군은 상황 개선이나 원인 해결보다는 불개입·불간섭을 유지하며, 종국적으로 38선에서 철군하는 것이었다. 한 걸음 더 나아가 하지는 미소가 철수한 뒤 38선상의 충돌이 격화될 것이며, 미소 양군이 수행하던 중재 및 완충역할이 사라진 상태에서 남북 양측의 38선상의 충돌은 '폭발'할 것이 분명하다고 인식했다. 그러나 하지는 그 책임을 한국인의 몫으로 남겨두었다.

하지의 구두지시는 문서로 작성되어 7사단에 내려졌는데, 그중 가장 강조된 점은 소련과 전쟁을 일으켜서는 안 된다, 한국경비대가 미군을 종국적으로 대체할 계획·방안을 단계별로 마련해, 미군이 초소-소대-중대-대대 지역으로 차츰 철수해야 한다는 부분이었다.[233] 하지의 명령이 있기 한 달 전 콜터 장군 역시 보병이 지프를 타고 38선 가까이 이동하거나, 매복에 걸리기 쉬우니 단체로 어슬렁거리지 말라는 명령을 내린 바 있다.[234]

이에 따라 7사단장은 38선 경비를 담당하는 제31, 32보병연대장에게 명령을 내려, 북한경비대와 접촉을 피하기 위해 38선 1천 야드 내로 접근을 금하라고 지시했다.[235] 피번은 경계선 순찰은 척후 활동이나 정보 활동이지, 전

---

233) CG, Hqs XXIV Corps to CG, 7th Infantry Division(Draft), 2 June 1948.
234) Subject: Patrol Activity~38th Parallel. 4 June 1948.
235) Brig. Gen., E. W. Puburn. Instruction to Regimental Commanders, 31st and 32nd Infantry, Chief of Staff, G-2, G-3, 7th Division. 2 June 1948. 아마도 이런 금지명령은 일부 초소들이, 38선을 방문한 신문기자들에게 38선을 순찰하거나 개인적으로 월경한다고 자랑해 내려졌을 수 있다.

투 임무가 허가된 것은 아니라고 새삼 강조했다. 북측의 총격을 받을 경우에도 관측 지점까지 철수를 보장하기 위한 용도로만 응사를 제한했다.

7사단장은 점령 초기에는 소련과 미군의 초소가 매우 가까웠지만 이후 일정하게 멀어졌으며, 북한경비대가 경계선 가까이 이동한 이래 사건들이 증가했을 뿐 아니라, 그들은 경계선 인근의 이동물체에는 모두 총격을 가한다고 강조했다. 1948년 7월 이후부터 다음해 1월 중순까지 서울-의정부 지역으로 완전히 철수할 때까지 미군순찰대는 38선 1천 야드 내로 접근하지 않았다.[236]

---

236) RG 319, ID file no.534855, Subject: Transmittal of USAFIK Staff Study(1949. 2. 19), J. S. Upham, Jr., LTC, G-2.

미소의 대한정책·점령정책과 그 유산

1. 미소의 대한정책과 국제 냉전

38선상에서 벌어진 미소 양군의 갈등은 해방 이후 양국이 선택한 대한정책의 축소판이자 그 자체로 작은 세계였다. 이 시기 워싱턴·모스크바의 고위급 정책가와 현지 점령군 들의 실질적 조치는 한반도 내 역학관계에서 현지화되었다. 정책·집행의 간격은 미소의 간격만큼이나 현격한 것으로 보였지만, 냉전이 본격화되면서 현지의 목소리가 지배적이고 현실적 방안이 되었다. 이상적이지만 험난한 고위급 정책과, 현실적이지만 대결적인 현장의 조치가 점차 간극을 좁혀갔다.

　미소 양 점령군은 표면적으로는 현상 유지를, 내용적으로는 우호적인 정권 수립을 목표로 노력했다. 미국은 국제적인 다수결의 확보를 중시했다. 신탁통치 구상(1943~45, 고등판무관, 미·소·영·중 4대국 통치), 모스크바결정(1945, 미·소·영·중 4대국의 5년 간 신탁통치), 한국 문제의 UN 이관(1947) 등은 미국이 동원할 수 있는 국제적 영향력에 의거한 국제주의적 정책이었다. 주한미군은 주한미군정사령부(United States Army Military Government in Korea)를 통한 직접 통치방식을 취했다. 한국인들의 주권정부는 부인되었고, 미군정이 주권정부는 물론, 명목상의 정부·사실상의 정부 기능을 수행했다. 1946년 말 이후 과도입법의원의 설립, 과도정부의 수립 등을 통해 군정의 한인화(Koreanization of Military Government)를 추진했지만, 한국인들의 통치권한은 부정되었다.

주한미군은 북한의 '민주기지' 노선에 대응하는 공세적인 정책을 구사했는데, 이는 '자유기지' 노선이라 불릴 만한 것이었다. 민주기지노선은 북한을 혁명의 '책원지'(策源地)로 하여 혁명을 공고히 한 뒤 이를 전국적 혁명, 즉 대남혁명으로까지 연결하는 노선이었는데,[237] 미군정 역시 동일한 구상을 하고 있었다. 미군정의 국가 수립 구상은 미국식 자유민주주의 국가를 수립하고 이를 북한에 강제하겠다는 점에서 북한의 '민주기지' 노선과 동일했다. 미군정은 1945년 10월 고문위원회-1945년 11월 정무위원회(독립촉성중앙협의회)-1946년 2월 민주의원-1946년 중반 좌우합작운동-1946년 12월 과도입법의원으로 이어지는 일련의 시도를 통해 공세적인 '과도정부' 수립 계획을 추진했다.[238]

남한에서는 1946년 5월 이승만의 단정론이 발표되면서 단정 움직임이 구체화되었다. 이는 실질적으로 군정 내에서 제출된 일종의 과도정부 구상을 부분적으로 반영한 것이었지만 현실정치에서는 성공할 수 없었다. 북한에서는 1946년 2월 사실상의 단독정권이 수립되었다. 1946년 2월 북조선임시인민위

---

237) 김광운(2004), 『북한정치사연구 I』, 선인, 109, 172쪽.
238) 정병준(1996), 「주한미군정의 '임시한국행정부' 수립구상과 독립촉성중앙협의회」, 한국역사연구회, 『역사와현실』 19호; 정병준(1996), 「남한진주를 전후한 주한미군의 對韓정보와 초기점령정책의 수립」, 한국사학회, 『史學硏究』 51집; 정병준(1997), 「해방직후 李承晚의 歸國과 '東京會合'」, 于松趙東杰先生 停年紀念論叢刊行委員會, 『韓國民族運動史硏究』, 나남출판.

원회는 정권기구이자 권력체였으며, 분명한 단독정부였다. 이 시기 소련의 대한정책의 핵심은 현지화·한인화였고, 한반도의 혁명적 정세를 중시했다. 소련은 군정을 실시하지도, 한국인들의 주권을 부정하지도 않았다. 소련 주둔군은 평남건국준비위원회 - 평남인민정치회의 - 북조선5도행정국을 정권기관으로 인정했고, 김일성·최용건·김책 등 공산주의자들이 민족주의자 및 국내파 공산주의자 들과의 대결에서 승리할 수 있도록 후원했다. 소련군은 사실상의 결정권을 지녔으나 표면상의 권력은 한국인들의 수중에 있었다. 크레믈린은 소련공산당·외무성·국방성 등에서 파견된 인적 자원과 조직을 통해 북한을 지배했다.

한편 소련은 한국 내에 일고 있는 혁명적 정세를 최대한 활용하고자 했다. 이 정책은 오랜 식민통치를 통해 한국 내 노동자·농민 등 기층 세력의 반제국주의·반자본주의적 경향이 강한데다, 공산주의자들이 오랜 항일투쟁으로 호소력과 조직력을 갖고 있다는 판단에서 비롯했다.[239] 이러한 소련의 대한정책은 표면적으로는 한국의 즉시 독립을 선호하는 것처럼 나타났다. 1945년 2월 얄타회담에서 스탈린의 한국 즉시 독립 선호 발언, 같은 해 12월 모스크바회담에서 한국인들의 참여 속의 임시정부 수립 방안, 1947년 2차 미소공동위원회 결렬 후 미소 양군의 한반도 동시철군 주장 등은 모두 이런 대한정책의 소산이었다. 미국과 소련은 자신의 우세를 보장할 수 있는 국제적 환경, 국내적 환경을 최대한 활용하려 했고 이에 기초해 대한정책을 추진했다.

이 시기 미국과 소련은 각자가 점령한 지역에서 자신의 정치체제를 이식하고 대중적 지지기반을 강화하기 위해 노력했다. 일단 점령 지역의 체제를 자국에게 유리한 방식으로 구축한다면, 미소공위 협상 과정뿐만 아니라 미소

---

239) 김남식(1987), 『조선노동당연구』, 국토통일원; 김남식(1989), 「해방전후 북한현대사의 재인식」, 『해방 전후사의 인식』 5, 한길사; 유길재(1991), 「북한정권의 형성과정: 인민위원회 조직과 활동에 관한 연구」, 『북한체제의 수립과정 1945~1948』, 경남대 극동문제연구소.

공위 결렬 후에도 유용할 것이란 판단 때문이었다. 1946년 제1차 미소공동위원회와 1947년 제2차 미소공동위원회는 1945년 2월 형성된 얄타체제라는 국제 협력의 시험대이자 붕괴의 현장이었다. 공동의 적을 향한 정치·군사적 연대는 고사하고 최소한의 신뢰나 협의조차 불가능했다. 협상의 권한과 책임을 현지의 군인들에게 맡겨놓은 점 역시 실패의 주요원인이었다. 이미 남북 양 점령 지역에서 자국에게 우호적인 정부 수립을 위해 현지화·조직화에 전념하고 있던 양자의 대면은 실패와 결렬을 향한 질주였다.[240] 이미 남북 내부에는 분단정부 수립을 지향하는 세력과 그들의 정치적·물질적 기초가 확보되어 있었고, 미소의 정책도 전 한반도 차원에서 영향력 확대가 불가능할 경우, 확보한 반쪽에 대한 온전한 지배력 장악으로 기울어져 있었다.[241]

미소공위의 진행 과정에서 국제 냉전이 분명해졌다. 1947년 트루만독트린의 발표로 2차 대전 이래 지속되어오던 소위 '얄타체제'는 붕괴되었다. 유명한 1947년 첫 15주 동안 미국의 봉쇄정책이 수립되었다. 세계적 규모에서 미국이 대외 정책을 재정립한 이때, 미국의 강력한 역할, 미소 간의 갈등, 유럽 국가의 피폐 등을 타개하기 위해 독일·일본의 경제부흥이 결정되었다.

세계체제적 시각에서는 소련을 국제 체제로 끌어들이려던 루즈벨트의 구상이 기각된 반면, 소련의 '팽창'을 저지하기 위한 방벽과 보루의 건설이 중요시되었다. 국민국가 단위에서는 미소라는 강국의 갈등이 정치·군사·이데올로기적 갈등으로 발전했고, 양 강대국의 헤게모니적 통제와 동맹의 확산으로 발전했다. 봉쇄정책은 국제주의와 국가주의를 결합시켰고, 유럽과 동아시아 지역에서 지역경제통합(regional economic integration)을 촉구했다.

---

240) 제2차 미소공위의 진행 과정과 이후 분단정부의 수립에 대해서는 다음을 참조. 제임스 메트레이 저·구대열 옮김(1989), 앞의 책, 제5~6장; 鄭容郁(1996), 『1942~47년 美國의 對韓政策과 過渡政府形態 構想』, 서울대 국사학과 박사학위논문; 丁海龜(1995), 「남북한 분단정권 수립과정 연구」, 고대 정외과 박사학위논문.
241) 정병준(1998), 「해방직후 각정파의 정부수립 구상과 그 특징: 제2차 미소공위 답신안 분석을 중심으로」, 평화연구소, 『통일문제연구』 제10권 2호(통권 제30호).

2. 미소 점령이 남긴 유산

미소 간 고위급의 정책들이 충돌하는 한편으로 한반도 현지에서는 38선을 둘러싼 양 점령군 간의 갈등이 지속되었다. 38선 충돌은 1945년 38선이 강제된 이후 점진적으로 고조되었다. 38선 충돌은 1947년 중반 이후 폭력적 양상을 띠며 증가했고, 1948년 들어서는 남북을 주체로 하는 정치·군사적 대결로 그 성격이 전환되었다. 1949년 이래 본격화된 38선상의 군사적 갈등·충돌은 미소 점령기로부터 이월된 것이다. 압력솥에서 들끓던 38선 충돌은 미소라는 연결고리가 벗겨지자 폭발하고 말았다.

38선을 일종의 국경선으로 고착화하고 사소한 월경이나 침범조차 용납하지 않았던 것은 미소 양군이었다. 충돌의 기본적 골격과 원인은 이들이 제공한 것이다. 그러나 미소 양군은 38선에서 철수했고, 나아가 남북한에서 철수했다. 이들은 철수하면서 남북한에 각각 10만을 헤아리는 군대와 경찰을 조직했고, 막대한 무기와 군수품을 남겨놓았다.

미소는 국가적 이해관계 때문에 국제적 합의였던 모스크바결정을 무산시켰고, 찬반탁 논쟁·미소공동위원회의 진행 과정에서 한국인들의 내부 대립을 격화시켰다. 미소의 갈등은 남북의 대결과 좌우의 대립을 촉진시켰다. 대결과 대립이 분단국가의 건설로 이어졌을 때, 한국인들은 38선을 사이에 두고 상대방에 대한 증오가 격화되었다.

반면 미소 양군은 자신들이 38선을 유지·운영해온 어떠한 정보도 남겨놓지 않았다. 이들은 1946~47년에 두 차례 38선 합동조사를 실시했지만, 한국 언론과 국민들에게 어떠한 설명이나 해설도 하지 않고 오히려 이를 비밀에 부쳤다. 미소 양군 철수 후 83개소의 주요 간선도로 및 교통로에 38선 표지가, 38선 이남 1km 이내의 마을 63개소, 38선 이북 1km 이내의 마을 66개소에 38선 경계표지판이 남았다. 그러나 그 정확한 의미와 미소 합의의 정신은 이월되지 않았다.

1948년 말 미군과 소련군을 연결해주던 수많은 연락과 연결의 끈들이 끊어졌다. 평양과 서울에 주둔 중이던 군사연락단은 1948년 12월 24~25일에 철수했다.[242] 평양과 서울을 연결하던 전화와 무선통신 역시 1948년 12월 철거되었다. 매월 2~3차례 이상 운행되던 서울-평양 간 특별열차도 중단되었다.[243] 옹진 주둔 미군 중대를 위한 연안-옹진 간(해주 경유) 자동차 통행 역시 1948년 12월을 기점으로 중단되었다.[244] 전력과 관개용수가 끊긴 사실은 이미 모두에게 알려졌지만, 보다 중요한 비상연락망과 협상수단이 중단된 것은 누구에게도 알려지지 않았고, 또 중시되지도 않았다.

미국과 소련은 한반도를 분할했고, 외교·군사채널의 고위급 합의를 통해 한반도 신탁통치를 논의하거나, 미소 양군 사령부로 구성된 공동위원회를 구성·운영했다. 미소는 크게는 미소공동위원회를 통한 임시정부 수립에 대해, 작게는 38선상에서 벌어지는 사소한 위반·침범·사건에 대해 시시콜콜 날카로운 대립각을 세우면서 자국의 이해를 반영하기 위해 노력했다.

1947년 중반 이래 한반도에서 미소 양군의 대립이 격화되어갔다. 미군은 서울 주재 소련연락장교가 늘상 과속한다고 불평했고,[245] 소련 사령관 메르쿨로프는 서울 주재 소련영사관 건물이 미군에 의해 "나무 10그루, 벤치 6개, 벽돌담 4미터가 훼손" 되었다며 항의했다.[246]

미소 양군은 외교적 협력과 합의를 기반으로 통일정부를 수립한다고 했으나, 1947년에 이미 자국에게 우호적인 '사실상의 정부' 수립을 시도했고, 38

---

242) Letter, Merkulov to Hodge, 14 December 1948; Letter, John B. Coulter, Major General, US Army Commanding to Merkulov, 15 December 1948.
243) Letter, Korotkov to Hodge, 19 January 1948; Letter, Hodge to Korotkov, 21 January 1948.
244) Chistiakov, "Esteemed General Hodge," 25 October 1945; Letter, Korotkov to Hodge, 21 January 1948; Subject: Use of Highway Between Yonan and Ongjin, 7 February 1948; *HUSAFIK*, part 2, chapter 4, pp. 276~277.
245) Memo, G~2 to C/S, "Russians exceeding speed limits in South Korea," 1947. 9. 3.
246) Letter, S. P. Merkulov, Guard General-Major, Commanding General, Soviet Forces in North Korea, to Hodge, 17 July 1948.

선 경비를 목적으로 국제법에 위반되는 국립경찰·군대를 각 지역에 조직했다. 고위급의 정책과 합의 아래 한국인들은 하급 실무자로서 다른 한편에 대한 이데올로기적 대항자이자 실천자로서 위치지어졌다. 한국인들의 권한은 미소·남북 간 증오심과 적대의식의 고양 속에 제한되어 있었다. 격화되는 이데올로기적·정치적·군사적 충돌 속에서 미소는 외교적 품위와 면목을 지켰지만, 한국인들은 그 대립의 후유증을 감내해야 했다.

민족 내부의 협력정신은 말할 것도 없고, 협력과 합의, 대화와 타협, 항의서한·성명·문서를 통한 공격과 방어, 합리적인 대화의 통로는 모두 닫혔다. 미소는 모든 연락·연대의 끈을 자른 채 증오와 38선을 남기고 철수했다. 한반도의 기본 방향을 정한 고위급의 논의·결정·행동 등이 명예롭게 퇴장한 뒤로, 논의·결정·행동의 단순한 집행자였던 한국인들만이 남게 되었다. '과속'이나 나무·벤치의 훼손에 대한 항의가 가능했던 시절은 끝났다. 그리고 문제를 처리할 수 있는 시스템 밖에 있던 한국인들에게 어느 순간 문제가 던져진 것이다. 그러나 처리 시스템은 철거된 상태였다. 이제 미국과 소련은 자신들이 한반도에서 행한 모든 일의 마지막 결과를 한국인들의 손에 넘긴 셈이었다.

한편, 1948년 38선을 경계로 대한민국과 조선민주주의인민공화국이라는 두 개의 정권기관이 수립되었다. 한국 역사상 첫 공화국들이었다. 이는 사실상 38선을 인정한 국가의 건설이었다. 한국인들뿐만 아니라 유엔 등 국제 사회도 실질적으로 38선을 남북의 국경선으로 인정했다. 과연 이 시점에서 한국인들이 38선 문제에 대해 어떻게 대응했어야 하며, 어떻게 해법을 찾았어야 하는가 하는 문제가 남겨졌다.

남북 두 국가는 사실상 38선을 본질적인 국경선으로 전제한 상태에서 수립되었지만, 이 경계선을 국경선으로 인정하지도, 그 너머의 상대편을 정당한 체제·국가로 인정하지도 않았다. 다만 소탕되어야 할 반국가적 반역집단으로 규정했다. 한국은 해방된 북한에서 선출될 국회의원 자리를 비워둔 채 실지회복·북벌·북진통일을 주장했고, 북한은 이미 남한의 대표를 최고인민회의에 포섭했다며 남벌·국토 완정을 주장했다. 남북 모두 상대방을 토벌하고 진압하고 정리해야 할 대상으로 상정했던 것이다.

해방·전쟁 전의 남한 사회

소련군 환영집회(서울, 1945. 8. 16). ⓒ NARA

진주하는 미7사단을 환영하는 서울 시민(1945. 9. 9). ⓒ NARA

성조기가 게양되는 조선총독부 건물(1945. 9. 9). ⓒ NARA

국대안 반대시위(1946). ⓒ NARA

개성 인근 12번 전초지에서 38선 경비를 담당한 주한미군 제32보병대 G중대 병사들(1947년 봄). ⓒ NARA

제2차 미소공동위원회 평양회담(제36차 본회담)에서 축사하는 소련군 사령관 코로트코프 중장(1947. 6. 30).
ⓒ NARA

제2차 미소공동위원회 평양회담(제36차 본회담)에서 악수하는 소련 수석대표 슈티코프 중장-미국 수석대표 브라운 소장(1947. 6. 30). ⓒ NARA

남북연석회의 2일차 각 정당사회단체 대표회담(1948. 4. 21). 1열 왼쪽부터 김일성, 미상, 김두봉, 김책. ⓒ NARA

남북연석회의 3일차 평양 모란봉극장에서 연설하는 김구(1948. 4. 22). ⓒ 백범김구선생기념사업협회

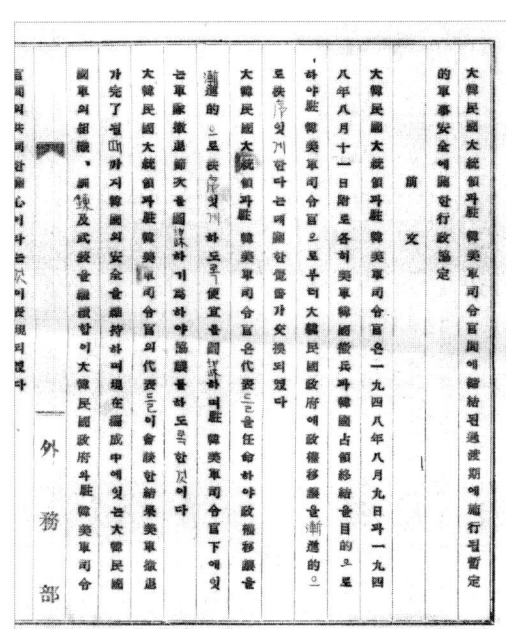

「대한민국대통령과 주한미군사령관 간에 체결된 과도기에 시행될 잠정적 군사안정에 관한 협정」(1948. 8. 26), 첫 장(前文). ⓒ NARA

「대한민국대통령과 주한미군사령관 간에 체결된 과도기에 시행될 잠정적 군사안정에 관한 협정」(1948. 8. 26), 마지막 장(서명). ⓒ NARA

반민족행위특별조사위원회 전라남도조사부에서 설치한 투서함(전남 광주, 1948. 10). ⓒ 이경모

불타고 있는 여수 시가지(1948. 10). ⓒ 이경모

진압군의 작전회의(전남 광양, 1948. 11). 맨 왼쪽이 5여단 참모장 오덕준 중령, 가운데가 5여단 작전참모 이영규 소령, 오른쪽이 5여단장 김백일 대령. ⓒ 이경모

주민들이 호남지구 반도귀순촉진위원회 벌교지부가 게시한 귀순촉구 공고문을 읽고 있다(전남 벌교, 1949. 1). ⓒ 이경모

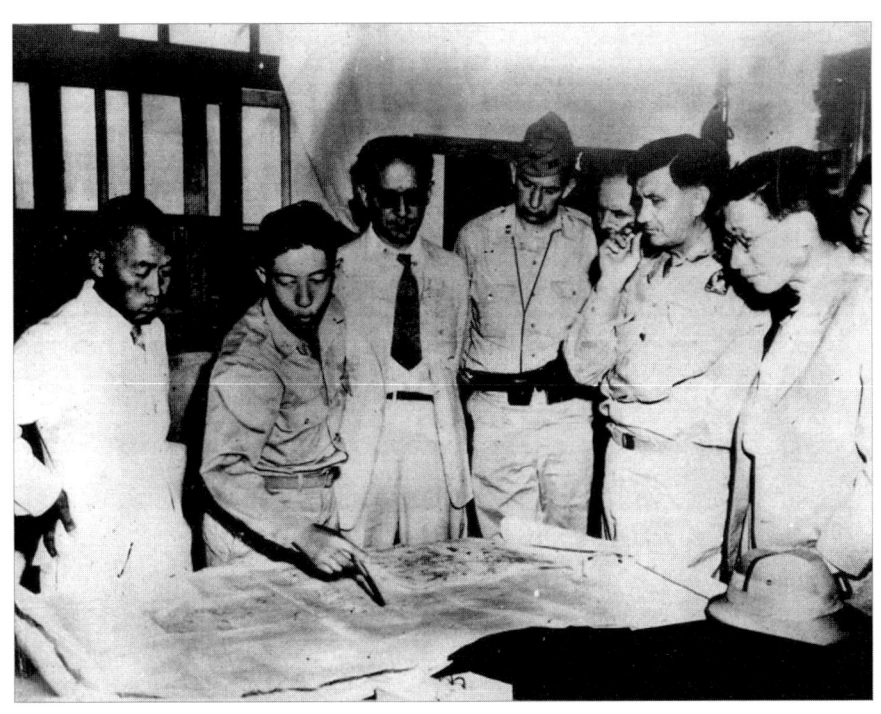

38선 현황 브리핑 장면(1949. 5). 왼쪽부터 신성모 국방장관, 육군본부 작전차장 한신 중령, 무초 주한미대사, 육군본부 파견 주한미군사고문단 연락장교 하우스만 대위, 주한미군사고문단장 로버츠 준장, 허정 서울시장. ⓒ NARA

백범 김구 장례식(1949. 7. 5). 주한미군사고문단은 '국장'이 치러졌지만 경찰의 지시에 따라 창문이나 옥상에는 단 한 명의 구경꾼도 등장하지 않았다고 논평했다. ⓒ NARA

육군보병학교 고급장교반의 한국군 고위장교들(1950. 1. 21). 1열 왼쪽부터 임부택 중령, 김병길 중령, 장석윤 대령, 원용덕 준장, 김홍일 소장, 이준식 준장, 민기식 대령, 박동균 대령. 2열 왼쪽부터 백선진 중령, 함병선 대령, 최창식 중령, 오덕준 중령, 강문봉 대령, 황헌친 대령, 신응균 대령, 윤춘근 중령, 이치업 대령. 3열 왼쪽부터 김익렬 대령, 김관오 대령, 안춘생 대령, 백인엽 대령, 백남권 중령, 박기병 중령, 이춘경 중령, 김용배 중령, 양정수 대령, 석주암 중령. 4열 왼쪽부터 신상철 대령, 최경록 대령, 안병범 대령, 양국진 대령, 김형일 중령, 유흥수 중령, 김승운 소령(해군), 강영훈 대령, 전성호 중령, 최창언 중령. ⓒ NARA

한국군 제2·4대 육군총참모장 및 전시 육해공군총사령관 채병덕. ⓒ NARA

영등포 병기공장 시찰 도중 M1소총을 들고 있는 주한미군사고문단의 에드워드 중령, 채병덕 육군총장, 통역 (1950. 2). ⓒ NARA

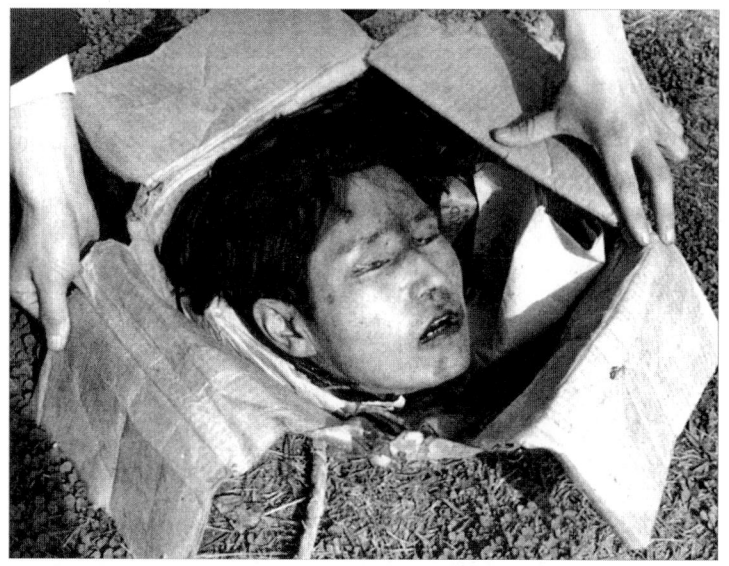

효수된 빨치산 지도자 이호제(1950. 4. 13). 이호제는 해방 후 좌익청년운동의 지도자였으며, 1950년 4월 빨치산 김상호 부대의 일원으로 오대산으로 침투했다 사살되었다. ⓒ NARA

좌익 '정치범' 처형(서울 동북방10마일, 1950. 4. 14). 주한미군사고문단의 에드워드 중령은 39명의 공산주의자들이 한국정부 전복혐의로 처형되었으며, 공산주의 노래와 북한지도자 만세를 부르며 처형되었다고 기록했다. ⓒ NARA

한국전쟁 직전 방한해 38선을 시찰하는 미대통령 특사 겸 국무부 고문 덜레스 일행(1950. 6. 18). 왼쪽부터 임시 주한미군사고문단장 라이트 대령, 9연대장 윤춘근 대령, 7사단장 유재흥 준장, 덜레스 특사, 신성모 국방장관, 임병직 외무장관, 9연대 파견 주한미군사고문단원 빌레로 소령. ⓒ NARA

영친왕 이은. 북한은 영친왕이 한국군 육군총참모장이 될 가능성이 있다고 주장하기도 했다. ⓒ NARA

III부

남북의 정치군사적 갈등과 38선 충돌

정부수립 후 남북한의 적개심과 적대적 동화

1. 1948년의 동력학과 남북의 적대의식

과도기로서의 1948년

1948년은 과도기였다. 한국에 대해 합의된 공식정책이었던 모스크바결정이 미소공동위원회의 실패로 무산되자, 미소는 자국에게 유리한 방안을 해법으로 제시했다. 미국은 국제적 다수결이 보장된 유엔에서 한국 문제를 처리하기 원했고, 소련은 한국 내 정세가 혁명적이라는 판단 아래 미소 양군의 즉시 철수를 주장했다.

미국의 계획대로 유엔 감시하의 총선거가 결정되고 선거 일정이 궤도에 올랐다. 5·10선거로 표출된 미소의 국가적 이해의 충돌은 한국 내 정치 세력들 간의 충돌을 불러일으켰다. 해방 이래 내연(內燃)되었던 갈등·충돌이 1948년 폭발했다.

1948년은 이전 시기와 다른 특징을 지녔다. 첫째, 미소의 갈등이 남북의 충돌로 전환되었다. 남북한에 각각 배타적 정통성을 주장하는 두 개의 국가가 수립되었고, 미소의 외교적 갈등에서 남북의 '국가'적 대결로 상황이 변화되었다.

둘째, 정치적 갈등이 논쟁·충돌에서 생사를 건 인정투쟁으로 변화했다. 즉 정치적 논쟁에서 폭력적 충돌로, 룰이 지켜지는 게임에서 생사의 격전장으로 전환되었다.

셋째, 남한은 수세적 입장이었고 북한은 공세적 입장이었다. 남한에게는 인내와 결의의 시기였던 반면 북한에게는 여유있는 관조와 희망의 시기였다.

1948년의 안정성은 북한에서 두드러졌다. 북한에서는 해방 이후 소련군의 후견 아래 국가적 통치권을 장악한 공산주의자들이 정부를 수립했다. 1946년 2월 사실상의 정권기관이자 프롤레타리아 독재정권으로 규정된 북조선임시인민위원회가 수립되었다. 1946년 중반 주한미군정과 이승만 등 우익 진영 내에서 단독정부 수립 계획이 흘러나왔지만, 북한은 이미 단독정부의 실체를 확보하고 있었다. 1946년 말 북한 전역에서 선거가 치러져, 정권기관의 합법적 대의성이 확보되었다. 1947년 2월 김일성을 위원장으로 하는 북조선인민위원회가 수립되었다. 이는 명백한 정권기관이자 분단정부였다. 그해 5월 모스크바결정에 따라 임시정부를 수립하자는 제2차 미소공동위원회가 개최되었지만, 김일성은 정권기관의 수장(首長) 자격으로 주한미군 하지 중장에게 전기요금과 연백저수지의 물 값을 요구했다. 적어도 김일성은 하지가 비난하듯 '괴뢰', 즉 꼭두각시는 아니었다.

1948년 4월 북한은 남한의 5·10선거 및 정부 수립을 비난하며, 평화적 통일 논의를 위한 남북연석회의를 소집했지만, 이는 꽃놀이패(바둑에서, 한편은 패가 나면 큰 손해를 보나 상대편은 패가 나도 별 상관이 없는 패)와 같았다. 북한 공산주의자들이 보기에 남한정부는 허약하고 위태했다. 북한뿐만 아니라 남한 내 좌익과 우익 진영 내 강력한 지도자들까지 모두 반대에 나섰기 때문이다.

북한의 시각에서 볼 때, 한반도 전체가 1이라면 북한이 2분의 1, 남한이 2

□ 그림 Ⅲ-1 **1946년 말 실시된 북한의 '흑백함' 투표**

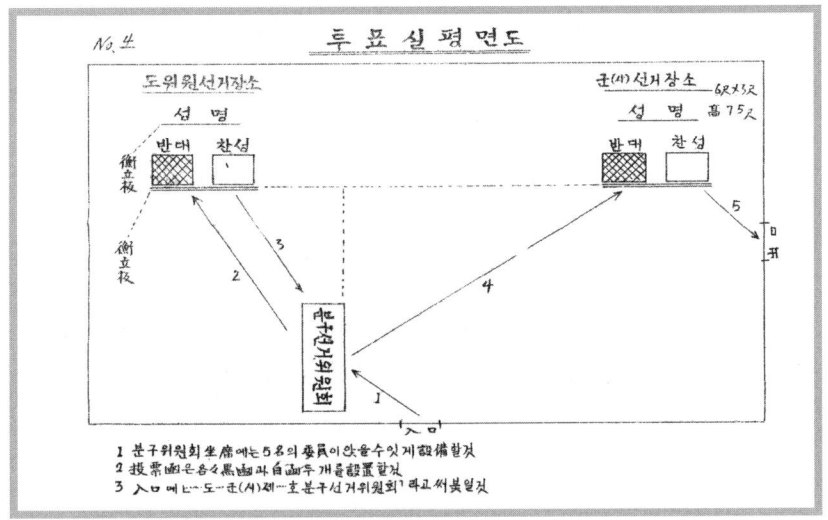

※ 출전 RG 242, SA 2009-3-138. 『선거선전과 우리의 임무』(북조선임시인민위원회 선전부, 1946).

분의 1의 세력을 점했다. 남한의 2분의 1 중 좌익은 그 절반(4분의 1), 우익은 나머지 절반(4분의 1)을 점했다. 한국정부의 수립이란 북(2분의 1), 남한 좌익(4분의 1), 남한 우익 중 절반(8분의 1) 등 총 8분의 7이 반대·거부하는 상황에서 나머지 8분의 1의 세력만이 참여한 것으로 해석할 수 있다. 야심만만하고 자신감에 넘친 북한은 해주에서 비밀선거로 선출된 남한대표들의 회의를 개최하고, 이들을 흡수해 최고인민회의를 구성한 뒤 '전국적 대표성'을 갖는 정부를 수립하였다고 주장했다. 1948년 10월 10일 수립된 조선민주주의인민공화국은 자신이 전국적 대표성과 합법성을 갖는 유일정부라고 선언했다.

반면 1948년 남한은 위기와 불안의 시기였다. 신생공화국을 수립하는 길은 험난함 그 자체였다. 선거는 좌익의 전면적 반대와 폭력 행위에 봉착했다. 제주도에서는 공산주의자들의 선동이 해방 후 잠재되어 있던 제주도민들의 분노에 도화선을 제공했다. 단선·단정을 반대하는 제주 4·3이 시작되어, 유일하게 제헌국회의원을 배출하지 못한 2개의 선거구가 제주도에서 발생했다.

5·10선거는 수많은 반대와 저항에도 불구하고 일정대로 진행되었다. 북한과 공산주의자들의 반대가 가장 격렬했고 폭력적이었다. 폭력사태가 연이으며 선거 기간 사흘 동안에만 경찰 사망 7명, 우익 사망 41명, 공산주의자 사망 31명 등 총 79명의 사망자를 기록했다.[1] 그러나 공산주의자들의 폭력은 충분히 예상 가능한 것이었고, 위협적이었지만 물리적으로 제어할 수 있는 수준이었다.

보다 위협적인 것은 김구·김규식 등 우익 진영 내의 남북협상 세력이었다. 1948년 4월 김구·김규식이 분단정부 수립을 반대하고 평화적 통일정부 수립을 모색하기 위해 평양을 찾았다. 이는 제한된 목적과 시기적 촉박성이라는 제약은 있었지만, 분단-전쟁의 과도기에 한국인들이 평화통일을 위해 스스로 시도했던 유일한 정치회담·협상이었다. 우익 3영수로 손꼽히던 김구·김규식의 선거 보이콧 및 북한과의 협상은 미국과 이승만 진영에겐 뼈아픈 것이었다.

이들은 공산주의자나 친북·반미주의자가 아니라 그 정반대로 대표적인 우익인사였다. 미군정 내내 반소·반공 진영이자 친미로 분류될 수 있는 세력이었다. 또한 이승만을 제외하고는 가장 강력한 카리스마와 명망을 지닌 우익 지도자였다. 불도저 같은 김구는 뒤돌아보지 않는 추진력으로 밀고 나갔지만, 합리적 이성의 대변자 김규식은 불가능하지만, 유일한 이성적 대안에 못내 미심쩍어하면서도 함께 북행길에 올랐다. 이들이 북한에서 김일성·김두봉과 함께 작성한 공동성명은 미국을 제국주의로, 이승만과 한민당을 '미제국주의의 주구이며 충복'·'조국을 팔아먹는 변절자들과 민족 반역자들'이라고 비난했다.[2]

---

1) RG 242, SA 2009-1-186, 「許憲, 五月九日亡國選擧를 反對하야 總蹶起하라」; SA 2009-1-187, 「虐殺 僞造 買收 詐欺로써 强行된 五·十亡國單選의 眞相」(上·下), 人民社, 1948. 북한은 5·10선거가 강제등록, 허위등록, 투표강제, 투표기입 간섭강요, 강압적 투표장 분위기 등의 지배를 받았다고 주장했다.

□ 표 Ⅲ-1 **1948년 5·10선거 기간 중 남한 내 폭력 현황**

	경찰 공격			경찰 사망			공산주의자 사망			우익 사망			투표소 습격		
일자	8	9	10	8	9	10	8	9	10	8	9	10	8	9	10
서울		1	6						3	1		2		1	10
경기		1	7		1				2			2		1	5
강원			1						2			2		1	4
충남			1						1						6
충북															
경북	2		2			1	10	3	6	3	5	2			12
경남	3	1	1	2		1				2				5	2
전북									1					1	2
전남						2				2	1	2	1		
제주	7	2	2				1		2	10	3	4			6
1일 합계	13	5	20	2	0	5	11	3	17	18	9	14	1	9	47
3일 합계	38			7			31			41			57		

	노동·학교 파업			통신·전력 태업			기관차 태업			철도 태업			비고
일자	8	9	10	8	9	10	8	9	10	8	9	10	
서울				1									
경기				5	1								
강원				2	2	1							
충남	1			1	1		2						
충북													
경북	10			3		4	3				2	2	
경남	2			2									
전북				3			2						
전남				7	3	1	1			1			
제주													
1일 합계	13			24	7	6	8			1	2	2	
3일 합계	13			37			8			5			

※ 출전 HQ, USAFIK, *G-2 Weekly Summary*, no.139(1948. 5. 14).

우여곡절 끝에 선거가 완료되고 제헌국회가 개최되었다. 국회는 헌법을 제정하고 정부조직법을 만드는 등 정력적으로 국가 수립에 나섰다. 같은 시점에 평양에서 돌아온 김구·김규식은 북한과 평화적 통일을 추진할 통일단체를 조직하기 시작했다. 김구는 5·10선거에 참여한 한독당원의 제명 방침을 주도하고, 김규식과 함께 통일독립촉진회를 조직(1948. 7. 21)하는 한편, 유엔총회에 대표를 파견해 '국제 협조'를 구하는 방안을 추진했다.[3] 김구는 자신과 김규식이 포함되지 않은 한국정부가 태풍 속의 가랑잎처럼 위태로운 운명이라고 여겼을지도 모른다. 국회·군대·북한에 모두 강력한 영향력을 갖고 있던 김구의 움직임을 한국정부는 근심어린 눈으로 지켜보았다. 그러나 미국의 지원과 국가기구의 물리력이 강력한 힘을 발휘하기 시작함으로써 한국정부는 스스로 생존 가능성을 입증하기 시작했다.

1948년 8월 15일 수립된 대한민국 정부는 그해 12월 유엔총회에서 '유엔한국임시위원단이 접근 가능한 지역에서 선출된 유일 합법정부'로 인정받았다. 유엔의 권위가 대한민국 정부의 유일 합법성과 전국적 대표성을 보증했다. 이로써 남북한에는 배타적 정통성과 합법성을 주장하는 두 개의 정부가 수립되었다.

폭풍: 여수 주둔 14연대 반란

1948년 10월 남부 항구도시 여수에서 시작된 반란은 이후 한반도의 정치적 지형을 이전 시기와 다르게 만든 결정적 계기가 되었다. 한국정부가 보유한 15개 연대 중 하나였던 여수 주둔 14연대는 제주도의 반정부 폭동을 진압하라는 명령을 거부하고 반란을 일으켰다. 여순사건 혹은 여순군인폭동이라고

---

2) 「전조선동포에게 檄함」, 朴洸 편(1948), 『진통의 기록: 전조선 제정당 사회단체 대표자연석회의 문헌집』, 평화도서주식회사, 73~77쪽.
3) 이에 대해서는 도진순(1997), 『한국민족주의와 남북관계』, 서울대학교출판부, 236~300쪽 참조.

불리는 이 반란은 자연발생적이며 거의 무계획적이었다. 하사관과 사병 몇몇이 시작한 군사반란은 몇 시간 만에 2,000명 규모의 폭동으로 발전했다. 여수에서 시작된 반란은 인근 도시 순천으로 번졌고 곧 전라남도 전역을 휩쓸었다. 반란 세력은 지역 토착 공산주의자들과 결합해 군인반란을 지역폭동으로 전환시켰다.[4]

관공서와 경찰서 등 공공기관이 습격을 당했고, 최소 2,000여 명이 사망했다. 이 당시 발생한 여타의 많은 사건들과 같이, 이는 하나의 운동이라기보다는 폭동의 모습을 띠었다. 한 미국 신문기자는, 여순반란으로 경찰만 정부에 충성스러운 존재로 확인되었고, 공산주의자들의 위협이 아직도 사라지지 않았다고 '인식'되어, 여순반란사건 이후 시민적 자유는 압살되어갔다고 평가했다.[5]

한편, 한국군의 반란은 충분히 예상 가능한 것이었다. 미군철수와 한국정부 수립이 구체화되자, 주한미군은 1948년 초부터 한국군의 병력을 급격하게 증강시켰다.[6] 그리하여 병력자원에 대한 면밀한 검열이 불가능해, 좌익 세력이 대거 군대에 유입되었던 것이다.

1948년 10월의 여순반란은 한국군의 급격한 증강에 내재된 모든 문제가 일거에 폭발한 계기였다. 14연대는 반란을 일으켜 현지 좌익과 합세한 뒤 군사반란과 폭동을 주도했다. 나아가 진압을 맡은 광주 주둔 4연대의 몇몇 소대·중대가 반란군에 합류했다. 한편 대구 주둔 6연대에서도 반란이 시도되었다. 반란은 공산주의자들의 조직적 침투와 공작·선동에 기초한 것이지만, 급격한 병력의 확충이 초래한 허점에서 자연스레 비롯한 면도 있다.

---

[4] 여순사건에 대해서는 다음을 참조. 김득중(2004), 『여순사건과 이승만 반공체제의 구축』, 성균관대 박사학위논문.
[5] Richard Allen, *Korea's Syngman Rhee*, Charles E. Tuttle Company, 1960, p. 108; RG 319, ID file no.0506892, John J. Muccio to the Secretary of State. Subject: Review of and Observations on the Yosu Rebellion(1948. 11. 4).
[6] 1948년 이후 주간별 한국군 병력 현황은 이 책의 「부록」〈별표 4〉를 참조.

신생 공화국의 운명은 풍전등화 상황이었고, 반란의 효율적 진압에 생사가 달려 있었다. 한국군은 반란을 진압하기 위해 전체 병력의 4분의 1 가량을 동원했다. 미군의 도움으로 장갑차를 동원하고 함포사격을 가하는 한편, 박격포·화염방사기 등의 중화기를 사용하고서야 가까스로 반란을 진압할 수 있었다. 여수·순천이 잿더미가 되자 반란군은 지역 좌익들과 함께 지리산으로 이동했다. 이후 야산대 등 소규모 무장 피신 그룹과는 다른, 정규군 수준의 무장·훈련을 갖춘 좌익 게릴라들이 남부 산악지역에서 본격적인 게릴라전을 펼쳤다. 1948년 말부터 1949년 초까지 이루어진 동계토벌은 게릴라 토벌을 위한 것이었을 뿐 아니라, 반란군에 대한 응징·보복의 성격도 띠었다.

다른 한편, 군 내부에서는 대대적이고 본격적인 숙군작업이 벌어졌다. 한국전쟁을 전후한 시기의 한국군의 사기·규율을 장제스의 국민당군과 비교하는 경우가 적지 않았다. 하지만 무능하고 부패한 지휘관, 무규율과 전투 의지·사기가 결여된 병사의 결합이라는 국민당군의 참극은, 실제 전쟁이 발발했을 때 한국군에서는 벌어지지 않았다. 중국 국민당군은 국공내전의 와중에서 변변한 전투 한번 없이 사단·군단이 와해·투항하고 군장성들조차 투항했지만, 한국군의 경우는 1개 대대도 북한군에 투항하지 않았다.[7]

그것이 가능했던 가장 큰 배경은 바로 1948년 말부터 본격화된 숙군 때문

---

[7] 중국인민해방지원군의 통계에 따르면, 1948년 이후 투항하거나 포로가 된 국민당군 장성은 총 1,218명인 데 반해, 전투 중 사망한 장성은 32명에 불과했다(RG 242, ATIS Document no.202143, 中國人民解放軍總部編印,『中國人民解放戰爭四年戰績』1950年 7月).

□ 표 III-2 **중국인민해방전쟁 4년 간 포로·투항한 국민당군 고급장교 통계**(中國人民解放戰爭四年俘獎敵高級軍官名錄)

(단위: 명)

	포로		사망		투항		합계
	정규군	비정규군	정규군	비정규군	정규군	비정규군	
1차년(1946. 7~1947. 6)	105	71	16	10			202
2차년(1947. 7~1948. 6)	130	59	16	11			216
3차년(1948. 7~1949. 6)	493	69	13	1	106	28	710
4차년(1949. 7~1950. 6)	213	170	10	8	60	79	540

이었다.[8] 연이은 군대 내 반란은 좌익에게는 강력한 선전효과와 한국정부를 뒤흔드는 파괴력을 과시한 계기가 되었던 반면, 생사를 건 인정투쟁의 결과 한국정부의 적개심을 결정적으로 고취시켰고, 또 사상검열을 통해 한국군의 단결과 충성심을 고양시켰다. 숙군 결과 숙청된 군인은 총 4,749명으로 전 군의 5%에 달했다. 한국전쟁 시기 박헌영·남로당이 주장한 20만 당원 봉기설은 이미 1948년 말 제주·여순사건에 대한 강력한 진압과 숙군으로 불가능하게 되었다.

같은 시기에 반란의 출발지가 된 제주 지역 게릴라에 대한 '초토화작전'이 본격화되었다. 제주 4·3의 오랜 전개 과정 중 바로 이 동계 토벌작전 과정에서 가장 많은 민간인 희생자가 발생했다. 미군정의 추산에 따르면, 제주도 내에서 활동한 게릴라는 최대 3,000여 명이었다. 그런데 1949년 말 현재 미국 자료에는 1만 5,000명에서 2만 명이 사망했다고 기록되어 있고, 한국정부의 통계에는 2만 7,719명이 사망했다고 기록되어 있다. 제주지사는 미국 정보기관에 6만여 명이 사망했고 4만 명이 일본으로 도망쳤다고 말했다. 400개에 달하던 마을 중 남은 것은 고작 170여 개뿐이었다.[9] 한국정부의 생사·운명이 제주도와 지리산의 반란을 진압하는 데 달려 있어서, 한국정부는 옥석을 가릴 만한 여유가 없었다. 미국은 자신들이 공들여 수립한 한국정부가 반란을 진압하고 사태를 장악함으로써 생존할 수 있는지를 근심어린 눈으로 지켜보고 있었다. 이승만 정부에게는 여러 경로로 반란에 대한 엄격한 진압에 한국정부의 미래가 달려 있다는 미국 조야(朝野)의 메시지가 접수되었다.

1948년은 한국정부에게 시련과 인내의 시기였다. 선거를 통해 정부를 수

---

[8] 숙군에 대해서는 다음을 참조. 노영기(1998), 「육군 창설기(1947~1949년)의 肅軍에 관한 연구」, 성균관대 사학과 석사학위논문.
[9] "The Background of the Present War in Korea," *Far Eastern Economic Review*(1950. 8. 30), pp. 233~237; RG 349, FEC G-2 Theater Intelligence, Box 466(1950. 5. 23), G-2 Report on Cheju; Bruce Cumings(1990), 앞의 책, p. 258.

립하는 과정에서 수많은 반대와 폭동에 직면했다. 북한은 남한 공산주의자들은 물론 남한의 대표적 우익인사들까지 평양에 불러들여 정부 수립을 반대하고 미국과 정부 수립 주체들을 비난했다. 북한은 통일을 명분으로 내세웠지만, 한국정부 수립 즉시 공화국을 수립함으로써 명분과 실리를 모두 챙겼다.

반면 평양은 느긋이 팔짱을 끼고 사태를 즐기고 있었다. 제주 4·3과 여수 군인반란이 남한정부를 위협하는 순간 북한은 대대적으로 '남조선 인민유격대'의 영용(英勇)한 투쟁을 선전했다. 박헌영·이승엽 등 재북 남로당 지도부는 북한의 선전매체를 통해 빨치산들이 곧 이승만 정부를 전복할 것처럼 선전했다. 북한에서는 경제건설과 산업부흥이 논의되었지만, 같은 시점에 남한의 관공서는 빨치산의 습격을 당했다. 평양은 환호했지만, 서울은 낙담하고 분노했다. 위기 속에 다져진 인내와 결의가 복수로 재현될 것은 분명했다.

〈표 III-3〉의 통계에서 알 수 있듯이, 5·10선거를 전후한 3~6월 동안 경찰·우익에 대한 좌익의 공격이 최고조에 달했다. 반면 공산주의자들은 선거가 있던 5월을 제외하면 여순사건이 있던 10~11월에 각각 150명을 상회하는 사망자가 발생해 최고조에 달했다. 여순사건과 동시에 한국정부의 대대적 반격이 시작된 것이다.

1948년의 동력학

여순사건은 한국전쟁으로 향하는 1948년의 동력학을 만들어냈다. 그것은 미소 점령기의 좌우충돌이나 정부수립기의 폭력사태와는 비교할 수 없는, 국가적 차원의 위기의식과 적대의식이었다. 한국정부는 북한·좌익·남북협상파에 대해 극도의 적개심으로 불타올랐다. 폭동-군 반란-빨치산으로 이어진 폭력사태는 한국정부의 존립을 위태롭게 했고 그 결과, 증오와 폭력에 기초한 적대의식이 생겨났다.

1948년 한국정부에게 가장 큰 분노의 표적은 남한 내 좌익이었다. 한국정

□ 표 III-3 **1948년 남한 공산주의자들의 활동 현황**

공격 대상		1월	2월	3월	4월	5월	6월	7월	8월	9월	10월	11월	합계
마을 공격					5	73	9	1			4	4	96
경찰 공격			130	118	50	86	12	11	11	4	9	12	443
경비대 공격											3	2	5
사 망	경 찰		33	20	15	34	4	1	5	1	15	11	147*
	우 익	1	14	14	81	144	51	10	1	7	12	4	339
	경비대										1	3	4
	공산주의자	1	74	75	70	155	83	33	22	1	151	159	833**
시위·무질서·방화·우익 공격		6	118	69	126	196	81	24	12	7	11	7	657
관청 공격			9	14	2	9	3						37
사보타주	통 신	14	53	58	32	57	8	1			2		225
	철 도	1	12	6		8		1			1		29
	기관차		50	24									74
	도 로		13	5	2	5			1		1		27
	교 량		6	9	5	4							24
	발전소					7	1						8
파 업	노동자		14	6	3	16	1						40
	학 교		7	5	4	9							25

※ 출전 *G-2 Weekly Summary*, no.l67(1948. 11. 26)
※ 비고 * 합계는 147이 아닌 139임.
　　　** 합계는 833이 아닌 824임.

부는 평양과 모스크바의 공산주의자들이 이들을 지원한다고 확신했다. 이들은 분명한 국가의 적이었고 체제 밖의 세력이었다. 도전과 반역이 명백했으므로 물리적 대처가 가능했다. 1948년 12월 제정된 국가보안법으로 남조선노동당 등 모든 좌익 세력은 불법단체로 규정되었다.

문제는 체제 내의 도전 세력이었다. 한국정부는 김구와 남북협상파, 원내의 국회소장파 들을 우려했다. 이들이 폭동·반란에 개입한 명백한 증거는 없었지만, 한국정부는 의혹의 눈길을 거두지 않았다. 여순사건이 발발하자 한국정부와 주한미군 정보 당국은 모두, 김구가 극좌·북한과 결합해 군사쿠데타를 감행할지도 모른다는 우려 섞인 분석을 본격적으로 내놓기 시작했다.

먼저 주한미군 정보참모부는 김구가 반란을 선동했을 것이라는 소문이 파다하다고 기록했다. 그 근거로 첫째, 경비대 내에 김구의 추종자들이 상당하며, 반란의 공격 목표가 현정부라는 점. 둘째, 사건 직전 김구가 전남 광주를 방문했다는 점. 셋째, 이범석 총리가 여수반란에 우익들이 개입했다고 발표한 점 등을 들었다.[10] 주한미군 정보 당국은 김구가 군사쿠데타를 일으킬 경우, 공산당이 혼란상태를 이용할 가능성이 높다고 지적했다. 특히 한국정부가 개별적인 군사쿠데타나 공산당의 폭동은 진압할 수 있지만, 군사쿠데타와 공산당의 폭동이 동시에 발생할 경우 진압할 수 있을지 의문이라고 논평한 바 있다.[11] 이와 함께 송호성 육군총사령관이 면직되었는데, 주한미군 정보 당국은 송호성이 김구의 사도(使徒)이며 김구가 송호성을 통해 국방경비대에 자신의 추종 세력을 투입한다는 소문이 있다고 분석했다.[12]

극좌와 극우의 합작, 남북의 결합이라는 쿠데타 음모 시나리오는 신빙성이 없어 보이지만, 이는 1948~49년 남한 내에 만연했던 소문이자 근거 있는 주장이었다. 여순사건 이틀 뒤(1948. 10. 21) 국무총리 이범석은 임정 계열의 14연대장 오동기 소령이 좌익 연루 혐의로 체포되자 14연대가 반란을 일으켰다고 발표했다.[13] 다음날 김태선 수도경찰청장은 '혁명의용군사건'의 경위를 발표했다. 최능진·오동기 등이 남로당과 결탁하여 무력으로 정부를 전복하고 김일성 일파와 합작하여, "자기들 몇 사람이 숭배하는 정객(政客)"을 수령으로 내세워 공산정부를 수립하려고 공모한 후 쿠데타를 감행하기 직전 검거되었으며, 말단 세포분자들이 여순사건을 일으켰다는 것이다.[14] 이범석은 국

---

10) *G-2 Weekly Summary*, no.164(1948. 11. 5).
11) 위와 같음.
12) *G-2 Weekly Summary*, no.166(1948. 11. 19).
13) 서중석(1996), 『한국현대민족운동연구 2』, 역사비평사, 169쪽.
14) 『서울신문』 1948. 10. 23; 혁명의용군사건에 대해서는 서중석, 앞의 책, 169~173쪽 참조.

회 본회의 보고(1948. 12. 8)에서도, 오동기의 체포로 "극우 극좌의 합작음모가 폭로" 되자 여순사건이 일어났다고 했다.[15] 시중에는 여순사건에 김구의 선동이 작용했다는 루머가 떠돌아, 김구는 10월 27일 기자회견에서 극우가 반란에 참가했다는 주장을 부인하는 발언을 해야 했다.[16]

그런데 반란의 주역이던 14연대의 김지회·홍순석은 971CIC파견대 출신으로, 안두희가 CIC 요원이었음을 밝힌 실리(George E. Cilley)가 쿠데타설의 진원지로 꼽은, 바로 4연대 출신이었다.[17] 이 때문에 임정 계열 오동기의 체포, 14연대 좌익세포의 반란, 4연대의 극우 반이승만 쿠데타 모의 등은 정보당국에서 거론해볼 만한 조직사건의 밑그림이 되기에 충분했다.

김구가 극좌·북한과 결합해 군사쿠데타를 감행할지도 모른다는 미군정의 우려는 1949년 김구 암살 당시 한국정부가 '안두희의 증언'을 통해 유포했던 암살의 정당성과 같은 맥락이었다. 한국정부는 김구의 암살을 전후해, 첫째 극우·극좌의 합작음모, 둘째 남북 결합의 군사쿠데타, 셋째 이승만 암살 계획의 동시 진행 등의 음모에 김구가 깊숙이 개입했다고 선전했다. 이는 정보 당국의 지속적인 관심사였고 암살과 관련해 공작차원에서 추진된 목표이기도 했다.[18]

1948년 말~1949년 초 빨치산 토벌 및 제주도 토벌이 완료되자 한국정부는 완전하지는 않았지만, 위기로부터 탈출했다. 좌고우면(左顧右眄)할 여유가

---

15) 「제1회 124차 국회본회의 속기록」(1948. 12. 8), 『대한민국국회 제1회 속기록』 제124호, 1240~1256쪽. 오동기는 오랫동안 중국군에서 활동했고 한국독립당과 가깝다는 배경을 지녔다. 오동기의 진술에 따르면, 그가 군입대를 보증한 4명이 반(反)이승만파인 최능진의 선거운동에 적극 개입했다. 이승만 정부는 최능진을 혁명의용군 사건으로 엮어 공산주의자로 처벌하려 했다. 오동기는 최능진과 일면식도 없었지만, 그가 보증한 4명이 최능진 선거캠프에 가담한 죄로 무려 7년 간 고초를 치러야 했다. 그가 무관하다는 것은 곧 밝혀졌으나 불명에 파면되었다[「(면담사료 제3008-1) 오동기 소령 면담록(1966. 12. 21. 유관종)」(국방부 군사편찬연구소 소장), 국방부 전사편찬위원회(1967), 『한국전쟁사』 1권(해방과 건군), 484~488쪽. 이하 『한국전쟁사 1: 해방과 건군』으로 약칭).
16) 『자유신문』 1948. 10. 28; 서중석, 앞의 책, 171~172쪽에서 재인용.
17) 국방부 군사편찬위원회, 앞의 책, 291쪽; 정병준(2005), 「백범 김구 암살 배경과 백의사」, 『한국사연구』, 128호.
18) 정병준(2005), 위의 논문.

생긴 것이다. 한국정부는 이제 복수의 시기가 도래했다고 판단했다. 1949년 초, 위기와 인내 속에 다져진 분노가 폭발하기 시작했다. 북한, 좌익, 남북협상파, 국회소장파에 대한 본격적인 공세가 시작된 것이다.

2. 남북한의 적대적 동화와 38선 충돌

최고 지휘부의 적개심

미소 양군이 철수하고 난 1949~50년 남북한은 극단적으로 상대방을 증오하면서 적대 세력의 행동방식에 동화되어갔다. 강대국의 지배, 최고 지도부의 호전적 통일관, 군사 지휘관들의 적개심과 호승심(好勝心) 등이 복합적으로 이 시기의 충돌을 격화시켰다.

먼저 남한을 살펴보자. 정치·경제적인 측면을 제외하고라도 미국은 남한의 군사력을 지탱해주는 유일한 원천이었다. 군사적인 측면에서 미국은 세계 최대 규모인 500명의 군사고문단을 잔류시켰고, 무기·지휘체계·편성·훈련을 미국식으로 진행했다. 한편 미국은 남한의 북진을 우려해 공격용 무기를 제공하지 않았다. 그러나 선제공격이 아닌 도발받은 '반공격'은 선호했다. 차이나로비(China Lobby)의 핵심인물로 이승만과 프린스턴 대학 동창이었던 중국 외교관 웰링턴 쿠(Wellington Koo, 顧維鈞)는 이승만의 정치고문이자 미국 OSS의 부처장으로 정보·공작 임무의 달인이었던 굿펠로우와의 대화를 이렇게 적었다.

> 북으로 올라가고자 열망했던 것은 남한인들이었다. 왜냐하면 그들은 자신들이 잘 훈련된 10만 명의 군대(원문 그대로)를 보유하고 있다고 분명하게 느끼고 있었기 때문이다. 그러나 미국정부는 남한이 하는 어떠한 도발도 저지하고자 아주 열심이었고, 굿펠로우가 바로 그 일을 하기 위해 최근 거기에 갔다. 나는

한국에서 전쟁이 일어날 가능성이나 위험이 얼마나 큰지를 물었다. 미 정부의 입장은 이러했다. 남한측의 주도로 북을 공격하는 것은 어떻게든 피하라. 그러나 북한이 남한을 공격한다면 남한은 그 결과가 3차 대전이 된다 할지라도 저항하면서 곧장 북으로 진군해야 할 것이고, 결과적으로 3차 대전이 일어날 것이다. 그 경우 북한이 공격을 시작했으므로 미국인들은 이를 이해하게 될 것이다.(강조는 인용자)[19]

주한미대사와 주한미군사고문단장은 남한 군부와 지도부의 대북공격 시도를 억제하는 역할을 맡았다. 한편으로는 남한군의 공격 가능성을 낮추기 위해 경제·군사원조 중단 위협을 동원한 이들은 다른 한편으로는 남한이 요청하는 군사원조 증액과 군비증강을 강력히 지지했다.

소련 역시 북한을 지배했다. 미국 자료에 따르면, 소련은 120명 이상의 군사고문단을 파견했다.[20] 최근 공개된 구소련 자료에 따르면, 소련군이 철수하고 난 뒤 잔류한 군사고문단은 1949년 2월 24일 현재 236명, 1950년 3월 1일 현재 148명이었다. 이들은 연대급 이상의 부대에 배치되었고, 일부는 소련군 교육 프로그램에 따라 북한군 지휘관 양성을 담당했다. 이들 외에 1949년 2월 19일 현재 북한에는 소련군 전문 인력 4,293명이 잔류했지만, 이들은 항만·항공·통신소·병원·신문·학교 등에서 일했다.[21] 한편 전쟁 직전인 1950년 5월 16일 소련내각회의 결정으로 소련군사고문단의 편제 정원은 246명이 되었으며, 이 수치는 전쟁기간 내내 유지되었다.[22]

---

19) Koo Papers, box 217, Koo Diaries, entry for January 4, 1950. 굿펠로우는 1949년 9월 27일 서울에 도착했다(895.00file, box 7127, 「무초가 국무부에 보낸 1949년 10월 7일자 전문」)〔Bruce Cumings (1990), 앞의 책, p. 396에서 재인용〕.
20) 남한정부는 소련고문관의 수를 총 120명으로 추산했고, 1개 사단당 약 15명의 고문이 있으며, 대대 수준까지 고문관이 파견되어 있었다고 판단했다. 공군 고문관 역시 15명 정도였다〔Bruce Cumings(1990), 앞의 책, pp. 444~445〕.
21) 기광서(2004), 「북한 무력 형성과 북소관계」, 『중소연구』 통권 103호, 230~231쪽. 한편 양영조는 이 중 4,020명은 군인이고, 나머지 273명은 군무원이었다고 썼다〔양영조(1999), 「소련의 대북한 군사정책 (1948~50)」, 국방부 군사편찬연구소, 『軍史』 제39호, 142쪽〕.

한편 소련군 역시 북한에 무기를 제공했다. 특기할 만한 점은 소련은 북한에 구식 무기만을 팔았다는 사실이다. 최악의 전쟁 상황에서도 신무기로 북한을 무장시키지 않았다. 신형 스탈린 탱크, 152mm 곡사포 등 중포, 1950년 중국에 이양했던 제트 비행기 등은 없었다. 북한에 제공된 항공기 중 Yak-9기 21대, Il-10기 24대, Il-10 연습기 9대 등은 모두 중고였다. 비행기 엔진 역시 고물이었고 비행기 중 19대는 수리 불능이었다. 북한은 이들에 대해 신형 항공기 가격을 지불했다. 또한 판매대금은 바로 그해 현물로 상환되었고, 금리 또한 국제 시세보다 비싸게 책정되었다.[23] 스탈린의 결정에 따라 북한은 1948년도 소련군 및 소련군사고문단 급료에 해당하는 약 1억 원의 비용을 부담해야 했다.[24]

북한군의 지휘체계, 편성, 훈련도 소련식으로 이루어졌다. 소련군사고문단장을 지낸 바실리예프 중장은 1950년 3월 1일, 북한군이 소련군 정원규정·프로필에 따라 편성되었고, 소련군의 프로그램과 규율에 따라 교육받고 있다고 소련군 총참모부에 보고했다.[25] NARA의 북한 노획문서에는 수많은 소련 군사교범 번역본들이 소장되어 있다. 북한의 한 전술교범에 제시된 '한 사람분 하루의 식량공급규정'에 따르면, 식량으로 제공되는 주식의 표준이 흘렙(흘레브, khleb: 빵) 900g, 2급 밀가루 20g, 잡곡 130g 등으로 제시되어 있었다.[26] 북한군의 실상을 알 수 있는 대목이다.

---

[22] 안승환(2002), 앞의 논문, 380~382쪽. 안승환은 소련군사고문단이 숫자는 적지만 전원이 장군이나 장교이며 계급분포도 중좌급이 다수를 차지한 반면, 미군사고문단은 총원 중 사병이 5분의 3을 차지해 소련군사고문단과 위상·활동의 성격이 달랐다고 주장했다(같은 논문, 373쪽).
[23] 「슈티코프→비신스키」(1949. 6. 22), 『소련 외교문서』 4권, 34~37쪽.
[24] 「슈티코프가 스탈린과 몰로토프에게」(1948. 1. 19) ЦАМО, Ф.172, ОП. 614633, Д.3, ЛЛ11-12(기광서, 앞의 논문, 232쪽에서 재인용).
[25] 안승환, 앞의 논문, 384쪽.
[26] RG 242, ATIS Document no.200762, 朝鮮民主主義人民共和國 民族保衛省總參謀部, 『戰術-技術便覽』, 民族保衛省軍事出版部, 1949년도판, 180쪽. 같은 번호에 소장된 1951년판 『戰術-技術便覽』의 경우에도 마찬가지로 소련교범을 번역해 쓰고 있었다.

북한군은 작전도 지휘도 모두 소련식으로 해야 했다. 북한군 장교들은 연대·사단급 단위부대 이상을 지휘할 능력이 현저히 떨어지거나 없었다. 고문단은 자문할 뿐이지 지휘하지 않는다고 했으나 소련고문단이 실질적으로 북한군을 '지휘'했다고 해도 무방했다. 한국전쟁 개전 당시 공격 명령이 소련어로 작성되었던 이유가 여기에 있다.

결정권을 지닌 스탈린은 북한의 선제공격을 제어했고 남한의 북침 시기를 노려 반공격하라고 지시했다. 한편 소련대사 슈티코프는 김일성과 박헌영의 무모한 대남 선제공격을 반대하고 제어했지만, 다른 한편 이들의 대남 부분 공격의 타당성을 인정할 정도로 현지에 동화되어 있었다.

최고지도자의 차원에서 남북 양측의 적개심과 무력통일론은 이미 보편적이었다. 전술적인 측면에서는 조국통일민주주의전선 결성(1949. 6) 이후 평화통일 공세와 무력 증강이라는 북한측의 화전 양면전술이 구사되었지만, 김일성은 스탈린과 면담(1949. 3. 7)하는 자리에서 무력통일만이 유일한 방안이라고 강조할 정도로 평화통일의 가능성은 염두에 두지 않았다.

> 김일성: 스탈린 동무, 현재의 정세에 비추어볼 때 군사적 수단을 통하여 전국을 해방하는 것은 필연적이고 또 가능하다고 우리는 믿고 있습니다. 남반부의 반동 세력들은 평화통일에 결코 동의하지 않을 것이며, 북침하기에 충분할 정도로 강하다고 스스로 판단할 때까지 조국의 영구 분단을 획책할 것입니다. 현재 우리는 주도권을 장악할 수 있는 최선의 기회를 맞고 있습니다. 우리의 군대가 보다 강하며, 이에 덧붙여 우리는 남측 내의 강력한 유격대 운동으로부터 지원을 받고 있습니다. 친미정권을 경멸하는 남쪽 주민들도 분명 우리를 도울 것입니다.[27]

---

27) 「김일성이 지휘하는 북한정부 대표단과 스탈린 간의 대화록, 1949년 3월 7일」, 예프게니 바자노프·나딸리아 바자노파 저, 김광린 역(1998), 『소련의 자료로 본 한국전쟁의 전말』, 열림, 27~28쪽(이 책의 원제

많은 연구들이 지적하듯이 아마도 김일성은 자신이 항일투쟁의 신화를 계승하고 있으며, '친일파·친미파·매국노 들이 득실거리는 남조선'을 '미제'의 지배로부터 구해야 한다는 복음주의적 환상에 사로잡혀 있었을 것이다. 김일성은 1946년 북조선임시인민위원회 위원장이 된 이래, 자신의 주도로 남한을 '해방'시켜야 한다고 생각했음이 분명했다. 자신이 북한이라는 '반국적'(半國的) 지도자에 머물 것이 아니라 한반도라는 '전국적'(全國的) 지도자가 되어야 하며, 해방과 통일의 과업을 달성할 적임자라고 생각했을 것이다. 많은 학자들이 지적하듯이, 1948년 한국정부 수립 이후 북한의 대외 성명들은 평화통일 가능성을 언급하고 있었지만, 김일성은 남한과의 평화통일이 불가능하다고 판단했을 것이다. 특히 김일성은 한국정부 수립 이후 한국정부의 역량이 강화되어 대남공격이 불가능하게 되거나, 아니면 한국정부의 선제공격이 있을까 두려워하고 조바심을 냈다.

1930년대 항일빨치산을 이끈 이래 김일성은 생존과 투쟁을 위한 고난의 행군을 계속했지만, 민생단(民生團) 사건에 희생된 한인 공산주의자들이나 양정우(楊靖宇) 같은 동북항일연군 지도자보다는 운이 좋았다. 그는 살아남았다. 나아가 자신의 항일투쟁이 성공까지는 아니더라도 중국·소련 등 사회주의 형제국가의 지원으로 패배하지는 않았다고 여겼을 것이다. 해방 이후 김일성은 미국에 대해 별다른 두려움을 갖고 있지 않았던 것으로 보인다. 김일성은 남한 군·정부 내에 충분한 첩자를 보유하고 있었고, 소련이 알지 못하는 한국정부의 내밀한 정보를 파악하고 있었다고 보인다. 후술하듯이 김일성은 한국군의 병력 규모, 무기 체계, 지휘 체제 등을 손금 보듯 훤히 꿰뚫고 있었기 때문이다.

반면 김일성과 북한지도부는 일본에 대한 체험적 두려움과 증오를 갖고 있었다. 이는 마오쩌둥의 경우도 마찬가지였다. 구소련 문서에 따르면, 김일

는 *The Most Mysterious War of 20th Century: Korean Conflict 1950~1953 Based on Soviet Archives*이다);『서울신문』1995. 5. 15.

성과 마오쩌둥은 한국전쟁을 개전할 경우 미국의 개입보다는 일본의 개입을 더 두려워했다. 이들은 모두 항일전에서 일본군에게 쫓긴 경험을 가지고 있었다. 김일성·김일 등 북한지도부와 마오쩌둥·저우언라이 등은 일본군의 재무장과 한반도·중국 진출에 대해 여러 차례 대책을 논의하며 일본군의 개입을 두려워했다.[28] 반면 스탈린은 지속적·반복적으로 미국의 개입을 두려워했다. 경험의 차이가 전략적 입장 차이를 가져왔을 것이다.

한편 이승만 역시 북한에 대해 억누를 수 없는 증오심을 갖고 있었다. 이승만의 상황인식은 1949년 2월 7일의 국회연설에서 잘 드러났다. 이승만은 북한의 무장 군인들이 매일 38선을 넘어와 살인·방화하며, "지하 공작분자들이 이남의 각처에 헤져서 살인·방화를 하고 돌아다니며 난장판을 맨들어놓고" 있다고 비판했다.[29] 한국전쟁의 와중이던 1950년 9월 23일, 북한 외상 박헌영은 유엔 안전보장이사회에 북한 인민군이 서울에서 노획한 22건에 달하는 '극비문서'를 제출해 '북침'을 주장했다.[30] 북한은 이들 소위 '경무대에서 노획한 문서철'을 가지고 남한의 '북침'설을 국제 무대에 선전하며 이를 자료집으로 간행하기까지 했는데, 이는 경무대측에 상당히 곤혹스러운 일이었다. 북한과 소련은 이 문서들을 자료집과 책자로 간행해 대대적인 선전 자료로 이용했다.[31]

---

28) 「슈티코프→지도자 각하」(1949. 5. 15), 외무부 외교사료관 소장, 『韓國戰爭關聯 蘇聯外交文書』 3권, 18~20쪽(이하 『소련 외교문서』로 줄임); 「코발료프→필리포프」(1949. 5. 18), 『소련 외교문서』 3권, 21~22쪽; 외무부 외교사료관 소장, 『韓國戰爭關聯 蘇聯外交文書』 2권 중 「한국전 문서 요약」, 12쪽; 「로신→필리포프」(1950. 5. 15.), 바자노프, 앞의 책, 66~67쪽.
29) 『제2회 국회의사속기록』 제24호(1949. 2. 7).
30) Robert T. Oliver, *Syngman Rhee and American Involvement in Korea, 1942~1960: A Personal Narrative*, Seoul, Panmun Book Company Ltd., 1978, acknowledgements. 이 문서들은 현재 뉴욕의 유엔문서보관소에 소장되어 있다.
31) 북한측은 이를 주축으로 *Facts Tell*이라는 자료집을 출간했으며, 1959년 『조선인민의 정의의 조국해방전쟁사』(과학원 력사연구소, 전3권, 사회과학출판사)를 간행했다. 또한 공보고문 올리버에 따르면, 북한의 주장을 수용한 프랑스 파리의 모방송국은 1950~1953년의 이승만을 전쟁상인으로 묘사하는 선전방송을 해서 경무대와 유엔군측을 긴장시킨 바 있다.

대부분 1949년에 작성된 이들 편지에서 이승만은 분명한 대북 적개심을 보여주었다. 가장 유명한 것은 1949년 9월 30일 공보고문 올리버(Robert T. Oliver)에게 보낸 편지였다. 이승만은 이렇게 썼다.

> 나는 지금이 북한에 있는 우리의 충성스러운 공산군(원문 그대로)과 합세하여 평양에 있는 잔당들을 소탕하기 위해 우리가 공격조치를 취하는 데 가장 좋은 심리적 호기라고 강하게 느끼고 있다. 우리는 김일성 부하들을 산악지역으로 몰아내 거기에서 그들을 점차 굶겨 죽일 수 있을 것이다. 그러면 두만강(원문에는 Truman 강으로 오기)과 압록강을 따라 우리의 방위선이 강화될 것이 틀림없다.[32]

이승만은 북한으로 밀고 올라가 공산당을 토벌하고, 이들을 한만국경으로 몰아넣어 굶겨 죽여야 한다는 극언을 할 정도로 '실지회복' 혹은 '북벌'을 강조했다. 한국정부 공보처·외무부의 고문이자 이승만의 측근이었던 윤병구는 1948년 말 미국·한국·일본군이 합작해서 일본군은 블라디보스토크까지 동진하고, 한미군은 북한을 해방한 뒤 요동반도를 지나 하얼빈까지 진격하고, 국민당군은 산동성을 포함한 중국땅을 해방해야 한다고 주장했다.[33] 한·미·일 동맹군이 중공·북한을 상대로 연합작전을 펼치고 일본이 블라디보스토크

---

32) 「Syngman Rhee→Robert T. Oliver」(1949. 9. 30), 국사편찬위원회(1996), 『대한민국사자료집〔이승만관계서한자료집 2(1949~1950)〕』 29집, 158~159쪽. 이 자료집에 수록된 것은 조병옥·장면에게 참고용으로 보낸 발췌본 사본이다. 상단에 필사로 써 있기를, "이 편지는 1950년 7월 초 소련대사가 유엔총회에 제출한 바 있다. 앞의 『뉴욕타임스』를 참조할 것"이라고 되어 있다. 한편 이들 편지는 모두 북한이 제출한 경무대 노획문서철에 수록되어 있다(Documents Seized by North Korean Army during the occupation of Seoul at Korean War, and forwarded to the Chairman of the Security Council of the United Nations, Lake Success, New York", in UN. Archives).

33) 「尹秉球→李承晩」(1948. 12. 3), 국사편찬위원회(1996), 『대한민국사자료집〔이승만관계서한자료집 2(1949~1950)〕』 29집, 158쪽. 필자가 앞의 책을 편집할 당시 흐릿한 편지 작성연도를 1949년으로 잘못 판단했다. 확인 결과 1948년이 타당하다. 윤병구는 1949년 6월 사망했다.

를 점령해야 한다는 윤병구의 주장은 미국무부를 경악케 했다. 윤병구는 1949년 4월 자신이 만든 한미동맹조약 초안을 제시했는데, 초안 7조에서 "중국공산군의 한국침략의 보복으로 만주에 대한 해방전쟁이 개시되면 미국은 한국정부의 해방전쟁이 승리하도록 원조"해야 하며, 그 대신 한국 대통령은 동중국과 만주의 천연자원을 한미 공동으로 개발하는 것을 인정해야 한다고 주장하기도 했다.[34] 윤병구는 1949년 6월 이승만에게 편지를 보내, 자신이 무초(John J. Muccio) 대사를 만나 '북극곰'을 사냥하는 데 미군 공군 및 군함이 필요하다는 점을 통보했다고 밝히기도 했다.[35] 대통령과 그의 고문들이 이런 편지들을 주고받았던 것이다.

북한은 한국전쟁 때 경무대에서 바로 이 편지들을 노획해 유엔총회에 남한의 북침 증거자료로 제출했지만, 유엔 주재 미국대표 워런 오스틴(Warren Austin)은 이 편지가 조작되었다고 주장했고 올리버는 침묵했다. 그러나 올리버의 회고에서 드러나듯이, 이 편지는 진본이었고 국내에서 공간(公刊)된 자료집에 수록되어 있기도 하다. 그렇지만 올리버의 지적과 같이 북한은 이 자료의 전후 문맥을 무시한 채 부분만을 왜곡해 인용함으로써 선전효과를 노렸던 것이다.[36] 또한 결정적으로 중요한 것은 북한이 '북침'의 증거로 인용한 어떤 자료에도 '북침'의 근거가 될 만한 사실은 하나도 존재하지 않았다는 점이다.

---

34) 「Rough Draft of Treaty of Alliance」(윤병구가 이승만에게 보낸 1949년 4월 18일자 편지의 첨부), 국사편찬위원회(1996), 『대한민국사자료집〔이승만관계서한자료집 2(1949~1950)〕』 29집, 48~53쪽.
35) 「尹秉球→李承晩」(1949. 6. 18), 국사편찬위원회(1996), 『대한민국사자료집〔이승만관계서한자료집 2(1949~1950)〕』 29집, 73쪽.
36) 이승만에게 보내는 1951년 4월 9일자 편지에서 올리버는 공산군이 경무대에서 노획한 서한들을 왜곡해서 인용하는 데 우려를 표한 바 있다. 올리버는 구약의 「잠언」 편에 있는 "하나님은 없다"라는 구절을 들어 설명했는데, 이 문장의 완전한 내용은 "어리석은 자들은 그들 마음에 하나님이 없다고 말한다"는 것이었다. 완전한 문장의 내용은 "하나님은 없다"는 구절과 정반대되는 것이지만, 부분만을 왜곡해 과장하면 그 반대의 내용이 될 수 있다는 것이다. 따라서 올리버는 이승만 노선의 전체상에 대한 선전활동을 강화하는 것이 이러한 침소봉대된 왜곡선전을 방어하는 길이라고 주장했다〔「Robert T. Oliver→Syngman Rhee」(1951. 4. 9), 국사편찬위원회(1996), 『대한민국사자료집〔이승만관계서한자료집 3(1951)〕』 제30집, 174쪽〕.

북벌(北伐)은 장제스가 중국 군벌들을 토벌할 때 동원했던 용어이며, 해방 이후 반소·반공·반북적인 김구·이청천·전성호 등의 우익 군사지도자들이 북한과 만주의 공산당 소탕을 위해 사용했던 개념이기도 했다. 이들은 동아시아에 한국·중국·미국의 동북아시아 반공 삼각동맹을 구축해, 북한·중공·소련이라는 동북아시아 공산주의 삼각동맹을 타도하고 북한·만주 지역을 '해방'시키고자 했다.[37]

이승만이 반소·반공노선을 취하게 된 과정에 대해서는 여러 견해가 있지만, 그가 1945년 UN 결성을 위한 샌프란시스코회담에서 격렬한 반소·반공 운동으로 명성을 얻은 이래 동아시아의 반공 지도자로 부각된 것만은 명백했다.[38]

군사 지도자들의 오해와 증오

38선을 지키는 일선 군사 지휘관의 경우, 무력통일에 대한 미련과 상대방에 대한 뿌리깊은 적대의식, 증오심, 호승심 등이 복잡하게 얽혀 있었다. 한 가지 분명한 것은 이들이 상대방에 대해 상상할 수 있는 가장 잔인한 방식의 복수를 꿈꿀 정도로 상호 적대적이었다는 사실이다. 나아가 오해에서 비롯된 일제시기의 악연이 38선 충돌의 격화로 이어지는 비극적 상황이 일어나기까지 했다.

남한의 전선 지휘관들은 전형적인 반공 군인이었다. 가장 전투가 치열했던 개성의 1사단은 김석원-백선엽이, 옹진의 17연대는 김백일(金白一, 옹진지구전투사령관)-백인엽(17연대장)이 지휘관이었고, 그 맞은편에 위치한 북한의 38선 경비 제3여단장은 최현(崔賢)이었다.

---

37) 이에 대해서는 정병준(1998a), 「1945~48년 대한민국임시정부의 중국 내 조직과 활동」, 한국사학회, 『사학연구』 55·56 합집호; 정병준(1998b), 「1947~1948년 대한민국임시정부의 '만주계획'과 장연지구민주자위군」, 『군사』 37호, 국방군사연구소 참조.
38) 정병준(2005), 『우남 이승만 연구』, 역사비평사, 261~271쪽.

그런데 최현을 비롯한 북한군 최고 수뇌부 □ 그림 III-2 **최현 경비3여단장**
는 오해와 착각으로 김석원에 대해 원한과 적개
심을 갖고 있었다.[39)] 간삼봉전투는, 김일성이
이름을 얻은 보천보전투 직후 이를 토벌하러 추
격해온 일본군 제19사단 함흥 제74연대 150여
명과 국민당 보안대 300여 명을 상대로 장백현
13도구 서강에 위치한 간삼봉에서 벌인 전투였
다. 당시 함흥연대는 조선인이던 김모 소좌가
지휘했는데, 북한 지도부는 김 소좌를 김석원으
로 믿고 있었던 것이다.

ⓒ NARA

김일성 역시 김석원이 간삼봉전투시 자신들
을 토벌하러 출동했던 함흥연대장이라고 믿고서, 일제의 앞잡이가 이제는 미
국의 앞잡이가 되어 "38 분계선 이남에서 공화국 북반부를 반대하는 불장난
질을 하고" 있다고 격앙되어 있었다.[40)] "지난날 백두밀림에서 그놈과 싸우던
우리 동무들이 오늘은 38 분계선에서 또 그놈과 맞서 싸우고 있"다는 김일성
의 발언은 당시 남한군 지휘부를 바라보는 북한측의 시각을 대변하는 것이었
다.[41)]

즉 북한의 최고 지도부를 형성한 빨치산 출신의 임춘추, 최현, 김일성 등은
모두 김석원이 1937년 6월 간삼봉전투에서 자신들을 토벌하러 온 김 소좌였
다고 생각했다. 그런데 간삼봉전투에 출전했던 것은 김석원이 아니라 김석원
과 일본육사 27기 동기생인 김인욱(金仁旭)이었다.[42)] 김인욱은 이은(李垠)의 시

---

39) 오찬흥(1988), 『한생을 싸움의 길에서(崔賢 전기)』, 금성청년출판사, 77쪽.
40) 「인민군대는 현대적 정규무력으로 강화발전되어야 한다: 조선인민군 제655군부대 군관회의에서 한 연설, 1949년 7월 29일」, 『김일성저작집』 5, 조선로동당출판사, 1980, 206쪽.
41) 사회과학원 력사연구소(1981), 『조선전사』 19권, 340쪽.
42) 李命英(1974), 『金日成列傳』, 신문화사, 261~263쪽.

□ 그림 Ⅲ-3 김석원 개성 지구 제1사단장

종무관을 지내기도 했으며, 간삼봉전투에서 다리에 부상을 입었고 1945년 4월 중좌로 예편했다. 해방 이후 평양에서 일본군 고급장교였다는 혐의로 소련군에 끌려가 중앙아시아 타슈켄트 제일감옥에 투옥되었고, 이후 생사가 묘연했다.[43] 그런데 간삼봉전투 당시 신문에는 이름없이 다만 김 소좌라고 보도되었는데, 이것이 문제의 발단이 되었다.

이명영의 지적처럼, 1937년 당시 신문들은 단지 김 소좌라고만 썼는데, 그때 김 소좌로 통한 사람은 1932년 중국전선에서 소규모의 전투에서 승리했던 김석원이었다. 물론 김석원이 확고한 명성을 얻은 산서성 동원전투는 1937년 하반기에 벌어졌으며, 김석원은 간삼봉전투시 함흥에 주둔하지도 않았다. 그럼에도 불구하고 북한군 수뇌부는 자신들을 토벌하러 온 김 소좌를 김석원으로 착각했고, 이러한 오해는 해방 후까지 연결되었다.

문헌적 증거에 따르면, 북한에서 간삼봉전투의 김 소좌를 처음 언급한 것

---

43) 장창종(1991), 『바이칼은 흐르고 있는가』, 고려원, 83, 135쪽.

은 1946년 한설야(韓雪野)가 『로동신문』에 「英雄 金日成將軍」을 연재하면서부터였다. 한설야는 1938년 여름 김일성이 왜군(倭軍) 소좌 조선인 김모(金某) 부대를 맞아 '김 소좌' 격파전을 벌였다고 썼다.[44] 이후 김 소좌를 김석원으로 지목한 것은 1960년대 임춘추였으며, 이후 백봉(白峯), 최현 등이 모두 김석원을 간삼봉전투의 원흉으로 지적했다.[45] 그후부터 북한의 공식적인 입장을 반영하는 『조선전사』 역시 19사단 함흥 제74연대장 김석원이 간삼봉전투에서 토벌군으로 참가했다 심한 다리 부상을 입었다고 썼다.[46]

북한은 물론이고 서대숙·김세진·브루스 커밍스·와다 하루키 등 대부분의 학자들도 간삼봉전투의 김 소좌를 김석원으로 오해했다.[47] 이미 1974년 이명영이 이를 바로 잡았으나 주목을 끌지 못했다. 이후 이재화·이종석에 의해 김 소좌=김인욱 설이 수용되었고,[48] 중국 조선족들 역시 김인욱이 김 소좌였다고 쓰고 있다.[49]

북한군 지도부는 친일파 김석원이 이제는 친미파로 변신해 일제시대의 항일유격대 토벌에 이어 대북공격을 시도한다고 생각했다. 항일 빨치산들의 일본군에 대한 두려움과 증오심은 상상을 초월하는 것이었다. 동북항일연군 1

---

44) 韓雪野,「英雄金日成將軍」(9·11),『로동신문』1946. 9. 19, 22.
45) 임춘추(1960), 『항일무장투쟁시기를 회상하여』, 조선로동당출판사, 177~182쪽; 白峯(1968), 『민족의 태양 김일성장군』, 인문과학사, 300~301쪽.
46) 사회과학원 력사연구소(1981), 『조선전사』, 19권, 340쪽. 이에 따르면, 김석원은 혜산에서 신문기자들과 만나 자신이 전투에서 승리했다고 주장했고, 이후 노획품 전람회를 개최하기까지 했다고 한다. 일본은 토벌에 앞서 혜산에서 열병식을 거행하며 대일본제국 군인의 전투적 기개를 보여준다며 자신만만해했다. 북한은 "74연대 병력 2천여 명과 자동차 100여 대가 동원" 되었다고 과장했으나 동원된 병력은 150명에 불과했다.
47) 서대숙 저·현대사연구회 역(1985), 『한국공산주의운동사연구』, 禾多, 260쪽. 이 책의 원제는 다음과 같다. The Koreans Communist Movements, 1918~1948, Princeton University Press, 1967; 김세진(1984), 「한국군부의 성장과 5·16」, 김성환·김정원 외, 『1960년대』, 거름, 107쪽(Se-jin Kim, The Politics of Military Revolution in Korea, Chapel Hill, N. C., University of North Carolina Press, 1971, pp. 49~50); 브루스 커밍스 저·김주환 역(1986), 『한국전쟁의 기원』 상, 靑史, 88~89쪽.
48) 이재화(1988), 『한국근현대민족해방운동사』, 백산서당, 330~331쪽; 이종석(1989), 「북한 지도집단과 항일무장투쟁」, 『해방전후사의 인식』 5, 한길사, 88쪽.
49) 조선족략사편찬조(1986), 『조선족략사』, 연변인민출판사, 212쪽.

로군사령관 양정우는 400명의 부대원으로 1940년 1월 일본군 토벌대와 전투를 벌였는데, 사망하던 2월 23일에는 혈혈단신이었다. 토벌군은 작두로 그의 머리를 자르고 또, 배를 갈라, 여러 날 식량 없이 피신하면서도 전투력을 보존할 수 있었던 사정을 알고자 했다. 양정우의 위 속에서는 마른풀, 풀뿌리, 나무껍질, 입고 있던 옷의 솜만 발견되었다.[50] 일본군의 잔인함에 맞선 빨치산들의 행동 역시 상상을 초월할 정도로 잔인했다.

일제시기의 원한과 잔인한 기억, 증오는 해방 후 남북한에 만연한 소문의 진원이 되었다. 심지어 일부 인사들은 김일성이 한국전쟁 당일인 6월 25일, '김석원, 내가 너를 잡으러 간다. 이제 너는 내 손아귀를 벗어날 수 없을 것이다!'라고 라디오방송을 하는 것을 들었다고 증언할 정도였다.[51]

북한의 대중선전 매체들은 김석원을 제외하고도 한국군 주요 지휘관들의 일본군 경력을 거론하면서 적개심을 고취시켰다. 북한 매체는 채병덕을 오시마(大島) 중좌, 이응준을 가야마(香山) 대좌라고 조롱했고,[52] 순간(旬刊) 남한 소식지인 『태풍』·『로동신문』 등은 한국 지휘관들을 '친일 매국노'로 선전했다.[53]

일본육사 27기 출신인 김석원은 중일전쟁의 산서성(山西省) 동원(東苑)전투에서 일본군 2개 중대로 중국군 1개 사단을 격파해 유명해진 인물이다.[54] 중일전쟁 출전 당시 계급은 소좌였으며 화북에 출전한 제20사단 예하 제40여단(山下奉文少將)의 첨병 대대장으로 출전해, 북경 부근 남하촌(南下村)전투에

---

50) 최성춘 주필(1999), 『연변인민 항일투쟁사』, 민족출판사, 353~357쪽.
51) Bruce Cumings(1990), 앞의 책, p. 569. 브루스 커밍스에게 이 얘기를 해준 사람은 서대숙이었다(같은 책, p. 569, n. 3).
52) RG 242, SA 2005-2-108, 「남조선 국군을 지휘하는 자들」, 『남반부에 관한 자료집』, 국립인민출판사, 1949, 155~158쪽.
53) 공태원(1949), 「신성모가 국방장관이 된 음모」, 『태풍』 9호; 성춘추(1949), 「남조선망국괴뢰군상 (4) 미국군사정탐 이범석의 내력」, 『태풍』 10호; 1949, 「친일파로 된 국군의 간부」, 『태풍』 12호(북한노획문서에 남아 있는 『태풍』의 상세한 목록은 방선주(2003), 『북한논저목록』, 한림대학교 아시아문화연구소, 607~662쪽 참조]. 「남조선 소위 국방군의 내면상, 의거부대 지휘자 표문원 강태무 씨의 담화에서」, 『함남로동신문』 1949. 5. 11.
54) 金錫源(1977), 『老兵의 恨』, 育法社, 152~157쪽.

서 분전(奮戰), 용명(勇名)을 떨쳤으며, 2차 대전 말기에는 대좌로 진급하여 평양병사구(平壤兵事區)사령부 제1과장을 담당했다.[55]

1939년 김석원이 귀국했을 당시 '김석원 부대장을 찬양하는 노래'가 제작되었고, 이후 그는 1년 동안 전국을 순회하며 '무용담'을 선전했다.[56] "사실 그때가 어떤 시절이며 내가 놓여 있는 입장이 어떤 위치였는데 감히 배일사상을 고취하고 다녔겠는가" 하는 김석원의 회고처럼, 그것은 유명한 황군선전이었다.[57] 그에게는 훈3등 공3급 욱3등의 금사(金賜)훈장이 주어졌다. 김석원은 1940년대 초 일제의 학병동원에도 적극 관여했을 뿐 아니라 삼부자가 모두 일본군에 복무한 황군 가족이었다.[58]

해방 후 김석원이 교장으로 있던 성남중학교는 최초의 반탁 학생시위를 주도했고, 그는 육해공군출신동지회 회장이자 군의 원로를 자처했다. 김석원에 따르면, 자신은 학병 권유를 하며 반일 발언을 한 적은 없었지만, 1948년 육해공군출신동지회가 결성될 당시 지원병 출신들이 '김석원이 일제시 우리에게 민족정신을 불어넣어준 사람'이라며 회장에 만장일치로 추대했다고 썼다.[59] 반면 해방 후 친일조사 단체는 그를 친일파 명단에 올려놓았다.[60]

주한미군사고문단은 개성지구 1여단(곧 1사단으로 승격)장이 된 김석원의 자질에 의문을 갖고 있었다. 주한미군사고문단이 비꼬듯이, 그의 유일한 전

---

55) 李基東(1982), 『悲劇의 軍人들-日本陸士出身의 歷史』, 일조각, 40~41쪽.
56) 『동아일보』·『매일신보』 등은 1939년 내내 김석원의 지방 순회간담회 기사를 게재하고 있다. 확인되는 기사만도 25건이 넘는다.
57) 김석원, 앞의 책, 184쪽.
58) 임중빈(1993), 「김석원: 일본 군국주의의 화신 가네야마 대좌」, 『친일파 99인』 2권, 돌베개, 121쪽. 그의 차남 金泳秀는 일본육사 57기였고, 태평양전쟁시 필리핀전투에서 전사했다. 당시 『매일신보』의 기사 제목은 「三父子 軍門에 奉公-가네야마 중좌 장남도 이번에 지원」으로 되어 있었다(『매일신보』 1943. 11. 7). 김석원은 박영효에게 매료되어 세 아들(金泳哲·金泳秀·金泳國)의 이름을 모두 박영효의 '泳' 자 돌림으로 지었다(李基東, 앞의 책, 65~66쪽).
59) 김석원, 앞의 책, 186쪽.
60) 민족정경문화연구소 편(1948), 『親日派群像』〔김학민·정운현 엮음(1993), 『친일파죄상기』, 학민사, 382쪽〕. 주에 따르면, 원래 김석원은 군인이기에 제외될 예정이었으나, 편집위원 일동이 과거의 언행·사실을 종합해볼 때 절대로 제외할 수 없는 인물이라고 결의해서 수록하게 되었다고 한다.

술은 '반자이(萬歲)전술', 즉 '돌격 앞으로!'였다. 주한미대사 무초는 이렇게 썼다.

> 국방부장관, 한국의 참모들, 미 고문관 등 모두 김석원을 반대했다. 그들은 그를 훌륭한 군인이 아니라 허풍쟁이로 생각했다. 그들은 그의 구역에 있는 전선에서 북한군을 자극하고, 일본식 반자이 공격을 좋아하고, 적절한 예비 병력을 남겨놓지 않고 아주 위험한 방식으로 전선에 그의 병력을 배치시키는 등의 성향을 지녔다는 점에서 나의 주의를 환기시켰다. 그들은 특히 그가 사령부를 무시하고 곧장 이 대통령에게 달려가는 것에 반대하였다.[61]

자칭 타칭 한국군의 '아버지'인 제임스 하우스만(James Hausman)은 KBS와의 인터뷰에서 이승만이 채병덕을 참모총장에서 해임하고 김석원을 임명하려는 것을 자신이 직접 나서 로버츠 군사고문단장·무초 대사를 통해 무산시켰다고 증언했다. 무초 역시 김석원을 총장에 임명하면 "한국에 대한 모든 지원을 중단하겠다"고 엄포를 놓았다는 것이다. 하우스만은 주한미군사고문단의 일개 대위에 불과했지만, 자신이 김석원 제1사단장을 파면시켰다고 공언했다. 김석원이 1사단을 임진강 서쪽으로 너무 많이 팽창시킨 탓에 북한의 공격을 감당할 수 없을 정도로 부대를 위험한 위치에 놓았기 때문이라는 것이다.[62]

김석원이 이름을 얻은 중일전쟁 시기 일본군에서 육탄3용사가 배출되었는

---

61) RG 59, Decimal File, 895.00 series, box 946, 「1949년 8월 16일 이승만과의 대담에 관한 무초의 메모」〔Bruce Cumings(1990), 앞의 책, pp. 393~394에서 재인용〕.
62) 「제임스 하우스만: 미군사고문단 미군정보장교 대위」(인터뷰 일자: 1992. 11. 15, Austin, Texas), KBS 현대사발굴특집반, 『한국현대사관련 취재인터뷰: 미국인』, 26~27, 31쪽. 하우스만은 자신이 야전사령관 중 최고사령관인 백선엽을 "내가 본부로 불러 그가 1사단을 지휘하라고 명령했다"고 했다. 하우스만은 김석원이 임영신의 '사람'(boy)이었고, 임영신이 이승만을 움직여 그를 참모총장에 임명하려 했다고 주장했다.

데, 그는 송악산전투에서 이를 본뜬 육탄10용사를 만들어냈다. 1949년 5월 월북한 강태무·표무원 부대원들은 김석원을 일제에 충실한 주구 '가네야마 대좌'라고 부르며 조롱했다.[63] 심지어 1949년 10월 그가 현역에서 면직되었을 때 주한미군사고문단은 그의 해임이 한국군에게 이로운 조치라고 평가할 정도였다.[64] 주한미군사고문단장 로버츠는 김석원의 "부정직, 타락, 관직의 오용, 장교가 구비해야 할 윤리·도덕의 완전한 무시"를 비난했고, "내가 입증할 수 있는 한 가장 극악한 일본 장교 계급의 추악상을 가졌으며, 일본군 장교의 진짜 직업적 장점 중 실질적으로 아무것도" 갖고 있지 않다고 맹비난했다.[65]

한국군 장성들의 김석원 평가도 엇갈리는데, 채명신은 김석원을 구식이지만 자상한 지휘관으로 평가한 반면, 유원식은 직접 제거를 생각했을 정도로 부하들에게 잔인했던 지휘관으로 기억했다.[66]

한국군의 소방수로 여순사건과 빨치산 토벌로 이름을 높인 김백일(金白一: 본명 金燦圭, 만주군관학교 5기)은 만주국 간도특설대 중위 출신이었다. 한인 청년들로 구성된 이 특수부대는 8로군과 동북항일연군을 상대하기 위한 반공부대였으며, 백선엽·김백일·신현준·김석범·송석하 등이 이 부대 출신이었다.[67] 대부분 서북 출신이자 일본군·만군 출신들이 38선의 주요 지휘관이었는데, 이들은 개인적 경험과 원혐(怨嫌)이 복잡하게 얽힌 반공의 투사들이었다.

---

63) 『함남로동신문』 1949. 5. 14.
64) MacArthur Archives(MA). RG 9, Box 45, *KMAG Reports*('49. 7~'50. 6)(이하 『KMAG 전문철』로 약칭), "U.S. Military Attache to the Department of Army"(1949. 10. 5).
65) RG 59, State Department, Decimal File, 795.00 series, box 4299, 「Seoul Embassy, Activities of Brig. Gen. Kim Suk Won(1950. 3. 25)」〔Bruce Cumings(1990), 앞의 책, p. 492, n. 85에서 재인용〕.
66) 蔡命新(1994), 『蔡命新회고록: 死線을 넘고 넘어』, 매일경제신문사, 74쪽; 柳原植(1987), 『5·16비록─혁명은 어디로 갔나』, 인물연구소.
67) 白善燁(1988), 『白善燁回想錄: 韓國戰爭一千日』, Japan Military Review, 28~29쪽; 白善燁(1989), 『軍과 나』, 대륙연구소, 111쪽; 1949년 5월 월북한 표무원·강태무는 김백일 당시 6여단장 휘하에 있었는데, 이들이 김백일이 "일본군 특설부대 중위였으며 중국인민 학살과 중국인민들의 재산 약탈에 있어서 악명높은 자"라고 비난했다(『함남로동신문』 1949. 5. 11). 김백일은 1946년 이리에서 창설된 3연대장이었는데, 150만 원짜리 결혼식으로 물의를 빚어 연대장에서 해임되기도 했다.

일제 시기는 물론 해방 후까지 증오심으로 가득 찬 군사 지휘관들이 남북의 38선 지휘관으로 배치된 것은 한국인들에게 불행이었다. 남북한의 군사 지휘관들은 38선상에서 최악의 호전성으로 상대방을 공격했다. 상상할 수 있는 모든 잔인한 수단과 방법이 사용되었다.

북한 군사 지도자들의 호전성은 상상을 초월했다. 잔인하기로 소문났던 최현은 1949년 봄 옹진지구 국사봉에 100m짜리 전기 철조망에 남한군 시체 3구를 매달아놓거나,[68] 그해 여름에는 백골부대(38 유격대, 서울유격대를 지칭) 1개 소대를 습격해 총알이 아깝다며 32명을 삽으로 찍어 죽였다.[69] 북한의 선전 매체에는 38선 이남에 있던 한국군 장교 다섯 명을 800m 거리에서 저격한 사병의 '공훈'을 대대적으로 칭송하는 글이 실리기도 했다.[70]

상황은 남측에서도 마찬가지였다. 주로 서북청년단원들로 구성된 옹진의 38선 유격대 중 1개 소대 특공대가 38선 이북 850m 지점에 위치한 은파산을 야간에 습격해 북한군 1개 소대를 섬멸시켰다.[71] 그러나 양측은 자신들의 38선 월경과 공격을 당연하게 여기고 미화했다. 공개적으로도 이들은 자신들의 호전성을 전혀 감추지 않았다.

· 최현·오백룡: 그때 38선을 지키고 있던 우리들은 당장 서울, 부산으로 내달려 미제와 그 앞잡이놈들을 남해바다에 쓸어넣고 싶은 충동을 금할 수 없었다. 그래서 우리는 위대한 수령님을 만나뵙게 될 때마다 은근히 그런 의향을 말씀드리군 하였다.[72]

---

68) 오찬홍, 앞의 책, 63~65쪽.
69) 오찬홍, 앞의 책, 78~83쪽.
70) RG 242, SA 2009-1-85, 「눈 있는 총알, 名저격병 변익두 동무의 공훈」, 『태풍』 1950년 제3권 제6호(통권 47호), 46~47쪽; 「백발백중의 사격수 변익두전사」, 『조국보위를위하여』 창간호(1949. 10), 조국보위후원회중앙본부기관지, 81~88쪽.
71) 『한국전쟁사 1: 해방과 건군』, 512쪽. 북한의 주장에 따르면, 은파산은 38선 이북 500m 지점이며, 고산봉은 38선 이북 500m 지점이다(차준봉(1993), 앞의 책, 112~114쪽).

· 김석원: (1949년 5월 17일 기자회견) (송악산전투에서) 만약 그때 허락이 있어 월북만 했더라면 한 놈 남김없이 잡았을 것이다.[73]

남북한 군사 지휘관들의 호전성과 적개심은 자신들을 모두 호랑이로 자처하는 데 이르러 절정을 이루었다. 최현은 자신이 '38선 호랑이'·'부대장 아바이'로 불리는 데 만족했고,[74] 북한의 선전 매체는 38경비대의 한 중대장이 '사랑과 존경'으로 '38 호랑이'로 불린다고 썼다.[75] 남한의 지휘관들 중에도 '호랑이'가 넘쳐났다. 여순사건의 잔혹한 진압으로 유명한 김종원(金宗元)은 자칭 '백두산호랑이'였고 김석원은 '38선 총사령관'을 자처했다.[76] 훗날 한국군 특무대장이 된 김창룡(金昌龍)은 김종오(金鐘五)가 지휘하는 호랑이부대〔虎部隊〕 1연대의 정보주임이었다.

남한이 송악산 육탄10용사, 옹진 국사봉 육탄6용사(1949. 5. 21) 등 전투 과정의 영웅들을 창조해내자, 북한 역시 수류탄을 들고 진지에 침입한 국군에 대항해 폭사한 용사를 만들어냈다.[77]

남북한의 이러한 적대적 증오심과 역설적인 동화 과정은 1948년 정부수립 이후 본격화되었다. 점진적으로 고조되던 남북 간의 충돌은 1949년 여름 임계점에 도달해 폭발했다.

---

72) 김일 외 13인(1981), 『붉은 해발아래 창조와 건설의 40년(1945. 8~1950. 6)』, 조선로동당출판사, 469쪽.
73) 『연합신문』 1949. 5. 19.
74) RG 242, SA 2009-1-78, 윤두헌(1949), 「38경비선을 찾아서」, 『청년생활』 제2권 제11호, 73~80쪽.
75) RG 242, ATIS Document no.200642, 김우철, 「38선 경비초소에서(1950. 1. 28)」, 북조선직업총동맹 중앙위원회기관지 『로동자』 1950년 2호, 49쪽.
76) 『함남로동신문』 1949. 5. 11.
77) 『혁명의 위대한 수령 김일성동지께서 령도하신 조선인민의 정의의 조국해방전쟁사 I』, 사회과학출판사 (구월서방 번각판), 1972, 62쪽.

무장 충돌의 발화와 '도발받은 정의의 반공격' 구상

1949. 2~1949. 4

1. 1949년 38선 충돌의 성격을 둘러싼 논쟁

1949년의 38선 충돌은 이전과 달리 자연발생적인 분란이 아니었다. 1948년까지의 38선 충돌은 남북 간에 격화된 양상을 보였지만, 그 주된 방식은 38선 월경 및 총격전 수준에 그쳤다. 즉 38선을 월경해 주요 시설에 대한 습격, 물자에 대한 약탈, 상대주민 납치·살해 등의 사건이 발생하거나 이에 대한 보복으로 역월경이 이루어졌다. 총격전 역시 무수히 발생했지만, 대부분의 경우 사상자가 없거나 극소수의 부상자·사망자가 발생했을 뿐이다. 동원된 병력은 대부분 경찰에 해당하는 북한경비대, 한국 경찰 및 청년단 등이었으며, 소규모에 불과했다. 충돌의 성격 역시 현지의 사정에 따른 우발적인 충돌의 성향이 강했다. 또한 대규모 충돌로 발전하기 전에 대부분 사태가 무마되거나 진정되었다.

1949년에 접어들면서 가장 두드러진 점은 충돌의 군사적 성격이었다. 즉

1948년과 달리 정규군이 동원되었으며, 때에 따라서는 연대급 병력까지 동원되었다. 또한 화력의 측면에서도 소총뿐만 아니라 기관총·박격포·대구경포 등 군이 보유하고 있던 모든 중화기가 사용되었다. 이는 실질적으로 '교전 행위'였다.

둘째, 충돌은 우발적으로 발생해 폭발한 뒤 진정된 것이 아니라, 의도적으로 생산되었고 연이어 확대되는 양상을 보였다. 또한 한 지점에서 발생한 무장 충돌이 다른 지점으로 번져갔다. 이는 무장 충돌이 특정 지휘관·특정 지점의 문제가 아니라 38선 전반의 문제이며, 이에 관해 현지 지휘관들의 권한을 뛰어넘는 중앙 차원의 개입이 있었음을 의미한다. 1949년 5월부터 8월까지 진행된 38선 무장 충돌은 실질적으로 '작은 전쟁' 수준까지 고조되었다.

셋째, 충돌의 원인은 현지 군사 지휘관의 판단과 현지 상황 전개에 따른 우발적인 것이라기보다 계획적이고 의도적인 것이었다. 또한 군사적인 목적뿐만 아니라 중앙의 정치일정과 긴밀한 연관관계를 맺고 있었다.

넷째, 충돌의 결과 대규모의 사망자·부상자가 속출했다. 1948년과는 비교할 수 없는, 수백 명 단위의 사상자가 발생했다. 남북한 모두 전시상황을 강조했으며, 상대방 사상자를 수백 명으로 과장할 정도로 상황은 악화되었다.

이러한 1949년도의 38선 무장 충돌에 대해 존 메릴은 한국군이 먼저 발포함으로써 사건이 발생했고, 보통은 "북쪽이 상대적으로 38선 이남 지역에 비해 자제하는 태도를 보였다"고 주장했다. 즉 북한은 38선 이북 지역에 강고한 '혁명기지'를 건설하는 데 총력을 집중하였고, 남쪽에서 진행 중이던 제한된 유격대 공세를 지원하려는 입장이었다는 것이다. 주한미군사고문단의 로버츠 장군은 남한 지휘관들의 '보이스카웃식의 유치한 전술'이 전면전을 일으킬지도 모른다고 우려했다는 것이다.[78]

한편 브루스 커밍스는 북한이 주한미군의 철군을 원했으며 미군을 잔류시

---

78) 존 메릴 지음·신성환 옮김(1988), 앞의 책, 271~272쪽.

키기 위해 도발했던 남한보다는 덜 공격적이었다고 했다. 그렇지만 북한 역시 수동적인 태도만을 취하지는 않았고 1950년 6월과 마찬가지로 통일정책과 전투를 혼합시켰다고 평가했다.[79] 커밍스는 내전적 갈등이 1945년에 시작되었고, 1949년에는 분계선상에서 정규군 부대들의 직접적인 대립 국면이 시작되었다고 보았다. 또 1949년 전투가 "전쟁의 시작이었고" 1950년 전쟁은 "이미 시작되어 있었다"고 지적했다.[80] 커밍스는 38선 충돌과 한국전쟁의 관련을 이렇게 설명했다.

> 남한은 당시(1949년)에 전쟁을 원했으나 북한은 전쟁을 원하지 않았고 미국도 전쟁을 원하지 않았다. 일 년 뒤 이러한 상황은 바뀌었다. 1949년의 38선 전투는 1950년 6월의 배경을 형성했다. 1950년의 전투는 새벽에 한꺼번에 시작된 것이 아니고 외딴 지역인 옹진반도로부터 개성, 그 다음에는 춘천, 마지막에는 동해안으로 확대되었다. 1950년 6월은 1949년 여름의 소우주였고, 조만간 그 모습이 바뀌었으나 성격은 달라지지 않았다. 차이가 있다면 이제 북한이 싸울 준비가 되어 있었다는 점이다.[81]

즉 존 메릴·브루스 커밍스 등은 1949~50년의 38선 충돌이 한국전쟁과 긴밀하게 연관되어 있을 뿐만 아니라 한국전쟁의 사실상 발발시점이었다고 판단했다. 이들은 38선 충돌이 작은 전쟁이었으며, 한국전쟁은 이미 1948년 혹은 1949년에 시작되었다고 주장했다.

국내에서 38선 충돌에 대한 본격적인 연구는 양영조에 의해 이루어졌는데, 그는 개별 전투사와 충돌의 전반적 성격에 대해 선구적인 결과물들을 제

---

79) Bruce Cumings(1990), 앞의 책, p. 390.
80) Bruce Cumings(1990), 앞의 책, p. 398.
81) Bruce Cumings(1990), 앞의 책, p. 388.

공했다.[82] 이는 1967년 구판 『한국전쟁사』가 이룩한, 사실의 복원이라는 선구적 업적을 계승한 것이기도 했다. 한편 정병준은 1949~50년의 38선 충돌이 북한 최고 지도부의 한국전쟁 계획에 미친 영향을 검토하면서, 1949년 38선 충돌을 통해 병력 증강·훈련·무장 강화를 이루었으며, 또한 옹진반도 국지전에서 전면전으로의 전화, 도발받은 정의의 반공격전이라는 개전형식의 창출 등 핵심적인 전쟁 계획과 전쟁관을 수립했다고 주장했다. 특히 옹진반도 점령 문제가 방어적 공격 전략이라는 북한의 한국전쟁관을 형성하는 데 큰 영향을 미쳤다고 정리했다.[83]

이미 한국전쟁 이전 남북한은 38선 충돌에서 불법 선제공격과 도발을 강조했으며, 그 횟수와 참전 병력을 과장했다. 1949년 당시의 자료로 남북한이 주장하는 38선 충돌을 비교해보면 다음과 같다.

1. 북한의 주장(1949. 10. 8. 조국통일민주주의전선 발표): 1949년 1월부터 1949년 9월까지 38선 전역에서 남한은 432회 침범, 침범한 군경 총수는 49,000명. 71회 비행기 침습, 42회 함대 습격.[84]
2. 남한의 주장(1949. 11월 한국군의 보고자료): 1949년 1월 1일부터 1949년 10월 5일까지 38선 전역에서 북한이 563회 침범했으며, 참전한 북한 병력은 총 70,625명.[85]

---

82) 양영조(1998), 「38선충돌(1949~50)과 이승만정권의 대응」, 『역사와현실』 27호; 양영조(1998), 『남북한의 군사정책과 6·25전쟁의 배경 연구』, 국민대 국사학과 박사학위논문; 양영조(1999), 『한국전쟁 이전 38도선 충돌 1949~1950』, 국방군사연구소.
83) 정병준(2000), 「1949~50년 38선 충돌과 북한의 한국전쟁 계획」, 『한국전쟁의 재인식 – 분단을 넘어 통일로 –』, 한국역사연구회, 한국전쟁50주년 학술심포지엄.
84) 「三·八연선 무장충돌 조사결과에 관한 조국통일민주주의전선 조사위원회 보고서(1949. 10. 8)」, 國史編纂委員會(1988), 『北韓關係史料集』 VI.
85) Annex #1 to Incl #2. "Statistic Table of North Korean Puppet Troops Invasions on South Korea, From 1 Jan. 1949 to 5 Oct. 1949," P&O 091 Korea T.S(17 Nov. 49) 11-29/900, F/W-18/2, Department of the Army, Plans & Operations Division, Records & Message Branch. RG 319, ID file no.630452.

거의 동일한 시기에 남북한은 서로 상대방이 400~500회에 이르는 무장 침입을 했다고 주장한 것이다. 남한측이 집계한 통계에 따르면, 이 기간 동안 북한군 전사 4,214명, 남한군 전사 320명, 부상 794명, 민간인 사망 55명, 부상 133명 등 남북한 합쳐 5,000여 명의 사상자가 발생했다.[86] 물론 북한측 사망자 숫자는 과장되었음이 분명하지만, 적어도 양측에서 각각 1,000명 이상의 사상자가 발생한 것만은 사실이었다. 바꿔 말하면 1949년 10월까지 매일같이 적어도 약 1.5건 이상의 38선 충돌이 발생했으며, 매일같이 양측에서 3.7명 이상의 사상자가 발생할 정도로 38선 충돌이 격렬했다는 뜻이다. 이를 표로 작성하면 〈표 III-4〉와 같다.

전후 남북한의 공식전사는 양측의 침범 횟수와 참전 병력을 더욱더 과장했다. 남한의 공식전사는 남침 직전까지 북한의 침공 및 불법 사격 횟수가 874회에 달했다고 썼다.[87] 북한의 공식전사는 1949년에만 한국군이 38선을 2,617차례 무장 침습했다고 썼다.[88] 북한의 공식 입장은 날이 갈수록 횟수와 병력을 과장했다.

1949년 38선 충돌에 대해 북한은 자신들의 공격은 단 한 건도 언급하지 않으면서 남한이 한 해 동안 2,617차례의 무장 침습을 했다고 주장했다.[89] 대표적인 충돌 지점으로 벽성군 태탄·은파산, 개성 송악산, 양양 고산봉 등을 지목했다. 북한은 남한이 연인원 4만 9,000명의 병력으로 공격했는데, 이는 ① 치열성 ② 규모 ③ 전선의 넓이에서 볼 때 '사실상의 전쟁 도발 행위'이자

---

86) 앞의 자료.
87) 『한국전쟁사 1: 해방과 건군』, 507쪽. 한국측이 제시한 이 수치는 주한미군사고문단의 정보보고(*G-2 Periodic Report*)와 주한미대사관 무관보고서(*Joint Weeka*)에서 확인할 수 있는 858회(1949. 1~1950. 6)와 거의 일치한다.
88) 허종호(1993), 앞의 책, 83쪽; 김한길(1983), 『현대조선역사』, 사회과학원역사연구소, 312쪽. 그런데 1972년판 『혁명의 위대한 수령 김일성동지께서 령도하신 조선인민의 정의의 조국해방전쟁사 I』(사회과학출판사, 구월서방 번각판), 63쪽에 따르면, 1949년 1,836차례의 침공이 있었으며, 1949년 1~9월 432차례의 무장 침습, 71차례의 비행기 침습, 42차례의 해상 침습이 있었다고 되어 있다.
89) 허종호(1993), 앞의 책, 83쪽; 김한길(1983), 앞의 책, 312쪽.

□ 표 Ⅲ-4 한국 통계: 1949년 1월 1일~10월 5일 38선 충돌

출현 횟수 (병력 수) \ 지구	옹진	청단	연안 배천	개성 고랑포	포천 동두천	춘천	원대리	주문진	합계
적 출현 횟수	95	49	41	126	43	112	42	55	563
적참전 병력 수	31,637	3,007	2,652	19,729	2,000	5,424	4,070	2,106	70,625
아참전 병력 수	16,518	2,008	1,584	14,130	1,793	2,651	5,000	2,119	45,803

※ 출전 Annex #1 to Incl #2. "Statistic Table of North Korean Puppet Troops Invasions on South Korea, From 1 Jan. 1949 to 5 Oct. 1949," P&O 091 Korea T.S (17 Nov. 49) 11-29/900, F/W-18/2, Department of the Army, Plans & Operations Division, Records & Message Branch. RG 319, ID file no.630452.

□ 그림 Ⅲ-4 38선 충돌 주요 지점·통계(1949. 1. 1~10. 5)(주한미군 작성)

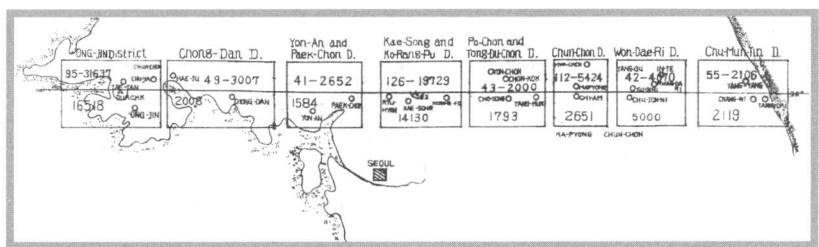

※ 출전 앞의 자료.

'작은 전쟁'이었다고 주장했다.[90] 북한은 한국의 공격 건수와 정도를 갈수록 과장하고 있는데, 38선 충돌을 처음으로 다룬 1949년 조국전선 보고서와 달리 이후 38선 충돌의 성격을 '작은 전쟁'으로 규정했을 뿐만 아니라 충돌 횟수도 늘리고 있다. 북한은 남한의 '도발 목적'이 ① 북한에 주요 전술 지탱점을 마련해 향후 대규모 공격에 유리한 조건 마련, ② 인민군의 전투능력 탐지 및 국군의 임전 태세 검증·실전 능력 배양, ③ 북한 민심·후방 교란 등이었다고 주장했다.[91]

---

90) 『혁명의 위대한 수령 김일성동지께서 령도하신 조선인민의 정의의 조국해방전쟁사 Ⅰ』, 사회과학출판사(구월서방 번각판), 1972, 63쪽; 차준봉(1993), 앞의 책, 115~116쪽.

□ 표 Ⅲ-5 북한 통계: 남한의 무장 공격 일람표(1947~1950. 6)

구분	무장 도발 건수					
	무장 침입			총포사격	계	1947년 대비 백분율
연도	지 상	해 상	공중			
1947	274	14	4	162	454	100
1948	391	20	9	512	932	205.28
1949	912	67	79	1,557	2,617	576.43
1950. 6	157	8	32	950	1,147	252.64

※ 출전 허종호(1993), 『미제의 극동침략정책과 조선전쟁 (1)』, 사회과학출판사, 84쪽.

□ 그림 Ⅲ-5 **38선 충돌 주요 지점**(1947. 1. 1~1950. 6. 24)(북한 작성)

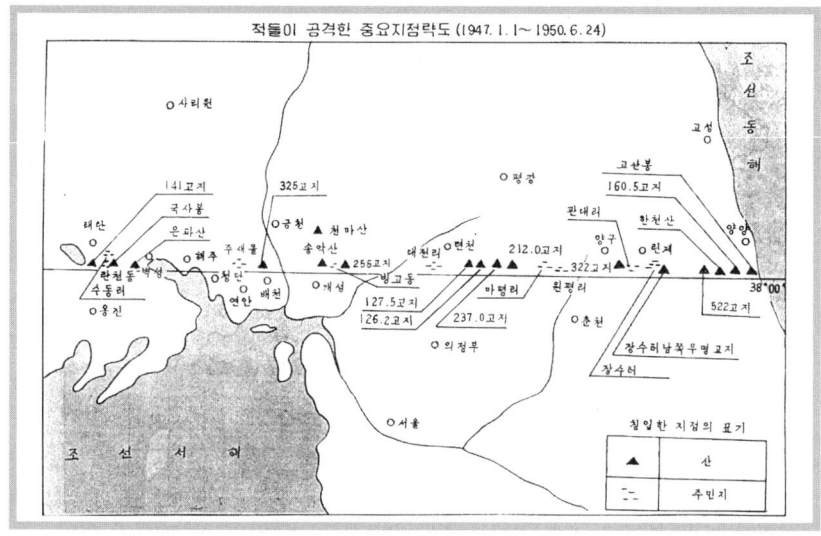

※ 출전 차준봉(1993), 『누가 조선전쟁을 일으켰는가』, 평양 사회과학출판사.

한편, 한국의 주장은 이와 정면으로 상치된다. 이미 1949년 초 채병덕 육군총장은 1949년 1월 보름 간 15일간 북한이 77회 불법 침입을 했으며, 미군 주둔시에도 월 1~2회는 반드시 불법 침입을 했다고 발표했다(1949. 3. 3).[92]

---

91) 사회과학출판사(1972), 앞의 책, 312쪽.

한편 4월 말 내무부 보고에 따르면, 1949년 3월 20부터 1개월 간 북한의 불법 월남은 84건, 동원 병력은 3,542명으로 집계되었다.[93]

한국군의 공식전사에 따르면, 전쟁 발발 이전 북한의 침공 및 불법 사격 횟수는 874회였다. 1967년 간행된 『한국전쟁사 1: 해방과 건군』은 여러 면에서 1960년대 후반의 저작이라고는 믿기 힘들 정도로 객관적인 서술을 보여주었다.[94] 특히 이 책은 38선 충돌과 관련해 한국측의 공격 사실을 시인하고 있다. 다만 그 원인이 북한의 선제 도발과 불법 침입, 주민 학살·납치·약탈에 대응하기 위한 보복성이었다고 밝히고 있다.[95] 구판 『한국전쟁사』는 38선 충돌의 자연발생적 연원에 대해 다음과 같이 설명했다.

> 젊은 혈기에 찬 청년지휘관들이 북괴군에게 얻어맞고 가만히 있을 수 없음은 명약관화한 일이다. 그렇다고 38 이북에 대한 침공을 자의적으로 하지는 않았다. 북괴군이 10번을 가해오면 겨우 1회 정도 아측이 반격을 하였을 뿐이다.[96]

1949년 초부터 본격화된 남북 간의 38선 충돌은 일선 지휘관의 차원을 넘어 최고 수뇌부의 정치적 의도가 개재된 것이었으며, 유엔한국위원단의 방한(1949. 2), 주한미군의 철수 완료(1949. 6), 조국통일민주주의전선의 결성과 평화 공세(1949. 6), 장제스의 진해 방문(1949. 8) 등 정치적 사건과 맞물린 것이었다. 또한 양측의 움직임에 따라 각자의 행동 방식과 대응 수준이 조정되며 응전이 이루어졌다.[97]

---

92) 『동아일보』 1949. 3. 4.
93) 『동아일보』 1949. 4. 28.
94) 원래 이 구판 『한국전쟁사』는 한국전쟁에 관한 모든 사실을 객관적으로 총정리하는 것을 목적으로 삼았다. 그러나 '너무 정치적'이라는 이유로 재판에서는 38선 충돌이 모두 삭제되었다 [「메릴의 1978년 전사편찬위원장 이형석 면담」, 존 메릴(1988), 앞의 책, 272쪽].
95) 『한국전쟁사 1: 해방과 건군』, 507쪽.
96) 『한국전쟁사 1: 해방과 건군』, 535쪽.
97) 존 메릴 지음·신성환 옮김(1988), 앞의 책, 271~272쪽.

1947년 4월 38선 합동조사단의 분석에 따르면, 38선상에 있던 소련군과 북한군의 초소는 총 43개이며, 소련군 750명과 북한경비대 1,800명 등 총 2,550여 명이 배치된 것으로 파악되었다.[98] 한반도에 주둔했던 소련군은 1948년 12월, 미군은 1949년 6월 완전히 철군했다. 소련군은 1948년 10월부터 38선상에서 철수하기 시작했으며, 북한 38경비여단이 그 임무를 교대하기 시작했다.[99] 미군은 1949년 1월 12~15일까지 나흘 간 38선상의 주둔지에서 철수해 서울-의정부 지역으로 집결했다.[100]

　　미소 양군이 38선을 떠나기 시작하던 1948년 10월부터 1949년 1월 15일까지 38선은 고요했다. 여순사건을 제외하면 1948년 10~11월의 4주 간 단 1차례의 38선 사건이 발생했을 뿐이다. 그러나 미군이 마지막으로 철수한 1949년 1월 15일부터 38선상에서 충돌이 본격화되었다.[101] 한국정부는 1월 19일의 '해주의거' 등 공세적 조치를 취했다. 1월 중순~2월 초순의 38선 충돌은 주로 강원도 지역에서 발생해, 곧이어 경기도 개성-배천-옹진 지구로 번져나갔다.

　　1949년 초 한국군은 억제력으로 작용했던 미군부대의 영향력이 사라지자, 무기를 시험하고 적의 위치를 탐사하거나 이전에 북한군에게 당했던 앙갚음을 하려는 목적하에 공세적으로 변화했다. 한국군의 공격적 태도의 원인에

---

98) HQ, USAFIK, G-2, Subject: Report of Survey of the 38th Parallel(1947. 4. 28), *G-2 Weekly Summary*, no.85(1947. 4. 10).
99) 양영조에 따르면, 38선을 경비한 소련군은 1948년 10월 12일 전후에 철수했다(양영조(1998), 『남북한 군사정책과 6·25전쟁의 배경연구』, 국민대 국사학과 박사학위논문, 137-138쪽). 최현 역시 38경비여단의 조직 임무를 맡은 것이 1948년 8월이었다고 기술했다.
100) RG 319, ID file no.534855, Subject: Transmittal of USAFIK Staff Study(1949. 2. 19), J. S. Upham, Jr. LTC, G-2. 참모총장 채병덕은 미군부대가 1948년 12월 15일 38선에서 후퇴했고, 1월 15일 다시 후방으로 철수했다고 밝혔다(『동아일보』 1949. 3. 4). 사사키는 1여단 11연대가 미7사단 32연대로부터 고랑포-청단 38선 경비구역을 인수한 것은 1949년 1월 12일이었다고 썼다(佐佐木春隆 저·姜昶求 역(1977), 『韓國戰秘史』上, 병학사, 423쪽).
101) Military Attache, Seoul, Korea, *Joint Weeka*, no.61(1949. 2. 19~2. 26); 「슈티코프→몰로토프」 (1949. 1. 27), 『소련 외교문서』 4권, 1~3쪽.

대해 1949년 2월 주한미군 정보참모부는 다음과 같이 분석한 바 있다.

1. 경계선의 안정을 보증하던 미군의 철수
2. 다음을 희망하는 정치인들의 사건 창출·고무
   a. 미군을 한국에 잡아둠으로써 자신들의 지위·재산·생명을 보증
   b. 미군과 함께 남한을 물질적으로 부양하거나 재정 지원하는 경제협조처를 잡아둠
   c. 유엔한위의 면전에서 북한의 명백한 도발 행위를 자극함으로써 세계의 동정을 확보하려는 것
   d. 이를 통해 남한에 대한 지속적이고 더 많은 군사·재정 지원, 보급·장비를 요구하려는 것[102]

미소 양군은 38선 주둔시 38선이 가로지르는 주요 간선도로의 요소에 경비초소를 설치했을 뿐, 철조망을 치거나 방벽을 쌓거나 방어진지를 편성하지 않았다. 그러나 남북한이 38선의 경비를 담당하게 되자 이들은 도로를 버리고 고지로 올라갔고, 경비초소 대신 방벽과 참호를 설치하고 토치카를 구축했다. 남북한은 결코 38선을 국경선으로 인정하지 않았을 뿐만 아니라 38 이남북 지역이 자신의 합법적 영역이며, 무력으로 이를 '탈환' 해야 한다는 의식에 사로잡혀 있었다.

남북한이 강조하는 38선 충돌의 대표적 지역은 개성과 옹진이다. 북한이 구체적으로 중시하는 지역은 옹진·벽성군(국사봉·은파산·태탄), 개성 지구(송악산), 양양 지구(고산봉) 등이다. 한편 남한이 구체적으로 거명하는 지역을 표시하면 〈표 III-6〉과 같다.

---

102) RG 319, ID file no.534855, Subject: Transmittal of USAFIK Staff Study(1949. 2. 19), J. S. Upham, Jr. LTC, G-2.

□ 표 III-6 **1949년 인민유격대와 남침의 관련도**

연도	월일	발생순	사건 명	인민유격대 남침(숫자는 횟수)
1949	2월 하순	1	基士門里 포격 사건	
	5월 3~8일 (5월 5일)	2	송악산 5·4전투 (강·표 대대 월북 사건)	
	5월 8일	3	社稷里전투	
	5월 17~19일	4	白川 침입	
	5월 21~6월 24일	5	甕津 1차 침입	6월 1일 오대산에 침투(400명)
	7월 4일	6	襄陽 돌입 사건	7월 6일 오대산에 침투(200명)
	7월 20~8월 3일	7	송악산 7·25전투	
	8월 4~8일	8	甕津 2차 침공	8월 4일 해상에서 日月山에 침투
	8월 6~20일	9	新南 지구 전투	8월 12일, 15일 가평군에 침투
	10월 14~20일	10	甕津 3차 침공	8월 중순 태백산에 침투(360명)
	12월 중순	11	옹진 銀坡山전투	9월 28일, 11월 16일 동해안 침투

※ 출진 佐佐木春隆 저·姜昶求 역(1977), 『韓國戰秘史』 上, 병학사, 429쪽. 사사키의 서술은 『한국전쟁사 1: 해방과 건군』을 그대로 전재한 것으로, 한국측의 공식전사의 입장을 반영한 것이다.

즉 한국측은 1949년 2월 하순 기사문리 포격 사건으로 38선 충돌이 시작되었으며, 12월 중순 은파산전투까지 38선 충돌이 지속되었다고 파악하고 있다. 한국측이 제시한 주요한 충돌 지점은 송악산(개성), 사직리, 배천, 옹진, 양양 등이었다. 이러한 주요 충돌 지점은 북한의 주장과도 일치한다. 물론 남북은 충돌의 원인과 공격자에 대해서는 상반된 주장을 했고, 지금도 역시 동일한 입장을 견지하고 있다. 이제 본격적으로 1949년의 38선 무장 충돌에 대해 살펴보자.

2. 무장 충돌의 발화와 정치적 배경

제주 4·3과 단선·단정 반대운동을 뚫고 수립된 대한민국 정부는 여순사건으로 좌초의 위기를 맞은 듯했다. 그러나 반란은 '찻잔 속의 태풍'으로 진압되었고, 그해 12월 유엔총회는 대한민국 정부의 합법성을 인정했다. 유엔은 재차 유엔한국위원단의 파견을 결정했고, 한국정부는 자신감을 회복하기 시작했다.

이승만이 주창해온 '실지회복론'은 유엔한국위원단의 방한에 때맞춰 고조되었다. 1949년 초부터 시작해 그해 내내 이승만은 호전적인 '실지회복'·'북진' 발언과 캠페인을 벌였다.[103] 그 때문에 과연 그의 북진·북벌·실지회복론이 기대와 목적을 과장하여 미국의 더 많은 경제·군사원조를 얻어내는 동시에 국내를 단속하려는 '허풍전략'(bluffing strategy)이었는지, 아니면 실제로 계획과 실천의지를 동반한 예고편이었는지는 논란의 여지가 있다. 1949년 한국군·한국정부의 상황에 대해 이해하고 있다면 이는, 노회한 이승만의 '책략'이자 '허풍'이었음은 의문의 여지가 없다. 그럼에도 불구하고 이는 두 가지 방향에서 부정적인 효과를 자아냈다. 첫째, 최고통치권자의 반복적이고 강력한 '북진' 주장은 군사 지휘관들의 대북공격적 지향을 강화하는 한편 실제 공격을 정당화시켰다. 둘째, 북한의 우려와 전쟁 계획에 영향을 주었다. 북한은 이승만의 실지회복론과 함께 강화된 군사적 공격에 우려했고, 이때부터 남한이 북한을 침공하려 한다는 대대적 선전을 시작했다. 이는 북한이 위장된 대남공격 계획을 수립하는 데도 중요한 역할을 했다.

한편 1948년 말 이승만 정부의 생존 여부는 미군의 주둔과 미국의 대규모 원조 여부에 달려 있다는 관측이 지배적이었지만, 이승만은 악성인플레의 만연 등 대내적인 문제를 남북 간의 군사적 위기에서 원인을 찾아 그 활로를 모색하고 있었다.[104]

결국 이승만 정부는 1949년 초 유엔의 한국정부 승인, 여순사건 진압,

---

[103] 『서울신문』 1949. 2. 5, 2. 8; FRUS, 1949, vol. 7, pp. 957, 966, 987~988, 1013, 1016~1018; 『동아일보』 1949. 4. 25~26, 30; 『평화일보』 1949. 4. 29.
[104] 양영조(1998), 앞의 논문, 137쪽.

ECA 원조의 확대, 소련군 철수 발표 등으로 대내외 불안을 어느 정도 해소시켰다. 이와 동시에 김석원·채병덕 등 군부 일각에서는 무력통일에 의한 실지회복론이 등장했다.[105]

진지 구축과 주요 충돌 지점

아마도 1949년 38선상의 첫 갈등은 진지 구축 과정에서 발생했다고 판단하는 것이 정확할 것이다. 소련군은 1948년 10월부터 38선상에서 철수했고 미군은 1949년 1월부터 철수를 시작했다. 남북의 경찰은 그전부터 합동으로 38선에 배치되었지만, 미군의 뒤늦은 철수로 한국군은 배치가 늦어졌다. 1949년 1월부터 시작된 남북한의 38선 충돌은 남한의 뒤늦은 방어 진지 편성 과정에서 유리한 지형을 선점한 북한측과 갈등이 빚어진 탓이었다.

1949년 들어서 남북한은 38선 강화를 위해 많은 노동력과 자원을 투자했다. 38선 이남 강원도 고산면의 경우, 38선 경비도로, 토치카, 진지 구축, 38선 경계 입목(立木) 제거 작업 등에 모두 5만 950명이 동원되었는데, 이는 매호당 평균 34명에 달하는 과도한 부역이었다. 뿐만 아니라 건축 비용·식량 부담 등 제 비용까지 강제로 부담해야 했다.[106] 사정은 북한도 마찬가지였다. 호림부대의 월북 이후 강원도 인제군 남면전투(8. 6~17) 협조 보장을 위해 북한은 탄환 운반 977명, 위생반 477명, 식사 운반반 831명, 식사 준비반 904명, 전호 구축반 904명, 예비대 300명 등 12일 간 연인원 6,552명, 매일 500여 명을 동원해야 했고, 그들의 막대한 식사 또한 준비해야 했다.[107] 이런 상황은 진지 구축과 38선 강화가 단순히 군사 실무 차원에 그친 것이 아니라 거의 전시 동원

---

105) 양영조(1998), 앞의 논문, 138쪽.
106) 『자유신문』 1949. 4. 28.
107) 국사편찬위원회(1985), 「북조선로동당 강원도 인제군당 상무위원회 회의록 제58호」(1949. 8. 25), 『북한관계사료집』 III, 528~535쪽.

수준이었음을 의미했다.

한편 여기에 상대방에 대한 적개심과 호승심이 한몫을 했다. 한국정부가 간행한 초기의 공식전사 가운데 가장 탁월하며 객관적이었던 『한국전쟁사 1: 해방과 건군』은 상황을 이렇게 묘사했다.

> 상호의 대치거리 100~300m를 격하고 있는 곳에서는 쌍방 간에 선전전이 시작되고 다음에는 욕설이 오고 가고 마지막에는 사격전으로 번지고 마는 실태가 38선상의 전역에서 일과처럼 되풀이되었다.[108]

한편, 북한의 상황 묘사도 비슷했다.

> 개들의 짖는 소리가 꼬리를 물고 놈들의 욕지거리 하는 소리까지 또렷하게 들려온다. 적과의 거리가 가까운 곳이면 4, 5백메터, 멀어야 1키로 내외다. 소리치면 대답할 수 있는 거리다.[109]

38선 충돌은 미군의 경비초소를 인수한 한국군경이 38선에 경비 병력을 배치하면서 시작되었다. 이미 북한경비대가 소련군을 대신해 38선상의 유리한 주요 고지를 차지한 상태였는데, 이에 맞서 뒤늦게 배치된 한국군경이 전술상 유리한 고지를 차지하기 위해 38선 너머의 고지 일부를 장악하려 했다.[110] 이런 사태가 대부분의 충돌 원인이 되었다.

보다 중요한 두번째 이유는, 지도와 상상 속에만 존재하는 38선의 정확한 위치에 대해 남북한이 합의하거나 경계선으로서의 법적 효력에 대해 인정하지

---

108) 『한국전쟁사 1: 해방과 건군』, 506~507쪽.
109) RG 242, ATIS Document no.200642, 김우철, 「38선 경비초소에서(1950. 1. 28)」, 북조선직업총동맹 중앙위원회기관지 『로동자』 1950년 2호, 48쪽.
110) 양영조(1998), 앞의 논문, 140쪽.

않았다는 사실이다. 주한미군방첩대는 38선의 상황에 대해 이렇게 기술했다.

> 점령 초기 38선 합동조사가 실시되었으며 경계선 표지가 38선을 따라 간헐적으로 설치되었다. 38선을 가로지르는 도로를 따라 초소들이 설치되었다. 이들 초소와 표지 사이의 지역에서는 어디서 남한이 끝나고 북한이 시작되는지를 알 수 있는 방법이 없었다. 이는 처음부터 상당한 어려움의 근원이 되었다. 38선은 결코 모든 통행을 금지시킬 수 없었다. 미소 양군은 초소 사이의 정찰 활동을 지속했다. (……) 남한 경찰과 북한경비대는 번번이 조우했으며 종종 수시간에 달하는 격렬한 전투에 이르곤 했다. 늘상 각자는 상대방을 비난했다. 본 사무소가 조사한 대부분의 사건의 경우, 북한경비대가 공격을 시작하거나 도발했다.[111]

미소 양군이 두 차례의 38선 합동조사를 수행하고, 81개소에 38선 표지를 했지만, 그 나머지 지역의 정확한 경계선은 분명하지 않았다. 산악과 하천이 연이은 한반도의 중간 허리 지역은 지형에 따라 38선을 굴곡시켰다.

UP 태평양 방면 부사장이던 바톨로뮤(Frank H. Batholomew)는 송악산전투가 한창 치열하던 1949년 5월 8일 개성을 시찰한 뒤 "38선을 일직선의 경계선으로 예상하는 것은 착오이며 전선은 지형에 따라 굴곡이 져 있다. 경계선에는 나무 표지가 있으나 남한군대는 보통 전선 1000야드 이남에 위치해 있다"고 썼다.[112]

미소 양군은 38선 합동조사단을 통해 경계선을 확정하고자 했지만, 수많은 산악 구릉지대를 칼로 두부 자르듯 명확하게 나눌 수는 없었다. 처음부터 미소 양군의 목적과 남북한군의 38선 경계 목적은 달랐다. 미소 양군은 월경

---

111) USAFIK, HQ, CIC, *Annual Progress Report for 1947*, "D. Border Incidents."
112) 『동아일보』 1949. 5. 11.

을 방지하기 위해 도로를 차단했지만, 남북한군은 더 많은 지역을 확보하기 위해 전술적인 감제고지의 선점을 시도했다.

38선 분쟁이 격렬했던 지역에는 반드시 38선 바로 위나 아래, 혹은 그 가운데에 고지가 존재했다. 이는 38선 충돌이 격렬했던 옹진, 개성, 양양 같은 지역이었다. 옹진에는 국사봉(38선이 관통, 주봉이 38 이북에 위치), 두락산(38선 이남 500m 지점), 은파산(38선 이북 850m 지점)이 위치했으며, 개성에는 송악산(두 개의 주봉인 488고지는 38선 이북, 475고지는 38선 이남), 292고지(38선이 관통, 주봉은 38 이북 300m에 위치)가, 양양에는 고산봉(38선 이북 500m 지점)이 존재했다.[113]

더 큰 문제는 한국측 지휘관들이 38선 이북에 존재하는 이러한 고지들을 한국의 영역이라고 생각해, 그 지점의 위도가 38선 이북인가 이남인가의 사실 여부를 중시하지 않은 점이었다. 몇 가지 예를 들어보자.

연대급 전투가 처음으로 발화한 1949년 5월 4일 개성 송악산전투는 292고지를 둘러싼 공방이었다. 송악산은 개성을 중심으로 북서 방향에 위치한 488고지를 주봉으로 한 여러 개의 봉우리로 구성되어 있었다. 주봉인 488고지는 38선 이북이며, 그 다음 고지인 475고지는 38선 이남에 위치했다. 그런데 488고지 일대는 기암절벽이어서 접근이 쉽지 않았다. 반면 292고지의 남쪽 능선은 38선을 가로질러 38선 이남 지역인 155.6고지와 느린 경사지로 맞닿아 있었다.[114]

---

113) 이 고지들의 정확한 방위에 대해서는 정밀한 분석이 필요하다. 여기서 제시한 방위는 미군 지도와 구소련 제작 지도에 기초한 것이다. 먼저 미군 지도는 주로 1945~63년 간 미육군지도창(AMS)이 간행한 L751시리즈 지도를 활용하였다(RG 77, File L-751, National Archives of the Unites States, Cartographic Records, Records of the War Department, Office of the Chief of Engineers.). 한편 구소련 제작 지도는 『最近北韓五萬分之一地形圖』下(경인문화사, 1997)를 참조했다. 이 지형도는 1981년 구소련군 참모본부가 북한의 도움을 받아 제작한 1:50,000 지형도로, 38선을 둘러싼 지형도 중 가장 상세하다. 마지막으로 위성사진을 부분적으로 활용했다.

114) 북한은 488고지를 489고지로, 292고지를 292.1고지로 명명하고 있다(차준봉, 앞의 책, 79쪽).

292고지의 정상은 38선 이북에 위치하고 있었지만, 292고지의 남쪽 능선이 38선을 넘어 38선 이남으로 흘러내림으로써 문제가 되었다. 분쟁은 바로 292고지를 둘러싸고 발생했다.

한국측 참전자들은 292고지가 38선 이남이라고 주장했다. 당시 국방장관 신성모는 5월 6일 기자회견에서 292고지는 38선 이남 300m 지점으로 북한이 이를 '불법 점령'했다고 주장했다.[115] 1사단장 김석원은 292고지를 38선 이남 100m 지점이라고 회고했으며,[116] 송악산에서 중대장을 했던 채명신 역시 "그날(5월 4일) 북이 불법으로 38선 약간 남쪽(292고지를 의미-인용자)으로 침입하여 방어진지를 구축하자, 그들을 쫓아내려 우리가 공격하여 38선을 탈환"했다고 회고했다.[117] 한신(韓信)은 당시 옹진18연대 작전주임이었는데, 송악산전투에 대해 "(북한군이) 송악산 연봉의 아군 경계진지인 292고지를 기습공격"했다고 회고했다.[118]

한동안 주한미군사고문단측도 292고지가 38선 이남인지 이북인지에 대해 정확히 판단하지 못하고 있었다. 5월 4일 개성전투가 발발한 직후 주한미군사고문단은 292고지를 38선 이남으로 표기했다.[119] 그런데 그 직후 군사고문단은 38선이 292고지를 통과한다는 점을 지적했고,[120] 7월 들어서 송악산 292고지와 488고지를 모두 38선 이북 지역으로 표기하기 시작했다.[121]

반면 북한은 292고지(혹은 291.5고지)가 38선 이북 북한 지역이라고 확신했다. 1949년 송악산전투에 참가했던 북한의 전희섭은 1987년 BBC 방송제작진들에게, 5월 4일 여명에 남한군이 38선을 넘어 와 송악산의 일부인 "291

---

115) 『자유신문』 1949. 5. 7.
116) 김석원, 앞의 책, 267쪽.
117) 蔡命新(1994), 앞의 책, 71~72쪽.
118) 韓信(1994), 『신념의 삶 속에서』, 명성출판사, 101쪽.
119) *Joint Weeka*, no.71(1949. 4. 30~5. 7).
120) HQ, USAFIK, *G-2 Periodic Report*, no.1112(1949. 5. 9).
121) KMAG, *G-2 Periodic Report*, no.151(1949. 7. 26).

고지"를 점령해, 북한이 나흘 간의 전투 끝에 이 고지를 탈환했다고 주장했다.[122] 38보안경비 제3여단장이던 최현의 회고에 따르면, 292고지 전투가 끝난 뒤 김일성이 직접 현장을 방문했다고 한다.[123] 즉 292고지(혹은 291.5고지)가 38선 이북 북한 지역이라는 주장이다.

38선이 관통하는 송악산 292고지는 정확한 방위 판정이 어려웠고, 남북 간 상호 합의가 부재한 상황의 소산으로 인정할 수도 있다. 그렇지만 옹진 은파산의 경우는 달랐다. 『한국전쟁사 1: 해방과 건군』이 인정하듯이, 은파산은 38선 이북 850m에 위치한 283고지였다.[124] 은파산은 6월 말부터 10월 초까지 한국군의 수중에 있었는데, 당시 18연대장이던 김종갑 대령은 "그때 나는 은파산이 38도선 남쪽에 있는 것이라고 생각했을 정도였다. 그러나 자세히 연구하여 보니 분명 은파산은 38도선 북쪽에 있음을 알고 적이 놀랐다"고 회고했다.[125] 문제는 은파산이 38선 이남인가 이북인가의 여부가 아니라, 이 고지를 점령함으로써 가질 수 있는 군사적인 유리함이었다. 한신 역시 "우리 제2연대의 거점인 은파산," "역부족으로 은파산을 피탈," "여러 차례의 역습을 감행했으나 탈환하지 못" 했다고 회고했다.[126] 국사봉의 경우도 사정은 마찬가지였다. 당시 한국군은 물론 국내 언론들도 292고지, 은파산, 국사봉 등이 38선 이남에 위치한 고지인 것으로 묘사했다.

이상과 같은 두 가지 요인, 즉 진지 구축 과정에서 유리한 고지를 점령하기 위한 일선 지휘관들의 의욕과, 지상에 존재하지 않는 38선의 정확한 위치를

---

122) 「브루스 커밍스의 전희섭 인터뷰」(1987. 11, 평양), Bruce Cumings(1990), 앞의 책, p. 390, n. 35에서 재인용.
123) 최현(1982), 「몸소 최전선에서」, 『인민들 속에서』 29, 조선로동당출판사.
124) 『한국전쟁사 1: 해방과 건군』, 512쪽. 구소련 문서는 38선 이북 1,500m 지점이라고 쓰고 있다. 구소련 지도에 따르면, 은파산은 288고지로 표시되었다([「태탄」(일련번호 377, 도엽번호 NJ51-8-38), 1997, 『最近北韓五萬分之一地形圖』下, 景仁文化社].
125) 佐佐木春隆, 앞의 책, 455쪽.
126) 韓信, 앞의 책, 115쪽.

둘러싼 남북한 합의의 부재가 38선 충돌의 기본 배경을 이루었다고 할 수 있다. 그러나 보다 중요한 것은 이러한 충돌의 배후에 숨겨진 정치적 의도였다.

유엔한국위원단의 방한과 기사문리·고산봉전투

미국과 소련측 자료들은 도발자가 누구인지를 제외하고는 공통적으로 1949년 1월 15일부터 38선상의 충돌이 본격화되었다고 기록하고 있다.[127] 1월 중순의 38선 충돌은 대부분 정찰 과정에서 발생한 소규모 충돌이었지만, 일정한 정치적 의도를 포함한 공세도 포함되어 있었다. 미소는 각각 상대 진영이 먼저 도발했으며 보다 공격적이라고 주장했으나, 한국측이 더 공세적인 입장을 취한 것으로 보인다.

주한미군 정보 당국은 한국의 공세적 입장이, 첫째 주한미군 철수 반대의 목적, 둘째 유엔한국위원단과 세계 앞에 북한의 호전적 대응을 노골적으로 유도할 목적, 셋째 미국으로부터의 장비·보급을 유지·확대시킬 목적에서 비롯되었다고 분석했다.[128]

1월 15일부터 시작된 한국의 공세는 유엔한국위원단의 방문과 연계된 것이었다. 유엔은 1948년 초 임시한국위원단(UNTCOK)을 파견해 한국의 총선거를 결정하고, 선거를 감시했으며, 12월 유엔총회는 한국정부를 승인했다. 연이어 유엔은 임무를 완수한 임시한국위원단 대신 한국위원단(UNCOK)을 파견하기로 결정했다. 새로 구성된 유엔한국위원단의 방한은 한국정부에게는 국제적 지지·지원 세력의 도착을 의미했다. 유엔한국위원단은 1월 30일 입국해, 2월 6일부터 정식 업무를 시작한 이래, 2월 19일에는 개성 지역에서

---

127) *Joint Weeka*, no.61(1949. 2. 19~2. 26); 「슈티코프→몰로토프」(1949. 1. 27), 『소련 외교문서』 4권, 1~3쪽.
128) RG 319, ID file no.534855, Subject: Transmittal of USAFIK Staff Study(1949. 2. 19).

38선을 시찰했다.

한국은 38선 충돌을 의도적으로 촉발시키면서 동시에 1월 19일의 '해주의거'를 일으키는 등 공세적 조치를 취했다. 1월 중순~2월 초순의 38선 충돌은 주로 강원도 지역에서 발생해, 곧이어 경기도 개성-배천-옹진지구로 번져나갔다.

1949년 초반의 무장 충돌을 대표하는 것은 2월 초 기사문리 포격 사건이었는데, 이는 이후 1949년 38선 무장 충돌의 기본 뼈대를 형성했다. 한국측 사건 명은 강원도 양양군 '기사문리 사건'이며 북한측 명명은 고산봉 사건이다. 흥미로운 것은 북한이 1949년부터 여러 차례에 걸쳐 고산봉을 강조해왔으나, 한국에서 간행된 전쟁사에는 고산봉이 전혀 언급되지 않았다는 사실이다. 『한국전쟁사 1: 해방과 건군』은 기사문리·양양은 거론했지만 고산봉은 언급하지 않았다. 한국군 원로들의 증언과 국방부 전사편찬위원회의 '각별한 교시와 지도'를 받아 씌어진, 일본 방위청의 군사가 사사키의 『한국전비사』(韓國戰秘史)도 북한이 주장하는 '코산봉'이 존재하지 않는 산이라고 주장했다.[129] 그렇지만 고산봉은 분명 존재하는 산이다. 고산봉은 강원도 양양군 현북면 기사문리 샘골 뒷산, 38선 이북 500m 지점에 위치한 고지다.[130]

한국의 공식 기록을 먼저 살펴보자. 『한국전쟁사 1: 해방과 건군』과 『한국전비사』가 전하는 기사문리 사건을 정리하면 다음과 같다.

> 1949년 2월 하순 38경비대 1개 중대 西林 방면 침공, 1개 중대는 基士門里에서 淺橋里(원문 그대로)로 침공하자 제10연대(白南權 중령)가 격퇴. 10연대는 포

---

[129] 佐佐木春隆, 앞의 책, 462쪽. 사사키는 고산봉으로 썼으나 번역 과정에서 '코산봉'으로 음역된 것으로 추정된다. 사사키는 코산봉을 5만분의 1 지도에서 찾을 수 없으므로 북한의 주장은 날조된 것이라고 추정했다.

[130] 양양문화원(1995), 『襄陽의 땅이름』, 229쪽; 「슈티코프의 전문」(1949. 2. 4), 『소련 외교문서』 4권, 8~9쪽; 차준봉(1993), 앞의 책, 112~114쪽.

병대장 盧載鉉 대위로 하여금 105mm M3 곡사포 2문을 가지고 기사문의 적 해군파견대를 목표로 포격, 砲鏡이 없어서 직접 조준 5발 발사해 건물 파괴. 105mm 포로서는 38 이북에 대한 최초의 발사. 미군사고문단은 이를 중대시 하여 직접 조사하고 육군본부 참모회의에 회부. 포병단장 張銀山 중령 정당방위를 주장.[131]

그런데 한국측 전사류에서는 2월 2~3일에 발생한 사건을 2월 하순으로, 잔교리(棧橋里)를 천교리(淺橋里)로 잘못 표기하는 등 발생일·지명 등에서 오류가 발견된다. 또한 이 사건이 북한군의 침공에 대항해 105mm M3 곡사포로 38선 이북의 기사문리를 포격한 사건이라고 했지만, 이는 사실과 달랐다. 한편 8사단장이던 이형근은 기사문 지역에 인민군 유격대 훈련소가 있어서, 1949년 2월 포병대장 노재현 대위가 연대장 백남권 중령의 명령으로 기사문을 포격했다고 썼다.[132]

평양 주재 소련대사 슈티코프의 보고에 따르면, 2월 3일 한국 군경이 트럭 6대의 병력으로 38선 침입을 시도하다 격퇴된 후, 군경 병력을 실은 35대의 트럭으로 38선 이북 4km 지점(기사문리)까지 침범했다. 같은 날 한국 해군함정이 38선 이북 15km의 해안을 포격했으며, 2월 4일 한국 경찰은 다시 38선 이북 500m 지점인 1985고지를 점령했다.[133] 즉 남한은 1,300명 이상의 병력, 그리고 105mm 포와 소해정 등을 동원해, 군경 합동 및 육해군 협동작전을 구사했다.

한편 북한측 기록은 2월 2일부터 한국의 해안경비정이 38선 이북 양양군 손양면 수산리 해안에서 철북면 하광정리를 포격했고, 같은 날 한국 경찰이

---

131) 『한국전쟁사 1: 해방과 건군』, 535~536쪽; 佐佐木春隆, 앞의 책, 423쪽.
132) 이형근(1993), 『李亨根回顧錄: 軍番1번의 외길 人生』, 중앙일보사, 43쪽.
133) 「슈티코프→몰로토프」(1949. 2. 3, 2. 4), 『소련 외교문서』 4권, 6~9쪽.

기사문리에 침입했으며, 2월 3일 강릉 10연대와 강릉·주문진경찰 1,300명이 고산봉을 점령한 것을 2월 4일 북한경비대가 격퇴했다고 주장했다.[134] 북한의 한 선전 매체는 2월 4일 '제1차 고산봉전투'에서 내무성 경비대 1개 소대가 한국군 3개 대대의 공격을 격퇴했다고 과장했다.[135]

한국정부는 정부수립 후 해군이 처음으로 동원된 이 사건을 해군의 '주문진(基土門) 작전'이라 부르며 "함정 포사격으로 인하여 基土門 적 진지 일부 파괴, 인원 손상 미상"이라고 발표했다.[136] 한편 주한미대사관 무관의 정보보고는 2월 3일 해군의 기사문리 포격이 북한의 38선 이남 침공에 대한 조치였다고 기록했다.[137] 그런데 현재까지 한국측 전사가 주장하는 북한 38경비대 1개 중대의 침범 여부는 기록으로 확인되지 않는다.

반면 슈티코프의 비밀보고에 따르면, 북한경비대는 170명의 병력에 중·경기관총 각 1정, 자동화기·소총 20정의 무장을 갖춘 경량급에 불과했기 때문에 한국 군경을 격퇴하기 위해서는 인민군 보병대대를 투입해야 했다. 이 사건은 두 가지 방향으로 큰 여파를 미쳤는데, 먼저 주한미군사고문단은 한국군이 보유한 105mm 포경(砲鏡)을 회수해 더 이상의 대북공격을 억제하려 했던 반면,[138] 소련측은 북한에 대해 방어용 무기를 신속히 지급하기로 결정했다.

사실 1949년 1~2월 북한 주재 소련대사 슈티코프의 보고는 우려로 가득 차 있었다. 슈티코프는 1월 말 "남한군의 북침 소문"이 무성하며 선제공격을 당하기 전에 경비를 강화해야 한다고 보고했고,[139] 남한 군경이 "매일 38선 침

---

134) 「38연선 무장충돌에 관한 조국통일민주주의전선 조사위원회 보고서」(1949. 10. 8), 國史編纂委員會(1988), 『北韓關係史料集』 VI(이하 『조국전선보고서』로 줄임); 『함남로동신문』 1949. 2. 8.
135) 김창선(1950), 「고산봉전투의 용사들」, 『태풍』 7호.
136) 대한민국정부기획처(1949), 『시정월보』 3호(6월), 61쪽.
137) *Joint Weeka*, no.59(1949. 2. 5~2. 12).
138) 『한국전쟁사 1: 해방과 건군』, 535~536쪽; 佐佐木春隆, 앞의 책, 423쪽. 사사키에 따르면, 기사문리 포격 이후 미고문관이 포경을 보관했다. 반면 『한국전쟁사』에 따르면, 이미 그 이전에 미고문관이 포경을 보관하고 있었다.
139) 「슈티코프→몰로토프」(1949. 1. 27), 『소련 외교문서』 4권, 1~3쪽.

범해 북한 경비초소 습격"하지만, 북한 38경비여단은 겨우 3~10여 발의 탄환을 지닌 일제 소총으로 무장해, "남한의 공격에 대해 반격을 가해 처치할 처지가 안 되며, 게다가 탄환을 다 소모한 후에 간간이 맨주먹으로 대항"한다며 무기 지원을 호소했다.[140]

그렇지만 북한이 늘 수세적인 입장을 취한 것은 아니었다. 2월 2일 북로당의 첩자였던 현역 경찰관 형제가 배천경찰서를 습격해 경찰 1명 등 10여 명이 사망했다. 이 사건은 북한 무장대 50명 또는 1개 중대가 월남 내습한 사건으로 과장 보도되면서 북한의 남침을 우려하는 분위기를 조성했다. 군경이 증파되고 경계가 강화되는 한편 국회조사단까지 파견되었지만 사실 무장대의 습격은 없었다.[141] 후일 밝혀졌듯이 이는 북로당의 지시를 받은 현직 경찰의 범행이었다.[142] 사건이 발생하자 현지의 우익청년단들은 2월 7일, 9일, 3월 3일 등 세 차례에 걸쳐 배천읍민 중 좌익 청년의 가족 14가구 60여 명을 강제로 이북으로 추방하는 보복 조치를 취했다.[143]

북한은 유엔한국위원단의 방한과 개성 방문에도 대비했다. 2월 18일 옹진의 인공기 게양 사건, 배천에서의 대남 사격 등은 유엔한국위원회를 향한 전주곡이었다.[144] 북한은 "2월 18일 황해도 옹진일대의 인민무장유격대가 수 개소의 반동 경찰서를 소탕, 이에 호응한 부락민들이 공화국 국기를 휘날리며 시위행진" 했다고 주장했지만,[145] 이들은 옹진의 유격대가 아니라 북한이 남파

---

140) 「슈티코프→몰로토프」(1949. 2. 3), 『소련 외교문서』 4권, 4~5쪽.
141) 『서울신문』 1949. 2. 5; 2회 25차 국회본회의의 「38선 및 배천경찰서 습격사건에 관한 조사위원의 보고」에 따르면, 2월 3일 발생했고, 사망자는 10명이었다(『서울신문』 1949. 2. 9; 『동아일보』 1949. 3. 4).
142) 육군본부 38지구 정보국은 5월 5일 배천경찰서에 근무중인 순경 朴成萬과 동생 朴吉萬 외 8명을 체포해 범행 일체를 자백받았다. 박길만은 북로당의 간첩으로 배천경찰서를 습격했다(『영남일보』 1949. 5. 22).
143) 『조선일보』 1949. 2. 17. 북한측 자료는 이들이 연백군 은천면 주민 21세대 87명이라고 기록했다(『함남로동신문』 1949. 3. 27; 『함남인민보』 1949. 3. 28).
144) *Joint Weeka*, no.61(1949. 2. 19~2. 26).
145) 조선중앙통신사(1950), 『조선중앙연감 1950년판』, 712~720쪽; 『함남로동신문』 1949. 2. 25.

한 부대였다. 북한이 옹진에서 인공기를 게양한 목적은 2월 19일 개성을 방문할 유엔한국위원단을 향한 것이었다.

유엔한국위원단은 개성·배천·여현·토성 일대의 38선을 시찰했다.[146] 이들은 개성에서 김석원으로부터 38선에 대한 설명을 듣고 배천에서 '북한군'에 의해 소각된 경찰서를 목격했다. 이 지역에서 이들은 한국 정부기관과 군경만을 접촉했을 뿐이었다.[147] 이후로도 유엔한국위원단은 두 차례 38선을 시찰했다.

1월 중순부터 2월 중순까지의 38선 충돌의 정치적 배경이 유엔한국위원회의 방한과 관련이 있었다고 한다면, 3~4월의 충돌 격화는 남한의 정치적 자신감 고조와 관련이 있었을 것이다. 3~4월 간 슈티코프의 보고는 남한의 선제공격과 새로운 '도발 행위 가능성'을 우려했다. 슈티코프는 한국군이 4월에 해주·의정부에 1,800명의 병력을 집결하는 등 38선으로 병력을 집중하고 있지만, 북한군의 전투태세는 상당한 결함을 지녔다고 지적했다.[148] 바실리예프스키의 보고에 따르면, 1949년 초부터 4월 15일까지 남한이 37건의 38선 분쟁을 일으켰는데, 그 중 24건이 3월 15~4월 15일에 발생할 정도로 38선상의 긴장은 계속 고조되었다.

반면 주한미군 정보 당국은 38선 충돌이 숫자상으로는 증가했지만 대부분 북한군의 정찰 과정에서 발생한 사소한 경계선 위반이며 심각하지 않은 수준이라고 판단했다.[149]

1949년 초부터 한국정부의 자신감과 승리감은 점차 고조되기 시작했다. 한국정부는 2월 15일 이북5도지사를 임명함으로써 북한 지역에 대한 주권을

---

146) 『서울신문』 1949. 2. 22.
147) 『대동신문』 1949. 2. 21.
148) 「스탈린→슈티코프」(1949. 4. 17), 『소련 외교문서』 4권, 13쪽; 「바실리예프스키·슈테멘코→스탈린」(1949. 4. 20), 『소련 외교문서』 3권, 17쪽; 「슈티코프→소련외무성」(1949. 4. 20), 바자노프, 앞의 책, 15쪽.
149) Joint Weeka, no.63(1949. 3. 5~3.12).

선포했다.¹⁵⁰⁾ 한국전쟁이 발발한 뒤 북한 『로동신문』은 이승만이 1949년 1월 8일 신문통신사 부장 신년 초대연을 개최하고 "우리가 무력으로 북벌할 때면 국민들은 그(이북5도지사 임명) 의미를 알게 될 것"이라고 발언했다고 주장했다.¹⁵¹⁾

그뿐 아니라 이승만은 제주 4·3사건 1주년에 즈음한 1949년 4월 9일 제주도를 방문함으로써 남한 내 마지막 반란지의 진압을 대외적으로 공표했다. 5·10선거 1주년인 5월 10일 제주도 2개 선거구에서 재선거가 치러졌다.

'해주의거' 사건

1949년 1월 19일과 25일, 북한 내무성은 남한 "국무총리 이범석의 직접 지휘 하에 북반부에 파견되어온 테러단 14명을 1월 19일 해주에서 체포하였다"고 발표했다.¹⁵²⁾

이범석은 즉시 이 보도가 거짓이라며 부인했다.¹⁵³⁾ 그러나 공보처는 이미 1월 19일 해주에서 폭동이 일어났다고 라디오로 방송했으며, 3월 3일 백세동 지회라는 비밀조직이 '해주의거'를 주도했고 경비대원 100명이 참가했다고 발표하였다.¹⁵⁴⁾ 공보처는 가담자의 담화를 발표했고, 이 기사를 1단으로 취급했다는 이유로 3월 5일 『국제신문』(國際新聞)을 폐간하기까지 했다.¹⁵⁵⁾ 나아가 공보처는 '해주의거 사건'의 재판 결과를 보도할 정도로 이 사건에 깊은 관심을 보였다.¹⁵⁶⁾

---

150) 『대동신문』 1949. 2. 18.
151) 「전 『한국통신사』의 중앙청담당기자의 회상」, 『로동신문』 1951. 5. 24.
152) 조선중앙통신사(1950), 『조선중앙연감 1950년판』, 712~720쪽; 「해방후 4년 간의 국내외 중요일지 (1945. 8~1949. 3)」, 국사편찬위원회(1989), 『북한관계사료집』 VII.
153) 『경향신문』 1949. 1. 27.
154) 『경향신문』 1949. 3. 4.
155) 『서울신문』 1949. 3. 6; *G-2 Periodic Report*, no. 1080(1949. 3. 7).

'테러'와 '의거'의 차이는 있지만, 해주에서 공작사건이 발생한 것만은 분명했다. 이에 대한 설명은 남북한이 각기 달랐다. 먼저 북한은 이 사건이 이범석과 남한의 특수공작기관인 대한관찰부(사정국)의 공모로 이루어졌고, 유엔한국위원회 도착에 맞추어 북한에 대한 비방 구실을 꾸미기 위해 공작을 벌인 것이라고 주장했다.

이에 따르면, 개성 지구 미군정보사령부(H.I.D) 정보원인 김응준(金應俊)·이봉선(李奉善)이 1948년 12월 27일경 대한관찰부 개성지부장 차상인을 통해, 북한에서 폭동을 일으키라는 이범석의 지시와 함께 공작비 6만 6,000원, 시계 2개, 권총 및 암호연락부 등을 받았다. 이범석은 '지령5개조'를 통해, 1월 19일 오후 11:05에 폭동·암살·방화·삐라를 살포하며 공작 준비 여부를 1월 18일 암호로 보고하라고 지시했다. 이들은 18일 오후 공작 실행을 청단경찰서와 차상인에게 통보하고 난 다음 모두 체포되었지만, 남한은 이를 그대로 방송했다.[157] 사건 관련자 15명은 3월 26일 황해도 재판소에서 3명 사형, 나머지는 20년 이상, 5년 이상 징역형을 선고받았다.[158]

북한의 선전 매체들은 1941년 일본군에 입대해 관동군 봉천 145부대에서 5년 간 오장급 군속으로 일제를 위해 일했던 김응준이 해방 후 일본 심사관 니시다(西田)의 심사로 개성 지구 미군 HID에 들어가 미군의 정보원으로 활동하다가, 한국정부가 만든 공작기구인 대한관찰부(사정국)와 공모해 대북 테러를 저질렀다고 대대적으로 선전했다.[159]

---

156) 『동아일보』 1949. 4. 1.
157) 『함남로동신문』 1949. 1. 26; 3. 28~29.
158) 『함남로동신문』 1949. 3. 28; 『함남인민보』 1949. 3. 28~29. 피소자의 약력 및 혐의 내용은 『함남로동신문』 1949. 3. 29 참조; HQ, USAFIK, *G-2 Periodic Report*, no.1095(1949. 4. 4). 재판 결과는 다음과 같았다. 김응준 사형, 리봉선 사형, 리봉식 사형, 전영순 징역 20년, 임상규 징역 17년, 강창근 징역 17년, 김영희 징역 15년, 김운영 징역 15년, 리용하 징역 15년, 림승룡 징역 15년, 한가춘 징역 12년, 조용수 징역 10년, 김진연 징역 8년, 김근수 징역 5년, 최영수 징역 5년.
159) 白英明(1949), 「李範錫派遣 「海州放火테로團」 公判傍聽記」, 『태풍』 제2권 제8호(통권 24호); 「卷頭言: 海州事件의 覆面犯人은 누구인가?」, 『태풍』 1949년 제2권 제9호(통권 25호).

미군 역시 해주폭동이 남한 특수기관의 손에 의해 만들어진 사건임을 알고 있었다. 처음 주한미군 정보보고서는 1월 19~22일 해주에서 폭동이 일어났으며, 이전에 접수된 미확인 정보가 이때쯤 해주에서 폭동이 발생하리라는 것을 암시했다고 기록했다.[160] 그러나 해주에서의 귀환자 보고와 미군의 공중·지상 정찰 결과, 해주폭동이 허위이며 이 사건에 대한관찰부가 개입했음이 밝혀졌다.[161] 이 문제는 국제화되어 4월 초 소련 타스통신은 북한인민재판소가 미군부대 직원 3명에게 스파이·테러분자 혐의로 총살형을 선고했다고 보도하기까지 했다.[162]

아마도 해주폭동은 주한미대사관의 심각한 우려를 자아냈던 것으로 보인다. 초대 주한미대사였던 무초는 사건 발생 20여 년이 지난 1971년 2월, 트루만도서관과 가진 인터뷰에서 이 사건을 다음과 같이 언급했다.

> 언젠가 경제협조처(ECA) 주한대표부 창설과 관련해 미국 대표들이 한국을 방문했다. 그들의 귀국에 앞서 이 대통령 부처가 그들을 위해 다과의 자리를 마련했다. 우리 일행은 대통령 관저인 경무대에 있었는데, 그때 민족청년단 단장으로 국무총리와 국방장관을 겸직하고 있던 이범석이 즐거운 표정으로 들어와 자기의 부하들이 해주를 장악했다고 말했다. 그는 그들이 현지에서 모두 죽었다는 이야기는 덧붙이지 않았다. 바로 그런 일들이 양측에서 일어나고 있었다.[163]

무초의 걱정거리는, 미군의 철수로 남한이 군사적 진공상태일 때 발생할

---

160) HQ, USAFIK, *G-2 Periodic Report*, no.1044(1949. 1. 22).
161) HQ, USAFIK, *G-2 Periodic Report*, no.1045(1949. 1. 24).
162) 『조선일보』 1949. 4. 5.
163) Oral History Interview with Ambassador John J. Muccio, February 10 and February 18, 1971 by Jerry N. Hess, Harry S. Truman Library.

지 모르는 북한의 공격을 제어하는 것과 동시에 남한에 대한 지원이 북한을 공격할 수준까지는 이르지 않도록 조절해야 한다는 점에 있었다. 무초의 말을 빌리자면, "특히 남한이 이승만과 이범석의 수중에 있는 상황에서 그들이 북으로 밀고 올라갈 수 있을 만큼 그들의 잠재력을 증강시키지 않아야" 했던 것은 미국의 딜레마였다.

이와 관련해 한 반공인사는 이 사건이 해주의 정의추격대라는 조직이 신천(信川)에 본거지를 둔 청사회(靑史會) 및 황해도 교원 중심의 신우회(信友會)와 공동으로 일으킨 반공 의거였다고 주장했다.[164] 이 증언에 따르면, 1948년 "南으로부터 숨어 든 대북공작망"이 1948년 10월 해주에서 접선해 해주형무소 파괴와 공산당 황해도 당사 및 도 인민위 청사 방화를 지시했으며, 위의 세 조직이 1949년 1월 18일 밤 11시 거사를 계획하고 남으로부터 무기와 자금을 조달받았으며, 남한 쪽에 연락해 해주폭동에 대한 라디오방송이 나왔지만, 폭동은 실제로 일어나지 못하고 14명이 체포되었다는 것이다.[165]

도대체 이범석과 남한의 비밀조직 대한관찰부는 해주폭동과 어떠한 관련이 있었던 것일까? 이와 관련된 흥미로운 북한 노획문서가 하나 있다. 1950년 8월 23일 미군이 노획한 이 문서는 이승만의 정치고문 배민수(裵敏洙)의 조카인 신문기자가 작성한 것으로, 1949년 1월 초순의 남한 정보를 전해준다.[166] 상당히 장황한 내용이지만 그 대략은 다음과 같다.

---

164) 千榮煥 증언, 1970년 10월 10일, 『統一報』 게재; 「海州 '正義追擊對' 사건」, 韓國統一促進會 편(1971), 『北韓反共鬪爭史』, 반공계몽사, 150~153쪽.
165) 앞의 자료. 증언에 따른 관련자는 해주소방서 소방차 운전사 楊모, 양의 친구 金鎭永, 정의추격대 대표 金雲英, 신우회 대표 李奉植 등이며, 양모, 김진영, 김모(이남 연락책), 이봉식에게는 사형, 李昌根(신우회), 權錫俊(정의추격대), 김운영 등 10명에게는 15~18년형이 선고되었다. 이 증언은 남한의 공작기관이 어디였는가 하는 점을 제외하면 당시 북한의 보도와 거의 일치한다.
166) RG 242, SA 2009-9-90, 「對北政治工作情報關係」. 1950년 8월 23일 노획, 노획지 방위 1139.4-1450.5. 이 문서의 신뢰성 및 성격에 대한 개략적 설명은 정병준(1998), 「이승만의 정치고문들」, 『역사비평』 43호 참조.

이승만은 1949년 1월 초 고문관회의를 열었는데, 육해군 참모본부·헌병사령부·국방부 참모총본부·국회 외무국방위원회 등이 참가해 최고군사회의를 구성했다. 또한 사정국(대한관찰부-인용자), 국방부 제2과(국-인용자), 주한미군사령부 G-2, 주한미군사고문단 등이 참가했다. 최고군사회의 산하에 군사정보국이 설치되었고, 이범석이 지휘를 담당했다. 32개 남한 테러 단체 중 유능한 테러단원을 선발해 사정국, 국방부 제2과, 주한미군 G-2, 주한미군사고문단 조사처(G-2-인용자)에 인입하고 대북군사특별공작대(호림대, 백호대 등)와 대북정치특별공작대를 참모총본부 직속으로 설치했다. 이들 공작대를 대북 선발대로 파견한 후 군경이 이들을 따라 대북 침입을 하려는 계획이 수립되었다. 특히 군사특별공작대는 비합법적인 조직으로 구성하며, 선발대로 북한에 대한 군사적 폭행을 가함으로써 '남한정부의 언변은 국내외적으로 교묘히 反動시킬 수 있다.' 이를 위해 극비리에 남한은 수원, 안양, 서빙고, 이태원, 수색, 조치원, 천안 등지에 훈련소를 두고 침범 교육과 훈련을 하고 있다. 1948년 12월 20일경 필자는 정일권 준장에게 이 특별공작대에 대해 질문했고 정일권은 10개 대대를 육성할 것이며, 월남청년으로 구성할 것, 미군 배속 장교 20명을 초청할 계획, 대원은 북한 서부와 동부에 파견할 예정이라고 답변했다.

해주폭동과 관련해 가장 주목을 끄는 부분은 다음과 같은 지적이다.

1. 공작대가 발각되어도, 남한정부는 그 존재를 부인하며
2. 공작대는 북한 타도를 원하던 민족주의 청년들의 義起로 묘사되며
3. 국제적으로 UN위원단이 북한 지역에서도 광범한 민족청년의 義氣가 봉화 같이 일어나고 있다고 UN총회보고서 작성을 할 수 있으며
4. 국내적으로 북한의 인민유격대에 대항해서 남한의 민족의용대가 북한에서 노력하고 있다는 점을 보여줄 수 있으며
5. 대한민국 공보처의 여론 發表戰에서 유리한 조건이 되며

6. 공작대가 의용대로 선전되면 남한 군경이 이들과 호응하여 대북 군사 공격을 위한 훌륭한 조건이 조성된다. 공작대가 월북해 북한 내 의거로 가장하여 반북 선전과 폭동 사주 등을 선전하는 순간에 남한군이 38 이북 지역에 침입하여 목적을 달성한다.

작성자는 이 정보가 1월 5일 배민수 자택에서 청취한 것이라며 「李承晩의 對北, 情報, 政治, 軍事工作의 計劃案에 關한 軍事工作編의 對한 其의 1, 2, 3의 說明書」라는 제목을 붙여놓았다.[167] 이 문서가 작성된 시점이 과연 언제인지는 분명하지 않으나, 해주의거를 염두에 두고 훗날 조작된 문건이 아닌 것만은 명확하다.

과연 이 첩보의 묘사대로 한국정부가 대북공작 계획과 북진 계획을 수립한 것인지는 알 수 없다. 계획은 주로 대북 특수공작을 다루고 있는데, 이 방안은 1948년 말~1949년 초 한국정부의 입장을 생각해볼 때 충분히 있음직한 일이었다. 왜냐하면 한국정부는 북한의 공작과 내부 전복 활동에 너무 많이 상처를 입었다고 생각했기 때문이다. 1949년 1월과 1948년 말을 연결시켜 보면 이는 자연스럽고 상식적인 맞대응 방안이었을 것이다.

공산주의자들의 공작으로 한국군 1개 연대가 반란을 일으켰고, 몇몇 소대·중대급 반란이 연이었다. 전라남도 동부 일대는 쑥대밭이 되었고, 지리산 일대에는 반란군과 지방 공산주의자로 구성된 빨치산이 무법천지를 만들고 있었다. 한국정부는 당할 만큼 당했고, 이제 되갚아줄 때가 왔다고 생각했을 것이다. 공작에는 공작으로, 내부 전복에는 내부 전복으로 맞서는 전략이었다.

---

167) 배민수는 숭실중학 출신으로, 1917년 김일성의 아버지 김형직과 조선국민회를 조직했던 인물이다. 미국 맥코믹신학교를 졸업한 후 귀국하여 농촌운동에 종사했고 대한금융연합회 회장 등을 역임했다. 裵敏洙(1965), 『그 나라와 韓國農村』, 대한예수교 장로회총회 종교교육부; 김근영(1992), 「한국농촌을 위해 평생을 바친 배민수 박사」, 숭실인물사편찬위원회 저, 『인물로 본 숭실 100년』 제1집, 숭실대학교 출판부; 方基中(1999), 『裵敏洙의 農村運動과 基督敎 思想』, 延世大學校出版部; 배민수 저·박노원 역(1999), 『배민수 자서전: 누가 그의 왕국에 들어갈 수 있는가』, 연세대학교 출판부.

국무총리 이범석은 해방 직전 중국 서안에서 미전략첩보국(OSS)·광복군 합동으로 한반도 침투공작인 독수리작전(Eagle Project)을 계획·운영했던 경험이 있었다. 작전은 '독수리'처럼 낙하산으로 북한 산악지역에 침투해 정보 수집 및 무선통신망을 구축하며, 부차적으로 파괴·전복·방화·암살 등의 임무를 수행하는 것이었다.[168] 이범석에게 대북 특수작전은 충분히 실현 가능한 일이었다.

그의 지휘하에 공작을 담당한 대한관찰부(大韓觀察府, 1948. 7~1949. 1)는 전혀 알려지지 않은, 한국 최초의 정보공작 기관이었다. 이 공작기관의 조직자는 이승만이었다. 정보기관의 필요성을 절감하고 있던 이승만은 주한미군 제971CIC가 철수한다는 소식을 듣자, 1948년 7월 24군단 정보참모부장 토머스 워트링턴(Thomas Watlington) 대령, 경무부 미국고문관 에릭슨(H. E. Erickson) 중령과 협의했고, 수많은 회담 끝에 대한관찰부를 조직했다.[169]

대한관찰부는 CIC를 계승한 Korea Research Bureau를 한글로 번역한 명칭이었다. 이 조직은 비밀리에 운영되었지만, 정부조직법에 부(府)가 존재할 수 없다는 지적에 따라 1949년 1월 명칭을 대한관찰부에서 사정국(司正局, 1949. 1~3)으로 변경했다. 대한관찰부는 1949년 1월 중순 발생한 소위 '수원청년단사건'에서 드러나듯, 100여 명의 무고한 민간인을 대통령 암살혐의로 체포·고문했고, 경찰과 군까지도 임의로 동원할 수 있는 무소불위의 기관이었다. 그러나 법적 근거가 없던 대한관찰부는 국회가 예산 배정을 취소하자 자연스럽게 해체되었다. 이 그림자 조직은 불과 9개월 동안 2억 1,757만 5,000원의 예산을 썼는데, 같은 기간 상공부에 책정된 예산이 불과 2억 원이었음에

---

168) 독수리작전에 대해서는 한시준(1993), 『한국광복군연구』, 일조각; 김광재(2000), 『한국광복군의 활동 연구—미전략첩보국(OSS)과의 합작훈련을 중심으로—』, 동국대학교 박사학위논문 참조.

169) *CIC During the Occupation of Korea: History of the Counter Intelligence Corps*, Volume XXX, March 1959, United States Army Intelligence Center, Fort Holabird, Baltimore 19, Maryland, Section 11. Phasing Out.

비추어 그 규모와 영향력을 짐작할 수 있다.[170]

대한관찰부의 책임자는 장석윤이었는데, 재미 시절 이승만의 추천으로 OSS의 전신인 COI(Coordinator of Information: 정보조정국) 제1기생으로 선발되었다. 1942~43년 버마·중경을 오가며 OSS 활동을 벌였고, 1944~45년에는 LA 연안 산타카타리나 섬에서 아이플러(Eifler) 대령이 지휘한 OSS의 한국 침투작전인 냅코작전(NAPKO project)에 가담한 적이 있는 첩보공작의 달인이었다. 또 해방 후에는 주한미군 정보참모부에서 일한 바 있는 이승만의 최측근이었다.[171] 한편 북한 문건에 등장하는 대한관찰부 개성지부장 차상인은 『한국점령기 CIC역사』에 따르면, 1948년 9월 2일 현재 대한관찰부 개성지부 책임장교로 되어 있다.[172]

이처럼 이범석·장석윤은 중국·미국에서 OSS와 함께 특수공작 활동을 벌인 경험을 가지고 있었으며, 정부수립 이후에는 대한관찰부 운영에 깊숙이 개입한 공통점을 지니고 있었다. 분명한 것은 이범석·장석윤 모두 북한에 대한 보복공작을 추진할 만한 충분한 역량을 가진 인물이었고, 당시의 정세에 비추어 북한의 공소장이 가공의 사실을 전하는 것으로 보이지는 않는다.

북한에서는 1949년 상반기에 1948년보다 훨씬 많은 정치범이 발생했다. 소련대사 슈티코프는 이것이 소련군 철수 후 불순분자들의 행동이 과감해지면서 증가한 데도 원인이 있지만, 남한이 북한의 국가·군사적 목표를 교란·파괴하고 폭동·반란을 야기할 목적으로 스파이 요원들을 북한으로 파견했기 때문이라고 분석했다.[173]

---

170) 정병준(1998), 「이승만의 정치고문들」, 『역사비평』 43호.
171) 장석윤에 대해서는 다음을 참조. 方善柱(1995), 「아이프러機關과 在美韓人의 復國運動」, 仁荷大學校 韓國學研究所, 『第二回 韓國學國際學術會議論文集: 解放50주년, 세계 속의 韓國學』; 정병준(2001), 「해제」, 『Napko Project of OSS: 재미한인들의 조국정진계획』, 국가보훈처; 정병준(2003), 「朴順東의 항일투쟁과 美 전략첩보국(OSS)의 한반도침투작전」, 『지방사와지방문화』 6권 2호.
172) CIC During the Occupation of Korea, Appendix 4 "The Korean Research Bureau." 여기에는 차상익(Cha Sang Ick)으로 이름이 올라 있다.

남북 간의 활동은 거의 닮은꼴이었다. 상대방에 대한 적대의식에 기초해 무장 폭동, 내란, 반란을 선동하고 공작을 펼친 것은 똑같았다. 양자의 차이는 한국이 북한에 효율적으로 침투하거나 대중을 움직이는 데 실패한 반면, 북한은 남한 내 좌파를 동원해 수많은 공작사건들을 성공시켰다는 점이다. 나아가 한국은 수많은 게릴라의 파견과 전복 행위들에 대처하기에 분망(奔忙)했음에도 불구하고 효율적인 선전에는 성공하지 못했다. 반면 북한은 해주폭동과 호림부대 입북 등 단 2건의 공작사건을 매우 강력하고 효율적으로 선전했다. 이러한 선전은 북한이 한국전쟁을 대내외적으로 '도발받은 정의의 반공격전'으로 위장하는 데 중요한 요소가 되었다.

3. 공산주의 삼각동맹과 '도발받은 정의의 반공격전' 구상

1949년 초 한국의 공세적 38선 압박은 북한을 당혹케 했다. 특히 '해주의거 사건'과 기사문리 사건은 북한에 큰 충격을 주었다. 정부 차원에서 대대적인 대북공격과 압박을 시도한 첫 사례였기 때문이다.

스탈린 역시 1949년 초 김일성의 모스크바 방문시 남한의 강원도 침투 문제를 언급할 정도로, 소련정부 또한 38선 충돌에 대해 깊은 관심을 보이고 있었다. 1~2월 남한의 공세는 북한의 대남노선에 크게 두 가지 방향으로 영향을 끼쳤다.

첫째, 이는 대외적으로 북한이 평화적 통일과 안정을 바라는 반면, 남한은

---

173) 슈티코프가 제시한 통계에 따르면, 1948년 1,248건 2,734명이던 정치범이 1949년 상반기에만 665건 2,771명으로 증가했다. 이들은 테러(622명), 간첩 행위(356명), 남한 앞잡이로 북한에서 국가·군사적 목표를 파괴·교란(212명), 민중·사회주의에 대한 적대 행위(11명), 현 사회체제 반대 삐라 살포 및 선전선동(1,133명), 반역 행위(66명), 기타(160) 등으로 분류되었다(「슈티코프→스탈린」(1949. 9. 15), 『소련 외교문서』 3권, 40~41쪽).

무력에 의한 도발 행위를 지속하고 있다는, 일련의 평화선전 공세를 제기할 수 있는 기회를 제공했다. 기사문리 사건 직후 슈티코프는 이미 "남한의 대북공격은 유엔한국위원회의 방한에 때맞춰 주한미군 주둔 연장의 필요성을 정당화하기 위해 38선상에서 불안을 조성하는 데 목적이 있다"는 내용의 내무성 보도를 발표할 예정이라고 밝힌 바 있다.[174] 슈티코프와 협의를 끝낸 북한 내무성은 2월 6일, 남한 군경이 ① 주민 살해, 납치, 약탈, 방화 ② 경비초소 습격 ③ 38선 이북 지역 사격·포격 등의 도발 행위를 한다는 비난 성명을 발표했다.[175] 남한의 호전적 대북공격을 비난하는 한편 북한의 평화적 통일 노력을 강조하려는 이러한 시도는, 대내외적인 선전 효과와 함께 북한의 대남공격 의도를 숨기기에 적합한 방편이었다. 즉 북한의 대남공격 의도를 위장하기에 적절한 상황이었다. 그럼에도 불구하고 이때 북한은 남한의 공격에 맞서거나 역공을 하기엔 취약한 군사력을 보유하고 있었으므로, 가급적이면 공격의 예봉을 피하고 싶어했던 것도 분명했다.

둘째, 남한의 공격 혹은 공격에 대한 과장보고는 자연스레 북한의 무장 강화 필요성을 강화시켰다. 기사문리 사건 직후 슈티코프는 38선 경비 2개 여단의 무장을 위해, 북한이 수차례 요구했던 소련제 장비의 반입이 시급하다고 보고했고, 외무성 차관 그로미코는 2월 4일에 즉시 5톤의 군사장비와 탄약을 발송한다고 답했다.[176]

슈티코프는 남한이 단시일 내에 북한을 무력 도발하지는 않을 것이라고 보고했지만, 그는 남한의 공세적 태도를 최대한 과장하면서 가급적이면 북한에 대한 무기원조를 강화해주길 바라고 있었다.[177]

---

[174] 「슈티코프→몰로토프」(1949. 2. 3), 『소련 외교문서』 4권, 7쪽.
[175] 「해방후 4년간의 국내외 중요일지(1945. 8~1949. 3)」, 국사편찬위원회(1989), 『북한관계사료집』 VII.
[176] 「그로미코→슈티코프」(1949. 2. 4), 『소련 외교문서』 4권, 10쪽; 「한국전 문서 요약」 2쪽의 서술에 따르면, '비류조프 장군이 외무성에 보고'한 것으로 되어 있다. 이 시기 북한에 들어온 군수품은 소총탄약 230만 발, TT-3용 탄약 320만 발, 82mm 박격포탄 1만 5,000개, 소총 1,500정, IPS(자동총) 1,200정, 경기관총 400문, 중기관총 100문, 82mm 박격포 40문 등으로 모두 방어용 경무기들이었다.

이 시기 북한은 대내외적으로 남한의 침공을 호들갑스레 과장했지만, 실제로 북한이 바랐던 것은 자신들의 공격 기회였다. 공격에 필요한 것은 무장 강화와 소련공산당의 재가 혹은 승인, 중국공산당과의 협의였으며, 1949년 초 북한은 이 문제를 해결하는 데 중점을 기울였다.

스탈린의 결정: '도발받은 정의의 반공격전'과 조소 군사원조협정

1949년 2월 22일 김일성을 단장으로 한 북한 대표단이 모스크바를 향해 출발했다. 대표단은 김일성, 박헌영, 홍명희, 정준택, 장시우, 백남운, 김정주, 슈티코프 일행 등으로 구성되었다. 이들은 3월 4일 모스크바에 도착해, 3월 5일 스탈린과 면담한 뒤 3월 25일 레닌그라드를 출발해 귀환했다.[178] 김일성·박헌영은 1946년 여름의 비공식 방문 이후 두번째 모스크바 방문이었으며, 정부 대표단으로는 첫번째 방문이었다.

이때 김일성은 무력에 의한 남북통일을 구상하고 있었고, 이에 대한 스탈린의 동의를 구할 생각이었다.[179] 김일성은 3월 5일과 3월 7일, 두 차례에 걸쳐 스탈린과 회담했다. 이 회담의 내용은 잘 알려져 있다. 3월 5일 면담에는 김일성·박헌영이 동석했다.

- 스탈린: 38선 몇몇 지점에 남한이 침투해 점령한 후 돌아간 것이 사실인가?
- 김일성: 강원도 38선에서 남쪽과 접전이 있었다. 그때 북쪽 경찰은 무장이 소홀했다. 정규부대가 도착해 전투 결과 쫓아냈다.
- 박헌영: 남한의 정규군은 6만 가량이다. 북한군이 더 강하다.

---

177) 슈티코프는 38선상의 '스파이 행위'는 북한 군경이 반격할 수 있는 수준이라고 했다(「슈티코프→몰로토프」(1949. 2. 9), 『소련 외교문서』 3권, 4쪽).
178) 「해방후 4년간의 국내외 중요일지(1945. 8~1949. 3)」, 국사편찬위원회(1989), 『북한관계사료집』 VII.
179) 「스탈린 동지와 해결해야 할 김일성의 질문(수기로 기록)」, 『소련 외교문서』 3권, 11쪽.

• 김일성의 질문(수기): 남북통일의 방법은 무력통일의 방법이 세워졌다.[180]

김일성과 박헌영은 이날 스탈린과의 면담에서 남한 정규군은 6만이지만 북한군이 더 강하다고 주장했다. 박헌영의 말대로 한국군에 북한의 스파이들이 침투했지만, 아직까지 모습을 드러내지 않고 있는 상태였다.

김일성은 3월 7일 스탈린과의 면담에서 처음으로 대남공격에 대한 승인을 요청했다. 1949년 3월 7일 김일성·스탈린의 면담에서 한국전쟁 개전과 관련된 북한의 핵심 개념들이 사실상 확정되었다. 면담의 핵심 내용은 다음과 같았다.

• 김일성: 무력으로 전 국토를 해방하고자 한다. 남조선 반동들은 평화통일을 반대한다. 자신들이 북침을 하기에 충분한 힘을 확보할 때까지 분단을 고착화하려고 한다. 이제 우리가 공세를 취할 절호의 기회가 왔다. 우리 군대 강하고, 남조선에 강력한 빨치산부대의 지원이 있다.
• 스탈린: 불가하다. 북한군이 남한군보다 확실한 우위가 아니며 수적으로 열세이다. 남한에 미군이 주둔하고 있으며 개입할 것이다. 미소 간의 38선 협정이 유효하다. 적들이 만약 침략의도가 있다면 조만간 **먼저 공격을 해올 것이다. 그러면 절호의 반격기회가 생길 것**이다. 그때는 모든 사람이 동지의 행동을 이해하고 지원할 것이다.(강조는 인용자)[181]

위에서 알 수 있듯이, 스탈린과의 두번째 면담에서 김일성은 무력으로 전

---

[180] 「스탈린·김일성 면담」(1949. 3. 5), 『소련 외교문서』 3권, 9쪽; Archive of the Foreign Policy of the Russian Federation(AVP RF), Fond 059a, Opisi 5a, Delo 3, Papka 11, Listy 10-20. 동일한 문건이 러시아연방 대통령문서관 폰드 45, 목록 1, 문서 346, 리스트 13-23, 46에 수록되어 있다. 영문 번역은 Kathryn Weathersby, "Korea, 1949~50: To Attack, or Not to Attack? Stalin, Kim Il Sung, and the Prelude to War," Woodrow Wilson International Center for Scholars, *CWIHPB*, Issue 5(Spring 1995), pp. 5~6에 실려 있다. 영문 내용은 '수기' 이전까지만 수록되어 있다.

국토를 해방하겠다고 주장했다. 김일성은 남한이 평화통일을 반대하며 북침을 하기에 충분한 힘을 확보할 때까지 분단을 고착화하려고 한다며 '우리'가 공세를 취할 절호의 기회가 왔다고 강조했다. 그가 말하는 기회는 ① 북한군이 강하고, ② 남한에 강력한 빨치산부대의 지원이 있기 때문이었다. 군사 지도자로서 김일성의 자질 부족과 어리숙한 정세판단을 보여주는 대목이다. 그러나 스탈린은 보다 냉정해 남침 불가를 통보했다. 스탈린이 제시한 세 가지 반대 이유는 ① 북한군이 남한군보다 확실한 우위가 아니며 수적으로 열세이며, ② 남한에 미군이 주둔하며 개입할 것이며, ③ 미소 간의 38선 협정이 유효하다는 것이었다.

공격을 불허한 스탈린은 대신 교묘한 방법을 제시했는데, 이는 "적들이 만약 침략의도가 있다면 조만간 먼저 공격을 해올 것, 그러면 **절호의 반격기회**가 생길 것, 그때는 모든 사람이 동지의 행동을 이해하고 지원할 것"이라는 얘기였다. 즉 실제로는 무력 공격의 의도와 준비를 갖추고 있다가, 남한의 '공격'에 맞춰 전면적인 반격을 가한다는, '도발받은 정의의 반공격' 시나리오였다.

이날 스탈린의 '교시' 한마디로 이제 북한이 대남 무력 공격을 설계·계획하는 데 가장 기본적인 줄거리가 완성된 셈이었다. 김일성 자신의 말 그대로 훈련받은 공산주의자에게 스탈린의 지령은 '법'과 같은 것이었다.[182] 다름 아닌 스탈린이 '불의의 선제공격'이 아니라 도발받은 정의의 반공격전 시나리오를 제시했다는 점은 이후 북한의 한국전쟁 계획에서 가장 중요한 요소가 되었

---

181) 「스탈린·김일성 면담」(1949. 3. 7), 『서울신문』 1995. 5. 15; 「김일성이 시휘하는 북한성부 대표난와 스탈린 간의 대화록, 1949년 3월 7일」, 3~4쪽; 바자노프, 앞의 책, 27~28쪽; A. V. 토르쿠노프 지음·구종서 옮김(2003), 『한국전쟁의 진실과 수수께끼』, 에디터, 44~45쪽.
182) 「슈티코프→비신스키」(1950. 1. 19), 『소련 외교문서』 3권, 59~61쪽; 바자노프의 책에는 「슈티코프가 스탈린에게 보낸 1950년 1월 19일자 전문 1~5쪽」으로 되어 있다. Archive of the Foreign Policy of the Russian Federation(AVP RF), Fond 059a, Opisi 5a, Delo 3, Papka 11, Listy 87-91. 영문 번역은 Kathryn Weathersby, "Korea, 1949~50: To Attack, or Not to Attack? Stalin, Kim Il Sung, and the Prelude to War," Woodrow Wilson International Center for Scholars, *CWIHPB*, Issue 5(Spring 1995), p. 8 참조.

다. 이후 '옹진반도 부분 점령 계획'·'선제타격계획'·'3단계 공격 계획' 등 부분적인 수정·변화가 있었지만, '도발받은 정의의 반공격전 시나리오'는 북한의 가장 기본적인 한국전쟁관으로 자리잡았다. 더군다나 1949년 초부터 남한은 대대적으로 북한에 대한 공격을 강화하고 있었다. 스탈린의 교시가 아니더라도 38선상에는 일상적인 충돌이 격화되고 있었기 때문에, '도발받은 전쟁'으로 위장하는 것은 어렵지 않았다.

보다 중요한 사실은 1949년 3월의 시점에서 이미 스탈린이 북한의 무력 대남공격을 기정사실로 인정하고 통일의 원칙으로 수용했다는 점이다. 스탈린은 즉시 남침과 선제공격에는 반대했지만, 북한군의 준비완료와 국제 정세의 변화가 허락한다면 언제든지 '도발받은 정의의 반공격전'을 허락하겠다고 통보했다. 이후 김일성에게 남은 과제는 북한군의 준비완료, 국제 정세의 변화 즉 미국의 불개입 가능성 타진, 그리고 지속적인 '위장 계획'의 실현 등이었다. 모든 상황이 준비될 경우, 전쟁은 '도발받은 정의의 반공격전'으로 개시될 수 있었다.

또 한가지 중요한 사실은 조소 군사원조협정의 체결 문제였다. 지금까지 전통적인 입장에서는 1949년 3월 김일성·박헌영의 소련 방문시 군사협정이나 지원 문제가 합의되었을 것이라는 주장이 우세했지만,[183] 조소 경제문화협정만이 체결(1949. 3. 17)되었을 뿐, 상호방위협정이나 비밀군사협정은 없었다는 주장도 있었다.[184] 그런데 이 시점에서 사실상 군사원조에 관한 상호협정이 체결되었다.

김일성의 방소 기간 중인 1949년 3월 11일, 소련 외무상 몰로토프는 '북한문제위원회'가 작성한 「북한에 시설물, 재료, 군사시설의 공급을 위해 소련이 제공하는 차관에 대한 북한과 소련정부 간의 협정서 초안」을 스탈린에게

---

183) KMAG, *G-2 Periodic Report*, no. 183(1949. 9. 19).
184) 박명림(1996), 앞의 책, 99~100쪽.

제출했고,[185] 이 초안에 따라 1949년 3월 17일 「소련방과 조선민주주의인민공화국 간의 물품거래 및 대금결제에 관한(조선에 군사장비 및 기술물자를 제공, 쌀과 기타 한국 물품과 교환한다는) 의정서」가 체결되었다.[186] 명칭은 차관거래 형식이었지만, 이 의정서의 핵심은 다름 아닌 조소 군사원조협정이었다.

여기서 우리가 주목할 부분은 두 가지이다. 첫째, 소련이 제공한 군사장비는 무상원조가 아니라 차관 형식이었고, 북한은 이자를 붙여 이를 현물로 상환했다는 사실이다. 둘째, 소련이 북한에 대해 대남공격용 무장원조를 본격적으로 개시한 것이 1949년 6월부터라는 점이다.

원래 몰로토프가 작성한 협정서 초안에는, 북한은 1949년 6월 1일부터 1952년 6월 1일까지 3년 간 차관을 제공받은 후, 6개월마다 가산되는 연 2%의 이자를 포함해 1952년 6월 1일부터 3년 간 상환하도록 되어 있었다. 북한의 상환은 흑색금속, 화학제품, 기타 물품 등 현물로 하거나 금으로 하도록 되어 있었다. 그런데 북한은 1952년 6월부터 상환을 시작한 것이 아니라 차관으로 군수물자를 받은 당해 연도에 현물로 상환했다. 1949년 6월에 제공된 군수품에 대해 북한은 1949년 10월 1일까지 3만 톤의 정미(精米) 및 기타 물품으로 상환했다.[187]

또한 1950년도에 제공된 군수물자용 차관 1억 2,000만~1억 3,000만 루블에 대해서도 북한이 1950년 내로 금 9톤(5,366만 2,900루블), 은 40톤(488만 7,600루블), 모나자이트 정광 15,000톤(7,950만 루블) 등 총 1억 3,805만 500루블을 지불하도록 했다.[188] 북한은 1951년도분 차관 중 7,100만 루블을 1950년

---

185) 「몰로토프→스탈린」(1949. 3. 11), 『소련 외교문서』 3권, 12~14쪽.
186) 「그로미코→슈티코프」(1949. 6. 4), 『소련 외교문서』 4권, 32~33쪽. 소련이 공개한 문서를 검토한 결과, 1949년 방소 당시에는 협정서 초안만이 제출되었고, 김일성이 구체적인 군수품 목록을 제출(1949. 4. 28)하고 소련정부가 이에 동의(1949. 6. 4)한 뒤에 이 협정서가 서명되었으나, 일자는 3월 17일로 소급된 것으로 보인다.
187) 1949. 5. 1, 「슈티코프→스탈린」(1949. 5. 1), 『소련 외교문서』 4권, 18쪽; 「그로미코→슈티코프」(1949. 6. 4), 『소련 외교문서』 4권, 32쪽.

에 미리 끌어썼는데, 이에 대해서도 마찬가지로 1950년 내 현물상환 협정을 맺었을 것이다.[189] 스탈린은 '형제국' 북한에 대해 단 1루블도 무상으로 제공하지 않았으며, 그것도 대부분 중고 군수품을 제공한 뒤 당해 연도에 현물상환 방식을 요구했다.

다른 한편, 소련공산당 중앙위원회 정치국은 김일성·박헌영이 모스크바를 방문하고 있던 중인 3월 18일, 북한과 군사관계 강화를 위한 몇 가지 결정을 채택했다. 그 가운데 주목되는 부분은 다음과 같은 의정(협정)서 채택 문제였다.

1. 소련 해군부대가 청진항에 잠정적으로 주둔하는 것에 관한 의정서
2. 소련참모국(보로쉬로프)과 북한 정보성(평양) 간의 정기적인 무선통신망 건설에 관한 협정서
3. 조소 해안철도를 크라스키노 역에서 북한 회령역까지 건설하는 협정서[190]

즉 소련은 군사고문단을 남기고 철수했지만, 북한에 대한 군사원조는 물론 해군함대의 청진항 주둔, 조소 간 정기 통신망 건설, 철도 연결 등의 조치를 통해 북한에 대한 군사적 지원과 후견 역할을 강화했던 것이다.[191] 후술하듯

---

[188] 「슈티코프→비신스키」(1950. 3. 9), 『소련 외교문서』 4권, 49쪽. 모나자이트(Monazite)는 우라늄을 대체할 수 있는 방사능 광물이었다. 미군 정보기관들은 모나자이트에 대해 비상한 관심을 갖고 있었다. 미유군정보화일(ID file)에서만 북한 모나자이트에 관한 10여 건의 정보보고를 발견할 수 있다(ID file no.581441 "Radioactive Minerals in Korea"(1949. 7. 21); no.655975 "Monazite Mining in North Korea"(1949. 11. 1); no.631256 "Monazite Mining in Chongju"(1950. 1. 16); no. 631250 "Monazite Mining in North Korea"(1950. 1. 16)].

[189] 「북한정부가 보낸 1950년 3월 14일자 각서, 러시아 대통령실 문서고」, 133~134쪽; 「개정의정서」, 135~140쪽; 바자노프, 앞의 책, 71~72쪽에서 재인용.

[190] 「소련공산당 중앙위원회 정치국 회의 의사록(68회)에서 발췌」(1949. 3. 18 결의), no.68/14, 『소련 외교문서』 3권, 15~16쪽.

[191] 이는 미군이 남한에 대해 취한 조치와 매우 흡사했다. 군사원조는 다른 문제라 하더라도, 1949년 내내 미국의 함대가 인천과 진해를 '친선 방문'했으며, 김포공항은 미공군이 관할하며 실질적으로 관리했고, 미군 비행기들이 서울과 남한 상공에 '위력 비행'을 했다.

이 청진항은 이미 1947년 이래 조쏘해운주식회사(모르트란쓰)에 30년 간 양도된 상태였다.

중공의 동의와 한인부대의 입북

김일성·박헌영의 소련 방문 이후 북조선로동당중앙위원회 위원이자 인민군 정치위원이던 김일이 중국을 방문했다(1949. 4. 28~5월 초). 김일은 중국 방문 동안 마오쩌둥(毛澤東)·저우언라이(周恩來)·가오강(高崗) 등을 면담했는데, 마오쩌둥은 북로당 중앙위원회가 요청한 중국인민해방군 소속 3개 한인 사단(각각 1만 명으로 편성)의 북한 파병에 동의했다. 마오쩌둥은 심양과 장춘에 배치된 2개 사단은 당장에라도 북한에 보내줄 수 있으며, 중국 남부에 배치된 1개 사단은 추후 보내줄 수 있다고 했다. 마오쩌둥은 일본군의 한국전 개입을 우려했지만, 중국인 병사의 지원까지 약속할 정도로 자신만만해했다.[192]

마오쩌둥은 현재로선 북한의 대남공격이 바람직하지 않다고 했지만, 1950년 초반 국제 정세가 유리하게 돌아간다면 북한측이 대남공격을 개시할 수 있으며, 일본군이 개입하면 중공군을 보내 격퇴시킬 것이라고 덧붙였다. 그러나 마오쩌둥은 중공의 조치는 오직 모스크바의 동의가 있은 후 시작될 것이라고 강조했다.[193]

우리가 주목할 점은 바로 이때 중공군이 양쯔 강 도하작전에 성공했고(1949. 4), 양쯔 강을 도하하면 개입할 것으로 우려되었던 미국이 사실상 중국을 포기함으로써 중국공산당이 중국 대륙을 석권하는 결정적 계기가 마련되었다는 사실이다. 중공은 자신감에 넘쳤고, 대륙 석권은 목전에 있었으며, 미국은 종이호랑이 같은 존재로 비쳐졌다. 그 다음 순서는 공산주의 형제국인

---

192) 「슈티코프→스탈린」(1949. 5. 15), 『소련 외교문서』 3권, 18~20쪽.
193) 「코발료프→필리포프」(1949. 5. 18), 『소련 외교문서』 3권, 21~22쪽.

북한의 차례였다.

점증하는 동아시아 조중소 공산주의 삼각동맹 강화에 대한 우려는 여러 정보보고로 나타났다. 1949년 5월 초 랭군발 중앙통신은 중공과 북한 간에 방위조약이 체결되었다고 보도한 바 있다.[194]

이후 1949년, 국공내전에서 중국공산당이 승리한 뒤 린뱌오(林彪)가 지휘하는 제4야전군(第4野戰軍)에 배속되었던 조선의용대 출신 한인사병들이 북한으로 이동했다. 조선의용군 제1, 3, 5, 7지대 소속이던 이들은 국공내전의 전개 과정에서 동북민주연군-동북인민해방군-동북야전군을 거쳐 제4야전군에 배속되었던 병력이다.[195] 1949년 하반기부터 1950년 5월까지 중공은 3만 7,000명 이상의 병력을 북한군에 편입시켰는데, 이러한 병력 이동은 항일무장투쟁의 역사적 공통 경험뿐만 아니라 국공내전기에 북한이 제공한 원조와 지지에 따른 것이었다. 일부 학자들은 국공내전기에 북한이 중공측에 10만 가량의 지상 병력을 직접 제공했다고 추정했지만,[196] 이동로 제공과 식량·의복 등 군수품 제공을 제외한 직접적인 병력 파견은 없었던 것 같다.[197] 한국전쟁기 미군이 노획한 북한 문서에 따르면, 1947년 북한과 중국 간 화물 이동에

---

194) 『동아일보』 1949. 5. 7. 조중 조약의 내용은 ① 공동방위, ② 중국은 1949년 7월 1일부터 8월 31일 사이에 만주로부터 무기 및 병력을 북한에 제공, ③ 북한은 만주의 일본인 기술자 및 군수품 사용에 대해 최우선권을 보유한다 등이었다. 『한국전쟁사 1: 해방과 건군』에 따르면, 이 보도는 상해의 중국 국민정부 기관지가 1949년 5월 5일 보도한 것이다(같은 책, 711쪽).
195) 해방 후 조선의용군의 전개 과정과 국공내전기의 활동에 대해서는 다음을 참조〔廉仁鎬(1994), 『朝鮮義勇軍硏究』, 국민대 국사학과 박사학위논문, 제3부; 姜在彦(1995), 「전후 만주에서의 조선의용군」, 『吳世昌敎授華甲紀念 韓國近現代史論叢』, 신흥인쇄사; 平松茂雄(1988), 「한국전쟁의 개전과 중국—중공계 조선인부대의 역할」, 梶村秀樹 외 지음·김동춘 엮음(1988), 『한국현대사연구 I』, 이성과현실사; 김중생(2000), 『조선의용군의 밀입북과 6.25전쟁』, 명지출판사〕.
196) 대표적인 학자는 브루스 커밍스이다. 커밍스는 주한미군사고문단(KMAG)의 정보보고에 기초해, 북한이 만주에 10만~15만 명의 병력을 파견했다고 주장했고(Bruce Cuming, *The Origins of the Korean War, Vol. 2*, p. 363), 백학순·박명림 등이 이 주장에 동의했다〔백학순(1994), 「중국내전시 북한의 중국공산당을 위한 군사원조」, 『한국과국제정치』 제10권 제1호; 박명림(1996), 앞의 책, 243~248쪽〕.
197) 북한군의 병력 파견에 대한 반론은 이종석(1993), 「국공내전 시기 북한·중국관계 (1)」, 한국전략문제연구소, 『전략연구』 제IV권 제3호(통권 제11호) 참조.

관한 협정이 체결되었다. 북조선인민위원회 교통국 통운처 송성관(宋成寬)과 중국동북행정위원회 이경천(李景天)이 서명한 이 「중국동북물자북조선통과협정서」는 1947년 10월 25일부터 1년 간 나진·웅기항에서 매일 1,354톤씩 총 1,435만 4,000톤의 물자가 중국측으로 수송될 계획임을 보여준다.[198] 이 문서는 청진항 문서철, 특히 조쏘해운주식회사(모르트란쓰) 문서에 들어 있는데, 이는 북한과 중국 간의 화물 이동 혹은 병력 이동에 소련이 동의했음을 보여준다. 당시 청진·나진·웅기항과 관련 시설은 1947년 7월 10일부터 30년 간 조쏘해운주식회사(모르트란쓰)에 양도된 상태였다. 소련 동맹외국무역성과 북조선인민위원회의 협정으로 조쏘해운주식회사가 창립되었고(1947. 4), 조쏘해운주식회사와 함경북도인민위원회가 청진·나진·웅기항에 대한 30년 간의 양도수(讓渡受) 협정을 체결했다.[199]

한편, 음악가 정율성(鄭律成)의 처인 정설송(丁雪松) 등의 회고는 이런 사실을 확인해준다. 중국공산당 동북국(東北局)은 1946년 6월 평양에 동북국 주조선판사처(駐朝鮮辦事處)를 설치했으며, 이를 통해 1946년 10월 부상병 등 1만 8,000명이 신의주 등으로 피신했다. 한편 1947년 7개월간 21만 톤, 1948년 30만 900톤의 물자가 운반되었으며, 군인 등 1만 명 가량도 북한을 경유지로 피신했다.[200]

구소련공산당 중앙위원회 정치국 문서가 공개되기 이전, 한국의 공식전사는 1949년 1월 하얼빈회의에서 중공군 내 한인사병의 북한 이관 문제가 결정되었다고 썼다.[201] 그러나 구소련 문서의 공개 이후, 한국전쟁 연구에서는 하

---

198) RG 242, ATIS Document no.204559B, 「中國東北物資北朝鮮通過協定의 附件: 通運物資積御作業協定書」(1947. 11. 6. 北朝鮮人民委員會 交通局 通運處 宋成寬―中國東北行政委員會 李景天).
199) RG 242, ATIS Document no.204558, 『淸津西港關係書類』.
200) 丁雪松·倪振·齊光(1988), 「回憶東北解放戰爭期間東北局駐朝鮮辦事處」, 『遼瀋決戰』 上, 人民出版社, 624~628쪽[와다 하루끼 저·서동만 역(1999), 『한국전쟁』, 창작과비평사, 40~41쪽에서 재인용].
201) 『한국전쟁사 1: 해방과 건군』, 689, 711~712쪽. 이러한 정보는 모두 맥아더의 극동군사령부(FEC)에서 나온 것이다. 하얼빈회의나 안동·길림성 일부지역의 북한 할양을 명문화한 하얼빈협정(1949. 10)

얼빈회의나 하얼빈협정 등에 대한 언급은 사라졌다. 그러나 국공내전과 이후 중공군 내 한인병사의 북한 지역 이동은 이 시기 북한-중공-소련 간의 긴밀한 동아시아 공산주의 연계를 보여주는 분명한 증거였쪽.

북한의 병력·무장 강화

이 시기 북한은 양면적 태도를 취했다. 한쪽은 정치적으로 고조된 남한의 공격에 대비하는 방어였다면, 다른 한쪽은 대남공격 준비 작업이었다. 동시적으로 진행된 두 가지 작업의 기초는 북한군의 병력 증강과 무장 강화였다.

나아가 북한은 소련과 중국의 최고 지도부로부터 개전에 대한 기본 동의를 얻어냈다. 스탈린은 미군의 개입과 북한군의 열세를 이유로 남침을 불허했지만, 조건과 상황이 변화하면 '무력'에 의한 통일을 허가하겠다고 밝혔다. 마오쩌둥 역시 중공 내 한인사단의 북한 이동에 찬성했고, 스탈린이 동의한다면 대남공격에 동의하겠다고 강조했다. 조중소 3국 공산주의 동맹이 모두 대남 무력 공격에 실질적으로 찬성한 1949년 3~5월에 북한에게 남은 것은 병력 증강·무장 강화를 진행하면서 국제 정세가 유리하게 전개될 때까지 기다리는 일뿐이었다. 즉 개전의 시기만 정해지지 않았을 뿐, 무력 공격의 필요성 자체에 대한 합의는 물론, 개전의 전제 조건, 개전의 방법 및 위장 방안 등에 대한 합의까지 이루어졌다.

김일성은 차관에 의한 군사원조협정이라는 모스크바회담의 결정에 따라 1949년 4월 28일, 스탈린에게 구체적으로 필요한 무기 목록을 제출했다.[202] 김일성은 1949년 5월까지 공군을 제외한 모든 부대가 편성 완료되며, 9월에

은 모두 극동군사령부 『정보요약』에 등장한다(HQ, FEC, *Intelligence Summary*, no.2608, 2364, 2662, 2686).
[202] 북한이 제출한 전투기, 탱크, 자주포, 소총, 탄약·포탄 등의 목록과 자세한 내용은 다음 장에서 설명할 것이다(「슈티코프→스탈린」(1949. 5. 1), 『소련 외교문서』 4권, 16~25쪽).

는 공군이 편성 완료된다고 보고했다. 김일성은 무기 요청의 대가로 쌀 3만 톤 등 현물과 잔여금을 9~10월에 인도할 것을 약속했다.

6월 4일 소련정부는 대외무역성의 멘슈코프 명의로 이에 동의함으로써 1949년 3월 모스크바에서 합의된 대로 1949년 6월부터 북한에 소련제 무기들이 대량 도입되기 시작했다. 이러한 정보들은 주한미군 정보망에도 단편적으로 잡혔다. 주한미군 정보참모부의 정기 보고서는 1949년 2월 김일성의 방소 당시 김일성이 남한의 북침위협을 강조하면서 정규군 6만 명과 예비군 8만 명의 무장에 필요한 장비의 군사원조를 요청했으며, 원조 액수는 한화로 3억 원, 미 달러화로 약 86만 6,300달러라고 밝혔다.[203]

한편 김일의 방중시 귀환이 약속되었던 중공군 내 한인병사들은 본격적인 북한 귀환을 위해 1949년 7~8월 사전 정비작업에 돌입했다.

결국 이 시기 북한은 표면과 이면에서 두 가지 작업을 동시에 진행한 셈이었다. 표면으로는 남한의 북침 위협과 북한의 평화통일 노력을 대비시키는 선전 작업을 진행했으며, 이면으로는 대남 무력 공격을 위한 조중소 공산주의 삼각동맹의 강화와 병력 증강·무장 강화 조치를 취했던 것이다. 소련과 중국은 미국의 개입 여부와 북한군의 무장 강화라는 단서만 해결된다면 북한이 대남무력 공격을 개시한다는 데 동의했고, 군수물자와 병력의 이동에도 동의했다.

이런 측면에서 북한의 대남 무력 공격 청원에 대한 스탈린의 조건부 승인 및 '도발받은 정의의 반공격전' 개념의 제시(1949. 3), 소련의 승인을 전제로 한 중공의 개전 동의(1949. 4) 확보는 전면전으로 향하는 북한에게 결정적인 요소가 되었다. 적어도 1949년 초반, 대남 무력 공격에 대해 조중소 공산주의 3국이 일치된 견해를 가졌으며, 일정한 조건이 충족될 경우 즉시 개전이 가능하다는 사실이 확인되었기 때문이다. 또한 동의·승인뿐만 아니라 무기 도입

---

203) HQ, USAFIK, *G-2 Periodic Report*, no.1108(1949. 4. 27).

과 병력 확충을 통해 화력·병력 증강을 원조함으로써 실질적인 개전 준비가 가능해졌기 때문이다.

여기서 이런 의문이 든다. 과연 소련·중공의 동의·승인 없이 김일성이 자력에 의한, 자발적 결정에 의한 대남 무력 공격을 시도할 가능성이 있었겠는가. 혹은 소련·중공이 개전에 부정적인 상태에서 북한의 대남 무력 공격이 가능했겠는가 하는 점이다. 하버드 대학의 러시아연구센터 전임소장으로 소련 대외정책 전문가인 아담 울람(Adam B. Ulam)은 이렇게 표현했다.

> 운동경기에서, 선수가 자세를 낮춰 준비자세를 취했다고 경주가 시작되는 것은 아니다. 경주는 "출발"이라는 출발신호와 함께 시작된다. 스탈린이 한 일이 바로 이것이다.[204]

---

204) Adam B. Ulam, "Letters: Stalin, Kim, and the Korean War Origins" (10 December 1993), Woodrow Wilson International Center for Scholars, *CWIHPB*, Issue 4 (Fall 1994), p. 21.

연대급 전투의 전개와
남한의 7월 공세

1949. 5~1949. 7

3

1949년 2월의 양양·기사문리 사건 이후 대규모 충돌은 5월 초 개성에서 시작되었다. 양양 고산봉과 마찬가지로 이번에는 개성 송악산의 292고지와 488고지가 최대 격전지로 떠올랐다.

1949년 5월 4일, 개성 송악산 292고지전투는 1949년 10월까지 남북한이 연대급을 동원한 대규모 충돌의 신호탄이었다. 북한과 일부 학자들은 동원된 병력·화력·무기의 규모·수준, 충돌의 빈도·강도와 전선의 범위, 충돌의 정치·군사적 목적 등을 감안할 때, 1949년의 38선 충돌은 '경계선 사건'이 아니라 '작은 전쟁'이었다고 주장한다.[205]

5월 5일, 8연대의 2개 대대가 월북하자, 한국군 6여단은 화천 침공을 시도하다 북한 지역에 포격을 가했고, 5월 8일, 1연대의 김종오·김창룡은 사직리에서 38선을 월경해 관대리의 북한군에게 보복을 가했다. 이에 대해 북한은

---

205) 존 메릴, 브루스 커밍스, 차준봉 등의 견해가 여기에 해당한다.

배천으로 침입해 보복했고(5. 17~19), 곧바로 옹진에서 38선 이남 8km까지 침범했다가 오히려 은파산을 피탈당했다(6. 24). 이러한 교전 행위의 반복은 38선 전역에서 긴장을 일상화시켰고, 38선 충돌의 정확한 발화자가 누구인지 알 수 없게 만들었다.

그렇지만 적어도 1949년 7월 말까지는 남한이 보다 공세적인 입장에 서 있었으며, 병력과 무장력에서도 앞서 있었다. 또한 후술하듯이, 1949년 3~4월 이후 한국군의 38선 집중과 대북공격 위협에 대한 수많은 정보보고들이 존재했다.

1. 남북한 병력 규모의 변화

전쟁사 연구에서 가장 중요한 요소 중 하나는 병력 규모이다. 한국전쟁사 연구에서도 이는 동일하다. 그런데 지금까지의 한국전쟁사 연구에서는 가장 중요한 기초 자료인 남북한의 병력 규모에 대한 정확한 통계 수치조차 조사·연구되어 있지 않다. 개전 당시 한국군이 북한군에 비해 2분의 1 병력 수준의 열세였다는 정도만이 통설로 얘기될 뿐이다. 여기에서는 1949년 38선 충돌은 물론 1950년 한국전쟁 발발과 관련하여 가장 중요한 요소인 한국군의 병력 증감 현황과 북한군의 병력 증감 현황을 살펴보도록 하겠다.

한국군의 병력 현황에 대해서는 주한미군 정보참모부의 정기보고서와 주한미대사관 무관부의 정기보고서, 주한미군사고문단 보고서 등을 통해, 병종별(육·해·공·예비군·경찰) 병력 현황을 주간·월간·연간 단위로 파악할 수 있었다. 상당한 시간이 소요되는 수작업이었지만, 이를 통해 한국군의 병력 증감 현황 및 몇 가지 주요한 특징이 드러났다.

북한군의 병력 현황에 대해서는 구소련 문서에 드러나 있는 병력 수를 기준으로 삼았다. 기존의 북한군 병력 추정이 대부분 미확인 첩보·정보에 근거한 데 반해, 북한 최고 수뇌부 및 소련대사관·군사고문단의 내부 자료를 통해 북한군의 증감 현황을 파악했다.

한국군의 경우 1947년 8월부터 1950년 6월까지의 정확한 통계를 파악할 수 있었고, 북한군의 경우 1949년부터 1950년까지의 개략적인 현황을 파악할 수 있었다.

한국군의 병력 규모

주한미군이 국방경비대(Constabulary), 해안경비대(Coast Guard), 경찰을 포함한 군사력의 통계를 잡기 시작한 것은 1948년 1월부터였다. 주한미군사령부 정보참모부가 발행한 『주간정보요약』 제120호(1948. 1. 6)부터 병력 추계(推計)가 등장했다. 최초의 통계에 따르면, 국방경비대는 1만 6,500명, 해안경비대는 2,900명, 그리고 경찰은 3만 명이었다. 출발점에서는 경찰이 육군 병력의 2배 가량 되었으며, 해군을 합한 병력보다도 훨씬 많았다.

〈표 III-7〉에서 알 수 있듯이, 1947년 12월 1일 현재 경찰력은 2만 7,692명이었다. 통계에 포함되지 않은 철도 경찰 2,100명, 여자 경찰 500명을 합하면 경찰력은 총 3만 300명에 달했다. 국방경비대는 이의 절반 정도에 불과했다. 충성도에서도 경찰은 국방경비대에 비할 바가 아니었다.

그런데 1948년 2월부터 국방경비대에 대한 대대적인 확충이 이루어졌다.[206] 11월 말까지 경찰이 불과 4,000여 명 증원된 3만 4,000명 수준을 유지한 데 반해, 1만 6,000명에서 출발한 국방경비대는 6월 말 6만 2,000명까지 늘었고, 10월 말 여순반란 직전에는 약 5만 명 선을 유지했다. 1948년 초 1만 6,500명에서 출발한 국방경비대는 1년 내에 3배에서 4배에 달하는 병력 규모로 급격히 확충된 것이었다. 물론 이러한 병력 증강은 주한미군의 철수 계획

---

206) 1948년 이후 주별 한국군 병력 현황에 대해서는 이 책의 「부록」 〈별표 4〉를 참조.

□ 표 Ⅲ-7 **경찰력 현황**(1947. 12~1949. 6)

관 구	지역명	청 사	1947.12. 1 현재 현황	1949. 6. 23 현재 현황	
			병력 규모	편제 정원	실제 정원
1	경기도	인 천	3,629	7,200	6,987
2	강원도	춘 천	2,017	5,200	4,880
3	충청남도	대 전	2,393	3,800	3,685
4	충청북도	청 주	1,479	2,100	2,327
5	경상북도	대 구	3,555	5,000	5,126
6	전라북도	전 주	2,424	3,300	3,619
7	경상남도	부 산	3,368	5,000	5,024
8	전라남도	광 주	3,323	5,000	6,095
수도관구	서 울	서 울	5,039	8,064	8,064
제 주	제 주 도	제 주	465	1,200	1,315
본 부		서 울		410	410
철도경찰		서 울		2,750	2,653
대통령	이승만 경호			350	306
경찰학교				50	429
합 계			27,692	49,424	50,913*

※ 출전 HQ, USAFIK, *G-2 Weekly Summary*, no.120(1948. 1. 6); OSI District #8, Report no.55-12A-1-1. Subject: Strength of the South Korean National Police(1949. 8. 31).
※ 비고 *실제 정원 합계는 50,920명임.

및 한국정부 수립과 맞물린 것이었다.

국방경비대는 1948년 5월을 기점으로 병력 수에서 경찰력을 압도하기 시작했다. 그런데 이 과정에서 문제가 발생했다. 병력의 급속한 확충 과정은 필연적으로 병력 자원에 대한 철저한 자격 요건 심사, 사상 검토 등을 불가능하게 만들었기 때문이다.

가장 많은 병력이 충원된 것은 6월이었는데, 6월 18일자 보고에 따르면, 총원 6만 954명 중 2만 6,116명의 병력이 모병(募兵)된 상태였다. 〈그래프 Ⅲ-1〉에서 드러나듯이, 국방경비대는 1948년 4~6월에 급격한 증가를 보이며 병력을 확충했다. 기존의 연구들이 지적하듯이, 급속한 병력 증강과 모병은 좌

□ 표 Ⅲ-8 **1948년 국방경비대의 모병 인원 증가 현황**

(단위 : 명)

구 분 연월일	국방경비대 (육군)	모 병 병력 수	구 분 연월일	국방경비대 (육군)	모 병 병력 수
48. 1. 6	16,500		48. 8. 6	54,630	3,966
48. 2. 6	20,220		48. 8. 13	52,797	2,805
48. 2. 20	24,723	2,700	48. 8. 20	52,560	3,435
48. 3. 5	24,000		48. 8. 27	52,765	3,881
48. 4. 2	24,691		48. 9. 3	52,046	1,520
48. 4. 30	27,899	3,710	48. 9. 10	52,492	1,188
48. 5. 21	38,123	7,356	48. 9. 17	51,877	1,349
48. 5. 28	41,265	10,109	48. 9. 24	51,524	1,629
48. 6. 4	50,806	23,646	48. 10. 1	50,386	1,058
48. 6. 11	55,061	25,932	48. 10. 8	50,224	1,527
48. 6. 18	60,954	26,116	48. 10. 15	49,476	1,126
48. 6. 25	62,056	23,891	48. 10. 22	49,222	1,089
48. 7. 2	56,389	9,268	48. 10. 29	47,374	915
48. 7. 9	54,611	6,078	48. 11. 5	46,280	634
48. 7. 16	56,084	5,283	48. 11. 12	46,251	637
48. 7. 23	56,013	3,695	48. 11. 19	43,620	620
48. 7. 30	54,036	4,254	48. 11. 26	43,587	602

※ 출전 Headquarters, XXIV Corps, *G-2 Weekly Summary*, 1948년도분 종합.
※ 비고 모병 병력 수에는 검열이 끝나지 않은 사병 및 사관생도가 포함됨.

익 및 불순 세력들에게 피신처를 제공했다. 또한 좌익·불순 세력이 아니더라도, 마구잡이식 모병은 병력 자원의 질을 현저하게 떨어뜨릴 수밖에 없었다.

「부록」〈별표 4〉에서 알 수 있듯이, 1948년 한국의 정규군·상비군은 1만 9,000명 수준에서 출발하여 1948년 중반 최고 6만 5,000명에 달했고, 1948년 말에 가면 반란군을 제외하고 4만 7,000명 수준을 유지하였다.[207] 한편 정규

---

207) 정규군(正規軍, Regular Forces)의 정의는 다음과 같다. "전시는 물론 평시에도 유지하는 상비군. 정규군은 국가의 법령에 의하여 정식으로 편성된 군대이며 그 행동에 관하여는 국가가 직접 이를 관할하고

□ 그래프 III-1 국방경비대(육군) 모병 인원 대비 병력 증가 현황(1948년)

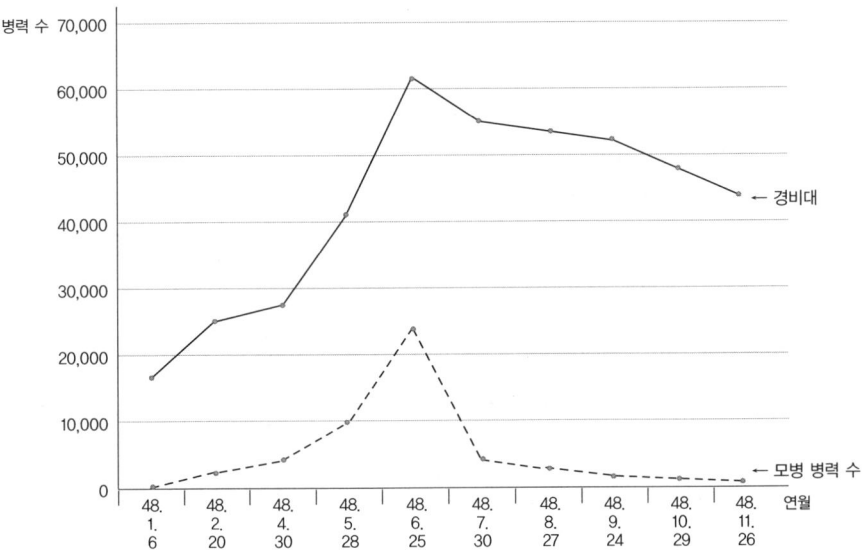

□ 그래프 III-2 한국군 병력 현황(1948년)

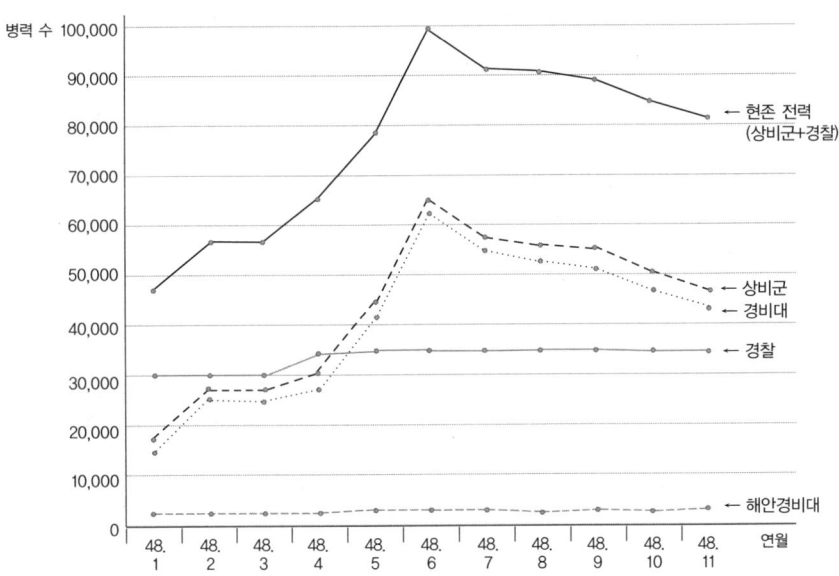

군에 경찰을 합한 현존 전력은 1948년 초 4만 9,000명 수준에서 1948년 6월 말 약 10만 명을 정점으로 8만 1,000명에서 9만 명 선을 오르내렸다.[208]

한국군은 1948년 11월 4개 연대 신 편성, 1949년 2월 2개 연대 증설, 6월 2개 사단 신 편성 등 1949년도에 들어서도 확장일로를 걸었다. 〈그래프 III-3〉에서 드러나듯이, 1949년 1월 초 6만 1,000명이던 한국군 육해공군 정규 병력은 주한미군이 철수되던 6월 말에는 8만 1,000명으로 증가되었으며, 8월 중순에는 10만 명을 돌파했다. 이러한 급격한 병력 증강은 적어도 1949년 8월 수준의 북한군보다는 우월한 것이었다.

지금까지 한국전쟁기 한국군의 병력 규모는 정확히 알려지지 않았지만 대략 10만 명 내외로 추정되었다. 이제 주한미군 정보참모부(1948년도분), 주한미대사관 무관부(1949~50년도분)의 주간보고서 통계를 통해 한국군의 병력현황을 파악해보자. 이들 주한미군의 통계 자료들을 통해 몇 가지 중요한 특징을 지적할 수 있다.

우선 지금까지 한국전쟁 연구의 가장 기초적인 자료인 병력 통계 현황이 없었다는 사실을 알 수 있다. 미국의 공식 한국전쟁사인 로이 애플만(Roy Appleman)의 『두만강에서 압록강까지』에도 정확한 병력 규모 및 동향이 제시되어 있지 않다.[209] 한국전쟁에 관한 한국정부의 공식전사인 『한국전쟁사』(구판, 1967), 『한국전쟁사』(개정판, 1977), 『한국전쟁사』(신판, 2005)에도 모두 한국군의 정확한 병력 통계가 나와 있지 않다. 구판 『한국전쟁사』는 한국군 전

또한 책임을 짐"〔합동참모본부 군사용어사전(2005년 12월 26일 검색) http://www.jcs.mil.kr/library/language02.jsp?page=1&part= &searchcbo=content&search=%BB%F3%BA%F1%B1%BA〕.
208) 현존 전력에 대한 정의는 다음과 같다. "군사수단(軍事手段, Military Means): 한 국가가 사용할 수 있는 군사적 힘의 기본적 원천으로서 현존 전력(상비군 및 경찰), 동원 전력(예비군, 민방위대, 동원 편성 완료된 자산, 산업 및 과학기술 등 필요에 따라 군사력을 보완, 보충하여 주는 자산), 증원 전력(동맹 및 연합관계에 있는 국가의 부대 및 자원) 등을 망라함"〔합동참모본부 군사용어사전(2005년 12월 26일 검색)〕.
209) Roy E. Appleman(1961), 앞의 책.

□ 그래프 Ⅲ-3 한국군 병력 현황(1949~50)

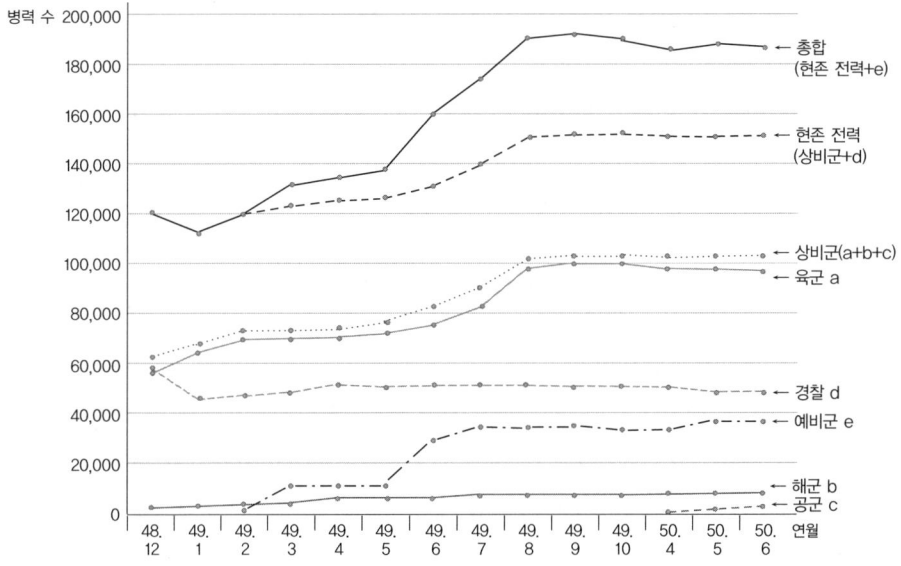

체 병력을 제시하지 않은 채 1950년 6월 24일 현재 38선에 배치된 한국군의 병력을 3만 6,668명으로, 북한군의 병력을 11만 1,000명으로 제시했다.[210]

한편 1977년판 및 2005년판 『한국전쟁사』는 남한 병력을 육군 9만 4,974명(전투병력은 6만 7,416명), 해군 6,956명, 공군 1,897명으로 제시했다.[211] 이에 따르면, 한국군 정규군 병력 규모는 10만 3,827명인데, 대부분의 전쟁사가 약간의 증감은 있지만 대개 한국군의 병력을 이 선에서 인정하고 있다. 예를 들어 1995년의 『한국전쟁』(상)은 한국군의 규모를 육군 8개 사단, 22개 연대 등 9만 4,974명, 해군 7,715명, 해병대 1,166명, 공군 1,897명 등 총 10만 5,752명

---

210) 『한국전쟁사 1: 해방과 건군』, 771~772쪽.
211) 국방부 전사편찬위원회(1977), 『한국전쟁사: 북괴의 남침과 서전기』 제1권(개정판); 국방부 군사편찬연구소(2005), 『6·25전쟁사 2: 북한의 전면남침과 초기 방어전투』, 46쪽.

으로 보았다.[212] 한국측 전사들이 전거를 제시하지는 않았지만, 당시의 공식 통계와 비교해볼 때 한국군의 병력은 거의 정확한 것으로 판단된다.

그렇지만 개전 당시의 병력 수만 나타날 뿐, 1948년 이래 한국군 병력의 증감 현황과 특징은 전혀 제시된 바 없다. 이 연구에서 파악한, 1948년부터 1950년까지 주간 단위의 한국군 병종별 병력 통계는 이 책「부록」〈별표 4·5〉로 첨부되어 있다.

주한미대사관 무관부가 파악한 1950년 6월 16일 현재 한국군은 육군 9만 4,373명, 해군 7,263명, 공군 1,898명, 예비군 3만 7,326명(추정), 경찰 4만 8,273명으로 구성되어 있었다.[213] 정규군의 정확한 병력 수는 10만 3,534명이다. 예비군의 경우 5월 19일 현재 병력 규모인데,[214] 정규군에 경찰을 포함한 현존 전력은 15만 1,807명이었다. 여기에 예비군까지 더하면 한국의 총 병력 수는 18만 9,133명이었다.

둘째, 한국군의 경우 육·해·공군을 합한 정규군·상비군의 총 병력 규모가 1949년 8월 이미 10만 명을 넘어섰다. 한국 공군은 1949년 10월 1일, 1,500명의 병력으로 독립했지만 병력 보고는 1950년 5월에 시작되었다. 상비군에 경찰 병력을 합한 현존 전력 규모는 같은 시점에서 15만 명을 넘어섰다. 한국군의 병력 규모는 1949년 8월 정규군 10만 명, 경찰 5만 명 수준에 달한 이래 약간의 증감은 있었지만 1950년 한국전쟁 시점까지 그 규모를 그대로 유지했다.

셋째, 한국군의 정규 상비군에는 예비군이 제외되었는데, 예비군이었던 호국군을 포함할 경우 한국군의 총 병력 규모는 1949년 8월 현재 19만 230명에 달했다.[215] 호국군에 대해서는 부연설명이 필요하다. 현재 주한미대사관

---

212) 국방군사연구소(1995), 『한국전쟁』(상), 59쪽.
213) *Joint Weeka*, no.24(1950. 6. 16).
214) *Joint Weeka*, no.20(1950. 5. 19).
215) 예비군(Korean Army Reserve Corps: 호국군)은 1949년 1월 3일 발족했다. 1월 10일 사병훈련이 개

무관부 자료의 호국군 현황은 1949년 3월 5일(1만 1,654명)부터 1949년 10월 7일(3만 3,070명)까지는 매주 파악되며, 이후 병력 현황이 등장하지 않다가, 1950년 5월 19일자에 병력 수가 집계되었다(3만 7,326명).[216] 1950년 5월 19일 현재, 예비군은 장교 1만 875명, 사병 2만 6,451명으로 파악되었다. 『한국전쟁사』(개정판)의 설명에 따르면, 1949년 8월 6일 법률 제9호로 병역법이 공포되고 징병제가 실시됨으로써 호국군사령부를 해편했다고 되어 있다.[217] 그럼에도 불구하고 미대사관 무관부 통계에는 예비군 통계가 계속 집계되었는데, 1950년 5월 19일의 통계 수치는 증감 정도로 미루어볼 때 오류일 가능성이 적다.[218] 1950년 4월 영국 군사감시단은 한국군이 예비군을 동원 소집하면 '무기와 장비의 부족함에도 불구하고' 상당히 잘 훈련된 13만 1,000명의 군대를 동원할 수 있을 것이라고 평가했는데, 이는 우리가 추정한, 경찰을 제외한 한국군(육군·해군·공군·예비군)의 총계와 일치한다.[219] 결국 1950년의 시점에서도 호국군은 동원 가능한 '예비' 군으로 상정되었을 가능성이 높다.

넷째, 동일 시점(1949. 8)에서 북한의 병력 규모는 정규군(인민군) 8만 명과 경찰(경비대) 4만 1,000명 등 현존 전력은 12만 1,000명이었다. 적어도 1949년 9월경의 시점에서는 정규군과 경찰 양 측면에서 한국군의 병력 규모가 북

  시되었고, 2월 24일 시흥에 예비사관학교를 설치했다. 사관학교는 이후 서울로 이동했다. 1949년 3월 16일 118명의 사관생도가 졸업했고, 호국군사령부가 신설(사령관 宋虎聲)되었다. 3월 21일에는 호국군이 정규군 시스템에 포함되었다. 1949년 4월 1일 현재 장교 118명, 사병 7,947명, 합 8,065명으로 통계가 잡혔다. 1949년도 인가는 2만 9,531명이며 현원은 1만 1,719명이었다〔HQ, USAFIK, *G-2 Periodic Report*, no.1095(1949. 4.) incl. #1 "Korean Army Reserve Corps"〕.

216) *Joint Weeka*, no.20(1950. 5.19) 및 이 책의 「부록」 〈별표 5〉를 참조.
217) 국방부(1977), 『한국전쟁사』 제1권(개정판), 565쪽.
218) 이승만의 20만 민병조직지시(1949. 12. 3)에 따라, 대한청년단을 주축으로 20만의 청년방위대가 조직되었다. 육군본부 내에 청년방위국이 창설되었고(1950. 1. 16), 간부 양성을 위한 청년방위간부훈련학교가 개설되었다. 이 학교에서 대한청년단 배속장교와 호국군장교가 훈련을 받았다. 이 수치가 청년방위대의 일부 병력일 가능성을 배제할 수 없다〔국방부 전사편찬위원회(1977), 『한국전쟁사』 1권(개정판), 565~566쪽〕.
219) FO317, piece no.84079, 「동경에서 외무성에 보낸 1950년 4월 19일자 전문」(군사고문관 Figgess의 보고를 동봉)〔Bruce Cumings(1990), 앞의 책, p. 473, n. 26에서 재인용〕.

한을 3만 명 이상 앞서 있음을 알 수 있다.

다섯째 한국군의 병력 규모는 당시 미국이 상정하고 있던 한국군의 적정 규모를 초과하는 것이었다. 미국가안전보장회의(the National Security Council)는 두 차례에 걸쳐 한국군의 적정 병력 규모를 제시한 바 있다.[220] 먼저 1948년 4월 2일자 미국가안전보장회의 정책결정 NSC 8은 당시 국방경비대의 규모를 2만 4,000명으로 상정하며, 조만간 5만 명 수준까지 확장될 것이라고 규정했다.[221] 이는 미군이 훈련·무장시킬 한국군 병력 규모를 최초로 구체화한 것이었다. 이 시점에서 NSC가 추정한 북한군의 규모는 12만 5,000명이었다.

1949년 3월 22일자 NSC 8-2는 변화된 상황에 맞춰 한국에 관한 미국의 입장을 재정리한 것이었는데, 한국군의 규모를 육군 6만 5,000명, 경찰 4만 5,000명, 해안경비대 4,000명으로 규정했다.[222] 이 가운데 육군 5만 명이 미군 무기로 완전무장되었으며, 경찰·해안경비대는 미제 무기와 일제 무기를 반반씩 보유하고 있었다. 미국은 1949년 6월 30일 철군 완료 이전에 한국군(육군·경찰·해안경비대)에 장비를 이양하며, 비상용 및 6개월분의 보급품을 제공할 것을 규정했다. 당시 NSC가 추정한 북한인민군의 규모는 5만 6,040명이며, 경비대를 포함한 병력 규모는 7만 5,000명에서 9만 5,000명 사이로 추정되었다. 결국 이러한 조치는 한국군에게 경무기만을 제공하며, 한국이 무력통일을 시도할 잠재력을 제거함으로써 대규모 전쟁을 회피하고자 했던 미 정책당국의 의도에서 비롯된 것이었다.[223]

---

220) NSC 8과 NSC 8-2에 제시된 한국군 병력 규모의 중요성은 이 책의 초고를 검토한 양영조 박사의 교시로 알게 된 것이다.
221) NSC 8, Report by the National Security Council on the Position of the United States with Respect on Korea, April 2, 1948, FRUS, 1948, vol. 6, pp. 1164~1169.
222) NSC 8-2, Position of the United States with Respect to Korea, March 22, 1949, FRUS, 1949, vol. 7, pp. 969~978.
223) 제임스 메트레이 지음·구대열 옮김(1989), 『한반도의 분단과 미국: 미국의 대한정책, 1941~1950』, 을유문화사, 제8장.

이상을 종합하면 한국전쟁 발발 전 미육군부는 한국 육군의 병력 상한선을 5만 명(1948. 4)에서 6만 5,000명(1949. 3)으로 상정했다. 그런데 주한미군사고문단 참모장으로 한국군 창설의 산파역을 담당한 하우스만(James H. Housman)의 증언처럼 미육군부가 한국군 6만 5,000명의 인원을 인가했을 무렵 이미 한국군은 10만 명에 달했다. 이런 측면에서 한국은 미군이 지급하는 6만 5,000명분의 무기, 기타 보급체제를 갖고 10만 명의 군인을 기르고 있었다는 하우스만의 지적은 한국군의 실질적 전투력이 외형적 병력규모를 밑돌았을 가능성을 시사하는 것이다.[224]

이상과 같은 1949~50년 한국군의 주별 병력 현황은 이 책의 「부록」 〈별표 5〉에 나타나 있고 그래프로 표시하면 〈그래프 III-3〉과 같다.

북한군의 병력 규모

현재 북한군의 병력 추이를 알 수 있는 통계 자료는 존재하지 않는다. 주한미군사령부와 맥아더사령부가 작성·추정한 북한군 전투 서열(Order of Battle), 병력 규모는 신뢰성이 현저히 떨어진다. 가장 큰 이유는 북한에 대한 정보가 차단된 채 비공식적 통로로 획득한 부정확하고 신뢰할 수 없는 정보만을 얻을 수 있었기 때문이다.

먼저 구판 『한국전쟁사』가 제시한, 개전 당시 38선상에 배치된 남북한 병력 규모 비교표를 보면, 한국군이 북한군에 비해 3분의 1의 병력 수준이었다고 되어 있다. 반면 맥아더 청문회에 따르면, 서울 인근과 그 북쪽에 배치된 한국군은 5개 사단으로 최소한 병력이 5만 명에 이르고 있었다.[225]

---

224) 짐 하우스만·정일화 공저(1995), 『한국 대통령을 움직인 미군대위: 하우스만 증언』, 한국문원, 159쪽.
225) 『맥아더 청문회』(*MacArthur Hearings*), 제5권, 3385쪽〔Bruce Cumings(1990), 앞의 책, p. 585에서 재인용〕.

다음으로 개전기 남북한 병력 상황을 비교해놓은 개정판 『한국전쟁사』의 도표를 인용하면 〈표 Ⅲ-10〉과 같다.

전체 정규군 규모에서 한국군이 북한군의 2분의 1 병력 수준으로 나타나 있다. 그런데 지금까지 한국의 공식 전사류에 제시되어 있는 북한군 병력 규모는 출처와 근거가 제시되어 있지 않았다. 국내에서 공간된 국방부의 여러 종의 『한국전쟁사』에 나타난 북한군의 병력 규모를 정리하면 〈표 Ⅲ-11〉과 같다.

여기서 중요하게 짚고 넘어가야 할 점이 있다. 첫째, 북한군의 병력 통계는 출처와 근거가 불분명했다. 특히 한국측 전사들이 어떤 근거에서 북한군의 병력 규모를 한국군의 2~3배로 추정한 것인지 정확히 밝혀지지 않았다. 〈표 Ⅲ-9〉에 따르면, 개전 당시 38선에서 남북 간의 병력 차이가 최대 3배였다는 뜻이다. 〈표 Ⅲ-10〉에 따르면, 육·해·공군으로 구성된 정규군 규모에서 북한이 남한의 2배에 달했다는 주장인데, 출처가 제시되지 않았다.

둘째, 북한군 병력의 증감 현황을 알 수 없다. 1948년 인민군 창설로부터 출발해 개전 직전 인민군이 10개 사단 규모로 성장했다는 사실은 인정되지만 구체적으로 어떤 시점에서 병력이 증강되었는지는 명확히 알려지지 않았다.

셋째, 개전 당시 남북한 병력 규모를 비교할 때 기준이 달랐다. 한국군의 경우 육·해·공군을 합한 정규 상비군의 규모를 기준으로 했고, 북한군의 경우 정규군에다 경찰 병력을 더한 규모를 기준으로 삼았다. 즉 동일한 기준에서 비교된 것이 아니었다. 서로 다른 범위를 기준으로 남북 간 병력을 비교함으로써 북한군의 병력 우위가 부각되었다.

넷째, 지금까지 한국측 전사류의 북한군 병력 통계는 한국전쟁 중 미극동군사령부 정보참모부가 발행한 『북한인민군사』(*History of the North Korean Army*)의 영향을 받은 것으로 보인다.[226]

---

226) Headquarters, Far East Command, Military Intelligence Section, *History of the North Korean Army*, 31 July 1952.

□ 표 Ⅲ-9 38선 배치 남북한 병력 상황 비교(1950. 6. 24 현재)

(단위: 명)

	옹진 방면	개성 방면	의정부·포천 방면	춘천 방면	강릉 방면	후방사단	합계
한국군	2,719	10,161	7,500	9,388	6,900	4개 사단	36,668+ 4개 사단
북한군	10,000	21,000	34,000	24,000	22,000	3개 사단	111,000+ 3개 사단

※ 출전 국방부 전사편찬위원회(1967), 『한국전쟁사 1: 해방과 건군』, 771~772쪽.

□ 표 Ⅲ-10 전쟁 직전 남북한 병력 상황 비교

(단위: 명)

	계	육군			해군	공군
		소계	전투 병력	지원·특수 병력		
한국군	103,827	94,974	67,416 (8개 사단·22개 연대)	27,558	6,956	1,897
북한군	201,050	182,680	120,880 (10개 사단·30개 연대)	61,820	15,570	2,800

※ 출전 국방부 전사편찬위원회(1977), 『한국전쟁사』 1권(개정판); 국방부 군사편찬연구소(2005), 『6·25전쟁사 2: 북한의 전면남침과 초기 방어전투』, 46쪽.

□ 표 Ⅲ-11 국방부 발행 『한국전쟁사』의 개전 당시 북한군 병력 추정

(단위 : 명)

	계	육군			해군	공군	경비대
		소계	전투 병력	지원·특수 병력			
① 1977	182,400	182,680	93,500 (6개 사단)	47,000	15,000	1,800	24,000
② 2004	198,380	148,680	120,880 (10개 사단·30개 연대)	27,800	13,700	2,000	34,000
③ 2005	201,050	182,680	120,880 (10개 사단·30개 연대)	61,820	15,570	2,800	

※ 출전 ① 국방부 전사편찬위원회(1977), 『한국전쟁사』 1권(개정판), 567쪽; 국방군사연구소(1995), 『한국전쟁』 (상), 94쪽(1950년 5월 12일자 육군본부의 적정 판단).
② 국방부 군사편찬연구소(2004), 『6·25전쟁사 1: 전쟁의 배경과 원인』, 590쪽.
③ 국방부 군사편찬연구소(2005), 『6·25전쟁사 2: 북한의 전면남침과 초기 방어전투』, 46쪽.

『북한인민군사』는 당시까지 미군이 획득할 수 있었던 북한군 정보를 종합한 것이다. 그런데 이 책은 전시 중 발행된 것이어서 왜곡된 정보와 평가가 적지 않았다. 브루스 커밍스는 이 책이 "허위정보와 선전적인 욕설로 가득 차 있다"고 평가하기도 했다.[227]

『북한인민군사』에 따르면, 1948년 2월 인민군 출범 당시 정규군은 약 3만 명, 훈련병·보안대·해안경비대는 17만 명으로 추정되었다. 1948년 말 보안대·해안경비대를 제외한 정규군은 6만 명으로 증가했다. 1949년 동안 정규군은 12만 명으로 배가되었다. 여기에 징집된 4만 명, 1949년 7~8월 중국공산군에서 북한으로 귀환한 2만~2만 2,000명, 소련에서 공군·탱크부대 사관 훈련을 받고 귀환한 장교 수천 명 등을 포함하면 1949년의 북한군 정규군은 18만 명 이상으로 추정되었다. 최종적으로 한국전쟁 직전인 1950년 초 북한군 정규군의 총 병력 규모는 15만~18만 명으로 추정되었다. 이외에 1950년 5월 초순에 중국공산군에서 입북한 1만 명을 합하면 정규군의 규모는 16만 명에서 19만 명 사이로 추정되었다.[228] 여기에는 국경수비대와 철도수비대는 포함되지 않았는데, 극동군사령부 정보참모부는 전쟁 직후 이들 수비대의 2개 여단이 2개 사단으로 전환되었다고 판단했다.

『북한인민군사』가 제시한 개전기 북한군 병력은 정규군 16만~19만 명에 경비대 2개 여(사)단을 합한 규모였다. 경비대 2개 여(사)단을 2만 명으로 추산하면 개전기 북한군의 총 병력 규모는 18만~21만 명이다. 그런데『북한인민군사』의 추정은 정확한 근거가 제시되어 있지 않았다. 개략적 수치로 보아, 한국의 공식전사들은『북한인민군사』나 그 통계를 인용한 다른 저술들의 영향을 받았던 것으로 보인다. 한국의 공간 전사들이 다른 조건하에서 남북한의 병력 비교를 진행한 결과, 개전 당시 한국군의 병력 규모는 10만 명인 반면 북

---

227) Bruce Cumings(1990), 앞의 책, p. 445, n. 21.
228) *History of the North Korean Army*, pp. 23~24.

한군의 병력 규모는 그의 배에 해당하는 약 20만 명이었다는 것이 일반적인 통설로 받아들여졌다.

나아가 이런 압도적 병력 차이가 '불의의 기습남침'을 가능케 했다는 서술로 이어졌다. 즉 이러한 병력 규모 추산은 북한의 공격력이 매우 강했음을 반증하는 한편, 한국군이 초기에 쉽게 허물어진 데 대한 나름의 이유를 제공해 주는 것이었다. 그렇지만 이러한 평가는 명백한 과장이었고 전투의 패배와 정보의 실패를 전가하기 위한 성격이 짙었다. 예를 들어 미국방부의 공식 입장을 대변하는 로이 애플만에 따르면, 한국전쟁 직전 한국군은 6만 5,000명인 반면 북한군은 8만 5,000명이었다.[229] 그렇지만 한국군의 병력 통계에 따르면, 1950년 6월 16일 현재 한국군은 육군 9만 4,373명, 해군 7,263명, 공군 1,898명, 경찰 4만 8,273명, 예비군 3만 7,326명으로 구성되어 있었다.[230] 적어도 한국군의 경우 육군 병력만 계산해도 3만 명 이상 축소한 것임을 알 수 있다.

지금까지 알려진 남북한군의 통계 가운데 가장 신뢰할 만한 것은 로이 애플만의 통계였다. 개전 직전 한국군 병력 규모와 북한군 병력 규모를 비교하면 〈표 III-12〉와 같다.

그런데 로이 애플만 역시, 북한군 병력 규모에는 38경비여단 및 기갑부대, 사령부 및 지원부대를 종합했지만, 한국군 병력 규모에는 경찰 및 지원부대를 계산하지 않았다. 애플만의 병력 통계에 따르면, 남북 간의 병력 격차는 1:2를 초과한다. 그렇지만 한국군 병력 규모에 전투 병력 외에 지원부대와 경찰 병력을 포함시킨다면, 양자의 격차는 현저히 줄어들게 된다.

한편, 전쟁 직전 맥아더사령부의 군사정보국이 간행한 『정보요약』(Intelli-

---

229) Roy Appleman(1961), 앞의 책, pp. 8~18.
230) *Joint Weeka*, no.24(1950. 6. 16). 예비군 병력 수는 1950년 5월 19일자 통계를 인용한 것이다(*Joint Weeka*, no.20(1950. 5. 19)).

gence Summary)에는 1950년 6월 북한군 병력 규모가 5만 5,000명에서 최대 7만 4,000명까지로 평가되었다.[231] 전쟁 직후인 6월 26일자 『정보요약』에는 북한정규군에 보안대 및 경비여단을 포함한 전체 병력 규모가 13만 9,820명으로 보고되었다.

이상에서 알 수 있듯이, 남북한의 병력 비교는 보다 정확한 기준에서 이루어질 필요가 있다. 개전 당시 한국군의 총 병력 수는 육군 9만 4,373명, 정규군 10만 3,534명, 현존 전력 15만 1,807명, 예비군을 포함한 총 병력 수는 18만 9,133명이었다. 만약 예비군 병력이 부재했을 경우를 염두에 둔다면, 정규군 10만 3,534명, 경찰을 포함한 현존 전력 수는 15만 1,807명이었다. 예비군을 포함할 경우 18만 9,000여 명, 예비군을 제외할 경우 15만 1,807명의 병력 규모였다. 이는 당시 경비대를 포함한 북한군의 총 병력 18만~20만과 별 차이가 없다고 할 수 있다. 최대 3만~5만 명 정도의 병력 격차가 있었다고 할 수 있다.

여기서 개전기 한국군의 방어선 붕괴가 북한군의 압도적 병력 우위 때문은 아니었을 가능성을 조심스럽게 제기할 수 있다.[232] 물론 보다 정확히 판단하기 위해서는 개전 당시 38선에 집중된 병력 현황을 보다 세밀히 비교하는 작업이 선행되어야 할 것이다. 개전 당시 한국군이 보유했던 61개 대대 중 38선에 배치된 부대는 11개 대대에 불과했으며, 25개 대대는 제1선 사단의 예비로 서울-원주-삼척 계선에 주둔했고, 나머지 25개 대대는 빨치산 토벌 및 예비대로 후방에 배치된 상태였다.[233] 즉 한국군은 36개 대대가 서울-원주 이북 지역에 배치되었던 것이다. 반면 북한군은 완편된 6개 사단(6, 1, 4, 3, 2, 12사

---

231) *Intelligence Summary*, no.2829(1950. 6. 8); no.2830(1950. 6. 9); no.2947(1950. 6. 26). Bruce Cumings(1990), 앞의 책, pp. 452~453에서 재인용.
232) 전전 KMAG의 정보판단 역시, 북한군의 합동야전연습이 연대급까지 진행되었고, 병력 수에서는 남한과 별 차이가 없다는 것이었다(로버트 케이 소이어(Robert K. Sawyer) 지음·기획자료실 번역(1983), 『주한미군사고문단』(Military Advisors in Korea: KMAG in Peace and War), 『군사』 7호, 국방부 전사편찬위원회, 268쪽).
233) 日本陸戰史研究普及會 지음·육군본부 군사연구실 번역(1986), 『한국전쟁』 1권, 43~44쪽.

□ 표 III-12 개전 당시 남북한 병력 현황(로이 애플만)

(단위: 명)

한국군				북한군	
부대명		병력 수	합계	부대명	병력 수
1사	1사단 본부	1,882	9,715 (백선엽 대령)	1사단	11,000
	11연대	2,527			
	12연대	2,728			
	13연대	2,578			
2사	2사단 본부	1,397	7,910 (이형근 준장)	2사단	10,838
	5연대	1,895			
	16연대	2,408			
	25연대	2,210			
3사	3사단 본부	1,826	7,059 (유승렬 대령)	3사단	11,000
	22연대	2,646			
	23연대	2,587			
				4사단	11,000
5사	5사단 본부	2,274	7,276 (이응준 소장)	5사단	11,000
	15연대	2,119			
	20연대	2,185			
	1독립대대	698			
6사	6사단 본부	2,245	9,112 (김종오 대령)	6사단	11,000
	7연대	2,411			
	8연대	2,288			
	19연대	2,168			
7사	7사단 본부	2,278	9,698 (유재흥 준장)	7사단	12,000
	1연대	2,514			
	3연대	2,487			
	9연대	2,419			
8사	8사단 본부	1,923	6,866 (이정일 대령)	10사단	6,000
	10연대	2,476			
	21연대	2,467			
수도	수도사단 본부	1,668	7,061 (이종찬 대령)	13사단	6,000
	2연대	2,615			
	18연대	2,778			
	17연대	(2,500)			
				15사단	11,000
				766독립보병부대	3,000
				12모토사이클연대	2,000
				105기갑여단	6,000
				경비1여단	5,000
				경비2여단	2,600
				경비3여단	4,000
				경비5여단	3,000
				경비7여단	4,000
				1, 2군 사령부	5,000
합계			64,697		135,438

※ 출전 한국군 병력 현황은 ROK Army Hq, Consolidated Morning Rpt, 1 Jun 50(로이 애플만, 앞의 책, 15쪽); 북한군 병력 현황은 포로심문조서에서 획득한 정보(로이 애플만, 앞의 책, 11쪽).

단)이 제1제대로 공격을 담당했고, 3개 사단(13, 15, 5사단)이 제2제대로서 예비병력으로 남겨졌으므로, 돌격부대는 총 54개 대대 이상 규모였음을 알 수 있다.

그런데 최근 구소련 자료들이 공개되면서 북한군의 병력 규모에 대한 개략적인 추정이 가능해졌다. 다음 표는 구소련 자료에 나타난 북한군 병력의 추이를 정리한 것이다.

〈표 Ⅲ-13〉에서 알 수 있듯이 첫째, 북한은 1949년 초반 4만~5만 명의 정규군 병력을 보유하고 있었으며 경찰력은 5만 명 수준이었다. 이러한 병력 규모는 1949년 8월을 기점으로 대폭 증강되었는데, 1949년 8월 1일 8만 명에서 불과 한 달 뒤인 9월 12일 9만 7,000여 명으로 증강되었다. 잘 알려졌듯이 7~8월에 중국인민해방군 내 한인병사 2개 사단 병력 2만여 명이 입북했고, 이들이 북한군 병력 현황에 포함되었음을 알 수 있다. 북한군은 이후 10만 명 내외의 정규군 규모를 유지했다고 판단된다. 한편 같은 시기 경찰력은 4만 2,000명 수준으로 파악되었다. 그렇다면 1949년 하반기 북한군은 정규군 10만 명, 경찰 4만 2,000명 등 현존 전력 규모에서 총 14만 명 정도의 병력을 유지했음을 알 수 있다.

둘째, 보다 중요한 점은 이러한 북한군의 병력 증강이 그 출발 시점에서는 한국군보다 더뎠지만, 1949년 중반 이후 그 속도가 급격히 빨라져, 1949년 9월 초순에 이르면 거의 한국군과 동일한 수준을 확보했다는 사실이다. 즉 9월 16일 현재 한국군은 육군 9만 9,538명, 해군 6,735명, 경찰 5만 927명이었는데, 북한은 정규군 9만 7,500명, 경찰 4만 2,000명 수준으로 한국군에 거의 필적하는 수준에 도달해 있었다.

셋째, 한국전쟁 이전 미군 정보 당국은 북한군의 병력을 과소평가하고 있었다. 구소련 자료가 공개되기 이전, 북한군의 병력 추이를 가장 꼼꼼하게 분석한 것은 브루스 커밍스였다. 그는 1950년 6월 현재 북한군의 병력 규모가 8만 7,500명에서 9만 9,000명 수준이었으며, 이 중 3분의 1이 1950년 중국공산

□ 표 III-13 **1949~50년 북한군의 증가 현황**

(단위: 명)

일시	병종	정규군 규모	사단 규모·병력 구성	비 고
(1)	1949. 3. 5	60,000 미만		
(2)	1949. 5.		기계화여단 1(전차연대 2,독립전차연대 1),전차훈련연대,자주포대대,포병연대,기술공병대대,혼합항공사단(전폭기연대 1,전투기연대 1)	항공부대 제외 편성완료
(3)	1949. 5. 30	46,000		경찰·준군사력 56,350, 합계 102,350
(4)	1949. 6. 13	50,040		북한보안대 57,300
(5)	1949. 6. 22	36,000 이상	보병사단 2, 여단 1	경비여단 2(각 6대대)
(6)	1949. 6.	56,000 이상	보병사단 5, 여단 1	중공군 내 한적사병 2만. 2개 사단 이동
(7)	1949. 8. 1	80,000	보병사단 5(5만 1천), 보병여단 1(6천), 기계화여단 1(6천), 포병연대(3개 대대: 76mm포 2대대, 122mm포 1대대), 항공사단 1(2개 연대, 전투기 24, 지상공격기 24, 교육·전투겸용기 18, 교육기 8), 군사학교	경찰 총 4만 2천: 보안대원 (2만 8천), 중소국경수비대여단 3·38경비여단 2(1만 4천)
(8)	1949. 9. 12	97,500		항공부대 편성 완료
(9)	1950. 1. 11		중국인민지원군 내 한적사병 1개 사단 혹 4~5개 연대 북한이동 계획	중국인민지원군 내 한적사병 1만 6천 이상
(10)	1950. 2. 4	70,000 이상	사단 7	3개 사단 증원 요청
(11)	1950. 5?	100,000 이상	사단 10	

※ 출전 (1) 「김일성이 지휘하는 북한정부 대표단과 스탈린 간의 대화록, 1949년 3월 7일」, 바자노프, 앞의 책, 3~4쪽; 「서울신문」 1995. 5. 15; (2) 「슈티코프→스탈린」(1949. 5. 1), 『소련 외교문서』 4권, 16~25쪽; (3) FRUS, 1949, vol. 7, p. 1048; (4) G-2 Periodic Report, no.1127(1949. 6. 13); no.1129(1949. 6. 17); (5) 「슈티코프→비신스키」(1949. 6. 22), 『소련 외교문서』 4권, 34~37쪽; (6) 「슈티코프→스탈린」(1949. 9. 15), 『소련 외교문서』 3권, 33~44쪽; (7) 「슈티코프→스탈린」(1949. 9. 15), 『소련 외교문서』 3권, 33~44쪽; (8) 「툰킨→소련 외무성」(1949. 9. 14), 『소련 외교문서』 3권, 28~32쪽; (9) 「?→슈티코프」(1950. 1. 8), 『소련 외교문서』 3권, 58쪽; 「슈티코프→?」(1950. 1. 11), 『소련 외교문서』 3권, 58쪽; (10)·(11) 「슈티코프」(1950. 2. 4), 『소련 외교문서』 4권, 46쪽, 「비신스키→슈티코프」(1950. 2. 9), 『소련 외교문서』 4권, 47쪽; 「슈티코프→스탈린」(1950. 2. 10), 바자노프, 앞의 책, 50쪽. 「북한정부가 보낸 1950년 3월 14일자 각서」, 바자노프, 앞의 책, 133~134쪽, 「개정의정서」, 앞의 책, 135~140쪽; 「한국전 문서 요약」, 22쪽

군에서 귀환한 한인병사였다고 지적했다. 나아가 커밍스는 북한군이 1950년 6월, 전쟁 직전의 병력 규모는 한국군이 1년 전에 도달했던 수준일 뿐이라고 했다.[234] 그런데 위에서 살펴보았듯이, 북한군은 이미 1949년 9월에 한국군과 동일한 수준의 병력 규모에 도달했으므로 커밍스의 추론은 사실이 아니다. 다

만 한국전쟁 발발 이후 미군 정보 당국이 개전 초기 북한군의 병력 수를 과장한 것과는 달리, 한국전쟁 발발 이전 정보 당국의 북한군 병력 추계는 사실보다 과소평가되었음을 알 수 있다.

넷째, 개전 당시 정규 북한군의 병력은 10개 사단 규모에 도달했다. 1977년 간행된 『소비에트군사백과사전』은 이렇게 쓰고 있다.

> 전쟁 개시 시점에서 인민군은 보병사단 10개, 탱크여단 1개, 모터찌클(Мото цикл: 모터사이클)연대 1개로 구성됨. 무장으로는 대포 1600문, 탱크 258대, 전투항공기 172대를 보유함.[235]

보다 정확한 북한군 병력 규모는 2000년 간행된 『1950~1953년 조선전쟁』에 드러나 있다. 원래 이 책은 1950년대 말 소련군 역사학자 로토츠키(S. S. Lototskii)의 지도하에 씌어진 집단저작으로, 소련군 장군들과 장교들을 위한 대외비 저작물이었다. 이 때문에 오랫동안 비밀상태로 묶여 있다가 구소련 해체 이후 상트페테르부르크에서 공개 출간되었다. 이 비밀 저작은 개전 당시 북한군의 병력 규모에 대해 다음과 같이 기록하고 있다.

> 10개 보병사단(1, 2, 3, 4, 5, 6, 10, 12, 13, 15사단)으로, 이 중 4개 사단(5, 10, 13, 15사단)은 편성단계였음. 그리고 105탱크여단, 603모터찌클연대, 독립포병연대 1개, 독립고사포병연대 1개 등. 군관학교, 내무서 및 국경경비대 병력을 포함하여 총 육군 병력은 17만 5천 명에 달함.
>
> 공군은 1개 항공사단에 항공기 239대(습격기 IL-10 93대, 전투기 YAK-9 79대, 기

---

234) Bruce Cumings(1990), 앞의 책, p. 453.
235) Советская военная енциклопедия(『소비에트군사백과사전』) T.4. М, 1977, c.358(기광서 교수 제공).

타 67대)와 병력 2,829명 보유.

해군은 4개 함대에 총10,297명이며, 그 중 승조원 3,680명, 해병 5,483명, 해안경비 1,134명임.[236]

개전 당시 북한군의 병력 규모는 소련군 총참모부 작전총국 극동과에서 작성한 「朝鮮에서의 戰鬪日報」(ЖУРНАЛ БОЕВЫХ ДЕЙСТВИЙ В КОРЕЕ)에도 동일하게 드러나 있다.[237] 소련군 총참모부는 북한 각급 지휘조직에 파견한 군사고문을 통해 북한군의 활동을 매일 보고받았고, 매일의 전선상황, 주요첩보, 주요 사령부의 결정 등에 관한 일일 「전투일보」를 작성했다.[238] 개전 직후부터 1951년까지 집계된 북한군의 전투일보 가운데 「1950년 6월 25일 현재 조선인민군과 남조선군의 전력현황」은 1950년 6월 25일 현재 북한군의 편성을 다음과 같이 기록하고 있다.

육군: 총원 175,200명. 보병사단 10개(제1, 2, 3, 4, 5, 6, 10, 12, 13, 15 보병사단), 국경경비여단 4개(제1, 3, 7 국경경비여단 및 제5철도여단), 탱크여단 1개, 포병연대 1개, 고사포병연대 1개, 모터찌클연대 1개, 공병연대 1개, 통신연대 1개, 경비연대 1개
공군: 총원 2,800명. 항공사단 1개
해군: 총원 10,000명. 함대 4개, 해병연대 2개(제945, 956), 해안방위포연대 1

---

236) Война в Корее 1950~1953 гг〔『1950~1953년 조선전쟁』〕С.П., 2000. с.30-33(기광서 교수 제공). 김광수는 이 책이 1차 사료에 준하는 중요 연구서로, 북한군의 부대명, 부대규모, 무장 등을 구체적으로 보여준다고 평가했다〔김광수(2005), 「'북한의 한국전쟁수행' 연구를 위한 문헌 및 자료분석」, 『군사』 제55호, 90쪽〕.
237) Генеральный Штаб, Дальневосточное направление, ЖУРНАЛ БОЕВЫХ ДЕЙСТВИЙ В КОРЕЕ, с 28 июня 1950 г. по 31 июдя 1951 г, ЦАМО, Ф 16, О 3139, Д 133, ЛЛ 2830. 소련군 총참모부 극동과, 「朝鮮에서의 戰鬪日報」, 국방성문서보관소.
238) 김광수(2005), 앞의 논문, 89쪽.

개.[239]

한편 「전투일보」에는 1950년 6월 25일 현재 북한군의 장비가 다음과 같이 나타나 있다.

육군: 야전포 545문, 대전차포 550문, 고사포 72문, 박격포 766문, T-34탱크 151대, CY-76자주포 186대, 장갑차 59대, 모터찌클 500대
공군: 항공기 226대(전투기 84대, 습격기 113대, 기타 29대)
해군: 소형전투함 및 지원함 19대.[240]

이에 따르면, 북한군 총 병력은 18만 8,000명으로, 위의 『1950~53년 조선전쟁』에 제시된 18만 8,126명과 거의 일치함을 알 수 있다. 「전투일보」가 100명 단위로 통계를 잡은 반면, 『1950~53년 조선전쟁』은 1명 단위까지 기록했으므로, 보다 정확한 측면이 있다. 두 자료를 비교해볼 때 약간의 증감은 있지만, 개전 당시 북한군의 병력 규모가 육군 17만 5,000명(10개 보병사단, 4개 경비여단, 1개 탱크여단, 6개 병과연대), 공군 2,800여 명, 해군 1만여 명 등 총 18만 8,000명 수준이었음을 확인할 수 있다. 장비에 대해서는 증감이 있어 정확한 수량을 알 수 없다.

이상의 정보를 종합해볼 때 개전 당시 북한군의 병력 규모는 보병 10개 사단으로 그 중 4개 사단은 편성단계에 있었으며, 경비대를 포함한 육군 병력은 17만 5,000명이었다는 사실을 알 수 있다. 라주바예프의 보고서에 따르면, 1951년 현재 북한군 보병사단의 편제상 정원은 군관 1,181명, 하사관 2,762

---

[239] Боевой состав войск Северной Кореи на 25 июна 1950 года, 소련군 총참모부 작전총국, 「조선에서의 전투행동 개관」 중 「1950년 6월 25일 현재 조선인민군과 남조선군의 전력 현황」 (1951. 12. 3)(기광서 교수 제공).
[240] 앞의 자료.

명, 하전사 7,346명, 합계 1만 1,289명이었다.[241] 개전 당시 10개 사단 중 4개 사단이 편성 중이었고, 편제정원이 모두 충원되지 않았을 가능성을 포함하면 북한군 정규 보병사단 병력은 10~11만 명 가량 되었다고 추정할 수 있다. 정규 보병사단을 제외한 나머지 6만 5천 명에서 7만 5천 명 가량의 병력은 4개 경비여단, 1개 탱크여단, 6개 병과연대 병력을 모두 합한 것으로 추정된다.

그런데 개전 직후인 7월 초순, 제1, 3, 7경비여단이 각각 인민군 제8, 9, 7 사단으로 전환되었으므로, 개전 직전 경비여단의 총 병력은 최대 3만 명 선을 넘지 않았을 것이다.[242] 그렇다면 1개 탱크여단, 6개(포병·고사포병·모터찌클·공병·통신·경비) 병과연대의 병력이 3만 5,000명에서 4만 5,000명에 달했다는 결론에 이르는데, 이들은 보병연대가 아니므로 아무리 과대평가해도 이 숫자에 달할 수 없다. 합리적인 설명은 『1950~1953년 조선전쟁』에 나타난 것처럼 "군관학교, 내무서 및 국경경비대 병력을 포함"한 병력 규모로 산정하는 것이다.

앞에서 살펴본 것처럼 1949년 8월 1일 현재 북한의 총 경찰병력은 4만 2,000명에 달했다.[243] 슈티코프에 따르면, 북한은 1949년 8월 일본식 장총으로 무장한 경찰병력 2만 8,000명과, 소련제 무기로 무장한 국경·38선 경비를 담당하는 3개의 국경수비대·2개의 경찰여단 1만 4,000명을 보유하고 있었다. 즉 순 경찰임무를 담당하는 병력이 최소한 2만 8,000명 이상 존재했으며, 이들 병력이 개전 당시 북한군의 전체병력 현황에 포함되었음이 분명했다.

---

241) 국방부 군사편찬연구소(2001), 『소련군사고문단장 라주바예프의 6·25전쟁 보고서』 3권, 252~255쪽.
242) 노획문서에 따르면, 개전 당시 경비3여단은 총 8개 대대로 구성되어 있었으므로 1개 사단 규모였다. 경비1여단은 7월 1일 강릉에서 8사단(81, 82, 83연대)으로 전환되었고, 경비3여단은 7월 5~9일 사이 개성에서 제9사단(85, 86, 87연대)으로, 경비7여단은 7월 3일 해주에서 현지 징집병을 합해 제7사단(51, 53, 54연대)으로 전환되었다(Headquarters, Far East Command, Military Intelligence Section, *History of the North Korean Army*, 31 July 1952, pp. 64~67).
243) 「슈티코프→스탈린」(1949. 9. 15), 『소련외교문서』 3권, 33~44쪽. 앞의 표에서 드러나듯, 1949년 5월 30일 현재 경찰·준군사력은 5만 6,350명, 1949년 6월 13일 현재 보안대는 5만 7,300명이었다.

다음으로 『1950~1953년 조선전쟁』이 편성단계에 놓였다고 지적한 제5, 제10, 제13, 제15사단의 병력 출처와 상황을 살펴볼 필요가 있다. 먼저 1949년 중국인민해방군 제164사가 입북해 재편된 5사단을 왜 편성단계라고 묘사했는지는 알 수 없다. 『북한인민군사』에 따르면, 5사단은 1950년 4월경 병력이 완전 충원되었고, 5월에 보유하고 있던 일제·미제 무기를 반납하고 소련제 무기로 무장을 완료했다.[244] 5사단의 경우를 제외하면 제10, 13, 15사단이 남는다. 이들 사단은 1950년 입북한 중국인민해방군 내 한인병사와는 무관했다. 구소련 문서에 따르면, 1950년 5월 초순 입북한 중국인민해방군 내 한인병사들은 12사단 1만 4,000명, 4사단 제18연대 3,000명 등 총 1만 7,000여 명이었다. 1949년 7~8월에 입북한 2만 명을 포함하면 북한군에 편입된 중국인민해방군 출신 정예병력은 총 3만 7,000여 명이었다.[245] 그런데 이 병력들은 이미 6사단, 5사단, 12사단, 4사단 18연대 등 완편된 부대로 재편·편입된 상태였다.

이로 보아 이들 3개 사단은 기존 전사가 정리한 대로 북한 내의 민청훈련소가 사단으로 전환된 것으로 판단된다. 『한국전쟁사 1: 해방과 건군』은 1950년 3월 세 개의 민청훈련소가 사단으로 전환되었는데, 숙천의 제2민청훈련소가 10사단으로, 신의주의 제1민청훈련소가 13사단으로, 회령의 제3민청훈련소가 15사단으로 전환되었다고 썼다.[246] 『북한인민군사』 역시 신의주의 제1민청훈련소가 13사단(19, 21, 23연대)으로 전환된 시점을 1950년 6월 초로 기록한 것을 제외하고는, 1950년 3월 제2민청훈련소가 10사단(25, 27연대, 107탱크연대)으로, 제3민청훈련소가 15사단(45, 48, 50연대)으로 전환되었다고 동일하게 서술했다.[247] 이들 3개 사단은 1950년 3월부터 사단 전환작업을 벌였지

---

244) 『북한인민군사』(Hisotry of the North Korean Army), 60쪽.
245) 김중생은 북한군에 편입된 조선의용군 출신의 병력 규모를 총 5만 5,000명에서 6만 명으로 추정했다〔김중생(2000), 『조선의용군의 밀입북과 6.25전쟁』, 명지출판사, 159쪽〕.
246) 『한국전쟁사 1: 해방과 건군』, 691쪽.

만, 모두 개전 직전까지 완편되지 않은 편성단계에 놓여 있었다.

김일성은 1950년 5월 27일 슈티코프와의 대담에서, 10개 사단 중 7개 사단이 공격작전을 수행할 준비가 완료되었으며, 신편된 3개 보병사단은 6월 중에 전투준비를 완료한 뒤 제2제대의 임무를 부여받을 예정이라고 밝혔다.[248] 여기서 말하는 제2제대의 임무를 담당할 3개 신편 사단이 바로 제10, 13, 15사단이었을 것이다. 1950년 6월 18일자로 조선인민군 총참모장·정찰국장이 하달한 「정찰명령 1호」에도, 완편된 사단인 제1, 2, 3, 4, 6, 12사단에 대한 정찰명령이 하달되었을 뿐, 편성단계에 놓인 제5, 10, 13, 15사단에 대한 정찰명령은 하달되지 않았다.[249] 나아가 개전 직후의 공격전투 상황을 정리한 라주바예프의 보고서도 동일하게 13, 15, 5사단을 제2제대로 규정하고 있으며, 제10사단의 경우는 사단명조차 거론되지 않았다.[250] 개전 초기 이들 사단의 전투 활동은 드러나 있지 않다. 『북한인민군사』에 따르면, 10사단은 1950년 6월 16일부터 7월 25일까지 평양, 사동, 재령에서 훈련을 받았고, 7월 27일경 서울을 지나 8월 8~10일 왜관에 도착할 때까지 전투를 치르지 않았다.[251] 13사단은 후비대로 6월 27일경 38선을 월경했고, 15사단 역시 1950년에 훈련을 개시한 동시에 훈련병을 모집했기에 6월 25일 개전에 참가하지 않았다. 15사단은 7월 4일 장호원리에서 첫 전투에 참가했다.[252]

이상을 종합하면 북한은 개전 당시 제1, 2, 3, 4, 6, 12사단 등 6개, 혹은 5사단을 포함한 7개의 완편 사단을 보유했으며, 민청훈련소를 사단으로 전환

---

247) 『북한인민군사』, 70~74쪽.
248) 「駐北韓蘇聯大使가 전쟁준비 상태 및 공격시기를 스탈린에게 報告하는 電文」, 드미트리 볼코고노프 저·한국전략문제연구소 역(1992), 『스탈린』, 세경사, 459~462쪽; 바자노프, 앞의 책, 72~73쪽; 『한국전 문서 요약』, 27쪽.
249) RG 242, Captured Enemy Documents, ATIS Document no. 200564.
250) 국방부 군사편찬연구소(2001), 『소련군사고문단장 라주바예프의 6·25전쟁 보고서』 1권, 137~139쪽.
251) 『북한인민군사』, 70쪽.
252) 『북한인민군사』, 66~67쪽.

한 제10, 13, 15사단은 편성단계에 놓여 있었음을 알 수 있다. 이들이 제2제대로 구분된 것은, 완편되지 않아 즉시 전투를 치를 수 없는 상태였거나, 예비대 역할을 부여받았기 때문일 것이다. 이들 3~4개 사단은 돌격사단의 역할을 담당할 전투력이나 준비가 완료되지 않은 상태였다고 볼 수 있다.

여기에 4개 경비여단(제1, 3, 7경비여단, 제5철도여단), 1개 탱크여단, 6개(포병·고사포병·모터사이클·공병·통신·경비) 병과연대 및 내무서원 등이 북한군 총 병력에 포함되었다. 즉 개전 당시 북한군 보병은 7개 완편 사단, 편성단계의 3개 사단, 7월 중순 3개 사단으로 전환되는 4개 경비여단, 1개 탱크여단, 6개 병과연대, 내무서원 등으로 구성되어 있었다.

이러한 육군에 해군·공군을 합한, 개전 당시 북한군의 총 병력 규모는 18만 8,126명이었다. 즉 육·해·공군에 경찰에 해당하는 경비대를 합한 총 병력 규모였다.

여기서 주목할 부분은 북한군의 병력 규모에 내무경찰에 해당하는 국경경비대와 내무서 병력이 포함되었다는 사실이다. 즉 개전 직전까지 구소련 외교 문서에 나타난 북한군 육군은 정규군 10개 사단, 10만여 명 규모였는데, 개전 직후 17만 5,000명 규모로 급속하게 증가한 것을 알 수 있다. 정규군 10개 사단을 제외한 나머지 7만 5,000여 명의 출자(出自)는 경비여단, 내무서, 병과연대 등을 병력자원으로 삼았다.

이는 북한군 병력의 양적 규모를 과장하는 의미가 있었다고 볼 수 있다. 완편된 7개 사단과 편성 중인 3개 사단, 개전 직후 3개 사단으로 재편되는 3개 경비여단을 모두 포함하더라도, 북한군 보병은 13개 사단, 최대 13만 명 정도로 평가하는 게 정확할 것이다. 보다 정확히 이들 사단 전투력의 병사·지휘관의 전투경험·훈련수준을 기준으로 삼을 경우, 완편된 7개 사단과 경비1여단·경비3여단 정도만이 사단급 전투력을 보유했으며, 나머지 병력은 훈련과 경험의 측면에서 아직 불충분했으며 병력 규모만 사단급으로 급조된 것으로 판단된다.

반면 「전투일보」는 한국군의 병력 규모를 추정하면서, 경찰병력과 예비군을 배제한 채 한국군의 병력을 육군 9만 3,000명, 공군 3,000명, 해군 1만 5,000명 등 총합 11만 1,000명으로 평가했다.[253] 병력자원의 훈련·무장 등의 질적인 측면을 고려할 때, 남한 경찰과 북한 경비대·내무서의 직접적인 대비는 어렵겠지만, 적어도 북한측의 통계에 자신의 병력 규모를 한국군의 병력 규모보다 양적으로 과장하려는 의도가 개입되어 있었음을 알 수 있다. 즉 북한군은 총 병력 규모에서 한국군보다 7만 7,000명 이상 앞서 1.6배의 우위를 점하는 것으로 묘사되었고, 육군만을 비교할 때는 북한군 17만 5,000명 대 한국군 9만 명으로 거의 1.8배의 우위를 점하는 것으로 묘사되었다.

그렇지만 만약 북한군의 병력 17만 5,000명이 동일한 질량을 가진 병력·화력으로 구성되어 있었다면 한국전쟁사는 새로 쓰어졌을 것이다. 북한군은 점령지에서 '의용군'을 광범위하게 징발했지만, 낙동강 전선에 도달했을 때 총 병력은 7만여 명에 불과했기 때문이다.

이러한 북한군의 총 병력은 1950년 개전 당시 한국군의 병력 규모와 비교할 때 숫자상으로는 별 차이가 없는 것이었다. 한국군의 경우 육군과 예비군을 합한 병력 규모는 13만 1,699명, 육군과 경찰을 합한 병력 규모는 14만 2,646명, 육군·예비군·경찰을 종합한 병력 규모는 17만 9,972명이었다. 개전 당시 북한군의 육군 병력 17만 5,000명과 거의 같은 병력 규모였다. 예비군을 제외할 경우 육군·경찰을 합한 병력 규모는 14만 2,646명으로 북한군보다 3만 2,000명 정도가 열세였다. 물론 한국군 예비군의 실질 전투력은 미약했으며, 경찰 역시 북한의 경비여단보다 전투력이 훨씬 떨어졌다. 북한의 경비여단이 개전 직후 즉각 보병사단으로 전환한 것에 비교할 때 한국의 전투경

---

253) Боевой состав войск Северной Кореи на 25 июна 1950 года, 소련군 총참모부 작전총국, 「조선에서의 전투행동 개관」 중 「1950년 6월 25일 현재 조선인민군과 남조선군의 전력현황」(1951. 12. 3). 「전투일보」는 한국군이 14개 연대(5만 명) 규모의 향토군(예비군)을 보유한 것으로 추정했다.

찰대대의 전투력은 이에 훨씬 못 미쳤다고 평가할 수 있다. 그럼에도 불구하고 기존의 전사류들이 주장하듯, 남북한이 개전 시점에서 10만 명 대 20만 명이라는 2배의 병력 차이를 가졌던 것은 아니었음은 분명하다. 즉 병력의 질적인 문제, 배치·운용의 면에서는 평가가 다를 수 있지만, 병력의 수적인 규모에서는 남북 간에 결정적인 차이가 있었다고 보기는 어렵다.[254]

일반적으로 기습공격이 성공하기 위해서는 공격자가 방어자보다 3배 우세한 병력을 가졌을 때에만 '전략적 침투'가 가능하다고 알려져 있다.[255] 그렇지만 개전 당시 북한군의 병력은 공격자가 우세할 수 있는 산술적 우위를 점하지 못한 상태였다. 이는 개전 직후 북한군 사단 대부분이 한국군의 방어와 미군의 공습으로 반토막이 나자, 남한에서 대규모의 의용군을 징발한 데서 잘 드러났다. 이학구 총좌가 지휘한 13사단의 경우 낙동강 교두보에 도달했을 때, 병력의 80%를 남한에서 모집한 상태였다.[256] 이로써 개전 초 형성되었던 북한군의 승승장구의 원인이 적어도 전체 병력 규모의 우위에서 비롯된 것이 아님을 알 수 있다.

이상에서 살펴본 남북한 병력 현황의 특징을 정리하면 다음과 같다.

첫째, 1949년 8~9월까지 남한은 정규군 수준에서만 최대 1만 명 이상 북한을 앞서갔다. 한국군의 급속한 병력 증강은 한국군에게는 자신감을, 북한군에게는 두려움을 자아냈을 가능성이 높다.

둘째, 한국군의 정규군 병력 규모는 1949년 8월 중순 10만 명 선에 달한

---

[254] 한국군의 공식 입장은 개전 초기 남북 간의 병력이 북 19만 8,380명, 남 10만 5,752명으로 북한이 2:1로 우세했으며, 전선에서는 주공 방향인 철원-의정부-서울 축선 1:4.4, 개성-문산-서울 축선 1:2.2, 조공 방향인 화천-춘천 축선 1:4.1, 인제-홍천 축선 1:4.1, 양양-강릉 축선 1:2.5로 한국군이 열세였다고 평가했다〔국방군사연구소(1995), 앞의 책, 100쪽〕.

[255] John Mearsheimer, *Conventional Deterrence*, Cornell University Press, 1983, pp. 36, 47〔Bruce Cumings(1990), 앞의 책, p. 585에서 재인용〕.

[256] ATIS Interrogation Report no.1468(1950. 9. 29), 국사편찬위원회(1996), 『남북한관계사료집』(북전군포로심문보고서 9-10호) 25집, 208쪽.

이래 한국전쟁 때까지 그 규모를 유지했다.

셋째, 북한군은 1949년 중반 이후 급격히 한국군의 병력 규모를 따라잡기 시작해, 1949년 9월 한국군에 거의 근접한 수준에 도달했다.

넷째, 1949년 9월 이후 북한군은 한국군의 병력 규모를 추월하기 시작했고, 중국인민해방군에서 단련된 노련한 고참병 3만 7,000여 명을 받아들였다. 전체 돌격사단의 절반 정도가 동북 한인 가운데에서 충원되었다. 북한군 돌격사단의 절반 이상이 국공내전의 경험을 가졌으므로, 지휘관과 병사의 전투경험·훈련·사기 등의 질적 측면에서 북한군은 한국군보다 우월한 면이 있었다. 그럼에도 불구하고 개전 당시 남북한의 정규군 총 병력 규모는 현격하게 차이가 나지는 않았다.

다섯째, 개전 초 전선에 배치된 병력 규모는 2:1 정도의 차이가 있었다. 북한군은 돌격부대로 6개 사단, 1개 탱크여단, 1개 모터사이클 연대를 배치했고 예비대로 3개 사단을 동원했다. 당시 북한군이 보유한 사단수는 총 10개였는데, 이 중 완편된 6개 사단을 전선에 배치했고, 편성 중에 있던 3개 사단은 제2제대, 즉 예비대로 활용했다.

2. 연대급 전투의 전개(개성-옹진)

5·4 개성 송악산 292고지전투와 38선 충돌의 확대

1949년 5월 이후 남북한 간 연대급 전투의 시발점이 된 5월 4일 송악산전투에 대해서는 남북한의 기록이 상반된다. 먼저 한국측 기록을 보자. 『한국전쟁사』(구판)의 서술은 다음과 같다.

> 5월 3일 북한 1사단 3연대 1개 대대 약 1천 명 중 3개 중대 병력이 292고지(38선 이남 100m)에서 진지 구축 중인 아군에 대해 불법 공격을 가해 무단히 점령

함. 5월 4일 미명 11연대(최경록 중령) 제2대대, 하사관교육대를 투입해 정면·신관지서 후방을 공격, 105mm 포 1개 대대(15문), 57mm 대전차포 2개 중대 동원. 피탈당한 292고지에는 10개의 有蓋掩體의 특화점(特火點) 진지. 적의 특화점인 토치카 파괴 위해 81mm 박격포탄에 폭약을 장치하고 9명이 육탄 공격.[257]

충돌이 발화한 핵심 쟁점은, 5월 3일 38선 이남 292고지에서 한국군이 진지 구축 중이었는데 북한군이 공격을 가해 점령했다는 것이다. 사사키 역시 "5월 3일 한국군 일부가 292고지의 남쪽 고지 일대에서 진지를 구축할 때" 북한군이 공격했다고 기술했다.[258]

전사류뿐만 아니라 당대에도 북한이 5월 3일 한국 지역인 292고지를 '불법 공격'함으로써 충돌이 시작되었다는 인식이 팽배했다. 국방장관 신성모는 5월 6일 담화를 통해, 북한군이 38선 이남 300m 지점인 292고지를 점령했기에, 5월 4일 오전 6시 30분 국군이 공격을 개시해 292고지에서 북한군을 격퇴했다고 발표했다.[259]

그 유명한 육탄10용사가 탄생한 5·4송악산전투의 핵심은 다름 아닌 292고지 문제였다. 5월 3일 북한측이 292고지를 점령해, 5월 4일 한국군이 병력을 동원하여 292고지 탈환전을 펼친 것이 5·4전투의 핵심이었다.

한편, 당시 한국의 고위 당국자와 언론은 5월 4일 새벽 북한이 공격을 개시했다고 주장하기도 했다. 예를 들어 5월 4일 오전 인민군 300명이 월남해 전투 개시(내무장관 김효석),[260] 5월 4일 이른 아침 북한군 2개 대대가 공격(공보처),[261] 5월 4일 04:30 인민군 200명 내습해 국군에게 발포한 것이 발단(오

---

257) 『한국전쟁사 1: 해방과 건군』, 520쪽.
258) 佐佐木春隆, 앞의 책, 425쪽.
259) 『자유신문』 1949. 5. 7.
260) 『동아일보』 1949. 5. 7.
261) 『평화일보』 1949. 5. 7.

소백),[262] 5월 4일 새벽 4시 인민군 3개 대대 2,500여 명이 중화기로 개성시가를 공격, 동일 4시 30분경 전투 태세를 전개했다[263]는 등의 발표 및 보도가 있었다.

그런데 앞에서 살펴본 것처럼, 한국측은 당시는 물론 지금도 292고지가 38선 이남 100~300m 지점에 있었다고 주장한다. 주한미군사고문단의 정보 역시, 초기에는 292고지가 38선 이남이었다고 쓰다가 얼마 후 38선 이북으로 정정할 정도로 292고지의 위치에 대해 남북 간에 명확한 합의가 없었는데, 한국군은 292고지를 38선 이남으로 간주하고 있었음이 분명했다.

미군사고문단과 한국군이 292고지가 38선 이남이라고 생각한 것은 이들이 사용하던 부정확한 지도 때문일 가능성이 높다. 현재 292고지와 관련해서 우리가 가용(可用)할 수 있는 몇 가지 지도가 있다.

첫째, 1996년 9월 한국의 국립지리원이 발간한 1:50,000 지형도 no.219 개성(開城)도엽이 있다. 도엽번호 NJ52-9-03인 이 지도는 1975년 편집되었고 1974년 현지 조사한 것으로 되어 있다. 휴전선 이북인 이 지역을 어떻게 현지 조사했는지는 알 수 없지만, 이 지도는 현재 한국에서 구할 수 있는, 개성 송악산 지역에 관한 가장 상세한 지도이다. 이 지도의 좌표 499-159 내에 400고지 등고선이 표시되어 477고지가 위치하고 있는 것으로 추정되지만, 지도상에는 송악산이나 477고지는 물론 292고지도 표시되어 있지 않다.[264]

둘째, 주한미군이 사용한 1945년도 1:50,000 개성(Kaesong, Type A-AMS1, 1945. Sheet 6527Ⅳ)지도가 있다.[265] 이 지도는 1918년 제작된 일본 육지측량부(Japanese Imperial Land Survey)의 1:50,000 조선 지도의 개성도엽을, 1945

---

262) 『민주중보』 1949. 5. 8.
263) 『동아일보』 1949. 5. 21.
264) 이 지도는 개성의 자남산을 지남산으로 표기하는 등 지명에서 오류가 보인다.
265) RG 77, File L-751, Kaesong, Type A-AMS1, 1945, Sheet 6527Ⅳ, AMS Series L751, National Archives of the Unites States, Cartographic Records, Records of the War Department, Office of the Chief of Engineers.

년 미육군지도창(the Army Map Service: AMS)이 육군공병감(the Chief of Engineer)의 지휘하에 복제한 것이다. 이 지도상의 1cm는 실제거리 500m인데, 송악산 475고지는 38선 이남 250m로 표시되었고, 292고지는 292.1고지로 명명되어 38선 이남 100m로 표시되었다.

셋째, 주한미군이 사용한 1946년도 1:50,000 개성(Kaesŏng, Type F-AMS2, 1946. Sheet 6527Ⅳ)지도가 있다.[266] 이 지도는 1939년 제작된 일본 육지측량부의 1:50,000 조선지도를, 1946년 미육군 지도창이 육군공병감의 지휘하에 수정(redrawn) 발행한 것이며 1945년 미공군의 항공촬영을 참조했다. 이에 따르면, 송악산 477고지는 표시되어 있지 않으며, 291고지는 38선 이남 125m로 표시되었다.[267]

즉 미군이 사용한 1:50,000 지도는 모두 일본이 제작한 1918년, 1939년 동일 축척 지도의 복사·수정판이었는데, 모두 292고지 혹은 292.1고지를 38선 이남 100~125m 지점으로 표시했다. 그렇지만 이것은 정확한 방위를 표시한 것이 아니었다. 일본 육지측량부가 편차가 적지 않은 육지 측량을 했을 뿐 항공촬영이나 현지 조사를 통한 수정 작업을 병행하지 않아 발생한 문제였다. 즉 292고지 정상의 방위에 200~300m 가량의 편차가 발생한 것이다.

넷째, 북한이 1949년 처음으로 출판한 1:50,000 지도를 토대로 1981년 구소련에서 제작한 지도가 있다.[268] 일본 육지측량부는 1937~1942년 한반도에

---

[266] RG 77, File L-751, Kaesong, Type F-AMS2, 1946, Sheet 6527Ⅳ, AMS Series L751, National Archives of the Unites States, Cartographic Records, Records of the War Department, Office of the Chief of Engineers.

[267] 이후 간행된 개성도엽들, 예를 들어 1951년 9월 지도(64th Engr Base Topo, 5th edition, FEC), 1952년 1월 지도(4th edition, FEC), 1968년 1월 지도(40th Engineer Co.)는 모두 292고지를 38선 이남으로 표시하고 있다. NARA, RG 77, L-751, Cartographic Records, Records of the War Department, Office of the Chief of Engineers.

[268] 鄭璋鎬(1997), 「『最近北韓五萬分之一地形圖』 발간에 즈음하여」, 『最近北韓五萬分之一地形圖』下, 景仁文化社. 이 지도는 1976~79년 자료를 보완하여 1981년에 다시 구소련군 참모본부에서 항공 촬영법을 이용하여 원색으로 출판한 것의 번역본이다.

대한 실측을 했는데, 이 지도에 근거해 유추해볼 때 북한은 1949년 1:50,000 축척의 군사용 비밀지도를 제작했으리라 판단된다. 한국에서 출간된 『최근북한오만분지일지형도』에 수록된 「툿豊」(일련번호 382, 도엽번호 NJ52-5-43)에 따르면, 송악산 488.2고지는 38선 이북 400m 지점에, 292고지는 38선 이북 150m 지점에 위치한다고 표시되었다. 이 지도의 범례에 따르면, 이는 1916년 측량된 자료를 기초로 1945~46년 항공 사진에 의거해 제작되었으며 1975년 자료에 의거해 수정되었다고 나타나 있다. 즉 이 지도는 292고지를 38선 이북 150m 지점으로 표시하고 있는 것이다.

앞에서 제시된 지도들의 등고선을 참조해보면 292고지의 남쪽 능선은 155.6고지와 느린 경사지로 맞닿아 흘러내리고 있음을 알 수 있다. 문제는 292고지 정상이 38선 이남인가 이북인가 하는 데 있었다.

앞에서 살펴보았듯이, 주한미군이 보유하고 있던 가장 상세한 1:50,000 지도상에 292고지가 38선 이남으로 표시되어 있어서, 주한미군사고문단도 한국군도 292고지가 38선 이남인지 이북인지에 대해 정확히 판단하지 못하고 있었다. 5월 4일 개성전투가 발발한 직후 주한미군사고문단은 292고지를 38선 이남으로 표기했다.[269] 그런데 그 직후 군사고문단은 38선이 292고지를 통과한다는 점을 지적했고,[270] 7월 들어서 송악산 292고지와 488고지 모두 38선 이북 지역으로 표기하기 시작했다.[271] 즉 292고지는 그 정상이 38선 이북에 위치하고 있었지만, 고지의 남쪽 능선이 38선을 넘어 이남으로 흘러내리고 있었던 것이다.[272] 이상을 종합해보면 292고지의 방위에는 남북이 보유한 지

---

269) *Joint Weeka*, no.71(1949. 4. 30~5. 7).
270) HQ, USAFIK, *G-2 Periodic Report*, no.1112(1949. 5. 9).
271) KMAG, *G-2 Periodic Report*, no.151(1949. 7. 26).
272) 1949년 미군이 작성한 38선 충돌 전황도에는 292고지가 38선상에 위치하는 것으로 묘사되었으며, 1967년 한국 전사편찬위원회의 개성 송악산 전황도에는 292고지가 38선 이북으로 표시되어 있다(RG 319, ID file no.630452, Annex #1 to Incl #2. "Statistic Table of North Korean Puppet Troops Invasions on South Korea, From 1 Jan. 1949 to 5 Oct. 1949").

도상의 상이·오차가 존재했음을 알 수 있다. 이러한 오차는 크게 보아도 300m 내외지만, 남북 간 연대급이 동원된 대규모 무장 충돌의 원인이 되었다.

한편 북한은 김석원이 이끄는 몇천 명의 병사들이 송악산 근처에서 5월 4일 아침 38선을 넘어 공격했다고 주장했다.[273] 북한의 주장을 보다 자세히 살펴보자.

> 5월 4일 05:30분에 11연대 2개 중대 350명과 교도대 120명은 포사격의 엄호 하에 송악산을 침습, 공화국 경비대는 부득이 퇴각, 남한군은 292.1고지 점령, 저녁에 격퇴. 5월 5일 남한군 2,600명 38 이남 비둘기고개와 신간지서지역에서 이북 공격, 5월 5~7일까지 계속 공격.[274]

앞에서 살펴본 것처럼, 전희섭·최현·김일성 등은 292고지(혹은 291.5고지)가 38선 이북 북한 지역이라고 믿고 있었다.

주한미군사고문단의 상황 판단 역시 비슷했다. 이들의 정보보고의 내용은 다음과 같다.

> 5월 4일 03:30분 한국군 50명이 이전에 구축해둔 292고지(958-1697)-개성 북방 1.5마일 지점-의 남측 경사면(south slope)을 점령한 5월 4일 최대의 38선 충돌이 발화함. 5월 4일 06:50분에 북한군 2백 명이 공격함, 남한은 2개 중대로 강화됨, 북한은 5~6백 명으로 증원해 남한군을 격퇴함, 남한 11연대를 증파하고 북한군을 포격함, 남한 105mm 포로 5월 5일 반격해 292고지를 탈환함.[275]

---

273) 『로동신문』 1950. 2. 6.
274) 「조국전선보고서」.
275) *Joint Weeka*, no.71(1949. 4. 30~5. 7); HQ, USAFIK, *G-2 Periodic Report*, no.1112(1949. 5. 6).

292고지의 위치 문제만을 제외한다면 남·북·미국 자료에 나타나는 5·4 송악산 292고지전투의 실상은, 5월 3일 북한군이 292고지 점령→5월 4일 한국군의 292고지 탈환전 개시→북한군의 반격 및 육탄10용사 발생 등의 전투가 나흘 간 지속되었다는 것이다. 한국군은 1사단의 몇 개 대대 병력을 투입했지만, 292고지 전투에서 승리하지는 못했다.

당사자인 김석원은 회고록에서 292고지가 38선 이남 100m 지점이었으며, 북한군이 1949년 5월 3일 진지를 구축 중인 아군을 느닷없이 공격했다고 주장했지만,[276] 그가 38 이북의 고지를 공격한 것은 분명했다. 주한미군사고문단장 로버츠 역시 김석원이 도발했다고 보고했다.[277]

송악산 충돌은 주한미정부기관들의 심각한 우려를 자아냈다. 5월 9일 무초 대사와의 통화에서 이승만은, 사태는 진정되었지만 상당히 많은 이들이 북의 침략자들에 대한 견결한 조치를 주장하며 자신을 괴롭혀 매우 난처한 입장이라고 밝혔다.[278]

무초는 5월 10일 즉각 주한미군사고문단장 로버츠 장군과 대사관의 드럼라이트 참사관을 대동하고 이승만을 방문했다. 이 자리에서 로버츠는 5월 6일 한국 육군의 한 부대가 38선을 월경해 북쪽으로 4km 가량 침입했으며, 몇 개 부락에 총격을 가했다고 단언했다. 그는 자신이 접수한 보고의 정확성에 의문이 들어 진상 확인을 위해 조사단을 구성했다고 밝혔다.[279] 무초 대사는 유엔한국위원단이 주재하고 있는 상황에서 한국군이 공격을 선도했다는 인상을 주는 것은 불행한 일이라고 경고했다. 나아가 무초는 미국은 방어 수단의 견지에서 한국정부를 강력히 지지하지만, 한국정부가 만일 침략수단에 의

---

276) 김석원, 앞의 책, 267쪽.
277) RG 349, box 699, 「로버츠가 Almond 장군에게 보낸 1949년 8월 5일자 전문」; *FRUS*, 1949, vol. 7, pp. 987~988, 1016~1018 참조.
278) Memorandum of Conversation, Subject: Recent Clashes along 38th Parallel, Despatch no.259(1949. 5. 10).
279) 「Muccio to Acheson」(1949. 5. 10), *FRUS*, 1949, vol. 7, pp. 1016~1018.

□ 그림 III-6 **개성 송악산 전황도**(한국)

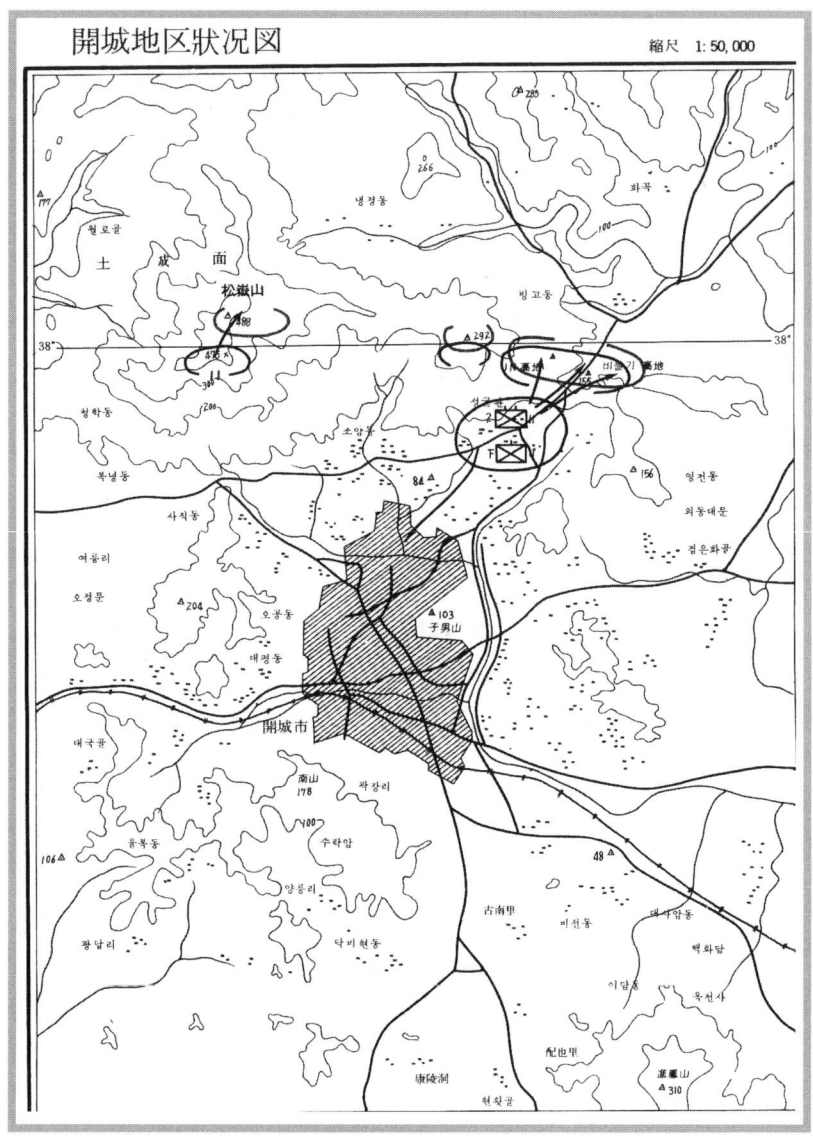

※ 출전: 국방부 전사편찬위원회(1967), 『한국전쟁사 1: 해방과 건군』.

□ 그림 III-7 개성 송악산 전황도(북한)

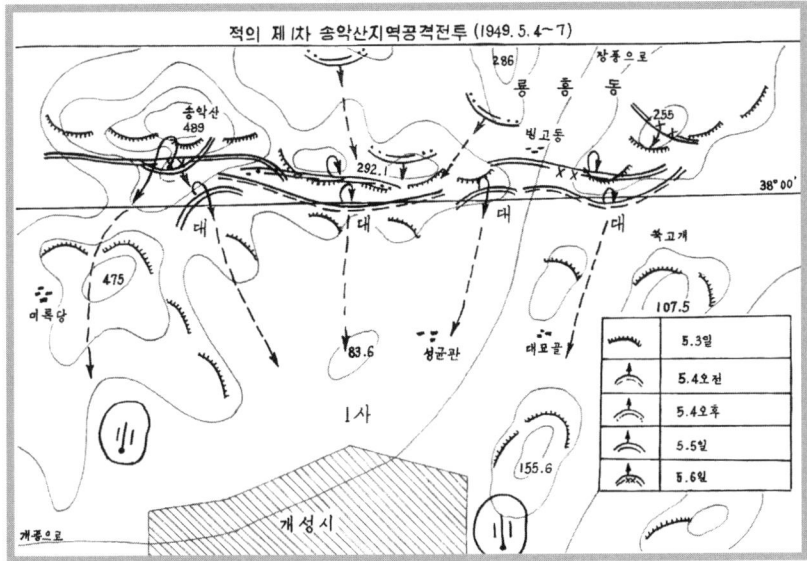

※ 출전 차준봉(1993), 『누가 조선전쟁을 일으켰는가』, 평양 사회과학출판사.

지한다면 미국의 지원은 없다고 재삼 강조했다. 이승만은 한국군이 38선을 월경하지 않았으며, 부하들은 북의 공격에 맞서 스스로 방어했을 뿐이라고 항변했다.[280]

송악산 292고지 충돌은 1949년 발생한 여타의 38선 무장 충돌을 설명해주는 대표적인 사례였다. 송악산 292고지 충돌과 관련해 중요한 자료가 하나 있다. 바로 김석원 대령이 지휘한 한국군 제1여단의 선임 군사고문 조지프 클라우치(Joseph A. Clouch) 중령의 5월 8일자 보고서이다.[281] 이에 따르면, 북한이 1주일 전쯤 292고지와 106고지 남쪽 경사면에 토치카와 포상(砲床)을 건설

---

280) Embassy, Seoul. No.259, 895.00/5-1049, Subject: Transmitting Memorandum of Conversation Concerning Recent Clashes Along 38th Parallel(1949. 5. 10).
281) RG 319, ID file no.561023, "Report of Operations 3 May 1949 to 6 May 1949" by Senior American Advisor, 1st Infantry Brigade, Korean Army, Susaek, Korea(1949. 5. 8).

함으로써 충돌의 원인이 되었는데, 이 두 지점은 모두 북한 지역이었다. 다음은 클라우치가 전하는 일자별 사건 요약이다.

- 1949년 5월 3일(화): 북한군은 292고지·106고지 점령하고 개성을 향해 남쪽으로 침투 개시 → 방어를 위해 11연대 6중대가 전개 → 1여단장은 북한군의 38선 이북 구축을 위해 11연대장에게 하사관 중대·6중대·8중대의 제한적 공격 허가. 김석원은 "어떤 상황에서도 38선을 월경하지 말라"고 경고.
- 1949년 5월 4일(수): 03:00시 북한군 292고지의 지점에서 기관총·박격포 사격 개시 → 11연대장, 1여단장·미군사고문단의 허가하에 6중대·하사관중대에 06:00시 292고지 공격 명령 → 292고지 점령한 후 토치카·포상 파괴 → 북한군, 고지 탈환 위해 "반자이" 돌격했으나 격퇴, 고지 아래 38 이북으로 도망 → 북한군, 292고지에서 개성 정북방의 원래 방어 지점으로 철수함 → 11연대 1·2·4중대가 문산에서 개성으로 증파됨.
- 1949년 5월 5일(목): 인민군 약 1개 중대, 신관경찰서 약 500야드 지점까지 내려와 발포와 동시에 292고지로 병력 재이동 → 1·4·6중대, 기관총·박격포 지원으로 292고지 점령, 하사관 중대 신관 적 병력 구축 → 야전포병 1개 중대(3문) 문산에서 개성으로 이동 → 16:00시경 11연대 병력, 292고지에서 원래의 야간 방어 지점으로 철수 → 13연대 제3대대, 서울에서 문산으로 이동.
- 1949년 5월 6일(금): 인민군, 292고지 북방 계곡에 막대한 병력이 재집결, 1개 중대 월경했으나 구축됨.
- 1949년 5월 7일(토): 10:00시까지 전투 없으며, 정찰 활동만 지속.[282]

결국 5월 7일 이래 개성은 평온한 상태를 유지했다. 문제는 북한이 이전의

---

282) "Report of Operations 3 May 1949 to 6 May 1949" by Senior American Advisor, 1st Infantry Brigade, Korean Army, Susaek, Korea(1949. 5. 8).

주둔지에서 더 나아가 개성이 내려다보이는 감제고지인 292고지를 점령하고 여기에 토치카와 포상을 설치함으로써 시작되었다. 선임 고문관인 클라우치가 같은 보고서에 한 번은 38선 이남으로 적고 한 번은 38선 이북이라고 적을 정도로, 292고지의 위치는 애매했다.[283] 정확한 좌표에 따르면, 292고지의 정상은 38선 이북이며, 292고지의 남쪽 능선은 38선 이남으로 흘러내리고 있었다.

그런데 북한이 38선 이북 남쪽 능선에 요새를 구축하자, 감제고지를 점령당해 위기감을 느낀 한국군이 292고지의 북측 진지를 공격한 것이다. 클라우치의 평가대로, "북한군이 야금야금 개성의 우리 방어 지점에 근접 이동해왔기 때문에 최초의 공격은 정당화될 수 있었다"는 것이다. 반면 구판 『한국전쟁사』는 1여단 11연대가 "적진지 전선(475고지·292고지)에 마대진지를 축성하는 등 상대적으로 그들의 陣前에 진지를 구축하자 적은 이를 저지할 목적으로 공격을 가한 것"이라고 썼다.[284]

클라우치의 보고에 따르면, 북한군은 292고지에서 격퇴된 이후 개성이 내려다보이는 감제고지의 점령 시도를 중단한 상태였다.[285] 클라우치는 292고지 충돌의 사상자가 아군 사망 22명, 부상 3명, 적군 사망 400명, 부상 1,000명이라고 보고했지만, 북한의 사상자 수는 과장된 것이 분명했다.

나아가 클라우치는 김석원이 38선 월경금지를 온 힘을 다해 역설했다고 강조했다. 그는 박격포와 105mm 곡사포의 포탄 사용량이 너무 많았지만 이 역시 지상으로 북한군을 월경해 추적할 수 없는 상황이었기 때문에 발생한 것이라고 분석했다. 야전의 고문관은 현장의 목소리와 분위기에 좀더 신빙성을 두었던 것이다.

---

[283] 이런 판단은 아마도 클라우치가 사용한 지도의 부정확성 때문이었을 수도 있다. 정확한 이유는 알 수 없지만, 클라우치는 보고서에 주한미군이 통상 사용하던 1:50,000 축척의 지도가 아닌 1:250,000 축척 지도를 활용했다. 이런 축척의 지도에 292고지의 정확한 좌표가 나올 리 없었다.
[284] 『한국전쟁사 1: 해방과 건군』, 520쪽.
[285] RG 319, ID file no.561023, American Embassy, no.269(1949. 5. 13), Subject: Transmitting Report on Kaesong Incident.

이 전투에서 한 가지 흥미로운 것은 한국군의 공격 전술이었다. 당시 한국군에게 우회를 통한 측면·후면공격, 양익공격, 기습공격, 주공과 조공의 배합 등은 존재하지 않았다. 오직 포병 사격 후 고지 점령을 위한 보병의 축차적(逐次的) 투입과 육박전이 있었을 뿐이다. 이는 중일전쟁을 겪었던 여단장 김석원의 지휘능력과 경험을 보여주는 것이었다.

한편 5월 4일 전투에서 육탄10용사가 생겨났다. 클라우치의 보고서에 따르면, '하사관 중대 중대장'이 10명의 자원자에게 다이너마이트를 들고 토치카를 날려버릴 것을 주문하자, 7명의 하사관이 허리에 다이너마이트를 두르고 토치카와 함께 폭사함으로써 임무를 수행했다. 구판『한국전쟁사』에 따르면, 전투 종료 후 평양방송은 9용사 중 서부덕(徐富德) 상사와 오제룡(吳濟龍) 일병 등이 살아 있다는 육성방송을 했을 뿐 아니라, 38선 일대에 이들의 사진이 들어간 대량의 환영전단·가족에게 보내는 삐라 등을 살포하기도 했다.[286] 미국 NARA에 소장된 노획문서철에 소장된 북한의 잡지에서도 투항한 병사 2명이 한국군을 조롱하는 만화를 발견할 수 있다.[287]

존 메릴은 국군이 '38선을 전반적으로 정비하겠다'는 의도하에 이 전투를 시작함으로써 38선을 둘러싼 군사충돌이 발생했다고 주장했다.[288] 흥미로운 것은 교전이 발생한 직후 미군 정보 당국의 움직임이었다. 이러한 정보의 핵심은 한국측이 북한에 대한 대규모 공격을 계획적으로 준비하고 있다는 것이었다.

주한미군사령부 정보참모부에 접수된 B-3등급의 정보보고는 다음과 같이 적고 있다.

---

286) 『한국전쟁사 1: 해방과 건군』, 522~525쪽.
287) RG 242, SA 2005-1-12, 인동석 작화, 「국방군 이모저모: 결사대의 행방」, 『청년생활』 1950년 3호, 31~33쪽.
288) 존 메릴 지음·신성환 옮김(1988), 앞의 책, 272쪽.

북한 침공을 계획: 한국군에 파견된 미국 고문관은 한국정부의 일부 관리들이 미군 전술부대의 출발 이전에 북한을 조기 공격할 계획이라는 소문들이 있다고 보고함. 이 계획은 곧 중공군이 북한군을 원조하기 위해 자기 병력의 일부를 전용하는 것이 가능할 것이며, 미군이 현장에 존재할 때 미국이 개입할 가능성이 커진다는 추론에 입각한 것으로 여겨짐.[289]

5월 6~7일의 미군 정보망은 매우 발빠른 움직임을 보였다. 5·4 송악산전투 직후 미군 정보는 공통적으로, "보다 중요한 사실은 수개월 간 상대적으로 고요했던 38선을 따라 주요한 전투가 발화한 것이 다름 아닌 미군 철수에 관한 소문과 보고 들이 만연해 있는 시점이라는 사실은 남한군이 사건을 도발했을 가능성을 나타내는 것"이라고 지적했다.[290]

앞서 살펴본 것처럼, 5월 7일 무초와 로버츠는 이승만을 방문해 남한의 선제공격 자제를 호소했고,[291] 같은 날 12:00시에 국방장관 신성모는 "자기 부대로 하여금 38선을 침범하도록 시키거나 유도한 부대지휘관은 그 누구라도 군사법정에 세워질 것이며, 혐의가 인정되는 대로 도발한 지휘장교들은 사형에 처해질 것이다"라는 강력한 지시를 하달했다.[292] 이러한 일련의 정보들은 5·4 송악산 292고지전투가 주한미군 철수와 관련한 남한측의 정치적 의도에 따라 개시된 것이라는 점을 시사하고 있다.

북한의 대응 역시 발빨랐다. 분명한 공격 의사에도 불구하고 병력부족과 한국군의 공세적 태도에 밀려 있던 북한의 선택은 한국군 내부 와해작전(강태무·표무원 월북, 508호 월북)과 소규모 보복 공격(배천, 옹진), 그리고 유격대의 남파 등을 동시 진행하는 것이었다.

---

289) HQ, USAFIK, *G-2 Periodic Report*, no.1112(1949. 5. 6).
290) *Joint Weeka*, no.71(1949. 4. 30~5. 7); HQ, USAFIK, *G-2 Periodic Report*, no.1112(1949. 5. 6).
291) 「Muccio to the Secretary of State」(1949. 5. 10), *FRUS*, 1949, vol. 7, pp. 1016~1018.
292) *Joint Weeka*, no.72(1949. 5. 7~5. 14). 이 정보보고의 신뢰등급은 B-2였다.

□ 그림 III-8 **한국전쟁 개전 후 전선으로 출동하는 표무원·강태무 부대**

ⓒ NARA

먼저 5·4전투가 발발한 직후인 5월 5일, 춘천 6여단 8연대 소속 강태무·표무원 소령이 각각 지휘하는 2개 대대가 월북하는 사건이 발생했다.[293] 245명 가량이 월북한 이 사건은, 개성의 38선 충돌이 한국정부의 북진통일론과 관련된 것이라 판단한 북한측이 한국군 부대를 통째로 월북시킴으로써 한국 군부의 와해를 시도한 것이었다.

성시백이 관련된 이 월북사건의 배후에는 숙군에 대한 군 내부의 강한 압박이 존재했다. 강태무·표무원은 북한의 거물 공작원 성시백 선에 포섭되어 있던 북한의 첩자였다. 한국 중앙정보부의 기록에 따르면, 이들은 1946년 10월 북한 평양학원 대남반 1기 출신의 공작원이었으며, 구소련 문서는 남한 군

---

293) 월북 과정과 월북자 수, 인명 등에 대해서는 『동아일보』 1949. 5. 15; 유영구(1993), 『남북을 오고간 사람들』, 74~79쪽; 『함남로동신문』 1949. 5. 7 참조.

대의 붕괴를 위해 북한 첩보원 2명이 대대장과 장교로 변신해 복무했다고 적고 있다.[294]

이들은 철원-원산을 거쳐 5월 10일 평양에 들어왔는데, 북한 당국은 시민 30만 명을 동원해 이들을 환영하는 등 경축 분위기가 최고조에 달했다.[295] 5월 10일에는 의거부대 장병연합회가 개최되었고, 이들은 김일성에게 맹세의 편지를 전달했다.[296]

2개 대대의 월북을 전후로 한국 해군의 반역 및 월북 사건이 연이었다. 해군의 경우 이미 1948년부터 월북 사건이 있었는데, 1948년 5월 7일에는 통천호가 월북했고 6월 14일에는 고원정이 월북한 바 있었다.[297] 표무원·강태무 대대의 월북 바로 1주일 뒤인 5월 12일에는 부산항에 정박 중이던 제2특무정대 기함 508호가 월북해 원산항에 입항했다.[298] 이들도 5월 13일 평양에 도착해 대대적인 환영을 받았는데,[299] 이들은 모두 보도용 영상으로 만들어져 북한 전역에서 상영되었다.[300] 이 역시 성시백의 연달아 때리기식 공작이었다. 한편 508호와 함께 서문걸(徐文傑)·김점복(金点福) 등이 주동한 302호 역시 5월 20일 월북을 기도했으나 실패해, 이들은 6월 2일 진해에서 처형되었다.[301]

---

294) 중앙정보부(1972), 『북한대남공작사』 제1권, 328쪽; 「슈티코프→스탈린」(1949. 9. 15), 『소련 외교문서』 3권, 38쪽. 표무원·강태무는 월북 후 북한 제766부대 예하 제424·제200부대장으로 있다가 한국전쟁 개전 후 표무원 부대는 강원도 삼척군 임원진으로 상륙했다(「리승만역도 섬멸소탕전에 표무원·강태무 량부대 용약 출동」, 『조선인민군』 1950. 7. 8).
295) 『함남로동신문』 1949. 5. 7; 5. 8; 5. 10.
296) 조선중앙통신사(1950), 『조선중앙연감 1950년판』, 712~720쪽.
297) HQ, USAFIK, *G-2 Periodic Report*, no.829; no.860; HQ, USAFIK, *G-2 Weekly Summary*, no.144(1948. 6. 18).
298) 조선중앙통신사, 『해방후10년일지』, 83~85쪽; 조선중앙통신사(1950), 『조선중앙연감 1950년판』, 712~720쪽; 『함남로동신문』 1949. 5. 14. 반란주동자는 李松鶴 소위였다(『한국전쟁사 1: 해방과 건군』 571쪽). 「신성모국방장관의 5월 13일 진상담화」, 『연합신문』 1949. 5. 15. *Joint Weeka*, no.72(1949. 5. 7~5. 14); HQ, USAFIK, *G-2 Periodic Report*, no.1115(1949. 5. 13).
299) 『함남로동신문』 1949. 5. 15.
300) 강·표 대대와 508호에 대한 평양역 월북환영행사는 보도용 선전필름으로 제작되었다. 이는 전쟁기 미군에 노획되었다〔「강표 대대 월북」(1949. 5); 「월북한 해군」(1949. 5. 12), MID 5241, NARA〕.
301) 『한국전쟁사 1: 해방과 건군』, 572쪽; 『조선중앙일보』 1949. 6. 17, *Joint Weeka*, no.74(1949. 5. 21~5. 28).

1949년 5월의 시점에서 북한은 표면적으로는 분명 경축 분위기였다. 북한 신문들은 2개 대대의 월북과 함정 월북 사건들을 대대적으로 보도하며 경축 분위기를 주도했다. 이와 함께 군인들뿐 아니라 농민들도 북한 체제를 선호하고 감사한다는 선전 작업이 진행되었다. 농번기를 앞둔 연백군 농민 445명이 38선을 넘어와 북한 지역에서 구암·예의저수지 급수에 대한 '감사대회'를 열고 김일성에게 '감사문'을 채택했다.[302] 앞서 살펴본 것처럼, 남북 갈등의 격화 속에 정부 차원의 해결을 기대할 수 없었던 연백 농민들이 물을 얻기 위해 월경했던 것이다. 다음해인 1950년에도 역시 560명의 연백 농민대표들이 김일성에게 감사하는 연백 농민대회를 열어야 했다.[303] 농민들은 한국정부에는 수세를 바쳐야 했고, 북한정부에는 감사대회를 열어야 했다.

　육탄10용사를 만들어내야 할 정도로 송악산전투에서 고전을 면치 못했던 한국측의 사기는 강태무·표무원 월북 사건의 여파로 더욱 저하되었고, 지휘 책임을 지고 육군총참모장 이응준이 사직하고 채병덕이 취임하는 등(5. 15) 그 충격과 파장이 엄청났다.[304] 반면 한국군의 대북 적개심은 그에 정비례해 최고조에 달했다. 한국군이 북한의 집중적인 육해군 내부 와해 공작에 대해 강력하게 반발하고 보복을 구상한 것은 당연했다.

　강·표 부대를 추격해 38선을 넘어 화천까지 공격을 구상했던 6여단장 김백일은 미군사고문단의 반대로 계획이 좌절되자 57mm 대전차포와 105mm M3곡사포로 2개 대대가 월북한 말고개와 신포리에 포격을 가했다.[305] 보다 본격적인 보복은 5월 8일 제1연대 김종오(金鐘五)-김창룡(金昌龍)의 사직리전투에서 이루어졌다. 이들은 강태무-표무원의 월북에 보복하기 위해 북한군 유인작전을 세우고, 38선 이북 3km 지점에 침투해 북한군 1개 중대 이상을

---

302) 『함남로동신문』 1949. 5. 8.
303) 『로동신문』 1950. 5. 23.
304) HQ, USAFIK, *G-2 Periodic Report*, no.117(1949. 5. 18).
305) 『한국전쟁사 1: 해방과 건군』, 421쪽.

섬멸시켰다. 이는 김종오-김창룡의 독단적인 계획으로, 상부에도 건의하지 않고 극비리에 진행된 것으로 알려졌다.[306] 그런데 북한측 자료에는 사직리전투가 기록되어 있지 않다. 한편 신문 보도에 따르면, 6월 11~12일 사직리에서 제2차 충돌이 발생했다. 북한의 철원 제1독립여단(呂壽鉉 대령)의 1개 대대 1,000명 병력이 6월 11~12일 포천군 일동면 사직리지서를 습격했는데, 호랑이부대〔虎部隊, 김종오 연대〕김창룡 소령이 사전에 이 정보를 입수해 6월 12일 오전 2시에 공격을 개시, 282고지를 비롯한 3지점에서 1,000여 명을 사살했다는 것이다.[307] 그런데 1,000여 명의 병력이 동원되고 동수의 사망자가 발생한 이 전투가 남북의 전쟁사에는 언급되어 있지 않으므로, 김창룡에 의한 선전용 홍보였을 가능성을 배제할 수 없다.

한편 북한은 개성 서쪽의 요충 지역인 배천을 습격하는 한편(5. 17~19) 곧이어 옹진반도의 서쪽으로 공격해왔다. 이는 개성으로 집중되는 병력을 분산시키는 한편 38선상의 긴장을 고조시키기 위한 방편이었다. 5월 17일 03:40분 북한경비대 40명이 배천에 침입했고, 18일에는 1개 중대의 병력으로 양청(兩請)경찰지서를 공격했고, 5월 19일에는 배천읍을 점령했다.[308] 북한군은 38선 이남 약 10km까지 육박해, 이 지역을 방어하던 11연대는 개성과 연안 주둔 부대의 증원을 받고서야 이들을 격퇴할 수 있었다. 이 과정에서 한국군은 38 이북 10km까지 추격했다가 복귀했다.[309] 남북한이 모두 38선을 월경해 상대방 깊숙이 공격해 들어갔던 것이다. 사사키는 한국군의 이러한 대처 방안이, 만주 관동군의 소만국경처리요강에 기초한, '침범하지 않고 침범시키지 않는다'는 정신에 따라, 불법 월경한 적을 격양(擊攘)할 때 전술상 필요한 월경

---

306) 『한국전쟁사 1: 해방과 건군』, 529~530쪽; 사직리전투에 대해서는 劉賢鍾(1985), 『白馬高地: 金鐘五 장군 일대기』, 을지출판공사, 135~162쪽; 佐佐木春隆, 앞의 책, 425쪽; 『연합신문』 1949. 5. 12. 김종오는 한국전쟁 초기 춘천전투에서 북한군의 남진을 저지하는 데 성공한 지휘관이었다.
307) 『평화일보』 1949. 6. 15; 『조선일보』 1949. 6. 15; 『연합신문』 1949. 6. 14.
308) HQ, USAFIK, *G-2 Periodic Report*, no.1117~1118(1949. 5. 18, 20); 『자유신문』 1949. 5. 20.
309) 『한국전쟁사 1: 해방과 건군』, 525~526쪽; 佐佐木春隆, 앞의 책, 428쪽.

은 가능하다는 생각에서 비롯되었다고 주장했다.[310]

북한의 조국전선 보고서는 이 사건이 한국군의 비봉산 공격이었다고 주장했으나, 여러 증거로 미루어 북한측의 선제공격이었던 것은 의문의 여지가 없었다.

옹진 제1차 충돌(5. 21~6. 27)과 한국군의 옹진 강화

배천 습격으로 전선을 서부로 확대시킨 북한은 곧이어 옹진에서 공격을 개시했다. 5월 21일 개시된 제1차 옹진전투의 격전지는 서부의 국사봉-두락산과 동부의 까치산-은파산 지역이었다. 국사봉(38선이 관통, 주봉이 38선 이북 위치, 203고지), 두락산(38선 이남 500m, 247고지), 은파산(38선 이북 850m, 283고지), 까치산(38선 이남 1,000m, 358고지) 등은 모두 38선 1km 이남·이북에 위치한 38선 접경의 고지들이었다.[311]

전투는 옹진반도 서부에서 시작해 동부로 번져나갔다. 국회 옹진지구조사단이 3회 15차 국회본회의에 제출한 「옹진지구 38사건 진상보고서」에 따르면, 전투의 출발점은 국사봉이었다.

옹진에는 2개의 국사봉이 존재했다. 하나는 옹진읍 정북 방향으로 38선 이북 600~700m 지점에 위치한 526.9고지의 국사봉(國師峰)이며,[312] 다른 하나는 가천면 두락산과 연이어 있는 작은 국사봉(國思峰, 약 203고지)이었다.[313]

---

310) 佐佐木春隆, 앞의 책, 440쪽.
311) 해당 고지의 방위 및 좌표에 대해서는 다음을 참조. 「남호리」(일련번호 367, 도엽번호 NJ51-8-37), 「태탄」(일련번호 377, 도엽번호 NJ51-8-38), 「읍저리」(일련번호 385, 도엽번호 NJ51-8-45), 「옹진」(일련번호 386, 도엽번호 NJ51-8-38), 『最近北韓五萬分之一地形圖』下, 景仁文化社, 1997; RG 77, File L-751, 「Namho-Ri」(6228Ⅲ), 「T'aet'an」(6228Ⅱ), 「Ongjin-hang」(6227Ⅳ), 「Changhyon-ni」(6227Ⅰ), Type A-AMS1, Korea 1:50,000, AMS L751, published by Army Map Service, National Archives of the Unites States, Cartographic Records, Records of the War Department, Office of the Chief of Engineers.
312) 「태탄」(일련번호 377, 도엽번호 NJ51-8-38), 『最近北韓五萬分之一地形圖』下, 景仁文化社, 1997.

□ 그림 Ⅲ-9 **제1차 옹진 충돌 전황도(한국)**

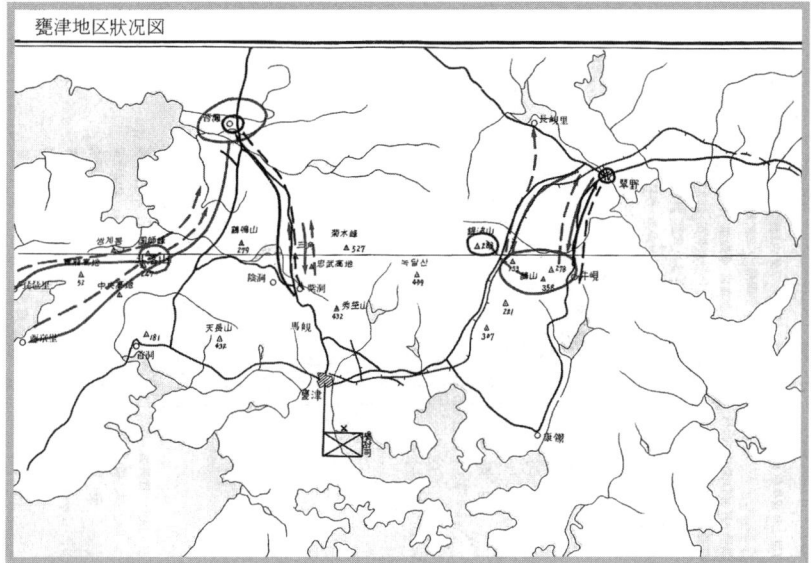

※ 출전 국방부 전사편찬위원회(1967), 『한국전쟁사 1: 해방과 건군』.

이 국사봉(國思峰)은 38선이 관통하고 있으며, 정상은 38선 이북 약 200~300m 지점에 위치해 있었다. 옹진전투에서 문제가 된 국사봉은 두락산과 연이어 있는 작은 국사봉(國思峰)이었다.[314] 다음의 지도에서 드러나듯이, 은동저수지 왼편에 존재하는 국사봉(國思峰)은 옹진의 가천에서 죽천으로 연결되는 큰 도로를 지배하는 감제고지였다. 이 도로는 남으로는 수동을 거쳐 옹진읍으로 연결되었고, 북으로는 태탄-신천-사리원으로 연결되는 주요 도로였

---

313) 「남호리」(일련번호 376, 도엽번호 NJ51-8-37); 「읍저리」(일련번호 385, 도엽번호 NJ51-8-53), 『最近北韓五萬分之一地形圖』下, 景仁文化社, 1997. 이 지도상에 두락산은 두난산(Tunansan)으로 표시되어 있고, 국사봉은 명칭이 표시되어 있지 않다. 한편 미육군 지도창(the Army Map Service: AMS)이 간행한 「옹진항」(Ongjin-hang) 도엽(1945, 1950, 1962년판)에는 두락산 247고지가 38선 이남으로 표시되어 있다. Type-A-AMS(1945); AMS 2(1950); Edition 8-AMS(FEC)(1962. 7).
314) 『한국전쟁사 1: 해방과 건군』, 513쪽의 「옹진지구상황도」에는 큰 국사봉을 국수봉(527고지)으로 잘못 표기하고 있는데, 국수봉은 38선 이북 8.5km에 위치한 다른 산이다.

□ 그림 Ⅲ-10 **제1차 옹진 충돌 전황도(북한)**

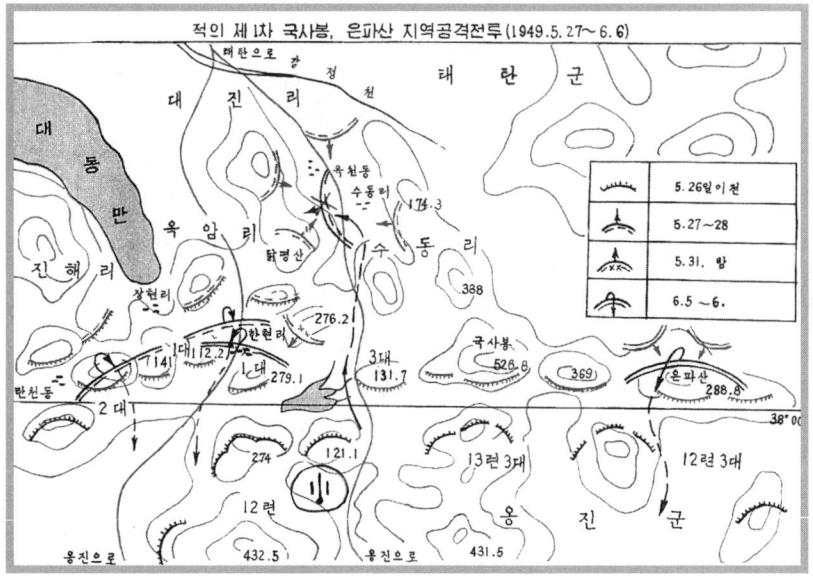

※ 출전 차준봉(1993), 『누가 조선전쟁을 일으켰는가』, 평양 사회과학출판사.

다. 그 때문에 국사봉(國思峰)을 점령한다면 한국군은 쉽게 태탄-신천까지 난 고속도로를 장악하는 셈이었다.

　현재 남북한의 공식전사에도 옹진에 위치한 2개의 국사봉을 잘못 기록한 경우가 적지 않다. 1967년 간행된 국방부 전사편찬위원회의 공식전사 『한국전쟁사 1: 해방과 건군』은 이 국사봉(國思峰)을 國師峰으로 기록하고 있으며, 옹진 정중앙의 국사봉(國師峰)은 국수봉으로 잘못 기록하고 있다. 한편 북한 차준봉의 책은 참고 요도(要圖)에서 옹진 중앙의 국사봉을 언급할 뿐, 주요 전투가 벌어졌던 옹진 좌측 두락산 정면의 국사봉은 표기하지 않았다.[315] 그렇지만 앞에서 살펴본 안찬수의 참고 지도에 드러나듯이, 옹진에는 2개의 국사봉이 존재했다.[316] 그리고 주요 전투가 벌어진 국사봉은 두락산과 맞닿은 옹

---

315) 차준봉(1993), 앞의 책.

진반도 좌측의 국사봉이었다.

　5월 19일 남한 경찰 12명이 국사봉(國思峰)-두락산을 '탈환'해 수비하고 있었다.[317] 이틀 뒤인 5월 21일 00:10분에 북한군 200명이 공격을 개시해 옹진 서부의 국사봉(國思峰)을 점령함으로써 옹진전투는 시작되었다. 국사봉은 지형상 38선 이북으로 통할 수 있는 두락산 연봉이 그 뒤에 가로놓여 있어, "적은 사세 불리한 경우에는 이를 이용하여 도주하는 데 편리하나, 이남의 전면은 기암절벽으로 되어 있으므로 아군의 공세에는 적지 않은 지장을 초래"하는 고지였다.[318] 사사키에 따르면, 북한군 1개 중대가 옹진반도 서부의 해발 205m 국사봉에 있는 한국군 초소를 향해 전투력을 탐색하는 정찰 공격을 감행했다.[319]

　서부의 국사봉 공격이 정찰 공격의 성격이었다고 한다면 그 직후인 5월 24일 옹진반도 동부 까치산 공격은 본격적인 공격이었다. 북한군 1개 대대는 옹진-해주 간의 도로·철로의 감제고지이자, 해주만과 38선 이북의 북한군 주둔 상태를 관측할 수 있는 전략 지점인 까치산(鵲山, 까치산 358고지, 38 이남 1km)을 습격해 점령했다.[320] 또한 북한군은 5월 26일 국사봉의 서남쪽인 서경리(38선 이남 5km), 비파리(38선 이남 2km), 난천리(38선 이남 700~800m)까지 소규모 기습 정찰공격을 감행했다.[321] 북한은 야간에 습격한 후 한국군이 반격하면 곧바로 철수하는 전투 행태를 보였다.[322]

　국사봉을 점령한 북한은 5월 26일 국사봉과 연결되어 있는 전략적 요충인 두락산을 점령했다. 두락산은 38선 이남에 위치한 고지였다. 국사봉을 둘러

---

316) 안찬수(1949), 「옹진전투종군기」, 『민성』 제5권 제9호, 60쪽.
317) 『대한민국국회 제3회 속기록』 제15호, 321~324쪽.
318) 『연합신문』 1949. 6. 16.
319) 佐佐木春隆, 앞의 책, 443쪽.
320) 佐佐木春隆, 앞의 책, 443쪽.
321) 『한국전쟁사 1: 해방과 건군』, 508쪽.
322) HQ, USAFIK, *G-2 Periodic Report*, no.1120~1127(1949. 5. 25~6. 13).

싼 전투는 일진일퇴를 거듭했다. 당시 1사단은 국사봉의 중요성을 다음과 같이 묘사했다.

> 만일에 이 국사봉을 포기하게 된다면 38선 최전선 중요 경찰지서인 교정, 가천, 은동, 서경, 염불 등은 완전히 국사봉 고지에 시설된 기관총 박격포의 사격 권내에 들게 되므로 이의 확보는 옹진의 운명을 좌우하는 것.[323]

한편 한국측은 38선 이남에 위치한 두락산과 연결된 국사봉 역시 요충지라고 생각하고 있었다.

- 38선으로부터 약 2km 지점에 떨어져 있는 곳에 솟아 있는 국사봉 고지(1사단 발표)[324]
- 38선 500m 지점인 이남 소재 국사봉 고지와 국사봉에서 조금 내려앉은 斗落山 82고지에 인민군이 주둔[325]
- 38선으로부터 500~600m 이남인 가천지서 부근에 높이 솟아 있는 국사봉은 옹진 방면의 유일한 요새인데 지난 5월 24일 이북 인민군의 중화기지[326]
- 적의 대군은 38 이남인 국사봉을 점령[327]
- 아군에서도 군사상으로나 지리적으로 보아 이 국사봉을 탈환하지 않으면 항상 그들 공비로부터 위협을 받게 됨으로 전 군의 목표는 이 국사봉 탈환에 집중[328]

---

323) 『동아일보』 1949. 6. 4.
324) 『동아일보』 1949. 6. 4.
325) 「정의의 진지 국사봉」, 『연합신문』 1949. 6. 5.
326) 『평화일보』 1949. 6. 7.
327) 『연합신문』 1949. 6. 8.
328) 『연합신문』 1949. 6. 16.

□ 표 III-14 옹진 1차 충돌시 한국군의 병력 증강 현황

일자	구분	한국군		북한군	비고
		육군	경찰		
(1)	5월 21일	1개 중대(225명)	150명	1개 중대	
(2)	5월 25일	2개 중대(450명)	500명	1개 중대	
(3)	5월 29일	1,150명	750명	1개 대대	12연대 2개 대대 증원
(4)	5월 31일	1,722명	750명	500~700명	13연대 450명 증원
(5)	6월 5일	2,000명 이상	750명	500~700명	수원 대대, 자동화기 중대 증원
(6)	6월 8일	2,400명 이상	880명	500명	

※ 출전 (1) HQ, USAFIK, *G-2 Periodic Report*, no.1121(1949. 5. 27); (2) *G-2 Periodic Report*, no.1121(1949. 5. 27); (3) *G-2 Periodic Report*, no.1122(1949. 5. 31); (4) *G-2 Periodic Report*, no.1123(1949. 6. 3)~1124(1949. 6. 6); (5) *G-2 Periodic Report*, no.1124(1949. 6. 6); (6) *G-2 Periodic Report*, no.1125(1949. 6. 8)

처음부터 국사봉이 38선 이남인가 이북인가 여부는 중요하지 않았다. 그 지점의 정확한 좌표가 어떤 것이든 간에 전술적으로 유리한 지점을 차지하려는 지휘관들의 승부욕과, 상대 체제를 인정하지 않는 적대심은, 정확한 좌표 확인의 어려움과 함께 사태를 악화시키는 요인이 되었다.

나아가 참전한 북한군의 병력과 공격 목적에 대한 과장이 사태를 복잡하게 만들었다. 『한국전쟁사 1: 해방과 건군』이 지적하고 있듯이, 5~6월 옹진 충돌은 "피아가 연대 이상의 병력을 투입하여 가용한 포화력을 집중하고 전술과 사기를 시험한, 전력의 판단요소"가 된 일종의 "전력탐색전"이었다.[329]

1949년 5월 북한군의 공격 방향은 옹진반도의 서쪽 끝인 국사봉·두락산-서경리·비파리와 동쪽 끝인 까치산의 두 방향이었다. 이는 북한의 공격 의도가 옹진반도의 점령이 아니었음을 의미했다. 왜냐하면 만약 북한이 옹진을 점령할 의도가 있었다면 1949년 8월 4일 제2차 공격처럼 옹진읍(38선 이남 7km 지점)으로 중앙 돌파를 시도했을 것이기 때문이다. 육상으로의 병력 지원과 군수지원이 불가능한 옹진에서 유일한 보급로는 반도 남단의 양측에 위치한

---

329) 『한국전쟁사 1: 해방과 건군』, 507~509쪽.

사곶(沙串)항과 부포(釜浦)항이었다. 만약 옹진읍이 정면 돌파되고 두 항구가 압박을 받는다면 옹진반도는 더 이상 어쩔 수 없는 막다른 궁지가 되는 지형적 위험을 지니고 있었다.

반면 한국군은 북한군의 참전 병력과 위협을 과장함으로써 막다른 골목인 옹진에 과도하게 병력을 증강했다. 주한미군사고문단의 정보보고를 종합하면 옹진전투에 참가한 북한 38경비대는 최소 200여 명에서 최대 700여 명으로 판단되었지만, 한국측은 2개 대대 또는 1,500여 명이 공격했다고 과장했다. 1사단은 5월 24일 인민군 1개 대대 1,000명이 가천, 교정, 염불, 은동, 서경지서를 내습했다고 발표했고,[330] 옹진지구전투사령부는 5월 26일 옹진군 교정면 비파리에 인민군 1,500명이 침범했다고 발표했다.[331]

북한의 옹진 공격이 정점에 달했던 5월 하순에조차, 북한의 공격 병력은 500명에서 1개 대대 수준에 불과했다.[332] 때문에 옹진전투에 대한 주한미대사 무초의 반응은 담담했다. 무초는 "대대급 규모로 추정되는 북한군의 38선 남침에 따라 5월 28일 옹진반도에서 전투가 벌어지고 있다. 사건은 서울에서 거의 주목받지 못했고 과도한 공포를 조성하지도 않았다. 북한의 침략은 기본적으로 38선 주변에 있어 왔던 신경전의 연장으로 보인다"고 보고했다.[333]

무초는 북한의 공격이 '신경전의 연장'이라고 판단했지만, 한국은 불과 며칠 내에 옹진 주둔 병력을 375명(육군 1개 중대 225명, 경찰 150명) 수준에서 7개 대대 3,000명 이상으로 증강했다.[334]

---

330) 『동아일보』 1949. 6. 4.
331) 『평화일보』 1949. 6. 4; 『동아일보』(1949. 6. 4)와 『한국전쟁사 1 : 해방과 건군』(508쪽)에는 1,300명으로 기록되어 있다. 미군사고문단은 이미 개성 5·4전투 때부터 한국군이 제출하는 '북한군 사상자 수와 출몰병력 수'가 과장되었다고 판단하고 있었다(Joint Weeka, no.71(1949. 4. 30~5. 7)).
332) HQ, USAFIK, G-2 Periodic Report, no.1122(1949. 5. 31); no.1123(1949. 6. 3).
333) 「Muccio to Acheson」(1949. 6. 11), FRUS, 1949, vol. 7, pp. 1041~1043.
334) 옹진에 증파된 7개 대대는 12연대 제1~3대대, 13연대 제2대대, 18연대 제1대대, 독립제1대대(서울유격대·38유격대), 57mm 대전차포 1개 중대 등이었다(『한국전쟁사 1 : 해방과 건군』, 508쪽).

한국군이 이렇게 많은 병력을 옹진에 투입한 것은 매우 이례적인 일이었다. 옹진은 지리적 특성상 신속한 병력 전개가 불가능하며, 만약의 사태에는 주둔 병력 모두가 포로로 잡힐 위험성이 큰 지역이었다. 때문에 한국군의 옹진 강화에 대한 주한미군사고문단의 분석은 우려에 가득 차 있었다. 주한미군사고문단은 "이렇게 많은 병력을 옹진반도에 파견하는 것은 이전에 없던 일이며, 선임 미군사고문관의 오랜 충고에도 위배되는 것이다. 왜냐하면 대규모 부대를 상대적으로 덜 중요한 이러한 '땅조각'(piece of real estate)에 파견하는 것은 '뻔한 책략'인데, 이 지역에서 이 부대가 패할 수 있으며, 그렇지 않더라도 보다 중요한 지역에서 활용할 수 없기 때문이다"고 논평했다.[335]

1947년 주한미군 철수론이 등장했을 때 미군부가 제시한 가장 큰 철군 이유는, 한반도의 전략적 가치가 낮다는 점과, 퇴각이 불가능하고 지원이 어려운 막다른 반도라는 지형 조건을 고려할 때 수만 명의 주한미군이 적군의 포로가 될 가능성이 농후하다는 점이었다. 즉 반도라는 지형에 수만 명의 병력을 몰아넣는 것은 군사적 견지에서 무모한 행동이라는 지적이었다.[336] 이런 지적을 염두에 둔다면, 주한미군사고문단이 지적한 '뻔한 책략'이 막대한 병력을 막다른 궁지로 몰아넣는 한국군의 전술 부재나 무모함을 지적한 것인지, 아니면 브루스 커밍스가 주장하듯, 옹진에서 해주로의 공격 의도를 지적한 것인지는 분명하지 않다.[337] 그러나 사사키가 주장하듯이, 이후 옹진에 주둔한 4개 대대(보병 3개 대대, 포병 1개 대대) 병력을 집중하면 해주는 물론 신천까지 공격이 가능한 것이 사실이었다.[338]

또 한 가지 주목할 만한 점은 한국군이 비정상적으로 병력을 급증시켰을

---

335) HQ, USAFIK, *G-2 Periodic Report*, no.1122(1949. 5. 31).
336) 제임스 I. 메트레이 지음·구대열 옮김(1989), 앞의 책, 제5장 참조.
337) 커밍스는 옹진이 남진보다는 북진에 유리한 지역이라고 주장했다. 그 근거로 커밍스는 옹진은 평양으로 직결되는 도로망이 있으며, 북진을 제어하려고 한 서울의 미국 기관들과 격리된 지역이라는 점을 들었다[Bruce Cumings(1990), 앞의 책, pp. 571~572].
338) 佐佐木春隆, 앞의 책, 452쪽.

□ 표 Ⅲ-15 옹진 1차 충돌 기간 중 한국군의 탄약 소모량

기간 \ 탄약 종류	M-1	카빈	BAR	30구경 기관총	50구경 기관총	60mm 박격포	81mm 박격포	로켓포	57mm 대전차포	145 구경포
(1) 5.28~30	113,980	30,600		30,600		544	440	403		
(2) 6.1~10	141,729	52,012	6,570	28,509	586			135	139	2,552
합계	255,709	82,612	6,570	59,109	586	544	440	538	139	2,552

※ 출전 (1) *G-2 Periodic Report*, no.1124(1949. 6. 6); (2) *G-2 Periodic Report*, no.1129(1949. 6. 17). 원래 이 자료의 수치는 5월 26~6월 10일까지의 탄약 소모량을 기록하고 있으며, 여기서 5월 30일까지의 기간을 뺀 소모량을 기록했다.

뿐만 아니라 짧은 기간 동안 엄청난 탄약을 소모했다는 사실이다.

이 기간 동안 확인할 수 있는 한국군의 최대 병력 수 2,400명(6월 8일)을 기준으로 할 때, 모든 병사들이 M-1·카빈·브라우닝 자동소총(BAR) 등 소총탄을 한 사람당 143발 가량 소모한 셈이다. 또한 동원된 중화기를 고려할 때 옹진에서 한국군은 소규모 전투에서 사용했다고는 믿어지지 않을 만큼 막대한 양의 소·중화기 탄약을 소모했다.[339] 또한 여기에 경찰의 소모분은 포함되지 않았는데, 경찰은 5월 20일부터 6월 2일까지 옹진반도에서 소총탄 4만 7,548발을 소모했다.[340]

도대체 북한군 1개 대대를 상대로 한국군 7대 대대가 이렇게 막대한 양의 탄약을 소모하면서 벌인 작전은 무엇이었을까? 현상적으로 옹진에서는 북한군이 공세를 취하고 있었지만, 한국측은 여유가 있었다. 후술하듯이 이 시점에서 한국군 고위 지휘관들의 '실지회복'·'3일 전쟁설'·'북벌'·'전쟁 임박' 등의 발언이 쏟아졌다.

북한군의 까치산 점령(5. 24) 이후 한국군은 5월 25~26일에 걸쳐 12연대 1대대가 탈환을 시도했으나 실패했는데, 이는 한국군 사기를 저하시켰다.[341]

---

339) 북한은 5월 21일~26일에 옹진 서부의 염불·청룡 주둔 한국군이 38선 이북을 향해 2만여 발의 폭격·소총사격을 가했다고 주장했다(『함남로동신문』 1949. 6. 23).
340) HQ, USAFIK, *G-2 Periodic Report*, no.1125(1949. 6. 8).
341) 이에 대해서는 佐佐木春隆, 앞의 책, 444쪽 참조.

이후 한국군은 3개 대대를 투입해 까치산과 국사봉-두락산에 대한 탈환 작전을 펼쳤지만 또다시 실패하고 말았다. 북한군 탈영병에 따르면, 한국군의 지속적 공격에 대비해 북한 경비3여단의 제2·6대대가 까치산에 주둔하고 있었다.[342]

이에 한국군은 6월 5일 옹진전투사령부를 설치하기에 이르렀다. 전투사령관은 여순사건 진압으로 이름을 높인 한국군의 소방수 김백일 전 6여단장이었고 참모장은 18연대장 강영훈이었다. 강문봉(姜文奉)의 증언처럼, 표무원·강태무의 월북으로 한직에 밀려났던 김백일은 출진을 자원했고, 공세적인 작전을 구사했다. 김백일은 만군시절 간도특설대로 '5년에 걸쳐 만주에서 비적을 토벌했던 경험과 용맹 과감한 성격'을 지녀 전투사령관으로는 안성맞춤으로 평가되었다.[343]

그러나 7개 대대 병력을 지휘한 김백일의 전술은 빨치산 토벌 방식인 밀어내기 공격과 무차별 사격이었다.[344] 또한 김백일은 옹진 서부(국사봉-두락산)와 동부(까치산)에 대해 병력을 분산시켜, 병력을 축차적으로 투입함으로써 효율적인 공격을 하지 못했다.

김백일은 독립 제1대대(38유격대)로 하여금 6월 7일 38선 이북 8km 지점의 태탄을 공격하게 했다. 김백일의 구상은 태탄 기습 공격과 함께 두락산 공격을 재개한다는 것이었지만, 태탄 공격은 많은 사상자를 낸 채 실패로 끝났다.[345] 북한측 주장에 따르면, 이날 한국군 4개 대대가 큰 국사봉 인근의 112·

---

342) RG 319, ID file no.653171, Donald Nichols, OSI District #8, Seoul, no.54-12C-137-1, Subject: Interrogation of deserter from 7th Company, 3rd Battalion, 3rd Border Constabulary Guard Brigade at Unpasan(1949. 11. 3).
343) 佐佐木春隆, 앞의 책, 446쪽.
344) 하우스만은 김백일의 특기는 "아주 빨리 전진"하는 것으로, 게릴라 토벌 당시 우선 당장 진격해 공격하는 것으로 유명했다고 증언했다. 반면 백선엽은 "아주 치밀한 장교"로 모든 일을 정밀하게 규칙대로 처리했다고 한다 (「제임스 하우스만: 미군사고문단 미군정보장교 대위」(인터뷰 일자: 1992. 11. 15, Austin, Texas), KBS 현대사발굴특집반, 『한국현대사관련 취재인터뷰: 미국인』, 29쪽).
345) 『한국전쟁사 1: 해방과 건군』, 511쪽; 佐佐木春隆, 앞의 책, 447쪽.

129고지를 점령했으며, 은파산·까치산·비둘기산에 1개 대대 이상의 병력을 투입했다.[346] 북한이 말하는 112·129고지는 한국전사에 태탄 기습과 동시에 점령을 시도했다 실패한 계명산(鷄鳴山, 38선 이북 2km 지점) 인근의 고지를 의미하는 것으로 보인다.[347]

한국군의 두락산 공격 역시 실패했다. 한국군의 두락산 2차 총공격은 6월 19일에 있었으나, 훈련받지 못한 병력을 투입함으로써 108명이 전사하는 등 역시 실패하고 말았다.[348] 국사봉-두락산 탈환에 실패한 한국군은 전력을 까치산에 집중시켰다.

한국군은 까치산을 직접 공격하지 않고 먼저 38선 이북에 위치한 은파산을 공격했다. 38선 이북 850m 지점에 위치한 283고지 은파산은 까치산과 함께 해주·벽성-옹진 간의 도로·철로를 감시하는 감제고지였으며, 해주와 취야(翠野) 일대 북한으로 향하는 요충지였다. 『한국전쟁사 1: 해방과 건군』은 18연대장 최석 중령의 말을 빌려, "동부지역의 작산(까치산) 일대를 방어하기 위하여서는 38선 이북 700미터 지점에 위치하고 있는 은파산을 확보하여야만 적의 위협을 제거할 수 있기에" 은파산을 공격했다고 쓰고 있다.[349] 6월 24일의 공격으로 은파산을 점령한 한국군은 곧이어 6월 27일 까치산을 완전 탈환했다.[350] 한국군은 피탈되었던 까치산을 한 달여 만에 탈환했다. 결국 한국군이

---

346) 「조국전선보고서」; 『함남로동신문』 1949. 6. 23; 『혁명의 위대한 수령 김일성동지께서 령도하신 조선인민의 정의의 조국해방전쟁사 I』, 사회과학출판사(구월서방 번각판), 1972, 58쪽.
347) 한편 한국측 전사에 등장하는 鷄鳴山은 지명이 확인되지 않는데, 태탄으로 향하는 길목에 있는 달명산(talmyong Mt. 38 이북 3km 지점)일 가능성이 높다.
348) *Joint Weeka*, no.2(1949. 6. 24); 그러나 당시 한국 신문들은 한국군이 이 공격으로 국사봉-두락산을 점령했으나 전술적 이유로 철수했다고 썼다(『연합신문』 1949. 6. 22; 6. 25). 이 전투에 종군했던 연합신문사 편집부국장 안찬수에 따르면, 한국군은 大야포부대를 동원해 국사봉의 제1, 2, 3고지를 완전 점령했으나, 국사봉 최고봉에 위치한 견고한 북한군 토치카의 반격과 지리상 불리함으로 국사봉에 대한 정면공격을 포기하고 우회 작전을 전개하게 되었다(안찬수, 앞의 글, 60쪽).
349) 『한국전쟁사 1: 해방과 건군』, 512쪽.
350) 은파산전투와 관련해 기존의 『한국전쟁사 1』은 은파산을 6월 30일 점령했다고 쓰고 있으나(『한국전쟁사 1: 해방과 건군』, 512쪽) 이는 오류이다. 당시 육군본부는 6월 24일 은파산을 '탈환'했다고 발표했으며(『서울신문』 1949. 6. 26), 1955년 국방부가 펴낸 『김백일 평전』에도 6월 24일 은파산을 점령한 것으

까치산을 점령하고 나서야 옹진지역의 38선 충돌은 소강상태에 접어들었다.[351]

한국군의 은파산 점령은 매우 주목할 만한 부분이다. 이로 말미암아 옹진반도 동쪽, 즉 해주 방향 서쪽에 은파산(283고지)-153고지-까치산〔鵲山〕-쇠치〔牛峴·牛峙〕에 이르는 방어선이 구축되었고, 이는 북한의 요충인 취야-해주를 감제할 수 있는 유리한 위치였다.[352] 한국군은 은파산을 점령한 뒤 은파산 북쪽 경사면에 화점과 참호 들을 설치하고, 전면에는 2~5선의 철조망을 설치하는 한편 지뢰를 매설했다.[353] 문제는 '적이 점거하였던 은파산 고지'를 '탈환'했다는 현장의 분위기였다. 은파산을 빼앗긴 북한은 공격 본능과 방어의 필요성 속에서 긴장할 수밖에 없었다. 그러나 10월 4일 은파산전투 때까지 은파산은 한국군의 수중에 있었고 이는 북한군에게 옆구리의 가시와 같은 존재였다.

결국 개성에서 발화한 연대급의 38선 충돌은 38선 전역으로 번졌고 옹진에서 한국측이 38선 이북의 은파산을, 북한측이 38선 이남의 두락산을 보유한 6월 말 일단 소강상태에 접어들었다.

현재 국사봉-두락산이 언제 남북한에 의해 점령되었는지는 정확하지 않다. 한국과 미국측 자료들은 국사봉-두락산을 보통 '두락산'으로 서술하는 경향이 있었기 때문이다. 한국측 신문보도에 따르면, 6월 26일 유엔한위는 북한군으로부터 탈환한 '두락산'을 시찰했지만,[354] 주한미군사고문단의 7월 정보에는 남한이 38 이북의 은파산을 점령한 반면 북한군은 38 이남의 두락산

로 되어 있다〔李東潤(1955),「金白一評傳」,『자유민에게 전해다오』(제1집), 국방부, 63쪽〕.
351) 육군본부는 6월 27일 21:30분 까치산 우치고개를 점령했다고 발표했고(『조선중앙일보』1949. 7. 1),『김백일 평전』에 따르면, 한국군은 '7월 1일 적을 완전 소탕' 했다〔李東潤(1955), 앞의 글, 63쪽〕.
352)『한국전쟁사 1: 해방과 건군』, 512쪽.
353)『한국전쟁사 1: 해방과 건군』, 519쪽;『혁명의 위대한 수령 김일성동지께서 령도하신 조선인민의 정의의 조국해방전쟁사 I』, 사회과학출판사(구월서방 번각판), 1972, 62쪽; 佐佐木春隆, 앞의 책, 456쪽.
354)『서울신문』1949. 6. 30.

을 점령하고 있는 것으로 나와 있으며, 심지어 두 산의 맞교환을 시도한다는 첩보까지 존재했다.[355] 미육군부 정보파일(ID file)에 보고된, 1949년 7월 29일 현재 남북한이 각각 점령하고 있는 38선 이남북의 지점들은 다음과 같았다.

1. 한국군 점령 38선 이북 지점: 송악산(955.5-1695.5), 마리포(987.8-1696.7), 동막(984.6-1696.5), 은파산(853-1698.4), 국사봉(844.3-1698.3), 131고지(841.6-1698.8).
2. 북한군 점령 38선 이남 지점: 두락산(831-1697).[356]

주한미군사고문단장 로버츠의 8월 1일자 보고에도 한국군은 38선 이북에 위치한 131고지(841-1698), 국사봉(844-1698), 은파산(853-1698), 488고지(955-1696) 등에서 38선 방어진지를 구축한 것으로 나타나있다.[357]

38선 충돌이 6월 말 소강상태에 접어들었음에도 불구하고[358] 38선상의 위기는 그 어느 때보다 고조되어 있었고 상황 또한 최악이었다. 북한은 공격을 앞두고 잔뜩 긴장하고 있었다. 문제는 공격 목표를 정확히 가격할 수 있는 힘과 탄력의 비축이었다. 분명 이 시기 38선 충돌에는 현지 지휘관들의 전술적 고려와 조치를 뛰어넘는 고위급의 정치적 의도와 결정이 개입되어 있었다.

---

355) *Joint Weeka*, no.4(1949. 7. 9); KMAG, 「USMILAT-DA」(1949. 7. 19)(USMILAT26), 『KMAG 전문철』.
356) RG 319, ID file no.580862, Report no.R-14-49 by J. W. Fraser, Col, GSC. Subject : Korean Army Operations(1949. 7. 29). 이 보고서는 한국이 점령한 6개 지점은 소규모 돌출부로 감제고지 확보를 위한 것이라고 지적했다.
357) 「Chief KMAG-DA」(1949. 8. 1)(ROB146), 『KMAG 전문철』.
358) 메릴은 6월 말경 옹진반도의 상황이 안정화 추세에 접어들었다고 평가했다[존 메릴(1988), 앞의 책, 274쪽].

3. 한국군의 7월 공세

위기와 기회의 6월

이 시기 북한은 38선 충돌이 남한의 주도로 발생하고 있으며, ① 정치경제적 위기에 처한 남한국민의 주목을 다른 데로 돌리며, ② 남한 민주운동 탄압의 구실로 삼기 위해 긴장 조성, ③ 내전 위기를 조성해 주한미군의 장기 주둔을 합법화하기 위한 것이라고 비난했다.[359]

1949년 5~6월 38선상의 군사충돌이 고조된 이면에는 남한 내부에서 고조된 정치적 갈등이 존재했다. 이 시기 한국정부의 위기감은 최고조에 달했다. 대외적으로 미국은 한국정부 수립에 결정적 역할을 했지만, 분명한 안보 공약 없이 주한미군을 1949년 6월 말까지 철수 완료할 계획이었다. 한국의 안전 보장은 500명의 주한미군사고문단, 육군 6만 5,000명, 미군이 제공한 공격용 무기가 제외된 방어용 무기에 달려 있었다. 한편 대륙에서는 중국 국민당군이 패배함으로써 동북아시아에서 공산주의 세력 강화와 안보 위기가 조성되었다. 북한은 남한 내부 전복을 위한 게릴라를 파견하는 한편 조국전선을 결성하여 평화통일 공세의 화전 양면전술을 펼쳤다. 나아가 북한은 한국정부가 실시하는 농지개혁을 비난하면서 '공화국 남반부의 토지개혁 실시를 위한 법령기초위원회'를 조직했다.[360] 북한의 선전 공세는 1949년 5~6월 고조되고 있었다.

대내적으로 이승만 정부는 정치권 내·외부로부터 거센 도전과 압력에 직면해 있었다. 반민특위는 경찰과 정부 내 친일파 조사를 통해 이승만 정부의 핵심 지지기반을 흔들어놓았고, 국회 내 소장파와 야당 세력은 내각 총사직 결의와 내각제 개헌 시도로 맞섰다. 소장파·반이승만파의 정치 공세 등으로

---

359) 오홍택, 「남조선망국도배들의 단말마적 발악을 철저히 분쇄하자」, 『함남로동신문』 1949. 6. 24.
360) 『함남인민보』 1949. 5. 12.

정치적 위기의식이 고조되었다. 그렇지만 정치권의 도전이 이승만 정부를 전복시킬 만한 동력을 갖고 있지 못하다는 점은 분명했다.

한편 이승만 정부의 자신감 역시 최고조에 달했다. 유엔총회의 한국승인이 대외적인 자신감의 연원이었다고 한다면, 여순반란 진압과 제주도 재선거의 실시는 대내적 자신감의 핵심이었다. 1948년 5·10선거에서 국회의원을 선출하지 못한 제주도의 2개 선거구에서 선거가 완료되었고, 이승만은 1949년 4월 9일 제주도를 처음 방문했다. 한국정부의 자신감이 고조에 달했고, 본격적인 반격의 시점이 도래했다.[361] 주한미군의 철수는 위기인 동시에 다른 한편으론 한국군의 공격 지향을 가로막던 억제력의 소멸을 뜻했다.

이런 측면에서 1949년 6월은 정치적인 전환기였다. 이때는 1948년 정부 수립 이래 체제 내의 저항 세력과 체제 밖의 체제 부정 세력에 대한 공세와 반격이 본격화된 시기였다. 두려움과 자신감이 교차하던 5~6월에 이승만 정부는 폭력적으로 정치권 내부의 반대 세력을 진압했다. 6월은 이러한 이승만 정권의 공격적 대응이 최정점에 달한 시점이었다. 이승만 정부는 '6월 공세'로 불릴 정도로 역공·보복을 본격화했다.[362] 북한, 공산주의자, 반이승만파가 공격 대상이었다.

5월 31일 국민계몽협회라는 관제 시위대가 종로 파고다공원에서 백주에 국회의원들을 폭행했고, 6월 5일에는 좌익 전향자들로 구성된 보도연맹이 조직되었다. 6월 6일 악질 친일파 노덕술·최운하의 검거에 반발하던 경찰이 반민특위 사무실을 습격해 폭력을 행사하며 현직 국회의원과 검찰총장에게까지 총을 들이댔다. 이승만은 공개적으로 자신이 경찰의 반민특위 습격을 지시했다고 밝혔다. 6월 21일 국회부의장 김약수를 포함한 현역 국회의원 6명에

---

361) 존 메릴 지음·신성환 옮김(1988), 앞의 책, 261~269쪽; 존 메릴 지음/이종찬·김충남 공역(2004), 앞의 책, 180~182쪽.
362) 서중석(1996), 「이승만 정권의 1949년 6월 공세」, 『한국현대민족운동연구 2』, 역사비평사.

게 체포령이 내려졌다. 소위 국회프락치사건의 출발이었다.

'6·6 반민특위 습격' 사건으로 친일파·민족반역자 처단 요구는 저지되었고, 국회프락치사건으로 소장파와 야당의 반항은 진압되었다. 일련의 폭력적 사태 진압은 법률적 근거와는 거리가 멀었다. 국회부의장을 포함한 현역 국회의원 10여 명을 남로당의 프락치로 만든 국회프락치사건의 유일한 증거는 남로당 연락원이던 정재한(鄭載漢, 42)이란 여자가 지니고 있었다는 비밀 문건이었다.[363] 이 여자는 수사발표시 가장 중요하고 결정적인 범인이자 증인으로 공표되었지만 재판 과정 내내 등장하지 않았다. 이 때문에 정재한은 경찰 당국이 조작해놓은 가공의 인물이며, 국회프락치사건은 조작이라는 의혹이 강하게 제기되었다.[364] 그렇지만 정재한이 재판정에 등장하지 못한 것은 그녀가 가공의 인물이어서가 아니라, 중앙고등군법회의 명령에 따라 관련자인 김정환(金正煥, 27)·박정휘(朴廷暉, 24)와 함께 이미 1949년 12월 6일 총살형에 처해졌기 때문이다.[365] 이들에게는 국방경비법 제32조(이적 행위) 위반, 즉 이적죄가 적용되었다. 즉 한국군은 가장 중요한 증인이자 증거의 소지자를 국회프락치사건 재판 전에 처형한 것이다. 이는 정재한이 소위 국회프락치사건과 무관한 인물이었으며, 국회프락치사건 자체가 조작되었다는 명백한 증거였다.

한편 6월 말~7월 초 한국정부가 북한과의 남북협상을 주장하는 좌익·중도파 제거를 위해 계엄령·비상사태를 선포할 계획이라는 소문이 무성했다.

---

363) 1949년 11월 간행된, 이 사건 수사책임자였던 金昊翊의 수사일기는 매우 흥미롭다. 이 책에는 정재한을 비롯한 남로당 공작원들의 사진이 수록되어 있다. 또한 파이프 담배를 문 김호익이 정재한의 月經帶에서 비밀문서를 꺼내는 장면까지 실려 있다. 이런 우스꽝스러운 사진과 증거 들이 수사 결과로 제출되었고, 이를 기초로 법정은 국회의원들에게 남로당 프락치라며 실형을 선고했다〔金昊翊(1949), 『韓國에서 最初로 發生한 國際間諜事件-一名 金昊翊 搜査日記』, 三八社〕.
364) 이호진·강인섭(1988), 「반민특위 와해와 국회프락치사건」, 『이것이 국회다』, 삼성출판사; 오소백(1965), 「국회 '프락치'」, 『해방20년』, 세문사; 박원순(1989), 「국회프락치사건 사실인가」, 『역사비평』 가을호.
365) 「중앙고등군법회의 명령 제164호 (2)」(1949. 9. 3) 및 「중앙고등군법회의 명령 제180호」(1949. 12. 1), 『육본명령철 '48~'50』, 군사편찬연구소 소장. 형장에는 헌병사령부 강순구 소령과 정보국의 이정봉 대위가 참관했다.

이런 징후들이 CIA 정보망에 접수되었다.[366] 1949년 7월 1일자 CIA 문서는 군 계엄령 선포의 가장 중요한 목적이 "북한의 인민공화국과의 협력을 옹호하는 좌익 및 '중도파들'의 완벽한 숙청"이라는 점을 강조했다.[367] 6월 24일부터 서울시 경찰국은 '작금의 미묘한 정세에 대비하여 24일 하오 4시 이래 준비상경계태세에 돌입'한 상태였다.[368] 다른 자료에 따르면, 정비상경계가 내려졌다, 6월 29일에 이르러 준비상경계로 전환되었다.[369]

미대사관 무관의 보고에 따르면, 이승만이 6월 28일경 전국 계엄령을 선포할지도 모른다는 소문이 6월 18일 이래 지속적으로 만연했다. 표면적으로 계엄령은 미군의 최종 철군에 따른 만일의 사태를 예방하기 위한 것이었다.[370] 이 보고서는 계엄령이 행정부 내에 심각한 반목을 불러일으킬 수 있어 실현 가능성이 없다고 논평했지만, 위의 CIA 보고처럼 여러 경로를 통해 계엄령 선포 계획이 확인되었다. 결국 7월 2일 이철원(李哲源) 공보처장이 직접 나서서 7월 계엄령 발포는 유언비어라고 부인할 정도로 소문이 만연했다.[371]

주한미군의 철수, 38선 충돌, 국회프락치사건, 반민특위 등 긴박한 대내외 정세 속에서 한국정부는 1949년 6월 비상사태를 예상하고 우발 계획을 수립했을 가능성이 높다. 폭풍처럼 몰아닥친 6월 공세의 대미는 6월 26일 김구의 암살로 장식되었다. 현역 육군 소위가 암살범이었고, 암살 직후 범인의 체포·수사·기소·재판·보호까지 한국군이 모든 것을 관장했다.

같은 시기 38선에서는 군사충돌이 격화되고 있었다. 미군철수와 중국 실

---

366) RG 319, ID file no.571498, CIA, SO-25423, "Possibility Martial Law"(1949. 6. 28); ID file no.572116, CIA, SO-25510, "Possibility of Martial Law being Declared in South Korea"(1949. 7. 1).
367) 이도영(2003), 「김구 암살의 비밀: 이승만, 한국전 1년 전 중도파 숙청 위해 계엄령 모의」, 『월간 말』 6월호; RG 319, ID file no.572116, CIA, SO-25510, "Possibility of Martial Law being Declared in South Korea"(1949. 7. 1).
368) 『서울신문』 1949. 6. 26.
369) 『조선중앙일보』 1949. 6. 30.
370) *Joint Weeka*, no.2(1949. 6. 24).
371) 『국도신문』 1949. 7. 5.

함(失陷)에 두려움을 갖고 있던 남한은 역설적으로 공세적인 자세를 취했다. 남한의 병력은 급증했으며, 38선으로 집중되고 있었다. 미군이 이양한 무기가 한국군 손에 들어왔고, 대북공격을 제어하던 주한미군이란 안전판이 제 기능을 하지 못하고 있었다.

5~6월 38선 충돌이 고조되던 시점에서 남한의 고급군사지휘관들은 서슴없이 '실지회복'을 강조하며 이제 '전시'에 돌입했다고 주장했다. 특히 김석원의 호전적인 북진 발언은 노골적으로 이어졌다. 김석원은 6월 14일 기자 회견에서 "작금의 시국은 이미 전시체제를 갖추지 않으면 안 될 시기에 도달하였다. 또한 전쟁이라는 것이 어느 때나 소규모의 충돌이 확대되어 가지고 이루어지는 것이니만큼 예정대로 되는 것도 아니므로 어느 때 어느 지점에서 일어날지도 모르는 것이다"[372]고 강조했다. 다른 사람도 아닌, 개성 1사단을 지휘하며 대북공격에 열중하던 김석원이 소규모 충돌이 전쟁으로 이어지며, 지금이 전시체제라고 강조한 것이다. 김석원은 6월 16일에도 "현재의 사태로 볼 때 우리는 이미 전투 상태에 돌입하였다. 즉 38선을 철폐하고 우리 실지를 회복하는 뚜렷한 목표가 선 것"[373]이라고 발언했고, 6월 22일에는 "앞으로는 적을 경계선으로부터 침략할 수 없도록 할뿐더러 나아가서는 실지회복에 모두 신명을 바쳐 평화회복에 만전을 다할 것"[374]이라고 강조했다. 그의 목표와 상황 판단은 분명했다.

문제는 김석원뿐만 아니라 한국군 전반에 걸쳐 실지회복과 무력통일에 대한 열망이 만연했다는 점이다. 5월 23일 『연합신문』은 채병덕 육군총참모장, 손원일 해군총참모장, 정일권 육군참모부장, 김석원 1사단장, 강문봉 작전국장, 호부대장 김종오 대령 등 한국군 최고지휘관들과 간담회를 개최했는데, 이

---

372) 『조선일보』 1949. 6. 16.
373) 『연합신문』 1949. 6. 16.
374) 『동아일보』 1949. 6. 23.

간담회에서 쏟아진 발언들은 모두 동일한 목표와 방향을 가진 것이었다.

- 손원일: 명령만 내리면 우리 해군은 유동적 작전선을 따라 언제든지 38 이북을 맹공할 준비를 갖추고 있는 것.
- 안찬수(기자): 실지를 회복해야 할 시기에 있어 군은 과연 어떠한 작전으로 이에 당할 예정인지?
- 채병덕: 그것은 절대적 군기밀이니 언급할 수 없다. 우리 생각에도 우선 군사행동에 앞서는 것은 정치력이다. 정치에 관해서는 대통령께서 말할 것이며 그것이 실패했을 때 군을 동원하는 방법론에 관해서는 언급할 수 없으나 백번 승산이 있으니 국민은 안심하기 바란다. 38선이 터지는 그날만 두고 보라.
- 정일권: 전쟁은 목전에 있다.
- 채병덕: 우리 국군이 동양제일이라는 것을 자부하고 있고 또 그렇다. 만약 남벌 기세가 보이면 이쪽에서 먼저 압록강까지 처밀고 갈 것이다. 우리 국군이 동양제일이라는 것을 재인식할 때, 지프로 두 시간 남짓이면 돌파되는 38선이 문제가 아니라 동양 전체의 민주보루로서 남벌이 무서워서가 아니라 태평양동맹과 한미군사협정이 꼭 필요한 것이다.
- 김석원: 만약 월남할 때에는 상부의 명령 한마디로 충분히 때려부술 작정이며, 장차로도 만주에 공산군이 있을 때에는 국토의 위협을 받을 것이므로 장차 이에 또 대비해야 할 것이다.[375]

5월 31일 신성모는 기자회견을 통해, "세계전쟁이라면 모르지만 38 이북의 공비에 대하는 정도라면 현재로도 우리 장비는 충분하다. 즉 러시아군이나 중공군이 내려와 밀린다면 별 문제지만 북한 공비만은 3일도 걸리지 않아서 정복할 수 있다"는 그 유명한 3일 북벌 가능성을 제시한 바 있다.[376] 6월 16일

---

375) 「국군의 방위태세는 완벽: 국방부 수뇌부와 본사 좌담회」, 『연합신문』 1949. 5. 26.

육군참모부장 정일권도, '38 이북 실지회복'에서 '우리 군대는 대통령의 명령 일하 어느 때 어디에나 돌진할 용의와 태세를 갖추고' 있다고 장담했다.[377]

한편 38선 충돌이 고조되는 이 시점에 유엔한국위원단은 1년 전과 마찬가지로 남한 편에 서 있었다. 2월에도 개성 인근 38선을 시찰했던 유엔한국위원단은 5·4 송악산 292고지전투가 벌어진 직후인 5월 9일, 의장 마가나(Sr. Miguel Angel MAGANA : 엘살바도르 대표)와 사무국장 베르트하이머(Egon Ranshofen-Wertheimer)를 개성 지구로 파견했다.[378] 이들은 6월 중순에도 전투가 벌어지는 38선을 시찰했다. 6월 15일 씽(Bahadur Singh), 루나(Rafael Luna), 제미슨(Atrhur Jamieson) 등 유엔한위 일행 6명이 춘천 인근 38선을 시찰하던 중 인민군으로부터 총격을 받았다.[379] 김석원은 6월 15일 유엔한위에 북진통일을 주장하는 브리핑을 했고,[380] 6월 25일 참모총장 채병덕은 유엔한위와 기자단에 대한민국이 "38선 전 전선에 걸쳐 우위권을 회복하고 있다. 현재에서조차 우리는 즉각 해주로 침공할 수 있지만 내가 이를 만류하고 있다"고 선언했다.[381]

6월 26~27일 유엔한위는 육군본부의 안내로 임병직, 손원일, 채병덕, 김백일, 모윤숙 등과 함께 옹진을 시찰했다.[382] 이들은 '북한 침략자로부터 탈환하였다는 두락산'을 시찰한 뒤 전투가 벌어지고 있는 까치산을 시찰했다. 이들은 6월 28일 38선에서 군사적 충돌이 벌어지고 있다고 유엔에 보고했다.[383]

---

376) 『연합신문』 1949. 6. 1; HQ, USAFIK, *G-2 Periodic Report*, no.1123(1949. 6. 3).
377) 『연합신문』 1949. 6. 16.
378) 『동아일보』 1949. 5. 10.
379) 『연합신문』 1949. 6. 17. 정확히 1년 뒤인 1950년 6월, 유엔한위가 북한이 파견한 대표와 만나러 38선 접경인 여현역에 도착했을 때 이번에는 한국군의 총격을 받았다.
380) U. N. Archives, box DAG-1.2.1.2, box 3, 「1949년 6월 15일 브리핑 보고」.
381) Far East Command, *Intelligence Summary*, 1949. 7. 8 (존 메릴(1988), 앞의 책, 274쪽에서 재인용); *Joint Weeka*, no.3(1949. 7. 1).
382) 『서울신문』 1949. 6. 29.
383) 『서울신문』 1949. 6. 30; 『영남일보』 1949. 6. 30; 『민주중보』 1949. 7. 1.

육군본부의 안내로 시찰한 이들은 한국군이 북한으로부터 빼앗은 은파산에 대해서는 아무 정보도 얻지 못했다.

공교롭게도 1949년 6월 마지막 주의 상황은 익숙한 장면이었다. 6월 24일 38선 이북의 은파산이 한국군의 수중에 들었고, 유엔한위는 옹진을 시찰하고 38선 충돌이 격화되었다고 보고했다. 김구가 암살되던 날 유엔한위는 옹진에 있었고, 북한은 조국통일민주주의전선을 결성하고 평화통일 공세를 펼쳤다.

1949년 6월 마지막 주 옹진에서 벌어졌던 남북한 간의 38선 충돌, 유엔한위의 보고, 북한의 평화통일 공세 등은 1950년 6월의 한국전쟁과 매우 비슷한 광경이었다.

호림부대의 대북 침투

한국군이 38선의 서쪽 끝인 옹진반도에서 은파산을 점령하고 까치산을 탈환한 시점에 38선의 동쪽 끝에서는 주목할 만한 사건 두 가지가 동시에 진행되었다. 하나는 호림부대라는 남한 특수유격부대의 북한 침투였고, 다른 하나는 정규군의 양양 공격, 즉 제2차 고산봉전투의 발발이었다. 38선의 양극단인 옹진과 양양은 남북한 모두에 의해 그 중요성이 강조된 지역이었고, 서로 정규군과 유격부대로 상대방을 공격했던 지점이었다.

1949년 6월 28일 북한에 침투한 호림부대는 지금까지 그 실상이 감추어져 있었다. 사사키는 북한으로 침투한 호림부대는 존재하지 않는다고 썼지만,[384] 비운의 이 부대는 실재했다.[385] 개정판 『한국전쟁사』는 이들이 북한에

---

384) 佐佐木春隆, 앞의 책, 상권, 430쪽.
385) *Joint Weeka*, no.15(1949. 9. 23); 「조국전선보고서」; 「호림부대」, 麟蹄郡誌編纂 委員會(1980), 『인제군지』, 246~248쪽; 「호림유격부대」, 건국청년운동협의회총본부(1989), 『대한민국건국청년운동사』, 1221, 1315, 1330쪽; 「호림유격대 제5, 6대대사건」, 襄州誌編纂委員會(1990), 『襄州誌』, 136~139쪽; 「리승만괴뢰정부의 소위 국방군 특무공작대 호림부대 완전 소멸에 대한 공화국 내무성의 보도」, 『함남로동신문』 1949. 7. 31; 「조선민주주의인민공화국 최고검찰소의 보도」 1949. 8. 30.

침투했다는 사실을 제외한 채, 1949년 2월 25일 이북 출신 367명을 기간(基幹)으로 육군본부 정보국 소속으로 창설되었고 특무과장 한왕룡 소령이 부대장을 맡았다고 기록했다.[386]

이들은 남한의 특수부대 양성소인 경기도 수원 수색학교에서 훈련을 받았다. 이들은 훈련 종료 후인 1949년 2월 26일부터 부대장 한왕룡(韓王龍)의 지휘하에 거제도와 경상북도에서 반군 토벌에 참가해 대원 1명이 사망하고 2명이 부상당하는 등의 실전 훈련을 쌓았다. 5월 25일 이들은 서울로 귀환해 이범석 국무총리와 사회·법무·농림부장관 등이 임석한 가운데 국무총리의 사열을 받았다. 이범석은 호림부대를 찬양했으며, 신문은 이들이 국방부 제2국 소속 호림부대(西靑 출신의 대한청년단원)이며 단원은 557명이라고 밝혔다.[387] 이들은 채병덕-정보국장 백선엽-정보국 5과장 한왕룡으로 이어지는 지휘계통에 놓여 있었다.

미군사고문단과 미대사관 역시 호림부대의 존재 및 활동을 알고 있었다. 이들 역시 정기적으로 호림부대에 대한 보고를 받았으며, 호림부대가 원산까지 침투했다고 파악하고 있었다.[388]

호림부대가 설립된 가장 큰 목적은, "적의 일선 배치 병력을 분산케 하기 위하여 아측도 무장유격대를 적의 후방 깊숙이 침투시켜 적의 병력을 분산 배치시키는 길이 가장 효과적" 이었기 때문이다.[389] 1949년 1월 19일 해주의거가 소수의 특수공작원을 동원한 공작 계획이었다고 한다면, 6월의 호림부대는 당시 북한이 남파하던 게릴라들과 유사한 형태의 대규모 게릴라였다. 또한 보급·장비 면에서 정규군에 버금갔다. 북한이 강동학원 등 빨치산 양성소를 세워놓고 지속적이고 대규모로 유격대를 남파한 사실에 비춰본다면 한국정

---

[386] 국방부 전사편찬위원회(1977), 『한국전쟁사』 1권(개정판), 604~605쪽.
[387] 『동아일보』 1949. 5. 13; 5. 26.
[388] *Joint Weeka*, no.15(1949. 9. 13).
[389] 李興烈 증언·劉官鍾 정리, 「虎林部隊第六大隊作戰詳報」(국방군사편찬연구소 소장), 1~2쪽.

부 역시 그에 상응하는 맞대응을 한 것이다.

이들은 정규군이 아니었는데, 그 가장 큰 이유는 정규군 투입에 대한 미군 사고문단의 반대와, 지원병제에 따른 국군의 한계 때문이었다. 이에 따라 민간 반공단체로 특수공작을 하던 계림공작대(鷄林工作隊)와 다른 반공단체를 중심으로 호림부대가 편성되었다.[390] 참가자였던 이홍렬의 증언에 따르면, 호림부대는 육군정보국에 "적의 후방에 침투하여 무장유격전을 전개하고 또한 북한의 애국청년들과 합심동체되어 의거폭동을 조성할 것"을 제의하였다. 호림부대는 정보학교에서 유격전에 필요한 필수 단기교육을 해줄 것, 무기·복장·수송의 제공, 전사자 대우 및 유가족 생계보조, 생환자의 군간부 특채 등을 요구했고 육군본부는 이에 동의했다.[391] 그렇지만 육군본부는 월북 후의 보급과 기타 문제는 책임지지 않음, 월북 후 민간 반공투사의 의거로 취급, 부대원은 특수부대 군적(軍籍)으로 등록하고 정규군과 동등하게 대우하며 군의 명령에 복종한다는 조건을 덧붙였다.[392]

호림부대는 1949년 6월 20일부터 강원도 횡성에서 대대 편성 작업을 해, 백의곤(白義坤)과 김현주(金鉉州)를 각각 제6대장, 제5대대장으로 하는, 총원 150명의 2개 대대로 구성되었다. 제6대대는 현역 군인 여럿과 여순사건·제주사건에 참전했던 현직 경찰관 출신 20여 명이 핵심을 이루었다.

부대 대호가 5대대, 6대대로 명명된 것은 북한군에게 대규모 부대로 보이도록 하기 위해서였다. 대원들에게는 일본제 99식 장총, 탄환 120발, 미제 수류탄 3개씩이 지급되었고 북한 보안대 복장으로 위장하게 했다. 이외에 경기관총, 지뢰 폭탄 수십 개, 다이너마이트, 독약, 전선절단기, 북조선은행권 50만 원, 사진기 등의 장비가 보급되었다.

---

390) 印淳昌,「西北青年會와 虎林유격대」,『建國會報』, 1989. 7. 25; 金時興,「나의 회고」,『建國會報』1990. 3. 25.
391) 李興烈,「호림부대제6대대작전상보」, 3쪽.
392) 李興烈,「호림부대제6대대작전상보」, 3~4쪽.

이들은 1949년 6월 28일, 강원도 양양군 서면 진동리 오색리지구로 침투했다. 5대대는 양양군 강현면과 속초면으로, 6대대는 인제군 북면 서화면으로 침입했다. 북한측 기소장에 따르면, 이들은 중요 공장·기업소·교통선의 파괴, 정권기관·정당·사회단체 중요간부 암살, 방화, 살인, 산독(散毒), 민심교란, 군사비밀 탐지 등의 임무를 띠고 있었다. 특히 재판 과정에서 북한은 호림부대의 활동이 "마치 공화국 인민군대 내부에서 군인들이 공화국을 반대하는 폭동을 일으킨 듯이 대내외적으로 허위선전하자는 데 그 목적이 있었다"고 강조했다.[393] 호림부대 관련자인 이홍렬이 밝힌 호림부대의 목적 역시 이와 같았다.

1. 설악산을 거점으로 하고 동부산악지대를 북상하여 인근 小邑部落을 奇襲하고 내무서 습격, 교량 및 교통도로 절단, 보급 창고 등의 파괴를 감행한다.
2. 적 대부대와는 가급적 전투를 피하고 각처에 출몰함으로써 적의 치안상태를 극도로 마비할 것.
3. 적 대부대를 산악으로 유인하여 적의 주력을 마비시켜 전투력을 상실케 하고 我부대는 적의 포위망을 돌파, 적의 방어가 약한 小邑面을 기습한다.
4. 현지 반공애국청년을 가급적 포섭하여 부대원으로 편입시킨다.
5. 투항한 북괴군 및 내무서원 및 악질적인 당원은 捕虜로 하고 보급품을 운반케 한다. 본 유격대가 철수시 같이 철수 후송한다.
6. 무기 및 식량 기타 필수품은 현지 조달하고 주민의 물품에 대하여서는 대금을 지불한다.[394]

아마도 북한은 한국군 특수부대의 월북 가능성에 대한 정보를 입수했던

---

393) 南宮碩(1949), 「所謂 '國防軍虎林部隊' 公判 방청기」, 『태풍』 제2권 제20호(통권36호), 63쪽.
394) 李興烈 증언·劉官鍾 정리, 「虎林部隊第六大隊作戰祥報」(국방군사편찬연구소 소장).

것으로 보인다. 6월 14일 북한 내무상의 지시로 각 시·군 내무서장에게 보내진 긴급지시는 "이남 춘천 주둔 괴뢰국방군 192부대에서 파견하는 특별공작대 130명"이 북한에 침입해 폭탄·독약 등으로 파괴·암살·인명살해를 목적하며 복장은 사복으로 가장한다는 '이남 정보'를 이첩하며 이에 대한 대비책을 경고한 바 있다.[395] 호림부대의 침투에 따라, 1949년 7월 북한 지역 강원도 인제군은 당·정·군 모두 초비상 상태였다.[396] 북한 내부문서에 따르면, 해당 지역 북한 당·정권기관들은 '전투'·'자위'·'반간첩사업'·'전투사업협조' 등 완전한 전시상태에 돌입했다.

북한 조선노동당 인제군당은 38선 경비를 위해 밤낮으로 주민들을 500m 거리로 경비를 서게 할 정도였다.[397] 북한 내무성은 7월 29일 호림부대를 완전 소탕했다고 보도했지만,[398] 실제로는 9월에 가서야 이들의 자취가 사라졌다.

북한측 집계에 따르면, 피해 상황은 38선 연변 전답 1만 1,859평 토지에 파종을 못했으며, 4,800평이 미제초, 주민 11명 납치, 피살 29명, 가옥 11개 소각 및 파괴, 축우 15두 손실 등이었다.[399] 북한측 자료에 따르면, 호림부대원 106명이 사살되었고 44명이 포로로 잡혔다. 이들에 대한 공판은 8월 28일 열렸고, 9월 11일 전월성·이한기·조석풍·고찬석·김인환 등에 대한 공판은 모

---

395) 「1950년 '特甲' 指示輯(1950. 7~9, 제11계)」, 「전화수발부」(1950. 6. 14), 1993, 『北韓關係史料集 XVI(1948~1951년)』, 135쪽.
396) 「군내 반동테로단 침입에 대한 전체 당원들의 경각성 제고를 위한 명령서(북로당 강원도 인제군당 위원장→리당·면당위원장·각 세포)」(1949. 7. 4); 「긴급지시(북로당 강원도 인제군당 위원장→각 면당위원장)」(1949. 7. 4), 국사편찬위원회(1982), 『북한관계사료집』 1, 494~497쪽; 「북조선로동당 강원도 인세군당 상무위원회 회의록 제51호(1949. 7. 6)」 중 「38선 낭난체들의 전투사업 협조를 위한 특별대책에 대하야」, 「38선 당단체 7, 8월분 사업계획서」; 「북조선로동당 강원도 인제군당 상무위원회 회의록 제54호」(1949. 7. 21), 「38연선 연변 소위 국방군과 경찰 들의 만행을 방위하며」, 「자위대사업강화를 위하여」, 『북한관계사자료집』 3, 1985.
397) 「긴급히 주는 지시(북로당 강원도 인제군당 위원장→각 면당위원장: 1949. 7. 5)」, 국사편찬위원회(1982), 『북한관계사료집』 1, 496~497쪽.
398) 조선중앙통신사(1950), 『조선중앙연감1950년판』, 712~720쪽; 『함남로동신문』 1949. 7. 31.
399) 「북조선로동당 강원도 인제군당 상무위원회 회의록 제54호」(1949. 7. 21), 국사편찬위원회(1985), 『北韓關係史料集 III』, 418~419쪽.

란봉극장에서 공개재판으로 열렸는데 이들 모두에게 사형이 선고되었다.[400]

침투 규모와 횟수를 비교한다면 북의 게릴라와 남의 게릴라는 비교가 되지 않았다. 그럼에도 불구하고 북한은 공개재판을 여는 한편, 이들이 소지하고 있던 사진기에 찍힌 '증거 사진'들을 활용해 대대적인 선전 작업에 나섰다. 1949년 하반기 북한의 모든 매체에 호림부대의 만행과 포로들의 증언, 재판이 보도되었고, 이는 영화로도 제작되었다.[401] 월북한 호림부대 출신은 호림부대가 강간·살인·약탈을 자행하는 살인 집단이라고 고백하는 글을 발표하기도 했다.[402]

양양돌입사건(제2차 고산봉전투)

호림부대가 양양군에서 대북 침투를 단행한 직후인 7월 초, 양양의 한국군이 대북공격을 단행했다. 이 전투의 명칭은 양양군 '고산봉전투'(북한) 혹은 '양양돌입사건'(한국)으로 다소 차이가 있지만, 남북한 모두 7월 초 양양에서 한국군의 대북공격이 이루어졌음을 인정했다.

먼저 한국측 자료로 이 전투를 구성해보면, 10연대장 송요찬이 양양의 북한 유격대 훈련소를 파괴하기 위해 상부와는 무관하게 제3대대에 구두 공격 명령을 내렸고, 7월 4일 미명에 제1대대의 3개 중대가 공격을 개시했다. 이들

---

400) 조선중앙통신사(1950), 『조선중앙연감1950년판』, 712~720쪽; KMAG *G-2 Periodic Report*, no.193(1949. 10. 7). 이들 5명 외에 예심에 회부된 사람들은 다음과 같다. 강대직, 김구남, 김길수, 김남홍, 김련제, 김석환, 김인후, 김일배, 김정수, 김춘근, 독고준, 로병천, 리광우, 리상훈, 리시붕, 박윤영, 박정근, 백태규, 신인섭, 심희관, 안승진, 원항식, 유경훈, 유영종, 윤덕규, 장준혁, 정례섭, 정종원, 조운학, 최복길, 최태덕, 하규선, 한광수, 한대정, 한상환, 한창용, 홍몽린, 황주선(『함남로동신문』 1949. 8. 30).
401) 18분 10초짜리 이 영화필름은 한국전쟁기 미군에 노획되어 현재 NARA에 소장되어 있다. KBS는 사본을 소장하고 있다. 「특보 제8호: 호림부대공판(1949. 9. 11)」(국립영화촬영소 제작, 1949. 10)(MID 5402, lot no 242, NARA).
402) 박인복(1949), 「호림공작대의 죄악상: 의거입북한 국방군 호림공작대 륙군본부 영등포학원 제7대대 제3중대」, 『태풍』 제2권 제25호(통권41호), 13~17쪽.

은 처음 보급된 M1소총으로 무장하고 양양을 목표로 산간소로를 이용해 진격했다.[403]

이들은 남대천 대안의 80고지를 점령했으나 북한군의 반격으로 1개 중대가 피해를 입었고 송요찬은 문책 해임되었다.[404] 8사단장이던 이형근은, 자신의 부재시 제10연대장 송요찬 중령이 "침투한 적을 추격했는데 돌아오는 길"에 북한군에 포위되었다고 회고했다. 이형근은 송요찬의 행동이 정당한 점도 있었으나 지휘 계통을 무시해 해임했지만 군법회의에는 회부하지 않았다고 썼다.[405]

북한측 주장도 이와 비슷한데, 7월 초 8사단 10연대 제1·2·3대대와 계림특무부대가 38선 이북 강원도 양양군 현북면 고산봉 점령 및 양양군 공격 명령을 받았다. 10연대는 7월 3일 양양군 서면 영덕리 공수전리를 공격했고, 7월 5일에는 같은 지점과 영덕리 825고지를, 7월 6일에는 서면 중암리와 고산봉을 전면 공격했다.[406] 북한은 7월 8일 공수전리·고산봉에 침입한 남한군을 격퇴했다고 주장했다.[407]

북한의 한 선전매체는 7월 6일부터 한국군이 '만여 발'의 포를 쏜 뒤 3개 대대가 진격해왔지만, 고산봉을 지키던 2개 소대 병력에게 격퇴되었다고 선전했다. 고산봉전투에 참가했던 유린병에게는 국기훈장3급이 수여되었다.[408]

호림부대 침투·양양돌입사건 직후 국방장관 신성모는 매우 주목할 만한

---

403) 사사키의 진술에 따르면, 한국군은 산간소로로 진격한 것이 아니라 양양군 서림리-잔교리 4km 정면에 병렬해서 공격을 개시한 것으로 되어 있다.
404) 佐佐木春隆, 앞의 책, 상권, 429~430쪽; 『한국전쟁사 1: 해방과 건군』, 536~537쪽.
405) 李亨根(1993), 『李亨根回顧錄: 軍番1번의 외길 人生』, 중앙일보사, 43쪽.
406) 조선중앙통신사, 『해방후10년일지』, 83~85쪽; 조선중앙통신사(1950), 『조선중앙연감1950년판』, 712~720쪽; 「조선민주주의인민공화국 내무성 공식보도」, 『함남로동신문』 1949. 7. 10.
407) 「조국전선보고서」.
408) 김창선(1950), 「고산봉 전투의 용사들」, 『태풍』 2권 7호; RG 242, ATIS Document no.200642, 「국기훈장에 빛나는 로동자출신 분대장, 공화국경비대 유린병」, 북조선직업동맹중앙위원회 기관지, 『로동자』 1949년 9호, 90~91쪽.

□ 그림 III-11 **양양 고산봉 전황도**(북한)

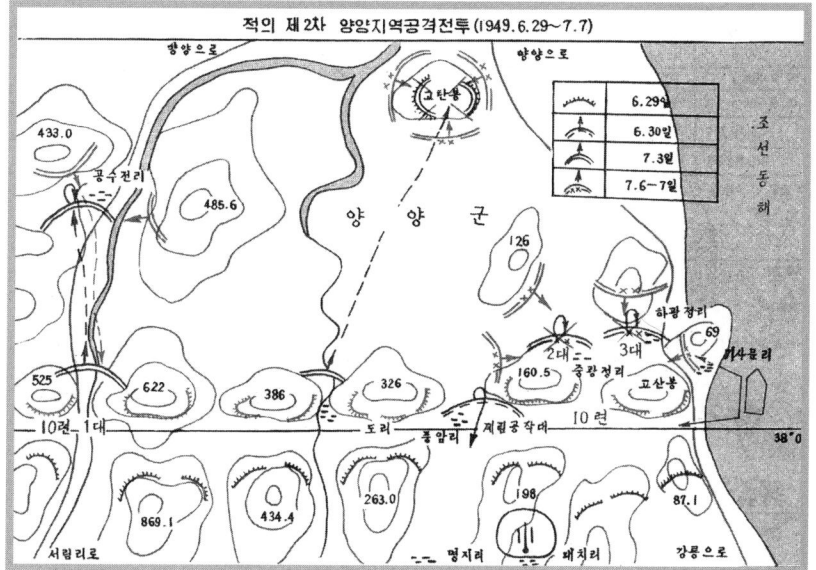

※ 출전 차준봉(1993), 『누가 조선전쟁을 일으켰는가』, 평양 사회과학출판사.

발언을 했다. 7월 17일 대한청년단 인천분단 훈련시범대회에서 신성모는 "우리 국군은 대통령의 명령만 기다리고 있으며 어느 때라도 명령만 있으면 이북의 평양·원산까지라도 1일 내에 완전 점령할 자신과 실력이 있다"고 호언장담했다.[409]

호림부대 월북과 양양돌입사건은 분명 한국군 지휘부의 관심사항이었다. 이를 신성모의 발언과 연결시켜본다면 한국군의 의지는 분명한 '실지회복'에 맞추어졌음을 알 수 있다. 동해안에서 특수부대의 침투와 정규부대의 과감한 공격은 별개의 사건으로 해석되기 어려웠다.

---

[409] *Joint Weeka*, no.6(1949. 7. 22). 주한미군사고문단은 "군고위급의 성명과 과장 때문에 '침공'에 대한 여론이 증가하고 있으며 대중에게 만연되어 있다"고 논평했다.

3장 | 연대급 전투의 전개와 남한의 7월 공세   377

□ 그림 Ⅲ-12 **양양 고산봉 전황도**(한국)

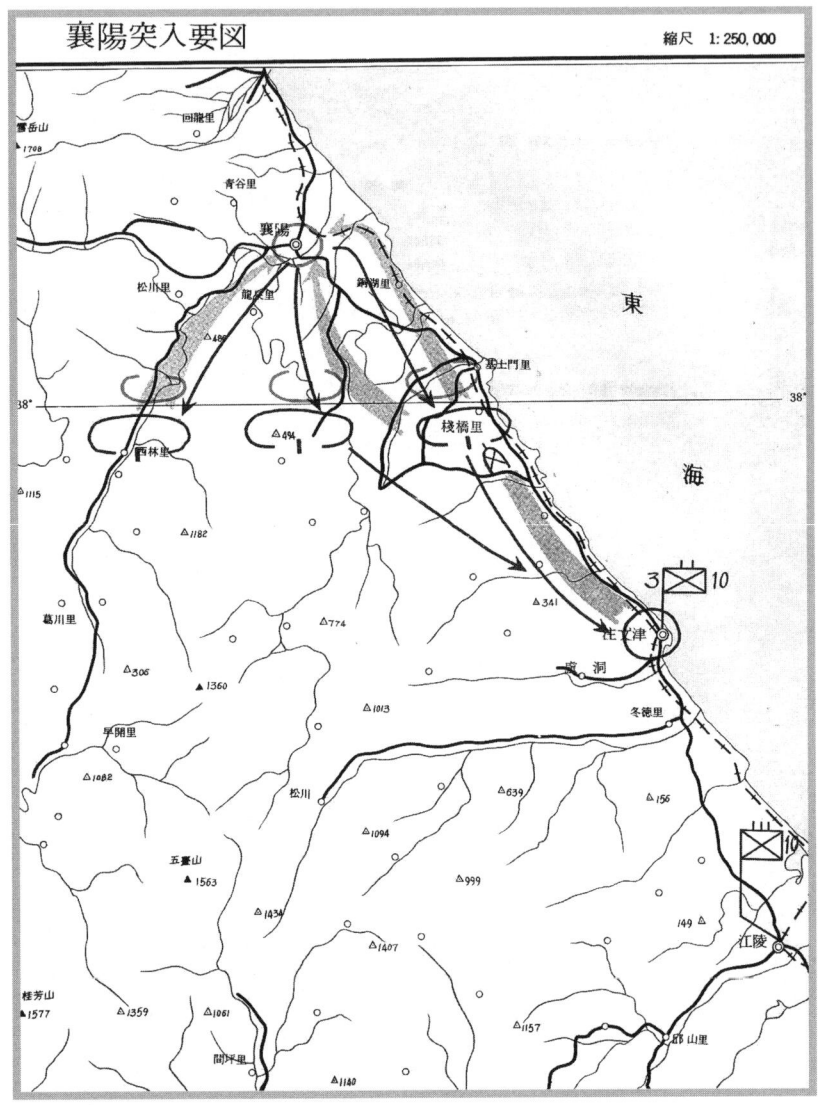

※ 출전 국방부 전사편찬위원회(1967), 『한국전쟁사 1: 해방과 건군』.

개성 송악산 488고지전투(7. 20~8. 3)

1949년 한국군이 선공한 마지막 연대급 38선 충돌은 개성 송악산 488고지전투였다. 38선 이북에 위치한 송악산 주봉인 488고지의 바로 아래에는 38선 이남의 고지인 475고지가 존재했다. 양 고지의 거리는 200m에 불과했고, 송악산 292고지전투 이후 상시적인 충돌 위험이 있던 지역이었다. 바로 이 488고지를 둘러싼 전투가 7월 25일 개시되어 8월 초까지 488고지의 주인이 두 번 바뀌는 격전이 벌어졌다.

공격을 개시한 것은 한국군이었다. 북한측의 총격에 격분한 1사단장 김석원은 '더 이상 은인(隱忍)할 수 없어' 7월 25일 미명 11연대 1대대에게 488고지에 대해 공격 명령을 하달했다.[410]

주한미군사고문단의 설명은 이와 좀 다른데, 7월 24일 한국군이 북한이 점령하고 있던 292고지에 대해 공격을 시도했다 실패한 뒤 7월 25일 05:00시에 한국군 11연대가 488고지를 공격해 점령했다는 것이다.[411] 북한 측 자료들은 7월 24일 23시 제11연대장이 각 대대장에게 38선 이북 송악산 488.2고지와 영남면 삼거리 및 영남면 일대를 공격하라고 명령했으며 25일 03:25분 공격이 시작되었다고 주장했다.[412]

한국측 자료에 따르면, 송악산 488고지를 점령한 것은 배속된 지 몇 주밖에 되지 않던 장부길(張富吉) 소위가 지휘하는, 박격포 3문으로 증강된 보병 1개 소총소대였다. 장부길의 말에 따르면, "우리 중대는 사전에 이 488고지를 제압함으로써 전국을 유리하게 전환시키는 동시 불의(不意)한 적의 습격을 사전에 방지할 수 있는 것"이 공격의 이유였다.[413] 7월 25일 오전 4:45분에 공격

---
410) 『한국전쟁사 1: 해방과 건군』, 526~527쪽.
411) KMAG, *G-2 Periodic Reports*, Nos. 151~152(1949. 7. 26~27).
412) 「조국전선보고서」.

□ 그림 Ⅲ-13 **송악산 475고지**

이 개시되었고, 기습적인 수류탄전을 전개한 끝에 6:20분에 488고지를 점령했다. 이후 7월 29일까지 양측의 격렬한 공방전이 전개되었고, 장부길 소대는 7월 29일 오전 9시 이덕빈(李德彬) 소대와 교대했다.[414]

488고지에 대한 공격은 화력 지원이 불가능해 보병의 돌격전 외에는 방법이 없었다. 특공대를 투입한 돌격전이 계속되었고, 결국 몇 차례의 공방 끝에 7월 29일 북한경비대가 488고지를 점령했다.[415] 7월 29일 21:30분 한국군은 488고지에서 철수하면서 대전차지뢰·대인지뢰를 매설했고 대전차해자를 축성했다.[416] 소규모 전투는 8월 3일에 가서야 종식되었다.

메릴에 따르면, 이 전투의 특징은 ① 화력 면에서 북쪽의 압도적 우위가 입증된 점, ② 인민군이 경비대를 처음으로 지원하고 나선 점 등이었다.[417] 이는 매우 중요한 지적인데 왜냐하면 이것은 북한의 공격 준비 태세를 반증하는 것이었고, 그 공격은 개성전투가 마무리된 다음날인 8월 4일 옹진에서 본격화되었기 때문이다.

---

413) RG 319, ID file no.667641, 張富吉(1950), 「松岳山四八八高地占領記」, 『國防』 4월호, 國防部 政訓局, 63쪽.
414) 장부길, 앞의 글, 66쪽.
415) KMAG, *G-2 Periodic Reports*, Nos. 151~152(1949. 7. 26~27); 「U.S. Mil Attache-DA」(1949. 8. 2)(USMILAT28), 『KMAG 전문철』; 『혁명의 위대한 수령 김일성동지께서 령도하신 조선인민의 정의의 조국해방전쟁사 I』, 사회과학출판사(구월서방 번각판), 1972, 60~61쪽.
416) KMAG, *G-2 Periodic Report*, no.157(1949. 8. 2); 「Chief KMAG-DA」(1949. 8. 6)(ROB185), 『KMAG 전문철』.
417) 존 메릴 지음·신성환 옮김(1988), 앞의 책, 275쪽.

존 메릴은 송악산 488고지전투가 진해회담과 관련이 있다고 주장했다. 8월 초 장제스는 진해를 방문해 한반도를 거점으로 중국 본토를 폭격할 전투비행대 설치를 제안했다. 이승만은 이에 대해 거부의사를 밝히며 태평양동맹을 강조했지만, 회담 직후 미국의 중국 포기를 의미하는『중국백서』가 간행됨으로써 양자의 연대는 무산되고 말았다. 메릴은 송악산 488고지전투가, 태평양동맹 논의차 방한 예정이었던 장제스의 시선을 집중시키기 위해 남한 지도부가 고안해낸 것으로 밝혀졌다고 주장했다. 반면, 옹진과 춘천 방면에서 발생한 분쟁은 북쪽에서 중국국민당 지도부의 방한 기간에 대한민국을 혼란에 빠뜨리기 위해서 일으켰던 것 같다고 평가했다.[418] 그러나 송악산 488고지전투가 단순히 장제스만을 향한 것이 아니란 혐의가 있으며, 북한의 옹진 공격 역시 전술적인 수준에 그친 것이 아니었다.

4. 한국군의 7월 대북공격설 재검토

이제 우리는 뫼비우스의 띠 같은 의혹과 혼돈의 미로에 접어들었다. 그것은 바로 1949년 7월 남한의 대북공격설, 즉 '북침'설을 검토하는 문제이다. 앞에서 살펴보았듯이, 38선에서의 소규모 충돌은 연대급 전투를 발화로 해서 개성-옹진-춘천-양양으로 번져나갔고 작은 전쟁이 진행 중이었다. 상당수의 전투는 남한의 선공으로 개시되었는데, 그 배경은 매우 복잡했다. 한국정부는 미군철수와 중공 수립으로 위기감이 고조된 반면, 한국군의 무장력 강화, 병력 증가, 미군의 통제에서 벗어난 자율성의 강화에 덧붙여, 6월의 내부 문제 정리로 자신감에 차 있었다. 완충지대로 기능하던 미소군 역시 현장에 없었다. 위기감과 자신감의 혼란 속에서 한국이 국지전에서 전면전으로 혹은 북

---

418) 존 메릴 지음·신성환 옮김(1988), 앞의 책, 276쪽.

벌까지 고려한 흔적이 존재한다. 바로 7월 한국군의 대북공격설이 그것이다.

지금까지 1949년 한국군의 대북공격 가능성 문제는 본격적으로 검토된 적이 없었다. 오히려 기존의 전사들은 6월 하순 한국군이 38선 분쟁 처리 방침을 결정해 더 이상의 보복 월경을 하지 않기로 했다고 쓰고 있다. 즉 6월 하순 육군본부는 이응준(李應俊), 김석원(金錫源), 유승렬(劉升烈) 장군 등 육군원로와 사단장급 회의를 개최해 38선 분쟁 처리 방침을 논의했는데, 적극 반응파(1사단장 김석원)와 절도 있는 반응파(정보국장 백선엽)가 대립했으나 백선엽의 주장대로, "북한의 전투력이 우리보다 낫다. 실력도 없는데 허세만 부리다간 몸만 다친다"는 쪽으로 결론이 났다는 것이다. 이에 따라 이후 한국군의 월경이 사라져, 은파산전투 이후 대규모 무력 충돌은 일어나지 않아, 군은 지리산 및 태백산의 게릴라 토벌에 전념할 수 있었다는 주장이다.[419]

북한은 이미 1950년부터 한국군이 1949년 7월 대북공격을 계획했다고 주장했다. 북한이 제시한 증거는 전 내무장관 김효석의 증언과, 1950년 6월 28일 육군본부에서 노획했다는 「군사전략계획도」였다. 김효석은 1950년 7월 5일 오후 8시 반 서울방송국을 통해, 한국정부가 "작년 7월 15일을 기하여 소위 북벌을 개시"하려 했고 자신도 참가했다고 밝혔다. 김석원에게는 옹진 방면에서 북상해 평양을 점령하고, 채병덕에게는 동부전선을 지휘하라는 명령이 내려졌으나, 빨치산 투쟁의 격화로 중지되었다는 것이다.[420] 김효석의 증언은 어설펐다. 북한이 제시한 「군사전략계획도」는 금교-사리원-평양을 주타격 방향으로 북진하며, 서부전선 부대와 동부전선 부대(연천-원산) 및 육전대(한천, 하남리 상륙)가 협동작전을 펼친다는 정도였다.

1950년 한국전 당시의 북한의 주장은 그냥 선전전이나 술책으로 치부되어 무시되었지만, 문제는 그리 단순하지 않았다. 7월 위기설은 남한에서도 상

---

419) 佐佐木春隆, 앞의 책, 433~440쪽; 채병덕의 부관 李相國 장군, 白善燁 장군의 증언.
420) 『로동신문』 1950. 7. 7.

당히 유포되었으며, 특히 개성 송악산 292고지전투의 발생 이후 만연했다.[421]

구소련 문서에 나타난 '북침' 가능성 보고

소련은 이미 1949년 초부터 한국군의 '북침'에 대해 경계하고 있었다. 소련은 4월 중순 이후 7~8월 '북침'설이 본격적으로 제기되면서 이를 보다 현실적인 문제로 인식하고 있었다.

소련대사 슈티코프는 1월 말, 한국군의 '북침' 소문이 강하며 선제공격을 당하기 전에 경비를 강화할 필요가 있다고 보고한 바 있다.[422] 4월 중순 소련 극동방면군사령관 바실리예프스키는 한국이 38선상에서 선제공격을 하고 있으며, 병력을 3~4월 간 계속 38선으로 집중시키고 있어, 새로운 도발 행위를 저지를 가능성이 있다고 보고했다.[423] 소련이 우려한 한국의 공격 징후는 ① 군 병력의 증강, ② 군의 38선 집중, ③ 북침 소문 등이었다. 한국이 공격을 취하려는 이유로는 ① 주한미군의 철수, ② 북한 공격에 대비한 선제공격 등이 지적되었다.

소련 자료에 한국의 대북공격에 관한 구체적인 일자가 처음 등장한 것은 4월 중순이었다. 이번에는 스탈린의 경고였다. 스탈린은 슈티코프에게 보내는 4월 17일자 경고 서한에서, "미군이 남한군에게 행동자유를 주기 위해 5월에 일본으로 철수할 것이며 유엔한위도 철수할 것이다. 4~5월에 남한은 38선상에 병력 집중 후, 6월에 대북 기습공격할 것이며, 8월에 공세를 종료할 것이다. 이를 위해 남한군은 4월 10일 해주 8천, 의정부 1만 등의 병력을 집결시키

---

421) 신성모 국방장관은 5월 12일 기자회견에서 개성사건을 기화로 항간에서는 7월 위기설이 유포되고 있다는 기자의 질문에 대해, 자신이 귀국했을 때도 1월, 3월 1일, 5월 1일 등의 위기설이 있었다고 밝히며, 예사로 보지 않는다고 강조했다(『동아일보』 1949. 5. 13).
422) 「슈티코프→몰로토프」(1949. 1. 27), 『소련 외교문서』 4권, 1~3쪽.
423) 「바실리예프스키·슈테멘코→스탈린」(1949. 4. 20), 『소련 외교문서』 3권, 17쪽.

고 있다"고 지적했다.[424]

5월 2일 슈티코프는 스탈린의 '북침 가능성 우려'에 대해 회신하면서 보다 강력하게 북침 위협을 강조했다. 슈티코프는 첫째 남한이 병력을 급속히 증가시켰으며, 둘째 강력한 숙군 조치가 취해졌고, 셋째 미군의 탄약·무기가 한국군에 이양되었으며, 넷째 병력이 38선으로 집중 배치(총 병력 4만 1,000명)되었고, 다섯째 이러한 징후들에 덧붙여 북한 정보기관과 연대된 한국군 대대장의 보고에 의하면 북침 계획이 승인되었고, 여섯째 남한 첩자들의 대북 파괴행동이 고조되고 있다는 점을 지적했다.[425] 여기에 등장하는 북한의 첩자인 한국군 대대장은 아마도 표무원·강태무일 것이다.

이 직후인 5월 4일 개성 송악산 292고지전투가 벌어졌고, 5월 5일 강태무·표무원 부대가 월북했다. 김일성도 5월 27일 슈티코프에게 남한군이 개성지구 송악산 38 이북의 488고지를 점령하기 위해 2개 대대를 배치했다고 주장했다.[426]

6월 10일 슈티코프의 보고는 남한의 공격에 대한 구체적인 우려를 담고 있었다. 슈티코프는 먼저 미군 철수로 무력통일하려는 남한의 자유행동이 가능하게 되었고, 둘째 미군 철수 완료 발표 사흘 전 북한에 대한 침공이 있을 것이란 첩보가 있었으며, 마지막으로 향후 2~3주 내에, 즉 7월 초 안으로 남한의 대규모 무력 도발 가능성이 높다고 지적했다.[427] 6월 말에는 호림부대가 38선을 넘어 북한에 침투했고, 7월 초에는 양양 고산봉전투가 벌어졌다.

분명 북한은 7월 초 남한의 정세에 모든 촉각을 곤두세웠다. 7월 8일 미해군 순양함, 구축함 등 3척이 친선 방문차 인천항에 입항한 것은 북한에게는 침

---

424) 「스탈린→슈티코프」(1949. 4. 17), 『소련 외교문서』 4권, 13쪽.
425) 「슈티코프→스탈린」(1949. 5. 2). 바자노프, 앞의 책, 16~18쪽. 병력 증강의 구체적 수치로 슈티코프는 ① 1월 1일 5만 3,600명에서 3월 말 7만 명으로 증가 ② 공병·기계화·특수부대 2~4배 증가된 점을 지적했다.
426) 「슈티코프→그로미코·슈테멘코」(1949. 5. 28), 『소련 외교문서』 3권, 23쪽.
427) 「슈티코프의 보고」(일자 미상), 「한국전문서요약」, 9쪽.

략을 위한 전주곡으로 비쳐졌다.[428] 한국정부는 7월 11일 '치안 행정상 필요'로 38선 20km 이내 '통행제한지구'를 설정하고, 해당 구역 내 거주자도 소관 경찰서장의 증명서 없이는 이웃 마을에 다닐 수 없다고 발표했다.[429] 7월 20일자로 발효된 이 조치에 대해 북한은 전쟁이 임박했다고 해석했을 가능성이 높다.

1949년 7월 무렵 북한이 남한을 바라보는 우려 섞인 관찰은 1950년 초 남한 정보기관에 넘쳐났던 북한의 침공 징후들과 거의 같았다. 1950년 3~4월에는 1949년과는 정반대로 남한의 정보기관과 KLO 등에 북한의 침략이 임박했음을 알리는 정보보고들이 넘쳐났다. 남으로 연결된 도로·교량에 대한 대대적 보수작업이 이루어졌고, 1949년 북한 스스로 철거했던, 남으로 향하는 철도가 다시 연결되었다. 이는 병력과 차량·탱크의 기동을 위한 사전 준비작업이었다. 북한은 '치안상의 이유로' 38선 일대의 주민을 소개시켰고, 김일성 스스로도 1950년 3~4월경 38선 접경지역의 농민들을 '남한의 침략'에 대비해 이주시켰다고 시인했다. 이를 위해 북한은 농림성과 산업성 및 각급 지방정권기관을 총동원했는데, 이는 공격을 위한 사전준비였다.[430]

한국 국회는 7월 14일 필리핀의 퀴리노(Elpidio R. Quirino) 대통령과 중국의 장제스에게 반공을 위한 태평양동맹 추진을 격려하는 메시지 전달을 가결했고,[431] 다음날 병역법을 통과시켰다.[432]

남한의 공격에 대한 징후와 소문 들이 무성한 가운데 소련 문서에 나타난 최고의 '북침' 시나리오는 7월 13일 슈티코프가 비신스키에게 보낸 보고 전문

---

428) 조선중앙통신사(1950), 『조선중앙연감1950년판』, 712~720쪽.
429) *Joint Weeka*, no.5(1949. 7. 15); 조선중앙통신사(1950), 『조선중앙연감1950년판』, 712~720쪽; 『함남로동신문』(1949. 7. 16)(경성 9일발 합동통신).
430) 「수출품수매사업을 강화하며 38연선지대에서 이주한 주민들의 생활을 안정시킬 데 대하여(1950. 5. 5)」, 『김일성전집 11』, 345~350쪽.
431) 조선중앙통신사(1950), 『조선중앙연감1950년판』, 712~720쪽.
432) 앞의 자료.

에 드러난 「남한판 선제타격계획」이었다. 이 정보는 다음과 같았다.

㉠ 옹진 포로들의 심문 결과: 부대지휘관들이 7월 내내 여러 차례 회의를 개최했고, "북한군의 남침에 대비해 남한이 먼저 북측에 선제공격을 하여야 하며 8월 15일까지는 북한을 점령해야 한다"는 점을 여러 번 확인했다. 12연대는 국사봉을 점령하며, 18연대는 개성 주둔 13연대와 공동으로 개성 주변을 점령하며 북진해 1주일 내에 해주 주위를 점령하려 한다.
㉡ 남로당의 첩보: 이승만이 비밀회의를 개최하고 평화통일을 언급했다. 그러나 이는 최후통첩이다. 이승만은 북측이 8월 혹은 9월에 남침할 것이므로 남측이 7월에 먼저 개전함으로써 우위를 차지해야 한다고 주장했다. 또한 남한의 군대 재배치가 이루어지고 있으며, 38 인근 주민들의 타 지역 이주가 활발히 이루어지고 있다.[433]

이 남한판 선제타격계획은 기존 한국전쟁사에서 북한이 추진했다고 평가한 전통적인 한국전쟁 전략과 일치했다. 여기서 북한이 지적한 ① 위장평화공세 후 선제공격, ② 남침 방어용 북침, ③ 군대 재배치, ④ 38선 인근 주민의 소개, ⑤ 옹진과 개성의 공동작전 수행 등은, 1년 뒤 그 실행 주체가 북한으로 바뀐 것말고는 놀라울 정도로 북한판 선제타격계획 혹은 3단계 공격 계획과 유사했다.

소련 자료에 마지막으로 등장하는 남한의 북침 경고는 1949년 스탈린이 슈티코프에게 보낸 8월 3일자 전문이었다. 스탈린은 AP통신과 UP통신 서울 특파원의 보도를 인용해, "남한의 몇몇 매우 영향력 있는 인사들이 북침 명령

---

433) 「슈티코프→비신스키」(1949. 7. 13), 『소련 외교문서』 3권, 25~26쪽. 슈티코프의 보고에 따르면, 정보의 출처는 7월 12일 옹진에서 잡힌 18연대 2대대 소속 병사들이었다. 그런데 『함남로동신문』에는 옹진에서 포로가 된 이등상사 여창덕, 일등병 김명수, 이등병 한기무 등의 증언이 실려 있지만 슈티코프의 보고와 같은 내용은 없다(『함남로동신문』 1949. 6. 25~26).

을 내렸다"고 경고했다.[434] 이를 끝으로 현재까지 공개된 구소련 문서에는 남한의 북침 가능성과 공격 징후에 대한 보고는 더 이상 없었다.

미국 자료에 나타난 남한의 대북공격 우려

한국의 대북공격 가능성에 대한 미국의 우려 또한 고조되었다. 특히 대북공격에 대한 최초의 우려가 주한미대사관이나 주한미군사고문단이 아니라 애치슨 국무장관으로부터 비롯되었다는 사실은 매우 주목할 만하다. 애치슨은 4월 13일 주한미대사 무초에게 전문을 보내, "남한이 60일 이내에 북한을 공격할 것이란 정보"가 정통한 극동 소식통으로부터 접수되었으며, 2월 중순에도 동일한 소식통으로부터 일맥상통하는 정보가 접수되었다고 지적했다. 나아가 애치슨은 남한 내 군사적 상황이 심각해져 조만간 충돌이 있을 예정이며, 북한은 수도를 평양에서 만주에 가까운 지역으로 이동하는 등 방위 조치를 강화하며 38선 이북으로부터 평양으로 향하는 철도를 철거했다고 덧붙였다. 반면 한국정부 국무총리 이범석은 한국군을 강화했는데, 한국인들은 이제 한국군이 방어뿐 아니라 공격도 할 수 있는 능력을 보유했다고 생각한다고 지적했다.[435]

여기서 미소 정보 당국의 공통적인 지적사항을 알 수 있다. 1949년 초 해주의거 사건과 기사문리 포격이 있은 직후인 2월 중순, 미국과 소련의 최고 당국자들은 남한의 북침을 우려했고, 스탈린이 남한의 7월 북침 가능성을 경고한 4월 중순에는 애치슨 역시 남한이 공격을 개시할 가능성이 있음을 지적했다. 남한이 5·4 송악산 292고지전투를 개시한 직후 주한미군사고문단은 "한국정부의 일부 관리들이 미군 전술부대의 출발 이전에 북한을 조기 공격할 계

---

434) 「스탈린→슈티코프」(1949. 8. 3), 『소련 외교문서』 4권, 40쪽; 「한국전문서요약」, 10쪽.
435) 「Acheson to Muccio」(1949. 4. 13), *FRUS*, 1949, vol. 7, pp. 987~988.

획"인데, 이는 조만간 중공군이 북한군을 원조하기 위해 병력의 일부를 전용하는 것이 가능할 것이며, 미군이 현장에 존재할 때 미국이 개입할 가능성이 커진다는 추론에 입각한 것으로 여겨진다고 강조했다.[436]

7월 중순 미국은 남한이 북한을 공격할 준비가 되어 있음을 우려했고,[437] 북한 제383해안경비대의 1949년 7월 15일자 극비보고서는 남한 해병 및 보병이 진해를 출발해 원산에 상륙을 시도할 것 같다고 보고했다.[438] 주한미군 사고문단장 로버츠는 8월 초 남한의 대북공격을 우려해 남한군의 탄약 공급을 줄이는 방안을 모색하기까지 했다.[439] 로버츠는 "우리가 보기에는 (38선을 둘러싸고 벌어지고 있는) 여러 사건들은 남한이 38선 북방의 일부를 점령하고 있어서 발행한 것이다. 모든 사건을 짧게 줄여서 나타낸다면, 현지 지휘관들의 '침략이다, 중원을 요청한다, 탄약을 달라!'는 고함으로 특징지을 수 있다. 현재 남한 지도부는 북침을 단행하고자 한다. 우리는 그러한 바람을 가진 그들에게, 만약 당신들이 북침을 한다면 모든 고문관들을 철수할 것이며, 미국의 경제 협조처의 원조도 막힐 것이라고 경고해주었다"고 말했다. 로버츠는 "북과 남이 38선을 따라 이쪽저쪽에서 도발함으로써 그 책임은 양자에게 있다"고 했지만, 현재까지 북에서 보인 공격들은 심각한 수준은 아니라고 결론지었다.[440]

미국의 정보망에는 북한의 방어 태세 강화에 대한 정보들도 수신되었다. 개성에서 북으로 향하는 철로의 38선 이북 부분이 철거되었고,[441] 한국군의

---

436) HQ, USAFIK, *G-2 Periodic Report*, no.1112(1949. 5. 6). 이 정보의 신뢰등급은 B-3였다.
437) Bruce Cumings(1990), 앞의 책, pp. 393~395.
438) MacArthur Archives, RG 6, box 79, *Intelligence Summary*, no.26(1951. 2. 28).
439) RG 349, box 747, 「로버츠가 육군부에 보낸 1949년 8월 2일자 1급 비밀문서」, Bruce Cumings(1990), 앞의 책, p. 393에서 재인용.
440) 「Roberts to Bolte(Personal Comments on KMAG and Korean Affairs)」(1949. 8. 19), G-3 P&O file[Bruce Cumings(1990), 앞의 책, p. 388에서 재인용].
441) 「Acheson to Muccio」(1949. 4. 13), *FRUS*, 1949, vol. 7, pp. 987~988. 이 철로는 한국전쟁 발발 전 다시 복설되었다. 북한군은 38선으로 끊어진 철도를 한국군 몰래 연결해, 6월 25일 새벽 이미 개성역에

공격이 심했던 기사문리에서는 8월 8일 인민군이 시내 도로에 지뢰를 매설하고 포 1문을 설치하며 민간인 통행을 금지시키는 조치가 취해졌다.[442] 인민군 1사단도 8월 23일 "남한 군대의 침략 대비용으로" 북으로 향하는 모든 길에 지뢰를 매설했다.[443]

그러나 8월 하순을 고비로 미군 정보 역시 더 이상 한국의 북진 계획 혹은 준비에 대해 언급하지 않았다. 그렇다면 한국은 언제, 그리고 왜, 대북공격 계획 혹은 준비를 포기한 것일까? 한국의 '북침' 연기 혹은 취소에 대한 북한의 설명은 정합성이 없다. 북한이 가장 애용하는 증거는 전 내무장관 김효석의 발언이었는데, 앞에서 본 것처럼 김효석은 1950년에는 '남한 빨치산의 투쟁' 때문에 1949년 7월의 북벌이 연기되었다고 했다. 그러나 이후 북한은 1949년의 북침 계획이 너무 뻔하니 새로운 공격 계획을 구상하라는 미국의 지시에 따라 무산되었다고 스토리를 정정했다.

여기 한 가지 흥미로운 문건이 있다. 주한미군사고문단이 입수한 C-3등급의 정보보고에 따르면, 1949년 9월 22일 제5회 4차 국회본회의 결정에 따라 비밀 국무회의가 개최되었다. 대통령, 각부 장관, 대법원장이 참석했는데, 채(병덕), 원(용덕), 손(원일)도 참석했다. 회의 서두에 대통령이 "국군이 북한에 공격을 개시하는 것은 빠르면 빠를수록 좋지만, 현재의 뒤엉킨 국제 정세의 압력하에서 정부는 마지못해 작전을 연기한다"고 연설했다.[444]

아마도 한국이 추진한 북진 계획 혹은 그 실행은 1949년 8월 말 시점에서 기각 혹은 보류되었다고 보는 것이 타당할 것이다. 한국 군부의 최고 실력자이자 1949년 5~8월까지 주요한 38선 충돌을 지휘한 채병덕 육군총참모장과 김석원 1사단장의 면직은 그에 관한 가장 큰 방증이었다. 두 사람은 10월 5일

서는 15개 열차에서 북한군이 하차했다(Roy E. Appleman(1961), 앞의 책, pp. 23~24).
442) KMAG, *G-2 Periodic Report*, no.163(1949. 8. 11).
443) KMAG, *G-2 Periodic Report*, no.174(1949. 9. 1).
444) KMAG, *G-2 Periodic Report*, no.192(1949. 10. 6).

육본 일반명령53호에 따라 10월 1일자로 면직되어 예비역으로 편입되었다.[445] 두 사람이 면직된 표면적인 이유는 대북교역을 둘러싼 채병덕-김석원의 갈등, 즉 '북어사건'이었지만 한국정부의 이러한 조치는 여러 가지 의미를 함축한 것이었다.

그럼에도 불구하고 미국은 여전히 이승만의 대북공격 가능성을 우려했다. 올리버는 이승만에게 보낸 1949년 10월 5일자 편지에서 CIA가 요원을 파견해 인터뷰했다고 썼다. 올리버가 근무하던 대학으로 찾아온 CIA 요원은 여러 소스를 종합한 질문지를 내밀고 답을 구했다. 그 항목들은 다음과 같았다.

1. 한국군은 한국정부에 결정적 영향력을 갖고 있는가?
2. 전라남도민들이 정부에 충성심을 갖고 있는가?
3. 청년들이 강제로 군대에 입대하는가?
4. 38선을 가로지른 급습이 경제회복을 방해하는가?
5. 공산주의자들의 테러가 '저항의지'를 약화시키는가?
6. 경찰이 국민들을 불공정하게 대우하는가?
7. 군대는 효과적으로 싸울 능력이 있는가?
8. 정부는 38선을 월경한 공격을 계획 중인가?
9. 만약 유고가 발생하면 누가 대통령직을 승계할 것인가?[446]

CIA가 올리버에게 질문한 내용 중 5항목이 군대에 관한 것이고, 그 가운데 2항목이 38선 충돌과 한국정부의 대북공격 의향을 다루었다. 여기에는

---

[445] KMAG, *G-2 Periodic Report*, no.192(1949. 10. 11).
[446] Robert T. Oliver, *Syngman Rhee and American Involvement in Korea, 1942~1960*, p. 257; 「Robert T. Oliver→Syngman Rhee」(1949. 10. 5), 국사편찬위원회(1996), 『대한민국사자료집〔이승만관계서한자료집 2 (1949~1950)〕』 제29집, 164쪽.

1949년 하반기 미국 정보기관이 한국정부, 한국군에 대해 갖고 있던 의혹과 기본적인 관점이 잘 드러나 있다. 올리버는 한국군의 38선 월경 공격은 방어 태세를 강화하기 위한 것일 뿐이며, 한국군의 "방어적 동기의 공격작전" (defense-motivated offensive operation)은 결코 전면공격으로 발전할 수 없다는 변영태의 주장(1949. 8. 4)을 인용했다.[447] 올리버는 자신이 한국정부의 대북공격의 이유를 알고 있으며, "공격이 최상이자 때론 유일한 방어라는 정서"에는 동의하지만, 대북공격 혹은 공격에 대한 언급만으로도 한국정부는 미국 정부·대중의 지지를 상실할 것이라고 지적했다.[448] 1949년 하반기까지 미국 CIA나 올리버 모두 한국정부·군의 대북공격 가능성에 대해 우려하고 있었지만, 상황은 더 이상 악화되지 않았다.

북한의 방어 계획과 군사력의 증강

한국의 대북공격 가능성에 대한 미소 양측의 우려가 최고조에 달했던 6~7월 북한은 당황했다. 북한은 방어 태세 강화·병력 증강·무장 강화를 동시에 진행시켰고, 다른 한편으로는 평화 공세를 벌였다.

먼저 6월 22일 북한 내무성은 38선에서의 긴장이 고조되며 남한이 38선을 침범한다며, "만일 이러한 야수적 만행이 계속되는 때에 결정적 대책을 취할 것을 38연선 주둔 경비대에 명령하였다"고 발표했다.[449] 그러나 기본적으로 북한은 방어적인 태세에 중점을 두고 있었다. 같은 날 슈티코프는 비신스

---

447) Robert T. Oliver, *Syngman Rhee and American Involvement in Korea, 1942~1960*, pp. 253~254.
448) Robert T. Oliver, *Syngman Rhee and American Involvement in Korea, 1942~1960*, p. 257;「Robert T. Oliver→Syngman Rhee」(1949. 10. 10), 국사편찬위원회(1996), 『대한민국사자료집〔이승만관계서한자료집 2 (1949~1950)〕』 제29집, 167쪽.
449) 조선중앙통신사, 『해방후10년일지』, 83~85쪽.

키에게 북한군의 구성과 전력에 대한 보고서를 송부했는데, 이 보고서의 주요 목적은 북한군이 남한의 공격에 대처할 수 있는 준비 태세와 전력을 보유했는 지의 여부를 확인하는 것이었다.

슈티코프의 보고에 따르면, 북한은 3개의 보병사단(원산, 나남, 평양), 1개의 보병여단(진남포), 각각 6개 대대로 구성된 2개의 38경비여단으로 구성되어 있었다.[450] 또한 5월에 평양에서는 33대의 전차를 보유한 전차연대가 조직되어 전투참가가 가능하며, 공군은 48대의 전투기와 17대의 연습기를 보유하고 있다고 보고했다. 그러나 남한의 공격시 평양 방향에 3~4개의 사단을 투입할 것이므로 평양 방향 부대는 불충분하며, 38경비여단은 전선 전반에 흩어져 있어서 남한의 공격시 유효한 반격을 가할 수 없을뿐더러 무기가 불충분하다고 지적되었다. 결론적으로 슈티코프는 북한 인민군과 38경비여단이 기본적으로 '방어전'을 치를 준비가 되어 있다고 보고했다. 또한 조중 각료회의 합의에 따라 북한정부와 중국인민해방군 소속 2개 한인사단 지휘부(심양, 장춘) 사이에 통신이 가설되었으며,[451] 소련은 6월 안에 군사장비를 보급할 예정이라고 밝혔다.

슈티코프는 만약 남한군이 38선에 이동 배치된 것이 사실이라면, 첫째 38선 방어와 평양 방위 강화를 위해 평양·나남·원산의 병력을 38선 인근과 평양 방향으로 이동 배치하며,[452] 둘째 전쟁 도발 초기 심양·장춘의 한인사단을 한국에 투입하며, 셋째 소련 장교단을 군사고문으로 조속히 파견 요청할 것 등의 조치를 취하겠다고 밝혔다.

---

450) 「슈티코프→비신스키」(1949. 6. 22), 『소련 외교문서』 4권, 34~37쪽. 3개 보병사단은 각각 원산 방향 방어(원산 주둔), 나남 방향 방어(나남 주둔), 평양 방향 방어(사리원, 남천점, 해주, 평양 배치)를 목표로 배치되었다.
451) 조중 각료회의란 1949년 5월 초 김일의 방중 시 중국공산당 지도부와의 회의를 지칭하는 것으로 보인다.
452) 슈티코프는 부대의 이동 배치가 '하절기 야영훈련'(평양·원산에서 38선 인근으로의 배치)이나 '해방4주년 퍼레이드' 참가(나남에서 평양 방향으로의 배치)로 위장될 것이라고 밝혔는데, 이는 1950년 6월 북한군이 38선 인근으로 기동할 때 내걸었던 명목과 같았다.

슈티코프의 7월 13일자 보고에 따르면, 이러한 방어 조치들은 이미 실행 단계에 옮겨졌다. 먼저 38선 인근에 배치된 인민군 사단의 사령부와 38경비여단 사령부는 전체 부대를 전시 상황처럼 훈련시켰고, 둘째 김일성은 중공군 내 한인사단의 북한 이동을 결정했다. 심양 사단은 신의주지역으로, 장춘사단은 나남 지역으로 이동이 결정되었다.[453]

실제로 7~8월에 걸쳐 이들 2개 사단은 북한으로 입국했다. 심양에 주둔하고 있던 것은 방호산(方虎山) 지휘하에 있던 병력 1만 명의 제4야전군 보병 제166사로, 조선의용군 제1지대가 성장한 부대였다. 조선의용군 제1지대는 1946년 2월 10일 동북민주연군(東北民主連軍) 길료군구(吉遼軍區) 통화군구(通化軍區) 이홍광지대(李紅光支隊)로 개편되었고, 1946년 12월 동북민주연군 독립4사(師)를 거쳐, 1948년 11월 제4야전군 보병 166사(師)로 개편되어 심양의 수비·치안을 담당하고 있었다.[454] 이들은 7월 25일 신의주로 들어와 10월 말까지 안주 지구로 이동을 완료했고, 제13, 14, 15연대 및 포병대로 인민군 제6사단을 편성했다.[455]

장춘에 주둔하고 있던 것은 김창덕(金昌德, 李德山) 지휘하의 제4야전군 보병 164사(師)로, 병력은 1만여 명이었고 역시 조선의용군 제3지대가 성장한 부대였다. 종전 직후 하얼빈 보안총대(保安總隊) 조선독립대대(朝鮮獨立大隊)에서 발전한 조선의용군 제3지대는 1946년 4월 동북민주연군에 합류했고, 1948년 4월 동북인민해방군 독립11사로 발전했다. 독립11사는 1948년 말 장춘해방전투에 참가한 뒤 제4야전군 보병 164사로 개편되어 장춘의 수비를 담

---

453) 「슈티코프→비신스키」(1949. 7. 13), 『소련 외교문서』 3권, 25~26쪽.
454) 최해암(1992), 『조선의용군 제1지대사』, 료녕민족출판사; 료녕민족출판사(1986), 『리홍광지대』.
455) 『한국전쟁사 1: 해방과 건군』, 691쪽. 김일성은 1949년 7월 29일 중국에서 귀환한 655군부대 군관회의에서 이들을 환영하는 연설을 했다〔「인민군대는 현대적 정규무력으로 강화발전되어야 한다: 조선인민군 제655군부대 군관회의에서 한 연설, 1949년 7월 29일」, 『김일성저작집』 5, 조선로동당출판사, 1980, 201~220쪽). 인민군 655군부대는 인민군 제6사단의 대호였다〔김국헌(1992), 「북한의 6·25 남침 결정 과정」, 『군사』 24호, 239쪽〕.

당하고 있었다.[456] 최근 한 연구에 따르면, 1949년 5월 말 장춘 164사단에 북한군 장교 10여 명이 파견되어 한국인 중·하위 간부를 훈련시켰고, 북한 교관 7명이 164사 교도대대에 파견되어 기술·내무제식·교련·전술을 가르쳤다. 또한 164사 간부 10여 명은 북한 나남에 들어가 164사의 입북 준비와 인민군 2사단과 인수 인계 작업을 실시했다.[457]

164사는 8월 23일 회령을 경유하여 나남에 도착했고, 제10, 11, 12연대를 편성해 인민군 제5사단이 되었다.[458]

결국 1949년 6~7월 북한의 군사력 강화와 관련해 두 가지 중요한 조치가 취해졌다. 첫째는 6월부터 소련제 군사장비·물자가 북한에 대규모로 유입되기 시작했다는 점이며, 둘째는 7월에 중공군 내 2개 한인사단의 북한 이동이 결정되었다는 점이다. 8월에 접어들어 북한이 병력과 무기 면에서 급성장을 보인 이유는 바로 이 때문이었다.

남한의 공격 가능성에 대비한 대응 계획과 함께 북한은 평화통일 공세를 배합했다. 6월 25~28일 평양에서는 조국통일민주주의전선 결성대회가 개최되었다. 대회에서 북한은 남북총선거 실시와 9월 입법기관의 설립이라는 대남 평화통일 제안을 제출했다. 한 가지 주목할 만한 점은 소련 문서에 나타난, 조국전선 평화통일 제안의 진실성 문제였다. 김일성은 6월 26일 노동당 중앙위원회 회의에서 평화통일을 제안하는 성명을 발표했는데, 슈티코프는 이 제의가 '전적으로 뜻밖의 일'이었고 중앙위원 몇몇은 당황하고 의심을 품었다고 했다. 그러나 김일성의 '적절한 해명' 후에 만장일치로 이 제안은 받아들여졌으며, 이는 같은 날 저녁 주요 정당 및 사회단체 대표들의 회의에서 김일성의 제안을 검토할 때도 동일하게 나타났다. 즉 참가자들 중 일부는 선거 실시에

---

456) 흑룡강조선민족출판사(1987), 『조선의용군3지대』; 黑龍江人民出版社(1988), 『中共黑龍江黨史大事記』.
457) 염인호(2002), 「해방후 중국 동북지방 조선인 부대의 활동과 북한입북: 중국인민해방군 제164사단을 중심으로」, 『한국전쟁사의 새로운 연구 2』, 국방부 군사편찬연구소, 185~186쪽.
458) 『한국전쟁사 1: 해방과 건군』, 691쪽.

대해 의구심을 표명하며 현재 조건하에서는 남한의 자유선거가 불가능하다고 주장했고, 일부는 이 제안이 이승만 정부를 남한의 합법국가로 인정하는 것과 같지 않냐고 거세게 항의했다. 그러나 김일성의 '상응하는 해명' 후 이의 평화통일 제안은 승인되었다.

김일성의 '해명'은 북한의 평화통일 제안이 사실상 실현 불가능한 선전용일 뿐이며, 이것이 북한에게 전혀 해로울 것 없는 제안임을 확인시키는 내용이었을 것이다. 북한의 제안은, 형식은 평화통일 제안이었지만 실 내용은 실현 불가능한 선전용 공세였다. 왜냐하면 남북한에 두 개의 정권이 현실적으로 존재하는 상황에서, 남북총선거 실시를 주관할 조직이 남북한 정부가 아니라 남북 제정당사회단체 대표들의 협의회가 구성하는 선거지도위원회였기 때문이다. 또 이 제안을 받을 수 있는 주체는 남한정부가 아니라 남한의 정당·사회단체였고, 남한정부는 받을 수도 없고 받아서는 안 되는 제안이었기 때문이다. 조국전선의 호소에 응답할 수 있는 남한 내 정당·사회단체가 더 이상 존재하지 않는 상황에서 조국전선의 평화통일 제안은 대남·대외 선전용이자 시간 벌기용으로는 최상의 것이었다.

조국전선은 평화통일에 대한 북한의 입장을 선전하는 데 적절히 기능했다. 7월 13일 조국전선 중앙위원회 제2차 회의는 조국전선에 참가하지 않은 남한 제 정당 사회단체 지도자 및 개인들에게 참가 권유, 공개 서한 발송을 결정했고,[459] 8월 1일 조국전선 중앙상무위원회 제4차 회의는 '38 이북지역에 대한 리승만괴뢰정부의 소위 국방군과 경찰대의 비법적 침입과 그들의 만행사건 조사위원회'를 조직하고 남한의 대북공격에 대한 조사 작업에 착수했다.[460] 또한 북한은 8월 4일 "남조선괴뢰정부 국무총리 이범석 직접 지휘 밑에

---

[459] 조선중앙통신사(1950), 『조선중앙연감1950년판』, 712~720쪽.
[460] 이들은 동년 10월 8일 보고서를 제출했다〔조선중앙통신사(1952), 『조선중앙연감(1951~1952)』, 1953, 도쿄 東方書林 飜刻板, 338~339쪽〕.

북반부에서 폭동 파괴 암살을 凶謀하던 테로단 일당 4명에 대한 공판을 개정"하고, 최원복·김영로·한정혁 3명에게 사형, 안응엽에게 징역 20년을 선고했다고 발표했다.[461]

이러한 일련의 작업은 북한의 방어적 태도와 남한의 공격적 태도를 대비시켰고, 나아가 북한의 평화통일 공세를 부각시키는 데 적절히 기여했다.

북한의 평화통일 공세는 대내외적으로도 북한이 침략당하고 있으며 방어적인 모습을 보인다는 부수 효과를 빚어냈다. 한편으로 북한 내부에서, 특히 38선 충돌의 접경이었던 황해도의 여론은 평화통일은 불가능, 무력통일해야 한다는 여론이 비등했다. 미군 노획문서가 전하는 1949년 6~10월 황해도지역의 여론은 미군 타도, 무력으로만 통일이 가능, 남한 비행기의 삐라 살포에 대한 분노 등 무력 공격만이 통일의 지름길이라는 식으로 격앙되어 있었다.[462] 다른 한편 이러한 북한의 방어적 태도는 무장 강화를 위한 캠페인으로 이어졌다. 북한은 7월 15일 조국보위후원회를 조직했는데, 이 조직의 목표는 인민군과 경비대 후원, 비행기, 탱크 헌납기금 모금운동을 벌이는 것이었다.

7월 대북공격설의 파급 효과

이제, 한국군의 7월 대북공격설에 대해 종합적으로 평가해보자. 만약 1949년 7월 말 한국군이 대북공격 계획을 갖고 있었다면 이는 최소한 다음과 같은 지점들을 충족시켜야 할 것이다. 첫째, 실제적인 대북공격 계획 혹은 작전 계획이 존재했는가의 여부이다. 즉 소규모 정찰 과정에서의 충돌이나 소대·중대

---

461) 조선중앙통신사(1950), 『조선중앙연감 1950년판』, 712~720쪽; 『함남로동신문』 1949. 8. 7. 이 사건에도 대한관찰부와 이범석이 관련되었는데, 이는 해주사건 실패 직후 다시 조직된 공작조였다. 이들은 1949년 2월 5일 지령을 받고 위조 공민증과 공작 자금 10만 원을 받아 평양에서 폭동·파괴·암살을 기도하다 체포되었다 (*Joint Weeka*, no.9(1949. 8. 12)).
462) 북로선로동당 황해도당부 선전선동부장이 당중앙 선전선동부장에게 보낸 「최근에 수집된 군중여론 보고」(1949. 6. 21), 국사편찬위원회(1990), 『북한관계사료집』 IX, 675~702쪽.

급 현장 지휘관의 판단이 아니라, 사단급 이상의 기동에 필요한 전면전 작전계획이 작성되어야 했다. 둘째, 대북공격을 결정한 고위급 차원의 정치적 고려가 있었는가 하는 점이다. 여기에는 한국정부의 승인은 물론 미국의 동의가 전제되어야 했다. 한국군 지휘관들의 작전·전투 능력과 군수 능력으로는 독자적인 공격이 불가능했기 때문이다. '국지적 도발'은 가능하지만 '전면적 침공'은 불가능했다. 셋째, 공격 계획이 있었다면 주공과 조공, 병력·화력의 배치는 어떠했으며, 개전의 방식은 국지전과 전면전 중 어느 형태였는가 하는 점이다. 넷째, 공격의 목표는 무엇이었는가, 즉 한국정부와 군이 공격을 통해 얻을 수 있는 이점이 무엇이었는가 하는 점이다.

그런데 현재까지 1949년 7월 한국군의 대북공격의 위험성을 알리는 수많은 정보보고와 징후 들이 존재했지만, 공격 계획의 실재를 증명해주는 증거 자료는 단 하나도 존재하지 않는다. 수많은 북한 노획문서들이 1950년 6월 북한의 전면적 공격을 증거하는 것과는 달리, 1949년 한국군의 대북공격과 관련된 문건은 발견되지 않았다. 보다 정확히 말하자면 공격 계획 자체가 작성되지 않았음이 분명했다.

그렇지만 불행하게도 1949년 한국정부와 군은 너무 많이 대북공격 의지를 천명했다. 이승만은 노골적으로 '북벌'을 호소했다. 몇 가지 예를 들어보자. 1949년 2월 7일 국회연설에서 이승만은 유엔이나 미국이 평화적으로 남북통일을 못하면 '우리가 이북에 넘어갈 것'이며 이는 '우리 집안 내의 일'이라고 했다.[463] 2월 8일 로얄(Kenneth Royall) 미국방장관과의 회담에서는 "만약 장비와 무기가 제공되면 군대를 증가시켜, 단기간에 북한으로 북진하길 원한다"고 했다. 유엔이 한국정부를 인정했으니 남한이 전 한반도의 통치권을 갖는다는 주장이었다.[464] 주한미대사관의 드럼라이트 참사관은 3월 15일 이

---

463) 『제2회 국회의사속기록』 제24호(1949. 2. 7).
464) 「Memorandum of Conversation by Royall」(1949. 2. 8), 740.00119 Control(Korea)/3-349, *FRUS*, 1949, vol. 7, pp. 956~957.

승만이 분명히 '대한민국으로의 북한 흡수를 상상'하고 있다고 애치슨에게 보고했다.[465] 4월 24일 부산 기자회견에서는 38선 철폐가 불원(不遠)한 시일 내에 이루어질 것이며, 한국군이 강화되는 것은 38선이 압록강·두만강 선으로 밀려 나간 후 공산군에 대해서 국경을 방비하기 위한 것이라고 했다.[466] 다음 날 진해에서는 통일은 북한 동포의 애국으로 이루어질 것이며, 국군이 북벌을 해서 통일하지는 않겠지만, 현재 국군 강화는 남북통일 후 만주의 중공군에 대비하기 위한 것이라고 했다.[467]

군지휘관들 역시 1949년 상반기 내내 대북공격 발언들을 쏟아냈다. 나아가 한국정부·군의 최고 책임자들은 호전적 발언을 공개적으로 했을 뿐만 아니라 38선상의 여러 지점에서 공격을 선도하기도 했다.

이러한 발언들은 1950년 한국전쟁을 염두에 둘 때 불행이자 재앙에 가까웠다. 그 이유는 다음과 같다.

첫째, 1949년 한국정부·군은 대북공격을 단행할 수 있는 실질적인 능력을 보유하지 못했다. 반공과 무력통일이라는 두 가지 점에서 공감대와 의지가 있었을지 모르지만, 병력·화력·무기·군수 지원이 부재했다. 병력은 1949년 중반까지 북한을 앞서 나갔지만, 압도할 수 있는 수준은 아니었다. 한국군은 공격자가 최소한 갖춰야 할 병력·화력의 우위를 확보하고 있지 못했으며, 공격용 무기 또한 전무했다. 탱크나 전투기·폭격기도 없었고 공격용 전함도 없었다. 주한미군사고문단은 105mm 포의 포경을 빼앗아 보관하기까지 했다. 한국군 6만 5,000명에 대한 개인화기부터 공용화기에 이르는 모든 군수 보급은 미국에 달려 있었다. 미국의 경제원조 없이는 한국군 차량이 기동할 수 있는 석유를 획득할 수 없었다. 이 때문에 미국의 지원·승인 없는 대북공격은

---

465) 「Drumright to Acheson」(1949. 3. 15), *FRUS*, 1949, vol. 7, p. 966.
466) 『동아일보』 1949. 4. 26.
467) 『평화일보』 1949. 4. 29.

불가능했다. 그런데 미국은 한국의 호전적 대북 공세에 대해 깊이 우려했고, 주한미대사관과 주한미군사고문단은 한국정부·한국군부를 억제시키는 데 전력을 기울였다.

둘째, 한국군은 전면적 전쟁 계획을 수립할 능력을 갖고 있지 않았다. 대통령 이승만, 국무총리 겸 국방장관 이범석·신성모는 물론, 채병덕·김석원·김백일·백인엽 등 유명한 한국군 지휘관들은 연대·사단급 이상을 지휘할 능력이 부족했다. 이들은 전략·전술·작전 능력이 현저히 결여되어 있었다. 보다 정확히 말하자면 이들은 지위에 걸맞은 지휘훈련을 받을 기회가 없었고, 야전에서 정상적으로 단련되지도 못했다. 개전 초기 육군총장이었던 채병덕 소장은 군수병과 출신의 36세였고, 그의 후임 정일권 준장은 33세였다. 개전 당시 2사단장이었던 이형근은 "나는 중일전쟁 때 야포 중대장으로 싸웠기 때문에 작전에 대해서는 얼마쯤 알고 있었는데, 그는(채병덕 총장-인용자) 병기 분야에서만 근무하여 소총탄의 세례조차 받아보지 못한 군인이었다"고 주장했다.[468] 수도경비사령관이었던 이종찬 대령은 "채총장은 흔히 '권총탄이 날아오는 밑을 뚫고 나간 경험이 없다'고 말하여 오듯이 작전과 정보에 어두운 병기전문가였다. …… 그는 신성모 장관이 '제1선을 독려할 필요성은 없는가?'라고 말하면 금방 찦차를 집어타고 의정부 방면으로 달려가는 식이었다"고 회고했다.[469]

육군본부의 참모부장 김백일 대령은 34세였고, 작전국장 장창국 대령은 26세였다. 모두 연소(年少)했고 전쟁 경험이 없었다. 국지적인 전투나 빨치산 토벌은 가능했지만, 병종 간·제대 간의 종합예술인 전면전 작전 계획을 수립할 수는 없었다. 장창국과 이종찬은 김백일에 대해, "과거 만주에 있을 당시는

---

468) 안용현(1987), 『한국전쟁의 허와 실』, 고려원, 134쪽에서 재인용. 이형근과 채병덕의 불화는 유명했다. 이형근은 훗날 『중앙일보』와의 인터뷰에서 개전 전후 채병덕의 행동에 대한 광범위한 '의아심'을 강조하기도 했다(중앙일보사(1983), 『민족의 증언』 1권, 230쪽).
469) 佐佐木春隆 저·姜昶求 편역(1981), 『韓國戰秘史』 中, 병학사, 208쪽.

주로 대작전부대에 근무하던 사람으로 匪賊 토벌이나 국지전에서는 자타가 인정하는 제1인자였다. 膽이 찬 강직한 사람으로 용기도 있었지만 유감스럽게도 전략을 논할 만한 위인은 아니었다. 그래서 그의 구상은 소규모 부대나 지휘하는 범위를 벗어나기를 기대하기 어려"웠다고 평가했다.[470] 한국군의 다른 장군은 "서전(緒戰)에서 대패하게 된 중요한 책임은 김백일 장군의 무정견한 작전 지도, 말하자면 병력을 축차 사용한 폐단에 기인한 바 크다"고 주장했다.[471] 개전 당시 한국군 작전국 차장이었던 박임항 대령은, 전쟁 전 자신이 역습을 포함한 군의 방어 계획 수립을 명령받았지만, "해방 전까지만 하더라도 위관급 장교에 지나지 않았으므로 이런 방대한 작업은 힘겨운 일"이었다고 회고했다.[472] 주북한 소련군사고문단장이었던 라주바예프는 개전 초기 제1단계 작전(1950. 6. 25~7. 2)을 총결하면서 한국군 전체 장교와 부대의 교육수준이 매우 낮았다고 평가했다.[473]

또한 한국군은 병사·장교의 사기 및 훈련, 단위 부대의 기초 훈련, 각 제대 간 통합 훈련, 지휘관의 전술 지휘능력 등에서 실제로 북한을 공격할 준비가 되어 있지 않았다. 1949년 9월 한국군을 검열한 주한미군사고문단의 보고서는 한국군의 작전·훈련상 결점을 무려 17가지나 지적하고 있는데, 분대·소대 훈련의 일반적 결여, 장교·하사관의 지휘감독 능력 결여 및 지도력 불충분, 전술 이해 결여, 보안의식 결여, 위장·은닉 부적절, 참모 훈련 등을 지적했다.[474] 주한미군사고문단은 1949년 9월부터 1950년 1월까지 대대·연대 훈련을 계획하고 있었는데, 대대 훈련은 288시간, 연대 훈련은 176시간이 배정되

---

470) 佐佐木春隆(1981), 앞의 책, 중권, 206~208쪽.
471) 佐佐木春隆(1981), 앞의 책, 중권, 208쪽.
472) 국방부 전사편찬위원회(1977), 『한국전쟁사』 1권(개정판), 605쪽.
473) 라주바예프(2001), 『소련군사고문단장 라주바예프의 6·25전쟁 보고서』 제1권, 국방부 군사편찬연구소, 179쪽.
474) KMAG, Training Memorandum no.1(1949. 6. 21). M. J. Bartosik, LTC, AGD, Adjutant General to: All Divisional and Regimental Advisors, KMAG; RG 319, ID file no.589645, Subject: KMAG and Korean Army Training Memorandums, Report no.R-55-49(1949. 9. 1).

었다.[475] 이는 한국군의 훈련 수준에서는 원활한 사단급 기동이 불가능함을 의미했다.

이런 측면에서, 한국군이 주한미군의 철군을 반대하고 많은 무기와 지원을 획득하기 위해 38선상에서 긴장을 고조시킨 것은 설득력이 충분하지만, 적극적으로 대북 전면전을 구상했을 가능성은 없다. 북한의 주장은, 한국군이 전면전 계획은 없었다 하더라도 38선상에서 계속 북한을 자극하고 도발함으로써 북한과의 국지전을 야기하고 이를 계기로 미국을 전쟁에 끌어들여 대북 전면전을 구상했다는 것이다. 도발한 후 '우발적 상황'을 기대했다는 북한의 주장은 주한미군사고문단의 주요 임무 중 하나가 한국군의 대북공격을 억제하는 것이었음을 생각한다면, 실현 가능성이 없는 것이었다.

셋째, 한국정부의 호전적 위협과 38선상의 공격들은 한국과 미국측에 결정적으로 부정적인 영향을 주었다. 먼저 미국은 한국에 대한 군사지원의 위험성을 재인식하게 되었다. 이런 이유로 미국은 한국군에게 공격용 무기를 제공하지 않았다. 예를 들어 1949년 7월 미육군부의 담당자는 한국에 대한 여분의 군사장비 지급을 제한함으로써 이승만의 지속적 대북침공을 저지할 수 있을 것이라고 판단했고,[476] 9월 군사고문단장 로버츠 장군은 이승만이 탱크·중포·탄약을 추가 요청하자, 이를 승인하면 한국의 안전이 보장되는 것이 아니라 "한국군의 북침을 고무할 것"이라며 강력히 반대했다.[477] 결국 한국군은 공격적 의도를 가진 방어형 군대가 된 것이다. 나아가 한국의 공격적 태도는 1950년 한국전쟁 발발시 '정보의 실패'를 가져온 핵심 요인이 되었다. 전쟁을

---

475) RG 319, ID file no.589645, Supplement 1 to Training Memorandum no.6(1949. 8. 8), HQ, KA, Seoul, Korea, Chai Byung Dock, Major General, KA, Chief of Staff, Subject: Battalion and Regimental Training.

476) RG 319, box 162, 「Memorandum by Lawson」(1949. 7. 19), P&O 091 Korea TS, sec. I, 11 cases 5-16〔제임스 I. 메트레이 지음·구대열 옮김(1989), 앞의 책, 247~248쪽에서 재인용〕.

477) RG 319, box 548, 「Roberts to Bolte」(1949. 8. 19), P&O 091, Korea, sec. III, cases 41-60; 「Drumright to Acheson」(1949. 7.11), 895.00/7-1149; Sawyer and Hermes, Military Advisors in Korea, pp. 58~65〔제임스 메트레이 지음·구대열 옮김(1989), 앞의 책, 248쪽에서 재인용〕.

앞둔 1950년 초반, 북한의 급속한 병력 증강, 군수품의 도착, 탱크·전투기의 출현, 교량·도로의 개보수, 대규모 병력의 38선상으로의 기동 등 분명 개전 징후로 해석될 수 있는 정보·첩보 들이 미국 정보기관에 넘쳐났다. 그렇지만 이 정보들은 무시되었다. 훗날 맥아더의 정보참모 월로비 중장과 신생 CIA의 힐렌쾨터(R. H. Hillenkoetter) 해군소장이 개전정보 판단의 실패를 둘러싸고 책임공방을 펼쳤다. 그렇지만 보다 근본적인 이유는 1950년의 정보 담당자들이 1949년 한국의 공격적 태도에 기초해, 북한의 전쟁 징후를 1949년 이래의 방어적 태도로 해석한 데서 기인했다. 즉 1949년에 형성된 남한 공세-북한 수세라는 해석 속에서 1950년의 전쟁 징후들이 무시되거나 북한의 방어적 수단으로 해석되었던 것이다. 이러한 해석 방식은 최고 지휘관들의 경우도 마찬가지였으며, 한국군 정보 당국도 동일했다.

넷째, 1949년 한국군의 공세적 태도는 1950년 진정한 '불의의 기습남침'을 형성하는 주요 배경을 이루었다. 한국군은 1949년 공세적 태도의 연장선상에서 1950년 6월 25일을 맞이했다. 즉 한국군은 방어형 편성이 아니라 공격형 편성이었고, 방어에 관한 한 거의 무방비 상태였다. 1950년 6월 한국군의 급격한 붕괴는 병력과 화력의 열세, 그리고 북한이 시도한 기동전·전격전의 영향도 있었지만 보다 중요한 것은 한국군이 방어가 아닌 공격형 대형을 갖추고 있었기 때문일 것이다.[478] 첫 방어선이 뚫리자 북한군의 자유롭고 신속한 기동이 가능했고, 한국군은 대열 재편성조차 어려운 상황을 맞게 된다. 방어를 염두에 두지 않은 공격적 태도와 공격적 편제·배치가 정보의 실패와 '불의의 기습남침'을 가능하게 했다.

다섯째, 북한은 1949년 한국군의 상황을 역이용했다. 북한은 한국군의 공세에 위기의식을 느끼고 있었지만, 분명 이를 기회로 이용했다. 대외적으로는 한국의 호전성을 선전하는 한편 평화통일을 제안하는 화전 양면전술을 펼쳤

---

478) 이에 대해서는 라주바예프, 앞의 책, 127~129, 178~179쪽 참조.

고, 대내적으로는 급속한 병력 증강 및 무장 강화를 이룩했다. 1949년 이래 북한은 분명한 무력통일 노선을 가졌지만, 한국의 공세적 태도 밑에서 이를 위장하고 은닉하는 데 성공했다. 스탈린의 교시대로 '도발받은 정의의 반공격전'은 한국의 공세적 태도로 인해 위장에 아무 문제가 없었다. 나아가 자신의 수세적 입장을 강조하고 한국군이 공세적 태도를 유지하게 방조함으로써, 1950년 6월 기습공격의 효과가 배가될 수 있었다. 즉 북한은 개전을 위장할 명분과 기습공격의 효과를 충분히 얻을 수 있었다.

여섯째, 이런 측면에서 남북이 주장하는 '도발받지 않은 불의의 기습남침', '도발받은 정의의 반공격전', '개전정보의 실패'는 모두 1949년에 그 연원을 두고 있음을 알 수 있다. 남북의 한국전쟁관은 기본적으로 전쟁의 출발점을 어디에 두고 있는가에 따라 달라졌다. 북한의 한국전쟁관은 1949년의 피해의식에 머물러 있다. 북한은 자신들이 1950년 잘 준비된 대규모 전면 기습공격을 개시했다는 사실을 결코 인정하지 않는다. 다만 1949년 남한의 공세적 태도를 과대포장하며 '정의의 반공격전'을 주장할 뿐이다. 한편 남한의 한국전쟁관은 1950년 6월 불현듯 발생한 '불의의 기습남침'에 머물고 있다. 한국에서는 1949년의 공세적 태도와 공격적 배치는 기억되지 않는다.

결론적으로, 현실적 견지에서 1949년 7월 한국의 대북공격은 불가능했고, 설령 의도를 갖고 있었다 하더라도 실현될 수 없었다. 가장 큰 이유는 미국의 반대와 한국군의 준비 부족, 그리고 국제 정세의 악화였다. 미국의 반대는 접어놓고라도 중공의 승리와 대륙 장악, 미국의 불간섭과 중국 포기, 소련의 원폭 보유 등의 국제 정세가 분명 한국정부를 압박했다. 특히 1949년 8월 5일 미국의 『중국백서』 발표는 한국의 공격 의지를 실질적으로 좌절시키는 결정적 계기가 되었을 것이다.[479] 장제스의 중국을 포기한다는 미국의 결연한 의지는 한국정부에게 반면교사로 작용했다.

---

479) 『경향신문』 1949. 8. 6; 8. 8; 『자유신문』 1949. 8. 7.

북한의 옹진 점령 계획과 9월 공세

1949. 8~1949. 10

4

북한은 1949년 1월부터 시작되어 3~4월에 고조되고 6~7월에 절정에 달한 한국의 공격적 태도에 경각심을 늦추지 않았다. 이는 단순한 정보·첩보의 차원에 그친 것이 아니라 옹진, 개성, 양양 등지에서 실제로 연대급의 전투가 벌어지고, 한국군이 38선에 병력을 집중 배치하고 병력을 늘리는 등 본격적인 전쟁 징후로 감지되었다. 북한은 한국의 공격에 대비해 경계 태세 강화, 지뢰 매설, 철로 단절 등의 소극적 방어 조치를 취했을 뿐 아니라, 적극적으로 소련으로부터 무기 이양 촉진, 중공군 내 한적사병의 이양을 통한 병력 증강을 강력하게 추진했다. 이런 조치는 1949년 6~7월에 급속하게 추진되었다. 위기감 속에 진행된 방어 조치와 병력 증강·무장 강화는 국제 정세의 변화와 남북 무력 차의 극복이라는 상황을 맞이하며 전혀 새로운 국면을 조성했다.

그것은 다름 아닌 북한이 공격 태세로 전환한 것이었다. 북한은 남한군과 병력 및 장비 면에서 대등한 위치에 도달했다고 판단한 1949년 8월, 이전부터 품어왔던 대남 무력 공격을 현실적으로 추진할 수 있는 단계에 도달했다. 북한은 실제로 옹진을 공격했고, 옹진반도 부분 점령 혹은 그후 상황 전개를 본 뒤 전면전 여부에 대한 스탈린의 승인을 요청했다. 북한은 옹진 부분 점령 시나리오와 삼척해방구 문제를 제기했다. 김일성의 주장대로 옹진 부분 점령 시나리오는 경계선 단축을 통한 전술적 방어의 이점을 살리려 한 측면도 있었지만, 본질적으로 북한의 군사적 목표는 옹진에 국한된 것이 아니었다.

1. 북한의 공격 노선 전환과 옹진 점령 계획

옹진 제2차 충돌과 북한의 옹진 점령 시도

북한 38경비대는 옹진에서 8월 4일 05:00시 대규모 포격과 함께 3개 방향에서 3개 대대로 공격을 개시했다.[480] 한국군 18연대 E, F중대는 궤멸당했고,[481] 18연대는 철수 준비까지 했다. 그러나 북한군 주력이 옹진읍 바로 위인 마현(馬峴)을 뚫지 못함으로써 옹진 실함(失陷)의 위기를 넘겼다.[482]

한국군은 6월에 이어 또다시 8월 5일 옹진지구전투사령부를 설치(사령관 김백일)했고, 8월 6일부터 북한의 공격이 약화되었다. 한국군은 총반격에 나서 8월 8일 원진지를 회복했다.

매우 단순하고 단기간에 그친 것으로 나타난 이 옹진 2차 충돌은 한국전쟁과 관련해 아주 중요한 의미를 갖는 전투였다. 주한미군사고문단장 로버츠는 북한이 공격한 이유가 "한국군이 점령한 북쪽의 고지대를 재탈환하고자" 하는 것이었다고 했는데,[483] 한국군은 이 지역에서 2개의 돌출부를 보유하고

---

480) KMAG, *G-2 Periodic Report*, no.159(1949. 8. 4).
481) 「USMILAT-DA」(1949. 8. 4)(USMILAT29), 『KMAG 전문철』; *Joint Weeka*, no.8(1949. 8. 5).
482) 한국전쟁사는 북한군의 공격이 저지된 것은 국군의 105mm 곡사포와 57mm 대전차포 포격으로 북한군 후속 대대가 증원을 못했고, 선발부대는 탄약이 떨어졌기 때문이라고 분석했다(『한국전쟁사 1 : 해방과 건군』, 516쪽).
483) MA, RG 9, box 45, 「(로버츠 unsigned)가 육군부에 보낸 1949년 8월 1일, 9일자 전문」.

있었으며,[484] 남한군 2개 중대가 38선 이북 고지에 주둔 중이었다.[485] 아마도 로버츠와 미군사고문단은 한국군이 점령하고 있던 은파산을 염두에 둔 것으로 보이지만, 북한의 의도는 전혀 다른 것이었다.

옹진 2차 충돌에 대한 북한측 설명은 조금 다르다. 북한 역시 옹진읍의 정북 방향인 벽성군 대거면에서 8월 4일 대규모 전투가 벌어졌음을 인정했다. 그러나 북한은 이 전투가 7월 19일 국군 18연대 2대대, 3대대가 38선 이북 벽성군 대거면 상직동에 침입해 121.7고지를 점령함으로써 개시되었고, 여러 차례의 전투 후인 8월 4일 격퇴된 것이라고 주장했다.[486] 북한은 이 전투에서 한국군 제18연대 제2·3대대가 완전 섬멸되었고, 유기 시체 62구와 포로 7명의 전과를 거두었다고 발표했다.[487] 나아가 북한은 1949년 8월 11일 최고인민회의 상임위원회에서 '38연선 황해도지구의 공화국 경비대 군관 하사 전사들에게 국기훈장 및 군공메달'을 수여해, 무려 77명이 국기훈장과 군공메달을 받기까지 했다.[488] 이는 전쟁 전 북한이 38경비대에 수여한 표창 가운데 최대 규모였다. 즉 그만큼 이 전투에 대한 북한의 관심과 흥분을 반영하는 것이었고 북한의 선제공격을 반증하는 것이었다. 그 속에 깔린 함의는, 더 이상 북한은 방어 혹은 방어를 위한 소규모 정찰 공격에 머물지 않을 것이며, 이제는 본격적인 공격형 대규모 전투를 개시할 것이라는 자신감이었을 것이다. 2차 옹진 충돌은 북한의 본격적인 공격을 알리는 신호탄이었으며, 한국전쟁으로 향

---

484) KMAG, *G-2 Periodic Report*, no.160(1949. 8. 5).
485) 「USMILAT-DA」(1949. 8. 3)(USMILAT31), 『KMAG 전문철』. 한 지역은 은파산이었고, 다른 한 지역은 국사봉을 의미하는 것으로 보인다.
486) 「조국전선보고서」; 8월 8일 조선중앙통신 역시 동일한 보도를 발표했다(조선중앙통신사, 『해방후10년일지』, 83~85쪽).
487) 『함남로동신문』 1949. 8. 11; 조선중앙통신사(1950), 『조선중앙연감 1950년판』, 712~720쪽. 육군본부 보도과는 한국군이 전사 42, 중상 122, 기관포 파괴 11문의 피해를 입었다고 발표했다(서울 8월 6일발 고려통신).
488) 조선중앙통신사(1950), 『조선중앙연감1950년판』, 712~720쪽. 북한 최고인민회의 상임위원회는 8월 9일 국기훈장 2, 3급 및 군공메달 수여를 결정했고, 이에 따라 8월 11일 홍기주 상임위 부위원장이 38경비대 3명에게 국기훈장 3급, 74명에게 군공메달을 수여했다.

하는 전주곡이었다.

지금까지 전혀 주목받지 못한 2차 옹진전투는 1949년 38선 충돌 중 가장 위험한 위기 국면을 만들었으며, 전투가 국지전에서 전면전으로 발전할 수 있는 가능성이 가장 높은 상황을 조성했다.

먼저 옹진반도가 실함당할 위기에 처하자 한국군은 38선을 북진해 철원을 공략하고자 했다. 옹진 2차 충돌이 벌어질 당시 이승만 대통령과 이범석 총리는 진해에서 장제스와 회담 중이었다. 신성모에 따르면, 8월 4일 옹진에서 올라온 전황 보고는 비관적이었다. 군부는 옹진에서 압력을 완화시킬 유일한 방법은 북으로 밀고 올라가는 것이므로, 철원을 향해 즉시 공격을 개시하자고 주장했다. 신성모는 로버츠 장군의 조언에 따라 공격에 반대하기로 결정하고, 옹진에 제한적인 증원군을 보내는 즉각적인 조치를 취했다. 그러나 이범석은 진해회담에서 돌아오자마자 신성모에게 북을 공격했어야 한다고 훈계했고, 다음날 이승만 역시 철원 불공격 결정이 잘못된 것이었다고 해 신성모를 깜짝 놀라게 했다.[489] 당시 한국정부와 군부가 옹진의 대가로 철원을 공략하고자 했다는 증거는 여러 곳에서 발견된다. 로버츠는 채병덕 참모총장이 "옹진이 함락될 경우 철원을 향해 정북으로 공격하는 것 외에는 달리 방법을 찾을 수가 없다"고 주장했으나 그것이 심각한 내전을 야기시키고 확산시킬 것이기 때문에 그를 제지했다고 했다.[490] 로버츠는 군사고문단 철수와 모든 원조를 중단하겠다고 위협함으로써 북한군의 옹진 공격에 맞서 한국군이 38선 이북의 다른 곳을 공격하려는 시도를 제어했다.[491]

---

489) 「1949년 8월 13일 (신성모와의) 대담에 관한 무초의 메모」, 895.00file, box 946(Bruce Cumings(1990), 앞의 책, p. 394에서 재인용).
490) RG 349, box 699, 「로버츠가 알몬드에게 보내는 1949년 8월 5일자 편지」; FO349, piece no.76259, 「홀트가 외무성에 보낸 1949년 9월 2일자 전문」; 「워싱턴이 캔버라에 보낸 1949년 8월 17일자 비망록 953」(Bruce Cumings(1990), 앞의 책, p. 394에서 재인용).
491) 「Roberts to Bolte(Personnal Comments on KMAG and Korean Affairs)」(1949. 8. 19), G-3 P&O file(Bruce Cumings(1990), 앞의 책, p. 394에서 재인용).

그러나 한국군의 철원 보복 공격 시도보다 더 위험한 것은 당시 북한의 공격 의도와 목표였다. 8월 4일 북한군의 공격은 단순히 은파산의 회복을 목표로 한 것이 아니었다. 김일성은 이 시점에서 분명 옹진반도 전체를 점령하고 싶어했다. 5월의 1차 옹진 공격시 북한군의 공격 방향은 ① 옹진반도의 서쪽인 국사봉-두락산을 거쳐 서쪽 끝인 비파리·서경리, ② 옹진반도의 동쪽인 152고지와 까치산-쇠치를 향했고, 공격 병력은 불과 500명이었다. 사사키가 지적하듯이, 북한군의 진입 방향과 침입 거리, 전법 등을 볼 때 이 공격이 처음부터 옹진반도 전역의 점령을 기도한 것은 아니었다.[492]

5월의 충돌 이후 옹진의 한국군은 7월 초 한때 8개 대대 수준에 이르렀다가 4개 대대(보병 3개 대대, 포병 1개 대대) 수준을 유지하고 있었다. 3개 대대의 북한군은 8월 4일 옹진반도의 정중앙인 은동-자동을 거쳐 옹진읍내를 향해 공격했다. 이 공격은 옹진반도 전체의 장악을 의도한 것이었다. 『한국전쟁사 1: 해방과 건군』이 지적하듯이, 병력·장비·보급을 해상에 의존하는 한국군에게 중앙이 돌파당하는 것은 말 그대로 옹진의 실함을 의미했다.[493] 이런 측면에서 1949년 8월 북한군의 공격 전술은 분명 옹진반도 점령을 위한 '국지전'의 성격을 띤 것이 분명했다.[494]

이미 1949년 7~8월에 북한군의 옹진반도 공격 징후를 알리는 정보보고들이 주한미군사고문단의 정보망에 홍수처럼 범람하고 있었다. 물론 대부분이 F-6등급의 보고지만, 일정한 경향성을 보여주기에는 충분했다. 그 중 몇 가지만 예로 들어보자.

---

492) 佐佐木春隆, 앞의 책, 451쪽.
493) 『한국전쟁사 1: 해방과 건군』, 516쪽.
494) 이 시점에서 로버츠 역시 북한의 목표가 옹진 전체를 장악하는 것이라고 판단했다. 「Roberts to Bolte(Personnal Comments on KMAG and Korean Affairs)(1949. 8. 19)」, G-3 P&O file(Bruce Cumings(1990), 앞의 책, p. 394). 반면 사사키는 한국군이 1개 중대에서 4개 대대 수준으로 증강된 이후인 8월 4일 북한군이 옹진반도 점령을 시도했다고 보는 것은 타당치 못하며, 2차 옹진 충돌은 "병은 흡인하는 성질을 갖는다"는 원리의 표현이었다고 주장했다(佐佐木春隆, 앞의 책, 451쪽).

- 7월 24일 14:00시 민족보위상 최용건이 하태암에 도착했고, 7월 25일 해주에서 인민군에게 8월 10일까지 옹진을 점령해야 한다고 연설했다.[495]
- 7월 25일 김일성은 인민군 장교들에게 8월 15일까지 서울을 점령해야 한다고 연설했다.[496]
- 8월 3일 38 보안3여단장 최현은 1949년 8월 10일까지 옹진을 점령하라는 명령을 접수했다.[497]
- 9월 20일 이전까지 옹진반도 점령 계획이 수립됨: 청단과 개성에서 임진강에 이르는 지역의 봉쇄에 앞서서 1949년 9월 20일 이전까지 옹진반도를 점령해 확보한다는 정보가 접수되었다. 개성지역의 점령은 의정부-서울 회랑을 통한 남한 전면 공격의 신호가 될 것이다. 주공은 춘천에 대한 양동 작전 및 강릉에서 안동, 대구 및 대전에 이르는 광범한 지역에 대한 게릴라 활동을 동반할 것이다. 제3경비여단의 지휘관인 최현 소장은 1949년 8월 3일 취야지역에 집결한 북한군에게 연설한 것으로 전해진다. 연설은 본질적으로 전쟁광이며 평양의 공산정부 지도자인 김일성이 1949년 8월 10일 이전 옹진반도를 점령하라고 명령했다는 성명을 포함하고 있다.[498]
- 8월 2~8일 내무상 박일우와 소련 고문 110명이 벽성군 대거면 도평리와 해주에 도착해 전선을 검열했다.[499]
- 8월 6일 01:00시 인민군 600명과 소련 고문 3명이 해주에서 취야에 도착했다. 이들은 76mm 포 14문, 45mm 포 6문, 지프 20대를 동반했다.[500]
- 여러 건의 F-6 보고들에 따르면, 8월 10일까지 김일성이 옹진 점령을 원한다고 한다.[501]

---

495) KMAG, *G-2 Periodic Report*, no.156(1949. 8. 1).
496) KMAG, *G-2 Periodic Report*, no.156(1949. 8. 1).
497) KMAG, *G-2 Periodic Report*, no.159(1949. 8. 4).
498) KMAG, *G-2 Periodic Report*, no.159(1949. 8. 4).
499) KMAG, *G-2 Periodic Report*, no.163(1949. 8. 11).
500) KMAG, *G-2 Periodic Report*, no.163(1949. 8. 11).

이러한 정보들은 옹진지역에서 북한군의 기동에 초점을 맞춘 것으로, 상황을 과장했을 수는 있지만 북한이 8월에 옹진에 대한 공격을 준비 중이었음을 보여주는 데는 부족함이 없다.

　　한편 북한은 옹진에 대한 공격과 함께 춘천 신남 지구에서도 공세를 취했다. 8월 6일 03:30분, 북한군은 82mm 박격포 12발을 포격한 뒤 06:25분에 2개 소대가 공격을 개시했다. 북한은 38선상의 전략적 요충지 여러 고지를 점령했고 전투는 2주 간 지속되었다. 한국군은 1개 연대를 동원해서 8월 20일에야 이 지역을 탈환했다. 한국측은 북한군 대대급 이상이 공격해왔다고 주장했지만, 실제로 전투에 참전한 북한 병력은 2개 소대~2개 중대에 불과했다.[502] 사사키는 북한의 공격 의도가 첫째, 옹진·송악산전투와 함께 한국군의 전투력을 탐색하기 위한 것이며 둘째, 북한 인민유격대의 남침을 쉽게 하기 위한 것으로도 볼 수 있다고 분석했다.[503]

　　그런데 중요한 사실은 북한의 2개 38경비여단이 8월 초 거의 동시적으로 38선 이남을 공격했다는 점이다. 북한이 보다 중시한 것은 옹진에 대한 공격이었지만, 북한 38경비 제3여단(최현)의 옹진 공격(8. 4)과 북한 38경비 제1여단(오백룡)의 춘천 신남 공격(8. 6)이 사전 조율되었거나 동시 계획되었다는 점은 의문의 여지가 없었다.

8월의 북한: 공격 노선으로 급격히 전환

김일성은 8월 4일 옹진반도를 점령하려고 공격했고, 8월 11일 옹진 공격에 나섰던 군관·병사 들을 표창했다. 북한군의 전력과 전술에서 자신감을 가진 김

---

501) 「USMILAT-DA」(1949. 8. 3)(USMILAT31), 『KMAG 전문철』.
502) KMAG, *G-2 Periodic Report*, no.161(1949. 8. 8); 佐佐木春隆, 앞의 책, 432쪽; 『한국전쟁사 1: 해방과 건군』, 530~535쪽.
503) 佐佐木春隆, 앞의 책, 433쪽.

일성은 곧바로 옹진반도 부분 점령에 대한 소련의 동의를 구했다. 소련문서에 따르면, 김일성은 적어도 4차례 이상 옹진반도 점령에 대한 소련의 동의를 구했다.

첫번째와 두번째 요청은 모스크바로 하기 휴가를 떠나는 슈티코프를 통해 스탈린의 동의를 구한 것이었다. 먼저 김일성·박헌영은 8월 12일 슈티코프와의 대담 과정에서 ① 남한이 북침을 연기하기 때문에 스탈린이 허가한 '반공격' 기회가 없다, ② 북한군이 우월하다, ③ 조국전선의 평화통일 방안을 남한이 거부한다는 논거를 들어 대남공격 '준비'를 요청했다.[504] 슈티코프가 이 요청을 거부하자 김일성은 강원도 삼척에 해방구 설치를 요청했다.

김일성은 8월 14일 슈티코프에게 또다시 옹진반도 부분 점령 의사를 밝혔다. 이 자리에서 김일성은 옹진반도 부분 점령을 통해 국경선을 120km 단축할 수 있다고 강조했다. 나아가 김일성에 따르면, 옹진 점령은 국경선 단축뿐만 아니라 추가 진격을 위한 교두보로 활용될 수 있었다.[505] 슈티코프는 이 문제를 전문으로 보고하지 않고 모스크바 도착 후 스탈린에게 구두로 보고했다.

9월 3일에도 김일성은 비서 문일을 통해 툰킨 공사에게 옹진반도 점령 의사를 표명하며 허락을 구했다. 김일성의 제안은 매우 주목할 만한 것이었는데, 김일성은 ① '방어선을 축소시키기 위해' 옹진반도 및 옹진-개성지역의 남한영토를 점령하는 군사작전을 개시할 것이며, ② 국제 정세가 허락하면 남쪽을 향해 더 깊이 이동할 준비가 되어 있으며, 2주~2개월이면 남한 점령을 완료할 준비가 되어 있다고 밝혔다.[506]

9월 12~13일에도 김일성은 툰킨에게 옹진반도 점령에 대한 동의를 구했다. 김일성은, 전면전은 중국 내부 문제가 끝날 때까지 기다리는 것이 좋겠고,

---

504) 「슈티코프 대사와 김일성과 박헌영 간 대화를 수록한 1949년 8월 12일자 비망록」, 러시아대통령실문서고, 4~5쪽(바자노프, 앞의 책, 23~25쪽);「한국전 문서 요약」, 10~11쪽.
505) 바자노프, 앞의 책, 25~26쪽;「한국전 문서 요약」, 11쪽.
506) 「툰킨→비신스키」(1949. 9. 3), 『소련 외교문서』 4권, 41~42쪽.

"현 상황에서 빠른 시일 내의 승리는 기대할 수 없으므로 전면전을 시작할 수 없기에 옹진반도 또는 개성 동쪽까지의 지역 등 남한지역 일부를 점령할 것을 제의"했다. 김일성은 ① 북한의 선공은 민중들의 환영을 받지만 정치적으로 불리, ② 전쟁이 오래 지속될 경우 정치적으로 불리할 것이라고 지적하면서도, 북한군은 군 장비·기술적인 면·군기·전투원의 전투 능력·전투에서의 사상적 무장 등에서 남한군을 압도하고 있다고 강조했다. 김일성은 중국 문제 해결 등의 국제 정세, 전면전의 불가, 북한 선공의 정치적 위험성 등을 지적하면서도 여전히 옹진 점령을 주장했다. 김일성의 이번 제안은 매우 주목할 만한 것이었다.

1. 옹진반도 주둔 남한군 2개 연대를 격파해 옹진반도를 점령한다. 옹진반도를 기점으로 동쪽으로, 예를 들면 개성까지 영토를 차지한다.
2. (상황을 타산해서) 북한 기습으로 남한군이 사기 저하되면 계속해서 남진해도 무방하다.
3. 옹진작전 이후에도 남한군의 사기가 저하되지 않는다면 방어선을 3분의 1로 단축하고 경계선의 방비를 굳게 한다.[507]

김일성은 소련으로부터 군장비가 보충되어올 때까지 옹진작전을 미루어도 좋다고 지적했지만, 시간이 흐를수록 38선 나머지 지역의 방어는 강해질 것이라고 주장했다. 옹진작전의 전면전 비화 가능성에 대해 김일성은, 남한군이 '다른 지역에서 감히 진격해오지 못할 것'이므로 그럴 가능성은 없다고 못 박았다.[508]

그렇지만 김일성의 요청에 대해 슈티코프와 툰킨 등 소련대사관측의 반응

---

[507] 「툰킨→소련외무성」(1949. 9. 14), 『소련 외교문서』 3권, 28~32쪽.
[508] 「툰킨→소련외무성」, 『소련 외교문서』 3권, 28~32쪽.

은 냉담했다. 이들은 ① 부분 작전이 전면전으로 발전할 가능성이 농후하며, ② 북한군의 능력이 불충분하며, ③ 남한 주민과 빨치산의 도움도 부족해 조속한 성공이 불가능하며, ④ 전면전이 발발하지 않아도 큰 정치적 손실이 예상된다고 지적했다.

이상과 같은 김일성의 옹진 부분 점령 계획 제안을 통해 우리는 김일성의 옹진 공격 계획이 조심스레 변화했음을 알 수 있다. 이러한 김일성의 구상은 한국전쟁을 염두에 둘 때 다음과 같은 점에서 중요하다.

첫째, 옹진반도는 한국전쟁 발발과 매우 긴밀한 관련을 맺고 있었다. 북한은 옹진반도의 점령을 강력히 원했는데, 그 이유는 북한의 방어선 단축 및 방위를 위한 필요, 그리고 다른 한편으론 공격 필요에 따른 것이었다. 김일성은 남한의 북한 공격 의도를 과장하며, 경계선 단축을 위한 옹진 점령 시나리오를 주장했다. 물론 은파산이 한국군의 수중에 있는 상황에서 해주 방어는 중요한 문제였겠지만, 김일성은 대남공격을 위한 명분으로 옹진을 선택했던 것이다. 즉 옹진에서의 국지전을 통해 한국군·미국의 반응을 탐색한 뒤, 상황이 허락하면 전면전 혹은 전선 확대를 시도하려 했던 것이다.

둘째, 개전 형식 혹은 개전을 위한 위장된 명분으로서의 '반공격전'이었다. 스탈린이 '도발받은 정의의 반공격전'을 교시한 이래 김일성은 끊임없이 반공격의 기회를 노렸다. 옹진 부분 점령 계획에서 김일성은 북한의 선제공격의 정치적 위험성을 인정하면서도, 남한이 평화통일 제안을 거부했다는 것을 빌미로 공격을 시도하고자 했다. 즉 김일성은 '도발받은 정의의 반공격전'과 평화통일 제안 거부를 연계시키고자 했는데, 이는 북한의 기본적인 한국전쟁관을 형성했다. 옹진에서 남북 간에 전개된 혼란된 정황은 '도발받은 정의의 반공격전'을 펼치기에 안성맞춤이었다.

셋째, 국지전과 전면전의 결합이었다. 김일성의 목적은 단순한 옹진 점령이 아니었다. 슈티코프와 툰킨이 지적했듯이, 김일성의 옹진 부분 점령 계획은 남북한 전면전으로 발전할 가능성이 농후했고, 김일성 역시 그 가능성을 알고 있었다. 김일성은 옹진 혹은 개성까지를 점령한 뒤 상황을 지켜보며 전진 여부를 결정할 계획이었다. 여기에서 중요한 것은 국제 정세, 즉 미국의 개입 여부와 남한의 저항 강도였다. 그렇지만 김일성은 미국의 전면 개입 가능성이나 남한의 확전 가능성에 대해 과소평가했음이 분명하다. 국지전의 전면 전화 개념은 북한의 한국전쟁 계획의 중요 줄거리로 자리잡게 되었다.

넷째, 1949년 8~9월에 김일성은 대남공격에 필요한 작전 기간을 2주에서 2개월 정도로 예상했다. 이는 1950년 6월 소련군사고문단이 개전 이후 북한군의 작전 종심(縱深)을 350km, 작전 소요 기간을 19일 이상으로 추정한 것과 거의 비슷했다.[509] 즉 1949년의 8~9월에 김일성은 대남공격에 소요될 총 작전 기간과 개전 방법 등을 이미 면밀하게 타산하고 있었음을 알 수 있다.

다섯째, 김일성의 군사적 어리석음 혹은 대남공격에 대한 열망이 잘 드러나 있다. 옹진 공격·부분 점령은 당연히 전면전으로 비화될 가능성이 농후했고, 군사적으로 불가능한 방안이었다. 이런 측면에서 김일성은 제한전·국지전을 빌미로 소련의 동의를 획득한 뒤 전면전을 벌이고 싶어했다고 추정할 수 있다. 김일성은 옹진 공격을 소련정부를 설득하는 수단으로 활용한 것이다.

여섯째, 소련의 역할 및 태도였다. 적어도 1949년 8~9월 소련은 김일성의 계획을 승인하지 않았지만, 이는 옹진에서의 개전, 국지전과 전면전의 결합, 도발받은 반공격전 등 김일성이 제시한 개전의 핵심 개념에 대한 반대가 아니었다. 소련은 북한군의 군사력 수준과 국제 정세라는 전제 조건을 문제삼은 것뿐이었다. 전제 조건만 충족되면 승인과 공격 명령은 언제든 내려질 수 있었다.

결론적으로 이 시점부터 북한은 한국전쟁 개전과 관련한 두 가지 중요한 전쟁관 혹은 시나리오를 갖게 되었는데, 하나는 '도발받은 정의의 반공격전'으로 개전을 위장하며, 다른 하나는 개전 장소는 옹진이며 국지전으로 시작해

---

509) 국방부 군사편찬연구소(2001), 『소련군사고문단장 라주바예프의 6·25전쟁 보고서』 1권, 136~137쪽.

전면전으로 확대한다는 것이었다. 이러한 전쟁 시나리오에 필수적인 것은 전쟁의 신속성 혹은 전격전 개념이었다. 이는 미국의 개입 문제와도 연관되어 있어서 더욱 강조되었다.

이 시점에서 북한은 방어보다는 공격을, 소극적 정찰 공격보다는 적극적 대규모 공격을 선호했다. 특히 김일성은 옹진 부분 점령과 삼척해방구 설치를 연계시키고 있었다.

옹진과 삼척의 연관 관계에 대한 단서는 1949년 6월 1일 오대산 지구에 북한유격대가 침투했을 당시 제출된 주한미군사고문단의 정보보고에서 찾을 수 있다. 강동 정치학원 출신 빨치산 400명이 오대산으로 침투하자, 주한미군사고문단은 한국군이 옹진에서처럼 병력을 강화·집중함으로써 이들을 토벌할 가능성에 대해 우려했다.[510] 만약 많은 병력을 오대산 지역에 투입할 경우, "한국군은 최적의 침공 경로를 방어하는 자기 능력을 심각하게 손상당할 것이다. 양 지역은 통신이 최악이며 병력의 신속한 전개가 불리하다는 점이 중요하다"고 논평했다.[511]

옹진과 삼척, 두 지역의 공통적 특징은 ① 지리상 혹은 교통 문제로 증원·퇴각 등 한국군의 병력 전개가 어렵고, ② 도서·산악지역으로 통신장비 가동이 어려워 한국군지휘부 혹은 주한미군사고문단과의 통합적인 전술 지휘가 어려우며, ③ 종국적으로는 상당한 남한군 병력을 38선의 양쪽 극단에 묶어둠으로써 남한이 북한의 주공격 방향(의정부-서울 축선으로 이어지는)의 방비를 소홀하게 만드는 지역이었다. 한국전쟁 발발 당시 북한은 자신을 역습할 수 있는 지점이기도 한 옹진에서 가장 먼저 한국군을 격퇴한 뒤 서울로 진격했다. 이것이 가장 기본적인 군사·정치적인 고려 사항이었으며, 이외에 부차적

---

510) RG 319, ID file no.569722, Subject: Communist Guerrilla Operations in Odae Mountain Area of Kangwon Province(1949. 7. 15).
511) HQ, USAFIK, *G-2 Periodic Report*, no.1124(1949. 6. 6).

으로 ① 전술적 방어, ② 대남 선전 선동 및 혼란 유발 등의 요인도 있었을 것이다.

나아가 이들 양 지역에서의 전투 개시는 뛰어난 정치적 선전 효과와 위장 효과를 지닌 것이었다. 이 지역은 남북한이 지속적으로 교전을 벌여왔고, 북한은 이 지역에서 남한군이 '침공'해온다고 반복적으로 선전 공세를 취한 상태였다. 북한 내부에서는 북한이 1949년 내내 이들 지역에서 남한의 침공을 받아왔다는 여론 조성이 완료된 상태였으므로, 북한은 자기 주장의 관성에 따라 이들 지역에서 공격을 하길 원했다.

그렇다면 왜 1949년 8월에 북한은 공격 태세로 전환했는가? 가장 큰 이유는 북한이 남한에 뒤지지 않은 병력과 무장을 보유했기 때문이다. 1949년 5월 초 김일과 중공지도부의 합의에 따라 중공군 내 2개 한인사단의 북한 이동이 결정되었다. 이에 따라 6월 북한정부와 중국인민해방군 소속 2개 한인사단 지휘부(심양, 장춘) 사이에 통신이 가설되었으며,[512] 남한의 '북침설'이 만연한 7월, 이들 2개 사단의 북한 신의주·나남지역으로의 이동이 결정되었다.[513] 이들 2개 사단은 7월~8월에 걸쳐 입북했는데, 주한미군 정보망에도 중공군 내 한인사단의 입북에 대한 정보들이 넘쳐났다. 대부분의 정보보고들은 7월 말부터 8월 초에 2~3만 가량의 이홍광 부대 혹은 조선의용군 병력이 북한에 들어왔다고 지적하고 있다.[514]

한편 1949년 6월부터는 북한이 소련에 요청한 무기들이 도입되기 시작했다. 구소련 문서에 따르면, 철군 이후 소련은 1949년 2월과 6월, 1950년 1차례 등 총 3차례에 걸쳐 북한에 대량의 무기를 유상으로 제공했다.

김일성은 1949년 5월 육군과 기계화부대 등 편성 완료, 1949년 9월 공군

---

512) 「슈티코프→비신스키」(1949. 6. 22), 『소련 외교문서』 4권, 34~37쪽.
513) 「슈티코프→비신스키」(1949. 7. 13), 『소련 외교문서』 3권, 25~26쪽.
514) KMAG, *G-2 Periodic Report*, no.159(1949. 8. 4); no.161(1949. 8. 8); no.170(1949. 8. 25); no.180(1949. 9. 13); no.188(1949. 9. 27); no.205(1949. 10. 28); no.249(1950. 1. 5).

전쟁 전의 북한 사회

해방 직후의 김일성. ⓒ NARA

1950년의 김일성. ⓒ NARA

박헌영(부수상 겸 외무상). ⓒ NARA

김책(부수상 겸 산업상). ⓒ NARA

홍명희(부수상), ⓒ NARA

최용건(민족보위상), ⓒ NARA

박일우(내무상), ⓒ NARA

리용(도시경영상): 이준 열사의 아들, ⓒ NARA

백남운(교육상). ⓒ NARA

리병남(보건상). ⓒ NARA

장시우(상업상). ⓒ NARA

박문규(농림상). ⓒ NARA

리승엽(사법상). ⓒ NARA

김정주(체신상). ⓒ NARA

허성택(로동상). ⓒ NARA

최창익(재정상). ⓒ NARA

북한내각 구성원 중 김원봉(국가검열상), 허정숙(문화선전상), 이극로(무임소상) 3명의 명함판 사진은 북한 노획문서에서 발견하지 못했다.

정준택(국가계획위원회 위원장). ⓒ NARA

김일성과 소련군 수뇌부(1946. 3). 왼쪽부터 허가이, 김일성, 슈티코프, 소련 24군 민정담당부사령관 겸 민정국장 로마넨코 소장. ⓒ NARA

김일성 초상화와 태극기가 수반된 함흥인민위원회 시위(1946). ⓒ NARA

북조선로동당 중앙당학교 창립2주년 기념사진(1948. 6. 12). ⓒ NARA

북조선로동당 중앙당학교 제6기(6개월이론반) 졸업기념(1948. 10. 1). 위에서 4열 오른쪽 끝 평남 황장엽. ⓒ NARA

조쏘해운주식회사(모르트란쓰) 건물.
ⓒ NARA

소련 방문(1949. 2. 22~4. 7)을 마친 북한대표단이 평양 대동강변 비행장에 도착해 환영행사에 참석(1949. 4. 7). 중절모를 쓴 김일성 왼편으로 김책, 박헌영. ⓒ NARA

평양시인민회의 2기 1차회의 기념사진(1949. 4. 12). ⓒ NARA

북조선로동당 지도부와 소련군 지휘부의 기념촬영. 1열 왼쪽부터 허가이, 김일성, 25군 군사회의 위원·민정국장 레베데프 소장, 김두봉, 북조선 민정 정치·행정부장 이그나티예프 대좌, 김책, 2열 왼쪽부터 주영하, 박일우, 최창익. ⓒ NARA

북조선로동당 지도부와 소련군 지휘부의 기념촬영. 1열 중앙 왼쪽부터 박헌영, 김두봉, 김일성, 레베데프, 김두봉 뒤 박정애, 한 사람 건너 장시우, 김책. ⓒ NARA

북조선로동당 지도부 기념촬영. 1열 왼쪽에서 7번째부터 최창익, 김책, 허가이, 김일성, 김두봉, 정준택, 박정애. ⓒ NARA

북조선민주주의민족통일전선 청사 앞에서 기념촬영. 1열 왼쪽에서 2번째부터 강량욱, 김책, 김일성, 김달현, 허정숙, 이강국, 2열 왼쪽 1번째 박일우, 4번째 장시우, 3열 2번째 최창익, 5번째 한설야. ⓒ NARA

조선인민군 창립 1주년 기념대회(1949. 5). 1열 왼쪽에서 2번째부터 홍명희, 박헌영, 레베데프, 김일성, 김두봉, 허헌, 김책. ⓒ NARA

조선인민군 제4사단장 리권무(전시 북한 공화국영웅 포스터에서). ⓒ NARA

조선인민군 제6사단장 방호산(전시 북한 공화국영웅 포스터에서). ⓒ NARA

조선인민군 제3사단장 리영호(전시 북한 공화국영웅 포스터에서). ⓒ NARA

을 완료할 예정이라고 밝혔는데,[515] 이를 위해서는 소련의 무기가 필요했다. 앞에서 살펴본 것처럼, 김일성의 방소(1949. 2~3) 기간 중 북한과 소련정부는 「소련방과 조선민주주의인민공화국 간의 물품거래 및 대금결제에 관한(조선에 군사장비 및 기술물자를 제공, 쌀과 기타 한국물품과 교환한다) 의정서」에 합의했고, 이에 따라 김일성은 1949년 4월 28일 구체적으로 필요한 무기 목록을 제시했다.[516] 6월 4일 소련정부는 북한에 대한 무기 원조를 허가했다.[517]

무기들은 6월에 본격적으로 북한에 입수되었고,[518] 이에 대한 정보보고 역시 주한미군사고문단 정보망에 여러 차례 보고된 바 있다.[519]

결국 북한은 1949년 중반 이후 본격적으로 병력 수의 증대, 무기의 도입, 군 간부 양성, 훈련 강화, 편제 완성, 지휘 체계 등을 강화해, 1949년 초의 수세적 상황을 극복하고자 하는 열망을 쌓아갔다. 1949년 8월은 바로 이러한 분수령을 형성하는 시점이었다.

앞서 살펴보았듯이 이때 북한은 병력 수에서 남한에 필적하기 시작했고, 남한이 보유하지 못한 공격용 무기들을 소련으로부터 대거 입수했다. 2차 대전 당시 소련의 주력 전차로, 당시에는 중고품이었지만 북한에 제공될 때는 우크라이나의 공장에서 전면 장갑을 강화하고 강화된 포신을 장착한 T-34형 탱크 87대가 가장 위력적인 공격 무기였다. 이외에 싸마호트로 불리는 자주포 SU-76 102대, 모터사이클(M-72) 122대 등은 모두, 한국전쟁에서 화력과 기

---

515) 「슈티코프→스탈린」(1949. 5. 1), 『소련 외교문서』 4권, 16~18쪽.
516) 「슈티코프→스탈린」(1949. 5. 1), 『소련 외교문서』 4권, 16~25쪽.
517) 「그로미코→슈티코프」(1949. 6. 4), 『소련 외교문서』 4권, 26~33쪽. 주요 품목 중 김일성의 요청과 다르게 된 부분은 신청된 일류신-10 연습기 6대가 4대로, 7.62mm 소총 2만 5,000정이 1만 정으로 조정된 것뿐이다.
518) 「슈티코프→비신스키」(1949. 6. 22), 『소련 외교문서』 4권 34~37쪽에 의하면, 북한군은 6월 소련이 건네준 무기로 무장을 강화하고 있었다.
519) KMAG, *G-2 Periodic Report*, no.183(1949. 9. 19); no.213(1949. 11. 14). 이들 정보보고들은 공통적으로 1949년 2월 조소군사협정이 체결되었으며, 1952년 3월까지 북한에 보병사단 6개, 기계화사단 3개, 보안대대 7개를 건설하며, 이에 필요한 기술과 보급을 소련이 제공한다는 점을 지적하고 있다.

□ 표 Ⅲ-16 **김일성 요청 무기 목록(1949. 4. 28) 및 소련 제공 무기 목록(1949. 6. 4)**

무기 종류	무기 명칭	단 위	신청 수량	제공 수량	비고(증감)
항 공 기	일류신-10(Il-10)	대	30	30	
	일류신-10 연습기	대	6	4	-2
	야크-9(Yak-9)	대	30	30	
	야크-9 연습기	대	6	6	
	UT-2 또는 야크-18	대	24	24	
	PO-2	대	4	4	
기갑장비	장갑차 BA-64	대	57	57	
	탱크 T-34	대	87	87	
	자주포 SU-76	대	102	102	
	모터사이클 M-72	대	122	122	
포병무기	7.62mm 소총	정	25,000	10,000	-15,000
	7.62mm 저격소총	정	1,000	1,000	
	7.62mm 칼빈소총	정	8,000	4,000	-4,000
	7.62mm TT권총	정	7,000		-7,000
	45mm 대전차포	문	48	48	
	76mm ZIS-3포	문	37	73	+36
	76mm 포	문	18	18	
공 구	나침반	개	3,251	3,251	
	쌍안경	개	2,000	2,000	
탄 약	7.62mm 나선형탄약	개	25,000,000	11,000	-14,000,000
	7.62mm 탄약TT	개	3,000,000		-3,000,000
	7.62mm 리볼버탄약	개	300,000		-300,000
	7.62mm 중화기탄약	개	1,750,000	1,750	
	45mm 포탄	개	60,000	30	-30,000
	76mm 포탄(27년형)	개	4,000	4	
	76mm 포탄(ZIS-3용)	개	25,000	23	-2,000
	82mm 지뢰	개	118,000	78.5	-39,500
	85mm 포탄(T-34용)	개	69,500	16.5	-53,000
	23mm 포탄	개	216,000	100.0	-116,000
	12.7 탄환	개	316,850	150.0	-166,850
	포탄 AO-10	개	10,800	10,800	
	포탄 PTAB-2.5, -1,5	개	25,200	25,200	
예비부품	① T-34형 전차 예비부품 ② 항공기 일류신-10, 야크-9, 야크-18, 일류신-10 연습기, 야크-9 연습기, PO-2형에 대한 예비부품				

※ 출전 「슈티코프→스탈린」(1949. 5. 1), 『소련 외교문서』 4권, 16~25쪽; 「그로미코→슈티코프」(1949. 6. 4), 『소련 외교문서』 4권, 26~33쪽.
※ 비고 탄약의 경우 제공 수량의 기본 단위는 천(1,000)으로 추정됨.

동성을 발휘한 대표적 무기들이었다.

북한은 남한의 병력 수준에 도달했고, 강력한 공격 무기를 손에 넣었다. 최고 지도부와 군사 지도자들의 대남 적대의식과 항일무장투쟁의 도덕적 우월감 등은 1949년 8월 정점에 달했다. 이들은 무력 공격 욕구에 불타올랐고, 실제로 옹진에서 그 가능성을 엿보았다.

그렇지만 9월 24일 소련공산당 중앙위원회는 남침 불허를 '명령'해, 이에 따라 북한에게는 두 개의 과제, 즉 남한 빨치산 강화 및 평화통일 공세, 그리고 인민군 강화가 요구되었다. 북한은 시간과 기회를 기다려야 했는데, 그것은 중공의 승리와 소련의 원폭 보유로 대표되는 국제 정세의 변화를 한편으로 하며 스탈린·마오쩌둥의 개전 동의 혹은 승인을 다른 한편으로 했다.

2. 9월의 소련 : 대남공격 가능성 검토와 노선 전환

8월부터 김일성이 옹진반도 부분 점령 계획에 대한 승인을 요청하자, 소련은 이에 대한 본격적인 검토 작업을 진행했다. 8월부터 시작되어 10월 초까지 진행된 소련의 한국전쟁 개전 가능성 검토 작업은 매우 중요한 의미가 있었다. 우선 시기적으로 진행된 상황을 정리하면 다음과 같다.

앞에서 살펴본 것처럼, 김일성·박헌영은 휴가차 모스크바로 떠나는 슈티코프에게 8월 12일과 14일 두 차례에 걸쳐 대남공격 준비, 삼척탄광 내 해방구 설치, 옹진 부분 점령 등에 대한 승인을 요청했다. 모스크바에 도착한 슈티코프는 8월 27일 스탈린에게 북한의 요청을 전달하면서 크게 두 가지 이유를 들어 대남공격이 불가능하다는 결론을 첨부했다. 첫째, 미국의 참전 가능성(군수 지원·일본군 파견 등)에 대한 우려였고 둘째, 북한군이 남한에 비해 군사력이 미약했기 때문이다.[520] 그렇지만 슈티코프는 김일성이 제안한 삼척 해방구 창설 계획과 옹진반도 부분 점령 계획이 군사적으로 타당하다는 견해를 밝

□ 표 III-17 **소련의 한국전쟁 개전 가능성 검토**(1949. 8~9)

일 시	면담(보고)자	주요 내용
1949. 8. 12	슈티코프-김일성·박헌영 회담	대남공격 준비 요청, 삼척탄광 해방구 제안
1949. 8. 14	슈티코프-김일성 회담	옹진 부분 점령 계획, 경계선 120km 단축
1949. 8. 27	슈티코프→스탈린	북한의 개전 요구 전달, 반대 의견 피력
1949. 9. 3	문일(김일성)-툰킨 회담	옹진 부분 점령, 2주~2개월 내 남한 점령 가능
1949. 9. 11	그로미코→툰킨(김일성)	남북한 군사력, 북한 선공, 미군 개입 평가 요구
1949. 9. 12~13	툰킨-김일성·박헌영 회담	남북 군사력, 남한 빨치산, 북한 선공, 미군 개입 문제 논평, 옹진 부분 점령 제안
1949. 9. 15	슈티코프→스탈린	남북 군사력 보고, 남침 불가, 국지전 가능 보고
1949. 9. 24	소련공산당 중앙위→슈티코프	남침 불가 통보
1949. 10. 4	슈티코프-김일성·박헌영 회담	남침 불가 통보, 빨치산 투쟁 강화

했다.

한편 9월 3일 평양 주재 소련대사관 툰킨(Grigorii Ivanovich Tunkin) 공사도 김일성이 문일 비서를 통해 제기한 옹진반도 점령 계획안을 비신스키에게 보고했다. 김일성은 남한이 가까운 시일 내에 옹진을 공격할 계획이기 때문에 방어용으로 옹진을 점령하는 것이 필요하다고 주장했다. 툰킨은 남한의 공격 계획은 월북자들의 증언으로부터 짐작될 뿐이며, 8월 15일 이래 38선상에 심각한 사건이 없었다는 부정적 견해를 첨부했다.[521] 평양 주재 소련대사와 공사가 김일성의 옹진반도 부분 점령 계획 등 개전 계획에 대해 부정적인 견해를 표명했지만, 소련정부는 이 문제를 본격적으로 검토하기로 결정했다.

소련외무성 제1차관 그로미코(A A. Gromyko)는 툰킨에게 김일성을 만나 그가 제시한 옹진반도 부분 점령을 포함한 개전 계획에 대한 상세한 정보를

---

520) 「한국전 문서 요약」 12쪽; 「슈티코프→스탈린」(1949. 8. 27). 바자노프, 앞의 책, 26~27쪽. 현재 이 문서는 공개되어 있지 않다. 그러나 슈티코프가 스탈린에게 보낸 1949년 9월 15일자 보고에 따르면, 슈티코프가 1949년 8월 27일 스탈린에게 메모(비망록)를 제출했음을 알 수 있다(『소련 외교문서』 3권, 3쪽).
521) 「툰킨→비신스키」(1949. 9. 3), 『소련 외교문서』 4권, 41~42쪽.

듣고 나서 보고하라고 지시했다. 앞서 살펴본 바와 같이 김일성은 8월 12일·14일과 9월 3일 각각 슈티코프와 툰킨을 통해 소련정부에 개전 허가를 요청한 바 있다. 그로미코는 김일성에게 질문할 사항을 제시했는데, ① 한국군 병력, 장비, 군사력에 대한 북한의 평가, ② 남한 빨치산에 대한 평가(현실적 도움 여부), ③ 북한의 선공에 대한 일반인과 사회단체의 태도, ④ 미군의 남한 주둔 여부, 북한의 선공시 김일성은 미국측에 어떤 조치를 취할 것인가? ⑤ 북한군 상황과 전투력에 대한 북한의 평가, ⑥ 현상황에 대한 북측 계획의 현실성과 합목적성에 관한 김일성의 평가 등 6개 항목이었다.[522] 그로미코가 제시한 질문은 명백히 개전 허가를 위한 점검 사항 목록이었다.

이미 소련은 1949년 3월, 무력 공격 원칙에 대한 동의와 조건부 허가 의사를 피력했고, 1949년 9월에 개전 허가 조건을 점검했던 것이다. 9월의 메시지는 보다 분명하고 강력한 톤이었다. 개전과 관련해 점차 구체화·본격화되는 소련의 입장 변화를 접하면서 김일성 등 북한 지도부는 이제 개전 허가는 시간 문제라고 판단했을 것이다.

툰킨은 9월 12일과 13일 김일성·박헌영을 만나 위의 질문 사항에 대한 답변을 들었다.[523] 이 문제에 대한 김일성과 박헌영의 답변은 이들의 한국전쟁 계획 및 한국전쟁관, 정세 판단, 대남 정보의 정확성 등과 관련해 매우 중요한 의미를 담고 있다.

먼저 한국군 병력·장비·군사력에 대한 김일성의 평가는 놀랄 만큼 정확했다. 김일성은 한국군이 육군 7개 사단, 수도경비대, 사관학교 등 총 23개 연대와 2개 독립대대로 구성되어 있으며, 육군과 공군 병력은 총 8만~8만

---

522) 「그로미코→평양 주재 소련대사관 툰킨」(1949. 9. 11), 『소련 외교문서』 3권, 27쪽; Archive of the Foreign Policy of the Russian Federation(AVP RF), Fond 059a, Opisi 5a, Delo 3, Papka 11, Listy 45.

523) 「툰킨→소련외무성」(1949. 9. 14), 『소련 외교문서』 3권, 28~32쪽; Archive of the Foreign Policy of the Russian Federation(AVP RF), Fond 059a, Opisi 5a, Delo 3, Papka 11, Listy 46~53.

5,000명이라고 지적하며 자세한 무기 목록까지 제시했다. 또한 해군 병력은 6,200명이며 그 중 해병이 5,000명, 육·해·공군을 합친 한국군 총 병력은 8만 5,000명에서 9만 명이며 그 중 4,700명이 장교라고 지적했다. 또한 경찰은 5만 명으로 추산되며, 호국군은 4~5만 명 정도라고 했다. 다음의 표에서 보듯이, 북한의 한국군 병력 수 평가는 아주 정확했다. 남한 통계는 *Joint Weeka*에서 추출한 것인데, 1949년 9월 12일 현재 김일성이 파악하고 있는 남한 병력 정보는 8월 5일 남한군 병력 현황과 거의 정확하게 일치한다. 이 당시 한국군의 병력 증가는 매우 가파른 상승곡선을 그리고 있어, 지금까지 한국전쟁 연구자들조차 정확한 병력 증가 현황을 파악하지 못하고 있었다. 그러나 김일성은 불과 한 달 전의 남한군의 병력 통계를 정확히 알고 있을 정도로 남한 정보에 정통했다. 김일성은 '모든 남한군 부대 곳곳'에서 정보를 입수하고 있다고만 했을 뿐 이 정보가 어디서 나온 것인지를 밝히지 않았지만, 한국정부 혹은 한국군 내부의 고위직에 북한측 정보원이 존재했음은 의문의 여지가 없다.

문제는 단순한 병력 수에 그치는 것이 아니었다. 김일성이 파악하고 있던 한국군의 주요 무기 체계 및 수량 역시 놀라울 정도로 정확했다. 또한 이를 같은 시기 소련대사 슈티코프가 파악한 것과 비교해보면 북한측이 제시한 정보가 보다 정확함을 알 수 있다. 반면 슈티코프가 제시한 수치는 사실과 거리가 멀었다. 대포, 대전차포, 장갑차 등에서 최소한 2~3배의 오차가 발생했는데, 이는 슈티코프의 대남 정보가 신뢰할 수 없는 수준임을 보여준다. 슈티코프는 박격포, 항공기에서만 사실에 접근한 수치를 제시했다.

이러한 정확한 병력·무장에 대한 정보보고에 기초해 김일성은 한국군의 군사력이 그리 강하지 않다는 평가를 내렸다.

두번째 문제는 빨치산이 현실적으로 도움이 될 것인가의 여부였다. 김일성·박헌영은 남한에 1,500~2,000명의 게릴라부대가 존재한다고 했다. 여기서 주목되는 것은 빨치산에 대한 평가 문제였는데, 김일성은 빨치산의 도움을 기대하지 않는다고 한 반면, 박헌영은 빨치산 활동이 중요한 의의를 지닌다고

□ 표 Ⅲ-18 북한이 파악한 한국군 병력 규모의 정확성

(단위: 명)

일시	병종	육군	해군	경찰	호국군 (예비군)	육·해·공	총계
미군 통계	1949. 7. 1	77,842	5,417	50,484	27,961	83,259	161,704
	1949. 8. 5	88,563	6,735	51,615	33,677	95,298	180,590
	1949. 9. 2	99,186	6,735	50,866	34,996	105,921	191,783
북한 추정	1949. 9. 12	80,000~ 85,000	6,200	50,000	40,000~ 50,000	85,000~ 90,000	175,000~ 190,000

※ 출전 Joint Weeka, 1949; 「툰킨→소련외무성」(1949. 9. 14), 『소련 외교문서』 3권, 28~32쪽.

□ 표 Ⅲ-19 북한이 파악한 한국군 주요 무기 체계·수량의 정확성

무기 명	(1) 한국군 보유량 (1949. 10)	(2) 북한 파악량 (1949. 9)	(3) 소련 파악량 (1949. 9)
105mm 곡사포	91	93	339
75mm 포			
57mm 대전차포	117	113	514
37mm 대전차포	19	47	
81mm 박격포	284	433	894
60mm 박격포	417	384	
2.36인치 로켓포	2,034	2,653	
장갑차	27	30	61
소형전차		20	
항공기	32	43	42

※ 출전 (1) 한국군 보유량: Annex #8 "Table of equipment for 65,000 strength", P&O 091, Korea T.S(17 Nov. 49) 11-29/900, F/W-18/2(Department of the Army, Plans & Operations Division, Records & Message Branch; Roy E. Appleman, *United States Army in the Korean War: South to the Naktong, North to the Yalu*, Department of the Army, Washington D.C., Government Printing Office, 1961).
(2) 북한 파악량: 「툰킨→소련외무성」(1949. 9. 14), 『소련 외교문서』 3권, 28~32쪽; Archive of the Foreign Policy of the Russian Federation(AVP RF), Fond 059a, Opisi 5a, Delo 3, Papka 11, Listy 46~53.
(3) 소련 파악량: 「1949년 8월의 남한군과 인민군의 군장비 비교」, 「슈티코프→스탈린」(1949. 9. 15), 『소련 외교문서』 3권, 45쪽.

강조했다. 구체적으로 박헌영이 지적한 부분은 전투시 적 통신망을 교란·파괴시킬 수 있다는 점이었다.

세번째 문제는 북한의 선제공격에 대해 민중과 사회단체들이 어떤 태도를 취할 것인가 하는 것이었다. 김일성은 이에 대해 분명하게 대답하지 못했다. 그러나 김일성은 북한의 선제공격이 정치적으로 좋지 않은 영향을 끼칠 것이라고 지적했다. 또한 김일성은 마오쩌둥이 김일과의 회담(1949. 4~5)에서 북한의 선제공격은 정치적으로 불리할 뿐만 아니라, 중국이 내부 문제로 도움을 줄 수 없기 때문에 하지 말아야 한다는 의견을 제시했다고 지적하면서, 중국 내부 문제, 즉 대륙 장악이 끝날 때까지 기다리는 것이 좋겠다는 의견을 제시했다. 이 시점에서 김일성이 전면전에 대해서는 확신이 없었다는 점을 보여주는 대목이다. 김일성은 "현상황에서 빠른 시일 내의 승리는 기대할 수 없으므로 전면전은 시작할 수 없"다고 하면서도, 옹진 혹은 옹진-개성지역의 점령 방안을 제시했다.

네번째 질문은 가장 중요한 미군 개입 문제였다. 김일성은, 공식 보고에 따르면 남한 주둔 미군은 500명의 군사고문단·교관이며, 미확인 첩보에 의하면 900명의 군사고문단·교관, 1,500명의 사병·경비대 장교가 있다고 했다. 김일성과 박헌영은 만약 내전이 발발하면 미군은 세 가지 방식, 즉 ① 일본과 대만에게 남한에 대한 지원을 요청, ② 미 해·공군의 지원, ③ 미국측 교관(고문단)들이 전투 행위에 직접 참가하는 방식으로 개입할 가능성이 있다고 설명했다. 그렇지만 이들은 미 지상군의 개입 가능성은 전혀 상정하지 않았다. 개전 직후 미 지상군의 개입은 북한지도부에게 충격적인 일이었을 것이다.

마지막으로 북한군의 상황과 전투력에 대한 질문에 대해, 육·해·공군을 합친 북한군 총 병력은 9만 7,500명이며, 군장비·기술·군기·전투원의 전투능력·사상 무장 등에서 남한군을 압도하고 있다고 답했다. 김일성이 지적한 북한의 미흡한 면은 병력 부족, 공군 훈련 부족, 전시에 대비한 대구경포 부족 등이었다. 툰킨의 질문에 대답한 김일성은 또다시 옹진 부분 점령 및 후속 작전 전개에 대한 제안을 했다.

김일성·박헌영으로부터 답변을 들은 툰킨은 그로미코에게 보내는 답전에서 김일성의 옹진 부분 작전이 전면전으로 발전할 가능성이 크며, 전면전을 일으키기에는 시기적으로 부적절하다는 견해를 첨부했다. 소련대사관의 입장을 반영해 툰킨은 북한군이 능력 면에서 불충분하며, 설사 남한 주민과 빨치산이 도와주어도 조속한 승리는 불가능하다고 지적했다. 툰킨은 "현시점에서 북한이 먼저 전쟁을 일으키는 것은 적당하지 못"하며, "북한이 단기간 내 남한을 점령할 수 있을 경우"에만 대남전쟁이 가능하다고 못 박았다.

나아가 툰킨은 전쟁이 장기화될 경우 발생할 수 있는 불리한 점들을 지적했는데, 그것은 ① 미국이 이승만을 원조할 수 있는 기회를 제공하며, ② 중국에서의 실패 후 미국이 중국의 경우보다 더 깊숙이 한국 문제에 개입할 가능성이 있고, ③ 장기전이 되면 미국은 이를 반소 선전의 목적으로도 이용할 것이라는 점 등이었다. 툰킨은 전면전과 국지전 모두에 대해 매우 신랄한 입장을 견지했다. 툰킨은 "희생과 고통, 불행을 수반하는 전면전은 결국 대중들이 전쟁을 먼저 시작한 쪽에 적대적인 감정을 갖게 할 수도 있"으며, "(옹진 부분 점령) 작전은 북한이 동족상잔의 전쟁을 시작했다는 비난의 수단으로 이용될 것"이라고 정확히 분석했다.[524]

툰킨의 보고 다음날인 9월 15일, 소련대사 슈티코프는 장문의 보고서를 스탈린에게 제출했다.[525] 슈티코프의 보고서는 남북한의 정치·군사적 상황을 집중적으로 분석한 것인데, 남한 내에서 활동하는 빨치산을 2,000명으로 추산하고 한국군 총원을 8만 5,000명(호국군 5만 명 별도)으로 추산했다. 슈티코프는 38선 충돌시 한국군에 대규모 사상자가 발생하는 것은 사격술 및 전술교육이 미흡한 데서 연유한다고 분석했다. 북한군·경찰의 상황에 대한 보고도 상세한데, 우선 경찰은 내무서원 2만 8,000명, 중소 국경 담당 3개 국경수비대 및 2개 38선 경비여단 1만 4,000명 등 총 4만 2,000명으로 계산했다. 빨

---

524) 「툰킨→소련외무성」(1949. 9. 14), 『소련 외교문서』 3권, 32쪽.
525) 「슈티코프→스탈린」(1949. 9. 15), 『소련 외교문서』 3권, 33~44쪽.

치산 출신이 지휘관급으로 있는 북한인민군은 8만 명이며, 5개 보병사단(5만 1,000명), 1개 보병여단(6,000명), 1개 기계화여단(6,000명), 탱크부대(T-34 탱크 33대)로 구성되어 있었다.

슈티코프는 김일성과 박헌영의 무력통일관에 대해서도 언급하고 있는데, 두 사람 모두 현상황에서 남북 평화통일은 불가능하며, 무력으로 시급히 남한 정부를 침략하는 방법만이 유일한 통일의 길임을 누누이 강조하고 있다고 했다. 이들은 시급히 무력으로 선제공격하지 않는다면 남한군이 강화되고 남의 좌파 동조 세력이 궤멸될 것이며, 남한이 북한을 패배시키기 위해 북벌할 가능성이 있으므로 먼저 공격해야 한다는 논리를 폈다. 선제공격이 최선의 방어이자 통일 방법이라는 주장이었다. 또한 이들은 국공내전에서 한인들이 중공을 도왔기에 중국공산당이 북한을 지원하는 것이 당연하다는 입장을 가지고 있었다.

결론적으로 슈티코프는 네 가지 점을 지적했다. 첫째, 북한이 개전할 경우 미국의 개입 가능성에 대한 우려였다. 슈티코프는 한반도 내 정치 상황은 북한에게 유리하지만 국제 정세가 복잡하며, 북한이 개전할 경우 미국측의 공작과 남한에 대한 적극적 지원 가능성을 고려해야 한다고 지적했다.

둘째, 북한군의 병력 증가·무장 강화 필요성이었다. 슈티코프는 북한군의 군사력, 즉 병력과 화력이 남한군을 초전에 격멸하고 남한지역을 점령하기에는 역부족이라고 지적했다.

셋째, 남한 빨치산 활동의 지지·강화의 필요성이었다. 이는 인민군의 병력 증가 및 무장 강화와 긴밀히 연계되는 사안이었다.

마지막으로, 가장 주목되는 것은 옹진-개성지역의 부분 점령 계획에 대한 찬성 의견이었다. 슈티코프는 '상황이 좋다면'이라는 단서를 달았지만, 옹진-개성 부분 점령에 찬성하고, 구체적인 방안을 제시하기까지 했다. 슈티코프가 제기한 침략의 구실은 첫째, 38선 주위에서 남한측이 스파이 행위를 했다거나, 둘째, 38선 주위지역을 남측이 먼저 침략한 것에 대한 보복이라고 해도 무방하겠다는 것이다. 슈티코프는 북한지도부의 입장에 동조하는 태도를 보인 것이며, 북한이 국지전이든 전면전이든 선제공격을 할 경우에 대비한 구실까지 제시한 것이다.

이 지점에서 슈티코프가 제시한 선제공격의 구체적 위장 방법과 구실 조작법이 역사적 경험에 근거했다는 와다 하루키의 지적은 타당하다. 슈티코프는 1939~40년 소련·핀란드전쟁 당시 레닌그라드 주 당 제2서기로 전쟁의 주력군인 메레츠코프 사령관의 소련 제7군 군사위원으로 전쟁을 지휘했다. 그런데 소련·핀란드 개전의 빌미가 된 1939년 11월 26일의 '마이닐라(Майнила)사건'은 핀란드를 침략하기 위해 소련군이 조작한 것이었다.[526] 1939년 6월 말 스탈린이 메레츠코프에게 핀란드의 공격에 대한 반공작전을 계획·입안하도록 명령했고, 메레츠코프는 7월 말 계획을 보고했다. 11월 26일 국경마을 마이닐라에서 핀란드군의 포격이 있었다는 보고를 모스크바에 보내자 반격명령이 내려져 11월 30일 월경 공격이 시작되었다.[527]

최근 한 연구에 따르면, 이 사건은 소련군 포병이 후방에 잠복해 있으면서 전방의 소·핀 국경의 소련군 부대에 포격을 가했고, 이를 핀란드군의 포격으로 위장·조작했다는 것이다. 이는 한국전 참전 공군조종사이자 역사학자인 아루쥬노프(A. A. Arutjunov)의 주장인데, 그에게 증언을 한 사람은 북한군 포병 담당 고문 도닌(Donin)과 주북한 소련군사고문단장 라주바예프 중장이었다. 도닌은 소·핀전쟁(포병 하사)과 2차 대전 참전 후 퇴역했다 재소집되었고, 북한에 들어가 한국전쟁시 '특무'를 담당했다. 라주바예프는 소·핀전쟁시 9군 참모장(대좌)으로 참전한 바 있다. 라주바예프는 아루쥬노프의 외삼촌이며, 도닌은 처형의 남편이었다. 아루쥬노프는 이들의 증언을 인용했다.[528] 라

---

526) 와다 하루끼 저·서동만 역(1999), 앞의 책, 87~88쪽; Eric Van Ree, *Socialism in One Zone, Stalin's Policy in Korea, 1945~1947*, New York, 1989, pp. 53~54[안승환(2002), 앞의 논문, 438~439쪽에서 재인용].
527) 와다 하루끼 저·서동만 역(1999), 앞의 책, 88쪽.

주바예프는 "1939년 핀란드를 공격할 구실을 삼기 위해 어떤 사소한 돌발사태도 전쟁으로 치달을 정도로 전쟁 자동 풍금의 현이 팽팽하게 당겨져 있었다. 내무인민위원부에는 필요한 행위를 실행에 옮길 이 문제 전문가들이 넘쳐났다"고 아루쥬노프에게 증언했다.[529]

소련이 핀란드와의 전쟁을 '도발받은 정의의 반공격' 혹은 '반격'으로 조작한 것이 사실이라면 이는 당연히 스탈린의 재가·승인에 기초한 것이 분명했다. 개전 결정은 소련공산당 정치국 중앙위원회의 권한이며 결정 과정은 스탈린의 배타적 권위가 지배했을 것이다.

스탈린이 1949년 3월 '도발받은 정의의 반공격전' 구상을 제시했을 때, 그것은 단순히 북한의 선제공격을 제어하기 위한 것은 아니었다. 남한이 '어떤 사소한 도발을 한다면' 북한의 전면 공격이 정당화될 수 있다는 의미였다. 그리고 1949년 9월 주북한 소련대사 슈티코프는 '남한이 선제공격·도발'을 하지 않더라도 이것을 위장할 수 있는 명분으로, ① 남한측이 38선 주위에서 스파이 행위를 했다거나, ② 38선 주위지역을 남측이 침략한 것에 대한 보복 등을 제시했다. 스탈린과 슈티코프의 제안은 '조작된 명분으로 위장한 선제공격'이라는 동일한 의미를 내포했는데, 적어도 이런 구상이 우연의 일치는 아니었다. 군사전략과 책략은 경험과 역사로부터 비롯된 것이었다.

슈티코프의 이러한 제안으로 결국 북한의 한국전쟁 계획 시나리오는 모두 완성된 것이나 다름 없었다. 1949년 3월 스탈린이 '도발받은 정의의 반공격전' 시나리오를 제시했고, 김일성은 8월에 '도발받은 정의의 반공격전'과 평화

---

528) Артур Талинский, "Корейская Война: 50 Лет Спустя. Последняя авантюра Сталина на востоке л(глазами) летчика(한국전쟁: 50년이 지난 후. 조종사의 눈으로 본 스탈린의 동양에서의 마지막 모험), Посев, 2000, no.6, 35~39, no.7, 40~45; Артюнов А. А. Досье Ленина без ретуши(수정되지 않은 레닌 문건), М., 1999, с. 487. 안승환에 따르면, 아루투 탈린스키(Артур Талинский)는 아루쥬노프(Арутюнов А. А.)의 필명이다(안승환, 앞의 논문, 437~440쪽에서 재인용).
529) 안승환, 앞의 논문, 439~440쪽에서 재인용.

통일 제안 거부의 연계, 국지전과 전면전의 결합, 옹진-개성의 중요성을 제시했다. 9월에 슈티코프는 '도발받은 정의의 반공격전'의 위장된 명분 조작 방안을 제시했다.

슈티코프의 상황 판단과 제안은 대부분 소련공산당 중앙위원회 정치국 결정에 반영되었다. 9월 24일 소련공산당 중앙위원회 정치국은 P71/191호로 「주한 소련대사에게 보내는 지시」를 결정했다.[530] 이 결정의 수신자는 말렌코프(G. M. Malenkov), 몰로토프(V. M. Molotov), 그로미코, 슈티코프, 미코얀(A. I. Mikoyan), 카가노비치(L. M. Kaganovich), 불가닌(N. A. Bulganin) 등이었다. 소련공산당 중앙위원회 정치국은 김일성·박헌영의 8월 12일 북한군의 남침 계획 제안에 대해 군사적인 측면과 정치적인 측면에서 '승인' 하기 어렵다고 결정했다. 결정은 크게 세 가지 부분으로 나뉘어 있었다.

첫째, 군사적 측면에서 북한이 남한에 대해 남침에 필요 불가결한 우월한 군사력을 보유하지 못했고, 남침 준비가 되어 있지 않다.

둘째, 정치적 측면에서 빨치산 투쟁의 확산 전개와 남한 전 인민의 봉기를 위한 준비 작업이 없으므로 역시 남침 준비가 안 되어 있다.

셋째, 옹진·개성 점령 시도는 북한이 군사적·정치적 측면에서 준비가 덜 된 상태에서 남북전쟁을 시작하겠다는 것이다. 북한이 선제공격으로 개전하고 전쟁이 장기화되면, 미국이 한국에 개입할 기회를 줄 것이다.

소련공산당 중앙위원회 정치국이 북한에 제시한 현안과제는 첫째, 반동체제 파괴와 통일을 위해 남한에서 유격대 운동의 확대, 해방구의 창설, 전 인민 무장 봉기의 확산 전개, 둘째, 인민군 강화였다.

---

530) 「소련공산당 중앙위원회→슈티코프」(1949. 9. 24), 『소련 외교문서』 3권, 49~51쪽; 바자노프, 앞의 책, 39~41쪽. 바자노프에 따르면, 이 문서의 제목 및 호수는 전연방공산당 중앙위원회 정치국 결의 제 P71/191호였고, 「외무장관 그로미코와 국방장관 불가닌에 의해 준비된 정치국의 한반도 문제에 관한 결의」였다. Archive of the Foreign Policy of the Russian Federation(AVP RF), Fond 059a, Opisi 5a, Delo 3, Papka 11, Listy 75~77.

여기서 우리가 주목할 부분은 북한의 남침과 관련해 모스크바는 분명 동의나 인정이 아니라 '승인'하는 위치였다는 사실이다. 또한 모스크바가 원하는 것은 제1전선의 승리가 아니라 제2전선에서의 폭동·방화 등이 성공적으로 제1전선과 결합되는 방식이었다. 이 방식은 고전적이지만 군사적인 승리뿐만 아니라 정치적인 승리를 보장할 수 있는 방식이었고, 스탈린이 원했던, 소련의 표면적 개입 없는, 북한 스스로의 한국 문제 처리 방안이었다. 이 때문에 이런 원칙적 입장은 계속 강조되었다.

소련공산당 중앙위원회 정치국의 결정은 여러 종류의 초안을 검토한 뒤 내려진 것이었다. 최종안이 채택되기 바로 전날인 9월 23일자의 한 초안은 전면전과 국지전으로 나누어 개전에 반대하는 입장을 정리했다.[531]

첫째, 9월 23일자 초안은 전면 선제공격의 경우, 정치적으로 북한에게 불리하며 군사적으로도 타당하지 않다고 지적했다. 이는 ① 남한 민중의 인민군 지지 및 봉기 여부와 빨치산의 조력을 받을 수 있을지의 여부가 불투명하다. ② 한국군은 지상군 병력이 우위이며 해군을 보유하고 있고, 또한 북한군에게 강력히 저항할 것이다. ③ 인민군은 무장·훈련·충성심·사기가 양호하나, 수에서도 적고 해군이 없을뿐더러 기계화여단·항공사단 등의 조직 개편을 완료하지 못했다. ④ 인민군이 남침하면 미국은 이를 UN에 상정하고, 북한정부를 침략자로 비난하며, 미군의 남조선 진주에 관한 UN총회의 동의를 얻어내는 구실로 삼을 것이다. 그렇게 되면 결국 미군의 남한 장기 점령 및 통일 지연이 초래될 것이라는 내용이었다.[532] 이같은 분석이 정확한 정세 판단이었음은 한국전쟁 과정에서 그대로 드러났다.

둘째, 이 초안은 옹진반도 점령이라는 국지전의 경우에도 분명 전면 공격

---

[531] 「9월 23일자 결의안 초안, 11~13쪽」, 바자노프, 앞의 책, 42쪽. 이 내용은 출처가 밝혀지지 않은 채 「한국전 문서 요약」, 17~18쪽에 동일하게 실려 있다.
[532] 미국의 한국 문제 UN 이관과 북한 침략자 규정, 그리고 미군의 남한 장기 주둔이라는 이 초안의 예측은 놀라울 정도로 정확했다.

과 동일한 결과를 초래할 것이라며 반대의사를 분명히 했다.

이 초안이 제시하고 있는 대안은 유격대 운동의 강화, 김일성·박헌영의 평화통일의 가능성 활용이었다. 결국 이 초안에서도 소련공산당은 남한 빨치산의 강화, 평화통일 공세 추진, 북한군 확대 및 무장 강화라는 입장을 동일하게 반복했다. 즉 이는 당시 미국 정책 당국의 판단, 즉 한반도에서 소련의 팽창정책은 군사적 수단에 의존하기보다 내부 전복과 사보타주, 선전 활동에 의거할 것이라는 분석과 궤를 같이하는 것이었다.

한편 9월 23일자 초안 외에도 그로미코와 불가닌이 서명한 9월 21일자 초안이 존재했다. 바자노프에 따르면, 그 중 일부가 9월 24일 정치국 회의에서 삭제되었다.[533] 삭제된 부분은, 보다 노골적으로 군사 분야에서 북한군의 우위 확보 문제를 강조했다. 즉 현재 남한군의 병력이 더 많고, 장비 면에서 북한의 우위는 중요하지 않다는 것이 이 초안의 주장이었다.

특히 이 초안은 노골적으로 공격 작전의 경우 공격측이 최소한 전쟁의 초기 단계에서 병력 및 장비 면에서 2배 또는 심지어 3배의 우위를 확보해야만 성공적인 공격과 신속한 승리를 기대할 수 있다고 못 박았다. 이 초안 역시 남한 인민 봉기의 고무, 미군의 개입 가능성, 인민군의 확대 및 무장 강화를 과제로 내세우며, "요컨대 남측이 북침을 시작하는 경우에 남조선군을 패배시키고 북조선 정부의 주도하에 통일을 달성할 수 있도록 항상 준비되어 있어야" 한다는 종래의 '도발받은 정의의 반공격전' 개념을 제기했다. 이 마지막 문단에 대해 스탈린은 다음과 같이 수정했다.[534] "남측이 북침을 시작하는 경우 동무는 준비를 갖추고 있다가 상황에 따라 행동하여야 함." 결국 스탈린은 자신이 1949년 3월 김일성을 만났을 때 제시한 선제공격 불가, '도발받은 정의의

---

533) 바자노프, 앞의 책, 43쪽에 따르면, 「1949년 9월 21일자 초안, 14~16쪽」으로 되어 있다. 이로 미루어 본다면 9월 24일자 소연방공산당 중앙위원회 정치국 결정 뒤에 그로미코와 불가닌이 작성한 두 개의 초안, 즉 9월 23일자와 9월 21일자 초안이 첨부되어 있다는 점을 알 수 있다.
534) 「1949년 9월 21일자 초안」, 10쪽; 바자노프, 앞의 책, 43쪽.

반공격전' 시나리오로 복귀한 셈이었다.

소련공산당의 지시에 따라 슈티코프는 10월 4일 김일성·박헌영을 만나 소련공산당 중앙위원회 정치국의 결정을 전달했다.[535] 이들은 기꺼워하지 않았지만 이를 접수할 수밖에 없었다. 박헌영은 남한에서 빨치산 투쟁을 보다 폭넓게 확산 전개하는 것이 필요하다며 맞장구를 쳤다. 김과 박은 남한 빨치산 투쟁을 주도하기 위해 남한으로 약 800명의 요원을 보냈다고 말했다.

결국 8~9월에 걸친 소련의 개전 여부 검토는 불가로 종결되었다. 그러나 여기서 우리가 주목할 점이 두 가지 있다. 첫째는 1949년 9월 소련공산당 중앙위원회 정치국이 북한의 남한 공격 문제를 본격적으로 검토했다는 사실이다. 이는 대남공격이 단순히 김일성·박헌영의 구두선이 아니라 구체적으로 실현 가능성이 있는 사안으로 취급되었음을 의미한다. 소련공산당 중앙위원회가 개전 승인을 검토할 정도로 정세가 고조되었고 사안이 구체화되었음을 뜻한다.

둘째는 국지전과 전면전을 포함한 개전 문제에 대한 소련공산당 중앙위원회 정치국의 검토가 실제 가능성과 남북 병력 현황, 전투력 등을 정밀하게 점검한 기초 위에서 이루어졌다는 점이다. 소련공산당 중앙위원회 정치국, 즉 스탈린은 군사적인 측면과 국제적인 측면을 이유로 들어 북한의 공격 개시를 불승인했다.

종합하면 스탈린은 1949년 8~9월에 남침에 대한 김일성·박헌영의 요구를 소련공산당 중앙위원회라는 공식 기구를 통해 최초로 검토하고 불허했다. 바꾸어 말하면 이 시점에서 스탈린과 소련공산당은 북한군의 준비 정도와 국제 정세가 허락한다면 대남공격을 허락할 수도 있었다는 사실이다. 즉 대남 무력 공격은 이미 이 시점에서 동의되거나 허락된 기정사실이었다는 점이다.

이는 스탈린과 소련공산당이 1949년 9월에 사실상 대남 선제공격을 승인

---

[535] 「슈티코프→스탈린」(1949. 10. 4), 『소련 외교문서』 3권, 53쪽.

할 준비가 되어 있었다는 것을 의미한다. 그렇다면 왜 8~9월에 소련은 이러한 변화를 보인 것일까? 우리가 주목해야 할 부분은 1949년 8~9월에 동북아시아 국제 정세가 긴박하게 변화했다는 사실이다.

일부 학자들은 1950년 1월 30일 스탈린이 슈티코프 북한 주재 소련대사에게 보낸 전문을 근거로, 스탈린이 김일성의 한국전쟁을 승인했다고 주장했다. 그런데 스탈린은 이 전문과 1950년 3~4월 김일성 면담 때 행한 발언에서 공통적으로 국제 정세가 유리하다는 점을 지적했다. 그가 지적한 국제 정세의 유리함은 모두 1949년 8~9월에 본격적으로 조성된 것이었고, 동아시아의 정세를 근본적으로 변화시킨 것들이었다. 즉 스탈린은 1949년 8~9월, 동북아시아 정세의 급변을 지켜보면서 사실상 개전 결심을 했을 가능성이 높다.

첫째 요소는 중공이 승리해 대륙을 석권한 사실이고, 둘째 요소는 미국이 전쟁에 개입하지 않을 가능성이 커졌다는 사실이다. 중화인민공화국의 정식 수립은 1949년 10월 10일이었지만, 1949년 8~9월에 이미 대륙을 평정했다. 동일한 시점에서 소련은 원폭실험에 성공했다(1949. 9). 소련은 중공군이 국부군을 추격하기 위해 양쯔 강을 도하하면(1949. 4) 미군이 개입할 것이라 우려했지만 미국은 개입하지 않았다. 오히려 미국은 대륙 포기를 택했다. 이승만과 장제스가 태평양반공동맹을 추진하던 시점에 미국은 『중국백서』를 발표함으로써(1949. 8. 4) 중국 포기를 선언했다.

이제 두 가지 점이 분명해졌다. 동북아시아에서 북한을 후원할 수 있는 강력한 공산주의 형제 국가는 소련에서 중국으로 확대되었고, 조·중·소 공산주의 삼각동맹이 강화되었다. 반면 우려했던 미국의 개입은 없었을 뿐 아니라, 한 걸음 더 나아가 대륙 포기가 선언되었다. 중국 대륙을 포기한 미국이 작은 땅조각인 한반도에 개입할 가능성은 더욱 희박하다고 여겨졌다.

3. 북한의 9월 공세설

지금까지 남로당이 취한 1949년의 9월 공세는 조국전선 결성과 긴밀히 연결된 것으로 분석되었다.[536] 즉 6월 말 조국전선이 결성된 이후 7월부터 무장유격전술이 새로운 단계로 접어들었고, 남로당은 유격대를 통합한 인민유격대를 편성했다. 7월 3개 지구로 나뉜 인민유격대 3개 병단이 구성되었고, 조국전선에서 발표한 평화통일선언서에 선거지도위원회를 먼저 구성하고 9월에 입안(立案)기관을 선거하자는 내용이 있었기에 9월 공세라는 구호가 나왔다는 것이다.[537] 최근의 한 연구는 조국전선 결성과 국토 완정·통일 의제의 전면적 등장 이후 8월부터 남한 각지에서 대규모 봉기 결행에 대한 북한 지령이 내려갔는데, 이 9월 공세는 남로당의 독자적인 지시에 의한 것이 아니라 북한과 긴밀히 연계된 투쟁이었다고 주장했다.[538]

9월 공세설은 8월 말부터 주한미군 정보망에 걸리기 시작했다. 대부분 F-6등급의 이 정보보고들은 북한에게 9월 말까지 남한을 점령하라는 결정이 내려졌다는 점에서 동일했다. 한 가지 흥미로운 점은 북한의 9월 공세를 '지시'한 것이 누구였냐 하는 것이었다. 주한미군사고문단의 정보 문서에는 소련정부가 북한에 9월 말까지 남침 완료를 지시했다는 보고가 여러 차례 포착되었다.[539] 즉 8월 25일 소련정부가 9월 말까지 남한을 점령하지 못하면 모든 무기를 소련에 반환하라고 통보했다는 것이었다. 또 다른 정보들은 소련대사와 김일성 등 북한각료 간의 회담(7. 20)에서 9월 공세가 결정되었다거나,[540] 북한이

---

536) 김남식(1984), 『남로당연구』, 돌베개, 412~414쪽.
537) 양한모에 따르면, 7월 8일 조국전선 선언서가 전달된 후 남로당 서울지도부와 시당에서는 ① 8월 20일에 대한민국 정권 수립, ② 9월 1일에 박헌영이 선거위원장으로 서울에 도착, ③ 9월 20일에 총선거 실시, ④ 9월 21일 서울에 '조선민주주의인민공화국' 중앙정부가 수립된다는 등의 선전선동을 했다〔梁漢模(1968), 『제3세계의 본질』, 13~17쪽; 김남식, 앞의 책, 414쪽에서 재인용〕.
538) 박명림(1996), 앞의 책, 127~129쪽.
539) KMAG, *G-2 Periodic Report*, no.172(1949. 8. 29); no.177(1949. 9. 8).

독자적으로 최고간부회의를 열어 9월 공세를 결정했다고 기록했다.[541]

또한 북한이 옹진을 공격한 직후 미국방부의 군정보부 책임자인 르로이 어윈(Leroy S. Irwin) 소장은 "이승만을 타도해 9월 19일 인민공화국 선거를 하자"는 8월 9일자 북한방송을 인용해, 9월 말 북한이 대남 직접 군사공격을 시작할 것이며, 수많은 게릴라 형태의 간접 공격을 수반할 것이라는 보고서를 제출하기도 했다.[542] 실제로 남한 빨치산들은 9월 공세설이 유포되던 7~9월, 실패와 희생을 전제로 한 일종의 돌격전·결사전인 '아성(牙城) 공격'을 감행했다. 관공서가 밀집된 도시·경찰서·군사령부에 대한 정면 공격인 아성공격은 결정적 시기의 마지막 단계에서나 볼 수 있는 무모한 공격 방식이었다.[543] 또한 북한의 강동정치학원 등지에서 훈련받은 유격대들이 대규모로 남파되었다. 이들 이전 시기와 달리 정규군의 성격을 띤 부대들이었다.

앞에서 살펴본 것처럼, 남로당의 9월 공세설이 제기되는 시점에서 북한은 옹진 부분 점령 계획을 실현하려 했으며, 국지전을 포함한 전면전 계획에 대한 소련의 승인을 여러 차례 요청했다. 한편 소련은 당중앙위원회 정치국 회의에서 이에 대해 거부 결정을 내렸지만, 실제적인 가능성을 면밀하게 검토했다. 또한 대규모의 유격대가 남파되었다. 이런 측면을 종합한다면 9월 공세가 단순히 조국전선이 제출한 9월총선거 제안과 연계된 것만은 아니었음이 분명해진다. 앞에서 살펴본 것처럼, 8월에 북한이 공격태세로 전환한 것, 9월에 소련의 공격 가능성 검토로 선회한 것이 종합적으로 9월 공세의 배경을 형성했음을 알 수 있다.

---

540) KMAG, *G-2 Periodic Report*, no.176(1949. 9. 6). 결정된 내용은 ① 9월총선거 실시 위해 남한을 정복할 것, ② 무기 부족 해소 위해 소련에 보다 많은 중무기를 요청할 것 등이었다.
541) KMAG, *G-2 Periodic Report*, no.184(1949. 9. 20). 또다른 정보보고는 9월 28일 남로당이 9월 공세를 10월로 연기했다고 전하고 있다(KMAG, *G-2 Periodic Report*, no.190(1949. 9. 30)).
542) RG 330, Secretary of Defense file, box 2, Irwin, "Estimate of North Korean Objectives"(1949. 8. 9); NYT, 1949. 8. 10(Bruce Cumings(1990), 앞의 책, p. 359 n. 52에서 재인용).
543) 김남식, 앞의 책, 417~418쪽.

국제 정세의 차원에서 중공의 승리와 소련의 원폭 보유, 미국의 불개입 가능성에 대한 기대가 제고되었고, 조·중·소 동북아 공산주의 삼각동맹의 강화로 북한에 보다 많은 힘을 실어줄 수 있는 조건이 구비되었다. 국내 정세 역시 급변했다. 중공군 내 한인사단의 귀환으로 북한은 병력 수가 증가해 정부수립 이후 최초로 남한과 대등하거나 약간 우세한 병력을 보유하게 되었고, 소련으로부터 들어온 무기들이 북한군의 공격력을 강화시켰다. 병사들의 사기·전술훈련, 지휘관의 지휘 능력 역시 최상이었고, 남한 내 빨치산 활동을 고무하기 위한 유격대 파견이 지속되었다.

소련공산당 중앙위원회가 북한의 국지전·전면전 승인 문제를 검토하는 사이 9월 공세설이 최고조에 달했는데, 9월 25일 소련공산당 중앙위원회 정치국의 불허 결정이 내려진 후 9월 공세의 연기 혹은 취소가 알려졌다. 9월 공세설을 유포하거나 강조한 것이 남로당 계열이었는지 혹은 북로당 계열이었는지는 분명하지 않다. 남북로동당은 1949년 6월 합당했지만, 대남 사업에 대한 관할은 여전히 박헌영·이승엽의 몫이었다. 남한 빨치산의 영향을 과대평가하고 있던 박헌영측이 9월 공세설을 강조한 것은 분명하지만, 이는 단순히 남한 빨치산에 국한된 계획은 아니었다고 보인다. 빨치산의 9월 공세가 강화되던 시점에서 남한 군대를 와해시키려는 월북 공작이 강화되었고, 대규모 유격대가 남파된 것은 9월 공세가 전반적인 대남공격 계획이었음을 반증하는 것이다.

한국정부가 수립된 이후 1948년 9월 1일부터 1949년 8월 말까지 총 5,268명의 병사가 군대를 탈영했는데, 이는 매월 440명 가량이 탈영했음을 의미했다.[544] 적게는 300명에서 최고 1,000여 명 수준의 탈영병이 발생했다. 커밍스는 탈영병을 모두 월북자로 착각했지만,[545] 매달 440명씩 월북할 수는 없는 일

---

544) KMAG, *G-2 Periodic Report*, no.177(1949. 9. 8).
545) Bruce Cumings(1990), 앞의 책, p. 395.

□ 표 III-20 **한국군 탈영병 통계(1948. 9. 1~1949. 8. 31)**

연월 병력 수	1948년				1949년								합계
	9월	10월	11월	12월	1월	2월	3월	4월	5월	6월	7월	8월	
병력 수	993	149	479	571	425	388	339	304	668	316	331	305	5,268

※ 출전 KMAG, *G-2 Periodic Report*, no.177(1949. 9. 8).

이었다. 그렇지만 이들 중 상당수는 월북 탈영병일 가능성이 있었다. 주한미대사 무초도 전체 탈영병 중 일부가 북한에 투항했을 것으로 추정했다.[546]

막대한 탈영과 상당수의 월북은 한편으로는 한국군의 내부 붕괴 가능성을 의미하는 것이었지만 다른 한편으로는 한국 정부와 군에 의해 강력한 숙군작업을 불러와, 역설적으로 한국전쟁 발발 당시에는 한국군 내부의 동요나 내응을 막아내는 결과를 가져왔다.[547]

한국군 내부에서 가장 많은 월북자가 발생한 것은 역시 육군이었는데, 5월의 강태무·표무원 대대 월북 이후로도 꾸준히 월북 사태가 발생했다. 북한의 선전에 따르면, 9월 16일 개성 1사단 11여단 2대대 6중대 2등상사 배룡식 지휘하에 1개 분대가 월북했고,[548] 반란음모를 꾸민 연대의 몇몇 장교들이, 계획이 좌절되자 기병대와 기계화부대를 이끌고 9월 20일 월북했다.[549] 9월 21일에는 북한 38경비부대에서 입북한 수도경비사령부 소속 배동익 소위 및 1사단 12연대 김재복 소위 이하 의거 장병 환영대회가 진행되었다.[550] 10월 23일

---

546) RG 59, decimal file, 895.00/9-1349, Muccio to the Secretary of State, Subject: Summary of Political Affairs of the Republic of Korea, August, 1949(September 13, 1949), p. 13.
547) 군인의 월북사태와 달리 민간인의 월남사태는 정반대였다. 주한미군사고문단에 따르면, 1949년 1월부터 7월 말까지 모두 9,985명이 월남했으며, 직업별로는 노동자 8,733명, 상인 1,252명이었다(KMAG, *G-2 Periodic Report*, no.177(1949. 9. 8)).
548) 조선중앙통신사, 『해방후10년일지』, 83~85쪽.
549) *Joint Weeka*(1949. 9. 7); FEC, *Intelligence Summary*(1949. 9. 25)[이상 존 메릴(1988), 앞의 책, 289쪽].
550) 조선중앙통신사, 『해방후10년일지』, 83~85쪽; KMAG, *G-2 Periodic Report*, no.189(1949. 9. 29). 배동익은 이후 옹진전투에서 활약했다.

에는 1사단 작전처 2등중사 이인영, 18연대 3대대 윤화영 하사 등 다수가 월북했다.[551] 공군의 경우에도 9월 24일 이명호 등 공군조종사 2명이 L-5 정찰기를 타고 월북하는 사건이 발생했다.[552]

가장 심각한 것은 해군의 월북 사태였다. 1948년 5월 7일 통천호, 6월 14일 고원정, 1949년 5월 12일 508호, 5월 20일 302호 월북 미수 등 해군 함정의 월북 사태는 1949년 8~9월 남북한의 상호 습격 및 귀순 공작으로 이어지며 긴장을 고조시켰다. 8월 8일 해군1정대 소속 제·아이호 경비선이 안성갑의 공작에 따라 몽금포에 입항했다.[553] 심지어 미군사고문단장 로버츠 준장 전용보트마저 인천에서 행방불명되어 몽금포에 들어갔다.[554]

남한 해군은 연이은 월북 사태에 보복책을 구사했다. 8월 5일과 7일, 각각 1척의 남한 선박이 해군 요원과 대한청년단원을 싣고 월북 어선을 되찾으러 북한 지역으로 들어가, 8월 14일 북한 선박 2척을 나포해 인천항에 귀항했다. 8월 11일경에도 2척의 남한 선박이 동일한 목적으로 대동강 입구까지 쳐들어가, 2척의 상선을 나포해 인천항에 귀항했다.[555]

남한 해군이 보복한 최대의 사건은 몽금포 습격이었다. 8월 17일 남한 해군함정 6척(충무함과 소해정 5척)은 황해도 장산곶 인근 몽금포항을 포격한 뒤 북한 경비선 472함 1척을 납치해 8월 19일 인천항에 들어왔다.[556] 당시 해군 정보국장 함명수의 증언에 따르면, 몽금포 기습은 해군 특별정찰대 사령부의 사령 이용운 중령과 함명수가 20여 명의 정보대원을 이끌고 직접 몽금포를 공

---

551) 조선중앙통신사, 『해방후10년일지』, 83~85쪽.
552) 같은 자료에 따르면, 비행사 리명호, 선임하사관 박룡오임.
553) 같은 자료; 『함남로동신문』 1949. 8. 12.
554) 「함명수(당시 해군정보국장·소령)의 증언」, 백선엽(1992), 『실록지리산』, 고려원, 203쪽.
555) *Joint weeka*, no. 10(1949. 8. 19); FEC, *Intelligence Summary*(1949. 8. 14~25), 1977. 8. 28. LA에서 李龍雲 해군제독과의 인터뷰[존 메릴 지음·신성환 옮김(1988), 앞의 책, 276쪽].
556) 습격사건에 동원된 소해정 지휘관들은 상급 지휘관이 아닌 이용운의 직접 명령으로 공격에 임했다. 지휘는 해군특별정대사령부 이용운 중령이 담당했는데, 몽금포항의 북한 선박 4척을 침몰·대파시키고 1척을 나포했다(『한국전쟁사 1: 해방과 건군』, 572~573쪽).

격한 사건이었다.[557] 손원일의 회고에 따르면, 특공대는 5척의 함정으로 기습해 북한 경비정 5척을 격파하고 40톤급 1척, 북한 해군 5명을 인천으로 나포했다.[558] 주한미군사고문단에 따르면, 몽금포에서 북한의 35톤 배 2척이 침몰되었고, 45톤 2척이 파괴되었으며, 47톤 1척이 나포되었다. 이 사건의 여파로 인천항은 북한 해군의 보복 가능성에 대비해 경계를 강화했다.[559] 메릴은 남한 해군의 몽금포 습격이 1949년 여름 미군함의 남한 기항 및 한미 간의 항구 시설 이용 논의 등 한국 해군의 공격 의지와 관련이 있다고 주장했으나,[560] 보다 중요한 것은 계속된 월북 사태에 대한 남한의 적개심과 보복 의지였다.

9월 22일 1,900톤급 전 미해군함정 킴볼스미스(USS Kimball Smith) 호가 월북했다. 선장 안관제(安寬劑)의 지휘하에 58명이 북한 남포항에 입항했는데,[561] 이 배는 미국이 남한에 제공한 초계정 중 가장 좋은 함정이었다. 북한은 대대적으로 환영대회를 개최했고, 전체 승무원 58명에게 꽃다발을 증정했다.[562] 납치범들은 배를 나포한 순간부터 남포항에 입항할 때까지의 전 과정을 사진에 담았다. 배가 38선을 월경하자 선상 반란자들은 "We're Free"라고 영어로 외치며 북한 인공기를 들고 사진을 찍었다. 갑판 위에서 이를 드러낸 채 활짝 웃고 있는 납치범들의 사진이 송환되는 미군 고문 편에 전달되었다.[563] 이 배에는 알프레드 메슈터(Alfred Meschter)와 알버트 윌리스(Albert Willis)라는 2명의 미국인 고문이 타고 있었다. 북한 내무상 박일우는 미국이

---

557) 백선엽, 앞의 책, 203~204쪽.
558) 홍은혜 엮음(1990), 『손원일제독 회고록: 우리들은 이 바다 위해』, 가인기획, 147쪽.
559) 「Alusna-CNO」(1949. 8. 23)(220620Z).
560) 존 메릴 지음·신성환 옮김(1988), 앞의 책, 277쪽.
561) 조선중앙통신사, 『해방후10년일지』, 83~85쪽.
562) 킴볼스미스 호의 입항부터 환영대회까지의 모든 일정은 북한 국립영화촬영소가 제작한 영화필름 『조선시보』 제21호에 담겼다. 이 필름은 한국전쟁기 미군에 노획되었다〔「의거 입북한 함선 스미스 호(1949. 5. 20~25)」, MID 5238, NARA〕.
563) RG 319, ID file no.624215, "S. S. Kimball E. Smith"(1949. 12. 14), OSI District 8, Seoul(1949. 12. 14), Donald Nichols.

□ 그림 III-14 **북한 인공기를 든 킴볼스미스 호 선원들(1949. 9)**

ⓒ NARA

요청하면 이들을 석방하겠다고 방송 대담에서 밝혔고,[564] 미국이 이를 환영함으로써 이들은 12월 11일 여현에서 석방되었다.[565]

잇따른 월북 사건은 성시백의 이른바 연달아 때리기 방식의 공작 전술에서 비롯된 것이었다. 5월의 2개 대대 월북과 마찬가지로, 해군 함정들을 연달아 월북시킴으로 남한군부에 큰 타격을 준다는 계획이었다.[566] 1950년 3월에도 비행기 2대 월북과 해군 소함정 강철호 월북 사건이 동시에 일어났다.

해군의 월북 사태에 대한 대응은 가장 적나라하고 직접적인 방식으로 이루어졌다. 몽금포를 습격했던 해군은, 킴볼스미스 호의 월북에도 똑같이 대응

---

564) KMAG, *G-2 Periodic Report*, no.215(1949. 11. 17).
565) *Joint Weeka*, no.25(1949. 12. 2), no.26(1949. 12. 9); no.27(1949. 12. 16); KMAG, *G-2 Periodic Report*, no.187(1949. 9. 26); FEC, *Intelligence Summary*(1949. 9. 26).
566) 유영구, 앞의 책, 80~82쪽.

했다. 해군은 10월 30일 북한 진남포항의 새별호 납치공작을 벌여, 새별호와 관련자들을 월남시키는 데 성공했다.[567]

결국, 9월 공세가 표면적으로 드러난 것은 아성공격으로 대표되는 남한 빨치산 활동의 강화였지만, 이와 동시에 남한 육·해·공군의 와해를 위한 월북공작, 북한의 유격대 남파 등이 진행되었다. 그리고 북한군은 이미 남한의 7월 공세에 대비해 병력을 38선에 집중하고, 방어 계획에 따라 경계 태세를 강화하고 있었다. 이러한 일련의 모습은 1949년 9월에 소련의 허가를 제외하고는 전쟁 발발의 충분한 징후가 존재했음을 일깨워준다.

4. 은파산전투(옹진 3차 충돌)와 연대급 38선 충돌의 종식

1949년 38선상에서 벌어진 남북한의 마지막 연대급 충돌은 옹진반도의 은파산에서 발생했다. 은파산은 38선 이북 850m 지점에 위치하고 있으며, 주봉 283고지와 267고지로 연결된 동서 약 2km에 걸친 산덩어리였다. 북쪽은 험준한 벼랑 같은 지형이나 남쪽에는 3개의 능선이 흐르고 삼각고지(181고지) 등이 그 뒤를 받치고 있었다. 은파산은 옹진-해주 간 주요 도로·철도를 지배하는 감제고지였다. 은파산을 빼앗긴 북한은 해주까지 위협받을지 모른다고 우려했다.

6월 24일의 점령 이래 한국군은 은파산 능선에 18연대 제4, 8중대를 병렬로 배치하고 남쪽의 삼각고지에 제5중대를 배치하여 종심(縱深)으로 진지를 형성했다. 특히 북쪽 정면에는 기습에 대비하여 지뢰를 매설하고, 밀도 높은 화망을 구성해 방어에 만전을 기했다.[568]

---

567) KMAG, *G-2 Periodic Report*, no. 226(1949. 12. 8).
568) 佐佐木春隆, 앞의 책, 456쪽. 1949년 8월 9일 현재 옹진의 한국군 배치 상황은 18연대 본부·3대대(동

은파산전투의 발화는 빼앗긴 고지를 되찾기 위한 북한측의 공세로 시작되었다. 존 메릴에 따르면, 10월 초 북한이 확성기를 통해 남한측에 은파산 정상에서 철수할 것을 경고하면서 옹진반도에서의 전투가 재개되었다. 남한군의 지휘관이 확성기를 부수기 위해 박격포로 공격을 시작하자, 북한도 대대적 포격으로 응수했다. 10월 14일 06:30분에 38경비대 제2, 제6, 포병 1개 대대가 은파산에 포격 500발을 가하며 공격을 개시했다.[569] 은파산 정면에는 지뢰가 매설되었기에 북한군은 은파산 후방 삼각고지를 주공격 대상으로 삼았다.[570] 10월 16~17일 북한군이 은파산을 탈환했으나[571] 10월 말까지 포격전은 계속되었다. 북한은 은파산에 경비3여단의 제3대대를 주둔시켰다.[572]

은파산전투는 아주 격렬했는데, 북한측 주장에 따르면, 한국군은 2개 대대 이상의 병력으로 10월 18일까지 32차례에 걸쳐 은파산을 공격했으나 1,200명 이상의 사상자를 냈다.[573] 주한미대사관의 1949년 10월 한국정치 보고서에는 10월 14일 북한군이 남한군이 점령하는 38선 이북의 고지를 탈환하기 위해 공격을 개시했으며, 10월 16일 남한군이 은파산을 재탈환했다고 적혀 있다.[574]

은파산이 6월 24일부터 4개월 가량 남한에 점령되었던 사실은 북한으로

곡), 12연대 1대대(가천-은파산), 18연대 1대대(은파산-해주만), 18연대 4대대(옹진읍)로 나타나 있다 (「USMILAT-DA」(1949. 8. 9)(US ILAT 32)].
569) 「Chief KMAG-DA」(1949. 10. 21)(ROB508), 『KMAG 전문철』; 사사키 책에는 15:00시에 포격을 개시한 것으로 되어 있다(佐佐木春隆, 앞의 책, 456쪽).
570) 『한국전쟁사 1: 해방과 건군』, 519쪽.
571) *Joint Weeka*, no.19(1949. 10. 21); KMAG, *G-2 Periodic Report*, no.198(1949. 10. 17); no.199(1949. 10. 18); no.200(1949. 10. 19).
572) RG 319, ID file no.653171, Donald Nichols, OSI District #8, Seoul, no.54-12C-137-1, Subject: Interrogation of deserter from 7th Company, 3rd Battalion, 3rd Border Constabulary Guard Brigade at Unpasan(1949. 11. 3).
573) 『혁명의 위대한 수령 김일성동지께서 령도하신 조선인민의 정의의 조국해방전쟁사 I』, 사회과학출판사(구월서방 번각판), 1972, 62쪽.
574) RG 319, ID file no.611428, KMAG, *G-2 Operations Report*(1949. 10. 22), pp. 22~23; Subject: Summary of Political Affairs of the Republic of Korea, October 1949(1949. 11. 7).

선 수치스러운 경험이었을 것이다. 1950년대 북한에서 간행된 모든 책자에는 "10월 14일 수도사단 2연대 1·2대대 1천여 명이 38 이북 황해도 벽성군 은파산 점령하고 추수농민들을 사격" 했다고 기록하고 있을 뿐, 정작 6월 24일부터 은파산이 남한의 수중에 있었던 사실은 배제되었다.[575] 지금까지의 문헌 검토 결과에 따르면, 은파산이 1949년 6월부터 10월 14일까지 남한의 수중에 있었다고 쓴 유일한 사례는 『력사사전』의 「은파산전투」 항목뿐이다.[576]

북한은 남한의 은파산 점령을 북한 주민에게까지 감출 정도로 치욕스럽게 생각했으나, 은파산을 되찾은 뒤 자신감을 회복한 듯했다. 북한 내각 기관지인 『민주조선』은 10월 16일 은파산 4호 고지에서 남한군 2개 중대의 포 사격을 동반한 공격을 1개 소대의 병력으로 10여 시간 만에 막아낸 계운협 상사의 이야기를 장황하게 소개했고,[577] 1950년초 북한 내무성 극단은 '은파산'이라는 제목의 연극을 만들어 전투의지를 다질 정도였다.[578] 북한의 여성잡지도 은파산 경비대원들의 뒷바라지를 한 '38선 경비대 어머니' 이야기를 보도하기도 했다.[579]

김일성 역시 1950년 3월 내무성 경비대 군관회의에서 1949년 초부터 남한이 38선 전역에서 무장 침공했다고 하면서, 구체적으로 고산봉, 송악산, 은파산, 국사봉을 지적할 정도로 은파산을 강조했다.[580]

한국군측에서는 은파산을 빼앗긴 이유가, 첫째 북한군이 2배의 병력·장비와 82mm 박격포 등 포 화력이 우세했고, 둘째 은파산의 한국군이 유개호

---

575) 조선중앙통신사(1952), 『조선중앙연감(1951~1952)』, 1953, 도쿄 東方書林 麟刻板, 338~339쪽; 조선중앙통신사, 『해방후10년일지』, 83~85쪽.
576) 사회과학원 력사연구소(1972), 『력사사전』 2, 사회과학출판사, 1312쪽.
577) 「38선 이북을 침범한 인민의 원쑤를 소탕하는 투쟁에서, 38경비대 계운협상사」, 『민주조선』 1949. 11. 1.
578) 「연극 '은파산'을 보고 일군들과 한 담화(1950년 2월 27일)」, 『김일성전집 11』, 조선로동당출판사, 1995, 147~150쪽.
579) RG 242, SA 2005-2-24, n .5, 「38선 경비대 어머니 리고명녀사」, 『조선녀성』 1950년 5월호, 24~25쪽.
580) 「현정세와 경비대의 과업(1950. 3. 14)」, 『김일성전집 11』, 조선로동당출판사, 1995, 230쪽.

□ 그림 Ⅲ-15 **계운협**

ⓒ NARA

(有蓋壺)가 아닌 개인호만 구축함으로써 강력한 방어 진지를 구축하지 못했기 때문이라고 지적했다.

보다 중요한 것은 은파산전투를 둘러싼, 한국 주둔 미·소 양 고문단의 입장이었다. 은파산전투시 한국군은 가장 강력한 공격무기인 105mm 곡사포를 활용할 수 없었는데, 이는 주한미군사고문관들이 포 조준경을 내주지 않았을뿐더러 지원을 거부했기 때문이다. 이들은 38선 이북에 있는 고지를 빼앗을 이유가 없으며, 은파산을 확보하면 방어상 이점은 있겠지만, 심각한 전쟁으로 발전할 우려가 있다고 반대 이유를 제기했다.[581]

동일한 시점에 소련 역시 북한군이 38선에서 공격을 개시하는 데 대해 분명한 반대 입장을 표시했다. 은파산전투 발발을 인지한 바실리예프스키 국방장관과 그로미코 외무차관은 공동서명으로 슈티코프의 본국 지침 수행 여부에 대한 심의를 제안하는 문서를 작성해 소련공산당 중앙위원회 정치국에 제출했다. 이에 근거해 정치국은 10월 27일 슈티코프에게 경고 서한을 보냈다.[582] 바실리예프스키와 그로미코의 문서는 소련공산당의 우려를 담고 있는데, 가장 큰 문제로 슈티코프가 첫째, 소련 중앙의 허가 없이 북한의 대남공격 행동을 추천했으며, 둘째, 38선 충돌과 관련된 모든 사건 혹은 계획에 대해 곧바로 외무성에 보고해야 했으나 보고를 지체했다는 사실을 들었다. 구체적으

---

581) 『한국전쟁사 1: 해방과 건군』, 519~520쪽.
582) 「소련공산당중앙위정치국」→슈티코프」(1949. 10. 26), 『소련 외교문서』 3권, 54쪽; 「한국전 문서 요약」, 18쪽.

□ 표 Ⅲ-21 **1949년 남북한군의 화력 비교**

무기 \ 구분	북한군	한국군
박격포	120mm 박격포(사정 5,997m)	81mm 박격포(사정 3,007m)
	82mm 박격포(사정 3,034m)	60mm 박격포(사정 1,080m)
소 총	7.62mm 기관단총(72발 장전)	M1소총(8발 장전)

※ 출전 佐佐木春隆 저·姜昶求 역(1977), 『韓國戰秘史』 上, 병학사, 458쪽.

로, 슈티코프가 북한 38 경비 제3여단의 대규모 공격 준비를 보고하지 않았을 뿐더러 여기에 소련군의 참여를 사실상 허락한 점, 10월 14일의 은파산전투 발발을 10월 20일에야 보고했고, 외무성은 10월 18일에야 다른 선을 통해 보고 받은 사실을 들었다.

변명과 해명을 담은 슈티코프의 11월 1일자 보고는 은파산전투 및 북한군 운영에 미친 소련의 영향에 대해 흥미로운 내용을 담고 있었다.[583] 먼저 슈티코프는 자신이 직접 은파산전투 기획에 참가했음을 밝혔다. 슈티코프는 10월 11일 내무성 자문회의에서 보자긴 대령으로부터 "내무상 박일우의 지령에 따라 제3경비여단의 지휘관(최현)은 남한이 38선 북쪽에 차지하고 있는 두 고지 중의 하나를 탈취할 준비를 하고 있다"는 통보를 받았다고 밝혔다.

남한이 점령하고 있는 38선 이북의 두 고지는 은파산의 두 봉우리인 283고지와 267고지를 지칭하는 것일 텐데, 그렇다면 슈티코프는 10월 11일 내무성 '자문회의'에서 은파산 공격을 인지했고, 내무성 고문이던 보자긴 대령은 그 이전에 은파산 공격 준비 상황을 인지했음을 알 수 있다. 우리가 주목할 점은 소련대사관·소련군사고문단이 북한정부와 '자문회의'를 개최했다는 사실이며, 대사 차원에서 문제가 논의되었다는 사실이다. 슈티코프가 단순한 '대사' 차원이 아니라, 내정에 대한 개입과 조선노동당에 대한 소련공산당의 당적 '교시'를 전달하는 역할까지 했을 것으로 추정할 수도 있다.

---

583) 「한국전문서요약」, 10쪽; 「슈티코프→소련외무성」(1949. 11. 1), 『소련 외교문서』 3권, 54~55쪽.

이날 회의에서 슈티코프는 보자긴에게 이 고지들이 정말 38선 이북 지역이며 38선 방어를 위해 중요한지의 여부를 물었고, 보자긴 대령은 은파산이 38선 이북 1.5km에 위치하며 38선 이북 방어상 중요하다고 답변했다. 슈티코프는 이 문제를 재검토하고 북한 주재 소련군사고문단장인 스미르노프 장군과 상의한 뒤 보고하라고 지시했다. 10월 13일 보자긴은 스미르노프와 상의한 결과, 스미르노프 역시 은파산이 38선 이북의 상당 지역과 교통로에 대한 감제고지이며, 38선 이북에 위치하고 있다는 이유로 은파산 탈환에 찬성했다고 전했다. 덧붙여 보자긴은 북한이 10월에 은파산을 탈환하지 못하면 38경비 제3여단이 겨울에 우측 전선의 38 경비 제1여단과 관계를 유지하는 데 어려움이 있을 것이라는 견해를 피력했다. 이런 경과를 설명한 뒤 슈티코프는 자신의 잘못이, 첫째 은파산 작전이 제한적이고 국지적 특성을 지녔다고 본 점, 둘째 작전 실행을 중단시킨 채 소련에 보고하고 필요한 명령을 받았어야 하는데 그러지 못한 점, 셋째 은파산전투에 대해 뒤늦게 보고한 점(1949. 10. 18)뿐이라고 주장했다. 슈티코프는 자신이 북한의 대남 적극 공격에 대해 어떠한 조언을 한 적이 없다고 주장했지만, 분명 슈티코프는 북한측과 은파산전투에 대해 심도 있게 협의했음이 분명하다.[584]

슈티코프의 보고를 받은 그로미코는 11월 3일 즉각적으로 슈티코프에게 소련공산당 중앙위원회 정치국의 지침을 재차 하달했다.[585] 그로미코가 전한 지침은 첫째 슈티코프의 해명이 불만족스럽다, 둘째 38선상에서 어떤 군사 활동도 허용하지 말라는 중앙의 지침을 강력히 이행하라, 셋째 모스크바에서 슈티코프에 대한 징계 문제가 거론되었다는 내용이다. 여기서 그로미코가 언급한, '38선상에서 어떤 군사적 충돌도 허용하지 말라는 중앙의 지침'은 소련공

---

584) 한편 주한미군사고문단에 따르면, 슈티코프가 10월 13일 해주에 도착하여 옹진을 조사했다는 F-6등급의 정보보고가 접수된 바 있다(KMAG, *G-2 Periodic Reprt*, no.205(1949. 10. 28)).
585) 「한국전 문서 요약」, 19쪽.

산당 중앙위원회 정치국이 9월 24일에 결정한, 북한의 국지전·전면전 승인요청에 대한 불허 방침을 의미하는 것이었다. 소련공산당은 북한의 은파산 탈환 작전을, 김일성이 주장했던 옹진반도 부분 점령 계획의 일환으로 받아들였을 가능성이 농후했다.

현지 사정에 정통하고 현지에 동화되기 쉬웠던 슈티코프는 방어를 위한 은파산 탈환이라는 북한 지도부의 주장과 설명에 경도되었지만, 구체적인 상황에 어두웠을뿐더러 원칙과 결정을 중시하던 모스크바는 김일성과 슈티코프의 명령 준수 여부에 중점을 두었던 것이다. 여하튼 은파산전투 이후 슈티코프는 10월 27일과 11월 3일에 이어 11월 20일 다시 그로미코로부터 명령 불이행에 대한 문책 서한을 받아야 했다.[586]

결국 은파산전투는 미소 양측의 제어 조치로 더 이상의 확전이 되지 않은 채, 남북한이 각각 38선을 경계로 자기들의 원래 고지를 점령함으로써 종결되었다. 은파산전투 이후 1950년 한국전쟁 발발시까지 38선에는 대대·연대급 기동을 포함한 충돌은 더 이상 발생하지 않았다.

은파산전투 이후 남한의 가장 큰 변화는 지휘부의 교체와 게릴라 토벌이었다. 1949년 38선 충돌의 주역이자 가장 호전적인 북벌론자였던 채병덕과 김석원이 10월 3일 면직과 동시에 예비역으로 편입되었다. 김석원은 1949년 1월부터 제1여단(곧바로 제1사단으로 승격)을 담당했고, 채병덕은 이응준이 강태무·표무원 부대 월북 사건으로 사퇴한 뒤인 1949년 5월 초부터 육군총참모장을 맡았다. 김석원은 5월 4일 송악산 292고지전투, 7월 24일 송악산 488고지전투를 발화시키는 등 38선에서의 충돌 격화에 큰 역할을 했고, 육군총참모장 채병덕 역시 옹진반도 병력 증강과 호전적 북진 발언 등으로 이에 화답했다. 두 사람은 북벌이라는 공통점을 지녔지만 인간적으로는 서로를 혐오했으며, 정치적으로는 이승만의 총애를 둘러싸고 대립했다. 이승만은 채병덕을 혐

---

586) 「그로미코→슈티코프」(1949. 11. 20), 『소련 외교문서』 3권, 57쪽.

오하는 반면 김석원을 선호했는데,[587] 채병덕이 면직되자 주한미대사관은 그가 대통령의 미움을 사 면직되었다고 판단할 정도였다.[588] 같은 정보통은 대통령의 총애를 받던 김석원이 면직된 것은 38선 밀수 및 약탈 행위(남북교역사건)에 관련되었기 때문이고, 그의 부정 행위가 이승만과의 사이를 소원하게 만들었을 것이라고 분석했다. 북한은 채병덕·김석원이 면직된 후 영친왕 이은(李垠)이 육군총참모장에 기용될 가능성이 있다는 분석을 내놓기도 했다.[589]

이승만은 여전히 북한에 대한 공격 가능성에 목청을 돋우었지만, 국제 정세와 남북한 군사력은 더 이상 이승만의 북진 열망을 충족시켜줄 수 없는 상태였다. 주한미대사 무초 역시, 개성이나 옹진에서 또 한번의 실제 공격과 같은 긴장의 순간이 온다면 이승만이 이성을 잃을 위험이 있지만, 적어도 공개적으로 북진하지는 않을 것이라는 자신감을 비쳤다.[590]

은파산전투 이후 한국군은 38선에서 남한 내부의 게릴라 소탕으로 초점을 이동했다.[591] 공간된 모든 한국전쟁사가 공통적으로 지적하듯이, 38선의 충돌이 잦아들면서 남한은 후방의 게릴라 토벌에 중점을 두었고, 동계토벌로 게릴라들의 세력을 결정적으로 약화시키는 데 성공했다. 만약 이 시기에 한국군이 남한 내부의 게릴라 소탕에 성공하지 못했다면 한국전쟁사는 새롭게 씌어졌을 것이다.

은파산전투를 전후해 북한은 기본적으로 군사력 강화에 집중했다. 조선인민군의 신속한 이동, 만주에서 돌아온 병사들의 배치, 소련에서 청진으로 들

---

587) *Joint Weeka*, no.22(1949. 1. 12).
588) 「USMILAT-DA」(1949. 10. 5)(Army Attache 38), 『KMAG 전문철』.
589) 白惠鳳(1950), 「李王의 後裔까지 끌어들이려는 李承晩徒黨」, 『태풍』 1호. 영친왕은 2차 대전 중 일본 육군중장으로 우즈노미야(宇都宮) 사단장, 항공총감 등을 역임했다. 북한은 10월 25일 신성모가 일본을 방문한 뒤, 11월 10일 도쿄 UP통신이 영친왕의 육군총참모장 취임 수락을 보도했다고 주장했다.
590) 895.00file, box 946, 「무초가 버터워스에게 보낸 1949년 11월 1일자 전문」〔Bruce Cumings(1990), 앞의 책, pp. 397~398〕.
591) 「Chief KMAG(Roberts)-DA」(1949. 9. 30)(ROB427), 『KMAG 전문철』.

어오는 중무기들의 이동, 38선으로 탱크 이동, 전선 지역에서의 민간인 소개 등에 관한 정보보고들이 넘쳐났는데, 그 대부분은 9월 말에서 10월 초에 일어난 일이었다.[592] 이런 측면에서 은파산전투는 9월 24일 소련공산당 중앙위원회 정치국 결정이 지적한, 북한 병력 증가·무장 강화 및 남한 내 빨치산 활동의 강화라는 두 가지 과제의 실행 과정에서 볼 때는 부분적인 일탈이었다. 그러나 북한은 은파산전투를 제외하고는 소련공산당 중앙위원회 정치국의 결정을 충실하게 이행해 38선에는 고요가 깃들었다.

---

592) KMAG, *G-2 Periodic Reports*, no.198(1949. 10. 14~17); no.200(1949. 10. 18~20); no.201(1949. 10. 20~21); no.203(1949. 10. 24~25); no.204(1949. 10. 25~27); no.205(1949. 10.27~28).

소규모 충돌의 지속과 북한의 공격형 군사력 완비

1949. 11~1950. 6

5

1. 정찰 과정에서의 소규모 충돌 지속

고요가 깃든 38선

1949년 38선 충돌의 마지막 돌출 사건은 1949년 12월 중순 백인엽이 지휘하는 옹진 17연대의 은파산 기습작전이었다. 17연대는 1949년 11월 15일 옹진에 배치되었다.[593] 백인엽의 주장에 따르면, 옹진에 파견된 2개 대대의 저하된 사기를 북돋우기 위해 은파산 공격을 계획했다. 백인엽은 '고위 장교'와 함께 계획을 검토한 뒤 '상사의 묵인'을 얻어 1개 대대로 은파산을 공격해 정상을 탈환했다는 것이다. 나아가 백인엽은 북한군이 반격하기 전에 은파산에서 철수해, 오히려 북한의 1개 대대가 17연대 7중대의 매복에 걸려 까치산에서 참패를 당했다고 주장했다.[594] 한편 『한국전쟁사』(구판) 2권은 다음과 같이 서술

---

593) 국방부 전사편찬위원회(1968), 『한국전쟁사』 제2권(북한괴뢰군의 남침 1950. 6. 25~7. 31), 90쪽.

하고 있다.

> 1949년 12월 중순에 적의 38경비여단 소속의 1개 대대가 아 제17연대 제7중대(중대장 조경학 중위)에 의하여 **鵲山 정면의 132고지에서 기습공격**을 받고 3시간에 걸친 전투 끝에 전멸당한 사실이 있었다. (……)
> 당시 제17연대는 11월 15일에 옹진에 이동하여 적과 대치하던 중 연대장 백인엽 대령은 제2연대가 피탈당하였던 **은파산을 제1대대가 공격하여 돌高地를 탈환**하여 다대한 전과를 얻은 바 있었고, 또한 연대의 사기를 계속 유지하기 위하여 연대장은 **鵲山에 배치된 제7중대로 하여금 적진 기습을 감행**케 하였던 것이다(我 피해: 전사 10명, 부상 30명).(강조는 인용자)[595]

즉 12월 중순 17연대 1대대가 은파산 돌고지를 탈환했고, 작산(까치산) 7중대는 132고지의 적진을 기습했다는 것이다. 양영조가 지적하고 있듯이, 당시 자료에는 은파산전투에 관한 언급이 전혀 없으며, 매복공격을 담당했다는 17연대 7중대장 조경학의 증언에도 그런 얘기가 나오지 않으므로, 이 전투에 대해서 의문이 있었다.[596] 그런데 백선엽은 옹진반도에서 1949년 5월, 8월, 10월, 12월 4차례 전투가 벌어졌다고 썼으며,[597] 커밍스는 이것이 인민군 70명, 남한군 5명이 전사한 12월 9~10일의 전투일 것이라고 추정했다.[598]

양영조가 지적하듯, 커밍스가 추정한 것은 은파산전투가 아닌 까치산전투였지만, 사실 관계에서는 커밍스의 추정이 정확한 것으로 판단된다. 왜냐하면

---

594) 佐佐木春隆, 앞의 책, 상권, 460~461쪽;「백인엽인터뷰」(1978. 5. 18, 인천)〔존 메릴(1988), 앞의 책, 277쪽〕.
595) 국방부 전사편찬위원회(1968), 앞의 책, 2권, 90쪽.
596) 양영조(1998), 앞의 논문, 159쪽; 양영조(1999),『한국전쟁 이전 38도선 충돌』, 국방군사연구소, 207~208쪽.
597) 白善燁(1988),『白善燁回想錄: 韓國戰爭一千日』, Japan Military Review, 47쪽.
598) Bruce Cumings(1990), 앞의 책, p. 397에서 재인용.

백인엽의 17연대가 은파산을 공격했는지의 여부만 제외하면, 나머지 상황이 정합적으로 일치하기 때문이다. 백인엽은 사사키·메릴 등과의 인터뷰에서 북한군을 섬멸한 곳은 은파산이 아닌 까치산으로, 매복 공격을 담당한 것은 7중대이며, 전과는 북한군 1개 중대 섬멸, 아군 전사 10명, 부상 30명이라고 했다.

그런데 주한미군사고문단 정보보고에 따르면, 1949년 12월 9일 23:00시부터 10일 04:30분까지 17연대 G중대, 즉 7중대가 까치산에서 북한군 2개 중대와 교전을 벌여 적 사살 79명, 반기관총 22정 노획의 전과를 거두었고, 아군 피해는 전사 5명, 부상 17명이라는 기록이 있다.[599] 북한군의 손실 규모는 10월의 은파산전투 이래 38선 충돌로는 최고였으며, 이후 1950년 한국전쟁 발발시까지도 마찬가지였다. 작전 보고가 이상하게도 10여 일이나 지체되어 주한미군사고문단과 육군본부에 접수된 점을 제외하고는 백인엽의 증언과 일치하는 기록이다. 여하튼 12월 9~10일 옹진 주둔 17연대 1개 대대는 은파산을 공격했고, 까치산에서 북한군 1개 중대 이상을 사살하는 전과를 거두었다. 그러나 이 은파산전투는 매우 돌출적인 것이었고, 10월 은파산전투 이후 1950년 5월 초까지 38선은 고요했다.

적어도 한국전쟁 발발 이전까지 중대급 이상에서 전개된 38선 충돌은 없었다. 당시 북한의 자료들도 모두 1950년 5월 초까지 38선상의 충돌은 거의 없었다고 기록하고 있다. 주한미군사고문단에 38선 충돌에 관한 보고들이 계속되었지만, 대부분 정찰 과정에서의 소규모 충돌이었다.[600] 주한미군사고문단 정보보고에 따르면, 1950년 3월부터 38선 분쟁이 재개되었고, 5월 5일부터 6월 16일 사이에 주당 평균 약 14건의 충돌이 있었다.[601] 그러나 주한미군

---

599) *Joint Weeka*, no.28(1949. 12. 23); KMAG, *G-2 Periodic Report*, no.234(1949. 12. 22);「Chief KMAG-DA」(1949. 12. 23)〔ROB740〕, KMAG, Operations Summary no.26(1949. 12. 16~12. 23), 『KMAG 전문철』.
600) 주한미군사고문단은 한동안 소강상태를 보이던 38선 충돌이 수치상 급증하는 모습을 보인 이유는 날씨가 따뜻해졌기 때문이라고 분석했다〔*Joint Weeka*, no.10(1950. 3. 10)〕.

□ 표 III-22 **38선 충돌(1949. 1~1950. 6) 현황 II: 월별**

	1949년											
	1월	2월	3월	4월	5월	6월	7월	8월	9월	10월	11월	12월
횟수	9	30	34	41	29	18	119	83	94	42	41	60
	1950년											
	1월		2월		3월		4월		5월		6월	
횟수	31		18		70		41		52		46	

※ 출전 *Joint Weeka*, 1949. 1~1950. 6.

사고문단의 분석에 따르면, 충돌 횟수의 증가에도 불구하고 심각한 경우는 없었다.[602]

1949년 1월 이래 1950년 6월 전쟁 발발 직전까지 38선 충돌 현황을 월별로 정리하면 〈표 III-22〉와 같고 이를 월별 그래프로 표시하면 〈그래프 III-4〉와 같다.

〈그래프 III-4〉에서 알 수 있듯이, 38선 충돌은 1949년 7~9월에 최정점에 도달했다 다시 40~60회 수준으로 잦아들었고, 1950년 초에는 급격히 하락했다. 이와 관련해 한국 경찰이 작성한 1949년도 38선 충돌 통계가 있다. 이 통계는 북한의 침공 횟수와 동원 병력 수뿐만 아니라 1949년 간 38선 충돌 총 건수를 1,963건으로 계산할 정도로 과장된 것이지만, 그만큼 1949년의 38선 충돌이 격화되었음을 보여준다.[603]

1950년 봄 무렵이 되면서 충돌은 조금씩 격화되었지만, 1949년의 충돌 수준을 넘지는 않았다. 1950년 1~3월의 충돌 건수는 총 100여 건으로, 이는 1949년 1~3월의 충돌 건수와 거의 같았다.

---

601) G-3 Operations file, box 121, 「로버츠가 Bolte에게 보낸 1950년 3월 8일자 전문」; G-3 Operation Reports nos. 46-50(1950. 5. 5~6. 16)[Bruce Cumings(1990), 앞의 책, pp. 448~449에서 재인용].
602) 1949년 이래 한국전쟁 발발까지 주별 38선 충돌은 이 책의 「부록」〈별표 3〉을 참조.
603) RG 319, ID file no.663575, Subject: Statistical Summation of Incidents Occurring Along the 38th parallel During the Year 1949(1950. 3. 20). 이 통계는 이 책의 「부록」〈별표 6·7〉에 첨부되어 있다.

□ 그래프 III-4 **38선 충돌(1949. 1~1950. 6) 현황 II: 월별**

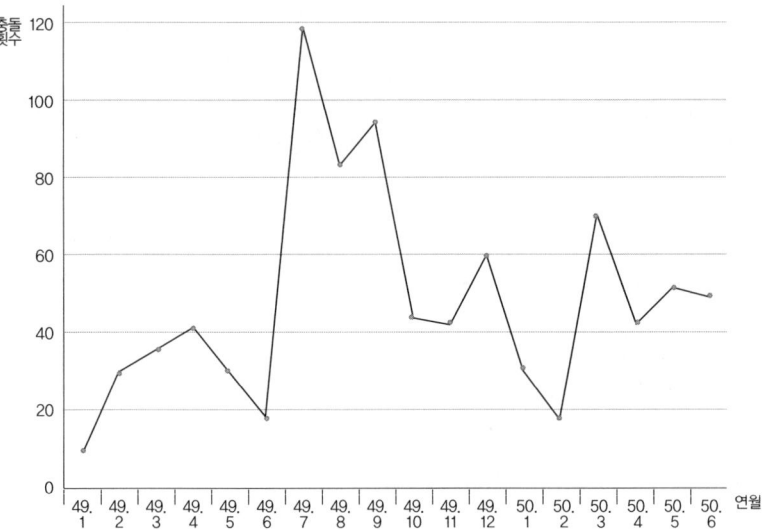

문제는 1950년 5월(52회), 6월(46회)에 접어들어 1949년 5월(29회), 6월(18회)보다 두 배 가량 많은 충돌 건수가 발생했다는 점이다. 이렇게 격화된 상황은 1949년의 경우처럼 7월에 대폭발을 일으킬 수 있었다. 그렇지만 1949년과 1950년의 38선 충돌에는 매우 중요한 차이가 있었다. 1949년의 38선 충돌은 연대급이 동원된 대규모 무력 충돌이었던 반면, 한국전쟁 이전 1950년의 38선 충돌은 대부분 소규모 정찰 과정에서의 충돌과 총격전 수준에 그쳤다는 사실이다. 즉 횟수는 두 배로 폭증한 것처럼 보였지만, 실제로는 1949년보다 평온하고 긴장감이 떨어지는 상황이었다.

1950년의 38선 충돌 문제는 기존 북한의 전사류에서는 다루어지지 않았다. 북한이 간행한 가장 고전적인 한국전쟁사인 『조선인민의 정의의 조국해방전쟁사』에서는 1950년의 38선 충돌 문제가 다루어지지 않았다.[604] 그런데 1990년대 이후 쓰여진 북한의 전사류는 1950년의 38선 충돌을 강조하기 시작했다.[605] 이에 따르면, 1950년 1월부터 6월 24일까지 남한은 1,147회의 '무장 도발'을 일으켰는데, 이는 1949년 상반기보다 많으며, 1948년 상반기의 2.5배에 달하는 것이었다고 주장했다.[606] 그렇지만 앞에서 살펴본 것처럼, 1,147회는 믿기 어려운 수치이다. 왜냐하면 이는 1950년 상반기 6개월 동안 매달 200건의 38선 충돌이 발생했다는 주장인데, 이는 불가능한 일이다. 또한 주한미군사고문단의 통계는 해당 기간 38선 충돌 횟수를 258회로 기록하고 있는데, 이것과는 4.5배나 차이가 난다. 아마도 이런 서술은 1950년의 38선이 남한의 도발에 의한 '전시 상태'였음을 강조하기 위해서라고 보인다.

현재 남북한 간에 1949~50년의 38선 충돌 횟수 및 주도자에 대한 입장은 완전 상반되어 있다. 자료상 한국측 자료는 남아 있지 않고, 주한미군·주한미군사고문단·주한미대사관 무관부의 자료 등이 38선 충돌을 증거하고 있다. 북한측 자료 역시 현재 공개되거나 남아 있는 것은 없다. 다만 북한 노획문서 중에 1950년 3월 8일과 10일자 내무성 경비국 총참모부(부상 겸 경비국장 박훈일·총참모장 황성복)가 작성한 「(극비) 작전보고」가 남아 있다.[607] 「작전보고」 3월 8일자는 방선주에 의해 이미 소개된 바 있다.[608]

이 「(극비) 작전보고 No.66」(1950. 3. 8. 10:00, 평양에서)에 따르면, 1950년 3월 38선 충돌과 관련해 몇 가지 중요한 점들을 알 수 있다.

첫째, 내무성 경비국 총참모부가 매일 일보(日報)로서 38선 충돌에 관한 보

---

604) 과학원 력사연구소(1959), 『조선인민의 정의의 조국해방전쟁사』 전3권, 사회과학출판사.
605) 차준봉(1993), 앞의 책.
606) 차준봉(1993), 앞의 책, 110쪽.
607) ATIS가 작성한 목록에 따르면, 원래 이 문서들의 문서번호는 RG 242, SA 2009-9-69였다. 이는 1950년 8월 19일 한국군 1사단 13연대가 노획한 5쪽 분량이었다. 그렇지만 현재 이 문서는 SA 2009-9-69에 「(극비) 작전보고 No.66」(1950. 3. 8. 10:00, 평양에서)(3쪽), SA 2009-10-83~86 사이 「(극비) 작전보고 No.68」(1950. 3. 10. 10:00, 평양에서)(2쪽)로 나뉘어 있다. 누군가 열람 과정에서 문서를 뒤섞은 것으로 보인다.
608) 방선주(1986), 「鹵獲 北韓筆寫文書 解題 (1)」, 『아시아문화』 창간호, 한림대학 아시아문화연구소, 77~79쪽.

□ 그림 III-16 북한 내무성 경비국 총참모부 「극비」 작전보고 No.68

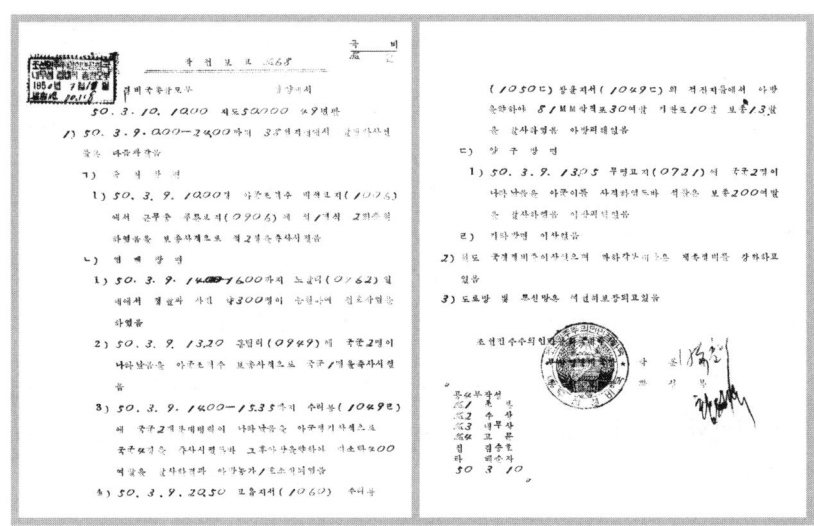

※ 출전 RG 242, SA 2009-9-69, 「극비」 작전보고 No.68(1950. 3. 10. 10:00, 평양에서).

고를 작성했다는 점을 알 수 있다. 현재 남아 있는 것은 1950년 3월 8일과 3월 10일 이틀분이지만, 적어도 내무성 경비국이 매일같이 보고서를 작성했음은 분명했다. 보고서가 언제부터 작성되었는지는 알 수 없지만, 최소한 38선 충돌이 격화되는 1949년 초반 이후 작성되었을 가능성이 높다.

둘째, 경비국의 「극비」 작전보고 No.66(1950. 3. 8)은 3월 7일 만 24간 동안 38선에서 발생한 사건들을 보고한 것인데, 38선 충돌 수치가 예상보다 많다는 것을 알 수 있다. 이날 보고된 충돌은 죽천에서 한국군 포격·총격 1건, 연백에서 한국군의 포격·총격 1건 및 북한경비대의 총격 1건·한국군 1명 월북, 한국군 월경에 의한 무장 충돌 1건(북한군 사망 1), 장풍 방면 한국군의 포격 1건, 양구 방면 한국군의 포격 1건, 양양 방면 북한군의 총격 1건(한국군 사망 1) 등 모두 7건의 충돌이 발생했으며, 한국군과 북한군이 각각 1명씩 사망했다. 「극비」 작전보고 No.68(1950. 3. 10. 10:00, 평양에서)은 죽천 방면에서 북한군 총격 1건(한국군 사망 2), 연백 방면에서 북한군 총격 2건(한국군 사망 5),

한국군의 포격·총격 1건, 양구 방면에서 북한군 총격 1건 등 5건의 38선 충돌이 보고되었다.

즉 「극비」작전보고」에 따르면, 하루에 발생한 충돌 건수가 5~7건이었으며, 사망자가 이틀 간 9명에 달했다. 이는 북한측 극비 내부자료이고, 1950년 현장에서 작성되었기 때문에 조작이나 과장이 없었다고 인정할 수 있다.[609] 이때 하루에 발생한 38선 충돌은 5건(남 1건, 북 4건)에서 7건(남 5건, 북 2건)이었다. 북한측 주장에 따르면, 1950년 1월부터 6월까지 한국측의 무장 침입 1,058건(지상 912건, 해상 67건, 공중 79건), 총포 사격 1,557건, 합계 2,617건이었는데,[610] 「극비」작전보고」에서 제시된 1일 5건 내지 7건을 모두 한국군의 공격이었다고 가정해도, 1950년 1~6월의 충돌 건수는 900~1,260건에 불과했다.[611] 북한의 자료를 신뢰한다 하더라도, 북한의 주장이 최소한 2배 이상 과장되었음을 알 수 있다. 나아가 「극비」작전보고」에서 제시된 12건 중 한국의 공격이 6건, 북한의 공격이 6건이었다는 점을 고려한다면, 1950년 1~6월 사소한 사건을 포함한 총 충돌 건수는 최대 450~630건에 달했을 수 있다. 즉 북한의 주장은 최소 4배 가량 과장되었을 가능성이 크다. 반면 1949년 1~10월 38선 충돌에 관한 미군의 통계는 563회였는데, 위의 경향성을 볼 때 이 수치가 더 신빙성이 있다고 할 수 있다.[612]

셋째, 경비국 보고에 주요하게 등장한 지역은 죽천 방면, 연백 방면, 장풍 방면, 양구 방면, 양양 방면이었는데, 죽천-연백-장풍의 38선 이남 대안은

---

609) 다만 북한군이 한국군을 하루에 7명이나 전사시켰다는 내용은 과장일 것이다. 북한군이 '저격'한 것은 사실이겠지만, '사망' 여부는 확인할 수 없기 때문이다. 또한 하루에 7명이 사망한 38선 충돌은 해당 일자 미군 정보보고서에 등장하지 않는다.
610) 허종호(1993), 앞의 책, 84쪽.
611) 5건×30일×6개월=900건, 7건×30일×6개월=1,260건.
612) RG 319, ID file no.630452, Annex #1 to Incl #2. "Statistic Table of North Korean Puppet Troops Invasions on South Korea, From 1 Jan. 1949 to 5 Oct. 1949," P&O 091 Korea T.S(17 Nov. 49) 11-29/900, F/W-18/2, Department of the Army, Plans & Operations Division, Records & Message Branch.

옹진-청단-개성으로 38선 충돌이 가장 격렬했던 지역이며, 양구의 38선 이남 대안은 춘천, 양양의 38선 이남 대안은 주문진으로 역시 38선 충돌이 격렬했던 지역임을 알 수 있다. 이들 지역에 경비여단의 감시가 집중되었음을 알 수 있다.

넷째, 이「(극비) 작전보고」는 모두 4부가 작성되었는데, 배부선이 No.1 초본, No.2 수상, No.3 내무상, No.4 고문으로 되어 있다. 즉 이 작전보고서를 배부받을 수 있는 자격이 수상 김일성, 내무상 박일우, 고문, 즉 소련군사고문 등 3명으로 제한되어 있었음을 알 수 있다. 소련군사고문은 아마도 가장 직위가 높은 총참모부 선임고문일 가능성이 높다.[613]

후술하듯이 한국전쟁의 개전 과정에서 북한은 5~6월부터 남한의 공격을 강조했다. 이후 북한의 간행물들은 1950년 5~6월 남한의 공격을 강조하고 있다. 즉 해당 시기 남한이 38선 이북에 대해 30여 회 공격, 9회 비행기 침입, 101회 포사격을 포함해 총 256회의 무장 도발을 했다고 주장하고 있다.[614] 앞에서 살펴본 것처럼 5~6월의 수치는 1~4월과 비교해서 큰 차이는 없었지만, 1949년보다는 증가된 수치였다. 다만 그 강도에서는 1949년보다 완화된 상태였다.

현재 이같은 소규모 충돌이 누가 주도적으로 공격해서 기인한 것인지를 정확히 알 수 없다. 1950년 상반기 충돌의 횟수가 증가한 것은 1949년도와 같이 한국군의 공세적 태도 때문일 가능성이 있지만, 앞의「(극비) 작전보고」에서 드러나듯이, 북한군 역시 38선 충돌의 절반 이상을 주도하고 있었다. 이 때문에 충돌의 주도자와 원인에 대해 정확한 수치를 제시하고 판단을 내리기는 불가능하다. 그렇지만 한국군의 공세보다 더욱 중요한 것은 북한군이 이러한

---

613) 1950년 1월 1일 현재 북한군에 파견된 소련군사고문단 중 최고직은 총참모부 선임고문이었다(안승환, 앞의 논문, 372쪽).
614) 차준봉, 앞의 책, 110~111쪽.

한국군의 공세적 태도를 적극적으로 희망하고 있었으며, 분명 이러한 충돌을 과장하고 횟수를 늘리려는 의도적 노력을 하고 있었다는 사실이다.

이 시점에서 조·중·소의 대남 전면공격이 결정되었고, 1949년 초 스탈린이 교시한 '도발받은 정의의 반공격전'은 본격적으로 작전 계획 수립단계에 돌입했다. 이와 때를 맞춰 북한은 돌연 한국을 침략자로 공격하는 대대적 선전작업을 개시했다.

1950년 5월: 북한의 38선 충돌 과장

1950년 1월부터 6월까지 북한의 언론매체들을 살펴보면 이상한 점을 발견할 수 있다. 1950년 1~4월까지 북한의 매체들은 38선 충돌 횟수와 관계없이 고요와 침묵을 유지했다. 그런데 갑자기 1950년 5월 초 들어 북한은 남한이 38선상에서 도발하기 시작했다는 보도를 쏟아놓기 시작했다. 남한이 38선에서 도발하기 시작했다는 보도는 『로동신문』 1950년 5월 7일자부터였다.[615] 나아가 5월 18일 내무상 박일우는 기자회견을 통해, 5월 7~10일 남한정부가 유엔한위를 초청해 한국군이 38연선에 집중되었고, 북한군을 공격할 준비 태세를 갖추었다고 설명했다고 비난했다.[616]

박일우의 기자회견은 두 가지 가능성을 내포한 것이었다. 첫번째 가능성은 1949년과 마찬가지로 유엔한위에 대한 북한측의 적대적인 태도를 재확인한 것으로 볼 수 있다. 당시 유엔한위는 군사감시반을 편성해 호주의 피치(F. S. B. Peach) 소령과 랜킨(R. J. Rankin) 등 군사감시반원들이 입국했는데, 북한은 이러한 조치가 38선상에서 남한의 군사공격을 정당화하고 합리화하는 도

---

615) 「남조선 괴뢰군 38선 이북지역을 향하여 다수의 포탄과 총탄을 발사」(평양 6일발 조선중앙통신), 『로동신문』 1950. 5. 7.
616) 『로동신문』 1950. 5. 19.

구로 악용될 가능성을 고려했을 것이다.[617]

보다 중요한 두번째 가능성은 한국전쟁 개전을 위한 북한의 명분 축적용 보도였을 가능성이다. 다음에서 살펴보겠지만, 김일성은 스탈린과 한국전쟁 개전에 관한 합의를 끝마치고 1950년 4월 25일 귀국했다. 조선로동당 기관지인 『로동신문』은 김일성이 모스크바를 방문하고 귀환한 직후인 1950년 5월 초부터 남한의 호전적 38선 침략을 대대적으로 보도했는데, 아마도 이는 한국전쟁 개전을 위한 정치 선전효과를 위해 준비되었을 가능성이 높다.

북한측 주장을 따른다 하더라도 1950년 봄부터 6월까지, 남한측은 적어도 1949년처럼 대규모로 포격하거나 38선 이북으로 밀고 올라가지는 않았다. 연대급 기동이 포함된 공격도 없었다. 북한측 자료를 100% 신뢰한다 하더라도, 남한은 총격·포격을 가했을 뿐 38선을 월경해 공격하지는 않았다. 1950년 5~6월 동안 총포격을 제외하고 북한측이 38선 이북 지역을 월경해 침공한 사례로 거론한 것은 3차례의 중대 단위 정찰 공격뿐이었다.[618]

『로동신문』은 1950년 5월부터 6월까지 총 7차례에 걸쳐 한국군의 38선 침범을 보도했다. 기사 목록은 다음과 같았다.

1. 「남조선 괴뢰군 38선 이북지역을 향하여 다수의 포탄과 총탄을 발사」[619]
2. 「이승만괴뢰군 이북지역에 대한 도발적 기도 계속」[620]
3. 「남조선 괴뢰군과 경찰대 들의 38 이북지역에 대한 비법행위 계속」[621]
4. 「38 이북지역에 대한 리승만 괴뢰군경의 포탄과 탄총사격은 여전히 계속:

---

[617] 「卷頭言: 所謂 軍事監視班」, 『태풍』 1950년 제3권 제9호(통권 49호); 차준봉, 앞의 책, 111~112쪽.
[618] 북한측 주장을 전적으로 신뢰한다고 해도 5~6월 한국군의 38선 월경 공격은 ① 6월 1일 연천군 청산면 1개 중대 공격 시도, ② 6월 2일 벽성군 화양면 신왕리 고지 공격 시도, ③ 6월 3일 연5차에 걸쳐 7개 분대 이상이 철원, 은파산 공격 시도뿐이었다(『로동신문』 1950. 6. 4).
[619] 『로동신문』 1950. 5. 7.
[620] 『로동신문』 1950. 5. 20.
[621] 『로동신문』 1950. 5. 26.

황해도 벽성 강원도 련천 등지에 침입하려다가 공화국 경비대에 의하여 격퇴」[622]

5. 「리승만 괴뢰군경 38 이북지역 침공을 기도하다가 공화국 경비대에 의하여 격퇴」[623]

6. 「38 이북지역에 대한 리승만 괴뢰군경의 총포탄사격 계속: 황해도 벽성군 월록면 은파산에 침입하려다가 공화국 경비대에 의하여 격퇴」[624]

7. 「남조선괴뢰정부의 소위 국방군의 이북지역에 대한 비법적 포격」[625]

엄청난 사건이 벌어진 것처럼 보도가 되었지만, 강도나 빈도에서는 1949년의 38선 충돌에 비할 바가 아니었다. 1949년에 비하면 1950년의 38선은 평온한 상태였다. 38선상의 충돌은 1950년에 들어 잦아들었지만, 38선 충돌에 관한 북한 신문의 보도 태도·논조는 1949년과 판이했다. 현재 1949년도 『로동신문』을 입수할 수 없는 상태에서 단언하기는 어렵지만, 조선로동당 함경남도당부에서 간행한 『함남로동신문』 1949년분에 의거하면 1949년의 치열했던 38선 충돌은 거의 보도되지 않았다. 한국군이 보다 공격적이고 '침략적' 모습을 많이 보였던 1949년의 38선 충돌은 거의 취급되지 않은 반면, 1950년도 5~6월의 『로동신문』은 38선 충돌을 대대적으로 보도했다. 또한 남한의 침략 의도를 홍분한 어조로 과장하기 시작했다.

북한은 전쟁 개전 직전인 6월 23~24일에 이르러서야 한국군이 옹진반도에서 38선 이북 벽성군을 향해 105mm 곡사포와 81mm 박격포 700여 발을 발사했다고 주장했을 뿐이다. 1950년 6월 25일자 『로동신문』은 홍미롭다. 1면의 헤드라인은 교통 부문 지도 일꾼들에게 국기훈장 2, 3급을 수여한다는 기

---

622) 『로동신문』 1950. 6. 4.
623) 『로동신문』 1950. 6. 7.
624) 『로동신문』 1950. 6. 12.
625) 『로동신문』 1950. 6. 25.

사였다. 중하단에 5단 기사로 「조선중앙통신」 24일 평양발 기사가 게재되었다.

〔평양 24일 조선중앙통신〕 기보한 바와 같이 남조선괴뢰정부의 소위 국방군들은 38연선 이북지역에 대한 비법적 사격을 계속 감행하여 왔다. 지난 6월 23일 22시부터 6월 24일 4시까지에 남조선괴뢰정부의 소위 국방군들은 38 이남 옹진군 남가천면 자동 전방에서 서북 벽성군 대거면 자동 일대에 향하여 105미리 류탄포와 81미리 박격포 200여 발을 발사하였으며, 6월 23일 12시 25분부터 18시까지는 38 이남 옹진군 가좌면 정려산 후방에서 38 이북 벽성군 가좌면 월전동 동산동 문정동 일대를 향하여 105미리 류탄포와 81미리 박격포 300여 발을 발사하였으며, 6월 24일 6시부터 10시까지는 38 이남 새치(쇠치)고개와 까치산에서 벽성군 가좌면 문정동 일대와 취야(취야리)를 향하여 105미리 류탄포와 81미리 박격포 200여 발을 발사하였다. 남조선괴뢰정부의 소위 국방군측으로부터의 이러한 야만적 사격으로 말미암아 수십여 호의 농가들이 파괴되었으며 13명의 농민들이 중경상을 당하였으며 경비대원 1명이 사상되고 6명은 부상되었다.[626]

이 기사에 따르면, 옹진에서 북한 지역을 향해 6월 23~24일에 700발의 박격포·곡사포를 발사했다는 주장이다. 공격 준비 사격이나 포탄막 사격도 아닌데 무려 700여 발의 포격을 가했다는 얘기는 신빙성에 문제가 있다. 아마도 이는 개전 성명을 위한 사전 준비작업의 일환이었을 것이다. 최근 북한은 1950년 1월부터 6월까지 '전투'가 진행된 횟수를 총 31회로 주장했다. 구체적으로 인제(6회) - 양양(6회) - 연천(6회) - 철원(5회) - 벽성(3회) - 양구·연백·연안·장풍·화천(각 1회)이라는 것이었다.[627] 그런데 주장은 있으나 이를 판명해

---

626) 「남조선괴뢰정부의 소위 국방군의 이북지역에 대한 비법적 포격」, 『로동신문』 1950. 6. 25.
627) 차준봉, 앞의 책, 112~114쪽.

줄 근거가 없으므로 정확한 판단을 하기는 어렵다.

그렇지만 당시 『로동신문』에 따르면, 북한이 특정지역의 공세를 강조한 것만은 분명했다. 다음에 제시된 '1950년 5~6월 북한이 주장한 남한의 38 이북 공격 사례'에서 나타나듯이, 북한은 황해도 벽성군, 강원도 양양군, 강원도 철원군에서 남한이 공세를 취하고 있다고 주장했다. 특히 북한은 5~6월 내내 강원도 양양군과 황해도 벽성군, 즉 해주 방향 서쪽이자 옹진반도로부터 한국군이 거의 매일같이 38선 이북 지역을 공격하고 있다고 주장했다. 바로 이들 지역은 한국전쟁 발발 당시 한국군이 침입해왔다고 북한이 주장한 4개 방향, 즉 (가) 해주 서쪽, (나) 금천, (다) 철원, (라) 양양이었던 것이다.

1950년 5~6월 북한의 과장된, 한국군의 38선 이북 공격 보도는 오히려 이 보도가 잘 짜인 선전 계획의 일환이었을 가능성을 열어놓는 것이었다. 이는 개전 결정과 작전 계획 수립 일정에 정확히 맞춰진 것이었다.

선전의 초점은 두 가지로 추정된다. 첫째, 개전의 위장 명분이 된 '도발받은 정의의 반공격전'을 위해서는, '도발자·침략자로서의 남한군'과 '피침략자로서의 북한군'이 대비되어야 했다. 공격자로서 한국군의 호전성은 1949년에 훨씬 못 미쳤지만, 북한의 언론은 이를 과장했다. 방어자로서 북한의 이미지는 보다 분명해졌다. 이러한 위장된 선전은 단지 남한과 미국을 상대로 한 것일 뿐만 아니라, 김일성과 북한군 수뇌를 제외한 모든 북한 주민들을 향한 것이기도 했다. 이미 1년여 전부터 '도발받은 정의의 반공격전' 개념과 시나리오를 준비한 상태였기 때문에 선전의 목표와 목적은 전면적이고 정확했다.

둘째, 북한은 '도발'받을 구체적 지역들을 집중적으로 거론했다. 이미 1949년 김일성이 열망하던 옹진반도와 양양지역에서의 충돌을 집중적으로 부각시켰다. 다음 표에서 드러나듯이, 한국군의 38선 이북 공격 지점으로 옹진·양양이 집중적으로 거론되었다. 이들 지역은 이미 1949년 이래 대규모 충돌이 있었던 지역이며, 북한이 중시하는 은파산(옹진)과 고산봉(양양)이라는 두 개의 고지는 1949년 한국군의 공격을 받고 점령되었던 지역이기도 했다.

□ 표 Ⅲ-23 1950년 5~6월 북한이 주장한 남한의 38선 이북 공격 사례

일시	지역 강원도 양구군	양양군	연천군	철원군	황해도 벽성군	연백군	장풍군	기타
5. 5	서면 대목리	현북면 기사문리 손양면 부소치리			대거면 국사봉, 화양면			비행기 양양군 속초면 속초리 침입
5. 6		현북면 서면			교정면 송현리			
5. 7		현북면 서면					장포면, 고읍리	
5. 8						화양면 신안촌		
5. 9				청수면 두엄동	기천면 삼괴리			
5. 10	양구군				대거면 국사봉, 은파산		북면	
5. 13		현북면 롱힝리			기좌면			
5. 14		현북면 롱힝리, 서면 내현리			대거면 자동			
5. 15		현북면 상가정리				대거면 자동		
5. 19	· 13~17일까지 남한 군경이 벽성군 은파산, 장풍군, 양성군, 철원군 일대 16회 군사 도발
5. 25	· 19~23일까지 남한 군경이 홍해도, 강원도 등지에서 26회 군사 도발
5. 27	현북면 고신봉		연천군 청산면 1개 중대		화양면 신왕리 침입			
6. 1					은파산 침공 시도(연 5차, 7개 분대 이상)			
6. 2				2개 분대 침입 시도				
6. 3	5월 24~6월 2일까지 36차 포격							
6. 3			연천군		벽성군			
6. 4			연천군 백학면 구미리		대거면 자동			
6. 6								
6. 7	양구면					괘궁면 운산면 금이봉		인제군 인제면 기임리
6. 9		현북면			은파산 침공 시도	연백군		
6. 10	· 6~9일까지 벽성군, 강원도 등 21차 군사 도발							
6. 23					대거면, 기좌면 포격			
6. 24					기좌면, 취야리 포격			
6. 24	· 23~24일 38 이북에 대해 105mm 류탄포와 박격포 7000여 발 발사

※ 출전: 조선중앙통신사(1952), 「조선중앙연감(1951~1952)」, 1953 도쿄 東方書林 覆刻版, 338~339쪽; 조선중앙통신사, 「해방후10년일지」, 83~85쪽; 『로동신문』 1950. 5. 7; 5. 20; 5. 26; 6. 4;

한국군이 공격한 것으로 위장하기에 더없이 적합한 지점들이었다. 이제 모든 위장과 책임을 한국군에게 떠넘길 수 있는 상황과 구도가 완벽하게 갖춰졌다.

2. 북한의 공격형 군사력 완비

정규군 병력·무장의 강화

앞에서 우리는 1949년 9월 소련공산당 중앙위원회 정치국이 북한의 무력통일 방안에 대해 구체적인 검토 작업을 진행했음을 살펴보았다. 당시 모스크바는 북한의 군사 준비 미비, 남한의 빨치산 투쟁 및 인민봉기 준비 미비, 미국의 전쟁 개입 우려 등을 들어 국지전·전면전에 반대했다. 북한에 제시된 과업은 인민군 강화와 남한 빨치산 투쟁 강화였다. 북한은 이에 충실하고자 했다.

먼저 1950년 들어 북한은 인민군의 무장 강화에 박차를 가했다. 북한정부는 소련정부에 보내는 1949년 12월 29일자 각서에서 약 1억 1,200만 루블어치의 무기, 탄약, 부품을 1950년에 공급해줄 것을 요청했다. 북한은 1950년도분 차관으로 1950년도에 신설한 1개의 모터사이클 연대, 현존 보병사단의 확대, 현존 부대용 보충무기를 공급하고, 해군 강화용 군함 2척을 보강할 계획이었다. 또한 북한은 공급품에 대해 1950년 내로 이에 상응하는 유색 금속 및 희귀 금속으로 상환할 것을 약속했다.[628]

1950년 3월 9일 북한은 이러한 내용을 담은 각서를 내각수상 김일성 명의로 소련정부에 전달했다. 이 각서에 따르면, 북한은 1억 2천만~1억 3천만 루블어치의 군수품을 소련에서 차관으로 공급받고, 1950년 내로 금 9톤(5,366만 2,900루블), 은 40톤(488만 7,600루블), 모나자이트 정광(精鑛) 1만 5,000톤

---

628) 「슈티코프→비신스키」(1950. 1. 8), 『소련 외교문서』 4권, 43쪽; 「한국전 문서 요약」 9쪽에는 1월 7일로 되어 있다.

(7,950만 루블), 합계 1억 3,805만 500루블을 상환할 예정이었다.[629] 이에 대해 스탈린은 3월 17일 김일성의 요청에 동의한다고 회신했다.[630]

1949년 3월 17일자로 모스크바에서 합의된 3개년 군수품 차관공여 계획에 따라 1949년분과 1950년분을 신청한 북한은 나아가 1951년도분 차관의 조기 공여를 요청하기에 이르렀다. 이는 1950년 2~3월에 북한이 군사력 강화를 위해 온 힘을 기울이고 있었음을 반증한다. 2월 4일 슈티코프를 만난 김일성은 현존하는 7개 사단을 10개 사단으로 증편하기 위해 3개 보병사단을 추가로 편성해야겠으니, 소련정부가 공여할 1951년도분 차관을 1950년도에 이용하도록 스탈린에게 요청해도 되는지를 문의했다.[631]

흥미로운 것은 김일성이 슈티코프에게 스탈린에게 허가를 요청한 것이 아니라 요청해도 되는지의 여부를 문의했다는 사실이다. 김일성-슈티코프-스탈린의 관계를 직설적으로 보여주는 대목이었다.

아마도 슈티코프는 북한군을 10개 사단으로 확대하는 데 회의적인 입장이었던 것으로 판단된다. 그는 북한의 물질적 자원이 가능한지를 타산해야 한다고 조언했다. 김일성의 요청에 대해 스탈린은 2월 9일 외무상 비신스키에게 이렇게 지시했다.

> 김일성을 방문하여 그에게 구두로 일을 추진해도 좋으며 3개 지상군 사단을 추가로 편성해도 좋다고 전할 것. 최단시일 내에 완료하되 경험 있는 장교와 잘 훈련된 병사 그리고 현대적 무기를 갖출 것. 이와 관련하여 편성될 3개 지상군 사단에 무기를 공급하기 위하여 1951년에 제공될 차관을 1950년도에 사용하는 데 동의한다는 점을 김일성에게 알려줄 것.[632]

---

629) 「슈티코프→비신스키」(1950. 3. 9), 『소련 외교문서』 4권, 49쪽.
630) 「스탈린→미상」(1950. 3. 17), 「한국전 문서 요약」, 22쪽.
631) 「슈티코프→미상」(1950. 2. 4), 『소련 외교문서』 4권, 46쪽.

같은 날 비신스키는 슈티코프에게 김일성이 요청한 10개 사단 증편을 위한 3개 사단 신설과 1951년도분 차관의 조기 공여가 가능함을 통보하라고 지시했다.[632] 모스크바의 공식통보는 3월 12일 전달되었다.[633] 모스크바의 공식통보가 있은 직후인 3월 14일, 김일성은 1951년도분 차관에서 7,100만 루블을 3개 보병사단용 무기 구입을 위해 1950년 중에 집행하고자 한다는 각서를 발송했는데, 여기에는 해군, 공군, 보병, 전차 부대용 무기를 포함하여 수백 개의 구입 물품 항목이 포함되어 있었다.[635] 그런데 3개 보병사단 추가 편성 계획이 중국인민해방군 내 한인병사를 염두에 둔 것인지, 아니면 『한국전쟁사』가 주장하는 3개 민청훈련소의 정규 인민군사단 편제화를 염두에 둔 것인지는 분명하지 않다.[636] 김중생에 따르면, 1950년에 입북한 중공군 내 한인부대는 보유무기를 그대로 들고 왔다고 하므로, 이는 신편된 3개 사단을 위한 것일 가능성이 높다.[637]

1950년 들어 인민군의 병력 수도 급증세를 보였다. 그 가장 큰 이유는 중공군 내 한인사단의 귀환이었다. 1949년 7~8월에 이미 중국 심양과 장춘에 주둔하던 제4야전군 166사단과 164사단이 북한에 들어와 각각 1만 명 수준의 인민군 제6사단과 제5사단으로 개편된 데 이어, 1950년 초에도 중공군 내 한인사단의 귀환이 있었던 것이다.

1월 8일 중국인민해방군 제4야전군 사령관 린뱌오(林彪)는 마오쩌둥 명의

---

632) 「스탈린이 슈티코프에게 보낸 1950년 2월 9일자 전문」, 바자노프, 앞의 책, 49쪽.
633) 「비신스키→슈티코프」(1950. 2. 9), 『소련 외교문서』 4권, 47쪽; 「한국전 문서 요약」에 따르면, 전보 전문은 비신스키의 친필로 되어 있다.
634) 「한국전 문서 요약」(1950. 3. 17), 22쪽.
635) 「북한정부가 보낸 1950년 3월 14일자 각서, 러시아대통령실문서고」, 133~134쪽; 「개정의정서」, 35~140쪽(바자노프, 앞의 책, 71~72쪽에서 재인용); 「한국전 문서 요약」, 22쪽.
636) 『한국전쟁사 1: 해방과 건군』에 따르면, 1950년 3월 肅川의 제2민청훈련소가 인민군 제10사단으로, 신의주의 제1민청훈련소가 인민군 제13사단으로, 회령의 제3민청훈련소가 인민군 15사단으로 편성 완료되었다(691쪽).
637) 김중생(2000), 『조선의용군의 밀입북과 6·25전쟁』, 명지출판사, 188~189쪽.

의 전문을 모스크바로 타전했다.[638] 이 전문에서 린뱌오는 인민해방군에 4개 대대 27개 중대 9개 소대로 구성된(sic) 1만 6,000명 이상의 한인이 있으며, 이 중에는 2명의 사단장을 포함해 5명의 대령, 87명의 대대장급 지휘관, 598명의 중대장급 지휘관, 1,400명의 소대장, 1,900명의 분대장급 지휘관이 있다고 밝혔다. 린뱌오에 따르면, 중공군이 양쯔 강 남안으로 도하한 뒤 한인병사들 사이에 동요가 있었으며 이들 중 일부는 고국으로 돌아가기를 원했다. 린뱌오는 전쟁 종료와 관련해 1개 사단 또는 4~5개 여단을 북한으로 되돌려 보내주는 것으로 결말을 내고자 하는 의도를 표명했다. 린뱌오의 전문을 받은 소련정부는 곧바로 슈티코프에게 김일성을 만나 북한정부의 태도를 파악하라고 지시했다.

다음날인 1월 9일, 김일성과 슈티코프는 중공군 내 한인병력의 이동 문제와 관련해 회담을 가졌다. 김일성 역시 중국무역대표부를 통해 중국정부의 편지를 받은 상태였는데, 편지의 내용은 북한정부가 희망하면 중국인민군 내 한인병력을 넘겨줄 수 있다는 것이었다.[639] 김일성은 슈티코프에게 입북시킬 지휘관·장교의 숫자에 대한 조언을 요청했고, 한인병력의 이동과 관련된 협의를 위해 조만간 대표자 3명을 중국에 파견할 예정이라고 밝혔다.[640] 슈티코프가 파악한 김일성의 의도는 첫째, 중국인민군에 속해 있는 한인병사로 1개 보병사단과 2개 보병연대를 창설하고 나머지 장교와 군인 들로 기계화연대와 1개 모터사이클 여단을 편성한다. 둘째, 현재 북한 배치에 따른 어려움 때문에 1개 보병사단과 2개 보병연대를 1950년 4월까지 중국에 잔류시키도록 요청한다는 것으로 파악되었다.

이들 병력의 입북은 아주 신속하게 추진되었다. 스탈린의 구두 허가(1950. 2. 9)와 공식 허가(1950. 3. 14)를 얻은 직후 중공군 내 마지막 한인사단의 입북

---

638) 「소련외무성→슈티코프」(1950. 1. 8), 『소련 외교문서』 3권, 58쪽; 「한국전 문서 요약」, 19쪽.
639) 「슈티코프→소련외무성」(1950. 1. 11), 『소련 외교문서』 3권, 58쪽.
640) 「한국전 문서 요약」에는 '파견되었으며'로 되어 있다.

이 추진되었다. 물론 중공측과의 협의도 긴밀하게 진행되었다. 김일성은 1950년 1월 조선인민군 총참모부 작전국장 김광협(金光俠) 등을 중국에 파견해 중국인민해방군 제4야전군 내 한인부대의 인도 교섭을 벌였다.

김광협이 파견된 것은 해방 직후 동만의 조선의용군 5지대(吉東保安軍 제15團, 16團)와의 관련 때문일 것이다.[641] 김광협은 해방 직후 동북항일연군 88교도려에서 강건(姜健, 姜信泰)과 함께 동만지역에서 활동한 경험이 있었다. 강건은 연변분견대(延邊分遣隊)를 이끌고 연길로, 김광협은 안길(安吉)·류창권·이청송·황동화·조명선 등과 함께 목단강분견대(牧丹江分遣隊)를 인솔하고 목단강(牧丹江) 지역에 파견되어, 1946년 말까지 활동했다.[642]

중국인민해방군 총참모장 대리 섭영진(聶榮臻)의 회고에 따르면, 김광협 등은 인민해방군 내 1만 4,000명의 한적병사들의 인도를 요구했다.[643] 또한 김광협은 북한이 무장의 여유가 없고, 1만 4,000명이 북한군에 편입된 후 소련으로부터 병기 구입을 교섭하는 데 시간이 많이 걸리니 장비를 공여해달라고 부탁했다. 섭영진에 따르면, 1월 21일 보고서를 제출했고, 1월 23일 무기를 휴대한 채 이들의 북한 이동이 허가되었다.[644]

당시 조선의용군 5지대가 성장한 길동보안군(吉東保安軍) 제15단, 16단은 중국인과 혼성으로, 제4야전군 43군 156사와 제4야전군 47군 141사로 변모해 있었다.[645] 중국정부는 1950년 4월 하남성(河南省) 정주(鄭州)에서 북한인민

---

641) 團-탄은 연대급을 의미함.
642) 廉仁鎬(1994), 『朝鮮義勇軍研究』, 국민대 국사학과 박사학위논문, 226, 241~246쪽.
643) 聶榮臻(1984), 『聶榮臻回憶錄』 下, 解放軍出版社, 743~744쪽.
644) 聶榮臻(1984), 『聶榮臻回憶錄』 下, 解放軍出版社, 743~744쪽; 朱建榮(1992), 『毛澤東の朝鮮戰爭: 中國が鴨綠江を渡るまで』, 岩波書店, 26쪽.
645) 韓俊光·姚作起(1991), 「解放戰爭時期的東滿根據地」, 延邊人民出版社; 中共延邊州黨史硏究所 編(1988), 『延邊歷史事件黨史人物錄』; 瀋龍海·池寬容(1993), 「幷鵑征戰五萬里 在中國人民解放戰爭中的朝鮮族」, 『延邊大學報』, 社會科學版 제3기 제3호; 연변인민출판사(1989), 『중공연변당조직활동년대기』. 이상 姜在彦(1995), 「전후 만주에서의 조선의용군-중국혁명으로부터 한국전쟁에로」, 『吳世昌敎授華甲紀念 韓國近現代史論叢』, 신흥인쇄사, 517쪽에서 재인용.

군에 편입하기 위해 제4야전군에 분산된 한인전사들을 모아 중남군구(中南軍區) 제15독립사를 편성했다. 사장 전우(師長 全宇), 일명 도극부(陶克夫)는 조선의용군 출신이었고 참모장 지병학(池炳學)은 항일 빨치산 출신이었다. 독립15사는 이름난 정예부대로, 예하에는 3개의 보병단(團은 연대), 1개 포병단, 1개 공병영(營은 대대), 1개 전차영, 1개 통신영, 1개 경비연(連은 중대), 1개 야전병원 등이 존재했다. 총 병력은 1만 4,000명이었고, 그 중 85%가 화선입당(火線入黨)한 중공당원이었으며, 큰 공을 세운 자가 200여 명이었다.[646] 이 독립15사는 1950년 5월 초 북한에 들어온 뒤, 원산으로 이동해 인민군 제12사단으로 재편되었다.[647]

한편 독립15사와는 별도로 편성된 독립연대가 인민군에 편입되어, 제4사단 제18보병연대가 되었다.[648] 김일성이 1950년 5월 12일 이들에게 연설한 것으로 미루어, 이 독립연대의 입북 역시 5월 초순이었을 것이다.[649] 김일성의 연설에 따르면, 심양·장춘해방 등 중국해방전쟁에 참가한 18연대가 당원사단인 4사단에 편입된 것은 얼마 되지 않았으며, 인민군과의 통합을 위한 내무생활·대열훈련·체육훈련이 필요했다. 김광협이 중국을 방문한 이후 북한으로 귀환한 한인병사들이 2만 3,000명을 헤아렸다는 증언이 있지만, 그 숫자가 정확한지는 확인되지 않았다.[650]

---

646) 潘龍海·池寬容(1993),「幷鵲征戰五萬里 在中國人民解放戰爭中的朝鮮族」,『延邊大學報』, 社會科學版 제3기 제3호. 강재언, 앞의 논문, 519쪽에서 재인용.
647) 『한국전쟁사 1: 해방과 건군』, 690쪽; 김중생(2000), 앞의 책, 188쪽. 기존의 한국전쟁사는 독립15사가 입북해 제7보병사단이 되었고, 7사단이 12사단으로 재편되었다고 기술하고 있지만, 이는 사실과 다르다.
648) 주영복(1991),『내가 겪은 조선전쟁』제1권, 고려원, 188쪽; 여정,『붉게 물든 대동강』, 14~15쪽; 朱建榮, 앞의 책, 26~28쪽. 이들의 증언은 큰 흐름을 읽는 데는 주효하지만 세부적 사실에서는 오류가 적지 않다. 예를 들어 주영복은 조선의용군 5지대가 변모한 것이 165사단이라고 썼지만, 이는 156사단의 오류이며, 제15독립사의 병력 역시 1만 1,000명이라고 잘못 기록했다.
649) 「조선인민군 제4보병사단 18보병연대 지휘관 및 병사 들과 한 담화(1950. 5. 12)」,『김일성전집 11』, 363~367쪽.
650) 주건영, 앞의 책, 28쪽.

종합적으로, 북한은 1950년 들어서만 12사단 1만 4,000명과 4사단 제18연대 3,000명 등 총 1만 7,000여 명의 중국인민해방군 내 한인병사를 흡수했다. 이로써 1949년 7~8월의 2만 명과 1950년 5월의 1만 7,000명 등 총 3만 7,000여 명의, 전투로 단련된 정예 병력이 북한인민군에 편입되었다. 이들은 북한인민군의 병력 수와 질적 수준을 제고시켰다. 1950년 5월 현재 북한군은 10개 사단 이상의 병력을 보유하게 되었고, 소련으로부터 이양받은 군수물자로 이들을 무장시킨 상태였다.

우리가 주목할 점은 미군 정보망이 중국인민해방군 내 한인사병의 북한 이동 정보를 파악하고 있었다는 사실이다. 그렇지만 맥아더 정보참모부는 이들이 북한군과 전혀 다른 훈련·편제·지휘·명령 체제하에 있었기 때문에, 기본 제식훈련부터 북한군과의 협동작전에 이르기까지 제대로 북한군에 흡수되어 작전을 수행하려면 1950년 하반기나 되어야 가능할 것이란 결론을 갖고 있었다.[651] 바꿔 말하면 북한군은 편입된 중국군 내 한인병사들을 충분히 소화하지 못한 상태에서 개전을 서둘렀다고 볼 수 있다. 아마 북한군이 초기 개전 이후 혼란을 겪게 되는 배경에는 이 점도 중요한 내부 요인으로 작용했을 것이다.

제2전선 구축과 유격대 남파

한편, 정규 무력의 강화와 함께 제2전선 구축 및 남한사회 혼란을 위한 유격대 남파가 지속되었다. 1949년 6월부터 북한이 남파하기 시작한 대남 유격대는 이전에 남한에서 자생적으로 조직된 야산대나 여순사건 이후의 빨치산과는 질적으로 달랐다. 이들은 대남 정치·군사 공작 요원 양성소인 강동정치학원에서 집중적으로 정치학습과 군사·유격훈련을 받았다. 이들은 규모나 성격에

---

651) Bruce Cumings(1990), 앞의 책, pp. 448~453.

서 정규군 수준이었으며, 9월 공세를 전후한 시점에서 활동이 최고조에 달했다. 남로당 중앙당학교라고도 불리던 이 강동정치학원에서 교육받은 유격대는 1949년 6월(400명, 오대산 지구), 7월(200명, 오대산 지구), 8월(김달삼 지휘 300명, 안동·영덕 경계선), 9월(이호제 지휘 인민유격대 제1병단 360명, 태백산), 11월(1백명, 경북해안 침투) 등 9월 공세에 때맞춰 집중적으로 남파되었다.[652]

9월 공세의 실패 이후 북한의 유격 투쟁 전략은 1949년 10월경 북로당 빨치산 출신들이 주장했던 국지전 전략으로 바뀌었다. 국지전 전략은 남한 내 일정지역에 군사 활동 거점을 형성하고, 정규군과 빨치산을 배합한 국부전을 전개하는 것이다.[653] 북한 대남 사업 분야의 고위급 간부였던 신평길은 당시 북한은 국지전 전략에 따라 남한 토벌대가 빨치산 거점에 집중되면, 도시나 다른 지역의 공산주의 활동이 상대적으로 활발해질 것을 기대했다고 주장했다. 그는 당시 유격 거점으로 설정된 장소가 ① 옹진반도, ② 강원도의 태백산·소백산·일원산을 중심으로 한 산악지역(삼척·영월, 제천·단양, 봉화·울진), ③ 지리산·백운산 지역 등이라고 썼는데, 이는 김일성이 8월부터 주장한, 옹진 부분 점령 및 삼척해방구 설치 계획과 놀라울 정도로 일치하는 증언이다.[654] 유격 거점 확보를 위해 북한은 1950년 3월부터 북로당계 오진우가 교장이었던 회령군관학교에서 양성한 유격대를 남파하기 시작했다.

1950년 3월 24일 김상호(金相浩)를 사령관으로 하는 유격대 350명이 태백산 지구로 침투했고, 이틀 뒤인 26일 김무현(金武顯)을 사령관으로 하는 유격대 350명도 같은 지역으로 침투했다. 또한 윤상철을 사령관으로 하는 유격대

---

652) 김남식, 앞의 책, 396~397, 420~421쪽. 한편, 북로당 중앙의 대남사업 분야에서 오랫동안 활동했다는 신평길(가명)은 이 시기 북에서 파견된 유격대를 다음과 같이 분류했다. (1) 6월 초 김달삼(사령관)·남도부(부사령관)를 비롯한 강동정치학원 출신 600명으로 조직된 3병단이 오대산 지구에 침투, 이 중 300명은 남도부 지휘로 가야산 입산 계획, (2) 8월 6일 인민유격대 제1병단 이호제 부대 500명이 태백산·소백산 지구에 침투, 한국군에게 포위 전멸됨, (3) 8월 중순 강철 지휘로 300명 월악·속리 지구 입산〔신평길(1996), 『김정일과 대남전략』, 북한연구소, 87쪽〕.
653) 신평길, 앞의 책, 90쪽.
654) 앞의 자료.

□ 그림 Ⅲ-17 사로잡힌 김상호 부대 여자 빨치산들(1950. 4. 오대산)

ⓒ NARA

　350명은 가야산·백운산 지구로 침투했다.[655] 그러나 이들 부대는 한국군에 의해 대부분 사살되거나 체포되었고, 일부만이 북한으로 탈주했다.[656] 김무현 유격대원 가운데에는 서재석과 안장제(安章劑) 등 1949년 월북한 킴볼스미스호의 선원들이 포함되어 있었다. 이들은 1949년 11월 회령군관학교에 들어갔고, 반강제적으로 유격대원이 되어 남파되었다.[657]

　김상호 부대는 1950년 4월 오대산에서 한국군 제8사단에 토벌되었다. 김상호 부대에 파견되었던 이호제는 한국 군경 토벌대에 의해 사살되었는데, 효수된 그의 사진이 기록으로 남았다.[658]

---

655) 김남식, 앞의 책, 421~422쪽; 신평길, 앞의 책, 90쪽.
656) *G-2 Periodic Report*, no.289(1950. 3. 31).
657) *G-2 Weekly Summary*, no.3(1950. 4. 20); no.4(1950. 4. 27); RG 319, ID file no.679367, OSI District #8, Seoul, report no.(49) 55-11-5-6. Subject: An Eyewitness Account of the Defection of the "Kimball R. Smith" to North Korea(1950. 4. 29).

□ 그림 III-18 **노획된 김상호 부대 무기류**(1950. 4)

ⓒ NARA

　김상호 부대원 중 여자 빨치산 3명이 생포되기도 했다. 남아 있는 사진 자료를 보면 이들은 빨치산이 아니라 정규군 수준의 무장을 갖추고 있었음을 알 수 있다.

　한편 전쟁이 임박한 6월 초·중순, 박헌영이 호언 장담한 20만 지하당원을 남침과 동시에 폭동으로 조직 동원하기 위해 지방당 조직 지도 정치공작원 파견 공작과, 약화 분산된 유격대 보충부대와 배후 제2전선 형성을 위한 유격부대 침투 공작이 병진(竝進)되었다.[659]

　북한이 대규모 정규군 수준의 유격대를 남파했음에도 불구하고, 대부분의 유격대들은 강원도 태백산 지구에서 한국군의 포위망을 뚫지 못했다. 또한 남

---

658) RG 319, ID file no.670434, Subject: Photos of Guerrilla Leaders Heads(1950. 5. 24). 사진은 1950년 4월 13일에 촬영되었다.
659) 신평길, 앞의 책, 91~92쪽; 김남식, 앞의 책, 440~442쪽.

한 내의 자생적 좌익 게릴라 역시 현저한 감소세를 보여주었다. 미대사관의 드럼라이트 참사관이 작성한 게릴라 현황에 관한 보고서에 따르면, 1949년 9월 남한 게릴라 수가 최고조에 달했을 때 3,000~3,200명 수준이었다. 그렇지만 한국 군경의 효과적인 토벌로 인해 1950년 3월 말 게릴라 수는 367~400명 수준으로 격감했다. 1950년 3월 말, 320명 규모의 북한 게릴라가 2차례 남파됨으로써 게릴라 수가 갑자기 세 배로 늘어났다. 그렇지만 한국군의 효과적인 토벌로 인해 4월 12일 현재 남파된 게릴라 수는 240명으로 줄어들었고, 남한 전체의 게릴라 수는 577명으로 추정되었다.[660] 즉 드럼라이트는 1950년 4월 12일 현재 남한 게릴라 총수가 577명이며, 여기에 북한이 1950년 3월 말 남파한 게릴라 240명이 포함되어 있다고 판단했다.

드럼라이트는 게릴라 토벌에 대한 한국정부의 자신감이 상승되는 한편, 산간부락 마을 주민들의 게릴라에 대한 반감이 격화되고 있다고 보고했다. 그 결과, 한국군은 게릴라 토벌을 위해 전개한 1만 4,000여 병력을 철수시키고 대신 전투경찰 20~22개 대대 1만 명으로 대체할 계획이라는 것이다. 한편 드럼라이트는 평양 인근 강동정치학원을 수료한 2,000명 중 1,800명이 이미 남파되었는데, 한국군 추산에 따르면, 북한 지역에는 3,375명의 게릴라 예정자가 대기하고 있는 것으로 파악했다.

결국 개전을 앞두고 북한이 예상했던, 남한 내의 자생적 유격대 투쟁 및 당원 봉기는 현실적으로 불가능한 상황이 되고 말았다. 반복적인 북한의 대남 게릴라 파견은 효과 없는 인력 낭비이자 한국 군경의 증오심을 자극할 따름이었다. 사태가 명백했기 때문에 한국군 토벌대는 월남하는 길목만 지키고 있으면 되었다. 북한의 책략은 명백히 드러났고, 북한이 파견한 게릴라는 한국전쟁을 전후해 남한 내 좌익과 결합된 활동을 전혀 벌일 수 없었다.

---

660) RG 319, ID file no.667573, no.658644, Everett F. Drumright, Charge d'Affaires ad interim, Subject: Guerrilla Strength and Activity (1950. 4. 14), 795.00/4-1550.

IV부

개전의 결정 · 공격 계획의 수립 · 초기 전투

조·중·소의 개전 합의와
전면공격의 결정

1. 스탈린의 허가 · 마오쩌둥의 동의

1949년 9월 소련공산당 중앙위원회 정치국이 국지전·전면전을 포함한 개전에 반대하는 결정을 내렸을 때, 김일성·박헌영은 분명 실망했을 것이다. 그러나 이들은 북한의 군사력이 강화되고 남한의 빨치산 활동이 정점에 이르면, 소련의 허락이 떨어질 것이라고 예상했다. 북한은 1949년 8월 실질적인 공격 준비에 돌입했고, 소련 역시 1949년 9월 남한에 대한 무력 공격 가능성을 실제로 검토한 바 있었다. 문제는 미국의 개입 여부를 비롯한 국제 정세의 우호적 변화에 대한 소련, 정확히 말해 스탈린의 판단이었다. 앞서 살펴본 것처럼, 스탈린은 1949년 8~9월 이후 북한의 대남 무력 공격 가능성을 신중히 타진했다. 그리고 마침내 1950년 1월 말 결정을 내렸다.

1950년 1월 17일 외무상 박헌영의 자택에서 주중대사 이주연의 환송 오찬이 있었다. 이 자리에는 북한측에서는 김일성, 김두봉, 박헌영, 외무차관 박동주, 이주연 등이 참석했다. 중국측에서는 무역대표인 빈 시젠이, 소련측에서는 슈티코프 대사, 이그나티예프·페리신코 참사관 등이 참석했다.

김일성은 중국 해방이 완성되면 다음 순서는 남한의 해방이라고 강조하면서, 자신은 밤잠을 못 이루며 통일 문제 해결에 골몰하고 있다고 주장했다. 김일성은 스탈린이 얘기한 대로, 남한이 북침하는 경우 자연스럽게 남한에 반격을 가할 수 있지만, 이승만이 북침을 하지 않아 남한 해방과 통일이 지연되고 있다고 했다. 그러므로 남한 해방을 위해 인민군이 공격하는 것이 필요하며, 이에 대한 '지령'을 받기 위해 다시 한번 스탈린을 방문하고 싶다고 발언했다. 김일성은 "자신은 공산주의자이고 훈련받은 자로서 자신에게 있어 스탈린 동지의 지령은 법과 같기 때문에 자신이 마음대로 침략을 시작할 수 없다"고 못박았다.[1)]

김일성은 자신이 늘 대남공격 문제에 관해 심사숙고하고 있다며 스탈린의 조언을 듣고자 한다는 희망을 여러 번 강조했다. 나아가 김일성은 스탈린과의 면담이 어려우면 모스크바에서 돌아온 마오쩌둥과 면담하겠다는 의사를 표시했다. 김일성은 1949년 5월, 중국에서 전쟁이 끝나는 대로 북한을 도와주겠다고 한 마오쩌둥과 김일 간의 대화를 강조했다.

김일성이 스탈린·마오쩌둥과의 회담을 간절히 원했을 무렵, 이 두 사람은 모스크바에서 회담 중이었다. 마오쩌둥은 1949년 12월 16일부터 1950년 2월 17일까지 모스크바를 공식 방문했다.[2)] 한국전쟁과 관련하여 그동안 스탈린과 마오쩌둥이 모스크바회담에서 북한의 남침에 관한 일정한 합의를 이루었을

---

1) 「슈티코프→비신스키」(1950. 1. 19), 외무부 외교사료과 소장, 『韓國戰爭關聯 蘇聯外交文書』 3권, 59~61쪽(이하 『소련 외교문서』로 줄임); 「슈티코프→스탈린」(1950. 1. 19), 예프게니 바자노프·나딸리아 바자노바 저/김광린 역(1998), 『소련의 자료로 본 한국전쟁의 전말』, 열림, 45쪽; AVP RF, Fond 059a, Opisi 5a, Delo 3, Papka 11, Listy 87~91. 영문 번역은 Kathryn Weathersby, "Korea, 1949~50: To Attack, or Not to Attack? Stalin, Kim Il Sung, and the Prelude to War," *CWIHPB*, Issue 5(Spring 1995), p. 8.
2) 「한국전 문서 요약」, 19쪽.

지 모른다는 주장이 끊임없이 제기되었고, 또 몇 가지 방증 자료들이 제시되기도 했다.[3] 그런데 구소련문서보관소에 보관되어 있던 마오쩌둥과 스탈린의 대담비망록이 완전하게 공개되면서, 두 사람 사이에 북한의 대남공격에 대한 공식논의가 없었다는 사실이 확인되었다.[4] 또한 최근 공개된 구소련공산당 중앙위원회 정치국 문서에 따르면, 1956년 3월 31일 마오쩌둥은 북경 주재 소련대사인 유딘(P. Yudin)과의 면담에서 한국전쟁 개전과 관련해 자신은 충분한 협의를 하지 못했다고 주장했다. 즉 자신이 모스크바에 체류했을 당시 스탈린과 논의한 것은 남한 점령이 아니라 북한 강화의 중요성이었고, 그후 김일성이 모스크바를 방문해 남침에 대해 합의했지만 중국과의 협의가 필요하다고는 아무도 생각하지 않았다고 주장했다.[5] 이런 마오쩌둥의 주장은 사실이었다. 2월 2일 스탈린이 슈티코프에게 보낸 전문에 따르면, 스탈린이 마오쩌둥과 협의한 것은, 북한의 남침 문제가 아니라 북한이 군사적 잠재력과 방어 역량을 배양하도록 도와줄 필요성과 가능성에 대한 문제였다.[6]

스탈린은 마오쩌둥이 모스크바에 체류하는 동안 북한의 대남공격 문제에 대해 협의하지는 않았지만, 분명 이 기간 중에 한국전쟁 개전에 대한 확신을 갖게 되었음은 분명하다. 그의 확신은 동북아에서 공산주의 세력의 확장을 상

---

3) Chen Jian, "The Sino-Soviet Alliance and China's Entry into the Korean War," *Cold War International History Project Working Paper*, no.1(Washington, D.C, Woodrow Wilson International Center for Scholars, 1991), pp. 1, 20~21; Chen Jian, *China's Road to the Korean War, The Making of the Sino-American Confrontation*, New York, Columbia University Press, 1994, pp. 85~91.
4) 마오쩌둥-스탈린의 모스크바회담(1949. 12~1950. 1)의 대담비망록(영역본)은 Chen Jian, Vojtech Manstny, Odd Arne Westad, and Vladislav Zubok, "Talks with Mao Zedong, December 1949~January 1950, And With Zhou Enlai, August-September 1952," *CWIHPB*, Issue 6·7(Winter 1995/1996), pp. 4~35에 수록되어 있다.
5) 「1956년 4월 20일, 주중화인민공화국 소련대사 유딘이 마오쩌둥과의 면담에 대해 보낸 전보에서 발췌한 암호전문」, APRF, List 157, Fond, Opisi and Delo not given. Dieter Heinzig, "Stalin, Mao, Kim and Korean War Origins, 1950: A Russian Documentary Discrepancy," *CWIHPB*, Issue 8·9(Winter 1996/1997), pp. 83~84.
6) 「스탈린→슈티코프」(1950. 2. 2), 바자노프, 앞의 책, 48쪽.

징하는 중국공산당의 승리에서 비롯되었을 것이다. 중국이 대륙을 석권함으로써 미국의 위신은 여지없이 추락한 반면, 공산주의 세력의 팽창과 성공에 대한 희망적 전망이 펼쳐졌다. 중국은 내전에서 승리함으로써 내전 기간 자신을 후원했던 북한을 원조할 병력의 여유가 생겼고, 북한 역시 이를 당연하게 원하고 있었다. 원폭을 보유했음에도 불구하고 미국과의 사소한 전쟁 가능성도 피하길 원했던 스탈린은, 동아시아의 공산주의 형제국가이자 국경선을 마주한 중공과 북한이 무력에 의한 한반도 통일 문제를 책임지길 바랐다. 동북아의 공산주의 형제국가들이 서로의 도움으로 차례차례 공산혁명과 국토통일을 이루는 모습은, 동방에서 또다시 공산주의의 승리를 재현하는 듯했다. 스탈린 자신은 크레믈린에 앉아서 전쟁을 허가한 채 뒤로 빠지면, 북한은 전쟁을 개시하고 중국은 병력 지원과 뒷수습을 맡게 될 것이어서, 소련은 어떠한 책임도 지지 않을 수 있었다.

스탈린은 소련이 북한의 남침에 개입하지 않는다는 인상을 주기 위해 노력했다. 개전의 최종 결정자는 스탈린이었지만, 그는 책임을 마오쩌둥과 김일성의 협의로 떠넘기길 바랐고, 미국의 개입 가능성에 대한 판단도 김일성과 마오쩌둥이 내리는 형식으로 꾸미려 했다. 스탈린은 개전을 승인하면서도 소련군이나 군사고문단의 참전은 없을 것이라고 못 박았고, 전쟁이 시작되자마자 소련군사고문단의 개입 논란을 차단하기 위해 소련군사고문단의 전선 배치를 반대했다.

승리에 들뜬 마오쩌둥과 협의하지 않은 채, 스탈린은 1월 30일 슈티코프에게 보내는 전문에서 이렇게 지시했다.

김일성의 불만은 이해한다. 그가 착수하려고 하는 남한에 대한 큰 과업에 철저한 준비가 필요하다는 사실을 알아야 한다. 문제는 너무나 큰 모험이 되지 않도록 준비하는 것이다. 이 일에 대해 나와 토론하기를 원한다면 그를 접견해 대화할 준비가 항상 되어 있다. 이를 김일성에게 전하고 본인이 이 일에 대해 그를 도울 준비가 되어 있다고 알리기 바란다."[7]

마오쩌둥에게 알리지 않은 채 김일성에게 남침 문제에 대해 청신호를 보내겠다고 통보한 스탈린은, 슈티코프에게 소련에 부족한 납을 북한이 매년 최소 2만 5,000톤씩 공급해달라고 김일성에게 '부탁'해주길 요청했다. 같은 날 슈티코프로부터 스탈린의 면담 허가, 즉 실질적인 개전 허가를 시사받은 김일성은 매우 만족해하며 스탈린의 면담 허락이 사실이냐며 여러 차례 되묻기까지 했다.[8]

2월 2일 스탈린이 슈티코프에게 보낸 전문에서 스탈린의 음흉함 혹은 비밀주의가 여지없이 드러났다. 스탈린은 김일성이 자신과 논의하려는 문제, 즉 남침 문제에 대해 "완전히 비밀을 유지해야" 하며, "중국 동무들은 물론 심지어 북조선 지도부 내의 그 누구에게도 얘기해선 안" 된다고 못 박았다.[9] 적에게 비밀이 노출될 것을 우려하기 때문이라고 했지만, 스탈린의 의도는 분명했다. 스탈린은 남침을 허가하지만, 개전의 책임은 김일성과 마오쩌둥의 협의에 떠넘길 속셈이었고, 소련은 개전에 필요한 군수물자를 북한에 차관으로 제공하지만, 필요한 병력 개입은 마오쩌둥에게 떠넘길, 확고한 계획을 세우고 있었다. 스탈린은 "실질적으로는 최고의 결정권을 갖고 있었고, 동의를 통해 전체적인 방향을 잡아주었으면서도 양도를 통해 이선(二線)으로 물러섬으로써, 그리고 참여를 거부함으로써 최초의 의도를 은폐함과 동시에 최초의 행태를

---

[7] 「스탈린→슈티코프」(1950. 1. 30), 『소련 외교문서』 3권, 62쪽; Archive of the Foreign Policy of the Russian Federation(AVP RF), Fond 059a, Opisi 5a, Delo 3, Papka 11, Listy 92. 영문 번역은 Kathryn Weathersby, 앞의 자료, p. 9.
[8] 「슈티코프→스탈린」(1950. 1. 31), 『소련 외교문서』 3권, 63쪽; APRF, Listy 123-124, Fond and Opisi not given; and AVP RF, Fond 059a, Opisi 5a, Delo 3, Papka 11, Listy 92~93. 영문 번역은 Kathryn Weathersby, "New Evidence on the Korea War," CWIHPB, Issue 6·7(Winter 1995/1996), p. 36. 1950년 1월 31일자 문서는 외무부 번역본에는 수록되어 있지 않고, 웨더스비의 번역본만 수록되어 있다.
[9] 「스탈린→슈티코프」(1950. 2. 2), 바자노프, 앞의 책, 48쪽.

지속했던 것이다."[10]

스탈린의 개전 허락 방침을 감지한 김일성은 2월 4일 즉각적으로 3개 사단 증편 계획과 1951년도분 소련 차관의 1950년도 조기원조 문제를 제기했고, 스탈린은 2월 9일 이를 구두로 허락했다. 앞에서 살펴본 것처럼, 모스크바는 3월 12일, 1951년도분 차관의 조기 공여를 공식 통보했고, 김일성은 3월 14일, 1951년도분 차관 중 7,100만 루블의 조기 공여를 요청했다. 또한 중국인민해방군 내 한인사병의 입북 문제도 심도있게 논의했다.

급격한 무력 증강이 이루어지던 3월 20일, 김일성은 스탈린을 만나 최종 허락을 받아야겠다고 결심했다. 스탈린의 지시에 따라 김일성·박헌영과 만난 슈티코프는 김일성이 박헌영과 함께 4월 초 스탈린 면담을 희망한다고 보고했다. 슈티코프는 "이들은 지난 1946년과 마찬가지로 이번 모스크바에서의 스탈린 동지와의 면담 또한 비공식으로 갖기를 원하고 있다"고 했는데,[11] 1946년과 마찬가지라는 대목은 1946년 7월 비밀리에 이루어진 김일성·박헌영의 방문을 뜻하는 것이었다.[12] 방문 준비를 끝낸 김일성은, 첫째 남북한 통일의 방법 문제, 둘째 북한 경제개발의 문제, 셋째 조·중관계, 넷째 아시아 공산당 및 노동당으로 구성되는 코민포름 조직 문제 등을 스탈린과 협의하고자 했다. 물론 남북통일의 '방법'은 무력을 동원한 위장된 기습공격이었다.[13]

스탈린은 3월 23일 김일성과 박헌영을 만나겠다는 의사를 슈티코프에게

---

10) 박명림(1996), 『한국전쟁의 발발과 기원』 1, 나남출판사, 199쪽.
11) 「슈티코프→비신스키」(1950. 3. 21), 『소련 외교문서』 3권, 64쪽; APRF, Listy 143-144, Fond and Opisi not given; and AVP RF, Fond 059a, Opisi 5a, Delo 3, Papka 11, Listy 94~95. 영문 번역은 Kathryn Weathersby, "New Evidence on the Korea War," *CWIHPB*, Issue 6·7(Winter 1995/1996), p. 38. 거의 같은 문서에 대해 바자노프는 「슈티코프가 스탈린에게 보낸 1950년 3월 23일자 전문 1~2쪽」이라고 했다(바자노프, 앞의 책, 51쪽).
12) 김일성·박헌영이 1946년 7월 비밀리에 모스크바를 방문해 스탈린과 회담한 사실은 중앙일보 특별취재반(1992), 『조선민주주의인민공화국』 상, 292, 326~330쪽에 최초로 지적되었다. 이는 소련 25군 정치사령관이었던 레베데프의 증언에 근거한 것이었다.
13) 「슈티코프→스탈린」(1950. 3. 23), 바자노프, 앞의 책, 51쪽.

전문으로 통보했고,[14] 슈티코프는 3월 24일 김일성을 만나 스탈린의 면담 동의를 통보했다.[15] 김일성은 모스크바 방문일을 3월 30일로 확정했고, 슈티코프는 김일성·박헌영을 위해 특별기 제공을 요청했다. 만약 3월 29일까지 특별기가 평양에 도착하지 않는다면, 김일성 일행은 군함(청진에서 블라디보스토크)과 특별 기차(블라디보스토크에서 모스크바)를 이용할 예정이었다. 김일성은 1949년 3월 모스크바 방문시 동행했던 문일을 통역자로, 개인무관 소천두(Со Чендю: So Chen Diu)[16]를 대동하기를 희망했다.

김일성과 박헌영은 예정대로 3월 30일 모스크바를 향해 떠나, 4월 25일 귀환했다. 1946년 7월의 비공식 방문, 1949년 2월의 공식 방문 이후 세번째 모스크바 방문이었다. 지금까지 1950년 3~4월 김일성·박헌영의 제3차 모스크바 방문에 대해 많은 논의가 있었으나, 정확한 일자를 최초로 제시한 이는 곤차로프였다. 곤차로프는 구소련 외교관 출신인 카피차(M. S. Kapitsa) 및 트카첸코(V. P. Tkachenko)의 증언을 토대로 1950년 3월 30일부터 4월 25일까지 방문했다고 썼지만, 내용과 정확성으로 미루어볼 때 이는 증언이 아니라 문서 확인에 근거한 것으로 추정된다.[17] 이들의 귀환일은 4월 25일이었는데, 평양 시간 16:00시에 보로실로프로부터 북한의 청진(Seisin)에 도착했다.[18]

바자노프에 따르면, 김일성은 모스크바 방문 중 스탈린과 3차례 회담했

---

14) 「한국전 문서 요약」, 23쪽.
15) 「슈티코프→비신스키」(1950. 3. 24), 『소련 외교문서』 3권, 65쪽; APRF, Listy 146~147, Fond and Opisi not given; and AVP RF, Fond 059a, Opisi 5a, Delo 3, Papka 11, Listy 96~97. 영문 번역은 Kathryn Weathersby, 앞의 자료, p. 38.
16) 바자노프는 蘇陳算으로 추정했다(바자노프, 앞의 책, 52쪽 註 9).
17) Sergei N. Goncharov, John W. Lewis, and Xue Litai, *Uncertain Partners: Stalin, Mao, and the Korean War*, Stanford, California, Stanford University Press, 1993, pp. 142~143; 전연방공산당 중앙위원회 국제부, 「김일성의 소련방문(1950. 3. 30~4. 25)에 관한 보고」, 러시아대통령실문서고; 바자노프, 앞의 책, 55쪽 註 10.
18) 「이그나티예프→비신스키」(1950. 4. 25), APRF, Listy 150, Fond and Opisi not given. 영문 번역은 Kathryn Weathersby, 앞의 자료, p. 38. 「한국전 문서 요약」, 24쪽에는 이날 김일성·박헌영이 소련에서 평양으로 귀환한 것으로 되어 있다.

다.[19] 이 자리에서 스탈린은 한국통일 문제에 대해 보다 적극적인 자세를 취할 수 있도록 국제 정세가 충분히 변화했다고 지적했다. 스탈린이 지적한 국제 환경의 변화란 다름 아닌 중화인민공화국의 수립이었다. 스탈린의 발언을 정리하면 다음과 같다.

> 첫째, 중국이 국내 문제를 해결했기에 북한을 원조할 수 있으며, 자국의 다른 필요를 희생시키지 않고도 북한에 파병할 수 있는 병력을 보유하고 있다.
> 둘째, 심리적으로도 아시아 혁명 세력의 역량을 증명함으로써, 아시아의 반동 세력 및 서구·미국 등 배후조종 세력의 취약성을 드러내주었다. 미국은 중국을 떠났고, 신생 중국정부에 군사적으로 도전하지 못했다.
> 셋째, 중국과 소련이 동맹조약(중소 우호동맹상호원조조약, 1950. 2. 14-인용자)을 체결했기 때문에 미국은 아시아에서 공산주의에 도전하는 데 더욱더 주저할 것이다. 미국에서 입수한 정보에 따르면 이는 사실이다.
> 넷째, 미국 내 지배적 분위기는 한국 문제에 간섭하지 않는다는 것이다. 이런 불간섭 분위기는 소련의 원폭 보유, 북한에서 소련의 입장이 공고화됨에 따라 강화되고 있다.[20]

스탈린이 국제 정세의 변화에 따라 남침이 가능하다고 판단하게 된 데에는, 중공의 북한 파병 능력의 보유와 미국의 불개입 가능성 제고라는 두 가지 점이 결정적으로 작용했음을 알 수 있다. 스탈린의 개전 결심의 배경이 된 국제 정세의 전환은 앞서 지적한 것처럼 1949년 8~9월에 완성되었다.

문제는 스탈린이 결심을 했음에도 불구하고 책임을 떠넘기고 싶어했다

---

19) 전연방공산당 중앙위원회 국제부, 「김일성의 소련방문(1950. 3. 30~4. 25)에 관한 보고」, 러시아대통령실문서고; 바자노프, 앞의 책, 52~55쪽.
20) 바자노프, 앞의 책, 52~53쪽.

는 데 있었다. 스탈린은 최고 결정권자로서 결정을 내렸지만, 책임은 지지 않는 특권을 갖고자 했다. 북한에게 중국을 설득해 참전 동의를 받으라는 것이었다.

이 때문에 스탈린은 한국 해방에서 신중히 고려할 점으로, 첫째 미국의 개입 여부, 둘째 중국지도부의 찬성 여부를 들었다. 스탈린은 최고 결정권자임에도 한 발 물러나 있었고, 소련은 한국 문제에 직접 개입하지 않겠다고 노골적으로 강조했다. 스탈린은, 서방 쪽에서 소련은 심각한 도전에 직면해 있기 때문에 북한은 소련이 전쟁에 직접 참가할 것이라고 기대해서는 안 된다고 했다. 스탈린은 다시 한번 김일성에게 마오쩌둥과의 협의를 촉구하면서, 미군이 개입하는 경우 소련은 개입하지 않을 것이라고 못 박았다.[21]

몸이 달아오른 것은 김일성 쪽이었다. 이제 김일성은 스탈린에게 미군이 개입하지 않을 것이고 중공이 당연히 북한을 원조할 것이라고 설명하며 개전에 대한 확신을 부여하는 역할을 담당해야 했다.

먼저 김일성은 미국이 개입하지 않을 이유에 대해 설명했다. 김일성은 소련과 중국이 북한의 배후에 있으며 원조할 능력이 있다는 사실을 잘 알고 있으므로, 미국이 대규모 전쟁의 위험을 무릅쓰지는 않을 것이라고 설명했다. 아마도 김일성은 중국내전의 결정적 분수령이 된 중공군의 양쯔 강 도하(1949. 4) 당시 미군이 개입하지 않은 사실과, 대륙 포기를 천명한 『중국백서』의 간행(1949. 8)을 염두에 두었는지 모르지만, 미국의 불개입 이유에 대한 설명으로는 충분치 못했다. 무력통일의 열망에 들뜬 김일성은 미국이 개입하지 않기를 소망했고 자신의 소망이 현실로 구현되기를 기대했겠지만, 더 이상의 정

---

21) 곤차로프는, 김일성은 스탈린이 운영하는 거대한 체스게임의 졸(pawn)에 불과했고, 스탈린은 한국전쟁이 자신과 미국의 관계에 어떤 영향을 미칠 것인가에만 관심이 있었으며, 전쟁이 그의 거대계획을 촉진하는 경우에만 허락될 수 있었다고 썼다. 이 때문에 스탈린은 마오쩌둥으로 하여금 김일성의 전쟁계획에 동의하게 함으로써 결정권이 마오쩌둥에게 있었다고 자신있게 말할 수 있었다는 것이다(곤차로프, 앞의 책, 142, 145쪽).

합적 설명은 불가능했다. 1949년 초 김일성의 대남공격 요청을 거부하면서 스탈린이 내세운 두 가지 이유 중 하나가 바로 미국의 개입 가능성이었다. 그러나 스탈린은 1950년 3월에는 더 이상 김일성에게 보증을 요구하지 않았다. 이는 스탈린이 김일성의 정세관, 즉 미국이 중국에 개입하지 않았고 나아가 대륙을 포기한 것처럼 한국에도 개입하지 않으리라는 판단에 동의했음을 의미한다.

그렇지만 개전 직후 이는 주관적 오판임이 분명히 드러났다. 역설적으로 미국은 중국 대륙의 실함이 가져온 위신의 손상을 만회할 생각이었다. 중국의 실함 이후 한반도까지 공산화될 경우 미국은 아시아 대륙에서 교두보와 세력을 상실함은 물론, 일본과 태평양까지 위협받을지 모르는 상황이었다. 나아가 이는 장기적으로 유럽 동맹국들이 미국의 결의와 위신에 심각한 의문을 제기할 것이었다. 개전 직후 미국의 즉각적 개입과 전면적 공세·유엔의 활용은 준비되어 있던 계획의 실현이었다. 즉 일부 '유도론' 자들이 얘기하듯, "거짓된 진술에 기초한 저들(북한·소련)의 오산을 유도" 할 계획이었는지도 모른다.

보다 중요한 것은 대남공격에 대한 김일성의 자신감이었다. 사실 김일성이 제시한 미국 불개입 단정은, 미국이 남한을 포기한다거나 세계대전을 우려해 참전에 회의적일 것이라는, 미국 정책에 대한 정확한 판단에서 비롯된 것이 아니었다. 김일성은 북한의 압도적 공격 능력과 전쟁의 신속한 전개를 확신했고, 이에 따라 미국이 개입할 시간적 여유가 없을 것이라고 판단했다. 즉 김일성은 미국이 '개입할 의도가 없다' 가 아니라 '개입할 시간적 여유가 없다' 는 판단을 하고 있었다. 김일성은 대남공격이 신속히 전개될 것이며, 전쟁은 3일 내에 북한이 승리를 거두게 될 것이라고 주장했다. 잘 알려진 3일 승리론이었다. 그만큼 전쟁 승리에 자신감을 보인 것이지만, 1949년 신성모의 3일 북벌론처럼 당황스럽고, 군사적으로 무리한 발언이었다.

김일성이 제시한 3일 승리론의 배경은 남한 내 유격대 운동이 보다 강력해져, 대규모 봉기가 기대되기 때문이라는 것이다. 그러므로 미국은 준비할 시간이 없을 것이며, 정신을 차릴 즈음이면 한국의 전 주민들이 새로운 정부를 열광적으로 지지하고 있을 것이라고 강조했다. 박헌영 역시 김일성의 분석에 동조하고 나섰는데, 박헌영은 남한 내에서 유격대 활동이 강력하게 벌어지고 있어, 20만 명의 당원들이 대중봉기의 지도자로 참가하게 될 것이라고 했다.

1950년 3월 김일성·박헌영과 스탈린의 회담은, 이후 한국전쟁 연구에서 중요한 쟁점이 된 3일 전쟁 시나리오와 20만 당원 봉기설이 어디에서 비롯되었는지를 잘 보여주었다. 김일성과 박헌영이 구상한 3일 전쟁 시나리오는, 북한군이 서울을 중심으로 한 남한군의 방어중심을 돌파해 주력부대를 섬멸함으로써 전열 재정비나 반격의 여유를 주지 않는 정규전을 벌이는 동시에, 유격대의 비정규전 강화 및 대규모 대중봉기가 결합됨으로써 '연합정부' 수립이라는 정치·군사적 승리를 3일 내에 획득한다는 것으로 요약할 수 있다. 즉 정규전과 비정규전의 결합, 군사전과 정치·선전전의 배합을 통한 승리를 예상한 것이었다.

다음으로 김일성은 마오쩌둥의 동의·지지 가능성에 대해서도 설명했다. 김일성은 마오쩌둥이 조국 해방에 대한 자신의 소망을 지지해왔고, 중국혁명 완수 후 중국이 북한을 도울 것이며 필요하다면 병력을 제공할 의사가 있다고 여러 차례 표명했다고 주장했다. 마지막으로, 김일성은 통일 문제에서 북한은 자력에 의지하기를 원하며, 또 그렇게 할 수 있을 것으로 믿고 있다고 덧붙였다.

이상이 1950년 4월 모스크바에서 있었던 스탈린과 김일성·박헌영의 회담 내용이다. 곤차로프는 모스크바 방문에서 김일성·박헌영이 스탈린으로부터 명백한 찬반 결정을 듣지 못했다고 주장했지만,[22] 이는 사실이 아니었다. 김일성의 방문 이전에 스탈린은 북한군 10개 사단 증강 계획과 그에 필요한 차관 제공을 승인했고, 중국인민해방군의 북한 입국을 통한 병력 증가를 알고

---

22) 곤차로프, 앞의 책, 143쪽.

있었다. 모스크바 방문시 스탈린은 엄밀히 말해 '승인' 했고, 책임 전가를 위한 조건으로 중국의 동의와 미군 불개입 장담을 요구했을 뿐이다.

김일성은 스탈린의 승인을 받은 직후, 곧바로 마오쩌둥의 동의를 얻기 위해 북경으로 날아갔다. 김일성이 모스크바를 방문하고 있던 3월 말 북경에서는 마오쩌둥과 주중대사 이주연의 면담이 있었다. 마오쩌둥은 김일성의 면담 요청에 찬성하며 4월 말에서 5월 초 회담을 개최할 것과, 만약 한국통일의 구체적 계획이 있다면 비공식 면담으로 하지만 아직 구체적 계획이 없다면 공식 면담으로 하자고 했다.[23] 김일성이 모스크바를 비밀 방문 중이었기에 이주연은 김일성이 신병 치료 중이라고 둘러대며 시간과 절차에 대해 회답하지는 않았다.

이주연이 김일성에게 보낸 또 다른 보고에 따르면, 저우언라이 역시 김일성과의 공식 면담을 제안했고, 마오쩌둥은 가까운 장래에 대남전쟁을 시작하길 원하면 비공식 면담으로 하자고 했다. 또한 마오쩌둥은 한국의 통일은 평화로운 방법으로는 불가능하며 전쟁의 길밖에 없으며, 미국에 대해서는 두려워할 필요가 없다고 강조했다. 이주연의 보고에 따르면, 마오쩌둥은 "이렇게 작은 영토를 위해 미국이 제3차 세계대전을 일으키지는 않을 것이다"고 발언했다.[24] 김일성은 5월 10일 이주연을 평양으로 소환했고, 김일성의 북경 방문과 관련한 지시를 받은 이주연은 5월 12일 마오쩌둥과 면담했다. 마오쩌둥은

---

23) 「이그나티예프→비신스키」(1950. 4. 10), 『소련 외교문서』 3권, 66쪽; APRF, Listy 148-149, Fond and Opisi not given; and AVP RF, Fond 059a, Opisi 5a, Delo 3, Papka 11, Listy 98~99. 영문 번역은 Kathryn Weathersby, "New Evidence on the Korea War," *CWIHPB*, Issue 6·7(Winter 1995/1996), p. 38. 이 문건은 북한외무성 부상이 당시 모스크바를 방문 중이던 김일성에게 이주연과 마오쩌둥의 면담 결과를 보고하기 위해 슈티코프에게 전달해달라고 요청한 것이었다. 그런데 5월 12일자 김일성·슈티코프의 회담 내용에 따르면, 이주연의 보고문건은 모스크바에 있던 김일성에게 전달되지 않은 것으로 보인다.
24) 「슈티코프→비신스키」(1950. 5. 12), 『소련 외교문서』 3권, 68~69쪽; APRF, Listy 151~154, Fond and Opisi not given; and AVP RF, Fond 059a, Opisi 5a, Delo 3, Papka 11, Listy 100~103. 영문 번역은 Kathryn Weathersby, 앞의 자료, pp. 38~39.

이주연이 제시한 날짜에 김일성과 면담하는 데 동의했고, 5월 12일 김일성·박헌영은 슈티코프와 만나, 5월 13일 오전 북경행 비행기 제공을 요청했다.

김일성은 슈티코프에게 마오쩌둥과의 면담 문제를 노동당 중앙위원회에서 토론하지 않았으며 단지 정치국 위원인 김책하고만 논의했다고 밝혔다. 김일성은 마오쩌둥과 협의하고 싶은 문제들로 다음을 들었다.

1. 무력통일 의도를 중국에 알리고 회담 결과를 모스크바에 통지하는 문제
2. 조·중 무역협정 체결 문제. 김일성은 무역협정에 대해서는 가까운 장래에 서명을 제안할 예정이나 우호조약은 한국통일 후에 서명하기를 희망
3. 모스크바회담(스탈린-김일성)의 결과를 마오쩌둥에게 통보하고 북로당과 중공당 중앙위원회 간의 보다 긴밀한 관계 수립에 대해 제의
4. 조·중 공통의 관심사인 수력발전소 문제 및 중국 거주 한인들에 관한 문제

김일성과 박헌영은 5월 13일 05:20분 북경으로 출발했다. 북경에 도착한 이들은 5월 13일 저녁과 5월 15일 두 차례에 걸쳐 마오쩌둥과 면담했고 5월 15일까지 체류했다. 5월 13일 저녁 회담에서 김일성은 북한이 남침해도 좋다는 스탈린의 지령이 있었다고 밝혔고, 마오쩌둥은 이를 확인하기 위해 자정이 가까운 23:30분 저우언라이를 주중소련대사 로신(Roshcin)에게 보내 스탈린의 긴급 회답을 요청했다. 로신의 전문을 접수한 소련외무성은 5월 14일 새벽 5:30분 비신스키 명의로 마오쩌둥에게 답전을 보냈다. 필리포프(스탈린)가 김일성과의 모스크바회담 내용을 설명하는 다음과 같은 내용이었다.

마오쩌둥 동지에게. 북한 동지들과의 회담에서 필리포프(Filippov) 동지와 그의 측근들은 현 국제 상황이 변하였으므로 남북한 통일사업에 착수하겠다는 북한 동지들의 제안에 동의하였음. 이와 관련하여 이 문제는 중국 동지와 북한 동지 간에 사전에 합의가 되어야 하며, 만약 북한측과 중국측이 문제 해결 방법에서

이견을 보일 경우, 문제 해결을 위한 새로운 논의가 이루어질 때까지 미루어 두어야 함. 회담 내용에 관한 자세한 사항은 북한측에서 귀하에게 자세히 설명할 것임. 필리포프.[25]

스탈린은 여전히 마오쩌둥과 김일성에게 개전 결정의 책임을 떠넘기는 태도를 취하며, 조·중 간 합의가 되지 않으면 무력 공격을 연기해야 한다는 입장을 표명했다. 5월 14일 주중 소련대사 로신은 스탈린의 메시지를 마오쩌둥에게 전달했고, 마오쩌둥은 남북한의 정세 및 남북 간 군사력 비교에 대해 북한 지도부와 의견을 같이한다고 했다. 마오쩌둥은 로신에게 중국은 한국통일 후 중소조약을 모델로 조·중 간 우호·동맹 및 상호원조조약을 체결할 것을 제의했으며, 현안에 대한 최종 결정은 필리포프(스탈린) 동지의 의견을 접수한 뒤에 하게 될 것이라고 언급했다.[26] 바꿔 말하면 마오쩌둥 역시 개전에 관한 스탈린의 의견을 접수한 뒤에 최종 결정을 내릴 것이라고 함으로써 공을 다시 소련측에 넘겼다.

현재 러시아가 공개한 구소련 문서 중 스탈린이 마오쩌둥에게 어떤 확신을 주었음을 확인해주는 기록은 없다. 과연 마오쩌둥이 김일성과 함께 개전 결정의 책임을 부담하라는 스탈린의 메시지에 따랐는지, 아니면 마오쩌둥의 지적처럼 스탈린이 '의견'을 제출한 후 최종 결정이 내려졌는지는 현재로서는 판단하기 어렵다.[27] 분명한 것은 1950년의 시점에서 소련의 도움 없이 국

---

25) 「비신스키→모택동」(1950. 5. 14), 『소련 외교문서』 3권, 72쪽; APRF, 영문 번역은 Commentary by Jim Hershberg; translated by Vladislav M. Zubok, and Kathryn Weathersby, "More Documents from the Russian Archives," *CWIHPB*, Issue 4 (Fall 1994), p. 61.
26) 1950. 5. 14(「한국전 문서 요약」, 25~26쪽). 스탈린은 5월 16일 마오쩌둥에게 전문을 보내, 한반도 통일 직후 중국과 북한 간의 우호조약, 즉 동맹 및 상호원조협정 체결에 찬성한다고 밝혔다(「스탈린이 마오쩌둥을 위하여 로신에게 보낸 1950년 5월 16일자 전문」, 바자노프, 앞의 책, 68쪽).
27) 러시아가 구소련 문서를 공개하면서 문서들을 선별했다는 혐의는 이 부분에서도 적용된다. 1950년 5월 14일 주중소련대사 로신과 마오쩌둥의 대담 내용 및 스탈린의 '의견' 전달 여부는, 한국전쟁 개전 결정에서 조·중·소 3국의 역할을 보여주는 결정적 부분이지만, 러시아는 관련 문서를 공개하지 않았다. 한

공내전에서 승리한 마오쩌둥 역시 스탈린에게 복종하는 태도를 갖고 있었다는 점이다. 마오쩌둥은 1949년 12월부터 이듬해 2월까지 모스크바를 방문해 스탈린과 회담했는데, 혁명의 승리로 자신만만하던 마오쩌둥은 스스로를 '스탈린의 제자'로 자처했다.[28]

긴박했던 5월 14일이 지나고 5월 15일, 김일성·박헌영을 만난 마오쩌둥은 개전 문제에 완벽하게 동의하는 태도를 보였다. 조·중 최고지도자들은 남침 문제에 대해 상세한 의견 교환을 했다. 이 회의 직후 저우언라이와 박헌영은 주중 소련대사 로신에게 회담 결과를 설명했는데, 이는 상당한 부분에서 차이가 있었다.[29]

박헌영의 설명에 따르면, 김일성은 마오쩌둥에게 모스크바회담에서 스탈린과 합의한 3단계 남침계획,[30] 즉 1단계(병력의 준비 및 집중배치), 2단계(북한의 평화통일 제안), 3단계(남한의 평화통일 제안 거부 후, 군사작전 개시)를 설명했고, 마오쩌둥은 이 계획에 전적으로 찬성했다. 노련한 군사 지휘관이었던 마오쩌둥은 몇 가지 중요한 군사적 권고를 했는데, 그 중 가장 주목되는 것은 "조선인민군은 신속히 행동하고, 대도시들을 점령하는 데 시간을 낭비하지 말고 우회하여 진격하며, 적의 무장한 군사력을 파괴하는 데 노력을 집중해야 한다"고 지적한 부분이었다. 유격전으로 시작해 국공내전에서 잔뼈가 굵은 백전노장다운 지적이었다. 실제로 한국전쟁 당시 북한군은 서울·춘천·대전 같은 대도시를 '해방'하는 데 골몰한 탓에 한국군의 주력부대가 재편되어 방

국전쟁 당시 스탈린은 아무 책임도 지지 않으려 했고, 현재의 러시아 역시 북한과 중국에 그 책임의 대부분을 떠넘기는 문서들만을 공개하고 있다는 혐의에서 자유로울 수 없다.
28) АПРФ, Ф. 45, оп. 1, д. 329, лл. 9~17; АПРФ, Ф. 45, оп. 1, д. 329, лл. 29~38. 기광서 (2000), 「소련의 한국전 개입과정」, 『국제정치논총』 제40집 3호에서 재인용.
29) 「로신→필리포프」(1950. 5. 15), 바자노프, 앞의 책, 66~67쪽.
30) 「한국전 문서 요약」에는 "북한이 3단계 계획을 수립했다"고 되어 있다. 이는 러시아측의 명백한 사실 조작이며, 러시아의 문서공개 의도를 짐작케 하는 대목 중의 하나이다. 다음에서 살펴볼 것처럼, 이 3단계 계획은 1950년 4월 스탈린이 제안한 것이었다.

어선을 구축할 수 있는 시간을 허락했고, 이는 결국 북한의 남침이 실패로 돌아간 중요한 이유 중 하나가 되었다.

박헌영과 저우언라이의 설명이 엇갈린 부분은 다름 아닌 일본군·미군의 참전 가능성에 대한 평가에서였다. 박헌영의 설명에 따르면, 마오쩌둥은 김일성에게 일본군의 전쟁 개입 가능성에 대해 물었고 김일성은 가능성이 거의 없다고 답했다. 김일성은 미국이 2~3만 명의 일본군을 한국에 파견할 수도 있지만, 정세에는 영향을 주지 않을 것이라고 했다. 저우언라이의 설명은 이와는 상당히 달랐다. 저우언라이에 따르면, 마오쩌둥은 일본군 참전시 전쟁이 장기화될 가능성이 있으며, 나아가 일본군이 아니라 미군이 직접 전쟁에 개입할 가능성이 있음을 김일성에게 경고했다. 저우언라이에 따르면, 마오쩌둥의 경고에 대해 김일성은 미국인들이 극동에서 군사적으로 개입하겠다는 의향을 보인 적이 없으며, 미국이 싸우지 않고 중국을 떠났으니 한반도에서도 그와 마찬가지로 소극적으로 대응할 것으로 기대된다고 반박했다.[31]

박헌영에 따르면, 이날 회담에서 중공군의 참전 여부도 논의되었다. 마오쩌둥은 만약 미군이 전쟁에 개입하면 중국은 병력을 동원해 북한을 돕겠다고 발언했다. 마오쩌둥은 또한 소련은 미국과 38선에 관한 협정의 제한 때문에 전투 참가가 쉽지 않은 반면, 중국은 그런 의무가 없으므로 쉽사리 북한을 원조할 수 있다고 주장했다.

한편 대만 해방과 남한 해방의 연관 문제에 대해서도 논의되었다. 마오쩌둥은 중국이 대만을 점령한 후 북한의 남침이 시작되면 북한을 충분히 도울 수 있지만, 북한이 현시점에서 작전 개시를 결정했기에 이 작전은 이제 조·중 양국의 공동 과제가 되었고, 중국은 이에 동의하며 필요한 협력을 제공하겠다

---

[31] 이와 관련한 구소련 문서는 현재 공개되어 있지 않다. 그러나 「한국전 문서 요약」, 27쪽에 따르면, 1950년 7월 저우언라이는 로신에게 "마오쩌둥은 (1950년) 5월 김일성과 만났을 때 한국전쟁에 대한 미군의 직접 참전 가능성을 경계해야 한다고 했으나 김일성은 그럴 가능성이 거의 없다고 답했다"는 점을 지적했다.

는 의사를 표명했다. 마오쩌둥은 조·중 국경에 중국군의 추가 배치나 무기 및 탄약의 공급이 필요한지 여부를 물었으나 김일성은 감사의 뜻을 표하며 이 제의를 사양했다.[32] 김일성은 이미 병력과 무장을 완비해놓은 상태였고, 남은 것은 스탈린의 '허가'와 마오쩌둥의 '동의'뿐이었기 때문이다.

이날 저녁 마오쩌둥은 김일성을 위한 만찬을 베풀었다. 이 자리에는 소련 대사 로신과 페도렌코 참사관이 동석했다. 만찬 전에 김일성은 로신에게 마오쩌둥과의 협상이 매우 부드럽게 진행되었고, 그가 해방계획에 전적으로 찬성했을 뿐만 아니라 스탈린-김일성의 모스크바회담의 합의사항을 지지했다고 밝혔다.[33] 김일성은 마오쩌둥과 모든 문제에 대해 완전 합의에 도달했다고 주장했지만 마오쩌둥은 여전히 미국의 개입 가능성을 우려했고, 개전 결정의 책임 소재 혹은 권한이 스탈린에게 있는지, 아니면 김일성과 자신에게 돌려진 것인지를 의아해했다.

결국 김일성은 1950년 4월 스탈린의 최종 '재가'를 얻었고, 5월에는 스탈린 재가의 부속 조건이었던 마오쩌둥의 '동의'를 얻는 데 성공했다. 그러나 스탈린은 책임의 소재를 마오쩌둥과 김일성의 합의로 떠넘겼고, 마오쩌둥은 스탈린과 김일성의 합의가 동의의 기초라고 주장했다. 동아시아 3국 공산주의 지도자들의 기묘한 연대는, 비극적인 한국전쟁의 결과를 생각해보면 처음부터 무책임한 것이었다. 김일성은 실패에 대한 고려나 두려움 없이 무력통일에 대한 열망으로 불타올라, 스탈린과 마오쩌둥을 설득하는 데 성공했다. 그러나 이들 3자의 합의는 미군 개입과 전쟁 실패의 경우, 대부분의 책임을 김일성이 져야 하는 구조를 원초적으로 갖추고 있었다.

---

32) 「한국전 문서 요약」, 27쪽.
33) 「로신→스탈린」(1950. 5. 15), 바자노프, 앞의 책, 68쪽.

2. 전면 선제공격의 결정과 개전 준비

1950년 3월 30일부터 4월 25일까지 모스크바를 방문한 김일성·박헌영은 스탈린과 개전 문제에 대해 최종 합의했다. 스탈린은 마오쩌둥과의 협의를 조건으로 제시했지만, 이미 북한의 선제공격은 결론이 난 상태였다. 나아가 스탈린은 북한의 한국전 개전 전략과 관련해 중요한 역할을 담당했다.[34] 스탈린은 전쟁 준비와 구체적인 공격 계획, 두 부분으로 나누어 김일성에게 '교시'했다. 먼저 철저한 전쟁 준비가 필수적이라고 강조한 스탈린은, 군대의 전투 준비 강화가 가장 중요하다며, 부대의 추가 편성, 정예 공격사단 편성, 각 사단의 무기 증강·기계화된 수송·전투 장비 보유 등을 강조했다. 스탈린은 이와 관련한 김일성의 요청을 완전히 충족시켜주겠다고 했다.

우리가 보다 주목해야 할 점은 스탈린의 공격 계획 구상이었다. 스탈린은 구체적인 공격 계획이 3단계로 구성되어야 한다고 지적했다. 스탈린이 지적한 3단계 공격 계획은 다음과 같았다.

(1) 38선에 인접한 특정 지역에 병력을 집중 배치한다.
(2) 북한 최고 당국이 새로운 평화통일 제안들을 제시하면, 분명 남한은 이러한 제안들을 거부할 것이다. 남한이 거부한 후 이에 대한 반박이 있어야 한다.
(3) 개전한 쪽을 위장하는 데 도움이 되므로, 옹진반도에서 적과 교전한다는 (김일성) 동무의 생각에 동의한다. 북한이 공격하고 남측이 반격한 뒤에 전선을 확대할 기회가 마련될 것이다. 전쟁은 속전속결을 지향해야 하며 남조선과 미국이 정신을 차릴 시간을 주어서는 안 된다. 그들이 강력한 저항을 도모하고 국제적 지지를 동원할 시간을 갖도록 해서는 안 된다.(번호는 인용자)[35]

---

34) 이하는 전연방공산당 중앙위원회 국제부, 「김일성의 소련방문(1950. 3. 30~4. 25)에 관한 보고」, 러시아대통령실문서고(바자노프, 앞의 책, 52~55쪽).

즉 (1) 38선 특정 지점으로의 병력 집중, (2) 위장 평화통일 공세, (3) 옹진에서 개전해 국지전의 전면전화라는 3단계 공격 계획은, 기존에 언급되었던 3단계 작전 계획 혹은 선제타격계획이 어디에서 연유했는가를 잘 보여준다.

(3)에 대한 토루크노프의 기술은 바자노프의 것과 상당히 뉘앙스가 달랐다.[36] 해당 부분을 인용하면 다음과 같다.

> 옹진반도 **타격(нанесение удара) 구상**은 옳다. 계획에 동의한다. 누가 최초로 '전투 혹은 군사행동'(военные действия)을 시작했는지 진실을 은폐하는 데 유리하다. 남측의 **반격(контратака)**이 있은 뒤 전선을 확장할 기회가 생길 것이다. 전쟁은 반드시 **전격적으로** 이루어져야 하며, 적이 제정신 차릴 틈을 절대 허용해선 안 된다.(강조는 인용자)[37]

안승환의 지적처럼, 스탈린이 강조한 전쟁의 핵심 개념은 바로 전격전(blitzkrieg)이었다. 2차 대전 초기 독일군이 창안해낸 이 작전술은, 신속한 기동과 기습의 배합, 기계화부대와 공군력에 의한 급속한 진공작전의 결합이었

---

35) 전연방공산당 중앙위원회 국제부, 「김일성의 소련방문(1950. 3. 30~4. 25)에 관한 보고」, 러시아대통령실문서고(바자노프, 앞의 책, 52~55쪽). 그러나 1960년대 소련문서에는 이 3단계 작전 계획이 북한으로부터 나온 것으로 되어 있다〔「1950~53년 한국전쟁과 휴전협상에 대해」(1966. 8. 9); Foreign Ministry report, "On the Korean War, 1950~1953, and the Armistice Negotiations," 9 August 1966, Storage Center for Contemporary Documentation(SCCD), Moscow, Fond 5, Opisi 58, Delo 266, Listy 12~131, translated by Kathryn Weathersby, "New Findings on the Korean War," *CWIHPB*, Issue 3(Fall 1993), pp. 1, 14~18; *CWIHPB*, Issue 5(Spring 1995), p. 9, n. 3〕.
36) 토루크노프에 따르면, 스탈린-김일성의 3차례 회담에 관한 회의록은 구소련문서보관소에서 아직까지 발견되지 않았다. 다만 옐친 대통령의 고문이자 구소련공산당 중앙위원회 정치국 문서를 독점적으로 볼 수 있었던 볼코고노프가 소장한 회의록 사본을 빌려 읽을 수 있었다고 한다〔안승환(2002), 「주북한 소련 군사고문단의 북한군 지원활동(1946~1953년)」, 『한국전쟁사의 새로운 연구』 2, 국방부 군사편찬연구소, 421쪽〕.
37) Торукнов А. В. *Загадочшная война: Корейский конфликт 1950~1953 года* (А. В. 토르쿠노프, 『수수께끼 같은 전쟁: 한국분쟁 1950~53년』), 모스크바, 2000, pp. 58~59(안승환, 위의 논문, 421쪽에서 재인용).

다. 특히 구데리안(Guderian)의 탱크부대 기동은 이후 기동전(maneuver warfare)의 원조가 되었다. 군사적으로 무능했던 스탈린 역시, 2차 대전기 독일군과의 전쟁을 통해 전격전·기동전의 개념을 체득했고, 수많은 희생과 위기를 경험한 뒤 스스로 원수라 칭할 수 있었다. 소련군 장군들 역시 마찬가지였다. 그들은 손쉬운 상대로 여겼던 핀란드와의 힘겨운 전쟁을 겪고, 1941년 6월 히틀러의 기습공격 이후 독일군과의 생사를 건 격전 끝에 살아남아, 단련된 지휘관과 참모 들로 변신했다.[38]

전격전이 가능하기 위해서는, 초기에 적의 두터운 방어선을 붕괴시키는 압도적인 포병, 벌어진 틈으로 적의 종심 깊숙이 침투하는 탱크·기계화부대의 돌파, 적 후방에 대한 폭격과 공수부대 투하, 충격을 확산시키는 보병부대의 빠른 기동과 돌격이 입체적으로 요구되었다. 탱크를 중심으로 한 기계화부대는 적을 심리적으로 마비시키고 '격멸'·'섬멸' 하는 중요한 요인이자, '망치와 모루'로서, 적을 초기에 분쇄할 수 있는 방안이었다.

하지만 가장 큰 문제는 이러한 전격전·기동전·입체전을 소화할 수 있는 장군과 참모 들이 북한군에 없었다는 것이다. 북한군의 수준과 능력은 작전을 자유자재로 수행할 수 있는 것과는 거리가 멀었다. 이런 측면에서 스탈린의 교시는, 북한군이 자력으로 해결할 수 없는 전략이자 전술이자 작전이었다. 이 때문에 스탈린의 장군들과 참모들이 작전 계획을 담당해야 했고, 주요 명령서는 러시아어로 작성되어 러시아 군사고문들의 판단과 결정에 의존해야 했다. 북한군 지휘관·참모의 능력 부재, 북한군의 훈련 수준과 능력을 넘어서는 '번역된 명령', 지휘와 자문의 괴리가 북한군 내부의 가장 핵심적인 문제였다. 이는 북한이 초기의 승리에도 불구하고 제대로 한국군을 격멸·섬멸하

---

[38] 바실 리델 하트 지음·주은식 옮김(1999), 『전략론』, 책세상, 343~363, 396~410쪽; 리처드 심킨 지음·연제욱 옮김(1999), 『기동전』, 책세상, 108~117쪽; 드미트리 볼코고노프 저·한국전략문제연구소 역(1993), 『스탈린』, 세경사.

지 못한 기본 요인이었다. 이런 측면에서 보면, 한국전쟁은 표면적으로는 북한의 전쟁이었지만, 군사교리·전략·전술에서는 소련과 스탈린의 전쟁이었다. 코로트코프는 북한군의 전쟁계획이 작전 의도, 작전 기동 형태, 공격 템포 계산, 주요 공격 방향에서 군사력의 우위를 점하려고 애썼다는 점 등에서 소련과 똑같았다고 평가했다. 이는 스스로를 20세기 최고의 장군으로 여긴 대원수 스탈린의 개인적 통제하에서 모든 것이 이루어졌고, '스탈린 전쟁학'에 준해서 전쟁 준비가 이루어졌기 때문이다.[39)]

스탈린은 이미 1949년 3월과 9월 '도발받은 정의의 반공격전'이라는 개전 형식을 북한에 제시한 바 있다. 당시 스탈린은 남한이 북침해올 때를 기다려 반공격하는 방식으로만 개전할 수 있다고 주장했다. 1949년 8~9월 김일성은 남한의 대북공격 지연에 따라 그 대안으로, ① '도발받은 정의의 반공격전'과 평화통일 제안 거부를 연계하는 시나리오와, ② 옹진 부분 점령 및 옹진 국지전의 전면전화 시나리오를 주장하며 옹진-개성 지역에 대해 강조했다. 슈티코프 역시 9월 시점에서 옹진-개성에서의 국지전에 찬성하며, 남한이 먼저 도발했거나 스파이 행위를 했기에 보복한다는, '도발받은 정의의 반공격전' 시나리오를 제시했다.

결국 1950년 4월 스탈린의 결론은, 자신이 '교시'한 ① '도발받은 정의의 반공격전'이라는 기본적 전쟁 개념하에, ② 위장 평화통일 공세·옹진-개성 부분 점령·국지전의 전면전화라는 김일성의 구상과, ③ 전쟁 발발 책임 전가에 관한 슈티코프의 구상을 교묘하게 결합한 방식이었다. 즉 개전의 방식, 명분, 장소 등에 관한 스탈린의 교시가 평양의 김일성과 슈티코프의 화답을 통해 보다 구체화된 메아리로 스탈린에게 되돌아온 셈이었다.

이미 군사적인 측면에서는 미군의 개입 이전에 속전속결로 북한의 승리를 보장할 수 있을 정도로 공격 준비가 완성 단계에 있었다. 스탈린과 김일성은

---

39) 코로트코프 저·어건주 역(1992), 『스탈린과 김일성』 I, 273쪽.

군사적 승리가 보장되는 전쟁이라 하더라도 미국의 전쟁 개입을 방지하고 전쟁 책임 소재에 대한 정치적 선전효과를 위해, 남한이 평화통일을 거부하고 먼저 개전했기에 반격에 나섰다는 시나리오에 집착했다. 그러나 구체적인 개전 일자에 대해서는 언급할 수 없었는데, 이는 북한군의 개전 준비 상황과 맞물려 있었기 때문이다.

김일성의 평양 귀환 이후 이 시나리오는 실행에 옮겨졌다. 시나리오가 제시하는 대로 전쟁 계획은 정치적 측면과 군사적 측면에서 동시에 준비·진행되었다. 군사적인 측면에서 김일성과 스탈린은 4월 모스크바회담에서 이미 1950년 여름까지 인민군 동원을 완료하고 이때까지 소련 고문관들의 도움을 받아 조선인민군 참모들이 구체적인 작전 계획을 수립하자고 합의했다.

김일성은 모스크바에서 돌아온 직후 민족보위성 총참모장 강건(姜健)에게 작전 준비에 관해 필요한 지침을 전달했고, 강건은 5월 초 준비 작업에 돌입했다. 5월 12일 슈티코프와의 면담에서 김일성은 6월에 작전을 시작하는 것이 자신의 희망이지만 이 기간까지 준비가 완료될지 염려된다고 밝힌 것으로 미루어, 이미 그가 6월 중 개전을 염두에 두고 있었음을 알 수 있다.[40]

5월 29일 슈티코프는 5월 27일 김일성과의 회담에서 얻은 중요한 내용들을 보고했다.[41] 이날 슈티코프의 보고서는 북한의 한국전쟁 계획 수립 및 추

---

40) 「슈티코프→비신스키」(1950. 5. 12), 『소련 외교문서』 3권, 68~69쪽; APRF, Listy 151~154, Fond and Opisi not given; and AVP RF, Fond 059a, Opisi 5a, Delo 3, Papka 11, Listy 100~103. 영문 번역은 Kathryn Weathersby, "New Evidence on the Korea War," CWIHPB, Issue 6·7(Winter 1995/1996), pp. 38~39.

41) 「駐北韓蘇聯大使가 전쟁준비 상태 및 공격시기를 스탈린에게 報告하는 電文」, 드미트리 볼코고노프 저·한국전략문제연구소 역(1992), 『스탈린』, 세경사, 459~462쪽. 같은 책 373쪽에 따르면, 이 문서의 출처는 크레믈린 문서고(Kremlin Archives : KA) 45/1/346/94로 되어 있다. 아마도 Fond 45, Opisi 1, Delo 346, Listy 94를 의미하는 것으로 보인다. 볼코고노프는 5월 30일에 보고한 5월 29일자 면담 내용이라고 썼지만, 동일한 내용을 전재한 바자노프에 따르면, 슈티코프가 스탈린에게 보고한 5월 27일자 전문으로 되어 있다(바자노프, 앞의 책, 72~73쪽). 한편 「한국전 문서 요약」에는 보고 일자가 5월 29일자로 되어 있다(「한국전 문서 요약」, 27쪽). 한편 안승환은 원문에 근거해 보고 일자가 5월 27일이라고 했는데(안승환, 앞의 논문, 356쪽, 주 38), 여기서는 5월 27일자 면담, 5월 29일 보고로 정리했다.

진과 관련해 매우 중요한 내용들을 담고 있었다. 이 보고서를 꼼꼼히 분석하면 북한의 한국전쟁 개전 전략과 관련한 몇 가지 중요한 결절점을 포착할 수 있다.[42]

첫째, 북한의 무장 강화 및 전투 준비 완료 문제였다. 김일성은 모스크바 회담에서 스탈린이 약속했던 무기들이 대부분 도착했으며, 이 무기들은 신편성된 사단에 공급되어 6월 1일까지는 각개 병사들에게 지급 완료될 예정이라고 밝혔다.[43] 김일성은 신편성된 사단들을 사열했는데, 이 사단들의 전투 준비 완료는 6월 말로 예정되어 있었다. 슈티코프는 김일성의 발언을 인용해 6월 1일까지 부대 편성이 완료될 예정이며, 북한군은 6월까지 전투 활동 개시에 필요한 준비를 완비할 것이라고 보고했다. 김일성은 해군의 부대 편성이 다소 지연되고 있으며 해군함정이 신속히 필요하다고 했다. 슈티코프는 6월 초까지는 해군함정이 도착할 것이라고 답변했다.

김일성은 북한 보병부대들이 이미 5월 말에 전투 작전을 수행할 준비가 되어 있다고 지적하며, 구체적으로 10개 사단 중 7개 사단이 "이미 공격작전을 수행할 만반의 준비가 되어 있다"고 했다. 전차(땅크)여단과 오토바이(모터찌클)연대도 준비가 완료된 상태였다.[44] 신편된 3개 보병사단은 6월 중 전투 준비를 완료한 뒤 제2제대(梯隊)로 임무를 부여받을 예정이었다. 여기서 북한이 5월 말에 사실상 전투 준비를 완료했고, 7개 보병사단과 1개 탱크여단·1개 모터사이클연대로 공격을 개시하며, 3개 보병사단은 예비사단으로 후비에 남

---

42) 이하는 1950년 5월 30일 슈티코프가 스탈린과 관계 각료(몰로토프, 말렌코프, 베리아, 미코얀, 카가노비치, 불가닌, 비신스키, 그로미코 등)에게 보낸 전문에서 인용〔볼코고노프(1992), 앞의 책, 459~462쪽〕.
43) 볼코고노프, 앞의 책, 459쪽.
44) 김일성은 1950년 5월 23일 조선인민군 제603군부대 1대대 1중대 군인들과 만났는데, 이 부대는 모터사이클(북한 용어로는 모터찌클) 부대였다. 김일성에 따르면, 이들은 3~4개월 훈련을 받았으며, 중대원 중 전투 경험자가 78%에 달했고, 대부분 중국혁명 참가자들이었다. 모터사이클은 운전사, 사수, 부사수, 3명으로 구성되었고, 기관총으로 무장했다(「자기의 무기와 전투기술기재에 정통하라」, 『김일성전집 11 (1950. 1~1950. 6)』, 조선로동당출판사, 1995, 379~384쪽). 노획문서에 따르면, 603군부대는 83모터찌클 부대였다(RG 242, ATIS Document no.200325).

겨둘 계획이었음을 알 수 있다. 이제 남은 일은 공격 시점을 확정하고 공격 병력을 38선 인근으로 은밀히 전개시키는 것이었다.

그런데 주목할 점은, 전쟁 결심 당시 북한이 7개 사단 약 7만~8만의 병력으로 공격 개시를 결정했다는 사실이다. 라주바예프 문서에 따르면, 북한군 보병사단의 완성된 편제는 1만 1,000명 규모였으므로,[45] 7개 보병사단이 완전히 편제를 갖출 경우 병력 수는 7만 7,000명에 달한다. 그런데 당시 한국군 병력은 거의 10만에 육박하고 있었으며, 8개 사단 중 4개 사단이 38선에 배치된 상태였다. 전선에서 북한군이 수적으로 우세하기는 했지만 전투에서 압도적 우위를 차지할 만큼의 병력 규모는 아니었다. 나아가 북한이 새로 편성한 3개 사단은 6월에야 비로소 전투가 가능한 상황이었음에 비추어보면, 북한지도부가 얼마나 서둘러 개전에 골몰했는지를 알 수 있다.

둘째, 구체적인 공격 계획의 작성 주체 문제였다. 슈티코프의 보고에 따르면, 김일성의 명령으로 조선인민군 총참모장 강건이 기본 공격 계획을 수립하여 고문단장 바실리예프 장군[46]과 함께 김일성에게 보고했고, 김일성은 이 계획을 승인하며 주공격 방향을 지시했다.

슈티코프에 따르면, 김일성은 기본 계획 승인과 관련해 슈티코프, 총참모장 강건, 바실리예프 장군과의 회담을 제안했지만, 슈티코프는 바실리예프 장군에게 자신이 그 결정을 알고 있다며 공동회담에 참석하지 않았다. 이와 관

---

45) 1951년 10월 20일 현재 「조선인민군 전투원 현황」에 따르면, 보병사단의 편제상 정원은 군관(1,181명), 하사관(2,762명), 하전사(7,346명), 합계(11,289명)으로 되어 있다[국방부 군사편찬연구소(2001), 『소련군사고문단장 라주바예프의 6·25전쟁 보고서』 3권, 252~255쪽]. 이 시점에서 인민군은 총 20개 보병사단, 1개 독립보병여단을 보유했는데, 편제상 정원은 22만 1,531명이었으나 실제 정원은 18만 6,485명이었다. 그외 포병 편제 정원(1만 21명), 실제 정원(9,797명), 기갑·기계화부대 편제 정원(2만 6,911명), 실제 정원(2만 5,578명), 공군 편제 정원(5,288명), 실제 정원(4,306명), 동해안방어군 편제 정원(1만 6,712명), 실제 정원(1만 4,355명), 서해안방어군 편제 정원(3만 4,730명), 실제 정원(2만 9,110명) 등이었다. 총계는 편제 정원 33만 1,413명, 실제 정원 29만 3,684명이었다.
46) 바실리예프는 1950년 2월 말 신임 북한 주재 소련군사고문단장으로 부임했다[「슈티코프→바실리예프」 (1950. 2. 23), 『소련 외교문서』 4권, 48쪽; 「한국전 문서 요약」 1950. 2. 24일자].

련해, 4월 모스크바의 합의대로라면 인민군 참모들이 공격 계획을 수립하고 소련고문관들이 이를 도와주었을 터인데, 이 시점의 공격 계획은 '총체적'인 기본 계획이었을 뿐 구체적인 완성판은 아니었다. 그런데 개전과 관련한 구체적인 작전 계획은 소련군사고문단이 작성했음이 분명했다. 1950년 5월 말, 전체적인 작전이 작성되었고, 세부적이고 구체적인 작전 계획은 6월 15일 완성되었다. 작전 계획의 작성 주체는 이 전쟁의 성격과 관련해 중요한 문제였다.

셋째, 가장 중요한 개전 시기 및 병력의 38선상 집중 문제였다. 그런데 5월 30일까지도 아직 정확한 개전 일자가 정해지지 않았는데, 김일성이 처음 예상했던 개전일은 6월 30일경이었다. 김일성은 슈티코프에게 인민군이 6월 30일경 남침 공격을 개시할 것이라고 밝히며, 공격 개시를 늦출 수 없는 두 가지 이유를 제시했다. 첫째는 남한에서 북한의 침공 기도를 탐지하여 군사력을 증대할 위험이 있으며, 둘째는 7월이 되면 장마가 시작되어 공격을 9월로 연기해야 하는데 이는 매우 바람직하지 못하다는 것이었다. 또한 김일성은 인민군 총참모장 강건의 보고에 따르면, 병력을 전개시키는 데, 즉 38선 인근의 집중 배치, 공격 지점으로의 군대 이동 등에 16일이 소요되기 때문에 6월 8일이나 10일경 병력 집결을 위한 부대 이동을 개시할 예정이라고 밝혔다. 김일성은 공격 개시일과 관련해 당 정치국에 정식으로 이 문제를 상정하지 않았지만 가까운 시일 내에 상정할 예정이라고 밝혔다. 슈티코프는 개전일과 관련해서는 즉답을 피하며, 중대한 문제이니 공격 준비에 소요되는 시일을 군 수뇌부와 협의한 뒤 당 중앙위원회 정치국 위원들과 협의를 거쳐 최종 결정하라고 답했다. 여기서 알 수 있듯이, 1950년 5월 말까지도 대남공격의 구체적인 시점에 대해서는 김일성·강건 등 최고 수뇌부만 알고 있었고, 북한의 실질적 최고 결정기구인 조선노동당 중앙위원회 정치국에서조차 논의되지 않은 상태였다.

그런데 병력의 38선 이동 배치는 6월 12일에 개시되어 6월 23일에 종결되었다. 최초의 예상일인 6월 8~10일보다 2~4일 늦게 개시되었지만, 소요 예상일인 16일보다 단축된 12일 만에 기동이 완료되었다. 최초의 예상에 따르면, 인민군의 38선 집중 배치는 6월 24~26일 종료될 예정이었고, 개전 예정일은 6월 30일이었다. 그런데 북한의 예상 개전일은 6월 15일 공격을 위한 세부 작전 계획이 완성되면서 6월 25일로 확정되었다.

한편 슈티코프의 보고에 따르면, 개전 시기와 관련해 소련고문단측에서는 상당한 이견이 있었다. 5월 29일 김일성과 회담 직후 슈티코프는 소련군사고문단장 바실리예프 중장 및 포스트니코프(Postnikov) 장군에게 북한군의 전투 준비 태세의 수준과 6월 말 공격 개시 가능 여부에 대해 질문했다. 바실리예프와 포스트니코프 장군은 공격을 위한 병력 전개에 예상보다 많은 시일이 소요될 것이라고 판단, 각 사단장들과 작전에 대한 구체적 토의를 거쳐 검토한 결과, 7월이 적절한 공격 시기라고 판단하고 있었다. 소련고문단의 판단은 미군의 판단과 매우 비슷했다. 한국전쟁 발발 이전 맥아더사령부는 북한군의 공격이 빨라야 1950년 연말이나 되어서야 가능할 것이라고 판단하고 있었다. 그 가장 큰 이유는, 북한군에 새로 편입된 중국인민해방군 출신 한인병사들의 재편 및 훈련에 시간이 소요된다고 보았기 때문이다. 두번째 이유는 북한이 가지고 있는 가장 큰 공격 무기인 탱크가 하천과 산이 많은 한반도 지형에 비추어 하천이 결빙(結氷)되는 겨울에 가장 기동하기 편리하다고 보았기 때문이다.[47]

그러나 이들은 우기인 7월에 공격하는 것은 위험 부담이 크며, 북한의 공격 기도가 새어나가 남한이 군사적 대비를 할 우려가 있다는 점을 고려해, 북한군의 공격 준비를 조기에 완료하고 6월 말에는 공격을 개시해야 한다는 쪽으로 의견을 개진했다.[48] 결국 슈티코프는 이 전문의 말미에 첨부한 「나의 의견」에서, 김일성의 6월 말 공격 개시에 동의하며 그때까지 전투 준비가 완료

---

47) Bruce Cumings(1990), 앞의 책, p. 620.
48) 볼코고노프는 6월 말 개전에 찬성한 것이 바실리예프와 포스트니코프가 아니라 인민군 사단장들이라고 썼지만(461쪽), 문맥으로 미루어, 또한 「한국전 문서 요약」과 바자노프에 따르면, 바실리예프와 포스트니코프가 동의한 것으로 해석하는 편이 정확할 것이다.

될 것이라고 썼다.⁴⁹⁾

넷째, 화전 양면전술의 결합 문제였다. 김일성은 공격을 위한 부대 편성·무장 강화·전투 준비 완료, 공격 계획 작성, 개전일 및 38선 병력 집중 등 주요 공격 계획들을 확정한 상태에서 평화통일에 관한 정치 공세 문제를 제기했다. 김일성은 대남 평화통일 제안 문제를 박헌영과 토론했으며, 처음에는 조국전선 명의로 제안을 한 뒤 정부 제안으로 하기로 결정했다고 밝혔다. 김일성은 슈티코프에게 박헌영을 만나 문건 작성을 도와달라고 요청했다.⁵⁰⁾ 김일성의 발언대로 북한의 조국전선과 최고인민회의 상임위원회는 6월 7일과 19일, 순차적으로 대남 평화통일 제안을 했다.

슈티코프와의 회담 말미에 김일성은 의약품과 차량용 연료의 신속한 공급을 요청했고, 보고를 받은 스탈린은 슈티코프가 첨부한 「나의 의견」에 밑줄을 친 뒤 자필로 "귀하의 제안을 승인함. 연료와 의약품은 빠른 시일 내 지원하도록 서둘러 조치하겠음"이라고 쓴 후 비신스키라는 가명으로 서명했다. 그 밑에 스탈린은 "슈티코프에게 전달하도록 그로미코에게 통보할 것"이라고 썼다.⁵¹⁾

공격 계획과 개전일, 병력의 38선 집중 배치 문제에 대한 대체적인 합의가 이루어진 5월 말~6월 초, 정치적 측면의 준비도 예정대로 진행되었다. 조국전선은 6월 7일 「남북반부 전체 민주주의 정당·사회단체와 전체 조선인민에

---

49) 다른 소련측 자료에도, "1950년 5월 말 인민군 총참모부와 소련군사고문은 인민군이 38선에 집중을 시작할 준비가 되었음을 선언했고, 김일성의 주장으로 군사작전의 개시는 1950년 6월 25일로 예정되었다(telegram 408, 1950)"고 기록했다(「1950~53년 한국전쟁과 휴전협상에 대해」(1966. 8. 9), Foreign Ministry report, "On the Korean War, 1950~1953, and the Armistice Negotiations," 9 August 1966, Storage Center for Contemporary Documentation(SCCD), Moscow, Fond 5, Opisi 58, Delo 266, Listy 12~131, translated by Kathryn Weathersby, "New Findings on the Korean War," *CWIHPB*, Issue 3(Fall 1993), pp. 1, 14~18; *CWIHPB*, Issue 5(Spring 1995), p. 9, n. 3).
50) 볼코고노프, 앞의 책, 462쪽.
51) 볼코고노프, 앞의 책, 373쪽(원문의 출처는 KA, Fond 45, Opisi 1, Delo 346, Listy 96으로 되어 있음). 볼코고노프는 같은 내용에 대해 자신의 책에서도 오류를 범하고 있다. 그는 스탈린이 외무성 제1차관인 그로미코의 이름으로 서명했다고 썼지만(373쪽), 첨부된 문서에는 비신스키가 서명자로 되어 있다(462쪽). 그러나 그로미코가 서명한 뒤 그로미코에게 통보하라고 지시하는 것은 있을 수 없는 일이므로, 서명자는 외무상인 비신스키의 이름이 타당하다.

게 보내는 평화적 조국통일 추진 제의 호소문」을 발표하면서, 8월 15일 남북 총선거로 구성되는 최고입법기관회의를 서울에서 소집하자는 평화통일 제안을 내놓았다. 조국전선은 이를 위해 6월 15~17일 38선 인접 해주 또는 개성에서 평화통일을 원하는 정당·사회단체 대표자협의회를 개최하자고 주장했다. 또한 이를 위해 이인규(李寅奎)·김태홍(金泰弘) 및 『조국전선』지 기자 김재창(金在昌)을 남한에 파견한다고 발표했다. 또한 조국전선은 남한의 정당·사회단체 들에게 경기도 여현에 와서 호소문을 받아 가라고 통보했다.

조국전선이 파견한 3명의 파견원은 6월 10일 여현역에 도착해 유엔한위에 호소문을 전달한 뒤, 11일 38선을 넘어 남하해 한국 경찰에 체포되었다. 1949년 6월에는 북한군이 유엔한위를 향해 총격을 가했고, 1950년 6월 10일에는 한국군이 유엔한위와 조국전선 대표들을 향해 총격을 가했다. 조국전선 대표들은 체포된 지 며칠 뒤 공개석상에 나와 자신들의 과오를 뉘우치며 전향 의사를 표명했다. 서울의 외교소식통들은 유엔한위를 만나러 온 일종의 '협상대표'를 무차별적으로 고문한 한국정부에 냉소적 태도를 취했다.[52]

북한은 남한이 평화통일을 거부하고 있다며 목청을 드높였지만, 북한의 제안은 실현이 불가능한 것이었다. 왜냐하면 북한은 제안을 발표한 지 불과 10일 내에 정당·사회단체 대표자협의회의를 개최하자고 주장했으며, 나아가 남한의 최고 지도자들인 이승만·이범석·김성수·신성모·조병옥·채병덕·백성욱·윤치영·신흥우 등을 배제하라고 요구했기 때문이다. 남한 내에 그런 요구에 응할 수 있는 합법 정치 세력은 이미 존재하지 않았다.

북한 또한 잘 알고 있듯이, 이런 실현 불가능한 제안은 무모한 것이었으며, 나아가 상대방의 권위를 손상시켜 적개심을 고취한 뒤 공허한 메아리로 되돌아올 것이었다. 이런 일련의 제안에서 드러나듯, 북한이 제시한 협상은 진정

---

52) RG 59, State Department, decimal file 795.00series, box 4299, 「무초가 국무부에 보낸 1950년 6월 11일, 12일자 전문」.

성이 의심스러웠다.

예상대로 조국전선의 시도가 실패하자 북한 최고인민회의 상임위원회는 6월 19일 회의를 개최하고 북한 최고인민회의와 남한 국회를 통합해 새로운 입법기관을 수립하는 방식으로 통일정부를 세우자고 제안했다. 이 제안에서 북한은 6월 21일 각각의 대표단을 평양 또는 서울로 파견해 접견하자고 주장했다. 그러나 북한은 이번에도 제안일로부터 이틀 뒤 회담을 개최하자고 했을 뿐만 아니라 이승만·김성수 등 남한 지도자들을 배제하라고 주장함으로써 또 한 차례 소동을 일으켰다.

실현 불가능성에 초점이 맞추어진 이런 제안은 실질적으로 한국정부의 붕괴와 무조건 항복을 요구하는 최후 통첩의 다른 이름이었다. 만약 한국정부가 김일성·박헌영·김책·김두봉 등 북한의 최고 지도부를 배제한 채 통일협상을 하자고 제안했을 경우 북한 지도부가 보였을 태도처럼 한국정부의 반응은 예상 가능한 것이었다.

6월 11일 남한정부가 조국전선 특파원들을 체포하자 슈티코프는 스탈린에게 남한이 조국전선의 제의를 거부했다고 보고하면서,[53] "이는 우리의 계획을 예정대로 실행해나가는 것이 필요함을 확인시켜주었다. 그것은 38도선상으로 군대를 이동시키는 일과, 계속해서 평화통일을 요구하는 일을 포함한다"고 강조했다. 또한 슈티코프는 6월 19일 최고인민회의의 평화통일 제안에 대해서도 성공 가능성보다는 '최대한의 선전효과'와 '남한의 부정적 반응'에 최대의 관심을 기울이고 있었다.[54]

김일성이 제안한, 6월 말 개전 및 38선 인근 지역으로의 병력 집중 배치는 조국전선 특파원들이 체포된 직후인 6월 12일부터 시작되었다. 슈티코프는 필리포프(스탈린)에게 보낸 6월 12일자 전문에서, 북한군이 6월 12일 38도선

---

53) 「슈티코프→필리포프」(1950. 6. 11), 바자노프, 앞의 책, 73~74쪽.
54) 「슈티코프→필리포프」(1950. 6. 16), 바자노프, 앞의 책, 74~75쪽; 「한국전 문서 요약」, 28쪽.

에서 10~15km 떨어진 지점으로 이동하기 시작했다고 보고했다.[55] 다른 문서에 따르면, 38선 지역으로의 인민군 집중은 총참모부의 계획에 따라 개시되었고, 아무런 사고 없이 6월 23일 종료되었다.[56]

6월 12일에는 최일선 사단장, 총참모부 참모, 포병부대장 들을 대상으로 한 특별회의가 개최되었다.[57] 이 회의에서 사단급 부대들에 구체적인 임무가 부여되었고, 비밀엄수에 대한 특별 강조가 있었다. 남한 정보부대가 지상정찰은 물론 공중정찰을 통해서도 정보를 탐지하지 못하도록 해야 한다는 지적으로 미루어, 인민군의 38선 집중과 기동이 야간에 이루어졌음을 알 수 있다. 지금까지 북한 출신 인사들은 6월 11일 민족보위성에서 전방 사단장, 여단장, 주요 참모 들의 '비밀군사회의'가 열렸다고 증언했는데, 아마 이 회의였을 것이다. 전쟁 중 투항한 북한군 중 최고 계급이었던 이학구 총좌는, 이 회의에서 총참모부 김광협 작전국장이 전투 사단을 총동원한 기동연습이 있을 것이며 보유하고 있는 전체 병기를 동원할 예정이라며, 2주일이면 충분히 종료될 것이니 무거운 짐을 휴대하지 말고, 연습은 극비이니 꼭 비밀을 지키라고 당부했다고 진술했다.[58]

---

55) 「슈티코프→필리포프」(1950. 6. 12), 바자노프, 앞의 책, 74쪽.
56) 「슈티코프가 자하로프 동지에게 보낸 군사상황에 관한 1950년 6월 26일자 비밀보고」; Kathryn Weathersby, "New Evidence on the Korea War," *CWIHPB*, Issue 6·7(Winter 1995/1996), 39~40쪽. 웨더스비는 이 문서를 1994년 BBC가 입수한 것이라고만 밝혔다. 모스크바 연합발 『동아일보』 1995년 6월 20일자(4면) 「소 6·25때 남침준비 직접 개입: 최근 공개 러 '한국전 문서'서 밝혀져」에 따르면, 이 문서는 러시아 국방부중앙문서고 소장이며(러시아국방부중앙문서고, 자산번호 23, 목록번호 173346, 분서번호 195), 몇 날 뒤인 1995년 8월 27일자 『産經新聞』이 같은 내용을 보도했고, 『한국일보』(1995. 8. 28)에도 동일한 기사가 실렸다. 따라서 이 문서 자체가 변조되거나 조작되었을 가능성은 거의 없다.
57) 「한국전 문서 요약」 28쪽에는 "제1제대 사단장, 참모부 참모, 포병사단장 회의가 개최"라고 번역되었다. 슈티코프가 자하로프에게 보낸 6월 27일자 보고에 따르면, 사단급의 작전 계획 수립과 지역 정찰 과정에는 소련 고문관들이 참가했다.
58) 국방부 전사편찬위원회(1968), 『한국전쟁사』 제2권, 50~51쪽. 김점곤에 따르면, 이는 이학구 총좌가 유엔군에 투항시 자진 공술(供述)한 내용이었다[김점곤(1990), 「한국전쟁과 김일성의 통일전략」, 김철범 편, 『한국전쟁을 보는 시각』, 을유문화사, 125쪽].

드디어 6월 15일, 인민군 총참모부가 소련군사고문들의 도움으로 작성한 공격 작전의 세부계획이 완성되어, 슈티코프는 6월 16일 이를 스탈린에게 보고했다.[59] 라주바예프의 보고서는 6월 17일부터 1단계 반격 작전이 개시되었다고 시기 구분을 했는데, 이는 6월 15일 완성된 '공격 작전의 세부계획'이 실행되기 시작했음을 의미하는 것이다.[60]

슈티코프의 보고에 따르면, 공격 개시일은 6월 25일 이른 새벽이었고, 구체적으로 3단계, 작전 기간 1개월로 구성되어 있었다.[61]

지금까지 한국전쟁은 6월 25일 옹진에서 발화해서 수 시간 내에 개성-춘천-강릉 등 동부전선으로 번져나갔다는 주장이 주류를 형성했다.[62] 하지만 6월 15일 북한의 공격 계획에 따르면, 이러한 설명은 타당하지 않다. 원래 계획은 서부전선(옹진)과 중부전선(서울·춘천), 동부전선(강릉)의 공격 시점에 대해 수 시간이 아니라 최소한 몇 일의 시간차를 예상한 것이었기 때문이다.

북한은 이러한 3단계 작전 계획의 1단계에 필요한 도하작전용 선박을 소련측에 요청했다. 슈티코프는 필리포프에게 보낸 6월 20일자 전문에서, 동·서해안에 상륙해 포위 작전을 벌일 도하작전용 선박과, 선박을 운용할 소련해군 요원의 파견을 요청했다.[63] 이에 대해 스탈린은 도하용 선박은 제공하겠지만, 소련 해군은 미국이 개입할 빌미를 줄 수 있기에 투입할 수 없다고 답변했다.[64]

그러나 개전이 임박해지면서 북한의 조바심과 초조함은 점차 고조되었다. 그것은 남한측이 북한의 공격준비 완료와 개전 임박을 눈치 채지 않을까 하는

---

[59] 「슈티코프→필리포프」(1950. 6. 16), 바자노프, 앞의 책, 74~75쪽.
[60] 라주바예프, 앞의 책, 1권, 282쪽. 라주바예프는 '조선인민군 제1단계 포병작전' 기간을 1950년 6월 17일부터 7월 4일까지로 설정했다.
[61] 바자노프, 앞의 책, 74~75쪽; 「한국전 문서 요약」, 28쪽.
[62] Bruce Cumings(1990), 앞의 책, 18장; Roy E. Appleman(1961), 앞의 책, pp. 21~28.
[63] 「슈티코프→필리포프」(1950. 6. 20), 바자노프, 앞의 책, 75쪽.
[64] 「스탈린→슈티코프」(1950. 6. 21), 바자노프, 앞의 책, 76쪽.

두려움에서 비롯되었다. 또한 6월 20일과 21일에 걸쳐 북한군은 대북공격을 지시하는 한국군의 무전을 감청했다고 주장함으로써 긴장을 고조시켰다. 슈티코프는 6월 20일 오후 10시(모스크바 시각) 모스크바로 전화를 걸어, 남한군이 11시경(모스크바 시각) 대북공격을 시작할지도 모른다고 긴급 보고했다. 그러나 슈티코프는 북한측이 오후 8시에 이 첩보를 입수했는데, 첩보가 공개문서로 되어 있어 의심스럽다고 평가했다.[65] 6월 21일 밤에도 북한군은 대북 전투 행위를 개시하라는 남한군의 명령을 2차례나 감청했다고 주장했다.[66] 아마 남한의 공격 가능성에 대한 북한의 정보는 승부의 순간에 도달한 북한지도부의 긴장이 만들어낸 과민 반응의 산물이었을 것이다.

한편 구소련 문서가 공개되기 전에 이루어진, 전 북한고위급 인사의 증언은 이와 관련해 주목할 만한 사실을 지적하고 있다. 최종민이라는 가명을 쓴 이 증언자는, 1950년 6월 20~21일에 몇 가지 사건이 벌어졌는데, 첫째 황해도 남천 1군단 지휘부 참모장인 황성복(黃成福) 소장이 군단장 김웅(金雄)이 실종되었다고 소동을 벌이다 해임된 사건(6. 20), 둘째 개성·철원·화천 등 서부·중부·동부전선에서 각각 하사관이 한 명씩 월남한 사건(6. 20~21), 셋째 전방 탱크사단 지휘부의 참모가 4시간 가량 행방불명된 사건 등이 일어났다고 지적했다. 특히 월남한 하사관들에 대해 남한이 북한의 전력을 탐색하기 위해 심어놓은 첩자라는 설이 돌았다고 증언했다.[67] 그는 이런 사건들이 대남

---

[65] 「슈티코프→모스크바(전화)」(1950. 6. 20), 「한국전문서요약」, 28쪽.
[66] 「한국전 문서 요약」, 29쪽.
[67] 최종민(1994), 「'全面南侵' 놓고 벌인 金日成·朴憲永의 한판 승부」, 『월간중앙』 7월호, 436~437쪽. 최종민은 당시 75세로 자신이 전 북한당정고위간부였다고 밝혔다. 구소련 문서가 공개되기 전에 이루어진 이 증언에서 최종민은 나중에 구소련 문서로만 확인되는 놀라운 사실 몇 가지를 정확히 지적했다. 그것은 첫째 1949년 8~9월 북한이 옹진반도 및 삼척지구에서 정규군을 통한 부분 점령을 시도하는 '국부전 전술'을 시도했으나, 슈티코프 등 소련대사관의 반대로 무산되었다는 사실, 둘째 김일성·박헌영의 1950년 3~5월 방소·방중 사실, 셋째 최초의 남침 일자는 6월 28·29·30일 중 하루로 예정되어 있었으나 갑자기 6월 25일로 앞당겨진 사실 등이다(426~438쪽). 또한 최종민은 김일성 등 빨치산파와 박헌영 등 남로당파 간에 있었던, 남한 '해방' 전략에 관한 이견에 대해서도 설득력 있는 증언을 했다. 최종민은 아마 북로당 중앙 대남사업부문에서 오랫동안 활동했다고 소개된 신평길(가명), 중앙일보사에 증언을 한

공격을 눈앞에 둔 북한지도부로 하여금 남침 정보가 새어나갈지도 모른다는 위기의식을 불러일으켰고, 같은 시점에 남한 동향에 대한 결정적 정보가 입수되었다고 증언했다.

정보보고는 남한이 6월 중순부터 선포한 군비상경계령을 6월 20일 해제해 남한 병사들이 휴가를 가기 시작했고, 또 24일에는 미군사고문단 주최로 육군회관 준공 축하파티가 열려 군 수뇌부들이 모두 참석할 것이라는 내용이었다. 당시 남한은 분명 특별경계령을 내린 상태였다. 육군참모장 채병덕은 조국전선의 제안을 거부했고, 6월 9일 경찰은 38선 일대를 비롯한 남한 전역에 특별사찰경비령을 내렸다. 훗날 북한은 이것이 북침의 증거라고 주장했다. 그러나 당시 북한매체가 지적했듯이, 이는 북한의 조국전선이 제안한 정당·사회단체 대표자협의회 참가를 방지하기 위한 조치였다.[68]

정보 누출의 위기감과, 남한군 수뇌부의 부재라는 호재를 만난 북한지도부는 6월 21일 밤부터 다음날 새벽 사이, 노동당 비밀 정치위원회를 소집하고, 이 자리에서 디데이를 6월 말에서 5~6일 앞당겨 6월 25일로, 에이치아워는 새벽 4시로 결정했다. 이러한 최종민의 증언은 그간 별다른 주목을 받지 못했지만, 공개된 구소련 문서에 비추어 보면 상당히 정확했음을 알 수 있다. 바자노프에 따르면, 6월 15일에 개전 일자가 6월 25일로 정해졌다고 했으므로, 6월 21일에 개전 일자를 변경했다는 그의 증언은 잘못된 것이다. 그럼에도 불구하고 그의 증언은, 조바심에 가득 찬 김일성이 개전을 앞당겼을 뿐만 아니라 옹진반도에서 개전한 뒤 국지전을 전면전화한다는, 원래의 중요한 두 가지 시나리오를 포기했다는 점을 제외하고는 정확했다.

서용규, 월북·납북 인사들에 대해 증언을 한 신경완과 동일인물로 보인다. 신평길 역시 구소련 문서가 공개되기 전에 북한이 1949년 10월경 국지전전략을 구사했다고 증언한 바 있다(신평길(1996), 『김정일과 대남공작』, 북한연구소, 90쪽).

68) 『로동신문』 1950. 6. 12; 「남북대표자회의 소집을 방해할 목적으로 38선 일대에 준비상경계령을 공포」, 『로동신문』 1950. 6. 16.

6월 21일 김일성은 슈티코프를 통해 필리포프(스탈린)에게, 남한방송과 정보보고에 따르면, 남한이 북한의 남침 세부계획을 눈치 챘으며, 그 결과 방어선이 강화되는 한편 옹진에 병력이 추가 배치되고 있다고 주장했다. 이에 따라 김일성은 본래의 공격 계획을 수정해서, 옹진에서의 국지전 대신 6월 25일 전 전선에서의 전면전 공격 개시를 제안했다.[69]

같은 날 스탈린은 전 전선에서의 전면공격이라는 김일성의 계획에 동의했다.[70] 전쟁의 최종 승인 권한은 여전히 모스크바의 크레믈린 궁에 있었던 것이다. 이제 6월 25일 전 전선에서의 전면공격으로 공격 계획이 바뀌었다.

작전 계획의 변경에 따라 어떠한 조치들이 취해졌는지는 분명치 않다. 6월 21일 김일성의 전면전 개시에 대한 승인이 있은 뒤 모스크바는 북한 주재 소련대사관에 향후 일체의 암호 전문을 발송하지 말라고 지시했다. 이후 1950년 말까지 평양과 외무성 간에는 전보 교신이 중단되어, 외견상 전쟁은 소련의 개입 없이 북한이 독자적으로 치르는 모습을 갖추었다.[71]

이제는 개전이었다. 슈티코프는 개전 상황에 대해 다음과 같이 썼다.

> 작전을 위한 모든 예비적 조치들이 6월 24일에 완료되었습니다. 6월 24일 사단장들은 'D'(day)와 'H'(hour)에 대해 명령을 받았습니다.
> 민족보위성의 정령(政令)이 부대에 하달되었는데, 그 내용은 남조선 군대가 38선을 침범함으로써 군사공격을 도발했으며 조선민주주의인민공화국 정부는 조선인민군에게 반공격으로 넘어가라는 명령을 하달했다는 것입니다. 반공격에 대한 명령은 조선인민군 병사와 군관 들로부터 대단한 열광을 자아냈습

---

69) 「슈티코프→필리포프」(1950. 6. 21), 바자노프, 앞의 책, 75~76쪽; 「한국전 문서 요약」에는 "김일성은 전에 구상했던 옹진반도에서의 전초전을 수행하지 않고 6·25전 전선에 걸쳐 전투 행위를 시작하는 것이 목적에 부합하다고 생각한다고 언급"으로 되어 있다.
70) 「스탈린→슈티코프」(1950. 6. 21), 바자노프, 앞의 책, 76쪽.
71) 「한국전 문서 요약」(1950. 6. 22), 29쪽; 「러 비밀문서로 본 1950년 4~6월 상황」, 『서울신문』 1994. 5. 19.

니다.

부대들은 6월 24일 24:00시까지 각자의 출발 지점에 도달했습니다. 현지 시각으로 4시 40분에 군사작전이 개시되었습니다. 10분 간의 포병탄막사격과 20~40분 간의 직접사격 과정에서 공격준비사격이 동반되었습니다. 보병이 일어나 원기 왕성하게 공격하기 시작했습니다. 최초 3시간 안에 개별 부대들과 대형은 3~5km 진격했습니다. 인민군대의 공격은 적을 완전히 놀라게 하였습니다.[72]

한편 소련군 총참모부 작전총국이 작성한 『조선에서의 전투행동 개관』은 개전 초기의 전황에 대해서 다음과 같이 기록했다.

1950년 6월 25일
20~40분에 걸친 준비 포사격 이후 인민군부대는 4시 40분 반격으로 전환하여, 처음 3시간 이내에 개별 부대들은 3~5km를 진격하였다. 적들은 옹진, 개성 그리고 서울 등의 여러 방향에서만 완강한 저항을 했을 뿐이다. 보다 조직적인 저항은 첫째 날 12시간이 지난 뒤에야 비로소 시작되었다.
전투 첫째 날 점령한 도시는 옹진(옹진 방향), 개성, 송우리였다. 춘천 방향으로 인민군부대는 12km 진격하였다. 동해안으로는 8km 나아갔다.
남조선사령부의 명령에 따라 제2, 제3, 제5보병사단이 전투태세에 돌입하였다. 제5보병사단은 서울 투입경보가 발동되었다. 서울은 비상사태가 발령되었다.

---

[72] 「슈티코프가 자하로프 동지에게 보낸 군사상황에 관한 1950년 6월 26일자 비밀보고」; Kathryn Weathersby, "New Evidence on the Korea War," *CWIHPB*, Issue 6·7 (Winter 1995/1996), pp. 39~40. 자하로프(Zakharov, General Matvei Vasilievich)는 소련군 부총참모장(Deputy Chief of the General Staff of the Soviet Armed Forces)이자 북한특별군사고문단장(Head of Special Military Mission to North Korea)을 지냈고, 가명은 마트비예프(Matveev)였다.

인민군공군은 적 영토에서 정찰비행을 수행하였다. 17시 북조선공군은 김포공항을 급습하여 기름 탱크를 파괴하였다.

25일 5시 조선민주주의인민공화국 함대에 의하여 동해에 2개 부대가 상륙하였다. 제1대 상륙부대는 강릉지역으로, 2개 대대의 해군부대와 약 1,000명의 유격대원으로 구성되었고, 제2대 상륙부대는 울진지역으로, 600명의 유격대원으로 구성되었다. 유격대는 울진을 장악하였다.

부대 상륙은 인민군 전투함과 남조선군 함정의 전투를 통해 이루어졌다. 전투 결과 남조선의 소해정 한 척이 침몰되었고, 나머지 한 척의 소해정은 파괴되었다. 조선민주주의인민공화국 해군은 손실을 입지 않았다.

극동방면국장 소콜로프 소장
작전군관 이반노프 대좌.[73]

---

73) Боевой состав войск Северной Кореи на 25 июня 1950 года, 소련군 총참모부 작전 총국, 『조선에서의 전투행동 개관』 중 「1950년 6월 25일 현재 조선인민군과 남조선군의 전력 현황」 (1951. 12. 3), 러시아연방 국방성중앙문서보관소, 문서군 16, 목록 3139, 문서철 133(기광서 교수 제공).

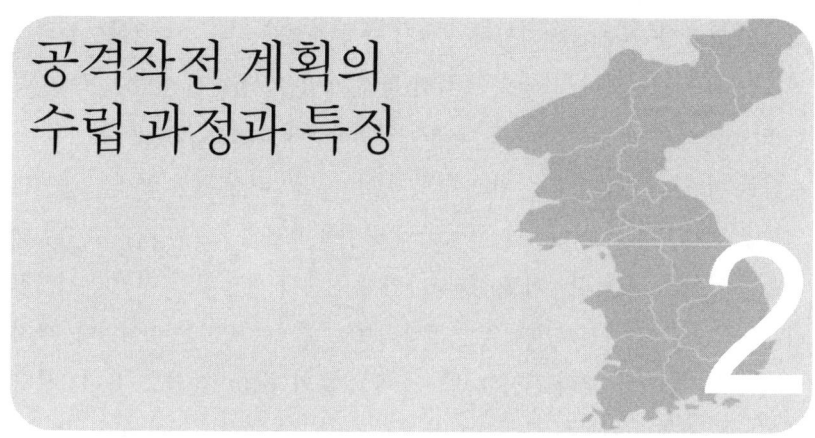

공격작전 계획의 수립 과정과 특징

1. 「공격을 위한 기본계획」의 수립

1950년 3~4월 스탈린은 김일성·박헌영에게 3단계 공격 계획을 교시한 바 있다.[74] 즉 (1) 38선 특정 지점으로의 병력 집중, (2) 위장 평화통일 공세, (3) 옹진에서 개전해 국지전의 전면전화라는 방안을 제시했다. 이는 전쟁의 개전 방법 및 위장 명분이었다. 앞서 살펴본 것처럼, 스탈린·슈티코프가 소련·핀란드전쟁 개전의 명분으로 위장했던 '도발받은 정의의 반공격전' 시나리오와 같은 형식이었다.

보다 중요한 것은 공격형 작전 계획이었다. 전쟁의 개전에 필수적이었던

---

74) 전연방공산당 중앙위원회 국제부, 「김일성의 소련방문(1950. 3. 30~4. 25)에 관한 보고」, 러시아대통령 실문서고(바자노프, 앞의 책, 52~55쪽); Торукнов А. В. Загадочшная война: Корейский конфликт 1950–1953 года(А. В. 토르쿠노프, 『수수께끼 같은 전쟁: 한국분쟁 1950~53년』), 모스크바, 2000, pp. 58~59(안승환, 위의 논문, 421쪽).

작전 계획의 출자(出自)를 파악하는 데서 가장 중요한 것은 바로 1950년 3~4월 스탈린의 교시였다. 스탈린의 핵심 작전 개념은 '전격전'이었다. 즉 강력한 타격과 빠른 속도는 기습과 예술적 입체작전에 의해 보장되는 것이었다. 은밀한 병력 집중은 타격을 위한 병력 축적이었고, 위장 평화 공세는 개전의 명분을 얻기 위한 것이었지만, 한국군의 방심을 초래함으로써 기습공격의 충격을 배가하기 위한 것이기도 했다. 다만 옹진에서 개전 후 국지전의 전면전화라는 방안은 전격전의 개념과는 정합적으로 일치하지 않는 것이었다. 국지전이 벌어지면 한국군의 긴장과 방어가 강화될 가능성이 높았고, 육지로부터 격리된 옹진에서 전선을 확대한다는 것은 군사적으로 효용성이 떨어지는 작전 개념이었다. 이 때문에 최종적으로 옹진에서 개전 후 국지전의 전면화 계획은 전격전의 효과를 위해 폐기될 수밖에 없었다.

4월 25일 평양에 돌아온 직후 김일성은 민족보위성 총참모장 강건에게 "작전준비에 관해 필요한 지침"을 전달했는데 이 '지침'은 바로 스탈린의 교시였을 것이다. 병력이동 계획, 화전 양면전술 계획, 국지전과 전면전의 결합 등이 전격전이라는 큰 틀 아래 여러 가지 조합으로 구상되었을 것이다. 강건은 5월 초 준비작업에 돌입했다.

이와 관련하여 민족보위성 총참모부 작전국장을 지낸 유성철의 증언은 주목할 만하다. 유성철은 이 문제에 대해 여러 차례 증언한 바 있는데, 그 핵심 증언을 종합하면 다음과 같다.

> 유성철은 인민군 작전국장으로 소장계급이었는데, 1950년 5월 초 소련군사고문단의 포스트니코프 장군의 호출을 받았다. 포스트니코프 소장은 북한군 총참모부의 작전 계획(an operations plan) 유무를 문의했다. 유성철은 북한군의 작성해놓은 작전 계획을 러시아어로 번역해 제출했는데, 포스트니코프는 이를 탐탁치 않게 여겼다. 그 이유는 ① 북한군의 각 병종간 협동작전 방식과 ② 북한군의 작전 계획이 방어 계획으로 수립된 데 대한 불만이었다. 소련군사고문

단은 직접 계획 작성을 제안했고, 3~4일 후 전투명령(a combat order)을 작성해 총참모장 강건에게 주었다. 강건은 이 전투명령이 극비라며 유성철에게 한글 번역을 지시했다. 유성철은 강건의 감독하에 소련군 출신인 포병 사령관(김봉률), 공병국장(박길남) 등과 함께 극비리에 이를 한글로 번역했다. 강건은 번역된 전투명령을 김일성에게 가져갔다.[75]

유성철의 증언은 40년 후의 회고이자 증언이므로 부정확한 측면이 있지만 당시 상황을 이해하는 데 여러 가지 점에서 도움을 주었다. 슈티코프에 따르면, 1950년 5월 27일 김일성과의 회담에서, "김일성의 명령으로 조선인민군 총참모장 강건이「공격을 위한 기본계획」을 수립하여 고문단장 바실리예프 장군과 함께 김일성에게 보고했고, 김일성은 이 계획을 승인하며 주공격 방향을 지시했다." 바자노프에 따르면, 이는 '총체적인 공격계획'(the overall program for the offensive)이었다.[76] 바실리예프가 강건과 함께 김일성에게「공격을 위한 기본계획」을 보고했다는 것은 바실리예프가 이것의 작성에 관여했음을 뜻한다. 보다 정확히 말하면 포스트니코프 소장이 작성했음을 의미한다.

다음으로 유성철은 북한이 갖고 있던 작전 계획인 방어 계획을 소련고문단에 제시했지만, 이것이 공격용이 아닌 방어용 계획이어서 소련군이 불만을 가졌다고 했는데, 다음에서 살펴보듯이 1949년 이래 북한군이 수립한 작전 계획은 남한의 '북침'에 대비하기 위한 방어 전투, 방어 계획이 핵심이었다.

---

75) 유성철,「나의 증언」(8),『한국일보』1990. 11. 9; 유성철,「6·25 남침 '선제타격계획' 내가 짰다」, 김철범 엮음(1990),『진실과 증언』, 한국일보사, 137~148쪽; 한국일보 편(1991),『증언 김일성을 말한다』; 유성철(1991),「피바다의 비화」,『고려일보』1991. 5. 24, 5. 28~31, 6. 4~5; 곤차로프, 앞의 책, 149~150쪽을 종합함.
76) 바자노프, 앞의 책, 72쪽. 영문판에는 "the overall program for the offensive"로 되어 있다(Evgeniy P. Bajanov and Natalia Bajanova, *The Korean Conflict, 1950~1953: The Most Mysterious War on the 20th Century-Based on Secret Soviet Archives*, unpublished english edition, p. 57).

즉 1950년 5월까지도 북한은 공격용 작전 계획을 자체적으로 수립해놓지 않은 상태였다. 유성철은 1992년 5월 타슈켄트에서 이루어진 KBS와의 인터뷰에서 보다 자세한 증언을 했다.

> 50년 5월 초생쯤이다. (……) 그 사람(포스트니코프-인용자)이 묻기를 너 이전에 무슨 작전 계획 세워 놓은 거 없느냐. 그래 비밀이 없다. 그래서 얘기했다. 우리가 고문의 허가 없이 강건 지도하에서 작성한 계획이 있다. 국방군이 도발하면 어떻게 해서 어느 방향으로 어떻게 하겠다는 이런 계획이다. 그러니까 우리에게는 그때 전투 경험도 없고, 실질적으로 그렇게 큰 전투를 해본 적도 없고, 빨치산 전투했는데 빨치산 전투라는 게 소극적이었다. 그저 일본 파출소나 치고 양식 없으면 양식이나 구하고 총이나 포나 한방 쏘고 뭐 그런 전투가 있었다. 그러니 뭐 이런 큰 전투에는 비할 바 없이 약했다.[77]

유성철의 여러 증언과 북한 노획문서가 보여주듯이, 1950년 5월 초까지 북한군은 전면공격용 작전 계획을 갖고 있지 않았으며, 실제로 그런 계획을 수립할 능력도 없었다. 이 때문에 소련군사고문단이 작전 계획을 수립할 수밖에 없었다.

또한 유성철은 소련군의 작전 계획이 한반도의 지형과는 맞지 않았다고 증언했다. 예를 들어 소련 고문들은 소·독전쟁시 우크라이나 평야지대에서 싸운 경험의 소유자였던 반면, 한반도는 대부분 산악지대로 구성되었다. 소련군사고문단은 한반도의 지형을 고려하지 않고, 소련 지프에 경기관총을 걸어 사람 세 명이 앉는 기계화부대를 산악지대에 배치하고는 이 연대로 하여금 수원을 먼저 점령하라고 했지만 실현될 수 없었고, 이 때문에 서울 작전이 늦어

---

[77] 「유성철(전 인민군 작전국장)」(인터뷰 날짜: 1992. 5. 타슈켄트), KBS 현대사발굴특집반, 『한국현대사 관련 취재인터뷰(구소련거주 한인): 내가 겪은 공화국 인터뷰 자료』.

졌다는 것이다.[78] 이는 홍천 방향에서 서울로 진공하기로 계획된 제12모터사이클연대의 사례를 지적한 것이었다.

한편 슈티코프에 따르면, 김일성이 「공격을 위한 기본계획」의 승인과 관련해 총참모장 강건, 바실리예프 장군과의 회담을 제안했지만, 자신은 그 결정을 알고 있다며 공동회담에 참석하지 않았다는 것이다. 즉 1950년 5월 27일 현재, 외형상으로는 민족보위성 총참모장 강건과 주북한 소련군사고문단장 바실리예프 중장이 「공격을 위한 기본계획」을 완성해 김일성에게 보고해 승인을 받은 것이었지만, 실질적으로는 공격형 작전 계획을 포스트니코프 소장 등 핵심 소련군사고문단이 작성 완료한 상태였다. 이와 관련해 김일성·강건·슈티코프·바실리예프가 이 계획의 작성·승인에 관여했음을 알 수 있다.

안승환은 주북한 소련군사고문단원 중 사단장급 이상을 상대한 대좌급의 '일급 전쟁기술자'들, 특히 총참모부 작전국 소속 고문 18명이 핵심적으로 이 작전 계획을 수립했을 것으로 추정했다.[79] 유성철은 소·독전투에 참가한 경험이 있는 고문 약 20명 가량으로 사령부 고문들이 교체되었다고 증언했다.[80] 이들은 모두 2차 대전 기간 소련의 전략·작전장교로 집단군(야전군)급 이상 대단위 작전 업무에 종사하고 3년 과정인 군사아카데미를 1~2개씩 졸업한 대좌급 작전고문이었다.[81]

코로트코프는, 소련군사고문단원들은 군사전문가로 전술사 분야에서 뛰어난 이론적 바탕을 갖고 있었으며, 모두 2차 대전에서 전쟁과 작전 경험이 있

---

78) 「유성철(전 인민군 작전국장)」(인터뷰 날짜: 1992. 5. 타슈켄트), KBS 현대사발굴특집반, 앞의 자료.
79) 안승환, 앞의 논문, 424~426쪽. 1950년 1월 1일 현재 북한군 사단장급 이상에 파견된 고위급 소련군사고문단원은 다음과 같았다. 총참모부 선임고문(1명), 각 병종부대 사령관(총참모부 병종부대 담당 국장 겸임) 고문(10명), 총참모부 작전국 소속 고문(18명), 사단장 고문(5명)(안승환, 앞의 논문, 372쪽).
80) 「유성철(전 인민군 작전국장)」(인터뷰 날짜: 1992. 5. 타슈켄트), KBS 현대사발굴특집반, 앞의 자료.
81) 안승환, 앞의 논문, 425~426쪽. 2차 대전기 소련군의 1개 전략작전에는 50만에서 200만의 병력, 탱크·비행기 1천 대 이상이 동시에 투입되었다. 코로트코프는 소련군의 공격작전의 토대가 '에파미논트원칙'(기원전 371년 에파미논트 장군이 수립한, 중요 공격 지점을 타격하기 위한 원거리 종대의 배치원칙), 즉 종심 전투였다고 주장했다(코로트코프, 앞의 책, I권, 270쪽).

었던 전문가들이었다고 평가했다. 평양에서 작성된 전쟁 계획은 1942년 스탈린그라드전투와 1945년 봄 베를린에서의 소련군의 공격 작전 경험을 그대로 옮겨온 것이어서, 새로운 것도 독창적인 것도 없었다는 것이다.[82]

1950년 5월 27일 이전에 소련군사고문단이 러시아어로 완성하고, 유성철 등의 번역을 거쳐 강건·김일성이 확인한 이 작전 계획의 명칭은, 현재 '선제타격계획'으로 알려져 있다. 가장 먼저 이 용어를 사용한 이는 인민군 작전국장을 지낸 유성철이었다. 유성철은 1990년 소련군사고문단이 만든 작전 계획의 러시아어 초안의 명칭이 '선제타격 작전계획'(Preemptive Strike Operations Plan)이라고 증언했다.[83]

나아가 1992년 러시아 군역사연구소 수석연구원 코로트코프가 당시 작성된 작전 계획 상황도를 공개하면서 또다시 선제타격계획이라는 이름으로 설명했다. 1992년 8월 29일 연합통신이 코로트코프로부터 「조선인민군 선제타격계획 작전지도(사본)」를 입수·보도함으로써 국내에서는 전면공용 작전계획의 명칭이 '선제타격 작전계획'으로 확정되었다.[84]

그런데 여기에는 두 가지 문제점이 있다. 첫째, 과연 소련군사고문단과 북한이 작전 계획명을 '선제타격계획'으로 명명했는지에 대한 의문이다. 이미 1949년 이래 스탈린·김일성 등은 작전 계획의 핵심 개념을 '도발받은 정의의 반공격전', 즉 '반격작전계획'으로 설정하고, 이를 위해 모든 준비와 노력을 집중한 상태였다. 개전의 도화선이 될 남한의 선제공격을 위장하기 위해 정교한 준비작업이 진행되는 와중에, 북한의 의도와 공격자의 실체를 보여주는 작전 계획명이 사용되었을 가능성은 희박하다. 때문에 작전 계획 명칭을 '선제공격'을 의미하는 '선제타격'이라고 했을 가능성은 희박하다.[85]

---

82) 코로트코프, 앞의 책, I권, 270~273쪽.
83) 유성철, 「나의 증언」(8), 『한국일보』 1990. 11. 9; 곤차로프, 앞의 책, 150쪽.
84) 코로트코프는 이 작전 상황도의 원본이 모스크바와 평양에 각각 1부씩 보관되어 있다고 밝혔다(『연합통신』 1992. 8. 29).

선제타격계획이라는 명칭은 1990년 유성철의 증언에서 비롯되었고, 1992년 코로트코프가 공개한 작전지도에는 '선제타격'이라는 명칭이 들어 있지 않았다. 나아가 최근 코로트코프는 이 작전 계획의 명칭이 '제1타격계획'(операция первого удара, The First Strike Plan)이라고 증언했다.[86] 이는 '선제타격'이라기보다 제1차 타격(공격)계획, 혹은 제1단계 타격(공격)계획이라는 해석이 더 적합하다. 아마도 유성철이 러시아어의 제1차 타격(공격)계획, 제1단계 공격(타격)계획을 '선제타격계획'으로 착각했을 가능성이 높다. 코로트코프의 작전지도에도 서울·수원 계선의 1단계 작전에 대한 자세한 작전 계획이 묘사되어 있으므로, 이를 제1단계 공격작전계획이라고 명명해도 무방했다.

또한 유성철 자신도 소련고문단이 러시아어로 작성한 작전 계획서의 제목이 반타격 작전·반타격 전투 명령이었다고 증언했다.[87] 유성철은 선제타격 작전계획이 반타격 명령이라고 확인했는데, 이는 그가 제1타격계획을 선제타격계획으로 오인했을 가능성을 시사한다. 유성철은 반타격 작전계획은 '영리'한 것으로, "김일성의 남침을 은폐하기 위해서 마치 남에서 북으로 침범한 것처럼, 그래서 그걸 인민군이 저지하고 반타격으로 넘어간 것처럼 아주 교묘하게 작성했다"고 증언했다. 나아가 소련군사고문단이 모스크바에서 이미 작성된 명령을 가지고 온 것이 아니라, 계획의 대체적 방향을 명령받고 평양에서 작성한 것이라고 주장했다.

---

85) 합동참모본부의 선제타격 정의는 다음과 같다. "자위적 선제타격(自衛的 先制打擊, Self-Defensive Preemptive Attack): 적의 공격이 임박한 명백한 증거가 있거나 기습공격을 개시한 상황에서 즉각적인 행동을 개시하지 않으면 생존권이 치명적으로 손상될 수밖에 없기 때문에 적의 공격개시 직전 또는 공격 개시와 동시에 적을 타격하는 군사행동이며 이는 유엔헌장 제51조(자위권 인정)에 의한 자위권의 발동을 의미함." (http://www.jcs.mil.kr/library/language02.jsp?page=2&part=&searchcbo=content&search=%C5%B8%B0%DD).
86) 「안승환의 꼬로뜨꼬프 인터뷰」(2001. 9. 15), 안승환, 위의 논문, 427쪽.
87) 「유성철(전 인민군 작전국장)」(인터뷰 날짜: 1992. 5. 타슈켄트), KBS 현대사발굴특집반, 앞의 자료.

또한 코로트코프가 공개한 지도에는 정확한 작전지도 명칭이 첨부되어 있지 않았다. 현재 공개된 '선제타격계획' 작전지도는 원본의 실물 크기 복사·복제본이 아니라 원본을 보고 손으로 모사한 복제본인데, 여기에는 어떠한 제목도 붙어 있지 않다. 이 때문에 1992년 코로트코프가 작전지도를 공개하면서 이미 한국에 알려진 유성철의 '선제타격'이라는 명칭을 차용했을 가능성이 있다.[88] 이런 맥락에서 '선제타격계획'보다는 코로트코프가 설명한 '제1타격계획'이 사태에 근접한 명칭이라고 생각된다.[89]

둘째, 현재 알려진 코로트코프의 「조선인민군 제1타격계획 작전지도(사본)」와 유성철의 증언이 과연 1950년 5월 27일 현재 수립된 공격용 작전 계획인지는 분명하지 않다. 왜냐하면 코로트코프의 제1타격계획 작전지도와 유성철의 증언이 너무 상세한 세부 공격 명령을 담고 있기 때문이다. 유성철은 단위부대별 이동·전투 명령이 개별문서로 작성되었다고 했는데, 지형이나 상황에 정통하지 못한 총참모부 배속 소련군사고문단원들이 3~4일 만에 이런 단위부대별 명령서를 작성하기는 불가능했다. 이 때문에 5월 27일의 시점에서 확정된 것은 구소련 외교문서에 등장하는 '공격을 위한 기본계획', 혹은 바자노프가 해석한 '총체적 공격계획'이었을 것이라고 추정된다. 이 기본 작전 계획의 작전 개념에 대해 김일성과 슈티코프·소련군 총참모부가 동의한 다음에야 주요 사단·여단·연대급, 병종별 세부 작전 계획이 수립되었다고 판단하는 것이 정상적이기 때문이다.

유성철의 증언에 따르면, 민족보위성 총참모부의 소련군 출신 고급장교들이 강건의 감독하에 1개월 간 번역한 끝에 '선제타격계획'을 완성했다. 여기

---

88) 당시 모스크바 특파원이었던 김홍식은 전화 인터뷰에서 자신은 유성철이라는 이름은 들어봤지만 만난 적은 없으며, '선제타격계획'이라는 명칭은 코로트코프에게서 나온 것이라고 확인했다〔「김홍식 전화 인터뷰」(2006. 2. 16)〕.
89) 이하에서는 코로트코프의 「조선인민군 선제타격계획 작전지도(사본)」를 「조선인민군 제1타격계획 작전지도(사본)」로 명명하겠다.

에는 포병사령관 김봉률, 포병사령부 참모장 전학준, 공병국장 박길남, 해군사령관 한일무, 해군참모장 김원무, 작전국장 유성철, 작전부국장 윤상렬, 통신국장 이용인, 병기국장 서용선, 후방국장 정목, 정찰국장 최원 등이 참가했다.[90] 즉 유성철은 기본 작전 계획의 수립 이후 세부계획의 완성·번역에 이르기까지 1개월이 소요되었고, 이를 통칭 '제1타격계획'이라고 호칭했음이 분명했다.[91]

구소련 문서에 따르면, 6월 15일 인민군 총참모부가 소련군사고문들의 도움으로 작성한 「공격작전의 세부계획」이 완성되었으므로,[92] 유성철이 증언한 1개월의 작성·번역 과정을 역산하면, 최초에 수립된 기본 작전 계획, 작전 개념을 담은 '공격을 위한 기본계획'·'총체적 공격계획'은 5월 15일을 전후해서 완성되었을 것이다.[93] 이것이 김일성의 동의와 슈티코프·소련군 총참모부의 승인을 거친 뒤 세부 작전 계획의 작성으로 이어졌을 것이다.

유성철은 이 작전 계획이 반격용(counterattack) 명령으로, 전투명령서·부대 이동 계획·병참 보급 계획·기만 계획, 육군·해군·공군·포병 등 각 병종부대 간 협동에 관한 문서 등으로 구성된, 대단히 완벽한 공격계획이었다고 했다.[94] 즉 유성철 스스로도 작전 개념이 '선제타격작전'보다는 '반격작전'으로 구상되었음을 인정한 것이다. 모든 문서가 한국군의 공격을 예상·전제로 한 상태로 작성되었지만, 이는 진정한 방어용이라기보다 최선의 방어는 공격이라는 격언에 기초한 방어적 공격을 의미했다. 또한 이것은 스탈린이 교시하

---

90) 유성철, 「피바다의 비화」, 『고려일보』 1991. 5. 31.
91) 최용호는 유성철·코르트코프의 선제타격계획과 라주바예프의 반격계획이 별개의 계획이었다고 평가했다. 또한 처음으로 작성했던 선제타격계획의 명칭을 반격계획으로 바꾸었거나 아니면 선제타격계획을 기초로 또 다른 계획을 작성했을지도 모른다고 주장했다〔최용호(2001), 「라주바예프의 6·25전쟁 보고서」, 『군사』 43호, 34, 40쪽〕.
92) 「슈티코프→필리포프」(1950. 6. 16), 바자노프, 앞의 책, 74~75쪽.
93) 원문에는 전체작전계획(общий план опеации)으로 되어 있다.
94) 유성철, 「나의 증언」(8), 『한국일보』 1992. 11. 9; 곤차로프, 앞의 책, 150쪽.

고 슈티코프가 제시한 '도발받은 정의의 반공격전', 즉 반격전 개념과 일치한다.

이 때문에 완성된 작전 계획은 '반격용 계획' 혹은 '제1타격계획'으로 지칭되었을 가능성이 높다. 나아가 유성철의 증언처럼 북한군은 이후 공격작전 계획을 반격계획으로 지칭했다. 또한 소련군사고문단장 라주바에프의 보고서에 등장하는 북한군의 공격계획 역시 '반격계획'으로 명명되어 있으므로, '반격'은 개전의 명분이자 작전 계획의 명칭으로 사용된 것을 알 수 있다.

2. 「제1타격작전계획」·「반격계획」의 완성

1950년 6월 15일 수립된 「공격작전의 세부계획」의 원본은 현재 발굴되어 있지 않다. 다만 소련과 미국에서 발굴된 여러 자료들이 이 세부 작전 계획을 증언하고 있다. 우리가 검토하게 될 문서들은 다음과 같다. 이들은 모두 전체적인 작전 계획과 그 속에서 내려진 사단급 단위까지의 정찰·공격 명령들이다.

    가. 구소련 외교문서(1950. 6. 15)
    나. 「제1타격계획 작전지도(사본)」(일자 미상, 코로트코프)
    다. 「반격계획」(일자 미상, 1951. 11. 4, 라주바에프 보고)
    라. 「정찰명령 1호」(1950. 6. 18, 인민군 총참모장·정찰국장)
    마. 「공격작전용 조선인민군 정찰계획」(1950. 6. 20, 인민군 총참모장)

먼저 세부공격 작전 계획의 완성에 앞서서 6월 12일 최일선 사단장, 총참모부 참모, 포병부대장 들을 대상으로 한 특별회의가 개최되었다. 「한국전 문서 요약」에 따르면, 이는 "제1제대 사단장, 참모부 참모, 포병사단장 회의"였다.[95] 즉 돌격부대로 결정된 경비3여단, 6보병사단, 1보병사단, 4보병사단, 3

보병사단, 105땅크여단, 2보병사단, 12보병사단의 사단장·참모장, 포병부사단장 등의 회의였을 것이다. 제2제대, 즉 예비사단이자 아직 완편되지 않은 13보병사단, 15보병사단, 5보병사단은 제외되었다. 이 회의에서 사단급 부대들의 구체적인 임무가 부여되었고, 비밀엄수에 대한 특별강조가 있었다. 즉 세부 작전 계획의 하달 이전에 공격작전의 핵심이 될 사단장·포병부대장과 총참모부의 핵심 국장 들에게 개전 사실과 구체적인 임무의 윤곽을 하달한 것이다. 그 직후인 6월 15일 「공격작전의 세부계획」이 완성되어 하달되었다.

구소련 외교문서(1950. 6. 15)

슈티코프는 6월 16일 스탈린에게 「공격작전의 세부계획」이 완성되었다고 보고했다.[96] 인민군 총참모부가 소련군사고문들의 도움으로 6월 15일 완성한 「공격작전의 세부계획」에 따르면, 공격 개시일은 6월 25일 이른 새벽이었고, 구체적으로 3단계, 작전 기간 1개월로 구성되어 있었다.

1. 공격의 첫 단계에서 조선인민군 부대들은 옹진반도에서 국지작전처럼 행동을 개시한 다음 공격을 서해안을 따라 남쪽으로 옮겨갈 것임.
2. 두번째 단계에서 서울을 점령하고 한강을 장악하여야 함. 동시에 동부전선에서 춘천과 강릉을 해방할 것임. 그 결과 남조선군의 주력이 서울 주변에서 포위되고 제거되어야 함.
3. 세번째 단계는 최종적인 단계로, 적의 잔여 병력을 격파하고 주요 인구 중심지들과 주요 항구들을 점령함으로써 조선의 나머지 지역을 해방하는 데 역점이 주어질 것임.[97]

---

95) 「한국전 문서 요약」, 28쪽.
96) 「슈티코프→필리포프」(1950. 6. 16), 바자노프, 앞의 책, 74~75쪽.

3단계 작전은 옹진에서 개전한 후 국지전의 전면전화(1단계), 서울·춘천·강릉 해방 및 남한 주력 제거(2단계), 남한 잔여병력 소탕 및 나머지 지역 해방(3단계)으로 예정되어 있었다. 6월 15일의 작전 계획은 옹진 개전-서울(한강)·춘천·강릉 점령-주요 도시·항구 점령으로 이어지는 것이었는데, 주공 방향은 서해안을 따른 서울 주변 지역이며, 조공 방향은 춘천 방향과 강릉 방향 등 2개 방향으로 설정되었음을 알 수 있다. 즉 이 작전 계획은 크게 3개의 공격 방향을 설정했는데, 주공은 서해안을 따라 서울 방향으로, 제1조공은 춘천 방향으로, 제2조공은 강릉 방향으로 설정되었다. 다음의「선제타격계획」에서 드러나듯이, 서울 방향의 주공과 춘천 방향의 조공은 상호 밀접한 협동 작전 속에 이루어져야 하는 가장 중요한 공격이었다.

그런데 6월 15일 완성되었다는 이 작전 계획은 몇 가지 점에서 매우 특징적이다. 그리고 지금까지 알려진 다른 작전 계획과도 차이가 있어, 아마도 개전 직전 수정되었을 가능성이 매우 높다.

첫째, 앞서 지적한 것처럼 6월 15일의 옹진 개전 후 국지전의 전면전화 시나리오는 개전의 책임을 위장하는 효과는 탁월했지만, 전격전에서 가장 중요한 충격을 현저하게 반감시키는 것이었다. 이 계획에 따르면, 옹진과 서부전선(서울), 중부전선(춘천), 동부전선(강릉)의 공격은 적어도 몇 시간 또는 몇 일의 시간 격차가 예정될 수밖에 없는 시간차 공격이었기 때문이다. 즉 이 작전의 핵심 목적은 '남조선군의 주력'을 '서울 주변'에서 포위·제거하는 것이었기 때문에 옹진에서의 개전 시나리오는 폐기될 수밖에 없었다. 전 전선에서의 전면공격, 전격전이 가장 효과적인 공격이었기 때문이다. 이에 따라 6월 21일 작전 계획이 수정되어, 전 전선에서의 전면 공격 방침으로 전환되었다. 이때 변경된 작전 계획의 핵심은 옹진에서 개전한 후 전선을 확장한다는 부분이었다.

---

97) 바자노프, 앞의 책, 74~75쪽;「한국전 문서 요약」, 28쪽.

둘째, 이 작전 계획은 1단계 공격 이후 2단계 공격의 진출계선으로 서울(한강)·춘천·강릉 점령을 제시했는데, 이럴 경우 서부전선(서울)과 중부전선(춘천), 동부전선(강릉)의 진격 속도와 진출계선이 현저히 차이가 나게 된다. 이는 이해할 수 없는 작전으로 비쳐질 수도 있다. 그렇지만 이 작전의 목표는 춘천·강릉의 점령이 아니라 서울 주변에서 남한군의 포위·섬멸이라는 목적에 부수된 것이었다. 즉 춘천 점령 부대는 신속히 기동해서 서울 동측방을 공격하는 것이 2단계 기동의 최대 목적이었다. 즉 코로트코프가 제시한 「선제타격계획 작전지도」에서와 같이 이 부대는, 38선에서 서울 방향을 향해 수직으로 가해진 주공부대의 강력한 충격, 즉 돌격부대가 내리치는 망치의 힘을 받쳐주기 위해, 서울 동측방으로 기동해 한국군의 배후에 위치하는 모루의 역할을 하는 부대였던 것이다. 망치와 모루 사이에 끼인 한국군 주력을 포위·섬멸한다는 것이 이 작전단계의 핵심이었다. 역시 가장 중요한 것은 전격전의 속도와 템포였다.

셋째, 작전 기한은 1개월로 명기되었지만, 작전의 핵심은 역시 서울·수원 계선에서 한국군 주력부대를 섬멸·격멸함으로써 실질적으로 전쟁을 종결할 수 있다는 판단에 있었다. 1949년 9월 김일성은 툰킨에게 북한이 최소 2주일에서 최대 2개월이면 남한을 점령할 수 있다고 했고, 1950년 1월 17일 주중대사 이주연 환송 오찬에서도 인민군이 3일 내에 옹진반도를 탈취하고 며칠 내에 서울로 진격할 수 있다고 주장했다. 또한 김일성은 1950년 4월 모스크바 방문시 스탈린과의 회담에서도 개전하면 3일 내에 승리할 수 있다고 호언장담했다. 이런 주장의 핵심은 결국 서울에 대한 강조였다. 그 가장 핵심적인 이유는 이 지역에서 한국군 주력부대를 섬멸하고, 정치·경제의 중심지인 수도 서울을 점령함으로써 한국정부·군의 지휘체계를 붕괴시키고, 심리적으로 격멸할 수 있다고 판단했기 때문일 것이다. 아래에서 살펴보듯이, 북한군의 작전 계획은 서울점령 이후 수원-원주-삼척 계선까지만 구체적이었을 뿐, 그 이후의 전개에 대해서는 작전 계획이 부재했던 것으로 판단된다.

소련측의 설명에 따르면, 인민군의 작전 계획은 하루에 15~20km를 진격해서 22~27일, 즉 1개월 내에 주요 군사작전을 완결하는 일정으로 짜여 있었다.[98]

이미 개전 초부터 북한군의 전쟁전략은 조속한 승리였으며, "소련과 중공의 지원과 교사를 받아, 한국해방 5주년인 1950년 8월 15일에 실시될 소련 방식의 전국 선거에 때맞춰 대한민국을 정복시킬 수 있다는 확신"이었다는 지적이 있었다.[99] 같은 맥락에서 국방군사연구소의 『한국전쟁』(상)은 북한의 한국전쟁 기본전략이 "6월 말 전면공격으로 신속히 서울을 점령하고, 인민봉기를 유발하여 한국정부를 전복하는 한편, 인민군이 신속히 남해안까지 전개하여 미 증원군의 한반도 상륙을 막아 1개월 내에 전쟁을 종결하며, 8월 15일 해방 5주년 기념일까지 서울에 통일인민정부를 수립한다는 것"이었다고 평가했다.[100]

북한의 공식전사들이 전하는 김일성의 전략도 동일했다. 『조국해방전쟁사』에 따르면, 김일성은 미국이 본토에서 대병력을 전개하는 데 최소한 한 달 또는 한 달 반이 소요된다고 판단했다. 또한 일본에 주둔 중인 미군 4개 사단이 개입해도 '높은 기동력'과 '연속적 타격'만 보장된다면 승리할 수 있다고 자신했다. 즉 미군이 본토에서 최신 무기로 증강된 보병사단을 한반도에 투입하기 전에 승리한다는 전략이었다.

---

98) 「1950~53년 한국전쟁과 휴전협상에 대해」(1966. 8. 9), Foreign Ministry report, "On the Korean War, 1950~1953, and the Armistice Negotiations," 9 August 1966, Storage Center for Contemporary Documentation(SCCD), Moscow, Fond 5, Opisi 58, Delo 266, Listy 12~131, translated by Kathryn Weathersby, "New Findings on the Korean War," *CWIHPB*, Issue 3(Fall 1993), pp. 1, 14~18. *CWIHPB*, Issue 5(Spring 1995), p. 9, n. 3.
99) Headquarters, Far East Command, Military Intelligence Section, *History of the North Korean Army*, 31 July 1952. p. 4.
100) 국방군사연구소(1995), 『한국전쟁』(상), 군인공제회, 75쪽.

높은 기동력과 련속적인 타격으로써 적의 기본집단을 격멸소탕하고 남반부를 해방한 다음 삼면이 바다로 둘러싸인 우리 나라의 해안에 병력을 기동성 있게 배치함으로써 미제침략군의 상륙을 모조리 처물리치고 전쟁의 종국적 승리를 이룩할 수 있게 하는 유일하게 정당한 전략적 방침.[101]

김일성이 제시했다는, 전쟁 승리를 위한 '전략적 방침'에 기초한 방도들은 높은 기동력과 연속적인 타격, 적에 대한 우회 포위섬멸, 산악 지형을 이용한 익측과 후방 타격, 산악전·야간전, 대부대작전과 소부대작전의 배합, 군종과 병종의 종합적 이용, 보병·탱크병·포병의 긴밀한 협동작전, 포의 집중성과 기동성, 문화부의 기능과 역할 제고 등이었다.[102]

특히 북한이 개전 초기 성과로 강조한 것은 두 가지였다. 첫째, "주도권을 튼튼히 틀어쥐고 적의 기본집단이 집결되어 있는 서울을 3일 만에 해방하고 계속하여 적들에게 심대한 타격을 주면서 전략적 종심으로 성과를 확대하여 짧은 기간에 남반부의 넓은 지역을 해방" 했다는 점을 들었다. 이는 전격전·기동전을 통해 서울-수원 축선에서 한국군의 주력을 포위·섬멸한 점을 강조한 것으로, 북한이 서울에 승부를 걸었음을 보여준다.

둘째, 한국의 산악 지형에 맞게 정면 타격과 익측·후방 타격의 배합을 통한 포위섬멸작전을 들었다. 즉 북한군이 다양한 방식의 우회·포위 및 망치와 모루의 결합을 통한 포위섬멸작전을 펼쳤음을 의미한다. 이는 다음에서 살펴볼 「제1타격계획의 작전지도」와 「반격계획」에서도 강조된 부분이었다. 그리고 보다 정확히 말하자면 이는 '천재적 군사전략가'인 김일성의 작전 계획이 아니라 소련군사고문단들의 작전 계획이었다.[103]

---

101) 사회과학출판사(1972), 『혁명의 위대한 수령 김일성동지께서 령도하신 조선인민의 정의의 조국해방전쟁사 1』, 도쿄 구월서방 번각판, 118~119쪽.
102) 사회과학출판사(1972), 앞의 책, 120~122쪽.

「조선인민군 제1타격계획 작전지도(사본)」(일자 미상, 코로트코프)

코로트코프의 '제1타격계획'에 대해서는 작전지도만 공개되었을 뿐, 부속문서나 해당 작전지도에 대한 설명은 공개되지 않았다.[104] 지도를 공개한 코로트코프는, 지도 공개 당시 김일성이 1950년 2월 27일 「조선인민군 선제타격계획」이라는 제목의 남침 계획서를 휴대하고 비밀리에 모스크바를 방문해 스탈린의 승인을 받았다고 주장했다.[105] 1925년생인 코로트코프는 소련극동군 총사령부 제7부(특수선전부) 장교로 한국전쟁에 개입했고, 미군포로 대상 정보수집 활동을 펼치기도 한 인물이다.[106] 코로트코프는 김일성이 7명의 군사대표단을 대동해 3일 간 모스크바에 체류하면서, 스탈린과 슈테멘코 총참모장 등 소련군 참모들과 남침 계획을 구체적으로 협의했으며, 스탈린의 전폭적 지원약속을 받은 뒤, 3월 1일 평양으로 돌아갔다고 주장했다.

코로트코프는 축척 1:20만의 한반도 지도(가로 2m, 세로 3m) 위에서 부대별 작전목표를 보여주다, 북한군을 38선 부근에 집중적으로 전진배치시킨 후 일정한 시점에 전격전을 개시, 개전 3일 안에 서울은 물론 수원-원주-삼척으로 이어지는 남한 지역을 일거에 점령하는 것을 제1단계 목표로 삼았다고 설명했다. 제1단계 목표가 완료되면 2단계 작전에 들어가 부산, 광주, 여수 등 3개 방면으로 진격하도록 계획되었다고 했다. 코로트코프는 이 선제타격계획의 원본이 모스크바와 평양에 각각 1부씩 보관되어 있으며, 공개된 지도는 연

---

103) 북한군 총참모장 고문을 지낸 소지노프는, 정치가로서의 김일성은 모르겠지만 군지휘관으로서의 김일성은 형편없었다고 평가했다. 만주 빨치산 경력을 제외하면 사단 이상의 군 작전에 대해서는 아는 바가 전혀 없었다고 지적했다[황성준(1995), 「6·25는 소련군의 전쟁이었다」, 『월간조선』 8월호].
104) 『연합통신』 1992. 8. 29. 코로트코프가 간행한 책에도 이 작전지도에 대한 설명은 없다[코로트코프 저·어건주 역(1992), 『스탈린과 김일성』, 동아일보사].
105) 「「인민군남침 선제타격계획」 존재 최초 확인, 러 軍史硏, 북한의 공격 작전지도 공개, 서울 수원 원주 삼척을 1단계 점령목표로」(모스크바 金興植특파원), 『연합통신』 1992. 8. 29.
106) 안승환, 앞의 논문, 349쪽 주11.

구 목적을 위해 러시아군 총참모부의 허가를 받아 복사한 사본이라고 밝혔다.[107]

한편, 코로트코프는 '조선인민군 선제타격계획'의 핵심 내용을 소개했는데, 다소 길지만 원문을 그대로 인용하면 다음과 같다.

조선인민군의 **선제작전**은 일체의 사회·정치·군사 전략상 요인과 자연조건을 고려하여 준비된 것이며 이 공격전을 위해 **두 개의 집단군** 그룹이 편성될 것이다.
제1집단군 그룹은 제1, 3, 4, 6, 13, 15보병사단과 제105탱크여단 및 국경수비여단으로 조직되며 조선의 서부평원에 배치된다. 이 그룹의 최대과제는 서울 주변의 남한군 그룹에 불의의 치명타를 가해 이를 포위섬멸하고 서울을 점령한 뒤 해안선을 따라 급속도로 진격한다.
이 그룹의 제1선은 전투력이 강한 제6, 1, 4, 3보병사단이 맡고 제2선은 제13, 15보병사단과 제105탱크여단이 담당한다.
의정부를 거쳐 서울로 진입하는 결정적 작전을 위해 초령-연천-우천 戰區(원문 그대로)에 3개 사단과 탱크여단이 집중된다.
제2집단군 그룹은 제2, 12, 5보병사단이 소속되며 기본역량을 화천-심포리-인제 戰區(원문 그대로)에 집중시켜 군사행동이 시작되면 두 개 방면으로 공격전을 전개한다.
그중 첫 방향은 加平, 廣州를 거쳐 서울 주변 남한군의 깊숙한 후방으로 들어가며 두 번째는 양구-인제 戰區로 홍천 방면으로 나아간다.
이와 함께 양쪽 방면의 사이에 별도 배치된 제5보병사단은 동해안을 따라 공격하면서 인민군함대와의 협동작전하에 강릉과 삼척을 점령한 다음 포항을 향

---

[107] 이 지도는 원지도를 실물 크기로 그대로 복사·복제한 것이 아니라 원본을 보고 손으로 모사한 것이었다(「김흥식 전화 인터뷰」(2006. 2. 16)).

해 해안선을 따라 진격한다.

작전군 그룹에 일체의 장갑 전투 기재, 독립 탱크여단 및 오토바이 연대가 집중된다. 적군의 보병 방어망을 돌파한 뒤 바로 이 부대들이 개별적인 전투에는 관여하지 않고 적군 지점들을 우회하면서 전선지구 깊숙이 돌진한다.

전격전의 핵심은 우세한 역량에 의한 불의의 선제타격으로 38선 일대의 그다지 강하지 않은 적군의 방어시설을 돌파하고 서울지구에 다달아 적군의 기본역량을 포위 분쇄한 뒤 수원-원주-삼척을 잇는 지역에 도달하는 데 있다. 소련군사고문의 견해에 의하면, 이 목적을 달성하는 데 3~4일이 걸릴 것이다.

그 다음 개별적 방향으로 남진을 계속하면서 大田지구에서 남한군의 제2보병사단을, 大邱지역에서 제3보병사단을, 光州지구에서 제5보병사단을 각각 분쇄한다.

조선인민군은 2주일 내로 남한군을 완전 괴멸하고 조선반도 전역을 해방할 것이다.(강조는 인용자)[108]

그런데 코로트코프의 설명은 여러 측면에서 혼란스러운 것이었다.

먼저 앞에서 살펴본 것처럼, 김일성·박헌영의 제3차 모스크바 방문은 1950년 3월 30일부터 4월 25일까지였다. 코로트코프는 소련군 총참모부 작전총국 극동방면국장 로모프 중장과 회담통역인 카마로프 등의 증언, 유성철의 증언, 소련군사고문단 통역 및 평양총참모부 군사아카데미 교수를 지낸 게오르기 플로트니코프의 증언에 기초해 2월 말 방소설을 주장했지만,[109] 현재 공개된 자료에 따르면 이는 사실과 거리가 있다.

---

108) 「조선인민군 선제타격계획 핵심내용 요지」(모스크바 金興植특파원), 『연합통신』 1992. 8. 29. 김흥식 특파원에 따르면, 이 내용은 당시 작성된 단일한 원문서 사본이 아니라 코로트코프가 '복잡한 문서' 가운데에서 중요한 부분을 뽑아서 타이핑해 작성한 문서에 근거한 것이었다(「김흥식 전화 인터뷰」(2006. 2. 16)).
109) 안승환, 앞의 논문, 349쪽; 코로트코프(1992), 앞의 책, II권, 13~14쪽.

둘째, 김일성은 3차 모스크바 방문시 '선제타격계획'이라는 '남침 계획서'를 휴대할 수 없었다. 왜냐하면 코르트코프 자신의 지적처럼, '전쟁 계획'이란 한 장의 문서가 아니라, 통상 한 국가의 고위 군사정치 지도부가 만든 근본 계획의 문서들의 총체이기 때문이다.[110] 또한 계획의 작성 주체는 '김일성'이 아니라 소련군사고문단이었고, 전면 공격계획은 1950년 5월 초부터 작성되기 시작했다. 계획과 지도는 소련군사고문단과 북한군 총참모부가 합의해서 확정한 뒤 한글과 러시아어로 공동으로 작성되었거나, 다른 중요 문서들과 마찬가지로 러시아어로 작성된 뒤 한글로 번역되었을 것이다. 이 때문에 지도는 러시아어로 되어 있다.

셋째, 코르트코프가 제시한 지도는 그의 주장처럼 2월 27일 김일성이 '완성'해서 스탈린에게 들고 간 남침 계획이 아니라, 6월 15일 완성·확정된 「공격작전의 세부계획」의 작전지도였거나, 아니면 6월 21일 김일성·스탈린에 의해 제안·동의된 최종 작전 계획의 작전지도였음이 분명했다. 지도에서 옹진반도에서의 개전, 국지전의 전면전화 시나리오가 분명히 드러나지 않는 것으로 미루어, 이 지도는 6월 21일 최종 수정된 작전 계획을 묘사한 작전지도일 가능성이 높다.

넷째, 코르트코프가 선제타격계획의 핵심이라고 밝힌 내용은 다음에 살펴볼 라주바예프의 반격 계획과 정확히 일치한다. 1992년에는 소련 자료들이 공개되지 않아, 코르트코프가 제시한 이 선제타격계획의 핵심에 대한 검증이 불가능했다. 그렇지만 이제 구소련 문서들이 공개되었고, 라주바예프의 보고서들이 공간됨으로써 우리는 정확히 상황을 파악할 수 있게 되었다. 코르트코프가 제시한 내용은 북한군의 핵심 공격 계획을 진술한 것이었다. 나아가 이는 코르트코프의 설명이 아니라 소련군 혹은 북한군 문서를 그대로 전재한 내용이었다.

---

110) 코르트코프, 앞의 책, I권, 267쪽.

이상을 정리하자면, 코로트코프가 공개한 지도는, 2월 27일의 지도나 1950년 5월 중순 수립된 기본 계획에 입각해 6월 15일 확정된 공격 작전의 세부 계획을 보여주는 지도라기보다, 6월 21일 수정되어 최종 확정된 전면전 작전 계획의 작전지도였을 가능성이 높다. 왜냐하면 이 작전지도에는 "공격의 첫 단계에서 조선인민군 부대들은 옹진반도에서 국지작전처럼 행동을 개시한 다음 주공격을 서해안을 따라 남쪽으로 옮겨갈 것"이라는 6월 15일 작전 계획이 잘 드러나지 않기 때문이다. 또한 코로트코프는 이 작전 계획의 명칭을 '제1타격계획'(операция первого удара)이라고 정정했는데,[111] 이는 최종 수정·확정된 전면전 작전 계획을 표시하는 상황도로 판단된다.

이 작전지도를 통해 다음과 같은 몇 가지 사항을 알 수 있다.

첫째, 이 타격 계획은 전면전을 상정한 것이며 작전종심은 한반도 전역을 대상으로 한 것이었다. 즉 국지전의 전면전화와 같은 6월 15일의 작전 계획은 아니었으며, 서울 제한 점령 등의 제한전을 목표로 한 것도 아니었다. 이 작전지도는 6월 21일 최종 확정된 전면전 작전 계획의 작전지도로 판단된다.

둘째, 이 타격 계획에서 가장 중시된 것은 서울-수원 지역이었다. 이 지도에는 구소련 문서나 라주바예프 보고서에 나타나지 않는 중요한 작전 계획이 제시되어 있다. 그것은 북한군이 서울-수원 지역에서 실질적으로 전쟁의 승패를 결정지을 생각이었음을 보여준다. 작전지도에 따르면, 두 차례의 포위전략이 구사되고 있음을 알 수 있다.

첫번째의 포위전은 서울의 한강 계선에서 실시되는 것으로 나타나 있다. 이때 주공의 가장 강력한 충격은 서울 북방 전곡-동두천-의정부 방면에서 서울을 향해 직선으로 가해지고 있으며, 제1조공은 서울 전면(前面)의 좌측인 개성·배천 방향에서, 제2조공은 서울 전면의 우측인 춘천 방향에서 서울을 향해 진행되고 있었다. 라주바예프 보고서에 따르면, 실제로 이러한 방향으로

---

111) 「안승환의 꼬로뜨꼬프 인터뷰」(2001. 9. 15), 안승환, 앞의 논문, 427쪽.

□ 그림 Ⅳ-1 「조선인민군 제1타격계획 작전지도(사본)」(일자 미상)

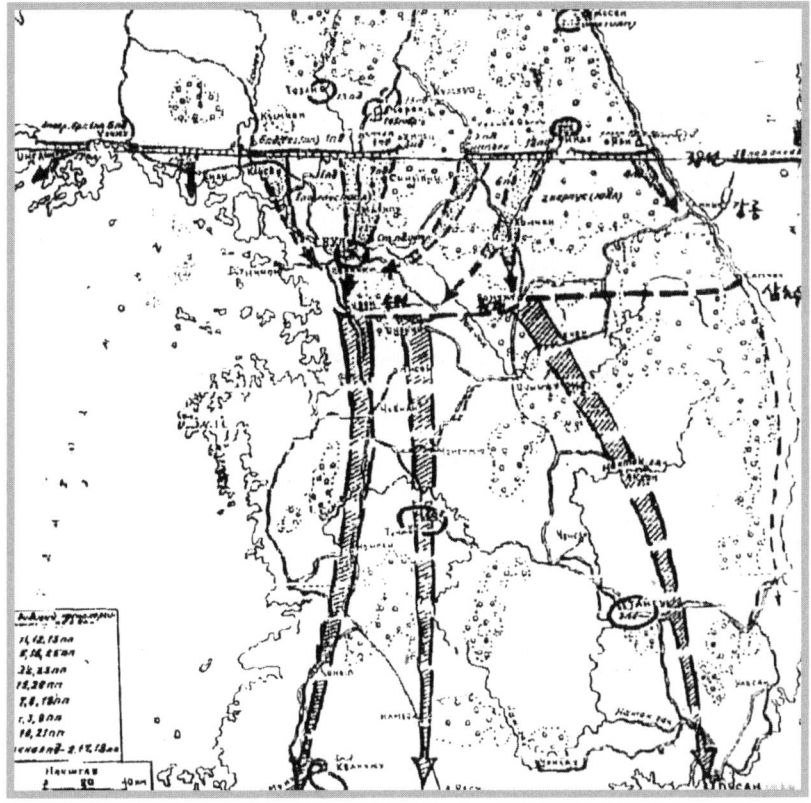

ⓒ 연합뉴스 자료실

북한군의 초기 기동이 있었음을 알 수 있다.[112] 서울에 대한 주공은 1사단, 3사단, 4사단이 담당했는데, 좌측의 1사단은 오음리-문산-서울로, 중앙의 4사단은 전곡-동두천-의정부-서울로, 우측의 3사단은 영평-포천-의정부-서울로 공격하였다. 제1조공은 인민군 6사단이 담당했는데, 개성-통진-김포-영등포로 진격했다. 제2조공은 인민군 2사단이 담당했으며, 이들은 화천-춘

---

112) 라주바예프, 앞의 책, 1권, 159~173쪽.

천-가평-김량장리(용인)-원당(광주)-수원으로 전개했다.

　이들은 한강 이남에서 만나도록 되어 있는데, 서울 정면으로 향한 주공 기동부대의 강력한 충격은 서울 좌측에서 김포-영등포로 기동하는 제1조공의 좌측면·후면공격으로 배가되며, 역시 서울 우측에서 기동하는 제2조공의 우측면·후면공격으로 배가될 수 있었다. 즉 한강 계선 남쪽에 북한군은 2개의 모루를 준비하고서 주공 부대의 강력한 돌파망치와 결합하여 한국군을 포위·섬멸한다는 계획이었다.

　두번째 포위전은 수원 계선에서 준비되었다. 서울 한강 이남에서 합류한 세 방향의 북한군 주공부대는 템포를 유지하며, 섬멸되지 않은 한국군 부대와 예비부대로 동원된 한국군을 수원 계선에서 또다시 포위·섬멸할 계획이었을 것이다. 이번에는 양구·인제 방면에서 공격을 개시한 북한군 조공부대가 수원 동측방으로 접근해 한국군을 또다시 포위공격하도록 계획되었다. 라주바예프의 보고서에 따르면, 이는 인민군 12사단과 모터사이클연대였다.[113] 이 경우에도 북한군 조공부대는 한국군을 향한 우측방·후방의 모루가 되며, 북한군 주공부대는 강력한 망치가 되어 그 속에 포위된 한국군을 섬멸한다는 개념으로 해석할 수 있다. 여기서 가장 중요한 것은 돌격부대의 속도와 템포, 주공과 조공부대의 긴밀한 협력 및 예술적 합동작전 능력이었다. 그렇지만 북한군은 그런 능력을 보유하지 못했다.

　셋째, 이 작전 계획은 전 한반도를 작전 구역으로 설정했지만, 표시된 작전 진출계선은 수원-원주-삼척 계선뿐이었다. 지도상에는 두 종류의 선이 표시되어 있는데, 수원-원주-삼척 계선의 화살표는 굵은 점선이자 점무늬로 채워져 있고, 그 이하의 화살표는 실선이자 빗금으로 채워져 있다. 즉 이 작전 계획은 전체적으로 2단계 작전 계획을 묘사하고 있다. 1단계 진출계선은 라주바예프 보고서에 보이는 「반격계획」의 1단계 진출계선과 동일했다. 또한 주

---

113) 라주바예프, 앞의 책, 1권, 138~139쪽.

요 항구에 대한 점령 계획이 표시되어 있지 않다.

「제1타격계획 작전지도」에 대한 가장 신뢰할 만한 분석은 국방군사연구소의 『한국전쟁』(상)에서 이루어졌다. 이에 따르면, 제1타격계획의 제1단계 작전은 인민군의 지상군 총 10개 사단을 2개 군단의 공격집단으로 편조하고, 그 중 제1군단을 주공으로써 금천-구화리, 연천-철원에서 38선을 돌파하여 북으로부터 서울을 압박하도록 하고, 제2군단을 조공으로써 화천-양구에서 38도선을 넘어 서울 동측방과 수원 방향으로 우회시켜, 양개 군단의 협조된 포위공격으로 서울을 점령한 뒤 수원-원주-삼척선을 확보하도록 계획한 것이었다.[114] 이후 작전은 국군의 저항이 경미할 것으로 판단한 데 이어, 미 증원군의 전개 이전에 남해안까지 진출하여 부대 배치를 끝낸다는 전략에 따라, 신속한 기동에 중점을 두어 제1단계 작전과는 달리 군단 간 상호지원을 고려하지 않은 채 4개의 축선별로 국군을 각개 격파하여 '전략종심'으로 깊숙이 진입하는 것이었다.[115]

다음 단계의 구체적인 작전 계획은 제1타격계획은 물론 라주바예프 보고서의 「반격계획」 등에도 등장하지 않는다. 이에 대해 "소련군사고문단과 북한군 총참모부는 남침공격계획 수립시 제1단계 작전에서 국군 주력을 완전 격멸하는 것으로 판단했기 때문에, 제2·3단계 작전에서는 이에 대한 구체적인 부대편성 및 운용에 대한 계획을 수립하지 않았던 것"이란 분석은 타당하다.[116]

「반격계획」〔일자 미상, 라주바예프 보고서(1951. 11. 4)〕

라주바예프의 보고서 중 「반격계획」이 제시된 보고서는, 1951년 11월 4일 조

---

114) 국방군사연구소(1995), 『한국전쟁』(상), 80쪽.
115) 앞의 자료.
116) 국방부 군사편찬연구소(2005), 『6·25전쟁사 2: 북한의 전면남침과 초기 방어전투』, 8~11쪽.

선인민군 군사고문단장 라주바예프 중장이 붉은군대 총참모장 S. M. 슈테멘코 장군에게 보낸 보고서에 들어 있다.[117] 이 보고서는 개전 이후 북한군의 병과별 전투 행동을 평가하고 미군의 전술을 분석하기 위해 작성되었다.

라주바예프가 정리한 '반격'을 위한 작전 계획에서 주공은 신망리-서울-수원-안성 축선의 예성강 구역과 신읍리(포천)-의정부 간 도로 방향으로 계획되었다.[118] 작전종심은 350km, 즉 38선에서 한반도 남단까지로 설정되었다. 이에 따른 작전은 4단계로 구성되었다.

라주바예프 보고서에는, 이러한 4단계 작전계획을 정리한 〈참고도 3: 해방작전단계〉가 묘사되어 있다.[119] 이 참고도는 러시아 문서 원본에는 첨부되어 있지 않다. 이는 군사편찬연구소에서 참고하기 위해 임의로 제작한 것이다. 그렇지만 내용상 큰 하자는 없다. 이 참고도는 코로트코프의 「조선인민군 제1타격계획 작전지도」와 비슷하지만, 제1타격계획이 1단계 진출계선만을 표시한 데 반해, 이 참고도는 2단계, 3단계, 4단계 진출계선을 표시하고 있다. 라주바예프 보고서에도 1단계의 공격 목표 및 진출계선은 명백히 표시되었지만, 2~3단계는 공격 목표 및 진출계선만 간단히 표시되었고, 4단계는 작전 지속일도 상정되어 있지 않았다. 즉 4단계 작전계획의 핵심은 서울·수원 방향에서 한국군 주력부대의 포위·섬멸이 목적이었음을 잘 보여준다.

여기서 단계별 작전 지속일과 작전종심은 「반격계획」의 핵심을 잘 보여준다. 1단계는 작전종심 90km에 5일이 소요될 예정이므로, 1일 18km의 빠른 진격속도를 상정한 것이었다. 2단계는 작전종심 40~90km에 4일이 소요될 예정이므로, 1일 10~22.2km의 진격속도였다. 3단계는 작전종심 90km에 10일이 소요될 예정이므로, 1일 9km의 진격속도였다.

---

117) 라주바예프, 앞의 책 1권, 111쪽.
118) 라주바예프, 앞의 책 1권, 135~139쪽.
119) 라주바예프, 앞의 책 1권, 136쪽.

□ 표 Ⅳ-1 **북한군의 「반격계획」**

단 계	공격 목표 및 진출계선	작전 지속일	작전종심
1단계	· 38선 접경 지역 적 주력 격파 · 서부: 서울 점령, 수원-원주 선 진출 · 예성강 서쪽: 옹진 · 연안 점령 · 동부: 삼척 점령	5일	90km
2단계	· 적 예비전력 격파 · 천안-제천 선 진출	4일	40~90km
3단계	· 후퇴하는 적 추격 · 대전-선산 선 진출	10일	90km
4단계	· 적 추격, 개별적 저항 근거지 격파 · 임실-거창-왜관-포항 동선 진출 · 서해안 공격 기동부대: 부산 서북방 진출, 남한군 잔여병력 퇴로 차단 · 괴멸		40~80km

※ 출전 라주바예프(2001), 「소련군사고문단장 라주바예프의 6 · 25전쟁 보고서」(제1권), 국방부 군사편찬연구소, 136~137쪽 재정리.

전체 작전 계획은 1단계에 가장 빠른 진격속도를 상정한 것을 알 수 있다. 즉 서울-수원 지역을 점령하는 것이 가장 중요한 목표였으며, 1단계에서 한국군을 포위·섬멸하기 위해 빠른 기동이 요구되었던 것이다. 이것이 북한군 작전 계획의 핵심이자 전격전의 요체였다.

주공이 예정된 서울 방면으로 6개 보병사단, 1개 탱크여단, 군단 예하 1개 포병연대의 투입이 예정되었다. 조공은 북한강·부평리(신남) 지역에서 3개 보병사단과 1개 모터사이클연대의 투입이 예정되었다.

반격 계획이 묘사하고 있는 사단·여단급 부대의 작전 계획과 공격 목표는 〈표 Ⅳ-2〉와 같았다.

이러한 작전 계획은 전격전이자 기동전이며 입체적인 협동작전이었다. 라주바예프의 보고서가 나오고 나서야 우리는, 코로트코프가 1992년에 발표했던 「선제타격계획」의 세부설명이 실제로는 이 반격계획의 핵심을 그대로 진술한 것임을 알게 되었다. 그렇지만 북한군의 지휘·훈련 수준 미비, 한국군의 강력한 방어는 최초의 작전 계획을 좌절시켰다.[120]

□ 표 IV-2 북한군 사단·여단별 진출계선 및 공격 목표

구 분	부대명	진출계선	군단 목표
주 공 (1군단)	제6사단	·개성-영정리-한강 도하(1일차)-서울 영등포 방면 공격, 병력 일부 인천 점령	·서울 방향 ·6개 보병사단 ·1개 탱크여단 ·1개 포병연대
	제1사단	·오음리-문산-금촌리-서울 서북방 공격(서울 서부 지역 점령)	
	제4사단	·신망리-의정부-서울 북부 지역 공격(서울 점령)	
	제3사단	·후포-신팔리-퇴계원리-서울 동부 지역 공격(서울 동부 지역 점령)	
	제105 땅크여단	·2일차 의정부-양지리 돌파, 동쪽으로 서울 진입, 한강교 점령	
	제13사단 제15사단	·제2제대(예비사단)	
조 공 (2군단)	제2사단	·서원리-춘천-가평-구만리-송현동(성남 수정구) 공격	·북한강·부평리 (신남) 지역 ·3개 보병사단 ·1개 모터사이클 연대
	제12사단	·부평리-홍천-여주 공격	
	모터사이클 연대	·2일차 홍천-가평-양평-이천-김량장리(용인) 공격(수원 점령)	
	제5사단	·제2제대(예비사단): 홍천-횡천-원주	
기 타	경비1여단	·동해안 양양-강릉 공격	
	상륙부대	·2개 육전대대, 2개 보병교육대대 강릉 남방 10km 침투, 경비1여단과 합류	
	경비3여단	·예성강 서쪽(옹진·연안반도) 점령	

※ 출전 국방부 군사편찬연구소(2001), 『소련 군사고문단장 라주바예프의 6·25전쟁 보고서』 1, 국방부 군사편찬연구소, 137~139쪽을 정리.
※ 비고 사단·여단의 순서는 38선 서해안으로부터 배치된 순서임.

「정찰명령 1호」(1950. 6. 18, 인민군 총참모장·정찰국장)

이제 한국전쟁기부터 핵심 쟁점이 되어온 「정찰명령 1호」(Reconnaissance Order No.1)(1950. 6. 18. 인민군 총참모장·정찰국장)를 살펴보자. 이 문서는 러

---

120) 이에 대해서는 5부 3장을 참조.

시아어로 작성되어 있다. 미극동군사령부(FEC) 정보참모부(G-2) 예하 연합통번역대(Allied Translator and Interpreter Section: ATIS)가 붙인 문서 번호는 ATIS no.200564번이다. 러시아어 문서 사진본은 미국립문서기록관리청(NARA)의 RG 242, 신노획문서철(Captured Korean Document, entry #300C) 속에서 발견되었다.

이 문서는 ATIS Enemy Documents, Issue, no.6(1950. 11. 8)에 수록되었는데, 이는 비공개 군 내부 비밀자료였다.[121] 대외적으로는 1951년 5월 공개되었다. 문서의 원문은 미국무부가 간행한 『한국에서의 전쟁: 1950년 6월 25일 이전의 사건』(The Conflict in Korea: Events Prior to the Attack on June 25, 1950)에 수록되었다.[122]

국무부의 이 소책자가 간행됨으로써 북한의 선제공격을 증명하는 가장 유명한 2가지 문건, 즉 「정찰명령 1호」(1950. 6. 18. 인민군 총참모장·정찰국장)와 「전투명령 1호」(1950. 6. 22. 인민군 제4사단장 이권무·참모장 허봉학)가 함께 공개되었다.

ATIS의 설명에 따르면, 「정찰명령 1호」는 1950년 10월 4일 서울에서 노획되었으며, 10월 11일 ATIS에 접수되었다. 노획된 러시아어 문서는 영문 번역문으로 공간되었다. 현재 「정찰명령 1호」의 러시아어 원문과 영문 번역문은 모두 NARA에 소장되어 있다.[123]

---

121) GHQ, Far East Command, Allied Translator & Interpreter Section, Enemy Documents, Issue No.6. Item 2, ATIS Document no.200564. 이 자료는 ① RG 242, Entry 300D, Translation of Enemy Documents-North Korean Forces, Boxes 1~9, ② RG 319, Intelligence Document File, P file 1947~62, ID 950053, ③ RG 407, Entry 429, Box 350, Army-AG Command Report 1949~1954, UNC/FEC GHQ Staff Section Reports Annex III, G-2, part 3 등 여러 문서군에 소장되어 있다.
122) Department of State, Publication 4266, Far Eastern Series 45, Released October 1951, The Conflict in Korea: Events Prior to the Attack on June 25, 1950, Division of Publication, Office of Pubic Affairs.
123) 러시아어 원문은 RG 242, Captured Korean Documents, Entry 300C, ATIS Document no.200564에 소장되어 있고, 영문 번역본은 위에서 제시한 RG 242, RG 319, RG 407 등 여러 곳에 소장되어 있다. 국방부 군사편찬연구소(2001), 『북한군사관계 사료집 1: 6·25전쟁 북한군 전투명령』에는 이 문서

처음 미군이 이 문서를 공개했을 때 곧바로 위조 논쟁에 휩싸였다. 북한은 미국이 문서를 공개한 2주 뒤 이 문서들이 위조라고 주장했는데,[124] 북한의 입장을 옹호하는 버쳇(Wilfred G. Burchett)에 따르면 이는 크게 두 가지 점에서였다.[125]

첫째, 정찰명령의 발신자가 북한군 총참모부(General Staff of the North Korean Army)로 되어 있는데, 북한은 1948년 2월 조선인민군(the Korean People's Army)을 창설한 이래 조선인민군을 유일한 명칭으로 사용했으며, 북한군(North Korean Army)이라는 용어는 남북을 구별하기 위해 미군이 사용한 것이다.

둘째, 정찰명령에 거론된 지명들이 일본식 이름으로 되어 있다.[126] 북한군 총참모장 남일의 주장에 따르면, 1947년 3월 24일자 법령에 의해 북조선인민위원회는 일본식 이름의 사용을 엄격히 금했으므로, 북한의 군사지도나 군사명령상 일본어 지명은 나타날 수 없다는 것이다.

우선 북한군이라는 표현은 원문의 조선인민군(Корейской Наробной Арми: Korean People's Army)을 미군이 상용하는 북한군으로 잘못 적은 것에 불과했다. 또한 이 문서는 한국어로 작성된 뒤 러시아어로 번역된 것이었다. 즉 이 정찰명령은 인민군 총참모부가 작성한 후 소련군사고문단의 승인을 위해 러시아어로 작성된 것이었다. 지명이 일본어인 것은 아마도 소련군이 사용한 작전지도상에 표시된 지명과 관계가 있을 것이다.

북한이 제시한 또다른 의혹은, 정찰명령 1호의 작성 주체로 조선인민군 총참모부 제2국(Second Branch of the General Staff)이 지목되었는데, 인민군 조

의 러시아어 원문(287~302쪽), 영어 번역문(304~319쪽), 한글 번역문(6~31쪽)이 모두 수록되어 있다.
124) 『조선중앙방송(KCNA)』 1951. 5. 16〔Bruce Cumings(1990), 앞의 책, p. 588, footnote. 55〕.
125) W. 버쳇·김남원 옮김(1991), 『자력갱생의 북한현대사』, 신학문사, 75~76쪽.
126) 예를 들어 정찰명령에는 Enan(연안), Reiseiko(예성강), Kaijo(개성), Sekijo(적성), Yoshu(양주), Reishu(여주), Genshu(원주) 등 일본식 지명이 다수 등장한다.

직 체계에 제2국이란 조직은 없다는 것이었다. 미국의 설명은 제2국, 즉 G-2 라는 용어는 원문에 등장하지 않지만 번역자가 총참모부 정찰국(Intelligence Section)을 제2국(정보국)으로 오역한 것뿐이었다는 주장이다.[127] 실제로 많은 사람들이 러시아 문서의 Intelligence를 정보로 오역했는데, 당시 인민군 총참모부 편제에는 '정보' 부서가 존재하지 않았다. 이는 '정찰'을 의미하는 것이었다.

위조논쟁에 대해 보다 체계적으로 학문적인 의혹을 제기한 사람은 브루스 커밍스였다.[128] 커밍스는 「정찰명령 1호」 및 이와 함께 공개된 「전투명령 1호」·「1950. 6. 20. 보병사단 전투계획일람표」가 위조·조작된 의혹을 받는 이유를 다음과 같이 정리했다.

첫째, 이 문서의 원문이 현재(1990년 당시) 어디에도 보관되어 있지 않다. 즉 이 문서들은 ATIS Enemy Documents, Issue, no.6에 실려 있는데, 1951년 5월 공개 여부를 둘러싼 격론 끝에 고위급 장성들의 결정으로 공개되었다. 북한은 처음부터 이 문서가 조작되었다고 주장했는데, 1965년 또다시 진위공방이 일자 유엔군사령부는 원문을 찾기 위해 군사아카이브를 검색했지만 찾지 못했다. 이에 따라 문서 노획 당시 극동군사령부 정보참모부장(G-2)이었던 윌로비(Charles Willoughby) 중장에게 원문 소재의 확인을 요청했지만 윌로비는 '당시 이런 문서의 취급은 일상적인(routine) 일이었으며, 문서의 소재에 대해서는 ATIS에서 일했던 일본어 전문가 2명에게 문의하라'고 답변했다. 최고

---

127) "Annex C: Analysis of Reconnaissance Order No.1 and Operation Order No.1 in the Light of the North Korean Allegations Contained in S/2167" Ambassador Ernest A. Gross, Acting United States Representative to the United Nations, to the Secretary-General of the United Nations, May 31, 1951, Establishing the Authenticity of the Enemy Documents. Department of State, Publication 4266, Far Eastern Series 45, Released October 1951, *The Conflict in Korea: Events Prior to the Attack on June 25, 1950*, Division of Publication, Office of Pubic Affairs, pp. 32~36.
128) Bruce Cumings(1990), 앞의 책, pp. 588~593.

위급의 승인을 거쳐 공개된 문서를, 그것도 러시아어와 한글로 되어 있는 문서의 행방을 하위급 일본어 전문가에게 문의하라고 답변한 윌로비의 발언은 의구심을 더했다.

둘째, 이 문건들은 연필로 기록한 러시아어 원문 혹은 러시아어 원문과 한글 번역문으로 구성되어 있었다. 성격상 이 문서들은 당연히 '인쇄된' '한글'로 작성되었어야 하는데, '연필로 필사'된 '러시아어' 혹은 '러시아어 원문-한국어 번역문'으로 되어 있다는 점에 의혹이 집중되었다. 문제는 ① 만약 이러한 명령의 진본이 존재한다고 하더라도, 공표된 문건들은 연필로 필사·모사한 사본이기에 진본 여부를 가릴 수 없다는 점, ② 당시 인민군의 연대장·사단장 들이 대부분 중국 출신이며 러시아어에 문외한이었는데 어떻게 문서가 러시아어로 작성되었으며, 또한 작성부서·서명·도장 등이 없는 상태일 수 있느냐는 의혹 등이 지적되었다.

셋째, 「정찰명령 1호」에 서울 점령 계획은 세부적 지침이 작성된 반면 그 이후 작전 계획은 부재하며, 일부 지명은 일본식으로 표기되었고, 3일 만의 서울 점령 계획은 무리한 것이었다는 등의 의문이 제기되었다.

1965년 판문점에서 이 문서의 진위를 가지고 공방이 벌어졌다. 북한은 이 문서가 미군의 위조라고 주장했고 유엔군사령부는 원문을 수소문했다. 군사 아카이브를 검색했지만 원본을 찾지 못했다. 커밍스 역시 NARA에서 이 문서를 찾지 못했기 때문에 그는 이 문서의 원문이 존재하지 않는다고 주장했다.

커밍스가 제시한 위의 3가지 의문은 중요한 학문적 문제 제기였지만, 제대로 응답받지 못했다. 그럼에도 불구하고 커밍스가 제시한 의문은 그가 접근한 자료의 시대적 한계에서 발생한 의혹일 뿐, 이 문서의 증거 능력을 훼손시키지는 않는다.

첫째 의혹처럼 현재 정찰명령의 원본은 발견되지 않았다. 커밍스가 본 것은 미국무부의 간행물이나 ATIS의 간행물이었지만, 이 문서의 사진본은 존재한다. 사진본은 신노획 문서철 속에 no.200564로 소장되어 있다. 다만 원문은 ATIS의 초기 작업 과정에서 망실된 것으로 추정된다.[129] 윌로비가 좋은 평판을 얻지 못한 것은 사실이지만, ATIS가 처리한 문서량이 엄청나게 많았으므로 이는 평범한 일 중의 하나였고, 장군이던 그가 직접 개입할 문제는 아니었다.

둘째, 이 문서가 연필로 작성된 러시아어 문서이기에 위조되었다고 의혹을 가질 수는 있지만 진실은 아니었다. 원문에 따르면, 3사단·4사단에 보낸 정찰명령 뒤에 최일랴(Цой Иля: Tsoi Il'ya)에 의해 한국어를 러시아어로 번역했다는 내용이 명기되어 있다. 즉 이 문서는 한글로 작성된 후 최일랴라는 사람에 의해 러시아어로 번역된 것이었다.[130] 바꾸어 말하면 이 정찰명령은 구체적으로 각 사단별 임무를 배정한 것이므로, 북한군 참모부가 사단급 부대장들의 도움을 받아 세부계획을 작성한 뒤 소련군사고문단의 재가·비준을 위해 러시아어로 번역한 것임을 알 수 있다. 인쇄나 타자가 아닌 연필로 작성되었다는 의혹도 타당하지만, 당시 북한군이 발행한 사단급의 수많은 명령·지령문 들이 연필로 작성되었다는 점을 생각하면 특이한 일은 아니다. 내용을 분석해보면 알 수 있듯이, 이 문서가 조작되었을 가능성은 없다.

다만 이 문서가 당시 북한군 사단에 내려진 완성된 원문서 형태가 아니라는 점은 분명하다. 이 문서는 필사 문서였다. 누가, 왜 원문서를 베껴 필사 문서를 작성했고, 어떻게 이 문서가 미극동군 정보참모부에 입수되었는가 하는 점은 현재로서는 알 수 없다.

당시 인민군 사단장들이 대부분 중국 출신으로 러시아어를 몰랐는데 왜 문서가 러시아어로 작성되었느냐 하는 점도 중요한 지적이지만, 정황을 알면

---

129) 소장정보는 다음과 같다. NARA, RG 242, National Archives Collection of Foreign Records Seized, Captured Korean Documents, Entry 300C, box.24, ATIS Document no.200564. 다만 박스 번호는 2002년도에 재분류했으므로 변경되었을 가능성이 있다.
130) 오랫동안 러시아문서보관소에서 러시아 문서를 연구한 조선대 기광서 교수는, 이 러시아어 필기체가 러시아어를 모국어로 하는 러시아인에 의해 작성된 것이 아니라, 러시아어를 외국어로 배운 한국인의 필적으로 보인다는 견해를 제시했다(「기광서 교수 인터뷰」(2006. 2. 28)].

문제는 간단히 해결된다. 사단급에 내려진 문서는 한글로 번역되었다. 문서를 작성한 북한군 총참모부의 주요 참모(국장급)들은 거의 대부분 소련 출신 혹은 소련88저격여단 출신 한인이었으며, 이들은 소련군사고문단과 러시아어로 긴밀히 협의하고 있었다.[131]

작성부서·서명·도장 등이 없다는 지적도 타당하지만, 북한 노획문서에 들어 있는 상당수의 북한군 명령·지령 들은 수표(서명)·도장이 찍히지 않은 채 발행되었다. 아마도 다수의 사본을 작성하는 과정에서 발생한 문제로 보이며, 원본 서명·도장이 있는 명령·지령의 경우보다, 공란이나 '있음'으로 표시된 경우가 더 많았다고 판단된다. 또한 작성부서는 인민군 총참모장·정찰국장으로 분명히 명기되어 있다.

세번째 의문은 우리가 위에서 살펴본 바와 아래에서 검토할 내용으로 자연 해명될 것이다.

다만 이런 의문은 제기될 수 있다. ATIS의 설명에 따르면, 「정찰명령 1호」는 1950년 10월 4일 서울에서 노획되었고, 10월 11일 ATIS에 접수되었다. 즉 서울 탈환 직후에 발견되었다는 것이다. 「정찰명령 1호」는 제1타격계획 혹은 반격계획이 완성(1950. 6. 15)된 직후 그 실행명령의 일환으로 하달(1950. 6. 18)된 것인데, 이는 특정한 사단에 대한 정찰명령이 아니라 총참모부 차원에서 작성한, 전체 사단급에 내려진 정찰명령이었다는 점에 주목해야 한다. 즉 이 문서를 소지할 수 있는 자격은 극히 제한되어 있었다. 그 범위는 작전국장 등 총참모부 내의 극소수 국장급, 김일성·최용건·김책·김일·강건 등 북한군 최고 수뇌부, 마지막으로 평양 주재 고위급 소련군사고문단으로 한정된다. 그 때문에 미군이 이 문서를 입수할 수 있는 가능성은 세 가지이다.

첫째, 북한군 최고위급이 우연히 문서를 방치하고 퇴각했을 경우이다.

---

131) 안승환, 앞의 논문, 429~430쪽; 유성철은 북한군 참모부에서 연안파가 배제된 것은 그들이 러시아어를 몰랐고 비밀을 유지하기 위해서였다고 설명했다.

둘째, 북한군 최고위급 내 첩자가 의도적으로 문서를 누출했을 경우이다. 문서가 연필 필사로 되어 있고, 8개 사단급에 내려진 원래의 명령서를 베껴 쓴 것이라면 이 가능성도 배제할 수 없다.

셋째, 소련군사고문단 중 고위급의 누군가가 문서를 방기했을 경우이다.

그런데 이 「정찰명령 1호」를 전후해 노획된 문서들을 보면 바로 앞 번호인 ATIS Document no.200563 역시 러시아어 문서임을 알 수 있다. 문서는 총 56쪽의 「ПЕРИСКОПИЧЕСКАЯ АРТИЛЛЕРИЙСКАЯ БУССОЛЬ ОБРАЗЦА 1943 Г(ПАБ. ОбР. 1947 Г)」이다. 노획문서철을 보면 대개 문서들의 앞 뒤가 서로 연결되는 경우가 많으므로,[132] 위의 세 가지 가능성 중 세번째 가능성이 가장 유력하다고 볼 수 있다. 그럼에도 불구하고 정확한 진실은 영원히 미궁에 빠져 있다.

문서의 핵심을 살펴보자. 「정찰명령 1호」는 1950년 6월 18일 인민군 총참모장과 인민군 정찰국장 명의로 발령되었다. 당시 인민군 총참모장은 강건 중장, 정찰국장은 최원 대좌였다.[133]

원문 문서는 총 15장이며, 러시아어로 작성된 필사 문서였다. 수신자는 모두 사단급 부대들로, 총 8개 부대가 등장했다. 문서에 등장하는 순서대로 적으면 경비3여단, 제6사단, 제1사단, 제4사단, 제3사단, 제2사단, 제12사단, 제12모터사이클연대 등이다. 문서의 내용은, 각 사단 참모장 앞으로 보내는 북한 인민군 총참모장·정찰국장의 1950년 6월 18일자 정찰명령이었다. 명령은 각 사단 앞으로 작성되었으므로, 개별 「정찰명령 1호」 총 8건이 작성되었다.[134]

---

132) 「방선주 박사의 교시」(2006. 2. 6. 전화 인터뷰). 실물을 보기 전인 1986년 방선주 박사는 문건이 전장에서 노획되기보다는 정보원이 입수했거나, 인민군 총참모부의 누군가가 유출했을 가능성이 더 클지도 모른다는 의견을 제시했다[방선주(1986), 「鹵獲 北韓筆寫文書 解題 (1)」, 『아시아문화』 창간호, 한림대학 아시아문화연구소].
133) 장준익(1991), 『북한인민군대사』, 서문당, 235~236쪽; 유성철, 「피바다의 비화」, 『고려일보』 1991. 5. 31.

앞에서 살펴보았듯이, 이상의 6개 보병사단과 경비3여단·모터사이클연대는 개전 초기 제1제대로 서울 방면 공격을 담당한 돌격부대들이었다. 문서의 순서도 서해안에서 동부전선까지 한국전쟁시 전개된 인민군 사단들의 순서와 동일했다.

한편 슈티코프가 자하로프에게 보낸 6월 27일자 보고에 따르면, 사단급의 작전 계획 수립과 지역 정찰 과정에는 소련고문관들이 참가했다. 따라서 최초의 작전 계획-제1타격 작전 계획(반격 작전 계획)-최종 확정된 전면전 작전 계획들처럼 사단급 부대의 작전 계획 역시 러시아어로 작성된 뒤 한글로 번역되었을 가능성이 높다. 적어도 앞서 살펴본 작전 계획 작성 과정에 비추어, 이 문서가 1950년 10월에 조작되었을 가능성은 희박하다. 최소한 1950년 10월의 시점에서 미군은 인민군의 정확한 전투 서열이나 배치·전개 등을 알 수 없었기 때문이다. 또한 총 8개 사단급 부대에 내려진 이 정찰명령은 라주바예프 보고서에 등장하는 해당 부대의 임무와 정확히 일치했다.

〈표 IV-3〉에서 다음과 같은 점을 알 수 있다. 첫째, 「정찰명령 1호」에 묘사된, 전선에 배치된 북한군 서열뿐만 아니라 한국군에 대한 적정판단, 개별 부대들의 공격 진출계선은 라주바예프 보고서의 「반격계획」과 일치한다. 가장 중요한 서울 방향 공격에 참가한 부대들 가운데 빠진 것은 105땅크여단뿐이었다. 즉 이 정찰지령은 서울 방향 공격에 관한 종합판 정찰지령이었다.

둘째, 이 정찰지령에서 빠진 것은 예비사단(13사단·15사단·5사단)과 동해안 침투부대(경비1여단·상륙부대), 경비3여단, 105땅크여단이었는데, 돌격부대가 아닌 후방 예비사단과 동해안 부대 들에게는 별도의 정찰명령이 내려졌을 것이다. 경비3여단과 105땅크여단의 경우에도 독자적인 정찰명령이 작성

---

134) 정찰명령 1호를 이해하기 위해서는 민족보위성 작전국장이던 유성철이 1950년 6월과 7월 연이어 『군사지식』에 게재한 글을 분석할 필요가 있다. 유성철은 「지휘참모훈련 조직 및 진행방법」〔RG 242, ATIS Document no.200693, 『군사지식』 5호(1950년 6월)〕, 「종심전투: 보병련대의 지휘참모 연습」〔RG 242, ATIS Document no.206852, 『군사지식』 6호(1950년 7월)〕 등의 글을 쓴 바 있다.

되었을 것이다.

셋째, 「정찰명령 1호」의 남방 정찰 한계는 수원선에서 그치고 있다. 이는 위에서 살펴본 「제1타격계획」·「반격계획」에서 나타난 제1단계 작전 진출계선이었다. 그 뒤의 정찰임무에 대해 전혀 언급이 없는 것은 누누이 지적했듯이 서울-수원 지역에서 북한군이 전쟁의 승패를 결정하려 했기 때문일 것이다. 또한 모든 부대의 공격이 서울로 집중되어 있으므로, 이러한 추정에 신빙성을 더해준다.

넷째, 「정찰명령 1호」는 인민군 총참모장·정찰국장 명의로 하달되었는데, 8개 사단에 내려진 정찰명령 후반부에는 공통적으로 24시간 동안의 정보요약, 보고서·노획문서·포로심문보고서를 모두 정찰국으로 송부하라고 지시하고 있다. 정보요약은 전문·무선·유선으로 19:00시까지, 각종 보고서·노획문서·포로심문보고서는 오전 08:00시와 오후 20:00시까지 송부하라고 되어 있다. 즉 사단급 부대와 총참모부 정찰국이 직접 지휘 채널로 연결되어 있음을 의미했다. 야전의 사단과 평양의 총참모부가 직접 연결되었고, 중간에 군단이나 군급 지휘소가 존재하지 않았다는 라주바예프 보고서의 지적이 정당함을 의미한다.

결론적으로 「정찰명령」은 6월 15일 「반격계획」이 확정된 뒤, 그 후속조치로 사단·여단급 지휘관들이 소련군사고문단과 협의해 작성한 북한군 총참모부의 총괄 「정찰명령」이었다.

현재 민족보위성이나 인민군 총참모부 수준에서 각 사단에 내려진 전투명령 혹은 공격 명령은 발견되지 않고 있다. 그렇지만 6월 22일 이후 사단급 단위에서 내려진 전투·공격 명령은 북한군의 명령 흐름을 잘 보여준다. 즉 「공격을 위한 기본계획」 수립(1950. 5. 15 이후)-「공격작전의 세부계획」 완성(1950. 6. 15.「제1타격계획」·「반격계획」)-「정찰명령 제1호」(1950. 6. 18. 인민군 총참모장·정찰국장→8개 사단급 부대)-「정찰지령 No.8」(1950. 6. 21. 경비3여단 참모장)-「전투명령 1호」(1950. 6. 22. 인민군 4사단장 이권무·참모장 허봉학)로

□ 표 Ⅳ-3 「정찰명령 1호」의 사단별 진출계선 및 공격 목표

연번	수신부대	정찰명령 1호		반격계획
		적정 판단	공격 진출계선	공격 진출계선
1	경비3여단	국군17연대(옹진) 12연대1대대(연안)		
2	제6사단	1사단12연대(예성강-154고지) 1사단13연대(동쪽) 예비대진지(177.6, 310.1고지)	① 토성-개성 ② 125.8고지-310.1고지 ③ 한강변(시암리-마곡리) ④ 영등포-인천 선	개성-영정리-한강 도하(1일차)-서울 영등포 방면 공격, 병력 일부 인천 점령
3	제1사단	1사단13연대(154고지-임진강) 1사단12연대 주 저항선(67.2, 236.5고지) 예비대진지(123.9, 181.4고지)	① 임진강 선 ② 석곶리-금촌리-파주리	오음리-문산-금촌리-서울 서북방 공격(서울 서부 지역 점령)
4	제4사단	7사단1연대(임진강-538.5고지) 예비대진지(249.7고지)	① 적성-동두천리 ② 광석리-양주 ③ 서울 방향	신망리-의정부-서울 북부 지역 공격(서울 점령)
5	제3사단	7사단9연대	① 신읍리-송치 ② 석현리-부곡리-부평리-기대리 ③ 서울	후포-신팔리-퇴계원리-서울 동부 지역 공격(서울 동부 지역 점령)
6	제2사단	6사단7연대(590.2-621.0고지) 주 저항선(590.2, 313.0고지)	① 서상리 ② 가평-고청리 ③ 한강 선	서원리-춘천-가평-구만리-송현동(성남 수정구) 공격
7	제12사단	6사단19연대(621고지,내린천) 연대본부 홍천 사단예비 2개 연대 원조	① 현리-교동 ② 홍천 ③ (장기간 경과 후) 안동-부산, 진주 방향	부평리-홍천-여주 공격
8	모터사이클 연대	6사단 2연대	① 한강 선 ② 수원-이천선 ③ 천안-안성-음성-충주	2일차 홍천-가평-양평-이천-김량장리(용인) 공격(수원 점령)

※ 출전 RG 242, Captured Korean Documents, ATIS Document no.200564, 「정찰명령 1호」; 국방부 군사편찬연구소(2001), 『북한군사관계 사료집 1: 6·25전쟁 북한군 전투명령』, 6~31, 287~302, 304~319쪽; 「반격계획」, 국방부 군사편찬연구소(2001), 『소련 군사고문단장 라주바예프의 6·25전쟁 보고서』 1권, 국방부 군사편찬연구소, 137~139쪽.

이어지는 일련의 명령체계는 총참모부 수준의 명령이 사단급 부대에 의해 세부적이고 구체적인 명령으로 확산되는 과정을 대표하고 있다.

「공격작전용 조선인민군 정찰계획」(1950. 6. 20, 인민군 총참모장)

이는 러시아어로 된 7쪽짜리 대형도표인데 ATIS 소개에 따르면, "'소련비밀' 등급의, 1950년 6월 20일자 공격작전용 조선인민군 정찰계획을 담고 있는 필사 도표"(Handwritten file, in chart form containing intelligence plan for an attack operation by the North Korean Army, dated 20 June 50, classified "Soviet Secret")로 되어 있다. 이 문서는 북한 노획문서 가운데에서 가장 중요한 문서 중 하나이다. 남한에 대한 3단계 공격 계획이 드러나 있기 때문이다.

커밍스는 「공격작전용 조선인민군 정찰계획」(1950. 6. 20)(이하 「정찰계획」으로 줄임)을 「정찰명령 제1호」(1950. 6. 18)의 첨부문서로 보았다.[135] 커밍스가 이렇게 해석한 이유는, 이 문서가 1950년 11월 8일 간행된 ATIS의 『적 문헌』 (Enemy Documents) 제6호에 앞뒤로 수록되었기 때문이다. 『적 문헌』 제6호에 따르면, ATIS Document no.200564인 「정찰명령 제1호」(1950. 6. 18)가 2번 항목으로 수록되었고, 그 뒤를 이어 ATIS Document no.200686인 「정찰계획」(1950. 6. 20)이 3번 항목으로 수록되었다.[136] 또 두 문서는 모두 1950년 10월 4일 서울에서 노획되어, 10월 11일 ATIS에 접수되었다. 또 모두 인민군 총참모부 정찰국장에 의해 발급된 문서였다. 이로 보아 양자가 상호 연관을 지니는 연결문서라는 점은 분명했다.

그렇지만 「정찰계획」이 「정찰명령」의 첨부문서라는 설명은 타당하지 않아 보인다. 또한 두 문서가 같은 소장자·장소에서 노획된 것인지도 분명하지 않다.

첫째, 「정찰계획」은 ATIS Document no.200686이며 「정찰명령 1호」는

---

135) Bruce Cumings(1990), 앞의 책, pp. 589~590.
136) MacArthur Archives(MA), RG 6, box 78, General Headquarters, Far East Command, Military Intelligence Section, General Staff, Allied Translator and Interpreter Section, Enemy Documents, issue no.6, 8 November 1950, pp. 31~53.

ATIS Document no.200564이다. 즉 「정찰명령 1호」는 564번째로 ATIS가 선별한 노획문서이며, 「정찰계획」은 686번째로 ATIS가 선별한 노획문서이다. 최소한 양자 사이에 122건 이상의 다른 문서가 들어 있음을 의미한다. 이는 단순히 「정찰명령 1호」가 「공격작전용 조선인민군 정찰계획」보다 먼저 노획되었음을 의미하는 것만이 아니라, 두 문서의 소지자, 발견 장소가 상이했을 가능성이 높다는 것을 의미한다.

둘째, 6월 20일자 문서(「정찰계획」)가 6월 18일자 문서(「정찰명령 1호」)에 첨부될 수는 없다. 두 문서가 모두 인민군 총참모부 정찰국장이 발령한 문서이고 양자가 관련이 있지만, 「정찰계획」이 「정찰명령 1호」의 첨부문서는 아니었다. ATIS가 임의로 『적 문헌』 제6호에 앞뒤로 게재한 것이었다.

셋째, NARA의 신노획문서철을 직접 열람해 보면 두 문서가 전혀 다른 박스에 수록되어 있음을 알 수 있다. ATIS 문서번호에 따라 박스가 분류되기 때문이다. 노획문서를 열람한 필자의 경험에 비추어볼 때, 이 정도의 번호 차이는 두 문서가 다른 곳, 다른 소장자로부터 노획되었을 가능성을 의미한다. 커밍스는 1990년대 공개된 NARA의 신노획문서철을 볼 수 없었고, 다만 맥아더 아카이브에 소장된 ATIS의 『적 문헌』 제6호 영역본을 참조했다.

「정찰계획」은 「정찰명령 1호」와 마찬가지로 10월 4일 서울 수색 과정에서 노획되었다. 두 문서의 노획 지역·노획 일자가 동일한 것으로 미루어, 같은 날 서울 수색 과정에서 두 문서가 노획되었지만, 같은 건물·장소, 같은 소지자로부터 노획된 것은 아니었을 가능성이 높다.

커밍스는 이 「정찰계획」이 「정찰명령 1호」와 마찬가지로 원문이 발견되지 않았다고 했다. 그가 본 것은 영역본과 러시아어 문서 사진본이었다. 위에서 살펴본 것처럼, 「정찰명령 1호」의 경우 러시아어 문서 원본은 발견되지 않은 채 사진본만이 NARA의 신노획문서철에 남아 있다. 그렇지만 러시아어 원문서 「정찰계획」은 방선주 박사에 의해 신노획문서철에서 발견되었다.

1979년부터 미국 NARA에서 북한 노획문서를 검토한 방선주 박사는, 노획문서 속에 포함되지 않은 중요 문서들이 맥아더사령부에 의해 번역·소개된 것을 보고, 공개되지 않은 중요 문서들의 존재를 확신했다. NARA의 군사 아키비스트들도 그 존재를 몰랐던, 소위 '신노획문서' 혹은 '선별노획문서'는 방선주 박사의 추적 작업으로 실체가 확인되었고, 끈질긴 비밀 해제 노력 끝에 1992년경 공개되었다.[137] 「공격작전용 조선인민군 정찰계획」의 러시아어 원문은 바로 이 신노획문서철에서 발견되었다.[138]

방선주 박사로부터 이 문서의 존재를 확인한 선임 군사 아키비스트 보일란(Richard Boylan)은, 이를 NARA의 귀중품 보관 금고에 보관하고 사진본만을 공개하고 있다. 이 문서 원본을 국내에 처음으로 소개한 것은 국방군사연구소의 『한국전쟁사』(상)였다.[139]

이 문서를 영역한 ATIS가 비밀 등급을 '소련비밀'(Soviet Secret)로 적시하는 바람에 논란이 일었지만, 이는 극비(極秘, Совершенно секретно)의 오역이었다. 두 용어의 발음이 비슷했기 때문에 벌어진 일이었다.[140] 또한 북한은 원문서의 '조선인민군'(Корейской Нардной армии)이라는 용어를 미군이 '북한군'(North Korean Army)으로 번역해, 이 문서가 위조되었다고 주장하기도 했다. 커밍스는 이 문서에 대해서도 원본 입수가 불가능하다는 점, 서명·도장이 없는 점, 필기체 문서인 점, 러시아어로 작성된 점 등을 의문으

---

137) 신노획문서의 공개 과정에 대해서는 다음을 참조. 방선주(2002), 「미국 국립공문서관 소장 RG 242 내 「선별노획문서」 조사연구」, 『미국소재 한국사자료 조사보고 Ⅲ: NARA 소장 RG 242 「선별노획문서」』, 국사편찬위원회; 정병준(2005), 「탈취와 노획의 전쟁기록」, 『역사비평』, 겨울호, 역사비평사.
138) 소장정보는 다음과 같다. NARA, RG 242, National Archives Collection of Foreign Records Seized, Captured Korean Documents, Entry 300C, box. 24, ATIS Document no. 200686.
139) 국방군사연구소(1995), 『한국전쟁』(상), 78~79쪽.
140) 박명림은 「정찰명령 1호」가 '소비에트비밀'(Soviet Secret)로 되어 있다고 했으나(박명림, 앞의 책, 409쪽), 「정찰명령 1호」에는 비밀 등급이 없다. 이는 「정찰계획」에 등장하는 용어이다. 커밍스가 「정찰명령 1호」와 「정찰계획」을 연속문서로 파악한 것을 인용했기 때문으로 보인다. 또한 「정찰명령 1호」와 「정찰계획」의 명령자를 인민군 총참모부 정보국장으로 번역했는데(같은 책, 409, 414쪽), 영문명 Chief of Intelligence Division을 직역하면 정보국장이지만, 인민군 총참모부에 정보국장이라는 직책은 존재하지 않는다. 이는 정찰국장이다. 때문에 문서의 제목도 '공격을 위한 정보계획에 관한 명령' 이 아니라 '공격작전용 조선인민군 정찰계획' 으로 번역하는 것이 정확하다.

로 제기한 바 있다. 그렇지만 러시아어 문서 원본은 NARA에서 발견되었고, 나머지 문제는 앞의「정찰명령 1호」와 마찬가지 이유로 해석할 수 있을 것이다.

한편「정찰명령 1호」의 경우와 마찬가지로「정찰계획」과 같은 총체적인 정찰계획을 소지할 수 있는 자격자는 고위급 소련군사고문단, 북한군 총참모부 국장급 이상의 최고위 간부 등으로 좁혀진다. 그런데「정찰명령 1호」의 예와 마찬가지로「정찰계획」역시 no.200687의 러시아어 노트와 함께 노획되었으므로,[141]「정찰계획」은 고위급 소련군사고문단이 흘리고 갔을 가능성이 높다.

개전 직전 북한군 총참모부 차원에서 전체 돌격사단급 부대를 대상으로 작성된 총체적 정찰계획·정찰명령이 1950년 10월 모두 미군의 손에 들어간 것은 지금으로선 해명할 수 없는 미스터리이다. 함께 노획된 문서들이 모두 러시아어로 작성되었으며, 한국어로 된 중요 문건들이 없는 것으로 미루어, 북한 주재 고위급 소련군사고문단으로부터 유출되었다고 짐작할 수 있다. 정찰계획·정찰명령을 다룰 수 있던 고문은, 정찰국장 최원 대좌의 상대역을 맡은 정찰국 고문 제레뱌티예프(Жеребятьев А.П.) 대좌, 전투훈련국 선임고문 아바셰프(Абашев Ф.Ф.) 대좌, 작전국 선임고문 칼랴킨(Калякин Т.Е.) 대좌 등이다.[142]

한편 1950년 이 문건들을 노획한 미군은, 이 문건들의 정확한 용도를 설명하고 활용하는 데 사실상 실패했다. 가장 중요한 문서의 해독 방법, 해독 능력, 비교대상 자료, 적절한 설명이 없었기 때문이다. 물론 문서를 공개함으로써 소련이 실질적으로 전쟁의 막후 조정자이자 결정자였다는 선전 활동을 할

---

141) ATIS Document no.200687, 'Handwritten bound notebooks and loose sheet pertaining to organization of and to attack by an infantry division of the American Army, undated.' 이 문건은 ATIS issue no.6(1950. 11. 9)에 완역되어 수록되었다(ATIS issue no. 6, pp. 1~29). 이는 미군 보병사단의 조직 및 공격을 상세하게 다룬 51쪽짜리 러시아어 노트였다. 이 역시 1950년 10월 4일, 즉 서울 수복 직후에 서울에서 노획되었으며, 10월 11일 ATIS에 접수되었다.
142) 안승환, 앞의 논문, 392~393쪽.

수는 있었지만 그뿐이었다. 바꿔 말하면 이 문서들이 스파이 활동의 결과 의도적으로 유출되었을 가능성은 매우 낮다. 이 문건의 보유 범위가 극히 제한되었고, 유출 즉시 유출자의 신원이 밝혀질 수 있었기 때문이다. 또한 개전 이전의 문건 유출은 상상 가능한 시나리오지만, 이미 미군이 북진하는 상황에서의 문건 유출은 정탐 활동의 성과로 보기는 어려웠다.

본격적으로 이 문서에 대해 분석해보도록 하자. 지금까지 이 문서는 국내에 거의 알려지지 않았다. 최초로 브루스 커밍스가 일부 내용을 인용했지만, 정확한 분석은 이루어지지 않았다. 한국의 국방군사연구소의 『한국전쟁사』(상)가 러시아어 원문의 사진을 최초로 소개했지만, 이에 대한 정확한 분석이나 설명은 이루어지지 않았다. 문서의 내용이 폭발적 중요성을 지녔음에도 불구하고, 적어도 1990년의 연구 환경에서는 이 문서의 의미나 내용 분석은 물론, 정확성이나 진본성을 확인할 수 없었다.[143]

이는 1950년 이 문건을 노획·영역·출간한 미군의 경우도 마찬가지였다. 그 이유는 북한군의 배치·기동의 전모를 파악해야 이 문서를 이해할 수 있기 때문이었다. 최근 라주바에프의 보고서가 발간됨으로써 이 문서에 대한 정확한 분석이 가능해질 수 있었다.[144] 비교할 수 있는 자료가 생겼으므로, 이 문서의 진위 여부, 내용의 의미, 특징 등을 확인할 수 있게 된 것이다.

북한 주재 소련군사고문단으로부터 생산된 자료들 중 하나는 소련 국방성 문서보관소에 보고서로, 다른 하나는 미국립문서기록관리청에 노획문서로 보관되어 있다.

먼저 문서의 형식을 살펴보면, 작성자는 인민군 총참모부 정찰국장이며 작성 일자는 1950년 6월 20일이다. 1950년 6월 어느 날에 조선인민군 총참모

---

143) 최근 퇴역 군사가인 샌들러(Stanley L. Sandler)가 커밍스의 의문을 반박하며, 이 문서에 대해 간략히 소개하는 글을 썼다(Stanley L. Sandler, "New Light on the Forgotten War," *Prologue*, Quarterly of the National Archives and Records Administration, Fall 2000, vol. 32, no. 3, pp. 168~170).
144) 이 책의 〈부록〉에 「공격작전용 조선인민군 정찰계획」(1950. 6. 20)을 한글로 번역해 첨부했다.

장이 비준(confirm)한 것으로 되어 있다. 논리적으로 따지면, 정찰국장이 작성한 뒤 총참모장의 비준을 얻는 것이므로 최종 비준은 6월 20일 이후가 되어야 한다. 그렇지만 내용으로 미루어볼 때 이 「정찰계획」은 6월 15일 완성된 「제1타격계획」·「반격계획」의 일부로 추정된다. 또한 이 「정찰계획」은 6월 16일부터 북한군 돌격사단들에 의해 집행되기 시작했다.

문서의 제목은 「공격작전용 조선인민군 정찰계획」(Intelligence Plan of the North Korean Army for an Attack Operation by the North Korean Army)이다. 문서는 대형용지 7장으로 구성되어 있다. 러시아어로 작성되었고 연필로 필사되었다. 이로 보아 고위급 소련군사고문단원이 소장한 사본임을 알 수 있다. 문서의 비밀 등급은 극비이며, 유일 사본이 작성되었다.

「정찰계획」의 기간은 '1950. ~부터 ~까지'로, 정확한 기간이 설정되어 있지 않았다. 그런데 「정찰계획」에 따르면, 1단계 3일, 2단계 5일 이상, 3단계 미상으로 설정되어 있음을 알 수 있다. 즉 「정찰계획」은 전투의 진행 경과에 따라서 가변적으로 설정되어 있었다. 다만 1단계 3일 동안 전쟁의 승패를 좌우하려 했음은 분명했다.

「정찰계획」의 목적은 다음과 같이 규정되었다.

1. 적 방어체계의 정확한 자료 판정
2. 적 반격의 적시 폭로
3. 우리의 대남공격에 대한 적 반격 계획 및 수단의 적시 폭로
4. 적의 항구 및 비행장에서의 강화 및 군사작전의 가능성 감시

이 문서는 구소련 문서들이 증언하는 3단계 계획을 잘 보여준다. 「정찰계획」에 등장하는 북한군의 공격은 다음과 같은 총 3단계로 구성되어 있었다.

1단계: 방어선의 돌파 및 적 주력군의 섬멸

2단계: 남한 내 공격의 전개 및 적 예비병력대의 섬멸

3단계: 남한 내부 및 반도 남부해안 상륙 소탕작전

이는 라주바예프의 「반격계획」과 정확히 일치한다. 라주바예프 「반격계획」은 총 4단계로 묘사되었지만, 이 「정찰계획」과 비교해보면 실질적으로는 3단계 계획임을 알 수 있다. 이를 비교하면 〈표 IV-4〉와 같다.

각 단계별 「정찰계획」의 목적을 정리하면 다음과 같다.

1단계

1. 38선에서 적과 그의 방어체계에 대한 자료를 확정하고 정보를 보강할 것
2. 38선에서 방어 돌파 과정에서 적 행동에 대한 정보를 확보할 것
3. 경계선을 따라 우군 부대가 공격을 진행하는 동안 적의 행동을 폭로할 것

2단계

1. 서울-원주-삼척 계선부터 군산-대구-경주 계선까지의 부대 및 작전기지를 정찰할 것
2. 만약 병력 증강, 군사기재, 탄약, 연료 및 기타 군수품—인접 국가들로부터—이 부산, 목포, 여수, 군산, 포항동, 기타 항구로 반입되는지의 여부를 판정할 것. 병력 증강과 예비물자의 하역지 및 집중 지역
3. 적군 예비대 전면으로의 접근, 국내에서 전쟁 물자의 보급을 감시할 것; 구역 내 철도 및 비포장도로를 통한 부대 이동을 판정할 것(군의 우측 전면에 특별히 주의할 것); 수원 천안-군산; 수원 대전-이리-목포; 대전-대구-부산; 원주-온동-경주-부산; 삼척-포항동; 조치원-조슈(Choshu)·킨센(Kinsen)-영주
4. 전투 과정에서 패배한 적 부대의 철수 방향과 집결 구역 및 계선을 감시할 것
5. 추가 명령에 따라 모든 병종과 특수부대의 배치를 폭로하기 위한 직접 정찰

□ 표 IV-4 「정찰계획」·「반격계획」의 비교

정찰계획			반격계획		
단 계	목 적	진출계선	단 계	목 적	진출계선
1단계	·방어선의 돌파 및 적 주력군의 섬멸	서울-원주-삼척	1단계	·38선 접경 지역 적 주력 격파	서울(수원)-원주-삼척
2단계	·남한 내 공격의 전개 및 적 예비병력대의 섬멸	군산-대전-대구-경주	2단계	·적 예비전력 격파	천안-제천
			3단계	·후퇴하는 적 추격	대전-선산
3단계	·남한 내부 및 반도 남부 해안 상륙 소탕작전	목포-여수-진주-마산-부산	4단계	·적 추격, 개별적 저항 근거지 격파	임실-거창-왜관-포항 동선

※ 출전 ① 「정찰계획」: NARA, RG 242, National Archives Collection of Foreign Records Seized, Captured Korean Documents, Entry 300C, box.24, ATIS Document no.200686; ② 「반격계획」: 라주바예프(2001), 『소련군사고문단장 라주바예프의 6·25전쟁 보고서』(제1권), 국방부 군사편찬연구소, 136~137, 137~139쪽.

을 조직하며, 적의 배치·계획·의도를 폭로하며, 북한군 공격에 대한 저항을 조직하기 위한 적의 조치를 폭로할 것

3단계

1. 적의 방어선을 판정하고, 특히 다음 연선을 따른 애로(隘路) 및 산악 지역에서 적이 북한군의 이동을 방해하기 위해 [설치할] 방해수단 혹은 방어작업을 정확히 판정하기 위한 추가 정찰을 실시할 것; 이리-목포; 이리-남원-여수; 금천-대구-마산; 대구-경주-울산; 마산-부산 지역
2. 다음 지역에서 비포장도로 및 철도를 통한 병력의 이동 및 항구에서의 작전에 대한 강력한 관측을 계속할 것; 목포-이리; 여수-이리; 부산-대구; 부산-경주; 진주-영동; 마산-대구
3. 다음 항구 및 반도의 방위를 위해 어떤 조치가 취해지고 있는지를 판정할 것; 부산, 목포, 여수, Nankiy-no, Knusey-to, 제주도

1단계에서는, 동원되는 전투부대로 북한군 제6, 1, 4, 3, 2, 12사단 및 제3,

4경비여단, 탱크사단, 12모터사이클연대를 정확히 거론하고 있다. 지금까지 우리가 살펴본 북한군 돌격사단을 서해안부터 동해안까지 순서대로 열거했으며, 옹진을 공격한 경비3여단, 강릉을 공격한 경비4여단을 정확히 묘사했다. 돌격을 담당한 북한군 사단급 부대들, 즉 돌격사단 6개, 경비여단 2개, 기계화부대 2개 등이 모두 임무를 부여받았음을 알 수 있다. 예비사단(13, 15, 5사단)의 경우 특별한 정찰계획이 제시되어 있지 않았다.

1단계는 모두 공격 1일차부터 3일차까지 임무를 완료하도록 되어 있으므로, 작전이 3일로 예정되어 있었음을 알 수 있다. 그런데 1단계 임무 중 눈여겨볼 부분이 있다. 즉 "개성·청단·동두천·포천·춘천 방향의 한국군 연대·사단급 예비대의 위치 및 지역에 대한 자료 확정" 임무를 1950년 6월 16일부터 25일까지 집행하도록 되어 있는 부분이다. 이는 이「정찰계획」이 북한군 돌격사단들에 의해 6월 16일부터 집행에 들어갔음을 뜻하며, 바꿔 말하면 적어도 6월 15일 이전에는 계획이 확정되어 북한군 사단에 명령이 하달되었음을 보여준다. 같은 선상에서「정찰계획」은 앞서 살펴본 1950년 6월 15일에 수립된「공격작전의 세부계획」혹은「제1타격작전계획」·「반격계획」의 일부였을 가능성이 매우 높다는 점을 알 수 있다.

그런데 6월 16일부터 25일까지 집행하라는 대목은,「정찰계획」이 분명히 소련군사교범에 근거해 소련군사고문단이 작성했음을 확실히 보여준다. 북한 신노획문서 가운데 민족보위성 군사출판부가 간행한『전술-기술편람』(1949년도판)이란 책자가 있다. 이는 소련군사교범을 그대로 번역한 것인데, 그 중「정찰계획」이라는 항목이 있다.[145] 내용을 보면「정찰계획」의 연원을 잘 알 수 있다.

---

145) RG 242, ATIS Document no.200762, 朝鮮民主主義人民共和國 民族保衛省總參謀部,『戰術-技術便覽』, 民族保衛省軍事出版部 1949年度版.

정찰계획

(참모야전근무교범 제193~194조)

정찰계획은 사단, 연대참모부의 공작서류로 되는 것이다. **고착된 전선에 있어서 사단 10~15일, 연대 8~10일에 대하여 작성**한다. 전투 행동 과정에 있어서 계획을 확정하며 발전시킨다.(강조는 인용자)[146]

즉 소련군 참모야전근무교범 제193~194조에 따르면, 고착된 전선에서 사단급 정찰계획은 10~15일 동안 작성하도록 되어 있었던 것이다. 최소한 그 정도의 시간이 걸린다는 뜻이다. 즉「정찰계획」은 소련군 야전교범에 따라 작성되었으며, 작성자가 소련군 교범에 익숙하거나 정통했음을 보여준다. 또한 책에는 정찰계획 문건 양식도 소개되어 있는데, 우리가 살펴보고 있는「정찰계획」과 놀랄 만큼 일치한다는 것을 알 수 있다.[147]

위의 양식을 이 책의「부록」으로 첨부된「공격작전용 조선인민군 정찰계획」양식과 비교해보면, 표로 구성된 내용 중 일부 출입이 있는 것을 제외하고는 대부분의 형식이 정확히 일치한다.

내용면에서도「정찰계획」은「반격계획」과 일치한다. 1단계에서는 북한군의 주요 돌격부대가 공격한 개성·의정부·춘천·강릉 방향의 한국군 동향에 주목하고 있는데, 개성은 6사단, 의정부는 4사단, 춘천은 2사단, 강릉은 경비4여단이 공격을 맡았다. 즉 이는 북한군의 주요 공격로를 표시하고 있다.

집행 기간에 표시된 대로, 1단계는 한강 이북 지역 점령에 3일이 소요될 것으로 예상하고 있었다. 특히 공격 1일차에 오전 6시부터 10시까지 개성-문산-신고리-동두천-철원과 김포에 대한 관측을 중시함으로써 서울 공격을 강조하고 있다. 2일차에 서울 접근로·김포해안·서울 동부의 한국군 방어 예

---

146) 민족보위성총참모부, 『전술-기술편람』, 95~96쪽.
147) 민족보위성총참모부, 『전술-기술편람』, 96~97쪽.

□ 그림 Ⅳ-2 「전술-기술편람」(1949년도판)의 「정찰계획」

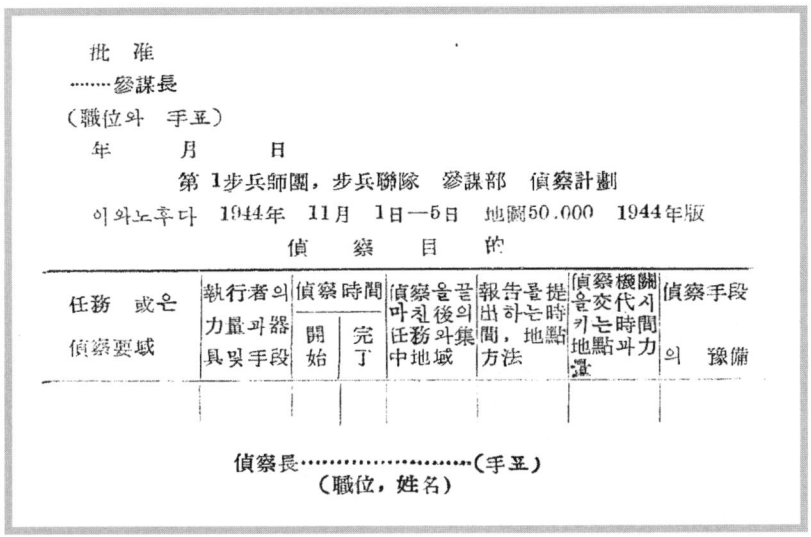

※ 출전 RG 242, ATIS Document no.200762, 朝鮮民主主義人民共和國 民族保衛省總參謀部, 「戰術-技術便覽」, 民族保衛省軍事出版部, 1949年度版, 96~97쪽.

상 지점에 대한 정찰을 강조하고 있는 것으로 미루어, 2~3일 내에 서울 점령을 목표했음을 알 수 있다. 역시 서울-수원 축선에서 한국군 주력부대를 섬멸한다는「반격계획」의 목표를 표현하고 있다고 볼 수 있다.

2단계는 서울-원주-삼척 계선을 점령한 상태에서 군산-대구-경주 계선까지 진격하는 것을 목표로 삼고 있었다. 공격 3일차에 이미 서울·원주·삼척 계선을 점령한 뒤 공격 7일차까지 군산·대구·경주 계선에 대한 정찰을 완료한다는 것이 목표로 제시되어 있다. 이「정찰계획」에는 군산·대구·경주 계선까지 도달하는 소요일자가 제시되어 있지 않다. 라주바예프 보고서에 따르면, 14일이 소요될 것으로 추산되었다.

이 단계에서는 남한 내에서 북한군 공격을 확대하는 한편, 한국군 예비병력을 섬멸하는 것을 목표로 삼고 있었음을 알 수 있다. 특히 북한은 2단계의 정찰임무로 이미 공격 1일차부터 부산·목포·여수·군산·포항 등 항구에 '인접국가', 즉 일본으로부터 미군의 병력, 군사장비, 탄약, 연료 등이 들어오는지를 긴밀히 감시하라고 지시하고 있다. 북한이 개전하면서부터 미군의 개입을 우려해 주요 항구에 대한 정찰·감시를 강력하게 추진했음을 보여준다. 또한 이에 따르면, 정찰을 담당할 조직으로 비밀요원, 무선정보, 포로심문 등이 거론되었는데, 주요 항구에 대한 북한 스파이, 5열 등의 정보 수집 활동을 예상케 하는 대목이다.[148]

3단계는 북한군이 군산-대전 계선, 대구-포항 동계선에 도착한 이후에 실시될 정찰계획으로, 구체적인 안은 제시되지 않았다. 다만 3단계 작전목표처럼 남한 내부의 한국군 잔존병력 섬멸 및 남부해안으로 외국군 지원병력·물자의 상륙을 저지하는 데 초점이 맞추어져 있었다.

이상과 같이 6월 20일 인민군 총참모부 정찰국장이 최종 서명한 「정찰계획」의 내용을 정리하면 다음과 같다.

첫째, 이 「정찰계획」의 최종 서명일은 6월 20일이지만, 작성은 6월 15일로 추정되며, 이 시점에서 완성된 「제1타격계획」·「반격계획」의 일부로 판단된다.

둘째, 이 계획은 북한군 전체 정찰계획으로, 6월 16일부터 북한군 돌격사단들에 의해 집행되기 시작했으며, 6월 18일 작성된 「정찰명령 1호」는 이 연장선상에서 내려진 사단급 단위의 구체적인 정찰명령으로 볼 수 있다.

셋째, 「정찰계획」은 3단계에 걸쳐 북한군의 정찰계획을 다루고 있으며, 전체 작전계획의 3단계 진행 과정에 따라 북한군의 정찰임무를 종합한 것이다. 3단계의 주요 특징은 서울-원주-삼척 계선을 점령하는 1단계 계획이 가장 세밀하고 정교하게 준비되었으며, 이 단계의 작전목표처럼 한국군의 주력을 섬멸하려 했다는 점이다. 작전 기간은 3~4일로 예상되어 있었다. 2단계 계획

---

148) 한편 서울 방어태세를 정찰하는 데서도 정찰임무가 '정찰대'뿐 아니라 정찰대의 비밀요원도 담당하도록 되었으며, 이에 대한 '특별작전계획'이 수립되었음을 알 수 있다. 정찰대의 사복편의대 혹은 비밀첩자가 북한군 진격에 앞서 서울로 잠입했을 가능성을 시사한다. 이는 애플만이 제시한 서울의 신속한 점령에 미친 '제5열의 도움'을 연상케 하는 대목이다.

은 군산-대구-경주 계선까지 진격하는 것이며, 작전 기간은 명시되어 있지 않았다. 3단계 계획은 구체적인 안이 마련되지 않았다.

3. 사단급 이하의 명령·지령

사단급 전투명령(2사단·4사단)

현재까지 알려진 북한군의 사단급 전투명령은 모두 2종류이다. 하나는 서울 정북방을 공격한 인민군 제4사단의 전투명령(1950. 6. 22)이고, 다른 하나는 춘천을 공격한 인민군 제2사단의 전투명령(1950. 6. 일자 미상)이다.[149] 모두 사단장과 참모장의 명의로 발령되었다.

인민군 제4사단장 이권무와 참모장 허봉학 명의로 발령된 「전투명령 1호」 (1950. 6. 22)는 1950년 10월 30일 ATIS가 간행한 『포로심문조서(추가연구 : 북한침략의 문헌적 증거)』(Research Supplement, Interrogation Reports, Documentary Evidence of North Korean Aggression) 제2집에 수록되었다.[150] 이 문서의 뒤에 인민군 제4사단에서 발행한 「1950. 6. 20. 보병사단 전투계획일람표」 (1950. 6. 20. 참모장 허봉학·작전과장 황면종)가 첨부되어 있다. 즉 4사단 「전투명령 1호」(6. 22)는 「전투계획일람표」(6. 20)와 세트를 이루는 문서였다. 두 문서는 한글 원문과 영어 번역본이 위의 ATIS 2집에 수록되었다.[151] 이 문서는 1950년 7월 16일 대전 지역에서 노획되었으며, ATIS Document no.200045로 분류되었다. 즉 이는 한국전쟁 발발 이후 미군이 45번째로 노획한 주요 선

---

149) 「전투명령 1호」(1950. 6. 22, 조선인민군 제4사단장 이권무·참모장 허봉학)(ATIS Document no.200045); 「전투명령 1호」(1950. 6. 235군부대 참모부, 사단장 이청송·참모장 현파)(ATIS Document no.201103). 235군부대는 2사단의 단대호이다.
150) MA, RG 6, box 78, FEC, G-2, ATIS, Enemy Documents, Issue no.2(1950. 10. 30).
151) 이 명령서는 국방부 군사편찬연구소(2001), 『북한군사관계 사료집 1: 6·25전쟁 전투명령』에 수록되어 있다. 한글 조판본은 32~45쪽, 한글 원문은 320~325쪽, 영문 번역판은 328~342쪽이다.

별 노획문서였다.

이 문서는 위의 「정찰명령 1호」와 함께 공개되었는데, 북한은 즉각 이 문서들이 위조되었다고 주장했다.[152] 4사단에 4개 연대가 존재하는 것으로 묘사했으며, 군단이 존재한다고 기술한 것 등이 위조의 증거라고 주장했다. 북한군 1개 사단이 3개 보병연대로 구성된 것은 분명하지만, 4사단이 3개 연대(5, 16, 18연대)와 1개 포병대대로 구성되어 있다는 미국의 설명을 북한이 잘못 이해한 것이었다. 또한 군단은 7월 초에 편성된 것이 분명하지만, 군단 포병 1개 연대는 이미 개전 초에 운용되고 있었으므로,[153] "9. 군단포대대는 나의 수하로 한다"는 4사단 「전투명령 1호」의 내용이 잘못된 것은 아니었다. 북한은 번역상의 실수나 오역을 문제삼아 문서 전체가 조작된 것처럼 주장했지만, 다른 노획문서의 명령서들과 비교해볼 때 내용과 형식 면에서 진본이 분명했다. 개전 직후 미군측은 새로 접하는 북한 문서들을 정확히 판독할 능력이 현저히 부족한 상황이어서, 미군측이 이런 문서들을 위조하는 것은 불가능했다.

북한의 주장처럼 이 문서는 연필 필사로 된 한글 문서이며, 사단장 등의 서명이나 도장이 찍혀 있지 않다. 특징적인 것은 '극밀'로 분류되어 있고, 이것이 한동안 논란의 핵심이 되기도 했다. 즉 북한에서는 극밀이라는 표현을 쓰지 않는다는 것이었다. 현재 이 문서의 원본은 발견되지 않고 있다. 다만 NARA의 RG 242 신노획문서철 Box no.44에 이 문건의 사진판 6장이 수록되어 있다.[154] 44번 상자에는 문서번호(ATIS Document number) no.200940

---

152) "Annex C: Analysis of Reconnaissance Order No.1 and Operation Order No.1 in the Light of the North Korean Allegations Contained in S/2167" Ambassador Ernest A. Gross, Acting United States Representative to the United Nations, to the Secretary-General of the United Nations, May 31, 1951, Establishing the Authenticity of the Enemy Documents. Department of State, Publication 4266, Far Eastern Series 45, Released October 1951, *The Conflict in Korea: Events Prior to the Attack on June 25, 1950*, Division of Publication, Office of Pubic Affairs, pp. 32~36.
153) 라주바예프, 앞의 책, 1권, 136쪽.
154) RG 242, Captured Korean Document, entry 300C, box 44, ATIS Document no.200045. 「전투명령 No.1」(1950. 6. 22, 14:00, 제4보사 참모부 옥계리에서)(6장, 사진판).

부터 no.200969까지가 소장되어 있는데, 아마도 사진판으로 흐릿한 no.200045의 문서번호를 no.200945로 오독하여 이 상자에 넣은 것으로 추정된다.[155] 원문서는 ATIS가 초기에 번역 작업을 하는 과정에서 망실된 것으로 보인다. 그럼에도 불구하고 문서 내용은 라주바예프의 보고서와 비교해볼 때 틀림이 없다고 판단된다.

한편 제2사단의 전투명령은 235군부대 사단장 이청송(李靑松)·참모장 현파(玄波) 명의로 작성되었으며, 1950년 6월로 되어 있다. 이 문서의 번역본은 ATIS Issue no.15(1951. 1. 3)에 수록되었다. 이 문서는 1950년 10월 14일 노획되었으며, ATIS 문서번호는 no.201103이다. NARA의 신노획문서철 51번 상자에 수록되어 있으며, 이 번호에 해당하는 2사단 문서철은 103장 분량에 달한다. 문서는 2사단의 다른 문서들과 함께 노획되었으며, 진본임에 의심의 여지가 없다.[156]

이 두 문서를 비교해보면 동일한 양식과 체제로 구성되었음을 알 수 있다. 먼저 문서 제목은 모두 「전투명령 1호」로 되어 있으며, 작성은 사단 참모부, 명령자는 사단장·참모장으로 되어 있다. 작성일은 4사단의 경우 6월 22일로 기재되어 있고, 2사단의 경우 일자가 비어 있다.

둘째, 문서의 형식상 구성 항목과 서술 순서가 정확히 일치한다. 적정, 사단 공격 목표 및 진출계선, 사단의 전선 배치상황 설명(좌우 공격사단과의 작전 경계선), 연대별 공격 목표 및 진출계선, 포병 및 기타 지원부대(항공대·반항공대·반전차대·군의소·공병)의 임무, 기타(보고·신호·대리체계) 등으로, 동일한 양식에 기초해 작성된 것임을 알 수 있다.[157]

---

155) 4사단 공격명령 1호의 사진본은 처음부터 이 상자에 들어 있었을 것이다(RG 242, Captured Korean Document, entry #300C(신노획문서)).
156) 이 번호에 같이 수록된 문서들 중 특징적인 것은 다음과 같다. 「第2師團參謀部, 6月, 戰鬪命令 제001호」(師團長 李靑松 參謀長 玄波); 「제235군부대 참모부 예비명령」(1950. 6. 21, 4:00, 참모장 玄波 作戰科長 金寬洙); 「제235군부대 참모부 野營特別戰鬪訓練計劃과 任務指示에 關하여」(1950. 6. 19).

셋째, 두 문서 모두 공격준비 완료를 1950년 6월 23일로 정하고 있으며, 특히 포병의 공격준비 완료를 6월 22일 24:00(2사단), 6월 23일 24:00(4사단)로 상정하고 있다. 포병준비사격 시간도 공통적으로 30분 간으로 설정되어 있다.[158]

넷째, 「전투명령 1호」의 부속문서로 ① 「보병사단 전투계획 일람표」 및 ② 「제235군부대 참모부 예비명령」(1950. 6. 21, 4:00, 참모장 현파·작전과장 김관수)이 각각 첨부되어 있다. ①은 4사단 예하 단위부대 및 포병·자동포·전차·반전차부대 등의 임무를 공격 단계별로(포 사격 개시 전, 포 사격시, 돌격 개시 후 등) 세밀하게 구분해 설명했다. ②는 235군부대, 즉 2사단의 예하 단위부대 및 각 병종 부대 등의 임무를 역시 공격 단계별로 세밀하게 구분해 설명했다. 두 문서의 제목은 다르지만 내용은 동일했다. 이 문서의 작성자는 모두 작전과장, 즉 사단 작전참모였으며, 참모장의 비준을 얻었다. 즉 2사단과 4사단은 6월 20일과 21일 시점에 작전과장이 작성하고 참모장이 비준한, 예하 부대 세부 공격계획을 완성한 뒤 이를 토대로 6월 22일 전투명령을 발령했던 것이다.

다섯째, 2사단의 경우 「전투명령 1호」 다음에 「공격준비명령」이 내려졌다. 「第2步師 참모부 지령: 攻擊準備命令」(1950. 6. 24. 480고지에서)은 2사단 참모장 현파가 서명한 문건인데, 1950년 10월 2일 2사단 작전 지역에서 노획되었다. 이 문서는 ATIS Issue no.9(1950. 11. 27)에 수록되어 공개되었다.[159] 내용은, 병사들은 6월 24일 저녁 19:00시까지 저녁식사를 완료하고 전투 준비

---

157) 4사단의 「전투명령 1호」는 국방부 군사편찬연구소:(2001), 『북한군사관계 사료집 1: 6·25전쟁 북한군 전투명령』에 수록되어 있다. 한글 조판본은 32~45쪽, 한글 원문은 320~325쪽, 영문 번역판은 328~342쪽이다. 2사단의 「전투명령 1호」는 원문 및 조판본 일부가 국방군사연구소(1995), 『한국전쟁』(상), 89~90쪽에 소개되어 있다.
158) 2사단 전투명령은 집결구역에서의 전투준비완료(1950. 6. 22. 18:00)와 출발진지로의 진출(특별명령)을 구분하고 있다. 또한 포병사격준비완료(1950. 6. 22. 24:00), 사단장 지휘소 위치(1950. 6. 22. 24:00부터 480.0고지)를 규정한 것으로 미루어, 6월 22일 자정까지 집결지에서의 전투준비를 완료했다.
159) 이 문서를 처음 소개한 이는 방선주 박사였다(방선주(1986), 앞의 논문; 2002, 앞의 책, 531~532쪽에 재수록).

에 돌입할 것, 지휘관들은 19:00시에서 20:30분까지 준비태세를 검열할 것, 20:30분에는 공격선까지 행군개시할 것, 23:10분에는 공격선 도착 및 공격준비할 것 등이다.[160] 즉 이 문서는 38선상에서의 공격을 위한 최종 준비명령이었다. 여기서 '전투명령'과 '공격준비명령'이 일련의 명령체계하에서 내려진 것임을 알 수 있다. '전투명령'은 '전투'를 위한 모든 준비태세 및 정황(적정, 사단 공격 목표 및 진출계선, 사단의 전선 배치상황 설명, 연대별 공격 목표 및 진출계선, 포병 및 기타 지원부대의 임무 등)을 총결하는 명령이며, '공격준비명령'은 말 그대로 전선에서 공격준비를 지시하는 명령임을 알 수 있다. 이 뒤에 '공격명령'이 뒤따랐음은 논리적으로 자연스럽다. 공격명령은 특정한 문서로 지시되었다기보다, 정해진 시간에 포병준비사격 개시를 알리는 적색신호탄과 전화신호(폭풍)로 내려졌을 것이다.

여섯째, 앞의 인민군 총참모부의 정찰명령부터 순서를 설명하면 다음과 같다. 인민군 총참모부의 「정찰명령」(6. 18)이 하달된 후, 사단들은 「정찰지령」(6. 21)과 「예비명령·전투계획일람표」(6. 20~21)를 작성·하달했다. 전투계획에 기초해 사단의 「전투명령」(6. 22)이 발령되었다. 「전투명령」은 모든 공격준비를 6월 23일까지 완료하며, 특히 포병공격준비를 22일 혹은 23일 24:00시까지 완료할 것을 지시하고 있다. 그 뒤 전선으로 집결해 공격준비를 지시하는 「공격준비명령」(6. 24)이 내려졌고, 돌격부대들은 23:10분까지 공격 전선에 집결했다. 마지막으로 공격명령이 내려졌다.

내용 면에서도 이 문서들은 위의 라주바예프 보고서의 「반격계획」, 인민군 총참모부의 「정찰지령」과 정합적으로 일치한다. 널리 알려진 내용이며, 군사편찬연구소가 간행한 자료집에 해당 내용이 수록되어 있으므로, 자세한 분석은 생략한다.

---

160) RG 242, ATIS Document no.200767, 「第2步師 참모부 지령: 攻擊準備命令」(1950. 6. 24. 480고지에서).

연대급 이하의 명령 및 문헌

북한 노획문서에는 여러 종류의 연대급·대대급의 명령·지령 등이 산재해 있다. 몇 가지를 살펴보자. 먼저 2사단 예하 제6보병연대의 「工兵정찰계획」(제6보연대장 김익현 비준, 제6보연 참모장 강용길·工兵장 박히만 작성, 일자 미상)은 6월 24일 21:00시부터 시작해 6월 25일 02:00~03:00까지 공병정찰 완료를 지시한 문건이다.[161] 공병들은 3개 부대로 나뉘어 6연대의 공격로 선상에 매설된 지뢰 유무 및 지뢰 종류, 지뢰밭의 면적, 도하해야 할 북한강의 수속·수심·장애물 유무 등을 파악하는 임무를 수행했다. 즉 이 정찰계획은 38선상에 공격을 개시하기 직전, 공병들이 진격로의 이상 유무를 최종 점검하기 위한 것이었다.

6사단 예하 13연대의 「口頭戰鬪命令」(1950. 6. 23. 18:35, 빈고동)도 6사단의 공격준비 상황을 잘 보여준다.[162] 문서에는 연대명이 등장하지 않지만, 문서 내용에 따르면 연대 우측에는 경비여단 3대대와 15연대가 배치되었고, 좌측에는 1사단이 배치되었고, '적정' 판단에 따르면 적 1D(제1사단) 12연대 1·2대대가 배치되었으며, 자신들의 앞에 292고지·송악산이 위치하고 있다고 기록했다. 즉 이 부대는 청단·배천을 공격한 경비3여단 3대대·1대대와, 문산-금촌리-서울 서북방을 공격한 인민군 제1사단 사이에 위치하고 있는 인민군 6사단임을 알 수 있다. 인민군 6사단의 3개 연대 중 제1연대(혹은 14연대)는 옹진 공격에 투입되었으므로, 6사단은 15연대 및 13연대 등 2개 연대로 개성 공격을 담당했다.[163] 이 연대의 우측에 15연대가 위치하고 있다고 했으므로 이

---

161) 이 문서 역시 방선주 박사에 의해 발굴·소개되었다(방선주(1986), 앞의 논문; 방선주(2002), 앞의 책, 518쪽에 재수록). 그렇지만 게재되면서 문서출처 등과 설명이 생략되었다. 이 문서의 출처는 다음과 같다. RG 242, SA 2010-3-42. 북한군 제2사단장은 이청송, 공병장은 이갑녕이었으며, 6연대장은 김익현, 공병장은 박히만이었다. 2사단의 대호는 235군부대, 6연대의 대호는 244군부대였다.
162) 이 문서 역시 방선주 박사에 의해 발굴·소개된 바 있다(방선주(1986), 앞의 논문; 방선주(2002), 앞의 책, 519~521쪽에 재수록).

연대는 6사단 13연대가 분명했다. 연대의 1차 임무는 "적의 참호와 16개 토목화점과 개성을 점령하고 경성을 통하는 도로(를 점령)"하는 것으로, 그 이후 임무는 "繼續 한강 渡河 占領을 하기 爲하여 前진한다"고 되어 있다.

앞에서 살펴보았듯이, 6사단은 개성을 점령한 후 서해안을 따라 기동하며, 개전 당일로 한강 도하를 완료한 뒤 김포-영등포로 진격해 서울 한강 이남의 좌측방을 타격하는 한편, 서울 정면으로 돌격하는 북한군 제1사단(서울 서북방), 제4사단(서울 정북방), 제3사단(서울 동북방), 105땅크여단의 충격을 한강 이남에서 받쳐주는 모루 기능을 하는 부대였다. 6사단이 정시에 영등포에 진격했다면 한강 이남북의 협공을 받게 된 한국군은 한강 방어선 구축 및 한강교 폭파를 할 수 없었을 것이다.

이 문서도 공격준비 완료를 6월 23일 24시까지로 규정하고 있으므로, 모든 북한군 연대·사단 들은 6월 23일 24시까지 집결구역에서 공격준비를 완료했음을 알 수 있다. 그 이후 24일 저녁 늦은 시간, 공격개시 지점으로 전개해 자정 무렵에는 돌격배치를 완료했을 것이다.

4사단 포병연대의 「정찰지령 No.2(제4포병련대참모부)」(1950. 6. 22. 대전리에서, 제4포련 참모장 최일현·정찰참모 림국춘)는 4사단의 공격계획을 보여준다.[164] 이 「정찰지령」은 앞서 살펴본 인민군 총참모부의 「정찰명령」(6. 18)이 하달된 뒤 모든 사단·여단급 부대에 발령된 정찰지령과 같았다. 즉 총참모부는 「정찰명령」을, 사단·여단은 「정찰지령」을 내린 것이다. 북한군 4사단은 서울 정북방의 신망리-의정부-동두천 축선을 공격한 부대인데, 앞의 「정찰지령 No.2」에 따르면, 특별정찰구역으로 "대도로 방향과 동두천리 철도연선"이 지목되었다. 다른 정찰지령과 마찬가지로 "정찰은 부대가 집결구역에

---

163) 라주바예프, 앞의 책, 1권, 147쪽.
164) RG 242, ATIS Document no.200520. 제4포련의 연대장은 盧錫聖이었다. 포로 심문조서에 따르면, 최일현의 병으로 6월 23일 鄭斗鎬가 참모장을 맡았다. 이후 모든 문서에는 정두호가 참모장으로 되어 있다.

도착하는 즉시로 시작할 것"을 지시했다. 이 「정찰지령 No.2」와 함께 4포련의 다양한 공격준비 문건이 첨부되어 있다. 이런 문건들은 포병부대 문서철에서 다양하게 발견된다.[165]

- 「전투부서배치약도 No.2」(1950. 6. 23, 연대장 盧錫聖 비준, 참모장 鄭斗鎬·작전참모 林國春)
- 「試射計劃表 No.2」(1950. 6. 23, 연대장 盧錫聖 비준, 참모장 鄭斗鎬): 76mm 포와 122mm 포의 試射 계획
- 「전투부서이동계획약도 No.五」(1950. 6. 23, 연대장 盧錫聖 비준, 참모장 鄭斗鎬·작전참모 林國春)
- 「화력지휘약도 No.4」(1950. 6. 23, 제16보병연대장 비준, 연대장 盧錫聖·참모장 鄭斗鎬)
- 「화력일람표 No.5」(1950. 6. 23, 제16연대장 비준, 부대장 盧錫聖·참모장 鄭斗鎬): 돌격준비기, 돌격지원기, 종심전투기로 나누어 화력지원의 종류와 목표물 등을 정리. 4사단 예하 16보병연대, 5보병연대가 보유한 82mm, 120mm 포의 운용도 지휘
- 「전투서열이동계획 No.2」(1950, 연대장 盧錫聖 비준, 참모장 鄭斗鎬)
- 「정찰략도」

4사단 포병연대 예하 3대대(제4포련 3대대)의 문서들도 남아 있다. 형식은 4포련과 똑같이 작성되었다. 문서의 제목만 일별하면 「정찰지령 No.1(제4포병연대 제3대대)」(1950. 6. 23. 상급부관 崔泳澤·정찰원 張秀鉉), 「전투서열이동계

---

[165] 예를 들어 1950년 2월 제7보병연대에 배속된 제7련포군의 훈련상황문건 역시 화력지휘약도, 연신사격계획, 화력일람표, 전투서열 이동시 위수근무 및 교통정리 계획 등으로 구성되어 있다(RG 242, ATIS Document no.200582. 금암동 북방 1km 지점에서 노획, 1950년 9월 29일 ATIS 접수).

획 No.1(제3대대 참모부)」(일자 미상, 대대장 任水山 비준, 상급부관 崔泳澤), 「전투부서이동계획약도 No.1(제3대대 참모부)」(일자 미상, 대대장 任水山 비준, 상급부관 崔泳澤·정찰원 장수현), 「전화소 직명 암호 및 대호표」(1950. 6. 24. 상급부관 최영택 비준, 통신소대장 김수천), 「대대암호약도 No.3(제3대대 참모부)」(일자 미상, 정찰원 김택수), 「전화대호일람표 No.1(제469군부대 3대대)」(1950. 6. 24. 상급부관 최영택 비준, 통신소대장 김수천),[166] 「화력지휘약도 No.1(제3대대 참모부)」(1950. 6. 대대장 任水山 비준, 상급부관 최영택) 등이다.[167]

4사단의 사례를 조합하면, 총참모부 정찰명령(1950. 6. 18) – (경비3여단) 참모부 정찰지령(1950. 6. 21) – 4사단 포병연대 정찰지령(1950. 6. 22) – 4사단 포병연대 3대대 정찰지령(1950. 6. 23)의 순서로 정찰명령·지령이 확산되었음을 알 수 있다. 정찰에 관한 준비가 진행되는 동시에 4사단 전투계획일람표(1950. 6. 20) – 4사단 전투명령(1950. 6. 22) – (2사단) 공격준비명령(1950. 6. 24) 등 전투계획과 공격준비가 동시에 진행되었다.

중대급 전투명령도 존재한다. 예를 들어 「전투명령: 제4대대 1중대 정예명」(1950. 6. 24)은 한국군 '6사단 8연대'를 정면에 둔 인민군 모사단 모연대 제4대대 1중대장인 정예명의 기록이다. 그런데 8연대가 예비대 외 본부를 홍천에 두고 있다고 기록하고 있으므로, 이 부대는 홍천을 공격한 인민군 제12사단 예하 부대였을 것이다.[168] 이 중대는 6월 24일 중대원들에 대한 전투명령을 내리고 있다. 위에서 보듯이 6월 22일자 사단급의 전투명령이 중대에까지 도달한 것임을 알 수 있다.

북한군 2사단 소속 한 병사의 잡기장은 자신이 집결구역을 떠나 6월 25일

---

166) 「전화대호일람표」에 따르면, 4사단은 16보병연대, 17보병연대, 18보병연대, 제4포병연대(469군부대), 13포연대 등으로 구성되어 있다.
167) 이상 RG 242, ATIS Document no.200520; ATIS Document no.200522, 「攻擊戰에서 砲兵大隊의 戰鬪文件綴」(성인리(Songwin-Ni)에서 노획, 노획 일자 불명, ATIS 접수 1950년 9월 14일).
168) RG 242, ATIS Document no.202900, 「전투명령: 제4대대 1중대 정예명」(1950. 6. 24).

이래 춘천-소양강을 건너 안성-진천-청주-보은-청산으로 진격한 '승리의 기록'을 전하고 있다.[169] 경비1여단 소속으로 추정되는 이 병사가 소지한 잡기장의 제목은 '위대한 祖國戰爭 행정의 歷史의 記錄'이었다. 이 병사의 6월 25일자 일기를 보자.

> 1950. 6. 25일. 아침 3시경 部隊長 계서건 同志의 준엄한 攻擊戰鬪의 命令이 下達되였다. 만단한 戰鬪 준비를 가춘 戰鬪원들은 速速히 三八線의 戰鬪서열을 차지하였다. 人民軍 同志들의 용감한 砲엄호사격 및에 본부대의 적의 종심 종심으로 그리웁든 이남땅 山속 깊이 침투 완전한 적의 배후에 드러서게 되었다.
>
> 1950. 6. 25일.
> 祖國戰爭 始作. 江原道 襄陽郡 부서치리 出發
> 새벽 4時 攻擊 開始, 二시간 만에 三八선을 박차고 그리웁던 南반부를 찾었다.[170]

노획문서철에는 6월 25일의 공격전투가 북한의 선공으로 어떻게 시작되었는지를 보여주는 병사들의 수첩, 잡기장, 일기, 수기 등이 무수하게 존재한다.

이상에서 살펴본 바를 정리하면 다음과 같다. 1950년 4월 스탈린은 김일성·박헌영에게 공격을 위한 3단계 계획을 제시했고, 전쟁의 가장 중요한 작전 개념으로 '전격전'을 교시했다. 1950년 4월 말 김일성의 지시를 받은 인민군 총참모장 강건은 5월 초부터 소련군사고문단과 함께 전면공격용 작전계획을 수립하기 시작했다. 유성철의 증언에 따르면, 북한군이 수립하고 있던 작

---

169) RG 242, SA 2010-1-58, copy 2, 「승리의 기록(집결지를 떠나면서)」.
170) RG 242, ATIS Document no. 203265, 「위대한 祖國戰爭 行政의 歷史의 記錄」(박한빈). 부서치리는 강원도 양양군 손양면 부소치리로, 남대천 대안 38 이북 지점이다.

전계획은 방어용 작전계획이었고, 각 제대·병종 간의 협동작전 수준이 미비했기 때문에 소련군사고문단의 포스트니코프 소장이 공격계획을 작성했다.

소련군사고문단이 러시아어로 「공격을 위한 기본계획」을 수립했고, 강건이 이를 번역해 김일성의 재가를 받았다. 기본계획은 5월 15일을 전후한 시점에 완성되었고, 김일성의 동의와 스탈린의 재가를 거쳐 세부적인 공격용 작전계획으로 구체화되었다. 6월 15일 「공격작전의 세부계획」이 완성되었는데, 이는 「제1타격계획」 혹은 「반격계획」으로 명명되었다.

「반격계획」의 핵심은, 개전형식은 '도발받은 정의의 반공격전'이며, 전격전·기동전을 전개한다는 부분이었다. 그 중에서 불의의 기습, 신속한 기동이 강조되었다. 북한은 적정 정찰을 통해 잘 조직된 포병의 사격, 보병부대·자주포부대·탱크부대·모터사이클부대의 신속한 돌격, 돌격부대들의 입체적 포위작전 등을 구사하고자 했다. 「반격계획」에 따르면, 북한군은 서울 지역과 수원 지역에서 최소한 2차례 이상 한국군 주력부대에 대한 포위·섬멸전을 계획했다. 이 지역에서 한국군 주력의 90% 이상을 섬멸함으로써 전세를 판가름하려고 했던 것이다.

「반격계획」이 작성되는 시점에서 인민군 총참모장·정찰국장은 공격작전 전반에 적용될 정찰계획을 수립했다. 이것이 바로 「공격작전용 조선인민군 정찰계획」으로, 작성은 6월 15일에, 최종서명은 6월 20일에 이루어진 것으로 보인다. 전체적인 공격작전의 정찰계획이 수립된 후, 서울 방면 공격을 담당한 8개 사단급 부대에 「정찰명령 1호」(1950. 6. 18)가 내려졌다. 이미 6월 12일 평양에서 사단급 부대장·포병부대장의 회의가 있었고, 정찰명령은 사단장급의 고위장교와 소련군사고문단의 협의하에 작성되었다.

인민군 총참모부의 「정찰명령」(6. 18)이 하달된 후 각 사단은 이에 의거해 예하 부대에 보다 구체적이고 세부적인 명령을 내렸다. 먼저 사단들의 「정찰지령」(6. 21)과 「예비명령·전투계획일람표」(6. 20~21)가 작성·하달되었다. 준비된 전투계획에 기초해 사단의 「전투명령」(6. 22)이 발령되었다. 「전투명령」은 모든 공격준비를 6월 23일까지 완료하며, 특히 포병 공격준비를 23일 24:00시까지 완료할 것을 지시하고 있다. 이 명령은 사단-연대-대대-중대의 명령 계통을 타고 하급 부대로 확산되었다. 그 뒤 전선으로 집결해 공격준비를 지시하는「공격준비명령」(6. 24)이 내려졌고, 돌격부대들은 24:00시 이전에 공격전선에 집결했다. 마지막으로 공격명령이 내려졌다.

개전 직후 슈티코프가 자하로프에게 보고한 대로, 작전을 위한 모든 준비가 6월 24일 완료되었고, 6월 24일 사단장들은 공격 개시일과 공격 시간에 대한 명령을 받았다. 6월 21일에「반격계획」중 옹진에서 개전한 후 국지전을 전면전으로 확대한다는 계획이 폐기된 대신 전 전선에서의 전면전 계획이 수립되었지만, 공격 개시일과 공격 시간은 6월 15일에 확정된 상태였다. 한국군이 38선을 침범해 군사공격을 도발했으니 인민군은 반공격을 가하라는 민족보위성의 '반격명령'이 부대에 하달되었다. 인민군 부대들은 6월 24일 24:00시까지 공격 출발 지점에 도착해, '현지 시각으로 4시 40분'에 군사작전이 개시되었다.[171]

---

171)「슈티코프가 자하로프 동지에게 보낸 군사상황에 관한 1950년 6월 26일자 비밀보고」; Kathryn Weathersby, "New Evidence on the Korea War," *CWIHPB*, Issue 6·7(Winter 1995/1996), pp. 39~40.

개전 초기 옹진전투 I:
'도발받은 정의의 반공격전' 주장

1. 내무성의 북침·반공격 보도

개전 직후 북한은 내각 보도를 통해 남한이 '불의의 전면 기습공격'을 감행해 왔기에 이를 방어한 후 반공격으로 넘어갔다고 주장했다. 공식적인 '도발받은 정의의 반공격전'의 시작이었다.

평양방송은 11시 방송을 통해 '매국 역적(bandit traitor) 이승만'의 지령을 받은 '남조선 괴뢰군의 침공의 결과' 북한정부가 남한에 대해 전쟁을 선포했다고 보도했다.[172] 또한 김일성은 오후 13:35분 라디오연설에서, 남한이 북한의 모든 평화통일 제안을 거부했을 뿐 아니라 옹진반도 위쪽 해주 지역을 아

---

172) GHQ, FEC, *Annual Narrative Historical Report*, 1 Jan.-31 Oct. 50, p. 8; *New York Times*, June 25, 1950(Roy Appleman(1961), 앞의 책, p. 21에서 재인용). 애플만의 지적처럼 북한이 남한을 향해 정식 선전포고를 했는지는 확인되지 않았다.

침에 공격해와, 북한이 반격할 수밖에 없었다고 주장했다.[173]

현재 당시의 평양방송은 확인되지 않는다. 우리가 검토할 수 있는 자료는 북한의 신문들이다. 가장 유명한 것은 1950년 6월 26일 『로동신문』 제1면에 게재된 '조선민주주의인민공화국 내무성 보도' 두 가지였다. 북한은 남한의 '침공'을 민족보위성·군 차원, 즉 외부의 침략에 대항하는 문제로 다룬 것이 아니라 내무성·경찰 차원, 즉 국가 내부의 문제로 다루었다. 이는 기존의 38선 경비를 내무성 38경비여단이 담당했기 때문이겠지만, 다른 한편으로는 1948년 이래 남한을 독자적이고 공식적인 국가체제로 인정하지 않았기 때문일 것이다.

한편 내무성이 '침략' 방어·저지에서 한 걸음 더 나아가 반공격을 명령함으로써 전쟁은 시작되었다. 상대편을 국가로 인정하지 않았고, 선제공격을 당했다고 주장함으로써 국가 간의 정상적 선전포고 절차는 생략되었다.

〔내무성 보도 1〕 금 6월 25일 이른 새벽에 남조선괴뢰정부의 소위 국방군들은 38선 전역에 걸쳐 38 이북 지역으로 불의의 진공을 개시하였다. 불의의 진공을 개시한 적들은 ① **해주 방향 서쪽**에서와 ② **금천 방향**에서와 ③ **철원 방향**에서 38 이북 지역에로 1키로메터 내지 2키로메터까지 침입하였다. 조선민주주의인민공화국 내무성은 38 이북 지역으로 침입한 적들을 격퇴하라고 공화국경비대에 명령을 내리였다. 지금 공화국경비대는 진공하는 적들을 항거하여 가혹한 방어전을 전개하고 있다. 공화국경비대는 ④ **양양 방향**에서 38 이북 지역으로 침입한 적들을 격퇴하였다. 조선민주주의인민공화국 정부는 만일 남조선괴뢰정부 당국이 38 이북 지역에 대한 모험적 전쟁행위를 즉시 중지하지 않는

---

173) Department of State, Pub 3922, *United States Policy in the Korean Crisis*, Document 10(U.N. Commission on Korea, Report to the Secretary-General), pp. 18~20(Roy Appleman, 앞의 책, pp. 21~22에서 재인용).

다면 적들을 제압하기 위하여 결정적 대책을 취하게 될 것이며 동시에 이 모험적 전쟁행위로 말미암아 발생되는 엄중한 결과에 대한 전적 책임을 그가 지게 되리라는 것을 남조선 괴뢰정부 당국에 주의시킬 것을 공화국 내무성에 위임하였다.(번호 및 강조는 인용자)[174]

〔내무성 보도 2〕 조선민주주의인민공화국 경비대는 금 6월 25일 이른 새벽에 38연선 전 지역을 걸쳐 38 이북 지역에 대한 불의의 공격을 개시한 남조선 괴뢰정부의 소위 국방군들의 침공을 항거하여 가혹한 방어선을 전개한 결과 적들의 진공을 좌절시켰다. 인민군 부대들과의 협동동작하에서 공화국 경비대는 38 이북 지역에 침입한 적들을 완전히 격퇴하고 **반공격전**으로 넘어갔다. **금 6월 25일 현재 공화국 인민군대와 경비대부대 들은 같은 지역들에서 38 이남 지역으로 5키로메터 내지 10키로메터까지 전진**하였다. 전투는 계속되고 있다.(강조는 인용자)[175]

북한은 개전 즉시 이 전쟁의 성격을 '도발받은 정의의 반공격전'이라고 공식 주장했다. 이 때문에 개전 직후 발표된 위의 북한 내무성 성명은 그간 '북침'의 확고한 증거처럼 사용되어왔다. 그런데 내무성 성명은 한국전쟁의 핵심과 사태의 정수를 그대로 간직하고 있었다. 1950년 6월 25일은 전쟁을 형성시켜온 모든 과정과 요소 들이 순간에 농축되어 폭발한 시기였다. 폭발은 6월 25일이었지만, 화약은 미소 점령기에 축장(蓄藏)되었고, 역사적 도화선은 1948년 이후 본격적으로 점화되어 있었다.

내무성 보도의 핵심을 정리하면 다음과 같다.

---

174) 「조선민주주의인민공화국 내무성 보도」, 『로동신문』 1950. 6. 26.
175) 「조선민주주의인민공화국 내무성 보도」, 『로동신문』 1950. 6. 26.

1. 북한은 '이른 새벽' 38선 전역에 대한 한국군의 전면 침공을 당했다.
2. 북한의 정규군이 아닌 경찰, 즉 내무성 경비대가 '이른 새벽' 38선 전역에서 전면 침공을 단행한 한국군의 공세를 저지했다.
3. 이른 새벽 불의의 침공을 당했지만, 한 군데도 주방어선이 뚫리지 않았고 단지 1~2km 정도 침범당했다.
4. 구체적으로 한국군이 침공을 해온 지역은 ① 해주 방향 서쪽, ② 금천 방향, ③ 철원 방향, ④ 양양 방향이었다.
5. 방어 후 경비대는 정규 인민군과 협력하여 반공격을 개시했고, 6월 25일 현재 38선 이남 지역으로 5~10km 진격했다.

이성적으로 내무성의 보도를 읽어 내려가면, 설명된 사태가 매우 비상식적이고 신뢰성에 문제가 있음을 알 수 있다. 우선 '이른 새벽' 한국군의 '전면 공격'을 당한 북한이 단지 경비대만으로 완벽하게 방어했다는 것은 믿기 어려운 설명이다. 게다가 단 한 군데도 방어선이 종심 깊숙이 뚫린 지역이 없었다. 나아가 북한측이 반공격에 나서 즉각적으로 38선 이남으로 5~10km 진격했다는 설명 역시 납득하기 어렵다.

'이른 새벽'·'전면공격' 대 '완벽한 방어'·'반공격', '불의의 기습' 대 '정의의 반공격'이란 양립 불가의 대비법은 우리의 상식과 거리가 멀다. 전력을 다한 한국군의 전면 공격은 진격도 못한 채 북한 경찰의 손에 저지되었고, 북한 경찰과 군이 반격에 나서 5~10km 전진했다는 결론에 도달하면 사태의 정확한 진실이 자연 드러난다. 이 보도는 역설적으로 북한의 선공·전면공격을 증명한다.

북한이 거론한 구체적인 지역명은 모두 네 곳인데, ① 해주 방향 서쪽, ② 금천 방향, ③ 철원 방향, ④ 양양 방향이었다. 지도를 놓고 보면 38선을 동쪽에서 서쪽으로 4등분한 지역임을 알 수 있다. 이 네 곳은 모두 1949년 이래 일상적으로 38선 충돌이 빈번했던 지역이었다. 특히 옹진(해주 방향 서쪽), 양양은 남북한 모두 대표적인 충돌 지점으로 손꼽던 곳이다. 은파산·두락산·국사봉은 옹진(해주 방향 서쪽)에 있었고, 송악산 488고지·292고지는 개성(금천 방향)에, 고산봉은 양양에 위치했다.

우리가 앞에서 검토해온 것처럼, 북한은 '도발받은 정의의 반공격전'의 출발 지점으로 위의 네 곳을 지목한 것이다. 특히 1949년 중반 이후 김일성이 핵심적으로 사고한 옹진은 개전 성명에서도 빠지지 않고 등장했다.

6월 27일 『로동신문』에 보도된 김일성의 성명 역시 위의 내무성 보도와 대동소이했다.

> 매국역적 리승만괴뢰정부의 군대는 6월 25일에 38선 전역을 걸쳐 38 이북 지역에 대한 전면적 진공을 개시하였습니다. 조선민주주의인민공화국 정부는 조성된 정세를 토의하고 우리 인민군대에 결정적 반공격전을 개시하고 적의 무장력을 소탕하라고 명령을 나리였습니다. 인민군대는 공화국정부의 명령에 의하여 적들을 38 이북 지역으로부터 격퇴하고 38 이남 지역으로 10~15키로메터까지 전진하였습니다. 인민군대는 옹진 연안 개성 배천 등 여러 도시들과 많은 부락들을 해방시키였습니다.[176]

도대체 옹진은 어떻게 된 것인가? 북한은 전쟁 발발 직전 옹진에서의 충돌을 과대포장해 선전했을 뿐만 아니라, 개전 직후부터 옹진에서의 전과를 보도하기 시작했다. 그렇다면 옹진에서 '북침'한 한국군의 실상은 어떻게 묘사되었는지 북한의 보도들을 따라가 보자.

---

[176] 「전체 조선인민들에게 호소한 조선민주주의인민공화국 내각수상 김일성장군의 방송연설」, 『로동신문』, 1950. 6. 27.

2. 포로들의 '북침' 증언 검토

먼저 한국군이 북침해왔다는 주장과는 달리 북한은 이를 증명하는 데 성공하지 못했다. 북한이 간행한 신문·잡지 등 옹진전투에 관해 입수할 수 있는 모든 자료를 분석한 결과, 북침을 증명하는 문헌적 증거는 발견되지 않았다. 북한이 증거로 제출한 것은 옹진 17연대 소속 정훈장교 한서한(韓瑞漢, 연대본부) 중위와 최동성(17연대 1대대 3중대 제4소대 3분대) 상사 등의 증언이었다.[177] 포로가 된 17연대 병사 가운데 가장 계급이 높았을 것으로 추정되는 한서한 중위의 증언을 들어보자.[178]

> 금년 5월에는 전 국방군의 사단장회의가 열리었는데 여기서는 각 련대장급도 참가하여 작전계획을 토의하고 **이북침공을 위한 작전계획 에이·비·씨의 3개안이 수립**되었다. (중략) 24일은 토요일임에도 불구하고 례사로 되었던 련대본부 장교들의 외출은 금지되고 대기하라는 명령이 하달되었다. 자못 긴장한 분위기 가운데서 이날 밤을 새웠는데 **25일 새벽에는 드디어 38선 이북 지역을 향하여 일제 침공하라는 륙군본부 극비명령이 하달**되었다. 불의의 침공을 개시한 각 부대들은 옹진지구 전역에 걸쳐 38선을 돌파하고 대개 1키로 내지 2키로 지점까지 전진하였다. 제17련대 제1대대는 벽성군 가천 방면 중앙지대로 제3대대는 까치산 방면으로 각각 전진하였고 제2대대는 예비대대로 있다가 후에 중앙선에 포치되었다. 우리의 진공이 개시되어 얼마 되지 않아서 우리는 공화국 경비대

---

177) 「소위 국방군포로병들이 말하는 역도들의 내란도발 진상」, 『로동신문』 1950. 6. 30. 북한 언론은 한서환이라고 보도했지만, 한국측 기록에 따르면 한서한이라고 되어 있다〔국방부 전사편찬위원회(1977), 앞의 책, 496~497쪽〕.
178) 한서한은 이후 북한이 주장하는 '북침설'의 주요 증언자로 등장했다(차준봉, 앞의 책 221쪽). 1951년 북한의 '북침' 주장을 그대로 전재한 한 자료집〔アメリカ民主の極東政策期成委員會·中川信夫 譯 (1952), 『朝鮮戰爭は誰が起したか』, 月曜書房〕에는 국방군 제17련대 본부 韓秀漢 중위라는 이름으로 그의 1950년 6월 27일자 소위 '증언'이 등장했다(앞의 책, 148~153쪽).

의 맹렬한 반격을 받게 되었는데 이때의 38선 충돌은 과거 어느 전투보다도 가장 가혹한 것이었다. 38선 이북 2키로 지점에서 우리는 경비대의 완강한 저항을 받고 일전일퇴 하였었는데 먼저 까치산 방면에 출동하였던 제3대대가 교전 중이라는 급보를 받은 이후 각 전선의 련락망은 완전히 파괴되고 말었다.(강조는 인용자)[179]

『한국전쟁사』(개정판)에 따르면, 한서한 중위는 개전 초기 백인엽 연대장의 제1, 제2대대의 사곶(沙串) 철수명령을 전달하기 위해 전선으로 출동한 뒤 1대대 인근의 마현(馬峴)에서 행방불명된 것으로 보이는데, 그의 증언에서는 17연대 예하 3개 대대의 배치상황을 알 수 있을 뿐, 구체적인 '북침'의 작전계획이나 공격명령은 알 수 없다.[180]

제17연대 1대대 제3중대 제4소대 3분대 최동성의 고백을 살펴보자. 최동성이 속한 17연대 제1대대(대대장 김희태 소령) 제3중대(중대장 성명 미상)는 중대본부가 마현 북쪽 1.5km 지점의 자동(紫洞)에 위치해 있었는데, 개전 직후 북한군의 공격으로 중대본부가 파괴되고 중대장이 전사한 부대였다.[181]

38 이북 지역으로 불의의 진공을 하여오던 내가 속한 옹진지구 '국방군'들은 **25일 아침 인민군측으로부터 하늘이 터질 듯한 포 사격과 보병들의 강력한 반격이 시작되자** 그대로 우리는 일대혼란에 빠지고 말았다. (……) 나는 이날, 즉 25일에 옹진 은동 뒷산에 숨었다가 전투개시 후 한 시간 만에 경비대에서 포로되었다.(강조는 인용자)[182]

---

179) 「불의의 침공은 륙군본부 극비지령에 의하여 실행되었다. 〔국방군〕 제17련대본부 륙군중위 한서환 담」, 『로동신문』 1950. 6. 30.
180) 국방부 전사편찬위원회(1977), 앞의 책, 476, 478쪽.
181) 국방부 전사편찬위원회(1977), 앞의 책, 472~474쪽.
182) 「〔국방군〕의 계획적 불의의 침공은 인민군의 일격에 분쇄되었다. 〔국방군〕 제17련대 1대대 제3중대 제4소대 3분대 하사 최동성 담」, 『로동신문』 1950. 6. 30.

이번에는 17연대 제3대대 12중대 1소대 소속 박윤제(朴潤濟)의 고백이다. 3대대는 강령에 대대본부를 두고 옹진 우측방을 방어했는데, 이 병사는 까치산 방면을 지키던 12중대 소속이었다. 박윤제는 갑자기 비상소집이 있은 후 머지않아 '해주를 지나 평양을 점령할 것으로 생각' 했는데, 그 이유는 17연대장을 비롯한 상관들이 2시간이면 해주를 점령한 후 평양까지 갈 수 있다고 호언장담했기 때문이다.[183]

> 38 이북에 침공을 개시한 후 순식간에 **맹렬한 반격에 의하여 제1선 부대는 襲滅**하고 위험하게 되었다. 인민군대의 맹렬한 포격에 의해서 연락망은 여지없이 파괴되어서 내가 속해 있던 부대에는 무기가 있음에도 불구하고 토치카도 못 파고 기관총을 쓰지 못했다. 우리는 이로 인하여 완전히 기능을 상실했다. 그래서 대장 禹基淳과 정훈장교도 보이지 않았다.(강조는 인용자)[184]

한편 17연대 제1대대 제3중대 제4소대 제3분대의 최순종 역시 "38 지역에서 내가 속했던 국방군들은 북조선에 침입하자 곧 대혼란에 빠졌다"고 증언했다.[185] 제1대대는 옹진반도 중앙부터 좌측방에 배치되었던 부대였다. 포로들의 모든 증언은 북침 즉시 반격을 당해 공격한 한국군들이 대혼란에 빠졌다는 데 이견이 없다. 이는 '북침'이 있었던 것이 아니라 북한군의 대규모 선제공격이 있었음을 반증하는 것이다.

이들이 말하는 북침의 증거란, 6월 24일부터 장교외출이 금지되더니 25일 새벽에 '38선 이북 지역을 향하여 일제 침공하라는 륙군본부 극비명령이 하달' 되어 제1대대는 벽성군 가천 방면 중앙지대로 제3대대는 까치산 방면으로

---

183) 「포로들의 고백, 속은 것이 분하다(30일 조선중앙통신 평양발 요지)」, 『조선인민보』 1950. 7. 2. 창간호.
184) 앞의 자료.
185) 앞의 자료.

각각 전진하다 패퇴했다는 정도였다. 구체적인 명령, 작전계획, 공격 목표 등은 제시되지 않았다. 소련은 이들의 증언을 '북침'의 증거로 유엔총회에까지 제출했는데, 이들의 '고백'은 전문증거에 불과해 북침의 증거로서 효력을 갖기는 어려웠다.

눈길을 끄는 것은 공격자와 방어자의 모습에 대한 묘사였다. 한서한의 증언에 따르면, 선공을 가한 한국군 17연대는 포병 준비사격도 하지 않은 채 공격을 개시한 것으로 나타났고, 최동성의 증언은 오히려 반격하는 인민군이 '하늘이 터질듯한 포사격'을 가한 것으로 되어 있다. 박윤제의 증언 역시 북한군의 "맹렬한 포격에 의해서 연락망은 여지없이 파괴"되었음을 보여준다. 포로들의 증언에서 17연대가 공격준비용 포병사격을 했다는 내용은 전혀 보이지 않았다. 반면 이후 북한신문들은 북한군의 전공을 보도하는 과정에서 "17연대가 포사격 후 공격했으나 방어 후 반공격했다"는 식으로 설명했다.

만약 한국군 17연대가 옹진에서 북한을 선공했다면, 이와 관련된 증거문헌들이 발굴되었을 것이다. 옹진은 6월 26일 곧바로 북한군의 수중에 들어갔고, 소련고문단장 라주바예프의 주장에 따르면, 17연대 병력 2,300명 중 2,000명을 포로로 잡았다. 이는 물론 과장이지만, 17연대의 상황을 잘 보여준다. 17연대는 6월 25일 연대본부를 옹진읍에서 강령으로 이동했고, 6월 26일 새벽부터 해상으로 철수해야만 했다. 17연대는 105mm 포와 트럭 등을 수장(水葬)한 채 상륙용 주정(LST)으로 퇴각했다.[186] 연대본부는 기밀서류 등을 소각했지만, 나머지 3개 대대본부는 문서를 소각하거나 은폐할 여력·여유조차 없었다. 이런 압도적 승리를 거둔 전투에서 왜 북한은 단 한 건의 공격 증거문건도 찾지 못했을까?

한서한이 증언한 '육군본부의 전면 공격계획'을 증명해주는 문서는 물론, 17연대의 공격작전을 보여주는 문서도 전혀 발견되지 않았다. 훗날 북한은

---

[186] 국방부 전사편찬위원회(1977), 앞의 책, 468쪽.

경무대에서 노획한 1949년 이승만의 편지류와, 육군본부에서 발견한 작전지도를 가지고 북침을 주장했지만, 이 정도가 북한이 제시할 수 있는 문헌적 증거의 최고치였다.[187] 이 문서들은 1949년도 이승만과 한국정부의 대북 공격 의도와 육군본부의 공작계획을 짐작케 할 뿐, 1950년 6월 25일의 공격계획이 실재했음을 증명해주지는 않는다. 북한은 정작 개전의 현장에서는 단 한 건의 공격문건도 찾지 못했는데, 정확히 말하면 그런 문건이 작성되지 않았기 때문이다.

개성에서 금천 쪽으로 북침했다는 1사단의 경우도 마찬가지였다. 북한이 내세운 북침의 장본인들은 1사단 박건춘 2등상사(야전공병대 2중대 1소대)·오정혁 2등중사(12연대 2대대 6중대)였는데, 이들의 증언은 "6월 25일 이른 새벽 개성방면으로부터 평화스러운 38 이북 지역에 침입"했다는 게 고작이었다.[188]

옹진(해주 방향 서쪽)과 개성(금천)에서 잡힌 포로병들의 추상적인 북침 증언을 제외하곤, 양양과 철원 지역에서는 북침했다는 한국군의 대호·전투서열, 작전계획·명령·문서는 물론, 포로의 증언조차 제시되지 않았다. 용산경찰대 순경 서당석은 용산철도경찰대장의 명령으로 '38선 지대에서 특별공작'을 했으며 국방군이 38선을 넘어 1.5km 전진했다고 주장했으나, 신뢰할 만한 근거는 제시되지 않았다.[189] 옹진·개성 지역에서도 불과 수 시간 만에 인민군이 '반공격'을 해 두 지역을 '해방'시켰지만, 한국군이 작성한 공격계획·명령·문서 등은 단 한 건도 노획되지 않았다.

반면 파죽지세로 전진하는 인민군의 진격속도에 맞추어 북한 신문들은 한

---

187) 「조선에 전쟁을 방화한 자들을 폭로하는 제문건들」, 『로동신문』 1950. 8. 3, 8. 4, 8. 6, 8. 7; 「단기 4283년 첩보공작계획표」(육군정보국 제3과), 『보위신문』 1950. 8. 9; 「단기 4283년도 3, 4, 5월분 정찰실 공작계획표」(육군정보국 제3과), 『보위신문』 1950. 8. 11.
188) 「포로병들이 말하는 국방군의 와해상」, 『로동신문』 1950. 7. 4.
189) 『투사신문』 1950. 7. 5.

국군의 북침을 막아내고 반공격에 돌입한 북한군의 무용담을 연일 게재했다. 인민군 병사·장교 들은 물론 북한 주민 대부분은 북한 내무성의 보도와 선전을 신뢰했을 것이다. 왜냐하면 '도발받은 정의의 반공격전' 구상은 김일성 등 극소수의 북한 최고지도부만 알고 있는 극비사항이었고, 개전을 전후한 시점에서도 사단장급 정도만이 대략적인 공격계획을 알고 있었기 때문이다. 승리에 들며 연일 보도된 북한군의 진공 모습은 6월 25~26일 옹진에서 어떤 일이 벌어졌는지를 정확하게 보여주었다.

3. 옹진전투 승리의 진실

네 가지 사례를 살펴보자. 이들 네 가지 사례는 북한군이 옹진에서 17연대를 공격한 세 방향의 전투를 구체적으로 보여준다. 17연대는 옹진반도 중앙 전면인 마현(말고개)에 1대대, 중앙 중심부 옹진읍에 2대대 및 연대본부, 우익인 강령에 3대대 본부가 주둔하고 있었다. 한편 옹진반도 좌익은 경찰이 방어를 담당하고 있었다. 이에 맞서 북한군은 옹진반도 좌익에서는 두락산 방향에서 17연대 1대대 대대본부가 있다고 오인한 수동을 향해(제1대대본부는 마현에 있었다), 중앙에서는 상직동·은동 방향에서 중앙으로 17연대 2대대 및 연대본부가 있던 옹진을 향해, 우익에서는 까치산에서 강령의 17연대 3대대 본부를 공격했다. 좌익 공격은 경비3여단 5·6대대, 중앙 공격은 경비3여단 2·4대대, 우익 공격은 인민군 제6사단 1연대가 담당했다.

먼저 14명으로 구성된 북한군 1개 소대가 한국군 1개 대대를 격파한 무용담을 살펴보자. 김형삼 소대는 14명의 전투원으로 6월 25일 이른 새벽 '맹렬한 포사격과 함께 옹진 고지 방면에서 침습한 17연대 1개 대대를 격퇴'했다. 14명의 소대원이 1개 대대병력의 '침습하여 들어오는 적을 요격하여 전진'·'적의 고지를 향하여 돌격'해서 '창격으로 수류탄과 기관총 사격으로' 옹진

고지를 '김형삼 소대장 이하 열세 동무의 용맹한 반격으로 탈취'했다.[190] 정리하자면, 한국군 1개 대대가 고지 위에서 아래쪽의 북한군을 향해 포사격 후 공격해왔는데, 북한군 1개 소대 14명이 이를 방어하고, 도리어 적의 고지를 '창격'·'수류탄'·'기관총 사격'으로 탈취했다는 얘기였다. 고지 위의 1개 대대 병력을 고지 아래의 1개 소대병력이, 그것도 역습을 통해 격퇴했다는 것이다. 만약 이것이 군사적으로 가능한 이야기라면 한국전사에 남을 만한 전투였을 것이다. 반면 정상적인 판독법은 북한이 새벽에 옹진고지의 한국군 대대를 향해 맹렬한 포사격을 가한 후 김형삼 소대가 돌격해서 고지를 점령했다고 해석하는 것이다. 북한 노획문서에 따르면, 김형삼 소대는 옹진반도의 중앙에 위치한 상직동 방향에서 강령에 위치한 17연대 3대대를 공격한 인민군 제6사단 제1연대 소속일 것이다.

옹진반도 중앙돌파를 담당한 다른 부대의 전공(戰功)도 소개되었다. 6월 24일 저녁, 옹진 '수도경비사령부 직속연대'가 38선 이북으로 포격을 가한 후 25일 새벽에 불법 침입했는데, 경비대는 '방어전에서 공격전'으로 전환했다. 탁연도 구분대는 '반공격 개시 15분 만'에 은동고지·푸른고지·쌍기동고지를 완전 점령했다. 『로동신문』에 따르면, '미군사고문단원 스트락키와 백인엽 연대장'은 도주를 준비했고, "무기창고와 가솔린탱크들을 소각하고 군용트럭 100여대와 105미리 포 8문을 바다로 던지고 도주"했다. 탁연도 구분대는 오후 6시 옹진읍내에 입성했다.[191] 이 구분대는 북조선직업총동맹중앙위원회 기관지 『로동자』 1950년 2월호에 소개된 경비대의 탁현도 구분대와 동일부대였을 것이다.[192] 개전 이후 경비3여단이 9사단으로 전환하자 탁연도

---

190) 「불의침습한 괴뢰군 1개 대대를 13명의 과병으로 용감히 격퇴: 옹진해방의 선봉적 역할을 수행한 김형삼소대」, 『로동신문』·『보위신문』 1950. 7. 2.
191) 「패주하는 적을 추격하여 해상에서 섬멸! 탁연도구분대의 빛나는 공적」, 『로동신문』 1950. 7. 3.
192) RG 242, ATIS Document no. 200642, 「조국보위의 초소에 선 군무자들의 모습!: 탁현도구분대 리도준중사」, 『로동자』 1950. 2, 36쪽. 탁연도 구분대는 1949년 6월 24일 한국군이 은파산을 점령할 때 이를 방어하던 부대였다(「탁연도구분대 강웅조동무」, 『승리를 위하여』 1950. 8. 7).

□ 그림 IV-3 **강도건**

ⓒ NARA

는 9사단 제2연대장이 되었다.[193]

38경비대 군관이자 국기훈장 제3급을 수여받은 강도건(姜道鍵)이 이끌던 강도건 구분대의 전공 역시 '반공격'으로는 믿기 어려운 내용으로 구성되어 있었다. 경비3여단 대대장이던 강도건은 훗날 9사단 3연대 참모장으로, 1950년 9월 인천 방위를 담당한 인물이었다.[194] 강도건은 옹진 두락산(38선 이남 500m 지점) 고지 일대를 경비하다 불의의 침습을 당하자, "38선 접경 두락산 고지일대를 반공(反攻) 진지로 하고 우선 각종 중화력의 맹렬한 사격으로 적에게 결정적 타격을 준 다음 보병이 진공을 개시하여 용감하게 앞으로 돌진"했

---

[193] RG 242, ATIS Document no. 200855, 「9사단 간부명단」. 9사단의 지휘부 명단은 다음과 같다. 사단장 박효삼, 참모장 태주혁, 문화부사단장 최달언, 제1보연 연대장 현춘일, 제2보연 연대장 탁연도, 포연 연대장 김승환.
[194] RG 242, SA 2009-7-81, 「인천항 방어전투 관계」; RG 242, ATIS Document no. 200863, 「간부등록부(제9사단 3연대)」 1950. 9. 5, 제1해병여단지단 노획, 1950. 10. 27 ATIS 접수. 이에 따르면, 3연대장은 신금철이었고, 강도건은 3연대 참모장이었다.

다. 이 기사 역시, 북한군이 중화력으로 맹렬한 포병 준비사격을 가해 종심 1~2km 이내 한국군의 방어화력·진지 들을 무력화하고 지휘·통신체제를 마비시킨 후 보병 돌격전을 펼쳤음을 보여준다.

이 대대는 김원국 중대, 박성재 중대, 김봉환 중대로 구성되었는데, 김원국 중대는 염불산 후방에서 50분 만에 17연대 맹호대를 격퇴했다. 박성재 중대는 3개 고지로 연결되는 매고지에서 어봉관·강현덕·김홍구·이인철 소대를 지휘한 결과, 강도건 구분대는 오후 2:30분 17연대 1대대 대대본부가 위치한 수동에 진공했으며, 김봉환 중대는 5:20분 쌍기봉 123고지의 적을 격멸하고 서해안 소강항구로 진공했다.[195] 강도건 구분대는 아마도 최현이 지휘하는 제3경비여단 중 두락산 방향에서 옹진반도 좌익을 공격한 제5, 6대대 중 하나였을 것이다.

옹진반도 우측, 즉 은파산 방향에서 까치산-강령 방향을 공격한 인민군 6사단 1연대의 사례는 옹진전투의 실상을 더욱 잘 보여주었다. 조운선 공병구분대의 하사 최정웅은 옹진전투에서 한국군 군수창고 13개, 트럭 4대를 파괴하는 한편 한국군 300여 명을 살상했다고 한다.[196]

공병부대 소속 최정웅은 한국군 부대 주력이 집결했고, "그 전면에는 각종 지뢰원과 반전차호 및 철조망 들이 4중 5중으로 에워싸고 있는" 난공불락의 요새인 까치산, 비둘기산, 형제봉, 강령고지 방면에서 공격을 담당했다. 즉 인민군 6사단 1연대 소속임을 알 수 있다. 조선인민군 전선신문인 『승리를 위하여』에 따르면, 최정웅은 "어둡기 시작하자 곧 진공로 타개에 착수" 하였다. 즉 한국군의 공격에 대한 반공격이 아니라, 북한군의 공격을 위한 공병정찰이 6월 24일 저녁부터 시작되었다는 뜻이었다. 최정웅은 김오복과 함께 반전차지

---

195) 「강도건구분대 전투원들의 빛나는 전과: 옹진반도에서」, 『로동신문』·『보위신문』 1950. 7. 2. 소강항구는 읍저리가 위치한 소강동을 의미한다.
196) 「500여개의 지뢰를 해제! 공병 최정웅동무」, 『승리를 위하여』 1950. 8. 14.

뢰 10개, 기타 지뢰 57개를 해제하며 일단 한국군 진지 50m 전방까지 전진했다. 그는 1,500m 구간에 50m의 통로를 개척한 뒤 한국군의 제1참호를 습격해 3명을 살해하고 1명을 포로로 잡았다. 이후 그는 한국군 후방 18km까지 침입해 주요 교통로에 반전차지뢰 6개, 반전차수류탄 15개를 매설했다. 이후 방화소각한 후 까치산으로 귀환해, "아침 노을에 붉어지는 제1봉에 공화국기를 높이 휘날리어 자기 부대 지휘처에 신호" 하였다. 이에 따라 "아군의 포사격이 시작" 되었고 보병들의 돌격이 개시되었다. 즉 최정웅은 6월 24일 저녁부터 6월 25일 새벽까지 까치산 방향으로 침투하여 공병정찰을 실시해 북한군의 공격로를 확보하는 역할을 했을 뿐만 아니라 38선 이남 지역인 까치산에서 공격신호를 보낸 것이다. 『승리를 위하여』에 따르면, 최정웅은 30여km를 강행군했다고 한다.

이후 최정웅은 까치산, 비둘기산, 형제봉 등 한국군 진영을 중심으로 공격했고, 까치산에서 부포항까지 매설된 500여 개의 지뢰를 6월 26일 새벽 3시까지 해제하면서 북한군의 진격을 보장했다. 즉 이 사례에서 드러나듯, 옹진에서 한국군의 선제공격이 있었던 것이 아니라, 잘 준비된 계획에 따라 북한군의 사전 공병정찰과 지뢰 제거작업이 선행되었음을 알 수 있다. 옹진에서 북한군의 공병정찰이 6월 24일 저녁부터 6월 25일 새벽 사이에 한국군 진지 깊숙이까지 침투해 진행되었다는 점은 지금까지 전혀 알려지지 않은 사실이다.

이상 4개 부대의 전투상보는 옹진을 공격한 북한 제3경비여단 4개 대대 및 제6사단 제1연대의 전공을 정확하게 보도한 것이었다. 수식어로 붙은 "17연대의 북침을 방어한 후 반공격했다" 는 구절만 제외하면 옹진전투의 실상을 그대로 전한 보도였다.

『로동신문』에는 이외에도 수많은 전공들이 소개되었다. 특히 포병부대의 활약이 두드러졌다. 6월 25일 새벽 벽성군 까치산 형제봉 방향에서 포병이 활약하기 시작했는데, 묘준수(描準手: 조준병) 김일수는 토목화점 4개를 4개의 포탄으로 격파하고 박격포 진지 분쇄·적참호 포격·옹진-강령 교차점에서

15발로 적 병력 1개 중대 이상을 전멸시켰다. 포수인 유도인은 포대 5개 파괴·관측소 명중·1개 중대 소탕의 전과를 올렸다. 포장 김봉천은 까치산 선두에서 영구화점과 토목화점 등 6개소를 소탕해 '우군 땅크부대'의 진격을 용이하게 보장했고, 전투 개시 이래 1백여 발의 포를 발사했으나 그 중 3발만 불발하고 다 명중했다고 한다.[197] 이들은 인민군 제6사단 제1연대 소속으로, 자주포(싸마호트)와 장갑차의 기동을 보장하기 위해 포사격을 했던 것이다.

이들 외에도 인민군의 영웅담은 많이 보도되었다. 유선동 방향에서 북침하는 한국군 1개 중대병력을 맞아, 돌격 개시 10분 만에 화점과 지휘처를 완전 소멸시킨 정인권 구분대의 오응연 소대(조병민 분대·박정인 분대)와 정춘학 소대(강학현 분대)의 영웅담,[198] '옹진 방면 제1방어선을 선봉에서 용감히 돌파'한 정승근 구분대의 전공 등이 보도되었다.[199]

전무한 북침의 증거 문헌과 대비되는, 믿기지 않는 북한군의 영웅담은 옹진전투의 진실을 말해주는 것이었다. 옹진이 북한군에게 장악된 이후 남한 출신인 박경수(朴景洙)와 이태준이 옹진을 방문했다. 박경수는 6월 27일 옹진 우측의 까치산(鵲山)을 시찰했는데, 까치산의 한국군 토치카들이 견고하게 축성되었으나 인민군의 사격 앞에 "단 한방에 산산히 파괴되었다"고 보도했다.[200] 이태준 역시 옹진을 방문했는데, 남한이 해주를 향해 북침했다고 보도했지만, 증거를 제출하지는 못했다.[201]

이상에서 살펴본 것처럼, 북한은 '도발받은 정의의 반공격전'을 개전의 이유로 내세웠다. 그렇지만 38선 전역에서 이루어진 한국군의 대규모 '북침'에

---

197) 「백발백중의 사격술을 발휘 전차보병부대 진격을 보장, 옹진전투에서의 인민군포부대들의 위훈(평양 4일발 조선중앙통신)」, 『투사신문』 1950. 7. 5; 「백발백중의 사격술을 발휘 전차보병부대의 진격보장: 옹진전투에서 인민군 포병부대들의 위훈」, 『로동신문』 1950. 7. 6.
198) 「옹진해방전투에 위훈, 정인권구분대 전투원들」, 『로동신문』 1950. 7. 10.
199) 『로동신문』 1950. 7. 8.
200) 「해방지구 옹진군을 보고: 박경수」, 『로동신문』 1950. 7. 4.
201) 「인민군대와 함께 정의의 전쟁에서: 옹진해방지구에서 리태준」, 『로동신문』 1950. 7. 10.

대해 어떠한 증거 문헌도 제시하지 못했다. 북한이 현장에서 발견했다고 제시한 유일한 증거는 포로로 잡힌 병사들의 증언뿐이었다.

반면 북한군의 전공은 '북침'을 방어한 후 '반공격'으로 넘어간 군대가 창출했다고는 믿지 않을 정도로 혁혁했다. 그리고 옹진전투의 경우, 전공은 정확하게 북한군의 공격 루트 및 목표와 일치했다. 즉『로동신문』은 옹진전투의 '진실'을 그대로 전하면서, 단지 수식어로 '남한의 북침을 반공격하며' 라는 문구를 덧붙였을 뿐이다.

아마도 북한은 자신의 승리를 확신했기에 이와 같은 보도들을 연달아 게재했을 것이다. 또한 승리에 미혹되었거나 아니면 '도발받은 정의의 반공격전'이라는 위장된 개전 명분에 집착했을 수도 있다. 그렇지만 이 보도들이 옹진에서 북한이 대규모 공격을 개시했음을 보여주는 훌륭한 증거로 남으리라는 것은 예측하지 못했다.

그럼에도 불구하고 긴박하고 급격히 전개되는 전쟁상황에서 북한이 주장한 '도발받은 정의의 반공격전' 선전은 이중 효과를 낳았다.

먼저 북한은 대외적으로 남한의 '북침'에 맞선 정의의 전쟁이라는 선전효과를 얻었다. 만약 북한의 주장이 일방적이었다면 의혹을 샀겠지만, 뜻하지 않게 한국군·언론의 유사한 반응과 결합되면서 망외의 소득을 거두었다. 즉 개전 초기 육군본부·언론이 대대적으로 '해주점령설'을 발표·보도함으로써 서방세계는 물론 한국인들에게 '북침'이 실재한 것이란 인상을 증폭시켰다. 개전 직후 서울에서 북한군의 수중에 든 김규식·조소앙·안재홍·오세창·류동렬·송호성·김효석·김용무 등은 의심의 여지없이 한국군의 '북벌'·'북침'을 비난했는데,[202] 왜냐하면 한국언론에 보도된 육군본부의 '해주점령' 발표는 북한이 주장한 '북침' 보도와 요철처럼 맞물렸기 때문이다.

---

202) 『민주조선』 1950. 7. 9; 『해방일보』 1950. 7. 13, 8. 23, 8. 27. 김규식·오세창·안재홍·송호성 등은 모두 방송연설을 통해 이승만의 '북침'을 비난했다(『로동신문』 1950. 7. 6, 7. 16, 7. 17, 7. 18).

또 북한은 대내적으로 주민 전체에 대해 '침략'에 맞선 전쟁의 정당성을 홍보하며 전쟁 동원의 필요성을 동의받을 수 있었다. '침략자' 남한에 대한 적개심을 고취시키며 '해방자' 북한군에 대한 지원 및 전쟁 수행을 위한 통일·단결을 호소할 수 있었다. 김일성·박헌영 등 극소수의 정치지도자와 사단장·포병 지휘관 등 군 일부 고급 지휘관을 제외하고는 북한 주민 그 누구도 북한군의 선제공격을 알지 못했다. '도발받은 정의의 반공격전'은 대외적으로 개전의 명분이자 침략의 위장이었을 뿐만 아니라, 대내적으로도 북한 구성원들의 적개심과 전투의지를 고조시키는 효과를 가져왔다.

1950년 6월 25일 북한은 1949년 3월 이래 준비해온 '도발받은 정의의 반공격전'을 대대적으로 선전했으며, 이 선전은 공격의지로 충만했으나 방어준비가 되어 있지 않던 한국군의 역선전인 해주점령설과 결합됨으로써 예상치 못했던 폭발력을 지니게 되었다. 즉 개전 초기 북한은 전투에서 승리했을 뿐만 아니라 선전전·심리전에서도 우월한 고지를 차지할 수 있었다.

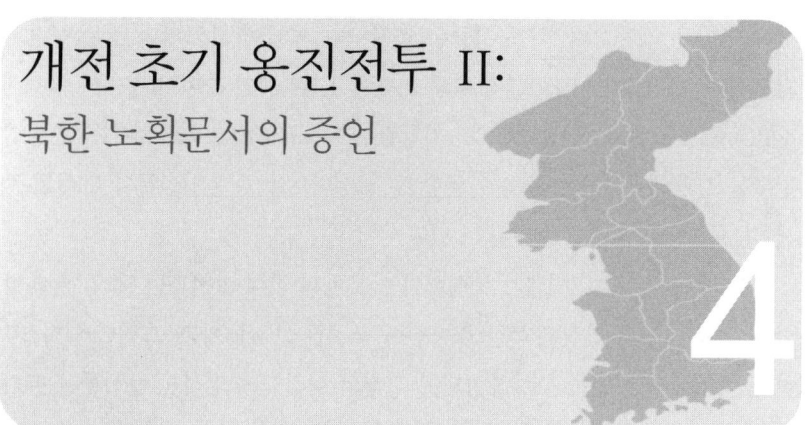

개전 초기 옹진전투 II:
북한 노획문서의 증언

구소련문서의 공개로 개전 전후 북한군이 어떻게 기동했으며, 전쟁이 어떻게 발화되었는지가 밝혀졌다. 특히 주북한 소련군사고문단장을 역임한 라주바예프의 한국전쟁 관련 보고서가 공간됨으로써 옹진전투의 상황이 명료해졌다.[203]

그렇지만 구소련 자료보다 더욱 구체적이고 생생하게 옹진에서 북한군의 기동과 공격개시를 증명하는 자료들이 있다. 바로 북한군이 1950년 6월 작성한 내부 비밀문서들이다. 이 문서들은 옹진에서 전쟁이 어떻게 발화되었는지를 북한 스스로의 목소리로 우리에게 들려준다. 이 문서들은 미국립문서기록관리청(NARA)의 RG 242에 소장된 북한 노획문서, 즉 구노획문서와 신노획문

---

[203] 이에 대해서는 다음을 참조. 바르따노브 발레리 니꼴라예비치(2001), 「6·25전쟁기 소련군사고문단장, 북한 주재 소련대사, 블라지미르 니꼴라예비치 라주바예프(1900~1980년)의 생애」, 『소련 군사고문단장 라주바예프의 6·25전쟁 보고서』 1권, 국방부 군사편찬연구소; 최용호(2001), 「'라주바예프의 6·25전쟁 보고서' 분석: 북한군의 남침계획 제1단계작전을 중심으로」, 『군사』 43호.

서에서 나온 것들이다. 이 문서들은 조작이나 왜곡이 가해지지 않은 현장의 자료이며, 가감 없는 1950년 당시의 기록이다. 이 책의 준비 과정에서 수차례 NARA를 방문했고, NARA에서의 기록관 조사(archives research)를 통해 옹진전투를 설명해주는 자료들을 발굴할 수 있었다. 그 중 옹진전투와 관련된 문서 일부는 이미 국내에 소개된 바 있다.[204]

옹진 주둔 국군 17연대가 북침했다는 북한의 공식 선전과는 달리, 전쟁 발발 및 옹진전투의 진실은 북한군 자신이 작성한 문서들에 잘 드러나 있다. 북한군 내부에서 비밀문서로 작성되어 전쟁의 실상을 증언하는 문서들을 따라 옹진전투로 들어가보자. 우리는 공격을 담당한 내무성 경비3여단(여단장 최현 소장) 5개 대대와 인민군 제6사단(사단장 방호산) 예하의 제1연대(연대장 한태숙)가 남긴 기록을 통해 옹진전투의 진실에 접근할 것이다.

1. 경비3여단의 공격 준비 상황

옹진 공격의 주력은 최현이 지휘하는 경비3여단의 5개 대대가 담당했다. 1949년 3대 대대에 불과했던 경비3여단은 개전 직전 모두 8개 대대로 증강되었다.[205]

---

204) 이 문건들 중 일부는 국방부 군사편찬연구소에서 간행한 자료집에 수록되었다〔국방부 군사편찬연구소(2001), 『6·25전쟁 북한군 전투명령』〕. 한편 김광수는 북한 노획문서 중 옹진전투 관련 문서를 최초로 국내에 소개했다〔김광수(2000), 「한국전쟁 개전 당시 북한군의 작전계획과 옹진전투」, 『군사』 제41호〕.

205) 1949년 경비3여단에 관한 정보는 다음을 참조. RG 319, ID file no.638945, Donald Nichols, OSI District #8, Seoul, no.54-12-6-1, Subject: Officers of the 38th Parallel Guarding Forces, Ministry of Internal Affairs, North Korea(1949. 12. 27); RG 319, ID file no.630536, Kazuyoshi Nishikawa, OSI District #8, Seoul, no.54-12C-143-1, Subject: 3rd Brigade, North Korean Security Force; RG 319, ID file no.666698, Donald Nichols, OSI District #8, Seoul, no.54-12C-440-5, Subject: 3rd Battalion, 3rd Brigade, 38th Constabulary Forces, North Korean Security Forces(Bo An Dae), Ministry of Internal Affairs(1950. 4. 3).

이와 관련하여 인민군 제3157 군부대 참모부가 1950년 6월 21일 죽천에서 작성한 「정찰지령 No.8」은 경비3여단의 개전 준비와 움직임을 잘 보여준다.[206] 문서 위에 수기로 "1950. 6. 24, 18.30分에 참모장"이라고 적혀 있는데, 참모장은 태주혁(太朱革)이었다. 즉 정찰지령의 작성일은 6월 21일이었고, 참모장이 최종 비준한 것은 6월 24일 18:30분이었다. 옹진에서 북한군의 공격은 6월 25일 오전 4시 40분경 시작되었으므로,[207] 공격 개시 10여 시간 전에 내려진 최종 명령이었음을 알 수 있다.

인민군 제3157 군부대는 최현이 지휘하는 경비3여단의 단대호였다. 명령서에 나와 있듯이, 여러 개의 대대로 구성된 '여단'으로 옹진을 공격한 것은 바로 경비3여단이었기 때문이다. 내무성 예하였던 이 부대는 개전 직후 인민군 제9사단으로 재편되었고, 태주혁은 9사단 참모장직을 유지했다.[208]

문서 내용에서 드러나듯이, 이는 오랫동안 준비된 계획이 문서화된 것이었다. 문서 제목은 '정찰지령'이지만, 내용에서 알 수 있듯이 전투명령과 한 쌍으로 작성되었을 가능성이 매우 높다.

옹진에서의 전투는 무척 중요했다. 왜냐하면 옹진반도는 1949년 이래 북한에게는 전략적 취약 지점이었으며, 오랫동안 남한과의 군사충돌이 일어난 곳으로, 김일성 등 북한 지도부는 1949년에도 제한전을 통해 옹진을 점령함으로써 방어선을 120km 단축하는 한편, 추가 진격의 교두보로 확보하길 원했기 때문이다.[209] 또한 옹진은 스탈린이 교시하고 김일성이 위장하고자 했던 '도발받은 정의의 반공격전'에 가장 적합한, 남북한의 군사충돌이 일상화되었던 지역이다.

---

206) RG 242, ATIS Document no.200174.
207) 로이 애플만 등은 4시에 공격이 시작되었다고 썼다(Roy Appleman, 앞의 책, pp. 21~22). 그렇지만 후술하듯이 공격은 4시 40분에 개시되었을 가능성이 높다.
208) RG 242, ATIS Document no.200501, 「제9사단 전투명령: 낙동강도하계획」(1950. 8. 26, 박효삼).
209) 바자노프, 앞의 책, 25~26쪽; 「한국전 문서 요약」, 11쪽.

□ 그림 Ⅳ-4 **정찰지령 No.8**(3157 군부대, 1950. 6. 21. 죽천)

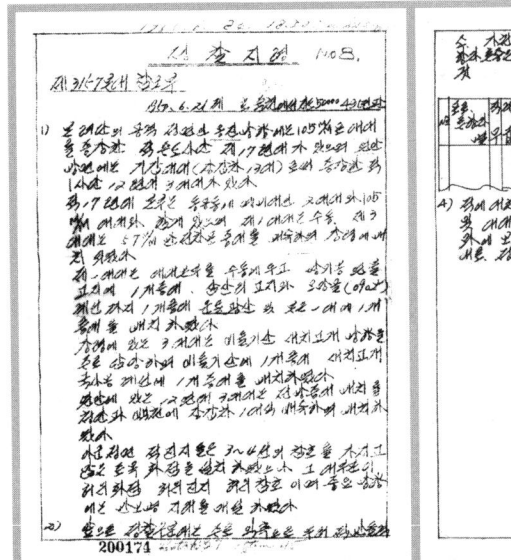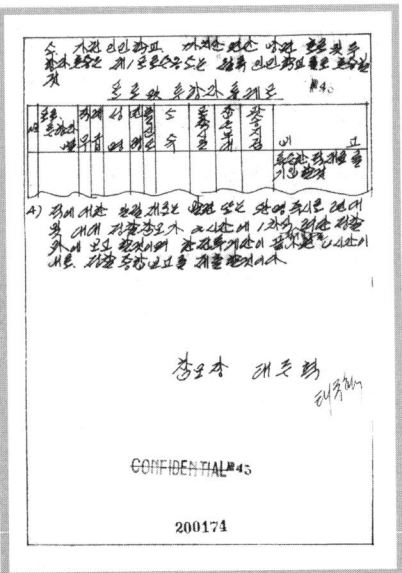

※ 출전 RG 242, ATIS Document no.200174, 제3157군부대 참모부 「정찰지령 no.8」(1950. 6. 21).

    1950년 6월 15일 인민군 총참모부가 작성한 공격작전 세부계획에 따르면 "공격의 첫 단계에서 조선인민군 부대들은 옹진반도에서 국지작전처럼 행동을 개시한 다음 주공격을 서해안을 따라 남쪽으로 옮겨갈 것"을 예상하고 있었다.[210] 즉 1949년 이래 준비되었던 계획대로 '옹진반도에서 국지작전처럼 행동', 즉 공격을 개시할 계획이었던 것이다.

    문서에 따르면, 경비3여단은 옹진 주둔 17연대의 현황에 대해 정확히 파악하고 있었다. 경비3여단의 정찰지령은 적정(敵情)에 대해 다음과 같이 정리하고 있다.

---

210) 「한국전 문서 요약」, 28쪽.

1) 본려단의 공격 정면인 옹진방향에서는 105mm포대대를 증강한 적 수도사단 제17련대가 있으며 연안방면에는 기갑대대(장갑차 13대)로써 증강한 적 1사단 12련대 3대대가 있다.

적17련대 본부는 동공동에 예비대인 2대대와 105mm대대와 함께 있으며 제1대대는 수동, 제3대대는 57mm반전차포중대를 배속하여 강령에 배치되었다.

제一대대는 대대본부를 수동에 두고 쌍기봉 연불고지에 1개중대, 삼산리 고지와 오망골(090ㄴ)계선까지 1개중대, 운동광산 및 부근 일대에 1개 중대를 배치하였다.

강령에 있는 3대대는 비둘기산 새치고개 방향을 주로 담당하여 비둘기산에 1개중대, 새치고개 국사봉계선에 1개 중대를 배치하였다

연안에 있는 12연대 3대대는 전방중대 배치를 청단과 배천에 장갑차 1대식 배속하여 배치하였다

아군 정면 적진지들은 3~4선의 참호를 가지고 많은 토목화점을 설치하였으나 그 대부분이 허위화점 허위진지 허위참호이며 중요방향에는 반보병지래를 매설하였다.

2) 앞으로 정찰구분대는 주로 익측으로부터 적 반돌격을 격퇴하여 그를 포로하며 계속적인 감시를 진행할 것이다. 감시 지점 및 그의 이동질서는 련대장, 대대장의 결심에 의거하여 설정한다.[211]

이를 인민군 총참모장이 경비3여단 참모장에게 내린 「정찰명령 1호」(1950. 6. 18)와 비교해보자. 적정 판단은 첫번째 단락으로, 이렇게 쓰고 있다.

1. 강화된 국군 제17연대는 옹진반도에서 방어진지를 편성하고 있다. 연안방면에는 차량화 기갑부대(motor-mechanized element)와 포병으로 증강된 적 제

---

211) RG 242, ATIS Document no.200174, 제3157 군부대 참모부「정찰지령 No.8」(1950. 6. 21).

12연대의 1개 대대가 방어하고 있다. 최선단 방어선은 38선상 고지들의 경사면을 따라 배치되어 있다.[212]

6월 18일 총참모장이 내린 개략적인 「정찰명령 1호」가 6월 21일 경비3여단 참모장의 구체적이고 세부적인 「정찰지령 8호」로 발전했음을 알 수 있다. 적어도 북한 노획문서에 따르면, 「정찰명령 1호」는 위조된 것이 아니라 진본임을 알 수 있다. 또한 「정찰명령 1호」의 지시에 따라 연속적으로 준비된 「정찰지령」은 경비3여단이 작성했음을 알 수 있다. 적정 파악의 구체성으로 미루어, 최초의 「정찰명령 1호」를 작성할 때 경비3여단의 참모장 혹은 여단장이 소련군사고문과 협의했음을 알 수 있다. 이는 한편 슈티코프가 자하로프에게 보낸 6월 27일자 보고에 사단급의 작전계획 수립과 지역정찰 과정에 소련 고문관들이 참가했다는 내용과도 일치한다.

한국 국방부의 공식전사에 따르면, 옹진 주둔 17연대는 옹진 우익을 담당하는 제3대대(대대장 吳益慶 소령), 옹진 중앙을 담당하는 제1대대(대대장 金禧泰 소령), 예비전력 제2대대(대대장 宋虎林 소령) 및 제7포병대대(대대장 朴廷鎬 소령)로 구성되었으며, 이외에 경찰이 제1대대 방어선부터 서해안까지, 즉 옹진 좌익의 방어를 담당했다.[213] 제3대대 본부는 강령(옹진읍 동남방 14km), 제1대대 본부는 마현(말고개, 옹진읍 북방 4km), 연대본부 및 제2대대 본부는 옹진에 위치했다. 강령은 옹진-해주 간 도로의 길목이며, 마현은 옹진-태탄 간 도로의 중심지로, 모두 옹진에서 가장 중요한 기동로였다. 경찰은 국사봉·두락산 이동(以東) 지역을 담당했다.[214]

북한군의 정찰지령의 적정 판단은 17연대 제1대대 본부를 수동으로 오인

---

212) 「정찰명령 1호」(1950. 6. 18. 인민군 총참모장→경비3여단 참모장), 『6·25전쟁 북한군 전투명령』, 국방부 군사편찬연구소(2001), 6쪽(한글), 287쪽(러시아어), 304쪽(영문) 참조.
213) 국방부 전사편찬위원회(1977), 앞의 책, 461쪽.
214) 국방부 전사편찬위원회(1977), 앞의 책, 461~462쪽.

한 것 말고는 대체로 정확했다. 한편 17연대의 방어력에 대해서는 17연대가 105mm 포 대대로 화력이 증강된 부대이지만, 진지는 3~4선의 참호를 가졌으되 대부분 허위 참호·진지·화점으로 방어상 취약성을 가지고 있다고 평가했는데, 옹진에서도 한국군이 방어형 대형을 제대로 갖추고 있지 않았음을 알 수 있다. 옹진은 종심이 짧은 지형적 특징 때문에 1950년 육군본부가 수립한 방어계획에서도, 북한군의 소규모 공격일 경우에는 현 전선을 유지하며 증원부대가 도착할 때까지 지연전을 펼치지만, 전면적 공격일 경우에는 옹진에서 철수한다는 3단계 계획을 수립한 바 있었다.[215]

이 문건에서 드러나듯이, 경비3여단은 옹진을 주공 방향으로 연안을 조공 방향으로 설정했는데, 옹진에서는 한국군 17연대 3개 대대 및 1개 포병대대가, 연안에서는 한국군 1사단 12연대의 1개 대대가 방어를 담당했다.

그렇다면 옹진을 공격한 북한군의 구성은 어떠했으며, 공격 방향은 어떻게 설정되었는지 살펴보자. 위의 문건은 각 대대의 '정찰임무'를 다음과 같이 규정했다. 여기서 '정찰'을 '공격'으로 바꾸고, '폭로할 것'이라는 단어를 '저지·공격할 것'으로 바꾸면 북한군의 공격 목표·방향을 이해할 수 있다.

이 문서는 경비3여단의 옹진·연안 공격계획을 잘 보여준다. 공격은 모두 다섯 방향으로 이루어졌는데, ① 두락산 방향(5·6대대), ② 상직동 방향(2·4대대), ③ 까치산 방향(1연대), ④ 청단 방향(3대대), ⑤ 배천 방향(1대대) 등이며, 총 9개 대대가 동원되었음을 알 수 있다. ①~③까지가 옹진 공격 계획이며, ④~⑤는 연안 공격 계획임을 알 수 있다.

여기서 ③ 까치산 방향의 공격을 담당하게 된 1연대는, 중국인민해방군 출신 방호산이 지휘하던 인민군 제6사단 제1연대였다.[216] 인민군 제6사단은 6월 18일 사리원에서 금천 남방 및 장풍 지역에 투입되었는데, 그 중 1개 보병

---

215) 국방부 전사편찬위원회(1977), 앞의 책, 465쪽.
216) 라주바예프, 앞의 책, 1권, 141~145쪽.

□ 표 Ⅳ-5 **정찰지령 No.8**(3157 군부대 참모부, 1950. 6. 21)

방향 및 부대명	최근 임무수행 시기의 정찰임무	최후 임무수행 시기에서의 정찰임무
1) 두락산 방향 제5·6대대	1) 공격 개시와 아울어 적의 퇴각하는 질서와 집결구역을 폭로할 것 2) 수동 방향으로부터 적 예비대의 반돌격 및 저항화력을 폭로할 것 3) 옹진항 방향에서 적 지원부대의 상륙을 폭로할 것	1) 퇴각하는 적의 퇴각 방향과 그의 점령을 폭로할 것 2) 옹진 방향으로부터 적 예비대의 반돌격을 폭로할 것 3) 적의 집결구역과 새로운 기도를 폭로할 것
2) 상직동 방향 제2·4대대	1) 퇴각하는 적과 익측으로부터 반돌격하는 적을 폭로할 것 2) 옹진고개 방향으로 적 예비대의 반돌격과 지원화력 진출을 폭로할 것	1) 동곡동 방향에서 적 예비대의 반돌격 혹은 그의 집결구역을 폭로할 것 2) 강령 혹은 용호도(섬) 방향으로 퇴각하는 적을 폭로하며 그들의 새 저항점 점령을 폭로할 것 3) 동곡동 및 옹진 시내의 적 현존과 그의 력량 및 그의 저항점을 폭로할 것
3) 까치산 방향 1연대	1) 적 방어전연의 적의 현존과 그의 력량을 확정할 것 2) 강령 방향 및 익측으로부터 적 반돌격을 폭로할 것 3) 부포 혹은 옹진 방향으로부터 적 지원부대의 진출을 감시로써 폭로할 것	1) 강령 및 부포의 적의 현존과 력량 및 증강기재를 판정할 것 2) 퇴각하는 적의 집결구역 혹은 새로운 저항점 점령을 폭로할 것 3) 불당산(0411) 혹은 내정리 방향에서 적의 반돌격 혹은 적의 매복을 폭로할 것 4) 부포항구로부터 적 상륙부대를 판정할 것
4) 청단 방향 제3대대	1) 청단 및 해월산에서 적의 현존과 행동기도를 폭로할 것 2) 적 예비대의 진출과 익측에서의 반돌격을 폭로할 것 3) 퇴각하는 적 부대의 행동과 새로운 저항점 점령을 폭로할 것	1) 석장승과 연안 방면으로부터 적 예비대의 진출과 적의 매복 혹은 증강화력을 폭로할 것 2) 팔학과 진포 방향에서 적 증원부대의 상륙을 폭로할 것 3) 적 장갑차의 출현을 신속히 폭로할 것
5) 배천 방향 제1대대	1) 적 예비대의 반돌격과 익측에서의 적 반돌격을 폭로할 것 2) 퇴각하는 적 부대의 집결구역과 예비대의 집결구역을 폭로할 것 3) 예선강 방향에서의 적 증원부대 반돌격과 적 장갑차의 출현을 폭로할 것	1) 패배당한 적의 집결구역과 새로운 저항점 점령을 폭로할 것 2) 개성 방향으로부터 적 증원부대의 진출과 벽란도의 도선장을 감시할 것 3) 예성강 철교 파괴 기도를 감시할 것

※ 출전 RG 242, ATIS Document no.200174, 제3157군부대 참모부, 「정찰지령 No.8」(1950. 6. 21),

연대, 1개 포병대대 및 자주포대대가 서해안에서 예성강까지를 경비하던 제3경비여단의 보강에 투입되었다.[217]

---

217) 라주바예프, 앞의 책, 1권, 134쪽. 이 책에는 제2경비여단으로 잘못 기록되어 있다.

이 문서에는 드러나지 않지만 라주바예프의 기록에 따르면, 경비3여단에 1개의 치안대대와 예비전력인 제7대대 등 2개 대대가 추가로 배치되어 있었다. 즉 옹진·연안을 공격하기 위해 북한이 동원한 병력은 보병 11개 대대(경비3여단 산하 제1, 2, 3, 4, 5, 6, 7 및 치안대대, 제6사단 1연대 산하 3개 대대)와 6사단 1연대 산하 포병대대·자주포대대 등이었다.

즉 북한군은 옹진 공격에 경비3여단의 5개 대대(제2, 4, 5, 6대대 및 예비전력 제7대대)와 제6사단 1연대의 3개 대대 등 총 8개 대대병력을 동원했다. 여기에 6사단 1연대의 1개 포병대대와 자주포(싸마호트)대대가 함께 배치되었다.[218] 한편 연안을 공격하기 위해 경비3여단의 3개 대대(제1, 3대대 및 치안대대)가 동원되었다.

이에 비해 한국군은 옹진에서 군사충돌이 고조되었던 1949년 말까지 옹진에 2개 연대, 7개 대대병력 규모를 유지했지만, 이후 충돌이 소강상태에 접어들자 1950년 3월 1일부로 옹진지구 전투사령부를 해체하는 한편, 제18연대를 철수시켰다.[219] 그 결과 옹진에는 17연대 3개 대대와 105mm 포병대대만이 배치되었다. 한편 연안에는 1사단 12연대 1개 대대 등이 배치된 상태였다. 옹진 주둔 한국군의 병력은 17연대 2,719명, 제7포병대대 526명, 대전차포 중대 129명 등 3,300여 명이었으며, 기타 지원부대 병력을 합하면 3,600명에 달했다.[220] 무기는 105mm 곡사포(M-3) 15문, 57mm 대전차포 6문, 81mm 박격포 12문, 60mm 박격포 18문, 2.36인치 로켓포 60문, 각종 기관총 25정 등을 보유했다.

---

218) 김광수는 참전자들의 증언을 빌려 인민군 6사단 1연대에 T-34전차 1개 중대가 배속되었다고 주장했지만(김광수, 앞의 논문, 329쪽), 라주바예프의 기록과 『로동신문』의 보도에 따르면, 전차는 옹진전투에 등장하지 않았다. 이는 자주포인 싸마호트였다. 자주포인 싸마호트가 탱크를 경험하지 못한 한국군에게 탱크로 인식되었을 가능성이 높다. 6사단에 배속된 전차중대는 개성 방면 공격에 투입되었다(라주바예프, 앞의 책, 1권, 146~149쪽).
219) 국방부 전사편찬위원회(1977), 앞의 책, 461쪽.
220) 국방부 전사편찬위원회(1977), 앞의 책, 462쪽.

배치된 병력을 비교하면, 옹진에서는 북한군이 8 대 3의 비율로 2.67배의 우위를 점했으며,[221] 연안에서는 북한군이 3 대 1의 비율로 3배의 우위를 점했다. 화력에서도 옹진의 북한군은 한국군 17연대를 압도했다. 인민군 6사단 1연대에는 3개 대대마다 45mm 대전차포 2문, 82mm 박격포 9문 등 총 11문의 포가 각각 배치되었고, 연대포병〔聯砲軍〕으로 45mm 대전차포 6문, 76mm 박격포 4문, 120mm 포 6문 등 총 16문의 포가 배치되어 있었다. 라주바예프의 보고서에 등장하는 포병대대는 아마 이 연포군이었을 것이다. 이외에도 자주포(싸마호트=자동포)대대가 배치되었는데, 4인승 장갑차에 76mm 포와 ДТ식 기관총 1문을 장착한 싸마호트는 외형상 탱크와 흡사했다.[222] 탱크를 경험하지 못한 한국군에게 개전 초 싸마호트는 탱크로 오인되기도 해, 탱크와 유사한 공포를 불러일으켰다.[223]

반면 한국군 17연대는 105mm 포병대대와 대전차포 중대를 보유하고 있어 한국군 연대 가운데 가장 강력한 화력을 가졌으며 거의 사단급 전투력을 가졌다는 평을 들었지만, 인민군 6사단 1연대의 화력에는 미치지 못했다. 최소한 옹진에서 북한군의 병력·화력의 우위는 명백했다.

이 정찰지령에서 중요한 점은 이 문건이 한국군의 공격을 방어·대응하기 위한 계획이 아니라 적극적 공격계획이었다는 사실이다. 즉 북한군이 '공격개시'하면 당연히 한국군은 '퇴각' 혹은 '반돌격'한다고 전제한 점이다. 이는

---

221) 여기서는 지원 병력을 제외한 전투 병력만을 계산했다. 17연대 전투 병력은 3대대 2,719명이었던 데 비해, 공격을 담당한 북한군은 경비3여단 5개 대대, 인민군 제6사단 제1연대 3개 대대 등 총 8개 대대였다.
222) RG 242, ATIS Document no. 200820, 「自動砲敎範 СУ-76」(1950년판, 조선민주주의인민공화국 민족보위성 총참모부). 싸마호트는 T-70형 전차의 차체에다 사단포병용인 76mm 평사포(M1942)를 탑재했다. 사정 1만 2,029m, 550야드 거리에서 최대 3.27인치 관통, 최대 장갑두께 35mm, 최대속도 28km, 포탄적재량 60발, 장비중량 12.3톤이었다(사사키, 앞의 책, 2권, 275쪽; 『북한인민군사』, Appendix 1, p. 35).
223) 한국군 공간사는 북한군의 탱크가 옹진전투에서 기동했으며, 강령에서 3대의 탱크를 파괴했다고 쓰고 있다〔국방부 전사편찬위원회(1977), 앞의 책, 479쪽〕. 그렇지만 이는 자주포(싸마호트)였고, 때문에 측방의 캐터필러가 쉽게 파괴된 것이다.

북한군이 잘 준비된 공격계획의 일환으로 옹진전투를 개시했음을 의미한다.

이 정찰지령은 한 걸음 더 나아가 포로 취급에 관한 문제 또한 다루고 있다. 전투를 개시하기도 전에 포로 노획을 당연시했으며, 이를 위해 제1, 제2 포로수용소를 만들어놓은 상태였다.

> 각 부대의 전투 과정에서 체포한 포로들은 그의 량에 의하여 장교, 하사관, 병사별로 구분하여 취급하되 체포한 포로 중에서 당면한 적정을 알기 위하여 장교 또는 하사관들에서 간단한 심문을 하며 전체포로에 대하여서는 다음과 같은 포로 등록통계양식에 의거하여 나에게 보고할 것. 포로 등록 및 후송은 련대 및 대대의 비전투성원으로 구성할 것이며 포로후송은 두락산 상직동 방향은 제二포로수용소 가천인민학교 까치산 연안 방면 포로 및 투항자 후송은 제1포로수용소 월록인민학교로 후송할 것.[224]

이 정찰지령에는 이미 포로 및 투항자 통계표 양식까지 첨부되어 있었는데, 포로의 직무·계급·성명·연령·출신도·소속·포착 시일·잡은 부대·파송 지점 등을 구체적으로 명기하게 되어 있었다. 이 문서는 "적에 대한 일절 재료는 발견 또는 판명 즉시" 여단으로 보고하라고 명령했지만, 이 문서가 미군에게 노획됨으로써 북한군의 옹진공격의 계획과 실체를 증언하게 되었다.

이 문서에서 알 수 있듯이, 경비3여단은 한국군의 배치와 전력을 정확히 파악하고 있었으며, 전면 선제공격은 물론 한국군의 반격을 격퇴할 예비계획까지 준비했다. 나아가 포로의 노획·수용계획까지 면밀하게 준비하고 있었다. 또한 옹진공격작전의 지휘권은 경비3여단이 장악하고 인민군 제6사단 제1연대를 통합 지휘했음을 알 수 있다.

---

224) RG 242, ATIS Document no.200174, 제3157군부대 참모부 「정찰지령 No.8」(1950. 6. 21).

2. 6사단 1연대의 공격 준비 상황

라주바예프에 따르면, 인민군 제6사단은 사리원에서 기차로 이동을 개시해 6월 18일 750고지(제석산, 금천 동남방 6km), 국사동(제석산 동방 7km), 와룡대(개성 동북방 18km, 현 장풍) 지역으로 투입되었다. 그 중 1개 보병연대, 1개 포병대대 및 자주포대대가 서해안에서 예성강까지를 경비하던 제3경비여단의 보강에 투입되었다.[225]

위의 설명을 염두에 두고 북한 노획문서 가운데 6사단 1연대의 동향을 살펴보자. 먼저 제659군부대장 한태숙(韓泰淑)이 비준한 「第659軍部隊(西海州-미럭驛)間第1次鐵道輸送計算一覽表」(1950. 6. 9)라는 문서를 검토해보자.[226] 이 문서는 서해주에서 미럭역까지 659군부대의 「철도수송계산일람표」, 즉 철도수송에 필요한 차량이 몇 대인지를 계산한 것이다. 이 문서는 3가지로 구성되어, 659군부대의 ① 지휘·참모부, ② 전투부대, ③ 후방부대 등 3개 제대의 수송계획을 다루고 있다. 이 수송표는 659군부대가 개전 직전 어떤 편제와 무장을 갖추고 있었으며 어떻게 기동했는지를 잘 보여준다. 현재 서명 일자가 남아 있는 것은 후방부대의 것으로, 후방 부(副)부대장 박정근(朴貞根), 경리참모 박재권(朴在權)이 1950년 6월 9일 작성했고, 부대장인 한태숙이 비준했다. 후방부대 이외의 지휘·참모부, 전투부대의 수송계획 역시 같은 시점에 작성된 것으로 보인다. 필체는 모두 동일인의 것으로 판단된다.

먼저 이 659군부대가 어떤 부대의 단대호(單隊號)이며 부대장 한태숙이 누구인지를 알아보자.[227] 659군부대장 한태숙은 KLO 첩자 보고에 등장하는 인

---

225) 라주바예프, 앞의 책, 1권, 134쪽. 이 책에는 제2경비여단으로 잘못 번역되어 있다.
226) 이 문서는 RG 242, SA 2009, box 7로만 기록되어 있다. 이 문서는 2009-7-94, 2009-7-95, 2009-7-96 등으로 연결되어 box 768에 소장되어 있다.
227) 단대호(單隊號, Unit Identification)란 어떤 군사부대의 완전한 명칭. 이는 숫자상 호칭, 병과 그리고 지휘제대(指揮梯隊)를 나타낸다. 전투서열요소 중 구성에서 고려할 사항이다〔육군본부(1977), 『육군군사술어사전』, 107쪽〕.

물인데, 1950년 5월 25일자 첩자 T-28과 위스키(Whisky)의 보고 30호에 동시에 나타난다.[228] 방선주 박사에 따르면, 이 부대는 원래 제1사단 1연대였는데, 6사단의 연대와 맞바꾸게 되어 구칭(舊稱)인 제1연대로 불리거나 6사단 제14연대로 불렸다.[229] 연대장 한태숙 대좌는 28세로, 강원도 출신 혹은 중공군 출신으로 알려졌다. 한태숙은 옹진전투 이후 6사단 주력과 합류해 서해안을 따라 호남평야-남해안으로 진공했으며, 7월 17일 하동전투에서 거의 세 배나 되는 미군부대를 격파했다.[230]

방선주 박사는 6사단 1연대의 대호가 859군부대였다고 했으나 주석의 설명과 같이,[231] ATIS Document no.200177로 노획된 북한군 문건 『옹진戰鬪부터 開城까지 進行한 戰鬪文件』에는 한태숙이 659부대장으로 나와 있다.[232] 이 때문에 659군부대가 한태숙이 연대장으로 있던 6사단 1연대였음을 알 수 있다. 또한 미극동군사령부의 『북한인민군사』에도 659군부대는 6사단 1연대의 단대호라고 기록되어 있다.[233]

659군부대가 6사단 1연대임을 증명하는 또 다른 문서가 있다. 위의 『옹진戰鬪부터 開城까지 進行한 戰鬪文件』(ATIS Document no.200177)에 들어 있는

---

228) 방선주(2000), 「KLO문서 해제」, 『KLO・TLO문서집(미극동군사령부 주한연락소)』 1, 한림대학교 아시아문화연구소 자료총서 28.
229) 한국의 공식 전사류들은 옹진을 공격한 부대가 6사단 14연대(韓日來)라고 썼는데[국방부 전사편찬위원회(1977), 앞의 책, 459쪽], 6사단 1연대=14연대는 맞지만, 연대장은 한일래가 아닌 한태숙이었다. 아마도 한일래는 6사단 13연대(657군부대) 연대장이던 한일해를 오기한 것으로 보인다[RG 242, SA 2010-1-52, 「명령」(657군부대, 1950. 7. 21, 직전리)]. 한일해(韓日海)는 1918년 함경도 출생으로, 중일전쟁 후기 연안군정대학에서 교육받았다. 해방 후 조선의용군 제1재대 소속 단(團)정치위원을 지냈다. 입북 후 6사단 13연대장이 되었고, 1950년 11월 6사단 참모장이 되었다[김중생(2000), 앞의 책, 183쪽].
230) 「조직적 협동작 밑에 적 미군 대부대를 소탕: 하동전투에서 한태숙동무구분대」, 『승리를 위하여』 1950. 8. 7.
231) 방선주 박사는 8th Army G-2 Periodic Report no. 95, Inclusion 2, "6th Rifle Division"과, 미육군부 Office of the Assistant Chief of Staff, G-2가 편찬한(1950. 9. 1) North Korean Order of Battle "6th Division"을 참조했다[방선주(2002), 앞의 논문].
232) RG 242, ATIS Document no.200177, 『옹진戰鬪부터 開城까지 進行한 戰鬪文件』.
233) 『북한인민군사』, 87~89쪽.

□ 그림 Ⅳ-5 북한군 6사단 1연대의 위치

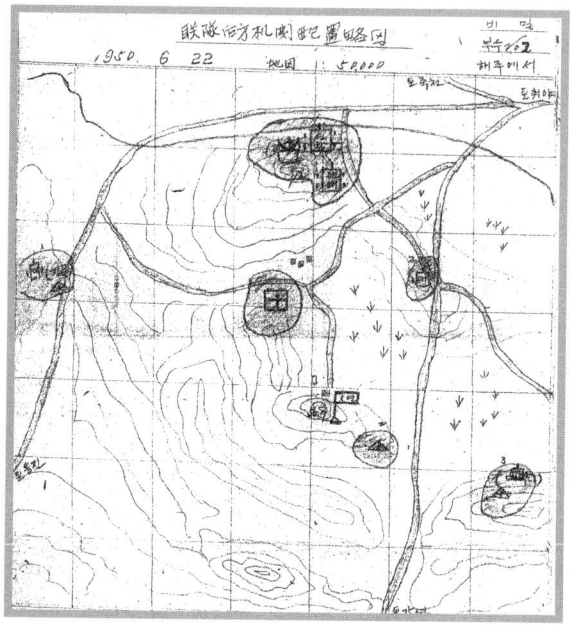

노획문서

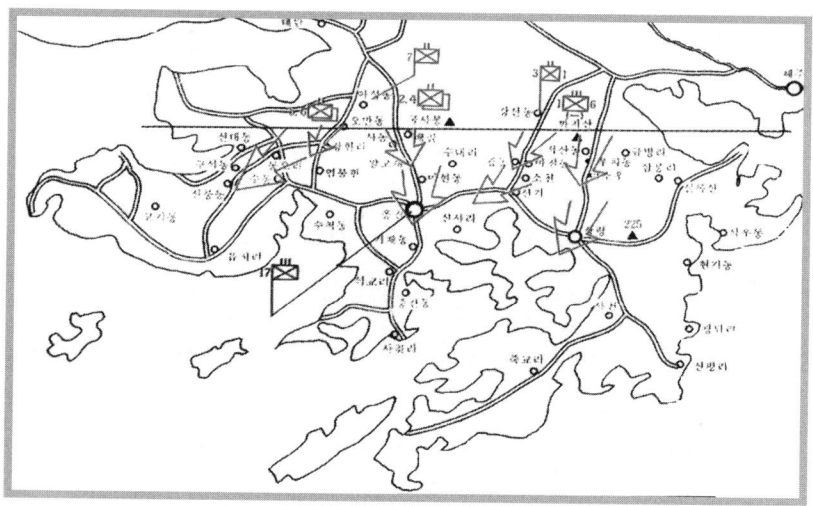

라주바예프 문서

「聯隊後方機關配置略圖」(1950. 6. 22. 해주에서)에 따르면, 1950년 6월 22일 현재, 659군부대의 연대본부는 취야에서 옹진·강령 방향 도로가 갈라진 사이에 위치해 있다고 지도상에 표시되어 있다. 그런데 이 위치는 라주바예프의 보고서에 삽입된 〈참고도 4 - 옹진반도 진출 과정〉의 6사단 1연대의 위치와 정확히 일치한다.[234] 즉 659군부대가 경비3여단과 함께 옹진을 공격하기 위해 배치된 인민군 제6사단 제1연대였음을 알 수 있다.

이제 옹진공격에 참가한 인민군 제6사단 제1연대의 실체를 알아보자. 먼저 1연대 지휘·참모부의 수송계획은 〈표 IV-6〉과 같았다.

〈표 IV-6〉에서 알 수 있듯이, 6사단 1연대의 지휘부는 참모부(장교 28, 하사병사 18), 경비소대, 정찰소대, 고사소대, 공병소대, 통신중대, 자동총중대, 군악소대 등으로 구성되었으며, 45mm 대전차포 6문, 76mm 박격포 4문, 120mm 포 6문 등 총 16문의 포가 배치되었다. 지휘·참모부는 총 574명(군관 60, 하사병사 514)으로 이루어졌다. 이들 병력·무기를 수송하는 데 총 68량의 기차가 소요되었다.

한편 전투부대의 수송계획은 〈표 IV-7〉과 같았다.

6사단 1연대는 3개 보병대대로 구성되었는데, 1개 대대는 군관 39명, 하사병사 655명, 합 694명으로 이루어졌다. 다른 노획문서에 따르면, 보병연대의 전투성원은 1개 대대에 군관 39명, 하사관 172명, 병사 483명, 합 694명으로 구성되어 있었다.[235] 즉 6사단 1연대의 3개 대대 전투병력이 완전 편성된 상태였음을 알 수 있다.

각 대대에는 45mm 대전차포 2문, 82mm 박격포 9문 등 총 11문의 포가 배치되었다. 「步兵聯隊戰鬪成員組織統計表」에 따르면, 1개 대대가 보유한 무

---

234) 라주바예프, 앞의 책, 1권, 140쪽 〈참고도 4 - 옹진반도 진출 과정〉 참조.
235) RG 242, SA 2010-1-126, 「步兵聯隊組織編制表」; 「步兵聯隊職位別統計表」; 「步兵聯隊戰鬪成員組織統計表」.

□ 표 IV-6 ① 659군부대 지휘·참모부 수송계산표(第659軍部隊長 韓表淑 비준)

No	부대	人員 軍官	下士兵	計	馬匹 乘馬	砲馬	対馬	計	砲 四五糎	七六糎	一二〇糎	計	탄약 조직탄	포탄	計	自動車 貨物車	砲車	모타직	전차	計	馬車 四輪車輛	二輪車輛	가마치	計	食糧 伙木	主食物
1	참모부	28	18	46	5			5								1				1						124,000
2	경비소대	1	28	29			2	2																		73,300
3	정찰소대	1	32	33																						89,100
4	고사소대	1	42	43													6			6						116,100
5	공병소대	1	28	29	4			4														2		2		78,300
6	통신중대	5	68	73	7			7										2	3	5	7			7		187,100
7	자동총중대	5	94	99																						267,300
8	군악소대	1	15	16																						43,200
9	四五糎	5	53	58	4	27		31	6			6										6		6		156,600
10	七六糎	6	78	84	5	18	19	42		4		4									1	7	2	10		224,100
11	一二〇糎	5	58	63							6	6					10			10						170,100
12	計	60	514	574	14	45	32	91	6	4	6	16				1	10	2	3	22	8	15	2	25	45立方	1,434,400

No	부대	食糧					의료품				人員客車	馬匹車	人員貨車	砲貨車	탄약車	자동차貨車	馬車貨車	연야貨車	식량貨車	被服貨車	計	客車	유개차	무개차	計	비고
		副食物	馬糧	乾草	취사구	計	약품	연재	단가	計																
1	參謀部	190,515	67,500	105,000							1	1				1					3	1	1		2	
2	경비소대	149,530	41,500	36,000								1	1						1		3		3		3	
3	정찰소대	161,415										1	1										1	1	1	
4	고사소대	175,865											1													
5	공병소대	149,530	54,000	72,000								1	1			4					5		1	4	5	
6	통신중대	303,115	94,500	126,000								2	2				2				6		4	2	6	
7	자동차중대	411,312											3				2				3		3		3	
8	군악소대	66,480																								
9	四五種	534,580	490,500	567,000								8	2	3		1					14		10	4	14	
10	七六種	836,340	621,000	982,000								11	3	2		3			1		20		15	5	20	
11	一二0種	632,945											2	3		7					12		2	10	12	
12	計	3,549,025	3,625,000	1,888,000		10,496,425					1	24	16	8		12	6		1		68	1	42	25	68	

※ 출전 RG 242, SA 2009-7-94

□ 표 Ⅳ-7 ② 659군부대 전투부대 수송계산표(第659軍部隊長 韓泰淑 비준, 參謀長 金令列 작성)

No	부대	人員 軍官	人員 下士兵	人員 計	馬匹 乘馬	馬匹 砲馬	馬匹 車馬	馬匹 計	砲 四五mm	砲 八二mm	砲 計	탄약 조격탄	탄약 포탄	탄약 計kg	自動車 貨物車	自動車 砲車	自動車 모타찍	自動車 자전차	自動車 計	馬車 四輪車輛	馬車 二輪車輛	馬車 가마차	馬車 計	食糧 주식물	食糧 부식물
1	一大隊	39	655	694	1	9	41	51	2	9	11			6,500						16	7	3	26	1,873,100	2,853,570
2	二大隊	39	655	694	1	9	41	51	2	9	11			6,500						16	7	3	26	1,873,100	2,853,570
3	三大隊	39	655	694	1	9	41	51	2	9	11			6,500						16	7	3	26	1,873,100	2,853,570
4	운수중대	3	29	32			9	9							6				6					86,400	132,960
5	後方部	10	22	32																3	1	1	5	96,700	129,255
6	군의소	8	41	49			16	16												6	2	1	9	132,300	203,595
7	수의소	3	7	10			2	2												1			1	29,000	41,550
8	武器수리소	3	8	11																				29,700	42,550
9	計	144	2,072	2,216	3	27	150	177	6	27	33			19,500	6				6	58	24	11	93	5,893,400	9,116,620
	總計																								

No	구분	食糧				수의밋군의품		人員客車	人員貨車	馬匹車	砲貨車	탄약차	自動車貨車	馬車貨車	연야貨車	食糧貨車	被服貨車	計	有개차	無개차	計
		馬糧	乾草	計	似木	약품단가연재	계											客車			
1	一大隊	756,000	1,072,000						23	13	1			7		1		45	37	8	45
2	二大隊	756,000	1,072,000						23	13	1			7		1		45	37	8	45
3	三大隊	756,000	1,072,000						23	13				7		1		45	37	8	45
4	운수중대	121,500	89,000						1	2		4		3	1	1		9	5	4	9
5	後方部				45立方												5	6	6		6
6	군의소	216,000	336,000			5,000	5,000		2	4				2				8	6	2	8
7	수의소	41,500	42,000			3,000	3,000			1								1	1		1
8	武器수리소					8,000	8,000		1			5	5					6	6		6
9	計	2,646,500	2,646,500	21,439,500	45立方	8,000			73	46	3	5	4	26	2	9		165	135	30	165
	總計																				

※ 출전 RG 242, SA 2009-7-94

표 IV-8 ③ 659군부대 후방부대 수송계산표
(第659軍部隊(西海洲-미퇴驛間第1次鐵道輸送計算一覽表)(1950. 6. 9 작성))

No		人員			馬匹			武器			馬車			器材及器具			食糧及馬糧					所要되는 車輛數					車輛數				備考
		군관	사병	계	승마	조마	계	보총	자동총	계	四리車	二리통신車	계	天幕	침구	工兵기재	主食物	副食物	大麥	권초	計	人員客車	馬匹貨車	火木貨車	其他리品貨車	계	客車	有蓋車	無蓋車	平車	
1	偵察小隊		11	11				4	2	6																					
2	경비小隊		20	20	2		2	17	3	20				390	200	225	30	845	600	30	630										
3	工兵小隊	1	25	26				25		25						50					50										
4	通信中隊	4	56	60		3	3	54		54	3		3				1,000			40	1,040										
5	自동총1個中隊	1	25	26				25		25				30		100	130				3,500										
6	운수中隊	2	12	14				11		11							3,500				3,500	1	1	2	1	1					
	計	8	149	157	3	5		111	30	141	3		3	420	200	225	180	1,025	5,100		70	5,170	1	1	2	1	1	7	7	1	4	2	7

※ 1. 武器는 每個人들이 휴대한다(名동탄이도 包含함).
　 2. 무기기, 전화 等도 휴대하고 승차한다.

後方司令隊長 朴貞根
經理參謀 朴佐權

장은 권총 48정, 보총 427정, 기관단총 93정, 기병총 63정, 경기관총 36정, 중기관총 18정, 82mm 박격포 9문, 45mm 반전차포 2문, 반전차총 9정, 신호총 15정, 승마 1두, 자전차 1개, 치중마 41두, 4륜마차 16개, 2륜마차 6개, 가마차 3개, 통신마차 3개, 포차 9개가 각각 배정되어 있었다. 6사단 1연대의 무장도 이에 준해서 이루어진 것으로 판단된다.

3개 보병대대의 인원이 총 2,082명이었으며, 이외에 운수중대, 후방부, 군의소, 수의소, 무기수리소 등의 지원부대 병력이 군관 27명, 하사병사 107명, 합 134명이었다. 보병부대와 지원부대를 합한 전투병력은 총 2,216명이었다. 이들 병력·무장을 수송하는 데 총 165량의 기차가 소요되었다.

다음으로 후방부대의 철도수송 계획을 살펴보자.

인민군 제6사단 제1연대의 후방부대는 정찰소대, 경비소대, 공병소대, 통신중대, 자동총중대, 운수중대로 구성되었으며, 군관 8명, 하사병사 149명, 합 157명으로 구성되었다. 이들을 후송하는 데 총 7량의 기차가 소요되었다.

결국 인민군 제6사단 1연대는 ① 지휘·참모부 총 574명(군관 60, 하사병사 514), ② 전투부대 총 2,216명(군관 144, 하사병사 2,072), ③ 후방부대 총 157명(군관 8, 하사병사 149)으로 구성되었다. 이를 종합한 6사단 1연대의 총병력은 2,947명(군관 212, 하사병사 2,735)이었다. 옹진공격을 함께 한 경비3여단의 5개 대대(제2, 4, 5, 6대대 및 예비전력 제7대대)를 제외하더라도, 6사단 1연대 병력만으로도 한국군 17연대 병력을 능가했다.

이들을 이동하기 위해 총 240량(지휘참모부 68, 전투부대 165, 후방부대 7)의 기차가 소요되었는데, 이는 철도가 놓인 38선 이북 전 지역에서 동시에 행해졌을 것이다. 따라서 1950년 6월 중순 이후 북한 지역에서 수많은 기차의 병력·무기 수송은 많은 사람들의 주목을 끌 수밖에 없었을 것이다. 이 때문에 개전에 임박해 한국 경찰·군 정보 당국에는 북한군의 기동이 심상치 않다는 정보가 쏟아져 들어왔다.

6사단 1연대의 전개 과정은 북한군의 선제공격이 정교하게 준비되었으며,

'전면공격' 계획의 수립이 많은 노력과 준비작업의 산물이었음을 보여준다.

먼저 6사단 1연대의 전투부대의 경우 식수인원은 2,216명이고, 주식 즉 쌀은 5,893.4kg이었다. 즉 1인당 2.659kg이 배당된 셈이다. 지휘·참모부의 경우 식수인원 574명, 주식 1,434.4kg이었는데, 이는 1인당 2.499kg에 해당한다. 1연대 총원 2,947명에 주식 총량 7,332.9kg으로 계산하면 1인당 2.49kg이었다.

1인이 한끼 식사에 소요하는 쌀을 대개 200g(밥 1공기)으로 계산하므로, 1인당 1일 소요량은 600g이다. 1연대가 준비한 전투 식량은 1인당 4.15일분으로, 이는 최대 5일 간 전투할 수 있는 양이었다. 라주바예프가 지적한 '남조선 해방을 위한 4단계' 작전 중 제1단계의 지속기간이 5일이며, 작전종심이 90km였다는 점을 기억한다면, 1연대의 전투식량 준비가 제1단계 작전 5일 간에 맞춰서 정확히 준비된 것임을 알 수 있다.[236] 한편 1949년 해당부대가 작성한 계획서에는 1인당 1일 정량을 800g으로 계산하고 있는데, 이 경우 식량은 3일분에 불과했다.[237] 물론 이는 북한군이 옹진전투의 조기종결을 자신했기 때문일 수도 있다.[238] 반면 인민군 12사단 예하 대대로 6월 19~20일, 간성을 거쳐 인제로 남하한 제848군부대는 10일분의 식량과 3일분의 부식을 준비하고 있었는데,[239] 이는 전투기간을 보다 길게 예상하고 있었던지, 아니면 동해안의 지형적 특성상 보급의 난점을 고려해 미리 식량을 비축한 것일 수도 있다.

어느 경우를 막론하고 4일 정도의 전투를 치르기 위해서 소요되는 주식

---

[236] 라주바예프, 앞의 책, 1권, 136~137쪽.
[237] RG 242, SA 2009-7-162, 「지방재료를 이용하기 위한 계획서」, 『防禦戰鬪時의 步兵聯隊의 後方組織과 그 工作』(1949. 8. 2, 121군부대 朴在權).
[238] 전투시 輕裝을 갖추기 위해 식량을 적게 휴대했을 수도 있다. 예를 들어 제13연포군 소속으로 보병 18연대를 지원한 제4포련대 제1대대원(성명 미상)의 전투일기에 따르면, 개전시 2일분의 식량만을 휴대했다(RG 242, ATIS Document no.200446, 「戰鬪日記」. 1950년 8월 23일 24사단 지역에서 노획).
[239] RG 242, ATIS Document no.200341, 「보고: 鐵道輸送 및 行軍總結」(1950. 6. 22, 848군부대).

(쌀)의 총량은 7,332.9kg으로, 80kg 1가마로 계산할 때 91.661가마, 즉 92가마에 달했다. 북한군 1개 연대가 4일 간의 전투를 치르기 위해 소요되는 미곡량이 이러했으므로, 개전 초기 북한군 보유 10개 사단 중 완편된 7개 사단이 제1단계 작전 5일 간 소비하는 주식(쌀)의 양을 개산(概算)하면 약 1,925가마가 소요되었다고 추정할 수 있다.[240]

북한은 김일성·박헌영 등 최고수뇌부가 스탈린에게 반복적으로 언급한 것처럼, '3일 종전론'·'서울점령 제한전'에 심리적으로 의지했고, 준비된 공격계획 역시 1단계 작전에 소요되는 5일이면 '남조선을 해방'시킬 수 있다고 주관적으로 생각했을 가능성이 높다. 북한군은 최초 1단계 작전 5일이면 한국정부와 한국군이 붕괴·섬멸되리라고 예상했기 때문에 충분한 군수예비를 갖추지 않았을 것이다. 쌀뿐만 아니라 석유, 탄약, 화약, 무기 등 예비부품까지 염두에 둔다면, 6월 하순 이후 북한군의 군수보급은 총동원체제가 가동되었음에도 불구하고 난관에 봉착했으리라고 쉽게 예상할 수 있다. 서울 점령 이후 미군의 항공 공습으로 부대의 진격 및 보급이 차단되자, 북한은 수송용 기름을 획득하기 위해 가정집에서 갖고 있던 등유 한 병까지도 징발하는 군수보급전쟁을 벌여야 했다.

라주바예프의 보고서에는 인민군 6사단이 사리원에서 이동해 6월 18일 38연선의 집결 지역에 배치되었다고 했는데, 이 이동계획표의 작성일자가 6월 9일인 것으로 미루어, 이동계획은 실제 이동일 이전에 수립되었음을 알 수 있다. 이동계획표 뒤에는 후방부대의 열차편성표가 첨부되어 있었다.

북한 노획문서에는 이것 외에도 인민군의 철도수송과 관련된 계획표들이 여럿 있으므로, 이 문서 자체의 진위는 의문의 여지가 없다. 예를 들어 12사단(825군부대 사단장 전우, 참모장 지병학)은 예하의 한 대대(848부대: 대대장 김득수, 참모장 박송죽)에 6월 17일 문천(文川)에서 간성역까지 철도수송을 지시했

---

[240] 7(사단)×3(연대)×91.661가마=1,924.881가마.

□ 표 IV-9 **列車編成略圖**

 이 대대의 열차배치도에도 병력·말·식량·마초(馬草)·탄약 등의 배치도가 상세하게 묘사되어 있다.[241] 인민군 783군부대는 제15사단 포병연대(연대장 김연섭)의 대호였는데, 이 부대 역시 1950년 6월 중순경 포병연대 열차 수송·적재 계획을 자세히 수립했다. 15사단은 나진에서 김화로 이동했는데, 계획대로라면 783군부대는 1950년 6월 23일 19:00시에 나진역을 출발하는 것으로 되어 있다.[242] 이 문서에도 열차편성표와 차량장·열차장·직일관의 의무 등이 상세히 기록되어 있다. 철도차량의 배치는 사전에 정해진 규정에 따라 동일하게 진행되었을 것이다.[243]

 방선주 박사에 따르면, 이 연대는 연대본부가 해주에, 1대대(홍성재 소좌)는 벽성군에, 2대대(김윤봉 소좌)는 서해주에, 3대대(김동희)는 해주 연대본부에 각각 대대본부가 위치했다. 이 문서에 등장하는 '서해주-미럭역' 중 미럭역의 위치를 찾는 것이 쉽지 않았다. 처음 6사단 1연대의 주둔지를 해주로 상

---

241) RG 242, SA 2010-5-124, 「部隊行動計劃」(大隊長 批准, 1950. 6. 17. 참모장 박송죽); 「列車配置略圖」(1950. 6. 17, 참모장 박송죽).
242) RG 242, SA 2010-5-123, 『제3대대 철도수송 文件 一』, 「(극비)砲兵聯隊 鐵道輸送·積載計劃」(第783軍部隊 參謀部, 1950. 6)(참모장 유승팔·작전참모 김허권), 「(극비)列車編成」(제15포병연대)(참모장 유승팔); 신노획문서에도 이 부대의 이동 관련 문서가 들어 있다(ATIS Document no.200817, 「戰鬪命令 no.1」(783군부대 참모부, 1950. 6. 23)).
243) 현재 노획문서 중에 기계화부대·자동차운수부대에 관한 규정이 있다. 이에 따르면, 모든 적재·승차·행군·감시 등에 대한 명확한 규정이 존재했다[조선민주주의인민공화국 민족보위성, RG 242, ATIS Document no.200684, 『기계화부대와 자동차운수부대에 대한 규정』(1948년 8월)]. 기차의 경우도 마찬가지였을 것으로 판단된다.

정하자 당연히 6월 9일의 명령은 서해주에서 옹진반도에 위치한 미력역까지 이동하는 것으로 해석할 수밖에 없었다. 그런데 이 부대가 이동해간 미력역은 북한이 간행한 철도역 명에는 등재되어 있지 않았다. 1950년 4월 북한 교통성 운수국 렬차부가 발행한 『기차시간표』에 따르면, 동해주-취야를 지나는 옹진 선의 정차역은 다음과 같은 코스로 운행되었고 거기에 미력역은 없었다.

동해주-해주-서해주-문정-서석-취야-국봉-자양[244]

발음으로 알 수 있듯이, 미력역의 미력은 미력(彌力) 혹은 미륵(彌勒)이었을 것으로 추정된다. 한국철도사를 찾아본 결과도 동일했다. 해주에서 옹진을 잇는 철도는 황해선(해옹선)으로, 1930년 12월 11일 개통되었고 총길이 40.3km의 협궤철도이며, 조선철도라는 사설철도회사가 건설해 운영했다. 또 개성 옆 토성에서 해주로 이어지는 철도(토해선, 1932년 9월 1일 개통, 총 길이 81.5km 협궤, 조선철도)와 연결되어 토성-해주-옹진 간 121.8km 구간을 형성했다. 해주시에서 옹진으로 이어지는 이 황해선은 해주시-황해도 벽성군-경기도 옹진군의 행정구역을 통과했다. 즉 해주-서해주-청단-내성-천결-영양-문정-서석-취야-국봉-자양-장둔-신강령-냉정-옹진으로 이어지는 철도였다. 그런데 6사단 1연대가 이동해 위치한 까치산 이북 지역에는 미력역이란 역명이 존재하지 않는다. 황해선은 황해도 벽성군 월록면 장둔역에서 38선을 지나 경기도 옹진군 부민면 신강령역-냉정역-옹진역으로 들어갔다. 이때 38선 옹진과 가장 접경인 지역은 벽성군 월록면 장둔역이었다.

작업이 난관에 봉착한 다음에야 6월 9일의 명령이 서해주에서 미력역으로

---

[244] RG 242, SA 2009-4-129, 교통성 운수국 렬차부(1950), 『기차시간표』, 교통성공급관리처 발행. 한편 북한 체신성이 발간한 철도우편열차 시간표에도 사리원-해주 간 기차역이 등재되어 있는데 미력역은 보이지 않는다(SA 2010-3-26, 조선민주주의인민공화국 체신성(1950), 『鐵道郵便列車受渡時間表』(1950. 4. 1. 개정)).

가는 것이 아니라 미력역에서 서해주로 가는 것일지도 모른다는 결론에 도달했다. 검색 결과 구소련이 발간한 지도에서 미력동(Miryŏkdong)을 발견했다. 미력동은 재령에서 해주로 내려가는 철도의 중간에 위치한 역이었다. 이 미력동역은 행정구역상 황해도 재령군 신원리에 위치해 있으며, 재령저수지·금장산 동남방에 위치해 있다.[245] 미력이라는 지명은 미륵불에서 비롯된 미륵(彌勒) 혹은 미륵의 힘을 의미하는 미력(彌力)이었을 것으로 추정되는데, 1872년 재령군 지도에 따르면 당시 지명은 미력이 아닌 미륵(彌勒)으로 표기되어 있었다.[246]

이곳에 사찰이 있어 미륵전이나 미륵당이 있었거나 아니면 미륵불상이나 유사한 석장승이 위치해 있어 미륵이란 지명이 생겨났고, 1870년대 미륵이라 불리던 지명이 언젠가부터 미력으로 바뀌었음이 분명했다.

미력동역에서 해주까지는 약 35km로, 미력동에서 출발한 기차는 신원리까지 약 10km를 남동으로 직진한 뒤 안녕저수지를 왼편으로 지난다. 철로는 해주를 목전에 두고 해주 북방에 위치한 매봉산·장대산 등 산악지대를 우회해 학현을 거쳐 해주역으로 진입할 수 있었다. 신원에서 해주까지는 25km의 거리였다. 즉 미력동-신원-학현-해주으로 이어지는 것이었다.

라주바예프의 보고서에 등장하는 것처럼, 인민군 6사단은 사리원에서 이동을 개시해 6월 18일 38연선의 집결 지역에 배치되었으며, 6사단 1연대는 6월 9일 이전에 재령군 신원리에 주둔하고 있었음을 알 수 있다. 6사단 1연대는 미력역을 통해 서해주까지 기차로 이동했으며, 서해주부터 공격 출발 지점인 은파산 방향까지는 차량으로 이동했을 것이다.

김중생에 따르면, 6사단은 1949년 10월 신의주에서 남진했으며, 사단본부·13연대는 사리원에, 14연대는 해주 교외에, 15연대는 재령에 주둔했다.

---

245) 「신원리」(일련번호 363, 도엽번호 NJ51-8-39), 『最近北韓五萬分之一地形圖』, 下, 景仁文化社, 1997.
246) 「31. 載寧郡地圖」(1872)(奎10536), 『조선후기 지방지도: 황해도편』, 서울대학교 규장각, 2001.

□ 그림 Ⅳ-6 **미력동 위치**

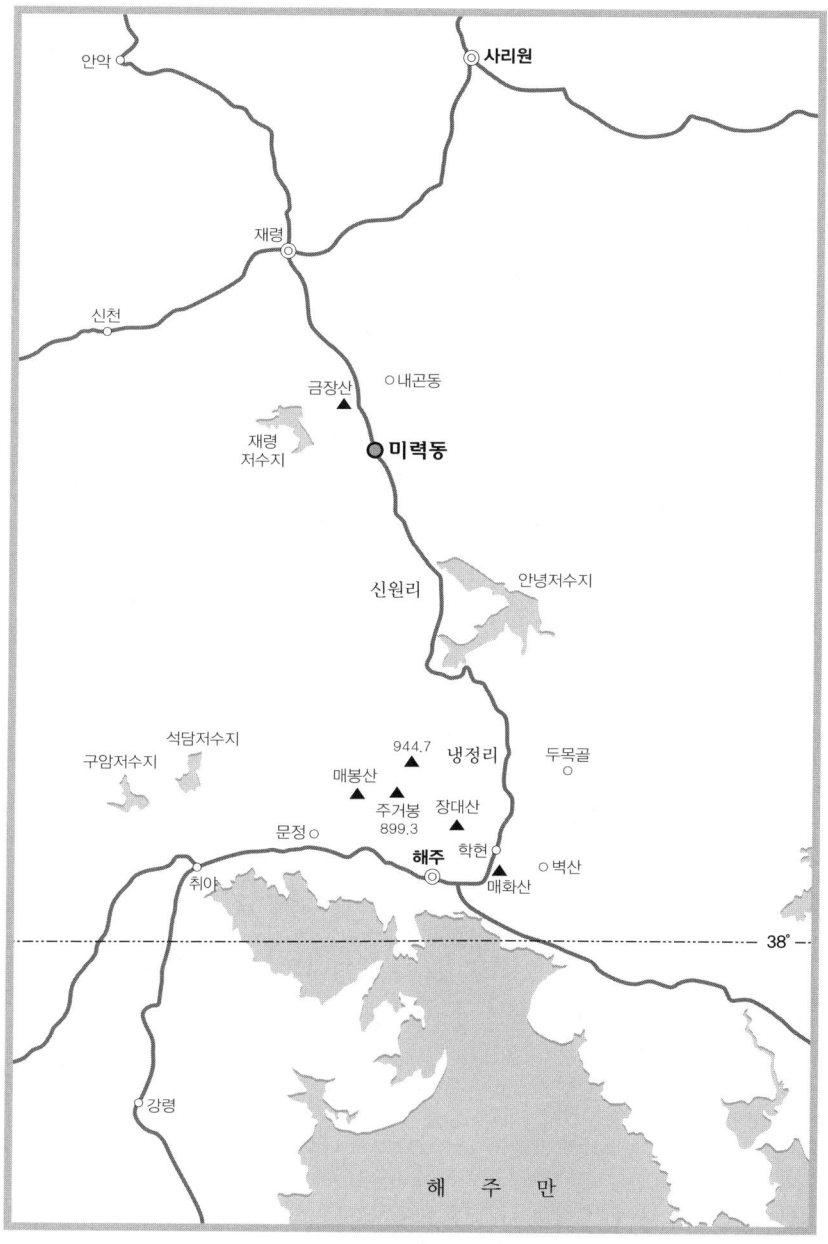

1950년 6월 중순, 38선 이동 전 6사단 14연대와 1사단 1연대가 서로를 맞바꾸었다. 6사단 13연대는 개성 정면에, 15연대는 13연대 우측으로 연백군 온천면 일대에, 1연대는 사단의 예비부대가 되었다.[247] 한편『북한인민군사』에 따르면, 6사단 14연대는 시변리(市邊里)로 이동해 1사단 1연대와 교체되었는데, 교체 이유는 1사단에 전투경험이 있는 고참병을 제공하려는 목적 때문이었다.[248] 시변리는 황해도 금천군 서천면 시변리로 1사단 1연대의 주둔지였다. 연대병력의 이동에 철로가 활용되었으므로 금천 시변리의 1연대는 사리원까지 올라간 뒤 사리원에서 재령-신원으로 이동했으리라 추정된다.

1연대 후방기관들이 공격 직전의 집결지에 완벽하게 배치된 것은 ATIS no.200177로 노획된 문건 중 하나인「聯隊後方機關配置略圖」(1950. 6. 22)를 통해 알 수 있다. 이에 따르면, 6사단 1연대본부는 취야에서 나와 옹진과 강령으로 갈리는 삼거리 중앙에 위치한 56.7고지에 지휘부를 설치했음을 알 수 있다.

56.7고지에 위치한 제6사단 1연대는 경비3여단처럼 개전 즉시 자신들의 승리를 자신하고 있었다. 경비3여단이 개전에 앞서 포로 포획을 자신하고 포로수용소를 설립한 것처럼 제6사단 1연대도 비슷한 조치를 취했다. 659군 부대장 한태숙·부부대장 김승렬(金承烈)은 개전에 앞서 긴급하게 전리품 수집을 명령했다.『옹진戰鬪부터 開城까지 進行한 戰鬪文件』(ATIS Document no.200177)에 수록된「후방명령: 전리품수집조 조직에 관하야」라는 명령은 1950년 6월 24일 56.7고지에서 내려진 것이다. 각 구분대별로 전투원을 제외한 5~6명의 전리품 수집조를 구성하며, 돌격전투시에는 우군의 배낭·모포·탄약상자·부상자의 무기 등도 수집하라고 명령했다. 전리품 수집소장은 포병공급장 등 7명을 임명했으며, 명령을 발포한 날인 6월 24일 오후 6시까지 각 구분대가 조직한 전리품 수집조를 보고하라고 명령했다.[249] 전리품 수집조

---

247) 김중생(2000), 앞의 책, 174~175쪽.
248)『북한인민군사』, 62쪽.

는 북한군 총사령부가 제6사단에 내린 「정찰명령 제1호」(1950. 6. 18)에 명시된, "각 연대는 노획문서를 수집하기 위한 3~5명의 인원을 선발할 것"에 근거한 조치였다.

3. '공격전투계획'의 구성과 실행

1949년의 '방어전투계획'

북한군의 1950년 6월 이동 및 공격계획은 기본적으로 동일한 교범·교리에 근거했으며, 정해진 원칙대로 진행되었다. 이 때문에 현재 우리가 볼 수 있는 북한 노획문서에 포함된 북한군의 정찰명령·공격명령·지령 등의 문서들은 거의 동일한 형식을 갖추고 있다. 이와 관련해 북한군의 작전계획 수립·진행 과정 전반을 살펴볼 필요가 있다.

현재 우리가 파악할 수 있는 것은 1949년의 '방어전투계획'이다. 북한은 한국군의 '7월 공세'를 전후한 1949년 하반기에 대규모 '방어계획'을 수립한 바 있다. 1949년 8~9월 북한군의 주요 훈련은 한국군의 공격에 대비한 '방어 및 피난계획'으로 구성되어 있었는데, 이 '방어전투계획'은 1950년의 '공격계획'을 이해하는 데 매우 중요하다. 왜냐하면 '방어계획'이나 '공격계획'은 모두 정해진 교범·교리에 입각해 만들어진 틀대로 진행하는 것이 원칙이었기 때문이다. 1년 뒤 이 '방어전투계획'은 곧바로 '공격전투계획'으로 변경되었다. 하지만 이름만 다를 뿐 작전의 핵심 개념과 진행 과정, 주요 문서형식 등은 동일했다.

예를 들어 1949년 8월 2일 해주에 주둔하던 인민군 제121부대 박재권이

---

249) RG 242, ATIS Document no. 200177, 「후방명령: 전리품수집조 조직에 관하야」(1950. 6. 24, 56.7고지에서), 『옹진戰鬪부터 開城까지 進行한 戰鬪文件』.

작성한 「防禦戰鬪時의 步兵聯隊의 後方組織과 그 工作」이란 문건을 보자.[250] 이 계획을 작성한 121부대의 단대호는 미상인데,[251] 이 계획에 포함된 문건들을 살펴보면 1950년 6월 북한군의 '공격전투'의 지휘·명령체계가 어떤 방식으로 작동했으며, 북한군은 상황이 부여될 경우 전투를 어떻게 조직·운영했는지, 어떤 명령·지령·보고서 들을 작성했는지에 대한 시사점을 얻을 수 있다.

1. 준비지령:「지령 No.1: 방어전투준비에 대하야」(1949. 7, 해주에서)
2. 가족후송계획:「가족후송계획표」(1949. 7. 31, 해주에서)
3. 후방전투성원 및 무기 기재 통계표:「전투성원 및 기재통계표」(1949. 7. 11, 해주에서)
4. 후방증명보고:「후방증명보고서」(1949. 7. 11, 해주에서)
5. 방어전투진출에 대한 지령:「지령 No.2: 방어전투진출에 대하야」(1949. 7, 해주에서)
6. 이동예비품 수송계획:「이동예비품 수송계획」(1949. 7, 해주에서)
7. 후방지휘정찰 계획:「후방군관지휘정찰계획표」(1949. 7, 폭포동에서)
8. 지휘정찰결과 보고:「후방군관 지휘정찰결과 보고」(1949. 7, 폭포동에서)
9. 군관휴게 계획:「후방군관 휴게계획」(1949. 7, 해주에서)
10. 직일근무 계획:「군관 직일 및 서무 직일 계획」(1949. 7, 해주에서)
11. 후방방어와 경비조직계획:「후방방어와 경비조직계획표」(1949. 7, 폭포동에서)

---

250) RG 242, SA 2009-7-162,「防禦戰鬪時의 步兵聯隊의 後方組織과 그 工作」.
251) 문건의 작성지가 해주로 되어 있으며, 제1보병연대로 표기되어 있다. 1950년 해주에 주둔한 인민군 연대는 그 위치로 보아 6사단 1연대(14연대)일 가능성이 높다. 그렇지만 지금까지 알려진 바에 따르면, 6사단의 전신인 조선의용군 1지대(이홍광 지대, 중국인민해방군 제4야전군 보병 166사)는 1949년 7월 25일 신의주로 입북했으며, 10월 말 안주로 이동한 후 인민군 제6사단이 되었으므로, 이 시점에서는 해주에 주둔하지 않은 상태였다. 인민군 대호는 향후 한국전쟁사 연구의 기초자료로서 필수적인 연구분야가 될 것이다. 인민군 부대 단대호는 「부록」의 〈별표 9〉를 참조.

12. 후방배치와 방어경비조직 약도: 「후방배치와 경비조직 방어약도」(1949. 7, 폭포동에서)
13. 수송도로표시 약도: 「화물수송도로약도」(1949. 7, 폭포동에서)
14. 지령 및 검열계획표: 「부대후방 방어상태검열상태 검열계획표」(1949. 7, 폭포동에서) / 「지령 No.3. 부대후방의 방어상태 검열실시에 대하야」(1949. 7, 폭포동에서)
15. 검열결과보고: 「보고: 후방의 방어상태검열 결과에 대하야」(1949. 7, 폭포동에서)
16. 후방전투명령과 수송계획: 「후방전투명령 No.1」(1949. 7. 31. 04:00, 폭포동에서) / 「이동예비 화물수송계획」(1949. 7. 10, 해주에서)
17. 지방재료 이용계획: 「지방재료들을 이용하기 위한 계획표」
18. 자동차수송조직과 車할당표: 「지방화물차 이용계획 및 각 구분대 할당계획과 수송계획」
19. 철도경로 로정표: 「철도도로 로정표」
20. 후방보고: 「후방보고」(1949. 7, 폭포동에서)
21. 예비지령: 「예비지령」(1949. 8, 폭포동에서)
22. 진지이동계획: 「공격전투시에 있어서 후방진지이동 계획표」(1949. 8. 5, 폭포동에서)

위의 방어계획은 1949년 하반기 한국군의 대북공세를 방어하면서 북한군이 조직적으로 후퇴하는 훈련을 목표로 한 것이었는데, 해주 주둔 121부대는 해주에서 사리원·신주막 방향에 있는 폭포동까지 철수하도록 되어 있었다. 방어계획에 따라 121부대는 해주 거주 17호, 42가족을 기차 3량(객차 1, 유개차 2), 자동차 9대로, 재령 거주 65호, 167가족은 기차 12량(객차 4, 유개차 8), 자동차 34대로 이동시킬 계획을 세운 바 있다.[252] 이 방어계획에 따르면, 방어전투시 사단의 구역(종심)은 12~15km, 공격전투시 사단의 구역(종심)은 8~

10km로 설정되어 있었다.

방어계획의 구성 및 진행 순서는 방어전투 준비-가족 후송계획 수립-병력 및 무기 점검-후방 정찰 및 결과 보고-후방 방어·경비계획 수립-후방 방어 태세 검열 및 검열 결과 보고-후방 전투 및 수송(자동차·철도 활용)-공격전투 준비-공격전투 및 후방 진지 이동으로 구성되어 있다. 즉 이는 방어-후퇴-공격으로 구성된 작전계획이었다. 적의 공격 속에서 아군의 전투력을 보존해 질서 있는 퇴각을 보장한 뒤 전열을 재정비해 공격한다는 작전개념이었다. 이 '방어전투'가 지휘소 연습이었는지, 실제 병력이 운용된 야전훈련이었는지는 명확하지 않다. 그럼에도 불구하고 이 계획은, 군의 전투시 가장 중요한 방어-후퇴-공격의 세 측면이 북한군의 훈련과 계획에서 중요하게 취급되었음을 보여준다.

1949년 이래 북한군의 방어전투계획 및 연습사례는 다수가 확인된다. 1사단 예하 포병연대인 인민군 139군부대(부대장 崔亞立, 부부대장 玄鶴峰) 제1대대(대대장 南奎亨) 참모부는 1949년 9월 말 금천에서 온정리로 방어적 후퇴훈련을 했다.[253] 연천-철원-김화-화천에 주둔하고 있던 395군부대(3사단)도 1949년 10월 한국군의 "북진"을 가정한 포병방어계획을 수립해 훈련했다.[254] 이 훈련은 3사단 예하 보병 3개 연대〔7연대(389부대), 8연대(383부대), 9연대(377부대)〕와 합동작전으로 이루어졌다.

1사단 3연대로 추정되는 인민군 제133군부대(부대장 유창권)의 제2대대도 1950년 4월, 비상소집과 방어전투계획을 진행했다.[255] 1949년 하반기 이래

---

252) RG 242, SA 2009-7-162, 「가족후송계획표」(1949. 7. 31, 해주).
253) RG 242, SA 2010-5-186, 「行軍과 遭遇戰」(1949. 9. 27~. 第139軍部隊第1大隊參謀部)(大隊長 南奎亨 批准).
254) RG 242, SA 2010-5-172, 「砲兵防禦計劃表」(軍部隊長 金光俠 비준, 1949. 10)(砲兵副部隊長 朴禹燮·砲兵參謀長 金鳳基); 「제三九五군부대 전화선로조사도」(1949. 9. 1. 作成者 第三參謀 吳利燮)」; 「戰鬪部署移動計劃」(砲兵副部隊長 朴禹燮 批准, 1949. 9)(第三步兵師團砲兵參謀部, 砲兵參謀長 金鳳基).
255) RG 242, SA 2009-6-104, 「제2대대 비상소집계획」(제133군부대 부대장 유창권 비준, 제133군부대 제2

북한군이 전반적으로 '방어전투' 훈련을 진행했음을 알 수 있다. 121군부대는 1950년 1월에도 동일한 방어전투훈련을 반복했는데, 이때도 1949년 8월과 동일한 양식에 근거해서 훈련을 진행했다.[256] 현재 노획문서에는 북한군 포병이 사용한 각종 명령·지령서 양식, 예를 들어 「증명보고」, 「지휘정찰계획(보고)」, 「전투명령」, 「정황판단」, 「군단포병부대적재계획」, 「군포병시사계획표」, 「직접묘준포사격표」, 「포병편성에 관한 조회」, 「행군계획」 등이 남아 있는데,[257] 보병의 경우에도 동일한 양식 또는 통일된 양식을 사용했을 것이다.

이상의 북한군 기동·훈련과 관련해 몇 가지 중요한 점을 알 수 있다. 첫째, 북한은 1949년 하반기의 한국군의 공세에 실질적 위기감을 가지고 있었으며 이에 대비하여 주요 부대들이 방어전투훈련을 진행했다.[258]

둘째, 이 같은 방어전투훈련을 통해 북한군의 훈련수준이 연대급 기동수준까지 도달해 있었음을 알 수 있다. 여러 문건에서 확인되는바, 북한군 연대·대대 들은 방어전투의 계획과 실행을 반복함으로써 연대급 전투에 대한 개념을 숙지했다고 판단된다. 또한 북한군의 연대급 지휘관 및 장교 들의 훈련수준이 상당한 경지에 도달했음을 반증한다. 북한군 장교의 '군관시험' 문제에 따르면, 북한군 장교들은 한국군뿐만 아니라 미군의 편제·무기·교리에 대해서도 정확한 정보를 가지고 있었다.[259]

대대 대대장 김택·상급부관 김창히); SA 2009-6-105, 「제2대대 방어전투계획」(제133군부대 부대장 유창권 비준, 제133군부대 제2대대 대대장 김택·상급부관 김창히).
256) RG 242, ATIS Document no.200131, 「방어전투시의 보병연대의 후방조직과 공작」(1950. 1, 해주).
257) RG 242, SA 2010-1-116, 「제목 미상」(9보사 1연대 신택선 학습장으로 추정).
258) 1949년도에 '공격전투'에 대비한 훈련도 물론 있었다. 예를 들어 10보병연대(746군부대)의 「攻擊戰鬪時 增强한 步兵聯隊의 後方組織과 管理」(第七四六軍部隊)(1949. 9)(RG 242 ATIS Document no.200679) 같은 것이 있다. 그렇지만 북한 노획문서에서 가장 많이 발견되는 것은 1949년도 '방어전투' 훈련계획이다.
259) 추격기 연대의 군관이던 황경우가 소지한 문제집에는 미국 보병분대·소대·중대·대대의 성원과 무기, 전술 등 '외국군대 연구에 대한 시험문제' 50문항이 들어 있다. 이 자격시험은 소대장·대대장·연대장급까지를 대상으로 했다(RG 242, SA 2009-5-12, 「군관자격시험」(追擊機聯隊指揮中隊 황경우, 1950. 2-5)). 민족보위성이 간행한 1949년도 정규 시험문제집에는 외국군 문제가 들어 있지 않았다(RG 242, SA 2009-9-100, 民族保衛省 軍事出版部, 『軍官資格試驗問題集』(1949年版)).

셋째, 1949년의 방어계획은 1950년의 공격계획과 핵심 개념에서 동일한 것이었음을 알 수 있다. 다만 1950년 공격계획에는 방어·후퇴가 전혀 고려되지 않았다는 점이 다를 뿐이다. 현재 북한 노획문서에서 발견되는, 개전 직전 발령된 정찰지령, 전투명령, 기타 지령·명령 등도 모두 위와 같은 일련의 '공격전투계획' 수립 원칙과 형식에 근거해서 작성되었음을 알 수 있다.

넷째, 유성철의 증언에서 드러나듯이, 북한군은 1950년 5월까지도 '방어형 작전계획'만을 소지하고 있었다. 개전에 앞서 소련군사고문단이 새로운 공격형 작전계획을 수립하여 제시했지만, 북한군의 실제 기동은 1949년 이래 자신들이 훈련받고 익숙해 있던 방어형 전투계획에 입각해 이루어졌음이 분명하다.

옹진전투와 관련해 『옹진戰鬪부터 開城까지 進行한 戰鬪文件』에는 「공격전투시에 있어서 후방진지이동계획」(부대장 한태숙 비준, 제659군부대 후방부부대장 박정근·경리참모 김두칠)이 수록되어 있는데, 이 계획은 앞의 22. 「공격전투시에 있어서 후방진지이동 계획표」(1949. 8. 5, 폭포동에서)와 같은 것임을 알 수 있다. 즉 북한군은 1949년 하반기 이래 연대단위의 방어-후퇴-공격훈련을 반복했으며, 1950년 개전 당시 이를 공격전투형에 그대로 적용했던 것이다.

전선으로 이동

구소련문서가 증언하듯이, 북한군은 6월 12일부터 38선 인근 지역으로 병력을 집중배치했다. 북한군은 38도선에서 10~15km 떨어진 지점으로 이동하기 시작했는데, 이는 6월 23일에 종료되었다.[260] 현대 기계화전의 이론적 제안

---

260) 「슈티코프→필리포프」(1950. 6. 12), 바자노프, 앞의 책, 74쪽; 「슈티코프가 자하로프 동지에게 보낸 군사상황에 관한 1950년 6월 26일자 비밀보고」; Kathryn Weathersby, "New Evidence on the Korea War," *CWIHPB*, Issue 6·7(Winter 1995/1996), pp. 39~40.

자로, 제1차 대전 중 전차를 대량으로 적의 후방 깊숙이 침투시켜 적을 마비시켜 승리한다는 '1919년 계획'의 입안자였던 찰스 풀러(John Frederick Charles Fuller)는 결정된 작전계획에 따라 현재의 집결지에서 전략적 배치 지역으로 이동하는 것은 선전포고 직전이나, 또는 선전포고와 동시에 실시된다고 설명했다. 즉 집결지로부터의 이동이 광의의 '전투'에 포함된다는 것이다.[261]

북한군 부대의 이동은 1949년 말부터 진행해오던 동기전투문화훈련에 뒤이은 하기전투문화훈련으로 위장되었다. 실제로 1949년에 이어 1950년 1월 1일부터 5월 말까지 15일 단위로 동기전투문화훈련이 지속되었다. 그 뒤를 이어 6월 1일부터 하기전투문화훈련의 제1단계 훈련이 시작되었으므로, 부대 이동은 별 주목을 받지 않았다.[262] 6월 12일 평양에서 최일선 사단장, 총참모부 참모, 포병부대장 들을 대상으로 한 비밀회의가 개최되기 전까지는 그 누구도 개전을 알지 못했다.[263] 6월 12일 이후에도 사단장·포병연대장급을 제외한 장교와 사병 들은 부대이동을 하기전투문화훈련 과정으로 이해했을 것이다. 예를 들어 인민군 제4사단 포병연대(연대장 盧錫聖·참모장 鄭斗鎬) 제3대대장 임수산이 소지하고 있던 『하기 제1계단 전투정치훈련계획표』(1950. 5)에 따르면, 1950년 6월 1일부터 7월 15일까지 연대장 조부터 하사관 조까지 포병훈련이 전개될 예정이었다.[264] 제3민청훈련소 제3지소(지소장 太炳烈) 역시 같은 시기에 '1950년도 하기 제1계단 전투정치훈련'을 계획하고 있었다.[265]

---

261) 존 프레더릭 찰스 풀러 지음·최완규 옮김(1999), 『기계화전』, 책세상, 95~112쪽.
262) RG 242, SA 2010-5-18, 「(비준 105포副부대장 金泰聖) 1950. 1. 1~1950. 5. 15 동기전투정치훈련계획표」(206군부대 76mm 대대, 대대장 羅柱弘); RG 242, SA 2009-5-2, 「(극비) 1950년 하기전투 훈련기가 정치상학 교육강령」(1950. 5).
263) 「한국전 문서 요약」, 28쪽; 「슈티코프→자하로프」(1950. 6. 26); Kathryn Weathersby, "New Evidence on the Korea War," CWIHPB, Issue 6·7(Winter 1995/1996), pp. 39~40.
264) RG 242, SA 2010-1-41, 「(부대장 로석성 비준) 夏期第1階段 戰鬪政治訓練計劃表」(1950. 5). 제4포병연대의 대호는 469군부대였으며, 임수산은 표지에 "砲兵은 戰爭에 神이다"라고 썼다. 포병의 자부심이 잘 드러난다.
265) RG 242, SA 2009-6-58.2, 「1950年度夏期第一階段 戰鬪政治訓練計劃表(第三支所)」(支所長 太炳烈·敎育副支所長 지용섬).

나아가 개전 이후인 1950년 7월에도 북한 보위성 전투훈련국은 1950년도 단기전투정치훈련을 실시한 바 있다(1950. 7. 7~7. 21).[266]

노획문서에 따르면, 많은 부대들이 이 시점에 기차와 트럭으로 전선으로 이동했음을 알 수 있다. 가장 빨리 이동한 부대는 인민군 제2사단(사단장 李靑松)이었는데, 노획문서에 따르면 2사단 예하 6연대·17연대·포연대·자동포대대 등은 6월 12일부터 14일 사이에 함흥·부평·흥남에서 기차로 남하를 시작했다.[267] 라주바예프에 따르면, 이들은 김화까지 이동한 뒤 6월 17일 춘천·화천 북방 지역에 집결했다.[268]

848군부대는 인민군 제12사단 소속 대대인데, 6월 18일에 이동을 명령받았다. 이 부대는 6월 19일 2시 50분 문천을 출발해 간성까지는 기차로, 이후 도보로 흘리-서(西)호리-인제로 이동했다. 이동 완료는 6월 20일 20시 40분이었다. 이 대대는 총 17량의 기차를 동원했다.[269] 783군부대는 인민군 제15사단 포병연대였는데, 이 부대는 6월 23일 19:00시에 철도를 이용해 나진을 출발했다.[270] 15사단은 6월 25일 김화에 도착했다.[271] 부대 이동에 앞서 군관회의, 활동자회의를 개최하고, 인원·마필·무기·식량 준비 등을 논의했다.[272]

군부대의 이동과 함께 민간 차원에서도 전선 지역의 최종 점검작업이 이루어졌다. 예를 들어 북로당 강원도 인제군당의 경우, 1950년 6월 13일 상제

---

266) RG 242, SA 2009-10-153, 「1950年度단기전투정치훈련강령」(1950年 7月 보위성전투훈련국). 이에 따르면, 전술(77시간), 사격(52시간), 제식훈련(10시간), 체육훈련(10시간), 규정(6시간), 공병(4시간), 위생(2시간)을 실시해야 했다. 그 중 전술 77시간은 분대훈련(37시간), 소대훈련(32시간), 중대훈련(10시간), 전투 사격을 합한 전술훈련(8시간)으로 구성되었다. 전쟁을 수행하면서 공격·방어시 분대·소대훈련을 가장 중시했음을 알 수 있다. 또한 전시에 이런 훈련이 이루어진 것은 역설적으로 북한군의 단위 부대 훈련이 만족할 만한 수준에 도달하지 않았을 가능성을 시사한다.
267) RG 242, ATIS Document no. 200708, 「第2師團 鐵道輸送計劃書」(第2師團長 李靑松 批准).
268) 라주바예프, 앞의 책, 1권, 135쪽.
269) RG 242, ATIS Document no. 200341, 「報告: 鐵道輸送 및 行軍總結」(1950. 6. 22).
270) RG 242, SA 2010-5-123, 『第3대대 철도수송 文件 —』, 「포병연대 철도수송·적재계획」(제783군부대 참모부, 1950. 6), 「열차편성」(제15포병연대).
271) 라주바예프, 앞의 책, 1권, 135쪽.
272) RG 242, ATIS Document no. 200341, 「報告: 鐵道輸送 및 行軍總結」(1950. 6. 22).

94호 결정서를 통해, 6월 15일부터 반간첩투쟁을 위해 38연선 5km 이내 당 단체들에 유능한 지도일꾼들을 파견하여 일제히 지도케 하고 그 정형을 6월 24일까지 총화할 것을 지시했다.[273] 인제는 12사단의 집결구역이자 공격 지점으로의 전개 지점이었는데, 개전에 앞서 주요 공격 지점에 대한 사전 정비작업이 진행된 것을 알 수 있다. 그리고 이 모든 준비는 개전 직전인 6월 24일까지 종결되었다.

집결구역에서의 최종 점검

집결구역에서 전투에 앞서 최종 점검이 이루어졌다. 북한 노획문서에는 이 과정에 대한 여러 모습들이 단편적으로 기록되어 있다.

군인선서 실시

주둔지 및 집결구역에서 군인선서가 실시되었다. 이는 민족보위상 명령 제00110호에 의거해 실시되는 전군적인 행사였다. 이것 역시 개전에 앞서 당과 정부에 대한 군인들의 충성심을 고취하기 위한 것이었다. 12사단은 집결구역으로 떠나기 전인 6월 10일 원산에서 군인선서를 실시했다.[274] 인민군 855군부대(항공사단)의 경우도 예하부대에 6월 11일까지 군인선서를 실시하라고 명령했다.[275] 군인선서에 '모든 군사규정과 지휘원과 장관들의 명령을 절대적으로 수행할 것'이란 항목이 있었는데, 민족보위성의 해석에 따르면, "지휘관의 명령은 곧 조국과 인민과 우리의 경애하는 수령 김일성장군의 명령이다. 이 명

---

273) 국사편찬위원회(1992), 『북한관계사료집 XV:(1946~1952年)』, 328~334쪽.
274) RG 242, SA 2010-5-(122~136),「명령: 군인선서 실시에 대하여(825군부대 참모부)」(1950. 6. 3, 원산에서). 이 문서들은「명령 及 지령서철」로 825군부대(12사단) 예하 10보병연대의 문서철이다. box 914에서 나온 것이며 SA 2010-5-122부터 SA 2010-5-136 사이로 추정되나 정확한 번호는 알 수 없었다.
275) RG 242, SA 2010-5-(122~136),「군인선서 실시에 관하여」(855군부대 참모부, 1950. 6. 13).

령을 실행함은 참으로 전체 군무자들의 영예롭고 신성한 임무로 된다"는 것이다.[276]

군인증 발급과 휴대

한편 개전에 대비해 신분증명서들이 작성되기 시작했다. 군관들의 경우 6월 중순 사진촬영을 끝마쳤고, 이는 군관신분증에 사용되었다.[277] 한편 전선에 배치된 모든 군인에게 군인증이 발급되었다. 군인증은 하사관·전사에게 발급되었는데, 이는 민족보위성 총참모부의 지령에 의한 것이었다. 인민군 825군부대, 즉 12사단은 집결구역인 인제에서 6월 22일 6월 25일까지 군인증을 발급하라고 지령했다. 민족보위성 총참모부 지령에 따르면, 군인증은 평시에는 중대 단위로 보존하며, 전시에는 개인에게 주는 것이었다. 군인증은 1시간 이상 물에 넣어도 안전하도록 제작하며, 가죽주머니에 넣어 보관하라고 했다. 전사시 신원확인에 대비한 군인증의 개인발급은 개전이 임박했음을 알려준다.[278] 평양의 855군부대, 즉 인민군항공사단(사단장 왕련)의 경우도 6월 중순 전사·하사관 들의 군인증 휴대를 명령했다.[279] 방선주 박사가 발굴한 자료에 따르면, 6월 21일 이후 항공부대의 이착륙 훈련이 중단되었다. 평양에 위치하던 이 항공부대는 해주 인근으로 이동했을 것이다.[280]

---

276) RG 242, SA 2009-3-69, 민족보위성 문화훈련국, 『정치보도 및 담화자료』(1950년 6월), 44쪽.
277) RG 242, SA 2010-5-(122~136), 「군관동지들의 사진촬영에 대하야」(1950. 6. 14, 원산시).
278) RG 242, ATIS Document no. 200931, 「지령 : 軍人證發給에 關하여」(1950. 6. 22, 린제에서)(제825軍部隊 參謀長 지병학).
279) RG 242, SA 2010-5-(122~136), 「전사하사관들의 군인증 휴대에 관하여」(855군부대 참모부, 1950. 6. 13, 평양).
280) 방선주(1986), 앞의 논문, 84쪽 주 41. 북한 공군의 훈련수준에 대해서는 재검토가 필요하다. 훈련비행 기록부에 따르면, 북한군의 훈련은 시동 후 이착륙까지 불과 20여 분 남짓이었다. 실전경험이 전무할 뿐만 아니라 훈련시간이 절대적으로 부족했던 조종사들의 기량은 주일미공군 항공기들이 등장하면서 종말을 고할 수밖에 없었다.

군기강화

집결구역에서 비밀 유지를 위해 군기강화를 지시했다. 이미 5월 중순부터 김일(민족보위성 부상 겸 문화부 사령관)은 인민군 내 군사규율 강화를 지시했고, 다른 한편으로 정치문화 교양사업에 대한 지시도 내렸다.[281] 인민군 12사단의 경우, 사단 집영구역에는 경무부(警務部)가 조직되어(1962. 6. 21) 군사규율·질서유지를 강조했다. 전체 군인들의 외출 또한 금지되었다.[282] 657군부대(6사단 13연대)는 6월 17일 각 경비선에 민간의 통행 금지, 간첩행동 주의, 위장을 하지 않는 자의 통행정지, 기밀 유지를 위한 대호(隊號) 사용을 강조했다.[283]

군사우편물 제정

군사보안을 강조하기 위한 군사우편물이 6월 중순 실시되었고, 우편물 취급에서의 보안 문제가 특히 강조되었다.[284]

위생방역 실시

위생방역은 전반적으로 실시되었다. 옹진에 투입된 경비3여단과 6사단 1연대의 경우에도 동일한 위생방역이 실시되었을 것이다. 위생방역은 다가올 여름철 위생에 대비하기 위한 정기적 목적도 있었겠지만, 개전을 앞둔 사전 준비작업의 일환이기도 했다. 12사단 명령철에 따르면, 5월 말부터 개전 직전까

---

[281] RG 242, SA 2010-5-(122~136), 「지령: 제528군부대(부대장 김일) 조선인민군 부대 내 군사규률 강화에 대하여」(1950. 5. 18, 평양에서), 「지령: 제528군부대(부대장 김일) 1950년도 하기전투 정치훈련계단에 있어서 전투정치훈련을 보장하기 위한 정치문화교양사업에 대하여」(1950. 5. 22).

[282] RG 242, ATIS Document no.200931, 「軍紀强化에 關하여」(1950. 6. 21, 린제에서)(조선인민군825군부대 참모장 지병학·작전참모 최봉준).

[283] RG 242, SA 2009-9-69, 「지령 no.4」(제657군부대 참모부, 참모장 장훈·작전참모 박대식)(1950. 6. 17, 리하치에서). 하기와라에 따르면, 리하치는 라아치(羅阿峙)로, 개성 북방, 38선 8km 북쪽 지역의 골짜기이다[하기와라 료(萩原遼) 지음·崔兒洵 옮김(1995), 『한국전쟁: 김일성과 스탈린의 음모』, 한국논단, 183쪽].

[284] RG 242, SA 2010-5-(122~136), 「군사우편물 제정과 우편물 취급에 관하야」(1950. 6. 15, 원산에서)(참모장 지병학).

지 지속적으로 위생방역이 강조되었다. 특히 중국인민해방군에서 북한군으로 편입된 병사들에 대한 위생계획이 추진되었다. 848군부대(12사단 예하 연대)는 중국에서 입국한 병사들 중 공작 불가능자와 요양치료 가능자를 구분하여 조치할 것을 지시했다.[285] 한편 방역위원회도 조직되었다. 민족보위성 참모부 명령 제0353호(1950. 5. 12)에 따라 12사단은 방역위원회 조직을 명령했다.[286] 5월 말에 재차 사단장 명의의 위생방역에 대한 강조가 있었다.[287]

12사단의 경우 원래 춘기예방접종 기한이 5월 말로 예정되었지만, 제대로 집행되지 않자 6월 12일 원산에서 집결지로 출발하기 전에 강력하게 예방접종 재실시를 명령했다.[288] 한편 집결구역인 인제에 도착해서는 야영시 위생방역에 대해 강조하는 지령을 내리기도 했다.[289]

포탄실사계획

집결구역과 원주둔지역에서 대포, 중기관총, 소총에 대한 실탄사격이 진행되었다. 12사단은 6월 14일부터 3일 간 45mm 대전차포, 기관총에 대한 시사(試射)를 실시했으며, 같은 시점에서 중기관총·보병총에 대한 실탄사격 계획을 수립했다.[290] 이는 전투에 앞서 마지막 전투점검이었다. 또한 하기와라 료(萩原遼)의 지적처럼, 6월 15일 인민군 포병사령관 무정은 모든 예하 포병 사령관에게 명령을 내려 모든 포에 장착할 신관조제를 지시했다.[291] 예하 연대급 부

---

285) RG 242, SA 2010-5-(122~136), 「계획」(1950. 6. 15, 848군부대 위생소대장 장임손).
286) RG 242, SA 2010-5-(122~136), 「1950년 5월 12일 민족보위성 참모부 명령 제0353호에 이한 방역위원회 조직에 대하여」(1950. 5. 22, 제019호, 원산에서)(825군부대 부대장 전우·참모장 지병학).
287) RG 242, SA 2010-5-(122~136), 「위생방역사업에 관하여」(1950. 5. 28, 원산)(825군부대장 전우).
288) RG 242, SA 2010-5-(122~136), 「춘기예방접종 재실시에 대하여」(1950. 6. 12, 원산에서).
289) RG 242, SA 2010-5-(122~136), 「제825군부대 지령: 야영시의 위생방역사업에 대하여」(1950. 6. 23, 인제군에서).
290) RG 242, SA 2010-5-(122~136), 「포실탄 試射 계획」(1950. 6. 12, 825군부대 포병참모부, 포병부부대장 최아립·포병참모장 김덕준), 「중기관총 및 보병총 훈련실탄사격계획」(1950. 6. 14, 사단장 비준).
291) RG 242, SA 2010-5-(122~136), 「제531군부대(무정) 신관조제작업에 관하여」(1950. 6. 15, 평양에서); 김국헌(1992), 「북한의 6·25남침 결정과정」, 『군사』 24호, 238~239쪽; 하기와라 료, 앞의 책, 164

대에서는 이 시점을 전후해 포병부의 탄약정리를 위해 대대별로 병력을 차출하기도 했다.[292]

노획문서에 따르면 이 시기 각 부대들의 화력 보충과 무기 요청이 줄을 이었다. 가평리에 주둔하고 있던 235군부대 5과, 즉 포병참모는 6월 24일 반전차지뢰를 청구했다. 이 부대는 2보병사단 예하 부대였을 것인데, 6월 27일 춘천을 점령했다고 보고했다.[293]

검열

835군부대(12사단)는 6월 중순 전반적인 검열계획을 추진했다. 포병참모장 김덕준은 포병연대, 제1·2·3 보병연대 포병의 행군 준비, 포 준비, 비밀엄수 상태 등을 점검했다.[294]

당위원회 구성

전투에 앞서 열성당원들의 선전선동을 강화하고, 전투력 강화 및 모범을 수립하기 위하여 당위원회가 조직되었다. 잘 알려졌듯이 인민군 내 문화부가 군대에 대한 당적 영도를 담당했다. 12사단의 경우 6월 14일 사단 당위원회 구성이 지시되었다.[295] 조직된 당위원회는 전투에 앞서 전의·결의를 다지는 회의를 개최했다.[296]

~167쪽.
292) RG 242, SA 2009-9-69, 「지령 no.4」(제657군부대 참모부, 참모장 장훈·작전참모 박대식)(1950. 6. 17, 리하치에서).
293) RG 242, SA 2010-3-43, 「보고」(1950. 6. 제235군부대 5과)(가평리, 1950. 6. 28).
294) RG 242, SA 2010-5-(122~136), 「검열계획」(825군부대 포병참모부, 1950. 6. 16)(포병참모장 김덕준).
295) RG 242, SA 2010-5-(122~136), 「지령: 제825군부대 내 사단 당위원회 구성에 대하여」(1950. 6. 14, 문화부부대장 김강).
296) RG 242, ATIS Document no.200583, 「내무성 경비국 제7여단 제2대대 제5중대 노동당 당원총회 회의록 1950. 6. 22~6. 23」.

선전선동사업, 정치문화 교양사업

개전에 앞서 군사적 준비를 제외하고 가장 중시된 것 중 하나가 선전선동사업이었다. 선전선동의 핵심은 남한의 무력 침공에 대한 강조와 북한의 평화통일 노력을 대비시키는 것이었다. 개전 직전인 1950년 6월, 민족보위성 문화훈련국이 간행한 『정치보도 및 담화자료』는 개전 직전 민족보위성 차원에서 준비한 핵심 교양내용이었다.[297] 전선의 집결구역에서 인민군 병사들은 이러한 자료를 중심으로 남한에 대한 적개심을 고취하는 동시에 북한에 대한 충성심을 제고했다.

일상적 전투준비, 경각성, 훈련의 효과적 보장, 무기 애호 등은 훈련 과정에서 보편적으로 제기될 수 있는 주제들이었다. 그렇지만 그 중 몇 가지는 특징적이었으며 '개전'을 염두에 두었음을 분명히 드러냈다. 특정 주제들은 위협적이며 공격적인 내용을 담고 있었다. 예를 들어 '훈련에 참가하면서 쓸데없는 말을 하지 말라. 말공부는 적에게 유리한 조건을 지여준다'는 주제를 보자. 이에 따르면, 말을 많이 하는 다변자(多辯者)는 '간첩의 방조자'가 될 수 있고, 간첩 밀정들은 이러한 '다변자를 자기의 보물'로 여긴다고 강조했다. '우둔한 말은 자기에 대한 파멸이다' · '말 한마디에 죽고 살기가 달렸다'는 격언에 이르면, 이것이 전시 비밀보호를 위한 것임이 분명히 드러난다.[298]

한 인민군의 1950년 6월 12일자 병사수첩은 "비밀엄수" "경각성 제고" "人民과 接촉치 말 것이다" "特히 도주者를 내지 말 것이다" "동요분자 요주의" 등의 항목을 적고 있다.[299] 이 「야전수첩」에서 정치적 각성의 제고책으로 제기된 항목들은 다음과 같다.

---

297) RG 242, SA 2009-3-69, 민족보위성 문화훈련국, 『정치보도 및 담화자료』(1950년 6월).
298) RG 242, SA 2009-3-69, 민족보위성 문화훈련국, 『정치보도 및 담화자료』(1950년 6월), 11~12쪽.
299) RG 242, SA 2009-7-178, 「야전수첩」(제3중대 장리천).

· 우리는 三八연선이다 — 特히 주의

· 人民과의 접촉 금지

· 個人行動 금지

· 高성을 주의

· 思상動요分子정책이다.

   민족보위성은 조국전선 대표들을 한국정부가 체포한 것은 "히틀러 파시스트도당과 일본 제국주의 군벌들에게서도 찾아보기 드문 야수적인 만행"이라고 지속적으로 비난했다.[300] 민족보위성은 남한이 "38연선에서 작년도만해도 무장 도발 432차나 감행하였으며 최근에는 소위 국방군 8개 사단 중 5개 사단을 38선 지역에 집중시키고 로골적으로 북반부를 침해하려 한다"고 비난의 수위를 높였다. 이런 측면에서 조국전선이 남한을 향해 발표한 일련의 호소문은 실제로 전선의 병사들에게 사상교육용이자 적개심 고취용으로 사용되었다. 위의 「야전수첩」 역시 "호소문 해설, 적개심 전투 준비, 비밀" 등을 강조했다. 여기서의 호소문은 다름아닌 조국전선 호소문이었다. 이 수첩은 6월 19일 평화적 조국통일 추진을 방해하는 '역도들'을 비난하고 조국전선의 호소문을 지지하는 회의를 가졌다고 기록하고 있으며, 남북 국회의 통합을 제의한 최고인민회의 상임위원회 결정서가 기록되어 있다.

   민족보위성은 "미제국주의자들은 조선인민의 악독한 원쑤"라고 규정하면서 이렇게 결론을 내렸다.

   오늘에 있어서 문제는 명백하다. 리승만 역도들을 타도분쇄함이 없이는 조국

---

300) RG 242, SA 2009-7-178, 「야전수첩」(제3중대 장리천); RG 242, SA 2009-3-69, 민족보위성 문화훈련국, 「조국을 영원히 분렬하려는 리승만 역도들과 최후까지 싸우자(홍범룡)」, 『정치보도 및 담화자료』 (1950년 6월), 22쪽; 「조국통일민주주의전선의 호소문은 통일된 조선민주주의 자주독립국가 건설의 기본방책이다(한용규)」, 30~31쪽.

의 통일을 달성할 수 없는 것이다. (……) 미제의 침략 정책과 리승만 역도들을 분쇄소탕하는 것은 정당한 일이다. 승리는 언제든지 정의와 인민의 편에 있다.[301]

표면상으로는 '훈련'을 위장하고 있지만 이 시점에서 대부분의 병사·군관 들은 전쟁이 임박했음을 감지했다. 야전에서도 정의의 전쟁론이 계속 강조되었다.

> 戰爭에는 正義의 戰爭과 非正義의 戰爭이 있다.
> 그리하여 正義의 戰爭, 自己의 祖國解放, 침략이 아닌 것.
> 非正意戰爭 領土욕 植民地. 例. 第一次大戰에서 쏘련은 正義의 전쟁이다.
> 口號. 當身들은 祖國의 구원자다. 뿐만 아니라 世界 各國 人民은 當身을 갈망한다. 米英은 그렇지 않음. 그들은 상품시장 침략이다.
> 그렇다면 오늘 한 民族으로써 한 땅이다. 그러나 米帝와 리승만게열의 방책으로 統一되지 못하였을 뿐만 안이라 그들은 조선의 애국지사를 20万의나 없이으며 수10万의 사람을 학살. 그리하여 오늘 우리가 南半부의 괴뢰군을 분쇄하더래도 그는 正義이다.
> 왜 그는 우리가 南半部를 남무나라에 팔며 또 人民을 도살키 위한 것이 안이라 統一을 원하며 幸복을 가저오기 위한 것이다.[302]

남한에 대한 공격이 침략이 아니라 통일과 행복을 위한 정의의 전쟁이라는 대목에 이르면, 북한군이 내부적으로 개전의 명분 확보와 결전의 의지를 다지기 위해 선전선동사업에 전력을 기울였음을 깨닫게 된다. 어떤 방식의 개

---

301) RG 242, SA 2009-3-69, 민족보위성 문화훈련국, 『정치보도 및 담화자료』(1950년 6월), 38~39쪽.
302) RG 242, SA 2009-7-178, 「야전수첩」(제3중대 장리천), 1950년 6월 14일자.

전도 북한에게는 '미제와 이승만 괴뢰도당'으로부터 남한을 해방하기 위한 '정의의 전쟁'으로 정의되었다.

마지막으로 지휘관의 명령에 절대복종할 것이 강조되었다. "지휘관의 명령수행은 매개 군무자들의 영예롭고 신성한 임무"이며, "장관의 명령은 부하에게는 법"인 반면 명령불복종이나 실천 미비는 "곧 조국과 인민 앞에 죄"를 짓는 것이며 "인민의 반역자"라고 강조했다.

이제 마지막 남은 것은 공격전투의 실행이었다.

4. 옹진 '공격전투'의 전개와 특징

미국의 군사가 애플만은, 북한군은 오전 4시 야포·박격포 공격을 시작해, 오전 4시 30분 38선을 넘어왔으며, 기갑부대의 지원은 없었다고 썼다.[303] 한국군의 공식전사 역시 모두 옹진에서의 공격이 오전 4시였다고 쓰고 있다.[304] 그렇지만 북한측의 여러 자료들은 북한군의 전면적인 공격개시가 6월 25일 오전 4시 40분이었음을 증거하고 있다. 만약 옹진공격이 오전 4시였고, 그 외 지역 공격이 오전 4시 40분에 개시되었다면, 이는 북한의 공격이 시간차를 두고 개시되었음을 의미한다. 이 때문에 기존 전사들은 전투가 옹진에서 발화해 수시간 내에 개성-춘천-강릉 등 동부전선으로 확대되었다고 기술했다.[305] 구소련문서 등의 증거는 옹진에서 개전 후 전면전으로의 전화라는 시나리오가 폐기된 대신, 전 전선에서의 동시공격계획이 수립되었다고 쓰고 있다. 현재로서

---

303) Roy Appleman, 앞의 책, pp. 21~22. 애플만이 제시한 공격시간은 주한미군사고문단의 하우스만(James Housman) 대위로부터 입수한 것이다. 하우스만은 창군기부터 한국군과 깊숙한 관계를 맺었으며, 스스로 한국군의 아버지라고 칭했다.
304) 국방부 전사편찬위원회(1977), 앞의 책, 466~469쪽. 17연대 연대장 백인엽, 3대대장 오익경이 모두 4시에 공격이 시작되었다고 증언했다.
305) Bruce Cumings(1990), 앞의 책, 18장; Roy E. Appleman(1961), 앞의 책, pp. 21~28.

는 확정적 결론을 내릴 수는 없지만, 구소련문서와 북한 노획문서를 종합해 볼 때, 오전 4시 40분에 전면 동시공격이 시작되었을 가능성이 높다.

슈티코프가 개전 다음날인 6월 26일 자하로프에게 보낸 보고서에 따르면, "현지 시각으로 4시 40분에 군사작전이 개시되었습니다. 10분 간의 포병탄막사격과 20~40분 간의 직접사격 과정에서 공격준비사격이 동반되었습니다. 보병이 일어나 원기 왕성하게 공격하기 시작했습니다. 최초 3시간 안에 개별 부대들과 대형은 3~5km 진격했습니다"라고 되어 있다.[306] 즉 포병의 공격개시가 오전 4시 40분이었으며, 포병의 공격준비사격(탄막사격 10분, 파괴사격 20~40분, 총 30~50분) 이후 보병·자주포·탱크부대의 돌격전이 개시되었다는 뜻이다. 라주바예프는 포병사격으로 전 전선에서 한국군의 화력체계가 4~6km 후방까지 제압되었고, 통신과 부대지휘체계가 단절되었다고 정리했다.[307]

한편 북한 노획문서들도 포병 준비사격 이후 돌격이 이루어졌는데, 포병 준비사격이 4시 40분에 시작되었고, 돌격은 오전 5시를 전후해 개시되었음을 보여준다. 예를 들어 북한군 제13연포군 소속으로 보병 18연대를 지원한 제4포련대 제1대대원(성명 미상)의 전투일기에 따르면, 6월 25일 "0시에 연포군장으로부터 25일 4시 40분부터 공격개시라는 명령을 접수"하였다.[308] 라주바예프의 기록에 따르면, 18연대는 의정부 방면을 공격한 제4보병사단 예하의

---

[306] 「슈티코프가 자하로프 동지에게 보낸 군사상황에 관한 1950년 6월 26일자 비밀보고」; Kathryn Weathersby, "New Evidence on the Korea War," *CWIHPB*, Issue 6·7(Winter 1995/1996), pp. 39~40.

[307] 라주바예프, 앞의 책, 1권, 293쪽. 그런데 소련군 총참모부 작전총국이 작성한 『조선에서의 전투행동 개관』은 6월 25일의 상황에 대해 "20~40분에 걸친 준비 포사격 이후 인민군부대는 4시 40분 반격으로 전환"했다고 쓰고 있다〔Боевой состав войск Северной Кореи на 25 июна 1950 года, 소련군 총참모부 작전총국, 「조선에서의 전투행동 개관」 중 「1950년 6월 25일 현재 조선인민군과 남조선군의 전력현황」(1951. 12. 3), 러시아연방 국방성중앙문서보관소 문서군 16, 목록 3139, 문서철 133〕. 이 경우 포격은 4시 혹은 4시 20분에 시작되었고, 보병·자동포·탱크 등 돌격부대의 공격이 4시 40분부터 개시되었다고 해석할 수도 있다.

[308] RG 242, ATIS Document no. 200446, 「戰鬪日記」 1950년 8월 23일 24사단 지역에서 노획.

연대였다.³⁰⁹⁾ 이 병사의 일지에 따르면, 4사단 "제18聯隊는 我軍의 포병돌격 준비사격의 엄호下에 임진강을 4시 50분 渡河을 成果的으로 하여 敵의 제1線 제2線을 占領"했다. 같은 자료에 따르면, "我軍 砲兵 1大隊는 25日 4시 40分부터 돌격준비 射擊 20分間 내 目的 no 214, 土木火點 no 271, 지휘소 no 280, 土木火點 no 281, 감시소 no 280, 土木火點 281 破壞하고"라고 되어 있다. 즉 포병의 돌격준비사격이 오전 4:40분 시작되어, 20분 간 지속된 뒤 보병의 돌격이 개시되었음을 알 수 있다.

또한 북한군 제6사단 소속으로 '여현중대'에 배속된 한 병사의 수기에 따르면, "6. 25일 아침 5시에 진공명령을 받고 우리는 적군 마대비초소 예성강 초소를 진공하였다. 이때 38선 전 지역에서는 폭격소리가 천지를 진동하였다"라고 기록했다. 여현중대의 '진공'에 앞서 역시 30분 간 포병 준비사격이 가해졌을 것이다.³¹⁰⁾

슈티코프의 기록과 13연포군 병사의 기록을 종합해보면, 북한군이 38선 전역에서 4시 40분 포병의 공격준비사격으로 공격을 개시했으며, 20~30분 간의 포병 준비사격 이후 보병·장갑차·자주포·탱크부대의 돌격전이 시작되었다고 정리할 수 있다.

한편 라주바예프의 보고서에는 정확한 공격시간은 나와 있지 않지만, "30분 간에 걸쳐 포병 공격준비사격을 실시한 후" 공격을 개시했다고 되어 있다.³¹¹⁾ 인민군 제4보병사단의 「전투명령 제1호」(1950. 6. 22)에 따르면, 인민군은 공격준비로 30분 간 포병 준비사격을 했는데 15분은 폭격, 15분 진지·참호·화점 등에 대한 파괴사격이었다.³¹²⁾ 이 중 처음 15분이 적의 방어능력·사

---

309) 라주바예프, 앞의 책, 1권, 153~154쪽.
310) RG 242, SA 2010-1-88, box 850, 「나의수기」(소지자 미상). 이 병사는 여현을 출발하여 예성강(6. 25) →개성(6. 26)→領井(6. 27)→자동(6. 29)→서울로 이동했다.
311) 라주바예프, 앞의 책, 1권, 142~143쪽.
312) RG 242, ATIS Document no.200045, 「전투명령 No.1 제4보사 참모부」(1950. 6. 22. 14:00). 이 문서는 1950년 7월 16일 대전 지역에서 노획되었지만, 현재 NARA에 원문이 소장되어 있지 않다. 이 문서

기·유생역량 소멸을 위한 폭격이었다면, 마지막 15분은 주요 목표물에 대한 표적사격이었다. 4사단 포병연대의 기록에 따르면, 돌격준비기의 포병사격은 ① 파괴(직접묘준), ② 진압과 소멸(간접묘준)로 구별되었다. 9사단 1연대 신택선의 학습장에도 돌격준비기의 포병사격은 ① 파괴기 40분 간 폭격으로 참호·토목화점·화점을 소멸하며, ② 진압기 10분 간 폭격으로 보이거나 보이지 않는 참호·유생역량·화점 들을 진압한다고 되어 있다.[313]

경비3여단 포병대와 6사단 1연대 포병대 역시 폭격·파괴사격으로 30분 간의 포병 준비사격을 했을 것이다. 옹진반도 좌익에서 수동-읍저리 방향을 공격한 경비3여단 제5, 6대대로 추정되는 강도건 구분대 역시, 6월 25일 "38선 접경 두락산 고지일대를 반공(反攻)진지로 하고 우선 각종 중화력의 맹렬한 사격으로 적에게 결정적 타격을 준 다음 보병이 진공을 개시하여 용감하게 앞으로 돌진" 했다.[314] 북한군은 중화력으로 맹렬한 포병 준비사격을 가해 종심 1~2km 이내 한국군의 방어진지·특화점, 지휘·통신체제를 무력화시킨 후 돌격했다.

4사단 전투명령 등에 나와 있듯이, 공격개시·포병 공격개시의 전화신호는 '폭풍'이었고 신호탄은 '붉은색'이었다. 제4포병연대, 즉 제4사단 포병연대의 문서에도 돌격준비기 전화신호는 '폭풍'으로, 신호탄은 적색신호탄으로 규정되어 있다.[315] 한편 한국전쟁기 북한군 포로 중 최고위급 장교였던 이학구 총좌가 투항시 지니고 온 북한군 문서철에 따르면, 포사격 개시의 전화신호는 '번개', 신호탄은 '적색'이었다.[316] 북한군 103부대의 비상소집 계획에

는 사진판으로 극동군사령부 간행물에 수록되었다(MA, RG 6, box. 78, GHQ, Far East Command, Military Intelligence Section, Allied Translator and Interpreter Section, Research Supplement, Documentary Evidence of North Korean Aggression, Issue no.2, 30 October 1950). 문서의 가장 정확한 내용은 방선주(1986), 앞의 논문을 참조.
313) RG 242, SA 2010-1-116, 「제목 미상」(9보사 1연대 신택선 학습장으로 추정).
314) 「강도건구분대 전투원들의 빛나는 전과: 옹진반도에서」, 『로동신문』 1950. 7. 2.
315) RG 242, ATIS Document no.200520, 「火力一覽表」(1950. 6)(부대장 노석성·第一副部隊長 정두호).

한국전쟁기

「조선인민군 공격작전용 정찰계획」 마지막 장(1950. 6, 러시아어). ⓒ NARA

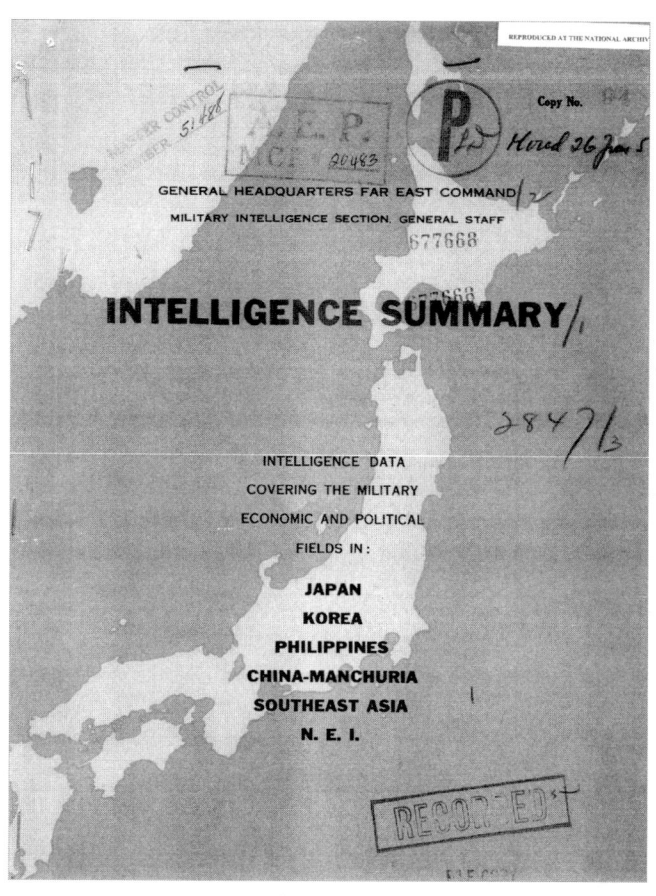

맥아더가 지휘한 미극동군사령부(FEC) 군사정보국이 발행한 『정보요약』(Intelligence Summary)의 표지. ⓒ NARA

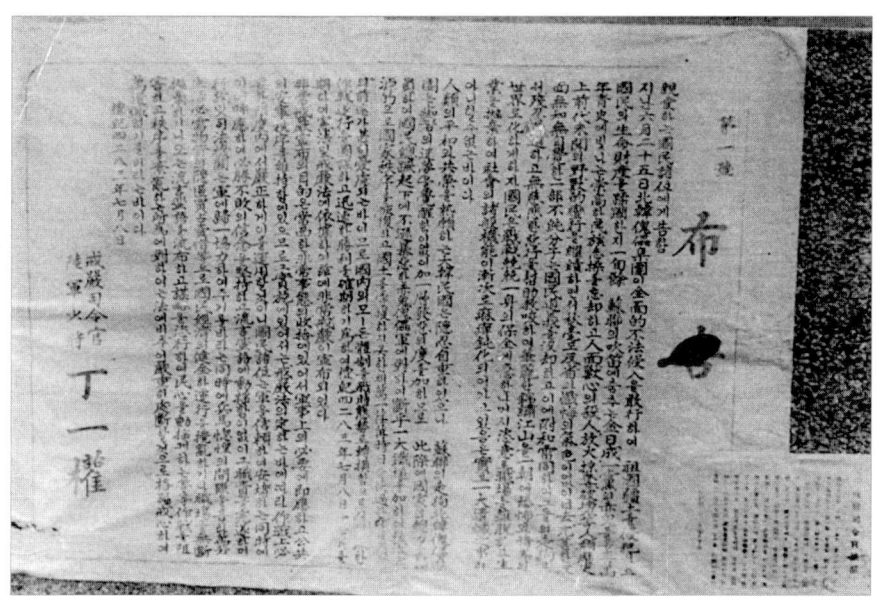

전쟁 발발 후 계엄사령관 정일권 소장의 포고문(1950. 7. 8). ⓒ NARA

도하작전중인 북한군 1. ⓒ NARA

도하작전중인 북한군 2. ⓒ NARA

점령 후 김일성 초상화가 내걸린 옹진군 인민위원회 회관. ⓒ NARA

옹진 군민들의 해방경축 군중대회. ⓒ NARA

옹진전투에서 파괴된 한국군의 무기류. ⓒ NARA

옹진전투에서 사로잡힌 한국군 포로들. ⓒ NARA

북한군의 서울 입성. ⓒ NARA

북한군의 중앙청 점령. ⓒ NARA

북한점령기 서울역 앞 복구작업. ⓒ NARA

북한점령하의 선거: 동뚝도리(뚝섬) 선거장. ⓒ NARA

국방군 포로수용소포로병 궐기대회. ⓒ NARA

미군포로의 평화호소 행진(평양, 1950. 8). ⓒ NARA

노획된 북한군의 경장갑차 BA-64. ⓒ NARA

노획된 북한군의 T-34형 탱크. ⓒ NARA

이승만 대통령과 국무총리 겸 국방장관 신성모(임시국회의사당 문화극장 앞, 1950. 8. 15). ⓒ NARA

'마운트 매킨리'호 함상에서 인천상륙작전을 지휘하는 맥아더(1950. 9. 15). ⓒ NARA

수복 직후 잿더미가 된 서울 전경(1950. 10. 18). 중앙청에서 바라본 북악산. ⓒ NARA

중국대표단 환영회 주석단. 왼쪽부터 김일성, 곽말약(郭沫若) 중국대표단장, 슈티코프 대사. ⓒ NARA

북한군의 학살(진주, 1950. 10. 2). ⓒ NARA

한국 육군 헌병의 대구 부역자 처형(1951. 4). ⓒ NARA

따르면 비상소집의 구두신호는 '폭풍'이었다.[317] 북한군의 포병공격 및 공격개시 신호탄이 붉은색(적색)이었으며, '폭풍'은 공격이나 비상을 알리는 구두신호로 사용되었음을 알 수 있다. 붉은 신호탄이 쏘아 올려졌고, '폭풍'처럼 공격전투가 시작되었다.

4사단 전투명령과 4포병연대의 문서에 따르면, 전투는 크게 3단계로 구성되었음을 알 수 있다.[318] 3단계는 ① 돌격준비, ② 돌격전투, ③ 종심전투 등이다. 즉 ① 돌격준비 단계에서 포병은 준비사격을 통해 적 방어진지의 유생역량을 진압하는 한편, 적 포병진지·토목화점·영구화점을 파괴하며, 공병은 적이 방어전면에 설치한 장애물 위로 돌격부대가 통과할 수 있는 도로를 설치하는 임무를 수행했다. 한편 직사포대는 철조망 구역을 파괴하는 임무를 맡았고, 보병부대와 탱크부대는 돌격선을 점령해야 했다.[319]

② 돌격전투는 포병 준비사격으로 적의 방어를 무력화시킨 뒤 보병·탱크·싸마호트 부대가 돌격하면서 적의 주요 유생역량·방어진지·토목화점·영구화점을 소멸하는 한편, 적의 포병을 무력화하고 지휘체제를 파괴하는 것으로 설정되었다. 아마도 탱크와 싸마호트가 기동한 지역에서 한국군은 위압적 외형과 화력에 전의를 상실하고 전열이 붕괴되었을 것이다. 포병은 돌격을 지원하는 임무를 수행했다.

③ 종심전투 단계는 적의 방어전면을 관통해 주요 병력·화력·지휘체계를 제압한 뒤 템포를 살려 적을 섬멸·격멸하는 단계를 뜻했다. 옹진에서의 북한군의 기동 역시 이러한 3단계에 입각해서 진행되었을 것이다.

라주바예프의 기록에 따르면, 북한군은 새벽 6시에 주공 방향에서 2~

---

316) RG 242, ATIS Document no.200774, 「신호일람표」.
317) RG 242, SA 2009-6-104, 「제2대대 비상소집계획」(제133군부대 부대장 유창권 비준, 제133군부대 제2대대 대대장 김택·상급부관 김창히)(1950. 4).
318) 방선주(1986), 앞의 논문; RG 242, ATIS Document no.200520, 「火力一覽表」(1950. 6)(부대장 노석성·第一副部隊長 정두호).
319) RG 242, ATIS Document no.200520, 「火力一覽表」(1950. 6)(부대장 노석성·第一副部隊長 정두호).

2.5km 진격했다. 이를 근거로 역산해보면 4시 40분에 포병의 준비사격으로 옹진공격이 시작되었고, 30분 뒤인 5시 10분경부터 포병의 엄호하에 보병·자주포 부대가 함께 돌격전을 펼쳤을 것이다.

정리하자면 옹진에서 북한군은 6월 25일 오전 4시 40분부터 30분 간 포병 준비사격을 가한 뒤, 5시 10분 보병·자주포 부대가 돌격전을 펼쳤고, 6시에 이르면 주공 방향이자 한국군 17연대가 방어하고 있던 주요 기동로에서 2~2.5km씩 전진한 상태였을 것이다. 한국군의 방어진지는 38선상에 구축된 것을 제외하면 주요 기동로를 따라 종심방어형으로 구축되지 않았을 가능성이 높았다. 앞에서 살펴본 경비3여단의 「정찰지령 No.8」(1950. 6. 21)에 지적되었듯이, "아군 정면 적진지들은 3~4선의 참호를 가지고 많은 토목화점을 설치하였으나 그 대부분이 허위화점 허위진지 허위참호이며 중요방향에는 반보병지래(지뢰)를 매설"한 상태였을 것이다. 즉 17연대는 38선 전면에만 방어선을 구축해, 포병 준비사격 과정에서 한국군의 방어진지·화점 들이 붕괴되자 북한군의 돌격과 포공격에 견딜 수 없었을 것이다.

라주바예프의 기록에 따르면, 옹진반도에서 북한군의 공격은 크게 3단계 진출계획으로, 작전기간은 이틀로 준비된 것으로 나타났다.[320]

- 1단계의 진출 계선: 장현리-마현(말고개)-수대리-광동-마소우(마소몰)-삼봉리-신록산
- 2단계의 진출 계선: 신풍동-수동-수척동-(옹진)-가재동-신사리-신기-강령-광암리-현기동
- 3단계의 진출 계선: 고기동-읍저리-중간동-사곶리-사천-신평리(부포)

즉 개전 초기 포병 준비사격 등 화력을 집중해서 한국군의 주요 전투력이

---

[320] 라주바예프, 앞의 책, 1권, 140~141쪽.

집중된 38선 접경 지역의 주요 방어시설과 병력을 파괴해, 한국군의 방어전면에 틈을 확보하고 여기에 돌격부대들을 투입함으로써 쐐기처럼 한국군의 방어종심으로 깊숙이 침투할 것을 계획했음을 알 수 있다. 침투 후에는 진격속도를 유지하고 전세를 확장함으로써 한국군을 섬멸할 것을 목표로 하였다.[321]

라주바예프의 보고서에 옹진 공격은 총 2일이 소요되는 것으로 나타나 있다. 공격 첫째 날 고기동-읍저리-중간동-사천-석우동 선까지 진출하며, 둘째 날 옹진반도를 완전히 해방시킨다는 계획이었다.[322] 이는 개전 첫날 옹진의 주요항구이자 퇴각로인 반도 중앙의 사곶리(항)와 반도 동남단의 부포(항)를 제외한 전 옹진반도를 석권할 계획이었음을 의미한다. 북한군은 6월 26일 오전 10시, 두 항구마저 점령함으로써 계획대로 작전을 성공시켰다.

앞에서 살펴본 것처럼, 북한군의 공격은 옹진의 주요 도로·기동로를 타고 전개되었다. 옹진의 주요 도로는 크게 셋이었는데, 옹진반도를 X자형으로 가로지르는 취야에서 사곶항에 이르는 50번 도로와 태탄에서 부포에 이르는 도로가 양원에서 교차했으며, 옹진반도를 횡단하는 도로가 반도 좌익의 수동에서 반도 우익의 강령까지 가로질렀다. 따라서 옹진의 도로는 옹진 중앙에서 태탄-옹진읍-사곶으로 이어지는 도로망, 우익의 취야-강령-부포로 이어지는 도로망, 좌익의 태탄-수동-읍저리로 이어지는 도로망 등 2개의 종단도로와 수동-옹진읍-강령으로 이어지는 1개 횡단도로가 주요 도로망을 형성했다.

북한군의 기동은 바로 이 주요 도로망을 통해 이루어졌다. 옹진반도 좌익을 공격한 경비3여단 제5, 6대대는 두락산 방향에서 옹진반도 좌측의 장현리-수동-읍저리로 공격해 들어갔는데, 이 지역은 경찰이 경비하고 있었다.

---

[321] 북한군은 다양한 공격대형과 전투서열을 준비했다. 노획문서에서 발견되는 북한군의 대형은 '련제우제대형' '련제좌제대형' '련대전(요철)각형' '련대후(요철)각형' '적공고진지 격파의 보병련대 전투서열(조국전쟁경험)' '師團前로서 行軍序列略圖' '전차소대전투서열' 등이 있다(RG 242, ATIS Document no.206219).

[322] 라주바예프, 앞의 책, 1권, 141쪽.

□ 그림 IV-7 개전 초기 북한군 주요 공격 방향(옹진반도)

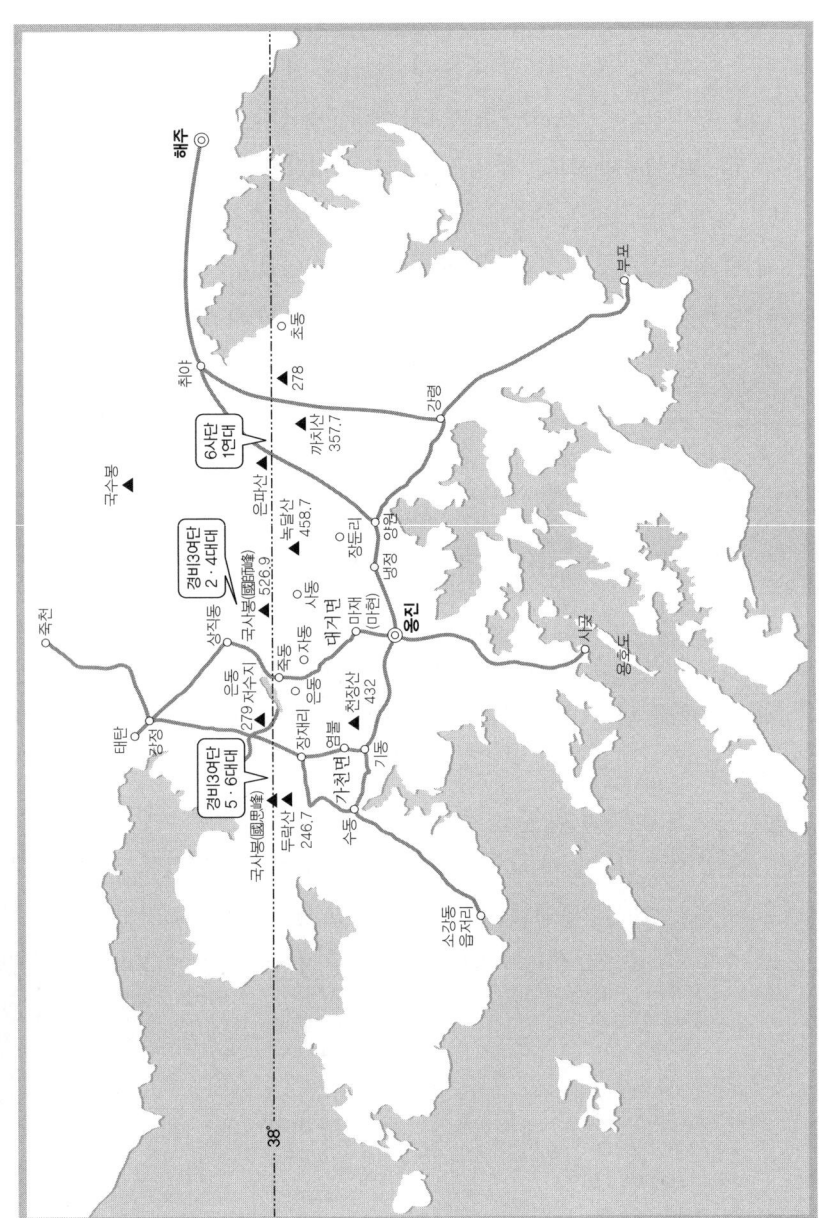

644 IV부 | 개전의 결정·공격 계획의 수립·초기 전투

이 지역의 중앙 수동은 옹진읍과 도로로 연결되어 있었는데, 경비 5, 6대대의 임무는 옹진읍에 위치한 17연대 본부 및 예비대대 제2대대의 지원을 저지하면서 옹진에서 외부로 통하는 읍저리항을 확보하는 것이었다. 한편, 옹진읍이 압박을 받게 되면 자연적으로 한국군은 동쪽의 강령-부포를 통해 퇴각하거나 아니면 옹진읍 남방의 사곶항-용호도(섬)를 통해 퇴각해야 했다. 북한 경비3여단 5, 6대대의 임무 중 하나는, 바로 강령이나 용호도(사곶)로 후퇴하는 한국군을 저지하는 것이었다.

옹진반도 중앙을 공격한 경비3여단 제2, 4대대의 임무는 상직동 방향에서 옹진반도 중앙을 돌파해 옹진읍을 점령하고 사곶항까지 확보하는 것이었다. 이 지역은 17연대 제1대대가 마현(말고개)에 대대본부를 두고 방어 중이었다. 개전 초기 17연대 제1대대장(김희태 소령)이 전사하자, 17연대장 백인엽은 북한군의 주공 방향이 제1대대 방향이라고 생각하고 예비대대인 제2대대 병력을 투입했다. 그렇지만 전선에서 연대본부까지의 종심이 불과 5km에 불과해 북한군의 포격이 연대본부 주위에 떨어지자, 백인엽 대령은 연대본부를 제3대대 대대본부가 있는 강령으로 이동시켰다. 이후 백인엽 대령과 제3대대는 강령에서, 제1대대, 제2대대 및 연대본부 병력은 마현에서 서로 연락이 두절된 채 방어전투를 전개하며 철수작전을 펼쳤다. 그렇지만 17연대장의 초기 판단과는 달리, 강령 방면을 공격한 북한군 6사단 1연대의 화력이 가장 강력했으므로, 17연대는 전 전선에서 어려움에 처했다.

반면 옹진반도 중앙을 공격해온 경비3여단 제2, 4대대는 한국군 17연대 제1대대와 연대본부, 제2대대 등 한국군 17연대의 병력·화력이 밀집·집중된 까닭에 강력한 저항에 직면해야 했다. 북한군은 개전 직전 제1대대가 옹진반도 중앙의 마현(말고개)이 아니라 옹진반도 좌익의 수동에 위치하고 있다고 잘못 판단했다. 그 결과 옹진반도 중앙의 경우, 한국군 1대대가 붕괴되면서도 옹진읍의 예비대대인 제2대대 및 잔여 포병대와 함께 강력한 저항선을 구축함으로써 북한군의 진격이 예정보다 늦어졌다.

옹진반도 우익을 공격한 북한군 제6사단 제1연대는 까치산 방향에서 강령-사천-부포항으로 압박해 들어갔다. 이 부대에는 자주포(싸마호트) 대대가 배치되어 있었는데, 여기에 자주포 대대가 배치된 이유는 옹진반도의 유일한 공식 항구이던 옹진반도 동남단에 위치한 부포항을 신속하게 장악하기 위해서였을 것이다. 이 지역은 17연대 제3대대가 강령에 대대본부를 두고 방어했다. 한편 옹진읍이 북한군의 포격 범위에 들자 17연대장 백인엽은 연대본부를 강령으로 이동시키고, 자신도 6월 25일 12시 강령으로 이동했다. 그렇지만 3대대는 6월 25일 11시 전후에 와해되었기 때문에, 이후 백인엽과 3대대는 강령에서 부포항을 거쳐 해상으로 탈출하게 된다.

라주바예프의 보고서에 따르면, 옹진전투에서 위의 세 방향의 공격 가운데 6사단 1연대가 공격을 담당한 까치산-강령 방면의 공격이 가장 성공적이었다. 포병과 박격포 공격을 실시한 뒤 1연대는 오후 2시경 3대대 주둔지이던 강령을 점령했고, 1연대 예하 제3대대는 옹진-강령 간 연락을 차단했다.

반면 경비3여단 제5, 6대대가 공격을 담당한 수동 방향의 신풍리·수동에서와, 경비3여단 제2, 4대대가 공격을 담당한 옹진읍 방향의 옹진읍 등에서는 17연대의 강력한 저항이 전개되었다. 라주바예프는 신풍동-수동-염불-옹진읍에서 강력한 저항이 있었는데, 이는 옹진 지역의 병력을 읍저리 선착장으로 철수시키기 위한 것이었다고 평가했다.[323] 라주바예프의 보고서는 옹진읍 방어군이 1개 보병대대, 2개 105mm 포대, 대전차포 10문을 보유하고 있었다고 평가했다.[324] 한국군 공식전사에 따르면, 이 방면의 지휘를 담당한 17연대 예비대인 제2대대장(송호림 소령)은 81mm 박격포 10문, 대전차포 2문, 105mm 곡사포 5문 등 총 17문의 포로 반격을 가해 북한군의 전진을 차단했다.[325] 이

---

323) 라주바예프, 앞의 책, 1권, 144쪽.
324) 앞의 자료.
325) 국방부 전사편찬위원회(1977), 앞의 책, 476~478쪽.

들은 오후 2시까지 북한군의 진격을 저지했다.

이에 맞서 경비3여단장 최현은 저녁 6시 30분 예비전력인 경비3여단 제7대대를 투입했고, 7시 30분 옹진읍에 강력한 포격을 가한 뒤 보병이 서·북·동쪽 세 방향에서 동시 공격해 옹진읍을 점령했다.

한국 공식전사에 따르면, 한국군 17연대 3대대는 6월 26일 새벽부터 부포항을 통해 철수를 시작해 오전 11시에 LST-801함으로 1,200여 명이 철수를 완료했다. 공식전사에 따르면, 백인엽 연대장은 제7포병대대장 박정호 소령과 함께 오후 2시 조각배를 타고 부포에서 철수했다.[326] 제1, 제2대대, 연대본부 병력 1,300여 명은 사곶항을 통해 6월 26일 오전 7시, 사곶항 앞바다에 위치한 용호도로 철수를 완료했다. 라주바예프의 보고서는 북한군이 6월 26일 오전 10시 30분, 옹진반도를 완전히 점령했다고 기록했다.[327]

라주바예프의 보고서와 북한의 언론들은 옹진반도에서 한국군 2,000여 명을 포로로 잡았다고 대서특필했다.[328] 또한 한국군 800여 명이 전사했다고 주장했다.[329] 때문에 커밍스는 옹진 주둔 17연대 병력이 2,500명이 아니라 4,000여 명에 달할 것이라고 추정하기도 했다.

한국 공식전사에 따르면, 개전 당시 옹진 주둔 한국군의 병력은 17연대 2,719명, 제7포병대대 526명, 대전차포중대 129명 등 3,300여 명이었으며, 기타 지원부대 병력을 합하면 3,600명에 달했다.[330] 여기에 경찰 병력은 포함되어 있지 않았다. 만약 여기에 경찰병력을 더하면 옹진 주둔 한국 병력은 4,000명 이상을 상회했다고 볼 수 있다.

한국 공식전사는 6월 26일 옹진에서 철수한 17연대 병력이 2,500여 명이

---

326) 국방부 전사편찬위원회(1977), 앞의 책, 483쪽.
327) 라주바예프, 앞의 책, 1권, 145쪽.
328) 라주바예프, 앞의 책, 1권, 145쪽; 『로동신문』 1950. 6. 28; MA, RG 6, box 79, ATIS translation issue no. 15(1951. 1. 3)〔Bruce Cumings(1990), 앞의 책, p. 579, n. 27〕.
329) 라주바예프, 앞의 책, 1권, 294쪽.
330) 국방부 전사편찬위원회(1977), 앞의 책, 462쪽.

라고 기록하고 있다.[331] 또한 6월 30일 현재 17연대 병력은 부상자 371명을 제외한 총 2,180명으로 정원의 81%에 달했다고 쓰고 있다.[332] 즉 옹진에서 철수한 병력 수가 2,551명이라는 것이다. 그렇지만 철수한 것이 전부 17연대 병력이었다고 한다면, 나머지 포병대대·대전차포중대·지원부대 병력 등 1,100여 명은 모두 옹진에 남겨진 셈이다. 즉 철수한 2,500여 명이 모두 17연대 병력은 아니었을 가능성이 높다.

한편 공간된 17연대사는 1950년 7월 4일 현재 연대본부 및 2개 대대병력이 1,412명이라고 했으므로,[333] 최소한 개전 초 17연대 병력 중 1,300여 명 가량이 전사·포로·행방불명되었음을 의미한다. 또한 애플만에 따르면, 6월 26일 옹진에서 해상으로 탈출한 17연대 병력은 개전 초기에 완전히 와해된 1개 대대를 제외한 2개 대대 병력 1,750명이라고 썼다.[334] 이에 따르면, 최소한 17연대 병력 1,000명 이상이 옹진에서 포로가 된 것이다.

여하튼 어떤 경우라 하더라도 최소한 1,100~1,300여 명 가량의 군병력이 옹진에서 북한군의 수중에 들었을 가능성이 있다. 여기에 철수하지 못한 경찰

---

331) 국방부 전사편찬위원회(1977), 앞의 책, 484, 489쪽.
332) 국방부 전사편찬위원회(1977), 앞의 책, 491~492쪽.

□ 표 IV-10 **17연대 손실 현황**(장교/사병)

	전사	부상	실종	전사·실종자합계
제1대대	5/33	3/126	2/60	7/93
제2대대	4/23	2/101		4/23
제3대대	3/45	4/135		3/45
본부			2/0	2/0
합계	12/101	9/362	4/60	16/161

※ 출전 C. L. 호그 지음/신복룡·김원덕 옮김(1992), 『한국분단보고서(상)』, 풀빛, 387쪽.

333) 제17연대(1999), 『쌍호부대전사』, 제17보병연대 33~34쪽〔김광수, 앞의 논문, 342쪽에서 재인용〕.
334) Roy Appleman, 앞의 책, p. 22. 애플만의 전거는 「슈나벨의 슈왈츠 인터뷰」(Inter, Schnabel with Schwarze), 「1950년 6월 30일자 육군부 주간정보요약 71호 10쪽」(DA Wkly Intel Rpt, 30 Jun 50, Nr 71, p.10)으로 되어 있다. 슈왈츠 대위는 개전 이전 서울 육군본부 정모참모부장의 고문이었다.

병력과 청년단 등을 합한다면 2,000명을 포로로 잡았다는 북한의 주장이 크게 과장은 아니었을 것이다. 아마도 북한이 주장하는 2,000명의 포로 가운데 대부분이 바로 경찰 대대가 방어하던 두락산 이서(以西) 지역에서 발생했으며, 17연대 군인들보다는 경찰 및 청년단 등이었을 가능성이 높다.

이상과 같은 옹진전투의 특징과 의미를 정리하면 다음과 같다.

첫째, 옹진전투에서 북한군의 병력과 화력이 우위였다는 점이 드러났다. 북한군은 병력에서는 2.67배의 우위를 점했으며, 화력 면에서도 자주포 대대를 동원하는 등 한국군을 능가했다. 반면 한국군은 충분한 방어태세를 갖추지 못했다. 한국군은 종심방어 준비가 철저하지 않았을 뿐 아니라, 옹진의 지형적 특징상 완벽한 방어는 불가능했다.

둘째, 북한군은 전격전과 기동전을 잘 배합했다. 적정을 정확히 판단했고, 병력과 화력을 주요 방어 지점에 배치했으며, 잘 조직된 힘으로 공격 목표를 불시에 정확히 타격했다. 북한군의 자주포 대대는 한국군에게 심리적 충격을 주었으며, 옹진 동측방 전선이 붕괴되는 데 결정적인 역할을 했다. 이는 2차 대전을 경험한 소련군 군사고문관들의 작전계획과 전투지휘에 의거한 것이 분명했다. 분명 옹진전투에서 북한군의 기동은 김점곤의 표현대로 "입체적, 기동적, 충격적"이었다.[335] 옹진에서는 비행기와 탱크부대의 입체적 협동작전이 벌어지지 않았지만, 북한군은 1949년 1월 비행기와 탱크부대·보병부대의 협동 공격작전을 과시한 바 있다.[336]

셋째, 북한군은 화력·병력이 앞섰고, 전술적으로 탁월했지만, 전투에서 가장 중요한 초기의 충격을 확대·전면화하지 못했다. 즉 템포를 살리지 못했다. 방어 종심이 짧은 옹진에서 한국군은 패배·후퇴했지만, 주요 병력의 대부

---

335) 김점곤(1975), 「한국전쟁에 있어서의 북한의 선제에 관한 고찰: 주로 군사적 대남공격 준비과정을 중심으로」, 『한국정치학회보』 vol. 9, 1975, 172~173쪽(안승환, 앞의 논문, 441쪽에서 재인용).
336) RG 242, SA 2009-9-78, 「(1949년) 1월 28일 비행기와 땅크부대의 협동작전으로 공격전을 전개하는 인민군대 보병부대들의 돌격전투훈련」, 『1949. 8. 아르바-므 동판대장』.

분을 철수시키는 데 성공했고, 사기가 위축되지도 않았다. 북한은 한국군을 섬멸·격멸하지도 못했고, 유생역량을 소멸시키지도 못했다. 북한군은 압도적 병력·화력을 가지고 옹진반도에서 한국군을 단지 바다로 밀어냈을 뿐이다. 라주바예프는 북한군의 공격이 전선에 집중되어 적에 대한 포위 및 섬멸이 이루어지지 않았으며, 적에 대한 추격이 효과적으로 이루어지지 않아 후퇴하는 적들이 방어선을 재구축할 수 있었다고 지적했다.[337] 옹진의 상황도 마찬가지였다. 패배의 충격과 분노에 휩싸인 17연대는 한국전쟁에서 가장 용맹을 떨친 부대 중 하나로 기록되었다.

넷째, 옹진전투는 한국전쟁의 축소판이었다. 개전 초기 북한군의 병력과 화력, 잘 준비된 공격계획, 전격전과 기동전의 특징이 잘 드러났지만, 북한군 지도부가 이를 경험적으로 체화한 것은 아니었다. 북한군의 기동은 명백히 소련군사고문단들의 조언과 감독에 의거한 것이었다. 이 때문에 북한군은 여러 허점들을 보였다. 탱크는 심리적 충격을 주었지만 보병부대의 진격속도에 맞추어 진격했고, 공병부대는 도하장비와 훈련 부족으로 야포·자주포·탱크의 도하를 제때 보장할 수 없었다. 서울 점령 후 북한군의 기동이 3일 이상 지체된 것은 미군의 폭격과 주요 장비의 도하 불능 때문이었다. 또한 북한군은 한국군의 전투의지를 꺾거나 병력을 포위·섬멸하지 못했다. 패배한 한국군은 후퇴하며 방어선을 계속 형성할 여력을 가져, 미군의 개입과 함께 두터운 방어선을 형성할 수 있었다. 미군이 본격적으로 개입하고, 스탈린이 소련군사고문단의 야전 전투 개입을 중단시킨 이후, 북한군의 지휘체계가 급속히 붕괴될 수밖에 없었던 사정이 여기에 있다.

---

337) 라주바예프, 앞의 책, 1권, 183쪽.

V부

에필로그

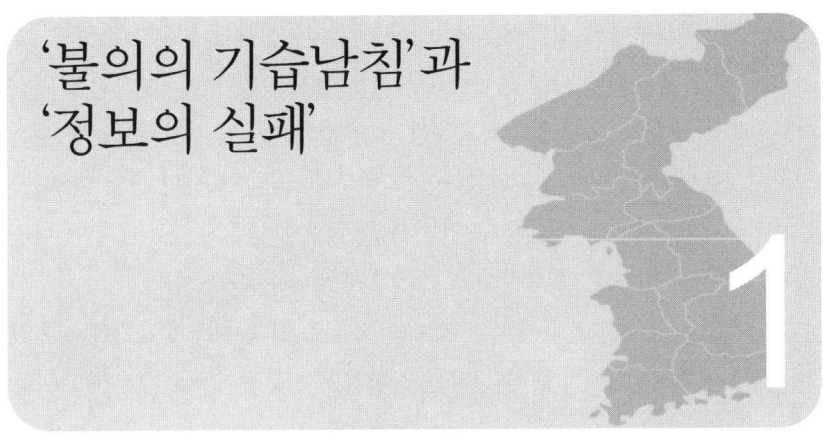

'불의의 기습남침'과 '정보의 실패'

1. 만연한 북한의 침공정보

한국전쟁의 발발을 앞두고, 1949년 말 이래 1950년 6월까지 북한의 탱크·야포·자주포 등 소련무기의 도입, 중공군 내 한인사병의 북한 입국 및 병력 증강, 교량·철도·도로의 보수 및 신축, 병력의 남진배치 등에 대한 무수한 정보보고가 있었다.

1946년 주한미군사령관이던 하지 중장이 북한 주재 소련군 40만이 남침할지도 모른다는 경고를 내놓은 이래, 북한의 침략은 임박한 재난처럼 느껴졌다. 전쟁 발발 때까지 침략에 관한 정보보고들은 매일같이 민간과 군정보 당국에 넘쳐났다. 상시적으로 침략의 공포와 위협이 있었고, 연대급이 동원된 1949년 38선 투쟁을 겪으면서 이는 삶의 일부처럼 변모했다.

1949년 말부터 서울의 주한미군사고문단(KMAG)과 도쿄의 맥아더사령부의 정보보고서에는 이런 유형의 정보·첩보 들이 넘쳐났다. 11월 말 평양에 주둔 중이던 탱크부대의 절반이 38선 인근으로 이동했다는 보고가 있었고, 38선 인근에 수천 명의 병사들을 위한 막사가 지어지고 있다는 정보보고도 있었다. 1950년 1월부터 4월까지 탱크들이 남진 배치되고 있다는 정보들이 주한미군사고문단 정보망에 접수되었다.[1] 그 대부분이 첩보로서의 가치 여부, 즉 정보원과 정보 자체를 신뢰할 수 없는 F-6등급으로 분류된 것들이지만, 이는 일관되게 하나의 경향, 즉 북한의 공격 징후를 보여주고 있었다.

미국 정보 당국이 접수한 북한 정보는 크게 두 가지 소스에 근거한 것이었다. 첫째는 월남민·상인 등이 전하는 간접적인 전문증거들로 대부분 F-6 등급의 평가를 받은 것이었다. 이런 첩보들은 대부분 한국 경찰 당국에 의해 작성되어, 주한미군사고문단·OSI 등을 통해 도쿄와 워싱턴의 군사정보 당국에 전해졌다. 둘째는 적극적이고 직접적인 정보활동의 결과 획득된 정보들로, 이를 위해 여러 종류의 정보기관들이 한국에서 활동하고 있었다.

도쿄의 맥아더사령부, 즉 미극동군사령부(Far East Command: FEC)가 운영한, 켈로라는 약칭의 미극동군사령부 주한연락처(KLO: Korea Liaison Office)는 대규모 공작원들을 북한에 침투시켰다. KLO는 극동군사령부가 1949년 6월 서울에 설립한 대북 공작기관으로, "군사고문단과 주한대사관과도 긴밀한 연락관계를 취하면서 첩자보고를 이 두 기관과 미 극동공군 특수조사처(OSI)에 나누어 주었고", "북한의 군사·산업·행정기관에 침투하는 것"을 사명으로 한다.[2] 애보트(Leonard Abott) 중령의 지휘하에 1949년 6월부터 1950년 6월 28일까지 접수된 첩자보고는 1,195건이었다. 첩자들은 산(San)대, 위스키(Whisky)대, 해트랙(Hatrack)대 등의 첩자명을 부여받았으며, 북한

---

1) KMAG, *G-2 Periodic Reports*, nos.233, 234, 238(1949. 11~12), nos. 246, 254, 260, 268, 277, 282, 287(1950. 1~4).
2) 방선주(2000), 「KLO문서 해제」, 『KLO·TLO문서집(미극동군사령부 주한연락소)』 1, 한림대학교 아시아문화연구소 자료총서 28; 정용욱(2001), 「한국전쟁시 미군 방첩대 조직 및 운용」, 『군사사연구총서 1』, 군사편찬연구소; 조성훈(2002), 「전쟁을 전후한 첩보부대의 조직과 활동」, 『한국전쟁사의 새로운 연구 2』, 군사편찬연구소.

내 다양한 조직·단위·위치에 침투해 북한의 대남공격이 임박했음을 보여주는 다양한 보고서들을 제출했다. 특히 1950년 KLO 첩자들이 제출한, 북한의 전쟁징후에 관한 보고들은 다음과 같았다.[3]

1950. 1. 9	평양-원산선 이남의 비행장 소재
1950. 2. 4	평남 간리 철로역에서 땅크 50대 등을 내리는 것 관찰
1950. 2. 10	평양-원산선 이남의 비행장 소재
1950. 2. 20	38선 일대 주민 철거, 전쟁과 연관 가능성#[4]
1950. 2. 22	북한의 13비행장의 소재
1950. 2. 25	철원 소재 땅크부대 관찰
1950. 2. 27	함남 정평군 선덕비행장의 관찰
1950. 2. 28	황해도 신막비행장의 건설
1950. 2. 28	38도선 연변 주민의 철거 소문
1950. 3. 3	평산군 월암리에서의 비행장 건설
1950. 3. 10	한탄강에 새 다리 건설
1950. 3. 14	38선 제1경비여단의 구조와 부대 소재지
1950. 3. 15	철원에서 연천으로 이동한 10대의 땅크
1950. 3. 15	임진강 다리의 건설
1950. 3. 15	금천 주둔 1사단 3연대의 조직 구성
1950. 3. 16	금천과 연천 사이의 교량 건설
1950. 3. 21	남천점 주둔 제1사단 2연대 1대대 1중대 50명의 조직
1950. 3. 24	제1사단 2연대 1대대와 본부의 편성(외부관찰)

3) 방선주(2000), 위의 해제에서 재인용. *표시는 정보가치가 높은 것으로 평가된 것임. #표시는 필자가 새로 발굴한 보고임.
4) RG 319, ID file no.646610, Korea Liaison Office Report no.347(1950. 2. 20), Subject: Rumored Evacuation of Residents along the 38th Parallel District, North Korea.

1950. 3. 24	남천점 주둔 땅크부대 관찰
1950. 3. 27	북한청년의 강제징집
1950. 3. 31	38선 연변 주민의 철거
1950. 3. 31	청단 지역에서의 북한군 남부 침투와 철수
1950. 3. 31	팔학과 내성지구 침투와 철수
1950. 3. 31	북한의 비행장 분포
1950. 4. 4	38선 연변 주민의 철거
1950. 4. 10	38선 연변 주민의 철거
1950. 4. 10	4사단 및 예하 10연대의 편성정보
1950. 4. 14	양양 소재 제1경비여단 3대대
1950. 4. 18	북한군의 소재 분포
1950. 4. 18	중공군(한인) 이동첩보
1950. 4. 21	38선 지역 교량과 도로의 보수
1950. 5. 2	38선 연변 주민의 철거에 관한 보충첩보
1950. 5. 3	원산에서 제5사단이 3월에 성립
1950. 5. 8	연천군에 새 교량의 건설
1950. 5. 8	함남 고원에 새 비행장 건설
1950. 5. 10	38선 이북 3킬로미터 이내 지구의 주민철수에 대하여
1950. 5. 11	순천에서 대동강 교량 건설
1950. 5. 12	평강 소재 제3사단의 편성과 분포*
1950. 5. 15	평양에서 개최된 경비대 간부회의의 내용*
1950. 5. 19	순천에서 대동강 교량 신축
1950. 5. 23	철원군에서의 화물자동차 도로 신축
1950. 5. 23	땅크여단 기계화 보병연대(206군부대)의 내용*
1950. 5. 23	원산에서 일본군이 바다에 버린 무기 회수작업 진행
1950. 5. 23	시변리 소재 제7경비여단의 내용*

1950. 5. 24		사리원 소재 제6사단의 분포와 내용*
1950. 5. 25		제7사단이 성립하고 6개 사단이 더 성립된다는 傳聞
1950. 5. 25		해주 소재 제6사단 1연대의 내용(연대장 한태숙)*
1950. 5. 25		해주 소재 제6사단 3연대의 내용(연대장 한태숙)*
1950. 5. 26		연천군에서의 교량 건설
1950. 5. 26		평양에서 목격한 인민군 이동첩보
1950. 6. 6		신막의 교량 보수
1950. 6. 7		연천군 노동자의 함북 회문탄광 송출
1950. 6. 11		1사단 포대대의 6사단 이전과 1사단 새 포대대의 성립
1950. 6. 12		북한의 국채 발행[5]

이상의 KLO 보고들을 일별하면 비행장의 건설, 비행기의 도입, 탱크의 출현·수량 및 부대 이동, 교량 건설, 38연선 주민의 철수, 북한군 부대의 구성 및 위치, 중공군의 이동 등 전쟁 징후와 관련된 것들임을 알 수 있다. 또한 대부분의 정보들이 개전 징후와 관련된 핵심적 사안을 다루기보다 북한군의 동향·기동과 관련된 일반적 동향을 보여주고 있다.

현재 비밀해제된 KLO 정보보고 가운데 가장 유명한 것은 KLO #498-C호 첩보(1950. 3. 15)인데, 이는 내무성 경비국에서 개최(1950. 3. 10~15)된 38경비대 대대장급 이상 정치·군사 지휘관 360명의 회의였다. 여기서 박훈일의 훈화·연설 및 허가이·김일성의 연설내용이 언급되었다.[6] 김일성은 한국군이 공격형이라기보다는 방어형이며, 공격해와도 쉽게 격퇴가 가능하다, 1949년에는 북한이 방어에 그쳤으나 올해는 완전 통일을 할 계획이다, 이를 위해 38선에서 충돌을 일으켜 남한군의 관심을 쏠리게 한 뒤 유격대가 후방에서 공격

---

[5] 방선주(2000), 위의 해제.
[6] 방선주(1986), 「鹵獲北韓筆寫文書解題 (1)」, 『아시아문화』 창간호, 한림대학교 아시아문화연구소.

하는 방법을 취해야 한다고 연설했다는 것이다. 앞에서 살펴본 것처럼, 김일성의 연설은 정규전과 남한 빨치산 봉기의 결합이라는 북한의 전쟁관을 전한다는 측면에서 정보가치가 있다.

KLO 첩자들이 북한 당·정·군의 고위급에 침투했을 것이라는 일반적 예상과는 달리, KLO 문건들을 발굴해 국내외에 소개한 방선주 박사는 이들이 보낸 보고서에 대해, "軍에 친지를 가진 첩자의 간접 첩보채취"로 볼 수 있으며, 전반적으로 "고급 고정첩자의 통보보다는 한국의 정보기관 또 수많은 한국인 공작원들에 의존했던 것이 그 개략적인 윤곽"이리라고 추정했다.[7] KLO에서 활동했던 한국인 대원들은 전쟁 전 대북첩보에 200여 명이 참가했다고 증언했다.[8]

육군의 맥아더사령부가 주한미군사고문단 정보요약, 극동군사령부 『정보요약』(Intelligence Summary), KLO 보고서 등에 의존했다면, 공군에서는 미공군 특별수사단(OSI: Office of Special Investigation) 제8지부(남한)의 대북정보 책임자 니콜스(Donald Nichols)가 김포비행장을 중심으로 맹활약을 벌였다. 공군 중사의 계급으로 한국책임자가 되었던 니콜스는 한국전쟁기 북한군에게 악명이 높았던 인물인데, 남로당의 지도자 박헌영을 소위 '미제의 고용간첩'으로 재판하는 과정에서도 이름이 거론될 정도로 미군 스파이의 왕으로 인식되었다.[9] 니콜스 역시 다수의 결정적 첩보보고를 작성하며 6월 25~28일

---

7) 방선주 박사는 칼라일배럭스 미 육군대학(Army War College)의 윌로비(Charles Willoughby) 장군 문서철에서 53건, NARA의 RG 319의 육군정보파일(Army-Intelligence Document File: ID File)에서 64건 등 총 117건의 KLO 보고서를 발굴했다.
8) 李永純(1967~1968), 「KLO/8240부대 戰記」 ①~⑫, 『세대』; 최규봉(1982), 「나는 KLO部隊長이었다」, 『신동아』 2월호; 계인주(1997), 『KLO부대 한국인 사령관의 파란만장 一代記: 맥아더將軍과 桂仁珠대령』, 다인미디어; 이창건(2005), 『KLO의 한국전 비사』, 지성사.
9) 박헌영 재판기록에 따르면, 니콜스는 "북조선에 대한 군사 첩보공작을 조직 진행하던 미군 대좌"이자 "노블(Horold Noble)의 직접 지도 밑에 있던 미극동사령부 항공정보관"으로 묘사되었다. 북한은 니콜스가 안영달·조용복을 동원해 김삼룡을 체포했으며, 내무부 치안국 사찰 중앙분실장이던 백형복과 안영달·조용복을 위장 입북시켜 북한 내각에 침투시키고, 북한군 항공부대에 관한 군사기밀 등을 빼냈다고 주장했다. 니콜스는 백형복에게 "조선은 경제적으로나 령토적으로는 그리 중요하지 않다. 그러나 중국

북한의 남침을 예측했다.[10] 니콜스는 전쟁 발발 2개월 전에 3개의 중요한 보고서를 작성해 개전 징후를 알렸지만, 반향이 없었다고 주장했다.[11] 니콜스의 정보보고 1R-54-50호(1950. 2. 11)는 내란의 발발을 예언하는 것이었는데, 워싱턴에서 미국무부와 공군특수정보국의 웜스(Weems) 등이 심사숙고했지만 확실성이 없다는 평가를 내린 바 있다.[12] 니콜스가 작성한 수많은 정보보고 역시 NARA의 문서군 319, 육군정보화일(Army-Intelligence Document File)에 산재해 있다. 니콜스가 파악한 정보들의 출처는 대부분 한국 경찰·한국군으로 되어 있다.[13]

한편 신생 미중앙정보국(CIA) 역시 한반도를 무대로 맹렬한 활동을 벌였다. 훗날 주한미8군 참모장을 지낸 싱글러브(John K. Singlaub)가 펴낸 회고록에 따르면, 싱글러브는 1946년 OSS 중국지부의 요원으로 만주에 파견되었는데 당시 OSS는 복잡한 변동을 겪던 때였다. OSS의 해체(1945. 10. 1) 이후 전

및 쏘련에 대한 비밀을 탐지하는 데 있어서는 어느 나라보다 유리하며 중요하다"고 했는데, 아마 이는 니콜스의 발언을 그대로 옮겼다고 보인다. 북한은 니콜스가 '멀지 않아 북벌' 할 터이니 잘되면 치안국장을 시켜준다며 백형복의 월북을 추동했다고 주장했다〔「미제국주의 고용 간첩 박헌영 리승엽 도당의 조선민주주의인민공화국 정권 정복음모와 간첩사건 공판문헌」, 김남식 편(1974), 『남로당연구자료집』 제2집, 고려대학교 아세아문제연구소, 393, 433, 443, 507, 509~510쪽〕.

10) Donald Nichols, *How Many Times Can I Die?*, Brooksville, Florida, Brooksville Printing, 1981; 도진순, 「다시 쓰는 현대사」, 27~28회, 『중앙일보』 1995. 6. 20, 6. 21; Michael E. Haas, *Apollo's Warriors-US Air force Special Operations during the Cold War*, Maxwell Air Force Base, Alabama, Air University Press, 1997.
11) Donald Nichols(1981), 앞의 책, p. 123.
12) RG 59, State Department Decimal File 795.00/4-350CS/W, From Donald Nichols, District Office no. 8, Office of Special Investigation, IR-54-50 Feb. 11, 1950. To Director. OSI〔방선주(1986), 앞의 논문, 주 43에서 재인용〕.
13) 니콜스가 작성한 보고서들을 포함해 ID file의 상당량이 현재 국사편찬위원회에 소장되어 있다. 또한 ID file 한국관련 인덱스도 함께 활용할 수 있다. 니콜스는 북한 침략을 6월 25일 오전 9시 45분 맥아더사령부에 처음 전했으며, 6월 28일 북한군 전차 30대가 머물고 있는 서울역 등 주요 폭격목표를 미공군에게 제공하는 등 맹활약을 했다. 니콜스는 전쟁 중 소령으로 진급해 제5공군 예하 제6004 항공정보근무중대의 제2분견대를 지휘하며 매월 600~900건에 달하는 항공첩보보고를 제5공군 정보부에 제출했다〔Robert Frank Futrell 편저·姜勝基 역(1982), 『韓國戰에서의 美空軍戰略』, 행림출판, 18, 36, 41, 452쪽〕.

쟁부에 배속된 9,028명의 OSS 요원들은 매그루더(Magruder) 지휘하의 전략정보부대(Strategic Service Unit: SSU)로 편입되었고, 1946년에는 중앙정보단(Central Intelligence Group: CIG)의 통제하에 놓였다. 중국부서는 제44 대외감시단(External Survey Group 44: ESG 44) 혹은 제44 대외감시파견대(External Survey Detachment 44: ESD 44)로 불렸다. CIA가 창설되자 ESD 44는 최초의 CIA 중국파견대가 되었다.[14] 싱글러브는 바로 CIG 통제하의 ESD 44에서 첫 임무를 시작했다. 회고록에 따르면, 싱글러브는 1946년 말 안동에서 CIG의 소규모 사무실을 운영하면서 김홍일(金弘壹)의 도움으로 만주 내의 조선인 사회에 침투해, 위험한 임무를 기꺼워하는 "총명하고 애국적인 조선인 청년"들을 북한으로 파견해, 가능한 한 신속히 군사·민간정부에 침투시켰다는 것이다.[15] 싱글러브는 서울에 이들을 위한 안가를 운영했다.

국공내전이 전개되던 중국 동북지방의 심양(봉천), 안동 등지에서는 미군 첩보기관이 임시정부 및 한인 반공 세력과 연계해 대북 정보 수집 활동을 전개했다. 임시정부 주화대표단(駐華代表團) 동북총판사처 안동분처에서 활동했던 김은석(金銀錫)은 안동분처에서 자신과 김덕승(金德勝)이 대북 정보활동을 벌였으며, 김덕승은 미 제5공군의 고용원(연락원) 신분으로 정보 수집 활동을 벌였다고 증언했는데 아마도 이와 관련이 깊을 것이다.[16] 북한으로 파견된 정보원들의 대부분은 신의주사건이나 여타 반공의거사건 관련자들이었을 가능성이 매우 높다.[17]

---

14) Maochun Yu, *OSS IN CHINA: Prelude to Cold War*, New Heaven and London, Yale University Press, 1996, chapter 12; John K. Singlaub, *Hazardous Duty, An American Soldier in the Twentieth Century*, New York, Summit Books, 1991, chapters 4, 5, 6.
15) John K. Singlaub, 앞의 책, pp. 143~144.
16) 「金銀錫(광복군·장연민주자위군·황포군관학교 22기 출신) 인터뷰(1996. 8. 12) 종로 파고다다방」.
17) 이에 대해서는 다음을 참조. 정병준(1998a), 「1945~48년 대한민국임시정부의 중국 내 조직과 활동」, 한국사학회, 『사학연구』 55·56 합집호; 정병준(1998b), 「1947~1948년 대한민국임시정부의 '만주계획'과 장연지구민주자위군」, 『군사』 37집.

싱글러브에 따르면, 그는 1946년에서 1948년까지 만주에서 북한으로 잘 훈련된 한인청년 12명을 파견하였다. 그들은 공산주의자로 가장하여 군과 관 그리고 운수 부문의 요직에 들어가, 남침 가능성에 관한 경계경보를 꾸준히 발송했다. 싱글러브는 이 정보를 남침 5일 전인 6월 19일, CIA의 *Estimate* (ORE 18-50)에 게재하고 이를 백악관, 국무장관, 육군장관, 합참의장 그리고 맥아더 등에 보내 그 결과를 확인했다고 적었다.[18] KBS와 가진 인터뷰에서 싱글러브는 자신이 북한의 공격징후를 보고했지만, 맥아더의 정보참모인 윌로비 장군이 이를 신뢰하지 않았다고 증언했다.[19]

한편 한국 국방부의 공식 전쟁사도 전쟁 직전 수많은 남침 징후들이 발견되었다고 기록하고 있다. 특히 개전 직전인 1950년 6월 중순 이후 북한군의 기동에서 이상 징후들이 발견되어 육군본부 정보국에서 수많은 정보보고들을 작성했지만 모두 묵살되었다는 것이다.[20] 그렇다면 왜 서울과 도쿄, 워싱턴은 이런 정보보고들을 묵살한 것일까?

2. 정보의 실패 : 잘못된 가정과 정보판단

개정판 『한국전쟁사』는 개전 당시 한국군이 패배한 내적 요인으로 1949년 3월 이래 국방장관 신성모가 취한, "개전 직전의 정책은 의타적인 소극 정책으로 전환" 되었기 때문이라고 평가했다.[21] 여기서 지적된 문제점은 특수공작을 담당하던 국방부 제4국 및 참모총장제도의 폐지, 여단의 사단 승격과 부대 증

---

18) John K. Singlaub, 앞의 책, pp. 164~165〔방선주(2000), 위의 해제에서 재인용〕.
19) 「잭 싱글러브(Jack Singlaub): 해방후 미 CIA 한국담당 정보책임자」(인터뷰 일자: 1992. 11. 13), KBS 6·25 40주년 특별제작반, 『한국전쟁관련 취재인터뷰: 미국인』, 337쪽.
20) 국방부 전사편찬위원회(1977), 앞의 책, 569~576쪽.
21) 국방부 전사편찬위원회(1977), 앞의 책, 564~566쪽.

편, 호국군 및 병사구사령부의 해체, 청년방위대의 창설 등이었다. 이 책은 "이승만과 신성모는 이리하여 자승자박으로 군의 전력을 급속하게 조락시키고 말았으니 이제 와서 탄식한들 무슨 소용이 있겠는가"라고 평가했다.[22] 그렇지만 이 개정판은 한국군 수뇌부가 적어도 '정보의 실패'를 범하지는 않았다고 지적했다. 즉 한국군 수뇌들이 북한군의 공격의도를 파악하고 있었고, 그 대비책을 위해 미국이나 유엔에 적극적인 조치를 촉구했지만, 미국은 "한반도는 전략적으로 가치가 없다"는 오판을 시정하지 않음으로써 전쟁을 초래했다고 지적했다.[23]

1977년의 공간 『한국전쟁사』가 신성모 국방장관과 이승만 대통령의 군 약화를 패배의 내부적 책임으로 거론한 반면, 1992년 간행된 다른 책자는 채병덕 총참모장을 맹비난했다. 한국전쟁을 일선 소대장으로 맞이했던 육사8기생들이 펴낸 일종의 참전 증언록은 한국전쟁의 발발과 관련해 제기된 모든 의혹을 총정리하고 있는데, 그 핵심으로 채병덕을 지목했다. 이 책은 한국정부의 공식전사는 아니지만, 5·16 이후 한국정계·군부를 지배했던 육사8기생들의 증언이라는 점에서 주목할 만하다. 이 책이 제시한 의혹들을 적어보면 다음과 같다.

1. 무방비 상태의 남한: 총참모장 채병덕의 愚見, 이에 동조한 국방장관 신성모의 무책임, 결정적인 북한의 남침 첩보를 입수한 육군본부 정보국장 장도영 대령의 소극적 태도가 복합
2. 남침 2일 전 비상 해제한 의혹: 6월 23일 전군 비상 해제, 전군 부대 장병들 외출·외박 허용 및 부대 잔류병력 대폭 축소
3. 농번기 휴가로 전투력 약화

---

22) 국방부 전사편찬위원회(1977), 앞의 책, 566쪽.
23) 국방부 전사편찬위원회(1977), 앞의 책, 569쪽.

4. 군 지휘관 인사 이동의 의혹: 남침 2주 전 육군 사단장, 연대장급 인사 이동, 부대 장악·지형 숙지가 충분치 않아 작전 수행에 큰 지장 초래
5. 차량 및 총포 후송사건: 각 사단 차량·총포를 수리 명목으로 남침 수주 전 부평 조병창으로 후송. 각 사단 기동력 부족
6. 전후방 부대 이동의 의혹: 남침 직전 38선 경비연대와 후방연대의 부대 교대 실시
7. 육군회관 낙성식의 의혹: 6월 24일 저녁 육군회관 낙성식에 전후방 부대 지휘관들 참석, 밤새 만취
8. 예비사단 전진배치를 묵살한 총참모장: 6월 16일 군 수뇌회의시 김홍일·이응준 장군의 후방 3개 예비사단의 전진배치 주장 묵살
9. 전투력 약화시킨 군 수뇌: 각 분야별로 일사분란하게 진행된 전투력 약화작업은 남침 직전 끝남[24)]

    이 책은 전쟁 전후 벌어진 의혹들의 핵심을 군 수뇌부가 "범한 과오와 죄상"이라고 명명하며, "우둔하고 무능한 총참모장"과 국방장관이 김홍일·이응준의 권고를 묵살했으며, "저능아 채병덕을 육군 총참모장으로 임명한 당시 대통령 이승만"이 정권 유지에 치중해 인사 실패를 범했다고 주장했다.[25)] 여기서 한 걸음 더 나아가 이 책은 "일련의 이적행위가 우연의 일치"가 아니며, "군 수뇌부에는 눈에 보이지 않는 북괴간첩 침투의 의혹"이 있다고까지 주장했다.[26)]

    채병덕과 불화를 빚었던 이형근 역시 회고록을 통해, 육군 지휘부에 통적(通敵)분자가 있었다며 전쟁 초기의 10대 불가사의를 제기했다.[27)] 이형근이

---

24) 陸軍士官學校第八期生會(1992), 『老兵들의 證言: 陸士八期史』, 69~71, 240~249쪽.
25) 陸軍士官學校第八期生會(1992), 앞의 책, 71쪽.
26) 앞의 자료.
27) 李亨根(1993), 『李亨根回顧錄: 軍番1번의 외길 人生』, 중앙일보사, 55~57쪽.

제시한 10대 불가사의는 한강교의 조기폭파와 폭파책임자인 공병감 최창식 대령의 조기 사형집행 두 가지를 제외하면 앞의 의혹과 동일했다. 한편 국방부 전사편찬위원회의 간사를 지낸 유관종은 신성모와 채병덕이 공산당원이거나 최소한 공산당의 조종을 받은 것이 틀림없다고까지 주장했다. 신성모는 월북한 국어학자 이극로와 동향이자 절친한 사이였고, 채병덕은 "내가 대통령이 될 사주가 있단 말이야"라고 말하고 다닐 정도로 허황한 측면이 있어, "교묘한 공산당의 술책"에 넘어갔을 가능성이 충분하다는 것이다.[28]

이형근·유관종의 주장처럼 통적분자, 제5열, 첩자 들의 책임을 거론하는 것이 가장 손쉬운 해법일 것이다. 당시 이러한 의혹들은 미국 측에도 존재했다.[29] 무초는 제1사단 예하의 제12연대장이 북한의 개성 공격을 방조했을지도 모른다고 생각했다. '의심스러운 상황'에서 북한에 항복했다는 것이다.[30] 그런데 12연대장이던 전성호 대령은 반공군인의 대표적인 인물로 9월 25일 영덕상륙작전에서 전사했다.[31] 전성호는 전형적인 반공군인이었으므로 무초의 판단이 어떤 근거에서 비롯되었는지는 알 수 없다.[32] 12연대의 2개 대대는 개성 정북방 진지를 방어하고 있었으며, 1개 대대는 연안에 있었다. 앞에서 살펴본 것처럼 연안의 1개 대대는 곧바로 붕괴되었고, 개성 정북방을 지키던

---

28) 「40년 만에 다시 풀어보는 6·25의 수수께끼」, 1, 『한국일보』 1990. 6. 9.
29) 이하의 개성·서울의 사례는 Bruce Cumings(1990), 앞의 책, p. 582에서 재인용.
30) RG 59, State Department Decimal File, 795.00 file, box.4267, "Tiger Kim vs the Press"(1951. 5. 12). 브루스 커밍스는 12연대장을 송호찬(Song Ho-ch'an)으로 오독했는데, 이는 전성호(Sungho Chun)를 잘못 읽은 것이다(Bruce Cumings(1990), 앞의 책, p. 582).
31) 전성호는 만주 조선혁명군 출신의 대표적 우익 반공주의자였다. 그는 1932년 용정 주재 일본영사관 기관지 『간도일보』 사장이자 훗날 만주국 폴란드 주재 총영사를 지낸 박석윤, 광명회의 정사빈과 함께 반공친일 단체인 민생단을 조직했다. 그는 반공을 명분으로 일본과의 협력을 거부하지 않았다. 국방부가 간행한 『전성호평전』에도 그가 연변자치촉진회 부회장 및 『간도일보』 편집국장(1935), 간도통신사 주간(1939)을 지내며 일본헌병대 및 관동군 장성들과 친밀한 관계를 유지했다고 기록하고 있다. 해방 후 전성호는 「건군에 관한 이론적 고찰」(1946)을 집필하는 한편, 김구의 특파원으로 심양에 조직된 한인반공군이었던 장연지구민주자위군에 파견되기도 했다(현룡순(1984), 「'민생단' 유령을 격살」, 『조선족백년사화』 제2집, 료녕인민출판사, 417~432쪽; 咸泰岩(1955), 「全盛鎬評傳」, 『자유민에게 전해다오』, 국방부, 357~367쪽).
32) 국방부 전사편찬위원회(1977), 앞의 책, 392쪽.

12연대의 제2대대와 3대대 역시 궤멸되었다. 2개 대대는 원래 계획된 임진강 방어선으로 철수하지 않고, 민간어선을 이용해 6월 25일 오후 7시경 김포반도의 시암리 일대로 철수했다. 또한 12연대의 도강이 지체되는 바람에 임진강 교량을 파괴하지 못했다. 12연대 대부분은 전사하거나 포로가 되었기에, 1사단 본부에는 2개 중대만이 보고되었다. 12연대 고문관 조지프 대리고(Joseph R. Darrigo)가 새벽에 깨어났을 때 이미 개성역에서는 15개 차량에서 북한군이 하차하고 있었다.[33] 12연대의 돌연한 붕괴로 개성-문산 정면이 뚫렸고, 1사단은 고랑포에서 3일 간 북한군의 진격을 방어해야 했다. 무초가 이를 북한군의 공세에 의한 '우발적 사건'이 아니라 '제5열'의 공작으로 판단했을 가능성은 있다. 그렇지만 사사키의 지적처럼 12연대는 70km 광정면 방어 "임무와 병력과의 균형이 잡히지 않았던 것이 (병력) 분산을 초래하고 따라서 연대의 壞亂을 가속시"킨 것이었다.[34]

또 다른 미국측 자료는 북한의 초기 공격과 신속한 서울 점령은 '반역자들로 사전에 구성된 제5열의 도움'을 받았다고 주장했다.[35] 개성이 손쉽게 뚫려 북한군이 파죽지세로 서울로 진공할 수 있었다는 것이다. 이런 의혹은 채병덕의 전사 문제에도 동일하게 적용되었다. 채병덕은 지휘책임을 물어 6월 30일 전격해임되었다 7월 24일 영남지구편성관구 사령관에 보임되었는데, 미24사단 제19연대 제3대대의 '통역과 길 안내'를 나섰다가 7월 27일 하동전선에서 전사했다. 그런데 전직 총장이 미군 대대의 '통역·길 안내' 중 전사했

---

33) Roy Appleman, 앞의 책, pp. 23~24.
34) 佐佐木春隆 저・姜昶求 편역(1981), 『韓國戰秘史』中, 병학사, 237쪽.
35) James F. Schnabel & Robert J. Watson, *The History of the Joint Chiefs of Staff, The Joint Chiefs of Staff and National Policy*, volume III. The Korean War, Part 1, Historical Division, Joint Secretariat, Joint Chiefs of Staff, 12 April 1948, p. 98(『미국합동참모본부사: 한국전쟁(상)』, 국방부전사편찬위원회, 1990, 85쪽); Robert K. Sawyer, *Military Advisors in Korea*, pp. 125~128; Glenn D. Paige, *The Korean Decision*, 1968, pp. 206~207. 애플만은 북한군의 서울 점령 이후 피신하지 못한 한국군, 경찰, 정부 관리 들의 색출에 5열이 적극 협력했다고 썼다(Roy Appleman, 앞의 책, p. 34).

고, 게다가 북한군 전선이 아니라, 뒤에서 날아온 총탄에 맞았다는 소문이 만연했다.[36] 이승만과 미국이 그를 의심했다는 것이다.

개전 이후 미국의 정보기관들은 북한의 공격을 사전인지하지 못했다는 비난에 직면했다. 이에 맞서 맥아더가 지휘하는 미극동군사령부(FEC) 정보참모부장 윌로비는 대북정보망이 잘 가동되고 있었고, 남침은 짐작하고 있었으나 전쟁 발발의 예보는 자기 권한 밖이라는 점을 강조했다. 윌로비는 개전정보 획득에 대한 비판을 방어하기 위해 『전시 정보공작: 1941~1951년 간 맥아더 정보기관 소사』(Intelligence in War, A Brief History of MacArthur's Intelligence Service, 1941~1951)라는 제목의 비공개 책자를 간행했는데, 북한의 남침 전 KLO와 극동군사령부의 『정보요약』(Intelligence Summary)이 북한군의 동향을 면밀히 추적하고 있었다고 강조했다.[37] 또 다른 해명서에서 윌로비는 북한의 모든 군사작전 준비는 G-2에 의해 세밀히 관찰되었으며, "북한정부의 그 어떤 활동도 정보 수집 및 보고기관의 주의에서 벗어나지 못했다"고 주장했다.[38] 윌로비는 극동군사령부 G-2가 개전 직전 16명의 대북공작원을 운영한 반면 CIA는 불과 4명뿐이었고, 개전 직후 3개월까지 윌로비의 G-2가 65명의 첩자를 운영한 반면 CIA는 15명이었다고 주장했다.[39] 윌로비는 자신이 워싱턴에 정치적인 배경이 없어, '정보실패'의 혐의로 조롱받고 있다고 생각했다.[40] 이후 윌로비는 평생 동안 자신은 북한군의 침공 가능성을 워싱턴에

---

36) 안용현(1987), 「少將 蔡秉德의 일생」, 『한국전쟁의 허와 실』, 고려원, 123~149쪽.
37) 방선주(2000), 앞의 해제.
38) Military History Institute, Carlisle Barracks, Willoughby Papers, box 10, 「북한의 침략전 증강」 ("The North Korean Pre-Invasion Build-Up"), 대략 1951년 초[Bruce Cumings(1990), 앞의 책, p. 604, n. 94에서 재인용].
39) Scripps-Howard 계열의 기자 Jim Lucas의 "Intelligence Slur Called A Slap at MacArthur"[방선주(2000), 앞의 해제에서 재인용].
40) MA, Willoughby Papers, box 13, "Aid and Comfort to the Enemy," 1951; Charles A. Willoughby and John Chamberlin, MacArthur, 1941~1951, New York, McGraw-Hill, 1954, pp. 352~354 [Bruce Cumings(1990), 앞의 책, p. 604, n. 94에서 재인용].

경고했으며, 도쿄의 정보부서들도 이를 명확히 사전인지하고 있었다고 주장했다.

한편 미중앙정보국(CIA)도 자신들이 정보실패에 책임이 없음을 증명하기 위해 노력했다. 개전 이틀 뒤인 6월 26일, CIA 국장 로스코 힐렌쾨터(Roscoe Hillenkoetter) 해군소장은 상원세출위원회의 비밀회의에서 증언을 했다. 힐렌쾨터는 CIA가 북한의 남침에 대해 정확한 일자만을 몰랐을 뿐 남침에 대한 정보를 관련부처에 배포했으므로, 적절한 조치가 이루어지지 못한 것은 CIA의 책임이 아니라고 주장했다. 힐렌쾨터의 발언 내용은 이후 『뉴욕타임스』, 『맨체스터 가디언』 등 몇몇 신문에 누설되었는데,[41] 이는 남한에 대한 공격이 임박했다는 6월 19일자 CIA의 보고에 관한 것이었다. 병력과 탱크의 과도한 38선 집중, 북한의 민간인 소개, 신속한 군대 이동에 관한 정보였다. 힐렌쾨터를 추궁하려던 놀랜드(Knowland)·브리지스(Bridges) 상원의원 등은 힐렌쾨터의 증언 이후 CIA가 제 역할을 다했다며 만족해했다.[42]

1950년 6월 19일자 CIA의 보고는 ORE 18-50호로 「북한정권의 현재 능력」(Current Capabilities of the Northern Korean Regime)이라는 제목이 붙어있다. 이 보고서의 핵심은 ① 남북한의 군사력은 거의 동등하지만 화력에서 앞선 북한이 단시일 내에 서울을 점령할 수 있다. ② 북한군의 단독 침략은 불가능한데, 소련이나 중공은 3차 대전을 두려워해 개입하지 않을 것이다. ③ 북한은 소련의 괴뢰다 등으로 요약된다.[43]

CIA가 책임을 면할 듯 보이자, 이 문제는 정보의 실패가 아니라 실행의 실패로 번질 공산이 커졌다. 국방부나 국가안전보장회의(NSC)는 CIA의 경고를

---

41) *New York Times*(1950. 6. 27); *Manchester Guardian*(1950. 6. 27)〔Bruce Cumings(1990), 앞의 책, p. 609, n. 107에서 재인용〕.
42) Bruce Cumings(1990), 앞의 책, p. 609.
43) RG 263, Entry 22, Estimates of the Office of Research Evaluation, 1946~1950, Box 4, "Current Capabilities of the Northern Korean Regime", ORE 18-50, published 19 June 1950. 이 자료 및 문서 작성자의 20년 후 회고담은 싱글러브의 회고록에 부록으로 첨부되어 있다.

무시한 것으로 비쳐질 것을 우려했다. 국방부는 CIA가 북한의 의도나 공격일자를 보고한 것이 아니라 북한의 공격능력만을 보고했다고 주장했으며,[44] 합동참모본부는 자신들은 어느 누구로부터도 북한의 임박한 공격에 대한 경고를 받은 바 없다고 주장했다. 이런 주장의 핵심은 힐렌쾨터의 무능을 공격하며, 북한군의 능력과 침공의도는 별개였음을 지적하기 위한 것이었다.

이러한 '정보의 실패'의 책임공방은 정치적 성격이 강했지만, 기본적으로는 특정 정보기관의 실수나 오류였다기보다 미국 정보당국 및 행정부 전반에 만연한 인식을 반영한 것이었다. 또한 이러한 '정보의 실패'는 한국이 인식하는 '불의의 기습남침'과 서로 밀접한 연관관계를 갖고 있었다. 1950년 6월 25일의 '정보의 실패'는 사실상 침략이 있었던 1950년 6월에 이루어진 것이 아니라 적어도 1948년으로 거슬러 올라가며, 본질적으로는 1947년 트루만독트린에 그 역사적 연원을 두고 있었다.

수많은 징후와 정보보고 들이 묵살되어 1950년 6월 25일 '불의의 기습남침'을 형성할 수 있었던 이유는 크게 두 가지로 요약할 수 있다. 첫째 미국 정보당국 및 정책결정자 들의 왜곡된 판단과 정보 분석, 둘째 1949년 이래 한국군의 공격성과 공격형 편제 등이었다.

서울과 도쿄, 워싱턴의 정보당국자들이 범람하는 정보보고를 무시한 것은, 이들이 1949년의 관성에서 1950년 여름을 관측했으며, 보다 결정적으로는 잘못된 가정법과 삼단논법에 기초해 있었기 때문이다.

제임스 매트레이(James Irving Matray)의 명민한 지적처럼, 미국 정보당국 및 고위 정책결정자 들은 북한이 소련의 괴뢰국이자 위성국가라고 전제하고 있었다. 이는 가정이 아니라 확정된 견해였다. 이 때문에 북한은 자율적 결정권이나 중심적 주목대상으로 설정될 수 없었다. 북한의 모든 행동은 스탈린의 의도가 관철되는 통로에 불과했으며, 소련의 행동으로 해석되었다. 즉 "트루

---

44) Bruce Cumings(1990), 앞의 책, pp. 610~611.

만은 북한이 한반도를 군사적으로 정복하려는 시도를 소련이 허용하지 않을 것이라는 기본적 가정하에 모든 계획을 추진"했던 것이다.[45] 북한보다는 소련이 미국 행정부의 주관심사이자 주어였던 것이다.

소련의 팽창에 대한 트루만 행정부의 기본시각은 리하이(Leahy) 제독의 평가처럼, "소련은 군사력의 사용을 통해 정치적 목표를 달성하려는 것이 아니라 침투와 전복 활동을 통한 노력을 계속할 것"이라는 확신에 있었다. 이런 맥락에서 한국에서 트루만의 대소봉쇄는 군사적·전략적이라기보다 경제적·이데올로기적·외교적 이유와 방식에 근거한 것이었다.

이 때문에 1948년 8월 무초 신임대사를 위한 오리엔테이션 자리에서 육군부 관리들은 한국에서 봉쇄정책을 위해 미국 전투부대가 주둔할 필요가 없다고 단언했는데, 그 이유는 스탈린의 전략이 간접침략에 의존하는 것이며 그가 38선 넘어 남침을 명령하지는 않을 것이라고 판단했기 때문이다.[46] 다른 한편으로 한국은 미국의 지원과 자문만으로도 자체 방어에 필요한 정치·경제적 안정을 성취할 것이며, 이를 통해 종국적으로 소련의 팽창전략을 좌절시킬 수 있을 것이라고 기대했다.[47] 1949년 6월 말, 최종 철군을 앞둔 시점에서 육군부는, 북한이 침공한다 하더라도 중공이나 소련의 지원·원조 없이는 지속적이며 포괄적인 군사작전 능력을 보유하지는 못할 것이라고 가정했다.[48]

즉 트루만과 그의 보좌관들은 다음과 같은 일종의 순환논리를 가지고 있었다.[49] ① 북한은 소련의 괴뢰이다. ② 소련은 북한의 무력 남침을 허용하지

---

45) James Irving Matray, *The Reluctant Crusade: American Foreign Policy in Korea, 1941~1950*, University of Hawaii Press, 1985〔제임스 I. 메트레이 지음·구대열 옮김(1989), 『한반도의 분단과 미국 : 미국의 대한정책, 1941~1950』, 을유문화사, 188쪽〕. 이하의 서술은 매트레이의 내용을 요약·정리한 것이다.
46) RG 319, box 22, H. A. B to Schuyler(1948. 8. 9) P&O 091 Korea TS, sec. V, case 31(제임스 메트레이 지음·구대열 옮김(1989), 앞의 책, 197쪽).
47) 제임스 메트레이 지음·구대열 옮김(1989), 앞의 책, 189쪽.
48) Memorandum by Army Department(1949. 6. 27), *FRUS*, 1949, vol. 7, pp. 1046~1057.
49) 제임스 메트레이 지음·구대열 옮김(1989), 앞의 책, 235쪽.

않을 것이다. 왜냐하면 미군사고문단과 유엔한국위원단이 주둔하고 있는 남한에 대한 공격은 미국과 유엔에 대한 전면공격이기 때문이다. 소련은 미국과의 전면전·제3차 세계대전을 치를 의사도, 능력도 보유하고 있지 않다. ③ 따라서 소련의 침투는 직접적인 무력 공격보다 사보타주와 게릴라 활동, 내부전복 활동에 의존할 것이다. ④ 한국에서 공산주의 팽창에 대항해 미 군사력의 직접적 적용은 필요하지 않다. ⑤ 미국의 군사력보다는 자체 방어의 유지에 필요한 경제적 능력과 정치적 안정 달성이 필요하다.

1949년 중반 38선상에서 남북 간의 군사적 충돌이 긴박하게 벌어졌을 때도 미국의 고위 정책 당국들의 분석은 변함이 없었다. 1949년 7월 NSC 참모들은 소련이 공개적 남침을 감행하기보다 38선상에서 분쟁을 도발하고, 남한 내 게릴라 활동을 전개하는 심리전에 계속 의존할 것이라고 판단했다.[50] 1949년 12월 말 주한미대사 무초의 평가 역시 동일했는데, 그는 1949년 말 북한군의 군사력 증강에 관한 정보보고를 접수했지만 우려하지 않았다. 왜냐하면 소련이 북한의 남침을 명령하지 않을 것이며, 그 대신 현재의 전복·사보타주 전술을 계속 강화할 것이라고 판단했기 때문이다.[51]

미국은 유엔의 역할을 중시해, 남한이 북한의 무력 공격을 감당할 능력이 없음을 알았지만, 유엔한위를 통해 국제적 간섭을 달성할 수 있다고 생각했다. 이런 측면에서 1950년 1월 애치슨의 내셔널 프레스클럽(National Press Club) 연설의 해독법은 달라질 수 있다. 미국무장관 애치슨은 이 연설에서, 한국은 미국이 반드시 방어해야 할 방어선의 외곽에 위치하고 있다고 발표했다. 전쟁이 발발하자 애치슨 연설이 한국을 미국의 방위선에서 제외함으로써 북한·소련 공산주의자들에게 침략을 위한 청신호를 보낸 것이라는 논란이 일었다.

---

50) "Chronology of Action by the National Security Council", Elsey Papers(제임스 메트레이 지음·구대열 옮김(1989), 앞의 책, 247쪽).
51) Muccio to Acheson (1949. 12. 1), *FRUS*, 1949, vol. 7, pp. 1102~1104.

그렇지만 매트레이의 지적처럼, 애치슨은 한국이 공개적인 무력 침공에 직면하지 않을 것이라고 가정했을 가능성이 높았다. 애치슨식 관점에서 보면 한국에서는 내부적인 전복·침투가 중요한 문제이지, 군사적 위험은 긴박한 문제가 아니었기 때문이다.[52] 다른 한편 커밍스식 해석에 따르자면, 애치슨의 연설은 중국대륙의 포기와 남한에 대한 지원, 중국 우선주의자들의 무마와 호전적 이승만의 제어라는 다중적 목표를 지닌 것이었다.[53]

이런 측면에서 보면 북한의 침공을 예견했다고 하는 CIA의 1949~50년 정보보고서들 역시 동일한 가정법과 시각을 갖고 있었다. 예를 들어 1949년 2월 28일 CIA가 작성한 정세판단 ORE 3-49호는 '1949년 봄 주한미군 철수의 결과'(Consequences of US Troop Withdrawal from Korea in Spring, 1949)라는 주제를 다루고 있다. 이 정보보고는 주한미군이 철군하면 북한의 침공으로 남한이 궤멸할 것이기 때문에 소수라도 미군을 잔존시켜야 한다는 주장이 있다고 적고 있다. 이에 대해 육군부 정보국은 반대의견을 피력했는데, 그 이유는 북한의 침공은 발생 가능성(possibility)은 있지만 실현 가능성(probability)은 없다고 보았기 때문이다.[54] 이 정보보고 역시 북한을 소련의 괴뢰로 가정하고, 북한의 침공=소련의 침공으로 해석했다.

CIA 국장 힐렌쾨터가 전쟁 발발 직후 상원 비밀청문회에서 강조했던 1950년 6월 19일자 CIA 정보보고 ORE 18-50호 「북한정권의 현재 능력」역시, 북한은 소련의 괴뢰이기 때문에 북한군의 침략은 불가능하다는 평가를 내리고 있었다.[55]

---

52) 제임스 메트레이 지음·구대열 옮김(1989), 앞의 책, 259쪽.
53) Bruce Cumings(1990), 앞의 책, 13장.
54) RG 263, Entry 22, Estimates of the Office of Research Evaluation, 1946~1950, Box 4, "Consequences of US Troop Withdrawal for Korea in Spring, 1949", ORE 3~49, published 28 February 1949.
55) RG 263, Entry 22, Estimates of the Office of Research Evaluation, 1946~1950, Box 4, "Current Capabilities of the Northern Korean Regime", ORE 18~50, published 19 June 1950.

즉 서울·도쿄·워싱턴의 정보당국자들은 북한군의 군사력 강화와 병력·무기 등의 38선 전진배치 정보를 몰랐던 것이 아니라, 잘못된 가정법과 논리에 빠져 정보를 주관적으로 평가했던 것이다. 북한이 소련의 괴뢰이며, 북한이 남한을 공격함으로써 소련이 미국을 향해 제3차 세계대전을 일으키지는 못할 것이라는 거대 전제를 세움으로써, 전쟁 징후를 나타내는 중요한 정보들이 제대로 평가되거나 주요 관심을 끌지 못했다. 일종의 자기 순환적 논리의 오류를 범하고 있었던 셈이다.

사실 트루만 행정부의 정보판단, 즉 북한이 소련의 괴뢰이며, 유엔·미국이 감시·보호하는 남한에 대해 소련이 무력 공격을 할 수 없다고 판단한 부분은 타당한 측면이 있었다. 전쟁의 결정은 미국의 판단과 상응하는 수순으로 정확히 이루어졌다. 노회한 스탈린은 개전 결정의 책임자였고 북한군의 무기·군수품의 보급자였지만, 개전과 함께 스스로를 전쟁과 무관한 것처럼 위장했다. 스탈린이 개전 허가를 요청하는 김일성에게 누누이 강조한바, 미국의 개입 우려와 소련의 책임회피는 이런 측면에서 미국 정보당국자들의 허를 찌르는 대역습이었다. 실질적으로 북한의 배후에 소련이 있었고 스탈린이 모든 것을 결정한 책임자였지만, 개전 이후 전장에서 표면적으로 소련은 그 어디에도 없는 것으로 위장되었다. 미국 정보당국자들은 당황했고 허둥댔다. 정보의 실패였다.

아마도 진주만침공시 정보실패와 한국전에서의 정보실패는 미국 정보당국에게 큰 교훈이 되었을 것이다. 방대한 첩보·정보가 존재한다는 사실은 정보당국자에게 매우 중요하지만, 때에 따라서는 대재앙이 될 수도 있기 때문이다. 사후에 정치적 논쟁과 책임공방이 벌어졌지만, 결국 정보량이나 침공을 알리는 정보가 존재했다는 사실이 중요한 것이 아님이 드러났다. 가장 중요한 일은 정확하게 평가된 핵심 정보들이 판단과 결정을 위해 고위 당국자의 책상에 올려지는 것이었기 때문이다.

3. 진정한 '불의의 기습남침'

그렇다면 북한의 병력·무력 증강과 38선으로의 기동 등 주요 전쟁 징후들은 어떻게 해석되었을까? 브루스 커밍스의 다음과 같은 지적은 이 부분에 관해 독보적인 설득력을 지닌다.

> 다른 말로 표현하면, 분명 그 전 해의 사건들이 1950년의 인식을 형성했다. 현지에 있는 미국인들은 1946년 이래 침략의 위협 속에서 살아왔다. 남한은 너무 자주 "늑대가 나타났다고 소리쳐" 어느 누구도 그 말에 귀를 기울이지 않았다. 한국에서 올라온 미국의 정보보고는 5년 동안 너무 많은 '소음'이 되어서, 그 누구도 전쟁이 다가오는 것을 알아채지 못했을 가능성이 있다. 또한 1949년의 전투는 즉각 1950년의 인식을 형성했다. 1949년 여름에 전쟁 발발 가능성이 매우 컸기 때문에 1950년의 정보에 나타난 증거들은 상대적으로 그 색이 바래버렸다.[56]

우리가 앞서 살펴본 것처럼, 1949년 중반 한국군은 대북 공격의지를 갖고 있었다. CIA의 표현을 빌리자면 '발생 가능성'은 있지만 '실현 가능성'은 없는 것이었지만, 이러한 공격 성향은 한국정부·군에 부정적인 영향을 미쳤다. 1949년 이래 한국군이 공세적 입장을 취해, 주한미군사고문단과 주한미대사관은 한국군의 공격을 억제하는 한편, 공격무기는 물론 충분한 여분의 군수품을 제공하길 꺼렸다.

1949년 중반까지 한국군의 병력규모가 북한을 앞질렀고, 표면적으로 드러난 공격 성향도 북한보다 강했기 때문에, 주한미군 정보당국은 1949년 말 북한의 병력 강화와 무장 강화를 일종의 방어적 수단으로 해석했다. 1950년

---

56) Bruce Cumings(1990), 앞의 책, p. 449.

이래 북한군의 38선으로의 집중배치는 동계훈련에 이은 하계정규훈련으로 해석되었고, 병력의 강화는 침략의 징후라기보다 부족한 병력의 충원으로 해석되었다. 소련으로부터의 무기 도입 역시 방어적 무력의 강화로 치부되었다. 다수의 탱크들이 목격되었다는 수많은 보고들이 있었지만, 주한미군사고문단은 한국지형에서 탱크의 기동이 어렵다고 생각했다. 1949년 6월 주한미군사고문단장 로버츠는 이승만이 요구한 대형 탱크 제공에 반대하면서, 탱크가 한국 교량들이 감당할 수 있는 무게를 벗어나며, "한국은 산과 언덕이 많고 또 농경지가 많아 군대의 기계화는 필요치 않다. 탱크는 도로에서만 사용할 수 있다"고 강조한 바 있다.[57]

한국군은 공격의도를 가진 방어형 군대였고, 1949년 하반기에 접어들면서 북한의 급격한 병력·무장 강화로 남북 간의 전력이 역전되었지만, 공격적 의도는 계속해서 되풀이되었다. 이승만은 1949년 11월 3일 무초 대사에게, "한국은 필요하다면 무력으로 투쟁하여 통일을 달성할 준비가 되어 있다"고 발언했고, 무초는 한국의 방위력 강화와 호전적 이승만의 제어라는 이중적 과제 속에서 고민해야 했다.[58]

북한이 공격을 결심하고 병력·무장에서 남한에 대한 우위를 확보했던 1950년 4월, 미국은 오히려 대한 군사원조의 감축을 시도했다. 군사고문단장 로버츠는 육군부의 지시에 따라 주한미군사고문단을 1951년 1월 1일까지 40% 감축하는 계획안을 작성했다. 이는 당시 트루만 행정부가 미국의 직접적 군사력 투입 대신 대한원조 증액이 이루어진다면, 한국이 미국의 대규모 원조나 자문 없이 스스로 방어할 수 있을 것이라고 판단했기 때문이다.[59]

1950년 6월 대일평화조약 협상을 위한 대통령특사로 한국을 방문했던 덜

---

57) 「Seoul to Acheson」(1949. 6. 16), 740.00119 Control(Korea)/6-1649.
58) 「Muccio to Acheson」(1949.11. 4), FRUS, 1949, vol. 7, pp. 1003~1004.
59) 제임스 메트레이 지음·구대열 옮김(1989), 앞의 책, 274쪽.

레스를 동반해 한국을 방문했던 『애리조나 데일리 스타』(*Arizona Daily Star*)의 윌리엄 매튜스(William R. Matthews) 기자는 한국군이 "내년이면 공세를 취해 북한을 장악할 수 있을 것"으로 확신했다.[60]

매트레이가 지적한 것처럼, 군사력만 충분히 보유한다면 이승만이 무력통일을 시도할 것임은 의심할 여지가 없었지만, 1950년 봄 한국군의 군사능력은 이러한 작전을 감당할 수 없는 상태였다. 육군은 약 10만의 병력을 갖추었으나 이 중 약 3분의 2에게만 무기가 지급된 상태였으며 한국군의 장비는 상당 부분이 쓸모없는 것이었고 부속품은 공급이 달렸으며 미국은 의도적으로 탄약보급을 제한했다.[61]

앞에서 지적한 것처럼, 1949년 이래 한국군의 공세적 태도는, 1950년 진정한 '불의의 기습남침'을 형성하는 주요 배경을 형성했다. 한국군은 1949년 공세적 태도의 연장선상에서 1950년 6월 25일을 맞이했다.

먼저 한국군은 38선상으로 전진배치되어 있었다. 브루스 커밍스에 따르면 1950년 4월 말 이래, 몇몇 육군연대들은 순천에서 청주로, 안동에서 온양으로, 마천에서 원주로 이동하는 등 북진배치를 시작했다.[62] 전쟁이 발발했을 무렵, 육군의 3분의 2 이상이 38선에서 서울에 이르는 좁은 지역에 배치·전개되어 있었던 것이다. 극동군사령부의 『정보요약』(1950. 6. 26)에 따르면, 개전 당시 한국 육군의 총 병력은 9만 5,000명이며, 이 중 지원병력 등을 제외한 전투병력 8만 7,500명 중 3만 2,500명이 38선상(옹진·개성·자양리·춘천·주문진)에 배치되어 있었고, 그 뒤를 이어 서울·원주에 3만 5,000명이, 후방 내륙에는 2만 명이 배치되어 있었다.[63]

---

60) 「William R. Matthews to Dulles」(1950. 6.20), John Foster Dulles Papers, Correspondence, box 142 [제임스 메트레이 지음·구대열 옮김(1989), 앞의 책, 276쪽].
61) Roy Appleman, 앞의 책, pp. 12~18; 제임스 메트레이 지음·구대열 옮김(1989), 앞의 책, 276쪽.
62) RG 319, G-3 Operations file, box 121, Operations Report no.44(1950. 4. 21~28); no.45(1950. 4. 28~5. 5).
63) MA, RG 6, box 59, FEC, *Intelligence Summary*, no.2847(1950. 6. 26).

커밍스는 이것이 전쟁 직전 수주 동안 본질적이고 분명한 북진 재배치였다고 주장했다.[64] 소련군사고문단장 라주바예프 역시 1950년 3~4월 한국군 지도부가 부대들을 38선에 집결시키는 한편, 기존 38선에 배치되어 있던 부대들을 증강시키기 시작했다고 평가했다.[65]

보다 중요한 것은 한국군이 방어형 편성이 아니어서, 방어에 관한 한 거의 무방비 상태였다는 점이다. 6월 29일 도쿄에서 급거 수원으로 날아온 맥아더 장군은 한강 남쪽에서 북한군의 기동과 한국군의 실상을 목격했다. 맥아더는 무초 대사, 전방 지휘 및 연락단(ADCOM) 단장인 처치(John H. Church) 준장, 이승만 대통령과 회담한 뒤 6월 30일 미 육군부·합참에 다음과 같이 보고했다.

> 한국 육군은 종심방어, 보급제대 또는 보급체제를 위한 준비도 하지 않았다. 후퇴 이동시 보급품이나 군수물자의 파괴를 위하여는 아무 계획도 수립되지 않았으며, 혹은 수립되었더라도 시행되지 않았을 것이다. 결과적으로 그들은 보급품과 중장비를 망실하였거나 폐기하였으며, 전혀 상호 연락체제도 갖추지 못했다.[66]

소련군사고문단장 라주바예프는 한국군 지휘부가 대북 공격을 확신하고는 "38선을 따라 장기간에 걸쳐 확고하게 대항할 수 있는 연속적 방어망을 구축하는 데 관심을 가지지 않았다"고 지적했다. 38선상의 방어가 매우 비체계적으로 구축되었고, 산악지형에서의 방어진지 구축 원칙도 지켜지지 않았으며, 야전진지의 대다수는 지역의 전술적 특징이 고려되지 않은 채 축성되었다고 평가했다. 한국군 지도부는 "실질적으로 방어를 위한 어떠한 작전계획도

---

64) Bruce Cumings(1990), 앞의 책, p. 476.
65) 국방부 군사편찬연구소(2001), 『소련군사고문단장 라주바예프의 6·25전쟁 보고서』 1권, 124쪽.
66) 국방부 전사편찬위원회(1990), 「극동군사령관이 합참에 보내는 1950년 6월 30일자 메시지 C 56942」, 『미국합동참모본부사: 한국전쟁(상)』, 94쪽.

가지고 있지 않았기"에 일부 지역을 제외하고는 종심 방어진지 없이 38선을 따라 방어진지를 평행하게 구축했고, 후방에는 어떠한 방어선도 준비하지 않았다.[67] 라주바예프는 정치·경제의 중심인 수도 서울마저 38선에 인접해 있었으나 방어 준비가 없었다고 지적했다. 실질적으로 밀도 높은 종심 방어망이 구축된 지역은 사직리-적성(의정부 서북방 28km) 구역의 의정부 방면뿐이었다. 즉 한국군은 종심 방어를 준비하지 않아, 첫 방어선이 뚫리자 곧장 서울로 향하는 진격로가 열렸던 것이다.

라주바예프 보고서에는 한국군의 방어태도에 대한 신랄한 비판이 정리되어 있다. 제1단계 전투결과를 총결한 라주바예프는 한국군의 방어 실상을 다음과 같이 평가했다.

1. 한국군은 38선을 따라 방어설비를 구축하는 데 충분한 관심을 기울이지 않았다. 때문에 방어전단에서 견고하고 장기간에 걸친 저항을 하지 못했다.
2. 종심 깊이 고밀도로 조직된 방어망이 구축되지 않았다.
3. 방어체계는 포병이 충분히 보강되지 않은 채 보병 경화기 중심으로 구축되었다. 포병은 분산되고 비효율적으로 운영되었다.
4. 작전적 고려 없이 방어선이 구축되고, 적절한 방어계획이 부재했기에 후퇴병력과 예비병력을 적절히 운용하지 못했다.
5. 미군이 지도했으나 한국군 방어체계는 2차대전의 경험이 반영되지 않았다. 대전차 방어설비가 구축되지 않았다.
6. 한국군 장교·부대에 대한 교육훈련 수준이 매우 낮았다.[68]

한국측 공간사에서 확인할 수 있는 한국군의 방어계획은 1950년 3월 25

---

[67] 라주바예프, 앞의 책, 1권, 129, 284쪽.
[68] 라주바예프, 앞의 책, 1권, 178~179쪽.

일자 군 방어계획(육본작전계획 제38호)이었다. 이는 북한군의 주공이 철원-의정부-서울 축선으로 집중될 것으로 예상해, 방어 중점을 의정부 지구에 두고 방어지대를 구성한 것이었다.[69] 라주바예프의 관측이 정확했음을 알 수 있다. 그렇지만 이 방어계획은 콘크리트·통나무로 만든 유개호·무개호 구축 수준이었고, 지뢰나 철조망 등의 장애물은 물론 대전차방어 대응책도 미비했다. 이 책은 한국군의 방어계획이 "선방어개념의 방어편성이어서 종심방어력도 부족하였으며, 특히 주요 접근로상 대전차 방어대책이 미비하였다"고 결론지었다.[70]

공간된 한국군의 전쟁사는 한국군의 방어태세를 이렇게 평가했다.

> 당시에 작전당국은 군 수뇌가 적정을 경시하고 장담만을 일삼았으며, 또한 적이 전면남침을 자행하리라고는 믿지 않고 있는 때였으니 만큼 彼我 戰力比에 입각한 防守계획을 마련하지 못한 채로 단지 국지전일 때만을 가상하고 각 일선부대의 방어계획을 지도하였을 따름.[71]

한국군의 방어부재와 관련해 잘 알려지지 않은 주요한 몇 가지 점들이 있다. 먼저 북한군이 보유한 T-34형 탱크는 공포의 대상이었고, 한국군·미군에게 탱크공포증(Tankphobia)을 불러일으켰다. 이에 맞서 90mm 주포를 장착한 미군의 M-26 중형탱크가 도입되고 항공 공격으로 북한군 탱크들의 대부분이 파괴된 다음에야 탱크공포증은 멈췄다.[72] 정작 미육군부가 놀란 것은 탱크의 출현이었다기보다는 탱크가 한국군의 방어망을 어떻게 뚫었는지 하는 점

---

69) 국방군사연구소(1995), 『한국전쟁』(상), 95쪽.
70) 국방군사연구소(1995), 앞의 책, 100쪽.
71) 국방부 전사편찬위원회(1977), 『한국전쟁사』 1권(개정판), 571쪽.
72) 박기련(2002), 「북한군의 기갑부대 운용」, 『한국전쟁사의 새로운 연구 2』, 국방부 군사편찬연구소, 209쪽.

이었다. 한국군이 지닌 대전차 무기는 57mm 대전차포 117문, 37mm 대전차포 19문, 2.36인치 로켓포(바주카포) 2,034정 등이었다.[73] 잘 알려져 있듯이, 한국군이 가장 많이 보유한 대전차 무기였던 2.36인치 바주카포는 개량형 T-34형 탱크의 강화장갑을 뚫지 못했다. 이와 관련된 많은 비극적 이야기들이 전해진다.

정작 가장 중요한 대전차 방어무기인 대전차지뢰의 존재에 대해서는 잘 알려져 있지 않다. 미육군부는 6월 26일 맥아더에게 "한국은 과연 이전에 계획되었던, 지뢰밭을 이용한 방어작전을 시행하였는가? 그렇다면 어떻게 북한의 탱크들이 그 지역으로 침입할 수 있었는가?"라고 문의했다. 미국은 지뢰를 한국군에 다량으로 보급했지만, 북한이 진격해온 주요 기동로에는 한국군이 보유하고 있던 가장 강력한 대전차 방어무기인 대전차지뢰가 전혀 매설되지 않았다.[74]

한국의 공식 전사인 『한국전쟁사』 1권(개정판)은 한국군이 대전차지뢰를 보유하지 못했다고 주장했지만,[75] 한국군은 1949년 7월 송악산 전투시 488고지에 대전차지뢰·대인지뢰를 매설하는 한편 대전차 해자를 구축한 바 있었다.[76] 즉 한국군은 1949년에 대전차 방어의 가장 유효한 수단인 대전차지뢰 매설 및 지뢰밭 조성, 대전차 해자 구축 등을 전투 과정에서 실현했던 것이다. 또한 라주바예프 보고서에 따르면, 한국군 7사단은 퇴각하면서 대전차지뢰를 부설(敷設)하였고, 수원 전선에서는 매설된 대전차지뢰 때문에 북한군 탱크 2

---

73) Annex #8 "Table of equipment for 65,000 strength" P&O 091 Korea T. S(1949. 11. 17) 11-29/900, F/W-18/2(Department of the Army, Plans & Operations Division, Records & Message Branch).
74) MA, RG 6, box 9, 「1950년 6월 26일 육군부가 극동군사령관에게 보낸 전문」(Army to CINCFE, June 26, 1950)〔Bruce Cumings(1990), 앞의 책, p. 581〕.
75) 국방부 전사편찬위원회(1977), 앞의 책, 247쪽.
76) KMAG, *G-2 Periodic Report*, no.157(1949. 8. 2); 「Chief KMAG-DA」(1949. 8. 6)(ROB185), 『KMAG 전문철』.

대가 파괴되었다.[77] 즉 한국군은 대전차지뢰가 없었거나 사용방법을 몰랐던 것이 아니라 대전차지뢰를 매설하지 않았을 가능성이 높다.[78]

훗날 맥아더는 의회증언에서 한국군이 대전차지뢰를 매설하지 않았다고 시인했다. 최근 북한이 간행한 105땅크여단장 류경수를 다룬 일종의 회고록에 따르면, 개전 초기 북한 탱크부대 역시 대전차지뢰의 매설을 가장 우려했다. 그런데 개전 초 척후정찰을 통해 지뢰매설을 발견했지만, 이는 대전차지뢰가 아니라 대인지뢰였음이 드러났다. 이후 북한 탱크부대는 대전차지뢰에 대한 우려를 접었다. 북한은 남한이 대북공격 의도를 가졌기 때문에 주요 간선도로 및 방어 지점에 대전차지뢰밭을 구축하지 않았다고 주장했다.[79]

브루스 커밍스는 1950년 6월에 방어무기가 부재했다는 사실이 북한 진격에 대비한 남한의 계획 혹은 신속한 철수에 대비한 남한의 계획을 시사하는 것이라고 생각했지만,[80] 한국군이 진격이나 철수를 분명하게 계획했다고 보이지는 않는다. 개정판『한국전쟁사』에 따르면, 개전 당시 한국군의 방어계획은 어설펐다. "남침이 있을 경우 38선 남쪽 2~4km 일대의 경계진지선에서 격멸하는 것이 바람직하지만, 만일 규모가 확대되어 주저항선에서도 이를 격멸하지 못하면 후방사단을 동원하여 적을 역습한다. 다만 제17연대만은 持久치 못할 때 철수한다"는 정도였다.[81]

한편 한국군은 개전 초기 군수물자의 대부분을 상실했다. 미군 당국의 회고에 따르면, 전쟁 발발 수일 내에 남한은 군사장비의 70%를 상실했는데, 이

---

77) 라주바예프, 앞의 책, 1권, 165, 171쪽.
78) 한국군의 대전차지뢰 보유개수는 명확하지 않다. 주한미군의 철수시 한국군에게 5만 개의 지뢰(mine)를 이양했다〔안정애(1996), 박사학위논문 부록 별표〕. 이 지뢰는 대부분 대인지뢰였을 것으로 추정되지만, 대전차지뢰도 다수 포함되어 있었을 것이다.
79) 이 책은 매설된 지뢰가 '반보병 수류탄' 정도의 반보병 지뢰였으며, 류경수는 "공격자세에 있던 적들이 언제 반땅크지뢰를 매설할 시간이 있었겠소" 하며 회심의 미소를 지었다고 쓰고 있다〔김석범(2003), 『(장편소설)땅크사단』, 문학예술출판사, 346쪽〕.
80) Bruce Cumings(1990), 앞의 책, p. 581, n. 36.
81) 국방부 전사편찬위원회(1977), 앞의 책, 605~606쪽.

는 모두 한강 이북 지역의 전투에서 발생한 일이었다. 맥아더는 남한군이 "철저하게 모든 진지를 구축하지 못했다. 38선과 서울 사이의 지대는 전부 그들의 보급창고 지역이었다". 즉 한국군 보급품의 대부분은 서울 이북에 있었던 것이다.[82] 서울이 3일 만에 북한군의 수중에 들게 되자 군수물자들은 한국군에 의해 소각되거나, 북한군에게 넘어갔다. 그래서 한국군이 대열을 재편성해도 제대로 된 군수보급이 이루어지지 못했고, 북한군의 공세에 퇴각을 거듭해야만 했다.

결국 1950년 6월 한국군의 급격한 붕괴는 병력과 화력의 열세, 그리고 북한이 시도한 기동전·전격전의 영향도 있었지만, 보다 중요한 것은 한국군이 기본적으로 방어를 염두에 두지 않았다는 점 때문이다. 북한군의 주요 예상 공격로를 중심으로 종심 방어를 구축하지 않았고, 주요 도로·철도·접근로에 대한 봉쇄계획을 세우지 않았으며, 탱크와 병력 이동에 대비해 대전차·대인 지뢰를 매설하지도 않았고, 군수보급창고의 대부분을 서울 이북 지역에 위치시켰다.

첫 방어선이 뚫리자 북한군은 자유롭고 신속한 기동이 가능했던 반면, 한국군은 대열 재편성조차 어려운 상황을 맞았다. 방어를 염두에 두지 않은 공격적 태도와 편제·배치가 정보의 실패와 '불의의 기습남침'을 가능하게 했다.

이런 결과가 과연 군사적 무능 혹은 방심의 결과였는지, 아니면 일부가 주장하듯 제5열의 책동 때문이었는지를 해명해주는 결정적 자료는 없다. 그렇지만 우리가 추적해온 한국군의 관성과 자료 들을 종합할 때 내릴 수 있는 가장 합리적인 해석은, 한국군이 1949년도와 마찬가지로 실현 불가능한 대북공격 의지로 충만해 있었던 반면, 자신들이 북한으로부터 공격을 당할지 모른다

---

[82] Manuscript collection of the Office of the Chief of Military History, NA, "History of the Korean War," vol. 3, pt.14, "Special Problems in the Korean conflict", p. 9; MacArthur, *MacArthur Hearings*, vo. 1, p. 231〔Bruce Cumings(1990), 앞의 책, pp. 476~477〕.

는 진정한 '위기의식'을 갖지 않았기 때문이라고 할 수 있다. 한국이 진정으로 북한의 침략에 위기의식을 가지고, 이에 대비한 방어에 주력했다면, 적어도 개전 초의 무기력한 방어전열 붕괴는 없었을지도 모른다. 북한군이 병력 규모, 화력·훈련수준에서 한국군을 앞서 있었지만, 결정적 우위·압도의 수준은 아니었기 때문이다.

1950년 6월에 한국군과 북한군의 모습은 역설적이고 대조적이었다. 한국군은 북한을 공격할 군사적 능력이 부재했지만 1949년 이래 대북 공격의지를 과도하게 노출시킴으로써 자신과 미국을 미혹시켰다. 한국군은 자신들이 공격자라고 생각했으며, 방어자로서 혹은 약자로서 방어를 염두에 두지 않았다. 미국은 한국의 공격적 성향을 제어해야 했으므로, 공격용 무기는 물론 충분한 방어용 무기 제공도 꺼렸다. 미국은 1949년 말 이래 북한군의 급격한 증강과 무력 강화를 한국의 공세에 맞서기 위한 방어용으로 해석했고, 북한이 소련의 괴뢰라는 가정의 틀에서 벗어나지 못했다. 한국군 수뇌부들이 북한의 침략을 절박한 것으로 인식하지 못한 이유도 1949년 이래의 공격적 태도에서 비롯되었을 가능성이 높다. 개전을 알리는 전쟁 징후들의 정보가치는 무시되었고, 무수한 보고들의 의미는 평가절하되었다. 심리적 태도가 정보 판단의 오류를 초래했을 것이다. 이는 한국군에게 불행한 악순환의 고리였고, 1949년이 부여한 관성의 힘이었다. 1950년 6월 25일 전쟁이 폭발하고 나서야 모든 것이 분명해졌다. 그렇지만 한국군이 취했던 공격적 태도와 자세는 기억되지 않았다. 이것은 단지 불의의 일격이 아니었다. 허세와 큰 몸짓으로 상대를 위협했지만 제대로 공격해보지 못했던 한국군은 자신이 보인 큰 허점에 퍼부어진, 전력을 다한 북한군의 일격에 쓰러졌다.

반면 북한군은 공격할 군사적 능력을 갖췄지만, 이를 방어용으로 위장하고 공격의지를 드러내지 않는 데 성공했다. 북한은 1949년 하반기 이래 병력·화력에서 한국군을 능가하기 시작했지만, 화전 양면 공세의 적절한 활용과 효율적 선전작업의 결과, 자신을 수세에 몰린 방어자이자 평화통일의 주창자인 것으로 위장했다. 1949년 이래 준비된 '도발받은 정의의 반공격전' 구상은 이런 기습공격의 기초가 되었다. 북한은 의도와 힘을 감추고, 응축된 군사력을 정치 선전전과 함께 무방비 상태의 남한을 향해 폭발적으로 분출시켰다.

1950년 6월 25일의 개전은 북한에겐 오랫동안 준비해온 전면공격의 실현이자 숨겨왔던 힘의 발현이었던 반면, 한국에겐 진정 예상치 못했던 불의의 기습공격이었다. 한국군은 단순히 방어상의 허점이나 무방비 상태에서 공격당한 것이 아니라 자신이 공격자라고 확신했던 허구적 믿음 위에서 공격당했다. 공격의 효과는 배가되어, 한국군에겐 물리적 충격 이상의 심리적 충격이 가해졌다. 한국군의 초기 붕괴는 이러한 심리적 충격이 적지 않은 요인이었을 것이다. 1950년 6월 25일은 한국군에게 '진정한 불의의 기습남침'이었다.

미혹된 진실 : '해주점령설'의 재검토

1. 한국의 설명 : 오보와 과장

이제 한국전쟁 개전과 관련해 핵심 쟁점이 되어온 소위 '해주점령설' 혹은 '해주북침설'을 살펴볼 차례이다. 해주진공설, 해주점령설, 해주북침설은 개전 초기 옹진반도에 주둔하고 있던 한국군 제17연대가 해주를 공격 혹은 점령했다는 설이다. 해주점령설은 북한이 주장한 것이 아니라 개전 직후 한국군과 한국 언론이 대대적으로 대서특필한 내용이었다. 이 때문에 해주점령설은 오랫동안 한국군의 '북침'을 증명하는 대표적인 증거로 활용되어왔다. 예를 들어 인도의 굽타(Karunakar Gupta)는 한국군의 해주점령을 사실로 인정하면서, 한국군이 1950년 6월 25일 이른 새벽에 북한을 공격했다고 주장했다.[83]

---

83) Karunakar Gupta, "How did the Korean War begin?" *China Quarterly*, no.52(1972); *China Quarterly*, no.54(1973).

한국군 17연대의 해주진공설은 북한이 주장한 '도발받은 정의의 반공격전' 주장과 맞물리면서 한국전쟁이 한국군의 선공과 '북침'으로 시작되었을지도 모른다는 광범한 의혹을 불러일으켰다. 북한 내무성 성명은 6월 25일 이른 새벽에 '해주 방향 서쪽'에서 한국군이 공격해왔다고 보도했는데, 이는 옹진 주둔 한국군 제17연대가 공격자였음을 의미하는 것이었다.

한국군의 '해주점령'은 국방부 보도과에 의해 6월 26일 오전 11시에 발표되었다. 브루스 커밍스에 따르면, 미국의 유력신문인 『뉴욕타임스』, 『뉴욕헤럴드트리뷴』(New York Herald-Tribune), 『워싱턴포스트』(Washington Post) 등이 6월 26일 17연대의 2개 중대가 해주를 점령했다고 보도했으며, 도쿄 주재 영국 무관은 6월 27일 17연대의 2개 대대가 해주를 점령했다는 전문을 발송했다.[84] 국방부 보도과의 발표는 신문·방송을 통해 한국인들에게 알려졌다.

먼저 해주진공설의 진원이 된 한국언론들의 보도를 살펴보자. 『동아일보』 1950년 6월 27일자 1면의 헤드라인 기사제목은 「국군 정예 북상 총반격 전개 중: 해주시를 완전 점령」으로 되어 있다. 6월 26일 오전 8시까지의 전과(戰果)로 보도된 이 내용을 인용하면 다음과 같다.

〔국방군 보도과 발표〕 1. 천인공로할 공비의 대거 남침에 대하여 我국군은 육해군의 긴밀한 협동작전을 전개하여 前線을 정리하는 동시에 각 전선 도처에서 맹렬한 반격을 가하고 있다. **옹진방면의 부대는 통신연락이 불량하여 명확치 않으나 그 일부가 해주시에 돌입하였으며 일부는 즉시 전선을 수축 중** (……)
2. 동해안의 我해군부대는 昨夜 11시 40분경 부산 이남 20리 지점 전면해상에서 600톤급의 국적불명의 선박 1척을 발견 신호를 하였으나 불응함으로 접촉한 결과 무장 군인을 만재한 쏘련의 선박임을 확인하였으며 該선박은 남하를 계속함으로 我해군은 즉시 공격을 개시하여 수曉 4시경 격침시켰다. 該선박에

---

84) Bruce Cumings(1990), 앞의 책, p. 569, n. 5.

□ 그림 V-1 『로동신문』 1950. 6. 26.

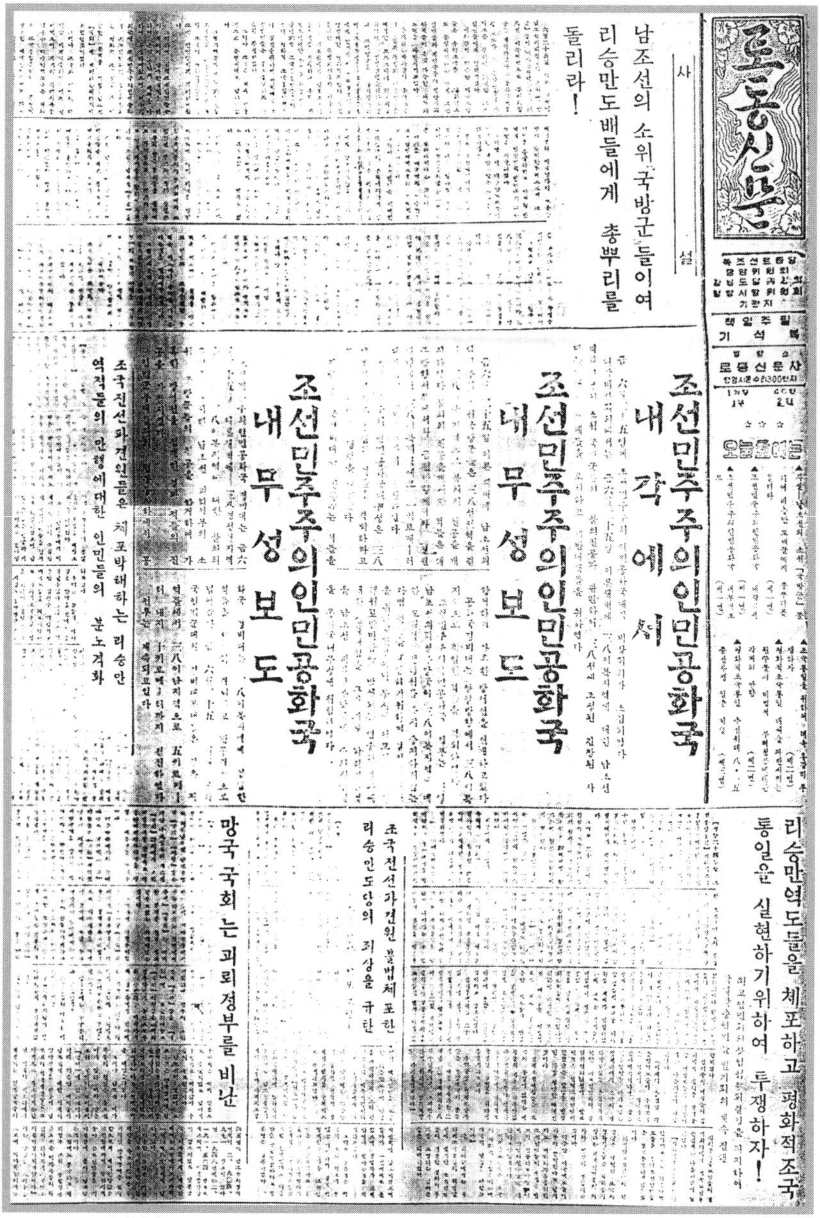

로동신문

사설

남조선의 소위 '국방군'들이여 리승만도배들에게 총뿌리를 돌리라!

조선민주주의인민공화국 내각에서

조선민주주의인민공화국 내무성 보도

조선민주주의인민공화국 내무성 보도

조국전선파견원들을 체포박해하는 리승만 역적들의 만행에 대한 인민들의 분노격화

리승만역도들을 체포하고 평화적조국통일을 실현하기위하여 투쟁하자!

조국전선파견원 불법체포한 리승만도당의 죄상을 규탄

망국 국회는 괴뢰정부를 비난

탑승한 공비는 600명이고 37 및 57粍(밀리)포로 무장되어 있었다. 또한 我해군은 昨25일 오후 4시 묵호만 전방 7리 지점에서 상륙을 기도하는 적 50명을 전멸시키고 계속 엄중한 초계를 실시하고 있다. (……)

26일 8시 현재 판명된 전과는 다음과 같다.

1. 전과 및 피해·**적사살 1,580명**·**포로 7명**·전차 및 장갑차 파괴 18대·고사포 파괴 2대·적함선 격침 1척·노획품 기관총 5, 다발총 74, 소총 1,218, 소련식 장총 2

목하 판명된 **我方의 피해**·**전사 19**·**부상 113**·대전차포 파괴 2대·차량 8대·개소링 소실 20드람·경찰관 40명 전사.(강조는 인용자)[85]

위의 기사에서 알 수 있듯이, 국방부 보도과의 발표는 사실과 추정, 과장과 희망이 뒤섞인 혼란스런 내용이었다. 먼저 1에서 다룬 해주진공설은 통신연락 때문에 부정확하나 "일부가 해주시에 돌입"하였을지도 모른다는 내용이었지만, 오히려 개전 직후 한국군이 거둔 유력한 전과로 대대적으로 홍보되었다. 지상전투에서 들려오는 패배와 후퇴의 아우성 속에 유일하게 들린 승리의 함성이었기 때문에, 부정확하고 과장된 소식임에도 불구하고 대대적으로 보도되었다. 즉 국방부의 발표는 명확한 사실 발표라기보다 '해주에 돌입했을' 가능성이 크다는 정도의 추정보도이자 사기진작용 발표였다고 볼 수 있다.

또한 이 발표는 "통신연락의 불량" 때문에 연락이 끊긴 옹진 주둔 제17연대 제1, 제2대대 병력 1,300명의 위치를 '자의적인 희망'에 따라 해주로 비정(比定)한 결과였다. 왜냐하면 이 발표는 연락이 두절된 옹진 제17연대의 '일부'가 해주에 돌입했고, (통신연락이 유지되는) 나머지 '일부'는 전선 수축, 즉 퇴각을 준비 중이었음을 시사하고 있기 때문이다. 즉 이 보도는 6월 25~26일간 옹진 17연대가 두 제대로 나뉘어 철수작전을 벌였으며, 그 중 한 제대가 6

---

85) 『동아일보』 1950. 6. 27.

□ 그림 V-2 「동아일보」 1950. 6. 27.

월 28일까지 연락두절 상태에 놓여 있었던 정황을 반영한 것이다. 또한 '해주 돌입설'의 최초 발원지는 최기덕 기자·김현수 대령이 아니라 육군본부였을 것으로 추정되는데, 이는 6월 25일 당일 육군본부가 해주를 경유한 육상 철수를 '지시'했기 때문이다.

국방군 보도과 발표 2에서 다룬 것은 한국 해군이 보유한 최초의 구축함 백두산함이 26일 새벽 부산 방면으로 침투하려던 북한군 특수부대 함정을 격침시킨 '대한해협 전투'였다.[86] 그렇지만 전과로 소개된 북한군 사살 1,580명 대 한국군 전사 19명·경찰 전사 40명이란 발표내용은 명백한 거짓말이었다.

즉 국방부의 발표는 개전 초 국민과 한국군의 사기 고취를 위해 한국군에게 유리한 보도내용을 적극적으로 개진한 것으로 이해할 수 있다. 문제는 이러한 보도태도가 진실과 거리가 멀 뿐만 아니라 많은 국민들을 오도하는 주요 요인이 되었다는 점이다. 6월 28일 서울이 북한군의 수중에 들게 되었을 때 수많은 서울시민이 피난길에 오르지 못한 중요한 이유 중 하나가 바로 국방부의 허위 전과 발표였다. 대통령의 서울사수 및 의정부 탈환방송, 한강다리의 폭파 등도 영향을 미쳤지만, 허위사실에 현혹되어 안심하고 있었던 것이다.

6월 27일자 1면에 실린 다른 기사 제목들을 뽑아보면 다음과 같다. 「적 주력 부대 붕괴, 공비 臨津 渡河 수포화」, 「적기 김포비행장 내습, 我方시설에 손해 全無」, 「적 1연대 귀순」, 「괴뢰군 후퇴 개시, 전차 8대를 파괴」.[87] 모두 명백한 허위사실이었다. 특히 삼척지구에 상륙한 적 1개 연대가 귀순했다는 보도는 6월 26일 오전 12시 국방부 보도과의 발표를 전재한 것인데, 전혀 근거 없는 허무맹랑한 조작이었다. 즉 하루치 신문에 발표된 보도만을 일별해도, 한국군의 해주진공·돌입이 개전 초기 한국군의 사기앙양 차원에서 조작된 기사

---

86) 이에 대해서는 다음을 참조. 李根美(2003), 「백두산함의 생애」, 『월간조선』 8월호; 權主赫(2003), 『바다여, 그 말하라!: 영광의 초계함 백두산과 비운의 당포함』, 중앙.
87) 『동아일보』 1950. 6. 27.

임을 시사받게 된다.

　신문 보도보다 위력적이었던 것은 KBS를 통한 해주점령 라디오방송이다. 이 때문에 후방에 배치되었던 예비연대 가운데 북한군 저지를 위해 전방에 투입된 온양 주둔 25연대의 경우, 옹진 17연대가 해주를 점령했으며 국군이 평양·원산을 향해 북진한다는 등의 허위방송을 믿고, 연대가 북진할 것이라는 안이한 생각으로 탄약조차 제대로 챙기지 않은 채 서울로 북상했다.[88] 춘천을 방어하던 6사단의 경우도, 해주진공설을 믿고 북한의 공세가 국지적이라 판단해 춘천 시민을 피난시키지 않고 소양교 역시 폭파하지 않은 채 후퇴해, 후일 비난의 표적이 되었다. 춘천을 사수하겠다고 공언한 군대가 시가전 한번 하지 않고 시민보다 앞서 철수했다는 점 때문이었다.[89]

　한국정부의 공식입장은 이 보도가 오보이자 해프닝이다는 것이다. 국방부 전사편찬위원회의 개정판 『한국전쟁사』에는 해주진공설의 연원이 17연대장 백인엽(白仁燁) 대령-연합신문사 최기덕(崔起德) 기자-국방부 보도과장 김현수(金賢洙) 대령이었다고 밝히고 있다. 즉 연합신문 기자 최기덕이 전쟁 발발 시점에 옹진을 방문취재 중, 제17연대장 백인엽 대령을 만났고, 당일로 서울로 귀환했다. 서울에서 국방부 보도과장 김현수 대령을 만나 백인엽 대령과의 대화내용을 전했는데 그것이 6월 25일 곧바로 해주돌입설로 와전·발표되었다는 것이다.[90] 최기덕이 김현수 대령에게 했던 발언 요지는 "(백인엽이 말하기를) 서울에 가거던 이 말 한마디만 전해주슈. 백인엽이는 부대를 지휘하여 해주로 진격하겠다"는 것이었다. 같은 책에서 백인엽은 당시의 전황이 불리하여 최 기자와 장황하게 이야기할 마음의 여유도 없었으려니와, "해주진공은 당시의 상황으로 보아 상상도 할 수 없는 일"이었다고 증언했다. 상황을 종합

---

88) 국방부 전사편찬위원회(1977), 『한국전쟁사』 1권(개정판), 589쪽.
89) 佐佐木春隆 저·姜昶求 편역(1981), 『韓國戰秘史』 中, 병학사, 287~294쪽.
90) 국방부 전사편찬위원회(1977), 앞의 책, 495~496쪽.

하면 국방부 보도과장 김현수 대령이 최기덕 기자가 전한 옹진 17연대장 백인엽의 결의를 듣고 한국군 사기앙양 차원에서 자의적으로 해주진공설을 보도했다는 것이다.

해주진공설의 핵심 인물이었던 김현수 대령은 KBS 보도 이후 전사해, 이 사태의 정확한 진실을 해명해줄 사람은 사라졌다. 다만 최기덕 기자의 증언만이 유일하게 남았다. 최기덕의 이러한 해명은 중앙일보사가 간행한 『민족의 증언』 시리즈에 재등장했다. 최기덕은 6월 25일 8시 40분경 백인엽을 만났는데, 그가 해주로 진공해야겠다고 발언해서 매우 의아하게 생각했으며, 훗날 사태가 커진 것을 알고 깜짝 놀랐다고 증언한 바 있다.[91] 최기덕은 1990년 KBS와의 인터뷰에서도 동일한 증언을 했다.[92]

훗날 최기덕의 증언과 백인엽의 부인으로 17연대의 해주진공설이 부정되었지만, 개전 초기 한국군 수뇌부와 한국정부의 주요 인사들은 해주진공설을 신뢰했던 것 같다. 개정판 『한국전쟁사』에 등장하는 해주진공설의 신봉자는 국방장관 신성모와 총참모장 채병덕이었다. 6월 26일 오전 10시, 신성모 국방장관은 이승만 대통령의 지시로 현역 및 재야 원로급 군사경력자를 초청해 회의를 개최했다. 이 자리의 참석자들은 해주공격설과 관련해 다음과 같은 증언을 남겼다.

- 김석원(예비역준장·전 1사단장): 6월 26일 국방장관실에 갔더니 이범석, 이청천이 나와 있었다. 신성모는 "500여 명을 실은 적 함선을 격침시켰습니다. 동해안에서는 적 1개 연대가 투항해왔습니다. **해주지구도 아군이 점령**했습니다. 이건 확실한 정보입니다"라고 주장했다.[93]

---

91) 중앙일보사(1983), 『민족의 증언』 1권, 84~85쪽.
92) 「최기덕(합동통신기자)」(인터뷰 날짜: 1990. 3. 28), KBS 6·25 40주년 특별제작반, 『한국전쟁관련 취재 인터뷰 X(한국) 中』, 324~326쪽.
93) 국방부 전사편찬위원회(1977), 앞의 책, 602쪽.

- 김석원(예비역준장·전 1사단장): 신성모장관이 전황을 설명하기를 "동해안에서는 300명의 적이 투항하였고, **제17연대는 해주에 진격하고 있다**"고 낙관했다. 채병덕총장은 "**반격, 북진한다**"고 결심을 굽히지 않았다.
- 김홍일(소장·참모학교장): 이날 아침에는 사태를 종합적으로 판단할 수 있는 상황도조차 없었으며, 양인(신성모·채병덕)의 보고는 국지적인 것에 한하고 있었다.
- 이종찬(대령·수도경비사령관): 선장 출신의 (신성모)장관은 적의 공격은 위력정찰일 것이므로 이를 격퇴하여 북진하여야 할 것이다라고 터무니없는 말을 하였으나 나와 채(병덕)총장은 '서울고수'론을 주장하였다.(강조는 인용자)[94]

이날 군경력자 회의에 이어 6월 26일 오전 11시 비상국회가 소집되었는데, 여기에서도 신성모와 채병덕의 동일한 주장이 이어졌다.

- 정일형(국회의원): (신성모장관은) 3~5일 이내에 평양까지 점령할 수 있는 만반의 준비와 강력한 군대를 가지고 있다고 주장했다.
- 황성수(국회의원): (채병덕총장이) 적을 의정부 밖으로 격퇴하였다고 보고했다.
- 김용우(국회의원): (채병덕총장이) 3일 안으로 평양까지 점령하겠다고 보고했다.[95]

그런데 이날 창동 계선까지 북한군이 진격해옴에 따라 전황은 악화되고 있었다. 6월 26일 심야에 개최된 국무회의 및 비상국회에서도 채병덕은 동일한 태도를 유지했다. 국무회의에서 채병덕은 전황을 계속 낙관적으로 설명한 데 반해 신성모는 정부의 수원 이동을 발의했다. 또한 비상국회에서도 채병덕

---

94) 국방부 전사편찬위원회(1977), 앞의 책, 587~588쪽.
95) 앞의 자료.

은 "서울만은 사수한다. 그리하여 반격으로 전환하여 백두산에 태극기를 꽂을 것이다"라고 주장했다.[96] 반면 신성모는 정부의 이동 불가피를 주장했다는 것이다.

한국군의 최고 지휘부였던 육군총장 채병덕 소장과 국방장관 신성모는 1949년 이래 상시적으로 북벌·실지회복론을 주창하던 핵심 인물이었는데, 북한의 기습공격을 당한 시점에서도 계속해서 관성적인 북벌론·3일 북벌론을 주장했음을 알 수 있다. 즉 해주점령설은 채병덕·신성모가 1949년 이래 지속해온 북벌론의 연장선상에 있는, 낙관적이고 주관적인 주장에 근거해 확산되었을 가능성이 있다.

두번째 가능성은 채병덕·신성모 등 군수뇌부가 전황을 객관적으로 파악하지 못했을 뿐만 아니라, 지휘 능력과 판단력이 현저히 부족했기 때문일 수 있다. 즉 김석원의 증언 중 500명을 실은 북한 함선 격침은 사실이었고 일정한 근거가 있었다. 다만 17연대의 해주점령은 전혀 사실무근이었다. 즉 채병덕·신성모는 혼란스러운 전황 가운데에서 사실과 허구를 구별하지 못했으며, 북진·북벌론에 집착한 나머지 객관적 전황을 파악하지 못했던 것이다. 즉 채병덕·신성모는 군 지휘관으로는 부적절한 판단력을 갖고 있었으며, 사실과 평가, 희망과 현실의 냉정한 구분에 실패했다고 볼 수 있다. 해주진공설은 군수뇌부의 이러한 인식과 기대를 반영하여 6월 26일 심야까지 지속되었으며, KBS를 통해 6월 25~26일 집중적으로 보도되었고, 6월 26~27일 간 신문을 통해 대대적으로 홍보되었다. 그리고 이는 도쿄 맥아더사령부의 정보판단에도 영향을 주었을 것이다.

세번째, 신성모·채병덕이 옹진 17연대가 해주를 공격한 것으로 확신했을 가능성이 있다. 이승만문서철에는 1950년 7월 초순 신성모가 작성해 이승만에게 보고한 「戰況報告」가 있는데, 신성모는 1950년 7월 4일 제5차 보고서에

---

96) 국방부 전사편찬위원회(1977), 「국회의원 정일형·김용우의 증언」, 앞의 책, 594쪽.

서 이렇게 쓰고 있다. "어제 오후 호주 비행사가 아군진지를 적진지로 오인하고 장시간 폭격 사격하여 우리 국군 2백여 명이 살상당했으며 특히 17연대장 백인엽(옹진전투에 해주까지 갔던 연대장)이 부상을 당했습니다." 즉 신성모는, 해주를 공격한 장군으로 백인엽을 묘사하고 있다.[97] 한국전쟁 발발 이후 국내외 문헌에 17연대장 백인엽이 해주를 점령한 '장군'으로 소개되는 경우가 적지 않았다. 대수롭지 않게 여길 수도 있지만, 한국의 국방장관이자 국무총리가 해주진공설을 확신했다는 점은 이를 해프닝으로 치부하기 어렵게 하는 측면이 있다.

그런데 개정판 『한국전쟁사』에 따르면, 6월 25일 오전 10시 17연대장 백인엽 대령이 위급한 전황을 육군본부에 전하면서 대책을 요청했는데, 육군본부에서는 "적을 무찌르면서 육지를 돌아서 철수"하라는 이해할 수 없는 지시를 내렸다는 것이다.[98] 이는 매우 흥미진진한 지적이며, 해주진공설의 연원을 보여주는 대목이다.

옹진은 38선으로 가로막힌 고립된 섬과 같은 지형이었다. 옹진에서 육지로 전개하는 길은 해상을 통한 길과 해주-연안을 거쳐 개성 방향으로 나오는 길뿐이었다. 그런데 육군본부가 지시한 육지로의 철수는 당연히 해주를 경유한 '공격적 철수' 외에는 다른 선택의 여지가 없는 것이었다. 즉 육군본부는, 한국군 중 가장 강력한 화력과 전투력을 지닌 옹진 17연대가 일종의 반격작전을 펼쳐 북한 지역으로 강력한 역공을 해주길 희망했던 것으로 해석할 수 있다. 누가 이런 무모한 명령을 내렸는지는 밝혀지지 않았다.

앞에서 더듬어온 상황을 복기해본다면, 6월 25일 오전 17연대장에게 해주로 진공해 육상으로 후퇴하라는 명령을 내린 장본인이 채병덕 육군총장이었

---

97) 「신성모전황보고」(1950. 7. 1~7. 12)(이화장 소장 우남이승만문서); 중앙일보 현대사연구팀 지음(1996), 『발굴자료로 쓴 한국현대사』, 중앙일보사, 329쪽.
98) 국방부 전사편찬위원회(1977), 앞의 책, 467쪽.

을 가능성이 가장 높다는 점을 알 수 있다. 실제로 채병덕 총장은 6월 25일 오전 7시 신성모 국방장관에게 전황을 보고한 뒤 오전 11시 비상국무회의에 참석하기 전까지 육군본부에서 전시상황을 지휘하고 있었다.

또한 같은 시각 육군본부에서 채병덕 총장과 함께 후방사단 출동 및 수도경비사·기갑연대의 출동대기를 협의했던 작전참모부장 겸 행정참모부장 김백일 대령이 실질적으로 조언을 했을 가능성이 높다.[99] 원래 육군본부의 작전참모부장은 정일권 준장이었으나 도미유학 중이었고, 유능한 작전통이던 작전교육국장 강문봉 대령 역시 도미유학을 위해 대기 중이었다. 행정참모부장 김백일은 작전참모부장을 겸하면서 개전 초기 채병덕을 대리해 육군본부에서 작전을 실질적으로 지휘했다. 개전 당시 3사단 참모장이던 공국진 중령은 "작전은 김(백일)부장이 마음대로 처리했다. 채참모총장은 신장관이나 국회에 대한 보고와 전선시찰 등으로 동분서주하여 자리에 잠시도 앉아 있을 시간도 없었던 까닭이다. 그러나 그 작전지도는 지리멸렬이었다"고 회고했다.[100] 작전국장 장창국 대령 역시 김백일의 지시로 병력의 축차 투입, 기갑연대의 분산배속, 의정부 반격작전 등이 구사되었다고 회고했다.[101] 또 다른 평가에 따르면, 개전 당시 육군본부 내에는 지휘계통이 존재하지 않아, 채병덕 총참모장은 육본 조직을 통해 지휘한 것이 아니라 자신과 김백일 참모부장의 그때그때의 판단에 따랐으며, 군단사령부와 같은 중간제대가 없어 육본이 직접 각 사단·연대 등을 지휘함으로써 문제가 발생했다.[102]

당시 육군본부는 총참모장 예하에 작전참모부장과 행정참모부장의 양 날개 시스템으로 구성되었다. 작전참모부 산하에는 인사국·정보국·작전교육국·군수국이, 행정참모부 산하에는 공병감실·헌병감실·법무감실·의무감

---

99) 국방부 전사편찬위원회(1977), 앞의 책, 578쪽.
100) 佐佐木春隆 저·姜昶求 편역(1981), 『韓國戰秘史』 中, 병학사, 208~209쪽.
101) 佐佐木春隆(1981), 앞의 책, 중권, 206~207쪽.
102) 김행복(1999), 『韓國戰爭의 戰爭指導: 한국군 및 유엔군편』, 국방군사연구소, 85~86쪽.

실·경리감실·감찰감실·병참감실·병기감실·조달감실·통신감실·후생감실·정훈실 등이 있었다. 즉 김백일은 육군본부를 실질적으로 통괄하는 작전·행정참모부장이었으며 채병덕 총참모장을 대리해 작전을 지휘했음이 분명하다.[103] 나아가 김백일이 옹진의 상황에 정통했던 인물로, 1949년 여름 옹진지구전투사령관을 역임했으며, 38선 이북 태탄 습격을 시도한 사실을 기억한다면, 그가 해주를 경유한 육상탈출 및 역습을 제안했을 개연성은 충분하다.

이와 관련해 중요한 자료가 있다. 그것은 「육본 작전명령 제38호」(1950. 3. 25)이다. 한국전쟁 발발 이전 한국군이 방어계획을 갖고 있었는지에 관해 논란이 분분했는데, 심지어 육군본부의 고위 참모를 지낸 인사조차 방어계획이 없었다고 단언했다. 그렇지만 1982년 국방부 전사편찬위원회에서 「육본 작전명령 제38호」가 발견됨으로써 논란은 종식되었다. 이 명령 뒤에 「육군 방어계획」이 첨부되어 있었다. 이 방어계획은 육군본부 총참모장 대리 신태영 소장 명의로 발령되었고, 육본 작전교육국장을 지낸 강문봉이 입안한 것으로 알려져 있다.[104] 「육본 작전명령 제38호」와 그에 첨부된 「육본작명 제38호 별지 부록 제4호 육군방어계획」은 옹진 주둔 17연대의 임무를 다음과 같이 규정하고 있다.

육본 작전명령 제38호(단기 4283년 3월 25일)

명령

(……)

6. 제17연대는 甕津지구를 방어하라. 특히 적 주공이 제1사단 정면 以東 지구에 지향될 경우에 있어서 전력으로 하는 海州 이북지구에 대한 유격전을 준비하라.

육본작명 제38호 별지 부록 제四호

---

103) 국방부 전사편찬위원회(1967), 『한국전쟁사』, 1권, 272~276쪽.
104) 안용현(1987), 『한국전쟁의 허와 실』, 고려원, 64~67쪽.

육군방어계획

(……)

A. 초기(경계선 침투)

(……) 옹진방면과 제8사단은 주작전이 유리하게 전개할 수 있도록 극력 견제공격을 취하고 유격전을 감행하여 적의 동서측방을 위협함 (……)

C. 제3기(최후 저항선 전투)

(……) 3. 독립전투부대: 보병 제17연대는 독립 전투부대로서 주작전 방면에 전투가 유리하게 전개할 수 있도록 甕津정면에 있어서 반유격, 반방어전을 전개하여 극력 적의 서부 측면을 위협 견제함. **필요에 따라서는 신속한 공세이전으로 海州 일대를 점령할 준비를 함**.(강조는 인용자)[105]

육본은 방어계획을 초기(경계선 침투)-제2기(주저항선 전투)-제3기(최후 저항선 전투)의 3단계로 구분했는데, 이 계획에 따르면 옹진 주둔 17연대의 임무는 북한군의 주공이 가해질 철원, 연천-의정부-서울 축선에 대한 압력을 분산시키기 위해 초기 단계에서는 옹진에서 견제공격과 유격전을 펼치며, 최후 저항단계에서는 '극력 적의 서부 측면을 위협 견제'하며 "필요에 따라서는 신속한 공세이전으로 해주 일대를 점령할 준비"를 하라는 것이다. 이러한 방어계획에 기초해 「육본 작전명령 **제38호**」는 "**적 주공이 제1사단 정면 以東 지구에 지향될 경우에 있어서 전력으로 하는 海州 이북지구에 대한 유격전**"의 준비를 명령하고 있다. 즉 전면전이 발생해 서울 방향에 대한 북한군의 공격이 강화되면, 17연대가 전력을 다해 해주 이북에 대한 유격전을 단행해 북한군의 공세를 분산시키라는 명령이었다. 종합하면 육군본부가 1950년 3월 작성한 방어

---

105) 안용현, 앞의 책, 68~75쪽. 같은 쪽수에 「육본 작전명령 제38호」·「육본작명 제38호 별지 부록 제4호 육군방어계획」이 원문 그대로 수록되어 있으며, 원문서의 사본은 국방부 군사편찬연구소에 소장되어 있다.

계획은 17연대에게 '유격전'과 '해주점령'을 명령하고 있었다.

나아가 17연대 지휘부는 이러한 육군본부의 작전계획을 명백히 인지하고 있었다. 방어계획의 확정을 전후해 육군본부에서 이와 관련된 작전회의가 개최되었다. 17연대 부연대장이던 김희준(金熙濬) 중령의 증언에 따르면, 1950년 3월 육군본부에서 개최된 작전회의에 참가했는데, 여기서 '극비'인 17연대 철수계획을 접했다. 이 회의에는 신성모 장관, 작전참모부장 정일권 준장, 각 사단 참모장, 독립연대 참모장 들이 참석하였는데, "국지전일 경우 제17연대는 진지를 고수하고 전면전인 경우에는 LST 2척으로 인천으로 철수하라"는 지시를 받았다는 것이다.[106] 김희준은 '해주점령' 계획 대신 해상철수만을 지적했지만, 적어도 육군본부가 구상한 방어계획으로서의 '해주점령' 계획에 대해서 육군본부와 17연대가 충분한 사전협의와 공감대를 가졌다고 볼 수 있다. 육군 참모학교가 연구·논의한 방어계획에도 "17연대는 초기 작전에서 유격대를 사용한다"고 규정되었다.[107] 아마도 1949년 옹진전투에서 태탄을 공격한 서울유격대(38부대)처럼 북한에 대한 기습공격을 상정한 것으로 볼 수 있다.[108] 즉 17연대의 해주공격계획은 1949년의 전투경험과, 옹진반도가 한국군 방어전선에서 차지하는 지정학적 중요성에 근거해 수립되었던 것이다.

이상을 정리하면, 1950년 육군본부는 종심이 짧아 방어에 불리하지만 지정학적 위치상 대북공격에서 유리하고 중요한 지점이던 옹진 주둔 17연대의 주된 방어계획으로 비정규전을 통한 해주역습을 상정하고 있었다. 이런 맥락에서 6월 25일 오전 10시 육군본부가 백인엽 대령에게 내린 "적을 무찌르면서 육지를 돌아서 철수"하라는 지시, 즉 유격대 혹은 정규군을 활용한 해주점령·돌파 지시는 "이해할 수 없는" 것이 아니라 1950년 3월 육군본부가 준비

---

106) 국방부 전사편찬위원회(1977), 앞의 책, 605쪽.
107) 국방부 전사편찬위원회(1977), 앞의 책, 571쪽.
108) 국방부 전사편찬위원회(1967), 『한국전쟁사 1: 해방과 건군』, 511쪽.

해둔 「작전명령 제38호」(1950. 3. 25)에 따른 정상적인 방어계획의 집행이었다.

나아가 미군사고문단도 이 같은 육군본부의 방어계획의 존재를 인지하고 있었을 뿐만 아니라, 아마도 이 계획의 입안 과정에서 적절한 자문을 했을 것이다. 소이어(Robert K. Sawyer)가 쓴 『주한미군사고문단사』는 개전 초 상황을 이렇게 적고 있다.

> 공격이 필시 전면공격일 것이라는 사실을 인지한 즉시 KMAG 참모들은, **몇 개월 전 수립된 방어계획(the defense plan)의 실행을 한국인들에게 권고하였다.** 이는 **옹진반도에서의 철수**, 임진강 서쪽 부대의 남쪽 강기슭으로의 철수, 남부의 예비사단들을 북진시켜 반격할 것을 요구하고 있었다. 이 점을 기억할 필요가 있다. 한국군 총참모장인 채병덕 소장이 동의했고, 그의 참모들은 즉각 사단들에 대한 경보에 착수했다.(강조는 인용자)[109]

즉 옹진 17연대의 철수, 1사단의 임진강 방어, 후방 예비 3개 사단의 북진·반격작전은 모두 "수개월 전에 작성된 방어계획"이었고, 분명 KMAG 요원들의 자문에 기초해 확립된 계획이었다. 이 때문에 개전 초기 채병덕 총장·김백일 부장의 전쟁지휘는 준비된 방어계획에 입각해 미군사고문단의 자문하에 이루어졌을 가능성을 폭넓게 시사한다.

정리하자면, 육군본부는 미군사고문단과의 협의하에 방어계획을 작성했고, 17연대는 이 계획을 숙지하고 있었다. 상황이 발생하자, 준비된 방어계획에 따라 육군본부는 해주공격을 명령했던 것이다. 즉 육군본부의 "적을 무찌

---

109) Robert K. Sawyer, *Military Advisors in Korea: KMAG in Peace and War*, Office of the Chief of Military History, Department of the Army, Washington D. C., 1962, p. 119. 원문에 따르면 이는 「George R. Sedberry, Jr. 중령의 편지(1953. 12. 23)」; 「Ray B. May 소령의 편지(1954. 2. 11)」; 「Greenwood 중령의 편지 첨부 2(1954. 2. 22)」에 근거한 것이다. 이들은 모두 한국 육군본부 작전참모부(G-3) 고문들이었다.

르면서 육지를 돌아서 철수"하라는 해주공격 지시는 "이해할 수 없는 지시"가 아니라 준비된 방어계획의 일환이었다. 또한 백인엽 역시 준비된 방어계획에 따라 해주공격의 가능성 여부를 타산했으며, 이런 의중을 최기덕에게 발설했을 가능성이 있다.[110]

문제는 이런 작전을 불가능하게 만들 만큼 최악의 전황이었다는 데 있었다. 육군본부는 확립된 방어계획에 따라 지시를 내렸고, 17연대의 일부 병력은 6월 28일 인천에 도착할 때까지 행방불명되었다. 양자가 결합되어 '해주점령설'이 탄생했다. 즉 서울 육군본부가 해주돌입·해주점령을 확신한 것은, 단지 최기덕 기자의 전언을 확대해석했기 때문은 아니었다. 육군본부는 준비된 작전계획에 따라 명령을 내렸고, 17연대 일부 병력이 연락두절이 되자 이를 유격대의 해주공격이라고 자의적으로 판단했던 것이다.

즉 서울에서 벌어진 해주진공설의 파문은 다음과 같은 세 요소에 영향을 받았다. 첫째, 육군본부의 작전 수뇌부는 전황의 불리함을 타개하고 한국군의 역공 기회를 만들기 위해 17연대에게 해주를 경유해 육지로 철수하라는 명령을 내렸는데, 이는 우발적 지시가 아니라 이미 준비된 방어계획에 따른 것이었다. 즉 옹진 17연대의 해주진공계획은, 북한군의 공격으로 서울로 가해지는 주공의 힘을 분산시키기 위한 방어용 역습시도였을 뿐 선제공격은 아니었다.

둘째, 해주점령 및 육지철수 명령은 불가능한 지시였고 실제로도 실현되지 않았지만, 개전 초기의 혼란 속에서 주관적이고 낙관적인 오해를 불러일으켰다. 17연대의 제1, 제2대대 병력 약 1,300명은 개전 직후부터 연락이 두절되었다 6월 28일 오전 6시에야 인천에 모습을 드러냈다. 군의 수뇌였던 채병덕·신성모는 ① 1949년 이래 주관적 신념이었던 북벌·실지회복론의 연장선

---

110) 백인엽은 여러 인터뷰에서 자신은 최기덕 6월 23일 만났으며, '해주로 진격하겠다'는 발언을 하지 않았다고 했다. 반면 최기덕은 백인엽이 그런 발언을 했으며, 자신은 6월 25일 개전 직후 백인엽이 제공한 지프를 타고 부포항을 통해 옹진에서 빠져나왔다고 했다(「백인엽(17연대장)」(인터뷰 일자: 1990. 5. 26), KBS 6·25 40주년 특별제작반, 『한국전쟁관련 취재인터뷰 XII(한국)』, 9~13쪽].

상에서, ② 기수립된 육군본부 작전명령에 따라서, ③ 한국군의 사기 앙양책의 일환으로, 연락이 두절된 17연대 병력의 해주진공설을 발표했을 가능성이 크다. 국방부 정훈국의 발표(1950. 6. 26. 오전 11시)는 이런 상황의 소산이었다. "통신연락이 불량하여 명확치 않으나 그(17연대) 일부가 해주시에 돌입하였으며 일부는 즉시 전선을 수축 중"이라는 발표는, 준비된 작전계획에 따른 육군본부의 지시와, 17연대 일부 병력의 행방불명이라는 혼란된 상황이 결합되면서 생겨난 것이었다.

셋째, 이러한 해주점령설은 단지 한국군·한국 언론에만 유통된 것이 아니라 미극동군사령부에도 동일하게 전달되었다. 이렇게 된 가장 큰 배경은 한국 언론의 보도가 아니라, 이미 확립된 한국 육군본부의 방어계획과 6월 25일 아침 육군본부의 육지철수 지시를 인지하고 있었기 때문일 것이다. 또한 미군사고문단도 방어계획상에 명시된 17연대의 해주진공에 대해 극동군사령부에 정보를 제공했을 가능성이 있다. 이런 연유로 극동군사령부는 연락이 두절된 17연대 소속 제1, 제2대대 병력이 명령에 따라 '해주를 점령'하거나 '해주로 진격'했을 것으로 판단했을 수 있다.

이상을 종합할 때, 해주점령·해주진공설은 육군본부의 준비된 방어계획의 일환이었으며, 전황이 혼란스럽던 개전 초기 육군본부와 17연대에 의해 그 가능성이 잠시 타진되었지만 실현 불가능한 것이었다. 나아가 북한의 '도발받은 정의의 반공격전' 및 '북침' 선전이 지속되면서, 한국군은 방어계획의 일환이었으며 성공하지 못했던 해주공격계획의 존재 자체를 부정하였다. 그렇지만 1949년의 38선 충돌을 떠올린다면, 개성과 옹진이 공격당할 때 철원을 공격하거나 태탄을 역습함으로써 압력을 분산시키고 역습의 기회를 노린 것처럼, 적극적 방어계획의 일환으로 해주진공이 구상되었음을 알 수 있다.

2. 미극동군사령부 정보 자료의 혼란

옹진에는 여러 명의 주한미군사고문단원이 주재하고 있었다. 개정판 『한국전쟁사』에 따르면, 이미 6월 25일 오전 6시에 옹진 주둔 미군사고문단은 주한미군사고문단(KMAG) 본부에 17연대가 전선을 유지하기 곤란하며 강력한 침공을 당했다는 사실을 알렸다. 오전 9시 이들은 항공지원을 요청했다. 옹진 주둔 군사고문단 일행 5명(고문관 3·운전병 1·통신병 1)은 서울에서 날아온 L-5 경비행기 2대를 타고 10시 35분 옹진을 떠났는데, 당시 조종사인 스윙크(Lloyd Swink) 소령과 브라운(Frank Brown) 중위를 통해 북한군의 전면침공을 알았다.[111] 옹진 주둔 군사고문들의 도착 이후 서울의 주한미군사고문단 본부는 옹진 17연대가 난관에 처해 있음을 명백히 인식하고 있었을 것이다.

도쿄 맥아더사령부, 즉 극동군사령부(FEC) 정보참모부가 간행하는 『정보요약』(*Intelligence Summary*)은 해주진공설의 또 다른 가능성을 보여준다. 『정보요약』 제2847호와 제2848호는 각각 38선 상황도를 부표로 첨부하고 있다.[112]

먼저 『정보요약』 제2847호(1950. 6. 26)를 보자. 이 지도는 1950년 6월 26일 오전 7시 현재 38선의 상황을 보여주고 있다.[113] 6월 26일 오전 7시면 옹진에 주둔하고 있던 군사고문단원들이 모두 철수한 상황이었으며, 이들이 서울의 군사고문단 본부에 들어가 옹진 전황을 설명한 뒤일 것이다.

상황도를 보면 북한군의 대규모 공격에 한국군이 모든 전선에서 밀리는

---

111) 국방부 전사편찬위원회(1977), 앞의 책, 467쪽. 이는 애플만의 서술에 따른 것이다(Roy E. Appleman, 앞의 책, p. 22).
112) 이 자료를 처음 발굴한 사람은 브루스 커밍스였다. 그렇지만 커밍스가 제시한 자료가 너무 방대했고 그가 특별히 이 자료를 강조하지 않았기 때문에, 그가 지적한 38선 상황도는 다른 학자들의 주목을 받지 못했다.
113) GHQ, Far East Command, Military Intelligence Section, General Staff, *Intelligence Summary*, no. 2847, "Situation 38th Parallel 0700 HRS. 26 June 50, Map no. A-1, for Intell. Summary 2847."

것이 분명하게 드러나 있다. 옹진에도 북한군 경비3여단이 대규모로 침공해 온 것이 잘 드러나 있다. 6월 26일 오전 7시 현재, 한국군 17연대는 1개 대대를 제외한 병력이 옹진반도 동남단인 부포항 인근에서 철수를 준비 중인 것으로 묘사되어 있다. 그 나머지 옹진반도 전역은 북한군의 수중에 들어 있었다. 문제는 옹진반도 동측방, 즉 38선상의 충돌이 잦았던 벽성-은파산 방향에서 17연대의 1개 대대와 1개 포병 중대가 해주로 진공해 들어간 것으로 묘사된 부분이다.

옹진에서 해주로 진격하기 위해서는 은파산 옆 도로를 따라 진격하는 수밖에 없었다. 그런데 앞서 살펴본 것처럼 주요 기동로는 인민군 제6사단 제1연대가 이미 장악한 상태였다. 그런데 이들을 뚫고 해주 방향으로 진격한 이 전황도는 어떻게 된 것인가? 이는 최소한 주한미군사고문단이 해주진공에 대한 또 다른 정보 혹은 계획을 인지하고 있었을 가능성을 열어놓는다.

이미 이 시점에서 17연대 제3대대와 연대본부는 강령-부포를 거쳐 LST로 탈출하고 있었다. 이들은 옹진읍 정북방을 지키던 17연대 제1대대와 예비대로 투입된 제2대대 및 포병중대 등과 연락이 끊긴 상태였다. 특히 제1대대는 거의 와해된 상태였다. 때문에 우리는 이 상황도가, 연락이 끊겼을 뿐만 아니라 생사 여부와 위치가 미확인 상태였던 17연대의 제1대대·제2대대·포병중대의 위치를 해주로 비정해놓은 것임을 알 수 있다.

미극동군사령부의 『정보요약』 제2848호(1950. 6. 27)는 이러한 상황을 보다 정확하게 보여준다. 이에 따르면, 옹진반도 전역은 북한군에 의해 완전 점령되었고, 한국군 17연대 병력 1,250명은 6월 26일 오후 5시 현재 해상으로 철수했다고 기록하고 있다. 반면 이 정보요약은 한국군 17연대의 1개 보병대대와 1개 포병중대가 해주를 점령했다고 기술하고 있다.[114] 첨부된 6월 27일

---

114) GHQ, Far East Command, Military Intelligence Section, General Staff, *Intelligence Summary*, no. 2848(1950. 6. 27), p. 1.

□ 그림 V-3 **38선 상황도 중 옹진 전황**(1950. 6. 26. 오전 7시 현재)

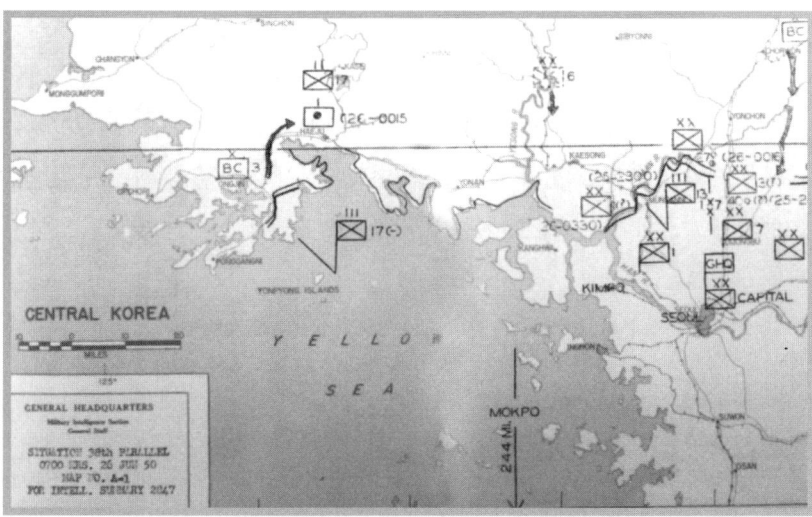

※ 출전 *Intelligence Summary* no.2847(1950. 6. 26), "Situation 38th Parallel 0700 HRS. 26 Jun 50, Map no.A-1, for Intell. Summary 2847"

□ 그림 V-4 **38선 상황도 중 옹진 전황**(1950. 6. 27. 오전 5시 현재)

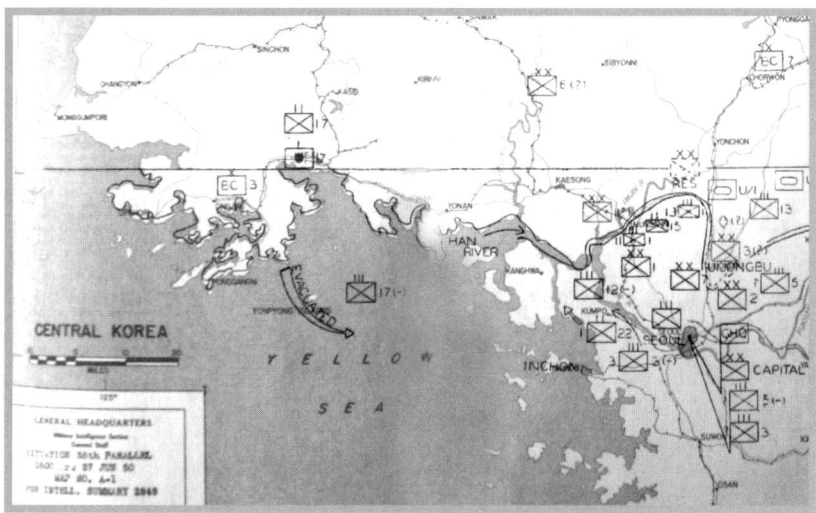

※ 출전 *Intelligence Summary* no.2848(1950. 6. 27), "Situation 38th Parallel 0500 HRS. 27 Jun 50, Map no.A-1, for Intell. Summary 2848"

오전 5시 현재 38선 상황도에도 1개 대대가 제외된 17연대가 연평도 인근 해상으로 철수하는 것으로 묘사된 반면, 17연대의 1개 대대 및 1개 포병중대가 해주를 점령하고 있는 것으로 되어 있다.

다음날인 6월 28일자 『정보요약』 제2849호(1950. 6. 28)에 첨부된 38선 전황도에 따르면, 북한군은 옹진반도를 완전히 점령했고, 17연대는 인천에 상륙한 것으로 되어 있지만, 17연대의 1개 대대와 1개 포병중대는 여전히 해주를 점령한 것으로 나타나 있다. 6월 28일자 전황도는 오전 05시 현재의 상황을 그리고 있다.[115] 그렇지만 다음날인 6월 29일자 『정보요약』 제2850호(1950. 6. 29)에는 아무 설명 없이 해주를 점령하고 있던 17연대 1개 대대와 1개 포병중대가 상황도상에서 사라졌다.[116] 1개 대대가 제외된 17연대 병력은 여전히 인천에 주둔하는 것으로 표시되어 있다. 맥아더사령부의 정보보고에 3일 간 해주를 점령한 것으로 등장했던 한국군 17연대의 1개 대대 및 1개 포병중대는 어디로 사라진 것인가?

브루스 커밍스는 『정보요약』에 등장하는 일련의 지도들을 통해 17연대가 6월 25일 선제공격을 했을 가능성을 제기했지만 사실은 정반대였다. 결론부터 정리하자면, 17연대의 3개 대대는 모두 6월 26일 옹진에서 해상으로 철수했지만, 연대는 양분되어 연락이 끊긴 채 6월 28일 인천에서 합류할 때까지 서로 생사를 알지 못했다. 백인엽과 제3대대는 통신장비를 갖춘 LST를 타고 철수함으로써 그 위치가 확인되었지만,[117] 통신이 두절된 제1대대·제2대대는 민간어선을 타고 6월 28일 오전 6시에야 인천항에 도착해, 그 전까지 위치 및

---

115) GHQ, Far East Command, Military Intelligence Section, General Staff, *Intelligence Summary*, no.2849(1950. 6. 28), "Situation 38th Parallel 0500 HRS. 28 June 50, Map no.1, for Intell. Summary 2849."
116) GHQ, Far East Command, Military Intelligence Section, General Staff, *Intelligence Summary*, no.2850(1950. 6. 29), "Situation 38th Parallel 0500 HRS. 29 June 50, Map no.1, for Intell. Summary 2850."
117) 국방부 전사편찬위원회(1968), 『한국전쟁사』 2권, 94쪽.

□ 그림 V-5 **38선 상황도 중 옹진 전황**(1950. 6. 28. 오전 5시 현재)

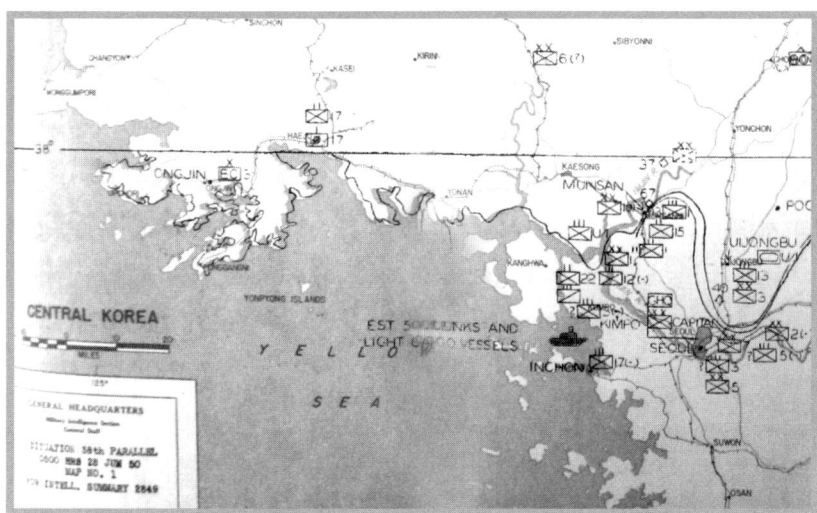

※ 출전 *Intelligence Summary* no.2849(1950. 6. 28), "Situation 38th Parallel 0500 HRS. 28 Jun 50, Map no.A-1, for Intell. Summary 2849"

□ 그림 V-6 **38선 상황도 중 옹진 전황**(1950. 6. 29. 오전 5시 현재)

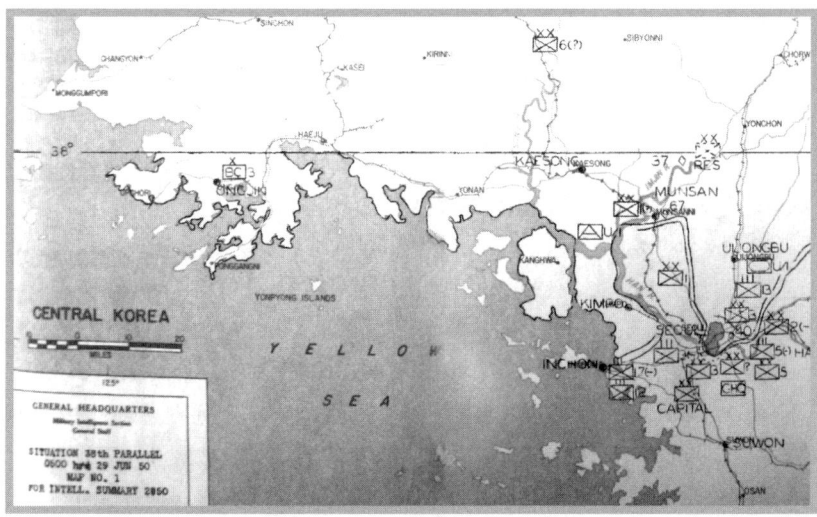

※ 출전 *Intelligence Summary* no.2850(1950. 6. 29), "Situation 38th Parallel 0500 HRS. 29 Jun 50, Map no.A-1, for Intell. Summary 2850"

생사를 알 수 없었다. 혼란했던 전황 속에서 육군본부와 미극동군사령부는 이들의 해주진공을 강력하게 '희망'했고 이를 다양한 방법으로 표현했다. 서울에서는 해주진공설이 퍼졌고, 극동군사령부에서는 『정보요약』의 전황도가 만들어졌다.

개정판 『한국전쟁사』에 따르면, 17연대의 3개 대대는 모두 6월 26일 옹진에서 해상을 통해 철수했다. 먼저 연대본부 및 제3대대 병력 1,200여 명이 부포항에서 6월 26일 오전 11시 해군 LST-801함으로 철수했다. 이들은 6월 27일 오전 4시 인천에 도착했다. 한편 제1, 제2대대와 일부 3대대원 등 1,300명은 6월 26일 오전 7시 사곶에서 용호도로 철수를 완료했고, 용호도 출발(26일 15:00시) - 연평도 도착(27일 07:00시) - 연평도 출발(27일 20:00시) - 인천 도착(28일 06:00시) - 군산 도착(29일 07:00시)의 순으로 철수했는데, 이들은 17연대 본대와 연락이 끊긴 상태였다.[118] 연대장 백인엽 대령과 제7포병 대대장 박정호 소령은 6월 26일 오후 2시 조각배를 타고 부포항을 떠나 연평도 도착(26일 19:00시) - 연평도 출발(27일 02:00시) - 인천에 도착(27일 08:00시)의 순으로 철수했다.

즉 17연대는 ① 연대장 백인엽 대령 일행, ② 연대본부·3대대 병력 1,200여 명, ③ 1대대·2대대 병력 1,300명의 세 진영으로 나뉘어 6월 26일 옹진에서 철수했는데, 이들 가운데 ③번 병력 1,300명은 6월 28일 인천에 도착해서야 생사 여부를 확인할 수 있었다.

이런 상황에 비추어본다면, 극동군사령부의 『정보요약』 제2848호(1950. 6. 27)가 전하는 17연대 병력 1,250명의 철수는 연대본부 및 제3대대 병력 1,200명의 철수를 정확히 기록한 것이다. 그렇다면 해주를 점령했다는 1개 보병대대와 1개 포병중대는 연대본부와 연락이 끊긴 제1, 제2대대를 오인했음이 분명하다. 제1, 제2대대 병력 1,300명은 연대본부와 연락이 끊긴 채, 6월

---

118) 국방부 전사편찬위원회(1977), 『한국전쟁사』 1권(개정판), 478~491쪽.

28일 06시 인천에 도착할 때까지 생사가 불투명했다.[119] 이는 극동군사령부 『정보요약』의 상황묘사와 정확히 들어맞는다. 이들은 6월 28일 오전 6시 인천에 상륙했는데, 이날자 극동군사령부 『정보요약』은 오전 5시 현재 이들이 아직까지 해주에 있다는 상황도를 게재했다. 그러나 이들의 인천 입항 소식이 알려지고 그 동안의 정보보고가 오류였음이 판명되자, 그 다음날인 6월 29일 극동군사령부의 『정보요약』은 아무 설명 없이 이들의 위치를 해주에서 삭제했다.

즉 17연대 1·2대대의 생사가 불명한 상황에서 서울의 주한미군사고문단과 도쿄의 극동군사령부 정보참모부는 이들 병력이 육군본부의 작전지시에 따라 육상을 통해 해주로 진공했을 것으로 판단했을 가능성이 컸다.

또한 앞에서 살펴보았듯이, 미군사고문단은 "수개월 전에 작성된 방어계획을 한국군이 실천에 옮기도록 촉구"하였고, 육군본부는 17연대에게 적을 무찌르며 육지로 철수하라는 지시를 내렸기 때문에 극동군사령부도 이러한 명령이 집행되고 있는 것으로 잠정적인 판단을 내렸을 가능성이 높다.

극동군사령부 『정보요약』 6월 26일자부터 6월 29일자까지 4일 간의 옹진 전황도는 상식적으로 이해하기 어려운 것이었다. 첫째, 17연대(-1개 대대)는 6월 26일 이래 그 이동 경로가 정확히 전황도에 표시되었다. 6월 26일 오전 7시 현재, 17연대는 북한군에게 밀려 부포항 주위의 좁은 지역으로 집결해 철수 준비 중이었고, 6월 27일 오전 5시 현재, 해상으로 철수 중이었으며, 6월 28일 오전 5시 현재, 인천항에 정박했으며, 6월 29일 오전 5시 현재도 인천항에 정박 중이었다. 17연대는 6월 30일 38선상 지도에서 사라졌다.

둘째, 해주를 점령한 것으로 묘사된 17연대 1개 대대 및 1개 포병중대의

---

119) 실제로 철수한 17연대 1·2대대 병력의 숫자를 정확히 알 수는 없다. 한국정부의 공간사는 1·2대대 병력 1,300명이 철수했다고 썼지만, 백인엽은 제1대대는 언급하지 않은 채 제2대대 병력 400명이 철수했으며, 병력의 70%가 철수했다고 증언했다. 그의 '기억'에 따르면 전사 28명, 실종 285명이었다〔중앙일보사(1983), 『민족의 증언』 1권, 82~83쪽〕.

위치는 다음과 같은 점에서 의문의 대상이다. (1) 우선 3일 간이나 해주를 점령한 이 부대는 대대 및 중대 표시가 전혀 되어 있지 않았다. 또한 (2) 이 부대는 3일 간 해주를 점령한 채 전혀 이동하지 않은 것으로 나타났다. 긴박한 개전상황에서, 그것도 북한군이 압도적인 공세와 진격을 펼치고 있는 상황에서 한국군이 3일 간이나 해주를 점령한 채 기동하지 않았다는 것은 있을 수 없는 일이다. (3) 또한 북한군 역시 해주를 점령한 이 부대를 공격하거나 포위한 흔적이 전혀 보이지 않는다. 즉 이 전황도대로라면 북한군은 수수방관했고, 이 부대가 해주시를 마음대로 휘저었다는 것이다. (4) 마지막으로 3일 간 해주에 위치한 이 부대는 4일째 되는 날 갑자기 지도에서 사라졌다. 북한군이 공격한 흔적이나, 이 부대가 서해안을 따라 기동한 흔적, 혹은 해상으로 철수한 흔적도 없었다.

셋째, 이상을 종합하자면 해주를 점령한 것으로 묘사된 부대는, 통신이 두절된 채 사곶을 통해 용호도-연평도-인천으로 철수한 17연대 1대대·2대대 병력임을 알 수 있다. 극동군사령부는 해주공격을 명령받은 후 통신이 두절된 이 부대의 위치를 해주로 비정했고, 이들이 인천항에 나타날 때까지 해주를 3일 간 점령한 것으로 상상했다. 즉 해주점령은 '상황도' 상에서만 존재하는 허구였다.

냉정하고 이성적인 관찰자라면 개정판 『한국전쟁사』가 묘사하는 옹진에서의 세부 전황이 과장과 책임 회피일지는 모르지만, 사실 자체를 조작했거나 의도적으로 왜곡했을 가능성은 거의 없다는 점에 동의할 것이다.

한국군 17연대는 옹진반도 전선 중앙에 제1대대(대대장 김희태 소령), 전선 우측에 제3대대(대대장 오익경 소령), 제1대대 후방인 반도 중앙에 연대본부 및 예비대대인 제3대대(대대장 송호림 소령)를 각각 배치했다. 17연대가 해주로 진격하기 위해서는 대구경포와 자주포(싸마호트), 장갑차로 무장한 북한군 제6사단 제1연대의 공격로를 헤치고 가는 수밖에 없었다. 즉 1949년에 문제가 된 옹진반도 우측 은파산 옆 도로·철도를 지나야 했는데, 이 방면에 배치된

□ 표 V-1 옹진 주둔 17연대의 철수상황 비교

	출처	부대 명	6월 26일	6월 27일	6월 28일	6월 29일
1제대	정보요약	17연대(-1)	07시 철수준비	05시 해상철수	05시 인천항	05시 인천항
	전쟁사	17연대본부+3대대	11시 부포철수	04시 인천 도착 08시 백인엽 도착	16시 영등포 집결	대전 이동
2제대	정보요약	대대1·포병중대1	07시 해주점령	05시 해주점령	05시 해주점령	05시 사라짐
	전쟁사	1대대·2대대	07시 사곶철수	07시 연평도 도착	06시 인천 도착	07시 군산 도착

※ 출전 ① 정보요약 : *Intelligence Summary*, no.2847(1950. 6. 26)~no.2850(1950. 6. 29); ② 전쟁사: 국방부 전사편찬위원회(1977), 『한국전쟁사』 1권(개정판), 478~491쪽.

것은 17연대 제3대대였다. 그렇지만 제3대대는 개전 초기 북한군 6사단 1연대의 막강한 화력 앞에 바로 허물어지고 말았다. 제3대대 및 연대본부 병력은 연대장 백인엽의 지휘하에 곧바로 6월 26일 부포항을 통해 철수했다. 즉 개전 초기 이미 해주로 통하는 주요 도로·철도는 북한군 6사단 1연대에 의해 장악된 상태였다.

남은 것은 옹진반도 중앙부터 좌측을 방어하고 있던 17연대 제1대대와 중앙의 제2대대였는데, 제1대대는 개전 직후인 6월 25일 오전 6시 북한군 박격포 포격을 맞아 대대장이 전사하는 바람에 예비연대인 제2대대장 송호림 소령이 부대를 지휘해 사곶으로 철수 중이었다. 그렇다면 이들이 해주로 진격하는 것은 군사적으로 가능한가? 이들이 해주로 진격하기 위해서는 우선 옹진반도를 좌에서 우로 횡단해야 했는데, 주둔지를 벗어나 익숙지 않은 지형과 북한군의 공격을 돌파해야 했다. 해주로 접근하는 주요 도로는 옹진읍(양원)에서 강령-취야-해주로 이어지는 도로였는데, 이미 북한군의 싸마호트 대대와 장갑차, 포병 및 보병 들이 장악한 지 오래였다. 대대장이 전사한 제1대대와 예비대대인 제2대대가 옹진반도 우측에 도달하기 위해서는 막강한 북한군 6사단 1연대의 대포·자주포·장갑차의 저지를 뚫어야 했다. 그 후에야 이들은 해주로 들어갈 수 있는 셈인데, 만약 해주에 들어갔다고 해도 북한군이 장악한 서부전선을 뚫고 다시 인천까지 진격한다는 것은 말 그대로 불가능한 일이었다. 이는 당시 조성된 전황으로 볼 때 군사적으로, 상식적으로 실현 불가능했다.

이 때문에 한국군 17연대의 '해주점령설'은 말 그대로 '설'일 뿐, 당시의 전황을 되짚어본다면 존재할 수 없는 일이었다. 17연대 중 해주를 점령할 부대도 존재하지 않았고, 그럴 능력도 없었다. 17연대는 퇴각하기에도 분망했다. 다만 후퇴하는 병력 중 일부가 해주를 거쳐 육지로 퇴각한 경우가 없지는 않았을 것이다. 백인엽에 따르면 작산, 즉 까치산에 주둔하던 중화기 중대원 16명은 퇴로가 차단되자 중박격포와 기관총을 맨 채로 야음을 타고 해주와 배천을 지나 적진 한복판을 뚫고 탈출했다는 것이다.[120] 과연 이들이 후퇴·탈출을 위해 해주를 관통한 것인지, 아니면 육본 작전명령에 따라 '유격대'로 투입된 것인지는 알 수 없다. 이들은 중무장한 '중화기 중대'였으므로, 경장이 요구되는 유격대는 아니었겠지만, 이들의 생환은 17연대를 비롯한 한국군은 물론 미군사고문단에도 믿기 힘든 신화로 회자되었을 가능성이 있다.

종합하자면, 서울과 도쿄에서 유포되었던 해주점령설은 혼란스럽던 옹진 현지의 전황, 일부 부대의 연락 두절, 서울 육군본부의 방어계획에 따른 육상 후퇴 명령 및 해주점령 선전·홍보 등이 결합되어 나타난 해프닝으로 결론 내릴 수 있다.

3. 유도는 있었는가?

한편 1949년 여름 옹진에서 한국군의 공격적 태도를 기억하는 사람이라면,

---

120) 佐佐木春隆 저·姜昶求 편역(1981), 앞의 책, 중권, 221쪽. 사사키는 『민족의 증언』 1권(중앙일보사, 1983, 82쪽)과 『한국전쟁사』 2권(국방부 전사편찬위원회, 1968, 87~94쪽)을 전거로 들었지만, 해당 부분에는 이런 내용이 들어 있지 않다. 이는 사사키가 백인엽으로부터 직접 청취한 증언으로 판단된다.

한국군·언론이 대서특필한 해주점령설이 있음직한 일이라고 생각했을 수도 있다. 당시의 관찰자와 군사지휘관 들뿐만 아니라 많은 학자들이 이런 가능성에 무게를 두었다. 가장 대표적인 학자는 브루스 커밍스인데, 그는 해주점령설과 관련해 많은 자료를 발굴한 장본인이기도 했다. 다음의 몇 가지 사례는 브루스 커밍스가 발굴한 해주점령을 증명하는 대표적인 기록들이다.

〔사례 ①〕 개전 직후 맥아더는 6월 26일 오전 3시 55분 워싱턴을 향해 "남한군이 옹진반도에서 해주를 향해 공세를 취하고 있다"고 보고했다.[121]

〔사례 ②〕 유엔한국위원단의 군사감시단 단원이었던 호주 장교 피치(F. S. B. Peach)는 1987년 영국 테임즈 텔레비전과의 인터뷰에서 "내 생각에는 아마 백인엽과 그의 추종자들이 그곳(해주)을 공격한 것 같다. 그것은 그들의 일부가 남한으로 철수하고자 퇴로를 개척하기 위해 벌이고 있는 전투일지도 모른다"고 증언했다.[122]

〔사례 ③〕 라이언(C. E. Ryan) 준장이 윌리엄 도노반(William Donovan)에게 보낸 비망록(1952. 3. 8)에 따르면, 17연대는 바다를 통한 탈출이 봉쇄되자 공산군 사단 한복판을 뚫고 탈출로를 열고 38선 이북 지역에 타격을 가했으며, 노획한 탄약·차량 들을 이용해 전투부대의 대오를 유지하며 남쪽으로 내려와 서울 인근에서 전우들과 합류했다. 지휘관은 김백일이었다.[123]

---

121) MA, RG 6, box 9, 「6월 26일 3:45에 행해진 맥아더의 워싱턴과의 두번째 전화통화」(MacArthur's second teleconference with Washington, June 26, 0335 hours); box 59, intelligence reports nos, 2847-2851, June 26~30, 1950〔이상 Bruce Cumings(1990), 앞의 책, p. 578, n. 24에서 재인용〕.
122) Bruce Cumings(1990), 앞의 책, p. 576, n. 19.
123) Donovan Papers, box 8B, 「라이언이 도노반에게 보낸 1952년 3월 8일자 편지(Ryan to Donovan)」〔Bruce Cumings(1990), 앞의 책, p. 579, n. 29〕.

〔사례 ④〕 이승만의 공보고문이었던 로버트 올리버(Robert T. Oliver)는 백인엽이 전쟁 초기에 부대들을 동원해 대담한 반격에 나섰으며, 옹진에서 출발해 해주를 점령한 다음에 북한군의 포위망을 뚫고 탈출해 나왔다고 썼다.[124]

이외에도 몇 가지 대목에 대한 커밍스의 강조가 있었지만, 상당 부분은 과도한 가정과 추측에 의존하고 있어 자료 인용의 부정확성 등이 지적된 바 있다.[125] 앞에서 알 수 있듯이, 해주점령을 증명하는 핵심적인 기록은 존재하지 않는다. 1950년 6월의 현장에서 작성된 것은, 사례 ① 맥아더의 전화통화였는데, 이는 아마도 한국군의 해주돌입 발표와 주한미군사고문단의 보고, 한국 육군본부의 육지경유 후퇴지시 등의 정보가 착종된 결과였을 것이다. 나머지 사례들은 모두 전문(傳聞)에 해당하는 내용이며, 추정에 불과했다.

특히 커밍스는 사례 ③을 강조하면서 "이 책에서 빛을 보게 됨으로써 결정적인 중요성을 갖게" 되었다고 평가했지만, 이는 사실과 거리가 있었다. 1950년 6월 25일 김백일은 해주에 있지 않았을 뿐만 아니라 제17연대장도 아니었다. 그 시점에 김백일은 육군 참모부장으로 서울 육군본부에서 개최된 6월 26일 심야 군수뇌연석회의에 참석하고 있었다.[126] 라이언(Cornelius E. Ryan) 소장은 한국전쟁기 재임한 주한미군사고문단장 중 가장 오랜 기간(1951. 9~1953. 5) 단장을 역임한 인물이다. 단장 중 가장 높은 소장 계급이었지만, 1951년 9월 한국에 부임해 개전 당시 한국 사정을 알 수는 없었다.[127] 이 때문에 라

---

124) Robert T. Oliver, *Syngman Rhee and American Involvement in Korea, 1942~1960: A Personal Narrative*, Seoul, Panmun Book Company LTD, 1978, p. 290.
125) 김광수(2000), 「한국전쟁 개전 당시 북한군의 작전계획과 옹진전투」, 『군사』 제41호, 342~344쪽.
126) 국방부 전사편찬위원회(1977), 앞의 책, 594쪽.
127) 주한미군사고문단에 대해서는 다음을 참조. 안정애(1996), 『주한미군사고문단에 관한 연구』, 인하대 정치학과 박사학위논문; 박동찬(2002), 「전쟁기 주한미군사고문단(KMAG)의 활동」, 『한국전쟁사의 새로운 연구 2』, 국방부 군사편찬연구소; Robert K. Sawyer, *Military Advisors in Korea: KMAG in Peace and War*, Office of the Chief of Military History Department of the Army, 1962.

이언의 발언은, 주한미군사고문단 내에서 떠돌던 두 가지 이야기, 즉 1949년 한국군의 소방수로 옹진지구전투사령부 사령관을 지낸 김백일의 '용맹함'에 대한 이야기와, 1950년 옹진에서 '해주를 공격'했다는 17연대장에 대한 '전설적 무용담'을 뒤섞어 진술했을 가능성이 컸다. 또한 해주를 거쳐 생환해온 일부 17연대의 무용담이 과장되어 전해졌을 가능성도 있다. 그렇지만 옹진에서 해주를 관통한 대대급 부대의 철수는 존재하지 않았다.

종국적으로 브루스 커밍스의 초점은 '남침유도설'이었는데, 그는 김백일과 백인엽이 '반격'이 아닌 '점령'을 목표로 6월 24~25일 해주를 공격했다고 '추정'하고 있다. 커밍스는 남한 정보당국이 늦여름 북한의 기습공격을 인지하고 있었고, 국경선 침범으로 기습공격을 앞당기는 한편, 한국군의 신속한 철수를 통해 '침략'을 명백히 할 수 있는 외딴 지역으로 옹진을 택했다는 것이다. 즉 한국군이 선제공격으로 북한군을 끌어들인 후 신속하게 군대를 철수함으로써 미국의 개입을 획득하려 했다는 주장이다.[128] 물론 커밍스는 확정적 언급을 피한 채 자신의 주장을 3가지 '모자이크' 중의 하나라고 했지만, 본질은 변함이 없는 것이었다.[129] 커밍스는 '남한군이 공격을 개시해서 북한군을 유인했다'는 자신의 견해, 즉 두번째 모자이크가 "어느 쪽도 전쟁을 개시**할 수 있었음을** 보여줄 따름이며, 정확히 전쟁의 내전적 성격에 관한 비밀정보이며 또한 사실상 내가 말하고자 하는 모든 것(강조는 원문 그대로)"이라고 주장했다.[130] 커밍스는 "솔직한 역사가라면 아직까지 이것을 기각시킬 수는 없"으며, 이승만의 친구이자 공작의 달인이었고 정치고문이었던 굿펠로우가 북한을 빠뜨릴 최초의 깊은 '함정'을 설치했다고 주장했다.

---

128) Bruce Cumings(1990), 앞의 책, pp. 599~600.
129) 커밍스가 제시한, 개전과 관련된 모자이크는 3가지이다. 첫째 한국·미국의 공식견해로 도발받지 않은 불의의 기습남침, 둘째 남한이 도발해 북한의 공격을 유도했다는 견해, 셋째 북한의 공식견해로 도발받지 않은 불의의 기습북침 등이다. 커밍스는 둘째 모자이크가 정보와 역정보로 이루어진 일종의 음모론이지만 설득력이 있다고 주장했다.
130) Bruce Cumings(1990), 앞의 책, pp. 599~600.

아마도 브루스 커밍스의 방대한 저작 가운데 가장 많은 오류를 범하고 있는 부분은 다름 아닌 '남침유도설'이 제시된 제18장 「한국전쟁은 어떻게 일어났는가?」일 것이다. 커밍스는 이 결정적 장에서 자신이 수립한 '유도설'을 증명하기 위해 무리한 해석과 잘못된 자료 인용·오독 등을 집중적으로 범하고 있다. 탁월한 저작의 명성에 그림자를 드리우는 사례는 다양하다.

사실관계에서 커밍스는 17연대의 2개 대대가 1949년 월북했기 때문에 17연대가 충성심을 보증해보일 필요가 있었다고 해석했지만, 1949년에 월북한 것은 8연대의 강태무·표무원 대대였다. 1949~50년 시기 육군본부 정보국장 백선화가 서북파인 백선엽·백인엽의 형제였을 가능성을 제시했지만, 백선화는 북한이 백선엽(白善燁)의 엽(燁)자를 화(華)로 잘못 읽은 것이었다.[131] 또한 옹진 주둔 미군사고문단원 5명이 오전 6시까지 메시지를 발송하지 않았으므로 옹진의 17연대와 함께 현장에 있지 않았을 가능성을 제기하기도 했다.[132] 그러나 그들은 옹진 현장에 있었다.

한편 커밍스는 한국과 미국의 공간사를 읽어본다면 쉽사리 해결될 수 있는 문제까지도 의문과 음모의 시각으로 접근했다. 또한 너무 많은 음모론에 의지함으로써 명징한 사실들조차 음모의 그림자에 가리웠다. 커밍스는 일본 관동군이 전쟁의 전주로 '사변들'을 도발하는 전문가였는데, 한국군의 백인엽·김백일 등도 관동군 출신으로 음모의 주역이었을 가능성이 높다고 서술했다. 김백일이 17연대를 지휘해 해주로 진격하여 탈출로를 개척해 돌아 나왔으며, 그가 실제 해주를 공격했으리라고 상정한 부분이나, 김백일·김석원의 1950년 6월 마지막 주의 행적이 불투명하다고 의문을 제기한 것 역시 음모론에 근거한 과도한 추정이었다. 김백일과 김석원은 개전 당시 대북공격을 지휘

---

131) 북한 매체들은 백선엽을 백선화로 오독한 경우가 많다. 예를 들면 호림부대 월북사건 공판에서도 백선엽은 백선화로 불렸다. 또한 이승만의 부인 프란체스카의 경우 북한 매체들은 '애리쓰'로 호칭했다.
132) Bruce Cumings(1990), 앞의 책, p. 569, n. 2.

한 것이 아니라 육군본부 회의에 참석하고 있었다. 그는 김백일의 역할을 과대포장하기 위해 한국군의 공식적인 지휘체계란 별로 의미가 없었으며, 개전 직후 김백일이 수도사단을 지휘했다고 평가했다. 김백일은 개전 당시 육군본부 작전참모부장이었고, 6월 25일 아침 채병덕 총장과 상의하여 수도사단장 이종찬 대령이 부대에 등청(登廳)하기 전에 수도사단 3연대·18연대를 7사단에 배속한 바 있으나, 이는 긴급한 전황과 그의 공식적 직위에 기초한 참모 역할이었다.[133] 김백일은 공식 지휘체계 선상에 위치해 있었다.

1사단 12연대의 조기 붕괴가 한국군의 '변절' 때문이라고 주장한 대목 역시 과도한 추정에 해당한다. 커밍스는 "개성은 서울로 통하는 직통로를 지배할 수 있는 위치에 있었기 때문에 한국군 부대들이 변절하기에는 좋은 곳이었을 것"이라고 추정했지만,[134] 1사단은 준비된 「육본 작전명령 제38호」(1950. 3. 25)의 방어계획에 따라 임진강 남안에서 방어선을 구축했던 것이다.

나아가 커밍스는 옹진 17연대에서 1,250명이 철수했다는 극동군사령부 『정보요약』과 2,000명을 섬멸했다는 북한의 주장을 혼합해, 17연대의 병력이 편제상 정원인 2,500명이 아니라 약 4,000명이었다고 주장했다. 그렇지만 17연대 병력은 분명 2,719명이었고, 제7포병대대와 대전차포중대, 지원부대 등 병력 900명 정도가 주둔했으며, 그외 경찰 및 청년단 등이 존재했다. 이 때문에 옹진에 주둔하고 있던 한국군·경 무력이 4,000명 이상인 것은 분명했지만, 그것이 17연대 병력은 아니었다. 커밍스는 북한 내무상 박일우가 1950년 5월 18일 기자회견에서 한국군이 옹진 17연대 외에 2개 연대를 증파했다는 주장을 인용하며 신뢰도를 부여했는데, 박일우의 기자회견 및 1950년 5~6월 북한의 언론보도는 잘 짜인 선전계획의 일환으로, 남한을 침략자로 묘사하기 위한 것이었다.

---

133) 국방부 전사편찬위원회(1977), 앞의 책, 578쪽.
134) Bruce Cumings(1990), 앞의 책, p. 582.

커밍스는 군사고문단장 로버츠의 보고서(1949. 7)를 인용하며, 1949년 중반에는 한국군 공병이 서울로 통하는 모든 도로에 파괴-지연 작전을 수행할 수 있도록 준비하고 있었지만, 1950년 6월에는 바주카포보다도 더 좋은 '가장 효과적인 대전차용 방어무기'인 대전차지뢰를 주요 침공예상 도로에 매설하지 않았다고 지적했다. 이에 근거해서 커밍스는 "1950년 6월에 방어적 파괴무기가 부재했다는 사실은 북한진격에 대비한 남한의 계획 혹은 신속한 철수에 대비한 남한의 계획을 시사하는 것이다"고 주장했지만, 이 역시 사실과는 거리가 멀었다.[135]

한국군이 "북한군의 대규모 공격을 인지했고, 옹진에서 선제공격을 가해서, 북한의 대규모 공격을 유도한 후 신속히 철수함으로써 미국의 전면 개입을 얻어내려 했다"는 분석은 매혹적이고 놀라운 상상이다. 그렇지만 한국군은 자신의 공격적 의도에 스스로 오도됨으로써 북한군의 대규모 공격 징후를 무시했으며, 신속하게 철수했지만 옹진에서 선제공격을 가하지도 못했고, 또한 북한군을 유도함으로써 미국의 개입을 획득할 만큼 음모적이며 명민하지도 못했다. 그의 가정 중 어느 하나도 우리가 살펴본 사태의 진실과 일치하지 않는다.

한국군은 커밍스가 주장하는 음모와 유도를 실행할 만한 준비와 능력을 갖추고 있지 못했다. 한국군은 늘 요란한 고함과 소동을 일으켰지만, 노련한 사냥꾼이나 밀림의 포식자처럼 움직일 수는 없었다. 한국군의 공격 의도는 너무 노골적으로 표명되어, 대부분의 경우 공격 효과를 기대할 수 없었다. 이러한 허풍 전략은 동맹국에게는 강한 억제 정책을, 상대에게는 최상의 긴장과 준비를 제공한 반면, '방어자'의 능력밖에 없는 스스로를 공격자로 미혹시켰다. 반면 북한은 먹이를 앞에 둔 맹수처럼 바람의 반대 방향으로 풀 숲에 잔뜩

---

135) RG 319, box 548, 「로버츠가 볼테에게 보낸 1949년 7월 4일자 전문」(Roberts to Bolte)〔Bruce Cumings(1990), 앞의 책, p. 581, n. 36〕.

몸을 움츠리고 은밀히 움직였다. 북한군은 의도를 은폐하고 은밀히 기동했으며, 방심하고 있는 상대방을 민첩하고 강력하게 타격했다.[136] 이것이 결합되어서 진정한 불의의 기습공격을 완성시켰다.

커밍스가 이런 오류를 범한 가장 근본적 원인은, 이 책을 발간할 시점(1990년)에 그가 접근할 수 있는 사료가 제한되어 있었기 때문일 것이다. 커밍스는 한국전쟁 연구자 가운데 가장 광범위한 사료들을 동원했지만, 그의 저작이 간행된 시점에서는 1990년대 초반에 공개된 선별 북한 노획문서 및 1990년대 중반 이후 공개된 구소련문서 들을 이용할 수 없었다. 사료의 한계가 서술의 한계를 가져왔을 것이다.

커밍스의 주장처럼 한국군의 '유도'가 있었는가 하는 질문은 중요하지만 타당하지는 않다. 만약 한국군이 그 정도의 음모론과 추진력을 갖고 있었다면 1950년 6월의 '불의의 기습남침'은 이루어지지 않았을 것이기 때문이다.

그럼에도 불구하고 왜 해주점령설은 끊임없이 확대되었는가? 아마도 전쟁 초기 해주점령이 불가능한 일이었고 존재하지 않은 작전이었음에도 불구하고, 한국군에게는 연전연패의 쓰라림을 달래줄 일종의 위안이 될 수 있었기 때문일 것이다. 1950년대 초반 동안 백인엽을 해주에 진공했던 장군으로 묘사한 미국측 기록은 여러 곳에서 발견된다.[137] 아마 1950년대 백인엽도 이런 평판에 굳이 반박을 하지 않았던 것으로 보인다.

---

136) 코로트코프는 북한이 스탈린으로부터 기습을 배웠는데, 스탈린은 1941년 6월 히틀러의 바르바로사 지령(Barbarossa Fall)에 근거한 전격전으로 기습을 당한 뒤 이를 터득했다고 지적했다. 기습에서는 잘 조직된 전략적 허위정보 유출이 필수적이며, 이 모든 조치를 모스크바가 엄격히 통제했고, 평양의 북한군 총참모부 또한 큰 역할을 했다고 평가했다(코로트코프 저·어건주 역(1992), 『스탈린과 김일성』 I, 동아일보사, 273~274쪽).
137) 한편 백인엽이 아니라 그의 형인 백선엽이 해주를 점령했다는 보도도 있었다. 글렌 페이지(Glenn Paige)는 주한미군사고문단이 백선엽 준장이 지휘하는 개성의 한국군 1사단이 해주를 점령했다는 사실을 확인했다고 기록했다. 서울발 AP통신은 한국군이 38선 북방 5마일 지점의 한 '마을'을 점령했다고 보도했고, 이는 *Chicago Tribune*(1950. 6. 26)에 게재되었다(Glenn D. Paige, *The Korean Decision, June 24~30, 1950*, New York, the Free Press, 1968, p.130).

1972년 굽타에 의해 해주점령설이 공개적으로 국제학계에서 논란이 됨으로써 해주점령에 대한 백인엽의 본격적인 부정이 시작되었을 것이다. 물론 브루스 커밍스가 가장 큰 영향을 받은 스톤(I. F. Stone)이 이미 1950년대 유도론의 핵심을 제시한 바 있었다. 스톤은 "침략은 정치적으로는 침묵에 의해 고무되었고, 군사적으로는 방어대형에 의해 초래되었으며, 마침내는 모든 것이 준비되었을 때 국경선을 가로지른 일련의 소규모 도발에 의해 개시되었다"는 가정을 제시했는데,[138] 커밍스가 증명하려 한 '유도'는 바로 스톤이 1950년대에 제시한 기본틀에 입각한 것이었다. 스톤은 맥아더·장제스가 이러한 유도론 혹은 음모를 꾸몄으며, 1950년 6월 개전 직전 한국을 방문했던 덜레스가 여기에 가담했을지도 모른다고 생각했다. 스톤은 독립언론인으로 미국의 주류언론과는 다른 견해를 표명했고, 한국전쟁에 관한 그의 독창적 문제제기는 많은 격론을 불러일으켰다. 커밍스 역시 맥아더·장제스·이승만의 '음모'에 많은 비중을 두었다.[139]

백인엽은 1972년 중앙일보와의 인터뷰 및 1975년 존 메릴과의 인터뷰에서 해주진공설을 적극적으로 부정했다. 백인엽은 1977년 간행된 국방부 전사편찬위원회의 개정판 『한국전쟁사』에서도 해주진공설을 강력하게 부정했다. 그럼에도 불구하고 백인엽은 인터뷰하기 어려운 인물로 정평이 났고, 이는 그가 해주진공과 관련이 있기 때문이라고 추정되기도 했다.

해주점령설은 6월 25일 육군본부가 17연대에 내린, 준비된 방어계획에 따라 육지를 관통해 철수하라는 지시, 17연대 일부 병력의 한시적인 행방불명,

---

138) I. F. Stone, *The Hidden History of the Korean War*, New York and London, Monthly Review Press, p. 44[I. F. 스토운 저·백외경 역(1988), 『비사 한국전쟁』, 신학문사, 66쪽].
139) 워싱턴의 차이나로비, 공화당의 매파, 도쿄의 아시아우선주의자 맥아더, 대만의 국민당정부, 이승만의 친구이자 공작의 달인 굿펠로우 등이 커밍스가 주장하는 유도를 음모한 주역에 해당한다. 한국·대만·미국의 특정 세력들이 한국전쟁의 발발을 인지하고 '환호'한 것은 분명하지만, 과연 이들이 '유도'를 실행할 정도의 역량을 가졌는지 하는 점은 별개의 문제이다. 3국의 연계는 커밍스 분석의 또 다른 초점이지만 이 책의 주요 관심사가 아니므로 다루지 않았다.

북벌·실지회복에 대한 채병덕·신성모의 관성적 주장과 신념, 한국군의 사기 진작을 위한 사실무근의 선전책 등이 혼란스러운 전황 속에서 복합됨으로써 빚어진 결과였을 가능성이 높다. 즉 한국군 17연대의 육상철수를 위한, 혹은 반격을 위한 해주공격은 존재하지 않았다. 보다 정확히 말하자면 준비된 방어계획에 따른 해주 공격명령은 있었지만, 이는 전혀 가망성이 없는 계획상의 지시일 뿐이었다. 나아가 커밍스가 주장하는 북한의 공격을 유도하기 위한, 잘 준비된 선제공격은 없었다.

마지막으로, 해주점령설에 대한 북한의 반응을 살펴보자. 우선 개전 당시 북한측에서 제시한 해주점령설에 관한 단서는 두 가지 정도이다. 첫째는 점령 직후 옹진을 방문한 남한 출신 이태준의 기사였다. 이태준은 "북벌개시일 새벽 옹진 남한군 해주부터 점령할 목표로 취야평야에 달려들었으나, 해주는커녕 옹진에서까지 쫓겨나게" 되었다고 썼다.[140] 이태준의 기사는 북한 내무성의 보도처럼 한국군이 해주 방향 서쪽, 즉 옹진에서 공격해왔지만, 북한의 주장처럼 불과 1~2km 정도 진격하다가 좌절되었다는 것이다. 북한의 공식입장은 38선 이북 1~2km 정도를 '침범'당한 것이기 때문에 개전 직후 한국군 17연대의 해주진공설은 제출되지 않았다.

다음으로 북한군에 투항한 한국정부의 고관 중 최고직위에 해당했던 전 내무장관 김효석의 증언을 살펴보자. 북한의 보도에 따르면, 김효석은 6월 30일 밤 8시경 종로구 옥인동 인민위원회를 찾아와 자수했다.[141] 김효석은 방송을 통해 이승만 정부가 1949년 7월 북벌을 음모했다 실패했으며, 1950년 6월 25일 이른 새벽 "재등용한 김석원과 채병덕에게 북벌"을 명령했다고 주장했다.[142] 김효석에 따르면, 작전은 김석원이 주장하던 대로 "옹진방면으로 해주

---

140) 「인민군대와 함께 정의의 전쟁에서—옹진해방지구에서 리태준」, 『로동신문』 1950. 7. 10.
141) 『해방일보』 1950. 7. 6.
142) 『해방일보』 1950. 7. 8.

를 점령하고 평양을 점령하려 하였으며 동부전선에서는 이에 옹호하기 위하여 38전선에서 공격을 개시"했다는 것이다. 즉 김효석은 전쟁의 발화 지점이자 주공 방향이 옹진이었으며, 공격 목표는 해주-평양으로 동부전선은 조공이었다고 주장했다. 김효석은 채병덕이 6월 26일 오전 11시 용산에서 해주를 점령하였다고 '허위조작' 하여 축하연까지 벌였으나 '희극'이 폭로되자 도망갔다고 방송했다.[143] 앞서 지적한 것처럼 김효석은 다른 우익 인사들처럼 한국군의 해주진공 보도와, 북한이 주장한 '도발받은 정의의 반공격전'을 결합해 한국군이 북벌을 시작했다고 판단했을 가능성이 높다.

김효석의 증언은 '누가 전쟁을 개시했는지' 도저히 알 수 없었던 개전 초기 서울의 정서를 반영한 것이었다. 한국군과 정부는 해주진공을 대대적으로 보도했고, 대통령은 방송을 통해 북한군의 침공을 격퇴해 의정부를 탈환했다고 주장했다. 그러나 대통령의 방송이 울려 퍼진 지 불과 몇 시간 뒤 한강다리가 끊겼고 북한군의 탱크가 서울을 장악했다. 김효석은 이승만이 거짓방송을 한 뒤 일본으로 도망갔다고 비난했는데, 아마도 전직 장관인 자신이 버림받은 데 대한 원망의 표현이었을 것이다. 김효석은 이승만이 '재등용한' 김석원과 채병덕에게 6월 25일 새벽 북벌을 명령했다고 썼지만, 김석원은 예편된 상태였다. 김석원은 스스로 의용군을 모집하기 위해 6월 27일 부통령 이시영을 방문하기도 했지만, 아직 정규군인으로 소집되지는 않은 상태였다.[144] 김석원이 옹진을 공격했다는 김효석의 증언은 커밍스의 유도론에 영향을 준 것으로 보인다.

개전 당시 북한은 한국군의 불의의 기습공격, 즉 '북침'에 대항하는 '정의의 반공격전'을 주장하며 한국군이 38선 이북으로 불과 1~2km밖에 진격하

---

143) 채병덕이 축하연회를 연 것은 사실 같다. 합동통신 기자는 채병덕이 철원·해주를 점령했다며 용산(육군본부)에서 주연을 열었다고 주장했다(「어떠한 허위날조 선전도 진실을 은폐할 수는 없다 : 『합동통신사』 기자 설국환 씨의 방송」, 『로동신문』 1950. 8. 2).
144) 국방부 전사편찬위원회(1977), 앞의 책, 602쪽.

지 못했다고 주장했다. 또한 해주 방향 서쪽, 즉 옹진에서 한국군이 공격해 들어왔다고 주장했지만, 정작 한국군·언론이 해주점령설을 주장하자 이를 부인하는 태도를 취했다. 왜냐하면 한국군의 해주점령설은 북한군이 준비한 우발계획 혹은 전쟁상황판에 등재되어 있지 않은 항목이었기 때문이다. 김일성 스스로 6월 27일 연설을 통해 '리승만괴뢰도당'이 해주를 점령하였다는 '허위선전'을 격렬하게 비난했고, 당시의 북한 언론도 해주점령설을 '거짓에 찬 날조'라고 공격했다.[145]

반면 최근 북한은 한국군의 해주점령설과 자신들이 주장해온 해주 방향 서쪽에서의 '북침'을 연결시키기 시작했는데, 북한이 간행한 한 책자는 1950년 6월 25일 현재, 한국군이 '해주시내 입구'까지 북침한 것으로 묘사하고 있다.[146] 북한이 앞으로 어떤 방식으로 초기 개전사를 서술할지 예상할 수 있는 대목이다. 그럼에도 불구하고 북한은 개전 초부터 제기한 개전명분인 '도발받은 정의의 반공격전'과 '해주점령설'을 적극적으로 결합시키지는 못했다. 이미 반세기 이상이 지난 뒤 제기되는 양자의 결합은, 전망이 그리 밝지 않다.

---

[145] 김일성, 「조국해방전쟁의 승리를 위한 각 정당들의 과업-조선로동당, 북조선민주당, 북조선천도교청우당 도위원회위원장련석회의에서 한 연설」(1950. 6. 27), 『김일성저작집』 6권, 26쪽; 『해방일보』 1950. 7. 8(박명림(1996), 『한국전쟁의 발발과 기원』 1, 나남출판, 464쪽에서 재인용).
[146] 안동춘(2001), 『(총서「불멸의 력사」) 50년 여름』, 문학예술종합출판사, 115쪽.

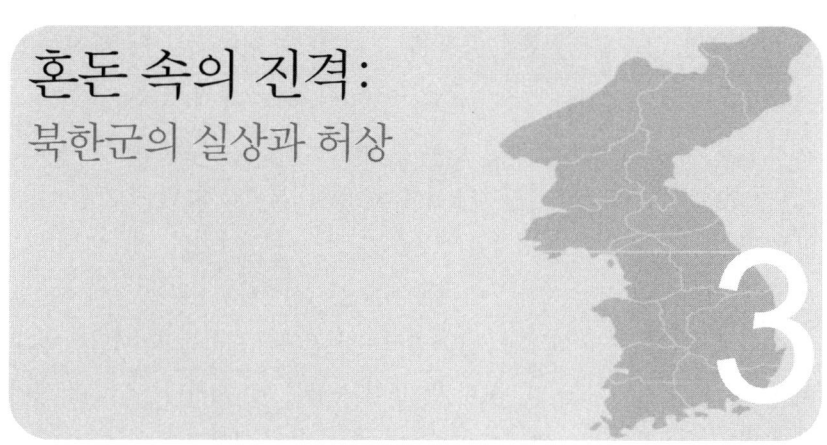

혼돈 속의 진격:
북한군의 실상과 허상

1. 공격사단들의 실상

라주바예프의 보고서가 공간됨으로써 개전 초 북한군의 실상이 명백히 드러났다.[147] 6사단의 경우 개성에서 직진해 한강을 도하한 뒤 김포-영등포로 진격해 서울 서측방을 타격하는 모루 역할을 해야 했지만 계획대로 진행되지 않았다. 6사단은 개전 1일차인 6월 25일 한강을 도하해야 했지만, 도하장비와 군관·병사 들의 교육훈련 부족과 미군의 항공공습으로 6월 28일에야 보병, 포병, 자주포, 전차 등을 도하할 수 있었다. 6사단은 6월 28일 오후 김포를 점령하고, 6월 30일 영등포 외곽에 도착했는데, 영등포는 7월 3일에야 점령할 수 있었다.

서울 공격을 담당한 1, 4, 3사단의 경우에도 계획대로 진격할 수 없었다. 6

---

147) 이하는 라주바예프, 앞의 책, 1권, 146~173쪽을 참조.

월 28일 새벽, 서울에 진공한 1, 4, 3사단은 퇴각하는 한국군을 추격하지 못했고, 105땅크여단도 3일 동안 한국군을 추격하지 않음으로써 한국군이 방어선을 재편성하고 한강교를 파괴할 수 있는 시간적 여유를 주었다. 105땅크여단은 6월 30일부터 7월 1일 사이에야 한강 도하를 시도했는데, 이 과정에서 105땅크여단의 기계화연대는 병력의 약 35%가 전사·부상당했다. 라주바예프는 "서울을 점령한 후 사단 예하 부대들을 계속 진격시켰다면 6월 29일에 최소한의 손실로 수행할 수도 있었던 제105땅크여단 전체의 도하는 7월 4일에야 대체적으로 완료" 되었다고 평가했다.[148] 또한 북한군 제3, 4사단 및 105땅크여단의 경우, 6월 29~30일에 포병이 도하에 앞서 하천 대안은 물론 종심 2.5~3km까지 주요 고지들을 포격해야 했지만 그렇게 하지 않았고, 도하장비가 부족해 포병의 도하가 1~2일 지연된 결과, 보병이 도하했음에도 불구하고 성공적으로 교두보를 확보하지 못했다.[149]

3사단은 7월 1일에야 병력의 50%가 도하를 완료했고, 7월 5일 새벽에야 수원 동남쪽에 집결했다. 7월 4일 도하를 끝낸 제105땅크여단과 제4사단은 영등포 경계에서 공격을 개시해 7월 4일 저녁 9시 수원을 점령했다.

서울 동측방으로 기동하기로 되어 있던 인민군 제2사단과, 수원 동측방으로 기동해 수원을 점령하기로 되어 있던 모터사이클연대의 진격도 난관에 봉착했다. 제2사단은 화천-춘천-가평(1일), 가평-덕소-한강 도하(2일)가 계획이었지만, 6월 26일 가평 인근, 7월 2일 김량장리(용인)를 점령했고, 도하장비의 부재로 자주포·야포가 뒤늦게 도착해, 7월 3일에야 수원 공격을 계획했다. 즉 제2사단은 전투 개시 이틀째 덕소에서 한강을 도하해 서울 동측방을 타격

---

148) 라주바예프, 앞의 책, 1권, 168쪽.
149) 라주바예프, 앞의 책, 1권, 315~316쪽; 태병렬(1995), 『천출령장의 작전을 받들어』, 금성청년출판사, 9~36쪽. 태병렬은 제3민청훈련소 제3지소장이었는데, 개전 이후 13사단 제23연대장을 맡았다. 이 연대는 서울의 전선사령부 위수근무와 작전·전투 보장사업을 책임졌는데, 이 책은 105땅크여단과 3사단의 한강 도하에 대해 상세히 설명하고 있다. 역시 가장 큰 문제는 끊어진 철교 위로 전차를 도하한 뒤 한강 남측에 북한군 도하를 보장하기 위한 교두보를 확보하는 것이었음이 드러났다.

할 계획이었지만, 실제로는 전투 개시 9일째에야 수원 동측방에 가까스로 도달했던 것이다.

라주바예프의 보고서는 2사단을 혹평했다. 인민군 2사단의 상대는 춘천 주둔 한국군 제6사단(사단장 김종오)이었는데, 춘천에서 한국군의 강력한 반격을 당했다. "최초 공격시 거둔 전과를 효과적으로 활용하지 못한 채 진격속도를 늦추었고, 이로 인하여 패주하는 적에게 춘천 방어선을 구축할 여유를 주었다. 그 결과 사단 예하 공격부대들은 조직적인 저항으로 인하여 고전"했다는 것이다.[150] 라주바예프 보고서에 따르면, 17연대와 6연대가 도로를 따라 종대대형으로 진격하다 "잘 조직되지 않은 지휘체계, 정찰의 부재 등"으로 발산리(춘천 동북방 9km) 서남방 고지로부터 "기습적이고 강력한 포격"을 당했으며, "사단은 큰 손실을 입고 지휘부마저 상실하여 공격을 재개하지 못하는 상황"이 되었고, "사단장은 전투지휘는 하지 않은 채 포병대대장과 함께 자주포용 차량을 타고 도피"하였다.[151]

미군 공식전사가 로이 애플만의 서술에도 동일한 내용이 정리되어 있다. 개전 당일 춘천 점령임무를 부여받은 북한군 2사단의 6연대는 (소양)강변로를 따라 남진하였고, 2연대는 (춘천)시 북방의 고지로 올라갔다. 한국군 포병의 효율적 포격으로 북한군의 진격이 저지되었고, 25일 늦게 북한군 17연대가 대체 투입되어 공격했다. 한국군 6사단 군사고문인 맥페일(Thomas D. McPhail) 중령이 원주에서 춘천으로 왔으며, 6사단 교체 연대도 원주에서 당도했다. 춘

---

150) 라주바예프, 앞의 책, 1권, 160쪽. 라주바예프 보고서는 2사단을 12사단으로 오기(誤記)한 것으로 보인다. 왜냐하면 12사단 사단 예하로 나오는 6연대와 17연대는 2사단 소속이며, 12사단 예하 연대는 30, 31, 32연대였기 때문이다(Headquarters, Far East Command, Military Intelligence Section, *History of the North Korean Army*, 31 July 1952, pp. 54, 72; 국방부 군사편찬연구소(2005), 『6·25 전쟁사 2: 북한의 전면남침과 초기 방어전투』, 35~37쪽; 김중생(2000), 『조선의용군의 밀입북과 6.25 전쟁』, 명지출판사, 188~189쪽). 그런데 김중생에 따르면 자동포대대가 전멸한 것은 12사단이었고, 이 때문에 사단장 전우가 면직되었다. 이런 측면에서 볼 때 라주바예프의 보고서가 12사단과 2사단의 전투경과를 혼동해 기록했을 가능성도 배제할 수 없다.
151) 라주바예프, 앞의 책, 1권, 160~161쪽.

천 방어에서 중요한 요소는, 첫째 한국군에게 퇴로가 막혀 있던 점, 둘째 북한군의 공격 당시 방어 지점에 한국군이 완편되어 있었던 점 등이다. 2사단의 공격 실패 후 북한은 계획을 변경해 홍천을 공격하기로 한, 북한군 12사단을 춘천에 투입했다.[152] 북한군 12사단은 6월 26일 저녁에 도착했으며, 전투는 6월 27일까지 지속되었다. 한국군 6사단은 28일 철수했지만, 북한군 2사단은 큰 타격을 입었다. 2사단 전체 사상자 비율이 40% 이상이었으며, 특히 6연대는 50% 이상의 사상자가 발생했다. 대부분의 피해는 한국군 포병사격에 의한 것이었으며, 북한군 포병과 지원 화기의 대부분이 파괴되었다.[153]

최근 북한이 간행하고 있는 『불멸의 력사』 시리즈에도 개전 초 2사단의 상황이 묘사되어 있다. 이에 따르면, 2사단장 이청송(책에는 "위청"으로 등장)은 민족보위상 최용건이 황포군관학교 교관이었을 당시 학생이었으며, 졸업 후 중국 항일전쟁에 참가했고, 소련으로 건너갔다. 또한 소련에서 스페인전선으로, 2차대전 이후 소련군에 입대해 국제여단(88여단) 소속으로 독소전쟁에 참가했다. 그는 유격전에 익숙한 빨치산 출신들이 절대 다수를 차지한 상황에서 '현대적인 정규전쟁 참가'자로 주목을 받았다.[154] 그렇지만 이청송이 지휘하는 2사단은 소양강 다리 앞 봉의산에 배치된 한국군 6사단의 공격으로 1개 대대가 전멸했고 진격은 중단되었다.[155] 분노한 김일성은 이청송을 해임하고 경

---

[152] Roy Appleman, 앞의 책, pp. 26~27. 애플만은 12사단을 7사단으로 기록했고, 이러한 오류는 여러 전사에서 발견된다. 7사단은 개전 후인 7월 3일 해주에서 경비7여단을 주축으로 설립되었으므로, 이는 사실이 아니다(『북한인민군사』 p. 63).

[153] Roy Appleman, 앞의 책, pp. 26~27. 애플만은 SU-76 자주포 7문, 45mm 대전차포 2문, 박격포 상당수가 파괴되었다고 썼다.

[154] 이청송은 『군사지식』 창간호에 「증강한 보병대대의 적 진지방어 돌파에 대한 전술훈련 제강 작성법」을 게재한 바 있다(RG 242, SA 2008-19-25, 『군사지식』 창간호, 1950년 2월). 『군사지식』은 민족보위성 전투훈련국(국장 김웅)이 한국전쟁 개전을 준비하기 위해 1950년 2월에 창간한 군사전문잡지였다. 이 잡지에 실린 글들을 통해 개전과 관련한 북한군의 군사 전술·훈련 등을 파악할 수 있다.

[155] 공격을 담당한 한국군 부대는 6사단 7연대(연대장 임부택 대령)와 16포병대(대대장 김성 소령)였다. 임부택에 따르면, 개전 당시 사단장 김종오 대령은 사단장으로 부임한 지 불과 10여 일 후였고, 홍천의 2연대는 옹진전투에 참가한 후 6월 21일에야 홍천으로 이동했고, 원주 19연대는 남원 공비토벌 후 5월

비3여단장이던 최현을 투입했다.[156] 이는 일종의 비사(秘史)이다.[157]

2사단의 임무에 대해 소설 속 강건은 이렇게 설명했다.

> 이 두 개 화살표는 서울로 나가는 53사(3사단)와 54사(4사단), 905땅크려단(105 땅크여단)의 행동선입니다. 이번 반공격전에서 이들이 주타격부대로 나가게 됩니다. 52사(2사단)는 중부를 담당하여 괴뢰 6사가 막고 있는 춘천을 해방하고 더 나가서 수원을 차단함으로써 적의 기본유생력량이 집결된 서울지구를 뒤로 절단하여 53사(3사단), 54사(4사단)와 함께 포위소멸전을 하게 됩니다. 이 작전이 계획대로 되었더라면 우리는 적어도 90%의 적의 병력을 붕괴소멸시킬 수 있었을 것입니다. 그런데 이 작전대로 되자면 춘천은 어제(6월 25일) 오후까지 해방되여야 했습니다.(괄호 및 설명은 인용자)[158]

이것은 소설형식을 띠고 있지만, 지금까지 간행된 북한 책자 가운데에서 가장 분명하고 정확하게 북한군의 작전계획을 설명해주고 있다. 또한 이는 우리가 지금까지 검토해온 사실과 부합한다. 즉 북한군의 작전계획은 한국군의 "기본유생역량이 집결"된 서울-수원 축선에서 2차례 이상 한국군을 포위 공격함으로써 "90% 이상의 병력"을 붕괴 소멸시키는 것이었음을 알 수 있다. 즉 서울 지역에 대한 공격의 성공여부가 전쟁의 최대 승부처로 상정되었던 것이다. 이에 따르면, 2사단은 춘천을 거쳐 6월 27일까지 서울 동측방에 도달해야 했지만, 한국군 6사단의 강력한 방어로 진격이 중단되었다. 북한 작전계획

21일에야 원주로 복귀했기 때문에, 방어 지역에 익숙한 것은 춘천의 7연대뿐이었다〔林富澤(1996), 『洛東江에서 楚山까지』, 그루터기, 66쪽〕.
156) 안동춘(2001), 『(총서『불멸의 력사』) 50년 여름』, 문학예술종합출판사, 145~147쪽.
157) 13사단 참모장자 2군단 작전참모이던 이학구의 심문기록에 따르면, 이청송은 춘천전투에서 보인 지휘 무능으로 6월 28일 2사단의 가평 점령 이후 해임되었다〔ATIS Interrogation Report no.1468(1950. 9. 29), 국사편찬위원회(1996), 『남북한관계사료집』(북한군포로심문보고서 9~10호) 25집, 200쪽〕.
158) 안동춘(2001), 앞의 책, 170쪽.

에 명시된 제1차 서울 포위·섬멸작전이 무산되는 순간이었다.

개전 이틀째 수원을 점령하기로 되어 있던 모터사이클연대는 측면 엄호부대들이 제대로 기동하지 못함으로써 계획대로 진격할 수 없었다. 동측방으로 기동하기로 되어 있던 제12모터사이클연대를 엄호하기로 한 인민군 제12사단(사단장 전우)의 경우도 홍천(6. 30)-횡성(7. 2)-원주(7. 2)를 점령했지만, 원래의 계획인 여주를 점령하지 못했고, 전투 개시 2일차 수원 점령 임무를 담당한 제12모터사이클연대의 진격을 보장할 수 없었다.

역설적으로 한국군 6사단은 북한군 2사단, 12사단의 진격을 초기 방어하는 데 성공함으로써 북한군의 진격 템포를 늦추었고, 파괴 충격을 흡수했고, 결과적으로 북한의 작전계획에 등장하는, 제1차 서울 포위섬멸작전, 제2차 수원 포위섬멸작전을 무산시키는 데 결정적으로 기여했다.

결국 최초의 작전계획에서 구상되었던, 한강 이북 서울 1차 양익 포위, 한강에서 한국군의 1차 퇴로 차단, 한강 이남 서울 양익 포위, 수원에서 한국군의 2차 퇴로 차단은 불가능했다.[159] 즉 북한군의 주요 공격로였던 서울 방향의 주공 부대들의 공격 파괴력이 약했고, 서울 남측방 공격을 담당한 6사단, 서울 동측방 공격을 담당한 2사단, 수원을 점령하기로 되어 있던 모터사이클연대는 모두 계획대로 진격할 수 없었다. 이 부대들은 서울 정면에서 내려치는 인민군 주력부대의 망치의 힘을 떠받치는 모루의 역할을 해야 했지만, 한 부대도 계획대로 기동하지 못했다. 이는 북한이 계획한 전격전·기동전의 실패였다.

라주바예프는 1단계 작전에서 북한군의 결함들을 다음과 같이 지적했다. 이는 북한군 초기 기동의 문제점과 상황을 잘 드러내준다.

1. **부대의 전투지휘가 평양으로부터 직접 계획되고 실행**되었다. 통신장비가 부족하고, 전선과 총참모부가 원거리에 위치했고, **군단 및 군급 지휘부가 부재해**

---

159) 국방부 군사편찬연구소(2005), 『6·25전쟁사 2 : 북한의 전면남침과 초기 방어전투』, 13쪽.

각 사단이 **총참모부의 직접 지휘를 받는 조직구조**에서, 각 부대의 효율적 지휘가 곤란했다.
2. 각급 **참모부의 준비가 불충분**해 전투시 각 부대에 대한 지휘체계를 조직·실행하는 데 부정적 영향을 주었다. **일부 단위부대 지휘관은 1~2일 동안 예하 부대의 상황을 파악하지 못해, 지휘할 수 없었다**(제12사단, 경비1여단).
3. 다수 군관이 창의성이 없어, **상급 지휘관의 명령이 없을 경우, 부대는 아무런 행동도 취하지 않는 상황이 자주 발생했다**(제2·12사단).

(……)

6. 서울 점령 후 각 부대가 극단적으로 완만히 행동하고, 개별 지휘관들의 임무 유기로, 적은 한강을 도하하고 교량을 파괴했고, 한강 남쪽에 방어선을 조직해 인민군의 진격을 저지했다.(강조는 인용자)[160]

이미 개전 직후인 6월 26일 슈티코프의 보고에서 드러났듯이, 전투 개시 후 북한군 총참모부는 "단 하나의 사단과도 공고한 통신"을 하지 못했고, 첫날 전투를 지휘하지 못했으며, 6월 26일 현재 총참모부는 동해안에서 전투 중인 경비1여단 및 홍천을 공격한 12사단과 연락 두절 상태였다.[161] 또한 "조선인민군의 지휘참모들은 전투경험이 없어, 소련군사고문단의 철수 후 전투지휘를 형편없이 조직했으며, 전투에서 포병과 탱크의 운용을 형편없이 하고 통신을 두절"시켰다.

라주바예프의 지적은 슈티코프가 지적한 북한군의 결함을 재확인해주는 것이었다. 이는 북한군의 준비 수준과 상태를 단적으로 보여준다. 그간 많은 논란이 있었지만, 개전 초기 북한군 사단·여단을 직접 지휘한 것은 평양의 총

---

160) 라주바예프, 앞의 책, 1권, 183~184쪽.
161) 「슈티코프가 자하로프 동지에게 보낸 군사상황에 관한 1950년 6월 26일자 비밀보고」(1950. 6. 26). Kathryn Weathersby, "New Evidence on the Korea War," Woodrow Wilson International Center for Scholars, *CWHPB Issue 6·7*(Winter 1995/1996), pp. 39~40.

참모부였다는 사실을 알 수 있다. 주공과 조공을 지휘하는 군단 및 군급 지휘부가 없었으며, 북한군의 진격에 맞춰 이들을 지휘할 수 있는 전방지휘소가 없었다는 점도 확인된다. 즉 보조지휘소·군단 등의 명칭은 개전 이후 작전 과정의 어려움 속에서 급조되었음을 알 수 있다.

구소련문서에 따르면, 7월 3일 김일성·박헌영과 회담한 슈티코프가 바로 군단, 전선사령부, 군사령부의 창설을 제안했고, 사실상 인선까지 결정했음이 드러났다.[162] 슈티코프는 소련군사고문단장 바실리예프 장군과 상의해서 다음과 같은 기구의 설립 및 인선안을 제시했다.

- 군사령부: 사령관, 군사회의위원, 참모장으로 구성. 군 총사령관은 김일성으로 임명
- 군단: 군사령부 관할의 직속 군단 2개 창설. 제1군단장 무정(민족보위성 부상 겸 포병사령관), 제2군단장 김웅(부총참모장)
- 전선사령부: 전선사령관, 참모장, 전선군사위원회로 구성. 전선사령부가 총참모부를 대체. 전선사령관 김책(내각부수상 겸), 전선참모장 강건(현 참모장)
- 민족보위성: 축소형태로 존속. 군수보급물자·예비병력의 준비·편성. 북한에 대한 反상륙조직 임무 담당. 민족보위상(최용건) 유임.[163]

지금까지 미국의 공식전사와 여러 증언자들은 북한이 6월 10일 제1군단사령부(군단장 김웅 중장, 민족보위성 훈련국장), 6월 12일 제2군단사령부(군단장 김광협 중장, 제3사단장)를 창설했다고 주장했다.[164] 그렇지만 개전 직전 군단사

---
162) 「슈티코프→스탈린」(1950. 7. 3), 소련군 참모본부 제8국 제35789호 암호문(1950. 7. 4). 폰드 455, 목록 1, 문서 346, 리스트 136-139. A. V. 토르쿠노프 지음·구종서 옮김(2003), 『한국전쟁의 진실과 수수께끼』, 에디터, 149~150쪽; 沈志華에 따르면, 슈티코프의 7월 4일자 전문으로 되어 있다. 출처는 APRF, f. 45, op. 1, d. 346, li. 136-139; ABPRF, f. 059a, op. 5a, p. 11, d. 3, li. 111~114이다.
163) 앞의 자료. 번역본에 등장하는 일부 명칭, 예를 들어 토루크노프의 번역본의 전선국(前線사령부), 포병대 담당차관(민족보위성 부상 겸 포병사령관) 등은 수정하였다.

령부는 아직 창설되지 않은 상태였다.

한편 민족보위성·최용건과 전선사령부·김책의 상호관계에 대해서도 추측이 분분했는데, 전선사령부가 실질적인 총참모부 역할을 하며, 민족보위성은 후방 군수 및 방어 임무를 맡아 역할·위상이 축소되었음을 확인했다.[165] 슈티코프에 따르면, 북한은 7월 4일이나 5일 군사위원회를 통해 이를 실행하기로 했다. 이는 북한의 기록과 정확히 일치한다. 북한은 7월 5일 2개 군단을 지휘할 야전군사령부급(군급) 지휘부인 전선사령부(사령관 김책·참모장 강건)를 설치했다.[166] 전선사령부는 철원-의정부-서울로 이동했다.

2. 혼돈 속의 진격

개전 초기 북한군의 실상은 이 전쟁의 전개 과정을 예측하게 했다. 초기 북한군 기동에서 드러난 북한군의 실체는 다음과 같다.

첫째, 북한은 작전계획에 따라 전격전(blitzkrieg)이자 기동전(maneuver warfare)·기계화전(mechanized warfare)을 구사하고자 했지만 작전계획대로 실현하지 못했다. 그럴 만한 지휘능력과 훈련상태·무기수준을 확보하지 못했기 때문이다. 특히 북한군 사단장·여단장급의 지휘능력은 평양에 있던 소련고문관들의 조언이 아니면 제대로 기능할 수 없는 수준이었다. 구소련문서

---

164) Roy Appleman, 앞의 책, pp. 41~43; 국방부 전사편찬위원회(1977), 『한국전쟁사』 1권(개정판), 180쪽. 이는 유성철·주영복의 증언에서도 공통적으로 제기된 주장이었다.
165) 이에 대해서는 이미 김국헌이 지적한 바 있다. 김국헌은 전선사령부·민족보위성이 각각 전방작전·후방작전을 담당했으며, 군단은 하나의 전투사령소이자 보조지휘소 역할을 했다고 추정했다(김국헌(1991),「6·25초기 북한의 전쟁지도에 관한 시론」,『군사』 23호, 202~208쪽).
166) 사회과학원 력사연구소(1981),『조선전사』 제25권, 162쪽. 한편 유성철은 평양 인근 서포 천연동굴에 전선사령부가 존재했다고 주장했다(유성철,「나의 증언」 9,『한국일보』 1990. 11. 11). 그렇지만 유성철은 총참모부를 전선사령부로 착각한 것이 분명했다.

□ 그림 V-7 **강건**

ⓒ NARA

에 따르면, 7월 초 전선사령부 참모장 강건이 김일성에게 전화를 걸어, 소련군사고문들이 자신과 함께 이남으로 떠날 수 있을지 문의해 김일성이 '아직 불분명하다'고 답하자, 강건은 '고문들 없이 부대를 지휘할 능력이 없으므로 그들 없이 서울로 갈 이유가 전혀 없다'고 밝혔다.[167] 강건은 김일성에게 소련고문들의 신변안전을 책임지고 생포되지 않도록 할 테니, 서울과 군단 지휘본부에 파견 허가를 내주도록 조속히 소련정부에 공식 요청해달라고 부탁했다. 북한군 총참모장의 수준이 이러했다. 1918년생인 강건(본명 姜信泰)은 빨치산에서 시작해 18년의 군사경험을 가지고 있었다고 하나, 개전 당시 불과 33세였다.[168] 강건은 경북 상주 출신으로 만주 항일빨치산(1933)-동북항일연군-88교도려를 거쳐 해방 후 동북항일연군 88교도려에서 연변분견대(延邊分遣隊)를 이끌고 연길로 가 1946년까지 활동했다. 입북한 뒤 제2사단장-보안간부훈련대대 참모장-인민군 총참모장(1948)이 되었다. 김책의 영안사립학교 제자로 중국어·러시아어에 능통했다. 정규 장교 양성 교육을 받지 않았고, 비정규 유격전과 소규모 전투경험만을 갖고 있던 강건에게, 10개 사단 규모의 병력·화력이 동원되는 군사작전을 입체적이고 예술적으로 지휘할 수 있는 능력을 기대하긴 어려웠다.

이 때문에 김일성은 7월 8일 스탈린에게 친필 서명한 편지를 보내 다음과 같이 요청했다.

---

167) 「슈티코프→스탈린」(1950. 7. 7), 안승환, 앞의 논문, 426, 446~447쪽에서 재인용.
168) 김광운(2004), 『북한정치사연구 I』, 선인, 51~52, 765쪽; 『로동신문』 1950. 2. 6, 9. 11.

25~35명의 소련군사고문들이 조선인민군 전선참모부와 2개의 군단참모부에서 활동할 수 있도록 허락해주실 것을 요청합니다. 왜냐하면 인민군 간부들이 아직까지 현대 군대 지휘술에 제대로 정통하지 못했기 때문입니다. 조선민주주의인민공화국 내각수반 수상 김일성(친필 서명).[169]

슈티코프도 각 군단에 소련군사고문 2명을 군단사령관 및 포병사령관 고문으로 파견하며, 군사고문단장 바실리예프가 장교단을 이끌고 전선사령부와 함께 서울 총사령부에 상주하게 해달라고 스탈린에게 요청했다.[170] 스탈린이 개전 이후 미국에게 소련의 개입을 감추고, 고문들이 포로로 잡히거나 전사하는 것을 방지하기 위해 소련군사고문들의 전선부대 동반을 저지했다는 것은 잘 알려져 있다. 그렇지만 소련군사고문이 전선까지 동행한 것은 분명했다.

총참모장 강건은 소련군사고문의 신변안전을 책임진다고 했지만, 안동전선에서 그는 소련고문과 전선시찰 도중 지뢰폭발로 사망했다(1950. 9. 8. 새벽 4시). 지금까지는 유성철의 증언에 근거해 강건이 7월 20일 대전 점령 이후 금강가에서 지뢰를 밟아 폭사한 것으로 알려졌고, 유성철은 자신이 현장에 있었다고 했지만, 이는 거짓증언이었거나 착오였음이 분명하다.[171]

---

169) 「김일성→스탈린」(1950. 7. 8), 『소련 외교문서』 4권, 50쪽; Archive of the President of the Russian Federation(APRF), Fond 45, Opisi 1, Delo 346, Listy 143~144; and Archive of the Foreign Policy of the Russian Federation(AVP RF), Fond 059a, Opisi 5a, Delo 3, Papka 11, Listy 151. 영문 번역은 Kathryn Weathersby, "New Evidence on the Korea War," Woodrow Wilson International Center for Scholars, CWIHPB, Issue 6·7(Winter 1995/1996), pp. 43~44. 한편 영문 번역본에는 한국 외무부 번역본의 앞뒤에 빠진 다음과 같은 부분들이 들어 있다. 〔암호전문 No.405976/sh 평양발 / 발신 1950년 7월 8일 9:26 / 수신 1950년 7월 8일 11:15 / 1950년 7월 8일 11:35 육군 총참모부 8국으로 전달〕〔슈티코프 / No.481/sh 1950년 7월 8일 / 사본: 스탈린(2), 몰로토프, 베리아, 말렌코프, 미코얀, 카그노비치, 불가닌.〕
170) 「슈티코프→스탈린」(1950. 7. 3), 토르쿠노프, 앞의 책, 150쪽.
171) 한국일보 편(1991), 『증언 김일성을 말한다』, 94~95쪽. 유성철은 자신이 약 한 달 간 총참모장 대리가 된 후 남일이 총참모장에 임명되었다고 했는데, 강건의 사망이 9월 8일이고 남일의 임명이 9월 29일이므로, 유성철이 21일을 한 달 정도로 기억했을 수 있다(앞의 책, 95쪽).

13사단 간부과장으로 추정되는 김만화는 82번 동지(13사단 참모장)에게 긴급히 보고문을 보내, 강건의 시체는 찾았으나 '고문 선생'의 시체를 찾지 못해 본부 인원이 다 동원되었다고 밝혔다.[172] 북한군 13사단은 인천상륙작전 직전 낙동강 교두보에서 북한군의 최후 승리였던 왜관 점령(9. 8)을 앞두고 있었고, 강건은 전투준비 및 정찰 후 전선사령부로 돌아오다 '안동교차점' 인근에서 폭사한 것이었다.[173] 9월 19일 13사단장이 부상당하자, 13사단 참모장 겸 2군단 작전참모이던 이학구 총좌가 지휘권을 인수했다. 그러나 절망적 전황에 전의를 상실한 이학구 총좌는 중요 문건들을 들고 9월 21일 미 제1기병사단에 투항했는데, 강건의 폭사 관련 문서도 그때 미군 정보 당국에 넘어갔다.[174] 그 직후 인천상륙작전과 미군·한국군의 대반격이 시작되어, 인민군 13사단은 무질서하게 붕괴되었다.[175] 라주바예프에 따르면, 이학구가 방어계획 및 부대 후퇴와 관련한 모든 정보를 제공해, 9월 20일(원문 그대로) 미군·한국군은 '정확한 정보'를 바탕으로 13사단에 '결정적 공격'을 개시했다.[176]

---

172) RG 242, ATIS Document no. 200774. 「82번 동지앞」(1950. 9. 8, 간부과장 김만화).
173) 강건의 사망소식은 『승리를 위하여』 1950년 9월 12일자에 보도되었다(RG 242, ATIS Document no. 200943).
174) 이학구는 자신의 이력서, 지형암호표, 신호일람표, 전투성원통계표 등 주요 문서 16종을 들고 자발적으로 투항했다. 이학구는 전쟁 중 미군에 투항한 조선인민군 가운데 최고위급이었다. 이 때문에 이학구에 대한 심문조서는 트루만 대통령에게까지 보고되었다. 이학구는 유엔군이 뿌린 투항전단을 보고 '투항'한 것이지 '포로'로 사로잡힌 것이 아니었다. 이학구는 오전 7시 잠자던 미군 2명을 깨워 '항복'했다. 그렇지만 주영복의 회고록에 잘 드러나 있듯이, 미군은 '투항'자도 '포로'와 마찬가지로 모욕적으로 대했다. '투항'한 이학구는 심문조서 작성 과정은 물론 그 이후에도 상당 기간 우호적인 태도로 일관해 환대받았다. 포로심문조서를 보면, 그가 다른 어떤 북한군 포로보다 상세하고 많은 양의 정보를 제공했고 또 협력적이었음을 알 수 있다. 그런데 이학구는 포로로 잡힌 24사단장 딘(Dean)과의 맞교환을 위해 미군측에 의해 강제로 '공산포로'로 내밀린 측면이 있었다. 거제도포로수용소 폭동 당시 이학구는 공산포로의 대표로 나와 박상형과 함께 폭동의 배후이자 위장 투항한 인물로 비쳐졌다[ATIS Interrogation Report no. 1293(이학구)(1950. 9. 24), no. 1468(이학구)(1950. 9. 29), MA, RG 6; Frank E. Lowe, Major General to President Truman(1951. 5. 3), "Memorandum of the Interrogation of Lee Hak Ku, Chief of Staff, Thirteenth North Korean Division"(1950. 10. 6); 페렌바크 저·안동림 역(1965), 『실록한국전쟁』, 문학사; 주영복(1991), 『내가 겪은 조선전쟁』 제1권, 고려원, 516~521쪽].
175) 라주바예프, 앞의 책, 1권, 220쪽.
176) 라주바예프, 앞의 책, 1권, 393쪽.

한편 북한군의 화력·병력·준비상태가 한국군에게 결정적 타격을 줄 만큼 강력했는지도 의문이다. 미군의 공습과 한미 양군의 반격이 격화되면서, 7월 말 현재 북한군의 손실은 5만 8,000명에 달했고, 8월 5일경 북한군 총 병력 수는 6만 9,100명에 불과했다. 북한군의 장비도 3분의 1 이하로 감소했다.[177] 개전 후 1개월 만에 병력과 화력이 개전 시점의 2분의 1~3분의 1 수준으로 급감한 것이다. 이학구에 따르면, 안동전선에 배치된 13사단의 80%가 남한에서 모집한 병력일 정도로 북한군의 상황은 심각했다.[178] 정예병력은 절반 이상이 전사하거나 부상당했고, 예비병력은 충분히 준비되어 있지 않았다. 남한에서 강제적으로 '의용군'들을 동원해 병력 수를 충원했지만, 이들은 훈련도 제대로 받지 못한 오합지졸이었다. 이는 개전 초기 북한군의 병력·화력 준비가 한국군보다 우월하고 상당 부분 압도적이긴 했지만, 상식적으로 공격자가 승리를 담보하기 위해 갖추어야 할 수준에는 훨씬 미치지 못했음을 반증한다.

북한군의 보급실태는 믿기 어려울 정도였는데, 서울을 공격한 3사단의 경우 자주포·포병의 포탄이 떨어져 공격을 중단해야 했다. 북한군은 병참보급의 부족, 미군의 공습, 도하장비의 부족 등이 가장 큰 문제였다. 2사단 자동포(싸마호트) 대대가 작성한 문서들은 이러한 정황을 잘 보여준다. 이 부대는 춘천을 점령한 이후 경기도 양주(6. 30)-충북 보은(7. 22)-충북 영동군 황간(8. 3)-경북 김천(8. 8)-경북 점촌(8. 25)-경남 의령군 봉수면 삼가리(8. 25)-창녕 전투에 참가한 부대였다.[179] 2사단 자동포대대장이 작성한 보고문서를 따라가 보자.

---

177) 사회과학출판사(1967), 『조선전쟁사 2』, 原書房〔정익우(1991), 『'조국해방전쟁론' 비판』 상, 통일일보사, 312~313쪽에서 재인용〕.
178) ATIS Interrogation Report no.1468(1950. 9. 29), 국사편찬위원회(1996), 『남북한관계사료집』(북한군포로심문보고서 9~10호) 25집, 208쪽.
179) RG 242, SA 2010-5-146, 「정치전투보고」(제262군부대 문화부→제235군부대 문화부대장 동지앞). 235군부대는 제2사단의 단대호이고, 262군부대는 자동포대대의 단대호로 추정된다.

- 1950. 7. 24. 하서리에서. 각자동포마다 탄환 5, 6발식 남아있을 때 불행하게도 **적비행기 불으의 습격**으로 자동포 2대는 소각당하고 1대는 기관포사격에 의하여 보좌기가 고장.[180]
- 1950. 8. 23. 외곡리에서. **각자동포에 휘발유는 412릿다씩 이서야하는데 현재 각자동포에는 휘발유 150릿다씩밖**에 없다.[181]
- 1950. 8. 24. 산가리에서. 각자동포에 휘발유는 150릿다밖에 없음(262릿다 부족).[182]
- 1950. 9. 2. 여부리에서(불인면). 승무원동무들이 보병이 총공격 실시하여 약 100리 전진하였음에도 불구하고 자동포는 락동강 도하관계로 2일이 되었음에도 불구하고 도하하지 못하고 후방에 와서 음폐하게 되니 급격한 아군보병동무들이 많이 손실될 것 같다. **자동포에 휘발유는 각자동포에 약100 *l* 식 밧게 없으며 부족 수자는 310 *l* 부족**합니다. 현재 있는 휘발유가지고는 약 80리 박게 행동하지 못합니다.[183]
- 1950. 9. 3. 어유리에서. (二) 자동포를 무사히 도하하여 행군하던 중 1중대 2싸마호트는 도하 지점에서 약 1K 행군하고 **휘발유 없어 정지**하였다 전리품(미군땅크)에서 휘발유 받아 보충하여 가지고 음폐시키였다 (3) 각자동포에는 평균 휘발유 60 *l* 식 박게 없읍니다(부족수는 350 *l* 가 부족). 부대장 동지가 사단 지휘처에 가서 휘발유 2도라무를 갇다 보충하였습니다. 아직 다 보충하려면 10도라무가 부족됩니다.
- 1950. 9. 9. 성산리에서. (2) 각자동포에 휘발유없이 진공이 곤란한 점도 있습니다. 군계장과 기술부대대장은 사단 후방부에 부터서 휘발유 오기만 기다리고 있으며 금일에 사단후방부 **운수기재에 조금식 있는 휘발유를 전부 빼여**

---

180) 하서리는 충북 옥천군 청산면 하서리로 추정된다.
181) 외곡리는 경남 합천군 합천읍 외곡리로 추정된다.
182) 산가리는 경남 의령군 봉수면 삼가리로 추정된다.
183) 불인면 여부리는 경남 의령군 부림면 여배리로 추정된다.

1도라무를 만드러서 자동포에 조금식 보충하였음 (3) **자동포에 포탄도 없어 곤란한 상태**에 있으며 금일 아침 포탄없어 보충하지 못해 전방에 빠진 차에서 보충하였음. 포단도 없이 사단 후방부로부터 공급받기 위하여 포탄공급장동무는 사단 후방부에 가서 포탄 오기만 기다리고 있습니다.[184]

· 1950. 9. 11. 성산리에서. (3) 현재 **자동포의 포탄은 1대에 10발식 박게 없습니다**. 사단 후방에도 포탄이 없기 때문에 포탄을 보충하지 못합니다. (4) 각자동포에 **휘발유는 약 10 l 식 박게 없으며**

· 1950. 9. 12. 성산리에서. 1950. 9. 12에 휘발유 5 도라무 공급받었음. 현재 자동포 3대에 대하여는 제 정량을 채울수 있습니다. 포탄 150발 공급받었습니다. 현재 자동포 3대에 대하여는 정량됩니다. 그러나 **전투후 계속 공급받을 포탄은 없습니다**.(강조는 인용자)[185]

낙동강 계선에 도달하기까지 북한군은 엄청난 병력·무기의 손실을 감당해야 했다. 북한군이 자랑하던 싸마호트 부대는 포탄이 없고 휘발유도 없어 다른 차량의 휘발유를 모두 모아서 "조금식 보충"하는 수준이었다. 낙동강 계선에 도착하자 포탄은 1대에 10발씩, 휘발유는 10리터밖에 남아 있지 않았다. 최후의 결전을 앞둔 9월 12일, 자동포 3대를 채울 휘발유와 포탄을 보급받았지만, "전투후 계속 공급받을 포탄"은 없었다. 북한군의 '땅크'들도 대부분 미군 항공공격으로 파괴된 상태였다. 인천상륙작전 직전 낙동강 계선에서 북한군이 처한 상황을 총체적으로 잘 보여주는 대목이었다.

둘째, 북한군은 전격전의 가장 중요한 요소인 신속한 기동, 기계화부대의 급속한 진공(進攻)에 실패했다. 초기 기습의 충격과 템포는 한국군의 강력한 저항과 미군의 공습 때문에 둔화되었지만, 가장 중요한 이유는 북한군 내부에

---

184) 성산리는 경남 창녕군 이방면 성산리로 추정된다.
185) RG 242, SA 2010-5-146, 「정치전투보고」(제262군부대 문화부→제235군부대 문화부대장 동지앞).

있었다. 서울 지역을 점령한 뒤 3개 사단과 탱크여단이 충격을 확산하고 기습공격의 템포를 유지하지 않은 채 방관적 자세를 취한 결과 한강교가 폭파되었고, 미군의 공습으로 야포·자주포·탱크부대 및 병력의 도하가 늦어졌다. 한국군의 방어선이 재구축되었고, 북한군의 충격과 템포는 둔화되었다. 기동전의 핵심인 "기동을 통한 적의 심리적 마비"는 약하거나 존재하지 않았다.

기동전의 대가인 심킨(Richard E. Simpkin)에 따르면, 러시아의 용어인 템포(Tempo)는 '작전적인 전진속도'가 아니라 7개 요소, 즉 물리적 기동성, 전술적 전진속도, 첩보의 양과 신뢰성, C3타이밍, 이동을 완료하는 시간, 전투지원형태, 군수지원형태 등의 복합체이다.[186] 이 요소들이 복합적인 상호작용을 통해 템포를 결정한다는 것이다. 각 요소는 전쟁의 '마찰'에 종속되어 있고, 클라우제비츠의 표현을 빌리자면, "전쟁에서의 행동은 방해하는 매체 속에서의 이동이다. …… 정밀성을 기술하지 말라"는 것이다.[187] '작전적 전진속도'로서의 템포든, 아니면 심킨이 주장하는 준비템포·실시템포든 간에, 북한군과 소련고문단이 예상한 전격전의 템포는 다양한 외부의 '마찰'과 내부의 '마찰' 요인에 의해 결정적으로 둔화되었다.

모스크바의 스탈린조차 슈티코프에게 왜 북한군이 진격을 멈추었으며 도대체 진격할 생각이 있느냐며 힐난하는 전문을 보낼 정도였다. 진격이 계속되어야 "남조선이 빨리 해방"되며, 그만큼 더 미국의 개입 가능성이 줄어든다는 지적이었다.[188]

북한군 탱크는 보병의 보조부대로 보병의 진격속도에 맞춰 진격함으로써 2차 대전 이래 탱크부대가 보여준 충격적 위력을 발휘할 수 없었다. 북한군 탱크부대는 하루 9마일의 진격속도를 기록했는데, 이는 구데리안군단의 1일

---

186) 리처드 심킨 지음·연제욱 옮김(1999), 『기동전』, 책세상, 220쪽. C3는 지휘·통제·통신, 즉 command, control, communication의 약자로 전쟁 지휘의 중추신경을 뜻한다.
187) 리처드 심킨, 앞의 책, 221쪽.
188) 「스탈린→슈티코프」(1950. 7. 1), 바자노프, 앞의 책, 77쪽.

39마일, 패튼사단의 1일 30마일에 비교할 수 없는 저속진격이었다.[189] 소련군은 2차 대전 중 탱크의 역할이 컸던 교훈에 따라 북한군의 탱크부대를 육성했지만,[190] 한국지형에 적합한 시스템과 전술을 개발하지는 못했다.

또한 하천·구릉·산악지대와 논밭의 습지로 이루어진 한국지형에서 탱크의 기동이 어려웠다는 점도 주요한 요인이 되었다. 좁은 길을 따라 종대로 전개하던 북한군 탱크부대는 선두 탱크가 파괴되면 기동이 불가능한 상황을 맞게 되어 항공공격과 탱크 파괴조의 손쉬운 먹이가 되었다. 예를 들어 극동군사령부 정보참모부의 한 보고서는 조치원 북방에서 파괴된 T-34 탱크 5대의 사진을 수록하고 있는데, 1950년 7월 17일 촬영된 이 사진에서 선명하게 드러나듯이, 좁은 길을 달리던 T-34 선두 탱크는 미군기의 폭격 혹은 지상군의 공격으로 파괴되었다. 막다른 골목에 든 뒤따르던 탱크들 역시 같은 방식으로 파괴되었다.[191]

또한 북한군이 도하장비 부족·부재 및 도하훈련 부족 때문에 진격에 지장을 받았다는 점도 매우 중요한 대목이다. 노획문서에 따르면, 북한군은 소련군의 도하 교범을 가지고 훈련을 실시했음을 알 수 있다. 그렇지만 공병부대들이 충분한 훈련과 장비를 보유하지는 못했다.[192] 당시 전장에서 북한군 공병부대들의 기자재 부족 혹은 부재를 호소하는 문서들이 북한 노획문서철에

---

189) 박기련(2002), 「북한군 기갑부대 운용」, 『한국전쟁사의 새로운 연구 2』, 국방부 군사편찬연구소, 246쪽.
190) 오기완(1966), 「평양·모스크바·서울」, 『신동아』 5월호, 341쪽. 오기완은 전쟁 중 제105전차여단 정치부 군관으로 근무했고, 1963년 월남했다. 그는 6월 25일 오전 3시, 105땅크여단장 류경수가 장교들을 비상소집해 민족보위성 명령 1호를 낭독했고, 4:30분 사격명령이 내려졌다고 증언했다(정익우, 앞의 책, 297~298쪽).
191) RG 319, ID file no.687960, FEC, Military Intelligence Section, Subject: Reports and Photographs on Enemy Material(1950. 8. 3?) 23 incls.
192) RG 242, ATIS Document no.200534, 205420, 『(극비) 강행도하』 1945년도판, 1948년 9월 번역, 민족보위성 군사출판부; ATIS Document no.206486, 『渡河에 있어서 砲兵의 保障』(제8사 참모부); ATIS Document no.200673, 『渡河偵察』(1950); ATIS Document no.200997, 「步兵聯隊의 强行渡河」(1949. 7, 군관훈련강습소); ATIS Document no.206750, 「도하전 연구노트」; ATIS Document no.200762, 「戰術-技術便覽」(민족보위성총참모부, 1949년도판·1951년도판).

□ 그림 V-8 조치원 북방에서 파괴된 T-34 탱크들

ⓒ NARA

서 상당수 발견된다. 예를 들어 북한군 2사단은 6월 30일부터 팔당리 구역에서 한강 도하를 개시했는데, 7월 3일 현재 포병차 1대만 도하했을 뿐, 미군기의 폭격으로 자동포(싸마호트)를 도하하지 못했다. 싸마호트는 장비 중량만 12.3톤이어서 2사단의 보유장비로는 도하가 불가능했다. 235군부대(2사단)의 공병장 이갑녕(李甲寧)은 보위상에게 항공지원을 요청하는 한편, Б2Π(重渡

河廠으로 추정)를 요청했다. 7월 4일 현재 2사단은 보병부대·독립구분대·고사기관총·각종 포·전차·탄환·연료 등을 도하 완료했지만, 자동포 30대, 마차 40대, 연유(燃油) 20톤, 식량 80톤, 탄환 68톤, 자동포대대는 도하하지 못했다.[193] 그래서 2사단의 진격은 중단되었다.

최근 북한의 '불멸의 력사' 시리즈는 김일성이 한강 도하 당시 북한군 지휘관들이 도하장비 도착을 기다리며 휴식을 취하고, 예정된 도하장비가 미군 공습으로 파괴됨으로써 북한군 진격이 늦춰진 데 격노했으며, 민족보위상 최용건을 이 사태의 책임자로 지목한 사실을 전하고 있다.[194] 구소련 문서에도 김일성이 "민족보위상이 있음에도 부대가 도강을 못하고 있다면서 민족보위상의 활동에 불만을 토했다"는 내용이 등장하므로, 이는 사실일 것이다.[195] 한편 유성철 역시 서울에 들어온 민족보위상 최용건이 "적을 계속 추격할 지시는 주지않고 제1보조지휘소 사령관인 김웅의 전투성과를 경축하여 중앙청에서 경축연을 베풀었다"고 증언했다.[196] 모두 같은 맥락에서 이해할 수 있다.

1950년 7월 북한의 군사간행물들이 개전 초의 도하 문제를 집중 거론한 것도 이와 관련된 것이었다.[197] 북한군은 개전 초기 한강, 북한강 도하에서 도하장비의 부족·부재와 훈련부족, 미군의 공습으로 진격을 멈춰야 했는데, 이

---

193) RG 242, SA 2010-3-42, SA 2010-3-43, 「보고(235군부대 공병장 李甲寧→보위상)」(1950. 7. 3, 팔당리에서); 「보고〔235군부대 공병장 李甲寧→보위성 제5부장(공병부장)〕」(1950. 7. 4, 팔당리에서); 「(사단장 이청송 비준) 제251군부대 도하기재통계표」(1950. 6. 11).
194) 안동춘(2001), 『〔총서 '불멸의 력사'〕 50년 여름』, 문학예술종합출판사, 306~310, 339쪽.
195) 「슈티코프→스탈린」(1950. 7. 3), 소련군 참모본부 제8국 제35789호 암호문(1950년 7월 4일자). 폰드 455, 목록 1, 문서 346, 리스트 136-139. A. V. 토르쿠노프 지음·구종서 옮김(2003), 『한국전쟁의 진실과 수수께끼』, 에디터, 148쪽.
196) 유성철, 「피바다의 비화」, 『고려일보』 1991. 5. 31.
197) 민족보위성 전투훈련국이 간행하는 『군사지식』 7월호(1950년 6호)는 「증강한 보병대대가 하수 장애를 극복한 후의 적 진지방어에 대한 돌파」(군사잡지부), 「강행도하시 공병보장에 대하여」(박길) 등을 싣고 있다(RG 242, ATIS Document no. 206852). 조선인민군 최고사령부 전투훈련국은 『군사지식문고(조국전쟁자료)』를 발행했는데(1950. 11. 15) 여기서도 한강 도하시의 문제점을 다룬 글을 게재했다(RG 242, ATIS Document no. 202571, 「한강 도하시 선견대로서의 보병대대」(김도일); 「한강 도하작전에서 나타난 몇가지 문제」(박기환), 『군사지식문고(조국전쟁자료)』 제1집, 조선인민군 최고사령부 전투훈련국〕.

는 낙동강 계선에 이르러서도 똑같이 반복되었다. 보병은 도하했지만, 이들을 엄호·지원할 수 있는 포병·자주포·탱크 등의 도하는 여러 요인으로 불가능했기 때문이다. 도하에 성공한 북한군은 강 대안(對岸)에서 방어선을 강력하게 구축한 한국군·미군의 손쉬운 공격대상이 되었다.

셋째, 북한군은 한국군 병력을 섬멸·격멸하지 못했다. 효율적인 작전지휘 능력의 부족과 압도적 화력의 부재가 가장 중요한 요인이었을 것이다. 북한군 내부의 평가처럼, 한국군을 밀어내기만 했을 뿐 유생역량의 소멸이라는 목적을 달성하지 못했고, 효과적인 추격작전을 진행하지도 못했다. 최초에 계획되었던 서울 한강 이북 지역의 한국군 주력 포위·섬멸계획, 한강 이남 지역의 제2차 한국군 주력 포위·섬멸계획, 수원 지역의 제3차 한국군 주력 포위·섬멸계획은 모두, 정면 돌격부대의 진격속도 저하, 측방 돌격부대의 진격속도 저하로 제때 기능하지 못했다. 북한군 작전계획의 핵심은 서울-수원 축선에서 한국군의 주력과 예비병력을 포위해서 여러 차례에 걸쳐 '망치와 모루' 효과로 섬멸하는 것이었지만, 한국군의 주력부대를 섬멸하지도, 한국군의 전투의지를 붕괴시키지도 못했다. 한국군은 패배했지만, 후퇴하면서 계속 방어선을 구축했다.[198] 전전(戰前) 한국을 대만과 비교하며 사기·규율·충성심을 의심하는 수많은 관측들이 있었지만, 개전 초기 한국군은 단 하나의 단위부대도 북한군에 투항하지 않았다.

미국은 북한의 예상과는 달리 준비된 우발계획에 따라 신속하게 한국전에 개입했고, 유엔에 호소하는 한편 항공지원과 지상군 급파를 결정했다. 김일성 등 북한지도부는 일본 주둔 미군 4개 사단이 한반도로 전개하더라도 승리를 자신했고, 미 본토의 대병력이 이동하는 데 소요되는 한 달이라는 기한 전에 승리를 확신했다. 그렇지만 이들의 작전계획에는 미공군의 개입과 파괴력은

---

198) KMAG의 평가에 따르면, 7월 1일 현재 한국군의 총 병력 9만 8,000명 중 4만 4,000명이 전사, 포로, 행방불명이었다(로버트 소이어, 앞의 책, 134쪽).

고려되지 않았다. 미공군의 폭격은 북한군의 진격을 중단·방해했고, 병력과 무기, 보급을 파괴했다. 미국의 신속한 개입과 공중지원은 김일성과 스탈린이 전혀 예상하지 못했던 시나리오였다. 경험과 능력의 부족이 초래한 계획의 한계였고, 미국의 대역습이었다. 김일성은 자신이 경험한 일본군을 두려워했고, 국공내전 과정에서 미국을 일종의 종이호랑이로 오판했다. 세계 최강의 군대는 자신을 과소평가한 김일성에게 대가를 치르게 할 결의와 태도를 갖고 있었다.

한국군이 낙동강 교두보로 후퇴했을 때, 병력·화력·전투의지의 측면에서 북한군이 한국군을 제압하기는 불가능한 상태였다.[199] 이미 낙동강 교두보 주위에는 미군기가 뿌린 삐라를 보고 많은 사람들이 "원자탄이 떨어지면 사람이 많이 사망한다"고 동요하고 있었다.[200] 미군은 심리전에서 북한군에게 공포를 불어넣는 데 성공했다. 이제 공자(攻者)와 방자(防者)가 서로 위치를 바꿀 때가 된 것이다.

---

199) 낙동강 교두보에 도달했을 때 북한군은 7만 명, 한국군·미군은 14만 명에 달했다(안용현, 앞의 책, 419쪽).
200) RG 242, SA 2010-5-146, 「정치전투보고」(제262군부대 문화부→제235군부대 문화부대장 동지앞) 1950. 8. 16. 校里에서.

[부록]

□ 별표 1 **38선 표지의 위치**(1947. 4. 미소합동조사 결과)

일련번호	격자좌표(Grid Coordinates)	지리좌표(Geographical Coordinates)	
		위도	경도
1	819.3-1698.3	38° 00′ 0″	125° 7′ 1″
2	822.3-1698.2	38° 00′ 0″	125° 9′ 1″
3	826.4-1698.2	38° 00′ 0″	125° 11′ 1″
4	827.1-1698.2	38° 00′ 0″	125° 12′ 1″
5	828.4-1698.1	38° 00′ 0″	125° 12′ 8″
6	832.4-1698.3	38° 00′ 0″	125° 15′ 3″
7	835.05-1698.05	38° 00′ 0″	125° 17′ 0″
8	836.35-1697.95	38° 00′ 0″	125° 17′ 8″
9	840.4-1697.85	38° 00′ 0″	125° 20′ 3″
10	846.95-1697.8	38° 00′ 0″	125° 24′ 6″
11	851.3-1697.7	38° 00′ 0″	125° 27′ 2″
12	854.72-1697.65	38° 00′ 0″	125° 29′ 3″
13	857.1-1697.6	38° 00′ 0″	125° 30′ 7″
14	859.5-1697.55	38° 00′ 0″	125° 32′ 1″
15	862.4-1697.3	37° 59′ 9″	125° 34′ 4″
16	863.1-1697.5	38° 00′ 0″	125° 34′ 4″
17	875.5-1696.4	37° 59′ 5″	125° 42′ 0″
18	887.8-1695.9	37° 59′ 4″	125° 49′ 9″
18A	887.9-1696.05	37° 59′ 5″	125° 50′ 0″
19	888.1-1696.0	37° 59′ 5″	125° 50′ 1″
19A	889.4-1696.2	37° 59′ 5″	125° 50′ 9″
20	889.8-1696.2	37° 59′ 6″	125° 51′ 1″
21	890.25-1696.6	37° 59′ 7″	125° 51′ 4″
22	890.4-1697.2	38° 00′ 0″	125° 51′ 5″
23	891.0-1696.15	38° 00′ 0″	125° 51′ 9″
24	893.2-1696.1	38° 00′ 0″	125° 53′ 4″
25	895.0-1697.05	38° 00′ 0″	125° 54′ 4″
26	896.7-1697.05	38° 00′ 0″	125° 55′ 5″
27	897.3-1697.05	38° 00′ 0″	125° 56′ 1″
28	900.5-1697.05	38° 00′ 0″	125° 57′ 8″
29	903.3-1697.0	38° 00′ 0″	125° 59′ 9″
30	910.1-1696.9	38° 00′ 0″	126° 3′ 9″
31	914.2-1696.9	38° 00′ 0″	126° 6′ 5″

일련번호	격자좌표(Grid Coordinates)	지리좌표(Geographical Coordinates)	
		위도	경도
32	918.0-1696.9	38° 00′ 0″	126° 8′ 8″
33	918.9-1696.9	38° 00′ 0″	126° 9′ 9″
34	921.0-1696.85	38° 00′ 0″	126° 10′ 8″
35	923.75-1696.8	38° 00′ 0″	126° 12′ 4″
36	925.55-1696.8	38° 00′ 0″	126° 13′ 5″
37	926.5-1696.8	38° 00′ 0″	126° 14′ 1″
38	928.75-1696.75	38° 00′ 0″	126° 15′ 3″
39	928.1-1696.75	38° 00′ 0″	126° 15′ 8″
40	930.1-1696.7	38° 00′ 0″	126° 16′ 3″
41	934.9-1696.65	38° 00′ 1″	126° 19′ 3″
42	935.5-1696.65	38° 00′ 0″	126° 19′ 8″
43	924.9-1696.5	38° 00′ 0″	126° 24′ 4″
44	944.7-1696.6	38° 00′ 0″	126° 25′ 5″
45	946.8-1696.6	38° 00′ 0″	126° 26′ 8″
46	948.6-1696.55	38° 00′ 0″	126° 27′ 9″
47	950.9-1696.55	38° 00′ 0″	126° 29′ 3″
48	953.6-1697.3	38° 00′ 4″	126° 31′ 1″
49	959.8-1696.53	38° 00′ 0″	126° 35′ 0″
50	962.8-1696.5	38° 00′ 0″	126° 36′ 8″
51	965.2-1696.5	38° 00′ 0″	126° 38′ 2″
52	969.5-1696.5	38° 00′ 0″	126° 40′ 9″
53	970.4-1696.45	38° 00′ 0″	126° 41′ 7″
54	973.5-1696.45	38° 00′ 0″	126° 43′ 5″
55	976.8-1698.0	37° 59′ 8″	126° 45′ 4″
56	980.15-1696.55	38° 00′ 0″	126° 47′ 7″
57	982.2-1696.45	38° 00′ 0″	126° 48′ 8″
58	983.5-1696.45	38° 00′ 0″	126° 49′ 7″
59	986.1-1696.45	38° 00′ 0″	126° 51′ 3″
60	988.4-1696.45	38° 00′ 0″	126° 52′ 8″
61	992.0-1696.45	38° 00′ 0″	126° 55′ 0″
62	992.6-1696.45	38° 00′ 0″	126° 55′ 3″
63	994.1-1696.45	38° 00′ 0″	126° 56′ 3″
64	1006.7-1696.45	38° 00′ 0″	127° 4′ 2″

일련번호	격자좌표(Grid Coordinates)	지리좌표(Geographical Coordinates)	
		위도	경도
65	1007.4-1696.45	38° 00′ 0″	127° 4′ 6″
66	1020.5-1696.5	38° 00′ 0″	127° 12′ 8″
67	1023.6-1696.5	38° 00′ 0″	127° 14′ 8″
68	1024.2-1696.5	38° 00′ 0″	127° 15′ 2″
69	1030.2-1696.3	37° 59′ 9″	127° 18′ 9″
70	1035.2-1696.3	37° 59′ 9″	127° 22′ 1″
71	1062.05-1696.5	38° 00′ 0″	127° 38′ 6″
72	1063.5-1696.7	38° 00′ 0″	127° 39′ 4″
73	1066.6-1696.75	38° 00′ 0″	127° 41′ 6″
74	1070.4-1696.75	38° 00′ 0″	127° 44′ 0″
75	1071.15-1696.75	38° 00′ 0″	127° 44′ 4″
76	1089.2-1696.9	38° 00′ 0″	127° 55′ 7″
77	1089.6-1696.9	37° 59′ 9″	127° 55′ 8″
78	1105.4-1697.7	38° 00′ 3″	128° 5′ 7″
79	1107.6-1697.3	38° 00′ 2″*	128° 7′ 3″
80	1161.95-1697.95	38° 00′ 0″	128° 41′ 1″
81	1166.6-1698.1	38° 00′ 1″	128° 44′ 0″

※ 출전 HQ, USAFIK, *G-2 Weekly Summary*, no.85(1947. 5. 1).
※ 비고 * 원문에는 37° 00′ 2″로 표기되었으나 명백한 오류이므로 수정.

□ 별표 2 **38선 충돌(1947. 8~1948. 12) 현황 Ⅰ: 주별**

연 월 일	충돌 횟수	연 월 일	충돌 횟수	연 월 일	충돌 횟수	연 월 일	충돌 횟수
47. 8. 17	4	47. 12. 14	1	48. 4. 23	4	48. 8. 20	4
47. 8. 24	0	47. 12. 26	2	48. 5. 30	4	48. 8. 27	3
47. 8. 31	2	48. 1. 2	3	48. 5. 7	3	48. 9. 3	5
47. 9. 7	0	48. 1. 9	0	48. 5. 14	7	48. 9. 10	5
47. 9. 14	4	48. 1. 16	0	48. 5. 21	8	48. 9. 17	2
47. 9. 21	3	48. 1. 23	3	48. 5. 28	8	48. 9. 24	5
47. 9. 30	5	48. 2. 6	2	48. 6. 4	10	48. 10. 1	7
47. 10. 5	1	48. 2. 13	3	48. 6. 11	7	48. 10. 8	5
47. 10. 12	4	48. 2. 20	3	48. 6. 18	8	48. 10. 15	3
47. 10. 19	4	48. 2. 27	2	48. 6. 25	6	48. 10. 22	0
47. 10. 26	8	48. 3. 5	1	48. 7. 2	7	48. 10. 29	0
47. 11. 2	3	48. 3. 12	0	48. 7. 9	1	48. 11. 5	1
47. 11. 9	4	48. 3. 19	2	48. 7. 16	4	48. 11. 12	1
47. 11. 16	3	48. 3. 26	3	48. 7. 23	6	48. 12. 19	3
47. 11. 23	3	48. 4. 2	4	48. 7. 30	2	48. 12. 26	1
47. 11. 30	3	48. 4. 9	1	48. 8. 6	3		
47. 12. 7	3	48. 4. 16	6	48. 8. 13	4		

※ 출전 HQ, USAFIK, *G-2 Weekly Summary*, 1947~1948.

□ 별표 3 **38선 충돌**(1949. 1~1950. 6) **현황 I : 주별**

연 월 일	충돌 횟수	연 월 일	충돌 횟수	연 월 일	충돌 횟수	연 월 일	충돌 횟수
49. 1. 22	2	49. 5. 28	11	49. 10. 7	13	50. 2. 10	4
49. 1. 29	7	49. 6. 4	6	49. 10. 14	8	50. 2. 17	4
49. 2. 5	4	49. 6. 11	5	49. 10. 21	8	50. 2. 24	1
'49. 2. 12	5	49. 6. 24	7	49. 10. 29	13	50. 3. 3	3
49. 2. 19	10	49. 7. 1	12	49. 11. 4	9	50. 3. 10	18
49. 2. 26	11	49. 7. 9	20	49. 11. 12	9	50. 3. 17	11
49. 3. 5	8	49. 7. 15	20	49. 11. 18	9	50. 3. 24	20
49. 3. 12	11	49. 7. 22	41	49. 11. 25	14	50. 3. 31	18
49. 3. 19	6	49. 7. 29	26	49. 12. 2	10	50. 4. 7	15
49. 3. 26	9	49. 8. 5	20	49. 12. 9	14	50. 4. 14	17
49. 4. 2	4	49. 8. 12	13	49. 12. 16	19	50. 4. 21	5
49. 4. 9	6	49. 8. 19	28	49. 12. 23	12	50. 4. 28	4
49. 4. 16	4	49. 8. 26	22	49. 12. 30	5	50. 5. 5	4
49. 4. 23	11	49. 9. 2	17	50. 1. 6	6	50. 5. 12	15
49. 4. 30	16	49. 9. 9	15	50. 1. 13	8	50. 5. 19	19
49. 5. 7	4	49. 9. 16	26	50. 1. 20	7	50. 5. 26	14
49. 5. 14	2	49. 9. 23	21	50. 1. 27	10	50. 6. 2	25
49. 5. 21	12	49. 9. 30	15	50. 2. 3	9	50. 6. 9	13
						50. 6. 16	8

※ 출전 *Joint Weeka*, 1949. 1~1950. 6.

□ 별표 4 **1948년 한국군의 증가 현황: 주별**

병종 연월일	경비대 a	모 병 병력 수	해 안 경비대 b	경 찰 c	예비군 e	소계 1 a+b 상비군	소계 2 소계 1+c 현존 전력
48. 1. 6	16,500		2,900	30,000		19,400	49,400
48. 1. 12	16,500		2,900	30,000		19,400	49,400
48. 1. 16	16,500		2,900	30,000		19,400	49,400
48. 1. 23	16,500		2,900	30,000		19,400	49,400
48. 1. 30	14,800		2,850	30,000		17,650	47,650
48. 2. 6	20,220		2,850	30,000		23,070	53,070
48. 2. 13	20,220		2,850	30,000		23,070	53,070
48. 2. 20	24,723	2,700	2,850	30,000		27,573	57,573
48. 2. 27	24,723		2,850	30,000		27,573	57,573
48. 3. 5	24,000		3,000	30,000		27,000	57,000
48. 3. 12	24,000		3,000	30,000		27,000	57,000
48. 3. 19	24,000		3,000	30,000		27,000	57,000
48. 3. 26	24,691		2,859	30,000		27,550	57,550
48. 4. 2	24,691		2,859	30,000		27,550	57,550
48. 4. 9	24,691		2,859	30,000		27,550	57,550
48. 4. 16	27,899		2,859	30,000		30,758	57,550
48. 4. 23	27,899		2,859	30,000		30,758	57,550
48. 4. 30	27,899	3,710	2,859	34,330		30,758	65,088
48. 5. 7	28,324		2,881	34,330		31,205	65,535
48. 5. 14	31,316		2,785	34,330		34,101	68,431
48. 5. 21	38,123	7,356	2,911	34,330		41,034	75,364
48. 5. 28	41,265	10,109	2,911	34,900		44,176	79,076
48. 6. 4	50,806	23,646	2,776	34,900		53,582	88,482
48. 6. 11	55,061	25,932	2,776	34,900		57,837	92,737
48. 6. 18	60,954	26,116	2,990	34,900		63,944	98,844
48. 6. 25	62,056	23,891	2,990	34,900		65,046	99,946
48. 7. 2	56,389	9,268	3,096	34,900		59,485	94,385
48. 7. 9	54,611	6,078	3,096	34,900		57,707	92,607
48. 7. 16	56,084	5,283	2,951	34,082		59,035	93,117
48. 7. 23	56,013	3,695	2,925	34,082		58,938	93,020
48. 7. 30	54,036	4,254	3,027	34,082		58,938	91,145

병종 연월일	경비대 a	모 병 병력 수	해 안 경비대 b	경 찰 c	예비군 e	소계 1 a+b 상비군	소계 2 소계 1+c 현존 전력
48. 8. 6	54,630	3,966	2,889	34,082		57,519	91,601
48. 8. 13	52,797	2,805	2,767	34,082		55,564	89,646
48. 8. 20	52,560	3,435	2,906	35,000		55,466	90,466
48. 8. 27	52,765	3,881	2,906	35,000		55,671	90,671
48. 9. 3	52,046	1,520	3,028	35,000		55,074	90,074
48. 9. 10	52,492	1,188	3,028	35,000		55,520	90,520
48. 9. 17	51,877	1,349	3,075	35,000		54,952	89,952
48. 9. 24	51,524	1,629	3,013	35,000		54,537	89,537
48. 10. 1	50,386	1,058	3,013	35,000		53,399	88,399
48. 10. 8	50,224	1,527	3,013	35,000		53,237	88,237
48. 10. 15	49,476	1,126	3,013	35,000		52,489	87,489
48. 10. 22	49,222	1,089	2,965	34,101		52,187	86,288
48. 10. 29	47,374	915	2,906	34,101		50,280	84,381
48. 11. 5	46,280	634	2,906	34,101		49,186	83,287
48. 11. 12	46,251	637	2,904	34,101		49,155	83,256
48. 11. 19	43,620	620	3,603	34,111		47,223	81,334
48. 11. 26	43,587	602	3,491	34,111		47,078	81,189

※ 출전 Headquarters, XXIV Corps, *G-2 Weekly Summary*, 1948년도분 종합.
※ 비고 모병 병력 수에는 검열(screen)이 끝나지 않은 사병 및 사관생도가 포함됨.

□ 별표 5 **1949~50년 간 한국군의 증가 현황: 주별**

연월일 \ 병종	육군 a	해군 b	공군 c	경찰 d	예비군 e	소계 1 a+b+c 상비군	소계 2 소계1+d 현존 전력	합계 소계2+e
49. 1. 8	58,028	3,462		59,028		61,490	120,518	120,518
49. 1. 22	62,018	3,635		42,000		65,653	107,653	107,653
49. 1. 29	64,503	3,667		45,000		68,170	113,170	113,170
49. 2. 5	64,490	3,962		45,000		68,452	113,452	113,452
49. 2. 12	66,212	3,987		45,000		70,199	115,199	115,199
49. 2. 19	66,866	3,976		47,000		70,842	117,842	117,842
49. 2. 26	69,340	4,009		47,000		73,349	120,349	120,349
49. 3. 5	69,340	3,960		49,251	11,654	73,300	122,551	134,205
49. 3. 12	69,181	3,957		49,250	(11,654)	73,138	122,388	134,042
49. 3. 19	68,024	4,364		49,261	(11,654)	72,388	121,649	133,303
49. 3. 26	69,016	4,007		49,261	(11,654)	73,023	122,284	133,938
49. 4. 2	69,580	4,043		51,285	(11,654)	73,623	124,908	136,562
49. 4. 16	69,803	5,489		51,285	(11,654)	75,292	126,577	138,231
49. 4. 23	68,976	5,490		51,285	(11,654)	74,466	125,751	137,405
49. 4. 30	68,976	5,481		51,285	(11,654)	74,457	125,742	137,396
49. 5. 7	69,680	5,481		51,285	(11,654)	75,161	126,446	138,100
49. 5. 14	71,008	5,450		51,285	(11,654)	76,458	127,743	139,397
49. 5. 21	71,086	5,435		50,000	(11,654)	76,521	126,521	138,175
49. 5. 28	71,086	5,450		50,434	(11,654)	76,536	126,970	138,624
49. 6. 4	71,071	5,438		50,484	(11,654)	76,509	126,993	138,647
49. 6. 11	74,953	5,433		50,214	28,585	80,386	130,600	159,185
49. 6. 24	76,340	5,419		50,484	28,585	81,759	132,243	160,828
49. 7. 1	77,842	5,417		50,484	27,961	83,259	133,743	161,704
49. 7. 9	81,886	5,408		50,484	33,841	87,294	137,778	171,619
49. 7. 15	86,909	5,407		50,484	33,841	92,316	142,800	176,641
49. 7. 22	79,961	5,406		51,615	30,042	85,367	136,982	167,024
49. 7. 29	82,382	6,732		51,615	35,202	89,114	140,729	175,931
49. 8. 5	88,563	6,735		51,615	33,677	95,298	146,913	180,590
49. 8. 12	94,024	6,735		51,980	33,677	100,759	152,739	186,416
49. 8. 19	97,297	6,735		51,980	33,677	104,032	156,012	189,689
49. 8. 26	97,579	6,735		50,920	34,996	104,314	155,234	190,230
49. 9. 2	99,186	6,735		50,866	34,996	105,921	156,787	191,783

병종 연월일	육군 a	해군 b	공군 c	경찰 d	예비군 e	소계 1 a+b+c 상비군	소계 2 소계 1+d 현존전력	합계 소계 2+e
49. 9. 9	99,235	6,735		50,866	34,996	105,970	156,836	191,832
49. 9. 16	99,538	6,735		50,927	37,328	106,273	157,200	194,528
49. 9. 23	99,538	6,735		50,927	37,328	106,273	157,200	194,528
49. 9. 30	99,302	6,735		50,976	34,914	106,037	157,013	191,927
49. 10. 7	99,942	6,735		50,927	33,070	106,677	157,604	190,674
50. 4. 7	93,777	(6,735)		(50,927)	(33,070)	100,512	151,439	186,407
50. 4. 14	93,735	7,280		(50,927)	(33,070)	101,015	151,942	185,012
50. 4. 21	95,762	7,2724		(50,927)	(33,070)	168,486	219,413	187,031
50. 4. 28	94,911	(7,272)		(50,927)	(33,070)	102,183	153,110	186,180
50. 5. 5	(94,911)	7,263	1,000	(50,927)	(33,070)	103,174	154,101	187,171
50. 5. 12	94,808	(7,263)	(1,000)	(50,927)	(33,070)	103,071	153,998	187,068
50. 5. 19	94,848	(7,263)	(1,000)	48,273	37,326	103,111	151,384	188,710
50. 6. 2	94,618	(7,263)	(1,000)	48,273	(37,326)	102,881	142,891	188,480
50. 6. 9	94,373	(7,263)	1,807	48,273	(37,326)	103,443	151,716	189,042
50. 6. 16	(94,373)	(7,263)	1,898	(48,273)	(37,326)	103,534	151,807	189,133

※ 출전 *Joint Weeka*, 1949~1950년도분; 1949년 1월 8일~10월 7일까지는 *Joint Weeka*, No.54~75, No.1~17을, 1950년 4월 7일~6월 16일까지는 *Joint Weeka*, No.14~24.

※ 비고
· ( ) 안의 수치는 해당 일자의 병력현황이 기재되지 않은 것으로, 그 직전 일자의 병력을 기록한 것임.
· 공군은 1949년 10월 1일 1,500명의 병력으로 독립했지만 병력보고는 1950년 5월에 시작됨.
· 예비군(Korean Army Reserve Corps: 호국군)은 1949년 1월 3일 발족했음. 1월 10일 사병훈련이 개시되었고, 2월 24일 시흥에 예비사관학교를 설치함(서울로 이동). 3월 16일 첫 사관 118명 졸업. 3월 21일 호국군이 정규군 시스템에 포함됨. 4월 1일 현재 장교 118명, 사병 7,947명, 합 8,065명. 1949년도 인가는 2만 9,531명이며 현원은 1만 1,719명임(HQ, USAFIK, *G-2 Periodic Report*, No.1095(1949. 4.) incl. #1 "Korean Army Reserve Corps").

□ 별표 6 **한국 경찰의 1949년 38선 충돌 통계**(1949. 1~6)

		1949. 1	1949. 2	1949. 3	1949. 4	1949. 5	1949. 6
충돌 수(사건)		49	126	92	180	156	228
경찰서 피습	방 화	0	0	0	0	0	0
	파 괴	8	13	0	4	3	2
관공서 피습	방 화	0	0	0	0	0	0
	파 괴	0	0	0	0	0	0
민가 피습	방 화	3	0	0	2	0	0
	파 괴	5	16	5	12	25	31
탈취 군수품	무 기	3	22	2	12	12	9
	탄환 수	200	200	500	300	200	700
경찰 피살		3	7	3	6	9	0
경찰 부상		8	12	11	13	20	15
경찰 피랍		0	1	0	4	3	0
공무원 피살		2	2	6	0	3	6
공무원 부상		3	12	2	12	3	11
공무원 피랍		1	3	5	2	3	3
남한 민간인 피살		12	12	4	9	13	14
남한 민간인 부상		8	20	25	38	17	13
남한 민간인 피랍		8	12	21	55	14	30
피해 재산(천 원)		180	100	320	210	350	250
남한 불법침입 북한인 추정 수		1,474	9,036	2,531	8,030	2,889	3,860
북한으로 월경자 수		0	140	0	0	30	0

□ 별표 7 **한국 경찰의 1949년 38선 충돌 통계**(1949. 7~12)

		1949. 7	1949. 8	1949. 9	1949. 10	1949. 11	1949. 12
충돌 수(사건)		427	526	57	48	49	25
경찰서 피습	방 화	0	0	1	1	2	1
	파 괴	2	5	0	0	1	14
관공서 피습	방 화	0	0	0	2	0	1
	파 괴	0	0	0	0	0	0
민가 피습	방 화	0	112	1	2	0	5
	파 괴	15	77	0	2	0	0
탈취 군수품	무 기	26	22	3	14	4	5
	탄환 수	800	1,000	0	50	0	552
경찰 피살		11	10	2	1	2	1
경찰 부상		10	47	5	2	0	2
경찰 피랍		0	0	0	0	0	0
공무원 피살		7	4	0	0	0	0
공무원 부상		12	2	0	0	0	0
공무원 피랍		1	3	0	0	0	0
남한 민간인 피살		11	36	9	20	9	9
남한 민간인 부상		9	72	6	35	10	7
남한 민간인 피랍		35	45	22	17	62	17
피해 재산(천원)		1,280	540	5,800	940	310	1,100
남한 불법침입 북한인 추정 수		2,780	10,763	1,527	1,993	1,283	649
북한으로 월경자 수		280	0	116	386	0	430

※ 출전 Subject: Statistical Summation of Incidents Occurring Along the 38th parallel During the Year 1949(1950. 3. 20), RG 319, ID file no.663575.

별표 8 공격작전용 조선인민군 정찰계획(1950. 6. 20)

비준
총참모장
조선인민군
조선, 1950. 6.

공격작전용 조선인민군 정찰계획
1950.   부터   까지

극비
유일사본

정찰계획의 목적:
1. 적 방어체계의 정확한 자료 판정
2. 적 반격의 적시 포로
3. 우리의 대담공격에 대한 적 반격 계획 및 수단의 적시 포로
4. 적의 항구 및 비행장에서의 강화 및 군사작전의 기동성 감시

정찰계획의 목적	정찰자 및 방법	집행기간	적에 관한 정보 및 자료의 제출 기간 및 순서	집행 관련 참고	집행 과정에서 계획의 보강 및 확정
1단계: 방어선의 돌파 및 적 주력군의 섬멸					
1. 38선에서 적과 그의 방어체계에 대한 자료를 확정하고 정보를 보강할 것	· 경비부대의 진단(臨締), 자뢰밭의 전초 및 배치, 철조망 6, 제I, 제4, 제3, 제2, 제12사단 및 제3, 제4경비여단 관측 체제	· 사단들의 출발부터 공격전 공격 개시 위치까지	· 보고는 08:00시까지 일일정보요약은 전문·무선·유선으로 19:00시까지		
	· 적호, 교통호의 배치, 영구화점(DOT)·토목화점(DZOT)·지휘소(KP)·관측소(NP)의 숫자 및 위치, 전단 및 적 중심방어의 기간 총 박격포·화력체계의 배치 및 숫자를 확정할 것	· 공격 전날밤 정찰대(RG)의 야간 기동, 구역의 항공사진	— 까——?	· 문서는 우편으로 03:00시와 20:00시까지	

· 적 포병의 사격진지, 포구경 및 문수를 정확히 확인할 것			
· 적 반전차포병의 배치-특히 적 방어 중심에 이르는 좁은 길을 향한 접근 방향에서-를 판정할 것			
· 적 병력 주요부대의 배치 지점과 일정을 확인할 것			
· 전면에서 후미에 이르는 적 방어의 전개 정도에 대한 자료, 그 지역 반대 경사면에 설치된 방어시설의 존재에 대한 자료, 개성·청단·동두천·포천·춘천(Sunch'on) 방향의 연대 및 사단급 예비대의 위치 및 지역에 대한 자료를 확정할 것	· 구역의 항공사진, 사단 정 찰중대(RR) 제1, 제2, 제3 그룹의 관측 체제	· 6월 22일? 출발부터 공격 개시 때까지, 1950년 6월 16일부터 25일까지	· 무선통신 계획에 따름
2. 38선에서 돌파 과정에서 적 행동에 대한 정보를 확보할 것			
· 38선과 직결된 경계선에서의 적 인원 및 부대의 접수 개시 및 방향을 판정할 것	· 증강된 사단 관측, 선견 연대에 정찰대	· 공격 1일차	· 보고는 08:00, 12:00, 18:00, 20:00시까지
· 옹진·연안·개성 방향에서 적의 철수로를 판정할 것: 보병과 기계의 수량, 어떤 강을 건너며 어느 곳으로 철수하는지, 이들 부대의 추가 행동의 성격을 판정할 것	· 경비3여단·6보병사단·1보병사단의 관측 체제	· 공격 1일차	· 동일
· 의정부(동두천·포천)·철원(Chungwon)·강릉 방향에서 적 부대의 철수 방향을 감시하며 어떤 중간 방어선이 구성되는지를 감시할 것	· 선견 부대의 정찰대	· 공격 1일차	· 보고는 무선으로 08:00, 12:00, 16:00, 20:00시까지 지휘소로
· 옹진·연안로를 따라 적이 어떤 부대, 어떤 선에서 투입을 준비하고 있으며 연대 예비대를 들어오려 하는지를 적절히 판정할 것	· 사단 선발대의 정찰대, 항공정찰대에 의한 관측	· 공격 1일차부터 3일차까지	· 1일차 06:00시에서 10:00시까지-개성-문산-신고리(신구리)-동두천-철원 연선 구역에 대한 항공시 각정찰, 김포0전 (p/o)을 위한 관측 12:00시에서 13:00시까지-김포·해안 p/o의 사진촬영-동두천-의정부로부터 서울 연선에 대한 항공사각정찰
	· 관측정찰체대-중심으로 투입	· 공격 1일차	

·개성-의정부-춘천-강릉 방향에서 적이 연대 및 사단 예비대를 투입하려는즉, 적절히 판정할 것, 임진강 좌측 강변-도호리부터 남쪽까지-의 방어 유무와 김포반도를 강화하기 위해 어떤 부대가 투입될 것인지를 판정할 것	·항공정찰결속, 제6·제1·제4·제3·제2·제12보병사단과 경비4여단(4th PBRR) 부대의 정찰제대, 방어 중심으로 투입	·공격 1일차 및 2일차	·동일
			·2일차 서울 접근로 연선, 김포해안, 서울 동부 방어예상지점 사진촬영
3. 경계선을 따라 우군 부대가 공격을 진행하는 동안 적의 행동을 목표할 것			
·다음 부대가 언제, 어떤 경로를 따라, 어떤 임무를 지니고 투입될 것인지를 적절히 판정할 것 수도경비부대 및 학교들	·제6·제1·제4·제3·제3보병사단 탱크사단의 정찰	·공격 1일차부터 3일차까지	·재료를 획득하는 즉시 전문·무선으로
1사단 11연대	·항공정찰		
7사단 3연대	·유선전송사진		
6사단 19연대	·정찰대의 정찰		
·서울 방어가 어떤 선에서 어떤 조직과 기재로 조직되었는지, 서울 내부 방어조직을 위해 어떤 조치가 취해지고 있는지	·정찰대의 비밀요원	·특별지시계획에 따름	·통신계획에 따름
·적이 서울에서 양평·여주 방향까지의 구역에서 한강 남쪽 경변에 방어 조직조치를 취하고 있는지의 여부를 판정할 것	·항공정찰, 제3, 제2사단 및 모터사이클연대의 정찰	·3일차 및 4일차	·첩보 획득 즉시
·광주(Koshu) 양평·여주·엽주·원주·envol·충주 지역에서 적 부대의 현존, 역량, 행동을 판정할 것, 이들 지역에서 방어 활동이 구축되고 있는지, 어떤 선인지	·제2사단, 제1제2모터사이클연대의 정찰제대, 항공정찰, 정찰대의 정찰제대	·공격 3일차부터 6일차까지	·보고일람표에 따라 일일보고

임무	첩보 출처	시기	보고 방법
한국 남부의 항구(부산), 묵포, 군산, 인천에서의 행동, 남쪽의 철도 혹은 비포장도로를 통한 군사 이동을 감시할 것. 항구 및 공항에서 증원 및 군사기재가 증강되는지의 여부를 판정할 것	비밀요원, 정보대, 무선정보에 의한 정보	공격 첫날부터	통신계획에 따름
북한군의 대남공격을 반격하기 위한 조치를 구성하기 위해 당국 지휘부가 취한 조치에 관한 첩보를 획득할 것	비밀요원, 정보대, 무선정보, 포로심문	공격 첫날부터	통신계획에 따라 08:00시부터 20:00시까지
게릴라 활동, 대중들의 태도, 병사 및 장교 들의 정치도덕적 조건과 시기에 대한 재료를 수집할 것	포로 및 주민심문, 비밀요원의 정보	동일	우편으로 80:00시 및 20:00시까지
적의 새로운 군사장비 접수 및 활용, 무장·설비·탄약의 수령을 판정할 것	포로심문, 노획재료의 자료	동일	동일
2단계: 남한내 공격의 전개 및 적 예비병력의 섬멸			
1. 서울-원주-삼척 계선부터 군산-대구-경주 계선까지의 부대 및 작전기지를 정찰할 것	정보대 비밀요원, 게릴라, 정찰중대, 정찰제대, 사단 정찰	공격 3일차부터 6일자-7일차까지	보고는 무선으로 08:00 및 20:00 시까지
다음 지역에서 적 부대의 현존, 역할, 행동을 확정할 것: 수원-이천-아이조(Aijo)-음성; 천안-온천리-연산(Redzan)-조치원; 흥계(Kokai: Hunghae)-공주-대전(길음 따라) 다음 선: 전주-금촌; 대구-경주	동일		
서울, 원주, 삼척 지역에서 퇴각하는 적이 패배당한 부대명 및 위치, 이들 부대의 활동의 성격을 판정할 것	비밀요원의 정보, 무선정보, 포로 및 주민심문	공격 1일차부터	동일
적 제2, 제3, 제5사단이 배치된 시점과 시기, 현존 및 증강대형의 소재를 판정할 것	동일	동일	

· 적이 방어선 후미를 어디에 준비하는지, 작전의 성격 및 템포, 전단의 윤곽, 방어선상 적군의 분포 및 역량을 판정할 것			
· 공항, 배치된 항공기 수, 새로운 항공기의 도착, 종류 및 숫자, 정비요원을 확정할 것	· 동일		
2. 만약 병력 증강, 군사기지, 탄약, 연료 및 기타 군수품-인접 국가들로부터-이 부산, 목포, 여수(Reishu), 군산, 포항동, 기타 항구로 반입된다지의 여부를 판정할 것. 병력 증강과 예비 물자의 하역지 및 집중 지역	· 무선정보 및 비밀요원의 정보, 포로 심문	· 공격 1일차부터	· 동일
	· 비밀요원의 정보, 무선정보, 포로심문	· 동일	· 동일
3. 적군 예비대 전면으로의 접근, 국내에서 전쟁물자의 보급을 감시할 것: 구역 내 철도 및 비포장도로를 통한 부대 이동을 판정할 것 (군의 우측 전면에 특별히 주의할 것) 수원-천안-군산; 수원-대전-이리-목포; 대전-대구-부산; 영주-운동-경주-부산; 삼척-포항동; 조치엔(Tsyotsin)-조슈(Choshu)·긴센(Kinsen)-영주	· 도로의 항공정찰, 비밀요원의 정보, 유선정보사진, 정찰대의 정찰결과, 모로 및 주민심문, 무선정보	· 공격 3일차부터	· 진행보고, 일람표 및 통신계획에 따른 보고
4. 전투 과정에서 패배한 적 부대의 철수 방향과 집결 구역 및 계선을 감시할 것	· 동일	· 서울-상척 계선을 따라 공격 개시 위치로부터	· 동일
5. 추가명령에 따라 모든 병종과 특수부대의 배치를 목록하기 위한 직접 정찰을 조직하며 적의 배치, 계획, 의도를 목록하며, 북한군 공격에 대한 지향을 조직하기 위한 적의 조치를 목록할 것	· 동일	· 필요에 따라 공격 2일차부터	

3단계: 남한 내부 및 반도 남부해안 상륙 소탕작전

1. 적의 방어선을 편성하고, 특히 다음 연선을 따른 애로(隘路) 및 산악 지역에서 적이 북한군의 이동을 방해하기 위해 (설치할) 방해수단 혹은 방어작업을 정확히 판정하기 위한 추가정찰을 실시할 것 이리–목포; 이리–남원–여수(Reishu); 금천–대구–마산 대구–경주–울산; 마산–부산 지역에서	・항공정찰 비밀요원의 정보 게릴라들의 정보 사단의 정찰대 및 정찰제대	・다음 개선에 군부 대의 도착 즈음; 군산–대전 대구–포항동
2. 다음 지역에서 비포장도로 및 철로를 통한 병력의 이동 및 항구에서의 작전에 대한 강력한 관측을 계속할 것 목포–이리; 여수–이리; 부산–대구; 부산–경주 진주–영동; 마산–대구	・항공정찰 무선정보 정찰대 및 정찰제대, 게릴라, 포로심문	・군부대가 항구 및 반도로의 접근지점에 도착하면서부터
3. 다음 항구 및 반도의 방위를 위해 어떤 조치가 취해지고 있는지를 판정할 것 부산, 목포, 여수, Nankiy-no, Knusey-to, 제주도	・서울–Ponju에 진입하면 서 비밀요원	

조선인민군 총참모부 정찰국장
1950. 6. 20

※ 출전: NARA, Record Group 242, National Archives Collection of Foreign Records Seized, Captured Korean Documents, Entry 300C, box.24, ATIS Document no.200686, 「공격작전용 조선인민군 정찰계획(Intelligence Plan of the North Korean Army for a Attack Operation)」(1950. 6. 20, 조선인민군 총참모부 정찰국장)의 영어번역을 한글로 重譯함.

□ 별표 9 **북한군 부대 단대호(單隊號) (1951. 7 현재)**

군단(대호)	사단(대호)	연대(대호)	군단(대호)	사단(대호)	연대(대호)
Ⅰ군단(169)	8사단(169)	81연대(415)	Ⅳ군단(269)	5사단(615)	10연대(617)
		82연대(417)			11연대(619)
		83연대(421)			12연대(621)
		포병연대(419)			포병연대(623)
	9사단(315)	85연대(317)		10기계화보병사단(745)	25연대(747)
		86연대(319)			27연대(749)
		포병연대(323)			107탱크연대(751)
	47사단(361)	2연대(367)			160포병연대(753)
		3연대(393)		105탱크사단(105)	1탱크연대(107)
		4연대(368)			2탱크연대(109)
		포병연대(369)			3탱크연대(203)
Ⅱ군단(179)	2사단(235)	4연대(238)			208장갑훈련연대(208)
		6연대(244)		21여단(579)	
		17연대(247)		23여단(239)	
		포병연대(253)		26기계화포병여단[264(226)]	
	13사단(715)	19연대(717)	Ⅴ군단(327)	6사단(655)	1연대(659)
		21연대(719)			13연대(657)
		23연대(721)			15연대(661)
		포병연대(723)			포병연대(663)
	27사단(772)	7연대(172)		12사단(825)	30연대(827)
		14연대(173)			31연대(829)
		32연대(174)			32연대(831)
		포병연대(407)			포병연대(405)
Ⅲ군단(259)	1사단(115)	2연대(127)		46사단(407)	93연대(158)
		3연대(133)			94연대(159)
		14연대(117)			95연대(160)
		포병연대(139)			포병연대(?)
	15사단(775)	45연대(777)		25기계화포병여단[507(632)]	
		48연대(779)	Ⅶ군단(324)	3사단(362)	7연대(389)
		50연대(781)			8연대(383)
		포병연대(783)			9연대(377)
	45사단(696)	89연대(581)			포병연대(371)
		90연대(704)		7사단(625)	51연대(627)
		91연대(705)			53연대(629)
		포병연대(706)			54연대(631)
Ⅳ군단(269)	4사단(269)	5연대(241)			포병연대(?)
		18연대(661)		37사단(842)	74연대(604)
		29연대(657)			75연대(605)
		포병연대(496)			76연대(606)
					포병연대(607)
				24기계화포병여단(249)	

※ 출전 Headquarters, Far East Command, *Military Intelligence Section, History of the North Korean Army*, 31 July 1952. pp. 87~89.
※ 출전 단대호(單隊號: Unit Identificcation): 어떤 군사부대의 완전한 명칭. 이는 수자상 호칭, 병과 그리고 지휘제대(指揮梯家)를 나타낸다. 전투 서열요소 중 구성에서 고려할 사항이다[육군본부(1977), 『육군군사술어사전』, 107쪽].

□ 「전투명령 제001호」(1950. 6, 235군부대 참모부, 師團長 李靑松·參謀長 玄波)

戰鬪命令 第001號

第2師團參謀部   1950. 6   將分   216.1高地東北部에서
地圖 1:50,000 49年版

1. 師團의 攻擊正面에는 105㎜ 野砲 1個大隊로 增強된 敵前6步師 7步聯으로 우리를 이 防하고 있다.

그의 防禦體系는: 596.2高地(06-77) 313.0高地(06-78) 607.0高地(06-79) 無名高地(06-80) 無名高地(07-80) 302.5高地(07-82) 無名高地(07-82) 無名高地(07-83) 無名高地(07-84) 886.1高地(07-85) 石峰(06-87) 371.0 高地(07-88) 無名高地(07-89) 651.2高地(07-91) 배후령(07-93) 779高지 (07-95) 882.2高地(07-97)

據點은: 無名高地(04-85) 866.1高지(06-86) 無名高地(05-88) 527.3高지 (05-89) 654.5高지(05-91)를 加强的 支障물으로 하였으며 許多한 土木火具가 構築되었다. 特히 無名高地(06-79) 東北頂上에 1個, 無名高地(06-83) 業暖斜面에 1個, 無名高地(05-86) 國業傾斜面에 3個, 無名高地(05-87) 業傾斜面에 2個, 方格(05-89L) 527.3高지 業傾斜(05-89) 527.3高지 山頂(05-89)에 各1個式 永久火具가 構築되었으며 山頂과 山頂間은 (火具와 火具間은) 交通壕로 連結되었다. 馬坪里(07-79) 東端 方格(07-82) 業濱江左岸

敵 監視所는 521.0高地(07-91)   -91) 無名高地(05-85L) 無名高地(07-95)에 있다.

敵의 聯隊 予備隊는 春川에 約 1個大隊의 兵力이 있다.

2. 本師團은 882.2高地(07-79) 송방리(07-84) 모진교(07-81) 馬坪里(07-79) 間에서 敵의 防禦를 突破하고 그를 殲滅하여 寿山峰을 占領하고 당주두 (05-76) 장원리(06-83) 453.0高地(06-88) 634.0高地(06-90) 청평골 (04-96)를 占領한 다음 最終任務로써 신상리(00-74) 원종리(99-86) 面上里 (01-86) 123.1高地(01-89) 신등리(00-88) 청산리(99-89) 무동리(00-91) 天田里(00-93) 도자골(00-96)을 占領하고 最後任務로써 죽둔리(95-92) 春川 方向으로 攻擊하여 當日末까지 本地域을 占領하려 한다. 爾後 攻勢를 擴大하여 송방리(91-66) 가평(89-69) 강촌리(86-80) 方向으로 進出한다.

原地域에서 戰鬪準備完了는 1950. 6. 22. 18:00까지 할것이며 出發陣地로 進出은 特別命令에 依한다.

3. 右에서는 第3步師가 금주리(09-40) 양문리(08-46) 하기邳(06-52) 341.4 고지(07-57) 間에서 敵의 防禦를 突破하고 상가리(   ) 대산리 무령리 서울 方向으로 攻擊한다.

끝와의 分界線은 돈매리(19-81) 方格高地(05-76) 909.6高地(90-60)、
수변리를 除外한 其他 모든 地點들은 本師團의 包含된다.
連接맺保障은 本師團에서 責任진다.
左위로는 第12步師가 무리대(08-99)와 수인리(06-07) 맥승골(07-16)와
무덕리(07-22)間에서 敵의 防御를 突破하고 흥村 원주 여주 칠성方向으로
攻擊한다.
끝와의 分界線은 무리合(08-99) 92.0高地(01-96) 春川、마산리(15-71)
여기(41.62)들이며 무기대(08-99)를 除外한 其他地點들은 第12步師에
含含하여 連接맺保障은 第12步師團이 責任진다.

4. 決心함: 主攻을 右측 302.0高地 (07.81) 無名高地 (01.80) 北漢江沿岸
春川行軍通路方向으로 指向하면서 敵의 火力을 점들을 포조, 기동포 砲의
기동으로서 급속히 突破하여 無高地(峯)을 점領한다음 左右기병部隊와 協同하여
春川에 있는 敵을 完全 包圍消滅하겠다.
   戰斗序列을 2梯隊形으로하여 右측에 第6步聯 左측에 第4步聯、6步聯后方에
第17步聯을 配置하겠다.
5. 第6步聯은 反戰車砲大隊2中隊、工兵大隊2中隊와 함께 島坪里(08.79)、
   도진모(611.3高地(09.86)間에서 敵의 防御를 突破하고 302.5高地(07.82)
   無名高地(07.82) 無名高地(01.83) 826.1高地(07.85) 서롱(06-87)
   301.0高地(07.88) 無名高地(07.89)에 있는 火力과 점주들을 完全消滅
   하고 無山峯을 占領하고 後進任務로서 北두문(07.16) 갈천리(04.83)
   453.0高地(06.88)를 人3大隊로서 包圍消滅한다음 占領界線을 공고히하고
   次的任務로서 신동리(00.76) 원리(99-86) 서승말(01.86) 123.1高地
   (01.87) 신동리(00.88) 갈산리(99.83)등 人3大隊와 包圍消滅한다음
   繼續 前進하여 춘천方向으로 北漢江 左右退路를 前進하며 칡산里 小路로
   하여 죽문리 方向으로 前進한다.
   第2大隊는 647.0高地(06.79) 지경에 있는 敵을 消滅하고 죽문리 九路
   方向으로 攻擊한다.
   聯隊의 戰斗를 支援은 砲聯隊 2.3大隊、自動砲大隊가 支援한다.
6. 第17步聯은 工兵大隊1中隊 反戰車砲大隊1中隊와 함께 301.1高地(07.88)
   무리대(08.99)間에서 敵의 防御를 突破한다.
      527.2高地(05.89) 北傾斜面 650.0高地(05.91) 배루랑(07.93) 779.0

고지(07.95) 882.2고지(07.97) 북단斜面에 以고, 大隊는 兵力消耗하고
每高地(山峯)을 占領하고 最近任務線以 432.0高地(06.90) 清坪里
(06.96)을 占領하는 次期任務線의 春川里(00.91) 천전里(00.93)
으로( )을 占領하고 계속 攻勢를 擴大하여 右翼圓通里와 左翼小路로
부터 春川을 包圍殲滅한다

左의 分界線은 師團分界線이며 右의 分界線은 575.3高地(10.89) 성북
(08.87), 453.0高地(05.88), 123.0高地(02.89) 천천里(09.88)
道路分岐點(95.88)을이며 성북, 123.0高地와 453.0지점院外하고 其他
모든 地點들은 4步聯에 包含된다

連接및保障은 右四步聯隊長이 責任진다. 聯隊의 戰鬪를 砲兵聯隊 第2大隊
가 支援한다

7. 第6步隊는 師團第2梯隊로서 第6步聯의 집결地에서 (人2K) 前進치여, 集結地
業務斜面에 1個, 無名高地(05-86) 業務영사면에 3個, 無名高地(05-87)業務
斜面에 2個, 方格(05-89L) 527.3고지業務面(05-89) 527.3고지山頂(05-89)
에 各 1個式 永久火点이 구축되었으며 山頂과山 용間을 (大隊와大隊間) 塹壕와
交通호로 連結되었다 馬坪里(07.79)束端 方格(07.82) 業濱江左岸
方格(07.86L) 小道路地点, 양等리(08.89 L), 658.5高地(05.91) 719.0지
(07.95L)에 地雷가 埋設되었다

敵의 反戰車火点은 송치리束端小路(02.87L) 지양리束端 道路交叉点(05.78L)
石峯(07.87) 業務料,

敵의 退去砲陣地는 181.0高地(02.86)束業勢루와 배지고리(03-84)에
★ 있을것이 予測된다

敵의砲陣地(105 미砲 1個大隊)는 方格(96-89)地点에 있음이 予測된다
方格(00.91 C2)地点에 敵飛行機 着陸場이 있다

칠풍령(06.90)에 지령리(06-77) 画龍리에 송당리(07.84)에 양등리(06.89)에
맷루령(07.93)南方山꼭대에 882.2고지(07.91)束端指示에 各 1個小隊兵力이
配置되였으며, 水口洞(01.91), 고관리(06.86)에 780.6高地(05-96)에
축포리(95.12)에 各 1個中隊兵力이 配置되였으며, 장룡리(03-91)에
大隊를 두고 確保하며 聯隊에서 戰鬪에 導入準備을 하고

8. 砲 兵:
砲兵財速準備完了는 1950-6-22. 24:00 까지이며
彈藥財速期限은 30分間이다

任務:
ㄱ. 가까운 縱深과 防의 「線」에 있는 生力量과 火器들을 鎭壓할것
ㄴ. 敵의 521.0高地(07.91) 無名고지(06.91) 雲名高地(0858ㄴ) 無名高地
(01.95)에서 監視를 不許할것
ㄷ. 直射砲와 산꼭陣地에 있는 砲들은 527高地(05.89) 雲名高地(05.87)
無名고지(05.86) 無名高地(06.83) 無名高地(06.79)에 있는 永久火點들을
鎭壓할것이며 土木火點들을 破壞할것
ㄹ. 181.0高地(02.86) 쉬업 집터, 배지리(0386)에 있는 迫擊砲陣地를
壓倒하며 敵의 石峯 치골리(05.78ㄴ)에 있는 反戰車砲陣地를 鎭壓할것
ㅂ. 敵의 동체여과 地雷地設地帶를 뽑아 通路를 打開할것

突進支援時:
ㄱ. 步兵과 自動砲의 突進을 漸次集中射擊方法으로 支援할것
ㄴ. 正面과 外側에서 敵의 突進隊 出發을 不許할것
ㄷ. 春川에 있는 敵砲陣地를 鎭壓할것

縱深戰鬪時:
ㄱ. 步兵과 自動砲의 突進을 점次集中射擊으로 護衛할것이며, 再生하는
目標와 偵察로서 새로發見되는 目標들을 壓倒할것
ㄴ. 春川方向으로 敵予備隊의 接近을 不許하며 戰車, 裝甲車出現을 不許할것
ㄷ. 步兵과 自動砲로 하여금 占領한 界線을 굳건히 保障할것
ㄹ. 第2梯隊의 戰鬪進入을 保障할것
ㅁ. 敵의 國道로 南方退却을 不許할것

9. 工兵: 砲兵任務에 符合을 둘것
ㄱ. 도선고를 確保하며 步兵의 橋梁으로 渡江을 保障할것
ㄴ. 居穫里(07.86)로부터 內里(10.85) 552.0高地(09.85)間의 牛
馬車가 通할수있는 縱貫路를 開設할것
ㄷ. 응골리(14.96) 373.5高地(13.93) 末億和로 766.0高地(09.93)
(?) 방향으로 牛馬車가 通할수있는 종관路를 開設할것
ㄹ. 坦向에 있는 地雷埋設을 打開할것
ㅁ. 縱深에서 砲兵, 自動化의 前進을 보장할것

10. 敎導大隊, 反戰車砲大隊 (??)을 U9予備隊로 구성하며 敎導大隊는 第4
步兵이 引도 뒤에 前進하며 이의 國北界線을 確保,굳고히할任務가있다.
予備隊 指揮官은 敎導大隊長이다. 나의 指示에依하여 戰鬪에 加擔준비되어있을것

부록 765

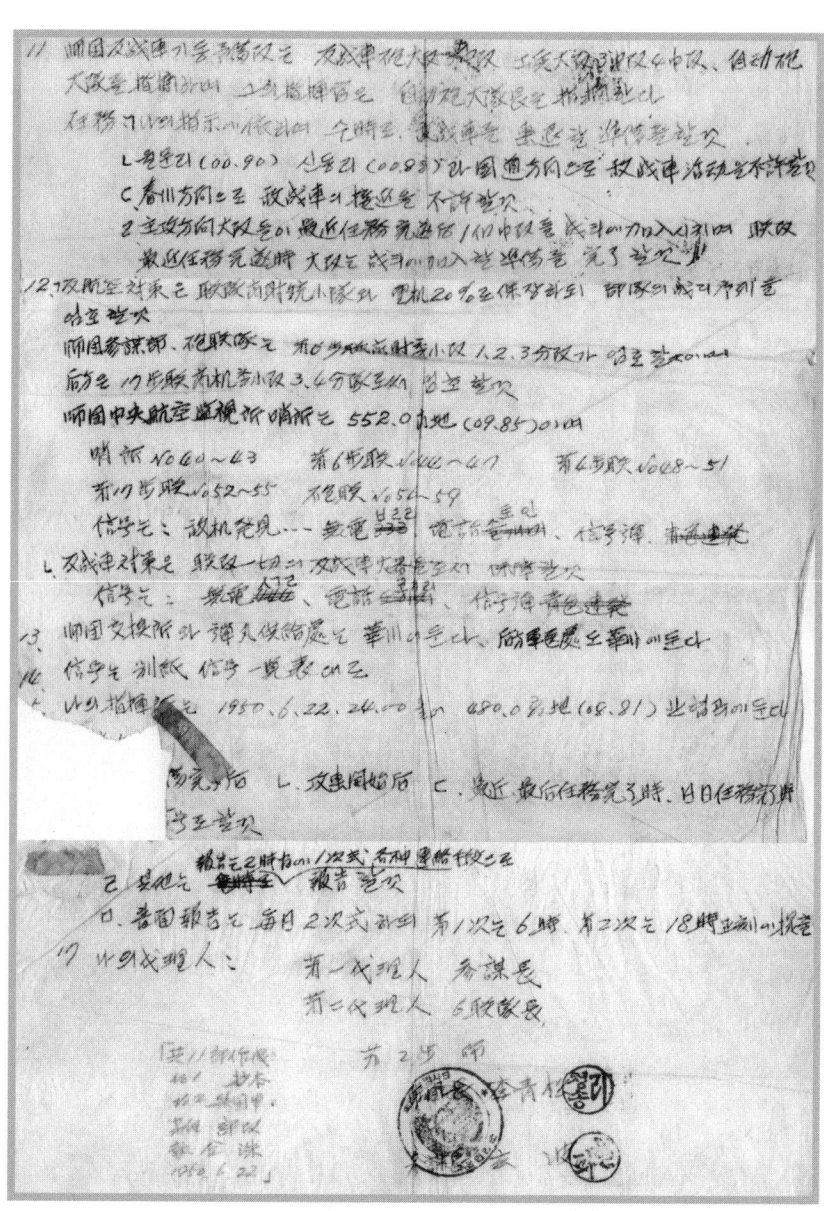

[참고문헌]

I. 資料

1. 國文
(1) 신문

『京鄕新聞』『고려일보』『국도신문』『大東新聞』『東亞日報』『로동신문』『每日新報』『민주조선』『民主衆報』『보위신문』『서울신문』『승리를위하여』『연합신문』『연합통신』『嶺南日報』『自由新聞』『조선시보』『朝鮮人民報』『朝鮮日報』『朝鮮中央日報』『中央新聞』『中央日報』『투사신문』『평화일보』『韓國日報』『漢城日報』『함남로동신문』『함남인민보』『해방일보』

桂勳模 編(1987), 『韓國言論年表 2: 1945~1950』, 관훈클럽 신영연구기금.
國史編纂委員會(1968~1999), 『資料大韓民國史』 1~12.
金南植·李庭植·韓洪九 編(1986), 『韓國現代史資料叢書』 1~5, 돌베개.
東亞日報社(1981), 『東亞日報索引 (8): 1945~1955』, 東亞日報社.

(2) 잡지

『建國會報』『로동자』『민성』『민주조선』『새한민보』『세대』『新東亞』『新天地』『月刊말』『月刊朝鮮』『月刊中央』『조국보위를위하여』『조선여성』『청년생활』『태풍』『統一報』

國史編纂委員會(1986), 『北韓關係目錄集』.
國土統一院(1987), 『6·25 當時 虜獲한 北韓資料 마이크로필름 目錄』.
國會圖書館(1969), 『國內刊行物 記事索引, 1945·1947』.
金南植·李庭植·韓洪九 編(1986), 『韓國現代史資料叢書』 6~9, 돌베개.
방선주(2003), 『북한논저목록』, 한림대학교 아시아문화연구소.
韓國學研究院(1975), 『韓國雜誌概觀 및 號別目次集: 解放後』.

(3) 연감·일지

國史編纂委員會(1984), 『大韓民國史年表』 上.
김천영(1984), 『年表 韓國現代史』, 한울림.
대한민국정부 기획처(1949~1950), 『施政月報』.
民主主義民族戰線 事務局(1946), 『朝鮮解放年報』, 文又印書館.
朴熙永 編(1946), 『解放以後朝鮮內主要日誌』, 현대문화프린트사.
柳文華 編(1949), 『해방후 4년간의 國內外 重要日誌』, 民主朝鮮社.
李錫台 編(1949), 『社會科學大辭典』, 文又印書館.

朝鮮銀行調査部(1948), 『朝鮮經濟年報』.

＿＿＿＿＿＿＿(1949), 『經濟年鑑』.

朝鮮中央通信社, 『해방후10년일지』.

＿＿＿＿＿＿＿(1950), 『朝鮮中央年鑑1950年版』.

＿＿＿＿＿＿＿(1952), 『朝鮮中央年鑑(1951~1952)』, 東京 東方書林 飜刻板.

朝鮮通信社(1947), 『朝鮮年鑑』.

＿＿＿＿＿(1948), 『朝鮮年鑑』.

(4) 자료집

康晉和 編(1956), 『大韓民國建國十年誌』, 建國記念事業會.

국방부 군사편찬연구소(2001), 『6·25전쟁 북한군 전투명령』.

＿＿＿＿＿＿＿＿＿＿(2001), 『북한군사관계 사료집 1: 6·25전쟁 북한군 전투명령』.

＿＿＿＿＿＿＿＿＿＿(2001), 『소련군사고문단장 라주바예프의 6·25전쟁 보고서』 1~3권.

國史編纂委員會(1968~1999), 『資料大韓民國史』 1~12.

＿＿＿＿＿＿＿(1982~1994), 『北韓關係史料集』 1~17.

＿＿＿＿＿＿＿(1987~1990), 『大韓民國史資料集』 1~7, 「UN韓國臨時委員團關係文書」.

＿＿＿＿＿＿＿(1991~1994), 『大韓民國史資料集』 8~17, 「韓國關係英國外務省文書」.

＿＿＿＿＿＿＿(1994~1995), 『大韓民國史資料集』 18~26, 「駐韓美軍政治顧問文書」.

＿＿＿＿＿＿＿(1995), 『大韓民國史資料集』 27, 「駐日美軍政治顧問文書」.

＿＿＿＿＿＿＿(1996), 『남북한관계사료집(북한군포로심문보고서 9~10호)』 25집.

＿＿＿＿＿＿＿(1996~1997), 『大韓民國史資料集』 28~37, 「李承晩關係書翰資料集」.

＿＿＿＿＿＿＿(1998~1999), 『大韓民國史資料集』 38~44, 「UN의 한국문제 처리에 관한 美國무부 문서」.

＿＿＿＿＿＿＿(2000), 『韓國現代史資料集成』 47~50, 「美軍政期 軍政中隊·軍政團 文書」.

金南植(1974), 『南勞黨硏究資料集』 1·2집, 高麗大學校 亞細亞問題硏究所.

金南植·李庭植·韓洪九 編(1986), 『韓國現代史資料叢書』 1~15, 돌베개.

南朝鮮過渡立法議院, 『南朝鮮過渡立法議院 速記錄』 1~5(여강출판사, 1984 영인).

大檢察廳(1975), 『左翼事件實錄』 1~11.

국회사무처, 『대한민국국회 속기록』.

朴洸 編(1948), 『陣痛의 記錄-全朝鮮諸政黨社會團體代表者聯席會議文獻集』, 平和圖書주식회사.

북조선민주주의민족통일전선 중앙위원회 서기국 편(1947), 『소미공동위원회에 관한 제반자료집(증보판)』.

서울대학교 규장각(2001), 『조선후기 지방지도: 황해도편』, 서울대학교 규장각, 〈31. 載寧郡 지도〉(1872)(奎10536).

서울시 人民委員會 文化宣傳部(1950), 『政黨 社會團體 登錄綴(1950년)』.

서울특별시 警察局 査察課(1955), 『査察要覽』.
鄭珪鉉(1947), 『臨時政府樹立大綱: 미소공위자문안답신집』, 새한민보사.
鄭容郁 編(1994), 『解放直後 政治社會史資料集』 1~12, 다락방.
萩原遼 編(1996), 『(米國國立公文書館所藏)北朝鮮の極秘文書(1945年8月-1951年6月)』 上·
　　中·下, 大阪, 夏の書房.
韓國法制硏究會, 『美軍政法令總覽』(국문판).
한림대 아시아문화연구소(1993), 『조선공산당문건자료집 1945~1946』.

(5) 주요기관 소장자료
　국방부 군사편찬연구소(구 국방군사연구소)
　· 「(면담사료 제3008-1) 오동기 소령 면담록(1966. 12. 21. 유관종)」.
　· 「중앙고등군법회의 명령 제164호 (2)」(1949. 9. 3), 『육본명령철 ' 48~' 50』.
　· 「중앙고등군법회의 명령 제180호」(1949. 12. 1), 『육본명령철 ' 48~' 50』.
　· 李興烈 증언 · 劉官鍾 정리, 「虎林部隊第六大隊作戰祥報」.

　외교부 외교사료관
　· 『韓國戰爭 關聯 蘇聯 極秘 外交文書』[I]
　　1. 韓國戰爭 關聯 基本文獻 資料 目錄
　　2. 韓國戰爭 關聯 補充文獻 資料 目錄
　· 『韓國戰爭 關聯 蘇聯 極秘 外交文書』[II]
　　1. 韓國電 內容 構成(1949. 1~1953. 8)
　　2. 韓國戰 文書 要約(1949. 1~1953. 8)
　　3. 金日成-Stalin-毛澤東 間의 電文 및 書翰
　· 『韓國戰爭 關聯 蘇聯 外交文書』[III]
　· 『韓國戰爭 關聯 蘇聯 外交文書』[IV]

　국가기록원
　· 「國務會議錄」 1948~1950.

2. 外國文
(1) 英文
A. 미간행자료
가. 美國立文書記錄管理廳(NARA) 소장문서
　RG 59, 국무부 십진분류문서철(State Department, Decimal File)
　· 795.00 Series & 895.00 series "Internal Affairs of Korea"(한국 내정관련 문서철): 1945

~1949년분은 『美國務省 韓國關係 文書』 23책(韓國人文科學院, 1995)으로 출간.
- 740.00119 control/Korea series(주한미군 정치고문단 문서철): 國史編纂委員會(1994~1995), 『大韓民國史資料集』 駐韓美軍政治顧問文書』 제18~26집으로 출간.
- 501.BB Korea series(UN의 한국문제 처리 관련 문서철): 國史編纂委員會(1998~1999), 『大韓民國史資料集』 UN의 한국문제 처리에 관한 美國務部 문서』 제38~44집으로 출간.

RG 77, 전쟁부 공병감실 문서철(Cartographic Records, Office of the Chief of Engineers)
- 한국관련지도: AMS L751, published by Army Map Service

RG 242, 내셔널아카이브 노획문서컬렉션(National Archives Collection of Foreign Records Seized)
- 북한노획문서철(주한미군이 노획한 문서, 노획한국문서): Records Seized by U.S. Military Forces in Korea, Captured Korean Documents.
- National Archives and Records Service, General Services Administration, Annotated Lists: Records Seized by U.S. Military Forces in Korea(Records Group 242 National Archives Collection of Foreign Records Seized, 1941~), Washington, 1977.

① 신노획문서(선별노획문서)
- ATIS Document no.200045, 「전투명령」 No.1(1950. 6. 22, 14 : 00, 제4보사 참모부 옥계리에서)(조선인민군 제4사단장 이권무·참모장 허봉학).
- ATIS Document no.200131, 「방어전투시의 보병연대의 후방조직과 공작」(1950. 1, 해주).
- ATIS Document no.200177, 『옹진戰鬪부터 開城까지 進行한 戰鬪文件』.
- ATIS Document no.200341, 「報告: 鐵道輸送 및 行軍總結」(1950. 6. 22, 848군부대).
- ATIS Document no.200446, 「戰鬪日記」.
- ATIS Document no.200501, 「제9사단 전투명령: 낙동강도하계획」(1950. 8. 26, 박효삼).
- ATIS Document no.200520, 「火力一覽表」(1950. 6)(부대장 노석성·第一副部隊長 정두호).
- ATIS Document no.200522, 「攻擊戰에서 砲兵大隊의 戰鬪文件綴」.
- ATIS Document no.200583, 「내무성 경비국 제7여단 제2대대 제5중대 노동당 당원총회 회의록 1950. 6. 22~6. 23」.
- ATIS Document no.200642, 『로동자』 1950. 2, 「조국보위의 초소에 선 군무자들의 모습!: 탁연도구분대 리도준중사」.
- ATIS Document no.200673, 『渡河偵察』(1950).
- ATIS Document no.200684, 조선민주주의인민공화국 민족보위성, 『기계화부대와 자동차 운수부대에 대한 규정』(1948년 8월).
- ATIS Document no.200687, 「Handwritten bound notebooks and loose sheet pertaining to organization of and to attack by an infantry division of the American

Army, undated」.
· ATIS Document no.200693, 「지휘참모훈련 조직 및 진행방법」, 『군사지식』 5호(1950년 6월).
· ATIS Document no.200708, 「第2師團 鐵道輸送計劃表」(第2師團長 李靑松 批准).
· ATIS Document no.200762, 「戰術-技術便覽」(민족보위성총참모부, 1949년도판 · 1951년도판).
· ATIS Document no.200762, 朝鮮民主主義人民共和國 民族保衛省總參謀部, 『戰術 · 技術便覽』, 民族保衛省軍事出版部 1949年度版.
· ATIS Document no.200767, 「第2步師 참모부 지령: 攻擊準備命令」(1950. 6. 24, 480고지에서).
· ATIS Document no.200774, 「신호일람표」.
· ATIS Document no.200774, 「82번 동지앞」(1950. 9. 8, 간부과장 김만화).
· ATIS Document no.200817, 「戰鬪命令 no.1」(783군부대 참모부, 1950. 6. 23).
· ATIS Document no.200820, 「自動砲敎範 СУ-76」(1950년판, 조선민주주의인민공화국 민족보위성 총참모부).
· ATIS Document no.200863, 「간부등록부(제9사단 3연대)」.
· ATIS Document no.200931, 「軍紀强化에 關하여」(1950. 6. 21, 린제에서)(조선인민군825군부대 참모장 지병학 · 작전참모 최봉준).
· ATIS Document no.200931, 「지령: 軍人證發給에 關하여」(1950. 6. 22, 린제에서)(제825軍部隊 參謀長 지병학).
· ATIS Document no.200997, 「步兵聯隊의 强行渡河」(1949. 7, 군관훈련강습소).
· ATIS Document no.201103, 「第2師團參謀部, 6月, 戰鬪命令 제001호」(師團長 李靑松 · 參謀長 玄波);「제235군부대 참모부 예비명령」(1950. 6. 21, 4:00, 참모장 玄波 · 作戰科長 金寬洙);「제235군부대 참모부 野營特別戰鬪訓練計劃과 任務指示에 關하여」(1950. 6. 19).
· ATIS Document no.201103, 「전투명령 1호」(1950. 6. 235군부대 참모부, 師團長 李靑松 · 參謀長 玄波).
· ATIS Document no.202571, 『군사지식문고(조국전쟁자료)』(1950. 11. 15)(「한강 도하시 선견대로서의 보병대대」(김도일);「한강 도하작전에서 나타난 몇가지 문제」(박기환), 『군사지식문고(조국전쟁자료)』.
· ATIS Document no.202900, 「전투명령: 제4대대 1중대 정예명」(1950. 6. 24).
· ATIS Document no.203265, 「위대한 祖國戰爭 行政의 歷史의 記錄」(박한빈).
· ATIS Document no.204558, 『淸津西港關係書類』.
· ATIS Document no.204559B, 「中國東北物資北朝鮮通過協定의 附件: 通運物資積御作業協定書」(1947. 11. 6, 北朝鮮人民委員會 交通局 通運處 宋成寬 · 中國東北行政委員會 李景天).

- ATIS Document no.206486, 『渡河에 있어서 砲兵의 保障』(제8사 참모부).
- ATIS Document no.206750, 「도하전 연구노트」.
- ATIS Document no.206852, 『군사지식』 7월호(1950년 6호), 「종심전투: 보병련대의 지휘 참모 연습」(유성철); 「증강한 보병대대가 하수 장애를 극복한 후의 적 진지방어에 대한 돌파」(군사잡지부); 「강행도하시 공병보장에 대하여」(박길).
- ATIS Document no.200534, 205420, 『(극비)강행도하』 1945년도판, 1948년 9월 번역, 민족보위성 군사출판부.

② 구노획문서
- SA 2005-1-12 인동석 작화, 「국방군 이모저모: 결사대의 행방」, 『청년생활』 1950년 3호.
- SA 2009-1-186, 「許憲, 五月九日亡國選擧를 反對하야 總蹶起하라」.
- SA 2009-1-187, 「虐殺 僞造 買收 詐欺로써 强行된 五·十亡國單選의 眞相」(上·下), 人民社, 1948.
- SA 2009-3-69, 민족보위성 문화훈련국, 『정치보도 및 담화자료』(1950년 6월), 「조국을 영원히 분렬하려는 리승만 역도들과 최후까지 싸우자(홍범룡)」; 「조국통일민주주의전선의 호소문은 통일된 조선민주주의 자주독립국가 건설의 기본방책이다(한용규)」.
- SA 2009-4-129, 교통성 운수국 렬차부(1950), 『기차시간표』, 교통성공급관리처 발행.
- SA 2009-5-2, 「(극비) 1950년 하기전투 훈련기가 정치상학 교육강령」(1950. 5).
- SA 2009-6-104, 「제2대대 비상소집계획」(제133군부대 부대장 유창권 비준, 제133군부대 제2대대 대대장 김택·상급부관 김창희).
- SA 2009-6-58.2, 「1950年度夏期第一階段 戰鬪政治訓練計劃表(第三支所)」(支所長 太炳烈·教育副支所長 지용섭).
- SA 2009-7-162, 「가족후송계획표」(1949. 7. 31, 해주).
- SA 2009-7-162, 「防禦戰鬪時의 步兵聯隊의 後方組織과 그 工作」.
- SA 2009-7-162, 「지방재료를 이용하기 위한 계획서」, 『防禦戰鬪時의 步兵聯隊의 後方組織과 그 工作』(1949. 8. 2, 121군부대 朴在權).
- SA 2009-7-178, 「야전수첩」(제3중대 장리천).
- SA 2009-7-81, 「인천항 방어전투 관계」.
- SA 2009-9-69, 「지령 No. 4」(제657군부대 참모부, 참모장 장훈·작전참모 박대식)(1950. 6. 17, 리하치에서).
- SA 2009-9-69, 「(극비)작전보고 No. 66」(1950. 3. 8. 10:00, 평양에서); 「(극비)작전보고 No. 68」(1950. 3. 10. 10:00, 평양에서).
- SA 2009-9-78, 「(1949년) 1월 28일 비행기와 땅크부대의 협동작전으로 공격전을 전개하는 인민군대 보병부대들의 돌격전투훈련」, 『1949. 8, 아르바-므 동관대장』.
- SA 2009-9-90, 「對北政治工作情報關係」.
- SA 2009-9-100, 「軍官資格試驗問題集」(1949年版)(民族保衛省 軍事出版部).

- SA 2009-10-153, 「1950年度단기전투정치훈련강령」(1950年7月 보위성전투훈련국).
- SA 2010-1-116, 「제목미상」(9보사 1연대 신택선 학습장으로 추정).
- SA 2010-1-126, 「보병연대組織編制表」; 「步兵聯隊職位別統計表」; 「步兵聯隊戰鬪成員組織統計表」.
- SA 2010-1-41, 「(부대장 로석성 비준) 夏期第1階段 戰鬪政治訓練計劃表」(1950. 5).
- SA 2010-1-52, 「명령」(657군부대. 1950. 7. 21, 직전리).
- SA 2010-1-58, copy 2 「승리의 기록(집결지를 떠나면서)」.
- SA 2010-1-88, 「나의수기」(소지자 미상).
- SA 2010-3-26, 조선민주주의인민공화국 체신성(1950), 『鐵道郵便列車受渡時間表』(1950. 4. 1, 개정).
- SA 2010-3-42, SA 2010-3-43, 「보고(235군부대 공병장 李甲寧→보위상)」(1950. 7. 3, 팔당리에서);「보고〔235군부대 공병장 李甲寧→보위성 제5부장(공병부장)〕」(1950. 7. 4, 팔당리에서);「(사단장 이청송 비준)제251군부대 도하기재통계표」(1950. 6. 11).
- SA 2010-3-43, 「보고」(1950. 6. 제235군부대 5과)(1950. 6. 28, 가평리).
- SA 2010-5-18, 「(비준 105포副부대장 金泰聖) 1950. 1. 1~1950. 5. 15. 동기전투정치훈련계획표」(206군부대 76mm 대대, 대대장 羅柱弘).
- SA 2010-5-(122~136), 「1950년 5월 12일 민족보위성 참모부 명령 제0353호에 이한 방역위원회 조직에 대하여」(825군부대 부대장 전우·참모장 지병학)(1950. 5. 22, 제019호, 원산에서).
- SA 2010-5-(122~136), 「검열계획」(825군부대 포병참모부, 1950. 6. 16)(포병참모장 김덕준).
- SA 2010-5-(122~136), 「계획」(1950. 6. 15, 848군부대 위생소대장 장임손).
- SA 2010-5-(122~136), 「군관동지들의 사진촬영에 대하야」(1950. 6. 14, 원산시).
- SA 2010-5-(122~136), 「군사우편물 제정과 우편물 취급에 관하야」(1950. 6. 15, 원산에서)(참모장 지병학).
- SA 2010-5-(122~136), 「명령: 군인선서 실시에 대하여」(825군부대 참모부)(1950. 6. 3, 원산에서).
- SA 2010-5-(122~136), 「위생방역사업에 관하여」(825군부대장 전우)(1950. 5. 28, 원산에서).
- SA 2010-5-(122~136), 「전사하사관들의 군인증 휴대에 관하여」(855군부대 참모부)(1950. 6. 13, 평양에서).
- SA 2010-5-(122~136), 「제531군부대(무정) 신관조제작업에 관하여」(1950. 6. 15, 평양에서).
- SA 2010-5-(122~136), 「제825군부대 지령: 야영시의 위생방역사업에 대하여」(1950. 6. 23, 인제군에서).
- SA 2010-5-(122~136), 「지령: 제528군부대(부대장 김일) 조선인민군 부대 내 군사규률 강화에 대하여」(1950. 5. 18, 평양에서); 「지령: 제528군부대(부대장 김일) 1950년도 하기전투 정치훈련계단에 있어서 전투정치훈련을 보장하기 위한 정치문화교양사업에 대하여」

(1950. 5. 22).
- SA 2010-5-(122~136), 「지령: 제825군부대 내 사단 당위원회 구성에 대하여」(1950. 6. 14, 문화부부대장 김강).
- SA 2010-5-(122~136), 「춘기예방접종 재실시에 대하여」(1950. 6. 12, 원산에서).
- SA 2010-5-(122~136), 「포실탄 試射 계획」(1950. 6. 12, 825군부대 포병참모부, 포병부부대장 최아립·포병참모장 김덕준); 「중기관총 및 보병총 훈련실탄사격계획」(1950. 6. 14, 사단장 비준).
- SA 2010-5-(122~136), 「군인선서 실시에 관하여」(1950. 6. 13, 855군부대 참모부).
- SA 2010-5-123, 『제3대대 철도수송 文件 一』, 「(극비)砲兵聯隊 鐵道輸送·積載計劃」(第783軍部隊 參謀部, 1950. 6)(참모장 유승팔·작전참모 김희권); 「(극비)列車編成」(제15포병연대)(참모장 유승팔).
- SA 2010-5-123, 『제3대대 철도수송 文件 一』, 「포병연대 철도수송·적재계획」(제783군부대 참모부, 1950. 6), 「열차편성」(제15포병연대).
- SA 2010-5-124, 「部隊行動計劃」(大隊長 批准, 1950. 6. 17. 참모장 박송죽); 「列車配置略圖」(1950. 6. 17. 참모장 박송죽).
- SA 2010-5-146, 「정치전투보고」(제262군부대 문화부→제235군부대 문화부대장 동지 앞)(1950. 8. 16).
- SA 2010-5-172, 「砲兵防禦計劃表」(軍部隊長 金光俠 비준, 1949. 10)(砲兵副部隊長 朴禹燮·砲兵參謀長 金鳳基); 「제三九五군부대 전화선로조사도」(1949. 9. 1. 作成者 第三參謀 吳利燮); 「戰鬪部署移動計劃」(砲兵副部隊長 朴禹燮 批准, 1949. 9)(第三步兵師團砲兵參謀部, 砲兵參謀長 金鳳基).
- SA 2010-5-186, 「行軍과 遭遇戰」(1949. 9. 27~. 第139軍部隊第1大隊參謀部)(大隊長 南奎亨批准).

RG 263, 중앙정보국 문서철
- ORE 보고서철: Entry 22, Estimates of the Office of Research Evaluation, 1946~1950, Box 4.
"Consequences of US Troop Withdrawal for Korea in Spring, 1949" ORE 3-49, published 28, February, 1949.
"Current Capabilities of the Northern Korean Regime" ORE 18-50, published 19, June, 1950.

RG 319, 육군참모부 문서(Records of the Army Staff)
- 육군정보화일(ID File): Entry 85A, Army Intelligence Document File, 1944~45(ID File).
RG 332, 2차 대전기 미 전구문서(Records of U.S. Theaters of War, World War II).

- 1945~1948년간 주한미24군 정보참모부 군사과 역사문서(United States Army Forces in Korea XXIV Corps, G-2 Historical Section, Historical Files, 1945~1948).
- 1946~48년간 소련군 서한 및 국제관계(38선 충돌): USAFIK, entry 11070, box 69~70. AG 091 Files for 1946, 1947, 1948. Red Army Letters; Countries(Russia), International Affairs and Relations.

RG 407, 「부관부문서」(Records of the Adjutant General's Office)-「단위부대 역사문서철」(Unit Historical File).
- 제971CIC파견대(the 971st CIC Detachment)의 정보문서철
 — 971CIC파견대 1947·1948년도 연례경과보고서(Annual Progress Report): 鄭容郁 편(1994), 『解放直後 政治社會史 資料集』제10권, 다락방.
 — 971CIC파견대 일일정보요약(daily periodic report); 週刊諜報公報(Weekly Information Bulletin); 防諜隊月刊公報(Counter Intelligence Corps Monthly Bulletin).

나. 맥아더기념문서관(MacArthur Memorial Archives) 소장 문서
- RG 6, GHQ, Far East Command, Military Intelligence Section, Allied Translator and Interpreter Section, Research Supplement, Documentary Evidence of North Korean Aggression.
- RG 6, GHQ, Far East Command, Military Intelligence Section, Allied Translator and Interpreter Section, Enemy Documents.
- RG 6, GHQ, Far East Command, Military Intelligence Section, General Staff, Intelligence Summary〔1945. 8~1946. 12까지 한림대 아시아문화연구소(1999), 『미국 극동군사령부 G-2 일일정보요약』1~10권으로 영인〕.
- RG 9, Box 45, KMAG Reports(' 49. 7~' 50. 6), 『KMAG 전문철』.
- GHQ, FEC, Annual Narrative Historical Report, 1 Jan.~31 Oct. 1950.
- GHQ, Far East Command, Military Intelligence Section, History of the North Korean Army, 31 July 1952.

다. 유엔문서관(U.N. Archives) 소장 문서
- 한국전쟁기 북한의 노획문서: "Documents Seized by North Korean Army during the occupation of Seoul at Korean War, and forwarded to the Chairman of the Security Council of the United Nations, Lake Success, New York," in U.N. Archives.

라. 기타
- 國史編纂委員會 소장 올리버 문서철: Robert T. Oliver Papers(林炳稷서한철 포함).

· 트루만대통령기념관 소장 무초 구술사: Oral History Interview with Ambassador John J. Muccio, February 10 and February 18, 1971. by Jerry N. Hess, Harry S. Truman Library.

B. 간행자료

　Headquarter USAFIK, *G-2 Weekly Summary*〔한림대 아시아문화연구소(1989), 『주한미군주간정보요약』으로 영인〕.

　＿＿＿＿＿＿＿＿＿, *G-2 Periodic Report*〔한림대 아시아문화연구소(1989), 『주한미군일일정보요약』으로 영인〕〔제7사단 G-2보고서는 『地方美軍政資料集』 1~3(경남대 극동문제연구소, 경인문화사)으로 영인〕.

　＿＿＿＿＿＿＿＿＿, *Intelligence Summary Northern Korea*〔한림대 아시아문화연구소(1989), 『주한미군북한정보요약』으로 영인〕.

　Headquarters, KMAG, *G-2 Periodic Report, G-2 Weekly Summary*〔한림대 아시아문화연구소(1989), 『美軍事顧問團情報日誌』로 영인〕.

　Leonard Hoag, *American Military Government in Korea: War Policy and the First Year of Occupation, 1941~1946*. Draft manuscript produced under the auspices of the Chief of Military History, Department of the Army, 1970, Pentagon Library 〔신복룡 옮김(1992), 『한국분단보고서』 상, 풀빛〕.

　United States, Department of State, Foreign Relations of United States, Diplomatic Papers, 1945~1950, United States Government Printing Office〔1945~1946년도분은 김국태 역(1984), 『해방3년과 미국 1』(돌베개)로 번역됨. 1950년분의 일부는 徐東九 편역(1977), 『韓半島 긴장과 美國 — 25年前과 오늘』(대한공론사)로 번역됨〕; 1950, volume 6, Far East and Pacific; 1950, volume 7, Korea.

　United States, Department of State, Pub 3922, *United States Policy in the Korean Crisis*, Document 10(U.N. Commission on Korea, Report to the Secretary-General).

　United States, Department of State, Publication 4266, Far Eastern Series 45, Released October 1951, *The Conflict in Korea : Events Prior to the Attack on June 25, 1950*, Division of Publication, Office of Pubic Affairs.

　United States Armed Forces in Korea, Counter Intelligence Corps Reports, 1945~1947, NARA, RG 332, XXIV Corps Historical File.

　＿＿＿＿＿＿＿＿＿＿＿＿＿＿＿, Historical Journal, RG 332, XXIV Corps Historical File.

　＿＿＿＿＿＿＿＿＿＿＿＿＿＿＿, *History of the United States Armed Forces in Korea*, Manuscript in Office of the Chief of the Military History, Washington, D.C.〔『주한미군사』 1~4(돌베개, 1988)로 영인〕.

_____, Summation of U.S. Military Government Activities in Korea(『미군정활동보고서』 1~6(1990, 원주문화사)로 영인).

United States Army Intelligence Center, *History of the Counter Intelligence Corps Volume XXX: CIC During the Occupation of Korea*, March 1959. United States Army Intelligence Center, Fort Holabird, Baltimore 19, Maryland.

Wilbur L. William & William W. O' Hearn, *History of United States Army Military Government in Korea, Period of September 1945 to June 1946*, The Statistical Research Division, The Office of Administration, USAMGIK, 1946.

US Military Attache to Amembassy at Seoul, *Joint Weeka*(鄭容郁 編(1993), 『JOINT WEEKA』 1~8(영진문화사)로 영인).

United States Army Intelligence Center, *History of the Counter Intelligence Corps, Volume XXX: CIC during the occupation of Korea*, Fort Holabird. Maryland 1959 〔鄭容郁 편(1994), 『해방직후 정치사회사 자료집』에 수록〕.

_____, CIC Semi - Monthly Report〔鄭容郁 편(1994), 『해방직후 정치사회사 자료집』에 수록〕.

_____, CIC Weekly Information Bulletin〔鄭容郁 편 (1994), 『해방직후 정치사회사 자료집』에 수록〕.

申福龍 編(1991), 『韓國分斷史資料集』 1~8, 원주문화사.

중앙일보 현대사연구소(1996), 『美軍CIC情報報告書』 1~4.

C. 기타

Manchester Guardian; New York Times

(2) 露文

· 외교부 외교사료관 소장, 『韓國戰爭 關聯 蘇聯 極秘 外交文書』(『러시아문서 원본』: 216건, 548페이지).

· Бюро Иеформации ЦК ВКП (б)(소련공산당 중앙위원회 정보국), "О Внутрреннем И Международном Положении Кореи"(한국의 내외정세에 대하여), Бюллетень(공보), no. 15, 1945. 8. 1, РЦХИДНИ , Фонд 17, Опись 128, Дело 49, с . 159.

· 『주북한소련민정청 3개년 사업총결보고: 1945년 8월~1948년 11월』(『Доклад об итогах работы УправленияСоветской Гражданской Администрации в Северной Корее за три: Август 1945 г. - Ноябрь 1948 г.』, 러시아 연방 외무성문서보관소, 문서군 0480, 목록 4, 문서함 14, 문서철 46.

· Генеральный Штаб, Дальневосточное направление, ЖУРНАЛ БОЕВ

ЫХДЕЙСТВИЙВ КОРЕЕ, с 28 июня 1950 г. по 31 июля 1951 г, ЦАМО, Ф 16, О 3139, Д 133, ЈЛЈ 2830. 소련군 총참모부 극동과, 「朝鮮에서의 戰鬪日報」, 국방성문서보관소.
- Боевой состав войск Северной Кореи на 25 июна 1950 года, 소련군 총참모부 작전총국, 「조선에서의 전투행동 개관」 중 「1950년 6월 25일 현재 조선인민군과 남조선군의 전력 현황」(1951. 12. 3).

(3) 中文
- 沈志華 編(2003), 『朝鮮戰爭: 俄國』案館的解密文件(上·中·下冊)』, 中央硏究院近代史硏究所 史料叢刊(48).

3. 회고록·전기·평전
(1) 단행본
京鄕新聞社(1974), 『내가 겪은 20세기』.
계인주(1997), 『KLO부대 한국인 사령관의 파란만장 一代記: 맥아더將軍과 桂仁珠대령』, 다인미디어.
權主赫(2003), 『바다여, 그 말하라!: 영광의 초계함 백두산과 비운의 당포함』, 중앙.
金錫源(1977), 『老兵의 恨』, 育法社.
김일 외 13인(1981), 『붉은 해발아래 창조와 건설의 40년(1945. 8~1950. 6)』, 조선로동당출판사.
김일성(1980), 『김일성저작집』 5, 조선로동당출판사.
김일성(1995), 『김일성전집』 11, 조선로동당출판사.
로버트 T. 올리버 저·박마리아 역(1956), 『리승만박사전』, 합동도서주식회사.
로버트 T. 올리버 저·박일영 역(1982), 『李承晩秘錄』, 국제문화협회.
文學琫(1950), 『米帝의 朝鮮侵掠政策의 正體와 內亂挑發者의 眞相을 暴露함』, 조선중앙통신사 출판부.
方基中(1999), 『裵敏洙의 農村運動과 基督教 思想』, 延世大學校出版部.
배민수 저·박노원 역(1999), 『배민수자서전: 누가 그의 왕국에 들어갈 수 있는가』, 연세대학교출판부.
裵敏洙(1965), 『그 나라와 韓國農村』, 대한예수교 장로회총회 종교교육부.
裵義煥(1991), 『보릿고개는 넘었지만(裵義煥回顧錄)』, 코리아헤럴드·내외경제신문.
白峯(1968), 『민족의 태양 김일성장군』, 인문과학사.
白善燁(1988), 『白善燁回想錄: 韓國戰爭一千日』, Japan Military Review.
白善燁(1989), 『軍과 나』, 대륙연구소.
백선엽(1992), 『실록지리산』, 고려원.

卞榮泰(1956), 『나의 祖國』, 자유출판사.
社團法人 鐵驥李範奭記念事業會(1991), 『(鐵驥)李範奭自傳』, 외길사.
社團法人 鐵驥李範奭記念事業會(1992), 『鐵驥 李範奭評傳』, 한그루.
聶榮臻(1984), 『聶榮臻回憶錄』 下, 解放軍出版社.
孫世一(1970), 『李承晩과 金九』, 一潮閣.
오기영(2002), 『민족의 비원 자유조국을 위하여』, 성균관대학교출판부.
_____(2003), 『사슬이 풀린 뒤』, 성균관대학교출판부.
오찬홍(1988), 『한생을 싸움의 길에서(崔鉉 전기)』, 금성청년출판사.
柳原植(1987), 『5·16비록 — 혁명은 어디로 갔나』, 인물연구소.
劉賢鍾(1985), 『白馬高地: 金鐘五장군 일대기』, 을지출판공사.
陸軍士官學校第八期生會(1992), 『老兵들의 證言: 陸士八期史』.
李基東(1982), 『悲劇의 軍人들 — 日本陸士出身의 歷史』, 일조각.
李基錫 역(1965), 『맥아더回想錄』, 新太陽社.
李命英(1974), 『金日成列傳』, 신문화사.
李範奭 외(1965), 『主權者의 證言』, 희망출판사.
李範奭 著·宋志英 譯(1950), 『放浪의 情熱』, 정음사.
李範奭(1948), 『民族과 靑年 1』, 고려문화사.
_____(1966), 『事實의 全部를 記錄한다』, 희망출판사.
_____(1972), 『톰스크의 하늘 아래서』, 신현실사.
_____(1986), 『우둥불』, 삼육출판사.
이창건(2005), 『KLO의 한국전 비사』, 지성사.
李亨根(1993), 『李亨根回顧錄: 軍番1번의 외길 人生』, 중앙일보사.
林富澤(1996), 『洛東江에서 楚山까지』, 그루터기.
임춘추(1960), 『항일무장투쟁시기를 회상하여』, 조선로동당출판사.
장창종(1991), 『바이칼은 흐르고 있는가』, 고려원.
鄭秉峻(1995), 『몽양여운형평전』, 한울.
趙炳玉(1959), 『나의 回顧錄』, 민교사.
주영복(1991), 『내가 겪은 조선전쟁』 제1권, 고려원.
中共延邊州黨史硏究所 編(1988), 『延邊歷史事件黨史人物錄』.
蔡命新(1994), 『蔡命新회고록: 死線을 넘고 넘어』, 매일경제신문사.
치스챠코프 외·國土統一院 번역(1987), 『朝鮮의 解放』, 國土統一院.
태병렬(1995), 『천출령장의 작전을 받들어』, 금성청년출판사.
한국일보 편(1991), 『증언 김일성을 말한다』.
韓信(1994), 『신념의 삶 속에서』, 명성출판사.
한표욱(1996), 『이승만과 한미외교』, 중앙일보사.
해리 트루만 저·손세일 역(1968), 『試鍊과 希望의 歲月』 상·하, 지문각.

홍은혜 엮음(1990), 『손원일제독 회고록: 우리들은 이 바다 위해』, 가인기획.
Richard C. Allen, *Korea's Syngman Rhee: An Unauthorized Portrait*, Charles E. Tuttle Company: Publishers Rutland, Vermont & Tokyo, Japan, 1960〔리차드 알렌 저·尹大均 역(1961), 『韓國과 李承晩』, 合同通信社〕.
Robert T. Oliver, *Syngman Rhee: The Man Behind the Myth*, Greenwood Press, Publishers, Westport, Connecticut, 1954〔로버트 T 올리버 저·박마리아 역(1956), 『리승만박사전 — 신비에 싸인 인물』, 합동도서주식회사〕.
_____, *Syngman Rhee and American Involvement in Korea, 1942~1960: A Personal Narrative*, Panmun Book Company LTD, Seoul, 1978〔로버트 T 올리버 저·朴日泳 역(1990), 『大韓民國 建國의 秘話: 李承晩과 韓美關係』, 啓明社〕.
_____, *History of the Korean people in modern times: 1800 to the present*, University of Delaware Press, 1993.
_____, *The Way It Was · All the Way: A Documentary Accounting*, manuscript.

(2) 신문·잡지 연재물

「南北協商을 聲援함」(문화인 108인 선언)(1948. 4. 14), 『새한민보』 1948년 4월 하순호(2권 9호).
「남조선 국군을 지휘하는 자들」, 『남반부에 관한 자료집』, 국립인민출판사, 1949, RG 242, SA 2005-2-108.
「미제국주의 고용 간첩 박헌영 리승엽 도당의 조선민주주의인민공화국 정권 정복음모와 간첩사건 공판문헌」, 김남식 편(1974), 『남로당연구자료집』 제2집, 고려대학교 아세아문제연구소.
「백발백중의 사격수 변익두전사」, 『조국보위를위하여』 창간호(1949. 10), 조국보위후원회중앙본부기관지. RG 242, SA 2009-1-85.
「三·八연선 무장충돌 조사결과에 관한 조국통일민주주의전선 조사위원회 보고서」〔國史編纂委員會(1988), 『北韓關係史料集』 Ⅵ〕.
「전조선동포에게 檄함」, 朴洸 편(1948), 『진통의 기록: 전조선 제정당 사회단체 대표자연석회의 문헌집』, 평화도서주식회사.
「특보 제8호: 호림부대공관(1949. 9. 11)」(국립영화촬영소 제작, 1949. 10) (MID 5402, lot no 242, NARA).
姜錫天(내무부차관보)(1949), 「38도선 시찰보고」, 『施政月報』 창간호(1949. 1. 5).
공태원(1949), 「신성모가 국방장관이 된 음모」, 『태풍』 9호.
김근영(1992), 「한국농촌을 위해 평생을 바친 배민수박사」, 숭실인물사편찬위원회 저, 『인물로 본 숭실 100년』 제1집, 숭실대학교 출판부.
金時興, 「나의 회고」, 『建國會報』 1990. 3. 25.

김우철, 「38선 경비초소에서(1950. 1. 28)」, 북조선직업총동맹중앙위원회 기관지 『로동자』 1950년 2호. RG 242, ATIS Document no. 200642.
김일성, 「연극 '은파산'을 보고 일군들과 한 담화(1950년 2월 27일)」, 『김일성전집』 11, 조선로동당 출판사, 1995.
김재홍(1992), 「김일성, 6·25전비 4천만 달러 요구했다」, 『신동아』 9월호.
김창선(1950), 「고산봉 전투의 용사들」, 『태풍』 2권 7호.
南宮碩(1949), 「所謂 '國防軍虎林部隊' 公判 방청기」, 『태풍』 제2권 제20호(통권36호).
도진순(1995), 「다시 쓰는 한국현대사」 27~28, 『중앙일보』 6. 20~21.
박인규, 「I. F. 스톤을 기리며」, 『프레시안』 2005. 12. 24.
白英明(1949), 「李範錫派遣 海州放火테로團 公判傍聽記」, 『태풍』 제2권 제8호(통권 24호).
白惠鳳(1950), 「李王의 後裔까지 끌어들이려는 李承晩徒黨」, 『태풍』 1호.
서울신문(1995), 「6·25內幕 모스크바 새 證言: 서울신문 발굴 蘇문서 속 秘史」 1~30회, 『서울신문』 1995. 5. 15~8. 11.
성춘추(1949), 「남조선망국괴뢰군상 (4) 미국군사정탐 이범석의 내력」, 『태풍』 10호.
안용현(1987), 「少將 蔡秉德의 일생」, 『한국전쟁의 허와 실』, 고려원.
안찬수(1949), 「옹진전투종군기」, 『민성』 제5권 제9호.
吳基永, 「外軍駐屯下에 自主獨立國이 있을 수 있는가」, 『새한민보』 1948년 11월 상순호(2권 18호).
오기완(1966), 「평양·모스크바·서울」, 『신동아』.
유성철, 「6·25 남침 '선제타격계획' 내가 짰다」, 김철범 엮음(1990), 『진실과 증언』, 한국일보사.
유성철, 「피바다의 비화」, 『고려일보』 1991. 5. 31.
유성철, 「나의 증언」 1~19, 『한국일보』 1990. 11. 1~11. 30.
윤두헌(1949), 「38경비선을 찾아서」, 『청년생활』 제2권 제11호. SA 2009-1-78.
李根美(2003), 「백두산함의 생애」, 『월간조선』 8월호.
이도영(2003), 「김구 암살의 비밀: 이승만, 한국전 1년전 중도파 숙청 위해 계엄령 모의」, 『월간말』 6월호.
李東潤(1955), 「金白一評傳」, 『자유민에게 전해다오』(제1집), 국방부.
李永純(1967~1968), 「KLO/8240부대 戰記」 ①~⑫, 『세대』.
印淳昌, 「西北靑年會와 虎林유격대」, 『建國會報』 1989. 7. 25.
임중빈(1993), 「김석원: 일본 군국주의의 화신 가네야마 대좌」, 『친일파99인』 2권, 돌베개.
張富吉(1950), 「松岳山四八八高地占領記」, 『國防』 4월호, 國防部 政訓局. RG 319, ID file no. 667641.
丁雪松·倪振·齊光(1988), 「回憶東北解放戰爭期間東北局駐朝鮮辦事處」, 『遼瀋決戰』 上, 人民出版社.
조국통일민주주의전선 조사위원회(1949), 「38연선 무장충돌에 관한 조국통일민주주의전선

조사위원회 보고서」(1949. 10. 8); 國史編纂委員會(1988), 『北韓關係史料集』 VI.
千榮煥 증언, 1970년 10월 10일, 『統一報』 게재.
최규봉(1982), 「나는 KLO部隊長이었다」, 『신동아』 2월호.
최현(1982), 「몸소 최전선에서」, 『인민들속에서』 29, 조선로동당출판사.
치스차코프(1987), 「제25군의 전투행로」, 국토통일원 조사연구실, 『조선의 해방』.
편집부(1949), 「국기훈장에 빛나는 로동자출신 분대장, 공화국경비대 유린병」, 북조선직업총동맹중앙위원회 기관지, 『로동자』 9호.
편집부(1949), 「친일파로 된 국군의 간부」, 『태풍』 12호.
편집부(1950), 「38선 경비대 어머니 리고명녀사」, 『조선녀성』 5월호.
편집부(1950), 「卷頭言: 所謂 軍事監視班」, 『태풍』 제3권 제9호(통권 49호).
편집부(1950), 「눈 있는 총알, 名저격병 변익두 동무의 공훈」, 『태풍』 제3권 제6호(통권 47호).
편집부(1949), 「卷頭言: 海州事件의 覆面犯人은 누구인가」, 『태풍』 1949년 제2권 제9호(통권 25호).
한국일보, 「40년만에 다시 풀어보는 6·25의 수수께끼」 1~8, 『한국일보』 1990. 6. 9~6. 25.
咸泰岩(1955), 「全盛鎬評傳」, 『자유민에게 전해다오』.
현룡순(1984), 「'민생단' 유령을 격살」, 『조선족백년사화』 제2집, 료녕인민출판사.
황성준(1995), 「6·25는 소련군의 전쟁이었다」, 『월간조선』 8월호.

4. 기타

건국청년운동협의회총본부(1989), 『대한민국건국청년운동사』.
경인문화사(1997), 『最近北韓五萬分之一地形圖』 下, 景仁文化社.
양양문화원(1995), 『襄陽의 땅이름』.
襄州誌編纂委員會(1990), 『襄州誌』.
육군본부(1977), 『육군군사술어사전』.
麟蹄郡誌編纂委員會(1980), 『인제군지』.

5. 증언·인터뷰

· 「金銀錫(광복군·장연민주자위군·황포군관학교 22기 출신) 인터뷰」(1996. 8. 12).
· 「도널드 맥도널드(Donald McDonald): 미대사관 정치 담당 2등 서기관」(1992. 11. 12), KBS 현대사발굴특집반, 『한국현대사관련 취재인터뷰: 미국인』.
· 「이상조(전 인민군 부총참모장, 휴전회담 북한측 대표)」(1989. 9. 21), 6·25 40주년 특별제작반, 『한국전쟁관련 취재인터뷰 VI: 국내인』.
· 「유성철(전 인민군 작전국장)」(1992. 5. 타슈켄트), KBS 현대사발굴특집반, 『한국현대사관련 취재인터뷰(舊소련거주 한인): 내가 겪은 공화국 인터뷰자료』.

- 「잭 싱글러브(Jack Singlaub): 해방후 미 CIA 한국담당 정보책임자」(1992. 11. 13), KBS 6·25 40주년 특별제작반, 『한국전쟁관련 취재인터뷰: 미국인』.
- 「제임스 하우스만(James Hausman): 미군사고문단 미군정보장교 대위」(1992. 11. 15. Austin, Texas), KBS 현대사발굴특집반, 『한국현대사관련 취재인터뷰: 미국인』.
- 「최기덕(합동통신기자)」(1990. 3. 28), KBS 6·25 40주년 특별제작반, 『한국전쟁관련 취재인터뷰 X: 국내인』.

II. 연구성과

1. 단행본

A. V. 토르쿠노프 지음·구종서 옮김(2003), 『한국전쟁의 진실과 수수께끼』, 에디터.
C. L. 호그 지음/ 신복룡·김원덕 옮김(1992), 『한국분단보고서』 상, 풀빛.
I. F. 스토운 저·백외경 역(1988), 『비사 한국전쟁』, 신학문사.
Joyce Kolko·Gabriel Kolko(1989), 「미국의 세계전략과 한국전쟁」, 金周煥 편, 『미국의 세계전략과 한국전쟁』, 靑史.
K. 굽타 外·정대화 편역(1988), 『한국전쟁은 어떻게 시작되었나?』, 신학문사.
Robert Frank Futrell 편저·姜勝基 역(1982), 『韓國戰에서의 美空軍戰略』, 행림출판사.
강정구(1989), 『좌절된 사회혁명』, 열음사.
과학원 력사연구소(1959), 『조선인민의 정의의 조국해방전쟁사』 전3권, 사회과학출판사.
과학원 력사연구소(1972), 『혁명의 위대한 수령 김일성동지께서 령도하신 조선인민의 정의의 조국해방전쟁사 I』, 도쿄 구월서방 번각판.
구대열(1995), 『한국국제관계사연구』 1·2, 역사비평사.
국방군사연구소(1995), 『한국전쟁』 상, 군인공제회.
국방부 군사편찬연구소(2001), 『한국전쟁사의 새로운 연구 1』.
＿＿＿＿＿＿＿＿＿＿(2005), 『6·25전쟁사 2: 북한의 전면남침과 초기 방어전투』.
국방부 전사편찬위원회(1967), 『한국전쟁사』 1권(해방과 건군).
＿＿＿＿＿＿＿＿＿＿(1968), 『한국전쟁사』 제2권.
＿＿＿＿＿＿＿＿＿＿(1977), 『한국전쟁사: 북괴의 남침과 서전기』 1권(개정판).
＿＿＿＿＿＿＿＿＿＿(1990), 『미국합동참모본부사: 한국전쟁(상)』.
軍事科學院軍事歷史研究部(1988), 『中國人民志願軍抗美援朝戰史』, 軍事科學出版社〔한국전략문제연구소 역(1991), 『중공군의 한국전쟁사: 항미원조전사』, 세경사〕.
그레고리 헨더슨 지음/ 박행웅·이종삼 옮김(2000), 『소용돌이의 한국정치』, 한울.
그렌 D. 페이지 著·韓培浩 譯, 『美國의 韓國參戰決定: 政策決定理論에 의한 事例研究』, 법문사.
김경일 지음·홍면기 옮김(2005), 『중국의 한국전쟁 참전 기원 — 한중관계의 역사적·지정학

참고문헌 783

적 배경을 중심으로』, 논형학술.
김광운(2004),『북한정치사연구 I』, 선인.
金基兆(1994),『38線 分割의 歷史 ― 미·소·일간의 전략대결과 전시외교 비사 ―』, 동산출판사.
金南植(1984),『南勞黨硏究』, 돌베개.
김남식(1987),『조선노동당연구』, 국토통일원.
김동춘 편(1988),『한국현대사연구 1』, 이성과현실사.
김석범(2003),『(장편소설)땅크사단』, 문학예술출판사.
김영호(1998),『한국전쟁의 기원과 전개과정』, 두레.
김점곤(1973),『한국전쟁과 노동당전략』, 박영사.
김중생(2000),『조선의용군의 밀입북과 6.25전쟁』, 명지출판사.
김철범(1989),『한국전쟁: 강대국 정치와 남북한 갈등』, 평민사.
김철범 편(1990),『한국전쟁을 보는 시각』, 을유문화사.
김철범 엮음(1990),『진실과 증언』, 한국일보사.
김학민·정운현 엮음(1993),『친일파죄상기』, 학민사.
김학준(1989),『한국전쟁: 원인·경과·휴전·영향』, 박영사.
김한길(1983),『현대조선역사』, 사회과학원역사연구소.
김행복(1999),『韓國戰爭의 戰爭指導: 한국군 및 유엔군편』, 국방군사연구소.
金昊翊(1949),『韓國에서 最初로 發生한 國際間諜事件-一名 金昊翊 搜査日記』, 三八社.
데이비드 콩드 지음·장종익 옮김(1988),『남한, 그 불행한 역사: 1953~1966』, 좋은책.
데이비드 콩드 지음·최지연 옮김(1988),『한국전쟁, 또 하나의 시각』 1·2, 과학과사상.
데이비드 콩드 지음·편집부 역(1988),『분단과 미국(1945~1950)』 1·2, 사계절.
도널드 스턴 맥도널드 지음·한국역사연구회 1950년대반 옮김(2001),『한미관계20년사(1945
　　~1965년)』, 한울아카데미.
도진순(1997),『한국민족주의와 남북관계』, 서울대학교출판부.
드미트리 볼코고노프 저·한국전략문제연구소 역(1993),『스탈린』, 세경사.
드미트리 안토노비치 볼코고노프 지음·김일환 외 5인 옮김(1996),『크렘린의 수령들: 레닌에
　　서 고르바초프까지』 상·하, 한송.
로버트 R. 시몬스 저·기광서 역(1988),『한국내전』, 열사람.
료녕민족출판사(1986),『리홍광지대』.
리처드 심킨 지음·연제욱 옮김(1999),『기동전』, 책세상.
모스맨 지음·백선진 옮김(1995),『밀물과 썰물』, 대륙연구소 출판부.
미국 民主的 極東政策期成委員會(The Committee for a Democratic Far Eastern Policy),
　　『누가 한국전쟁을 일으켰는가?-문헌 기록』(*Who Began the Korean War?-The
　　Documentary Record*)〔アメリカ民主的極東政策期成委員會·中川信夫 譯(1952),『朝鮮
　　戰爭は誰が起したか』, 月曜書房〕.
민족정경문화연구소 편(1948),『親日派群像』.

바실 리델 하트 지음·주은식 옮김(1999), 『전략론』, 책세상.
박두복 편(2001), 『한국전쟁과 중국』, 백산서당.
박명림(1996), 『한국전쟁의 발발과 기원』 1, 나남출판.
방선주(2002), 『미국소재 한국사자료 조사보고 Ⅲ: NARA 소장 RG 242 「선별노획문서」』, 국사편찬위원회.
_____(2003), 『북한논저목록』, 한림대학교 아시아문화연구소.
W. 버쳇 지음·김남원 옮김(1988), 『북한현대사』, 신학문사.
브루스 커밍스 外 저·박의경 역(1987), 『한국전쟁과 한미관계 1943~1953』, 靑史.
브루스 커밍스 저·김주환 역(1986), 『한국전쟁의 기원』 상·하, 靑史.
브루스 커밍스 지음/김동노·이교선·이진준·한기욱 옮김(2001), 『한국현대사』, 창작과비평사.
사회과학원 력사연구소(1972), 『력사사전』 2, 사회과학출판사.
_____(1981), 『조선전사: 조국해방전쟁사 1~3』, 25~27, 과학·백과사전출판사.
사회과학출판사(1967), 『조선전쟁사』 2, 原書房.
_____(1972), 『혁명의 위대한 수령 김일성동지께서 영도하신 조선인민의 정의의 조국해방전쟁사』 1, 도쿄 구월서방 번각판.
서대숙 저·현대사연구회 역(1985), 『한국공산주의운동사연구』, 禾多 (The Koreans Communist Movements, 1918~1948, Princeton University Press, 1967).
서중석(1991), 『한국현대민족운동연구』, 역사비평사.
_____(1996), 『한국현대민족운동연구 2』, 역사비평사.
小此木政夫 著·現代史硏究室 譯(1986), 『韓國戰爭: 美國의 介入科程』, 청계연구소.
神谷不二(1966), 『朝鮮戰爭』, 中央公論社.
신복룡(2000), 『한국분단사연구』, 한울.
신복룡·김원덕 편역(1992), 『한국분단사』 하, 풀빛.
신평길(1996), 『김정일과 대남공작』, 북한연구소.
沈志華(1995), 『朝鮮戰爭揭秘』, 香港, 天地圖書有限公司.
_____(1998), 『毛澤東·四達林與韓戰』, 香港, 天地圖書有限公司.
_____(1999), 『中蘇同盟與朝鮮戰爭硏究』, 廣西師範大學出版社.
안동춘(2001), 『(총서 '불멸의 력사') 50년 여름』, 문학예술종합출판사.
안용현(1987), 『한국전쟁의 허와 실』, 고려원.
梁寧祚(2000), 『韓國戰爭 以前 38度線 衝突 1945~1950』, 國防軍史硏究所.
梁漢模(1968), 『제3세계의 본질』.
연변인민출판사(1989), 『중공연변당조직활동년대기』.
예프게니 바자노프·나딸리아 바자노파 저/김광린 역(1998), 『소련의 자료로 본 한국전쟁의 전말』, 열림(Evgeniy P. Bajanov and Natalia Bajanova, The Korean Conflict, 1950

~1953: The Most Mysterious War on the 20th Century-Based on Secret Soviet Archives, manuscript).

와다 하루끼 저·서동만 역(1999), 『한국전쟁』, 창작과비평사.

와다 하루끼 저·이종석 역(1992), 『김일성과 만주항일전쟁』, 창작과비평사.

윌리엄 스툭 지음/김형인·김남균·조성규·김재민 공역(2001), 『한국전쟁의 국제사』, 푸른역사.

윌리엄 스툭·서은경 역(2005), 『한국전쟁과 미국 외교정책』, 자유기업원·나남출판.

유영구(1993), 『남북을 오고간 사람들』.

육군본부 작전참모부 군사처(1963), 『유엔군전사: 낙동강에서 압록강까지』 제1집, 육군인쇄공창.

陸軍士官學校第八期生會(1992), 『老兵들의 證言: 陸士八期史』.

이완범(2000), 『한국전쟁: 국제전적 조망』, 백산서당.

이재화(1988), 『한국근현대민족해방운동사』, 백산서당.

日本陸戰史研究普及會 지음·육군본부 군사연구실 번역(1986), 『한국전쟁』 1권.

장준익(1991), 『북한인민군대사』, 서문당.

정병준(2002), 『해외사료총서 2: 미국소재 한국사자료 조사보고 I NARA 소장 RG59·RG84 외』, 국사편찬위원회.

정병준(2005), 『우남 이승만 연구』, 역사비평사.

정용욱(2003), 『미군정 자료 연구』, 선인.

정익우(1991), 『'조국해방전쟁론' 비판』 상, 통일일보사.

제17연대(1999), 『쌍호부대전사』, 제17보병연대.

제임스 I. 메트레이 지음·구대열 옮김(1989), 『한반도의 분단과 미국: 미국의 대한정책, 1941~1950』, 을유문화사.

조선족략사편찬조(1986), 『조선족략사』, 연변인민출판사.

조순승(1982), 『韓國分斷史』, 형성사.

존 메릴 지음·신성환 번역(1988), 『침략인가 해방전쟁인가, 1948~1950: 한국전쟁의 국지적 배경』, 과학과사상사.

존 메릴 지음/이종찬·김충남 공역(2004), 『한국전쟁의 기원과 진실』, 두산동아.

존 프레더릭 찰스 풀러 지음·최완규 옮김(1999), 『기계화전』, 책세상.

佐佐木春隆 저·姜昶求 역(1977~1981), 『韓國戰秘史』 上·中·下, 병학사.

주젠룽 지음·서각수 옮김(2005), 『모택동은 왜 한국전쟁에 개입했을까』, 역사넷〔朱建榮(1991), 『毛澤東の朝鮮戰爭－中國が鴨綠江を渡るまで－』, 東京 岩波書店〕.

中共延邊州黨史研究所 編(1988), 『延邊歷史事件黨史人物錄』.

中國人民解放軍 軍事科學院軍事歷史研究部(1992), 『中國人民志願軍抗美援朝戰史』 전3권, 北京, 軍事譯文出版社〔국방부 군사편찬연구소(2002~2005), 『중국군의 한국전쟁사』 1~3권〕.

중앙일보 특별취재반(1992), 『秘錄: 조선민주주의인민공화국』 상·하.
중앙일보 현대사연구팀 지음(1996), 『발굴자료로 쓴 한국현대사』, 중앙일보사.
중앙일보사(1983), 『민족의증언』 1~8권.
중앙정보부(1972), 『북한대남공작사』 1권.
차준봉(1993), 『누가 조선전쟁을 일으켰는가』, 평양 사회과학출판사.
채한국 번역(1990), 『(미국합동참모본부사)한국전쟁』 상·하, 국방부 전사편찬위원회.
최성춘 주필(1999), 『연변인민 항일투쟁사』, 민족출판사.
최해암(1992), 『조선의용군 제1지대사』, 료녕민족출판사.
코로트코프 저·어건주 역(1992), 『스탈린과 김일성』 I, 동아일보사.
페렌바크 저·안동림 역(1965), 『실록한국전쟁』, 문학사.
피터 로우 지음·김시완 옮김(1989), 『한국전쟁의 기원』, 인간사랑.
하기와라 료(萩原遼) 지음·崔兒洵 옮김(1995), 『한국전쟁: 김일성과 스탈린의 음모』, 한국논단.
한국일보 편(1991), 『증언 김일성을 말한다』.
한시준(1993), 『한국광복군연구』, 일조각.
韓俊光·姚作起(1991), 『解放戰爭時期的東滿根據地』, 延邊人民出版社.
허종호(1993), 『미제의 극동침략정책과 조선전쟁 (1)』, 사회과학출판사.
和田春樹(1995), 『朝鮮戰爭』, 岩波書店〔와다 하루끼 저·서동만 역(1999), 『한국전쟁』, 창작과비평사〕.
和田春樹(2002), 『朝鮮戰爭全史』, 岩波書店.
黑龍江人民出版社(1988), 『中共黑龍江黨史大事記』.
흑룡강조선민족출판사(1987), 『조선의용군3지대』.

Billy C. Mossman, *Ebb and Flow, November 1950~July 1951*, Washington D. C., Center of Military History, United States Army〔모스맨 지음·백선진 옮김(1995), 『밀물과 썰물』, 대륙연구소 출판부〕.

Bruce Cumings ed., *Child of Conflict : The Korean-American Relationship, 1943~1954*, Seattle, University of Washington Press, 1983〔브루스 커밍스 外 저·박의경 역(1987), 『한국전쟁과 한미관계 1943~1953』, 靑史〕.

Bruce Cumings, *The Origins of the Korean War, volume I: Liberation and the Emergence of Separate Regimes, 1945~1947*, Princeton University Press, 1981; *volume II: The Roaring of the Cataract, 1946~1950*, Princeton University Press, 1990〔브루스 커밍스 저·김주환 역(1986), 『한국전쟁의 기원』 상·하, 靑史〕.

Chen Jian, *China's Road to the Korean War, The Making of the Sino-American Confrontation*, New York, Columbia University Press, 1994.

D. W. コンテ 著·陸井三郎監 譯(1967), 『朝鮮戰爭の歷史 1950~53』(上)(下), 太平出版社; David W. Conde, *An Untold History of Modern Korea*, 3 volumes, 1966. 제1부 The

Untold Story of Korean Crime(1945~1950), 제2부 Korean War, The Other Version(1950~1953), 제3부 South Korea, Bad Seed-Bad Harvest(1953~1966). 〔데이비드 콩드 저·편집부 역(1988), 『분단과 미국(1945~1950)』 1·2, 사계절; 데이비드 콩드 지음·최지연 옮김(1988), 『한국전쟁, 또 하나의 시각』 1·2, 과학과사상; 데이비드 콩드 지음·장종익 옮김(1988), 『남한, 그 불행한 역사: 1953~1966』, 좋은책〕.

Dmitrii Antonovich Volkogonov, *Lenin: A New Biography*, trans. and ed. by Harold Shukman, New York, Free Press, 1994.

Dmitrii Antonovich Volkogonov, *Stalin: Triumph and Tragedy*, trans. and ed. by Harold Shukman, New York, Free Press, 1991〔볼코고노프 저·한국전략문제연구소 역(1992), 『스탈린』, 세경사〕.

Donald Nichols, *How Many Times Can I Die?*, Brooksville Printing, Brooksville, Florida, 1981.

Donald Stone MacDonald, *U.S.-Korean Relations from Liberation to Self-Reliance*, Boulder, Colorado, Westview Press, 1992〔도널드 스턴 맥도널드 지음·한국역사연구회 1950년대반 옮김(2001), 『한미관계20년사(1945~1965년)』, 한울아카데미〕.

Eric Van Ree, *Socialism in One Zone, Stalin's Policy in Korea, 1945~1947*, New York, 1989.

Frances Howard Heller ed., *The Korean War: A 25-Year Perspective*, Lawrence: Regents, Edited for The Harry S. Truman Library Institute for National and International Affairs, 1977.

George M. McCune and Arthur L. Grey, *Korea Today*, Harvard University Press, 1950.

Glenn Donald Paige, *The Korean Decision, June 24~30, 1950*, New York, Free Press, 1968〔그렌 D. 페이지 著·韓培浩 譯, 『美國의 韓國參戰決定: 政策決定理論에 의한 事例研究』, 법문사〕.

Gregory Henderson, *Korea: The Politics of the Vortex*, Harvard, 1968〔그레고리 헨더슨 지음/박행웅·이종삼 옮김(2000), 『소용돌이의 한국정치』, 한울〕.

I. F. Stone, *The Hidden History of the Korean War*, New York, Monthly Review Press, 〔I. F. 스토운 저·백외경 역(1988), 『비사 한국전쟁』, 신학문사〕.

James F. Schnabel and Robert J. Watson, *The History of the Joint Chiefs of Staff: The Joint Chiefs of Staff and National Security*, volume III : The Korean War, part I·II, Historical Division, Joint Secretariat, Joint Chiefs of Staff, 12 April 1978〔채한국 번역(1990), 『(미국합동참모본부사)한국전쟁』 상·하, 국방부 전사편찬위원회〕.

James Irving Matray, *The Reluctant Crusade: American Foreign Policy in Korea, 1941~1950*, University of Hawaii Press, 1985〔제임스 I. 메트레이 지음·구대열 옮김(1989), 『한반도의 분단과 미국: 미국의 대한정책, 1941~1950』, 을유문화사〕.

John K. Singlaub, *Hazardous Duty, An American Soldier in the Twentieth Century*,

New York, Summit Books, 1991.

John Merrill, "Internal Warfare in Korea, 1948~1950: The Local Setting of the Korean War", Ph. D. Dissertation, University of Delaware, 1982〔존 메릴 지음·신성환 옮김(1988), 『침략인가 해방전쟁인가』, 과학과사상〕.

John R. Merrill, *Korea-The Peninsular Origins of the War*, Newark, University of Delaware Press, 1989〔존 메릴 지음/이종찬·김충남 공역(2004), 『한국전쟁의 기원과 진실』, 두산동아〕.

Joyce and Gabriel Kolko, *The Limits of Power: The World and United States Foreign Policy, 1945~1954*, New York, Harper & Row, 1972.

Maochun Yu, *OSS IN CHINA: Prelude to Cold War*, New Heaven and London, Yale University Press, 1996.

Marc S. Gallicchio, *The Cold War Begins in Asia: American East Asian Policy and the Fall of the Japanese Empire*, New York, Columbia University Press, 1988.

Michael E. Haas, *Apollo's Warriors - US Air force Special Operations during the Cold War*, Air University Press, Maxwell Air Force Base, Alabama, 1997.

Peter Rowe, *The Origins of the Korean War*, London, Longman, 1986〔피터 로우 지음·김시완 옮김(1989), 『한국전쟁의 기원』, 인간사랑〕.

Richard Allen, *Korea's Syngman Rhee*, Charles E. Tuttle Company, 1960.

Robert K. Sawyer, *Military Advisors in Korea: KMAG in Peace and War*, Office of the Chief of Military History, Department of the Army, Washington D.C., 1962.

Robert Simmons, *The Strained Alliance: Peking, P'yongyang, Moscow and Politics of the Korean Civil War*, New York, The Free Press, 1975〔로버트 R. 시몬즈·사계절편집부 역(1984), 「한국전쟁」, 『韓國現代史: 1945~1975』, 사계절; 로버트 R.시몬스 저·기광서 역(1988), 『한국내전』, 열사람〕.

Robert T. Oliver, *Syngman Rhee and American Involvement in Korea, 1942~1960: A Personal Narrative*, Seoul, Panmun Book Company Ltd, 1978.

Ronald McGlothlen, *Controlling the Waves: Dean Acheson and U.S. Foreign Policy in Asia*, W. W. Norton & Company, 1993.

Roy E. Appleman, *United States Army in the Korean War: South to the Naktong, North to the Yalu*, Department of the Army, Washington D.C., Government Printing Office, 1961〔육군본부 작전참모부 군사처(1963), 『유엔군전사: 낙동강에서 압록강까지』 제1집, 육군인쇄공창〕.

Sergei N. Goncharov, John W. Lewis, and Xue Litai, *Uncertain Partners: Stalin, Mao, and the Korean War*, Stanford, California, Stanford University Press, 1993.

Shannon McCune, *Korea: Land of Broken Calm*, Princeton, Nostrand, 1966.

Shu Guang Zhang, *Deterrence and Strategic Culture: Chinese-American*

Confrontations, 1949~1958, Ithaca, Cornell University Press, 1992.
Shu Guang Zhang, Mao's Military Romanticism: China and the Korean War, 1950~53, Abilene, University Press of Kansas, 1995.
William Stueck, Rethinking the Korean War: A New Diplomatic and Strategic History, Princeton University Press, 2002〔윌리엄 스툭 저·서은경 역(2005), 『한국전쟁과 미국외교정책』, 자유기업원·나남출판〕.
William Stueck, The Korean War: An International History, Princeton, N. J., Princeton University Press, 1995〔윌리엄 스툭 지음/김형인·김남균·조성규·김재민 공역(2001), 『한국전쟁의 국제사』, 푸른역사〕.
Война в Корее 1950~1953 гг./1950-1953년 한국전쟁/ С.П., 2000.
Советская военная енциклопедия/소비에트 군사백과사전/. Т.4. М., 1977.

2. 논문

가브리엘 콜코(1982), 「미국과 한국의 해방」, 『한국현대사의 재조명』, 돌베개.
강성철(1989), 「한국전쟁연구」, 정용욱 외, 『남북한 역사인식비교강의』, 일송정.
姜在彦(1995), 「전후 만주에서의 조선의용군-중국혁명으로부터 한국전쟁에로」, 『吳世昌敎授 華甲紀念 韓國近現代史論叢』, 신흥인쇄사.
고지훈(1999), 「주한미군정의 점령행정과 법률심의국의 활동」, 서울대학교 국사학과 석사학위논문.
굽타(1988), 「한국전쟁은 어떻게 시작되었나」, 정대화 편역, 『한국전쟁은 어떻게 시작되었나』, 신학문사.
기광서(1997), 「북한정치체제의 형성과 소련의 역할」(露文), 러시아과학아카데미 동방학연구소 박사학위논문.
_____(1998), 「1940년대 전반 소련군 88독립보병여단 내 김일성그룹의 동향」, 『역사와 현실』 28집.
_____(1998), 「소련의 대한반도-북한정책 관련 기구 및 인물 분석(해방~1948.12)」, 『현대북한연구』 창간호, 경남대학교 북한대학원.
_____(2000), 「소련의 한국전 개입과정」, 『국제정치논총』 제40집 3호.
_____(2004), 「북한 무력 형성과 북소관계」, 『중소연구』 통권 103호.
_____(2005), 「소군정은 실재했는가」, 『역사비평』 73집, 역사문제연구소.
김광수(2000), 「한국전쟁 개전 당시 북한군의 작전계획과 웅진전투」, 『군사』 제41호.
_____(2005), 「'한국전쟁수행' 연구를 위한 문헌 및 자료분석」, 『군사』 제55호.
김광운·정병준(1994), 「주한미군 정치고문 문서 해제」, 『대한민국사자료집』 18집, 國史編纂委員會.
김광재(2000), 「한국광복군의 활동 연구-미 전략첩보국(OSS)과의 합작훈련을 중심으로-」,

동국대학교 박사학위논문.

김국헌(1991), 「6·25초기 북한의 전쟁지도에 관한 시론」, 『군사』 23호.

_____(1992), 「북한의 6·25 남침 결정과정」, 『군사』 24호.

김근영(1992), 「한국농촌을 위해 평생을 바친 배민수박사」, 숭실인물사편찬위원회 저, 『인물로 본 숭실 100년』 제1집, 숭실대학교 출판부.

김남균(2001), 「한국전쟁을 보는 새로운 시각: 국제전으로서의 한국전쟁-W. 스툭」, 『한국전쟁: 국제사』, 연세대학교 현대한국학연구소 편, 『해외한국학평론 ②』, 일조각.

김남식(1989), 「해방전후 북한현대사의 재인식」, 『해방전후사의 인식 5』, 한길사.

김득중(2004), 「여순사건과 이승만 반공체제의 구축」, 성균관대학교 박사학위논문.

김보영(1996), 「8·15직후 남북한간의 전력교역」, 『경제사학』 20호, 경제사학회.

金聖甫(1995), 「소련의 대한정책과 북한에서의 분단질서 형성, 1945~1946」, 『분단50년과 통일시대의 과제』, 역사비평사.

김성보(1995), 「소련의 대한정책과 북한에서의 분단질서 형성, 1945~1946」, 『분단50년과 통일시대의 과제』, 역사비평사.

김세진(1984), 「한국군부의 성장과 5·16」, 김성환·김정원 외, 『1960년대』, 거름(Se-jin Kim, "The Politics of Military Revolution in Korea," Chapel Hill, N. C., University of North Carolina Press, 1971).

김영호(1996), 「서평: 내전론의 재등장」, 『창작과비평』 93호, 가을호.

김용구(1984), 「소련의 한국전쟁 해석」, 서울대 국제문제연구소, 『논문집』 제8호.

김점곤(1975), 「한국전쟁에 있어서의 북한의 선제에 관한 고찰: 주로 군사적 대남공격 준비과정을 중심으로」, 『한국정치학회보』 vol.9, 1975.

_____(1989), 「南勞黨 폭력혁명노선의 연장선상에서 일어난 한국전쟁」, 김철범 편, 『한국전쟁: 강대국 정치와 남북한 갈등』, 평민사.

_____(1990), 「한국전쟁과 김일성의 통일전략」, 김철범 편, 『한국전쟁을 보는 시각』, 을유문화사.

김철범(1989), 「한국전쟁 연구의 동향」, 『한국전쟁: 강대국 정치와 남북한 갈등』, 평민사.

김학준(1988), 「6·25연구의 국제적 동향」, 『한국현대사를 어떻게 볼 것인가』 2, 동아일보사.

_____(1990), 「6·25연구의 국제적 동향: 6·25연구에 관한 문헌사적 고찰」, 김철범 편집, 『한국전쟁을 보는 시각』, 을유문화사.

_____(2000), 「6·25전쟁에 관한 몇가지 예비적 토론」, 한국전쟁연구회 편, 『탈냉전시대 한국전쟁의 재조명』, 백산서당.

노영기(1998), 「육군 창설기(1947년~1949년)의 肅軍에 관한 연구」, 성균관대학교 사학과 석사학위논문.

도진순(1992), 「1945~1946년 미국의 대한정책과 우익의 분화」, 『역사와현실』 7호.

_____(2001), 「한반도의 분단과 일본의 개입」, 『분단의 내일 통일의 역사』, 당대.

로버트 R. 시몬즈(1984), 「한국전쟁」, 사계절편집부 역, 『韓國現代史; 1945~1975』, 사계절.

로버트 케이 소이어 지음·기획자료실 번역(1983), 「주한미군사고문단」(Military Advisors in Korea: KMAG in Peace and War), 『군사』 7호, 국방부 전사편찬위원회.
류승주(2001), 「1946~1948년 남북한 전력수급교섭」, 『역사와현실』 40, 한국역사연구회.
바르따노브 발레리 니꼴라예비치(2001), 「6·25전쟁기 소련군사고문단장, 북한 주재 소련대사, 블라지미르 니꼴라예비치 라주바예프(1900~1980년)의 생애」, 『소련 군사고문단장 라주바예프의 6·25전쟁 보고서』 1권, 국방부 군사편찬연구소.
박기련(2002), 「북한군 기갑부대 운용」, 『한국전쟁사의 새로운 연구 2』, 국방부 군사편찬연구소.
박동찬(2002), 「전쟁기 주한미군사고문단(KMAG)의 활동」, 『한국전쟁사의 새로운 연구 2』, 국방부 군사편찬연구소.
박명림(1989), 「한국전쟁사의 쟁점」, 박명림 외, 『해방전후사의 인식 6』, 한길사.
＿＿＿(1990), 「한국전쟁의 전개과정」, 최장집 편, 『한국전쟁연구』, 태암.
＿＿＿(2001), 「한국전쟁과 중국, 그리고 미국·소련·북한-J. 첸, 『중국의 한국전쟁 참전: 중·미대결의 기원』」, 연세대학교 현대한국학연구소 편, 『해외한국학평론 ②』, 일조각.
박원순(1989), 「국회프락치사건 사실인가」, 『역사비평』 가을호.
박찬표(1995), 「한국의 국가형성: 반공체제 수립과 자유민주주의의 제도화, 1945~48」, 고려대학교 정외과 박사학위논문.
朴熙琥(1997), 『舊韓末 韓半島中立化論研究』, 동국대학교 사학과 박사학위논문.
方善柱(1986), 「鹵獲 北韓筆寫文書 解題 (1)」, 『아시아문화』 창간호, 한림대학 아시아문화연구소.
＿＿＿(1986), 「美國의 韓國關係 現代史資料」, 한국사학회 편, 『韓國現代史論』, 을유문화사.
＿＿＿(1987), 「갈등 초기의 한미관계 1943~1953」, 『한국전쟁과 한미관계』, 청사.
＿＿＿(1987), 「美國 第24軍 G·2 軍史室 資料解題」, 『아시아문화』 제3호, 한림대학교 아시아문화연구소.
＿＿＿(1987), 「美國內 資料를 통하여 본 韓國近·現代史의 의문점」, 『아시아문화』 제2호.
＿＿＿(1988), 「해설」, 『G·2 Periodic Report 1: 주한미군정보일지 1』, 한림대학교.
＿＿＿(1991), 「美軍政期의 情報資料: 類型 및 意味」, 『韓國現代史와 美軍政』, 한림대학교 아시아문화연구소.
＿＿＿(1995), 「아이프러機關과 在美韓人의 復國運動」, 仁荷大學校 韓國學研究所, 『第二回 韓國學國際學術會議論文集: 解放50주년, 세계 속의 韓國學』.
＿＿＿(1998), 「美國 國立公文書館 國務部文書槪要」, 國史編纂委員會, 『國史館論叢』 第79輯.
＿＿＿(2000), 「KLO문서 해제」, 『KLO·TLO문서집(미극동군사령부 주한연락소)』 1, 한림대학교 아시아문화연구소 자료총서 28.
＿＿＿(2002), 「미국 국립공문서관 소장 RG 242 내 「선별노획문서」 조사연구」, 『미국소재 한국사자료 조사보고 III: NARA 소장 RG 242 「선별노획문서」』, 국사편찬위원회.
백낙청(1992), 「브루스 커밍스와의 대담: 세계사 속의 한국전쟁과 통일한국」, 『창작과 비평』

봄호.
백학순(1994), 「중국내전시 북한의 중국공산당을 위한 군사원조」, 『한국과국제정치』 제10권 제1호 봄·여름.
브루스 커밍스(1984), 「미국의 정책과 한국해방」, 프랭크 볼드윈 편, 『한국현대사』, 사계절.
_____(1987), 「서론: 한미관계의 경과, 1943~1953」, 브루스 커밍스 外·박의경 역(1987), 『한국전쟁과 한미관계 1943~1953』, 靑史.
_____(2001), 「한국어판을 내면서」, 『한국현대사』, 창작과비평사.
徐東晚(1996), 「北朝鮮のおける社會主義體制の成立: 1945~1961」, 東京大學 博士學位論文.
서영희(1997), 「러일전쟁기 대한제국 집권세력의 시국대응」, 한국역사연구회, 『역사와현실』 25호.
徐仲錫(1990), 「한국전쟁과 이승만정권의 권력강화」, 『역사비평』 9 여름호.
_____(1995), 「이승만과 북진통일-1950년대 극우반공독재의 해부」, 『역사비평』 29 여름호.
_____(1997), 「이승만정부 초기의 일민주의」, 『진단학보』 제83호.
小此木政夫(1975), 「民族解放戰爭としての朝鮮戰爭」, 『國際問題』 182호.
손호철(1989), 「브루스 커밍스의 한국현대사연구 비판: 이론 및 방법론을 중심으로」, 『실천문학』 가을호.
송인재(1981), 「영일동맹의 의의와 교섭과정」, 『국권론과 민권론』, 한길사.
신동준(2001), 「대담: 브루스 커밍스와 해리 하루투니안-미국 아시아학의 비판적 검토」, 『역사비평』 봄호.
신승권(1983), 「노일전쟁 이후의 러시아와 한국(1898~1905)」, 『韓露關係100년사』, 한국사연구협의회.
신용하(1988), 「한국 남북분단의 원인과 포츠담 밀약설」, 한국사회사연구회, 『해방직후의 민족문제와 사회운동』, 문학과지성사.
潘龍海·池寬容(1993), 「幷鴨征戰五萬里 在中國人民解放戰爭中的朝鮮族」, 『延邊大學報』, 社會科學版 제3기 제3호.
沈志華(1996), 「中國出兵朝鮮的決定過程」, 『黨史硏究資料』 期1.
안승환(2002), 「주북한 소련군사고문단의 북한군 지원활동(1946~1953년)」, 『한국전쟁사의 새로운 연구 2』, 국방부 군사편찬연구소.
안정애(1996), 「주한미군사고문단에 관한 연구」, 인하대학교 정치학과 박사학위논문.
櫻井浩(1983), 「朝鮮戰爭における米軍の"捕獲資料"について」, 『アジア經濟』 第24卷 第3號 3月.
양성철(1989), 「서평: Bruce Cumings, The Origins of the Korean War」, 『통일문제연구』 1(3).
양영조(1996), 「한국전쟁 이전(1948~50) 북한의 통일론과 그 성격」, 『군사』 33호, 국방군사연구소.
_____(1998), 「38선충돌(1949~50)과 이승만정권의 대응」, 『역사와현실』 27호.

_____(1999), 「소련의 대북한 군사정책(1948~50)」, 『군사』 39호, 군사편찬연구소.
_____(2003), 「한국전쟁기 북한 게릴라의 운용과 성격」, 『북악사론』 10집, 북악사학회.
廉仁鎬(1994), 「朝鮮義勇軍硏究」, 국민대학교 국사학과 박사학위논문.
_____(2002), 「해방후 중국 동북지방 조선인 부대의 활동과 북한입북: 중국인민해방군 제164사단을 중심으로」, 『한국전쟁사의 새로운 연구 2』, 국방부 군사편찬연구소.
오규열(2005), 「중국의 6·25전쟁에 대한 연구성과와 동향」, 『군사』 55호, 국방부 군사편찬연구소.
유길재(1991), 「북한정권의 형성과정: 인민위원회 조직과 활동에 관한 연구」, 『북한체제의 수립과정 1945~1948』, 경남대 극동문제연구소.
이삼성(1989), 「한국현대사와 미국의 대외정책 연구방법론: 손호철 교수의 브루스 커밍스 비판의 문제점」, 『사회와사상』 11월호.
이완범(1990), 「한국전쟁 연구의 국내적 동향: 그 연구사적 검토」, 『한국과 국제정치』 6권 2호.
_____(1994), 「미국의 한반도분할선 획정에 관한 연구(1944~1945)」, 연세대학교 정치학과 박사학위논문.
_____(1996), 「소련의 대일전 참전과 38선 수락」, 『정치외교사논총』 14집.
_____(1998), 「한반도 분단의 외부적 요인과 내부적 요인: 미국과 국내 정치세력간의 역학관계, 1945~1948」, 유영익 편, 『수정주의와 한국현대사』, 연세대학교 출판부.
_____(1999), 「미국 내쇼날아카이브 소장 자료를 통해서 본 38선 획정의 진실」, 한국민족운동사연구회 편, 『한국근현대와 민족운동』, 국학자료원.
_____(2000), 「한국전쟁의 국제적 기원-세계적 냉전의 동북아 침투」, 한국전쟁연구회 편, 『탈냉전시대 한국전쟁의 재조명』, 백산서당.
_____(2001), 「S. 곤차로프 외, 『미덥지 않은 맹우들: 스탈린, 마오쩌둥, 그리고 한국전쟁』」, 연세대학교 현대한국학연구소 편, 『해외한국학평론 ②』, 일조각.
이종석(1989), 「북한 지도집단과 항일무장투쟁」, 『해방전후사의 인식 5』, 한길사.
_____(1993), 「국공내전 시기 북한·중국관계 (1)」, 한국전략문제연구소, 『전략연구』 제Ⅳ권 제3호(통권 제11호).
이호진·강인섭(1988), 「반민특위 와해와 국회프락치사건」, 『이것이 국회다』, 삼성출판사.
전상인(1992), 「브루스 커밍스의 한국사·한국사회의 인식」, 경남대학교 극동문제연구소, 『한국과 국제정치』 봄·여름호.
_____, 「서평: 마침표 못찍은 한국전 발발 시비, 박명림 지음 「한국전쟁의 발발과 기원」 남침 증명했으나 '미흡'」, 『시사저널』 1997. 6. 25.
鄭秉峻(1992), 「1946~1947년 左右合作運動의 전개과정과 성격변화」, 『韓國史論』 29집.
_____(1993), 「중앙정치와 지방정치의 분류법」, 『역사와현실』 9호.
_____(1994), 「미국내 한국현대사관련 자료의 현황과 이용법: NARA를 중심으로」, 『역사와현실』 14집, 한국역사연구회.
_____(1995), 「김용중의 중립화 통일운동과 관련문서의 현황」, 『역사비평』 봄호.

_____(1996), 「남한진주를 전후한 주한미군의 對韓정보와 초기점령정책의 수립」, 한국사학회, 『史學硏究』 51집.
_____, 「역사문제연구소 저작비평회 토론문〔박명림(1996), 『한국전쟁의 발발과 기원 ①: 결정과 발발』, 나남〕」 1996. 10. 12.
_____(1996), 「주한미군정의 '임시한국행정부' 수립구상과 독립촉성중앙협의회」, 한국역사연구회, 『역사와현실』 19호.
_____(1996), 「한국전쟁」, 한국역사연구회, 『한국역사입문 ③: 근대·현대편』, 풀빛.
_____(1996), 「해제: 이승만관계서한자료집」, 『대한민국사자료집』 제28집, 국사편찬위원회.
_____(1996), 「해제」, 『美軍CIC情報報告書』 1, 중앙일보 현대사연구소.
_____(1997), 「해방직후 李承晩의 歸國과 '東京會合'」, 于松趙東杰先生停年紀念論叢刊行委員會, 『韓國民族運動史硏究』, 나남출판.
_____(1998), 「1947~48년 대한민국임시정부의 '滿洲計劃'과 長延地區民主自衛軍」, 『軍史』 37호, 국방군사연구소.
_____(1998), 「이승만의 정치고문들」, 『역사비평』 43호.
_____(1998), 「해방직후 각정파의 정부수립 구상과 그 특징: 제2차 미소공위 답신안 분석을 중심으로」, 평화문제연구소, 『통일문제연구』 제10권 2호(통권 제30호).
_____(1998), 「1945~48년 대한민국임시정부의 중국 내 조직과 활동」, 한국사학회, 『사학연구』 55·56합집호.
_____(1998), 「분단정권의 수립과 한국전쟁」, 김인걸 외 편, 『한국현대사강의』, 돌베개.
_____(1999), 「大韓經濟輔國會의 결성과 활동」, 『역사와현실』 33호.
_____(2000), 「1945~47년 우익진영의 '愛國金'과 李承晩의 정치자금 운용」, 『韓國史硏究』 109집.
_____(2000), 「1949~50년 38선충돌과 북한의 한국전쟁 계획」, 『한국전쟁의 재인식-분단을 넘어 통일로-』, 한국역사연구회 한국전쟁50주년 학술심포지엄.
_____(2000), 「駐韓 美24軍團의 對韓 軍政計劃과 軍政中隊·軍政團」, 『韓國現代史資料集成 (美軍政期 軍政團·軍政中隊文書)』 47집, 국사편찬위원회.
_____(2001), 「해제」, 『Napko Project of OSS: 재미한인들의 조국정진계획』, 국가보훈처.
_____(2002), 「해방전후 美洲 韓人 독립운동 관련자료 연구」, 『해방전후사 사료연구 I』, 선인.
_____(2003), 「朴順東의 항일투쟁과 美 전략첩보국(OSS)의 한반도침투작전」, 『지방사와지방문화』 6권 2호.
_____(2003), 「한국 농지개혁 재검토: 완료시점·추진동력·성격」, 『역사비평』 겨울호, 역사비평사.
_____(2004), 「1945~48년 미·소의 38선정책과 남북갈등의 기원」, 『중소연구』 27권 4호, 한양대학교 아태지역연구센터.
_____(2004), 「1940년대 재미한인 독립운동의 노선과 성격」, 한국민족운동사학회, 『한국민족운동사연구』 38집.

_____(2004), 「해방 이후 여운형의 통일·독립운동과 사상적 지향」, 『한국민족운동사연구』 39집.
_____(2004), 「김용중의 생애와 통일독립운동」, 『역사문제연구』 12집.
_____(2004), 「공작원 안두희와 그의 시대」, 『역사비평』 69호(겨울호).
_____(2005), 「백범 김구 암살 배경과 백의사」, 『한국사연구』 128호.
_____(2005), 「탈취와 노획의 전쟁기록」, 『역사비평』 겨울호, 역사비평사.
_____(2005), 「윌리엄 시볼드(William J. Sebald)와 '독도분쟁'의 시발」, 『역사비평』 71집.
_____(2005), 「김호의 항일독립운동과 정치활동」, 『한국민족운동사연구』 43집.
_____(2005), 「영국 외무성의 對日평화조약 草案·부속지도의 성립(1951. 3)과 한국독도영 유권의 재확인」, 『한국독립운동사연구소』 24집.
_____(2005), 「한국의 과거사 유산과 진상규명작업의 역사적 의미」, 『민주주의와 인권』 5-2.
정성진(1997), 「트로츠키의 생애와 사상: 볼코고노프의 『트로츠키』를 중심으로」, 『동향과전망』 36호(1997. 12), 한국사회과학연구소.
鄭容郁(1993), 「자료 Joint Weeka에 대하여」, 『Joint Weeka』 제1권.
_____(1993), 「해방이전 미국의 대한구상과 대한정책」, 『한국사연구』 83집.
_____(1994), 「1947년의 철군논의와 미국의 남한 점령정책」, 『역사와현실』 14호.
_____(1996), 「1942~47년 美國의 對韓政策과 過渡政府形態 構想」, 서울대학교 국사학과 박사학위논문.
_____(2001), 「한국전쟁시 미군 방첩대 조직 및 운용」, 『군사사연구총서 1』, 군사편찬연구소.
_____(2002), 「미 국립문서보관소 소장 주한미군사령부 '군사실문서철'·'하지장군문서철' 조사연구」, 『미국소재 한국사 자료 조사보고』 4, 국사편찬위원회.
鄭璋鎬(1997), 「『最近北韓五萬分之一地形圖』 발간에 즈음하여」, 『最近北韓五萬分之一地形圖』 下, 景仁文化社.
정종욱(1984), 「중공의 한국전쟁 해석-중공군의 한국전 참전을 중심으로」, 서울대 국제문제연구소, 『논문집』.
丁海龜(1995), 「남북한 분단정권 수립과정 연구」, 고려대학교 정외과 박사학위논문.
조성훈(2002), 「전쟁을 전후한 첩보부대의 조직과 활동」, 『한국전쟁사의 새로운 연구 2』, 군사편찬연구소.
_____(2001), 「마오쩌둥의 군사사상이 한국전쟁에 미친 영향-S. G. 장, 『마오쩌둥의 군사적 낭만주의: 중국과 한국전쟁, 1950~1953』」, 연세대학교 현대한국학연구소 편, 『해외한국학평론 ②』, 일조각.
조이스 콜코·가브리엘 콜코(1982), 「미국과 한국의 해방」, 서대숙 외 역, 『한국현대사의 재조명』, 돌베개.
Joyce Kolko·Gabriel Kolko(1989), 「미국의 세계전략과 한국전쟁」, 金周煥 편, 『미국의 세계전략과 한국전쟁』, 靑史.
존 메릴(1987), 「한국의 내란, 1948~1950: 한국전쟁의 국지적 배경」, 브루스 커밍스 外·박의경 역, 『한국전쟁과 한미관계 1943~1953』, 靑史.
최용호(2001), 「'라주바예프의 6·254전쟁 보고서' 분석: 북한군의 남침계획 제1단계작전을 중심으로」, 『군사』 43호.
平松茂雄(1988), 「한국전쟁의 개전과 중국-중공계 조선인부대의 역할」, 梶村秀樹 외 지음·김동춘 엮음(1988), 『한국현대사연구 I』, 이성과현실사.
하영선(1984), 「북한의 한국전쟁 해석」, 서울대 국제문제연구소, 『논문집』 제8호.
현룡순(1984), 「'민생단' 유령을 격살」, 『조선족백년사화』 제2집, 료녕인민출판사.
홍석률(1994), 「이승만정권의 북진통일론과 냉전외교정책」, 『韓國史硏究』 85.
A. Grajdanzev, "Korea Divided," *Far Eastern Survey*, October 10, 1945
Adam B. Ulam, "Letters: Stalin, Kim, and the Korean War Origins"(10 December 1993), Woodrow Wilson International Center for Scholars, *Cold War International History Project Bulletin(CWIHPB)*, Issue 4(Fall 1994).
Alexandre Y. Mansourov, "Communist War Coalition Formation and the Origins of the Korean War," Ph. D. Dissertation, Columbia University, 1997.
Alexandre Y. Mansourov, "Stalin, Mao, Kim, and China's Decision to Enter the Korean War, Sept. 16-Oct. 15, 1950: New Evidence from the Russian Archives," *CWIHPB*, Issue 6·7(Winter 1995/1996).
Andrei Pliguzov and Paul Frank(prepared by), Melinda K. Friend(revised and expanded by), "Dmitrii Antonovich Volkogonov: A Register of His Papers in the Library of Congress," Manuscript Division, Library of Congress, 2000.
Bruce Cumings and Kathryn Weathersby, "An Exchange on Korean War Origins," *CWIHPB*, Issue 6·7(Winter 1995/1996).
Bruce Cumings, "Introduction: The Course of Korean-American Relations, 1943~1953", Bruce Cumings ed., *Child of Conflict: The Korean-American Relationship, 1943~1953*, University of Washington Press, Seattle and London, 1983.
Chen Jian, "China's Strategy to End the Korean War," CWIHP Conference on New Evidence on the Cold War in Asia, Hong Kong, January 1996.
Chen Jian, "The Sino-Soviet Alliance and China's Entry into the Korean War," *Cold War International History Project Working Paper*, no.1, Washington, D.C, Woodrow Wilson International Center for Scholars, 1991.
Chen Jian, Vojtech Manstny, Odd Arne Westad, and Vladislav Zubok, "Talks with Mao Zedong, December 1949-January 1950, And With Zhou Enlai, August-September 1952," *CWIHPB*, Issue 6·7(Winter 1995/1996).
Chong-sik Lee, W. E. Skillend and Robert Simmons, "Commentaries" *China Quarterly*, no. 54(April-June, 1973).

Commentary by Jim Hershberg, CWIHP Director; translations by Vladislav M. Zubok, National Security Archive, Washington, D.C., and Kathryn Weathersby, Florida State University, Tallahassee "More Documents from the Russian Archives" *CWIHPB*, Issue 4(Fall 1994).

Ella Maksimova, "Merchants of Sensations from the Presidential Archives," *Izvestiya*, 131(13 July 1994).

Ernst Frankel, "Structure of United States Army Military Government in Korea," 정용욱 편(1994), 『해방직후 정치사회사 자료집』 2권, 다락방.

Evgueni Bajanov, "Assessing the Politics of the Korean War, 1949~51," *CWIHPB*, Issue 6·7(Winter 1995/1996).

Henry H. Em, "Civil Affairs Training and the U.S. Military Government in Korea," Bruce Cumings ed, *Chicago Occasional Papers on Korea*, select paper volume no. 6, The Center for East Asian Studies, 1991, The University of Chicago, Chicago, Illinois.

James G. Hershberg(introduction), "Russian Documents on the Korea War, 1950~53," translations by Vladislav Zubok, *CWIHPB*, Issue 14·15(Winter 2003-Spring 2004).

James I. Matry, "Revisiting Korea : Exposing Myths of the Forgotten War," *Prologue*, Quarterly of the National Archives and Records Administration, Summer 2002, vol. 34, no. 2.

Jim Hershberg, "Russian Archives Review," *CWIHPB*, Issue 4(Fall 1994).

Joh Halliday, "The Korean War: Some Notes on Evidence and Solidarity," *Bulletin of Concerned Asian Scholars*, vol. 2, no. 3, July 1979.

John Merrill, "Internal Warfare in Korea, 1948~1950: The Local Setting of the Korean War," Ph. D. Dissertation, University of Delaware, 1982.

Jon Halliday, "Commentary," Bruce Cumings ed., *Child of Conflict: The Korean-American Relationship, 1943~1954*, Seattle, University of Washington Press, 1983.

Karunakar Gupta, "How did the Korean War begin?" *China Quarterly*, no. 52(1972); *China Quarterly*, no. 54(1973).

Kathryn Weathersby, "Korea, 1949~50: To Attack, or Not to Attack? Stalin, Kim Il Sung, and the Prelude to War," *CWIHPB*, Issue 5(Spring 1995).

_____, "New Findings on the Korean War," *CWIHPB*, Issue 3(Fall 1993), *CWIHPB*, Issue 5(Spring 1995), n. 3.

_____, "New Russian Documents on the Korean War, introduction and translations by Kathryn Weathersby," *CWIHPB*, Issue 6·7(Winter 1995/1996).

_____, "Soviet Aims in Korea and the Outbreak of the Korean War, 1945~1950: New Evidence from the Russian Archives," CWIHP Working Paper, no. 8, 1993.

_____, "Stalin and a Negotiated Settlement in Korea, 1950~53," CWIHP conference on New Evidence on the Cold War in Asia, Hong Kong, January 1996.

_____, "The Soviet Role in the Early Phase of the Korean War: New Documentary Evidence," *The Journal of American-East Relations*, vol. 2, no. 4, Spring 1993.

Mark Kramer, "Dmitrii Volkognov(1928~1995)," *CWIHPB*, Issue 6·7(Winter 1995/1996).

Michael D. Shin, "An Interview with Bruce Cumings," *The Review of Korean Studies*, vol. 7, no. 1, The Academy of Korean Studies, 2004.

Ronald McGlothlen, "Acheson, Economics, and the American Commitment in Korea, 1947~1950," *Pacific Historical Review*, vol. 58, 1989.

Rosemary Foot, "Making Known the Unknown War, Policy Analysis of the Korean Conflict in the Last Decade," *Diplomatic History*, vol. 15, no. 4, Summer, 1991.

Shannon McCune, "Physical Basis for Korean Boundaries," *Far Eastern Quarterly*, No. 5(May 1946).

Shu Guang Zhang and Chen Jian, "The Emerging Disputes Between Beijing and Moscow," *CWIHPB*, Issue 6·7(Winter 1995/1996).

Suh, Dae-Sook, "Records by U.S. Military Forces in Korea, 1921~1951" *Korean Studies*, Vol. 2, The Center for Korean Studies, University of Hawaii, 1978.

Stanley L. Sandler, "New Light on the Forgotten War," *Prologue*, Quarterly of the National Archives and Records Administration, Fall 2000, vol. 32, no. 3.

The Kolkos, "To Root Out Those Among Them," *Pacific Historical Review*, vol. 42, November 1973.

Thomas Hosock Kang, "North Korean Captured Records at the Washington National Record Center, Suitland, Maryland" *Committee on East Asian Libraries Bulletin*, No. 56(Feb. 1979).

William Stueck, Jr., "Cold War Revisionism and the Origin of the Korea Conflict: The Kolko Thesis," *Pacific Historical Review*, vol. 42, November 1973.

Yonosuke Nagai, "The Korean War: An Interpretative Essay," *The Japanese Journal of American Studies*, vol. 1, 1981.

Д. Волкогонов, "Следует ли этого бояться," Огонёк, no. 26, 1993; Dimitrii Volkogonov, "Should we fear this?" Ogonyok, no. 26, 1993.

[찾아보기]

인명

ㄱ

가오강 298
강건 89, 112, 469, 500, 502, 503, 516~520, 522, 547, 572, 573, 727, 730~734
강도건 587, 588, 640
강문봉 359, 367, 695, 696
강상호 51, 52
강영훈 399
강태무 252, 255, 345~348, 359, 384, 437, 447, 714
강현덕 588
게르젤 175, 182
계운협 443, 444
고준석 125
곤차로프, 세르게이 62, 96, 485, 487, 489, 517, 519, 523
공국진 695
구데리안 498, 738
굽타, 카루나카 34, 38, 39, 65, 71, 72, 74, 77, 684, 719
굿펠로우 240, 241, 714, 719
그로스, 어니스트 42
그리핀 주니어, 린드우드 208
김경일 67
김광협 469, 470, 508, 730
김구 9, 81, 83~85, 160, 197, 199, 201, 230, 232, 237~239, 248, 366, 370, 664
김규식 84, 85, 197, 199, 230, 232, 591
김기조 123, 125, 143, 144

김달삼 472
김덕승 660
김덕준 632, 633
김동희 616
김두봉 197, 230, 479, 507
김두칠 626
김득수 615
김만화 734
김무현 472, 473
김백일 72, 248, 255, 348, 359, 369, 399, 400, 405, 695, 696, 699, 712~716
김봉률 517, 523
김봉천 590
김봉환 588
김삼룡 658
김상호 472~474
김석범 255, 680
김석원 248~255, 257, 270, 274, 281, 338, 339, 341~344, 367, 368, 379, 382, 389, 390, 399, 447, 448, 691~693, 715, 720, 721
김세진 251
김승렬 620
김승환 587
김약수 364
김연섭 616
김영로 396
김영삼 55
김영호 65, 66, 76
김오복 588
김용무 591
김웅 510, 726, 730, 741
김원국 588
김원무 523

김윤봉 616
김은석 660
김응준 283
김인욱 249, 251
김일 245, 298, 411, 416, 424, 480, 546, 631
김일성 27, 30, 41, 54, 55, 59, 62~64, 68, 87~89, 95~97, 103, 109, 131, 197~199, 201, 219, 228, 238, 243~246, 249, 251, 252, 273, 290, 292~295, 297, 298, 301~303, 327, 338, 347, 348, 385, 391, 394, 395, 405, 408~422, 424~434, 441, 447, 458, 463, 465~472, 479~506, 511, 512, 515~523, 527~543, 546, 570, 571, 573, 577, 585, 590, 595, 615, 629, 631, 657, 658, 672, 718, 722, 726, 730, 732, 733, 741~743
김일수 589
김재복 437
김재창 506
김점곤 41, 79, 508, 649
김점복 347
김정환 365
김종갑 275
김종오 257, 304, 321, 348, 349, 367, 725, 726
김종용 196
김종원(백두산호랑이) 257
김중생 299, 328, 467, 470, 605, 618, 620, 725

김지회 239
김창덕 393
김창룡 257, 304, 348, 349
김창봉 156
김창히 625, 641
김책 89, 219, 491, 507, 546, 730~732
김태선 238
김태홍 506
김택 571, 625, 641
김현수 689~671
김현주 372
김형삼 585, 586
김형직 287
김홍구 588
김홍일 660, 663, 692
김효석 334, 382, 389, 591, 720, 721
김희준 698
김희태 581, 645, 709
김희권 616

ㄴ

나가이 요노스케 79
남일 51, 542, 733
노덕술 364
노석성 640, 641
놀랜드 667
니시다 283
니콜스 658, 659

ㄷ

대리고, 조지프 665
덜레스, 존 F. 37, 72, 197, 674, 675, 719
도노반, 윌리엄 712
도닌 427

도진순 125, 232, 659
드럼라이트 339, 397, 475
드레이퍼, 윌리엄 H. 197
딘 734

ㄹ

라슨, 해럴드 82
라우터백 125
라이언 C. E. 712~714
라주바예프 98, 108, 326, 329, 400, 427, 428, 502, 509, 523, 524, 533, 534, 536~539, 548, 549, 555, 557, 561, 563, 567, 583, 593, 601~607, 614, 615, 618, 628, 638, 639, 641~643, 646, 647, 650, 676~679, 721, 724, 725, 728, 729, 734
랜킨, R. J. 459
러스크, 딘 123, 197
러치 179
레베데프, M. A. 149, 150, 484
로광욱 11
로모프 532
로버츠 254, 255, 259, 339, 345, 362, 388, 401, 405~407, 438, 674, 717
로얄 397
로우, 피터 80
로토츠키, S. S. 323
루나 369
루즈벨트, 시어도어 128~130, 220
류경수 89, 680
류동렬 591
류창권 469
리지웨이 42
리하이 669

린뱌오 299, 467, 468
림국춘 569
링컨, 조지 A. 126

ㅁ

마가나, 미구엘 앙겔 369
마오쩌둥 35, 55, 244, 245, 298, 301, 419, 424, 467, 479~483, 487, 489~496
막시모바, 엘라 53
만수로프, 알렉산드르 60~63, 109
말렌코프 G. M. 59, 429, 501, 733
말리크 26
매그루더 660
매튜스, 윌리엄 675
매트레이, 제임스 49~51, 80, 129, 668~670, 675
맥도널드, 도널드 101
맥도널드, 칼룸 80
맥아더 28, 37, 39, 40, 42, 43, 68, 72, 76, 78, 90, 109, 132, 145, 154, 169, 315, 471, 661, 666, 676, 679~681, 712, 713, 719
맥큔, 섀넌 120, 173, 174
맥큔, 조지 125
맥페일, 토머스 D. 725
메레츠코프 144, 427
메르쿨로프 222
메릴, 존 35, 50, 51, 76~80, 88, 90, 100, 259, 260, 299, 342, 362, 378, 380, 439, 442, 452, 719
메슈터, 알프레드 439
멘슈코프 302
모나간, 월터 148, 150
모스맨, 빌리 33

모윤숙 369
몰로토프 59, 242, 266, 276, 278~280, 291, 292, 295, 296, 383, 429, 501, 733
무정 632, 730
무초 42, 241, 247, 254, 284, 285, 339, 345, 356, 387, 407, 437, 448, 506, 664, 665, 669, 670, 674, 676
문일 411, 420, 485
미코얀 A. I. 429, 501, 733

ㅂ

바실리에프 242, 502, 504, 517, 519, 730, 733
바실리예프스키 123, 281, 383, 444, 502
바자노바 60, 108
바자노프 55, 59~62, 106, 108, 431
바톨로뮤 272
박건춘 584
박경수 590
박길남 517, 523
박길룡 51, 52
박명림 65, 299, 553
박병률 51, 52
박상형 734
박성재 588
박송죽 615
박임항 400
박용구 81
박윤제 582, 583
박일우 162, 409, 439, 445, 458, 459, 716
박재권 604, 621
박정근 375, 604, 626
박정호 647, 707
박정휘 365

박헌영 26, 41, 59, 63, 96, 97, 103, 235, 236, 243, 245, 292, 293, 295, 297, 298, 411, 419~427, 429~432, 434, 436, 474, 479, 484, 485, 489, 491, 493, 494, 496, 505~507, 515, 532, 572, 592, 615
박효삼 587
박훈일 455, 657
방선주 7~9, 43, 66, 110, 111, 455, 547, 552, 553, 566, 568, 605, 616, 630, 658
방호산 393, 594, 599
배동익 437
배룡식 437
배민수 285, 287
백선엽 248, 254, 255, 321, 359, 371, 382, 451, 715, 718
백의곤 372
백인엽 72, 248, 399, 450~452, 581, 586, 645~647, 690, 691, 694, 698, 700, 705, 707, 708, 710~715, 718, 719
백형복 658, 659
버쳇, 윌프레드 G. 71, 542
베닝호프 170, 171
베르트하이머, 이곤 란쇼펜 369
변영태 391
보로블레프 182
보자긴 435, 445, 446
본스틸, 찰스 123
볼코고노프, 드미트리 52~55, 57, 59, 62, 108, 497, 500, 504, 505
불가닌, N. A. 429, 431, 501, 733
브라운 198, 702

브리지스 667
비신스키 26, 242, 294, 297, 323, 385, 386, 391~393, 411, 416, 417, 420, 465~ 467, 480, 484, 485, 490~ 492, 500, 501, 505

ㅅ

서당석 584
서대숙 251, 252
서문걸 347
서부덕 344
서용규 511
서용선 523
서재석 473
설의식 81
섭영진 469
성시백 346, 347, 440
센즈화 57, 61, 62, 108
소이어, 로버트 K. 320, 699, 742
소지노프 530
소천두 485
손원일 367~369, 439
손진태 81
송석하 255
송요찬 375, 376
송호림 646, 709, 710
송호성 238, 591
송호찬 664
슈왈츠 648
슈티코프 26, 61, 159, 172, 173, 242, 243, 245, 266, 276~281, 289~292, 294, 296~298, 301, 323, 327, 329, 347, 383~387, 391~ 394, 411~413, 416~422, 425~429, 432~447, 465~ 468, 480~485, 490, 491,

499~505, 507~510, 512,
513, 515, 517, 519, 522~
525, 548, 574, 598, 626,
627, 638, 639
스미르노프 446
스윙크, 로이드 702
스코트, 제임스 149, 150
스킬렌드, W. R. 39
스탈린 35, 53~55, 59, 61~
63, 66, 68, 70, 76, 87, 88,
90, 95~98, 103, 108, 109,
126, 129, 130, 146, 219,
242, 243, 245, 281, 290,
292, 295~297, 301~303,
323, 327, 329, 347, 383,
384, 386, 387, 403, 405,
411, 413~417, 420, 423,
425, 427, 428, 430~433,
459, 460, 466~468, 479~
501, 505, 507, 509, 512,
515, 516, 520, 523, 525,
527, 530, 533, 572, 573,
595, 615, 631, 650, 668,
669, 672, 718, 730, 732,
733, 738, 741, 743
스톤 34, 36~38, 40, 48, 72,
76, 77, 87, 719
스툭, 윌리엄 39, 40, 51, 65,
76
시몬스, 로버트 34, 36, 39~
41, 76
시미리긴 175, 182
신경완 511
신금철 587
신남철 81
신성모 274, 334, 345, 368,
376, 377, 399, 407, 488,
506, 662, 664, 691~695,
698, 720
신태영 696
신택선 625, 640

신평길 472~474, 510, 511
실리, 조지 9, 239
심킨, 리처드 498, 738
싱글러브 659~661, 667
씽 369

ㅇ

아루쥬노프, A. A. 427, 428
아바셰프 554
아스몰로프스키 182
아이플러 289
안관제 439
안길 469
안두희 9, 239
안성갑 438
안영달 658
안응엽 396
안장제 473
안재홍 591
안찬수 352, 353, 360, 368
애보트, 레오너드 654
애치슨 28, 42, 387, 398, 670,
671
애플만, 로이 32, 310, 319,
321, 562, 575, 595, 637,
648, 665, 702, 725, 726
양영조 14, 92, 93, 241, 260,
261, 266, 269~271, 314,
451
양정우 244, 252
어봉관 588
어윈, 르로이 435
에릭슨, H. E. 288
엔크조비치, 프란시스 180
옐친, 보리스 52, 53, 55, 57,
497
오기영 82
오동기 238, 239
오백룡 256, 410

오세창 591
오스틴, 워런 26, 27, 247
오응연 590
오정혁 584
오제룡 344
오진우 472
오코노기 마사오 80
올리버, 로버트 26~28, 245~
247, 390, 391, 713
와다 하루키 48, 57, 61, 67,
251, 427
왕련 630
울람, 아담 303
워트링턴, 토머스 288
웨더스비, 캐스린 58, 62~64,
80, 483, 508
윌로비, 찰스 28, 109, 402,
543~545, 658, 661, 666
윌리스, 알버트 439
웜스 659
유관종 239, 664
유도인 590
유딘, P. 481
유성철 51, 52, 516~524, 532,
546~548, 572, 626, 731,
733, 741
유승렬 321, 382
유승팔 616
유원식 255
유창권 624, 625, 641
윤공흠 157
윤병구 246, 247
윤상렬 523
윤상철 472
윤화영 438
이갑녕 568, 740
이갑섭 81
이경천 300
이권무 29, 541, 549, 563
이극로 664
이덕빈 380

이든 128
이명영 250, 251
이명호 438
이바노프, K. A. 149, 150
이범석 238, 252, 282~286,
　288, 289, 371, 387, 395,
　396, 399, 407, 506, 691
이병기 81
이봉선 283
이상조 51, 52
이순탁 81
이승만 26~28, 37, 39~41,
　64, 72, 75~78, 83, 90, 92,
　93, 124, 125, 129, 167, 218,
　228, 230, 233, 235, 236,
　239, 240, 245~248, 254,
　261, 269, 282, 285, 286,
　288, 289, 307, 313, 339,
　341, 345, 363, 364, 366,
　381, 386, 390, 391, 395,
　397~399, 401, 407, 425,
　433, 435, 447, 448, 460,
　480, 506, 507, 575, 584,
　591, 637, 662, 663, 666,
　671, 674~676, 691, 693,
　694, 713~715, 719~721
이승엽 236, 436
이양하 81
이용인 523
이은(영친왕) 249, 448
이응준 252, 321, 348, 382,
　447, 663
이인규 506
이인영 438
이인철 588
이재화 251
이정식 39
이종석 251, 299
이종찬 50, 77, 78, 321, 364,
　399, 692, 716
이주연 479, 480, 490, 491,
　527
이철원 366
이청송 469, 563, 565, 568,
　726, 727, 741
이청천 248, 691
이태준 590, 720
이학구 332, 508, 640, 727,
　734, 735
이형근 278, 321, 376, 399,
　663, 664
이호제 472, 473
이홍광 393, 416, 622
이홍렬 372, 373
임병직 369
임수산 627
임춘추 249, 251

ㅈ

장부길 379, 380
장석윤 289
장슈광 66
장제스 37, 72, 76, 103, 129,
　144, 234, 248, 265, 381,
　385, 403, 407, 433, 719
장창국 399, 692
장학봉 51, 52
장해우 162
저우언라이 59, 245, 298, 490,
　491, 493, 494
전성호 248, 664
전우(도극부) 470, 615, 632,
　712, 725, 728
전학준 523
전희섭 48, 274, 275, 338
정구영 81
정두호 569, 640, 641
정목 523
정상진 51, 52
정설송 300
정승근 590
정율성 300
정인권 590
정일권 286, 367~369, 399,
　695, 698
정재한 365
정지용 81
정춘학 590
제레뱌티 554
제미슨 369
조경학 451
조만식 138
조명선 469
조병민 590
조선국민회 287
조소앙 591
조용복 658
존스톤, 리처드 146
주젠룽 67
주홍성 51
지병학 470, 615, 630~632

ㅊ

차상인 283, 289
찰스 풀러 627
채명신 255, 274
채병덕 252, 254, 264, 270,
　348, 367~369, 371, 382,
　389, 390, 399, 407, 447,
　448, 506, 511, 662~665,
　691~696, 699, 700, 716,
　720, 721
처치, 존 H. 676
처칠, 윈스턴 127
쳰지안 66
초인스키, 워터 149, 150, 175,
　180
최기덕 689~691, 700
최능진 238, 239

최달언 587
최동성 580, 581, 583
최석 360
최순종 582
최용건 89, 219, 409, 546, 726, 730, 731, 741
최운하 364
최원 523, 547, 554
최원복 396
최일랴 545
최일선 508, 524, 627
최일현 569
최정웅 588, 589
최종민 510, 511
최창식 664
최현(38선 호랑이) 89, 248, 249, 251, 256, 257, 266, 275, 338, 409, 410, 445, 588, 594, 595, 647, 727
치스차코프, 이반 M. 143, 144, 148, 152, 161, 174, 175, 179, 181, 182, 193

ㅋ

카가노비치, L. M. 429, 501
카마로프 532
카우프만 80
카피차, M. S. 485
칼랴킨 554
커밍스, 브루스 7, 8, 31, 35, 37, 40, 43~51, 61~64, 72 ~74, 76~80, 88, 92, 109, 251, 259, 260, 299, 318, 322, 323, 357, 436, 451, 543, 544, 551~555, 645, 664, 671, 673, 675, 680, 685, 702, 705, 712~720
케난, 조지 127

코로트코프, G. I 54, 199, 499, 519~524, 527, 530~534, 538, 539, 718
콜린스 42
콜코 34, 36, 37, 39, 40, 76, 77
콜터 213, 215
쿠, 웰링턴 240
퀴리노, 엘피디오 R. 385
클라우제비츠, 카를 폰 87, 738
클라우치, 조지프 341~345
키스 182

ㅌ

탁연도 586, 587
태주혁 587, 595
토루크노프, A. B. 61, 62, 108, 497, 730
토르빈, U. S. 149, 150, 175
툰킨 323, 411~413, 420~425, 527
트루만 37, 42, 50, 69, 72, 78, 99, 130, 146, 669, 672, 674, 734
트카첸코, V. P. 485

ㅍ

펑더화이 59, 90
페도렌코 495
페리신코 480
페이지, 글렌 35, 718
포스트니코프 504, 516~519, 573
표무원 252, 255, 345~348, 357, 384, 437, 447, 715
프랑켈, 어니스트 140

프리, 제임스 W. 180
플로트니코프, 게오르기 532
피번 213, 215
피치, F. S. B. 459, 712

ㅎ

하기와라 료 67, 68, 631, 632
하리마오 박 125
하우스만 254, 315, 359
하지, 존 R. 145, 148, 151, 152, 154, 160, 161, 165~169, 171~174, 179~181, 193, 194, 197, 200, 201, 204, 213~215, 228, 653
한서한 580, 581, 583
한설야 251
한신 273, 274
한왕룡 371
한일무 523
한정혁 396
할러데이, 존 40, 41, 74
함명수 438
해리만 42, 171
허가이 657
허봉학 541, 549, 563
헐 126
헨더슨, 그레고리 84
현춘일 587
현파 563, 565, 566
홍성재 616
홍순석 239
홍순영 55
황경우 625
황동화 469
황성복 455, 510
후퍼트, 조지 182, 209
힐렌쾨터, R. H. 402, 667, 668, 671

내용

ㄱ

간삼봉전투 249~251
감제고지 158, 273, 343, 351, 353, 360, 362, 441, 446
개성 송악산 전황도 340
개전 당시 옹진 주둔 한국군의 병력 647
개전 일자 변경 511
거제도포로수용소 734
게릴라 101, 102, 234, 235, 290, 363, 371, 375, 382, 422, 435, 448, 475, 670
게릴라 토벌 101, 102, 234, 382, 447, 448, 475
게릴라전 79, 101, 234
경계선
 - 사건 190, 191, 193, 304
 - 위반 100, 190, 191, 193, 281
 - 표지판 153, 189, 194
경무사령부 138, 155, 156
경원선 144
경의선 144
계림공작대 372
고산봉 103, 262, 267, 273, 277, 279, 304, 376, 443, 463, 579
 - 전투 276, 279, 370, 375, 376, 384
고지
 283고지 275, 350, 360, 361, 441, 445
 292고지 103, 273~275, 304, 333~339, 341~343, 568, 579
 475고지 273, 336, 343, 379, 380
 488고지 273, 274, 304, 337, 362, 379, 380, 384, 579, 679
「공격명령 1호」 29, 565
「공격을 위한 기본 계획」 515, 517, 519, 522, 523, 549, 573
공격을 위한 사전준비 385
「공격작전용 조선인민군 정찰계획」(「정찰계획」) 524, 551~562, 573, 755
「공격작전의 세부계획」 523~525, 533, 549, 559
「공격준비명령」 566, 567, 574
공산주의 삼각동맹 248, 290, 299, 302, 433, 436
과도입법의원 167, 218
과도정부의 수립 139, 167, 218
관동군 봉천 145부대 283
광복군 288
「口頭戰闘命令」 568
구만리·정고리사건 208, 210
저수지 문제
 구암·예의- 197, 200, 201, 228, 348
 은동- 187, 211~213
국가보안법 237
국가안전보장회의(NSC) 667
국립 경찰 154
국민계몽협회 364
국사봉 103, 257, 267, 273, 275, 350~355, 359~361, 386, 408, 443, 579, 598
국영검역소 164
국제 냉전 78, 80, 127, 217, 220
『국제신문』 282
국제전적 내전 75, 79, 80
국지전의 전면전화 414, 497, 499, 515, 516, 526, 533, 534
국회소장파 102, 237, 240
국회프락치사건 365, 366
군사연락단 142, 148, 150, 193, 222
군사적 편의주의설 123, 124
「군사전략계획도」 382
군사정보국 28, 43, 106
『군정과 민사업무』 132
「(극비) 작전보고」 114, 455, 457, 458
「(극비) 작전보고 No.66」 114, 455, 456
「(극비) 작전보고 No. 68」 114, 455, 456
기사문리 사건(기사문리 포격사건) 268, 277~279, 290, 291, 304, 387
'긴 전문' 127
길동보안군 469
김구 암살 9, 239
김일성·박헌영의 모스크바 방문
 제2차- 292
 제3차- 97, 485
김일성의 방소 29, 302, 417, 510
까치산
 (북한군의) - 공격 353
 (한국군의) - 탈환 360

ㄴ

남로당 235, 236, 238, 365, 386, 434~436, 472, 510,

658
남면전투 270
남북협상 세력(남북협상파) 102, 236, 237, 240
남조선 해방을 위한 4단계 614
남침유도설 36, 71, 714, 715
남하촌전투 252
(남한) 특수부대 양성소 371
남한의 대북공격설(1949년 7월) 96, 97, 101, 381~383, 396, 397
「남한판 선제타격계획」 386
냅코작전 289
냉전국제사프로젝트 팀 58
『냉전국제사프로젝트불리틴』(CWIHPB) 59, 60, 63, 108
『뉴욕타임스』 27, 146, 246, 667, 685
『뉴욕헤럴드트리뷴』 685

ㄷ

다국 사료 교차분석 104
다자간 후견제 130
단정반대운동 102
대남 유격대 471
대동청년단 196, 211, 213
대한관찰부 283, 284~285, 286, 288, 289, 396
대한민국임시정부(임정) 140, 167, 238, 239, 248, 660
대한정책
  소련의- 66, 86, 91, 100, 128, 130~132, 165, 217, 219
  미국의- 43, 50, 86, 91, 100, 107, 128, 129~131, 132, 154, 165, 167, 314, 669
대한제국 140

도로차단기 146, 147, 151, 152, 154, 161, 177, 193
독립촉성중앙협의회 167, 218
독수리작전 288
동기전투문화훈련 627
동북국 주조선판사처 300
동북인민해방군(164사단) 328, 393, 394, 467
동북항일연군교도려 89, 131, 469, 733
두락산 103, 273, 350~355, 359~362, 369, 408, 579, 585, 587, 588, 598~600, 603, 640, 643, 649
『두만강에서 압록강까지』 310

ㄹ

라주바예프 보고서 98, 108, 534, 536~538, 548, 549, 561, 567, 677, 679, 725
랭던안 167, 168
러시아 외무성의 현대국제문제연구소 59
러시아연방 대외정책문서보관소 58
『력사사전』 443
『로동신문』 96, 251, 252, 338, 348, 382, 459~464, 511, 576, 577, 579, 581, 584, 586, 588~591, 601, 640, 647, 686, 720, 721, 732
『로동자』 257, 271, 376, 586
롤백 66, 68

ㅁ

마구잡이식 모병 308
마오쩌둥과 김일과의 회담

424, 480
마오쩌둥과 스탈린의 대담비망록 481
마이닐라사건 427
맥아더기념관 13
맥아더아카이브 13, 48, 105, 107, 552
『맨체스터 가디언』 667
모스크바3상회의 130, 139, 167, 168
모스크바결정 168, 217, 221, 227, 228
목단강분견대 469
몽금포 습격 438, 439
무력시위설 35
무력통일론 243
「문서 목록」 56
미 육군부 작전국 전략정책단 126
미·일조약견제설 35
미24군단
  - 군사실 문서 8, 43, 106
  - 7사단 31연대 153, 208, 209
  - 7사단 32연대 146, 148, 153, 266
미곡수출금지령 160
미공군 특별수사단(OSI) 658
미국무부의 한반도 점령 계획 129
미국 정보 당국의 왜곡된 정보 분석 668
미국립문서기록관리청(NARA) 7, 13, 44, 105, 113, 541, 555, 593
미국립문서보관소(NA) 42~45, 77
미국의 대한 군사원조 감축 시도 241, 674
미국의회도서관 59
미군 초소 153, 154, 157, 177

찾아보기 807

미군 CIC 9
미군정 43, 46, 102, 106, 135, 138~141, 154, 160, 163~170, 174, 195, 196, 213, 218, 230, 235, 239
미극동군사령부 43, 106, 110, 316, 318, 541, 601, 654, 666, 675, 701~703, 707~709, 716
미극동군사령부 주한연락처 (KLO) 98, 385, 654, 657, 658, 666
  -KLO 첩자 604, 655, 658
미소공동위원회(미소공위) 148~150, 159, 168, 171, 174, 177, 193, 196, 199, 219~222, 227, 228
미소공동위원회 예비회담(미소공위 예비회담) 159, 168~171, 174
미육군군사연구소 9
미육군부 32, 107, 315, 362, 410, 605, 678, 679
미육군지도창 113, 114, 273, 336
미전략첩보국 288
미중앙정보국(CIA) 659, 667
민간 반공단체 372
민생단 사건 224
민정요원보충대 135, 136
『민족의 증언』 399, 691, 708, 711
'민주기지' 노선 167, 218
민주의원-좌우합작위원회-과도입법의원 167
『민주조선』 443, 591
민청훈련소 328, 329, 393, 467, 627, 724

ㅂ

「반격계획」 524, 529, 536, 537, 539, 548~550, 556~562, 567, 573, 674
반공 삼각동맹 248
반민특위 363~366
'방어전투계획'(1949년) 621, 624
백골부대 256
백세동지회 282
병력 규모
  남북한 - 94, 103, 305, 315, 333
  한국군 - 94, 103, 306, 310, 311, 313, 314, 318, 319, 331~333
  북한군 - 103, 313, 315, 316, 318~320, 322~326, 330~332, 502, 682
병역법 313, 385
베이커-포티 144, 146
보도연맹 364
보병·자주포·탱크부대의 돌격전 638, 639
보천보전투 249
볼코고노프컬렉션 59
부포 356, 589, 600, 642, 643, 645~647, 700, 703, 707, 708, 710
북벌론 447, 488, 693, 700
북어사건 390
북위 40도 10분의 분할안 122
북조선인민위원회 138, 139, 162, 179, 197~202, 228, 300, 542
북조선임시인민위원회 138, 157, 170, 218, 244
북침설 41, 65, 70, 96, 416
  -의 주요 증언자 580
북한

- 공격 태세로 전환 404, 416
- 공격개시 569, 593, 637, 638, 640, 641
- 공군의 훈련수준 630
- 빨치산 양성소 371
- 38경비대(경비보안대) 157, 196, 257, 277, 279, 356, 405, 406, 442, 587, 657
- 첩보원 347
-의 9월 공세설 434~436, 441, 472
-의 군사력 강화(1949년 6~7월) 394
-의 군사력 강화(1950년 2~3월) 466
-의 배천 습격 349, 350
-의 양청경찰지서 공격 349
-의 유격대 남파 441, 471
북한 노획문서 10~12, 44, 46~48, 66, 68, 71, 93, 95, 98, 104, 109, 110, 114, 242, 285, 397, 455, 518, 546, 551, 552, 568, 586, 593, 598, 604, 615, 621, 625, 626, 629, 638, 718
북한 평양학원 대남반 346
『북한관계목록집』 111
『북한관계사료집』 111, 270, 282, 291, 292, 374, 396, 629
북한군
  개전 초기 -의 실상 731
  - 개전의 명분 확보 96, 524, 592, 636
  - 경비3여단 29, 89, 112, 327, 330, 359, 442, 524, 547~549, 559, 568, 571, 585~587, 594~599, 601, 603, 607, 613, 620,

631, 640, 642, 643, 645~
647, 703, 727
- 공격개시의 신호 640, 641
- 국경수비대 318, 327, 425
- 돌격사단 330, 333, 556, 559, 562
- 부대의 이동 616, 627, 628
- 지휘관 양성 241
-의 결함 281, 728, 729
-의 까치산 점령 358
-의 방어전투계획 621, 624
-의 병력 증감 현황 305
-의 전면적인 공격개시 637
-의 지휘체계 급속히 붕괴 650
- 1사단 29, 333, 389, 535, 547, 568, 569, 605, 620, 656, 657
- 2사단 29, 89, 320, 329, 394, 535, 547, 558, 560, 563, 565, 566, 568, 571, 628, 724~728, 732, 735, 740, 741
- 2·4대대 585, 599, 600
- 3사단 29, 535, 545, 547, 569, 624, 656, 723, 724, 735
- 4사단 29, 328, 470, 471, 535, 545, 547, 560, 563~566, 569~571, 627, 639~641, 724
- 5사단 322, 328, 329, 394, 467, 559, 656
- 6사단 29, 112, 328, 393, 467, 535, 547, 560, 568, 569, 585, 586, 588~590, 594, 599, 601~605, 607, 613~616, 618, 620~622, 631, 639, 640, 645, 646, 657, 703, 709, 710, 723

- 5·6대대 585, 599, 600
- 6사단 1연대의 위치 606, 607
- 12모터사이클연대 29, 519, 547, 559, 728
- 12사단 29
- 14연대 568, 605, 618, 620, 622
- 105땅크여단 89, 393, 525, 548, 569, 680, 724
『북한논저목록』 111, 252
북한이 공격 태세로 전환한 이유(1948년 8월) 435
『북한인민군사』 316, 318, 328, 329, 602, 605, 620, 726
북한인민재판소 284
「북한정권의 현재 능력」 667, 671
『북한정보요약』(주한미사령부 정모참모부, 주한미군사고문단) 105
북한판 선제타격계획 386
『불꽃』 54
불의의 기습남침 93, 319, 402, 403, 668, 673, 675, 681, 683, 714, 718
빨치산 토벌 방식 359
빨치산에 대한 평가 421

ㅅ

4국 분할점령안 122
사곶 356, 581, 642, 645, 647, 707, 709, 710
『사실은 말한다』 28, 38
사정국(대한관찰부) 283~286, 288, 289, 396
사직리전투(사직리지서 습격) 348, 349

(산서성) 동원전투 250
3단계 공격 계획 295, 386, 496, 497, 515, 551
3일 북벌 가능성 368
새별호 납치공작 441
샌프란시스코회담 124, 248
38선
  북한의 - 충돌 과장 459
  - 분할 81, 123, 125, 126, 139, 142, 165, 172
  - 예비조사 175, 178
  - 이동 문제 158
  - 이동에 관한 최초의 공식 논의 158
  - 철폐공세 168, 169
  - 충돌 31, 77, 91~93, 97, 101, 106, 107, 109, 112, 114, 173, 177, 178, 188, 190~192, 194, 197, 203~205, 207, 208, 210, 211, 213, 215, 221, 240, 248, 258, 260~268, 270, 271, 273, 276, 277, 281, 290, 304, 305, 333, 346, 361~363, 366, 367, 369, 407, 425, 441, 444, 447, 450, 452~459
  - 충돌 전황도 337
  - 충돌의 소강상태 361
  - 통행을 '허용' 159
  - 통행을 완전 봉쇄 159, 162
  - 합동조사(미소합동38선조사) 100, 155, 166, 174, 175, 177, 179~181, 187, 190, 194, 210, 221, 266, 272
  - 행정단위별 재조정 173
  -의 획정 88, 100, 113, 119, 124~126
  콘크리트로 만든 - 영구 표

찾아보기 809

지 181, 182, 184
81번 - 표지 209, 210
서방시험설 35
서울 송전소 169
서울시민이 피난길에 오르지 못한 이유 689
선제타격계획(선제타격 작전계획) 54, 98, 295, 497, 517, 520~523, 526, 527, 530, 533
소련 군사교범 242
소련·중국 공모설 35
소련·핀란드전쟁 427, 515
소련경악설 39~41
소련공산당 중앙위원회 정치국 26, 52, 53, 56, 63, 297, 300, 429, 430, 432, 436, 444, 446, 447, 449, 465, 479, 481
소련군
 - 교육 프로그램 241
 - 급료 242
 - 총참모부 108, 242, 325, 513, 522, 523, 532
소련군사고문단 70, 90, 241, 242, 400, 414, 427, 445, 482, 503, 516, 518~522, 524, 529, 532, 533, 537, 542, 545~547, 549, 554~556, 559, 572, 573, 626, 650, 729
소련군사령부 144, 160, 200
소련군정청 138
소련무지설 40
「소련방과 조선민주주의인민공화국 간의 물품거래 및 대금결제에 관한 의정서」 296, 417
(소련의 북한에 대한) 무기 제공(소련제 무기) 70, 95, 99, 242, 279, 302, 327, 328,
416, 417, 436, 501, 653, 674
『소련의 자료로 본 한국전쟁의 전말』 60, 108, 243, 480
『소비에트군사백과사전』 324
『소용돌이의 한국정치』 84
송악산
 - 292고지 충돌(송악산 292 고지전투, 5·4전투, 5·4송악산전투) 333, 339, 341, 345, 379, 383, 384, 387, 447
 - 488고지전투 379, 381, 447
 - 육탄10용사 255, 257, 334, 339, 344, 348
『수수께끼의 전쟁: 한국전쟁 1950~53년』 61
수원청년단사건 288
수정주의 34~37, 40~42, 44, 49, 50, 63, 64, 76, 77, 104
숙군 234, 235, 346, 384, 437
스탈린 주도설 35
스탈린·마오쩌둥의 개전 동의 419
스탈린의 개전 허락 484
『승리를 위하여』 586, 588, 589, 605, 734
신우회 285
신탁통치 128~132, 167, 168, 217, 222
실지회복(실지회복론) 27, 223, 246, 269, 270, 358, 367, 377, 693, 700, 720

O

아성공격 435, 441
『I. F. 스톤즈 위클리』 36
『아카하타』 68

압력분산설 35
애치슨 연설 670, 671
얄타 밀약설 124, 125
얄타체제 126, 128, 151, 220
얄타-포츠담 혼합설 125
얄타회담 122, 125
양쯔 강 도하작전 298
NSC 68 40, 50
여순반란사건(여순사건, 여순군인폭동) 50, 77, 102, 207, 232, 233, 235~239, 255, 257, 266, 268, 269, 306, 359, 364, 372, 471
『연례보고서』(주한미군971방첩대) 106
연방기록물센터 110
연백 농민대회 348
연백저수지의 물 값 200, 228
연합군최고사령부 일반명령 제1호 123, 139
연합통번역대(ATIS) 28, 48, 109, 110, 541, 543, 544~547, 551~553, 563, 565, 566, 605, 620
예방전쟁론 39
예정된 남침 일자 510
5·10선거 199, 203~205, 227, 228, 230~232, 236, 282, 364
54군정중대 212, 213
OSS 240, 289, 659, 660
올리버 문서철 27
옹진 국사봉 육탄6용사 257
옹진 주둔 미군사고문단 702, 715
옹진과 삼척의 연관 관계 415
옹진반도 부분 점령 계획 295, 405, 411, 419, 420, 447
옹진저수지 211
옹진 충돌
 제1차 - 350, 351, 352, 355

제2차 - 405~408
용당포항 166
우드로윌슨 학술센터 58, 60, 107
우익청년단 153, 280
우편물 교환 중단 160
워싱턴국립기록센터 110
『워싱턴포스트』 685
워싱턴회담 128
원대리사건 208, 210
월경(농민들의 38선 -) 162, 163, 186, 187
월남민 164, 191, 654
월북 사건
　강철호 - 440
　통천호 - 347, 438
　고원정 - 347, 348
　표무원·강태무 대대의 - 345~348, 359, 437, 447, 715
　508호 - 345, 347, 438
　302호 - 347, 348
6월 공세 364, 366
「UN의 한국문제 처리관련 문서철」 106, 107
유엔임시한국위원단(임시한국위원단) 276
유엔한국위원단(한국위원단, 유엔한위, UN한위) 25, 83, 103, 265, 267, 269, 276, 361, 369, 370, 383, 459, 506, 670
　-의 방한(1949. 2) 103, 265, 269, 276, 280, 281, 291
「육본 작전명령 제38호」 696, 697, 716
「육본 작전명령 제38호 별지부록 제4호 육군방어계획」 696, 697
『6·25전쟁』 31
6·6 반민특위 습격 364, 365

은파산전투 268, 361, 382, 441, 442, 444~449, 451, 452
『이스토르니크』 54
이승만문서철 693
『이즈베스티야』 53
일본 음모설 125
일본군
　- 제19사단 함흥 제74연대 249, 251
　조선 주둔 - 17방면군 126, 145
임시 38선 176
임정쿠데타 168

ㅈ

'자유기지' 노선 167, 218
『작전보고서』(주한미군사고문단) 107
장제스의 진해 방문(1949. 8) 103, 265
저수지 보수비용 200
『적 문헌』 110, 551, 552
전략정보부대(SSU) 660
전력 문제 169, 198, 201
전력요금 문제 197
『전술-기술편람』 559, 560
전술 관측소 152, 184
『전시 정보공작: 1941~1951년 간 맥아더 정보기관 소사』 666
전쟁 시나리오 415, 489
전쟁의 '형성' 88
전통주의 34, 35
「전투명령 1호」 541, 543, 549, 563~566
『전투일보』 325, 326, 331
전투형 점령 134
『정보요약』(극동군사령부 군사정보국) 43, 106, 319, 320, 666, 675, 702, 703, 705, 707, 708, 716
정보조정국(COI) 289
정보참모부(주한미군) 28, 43, 105, 107, 110, 152, 190, 192, 203, 207, 238, 267, 288, 289, 302, 305, 306, 310, 316, 318, 319, 344
정의추격대 285
「정찰명령 1호」 329, 524, 540, 541, 543, 544, 546~554, 562, 564, 573, 597, 598
「정찰지령 No.2」 569, 570
「정찰지령 No.8」 549, 595, 598, 600, 603, 642
제2전선 구축(북한의) 471, 474
제2차 고산봉전투(양양돌입사건) 370, 375, 384
제44 대외감시단(ESG 44, ESD 44) 660
제5열의 개문호응설 94, 104
제주 4·3 50, 77, 102, 229, 235, 236, 268, 282
제주도 보궐선거 282, 364
제헌국회 232
조국전선 평화통일 제안의 진실성 394
조국통일민주주의전선 결성 243, 394
조국해방전쟁 30, 75
『조국해방전쟁사』 30, 528
조선 건국준비위원회(건준) 140
『조선에서의 전투행동 개관』 513, 514, 638
「조선인민군 선제타격계획 작전지도」 520, 522
『조선인민의 정의의 조국해방전쟁사』 30, 71, 245, 454,

455
『조선전사』 30, 249, 251, 731
『조선전쟁전사』 67
조소 군사원조협정 292, 295, 296
조쏘해운주식회사(모르트란쓰) 298, 300
조중 각료회의 392
조중연합사령부 90
조지워싱턴 대학의 국가안보문서관 60
『주간정보요약』(주한미사령부 정모참모부, 주한미군사고문단) 43, 105, 190, 203, 306
주북조선소련민정국 138
「주한미24군단 군사실 문서철」 106
「주한미군 정치고문단 문서철」 106
주한미군971방첩대(미971CIC 파견대) 106, 196, 206, 207, 213, 239, 288
『주한미군방첩대 반월간정보요약』(주한미군971방첩대) 106
『주한미군방첩대 주간정보요약』(주한미군971방첩대) 106
『주한미군사』 83, 147, 152
『주한미군사고문단사』 699
주한미군의 철수(1949. 6) 103
중공군(중국인민해방군) 내 한인사병의 북한 이동 298, 300~302, 322, 392, 394, 404, 416, 436, 467, 468, 653
중공군의 양쯔 강 도하 97, 298, 487
중공의 개전 동의 302, 419
「중국동북물자북조선통과협정서」 300
『중국백서』 97, 381, 403, 433, 487
중립지대화 121, 165
  북위 38도선 이북 지역 -안 166
중앙정보단(CIG) 660
중화인민공화국의 수립 97, 433, 486
즉시 독립 129, 130, 131, 219
지역형 점령 134
진해회담 381, 407
집결구역에서의 최종 점검 629
징병제 313

ㅊ

차이나로비 240, 719
처칠의 철의 장막 연설 127
「1950. 6. 20. 보병사단 전투계획일람표」(「전투계획일람표」) 543, 563
『1950~1953년 조선전쟁』 324~328
「1950년 6월 25일 현재 조선인민군과 남조선군의 전력현황」 325, 326, 331, 514, 638
철도수비대 318
철원 불공격 결정 407
청년방위간부훈련학교 313
청년방위대 313, 662
청사회 285
청진항 112, 297, 298, 300
『최근북한오만분지일지형도』 337
춘천 신남 공격 410

ㅋ

카이로회담 128
콜레라 159, 160, 161, 180
크레믈린궁문서보관소 52
킴볼스미스 호 439, 440, 473

ㅌ

타스통신 284
탈영병 359, 436, 437
태탄 공격 359
태평양방면육군총사령부 132
태평양전쟁 127, 128, 130, 253
『태풍』 252, 256, 279, 283, 373, 375, 376, 448, 460
통일독립촉진회 232
트루만대통령도서관 42
트루만독트린 50, 98, 99, 127, 198, 220, 668

ㅍ

『포로심문조서(추가연구: 북한 침략의 문헌적 증거)』 563
포로의 노획·수용계획 준비 603
『포린 어페어스』 127
포츠담 합의설(밀약설) 125
포츠담회담 122, 125, 130, 146

ㅎ

하기전투문화훈련으로 위장 627
하얼빈협정 300, 301

「한국 내정 관련 문서철」 106
한국 문제의 UN 이관 217, 430
한국군
- 국방경비대 215, 238, 306, 307, 314
- 방어에 관한 한 거의 무방비 상태 402, 676, 683
- 옹진전투사령부 359, 601
- 의 교육수준 400
- 의 급격한 붕괴(1950년 6월) 402, 681
- 의 까치산, 국사봉-두락산 탈환 작전 360
- 의 대북공격 억제 241, 279, 367, 401
- 의 방어 실상 677
- 의 병력 증감 현황 305
- 의 은파산 점령 361, 443
- 의 해주진공계획 700
- 1사단 248, 253, 254, 339, 354, 356, 367, 379, 389, 437, 438, 447, 455, 584, 599, 601, 665, 696, 697, 699, 716, 718
- 2사단 399
- 3사단 695
- 4연대 233, 239
- 6사단 571, 690, 725~728
- 12연대 358, 386, 437, 584, 599, 664, 665, 716
- 14연대 232, 233, 238, 239
- 17연대 71, 72, 74, 75, 248, 344, 450~452, 580 ~583, 585, 589, 594, 596 ~599, 601, 602, 642, 645 ~649, 684, 685, 687, 690 ~694, 696~703, 705, 707~716, 719, 720, 725
- 18연대 274, 275, 359, 360, 386, 405, 406, 438, 441, 601, 716
- 25연대 690
『한국에서의 전쟁: 1950년 6월 25일 이전의 사건』(미국무부) 29, 541
한국이 추진한 북진 계획 389
「한국의 국내외 정세에 대하여」(1945. 8. 1.) 131
「한국전 문서 요약」 56, 57, 61, 66, 245, 291, 323, 411, 420, 430, 444, 446, 465~ 468, 480, 485, 492~495, 500, 502, 504, 507~510, 512, 524~526, 595, 596, 627
『한국전비사』(사사키) 277
「한국전쟁 관련 극비소련외교문서」 55
「한국전쟁 관련 기본문헌 자료 목록」 56
「한국전쟁 관련 보충문헌 자료 목록」 56
『한국전쟁』(국방군사연구소, 1995) 31, 311, 528, 537
『한국전쟁』(미군 합동참모본부, 1978) 32
한국전쟁관
도발받은 정의의 반공격전(북한) 30, 71, 93, 95~ 97, 99, 103, 261, 290, 292, 294, 295, 302, 403, 413, 414, 428, 429, 431, 459, 463, 499, 515, 520, 573, 575, 577, 579, 585, 590~592, 595, 683, 685, 701, 721, 722
정보의 실패(미국) 98~ 101, 319, 401, 402, 668
진정한 불의의 기습남침(남한) 93, 95, 99, 101, 683
『한국전쟁사 1: 해방과 건군』 239, 356, 262, 265, 268, 271, 275, 277~279, 299, 300, 311, 317, 328, 334, 343, 344, 347~349, 351~ 353, 355, 356, 359~361, 376, 379, 393, 394, 405, 408, 410, 438, 442, 444, 467, 470, 698
『한국전쟁사』 30, 31, 239, 261, 265, 279, 310, 311, 313, 315~317, 333, 343, 344, 370, 371, 400, 450, 467, 508, 553, 555, 581, 661, 662, 678~680, 690, 691, 694, 696, 702, 705, 707, 709~711, 719, 731
『한국전쟁시기의 미육군: 남으로는 낙동강까지, 북으로는 압록강까지』 32
『한국전쟁의 기원』 7, 44~46, 80, 127, 128, 251
한국전쟁의 성격 74~76, 81, 95
『한국점령기 CIC역사』 289
한미동맹조약 247
한민당 124, 230
한반도 분할안 122, 126
한반도 점령 123, 144, 150
함경북도인민위원회 300
『함남로동신문』 252, 255, 257, 279, 280, 283, 346~ 348, 358, 360, 363, 370, 374~376, 385, 386, 396, 406, 438, 461
함정설 35
『합동주간분석』(주한미대사관 무관부) 106, 203
해안경비대 306, 309, 314, 318, 388
해주의거 266, 277, 282, 287, 290, 371, 387

찾아보기 813

해주방화사건 101
해주점령설(해주공격설, 해주북침설, 해주진공설, 해주돌입설) 71, 73~75, 104, 591, 592, 684, 685, 687, 689~691, 693, 694, 700~702, 707, 711, 712, 718~720, 722
허풍전략 269

헐 선 126
헤이그조약 141
『혁명의 위대한 수령 김일성동지께서 령도하신 조선인민의 정의의 조국해방전쟁사』 30, 257, 262, 263, 360, 361, 380, 442, 529
호국군사령부 313
호랑이부대 257, 349

호림부대 월북 101, 377, 715
호전적 이승만의 제어 671, 674
홍콩 중문대학 중국연구센터 61
화장리 179
화전 양면전술(북한) 243, 363, 402, 505, 516
화천 침공 304
회령군관학교 472, 473

[표·그림·그래프 목록]

I부

□ 표 I-1 AMS L751 시리즈의 38선 인근 도엽 번호 및 지명 _114쪽
□ 표 I-2 구소련지도의 38선 인근 도엽 번호 및 지명 _115쪽

II부

□ 표 II-1 지방 군정청 병력 현황(1945. 11. 30) _136쪽
□ 표 II-2 미소 연락장교 명단(1946. 4. 1 현재) _150쪽
□ 표 II-3 38선상 미군 중대급 초소(OP) 현황(1948. 11) _153쪽
□ 표 II-4 38선상 북한군의 주둔지 현황(1949. 3) _157쪽
□ 표 II-5 한국으로의 귀환자 통계(1947. 12. 26 현재) _163쪽
□ 표 II-6 미소공위 예비회담(1946. 1. 16~2. 5) 의제 _170쪽
□ 표 II-7 38선 충돌(1947. 8~1948. 11) 현황 II: 월별 _203쪽
□ 표 II-8 유형별 38선 충돌(1948. 6~1948. 11) _206쪽
□ 그림 II-1 한국의 38선 분단면 _120쪽
□ 그림 II-2 하지가 제안한 38선 행정구역별 재조정 상황도 _173쪽
□ 그림 II-3 38선이 관통한 경기도 연백군 화성면 화장리 _179쪽
□ 그림 II-4 3개 언어로 표시된 38선 표지 _183쪽
□ 그림 II-5 38선상 원대리의 위치 _208쪽
□ 그림 II-6 38선상 구만리·정고리의 위치 _210쪽
□ 그림 II-7 옹진반도의 주요 지형 _212쪽
□ 그래프 II-1 38선 충돌(1947. 8~1948. 11) 현황 II: 월별 _204쪽

III부

□ 표 III-1 1948년 5·10선거 기간 중 남한 내 폭력 현황 _231쪽
□ 표 III-2 중국인민해방전쟁 4년 간 포로·투항한 국민당군 고급장교 통계 _234쪽
□ 표 III-3 1948년 남한 공산주의자들의 활동 현황 _237쪽
□ 표 III-4 한국 통계: 1949년 1월 1일~10월 5일 38선 충돌 _263쪽
□ 표 III-5 북한 통계: 남한의 무장 공격 일람표(1947~1950. 6) _264쪽
□ 표 III-6 1949년 인민유격대와 남침의 관련도(268쪽)
□ 표 III-7 경찰력 현황(1947. 12~1949. 6) _307쪽
□ 표 III-8 1948년 국방경비대의 모병 인원 증가 현황 _308쪽
□ 표 III-9 38선 배치 남북한 병력 상황 비교(1950. 6. 24 현재) _317쪽
□ 표 III-10 전쟁 직전 남북한 병력 상황 비교 _317쪽
□ 표 III-11 국방부 발행 『한국전쟁사』의 개전 당시 북한군 병력 추정 _317쪽
□ 표 III-12 개전 당시 남북한 병력 현황(로이 애플만) _321쪽
□ 표 III-13 1949~50년 북한군의 증가 현황 _323쪽
□ 표 III-14 옹진 1차 충돌시 한국군의 병력 증강 현황 _355쪽
□ 표 III-15 옹진 1차 충돌 기간 중 한국군의 탄약 소모량 _358쪽
□ 표 III-16 김일성 요청 무기 목록(1949. 4. 28) 및 소련 제공 무기 목록(1949. 6. 4) _418쪽
□ 표 III-17 소련의 한국전쟁 개전 가능성 검토(1949. 8~9) _420쪽
□ 표 III-18 북한이 파악한 한국군 병력 규모의 정확성 _423쪽
□ 표 III-19 북한이 파악한 한국군 주요 무기 체계·수량의 정확성 _423쪽
□ 표 III-20 한국군 탈영병 통계(1948. 9. 1~1949. 8. 31) _437쪽
□ 표 III-21 1949년 남북한군의 화력 비교 _445쪽
□ 표 III-22 38선 충돌(1949. 1~1950. 6) 현황 II: 월별 _453쪽
□ 표 III-23 1950년 5~6월 북한이 주장한 남한의 38선 이북 공격 사례 _464쪽
□ 그림 III-1 1946년 말 실시된 북한의 '흑백함' 투표 _229쪽
□ 그림 III-2 최현 경비3여단장 _249쪽
□ 그림 III-3 김석원 개성 지구 제1사단장 _250쪽
□ 그림 III-4 38선 충돌 주요 지점·통계(1949. 1. 1~10. 5)(주한미군 작성) _263쪽
□ 그림 III-5 38선 충돌 주요 지점(1947. 1. 1~1950. 6. 24)(북한 작성) _264쪽
□ 그림 III-6 개성 송악산 전황도(한국) _340쪽
□ 그림 III-7 개성 송악산 전황도(북한) _341쪽
□ 그림 III-8 한국전쟁 개전 후 전선으로 출동하는 표

표·그림·그래프 목록 815

무원·강태무 부대 _346쪽
☐ 그림 III-9 제1차 옹진 충돌 전황도(한국) _351쪽
☐ 그림 III-10 제1차 옹진 충돌 전황도(북한) _352쪽
☐ 그림 III-11 양양 고산봉 전황도(북한) _377쪽
☐ 그림 III-12 양양 고산봉 전황도(한국) _378쪽
☐ 그림 III-13 송악산 475고지 _380쪽
☐ 그림 III-14 북한 인공기를 든 킴볼스미스 호 선원들(1949. 9) _440쪽
☐ 그림 III-15 계운협 _444쪽
☐ 그림 III-16 북한 내무성 경비국 총참모부「(극비) 작전보고 No.68」_456쪽
☐ 그림 III-17 사로잡힌 김상호 부대 여자 빨치산들(1950. 4. 오대산) _473쪽
☐ 그림 III-18 노획된 김상호 부대 무기류(1950. 4) _474쪽
☐ 그래프 III-1 국방경비대(육군) 모병 인원 대비 병력 증가 현황(1948년) _309쪽
☐ 그래프 III-2 한국군 병력 현황(1948년) _309쪽
☐ 그래프 III-3 한국군 병력 현황(1949~50) _311쪽
☐ 그래프 III-4 38선 충돌(1949. 1~1950. 6) 현황 II: 월별 _454쪽

IV부

☐ 표 IV-1 북한군의「반격계획」_539쪽
☐ 표 IV-2 북한군 사단·여단별 진출계선 및 공격 목표 _540쪽
☐ 표 IV-3 「정찰명령 1호」의 사단별 진출계선 및 공격 목표 _550쪽
☐ 표 IV-4 「정찰계획」·「반격계획」의 비교 _558쪽
☐ 표 IV-5 정찰지령 No.8(3157 군부대 참모부, 1950. 6. 21) _600쪽
☐ 표 IV-6 ① 659군부대 지휘·참모부 수송계산표(第659軍部隊長 韓泰淑 비준) _608쪽
☐ 표 IV-7 ② 659군부대 전투부대 수송계산표(第659軍部隊長 韓泰淑 비준, 參謀長 金송列 작성) _610쪽
☐ 표 IV-8 ③ 659군부대 후방부대 수송계산표〔第659軍部隊(西海州—미럭驛)間第1次鐵道輪送計算一覽表〕(1950. 6. 9 작성) _612쪽
☐ 표 IV-9 列車編成略圖 _616쪽
☐ 표 IV-10 17연대 손실 현황(장교/사병) _648쪽
☐ 그림 IV-1 「조선인민군 제1타격계획 작전지도(사본)」(일자 미상) _535쪽
☐ 그림 IV-2 「전술·기술편람」(1949년도판)의「정찰계획」_561쪽
☐ 그림 IV-3 강도건 _587쪽

☐ 그림 IV-4 정찰지령 No.8(3157 군부대, 1950. 6. 21. 축천) _596쪽
☐ 그림 IV-5 북한군 6사단 1연대의 위치 _606쪽
☐ 그림 IV-6 미럭동 위치 _619쪽
☐ 그림 IV-7 개전 초기 북한군 주요 공격 방향(옹진반도) _644쪽

V부

☐ 표 V-1 옹진 주둔 17연대의 철수상황 비교(710쪽)
☐ 그림 V-1 『로동신문』1950. 6. 26. _686쪽
☐ 그림 V-2 『동아일보』1950. 6. 27. _688쪽
☐ 그림 V-3 38선 상황도 중 옹진 전황(1950. 6. 26. 오전 7시 현재) _704쪽
☐ 그림 V-4 38선 상황도 중 옹진 전황(1950. 6. 27. 오전 5시 현재) _704쪽
☐ 그림 V-5 38선 상황도 중 옹진 전황(1950. 6. 28. 오전 5시 현재) _706쪽
☐ 그림 V-6 38선 상황도 중 옹진 전황(1950. 6. 29. 오전 5시 현재) _706쪽
☐ 그림 V-7 강건 _732쪽
☐ 그림 V-8 조치원 북방에서 파괴된 T-34 탱크들 _740쪽

부록

☐ 별표 1 38선 표지의 위치(1947. 4. 미소합동조사 결과) _744쪽
☐ 별표 2 38선 충돌(1947. 8~1948. 12) 현황 I: 주별 _747쪽
☐ 별표 3 38선 충돌(1949. 1~1950. 6) 현황 I: 주별 _748쪽
☐ 별표 4 1948년 한국군의 증가 현황: 주별 _749쪽
☐ 별표 5 1949~50년 간 한국군의 증가 현황: 주별 _751쪽
☐ 별표 6 한국 경찰의 1949년 38선 충돌 통계(1949. 1~6) _753쪽
☐ 별표 7 한국 경찰의 1949년 38선 충돌 통계(1949. 7~12) _754쪽
☐ 별표 8 공격작전용 조선인민군 정찰계획(1950. 6. 20) _755쪽
☐ 별표 9 북한군 부대 단대호(單隊號)(1951. 7 현재) _761쪽
☐「전투명령 제001호」(1950. 6, 235군부대 참모부, 師團長 李靑松·參謀長 玄波) _762쪽